新曲线 | 用心雕刻每一本……
New Curves
http://site.douban.com/110283/
http://weibo.com/nccpub

用心字里行间　雕刻名著经典

心理学与我们

第2版

［美］罗伯特·费尔德曼　［中］黄希庭　著

黄希庭　等译

人民邮电出版社

北京

图书在版编目（CIP）数据

心理学与我们：第2版/（美）罗伯特·费尔德曼，黄希庭著；黄希庭等译. -- 北京：人民邮电出版社，2020.6
ISBN 978-7-115-53613-6

Ⅰ.①心… Ⅱ.①罗…②黄… Ⅲ.①心理学 Ⅳ.①B84

中国版本图书馆CIP数据核字（2020）第059970号

Robert S. Feldman
Understanding Psychology, 11th Edition
ISBN 978-0-07-803521-0

All Rights reserved. No part of this publication may be reproduced or transmitted in any form or by any means, electronic or mechanical, including without limitation photocopying, recording, taping, or any database, information or retrieval system, without the prior written permission of the publisher.

This authorized Chinese adaptation is jointly published by McGraw-Hill Education and Posts & Telecom Press. This edition is authorized for sale in the People's Republic of China only, excluding Hong Kong, Macao SAR and Taiwan.

Copyright © 2020 by McGraw-Hill Education and Posts & Telecom Press.

版权所有。未经出版人事先书面许可，对本出版物的任何部分不得以任何方式或途径复制或传播，包括但不限于复印、录制、录音，或通过任何数据库、信息或可检索的系统。

本授权中文简体字改编版由麦格劳-希尔（亚洲）教育出版公司和人民邮电出版社合作出版。此版本经授权仅限在中华人民共和国境内（不包括香港特别行政区、澳门特别行政区和台湾地区）销售。

版权 ©2020 由麦格劳-希尔（亚洲）教育出版公司与人民邮电出版社所有。

本书封底贴有McGraw-Hill Education公司防伪标签，无标签者不得销售。

北京市版权局著作权合同登记号：01-2005-3142

心理学与我们（第2版）

◆ 著　　[美]罗伯特·费尔德曼　[中]黄希庭
　　译　　黄希庭 等
　　策　划　刘　力　陆　瑜
　　责任编辑　刘冰云　朱公明
　　装帧设计　陶建胜

◆ 人民邮电出版社出版发行　北京市丰台区成寿寺路11号
　　邮编　100164　电子邮件　315@ptpress.com.cn
　　网址　http://www.ptpress.com.cn
　　电话（编辑部）010-84931398　（市场部）010-84937152
　　三河市少明印务有限公司印刷

◆ 新华书店经销
　　开本：850×1092　1/16
　　印张：31.5
　　字数：782千字　2020年6月第1版　2020年6月第1次印刷

定价：98.00元

本书如有印装质量问题，请与本社联系　电话：（010）84937152

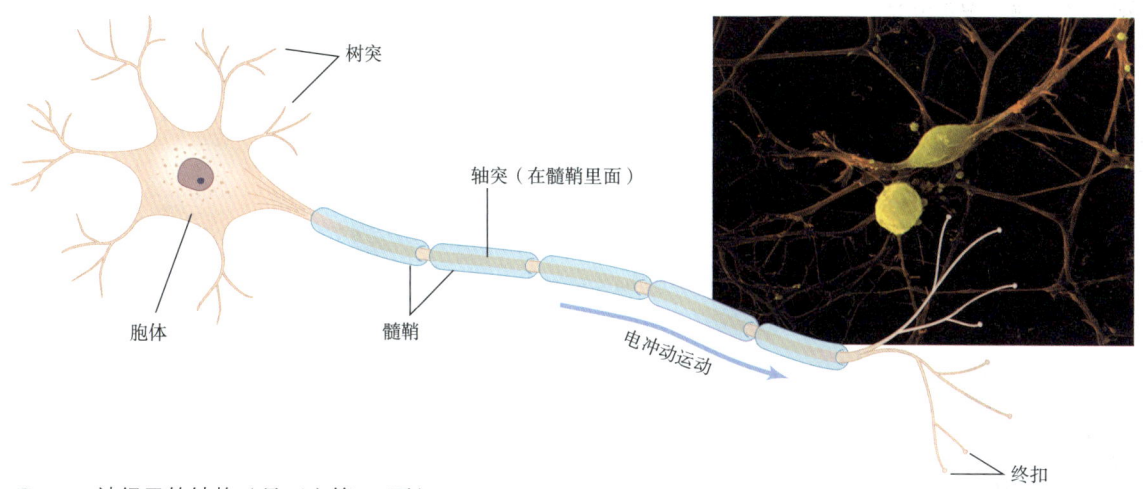

图 2.1 神经元的结构（见正文第 34 页）

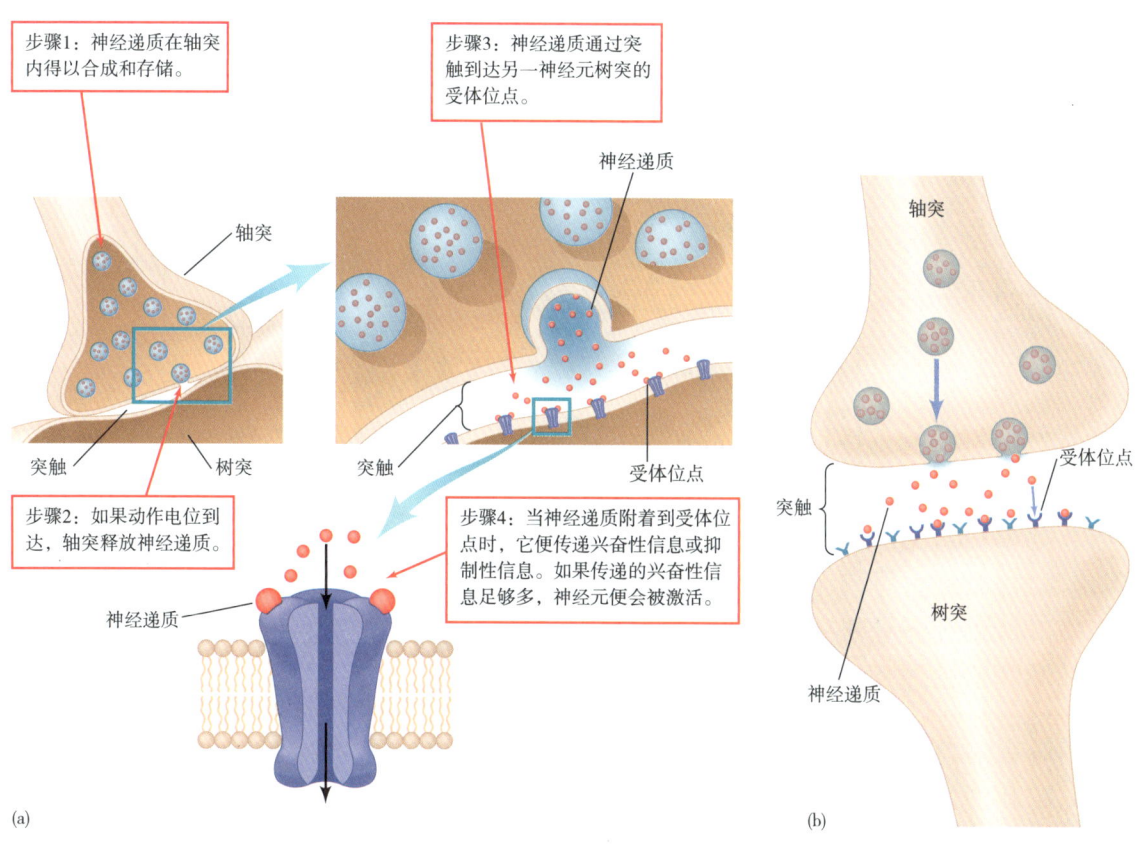

图 2.4 神经元之间的信息传递（见正文第 37 页）

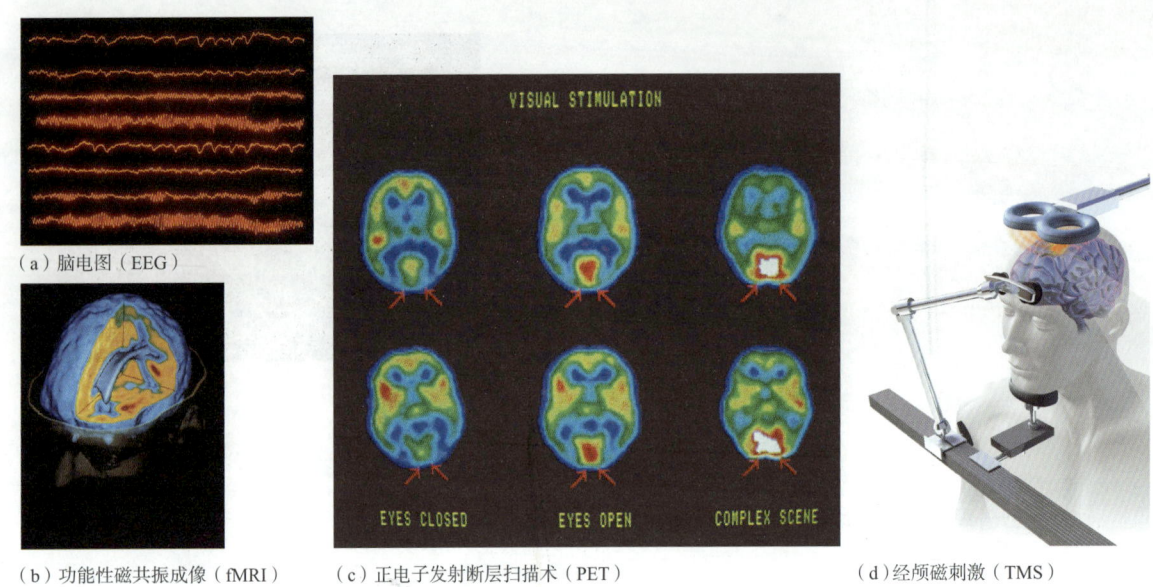

(a) 脑电图（EEG）　　(b) 功能性磁共振成像（fMRI）　　(c) 正电子发射断层扫描术（PET）　　(d) 经颅磁刺激（TMS）

图 2.9　不同的脑扫描技术（见正文第 45 页）

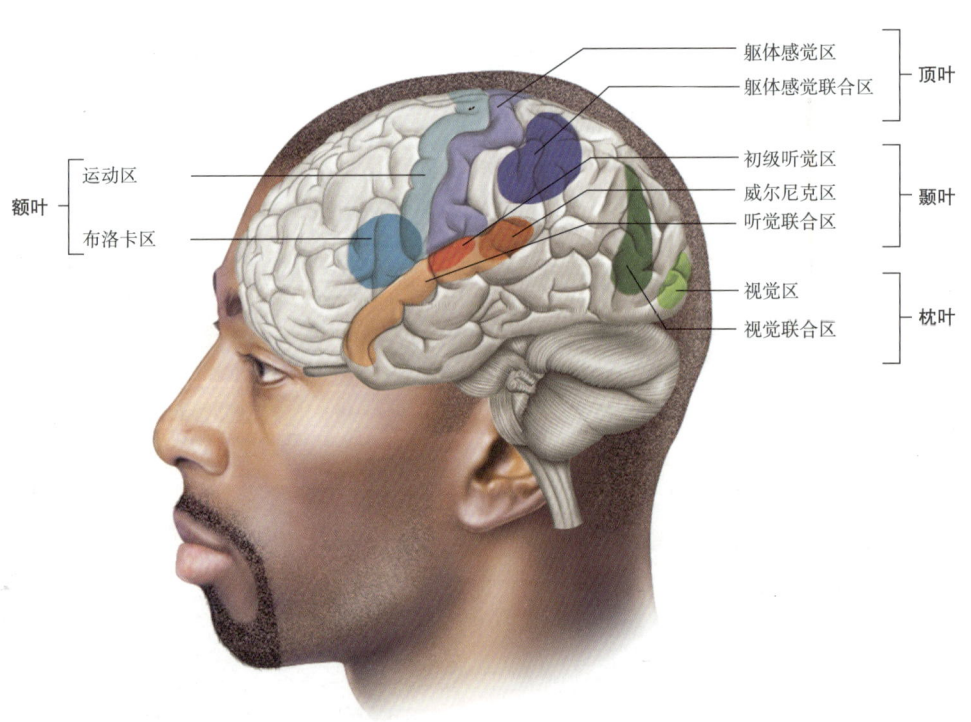

图 2.13　大脑皮层的结构（见正文第 50 页）

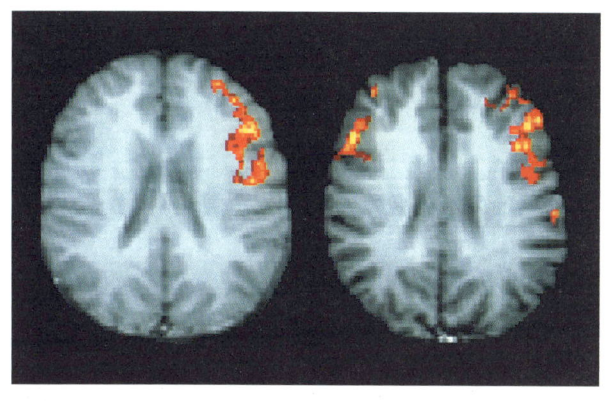

图 2.15　口头任务下磁共振成像的性别差异（见正文第 54 页）

图 3.8　色觉后像（见正文第 71 页）

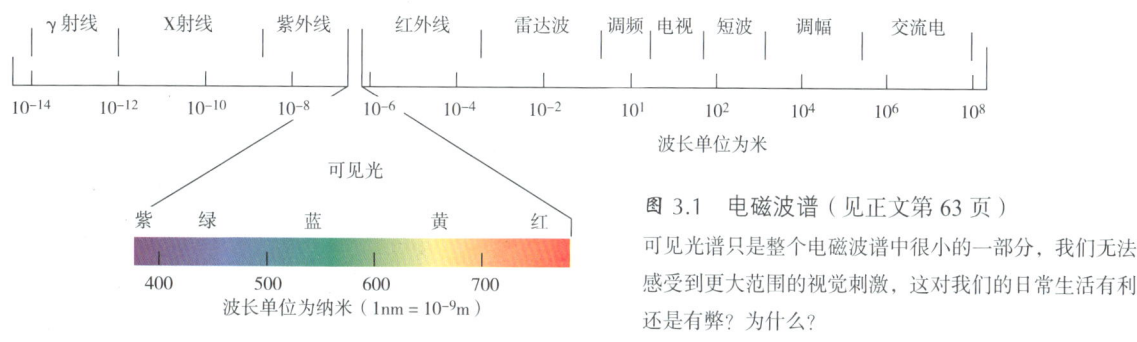

图 3.1　电磁波谱（见正文第 63 页）

可见光谱只是整个电磁波谱中很小的一部分，我们无法感受到更大范围的视觉刺激，这对我们的日常生活有利还是有弊？为什么？

（a）　　　　　　　　　　（b）　　　　　　　　　　（c）

图 3.7　颜色视觉（见正文第 71 页）

图（a）对有正常色觉的人来说，前面的热气球的颜色看起来由非常纯正的红色、橙色、黄色、绿色、蓝色、紫色和米黄色构成，而后面的热气球的颜色由红色和橙色构成。红－绿色盲的人会把图（a）看成是图（b），即蓝色和黄色的混合。蓝－黄色盲的人会把图（a）看成是图（c），即红色与绿色的混合。

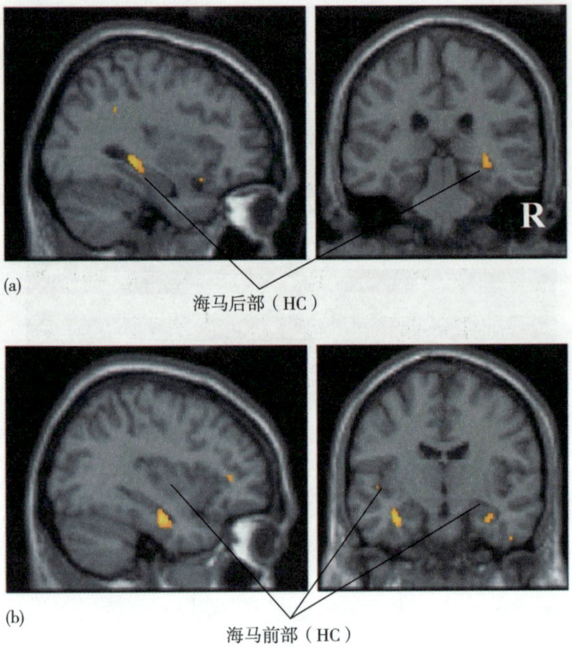

图 6.2
经验如何塑造大脑加工记忆的方式（见正文第 146 页）

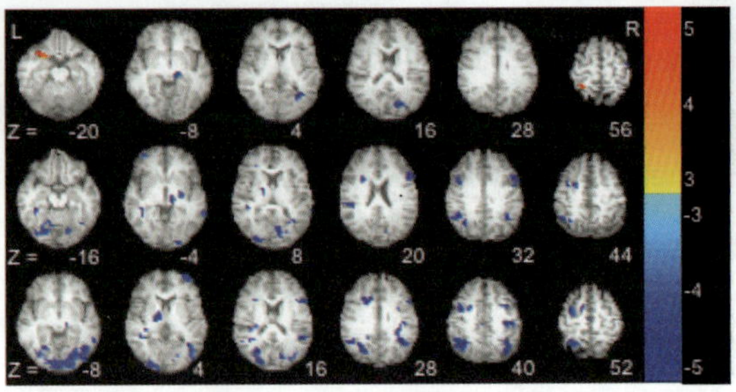

(a) 海马后部（HC）

(b) 海马前部（HC）

图 7.14 双语以多种方式影响大脑加工（见正文第 201 页）

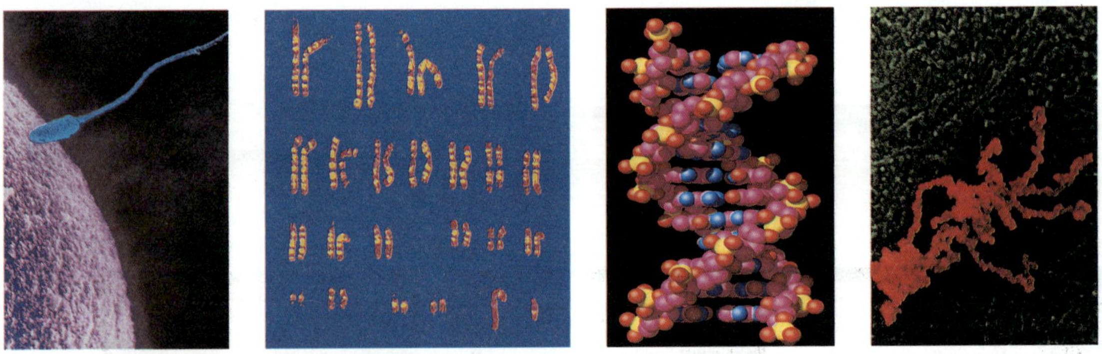

(a) 受孕　　(b) 23对染色体　　(c) DNA序列　　(d) 基因

图 11.1 遗传基础（见正文第 286 页）

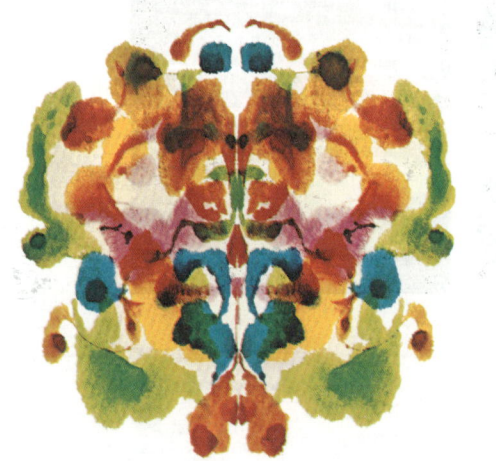

图 12.4 罗夏墨迹图（见正文第 340 页）

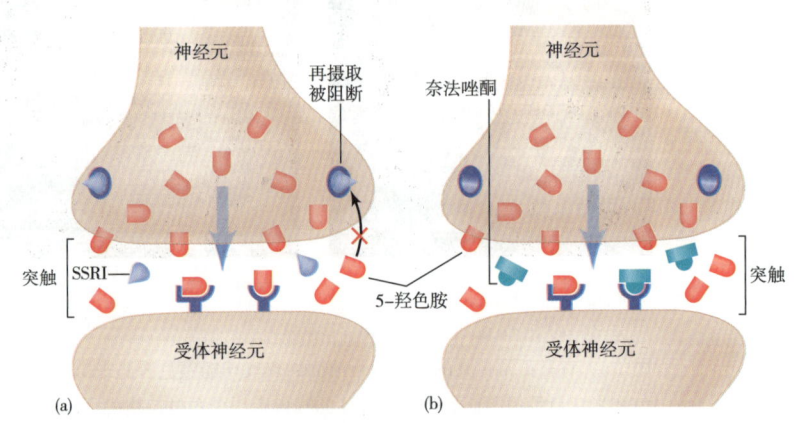

图 14.3 两种抗抑郁药物的作用机制（见正文第 399 页）

内容提要

《心理学与我们》是中外优秀心理学家首度合作编写的一部心理学通论性著作。本书第 2 版以美国著名心理学家罗伯特·费尔德曼的畅销教材 *Understanding psychology*（11e）为基础，由中国著名心理学家黄希庭教授领衔，结合中国的研究成果、精彩案例对其加以改编和优化。

《心理学与我们》（第 1 版）出版于 2008 年，自出版以来深受广大读者的喜爱，对心理学教学和心理学知识的普及起到了积极的作用。与第 1 版相比，第 2 版在新增原书大量最新科研成果的同时，特别增加了中国心理学家的最新研究成果，为读者提供了相关领域更为全面的前沿知识。第 2 版还结合时代背景更新了一定数量的"心理学与人生""你想了解自己吗""探索与发现"等专栏，其中"探索与发现"专栏介绍了一些中国心理学家对某个心理学研究专题所取得的成果以及他们如何发现问题、分析问题、探寻心迹的故事，有助于读者了解心理学家怎样从不同角度、采用不同方法解决心理学问题，引导读者自己去探索、发现生活中的心理规律。

本书适合作为普通高校心理学课程、普通心理学公选课的教材，也适用于广大对心理学感兴趣的普通读者。

第 2 版序

当今时代,心理学知识与我们生活的方方面面息息相关。在撰写《心理学与我们》(第1版)时我曾经说过,本书的目标是为我国社会大众提供结构清晰、易于理解、能反映当代心理学的基础知识,以提升我们的生活质量之著作。《心理学与我们》(第1版)自2008年出版以来深受广大读者的喜爱,对心理学教学和心理学知识的普及起到了积极的作用。近年来,随着社会进步和科学技术的发展,心理学研究取得了许多新进展。同时,随着我国经济实力的增强和人民生活水平的提高,民众对心理学知识的需求也与日俱增。面对这样的形势,我深深感受到了责任与压力。经过一年来的周密筹划,我们开始了对《心理学与我们》(第1版)的修订工作。修订的原则是:在保持原书的基本结构、内容、风格和特色的基础上,结合心理学近年来的新发现,通过适当的删减、调整、润色和校对,使第2版能更好地反映当代心理学的进展。此次修订我们着重在以下三个方面做了一些努力。

第一,注重内容的与时俱进。在传承经典知识的基础上,我们力求反映当代心理学研究的最新成果,特别增加了我国心理学家的最新研究成果。全书各章都增加了不少新知识点,并删除了一些陈旧的东西。结合时代背景更新了一定数量的"心理学与人生""你想了解自己吗"等专栏内容,推荐了新的扩展阅读书目。

第二,注重激发学习兴趣。从我们生活的实际出发,重新撰写了每一章开头的引言。这样的引言更加引人入胜,不仅能激发读者的学习兴趣,而且也能加强知识与现实生活的联系,使读者能更好地把心理学知识与自己的生活实际相联系,以达到学以致用的目的。

第三,注重发现欲望的引导。知识需要传递,更需要人们去发现。第2版中我专门邀请了我国一些著名心理学家撰写他们对某个心理学研究专题所取得的成果以及自己是如何发现问题、分析问题、探寻心迹的故事,并将它们呈现在"探索与发现"专栏中。这有助于读者了解心理学家心中的问题是怎样从不同角度、采用不同方法来解决,从而达成发现心理学知识的目标的。这些鲜活的小故事将会引导读者的发现欲望。

本书是在《心理学与我们》(第1版)基础之上修订的,由我主持,西南大学心理学部的博士研究生李峰华(1~3章)、杨莲莲(4~7章)、田宇(8~11章)、袁书(12~15章)共同完成。最后由我统稿、定稿,苏丹博士协助我做了部分工作。

我希望本书在传递心理学知识的同时,能够启发读者树立正确的价值观、积极的自我观,形成追求梦想的优秀品格,成为幸福的进取者!由于时间仓促,不足和失误在所难免,敬请读者和专家批评指正。

黄希庭谨识于

重庆北碚有容斋

第 1 版序

心理学是研究心理与行为的科学。在当今社会,越来越多的人已认识到心理学的知识与我们的日常生活联系十分密切。举例来说,我们都希望自己身心健康,而应对压力、陶冶情操、保持心态平衡以及增强自控力等心理学知识有助于我们保持身心健康;我们都希望有一个幸福的家庭,而增强自身魅力、教育好子女、处理好人际关系(包括与异性的关系)等心理学知识有助于我们的家庭幸福美满;我们都希望自己事业有成,而培养自立、自信、自强的人生态度,成为幸福的进取者的心理学知识有助于我们不断地攀越一个又一个的人生高峰。随着我国社会的进步与发展,人们越来越迫切地想了解与提高生活质量有关的心理学知识。在这样喜人的形势下,几年前我曾萌发过写一本《心理学与我们》的念头,但因教学科研繁忙而一直没有动笔。

2004年8月,在北京召开第28届国际心理学大会期间,麦格劳-希尔教育出版公司和新曲线出版咨询公司的编辑们向我推荐一本即将面世的心理学教材——美国马萨诸塞大学罗伯特·费尔德曼(Robert S. Feldman)教授编著的《理解心理学》(第7版)。带回住处后,我粗略地浏览了这本书,觉得很不错。这是一本属于普通心理学课程的教材,内容全面且又具有近时性,结构新且有助于学生自主学习。我谈了自己对这本书的观感。这似乎激发了新曲线出版咨询公司刘力先生的热情。他再三邀请我,把这本书加以改编介绍给我国读者。盛情难却,我接受了这项任务。

编译时怎样做到既保留原著的优点而又适合我国读者的需求?这是一件颇费思量的事情。我想最重要的是这本书所要达成的目标。这本书的目标是为我国社会大众提供一本结构清晰、易于理解、能反映当代心理学的基础知识,以提升我们的生活质量之著作。基于此,我们的做法是删繁就简,凸显精华,联系生活实际,提升人性尊严。

一、删繁就简。由于文化上的差异,原著在语言风格、教材容量、内容呈现形式以及实例等方面都不太适合我国读者。我们调整了原著的章节结构,将原著的18章压缩为15章,删除了一些不必要的内容,增加了某些章节内容,在知识呈现的语言风格上做了不少加工,从而使全书的结构更清晰紧凑、文字更流畅,也更容易为我国社会大众所理解。

二、凸显精华。删除了与我们生活实际联系不大的心理学知识及繁琐表述后,原著中的精华,即心理学的性质、行为的神经基础、感觉与知觉、意识、学习、记忆、认知与语言、智力、动机与情绪、性别与爱情、人的毕生发展、人格、健康心理、心理障碍与治疗、社会心理等心理学的基础知识就凸显出来了。与此同时，我们还对原著中有些缺少"探索与发现"专栏的章节加以补充，从而更凸显原著之精华——介绍当代心理学的基础知识。

三、联系生活实际。为了达成本书的目标，我们十分重视以我国民众的生活事例来阐述心理学的概念和原理，这在本书中随处可见。此外，还增加了与读者生活实际紧密联系的"心理学与人生"专栏；修改并增加了对读者了解自己具有重要价值的"你想了解自己吗"专栏；在每章的结尾处，我们还为那些想进一步学习心理学的读者推荐了在国内容易找到的参考读物。

四、提升人性尊严。我们探寻心迹，理解人生，点燃心灵中的真善美，目的是提升人性之尊严；我们学习、掌握心理学知识，陶情养性，提高学习和工作的效能，目的也是提升人性之尊严。提升人性尊严是我们编译这本书之目的，也是我们将来继续努力的方向。

本书是由我和我的学生们共同完成的。我所指导的博士研究生和硕士研究生参加了《心理学与我们》一书编译的初稿工作。他们分别是：张永红、董薇（第1章），尹华站、彭杜宏（第2章），张甜、陈本友（第3章），唐利平、张锋（第4章），陈铮、廖全明（第5章），苏丹、程科（第6章），苏丹、陈本友（第7章），廖全明、刘邦惠（第8章），陈幼贞、刘邦惠（第9章），陈铮（第10章），江雅、张锋（第11章），程科、王小刚（第12章），李丹、尹华站（第13章），赵崇莲（第14章），涂勇（第15章）。全书由我统稿、定稿，苏丹协助我做了部分工作。陈浩莺编辑为本书的出版付出了辛勤的劳动，在此致以深深的谢意。花了两年多的时间，这本编译著作《心理学与我们》终于与广大读者见面了。我期待着它对读者洞悉人性、实践成功人生、提升人性尊严上有所作为。

是为序。

黄希庭谨识于
西南大学窥渊斋

简要目录

第 1 章　绪论　1

第 2 章　神经科学与行为　33

第 3 章　感觉与知觉　59

第 4 章　意识与意识状态　97

第 5 章　学习　121

第 6 章　记忆　143

第 7 章　认知与语言　175

第 8 章　智力　203

第 9 章　动机与情绪　227

第 10 章　性别、性和爱情　255

第 11 章　人的毕生发展　283

第 12 章　人格　315

第 13 章　压力、应对与幸福感　343

第 14 章　心理障碍与治疗　363

第 15 章　社会心理学　403

专业术语表　425

参考文献　438

详细目录

第1章 绪论 1

你想了解自己吗：考考你的心理学知识 2

心理学的性质 2
 何谓心理学 2
 心理学的分支学科 4
 心理学家的职业 6

心理学的发展 8
 心理学的昨天 9

心理学与人生：心理学博士谈学习心理学的烦恼 9
 构造主义 10
 机能主义 10
 心理学的今天 11

心理学与人生：了解历史会对你成为心理学家有帮助 13
 心理学的明天 17

探索与发现：文化的影响 18

心理学与人生：学会批判性思考 19

心理学的研究方法 20
 心理学研究的基本原则 20
 心理学研究的基本过程 23

心理学与人生：留意身边的心理学问题 26
 几种主要的研究方法 26

探索与发现：应当重视质性研究 30

第2章 神经科学与行为 33

神经元 34
 神经元的结构 34
 神经元的激活 35
 神经元的联系 37
 神经递质 38

神经系统和内分泌系统 39
 神经系统 40

你想了解自己吗：测测你对多动症的了解 42
 神经系统进化的基础 42
 内分泌系统 43

脑 44
 脑的研究技术 44

探索与发现：大脑控制计算机 46
 脑的结构与功能 46

探索与发现：一项头动伪迹问题的静息态功能磁共振研究 47
 边缘系统 49
 大脑皮层 49
 脑的修复 52
 脑的两半球 52

心理学与人生：如何开发我们的右脑 53

探索与发现：人类多样性与脑 54

心理学与人生：通过生物反馈控制我们的身体 56

第3章 感觉与知觉 59

感觉概述 60
 什么是感觉 60
 感觉阈限 60

你想了解自己吗：测测你有多敏感 61
 感觉适应 62

视觉 62

探索与发现：视觉适应的多重机制理论 63
 眼睛的结构与视觉信息加工 64
 视网膜 65

探索与发现：视觉空间认知机制及其在航空航天心理学领域中的应用 69

色觉与色盲 70
心理学与人生：什么色彩适合你 72
听觉和其他感觉 73
　听觉与平衡觉 73
　嗅觉与味觉 77
　味觉 78
　肤觉 78
心理学与人生：舌尖上的中国 79
心理学与人生：如何控制疼痛 81
　联觉 82
知觉 82
　知觉概述 83
　知觉加工 85
探索与发现：感觉编码、现实知觉与心理主体 88
　主要的知觉类型 89
　错觉 91
探索与发现：时间多普勒效应 92
探索与发现：文化与知觉 94
　阈下知觉 95
心理学与人生：什么样式的服装适合你 95

第4章　意识与意识状态　97

意识 98
　什么是意识 98
　意识水平 98
意识状态 99
睡眠与梦 99
　睡眠 99
你想了解自己吗：考考你关于睡眠与梦的知识 100
　梦 104
心理学与人生：让我们睡得更香 108
　白日梦 108
催眠与冥想 109
　催眠 109
　冥想 111
探索与发现：改变意识状态的跨文化途径 111
药物与意识状态的改变 112
　药物的类型 112

药物滥用的原因 113
改变意识状态的药物 113
心理学与人生：辨别药物与酒精问题 119

第5章　学习　121

经典条件作用 122
　经典条件作用的原理 122
　对经典条件作用的质疑 126
你想了解自己吗：测测你的学习方式 127
操作性条件作用 128
　操作性条件作用的原理 128
　操作性条件作用的应用 134
认知-社会学习 135
心理学与人生：行为分析和行为矫正的应用 136
　潜在学习 137
　观察学习 138
探索与发现：文化会影响我们如何学习吗？139
心理学与人生：良好习惯的养成 140

第6章　记忆　143

记忆的性质 144
　什么是记忆 144
　记忆的类型 145
　记忆的神经机制 145
　记忆的个体差异 147
你想了解自己吗：测测你的记忆力 148
编码：信息的输入 149
　编码的过程 149
　编码的内容 151
存储：信息的保持 154
　感觉记忆 155
　短时记忆 156
　工作记忆 157
　复述 158
　长时记忆 159
探索与发现：内隐记忆 163
提取：信息的获取和遗忘 164

提取线索　164
　　长时记忆的准确性　166
探索与发现：为什么"记得"不曾发生的事　169
探索与发现：记忆有文化差异吗　170
　　遗忘　170
心理学与人生：怎样记住教科书的内容　173

第7章　认知与语言　175

思维与推理　176
　　表象　176
　　概念　177
　　推理　178
探索与发现：思维是一个整体结构　181
　　人工智能　182
问题解决　182
　　理解和判断问题　183
心理学与人生：人脑与人工智能　183
　　产生解决方案　187
　　评估解决方案　189
　　问题解决的障碍　189
　　创造力和问题解决　191
你想了解自己吗：测测你的想象力　192
探索与发现：对顿悟思维的研究　194
语言　195
　　语法　195
心理学与人生：批判性和创造性思维　195
　　语言的发展　196
　　语言的获得　197
心理学与人生：音乐对我们的影响　198
探索与发现：汉语发展性阅读障碍　199
　　语言对思维的影响　200
　　动物是否使用语言　201
探索与发现：双语教育　201

第8章　智力　203

智力的性质　204
　　什么是智力　204
　　智力的种类　205
心理学与人生：怎样提高液体智力　206
智力的测量　208
心理学与人生：怎样提高实践智力　209
探索与发现：领导者的情绪智力对团队绩效和员工态度的影响　210
　　比奈与智力测验的发展　210
　　当代智商测验　211
　　测验的信度和效度　213
心理学与人生：如何在标准化测验中获得理想的分数　215
　　自适应测验　216
你想了解自己吗：测测你的聪明程度　217
智力的个体差异　218
　　智力个体差异的表现　218
探索与发现：传统智力测验存在文化偏向吗　221
　　影响智力发展的因素　222
探索与发现：智力受遗传的影响大还是受环境的影响大？　224

第9章　动机与情绪　227

人类的动机　228
　　什么是动机　228
　　生理性动机　229
　　心理性动机　232
心理学与人生：节食与成功减肥　233
探索与发现：外部动机是否会削弱内部动机　236
动机理论　236
　　动机理论　236
你想了解自己吗：测测你的感觉寻求倾向　239
情绪　242
　　情绪概述　242
　　情绪理论　244
　　情绪表达　248
心理学与人生：应对考试焦虑的方法　249
探索与发现：音乐对情绪的影响　250
探索与发现：情绪表达具有跨文化的一致性吗　252

第10章 性别、性和爱情 255

性别 256
    性别角色 256
    探索与发现：女大学生就业难：劳动力市场入口的性别歧视 258
    性别差异 260
    你想了解自己吗：测测你属于哪种性别类型 264
性 265
    性行为的生理基础 265
    性行为的过程 267
    性行为的形式 268
    心理学与人生：艾滋病、性病与性道德 273
爱情 274
    什么是爱情 274
    爱情的产生 274
    探索与发现：对中国人婚恋问题的研究 277
    爱情的类型 278
    恋爱关系的维持 279
    心理学与人生：解读网恋 280

第11章 人的毕生发展 283

遗传与环境 284
    遗传与环境 284
    研究方法 285
胎儿期 286
    遗传基础 286
    胎儿的发展 287
    心理学与人生：基因疗法和即将到来的医学革命 287
    影响胎儿发展的因素 288
婴儿期和儿童期 289
    新生儿 290
    从婴儿期到儿童中期 291
    探索与发现：中国儿童心理理解能力的获得与发展 296
青少年期 301
    生理发展 301
    心理学与人生：青少年的自杀 302
    认知发展 302
    社会性发展 303
    你想了解自己吗：测测你的自我认同感 305
成年期 307
    成年早期和成年中期 307
    探索与发现：不同文化下的成人仪式 308
    成年晚期 309

第12章 人格 315

人格概述 316
    何谓人格 316
    人格的形成 316
    探索与发现：对身体自我的研究 318
    人格理论 319
人格的心理动力理论与人本理论 320
    人格的心理动力理论 320
    探索与发现：中国人的人格动力 325
    人本主义人格理论 326
人格的特质理论、学习理论与生物进化理论 328
    人格的特质理论 328
    人格的学习理论 331
    探索与发现：大七因素人格模型 331
    人格的生物与进化理论 333
人格测评 336
    何谓人格测评 336
    人格的自陈测量 337
    探索与发现：宇航员需具备什么样的人格特征？ 337
    你想了解自己吗：测测你的生活风格 338
    投射测验 339
    行为测评法 340
    心理学与人生：应对人格测验的"锦囊之计" 341

第13章 压力、应对与幸福感 343

压力及其应对 344
    压力 344
    你想了解自己吗：测测你近来的生活压力有多大？ 345
    探索与发现：DSM-5 PTSD临床症状表型模型研究 348
    压力的应对 348

探索与发现:"心理台风眼"效应之探究　352
心理学与人生:如何建立应对压力的有效策略　354
易致病的应对模式　355
　A 型行为模式与冠心病　355
　C 型行为模式与癌症　356
　吸烟的危害　356
幸福感与健康　358
　什么是幸福感　358
心理学与人生:大学生为什么会成为抑郁的高发人群　360
　幸福感在防治疾病中的作用　360

第 14 章　心理障碍与治疗　363

心理障碍的性质　364
　心理障碍的定义　364
　心理障碍的成因　365
探索与发现:心理障碍的遗传学基础　367
　心理障碍的分类　369
探索与发现:DSM 和文化以及 DSM 中的文化　372
心理障碍的主要类型　372
　焦虑障碍　372
　躯体症状障碍　375
　分离障碍　376
　心境障碍　378
　精神分裂症　380
你想了解自己吗:贝克抑郁自评问卷　381
　人格障碍　384
　儿童障碍　386
心理治疗的主要方法　387
　心理动力疗法　387
　行为疗法　389

认知疗法　392
人本主义疗法　395
关于心理治疗的疗效问题　396
生物医学疗法　397
心理学与人生:判断你何时需要帮助　401

第 15 章　社会心理学　403

社会认知　404
　社会认知图式　404
　印象形成　405
　归因过程　406
　归因偏差　408
社会态度　409
　态度的性质　409
探索与发现:不同文化背景下都有基本归因错误吗?　409
　态度的形成　410
　态度的改变　411
　态度与行为　413
你想了解自己吗:测测你的认知需求　413
　偏见与歧视　414
心理学与人生:职场中的偏见与歧视　416
社会影响　418
　从众　418
心理学与人生:大学生的家庭依赖性与从众行为　420
　顺从　420
　服从　422

专业术语表　425

参考文献　438

第 1 章

绪 论

心理学与生活质量息息相关

进入21世纪以来,人们为了提高生活质量、改善人际关系、提高工作效率以及追求健康幸福,都想学习心理学。近年来,心理咨询师的考试"高烧"不退,报考人数是一年多过一年。据相关部门统计,报考心理咨询师的人数以每年50%的速度递增。学习心理咨询课程的人已不仅仅是从事这个行业的专业人士,更有来自各行各业,如司法人员、教师、企业管理者、人力资源主管等。越来越多的人对心理学感兴趣,期盼着心理学能够帮助他们有效地处理和解决生活中遇到的种种困难。

心理学确实与我们的生活质量息息相关。感觉、知觉和学习、记忆的知识会告诉我们知识技能获得的规律,以及如何提高我们获取知识的技能;意识与意识状态的知识会告诉我们梦的性质,药物滥用的危害性;认知与语言的知识会告诉我们如何提高问题解决的能力,激发创造力;动机与情绪的知识会告诉我们动机和情绪的性质,怎样运用动机与情绪的规律来提高工作效率;社会心理及性别、性和爱情的知识会告诉我们如何改善人际关系,获得忠贞的爱情;而压力和压力应对的知识会使我们的生活更健康、更幸福……心理学知识在我们生活中的应用无处不在。那么,什么是心理学?心理学是怎样发展起来的?心理学家会采用哪些方法来研究人心?本章将对以上问题一一论述,希望以此来开启你们学习心理学的智慧之门。

心理学的性质

现代人大多都知道心理学这个名词,但什么是心理学?它有哪些分支学科?心理学家的职业魅力何在?许多人可能并不了解。

何谓心理学

心理学不是常识

我们每个人都有一套如何进行人际交往,以及怎样看待自己和他人的"理论"。虽然这些"理论",人们很难清晰、有逻辑地将它们表达出来,但却常常体现在谚语、箴言中。不过,这种关于心理与行为的"常识"却往往是相互矛盾的。例如,对于要采取行动,有人说"三思而后行",又有人说"机不可失,时不再来";对于人际情感,有人说"小别胜新婚",又有人说"眼不见心不烦";对于工作效率,既有"三个臭皮匠顶个诸葛亮",又有"三个和尚没水吃";对于人际吸引,既说"异性相吸",又讲"物以类聚"。如果这些谚语不讲条件地使用,那都是不可证伪的,因而是不科学的。

某些世俗信念在某些条件下可以被验证,但它们往往被心理学研究证实是错的。例如,对高中生课余打工一事,大多数美国人都认为是件好事,理由是:(1)打工挣到的钱可以贴补家庭开销以及作为他们未来的教育费用;(2)可以发展他们的工作情操,使他们在日后的职业生涯中可以承担更多的责任;(3)可以帮助他们形成对美国经济的正确看法;(4)由于体会到挣钱的不易,因而会提升他们的学习积极性。然而,许多心理学研究表明,这些世俗看法都是错误的。高中阶段的打工经历对学生不具有普遍的教育和经验提升的意义,反倒让学生对工作、对美国经济变得

你想了解自己吗:考考你的心理学知识

下面列举了一些日常生活中常见的问题,请你选择是或否,看看你对心理学的知识到底了解多少?

1. 婴儿喜欢母亲,主要是因为母亲满足了他们基本的生理需要,例如给他们提供食物(乳汁)。(是 否)
2. 天才的社会适应能力通常比较差。(是 否)
3. 要使一种行为在训练过后能够继续保持,其最佳方法不是在训练过程中定期地给予奖励,而是在每一次该行为出现时,就给予一次奖励。(是 否)
4. 精神分裂症患者至少有两种截然不同的人格。(是 否)
5. 父母应该竭尽所能来确保孩子有高自尊,并让他们相信自身的能力是非常强的。(是 否)
6. 儿童的 IQ 分数与他们在学业上的表现几乎没有什么关系。(是 否)
7. 频繁的手淫会导致精神疾病。(是 否)
8. 人一旦上了年纪,他们的休闲活动会从根本上发生改变。(是 否)
9. 大多数人都会拒绝对他人进行痛苦的电击。(是 否)
10. 谈论自杀的人不太可能真的自杀。(是 否)
11. 人的性格由其所属的星座或生肖决定。(是 否)
12. 学过心理学之后就能知道别人正在想什么。(是 否)

答案是:上面 12 个问题的答案都是否定的。你或许还不能完全理解,不用急,学完本书之后,你就会明白了。

更反感和不尊重（Bachman & Schulenberg, 1993; Steinberg, Fegley, & Dornbusch, 1993; Steinberg, Brown, & Dornbusch, 1996）。又如，常识认为学业成绩优秀、喜欢读书的孩子，其体能和社交能力较差。但大量事实表明，这类孩子不仅体能优秀而且社交能力强，更容易为朋友们所接纳（Gage & Berliner, 1984）。虽然常识可能有助于我们解释日常生活中的一些问题，但是常识不是心理学，心理学也不是常识。

心理学的科学性

镜头一：一对双胞胎兄弟刚出生不久就被不同的人家领养。最近，他们参加了一项关于双生子行为和人格特质相似性的研究。除了他俩之外，参与此项研究的还有另外几十对双胞胎。研究者希望通过对共同生活和刚出生就分开的双生子的心理和行为进行比较，来考察遗传和环境对个体的影响。

镜头二：学校学生处正面向全校公开招聘校社团主席，尽管名额只有一个，但前来应聘的学生却络绎不绝。大家都知道当上社团主席就意味着有更多的锻炼机会和更广阔的发展前途。看着一个个跃跃欲试的年轻人，招聘老师不禁犯了难，这么多人，怎么选呢？社团主席的职务可不是凭一腔热情就能干好的，不仅要有活泼开朗的性格，还要有踏实苦干的精神，以及敢作敢当的责任感和创造性。招聘老师不禁陷入了沉思……

镜头三：咨询室里，咨询师正耐心地听小敏诉说一件童年的往事。多年来它一直被埋藏心底，小敏从未给任何人讲过，这还是第一次。她很痛苦、想改变却又不知从何做起。咨询师安慰她、鼓励她，同时也让她明白，其实有类似痛苦的何止她一个人，很多人都曾经有过。在咨询师耐心的开导下，小敏心头的浓雾终于开始慢慢散开。

这三组镜头描述的都是心理学家要研究的内容。心理学是一门严谨而开放的学科。说它严谨，是因为它要求用数据进行论证；说它开放，是因为它的研究范围十分广泛。从步履蹒跚的婴儿，到耄耋老人，社会中的任何人，即使是心理学家自身，都可以成为心理学家的研究对象。从内部生理变化到外界环境影响，从简单的个体行为到复杂的群体活动……都可能成为心理学家感兴趣的课题。总之，只要有人的地方就有心理学家研究的问题。不仅如此，除了人类之外，心理学家还研究其他动物，从森林里的黑猩猩到实验室的小白鼠，都可以成为他们的研究对象。心理学的研究方法也多种多样，从严谨精确的实验室研究，到轻松有趣的自然观察；从简单易行的问卷调查，到复杂深蕴的个案分析，具体方法因时因事而异。

总之，**心理学**（psychology）是研究心理和行为的科学，其目标是描述、解释、预测和帮助控制行为。

描述就是对心理和行为事件加以客观的陈述，即客观地加以描述，只求事实的真实性，而不涉及心理与行为发生的原因。例如，如果要从定性的角度来描述一位大学生害羞的特点，我们可以向被试提出下列问题：你在什么情境下容易感到害羞？你在害羞时有哪些心理和行为反应？你的害羞感是经常性的还是情境性的？根据对被试回答的分析，我们就可以对这位大学生的害羞特点进行定性的描述。如果要从定量的角度加以描述，则可以让这位大学生根据自身实际情况回答《青少年害羞量表》上的每一个项目，经统计处理就可以对其害羞特点作定量的描述。无论定性描述或是定量描述都必须客观真实。

解释就是将心理和行为事件发生的前因后果分析清楚，即以陈述的事实为根据，进而分析其形成的原因。例如，为什么有些人害羞有些人不害羞？据研究，可能主要有三方面的原因。第一种情况是天性问题。研究表明，大概有 10% 的幼儿"生来害羞"（Kagan, 1994）。这些孩子在与不熟悉的人或环境接触时就会更加害羞。第二种情况是有些人在儿童期被嘲讽，因一时失误而被大家取笑；或小时候在家里是"掌上明珠"，父母宠爱有加，很少有与其他人接触的机会。第三种情况是文化上的原因。在中国传统文化中女性害羞是受鼓励的，因而女性害羞者较多。另外，当今年轻人过度使用网络，减少了与人面对面接触的机会，由此产生了孤独感和隔离感，因而更加害羞。很明显，形成害羞的原因往往不是单一的，而是由多种原因共同所致，甚至几个因素互为因果。

预测就是根据现有的资料，去推估心理和行为事件将来发生的可能性。例如，根据害羞产生原因的解释，我们可以推测，相当多的（超过 50%）大学生正在经历着害羞这种令人不快的状态。其中少数人属于"气质性害羞"，是天生的；大多数大学生的害羞是"情境性的"，他们可以从害羞的桎梏中摆脱出来。心理学的研究表明，对因果关系明确的心理和行为事件，根据以往多次心理和行为事件发生后所得的因果关系资料，去预测未来同类心理和行为事件发生的可能性，是相当可靠的。

控制就是设法控制引发某种心理和行为的因素，使之不发生，或将可能发生的心理和行为减少到最低限度。例如，如果想控制害羞，使之不发生或少发生，那么我们就可以按照研究害羞的专家菲利浦·津巴多的 8 条建议去做。这 8 条建议是：（1）要相信你的害羞并不比其他人更严重，其他人可能会比你更害羞；（2）要相信即使从小就很害羞，也是可以改变的，就像改掉不良习惯一样，需要的是勇气和毅力；（3）微笑对待你所接触到的人，并与他们目光接触；（4）与别人交谈时要用最清晰的语音，特别是当说到自己的名字或询问信息时；（5）在一个新的社会环境中努力使自己第一个提出问题或发表观点；（6）绝不要小瞧你自己，要想取得成功，就应采取行动；(7) 把你的注意力投向别人，看看其他人是否害羞，转移你对自己的注意；（8）去常使你感到害羞的地方之前，可以练习沉思、放松，使思想集中到理想的状态。研究表明，不少大学生按照上述 8 条建议去做，害羞状况大大减轻了，甚至完全消失了（Zimbardo, 1991）。

心理学的分支学科

当今心理学是一个分支繁多的学科体系。在这个体系中，一些心理学分支担负理论上的任务，一些分支则担负实际应用的任务。根据其担负任务性质的不同，大致可以把它们划分为两个大的领域：基础领域和应用领域。

基础领域

基础领域的心理学分支，主要探讨心理科学中与各心理学分支都有关的基础理论和基本的方法学问题，研究心理和行为发生、发展的基本规律。此领域包括普通心理学、实验心理学、生理心理学、人格心理学、社会心理学、比较心理学、发展心理学等多个分支学科。

普通心理学（general psychology）研究心理和行为现象的一般规律，探讨心理学的基本理论，阐述心理行为的一般规律，概括各分支学科的研究成果，同时为各心理学分支提供理论基础。

实验心理学（experimental psychology）是用实验方法研究心理和行为的一个心理学分支学科，主要探讨心理实验的原理、设计、方法、仪器、技术以及资料处理等问题。许多分支学科都会采用实验方法。

生理心理学（physiological psychology）是探讨心理和行为生理机制的一个心理学分支学科。主要研究感觉系统、学习和记忆、动机和情绪等各种心理现象的神经机制，以及遗传基因、内分泌腺等生物因素对心理和行为的调节机制。

人格心理学（personality psychology）以现实的完整的人作为研究对象，对人的思想、情绪及行为的独特模式作整体性解释的一个心理学分支。它着重研究个体心理以及行为跨时间的稳定性和跨情境一致性的独特特质。

社会心理学（social psychology）是心理学与社会学的交叉学科，主要研究社会情境中个体与群体心理的本质及其产生、发展和变化规律的一个心理学分支学科。具体研究社会认知、社会动机、社会态度、社会情感、社会关系、团体心理以及时尚、风俗、舆论、流言等。

比较心理学（comparative psychology）是研究并比较各种动物的行为，并探究行为的内在机制和发生发展规律的一个心理学分支学科，同时也通过研究动物行为来考察人类心理如何演化而来。

发展心理学（developmental psychology）是研究人类个体不同年龄阶段的心理发生发展规律的一个心理学分支学科。按照人生发展的各个阶段，可分为婴幼儿心理学、儿童心理学、少年心理学、青年心理学、成年心理学和老年心理学。

认知心理学（cognitive psychology）有广义和狭义之分。广义的认知心理学指以人或动物的认知过程为研究对象，探索认知过程的内容、机制及其研究方法的心理学；狭义的认知心理学就是以信息加工观点，来揭示人类认知过程及其机制的心理学，又叫信息加工心理学。

跨文化心理学（cross-cultural psychology）研究在不同文化和种族背景下，人们行为和心理过程的相似与差异。

应用领域

心理学的应用十分广泛，涉及人类社会生活的各个方面，主要的分支学科有教育心理学、临床心理学、咨询心理学、管理心理学、司法心理学、运动心理学、广告心理学、健康心理学、学校心理学、工业心理学等等。

教育心理学（educational psychology）研究教与学过程中的心理和行为的一个心理学分支学科。其目的是促进受教育者掌握知识及技能、发展智力及个性、形成良好道德品质，以及建立系统的科学的教育理论。

临床心理学（clinical psychology）研究异常行为和心理障碍，并实际从事心理疾病的诊断、治疗和预防等工作的一个心理学分支学科。

咨询心理学（counseling psychology）用心理学原理来帮助生活适应困难或心理异常者，使其认识自己、了解环境、澄清观念、解除困惑，进而消除不良习惯，重建积极人生的一个心理学分支学科。

管理心理学（management psychology）主要研究组织中的管理人员及其与从属之间交互作用的问题，其目的是促进组织发展和工作绩效提高的一个心理学分支学科。根据管理内涵的不同，还可分为行政管理心理学、企业管理心理学、学校管理心理学等。

司法心理学（judicial psychology）又叫作法制心理学，运用心理学原理和方法探讨研究人们在法制活动中的心理学问题，探究司法程序中犯罪动机、犯罪证据的信效度等，以提高司法公正性的一个心理学分支学科。

运动心理学（sports psychology）又叫作体育心理学，主要研究人们在体育运动、训练、竞赛活动中的心理和行为问题，旨在提高体育运动成绩的一个心理学分支学科。

广告心理学（psychology of advertising）研究广告对于消费者和潜在消费者的购买动机和决策的影响。

健康心理学（health psychology）探索心理因素与身体疾病之间的关系，关注心理、行为与文化因素如何影响身体健康与疾病。

学校心理学（school psychology）致力于为小学和中学中存在学习和情绪问题的学生提供咨询服务，使学生保持良好行为和学习习惯。

工业/组织心理学（industrial/organizational psychology）主要研究工作场合的人类行为和心理学基础，以及运用心理学理论和原理去影响工作和生产的科学研究。

随着心理学的不断发展，学科间的交叉融合越来越多，传统心理学与其他学科间的互动为更好地研究心理学提供了新的方法，为心理学的研究打开了新的思路。例如传统发展心理学与脑科学的交叉催生了**发展认知神经科学**（developmental cognitive neuroscience），该学科对人类毕生发展的研究起到了推动作用；认知神经科学对自我和共情的研究促使了另一门学科的诞生——**社会认知神经科学**（social cognitive neuroscience），该学科旨在从社会、认知和神经三个水平研究纷繁复杂的社会认知现象。

心理学家的职业

心理学家的职业范围很广，从学校的心理健康工作，到企业的人力资源管理；从私人的心理咨询诊所，到政府部门的形象设计顾问……在互联网上一搜索，我们就可以找到大量类似的信息。

心理学的流行是社会发展的必然趋势。这是因为随着社会的进步和经济的发展，人们越来越想了解自身，越来越关注完善自我，发挥潜能；随着社会竞争日益激烈，人们承受的压力会越来越大，为了更好地缓解压力和适应社会，必须找到一个有效的应对机制，因而大众就越来越需要心理学的知识。在社会的各行各业中，企业、学校、军队、医院、监狱、社区以及政府部门都需要雇用专门的心理学人才为其服务，这是大势所趋。

现状

目前世界上已有 70 多万名心理学家或心理学工作者，其中将近 30 万人集中在

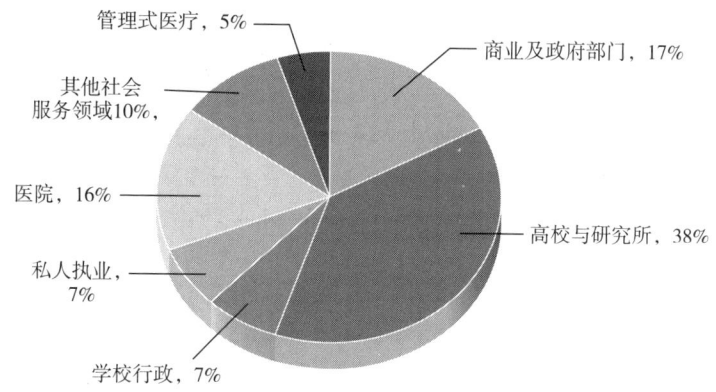

图 1.1
美国心理学家在各行业里的分布
资料来源：American Psychological Association, 2007.

美国。但是世界上其他国家的心理学家人数总和已超过美国，欧洲有超过 29 万名的心理学家，处于南美洲的巴西也有 14 万名注册心理学家。近年来，中国的心理学事业发展也非常迅速。心理学专业招生逐年增加，与心理学相关的活动和会议也不断增多。中国心理学会下设多个专业委员会，具体为：教育心理专业委员会、发展心理专业委员会、普通心理和实验心理专业委员会、理论心理与心理学史专业委员会、工业心理专业委员会、医学心理专业委员会、生理心理专业委员会、心理测量专业委员会、法律心理学专业委员会、学校心理专业委员会、体育运动心理专业委员会、社会心理学专业委员会、临床与咨询心理学专业委员会、军事心理学专业委员会、人格心理学专业委员会、工程心理学专业委员会、决策心理学专业委员会、老年心理学专业委员会、民族心理学专业委员会、护理心理学专业委员会、社区心理学专业委员会等等。尽管如此，中国心理学发展并不平衡：从事教育和理论研究的人员较多，而从事咨询、管理等应用工作的人员较少。中国大多数心理学家都在高校或研究部门从事科学研究和教学工作，尽管一些人在进行学术研究的同时也从事一些应用工作，但同美国等发达国家相比，中国心理学家参加应用研究的人员还是太少。在美国，就整个行业情况来看，心理咨询和服务业，加上政府部门和商业领域中的心理学家，共占了全行业人数的 55% 左右，在学校或高级研究部门中从事研究和教育活动的达到 45%（见图 1.1）。

心理学研究的一个重要目的是服务于人民，造福于社会。根据以往发达国家的经验，当一个国家或地区的人均 GDP 达到 1000~3000 美元时，就是该国家或地区社会问题最多的时期，这是经济发展过程中一个较难逾越的阶段。2003 年，中国的人均 GDP 过了 1000 美元大关。近几年来，由心理问题而导致的社会恶性事件不断增多，心理健康的警钟在一次又一次地敲响。为了促进社会和谐稳定和人民安居乐业，中国的心理学家正抓住这难得的机遇，加快应用研究的步伐，这既造福于社会又将促进中国心理学事业的发展。

职业领域

尽管目前中国已开发的心理学市场还比较小，但随着国民经济和社会的发展，社会对心理学工作者的需求量也会日益增长。心理学专业的本科毕业生除一部分报考研究生继续深造外，大多数毕业后都将参加工作。受过专业心理学训练的本科生，一般有较强的分析能力，知道如何进行批判性思考，并能很好地对各种信息进行综合分析，因而无论在商业、工业或是在政府部门中，都比较受赏青睐（Kuther, 2003）。美国的心理学专业毕业生从事最多的是社会服务行业，如担任管理部门的顾问或直接从事管理工作，大约20%的心理学毕业生都在这类社会服务业或其他公共事业中供职。此外，也有一些心理学专业毕业生在教育系统、商业领域或各级政府部门里工作（American Psychological Association, 2000; Murray, 2002; Rajecki & Borden, 2011）。

在中国，心理学专业人员可以从事的职业领域相当广泛。例如，在教育和学术领域，可以从事的工作如专业心理学研究、专业教学、学校心理健康教育、学校德育工作、教师培训、家长培训、行政管理等；在商业领域，可以从事的职业如人力测评、职业培训、市场营销、公关工作、广告设计等；在其他社会领域，可以从事的职业如法律心理咨询、职业心理咨询、危机干预咨询、临床心理咨询、社区工作、行政管理、运动心理咨询、军事心理咨询等。

培养途径

如果你只是想成为一名业余心理学爱好者，或许不用花费太大的精力；但如果你想成为一名专业的心理学工作者，那就得经过专门的心理学训练。例如，北京师范大学心理学院的本科有三个方向，四年内所有的本科生都要学习的基础课程主要有：普通心理学、实验心理学、心理统计、心理测量、心理学史、生理心理学、发展心理学、教育心理学、学习心理学、人格心理学、变态心理学、社会心理学、管理心理学、心理学研究方法、SPSS应用、心理学研究实践等；基础心理学方向的学生还要学习的专业课程主要有：认知心理学、情绪心理学、心理实验技术、青少年心理学、老年心理学、神经生理学等；心理咨询与辅导方向的学生还要学习的专业课程主要有：心理咨询导论、心理咨询实践、健康心理学、学校心理学、生涯规划与辅导、信息技术教育应用、社会调查方法等；管理心理与人力资源方向的学生还要学习的专业课程主要有：管理学、经济学、工程心理学、环境心理学、广告心理学、消费心理学等。在美国，如果想开一家私人心理咨询诊所，你必须要获得哲学、医学和心理学的三个博士学位，因此美国的心理咨询医生大多不会很年轻。

心理学是一门学问。要从事心理学工作，必须经过严格的专业训练。但世上总有一些投机的庸医和假充内行的江湖骗子，心理学领域中也有这样的骗子。他们对心理学略知皮毛，利用人们的需求、恐惧和痛苦，大赚黑心钱。这应当引起我们的警惕和注意。

心理学的发展

7000年前，人们认为心理或精神问题是由邪恶的幽灵引起的。为了让这些幽灵离开人体，就必须对患者实施一种环钻手术。所谓的手术，其实是用粗糙的石器在患者的头骨上钻孔，直到把头骨钻穿。人们在考古中发现，一些人类头盖骨上仍然保存有这种手术治疗后的痕迹，有人推测：或许一些病人在经过这样的治疗之后存活过。

> **心理学与人生：心理学博士谈学习心理学的烦恼**
>
> 在美国哈佛大学获得心理学博士学位、现任教于香港城市大学的岳晓东教授，谈起过他在学习心理学时遇到的烦恼。这些令人烦恼的事，表明了人们对心理学的种种误解。岳晓东教授在《大众心理学》中写道：
>
> 自从与心理学结缘以来，就一直为一些烦恼所困扰，而且越积越深，今日写下来，与世人说一说，也算是一种自我解脱吧！
>
> 学心理学的第一个烦恼是，别人认为你必然能知道别人心里在想什么。"哇！学心理学一定知道别人的心里想什么啦！"这话真是过奖了。心理学不过是想琢磨人的意念形成过程，可从来没想弄清那意念是什么。心理学可以把人的思维发展、情绪转化、性格成长说得头头是道，但它没法说出人心里想的到底是什么。毕竟人心隔肚皮，我哪能知道你老兄心里算计着什么呢？再说了，心理学又不是心里学，不能当成算命占卜。据说美国著名心理学家柯尔伯格经常遇到这样一个问题：你是研究品德心理的，你说说这小子品德怎么样？对此，老柯总是无言以对。是啊，他柯尔伯格能将人的品德心理发展分成三段六期，可他能分得清别人的正念邪想吗？他有那本事吗？
>
> 学心理学的第二个烦恼是，常被人指着鼻子骂："亏你还是学心理学的，连这点儿心理都不懂。"这话让人听起来苦笑，心理学又不是魔杖，岂能事事皆灵，万事皆通。
>
> 学心理学的第三个烦恼是，会被人怀疑自己有一些神经质。其实，心理学的研究者以揭示人类思维发展、情绪变化之奥妙为己任，以追求个人之最大自我实现为目标。心理学使人越发明智，更加了解自我，适应社会，怎么会误入歧途呢？
>
> 学心理学还有一个烦恼是，会时常听到这样一句话："这家伙是学心理学的，防着点！"你是怕我猜透你的心思吗？唉！我哪有那本事儿？为什么要防着我们学心理学的，而不去防备学经济学的会坑你的钱，或防备那些学生物的人会拿你做实验呢？
>
> 烦恼也罢，倒霉也罢，学心理学的我就像过河小卒，只能勇往直前。何况先人威廉·詹姆士在潜心研究心理学之前，也有类似难以言表的烦恼。老先生都挺过来了，而且建树非凡，我也只有选择向前。
>
> （摘自：岳晓东《大众心理学》）
>
> 岳晓东教授的经验对心理学初学者不无启迪！

17世纪的法国哲学家勒内·笛卡儿（René Descartes, 1596—1650）认为，感觉是由"动物精气"引起的，而神经就是一根根用来传导"动物精气"的空管，"动物精气"在其中的传导就像水在管道中传输一样。当手指移近火焰，热就通过这些管道传送到了人的大脑，于是人就会感到灼热。

18世纪的医生弗朗茨·约瑟夫·高尔（Franz Josef Gall, 1758—1828）认为，受过专业训练的观察者可以根据头骨上突起部分的数量和形状来判断一个人的智力、道德品质以及其他一些基本的人格特征。他的理论促使了颅相学（phrenology）的诞生，19世纪有数以百计的拥护者采用过这种方法。

随着科学的发展，心理学在不断地成熟和进步。本节中我们就一起来了解一下心理学的过去、现在甚至将来的发展历程。

心理学的昨天

在科学文明高度发达的今天，我们可能会笑话古人的幼稚。然而，在那个年代，这些的确都是当时最进步的"心理学"思想。人们对心理问题的探讨，在古代中国和古希腊思想家的著作中，都有过不少论述。中国古代的思想家几乎都倡导"人为贵"，

威廉·冯特（Wilhelm Wundt, 1832—1920）

重视人的价值，主张开发人的潜能，力求处理好天道与人道的关系。亚里士多德曾在他的《论灵魂》中，对思维、智慧、动机以及情绪进行过一定的猜测和探讨。但当时还没有"心理学"一词，人们的讨论只是一种哲学思辨，不能算作真正的心理学。"心理学"一词最初源自于两个希腊词汇：psyche，意为"灵魂"；logos，意为"研究"。16世纪这两个词第一次被放在一起用来阐释一个论题，当时"psyche"一词的意思是灵魂、精神、心理、思想，与躯体相区别。直到19世纪初期，"psychology"一词才在学者中广泛使用起来。心理学真正成为一门独立的科学，则是到了1879年，威廉·冯特（Wilhelm Wundt, 1832—1920）在莱比锡大学建立了世界上第一个真正意义上的心理学实验室。几乎与此同时，威廉·詹姆士（William James, 1842—1910）在哈佛大学建立了他自己做演示用的心理学实验室。正如赫尔曼·艾宾浩斯（Hermann Ebbinghaus, 1850—1909）所说："心理学有一个漫长的过去，却只有短暂的历史。"科学心理学诞生后便发展出几种不同的思想学派，每个学派都是对它之前存在的学派的有力反抗，并从中得到发展。

构造主义

冯特建立的实验心理学不仅标志着心理学的独立，也标志着心理学史上第一个思想学派——**构造主义**（structuralism）的开始。冯特认为，心理学是研究意识经验的科学，意识经验是由很多不同的元素构成的。他采用的研究方法叫内省法。所谓**内省法**（introspection），就是通过给被试呈现一些刺激，如一面色彩鲜艳的小旗或一句写在卡片上的话，让被试用自己的话尽可能详尽地描述自己的感知和体验，然后由心理学家分析被试的报告，从而更好地理解心理结构。冯特认为，心理学的任务就是用实验内省法来分析意识经验的基本元素，从而发现这些基本元素如何合成复杂心理过程的规律。

构造主义心理学虽然使心理学摆脱了哲学思辨的羁绊，走上了实验科学的道路，但冯特企图以"纯内省"的方式进行"纯科学"的分析，是站不住脚的。构造主义传入美国后不久便遭到心理学界的反对，人们对内省法能揭示心理基本元素的说法越来越怀疑。而这些反对者的主张又各不相同，因而在冯特的构造主义之后，心理学界便出现了百家争鸣、学派林立的局面。

机能主义

在声讨构造主义的浪潮中，声势最大的是**机能主义**（functionalism）。该学派由美国心理学家詹姆士与杜威（John Dewey, 1859—1952）在20世纪初创立。他们不关注心理结构，而注重个体在适应环境过程中所表现的心理机能。"适应"和"实用"是该学派的核心思想。机能主义心理学的研究对象不限于成人，还扩大到儿童和动物。在研究方法上，除了内省法之外，他们还采用了观察、测验和问卷调查。20世纪初期，机能主义在美国心理学界占绝对优势。但是除了强调"实用""适应"之外，机能主义对美国心理学后来的发展影响较小。20世纪20年代以后，它便被行为主义学派所取代。

格式塔心理学

格式塔心理学（Gestalt psychology）又叫完形心理学，由德国心理学家惠特海默（Max Wertheimer, 1880—1943）、考夫卡（Kurt Koffka, 1886—1941）和苛勒（Wolfgang Köhler, 1887—1967）于1912年在法兰克福大学创立，后来在美国得到进一步发展。"格式塔"是德文"Gestalt"的音译，意为"完形""样式""结构""组织"。该学派认为，每一种心理现象都是一个"被分离的整体"，整体不等于部分之和，也不是由若干元素组合而成。相反，整体先于部分存在且制约着部分的性质和意义；从整体上考虑构成知觉的基本成分，比单独考虑它们时有更大的含义。比如，对于熟悉的三角形，我们看到的是三条线段，但我们知觉到的却是由这三条线段组成的一个闭合的、完整的三角形。这就是格式塔心理学的核心理念。总之，他们主张从整体的角度来研究知觉和思维的组织结构，考察知觉意识的心理历程。格式塔心理学在知觉组织原则以及学习、注意、思维、记忆等心理过程的研究中，做出过积极的贡献，为后来认知心理学的产生做了铺垫。

心理学发展年谱

表1.1给出的是对心理学发展具有里程碑意义的事件，其中颜永京的译著《心理哲学》、陈大齐撰的《辟灵学》、中国心理学会的创建、潘菽的《心理学的过去与将来》以及难忘的1978年，是本书中国编译者加入的，这5项事件对中国现代心理学发展有着重要的意义。

心理学的今天

第二次世界大战后，心理学学派林立的鼎盛时期逐渐过去，从20世纪50年代起，心理学的发展开始发生变化。心理学家不再各执己见，以自己的独家理论来解释所有的心理和行为现象，而是博采众长，用不同的观点来解释不同的现象，甚至以不同的观点来解释相同的现象。学派分立的形势逐渐演变为不同理论并存且彼此兼容的局面。从这个时期开始，解释某种心理或行为现象的小型理论模型相继出现。

五种主要的研究取向

由于心理与行为的复杂性，当今心理学的研究有五种主要研究取向（见表1.2）。每一种研究取向强调的心理和行为的重心都不一样，任何一种研究取向都可以让我们从不同的角度去理解心理和行为，彼此之间并不矛盾。就像要在地图上找到一条到达某个特定地点的道路，可以借助于水路、公路、铁路、空中航线等不同的线路到达目的地一样。

表 1.1 心理学发展中的里程碑

公元前 5000 年	环钻手术被用于赶走精神病患者身上邪恶的幽灵
公元前 430 年	希波克拉底（Hippocrates, 公元前 460—公元前 377）提出 4 种体液的气质学说
1637 年	勒内·笛卡儿描述"动物精气"
1690 年	约翰·洛克（John Locke, 1632—1704）提出"白板说"
1807 年	弗朗茨·约瑟夫·高尔提出颅相学
1879 年	威廉·冯特在德国的莱比锡建立世界上第一个心理学实验室
1889 年	颜永京翻译美国芝加哥神学院教师黑文（Joseph Haven）所著的《心理哲学：包括智、情、意》，成为第一本汉译心理学著作
1890 年	威廉·詹姆士的《心理学原理》一书出版
1895 年	机能主义雏形形成
1900 年	西格蒙德·弗洛伊德（Sigmund Freud, 1856—1939）提出心理动力学观点
1904 年	伊万·巴甫洛夫（Ivan Pavlov, 1849—1936）因对消化腺的研究而获得诺贝尔奖，他的研究揭示了学习的基本原理
1905 年	玛丽·卡尔金斯（Mary Calkins, 1863—1930）研究记忆
1915 年	智力测验盛行
1918 年	陈大齐撰写的《辟灵学》，批判了扶乩灵验和人死有鬼的迷信观点
1920 年	格式塔心理学产生了较大影响
1921 年	中国心理学会创建
1924 年	早期的行为主义者约翰·华生（John Watson, 1878—1958）掀起行为主义思潮
1927 年	潘菽的《心理学的过去与将来》一文在《北新》1927 年卷 1 号出版，阐述了 7 个理论心理学问题，是中国理论心理学的奠基之作
1928 年	丽塔·斯塔特·霍林沃斯（Leta Stetter Hollingworth, 1886—1939）开始发表青少年研究的成果
1951 年	卡尔·罗杰斯（Carl Rogers, 1902—1987）出版《来访者中心疗法》，推动了人本主义的形成
1953 年	B.F. 斯金纳（B.F. Skinner, 1904—1990）出版《科学与人类行为》，倡导新行为主义
1954 年	亚伯拉罕·马斯洛（Abraham Maslow, 1908—1970）出版《动机与人格》，提出了自我实现的概念
1957 年	利昂·费斯汀格（Leon Festinger, 1919—1989）出版《认知失调理论》，对社会心理学产生巨大影响
1969 年	关于智力遗传基础的话题引发了持久争论
1978 年	中国心理学教学科研机构得到恢复，迎来了中国心理科学发展的春天
1980 年	对心理学产生了深远影响的发展心理学家让·皮亚杰（Jean Piaget, 1896—1980）去世
1981 年	戴维·休布尔（David Hubel, 1926—2013）和托斯顿·威塞尔（Torsten Wiesel, 1924—）因对大脑视觉细胞研究而获得诺贝尔奖
1985 年	认知心理学开始受到重视
1990 年	心理学的多元文化与多样性研究受到重视
2000 年	伊丽莎白·洛夫特斯（Elizabeth Loftus, 1944—）在错误记忆和目击者证词方面做出开创性研究
2010 年	新的分支学科如临床神经心理学、进化心理学开始发展

心理学与人生：了解历史会对你成为心理学家有帮助

中国科学院心理研究所傅小兰

时代造就人物，人物改变历史。在人类社会发展进步的历史长河中，每个时代都会产生一些才华出众的人物，他们或在政治舞台上叱咤风云，或在文学艺术上流芳百世，或在学科阵地上开拓创新，以其卓越贡献为世人书写下不朽篇章，成为后继者学习的榜样和参照的标杆。在心理学历史上也有一批这样的人物，我们称之为心理学大家。他们生活在不同的年代和国家，有着不同的经历和体验，但对心理学的发展都产生过重要的推动作用，是心理学发展历程中的闪亮坐标。一旦我们认识了这些心理学大家，也就粗略地领会了心理学发展的进程。

历史像面镜子，可资后人借鉴。心理学大家充分发挥自己的潜能，善于抓住那些稍纵即逝的机会，勇于克服现实环境中的障碍，攀登上了科学高峰，成为心理学发展史上的传奇人物。荆其诚先生和我主编的三卷本《心·坐标——当代心理学大家》（北京大学出版社）精选了国内外28位最具影响力的心理学家，以他们的个人生命历程为主线，较为详细地讲述了他们的学术经历、主要研究发现、学术理论观点及其在心理学发展史上所起的作用，反映了心理学发展的历程，是一套可读性比较高的心理学史读物。

《心·坐标》在第一卷中介绍了冯特、弗洛伊德、华生、斯金纳、西蒙、陈立、郭任远和伯特，在第二卷中介绍了巴甫洛夫、皮亚杰、苛勒、詹姆士、马斯洛、维果斯基、鲁利亚、陈大齐、张耀翔和陆志韦，在第三卷中介绍了荣格、莱士利、罗杰斯、洛伦兹、吉布森、乔姆斯基、巴德雷、特沃斯基、潘菽和荆其诚。书中不仅论及他们生活的时代背景、个人经历、发明和贡献，也论及他们与同行之间的合作与竞争，以及由此产生的恩恩怨怨，使心理学历史成为可感知体验的真实故事。这些心理学大家曾身处不同的境遇，或家境贫寒，或身体欠佳，或饱受争议，等等。阅读这三本书，你或许可以从中看到自己或身边其他人成长的身影。

历史是门艺术，可供后人鉴赏。这些心理学大家为什么从事心理学研究？答案迥然各异，既可能是出于好奇，也可能是为了在同行之间弄清问题的是与非。《心·坐标》试图从这些大家的生动的人生经历、突出的人格特征、活跃的思想历程，刻画出一个个栩栩如生的人物形象、精彩的人生故事，供同学们去观赏和评说。

一门科学的进步既有赖于科学实验研究的新发现，也离不开理论上的创新。17世纪，英国哲学家弗朗西斯·培根（Francis Bacon）提出"知识就是力量""我们唯有尊崇自然，才能驾驭自然"等观点。培根认为，科学的最终权威是经验观察，科学研究要建立在观察和科学实验的基础之上，观察是真知的基础。20世纪，卡儿·波普尔（Karl Popper）又提出，科学家不可能没有先入为主的理论。在进行科学实验之前，他们必定有一定的想法、提出某种假设，这样才知道要去观察什么、证明什么。区分科学理论和非科学理论的标准是"可证伪"原则，即科学理论必须是可反驳的、能够被检验的。现在看来，无论培根还是波普尔都是从不同角度揭示了发现科学真理的路线，我们要从不同方面去检验科学真理。科学研究就是从某一学术观点出发，进行科学实验，取得重要发现，并提出科学理论的过程。通过了解不同时代、不同文化背景的心理学大家的这种科学实践，能更全面地感受心理学研究的意义，领悟心理科学的真谛。

当然，我们都十分清楚，虽然这些心理学大家在心理学历史上功不可没，但与其他学科一样，心理学也是在经济的、社会的、科学的各类历史事件交融的背景下逐步发展起来的。一个时代的物质生产、科学发现、文化思潮和价值取向，都直接影响着世人对心理学的看法，影响着心理学研究者的热情，影响着心理学概念框架和方法论原则的形成，由此决定了心理学的理论形式和内容，推进或阻碍了心理学的发展。因此，《心·坐标》力图结合具体的社会环境、文化背景来展示心理学家的个人发展历程。

我们相信，科学家的多面形象能给同学们以真实的启迪。科学家是活生生的人，有立场和观点，有成功和失败，甚至有不轨行为。科学家在政治上、科研上、生活上犯些小错误在所难免，但一旦出现了重大的失误，后果就很严重且难以挽回了。历史的经验教训值得我们借鉴，那些不懂历史的人很可能会重蹈覆辙。《心·坐标》力求客观地介绍心理学大家的事迹，避免有意拔高某些人的长处，或掩盖某些人的缺点或错误，而是留其功过由同学们自己去判断。

表 1.2
当今心理学五种主要研究取向

神经科学	认知主义	行为主义	人本主义	心理动力学
从生物功能角度研究行为	研究人们是如何理解和思考世界的	强调研究外显行为	主张人们能够控制自身的行为，并有实现自身潜能的先天倾向	认为行为是靠内在无意识驱动的，几乎不被个体所掌控

神经科学研究取向　神经科学研究取向（neuroscience perspective）是以生物学知识为基础，从大脑、神经系统以及其他生理机能的角度来探讨个体的心理和行为。例如，脑的哪些部位的神经细胞在掌控我们的感觉和身体运动，人们如何受其父母或祖先遗传基因的影响，神经递质如何对个体的情绪和心理疾病起作用，哪些行为是先天的，哪些行为是后天的，等等。持这种研究取向的心理学家倾向于从生物学的角度去寻找个体心理和行为的原因。在他们看来，个体的心理和行为在很大程度上是神经细胞内部或相互之间的电反应或化学反应的结果，受到遗传和躯体结构的共同作用。因此，改变个体的生理结构或化学成分将导致个体的心理和行为的变化。

心理动力学研究取向　奥地利精神病学家弗洛伊德创立的**心理动力学**（psychodynamic），是现代心理学中影响最大的研究取向之一。弗洛伊德是一位精神科医生，他的心理动力学也被称为精神分析理论。弗洛伊德认为，所有的能量都源于身体内寻求发泄和降低紧张的兴奋状态。这些兴奋状态称为本能或驱力，代表持久的无法摆脱的力量。弗洛伊德的早期理论认为，个体有生的本能和死的本能。生本能的能量称为力比多（libido），死本能即为攻击的本能。弗洛伊德认为人格由本我、自我、超我构成。本我是无意识的，代表所有驱力能量的来源。它"寻找"兴奋或紧张的释放，遵循快乐原则。与本我形成鲜明对照的是超我，它代表我们的道德方面、我们追求的理想。当行为违背了道德标准时，我们会感到罪过。自我与现实相对应，其功能是根据现实情况和超我的需要来表达和满足本我的愿望。因此自我是"执行"功能，它协调着本我寻求快乐的需要和超我追求道德行为的需要以及现实的需要。弗洛伊德的心理动力学包含个体无意识的动机以及这些动机驱力间的相互作用，涉及个人根据超我和现实的需要来满足本我驱力的努力，以及协调在两个或多个驱力之间或在驱力（本我）和道德限制（超我）或现实（自我）之间的冲突。特别重要的冲突是表达"性驱力"的愿望与来自内部（如罪过、羞愧）或外部世界伤害恐惧之间的冲突。一个人可能想表达性需求，但又会觉得有罪过或怕别人指责和拒绝。这类冲突与焦虑有关，有时会引起神经官能症。为了应对焦虑的痛苦状态，人们可能会采用自我防御机制。

　　弗洛伊德原本并不是心理学家，他的心理动力学理论是其多年来对精神病人的观察记录而形成的。把这个理论应用到正常人身上，难免会有些牵强附会；同时他又十分强调"性"的重要作用，因而遭到了很多批判。不过，随着时代的变迁，弗洛伊德的追随者们也在不断发展完善心理动力学。

行为主义研究取向　行为主义研究取向（behavioral perspective）反对研究内部心理活动，认为心理学应当像自然科学一样，研究客观的、可以直接观察和测量的外显行为。行为主义的创始人华生认为，行为是刺激－反应（S-R）的结果。通过改变环境的方法就可以充分地认识行为；一旦控制了人所处的环境，想得到任何一种行为都是可能的。他说："请给我十几个健康而没有缺陷的婴儿，让我在我的特殊世界里抚养他们长大。那么我可以保证，在这十几个婴儿之中，我随便选出一个来，都可以将他训练成为任何一种专家——无论他的能力、嗜好、趋向、才能、职业及种族是怎样的——医生、律师、艺术家或商界领袖，甚至也可以训练他成为乞丐或窃贼"（Watson, 1924）。这种极端环境决定论思想在20世纪初期的美国大为流行。而这种不要心理（认知、思维、情感、意志等）的心理学，到1930年以后便受到学界的批评。有些原属行为学派的学者，不再坚持"客观又客观"的原则，而是接受了意识的作用。他们改进了刺激-反应的简单模式，在刺激（S）与反应（R）之间加入了机体变量（O）。这种研究取向被称为新行为主义。

从现代心理学的观点来看，行为主义的功过可作如下评价：一方面，为了使心理学符合传统自然科学的标准，行为主义者刻意将心理学限定在对外显行为的研究上，而把所有的心理因素都排除在外，从而导致了心理学内涵的狭窄，难免有些削足适履之失；但另一方面，其严格的科学取向提高了心理学研究方法和工具的品质，使得心理学在与其他社会科学的对比中形象突出，有助于心理学的发展。直到今天，我们在心理学每一个分支学科上都可以看到行为主义的影响。

人本主义研究取向 第二次世界大战后的美国，物质文明高度发达，精神文明却相对贫乏，再加上长期大小战争的影响，出现了大量的反社会反文化运动，造成了严重的社会问题。一些有识之士认为，这是以往教育过分重视科技而忽视人文精神所致。在这样的历史背景下，号称第三势力的**人本主义研究取向**（humanistic perspective）应运而生。

人本主义的代表人物马斯洛和罗杰斯认为，心理学的研究对象应当是正常人的整体行为，而不应当仅仅是外显的或变态的行为。他们反对生物驱力、无意识过程或环境决定行为的说法；认为人性本善，人类本性中蕴藏着无限的潜力，所有个体都有努力成长、发展的先天倾向，并且掌握着自己的行为和生活；每一个人都有能力去追求和达到自我实现。在研究方法上，人本主义心理学家赞成现象学所采用的内省法，即通过内省的方式来了解人的整体主观意识经验，反对在实验室条件下对心理现象进行量化分析。此外，还强调自由意志的人性本质，认为个人有对自己的行为和生活进行自由选择的能力；反对决定论和机械论的人性观；认为由于人类的独特性，我们不能以动物研究的结果来解释人类的心理现象。他们坚定地认为，心理学家应意识到自己的社会责任，心理学的目的是丰富人们的生活，帮助人们达成自我实现。

认知主义研究取向 20世纪60年代，在行为主义逐渐失势、号称"第三势力"的人本主义思潮兴起之后，继之兴起且后来居上者当推**认知主义研究取向**（cognitive perspective）。认知心理学是受格式塔心理学、现代通信理论、计算机科学及现代语言心理学的影响而产生的。

现代认知心理学有广义和狭义之分。广义而言，只要是采用认知主义观点来解释行为和心理现象的，都称之为认知心理学。它主要研究人们如何思考、理解和认识世界；狭义而言，认知理论就是信息加工理论，即将人类的活动类比于工作中的计算机，用模型来表示人类心理过程和结构中的信息输入、储存、修改和传送，人类思维的实质就是信息加工过程。20世纪60年代兴起的认知心理学就是狭义的信息加工心理学。而多年来广义的认知心理学已分化为多种分支学科，除信息加工理论之外，还有认知发展、认知心理治疗、认知神经科学，等等。

自20世纪90年代以来，脑科学特别是以脑成像技术为代表的认知神经科学方法被运用于心理学研究，使其发生了巨大的变化。被传统行为科学视为"黑箱"的人脑，以及与之相对应的内部信息加工机制被迅速地解码和解密，借助于脑科学手段，研究者开始逐步摆脱传统的认知心理学在研究对象和方法上的限制，利用先进的脑成像技术在无创的情况下对人脑的结构和功能进行研究，逐步解开大脑之谜。

有这么多不同的研究取向，同学们可能会问心理学还有内聚力吗？既然谁说谁都有理，不就成了一盘散沙吗？其实这种担心是多余的。心理现象多种多样，非常复杂，我们可以把心理现象看成是一个系统。任何系统都可以作多种描述，可以从不同的角度进行研究。人类复杂的心理系统也可以从不同的角度进行研究，正如表1.3所示。对于某一种心理现象，例如，在研究儿童心理与行为时，发展心理学家既可以持生物学研究取向或行为主义研究取向，也可以持心理动力学、认知主义或人本主义的研究取向。持不同研究取向的心理学家在某些问题上可能会有争论，但他们的研究成果不是彼此对立的，而是相互补充的，从而建造起科学心理学的大厦。

五大争论问题

持不同研究取向的心理学家在心理学的一些基本问题上的观点是不同的。表1.3列出的是5种研究取向的心理学家对五个主要问题的一些不同看法。

天性（遗传）与教养（环境）。心理和行为在多大程度上是由遗传（天性）决定？又在多大程度上由环境（教养）决定？两者间又是怎样相互影响的？这个问题有着深远的哲学根源，也是许多心理学研究课题要考虑的因素。对这个问题的看法在很大程度上取决于心理学家所持的理论观点。如果某发展心理学家持生物学研究取向，就会对遗传的影响更感兴趣；如果持行为主义研究取向，就可能会更加关注环境。但几乎所有的心理学家都认为，心理与行为不是由遗传或环境单独决定的，而是两者共同作用的结果。因此从现实意义而言，该问题的最终目的，是探讨遗传与环境是如何交互作用决定个体的心理与行为的。

表1.3
5种研究取向对五大争论问题的不同看法

问题	神经科学取向	心理动力学取向	行为主义取向	人本主义取向	认知主义取向
天性（遗传）与教养（环境）	天性（遗传）	天性（遗传）	教养（环境）	教养（环境）	两者都有
是意识还是无意识决定心理和行为	无意识	无意识	意识	意识	两者都有
是研究可观察的行为还是内部心理过程	强调内部心理过程	强调内部心理过程	强调可观察行为	强调内部心理过程	强调内部心理过程
是自由意志还是决定论决定心理和行为	决定论	决定论	决定论	自由意志	自由意志
是重视行为的个体差异还是一般原理	强调一般性	强调一般性	两者都有	强调个体差异	强调个体差异

是意识还是无意识决定心理和行为。个体的心理或行为是受意识驱使还是受无意识驱使？持心理动力学取向的心理学家认为很多的异常行为都是受无意识驱使的；而持认知主义取向的心理学家则认为很多异常行为都是错误认知的结果。两派观点不同，对患者的诊断和治疗也不一样。

是研究可观察的行为还是内部心理过程。心理学家是应该研究可直接观察到的行为还是研究看不见的心理过程？这个问题在讨论"心理学"的定义时就有分歧。持行为主义取向的心理学家认为，只有可直接观察到的行为才是唯一合理的研究对象；而持认知主义取向的心理学家则呼吁应当重视人的内心活动。因为人与其他动物不同，人是唯一能思维的动物，如果不考虑心理过程将无法真正理解人类的心理与行为。

是自由意志的还是决定论决定心理和行为。在我们的心理或行为中，哪些是我们自己可以决定的，哪些是生来就注定了的？这不仅是个哲学问题，更是个心理学问题，即使再过一百年可能依旧众说纷纭。持自由意志取向的心理学家认为，心理和行为"异常"的人应当对自己的行为负责，因为这些心理或行为都是可以控制的，之所以出现问题，是他们故意如此；而持决定论取向的心理学家则认为，这些人是因为受了一些无法控制的力量所驱使，才出现异常心理或行为。正是在这个问题上观点的不同使他们对患者的处理上也明显不同。

是个体差异还是一般原理。一种心理或行为的出现，是由于我们自身的特殊性还是我们所处的社会和文化的共性，抑或是这两种因素都有一定的影响？对于这个问题，生物学取向的心理学家会更加重视人类心理和行为中的共性，而持人本主义取向的心理学家则会更加强调个体的独特性，强调个体差异。

心理学在前进的过程中，不仅会留下历史的烙印，也会让那些曾经探讨过的问题在新的社会条件下具有新的意义。历史的车轮滚滚向前，心理学的明天又将是什么模样呢？

心理学的明天

科学发展的进程难以预料，但大趋势还是能看出来的。心理学的明天将会有相当大的发展，主要表现为基础研究将更加深入，应用研究将更好地造福人类。

基础研究将更加深入

深入探索对心理学发展具有一般性或根本性意义的问题，是心理学家们都十分关注的。例如，天性与教养的关系问题。早在先秦时期，孔子就说过"性相近也，习相远也"（《论语·阳货》）。他认为遗传素质是基础，个体差异来自环境和教育。对于这个问题，科学心理学诞生之前，哲学家和生物学家做过许多探讨。科学心理学诞生之后，心理学家从感觉、知觉、记忆、注意、思维、情绪、动机、能力及人格等方面也做过许许多多的探讨。近年来，随着心理学研究领域的扩大，所出现的临床神经心理学和进化心理学就是从生理机制、遗传的角度来研究天性与教养问题的两个心理学分支学科。**临床神经心理学**（clinical neuropsychology）是生物心理学和临床心理学的综合，主要探讨心理障碍最初的生物因素，试图对导致心理障碍基础的脑结构及其神经递质作深入探究，寻找治疗心理障碍的新方法，即用药物来控制人的行为。**进化心理学**（evolutionary psychology）是在进化论的影响下发展起来的一个学科，主要探讨个体行为怎样受遗传基因的影响。这类研究认为，身体细胞

探索与发现：文化的影响

文化对认知的影响已有不少研究。例如，在赫德森（Hudson, 1960）的研究中，他向许多南非人（既有黑人也有白人，有受过教育的也有未受过教育的）呈现如图1.2所示的卡片。每幅卡片中都绘有一头象、一只羚羊、一棵树和一个手举长矛的人，只在深度线索上有所区别。卡片1利用了物体的大小线索（远处的物体看上去较小），卡片2和卡片3都用了遮挡的线索（近处物体部分挡住远处物体），卡片4用了以上所有线索，另外还用了一些线条透视的线索（平行线看上去会在远处相交，其他轮廓线都经过调整，以便与这一框架相适应）。赫德森要求被试说出他们看到了什么，卡片中的人在做什么，长矛指向哪儿。结果显示，受过教育的被试一般都以三维立体来理解卡片的意思（比如，看到人把矛指向羚羊，而不是大象，把大象当作在很远的地方而不是把大象看得很小）。但是，不论是黑人还是白人，未受过教育的人通常只"看到"二维的图像。赫德森认为，这是非正规教育与习惯交互作用之故，而不是受正规教育的结果，因为即使是接受过学校教育的黑人在三维图像的理解上也有很大的困难。

维果斯基和卢里亚（Vygotsky & Luria, 1976）研究过中亚农民（一些有文化，一些没文化）对言语三段论的推理。一些三段论的内容对这些农民来说既熟悉且实际，实验人员要求被试把一条熟悉的原则应用于一个新环境中去。例如："棉花生长于炎热潮湿的地方。英格兰寒冷潮湿。棉花能在那儿生长吗？"又如："北部高纬区中没有降雪的地方，熊都是白色的。新地岛（Novaya Zemlya）在北部高纬区。那儿的熊是什么颜色？"结果是对这些三段论的反应取决于农民的文化背景。没上过学的农民简单地拒绝解决这些问题，通常的反应是："我不知道，我看见过黑熊，没见过别的颜色的熊……每个地区都有各自的动物，如果该是白的，就会是白的，该是黄的，就是黄的。"或者说："我怎么知道呢？"一位住在偏远村庄37岁的文盲被试说："我们总是只说我们看到的东西，不谈论没见过的东西。"当实验者问："那我的话的含义是什么？"并重复这个三段论时，这位被试回答："嗯，打个比方吧。我们的头儿不像你们的，你们的头儿也不像我们的。你的话只能由在你们那儿的人回答，如果一个不是你们那里的人就不可能对你的话回答什么。"

许多研究表明，文化还影响着人们的情绪、态度、自我概念、人格和价值观念。

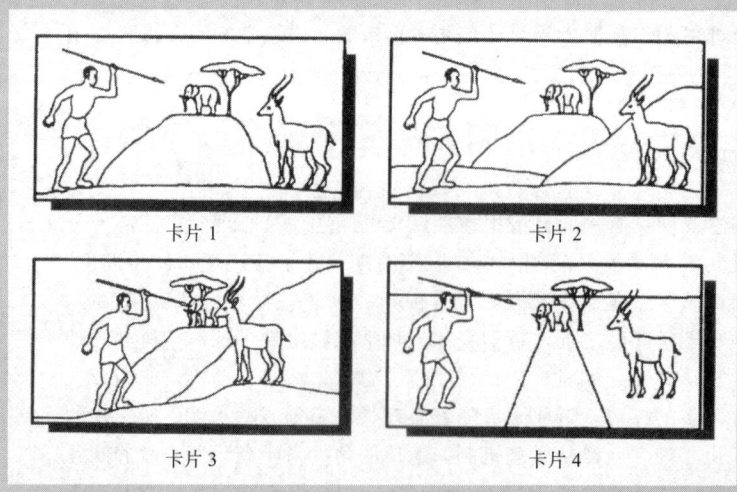

图1.2 赫德森的实验卡片

中的化学信息编码不仅决定了人们的种族、头发颜色的特征，也决定了祖先们在其生存和繁殖过程中表现出的各种行为；并用进化论的概念来解释不同文化中的行为相似性。而近年兴起的文化心理学则是从文化环境的角度探讨天性与教养问题。**文化心理学**（cultural psychology）是以各个文化地区的文化传统及特征为基础，来考察、分析和推理在该文化环境中人的心理和行为特点。一项历时多年的研究调查了东亚人（如日本人、中国人、韩国人）的认知加工过程，并将之与西欧、北美人（主要是美国人）的认知加工过程进行比较。结果发现，东亚人加工信息通常较全面，较多地考虑情境因素，而西方人加工信息时较多地进行解析（Ji, Peng, Nisbett, 2000; Norenzayan, 2002; Nisbett et al., 2001）。这表明特定文化会影响人们的认知信息加工过程。可以想见，未来的心理学在基础研究方面可能会有新的研究取向出现；将会有更多研究取向综合地对心理学基本问题进行更深入的探索。

值得注意的是，当今心理学文献绝大多数是以欧美人（通常是成年人，但在有些情况下也包括儿童）为被试所取得的研究成果。把这样的研究结论说成是一般原理，是潜在地假定了这些研究成果可以应用于全世界所有的人。其实并非如此。对其他文化人群的调查常常显示，这种假设即使不是完全错误的，也是有待商榷的。因此，我们应当谨慎地对待国外已有研究成果，同时还应当加强中国文化传统对心理与行为影响的研究。只有这样，才能寻求出适合中国人群的心理与行为规律。

应用研究将更加造福于人类

在未来的发展中，心理学将会在人类生活的各个领域发挥更加积极的作用，更加造福于人类。和平与发展是当今世界的主题和总趋势。要维护和平与发展这个总趋势，就需要实施互利共赢的开放战略，也就需要多沟通，以预防和消解冲突。因此，

心理学与人生：学会批判性思考

今天的社会是信息的社会。每一天，我们都会主动或被动地接收大量的信息，这些信息是否都真实可靠呢？如果是20年前，我们在报纸上看见一条新闻，多半不会怀疑消息的准确性。因为大家都认为报上的消息准确可靠，这也是新闻这种文体的基本原则。但到了今天，如果再在互联网上看到同样一则消息，我们能够立即相信吗？说不定刚刚令人激动不已的新闻，马上就会有了反转。

对于生活中形形色色的信息，尤其是招聘广告、促销宣传等，我们要提高警惕，不可轻易相信，以免落入圈套。那些如占星术、面相术、笔迹学、手相术等形形色色的预言，其实是科学外衣下的伪科学或反科学。怎样去识别这些信息的真伪？答案是要学会批判性思考。怎样才能做到批判性思考呢？下面的建议很有用：

1. 人们到底在说什么？
2. 这些说法是否经过检验？
3. 检验者是谁？证据是否有说服力？
4. 检验本身的性质和质量怎样？检验方法是否可信？是否能进行重复验证？
5. 调查者的资格和信誉怎样？调查的结果怎样？是否与他们有利益关系？得出的结论是否客观？是否有其他研究者得出相同的结果？
6. 这些说法的可信程度有多高？是很可信，还是似是而非或是不可信？

如果在生活实践中你遇到一些似是而非的事情，请你用心认真思考。经过锻炼，你的批判性思考能力将有很大的提高。

沟通与谈判就显得越发重要。可以预期，沟通与谈判心理学将有大的发展。

国家要强大，民族要繁荣，人民要幸福，离不开教育事业的发展。全面实施素质教育，就需要把培养德才兼备的高素质人才摆在更加突出的战略位置。可以预期，教育心理学、创造心理学将有大的发展。

随着社会和经济的发展，提高生活质量，提高健康水平，越来越成为大众关注的焦点。可以预期，健康心理学、咨询心理学将有大的发展。

以转变政府职能和深化企业、财税、金融等改革为重点，加快完善社会主义市场经济体制，形成有利于转变经济增长方式，促进全面协调可持续发展的机制。可以预期，管理心理学、经济心理学、金融心理学等学科将有大的发展。

总之，未来的心理学将会深入到我们生活的各个角落，并且必将在我们的生活中发挥越来越重要的作用。同时我们也要警惕那些伪心理学，要正确鉴别各种信息的真伪，就必须学会批判性思考。

心理学的研究方法

"路见不平，拔刀相助"是影视作品中侠士们的典型形象。在现实生活中，有多少人具有这种气魄呢？美国曾经发生过一次这样的事件：一天夜里，一个名叫吉诺维斯的女人在纽约皇后大街的一座公寓附近遭到歹徒的袭击。在接近半个钟头的时间里，她大声的呼救惊醒了附近38户人家。有人开了灯，有人站在楼上呵斥歹徒，但始终没有一个人下楼阻止，吉诺维斯就这样在38户人家的眼皮底下被杀害了。这件事在社会上引起了轩然大波，人们对于这样的"旁观者现象"百思不得其解。该事件也引起了心理学家们的强烈兴趣，并为此开展了一系列研究。那么，心理学家们是如何开展研究的呢？与其他学科的研究相比，心理学研究又有什么特色呢？在接下来的一节里，我们一起来学习一下心理学研究的基本原则、基本过程以及几种主要的研究方法。

心理学作为一门科学，需要人们运用**科学方法**（scientific methods）对其进行研究，即系统地获取知识，然后利用它们去认识各种心理与行为现象。尽管很多观点还没有定论，但是科学家遵循严格的科学原则和系统、完整、成熟的研究程序、方法进行研究，就能事半功倍。

心理学研究的基本原则

客观性原则

客观性是指不因人而变与不随意改变的科学特征。我们应该根据心理现象的本来面貌来研究心理的事实、规律、机制和本性，实事求是。解决心理学问题，无论是在使用测量工具、制定研究程序、进行资料分析以及呈现研究结果等各方面，都必须按一定的规则行事，这才是客观。

在心理学实验中，难免有一些因素会歪曲自变量（independent variable, 实验中研究者操纵和改变的变量）对因变量（dependent variable, 因自变量改变而发生变化的量）的作用，从而影响研究的客观性。**实验者效应**（experimenter effect）就是这样的因素之一。实验过程中，实验者无意识地向被试传递了某些信息，暗示在该实验条件下实验者期望出现的行为，被试就有可能表现出某些原本不会出现的行为。实验结果似乎正中研究者下怀，但这样的结果并不是实验操作引起的，而是由实验者的期待引起的。例如，新生入校时大多要进行心理普查，普查结果出来后研究人员告诉某院系领导，测评结果显示某几位同学的社会活动能力特别强。此后，该领导就可能会更多地给这些学生提供机会，让他们展示自己的才华。久而久之，人们会发现，这几位同学的社会活动能力的确比较强。但他们的活动能力真的从一开始就那么厉害吗？未必！研究人员可能只是随便挑选了几个学生，但领导相信了研究人员的话，于是给予这几个同学更多的关注和机会，使他们得到了更多的锻炼，活动能力自然会大大提高。在这个过程中，领导者的期望起了重要作用。与"实验者效应"相对的是**被试期望效应**（subject expectancy effect），也称要求特征，指一旦开始实验，被试就会不停地猜测实验目的，并得出自己的假设，然后再根据该假设"适当地"表现出某种行为。这时，对被试行为起决定作用的就不再只是实验操作，被试的期望也成了影响因素。被试期望效应的典型例子是霍桑效应和安慰剂效应，在以人为被试的研究中都可能出现这种效应。

为防止上述影响，实验者常常会对被试隐瞒真实的实验目的，即采用**单盲法**（single-blind method）。当被试不知道自己的某种行为正在被观察时，他们的表现会更加"自然"。即使当真实的实验目的无法被隐瞒时，研究者也会找到其他方法来避免偏差。比如，要检验一种治疗重度抑郁症新药的疗效，如果只是将药物发给一个组的病人服用，另一个组不服用，那么服药的病人很有可能会说自己的症状减轻了，而没有服药的病人则报告说病情依旧没有好转。为解决这样的问题，研究者会给所有被试发药，实验组发给真正的药品，控制组则发给一些安慰剂（placebo），如维生素或某种没有实际化学作用的物质。由于两组被试都不知道自己是否接受了真正的实验处理，因此实验结果的差异就可以被归结为该药物的作用（Rajagopal, 2006; Crum & Langer, 2007; Justman, 2011）。有时，研究者甚至会采用**双盲法**（double-blind method），即被试和与之接触的实验助手均对实验目的一无所知。就连发放药物的人也不知道所发的是真正的药品还是安慰剂，从而避免实验者的期望对被试产生影响，研究者就能更准确地去评估实验操作的效用，使研究结果更具客观性。

系统性原则

系统是指由若干相互联系、相互作用的部分组成的具有一定结构和机能的整体。在心理学研究中，贯彻系统性原则就是用系统论来考察心理和行为现象，把人的心理作为一个开放的、动态的、整体的系统来加以考虑。在这个过程中，应当注意以下几点：（1）心理和行为的整体性。比如，自我是一个复杂的系统，我们从主-客关系维度可将自我作为主体自我和客体自我；从与人的关系维度可将自我作为个体自我、关系自我和集体自我；从与时间关系维度可将自我作为过去自我、现在自我和将来自我；从发展的维度可将自我作为身体自我、物质自我、心理自我和社会自我；从个人活动领域维度可将自我作为家庭自我、工作自我、学校自我、学业自我、数理自我；从评价维度可将自我作为好我和坏我；从个体意识关注方向的维度可将自我作为私我意识和公我意识；从中国传统文化特别重视的自我维度可突出地分析自立、自信、自尊和自强等等。但是，无论以怎样的维度来分析自我，在一定程度上都是有条件的，都只是从某个维度进行的。现实生活中的个体是丰富多彩的统一整体，只有将每一维度的分析置于这样的整体中才能理解具体个体的自我的特点。（2）心理和行为的等级结构性。人的心理是一个系统而不是一个平面，具有一定的顺序和层次，是一个结构性的网络。我们可以按照不同的标准将其分成不同的子系统，但心理的总功能却不等于部分之和。例如，自我价值感是一个有序的、有层次结构的系统，多种自我价值感可以排列为不同的层次，包括总体自我价值感、一般自我价值感和特殊自我价值感三个层次。（3）心理和行为的动态性。人的心理和行为总是处于相对稳定和绝对动态过程中。尤其是在今天的信息社会中，在各种信息的不断刺激下，心理会经常发生变化和更新。（4）心理和行为的环境适应性。人作为社会的产物总是生活在一定的社会环境中，一方面对环境产生影响，一方面也在适应环境。一种心理或行为的发生、发展往往都是在机体与环境的交互作用中出现的，因此我们在心理学研究中还必须综合考虑机体及其周围环境的关系。

个性化原则

心理学研究中几乎没有固定的公式可以套用，研究者需要自行选择研究的方法、类型及分析方式，但必须要遵循个性化原则，即尊重个体、被试，要注意实验中的道德问题、动物的使用问题。

道德问题　在一些心理学研究中，可能会使被试受到某种身心伤害。为确保结果真实可信，研究者常常不能将研究目的告知被试，有时甚至会故意欺骗。这样的欺骗行为常受到置疑，虽无恶意却仍然有侵犯被试人权的可能。为了保护被试的合法权益，规范道德行为，许多国家都制定了与之有关的道德准则。比如，美国心理学协会倡导研究者们在研究过程中严格遵守这样一套道德准则：研究必须保护被试不受到身心伤害；对被试的行为保密；确保被试参与研究的自愿性；在实验前对被试进行必要的提醒，使之对实验程序有所了解。以人作被试的实验尤其是涉及欺骗的时候，必须将实验设计递交专门的审查小组讨论，通过后才能进行研究（Fisher et al., 2002; Fisher, 2003; Smith, 2003）。被试在实验前必须签署一份文件，表示自己已经被告知了该实验研究的基本情况，知道将要参与到什么样的活动之中、该实验有多大的风险等，自己参加全属自愿，希望退出时可自动退出。这个过程叫作**知情同意**（informed consent）。实验后他们还将得到一份关于该实验及其程序的解释报告。只有一些风险很小的研究，如在公共场所进行纯粹的自然观察研究，才可以不用事前的知情同意及研究后的说明（Koocher, Norcross, & Hill, 2005; Fallon, 2006; Barnett, Wise, & Johnson-Greene, 2007; Nagy, 2011）。在中国，研究者必须在实验前对被试说明相关情况，在被试自愿的情况下才能进行实验，实验过程中被试随时可以申请退出。同时，涉及心理学研究与工作的道德准则也相继出台，如中国心理学会1992年发表了《心理测验工作者的道德准则》，中国心理卫生协会2000年发表了《心理评估质量控制规定及从业人员道德准则》。

动物的使用　与用人作被试的研究一样，使用动物作被试的研究也有一套严格的规则，以保证动物们在研究中不会遭受太多痛苦。研究者应尽可能减少动物的不舒适感，避免其生病或疼痛，包括动物的居住、饮食等都应有细致的安排。除了避免引

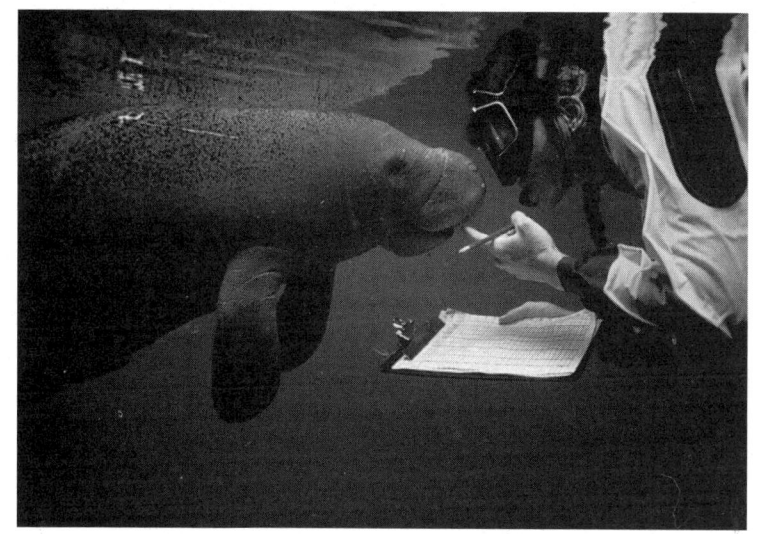

图 1.3
在研究中人道地对待动物，会为人类造福

起动物们身体上的不适外，对于某些灵长类动物如黑猩猩，研究者还应当维护和促进其心理上的安宁。不得不令动物遭受痛苦的实验只有在具有特殊价值，而其他实验又无法达到目的时才能进行（Rusche, 2003; Lutz & Novak, 2005; Miller & Williams, 2011）。

既然这么麻烦，起初为什么要选用动物进行研究呢？难道真的可以从老鼠、鸽子、猴子的研究中去认识人类的心理和行为吗？的确如此。用动物作被试的心理学研究，其目的与以人作被试的研究不大一样。比如，相对人类来说，某些动物的生命周期更短，研究者可在一个更短的时间内研究衰老的过程；同时，由于不同物种的很多行为原理都是类似的，比如求偶、哺乳、防御等等，一些基本的行为现象在动物身上研究起来会更加方便；还有的研究需要大量的处于相似或特殊背景中的被试，用人作被试将难以达到，使用动物则要方便得多。只要在遵守道德准则的前提下进行操作，这样的实验对人类将大有裨益。长期以来，人们从对动物的研究中发现了大量对人类有深远影响的知识。例如，它让我们可以在幼儿早期就发现其视力障碍，而及时避免持久的损害；让我们认识到衰老过程的规律，为我们探索如何延缓衰老提供实证材料；还让我们尝试各种药物的疗效，从而试制出新的免疫药品，等等。

不过，凡事总有两面。尽管好处多多，动物实验仍然遭到一些人的反对。有人批评说，动物也有自己的权利，但它们却不能利用这种权利，不能表示是否愿意参与实验，因此对它们的随意使用是不道德的；还有一些反对意见是针对研究方法的，认为动物与人始终是有很大的差别，对动物的研究结果不能推及人的身上。心理实验中动物的使用问题又被推到了更加复杂的道德和哲学层面，非一时能解决之事。对于研究者来说，只要尽可能地保护动物的权益，遵守职业道德，遵守研究道德，在推广研究成果时才不至于遭到太大的麻烦。

心理学研究的基本过程

一项完整的心理学研究一般包括五个步骤：（1）选择课题，即对将要研究的问题进行界定，包括问题是什么，前人已有哪些研究，尚有哪些疑点，在哪些方面可以有创造性的发现等。（2）提出理论和假设，即对于为什么会出现这样的问题给出一种解释，并由该解释推导出某种可以被验证的推论。（3）设计研究方案，即选择什么样的方法来对问题进行验证，是实验、调查还是个案分析？（4）搜集并整理资料，即搜集与研究有关的信息并将其分门别类，是支撑自己的观点还是反对？对实验、调查或个案的结果进行分析。（5）根据材料分析的结果验证当初的理论或假设是否正确。下面我们就以前面提到的"吉诺维斯"案为例，具体地介绍一下这个过程。

选择课题

心理学研究应选择具有学术价值的、亟待解决的，同时又具有创新性和可行性的问题作为课题。心理学研究的问题不是简单的是或否的问题，而是要考察两个或两个以上变量的关系，能回答是什么、为什么的问题。课题不仅可以来源于日常生活和工作实践，也可以来源于理论学习，还可以是当前的热点和难点问题。在吉诺维斯这一社会生活事件中，38户人家眼见他人受害却无一人上前制止，有人认为这是由"人性"最根本的弱点所致。在还没有专门的研究之前，这个问题让心理学家感到困惑，更让他们产生了强烈的好奇——社会上见义勇为的不乏其人，为什么偏偏在人多的时候反而不能伸出援助之手呢？究竟是什么原因导致了这种奇怪的现象？于是，他们以此为题进行了大量的研究。

提出理论和假设

选择了课题以后，要对问题进行界定并建构关于该问题的**理论**（theories），即对某个研究领域提供一套连贯的、完整的、一致的描述，并能对有关的全部事实进行系统解释的规范性陈述。心理学家必须仔细考察前人相关的研究，并兼顾心理学本身的一般常识，才能真正建立起某种理论。由于心理学家所持的研究取向各不相同，使得各种理论在深度和广度上并不一致，即使是对同一类现象的解释也可能会有诸多不同的理论。以"情绪"为例：一种理论可能是为了阐释或预测情绪的普遍性，如高兴、激动、悲伤等一般情绪体验；另一种理论则可能是针对某类具体的情绪问题，如人在受到恐吓时为什么会感到害怕（Guerrero, La Valley, & Farinelli, 2008; Waller, Cray, & Burrows, 2008; Anker & Feeley, 2011）。对于"吉诺维斯"现象，心理学家拉坦恩和达利（Latané & Darley, 1970）提出了责任分散（diffusion of responsibility）这一理论。根据该理论，在一个需要他人提供帮助的紧急事件中，旁观者或目击者的人数越多，站出来提供帮助的责任就会被越多人分担，个人感受到的责任就会越小，因此挺身而出的可能性也就越小。

理论仅仅是人们对于心理或行为现象的猜测，正确与否还必须加以验证。因此还得根据该理论推导出**假设**（hypothesis），即对问题做出尝试性预测的陈述，是一种可以被验证的推测，通过它才能将理论证实或是证伪。例如，对于"责任分散"理论，拉坦恩和达利就提出了"一个紧急情景中的旁观者越多，他们为受害者提供帮助的可能性就会越小"的假设，并在随后的研究中对其进行验证。假设可以表述为下面三种方式：（1）条件式，A与B有条件关系，如果A成立，则B也成立；（2）差异式，A和B是差异关系，A可以等于、不等于、大于或小于B；（3）函数式，A与B有因果共变关系，A 代表因，B 代表果，A＝f（B）表示 A 随 B 的变化而变化的函数关系。

在一项研究中，理论和假设始终起着导向作用；正是有了理论和假设，心理学家才能提出恰当的问题并根据这些问题展开研究，寻找答案。

设计研究方案

对同样的心理或行为现象，我们可以有不同的理论和假设。而对同样的理论和假设，也可以通过诸多不同的途径去加以验证。为了客观准确地测量和记录，我们首先需要对假设进行**操作性定义**（operational definition），即将其转化为一种具体的、可检验的程序，该程序可被测量和观察。如"害怕"，研究者可将其定义

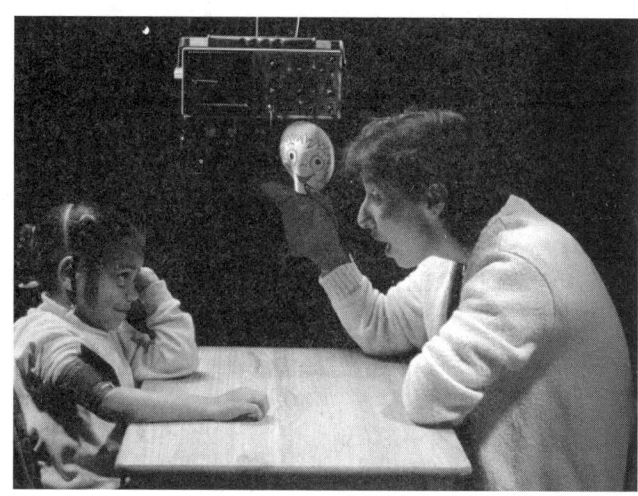

图 1.4 这个实验观测学前儿童对玩偶的反应。你对这一实验能做出什么假设？

为"呼吸次数增多、心率加快、手心冒冷汗"。接下来，要决定如何测定假设中的自变量和因变量，选择怎样的被试作为研究对象。再根据研究题目和目的设计研究程序、选择具体方法，使被探讨的问题得到有效的观测。设计好研究方案的同时，要注意控制和排除无关因素的干扰。

搜集整理资料

设计好研究方案之后，研究者就应该根据此方案来进行观察和记录。研究方法不同，搜集资料的方式也不一样。调查法和测量法多以问卷或量表的形式搜集资料，档案法多是查阅文献，个案法可以选择研究日记或书信等，相关法和实验法则通常是采集各种数据并加以统计分析。在拉坦恩和达利的实验研究中，他们就详尽地记录了被试在实验中的具体表现，如被试听到反应时的表情、做出反应的时间，提供帮助的人数等等。需要注意的是：由于先前的准备工作，人们常常对希望出现的结果过分关注，而对其他信息漫不经心，因此很有可能会失去一些发现意外收获的机会。因此，研究者的思想切不可被刻板的思路所束缚，不能以先入之见只搜集预计的资料而忽视其他意外的情形。资料收集以后，还需要对它们进行整理分析，如哪些结果是支撑研究假设的，哪些结果与假设相悖，出现这种"相悖"现象的原因等等。

验证假设

这个过程包括解释结果和检验假设两部分。在对研究结果进行整理和分析之后，就应当将其与已知的事实或先前的理论联系起来，加以解释，说明该结果对于研究初始提出的假设证实与否。如果假设得到了证实，那么这个假设的可信度便提高了，也可以进一步说明假设所依据的理论是正确的。如果研究结果不能或只能部分地证实假设，那么研究者就必须重新回到先前的研究阶段，对研究过程和所搜集的资料进行认真分析，看看是哪个环节出了问题；或是重新考虑自己的假设，看是否有必

> **心理学与人生：留意身边的心理学问题**
>
> 凡是有人活动的地方，就有心理学的问题，值得我们去研究。在日常生活中有很多令人不解的问题，有些是前人研究过的，有明确结论，可以解释当前问题；而有些是前人尚未研究过的，即使研究过，其结论也难以解释当前的问题。这些问题都可能成为心理学家进行科学探索的起点。例如，张增杰（1963）在日常生活中观察到，小学一年级儿童学算术时，相当普遍地发生"减式当加式"或"加式当减式"的错误。他怀疑儿童的这种错误很可能是受运算定势和算式强成分掩蔽弱成分的影响。于是，他进行了一项研究：第一步为鉴定测验，目的是判定小学一年级儿童感知加减算式错误的性质；第二步为训练实验——结合教学进行为期 5 周的加减式交替练习。结果表明，加强加减法交替练习后，学生的上述错误明显地减少了。
>
> 又如，艾伦（Allen，1972）的助人行为实验研究就是在日常观察中得到启发的。他写道："一天晚上，我坐在地铁车厢中等待出站，一位年轻人跨进车厢的后部，走向一位老人询问本次列车是否到达某站。那位老人开始告诉年轻人他得去乘另一趟地铁，然后换乘第二趟地铁以便到达他要去的目的地。即使是我这个很少出门的人也知道本次列车能便捷又迅速地到达他的目的地。当时车上很安静，很明显，许多乘客都听到了两人之间的交谈，但是竟无一人道出正确的路线或指出老人错误的回答。"基于这一经验，他设计了一个室内模拟实验：在火车上两位助手分别坐在被试两旁，一位助手向另一位助手询问到达某地的方向，得到的是错误的回答，然后观察被试对于这一错误回答的反应。结果发现，同时询问两人（被试和另一位助手）比单独询问一人更可能给出正确的方向。
>
> 只要我们留意观察身边的人和事，就不难发现有很多值得研究和可以研究的问题。

要对其进行修正。在拉坦恩和达利的实验中，结果正如他们所料，群体的规模对个体的助人行为有很大的影响：在场的人越多，站出来提供帮助的人就会越少（Latané & Darley, 1970）。先前的假设似乎已得到证实，然而，在统计上没有得到**显著性结果**（significant outcome）之前，研究人员还不敢肯定它的价值。只有当统计检验表明各组间的差异很大，已经达到了显著性水平时，研究者才能最终得出结论说结果证实了假设（Cwikel, Behar, & Rabson-Hare, 2000; Cohen, 2002）。

几种主要的研究方法

心理学的主要研究方法有实验法、相关法和个案研究法。我们在针对某个具体问题进行研究的时候，往往不会只采用其中的某一种方法，而是多种方法综合并用。

实验法

实验法（experimental method）是从某种理论或假设出发，在控制的情境下系统地操纵某种变量，以研究此种变量的变化对其他变量产生的影响。实验法能够确定变量间的因果关系，可以被重复验证，其研究结果也通常以精确的数据说明问题，真实可靠、令人信服，为心理学研究的科学化、精确化、数量化提供了有效的研究途径。

根据实验环境的不同，实验研究可分为自然实验和实验室实验。自然实验又叫现场实验，是生活情境中对实验条件作适当控制而进行的实验。例如，要研究一套新的教学方式的效果，实验者在一个班里使用这种方式教学，在另一个平行班里继续使用原来的方式进行教学。一个学期或学年过后，通过考察两个班级的教学效果就可以了解新的教学方式是否有效。自然实验的优点是将心理学研究与平时的工作学习结合起来，研究的问题来自生活，具有直接的实践意义；缺点是容易受无关因素的影响，不能严格控制实验条件。要想精密地控制实验条件，就必须进行实验室实验。与自然实验相比，实验室实验的最大特点就是人为创造的实验环境和严格控制的实验条件。实验情境中，研究者通过有效控制**无关变量**（extraneous variable，指实验中可能影响因变量变化，但又不是实验所要探究、关心的变量），严格操纵自变量，科学观察因变量的方式，来考察不同变量间的相互关系和相互影响。为了避免无关变量的影响，整个实验期间的实验条件、实验处理、主试、被试等因素都需要尽量保持不变。

实验研究中需要安排实验组和控制组。因为，很难从一个实验组中看出自变量是否对因变量产生影响，至少要两个组相互比较才能发现。实验时，在一个组进行某种实验操作，该组被称为**实验组**（experimental group）；在另一个组不进行该操作或进行其他实验操作，该组被称为**控制组**（control group）。有的实验会有多个实验组和控制组，每个组都要与其他组进行比较。比如，为了验证一种新制的感冒药是否有效，研究者将药物分发给 20 个感冒病人服用，10 天以后他们的感冒都好了。是药的作用吗？很难说。即使没有服药，有些病人也可能在 10 天的时间内自行康复。研究者没有设置一个同样患感冒的控制组，就不能说明药物是导致感冒痊愈的原因。为尽量避免实验结果受被试的个体因素的干扰，必须将被试随机安排到不同的分组中，并尽可能使实验组和控制组的被试同质。研究者可以通过抽签法或随机数表法对被试进行分配。以"责任分散"实验为例，若研究者将两人组都安排为男性，三人组都安排为女性，六人组既安排男性又安排女性，这样的研究结果就不能简单地被归结于小组人数的多少。因为组内人员的构成也可能是导致结果差异的原因。

一次实验往往不能彻底说明问题，其结果必须经过多次验证，包括运用其他方法、其他环境或其他的被试来重复实验，这个过程称为研究的**复制**或**重复验证**（replication）。为了便于他人对自己的研究进行重复验证，撰写实验报告时必须清楚地写明实验环境、使用仪器、操作步骤以及主试、被试等各种实验时的具体情况。只有经得起反复验证的实验，其成果才能被大家所认可。除了重复验证实验结果之外，心理学家还需反复考察其理论和假设是否在所有的情况下都适用，在哪些情况下会出现意外等。因此开展继续研究也是十分重要的。

总的来说，实验法操作严格、结果精确、可以考察变量间的因果关系。但由于其对实验环境的要求很高，再加上心理学实验中人或动物的个体因素的影响，使得实验过程中误差难以避免，结果可能也会因此受到影响。

相关法

许多心理学问题不能用实验法加以研究，因为在许多情况下，研究者不能对被试施加某种条件加以操纵。对于无法操纵变量的心理学问题，我们可以用相关法加以研究。**相关法**（correlation method）就是通过测量两组变量的相关性了解它们是否

图1.5 很多研究表明观看暴力影片与攻击相关。我们能说观看暴力影片会导致攻击行为吗?

存在着某种联系,即一种变量变化时,另一种变量随之变化的趋势。例如,考察大学生的时间管理倾向和他们的学业成绩的关系、家庭教养方式与儿童暴力行为的关系、就业压力与焦虑感的关系等都是相关研究。若测量后发现这种关系确实存在,我们就说这两组变量是相关的。相关的强度和方向通常用一个数值来表示,称为**相关系数**(correlation coefficient),范围是 $-1.0 \sim +1.0$,正负号表示相关的方向。当一个变量随着另一个变量的增加或减少,同样呈增加或减少的趋势,我们就说这两组变量正相关,相关系数为正值。比如学习时间和学业成绩呈正相关:在其他变量保持恒定不变的前提下,学习时间越长,学业成绩越好;学习时间越少,学业成绩越差。若一个变量随着另一个变量的增加或减少,呈现出减少或增加的趋势,则这两组变量负相关,相关系数为负值。例如,在其他变量恒定的情况下,娱乐时间与学业成绩呈负相关:娱乐时间越多,学业成绩越差;娱乐时间越少,学业成绩越好。两列变量的相关性越强,相关系数的数值就越趋近于 $+1.0$ 或 -1.0;两列变量的相关性越弱,其相关系数的值也就越接近于 0,一个 -0.02 或 $+0.03$ 的相关系数就说明两列变量基本不相关,比如,我们很难在学习时间和身高之间找到相关性。

相关研究不能说明变量间的因果关系,从相关系数上我们只能由一种变量的变化推测出另一种变量的变化趋势,却不能说某一种变量变化导致了另一种变量的变化。例如,我们发现娱乐的时间与学生的学业成绩有相关,但是不是娱乐的时间太多而影响了学业成绩,则需要进一步的研究才能加以确定。

个案法

个案法最早出现在医学界,后来应用范围不断扩大,现今已成为心理学研究常用的方法之一。心理学的**个案研究**(case study)是指以个人或一个团体为研究对象,在广泛搜集研究对象的家庭、社会环境、个人经历、健康状况等多方面资料的基础上,考察其心理活动的规律的过程。19世纪早期,弗洛伊德就开始用这种方法建立起了自成一格的精神分析理论。

个案研究的研究对象不需要具有很强的典型性或代表性。例如,一个学生突然遭受失恋痛苦而出现异常心理或行为,为了帮助其走出失恋阴影,重塑健康心态,研究者就可以选择其作为个案研究的对象。个案研究的目的性较强且十分具体,研究过程十分精细,往往不会是短期研究,有时一项研究可以持续几十年。这是因为研究者必须对研究对象的过去和现在做出全面、深入的了解后,才能把握其心理和行为的基本规律,然后有针对性地提出改善措施。关于个案资料的搜集,可以由研究对象提供,也可以由研究者通过观察、调查或谈话等方式获得。这些资料包括姓名、性别、年龄、民族、人员构成、年龄分布、性别比例等基本资料,生长发育、既往病史等健康资料,人格特征、人际交往、价值观念等心理资料,家庭背景、父母教养方式、家庭经济状况等家庭资料,

弗洛伊德(Sigmund Freud, 1856—1939)

表 1.4 两种研究类型比较

	相关法	实验法
描述	研究者对已存在的情景进行观察，但不改变该情景	研究者改变一个变量，来观察这种改变对其他变量的影响
优点	认识变量间的相关关系	实验提供了确定因果关系的唯一方法
不足	不能确定因果关系	为了实验的有效性，需按照实验条件对被试随机分配，需要对因变量和自变量下操作性定义，还要对实验流程进行严格控制

以及个体当前的问题状况资料等。

个案研究是一种综合性的研究。研究过程中还常常会用到调查法、观察法（通过直接对事件、行为、现象进行观察来获取资料）、档案法（对已有的档案资料进行归纳分析而得出结论的研究方法）等多种方法。它又同时兼具灵活和谨慎的特征。灵活是指研究者随时可根据研究对象的特征调整研究进程和内容，选择更为合适的研究方法；谨慎主要指个案研究针对具体的研究对象，研究时要注意尊重和信任，在报道研究成果尤其是涉及隐私问题时，必须征得研究对象同意。

通过个案研究我们不只可以分析个体或小群体，还可以利用其结果来帮助分析同类群体。比如，对吸毒者进行个案研究，就将有助于我们认识其他吸毒人员的成瘾特征。由于研究对象较少，它还可以节省一定的人力、物力和财力。也因为如此，个案研究的代表性较差，难以从中得出普遍性规律，研究结果的适用性也往往受到怀疑。弗洛伊德的精神分析理论就是典型的例子。此外，这种方法只能是定性分析，难以量化，研究者容易得出主观的结论来。

综上所述，我们可以看出，每一种研究方法都有其优势，但也都有其不可避免的缺点，一项完整的心理学研究常常会使用到多种方法，因此对每一种方法我们都应当重视。

到这里为止，本章的内容就基本结束了。在这一章里，我们介绍了心理学的基本性质、学科分支、职业类型、发展概况，以及心理学研究的基本过程和几种主要的研究方法，还包括研究过程中需要注意的一些问题。这些内容都是心理学入门必备的基础理论。只有打牢了这些基础，大家才能在今后的学习中游刃有余。

探索与发现：应当重视质性研究

西南大学心理学部郑涌

回顾心理学百余年的发展历史，其争取成为一门"科学"贯穿了大半个世纪。而且，为了变得"精确"，心理学研究重量化而轻质性的倾向泛滥。在心理学已日益强大的今天，这种倾向不仅在很大程度上脱离了民众对心理学的认识，也违背了心理学作为一门文理交叉科学的特性，无益于心理学的进一步发展。

在心理学研究中，量化研究与质性研究的本质区别在于资料的数量化与非数量化。**量化研究**（quantitative research）是以数学方法为基础来研究心理现象的数量特征、数量关系和数量变化。**质性研究**（qualitative research）则不采用数字，而采用语言文字来描述和解释心理结构、心理过程及心理适应等问题（表1.5）。一个好的质性研究依赖于研究者本人的洞察力和创造性。研究者必须在自然情境下采用多种资料搜集手段对心理现象进行整体性的探索，用归纳法分析资料并形成理论解释。与量化研究注重研究对象的代表性、研究问题的普遍性、研究结论的精确性、着重客观事实的测量、试图建立变量间的因果关系不同，质性研究注重个案的独特性、注重个案与情境的关联性与互动性，把自然情境作为资料的直接源泉，对个人进行细致动态的描述和分析。与量化的静态研究重视对研究情境与程序的控制、从操作化概念与假设出发以实验调查等方法获得数据来验证假设不同，质性研究是动态的，事先没有预定理论假设，运用无结构的、弹性的研究步骤与程序，在与研究情境的互动中用参与观察、访谈、实物分析等方法来搜集资料并归纳出结果。与量化研究的规范化呈现的研究报告不同，质性研究撰写的是诠释性研究报告，它不仅能反映研究者对资料的构建，而且还能反映研究者已意识到读者将在阅读后会产生自己的构想。

以**自我同一性**（ego identity）的研究为例，新精神分析学家埃里克森（Erikson, 1968）在其《同一性：青年与危机》中详细描述过青少年自我同一性和角色混乱的观点。自我同一性是一种对于我是谁、我将走向何方、我在社会中处于何种地位的稳定连续感。埃里克森认为，虽然自我同一性在整个生命周期中都很重要，但是青少年期是同一性最混乱的时期。马西亚（Marcia, 1966）采用访谈的方法，对青少年有关声望、宗教、政治信仰及性行为态度的认同状况进行评估，结果发现青少年存在四种同一性状态，分别是同一性混乱（identity confusion）、同一性早定（identity foreclosure）、同一性延缓（identity moratorium）、同一性获得（identity achievement）。我在读博期间，也在导师黄希庭先生的指导下对此做过专门研究。在以任意的三个圆分别代表过去、现在与未来的"画圆测验"中，我们可以对被试呈现的资料从时间支配（依据三个圆何者为大）、时间关联（依据三个圆之间的重叠情况）、时间取向（依据三个圆大小的变化趋势）等维度进行统计分析（黄希庭，郑涌，2000；郑涌，黄希庭，2000）。但是，如图1.6所示，这种量化真的能够涵盖一切吗？

可见，对于心理的探索，质性研究与量化研究都是必不可少的。量化研究会促进心理学研究的精确化和模型化，但是它只有在质性研究的基础上才能对心理现象做到全面的分析。例如，在人为的实验情境下，量化研究结果不仅缺乏外部效度，而且实验过程还可能有损被试的人格尊严。问卷调查将心理现象简化为数量却忽略掉一些非数量维度的信息。在问卷调查的统计分析中，被试对意义的解读过程常常是被忽略了的。把心理还原

表1.5 量化研究与质性研究的主要区别

量化研究	质性研究
研究发生在人工状态下的样本或人格变量	研究发生在自然状态下的个案或现实的人
利用预先确定的概念和理论以决定收集资料	只有在掌握资料之后才形成概念和理论
研究行为及其他可以观察到的现象	研究个人表现的意义及其背景
通过演绎统计方法来分析资料	通过归纳方法来分析资料
撰写客观性的研究报告	撰写诠释性的研究报告

资料来源：引自黄希庭，2011。

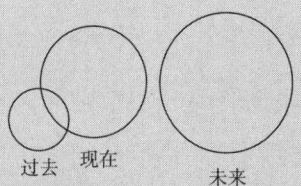
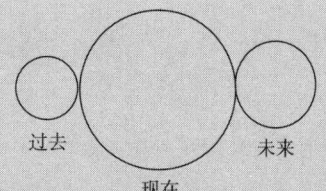

图 1.6 两种寓意不同的图画示例

为神经生理活动和信息加工等因素,表面上看问题是被深化了,但却从根本上回避了研究者最初想要回答的问题——例如人格过程、意义、自我等,而这些问题却是质性研究关注的焦点。质性研究能够使我们从生活中和我们生活的社会历史背景中理解到更多人性的东西,而这恰恰是中国心理学目前最需要研究的。因此,在心理学研究中,量化研究和质性研究两者不可偏废,最好是将两者有机地结合起来加以应用。

心理现象复杂而多面,心理学研究的方法理应灵活多样。心理学的多种方法没有"高低贵贱"之分,适合于此时、此地、此情境的才是最好的。

思考与应用

1. 为什么说常识不是心理学?
2. 为什么说多种研究取向有利于心理学的发展?
3. 想一想:我们的哪些心理和行为容易受传统文化的影响?受哪些传统文化的影响?传统的东西都是正确的吗?
4. 找一个自己感兴趣的话题,用前面介绍的心理学研究方法中的一种或多种进行考察,尝试写一份研究报告。
5. 网络调查屡见不鲜,你觉得这种调查方式有效吗?说说它的优缺点。
6. 你是否尝试过对自己家里的小狗进行行为训练?结果怎样?谈谈你对动物实验的看法。

推荐拓展读物

1. 戴维·迈尔斯著,黄希庭等译(2019).心理学导论:生物、发展与认知心理学(上册,第9版).北京:商务印收馆,1~35.
2. 黄希庭,苏彦捷主编(2010).心理学与人生(第2版).广州:暨南大学出版社.
3. 黄希庭,郑涌著(2014).心理学十五讲(第2版).北京:北京大学出版社.
4. 黄希庭,张志杰主编(2010).心理学研究方法(第2版).北京:高等教育出版社.
5. 中国心理学会编(2016).心理学学科发展报告(2014-2015).北京:中国科学技术出版社.
6. 桑德拉·切卡莱利,诺兰·怀特著,周仁来等译(2014).心理学最佳入门(第2版).北京:中国人民大学出版社,11~50.
7. 理查德·格里格,菲利普·津巴多著,王垒等译(2016).心理学与生活(第19版).北京:人民邮电出版社,1~52.
8. 欧尼斯特·西尔格德,理查德·阿特金森,爱德华·史密斯,苏珊·诺伦-霍克西玛等著,洪光远译(2013).西尔格德心理学导论(插图第14版).北京:世界图书出版公司,2~27.
9. 荆其诚,傅小兰主编(2008).心·坐标:当代心理学大家.北京:北京大学出版社.
10. 荆其诚,傅小兰主编(2009).心·坐标:当代心理学大家(二).北京:北京大学出版社.
11. 荆其诚,傅小兰主编(2011).心·坐标:当代心理学大家(三).北京:北京大学出版社.

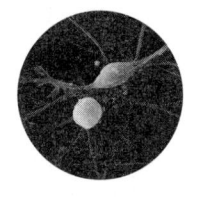

第 2 章

神经科学与行为

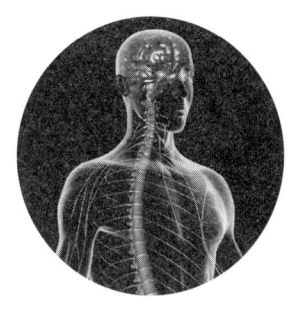

脱离悬崖边缘

美国 ABC 新闻记者鲍勃·伍德拉夫在伊拉克的一次路边炸弹袭击中险些丧命，爆炸导致他的大脑严重受损。昏迷 36 天后他才苏醒，医生发现他的记忆受到严重损伤，他甚至记不起自己两个孩子的名字，也很难识别一些像剪刀之类的日常生活用品。这时有人断言，鲍勃很难恢复到像正常人那样正常生活，更别说恢复后继续工作了。但是几年后，他却忙碌地奔波于世界各地进行新闻采访，这让人无法相信，简直是个奇迹！人们很难相信他能从意外的脑损伤中完全恢复，并继续从事原来富有挑战性的工作，但这正是人类神奇大脑的一种卓越的能力。

大脑虽然只有半个面包那样的大小，但却控制着我们清醒和睡眠时的各种行为活动，是我们一切行为的主要生理基础。我们的运动、感知、思维、意识等活动都依赖于脑和全身的神经，它们共同组成了神经系统。为了解开"机体的生物结构如何影响人的心理和行为"这一问题，生理心理学家坚持不懈地探究"大脑的宏观结构和微观结构是怎样的？大脑是怎样产生意识的？大脑是怎样产生各种心理和行为的？大脑又是怎样对身体其他部分发号施令的？"这些探究取得了可喜的成就。

为了让读者对以上问题有一个初步的了解，本章将从以下三个方面进行阐述：神经元的基本结构，神经信号的产生及其传递机制；神经系统和内分泌系统的基本结构及信息传递机制；人脑的结构和功能，以及脑的自我修复。

神经元

当你反手还击一次突袭,或做一个复杂的芭蕾舞动作,或侧身转向击球时,你也许会惊讶于人类身体竟拥有如此复杂而奇妙的活动能力。但事实上在进行诸如拾起铅笔、写字、说话等日常简单行为时,体内都经历了一系列复杂的过程。例如,几乎每个人都能轻易辨别出单词 dime 和 time 的发声差异,可有多少人知道这一辨别能力竟取决于声带在不到 1/100 秒的持续时间内是放松还是紧张。神经系统便是一条指引着我们的身体执行如此精确活动的通路。为了让读者理解其具体机制,我们首先介绍神经元的基本结构,然后剖析神经信号的产生及其传递机制。

神经元的结构

诸如弹钢琴、开车或打网球等许多活动,在某种水平上依赖于肌肉之间的精确协调。但如果我们想探讨肌肉如何才能被如此精确地激活,就要涉及更基本的过程。为了理解这一点,我们必须弄清大脑如何发出正确的指令信息,并把这些信息传送给身体各处的肌肉这一基本过程。而这一过程的神经信号的产生及其传递是通过**神经元**(neurons)完成的。

神经元即神经细胞(见图 2.1),由胞体、树突、轴突和终扣四部分组成。它是神经系统结构和功能的基本单位,人体内参与行为控制的神经元大约有一万亿个(Boahen, 2005)。尽管神经元有不同的类型,但所有的神经元都具有一些类似的结构。胞体的中央有细胞核,细胞核携带着决定细胞功能的遗传信息。在神经元胞体间或轴突间广泛散布着神经胶质细胞,它们为神经元提供营养、隔开不同的神经元并使其互相之间绝缘、帮助其修复损伤,以及支持神经功能(Kettenmann & Ransom, 2005; Bassotti et al., 2007; Bassotti & Villanacci, 2011)。这为神经信号的产生和传递提供了物质基础。通过化学反应,胞体为神经活动提供能量,并产生用来传递信息的化学物质,而这些化学物质决定着神经元的功能。

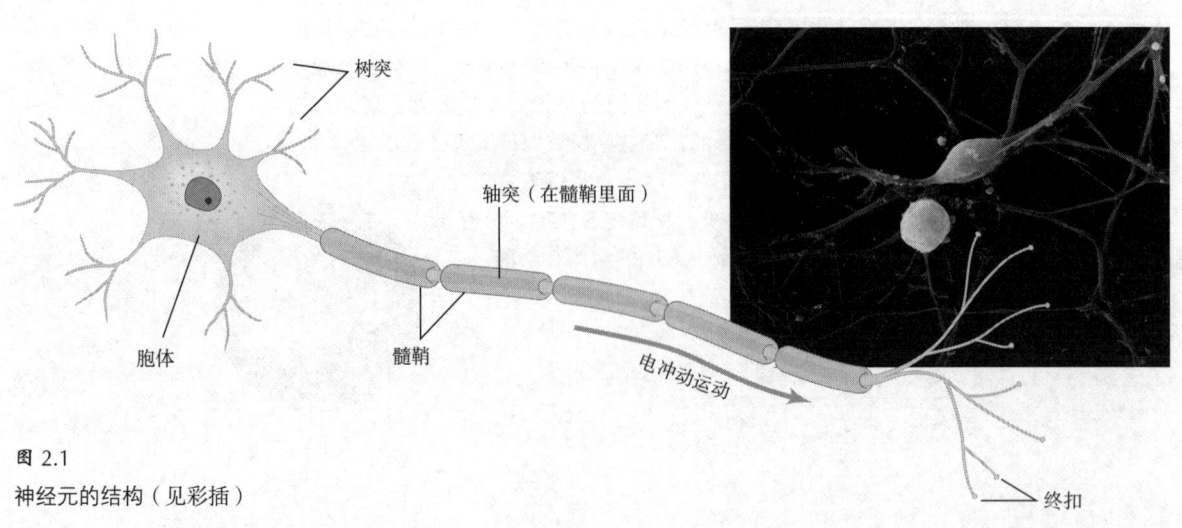

图 2.1
神经元的结构(见彩插)

与其他大多数的细胞相比，神经元能够与其他细胞进行信息交流并能长距离地传递信息。众多神经元从环境中接收信号或把神经系统的信息传递给肌肉和其他靶细胞，但绝大多数神经元仅与调节行为的复杂信息系统中的其他神经元联络。

从图 2.1 中可以看到，神经元的一端是含有一束束的纤维的**树突**（dendrites）——由胞体发出的一种如树枝状的突起，分支多而短，接收其他神经元传来的信息并将其传至胞体。神经元的另一端是一条细长的、管状延伸纤维，称为**轴突**（axon），它把树突所接收到的信息传给其他神经元。轴突短则几毫米，长则可达 1 米。轴突延伸到被称为**终扣**（terminal buttons）的小凸起，它是传递信息给另一个神经元的释放端。

神经元内传递的信息实质上是电信号，这些电信号（或称为冲动）在神经元内朝一个方向移动，虽然也有极少例外。电冲动基本遵循以下路线：自树突开始，进入胞体，经由轴突传送至终扣，从而传递给下一个神经元。为防止电冲动彼此干扰，大多数轴突通过起绝缘作用的**髓鞘**（myelin sheath）隔离开（就像电线必须绝缘一样）。髓鞘除起绝缘作用外还可增加电冲动的传播速度。那些携带最重要和最迫切需要信息的轴突具有最厚的髓鞘。例如，当你的手指碰到火炉时，有关疼痛的信息便经由上肢神经通路中包裹相对较厚髓鞘的轴突，快速传送至大脑疼痛中枢，因此你能立即做出反应。

神经元的激活

神经元的状态遵循**全或无定律**（all-or-none law）：要么处于激活状态，要么处于静息状态，两者之间无其他状态。就像手枪一样，要么处于射击状态，要么不是。神经元在激活前处于一种不活动的**静息状态**（resting state），膜表面的任何两点都是等电位的，但膜内外存在着电位差：膜外为正、膜内为负，膜内电位约为—70 毫伏（1 毫伏等于 1/1000 伏）。假设把神经元视作微型电池，神经元膜内侧代表负极，而膜外侧代表正极。当神经元受到刺激而兴奋时，细胞膜的"阀门"暂时性地打开。大量带正电荷的离子以高达 1 亿个 / 秒的速度进入膜内，导致兴奋部位附近的膜内电位瞬间由负值转为正值。当正电荷积聚至某一临界值时，"扳机"被扣动，这一过程诱发了**动作电位**（action potential）。动作电位就像被点燃的导火索一样从轴突的一端传导到另一端（见图 2.2）。随着动作电位在轴突的传导，带正电离子的运动使轴突内部电位依次由负值转化为正值（见图 2.3）。

当动作电位经过轴突的某一位置后，该区域的细胞膜在几毫秒内不允许正电离子再进入，此时不管接受什么性质和强度的刺激，神经元都不能立即再被激活，这段时间被称为神经元的不应期，就如同枪在射击过后必须重新装弹才能再次射击一样。接着进入一个神经元的激活所需刺激强度高于静息状态激活的时期。最终，神经元恢复到最易激活的静息状态。

动作电位的传导速度由轴突的大小和髓鞘的厚度决定。直径较小的轴突传导冲动的速度约为每小时 3.2 千米，而更长、髓鞘更厚的轴突的平均传导速度甚至能够超过每小时 362 千米。不同神经元激活的电位变化频率和电冲动的传导速度均不同。有的神经元激活频率能够高达 1000 次 / 秒，有的则远低于此。神经元的潜在激活频率能实现多少取决于刺激强度，强度越高，频率越高。因此，即使所有冲动在某一

图 2.2
动作电位的传导
资料来源：Stevens, 1979.

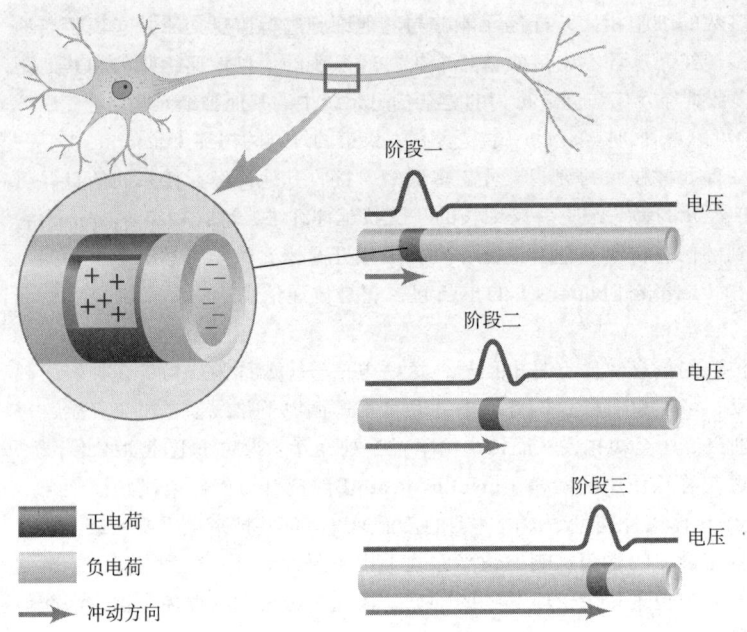

轴突内以同等强度或速度传导——因为全或无定律——冲动的频率也是不一样的，这使得我们能区分不同类型的刺激，这也就解释了我们为何能区分落在脚上的羽毛和砸在脚上的石头。

尽管所有的神经元都是通过动作电位的激活来运转的，但不同类型的神经元之间有明显的分工。例如，神经科学家发现了**镜像神经元**（mirror neurons），这种神经

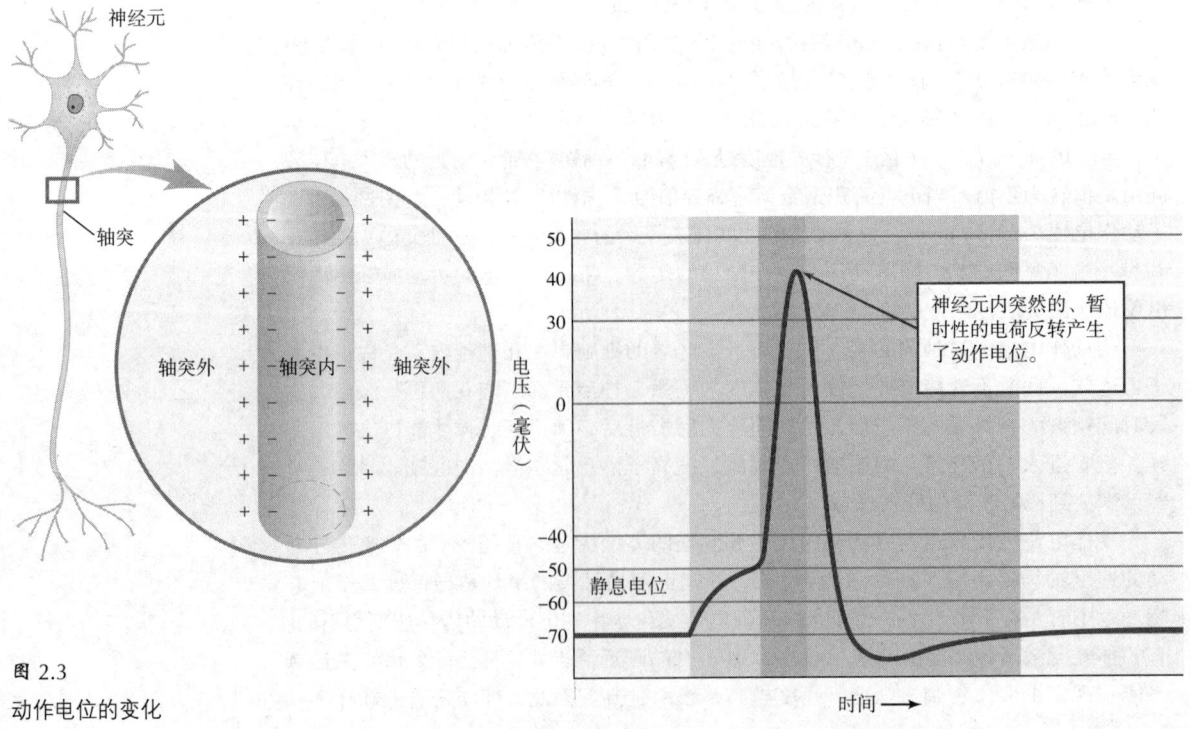

图 2.3
动作电位的变化

元不仅在个体表现出某种特定行为时被激活，而且在个体观察到另一个体表现出此种行为时也会被激活（Lepage & Theoret, 2007; Schulte-Ruther et al., 2007; Khalil, 2011; 叶浩生，2016）。镜像神经元可能会有助于解释人类是如何以及为什么拥有理解他人意图的能力的。具体说来，当我们看到别人做某件事的时候，镜像神经元可能会被激活，这能够帮助我们预测他们的目标以及他们接下来可能的动作。

镜像神经元的发现表明婴儿所具有的模仿他人的能力可能是与生俱来的。此外，镜像神经元可能是共情和人类语言发展的根源（Triesch, Jasso, & Deák, 2007; Iacoboni, 2009; Ramachandra, 2009; Rogalsky et al., 2011）。

神经元的联系

如果你仔细看过计算机内部，你就会发现它的各部分都是相互连接的。相比之下，神经传导系统各要素之间在一定程度上并不需要这种结构性连接。两个神经元之间通过一种化学性连接架起了沟通的桥梁，这一种连接被称为**突触**（synapse），它是一个不直接接触神经信号但允许神经信号通过的间隙。突触包括突触前膜、突触后膜和突触间隙。神经信号的传递通过突触小体中释放的化学递质的传递实现（见图 2.4）。

当神经冲动传至轴突末端并到达终扣时，终扣会释放一种被称为**神经递质**

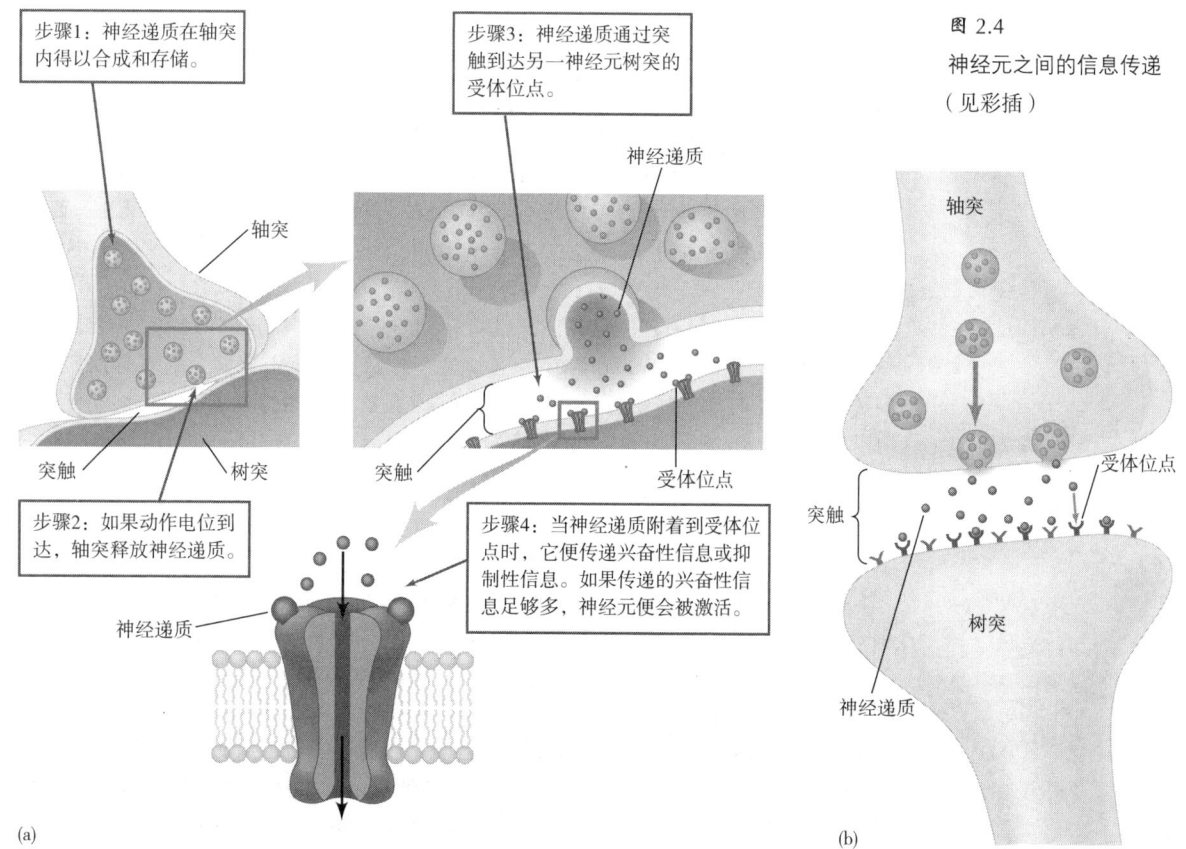

图 2.4
神经元之间的信息传递
（见彩插）

（neurotransmitters）的化学物质。神经递质是神经元之间传递信息的化学介质。神经元内部以电冲动的形式传递信息，而神经元之间则通过神经递质传递信息。

传递信息的神经递质能否附着在相邻神经元的受体位点上，取决于神经递质与受体位点的适应性。每种神经递质都有特异化结构，只能附着在某一种对应的受体位点上（见图 2.4b）。只有当神经递质精确附着在受体位点上时，神经元之间的化学信息联络才可能实现。起联络作用的化学信息包括兴奋性信息和抑制性信息两类。**兴奋性信息**（excitatory messages）促使接收神经元更可能被激活，动作电位更可能沿轴突传导下去。**抑制性信息**（inhibitory messages）会阻止或降低接收神经元被激活的可能性。一般而言，神经元的树突会同时接收到这两类信息，其激活状态取决于神经元对两类信息的整合。简而言之，若兴奋性信息的数量多于抑制性信息的数量，神经元则被激活；反之，神经元则仍处于静息状态（Mel, 2002; Rapport, 2005; Flavell et al., 2006）。值得注意的是，如果神经递质保留在突触的位置，会对接收神经元进行持续地刺激或者抑制，可能会阻断突触之间的联络通路，导致行为障碍的产生。这种现象可通过酶对神经递质的分解或终扣对神经递质的再吸收消除，整个再吸收过程仅需几毫秒（Helmuth, 2000; Holt & Jahn, 2004）。

我们对再吸收过程的认识促使了许多用于治疗心理障碍的药物的开发，如抗抑郁药物——选择性 5- 羟色胺再摄取抑制剂（selective serotonin reuptake inhibitors, SSRIs），它能使特定的神经递质在特定的突触中保持更长时间的活性，从而降低抑郁症状（Montgomery, 2006; Ramos, 2006; Guiard et al., 2011）。

神经递质

神经递质是一种在神经元之间进行信号传递的化学物质。它是神经系统传递信号从而控制行为反应的重要通路。它维持脑与身体的正常功能，神经递质的不足或过量会引发严重的行为障碍。目前已发现的作为神经递质的化学物质超过一百种，最终可能会发现更多的神经递质（Penney, 2000; Schmidt, 2006）。主要的神经递质及其作用见表 2.1。

常见的神经递质有乙酰胆碱、谷氨酸、γ- 氨基丁酸、多巴胺、5- 羟色胺、内啡肽等。

乙酰胆碱（acetylcholine, ACh）遍及整个神经系统，它不仅为脑对骨骼肌的控制传递信号，而且参与了我们的记忆活动，并且乙酰胆碱的合成不足可能与阿尔茨海默病有关（Mohapel et al., 2005; Bazalakova et al., 2007; Van der Zee, Platt, & Riedel, 2011）。

谷氨酸（glutamate, Glu）同样在记忆过程中起着重要作用（Riedel, Platt, & Micheau, 2003; Winters & Bussey, 2005; Micheau & Marighetto, 2011）。

γ- 氨基丁酸（gamma-amino butyric acid, GABA）分布于脑和脊髓，似乎是神经系统中主要起抑制性作用的神经递质。它调节着如饮食、攻击等多种行为。安定药和酒精因能提高 γ- 氨基丁酸的活动效率而发挥作用（Ball, 2004; Criswell et al., 2008; Lobo & Harris, 2008）。

多巴胺（dopamine, DA）的分泌与运动、注意、学习等有关。特定药物对多巴胺的分泌有显著影响，这一发现促进了对各种身体和心理疾病的有效治疗。例如，因脑内多巴胺分泌不足所致的帕金森症，可通过给病人服用促进多巴胺合成的药物

多巴胺通路

5-羟色胺通路

名称	产生源	性质	功能
乙酰胆碱	脑、脊髓、外周神经系统，特别是副交感神经系统中的一些器官	脑与自主神经系统中为兴奋性；其他处为抑制性	肌肉运动和认知功能
谷氨酸	脑、脊髓	兴奋性	记忆
γ-氨基丁酸	脑、脊髓	主要为抑制性	饮食、攻击和睡眠
多巴胺	脑	抑制性或兴奋性	运动控制、愉悦、奖赏和注意
5-羟色胺	脑、脊髓	抑制性	睡眠、饮食、心境、疼痛和抑郁
内啡肽	脑、脊髓	除海马回均为抑制性	疼痛抑制、愉悦感、食欲和安慰剂

表 2.1　主要的神经递质

得以治疗（Willis, 2005; Iversen & Iversen, 2007; Antonini & Barone, 2008）。但多巴胺分泌过多也会有副作用，有研究者猜测，精神分裂症和其他一些严重的精神疾病可能是个体受到多巴胺分泌过多的影响所致。部分精神分裂症患者通过服用多巴胺受体拮抗剂来阻止多巴胺的接收，从而缓解自身症状（Murray, Lappin, & Di Forti, 2008; Howes & Kapur, 2009; Seeman, 2011）。

5-羟色胺（serotonin）的分泌与睡眠、饮食、心境和疼痛的调节有关。有研究表明 5-羟色胺参与了多种行为，如酗酒、抑郁、自杀、冲动、攻击和压力应对等（Murray et al., 2008; Popa et al., 2008; Carrillo et al., 2009）。结合遗传学和影像学方法，刘嘉等人发现在中国汉族男性被试群体中，5-羟色胺转运体基因连锁多态性区域（5-HTTLPR）和个体焦虑有关（Zhang et al., 2015）。

内啡肽（endorphins）是大脑产生的与吗啡等止疼药物结构相似的化学物质，它的合成反映了脑在应对疼痛和振奋情绪中所做出的努力。内啡肽可能也会引发"长跑运动员异常兴奋"的现象，即运动员在远距离运动之后，由于体内内啡肽的大量积聚而产生欣快感（Pert, 2007; Stanojevic, Mitic, & Vujic, 2007）。内啡肽的分泌可能还解释了"安慰剂效应"，服用安慰剂的行为可能会促进患者体内内啡肽的分泌，从而导致疼痛减轻（Wager, 2005; Rajagopal, 2006; Crum & Langer, 2007）。

神经系统和内分泌系统

神经元之间形成的联结与结构相当复杂。每个神经元可以联结 8 万个其他神经元。据估算，脑内神经联结的数量高达 10^{16} 个，甚至可能更多。然而，神经元联结并不是体内信息交流的唯一方式，内分泌系统也可分泌携带化学信息的激素，并通过血

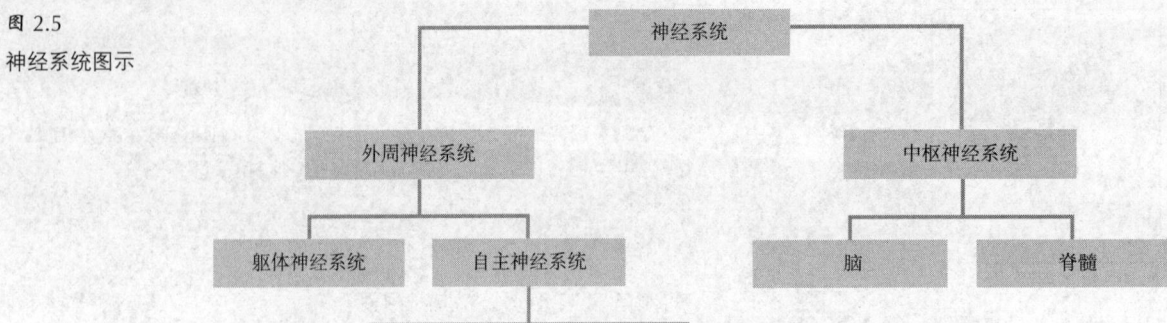

图 2.5 神经系统图示

液内循环传输至身体各处，从而影响人类的行为及生物功能。

神经系统

尽管神经联结的实际数量巨大，但人类神经系统的基本结构却简单明了（见图 2.5）。

中枢神经系统和外周神经系统

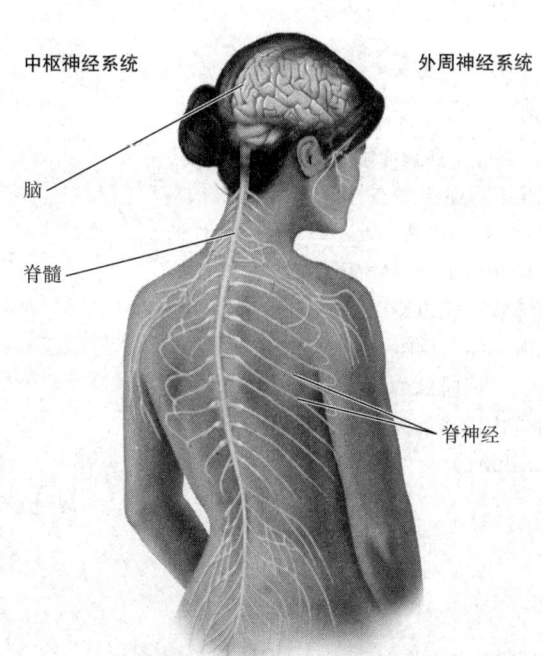

图 2.6 中枢神经系统包括脑和脊髓，外周神经系统是指连接脑和脊髓与其他身体部位的神经网络

中枢神经系统 中枢神经系统（central nervous system, CNS）由脑和脊髓构成，具有传递、存储和加工信息，以及产生各种心理活动的功能，并全面控制着人的行为。**脊髓**（spinal cord）由一束自脑部向下沿着背侧延伸的神经元组成，是脑与身体之间信息传递的主要途径（见图 2.6）。脊髓本身在没有脑参与的条件下也能控制一些简单行为，如膝跳反射。

反射是指对外界刺激自动的、无意识的反应。它与三类神经元有关：（1）**感觉（传入）神经元**（sensory/afferent neurons），负责把身体周围的信息传递到中枢神经系统；（2）**运动（传出）神经元**（motor/efferent neurons），负责将信息由神经系统传递到肌肉和腺体；（3）**中间神经元**（interneurons），负责感觉神经元和运动神经元之间的信息传递。

外周神经系统 外周神经系统（peripheral nervous system），正如其名称所言，它从脊髓和脑延伸出去而遍布全身。它由具有长轴突和树突的神经元组成，包括除脑和脊髓外的神经系统的所有部分。外周神经系统又分为躯体神经系统和自主神经系统两部分，二者将感觉器官、肌肉、腺体和其他器官与中枢神经系统联系起来。**躯体神经系统**

（somatic nervous system）是控制随意运动（如阅读时的眼动）的一类外周神经系统。而**自主神经系统**（autonomic nervous system）控制着维持我们生命活动的非随意运作的器官，如心脏、血管、腺体、肺等。例如，阅读时的呼吸和消化机能则由自主神经系统控制，无须注意资源的参与。

自主神经系统的激活

自主神经系统在紧急压力的应对上起着关键作用。假如你正在看书，感觉窗口有一个陌生人正注视着你。当你抬头看到他手中拿着像匕首一样寒光闪闪的东西时，顿时你的脑袋一片混乱，恐惧使你不能做出理性判断，这时你的自主神经系统会发生变化，使你心率剧增、直冒冷汗、全身起鸡皮疙瘩。这些生理变化的出现缘于交感神经系统的激活。交感神经系统负责身体对紧急情况的应对，它能调动机体的所有资源以应对威胁，反应形式常常是"战斗或逃跑"。相反，副交感神经系统使个体在经历应激情境后平静下来。例如，当你意识到窗口的那个陌生人实际上是你的室友时（他丢了钥匙不能进门，为了不吵醒你，他打算爬窗进来），此时你的副交感神经系统降低了你的心率，并使你停止冒汗。副交感神经系统还指导身体存储能量，以备在紧急情况下使用。交感神经系统和副交感神经系统共同为调节身体的多项机能而起作用（见图2.7）。

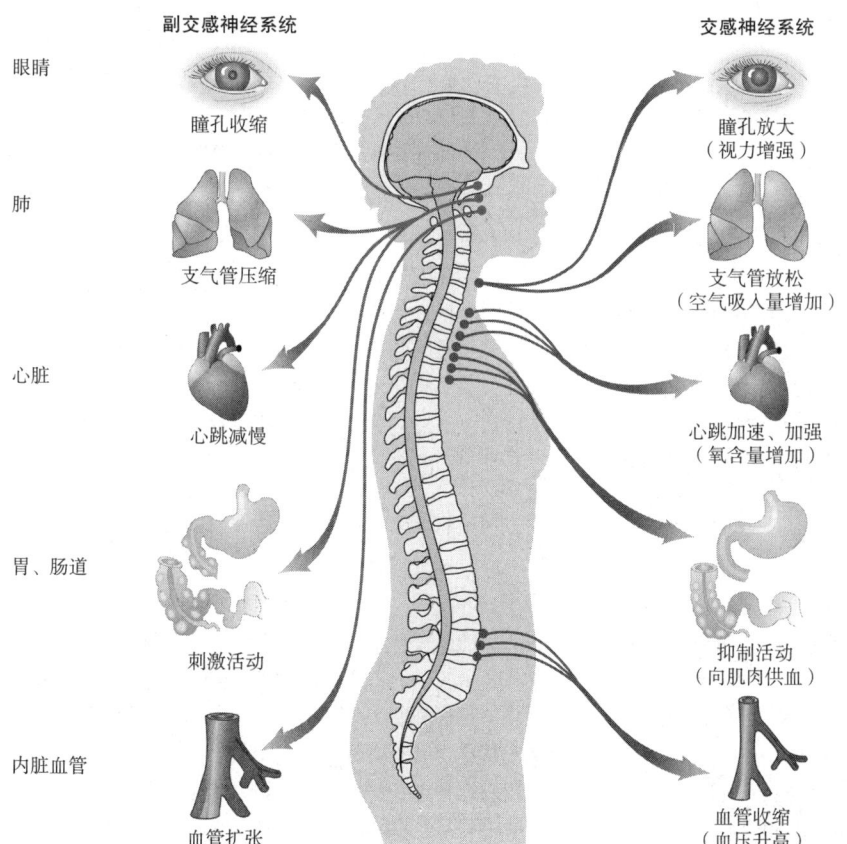

图 2.7
交感神经系统与副交感神经系统的作用

神经系统进化的基础

从物种进化的角度出发，我们能够更好地理解人类神经系统的复杂性。研究发现，人类神经系统的前身存在于最早有脊髓的简单有机体体内。这些有机体基本上是简单的输入—输出"设备"：当脊髓的上部分被刺激（如被触摸），有机体会对此做出简单的反应（如快速躲开）。这类反应完全由基因的构成决定。几百万年过后，脊髓前端的功能变得越来越特异化，有机体逐渐能够辨别不同的刺激，并做出相应的反应。最终，脊髓前端进化为原始脑。原始脑只具有嗅觉（如闻气味）、视听觉（如视物和听）及维持身体平衡和协调三部分功能。事实上，许多动物的神经系统功能至今也未有很大的进化，如鱼的神经系统。唯有人脑从原始脑进化成复杂的神经系统结构，沿着脊髓向上延伸到脑，越往上的区域控制的功能越高级。

进化心理学（evolutionary psychology）是心理学的一个分支，探讨我们的行为如何受祖先遗传基因的影响。进化心理学家认为进化过程反映在神经系统的结构和功能上，并且进化因素显著影响着我们的日常行为。进化心理学与基因学、生物化学和医学的研究共同促进了我们对"遗传如何影响我们自身行为"这一问题的理解。

进化心理学催生了一个影响力不断增强的新学科：**行为遗传学**（behavioral genetics），它研究遗传对行为的影响。越来越多的行为遗传学研究表明，认知能

你想了解自己吗：测测你对多动症的了解

以 ICD-10 为诊断标准，全世界有 1%~2% 的学龄儿童患有多动症（Cowen & Burns, 2012）。更严重的是，以前人们认为会随着年龄增长而消失的多动症实际上却会持续到成年期。那么，你知道什么是多动症吗？如何判断个体患有多动症呢？其起因又是什么？

多动症全称为**注意缺陷/多动障碍**（Attention deficit/hyperactivity disorder, ADHD），是儿童注意力缺乏、唤起过度、活动过多、易冲动和延迟满足困难等一系列心理、行为问题的总称。主要特征表现为注意力不集中、过度兴奋和冲动。1989 年，美国精神病学会制定了多动症的临床诊断标准，主要内容为：与大多数同龄儿童相比，下列行为更为频繁，符合下面 14 项中的 8 项，并至少持续 6 个月，可诊断为注意缺陷/多动障碍（王小英，张明，2002）。

1. 手或脚不停地动，或在座位上扭动（青少年为坐立不安的主观感受）；
2. 即使必须坐好，也很难静坐在座位上；
3. 易受外界因素影响而分散注意力；
4. 在集体活动或游戏时，不能耐心地等待轮转；
5. 别人问话尚未结束，便立即抢着回答；
6. 不按他人指示做事情（并非故意违抗或不理解）；
7. 在做功课或玩耍时不能持久地集中注意力；
8. 一件事尚未做完，又做其他事情；
9. 不能安安静静地玩耍；
10. 说话太多；
11. 常常打断他人的活动或干扰他人学习、工作；
12. 别人对他说话时，他往往没有听进去；
13. 学习时的必需物品，如书本、作业本、铅笔常常丢失在学校或家中；
14. 往往不顾可能发生的后果参加危险活动。例如，不加观察便跑到马路上。

精神病学家和心理学家为探究其病因做了一系列研究，已有初步结果。例如，多动症是由于患者的前额脑皮层、部分小脑、脑深处的两簇神经细胞等大脑区域发生了功能障碍所致；另外有双生子研究发现，多动症的遗传率近 80%（王文清，1999）。问题根源可能是多巴胺受体中的基因变异。总而言之，直接病因尚不清楚。不过，避免早产、母亲饮酒与吸烟、儿童早期接触过高铅环境、脑损伤等非遗传因素，可以降低多动症的发生率。

力、人格特质、性取向和心理障碍都在某种程度上由遗传因素决定（Livesley & Jang, 2008; Vernon et al., 2008; Schermer et al., 2011）。

内分泌系统

内分泌系统也是体内的一种信息交流系统。**内分泌系统**（endocrine system）是通过分泌**激素**（hormones）至血液循环，并经由血流在全身传送信息的化学联络网。激素是信息传递中的一种介质，它调节身体的功能或生长发育。虽然内分泌系统不是脑的一部分，但它与下丘脑紧密相连。

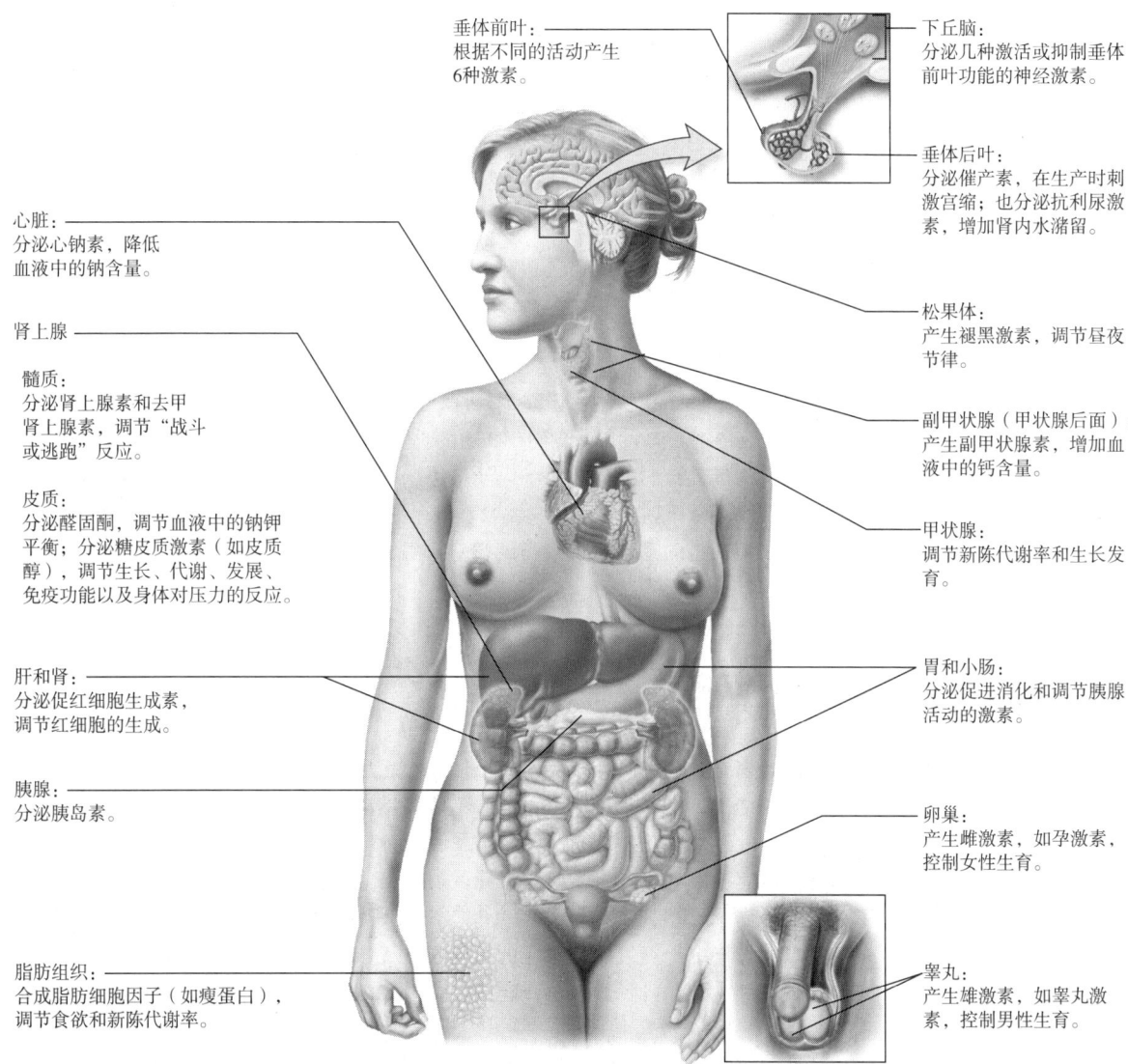

图 2.8　主要的内分泌腺的位置与功能

激素和神经递质都是化学信使，但二者的传递速度和方式大不相同。神经信息的传递以毫秒为单位，而激素的联络则需数分钟才能完成。神经信息是通过神经元以特定的路线传送（像电话一端的声音信息通过电线传播一样），但激素在全身流动（像无线电波在整个区域内传播一样）。

内分泌系统的主要组成部分是**脑垂体**（pituitary gland）。它是人体一种重要的内分泌腺，位于下丘脑附近并由其调节，主要分泌促生长激素、促性腺激素和催乳激素等，能调节其他内分泌腺的激素分泌。脑垂体既是其他腺体的"工头"，同时自身又有着重要的功能。例如，脑垂体分泌的促生长激素异常会导致个体身高过高或过矮，而其他腺体（见图2.8）影响着情绪反应、性欲和能量水平。

特定激素的功能还受环境影响。例如，催产素会促使母亲去照料新生儿，并且似乎也能引发种内成员之间的拥抱行为（De Dreu et al., 2011）。

虽然激素可由内分泌系统天然合成，但人工激素的摄入已被证明既有好处也有潜在的危险。有研究表明，21世纪以前对绝经的老年女性所采用的激素替代治疗（HRT）具有潜在危险的副作用，在很多情况下，副作用甚至超出了积极作用（Herrington & Howard, 2003; Alexandersen, Karsdal, & Christiansen, 2009）。另外有研究表明，运动员使用人工注射睾丸激素或服用具有睾丸激素功效的类固醇，会导致生长萎缩、睾丸萎缩、心脏病、中风、癌症，甚至暴力行为等（Klötz, Carle, & Granath, 2006; Pagonis, Angelopoulos, & Koukoulis, 2006）。

脑

看起来并不大，软软的、像海绵一样，斑驳而略带粉红色和灰色，很难说出它的外表有什么特别。但它却是我们所知道的自然界里最高级的东西，美丽而复杂——这就是脑。脑负责我们抽象的思维以及最原始的冲动。它是人类身体复杂工作的指挥者，想设计一台计算机完全模拟脑功能几乎是天方夜谭。脑神经细胞的数量惊人，但更让人叹为观止的是它赋予了人类的智慧。因此，采用先进的技术探究脑的基本结构和功能至关重要。

脑的研究技术

长期起来，对脑的研究仅停留在个体死亡之后的解剖学分析层面。尽管这为我们了解脑的结构提供了不少信息，但并不能揭示活体脑进行信息加工时各个脑区的活动状态。近年来，在物理学、材料与工程、神经科学等多学科的推动下，脑成像技术进展迅速，推动了脑科学研究迅猛发展。脑成像技术的发展为研究活体脑打开了一扇窗，借助这些技术，研究者可以在不打开颅的情况下对脑内活动进行探究，记录和观察与特定心理过程相对应的生物学过程，特别是神经系统的活动过程。主要的研究技术如图2.9所示，包括脑电图、功能性磁共振成像、正电子发射断层扫描术和经颅磁刺激。

脑电图（electroencephalogram, EEG）通过置于颅骨表面的电极记录脑电活动。传统的脑电图所得出的仅是电波活动模式概貌，而现在所用的新技术能将这种电波

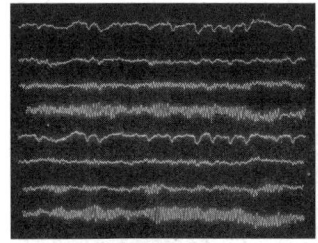
（a）脑电图（EEG）

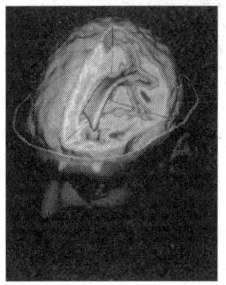
（b）功能性磁共振成像（fMRI）

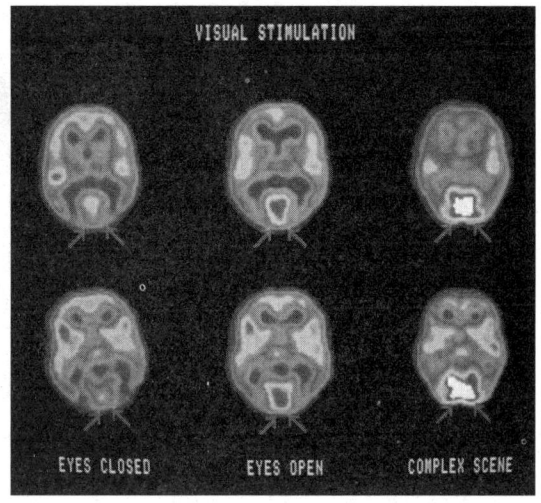
（c）正电子发射断层扫描术（PET）

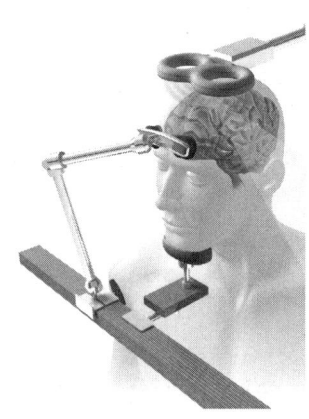
（d）经颅磁刺激（TMS）

图 2.9　不同的脑扫描技术（见彩插）

活动转化为脑活动的图示表征，从而获得脑活动状况更为详细的信息。例如，可通过脑电图对癫痫、学习困难进行精确的诊断。

功能性磁共振成像（functional magnetic resonance imaging, fMRI）通过对人体施加强磁场，得出详细的、三维的、计算机生成的大脑结构和活动的图像。fMRI 的空间分辨率很高，可达到毫米级。fMRI 扫描在脑手术中经常使用，它可以帮助外科医生区分正常脑区和异常脑区（D'Arcy, Bolster, & Ryner, 2007），并广泛地运用于神经科学和心理学基础研究中（Friston & Buzsaki, 2016; Wang et al., 2016; Luo et al., 2015）。

正电子发射断层扫描术（positron emission tomography, PET）能呈现某一时刻脑内的生物化学活动。PET 的基本程序是：首先在血液中注入放射性液体，让其流入大脑；然后通过追踪脑内的放射物，从而使计算机判别出哪一区域更活跃；最终展现脑活动状况的清晰画面。PET 可用来研究记忆问题，也可用来确定脑内肿瘤的存在（Gronholm et al., 2005; McMurtray et al., 2007）。

经颅磁刺激（transcranial magnetic stimulation, TMS）是最新的大脑研究技术，它通过强磁场对大脑中的特定区域进行刺激，导致该区域的电活动短暂中断，然后研究该区域的电活动中断对正常脑功能造成的影响。这一过程有时也称为"虚拟损伤"，因为它产生类似于切除某个脑区的效果，但是这种"虚拟损伤"只是短暂的。除了能够确定脑区的特定功能外，TMS 还具有治疗某些特定心理障碍的潜在价值，可通过对大脑实施短暂的磁刺激从而对抑郁和精神分裂症等进行治疗（Fitzgerald & Daskalakis, 2008; Rado, Dowd, & Janicak, 2008; Pallanti & Bernardino, 2009）。

每一种脑成像方法不仅为诊断和治疗脑疾病与脑损伤提供了可能性，而且也增加了我们对正常脑功能的了解。对大脑结构和功能的探索离不开先进的脑成像技术，近年来，心理学研究者利用脑科学手段在传统的心理学研究课题上（如注意、记忆、

> **探索与发现：大脑控制计算机**
>
> 想象一下，能不能不用键盘和鼠标，而是用大脑发出的指令去随意控制你的电脑？虽然这很难实现，但这却是一些研究团队期望在不久的将来能够看到的场景。这些研究者认为未来的电脑将由个体的思想控制，而实际上这一预测正在加速变成现实。
>
> 有这样一个案例，一个20多岁的青年人患了严重的癫痫，医生为了减少他的癫痫发作，在他的大脑皮层上面植入了一系列的电极。这些植入电极不仅可以缓和患者的癫痫，而且能帮助患者学会控制电脑。更神奇的是，患者还可以通过用自己的"意念"来玩电脑游戏，随意地移动屏幕上的宇宙飞船并朝来势汹汹的外星生物开火（Leuthardt et al., 2011）。尽管用"意念"来玩电脑游戏的能力看起来像是一个微不足道的进步，但这一进步对未来的研究有重大启示，未来人们可能会通过神经元"说话"。例如，我们脑海中想象一只狗，然后"狗"这个单词能够很快地呈现在屏幕上。
>
> 在另外一个案例中，一个瘫痪在床的律师生活不能自理，不能吃饭、说话，甚至呼吸都有困难。尽管他的大脑功能正常，但是他不能与外界进行沟通。然而在他佩戴上了一种可以将脑电波转换成文字的实验仪器后，这一状况得到了改变。利用脑电波的技术对大脑发出的波形的识别，他学会了怎样发出对应特定行为的脑电波，如吃饭，喝水等。这种运用脑电波的技术称为皮层慢电位（slow cortical potentials），这种技术有望帮助因脊髓损伤而瘫痪的患者进行更好的交流（Neumann & Birbaumer, 2004; Hatsopoulos & Donoghue, 2009）。
>
> 神经科学研究者在基于思维的接口技术方面正取得显著的进步，这些技术的发展将引发一个令人吃惊的可能性：人与人之间完全可以通过神经和脑的活动进行交流，好比心灵感应。尽管我们离这一目标的实现还很遥远，但这是我们的发展方向。

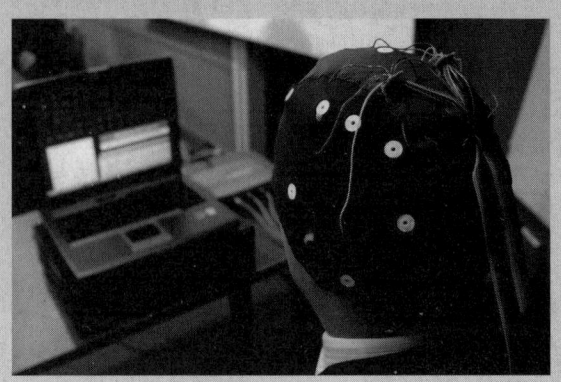

大脑扫描技术可以使人们仅仅通过脑电波就能进行交流。

思维等）取得了较大进展，同时，提出新的研究思路（如大数据方法），发展新的研究领域（如社会认知神经科学和发展认知神经科学），在成像技术和分析方法上不断取得新的进展。例如，高家红课题组关于神经元放电磁共振成像（neuronal current MRI, ncMRI）的研究已处于国际领先水平（Jiang et al., 2014）。尧德中研究团队发展了多种 EEG-fMRI 融合方法，结合两种成像技术的优势，以获得脑的更全面而精确的图像（Lei et al., 2010）。臧玉峰等人提出了大脑静息态的低频振幅（amplitude of low frequency fluctuations, ALFF）指标，计算单个体素的时间序列在特定频率段内波动的幅度（Zou et al., 2008）。严超赣团队在静息态功能磁共振数据处理等方面研究卓越（见"探索与发现：一项头动伪迹问题的静息态功能磁共振研究"）。

脑的结构与功能

我们重点介绍脑的主要部分：中央核、边缘系统和大脑皮层。

探索与发现：一项头动伪迹问题的静息态功能磁共振研究

中国科学院心理研究所严超赣

2012 年，三个研究组（分别来自哈佛大学、华盛顿大学和宾夕法尼亚大学）报告被试在磁共振扫描仪中的微小幅度的头动（小至 0.2 毫米），会在静息态功能连接中产生伪迹。在疾病研究中，患者通常具有比正常对照组更大幅度的头动；在发育研究中，儿童比成人的头动幅度也显著要大，因此发现的静息态脑自发活动组之间的差异，很可能仅仅是头动伪迹造成的，而非神经机制。

头动伪迹的影响，一时间成为静息态功能磁共振领域面临的一大挑战。在论文发表和基金申请中，评审人都会疑虑结果是否受到头动伪迹的影响。当时我正在美国从事博士后研究，静息态功能磁共振方法学是我的主要研究领域之一。同时，我开发的 DPARSF 是国际上广受欢迎的静息态功能磁共振数据处理流水线平台。因此，对头动伪迹问题进行细致考察，寻找合适的控制方法，我责无旁贷。

我与同事首先创造性地计算了每个体素的特异头动幅度，然后考察头动对大脑不同区域的血氧水平依赖（blood oxygen level-dependent, BOLD）信号的影响。结果表明，头动与 BOLD 信号在运动区和辅助运动区存在显著的正相关，并且在头动幅度越小的被试群体中，正相关越强。即使进一步删除头动幅度大的时间点（scrubbing），正相关仍然存在。与此相反，头动与 BOLD 信号在前额叶区域存在负相关，且在头动幅度越大的被试，负相关越强，并且 scrubbing 能够完全去除该相关。因此，我们认为，负相关可能反映的是头动伪迹。然而，头动与 BOLD 的正相关，分布于运动区和辅助运动区，在一定程度上反映神经信号。这一创造性的观点颠覆了此前关于头动对静息态信号的影响完全是伪迹的认知，也得到了一系列后续研究的支持和验证。我们进一步提出和考察了多个头动校正模型对头动伪迹的控制作用，最后推荐在个体水平上进行 24 参数头动回归且在组分析上进行头动协变量控制的解决方案，可排除组之间的差异主要是由头动伪迹造成的这一担忧。

我们把这项研究成果投给了脑影像学顶级期刊 *NeuroImage*。由于这个研究问题的重要性，编辑一共找了 4 个审稿人来评审我们的论文。我们对审稿人的意见进行了认真细致的修改和回复，回复信（response letter）长达 25 页（单倍行距）。更为糟糕的是，在我们修改论文期间，*NeuroImage* 上发表了一篇由宾夕法尼亚大学萨特思韦特（Satterthwaite）等人所做的内容相近的论文。所幸我们做得更加全面和细致，经过三轮修改之后，这一研究成果最终于 2013 年发表在 *NeuroImage* 上，并被评为当季最受关注的 25 篇论文之一（排名第 13）。

该论文提出的解决方案有效地缓解了领域内对头动伪迹的焦虑，得到了国际同行的广泛关注和应用，被包括 *Nature Methods*、*Neuron*、*PNAS*、*JAMA Psychiatry*、*Journal of Neuroscience* 在内的高水平杂志他引 300 余次，入选 ESI Top 1% 高被引论文。该研究提出的方法（24 参数回归模型）被研究者鲍尔等人评价为"短期到中期未来时间内的领域标准"（Power et al., 2014）。该研究创造性地提出了头动与 fMRI 信号的关系部分反映神经活动的论点，被一系列后续研究进一步验证。皮若尔等人评论道："这一假说由 Yan 等人在分析头动对 fMRI 信号的影响时原创性地提出"（Pujol et al., 2014）。

中央核

虽然人脑的智慧远远超过其他任何物种的脑，但人脑的一些基本功能，如呼吸、饮食、睡眠等活动，与原始的动物一样，直接由脑内相对原始的部分控制。这部分脑区为**中央核**（central core），它在所有脊椎动物体内都极其相似（见图 2.10）。中央核有时也被称为"旧脑"，因为它的基本结构的进化史可以追溯到约 5 亿年前的非人类物种上。

48 心理学与我们

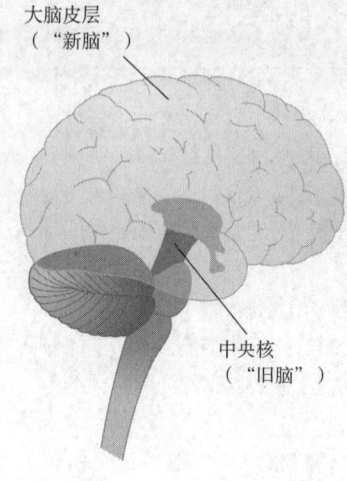

图 2.10
脑的主要分区：大脑皮层和中央核

中央核由延髓、脑桥、小脑、网状结构、丘脑、下丘脑组成（见图 2.11）。延髓（medulla）控制着大量重要的身体机能，其中最重要的是呼吸和心跳。脑桥（pons）紧挨着小脑，连接小脑的两部分。脑桥内的大量神经束可以传递运动信息，协调肌肉的运动，整合身体左右两侧的运动。另外它还与睡眠有关。

小脑（cerebellum）位于延髓上面、脑桥后面。小脑控制身体的平衡，监控来自肌肉的反馈信息以协调肌肉的运动和紧张程度。饮酒过多可能会抑制小脑的活动。小脑与多种智能有关，其范围涵盖了对感觉信息的分析协调到问题解决（Paquier & Mariën, 2005; Vandervert, Schimpf, & Liu, 2007; Swain, Kerr, & Thompson, 2011）。

网状结构（reticular formation）从延髓处延伸，经由脑桥，穿过脑的中部——中脑——进入脑的最前部——前脑。网状结构由能激活脑的其他部位以立即产生身体唤醒的神经元群构成。例如，我们忽然听到一声巨响，网状结构能立即激起高警觉状态以判断是否需要做出反应。此外，网状结构在我们睡觉时，似乎会过滤掉背景刺激以使我们睡觉不被打扰。

丘脑（thalamus）基本上像一个繁忙的中转站。来自眼睛、耳朵和皮肤的信息传送至丘脑，并再往上传到脑的更高级部位。丘脑也能整合来自脑的更高级部位的信息，

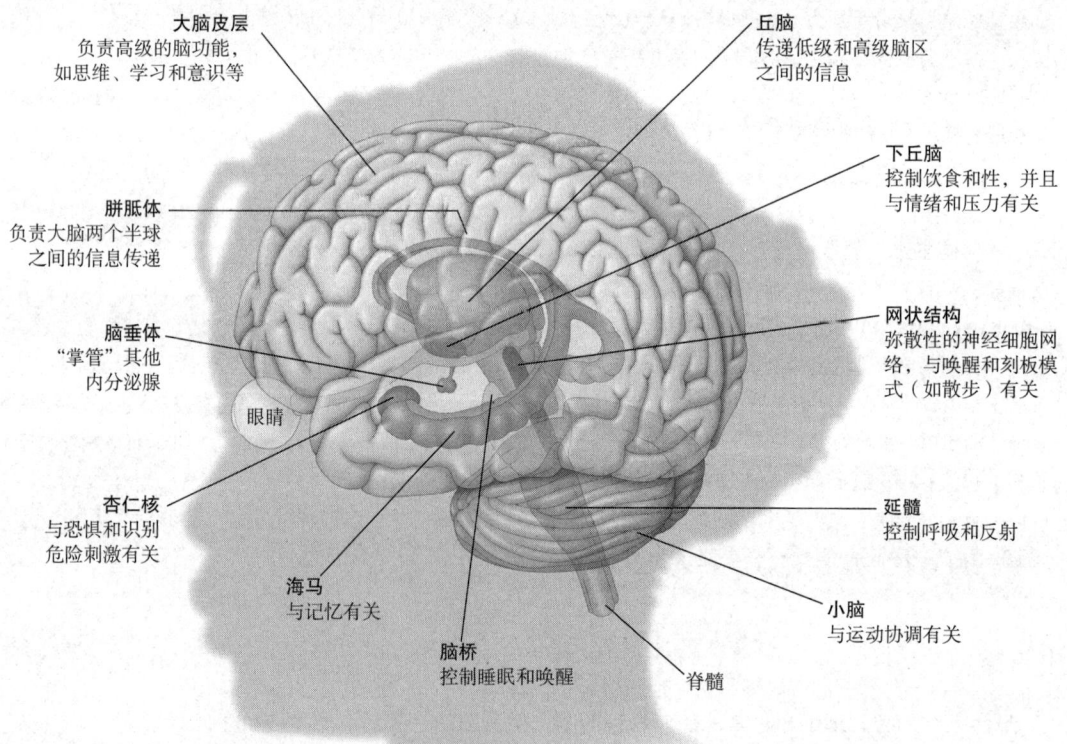

图 2.11
脑的主要结构

资料来源：*Brain, Mind, and Behavior* by Floyd Bloom et al., © 1975, 1988, 2001 by Educational Broadcasting Corp. Used with permission of Worth Publishers.

选择相关信息传送至小脑和延髓。

下丘脑（hypothalamus）位于丘脑下面。尽管它很小——指尖那么大——但它有着重要作用。其主要功能之一是维持体内平衡。下丘脑有助于保持体温恒定，监控着储藏在细胞内的营养物质的数量。它还可引发和调整影响物种基本生存的关键行为，如饮食、自我保护和性行为等。

边缘系统

边缘系统（limbic system）位于中央核和大脑皮层的交界处（边缘），是由杏仁核和海马组成的一种环状的神经系统（见图2.12）。它与动机、情绪状态和记忆过程有关。某些对未来持神秘而恐怖观点的科幻小说家曾说，总有一天人们会习惯性地将电极置入脑内，这些电极通过微弱电流刺激脑的特定中枢而使个体产生快感。当人们感到消沉时，只要激活脑内的电极便能使其情绪立即高涨。这一未来派的幻想尽管最终也不可能实现，但它也是基于一定事实的：脑确实在多个区域存在快乐中心，其中就有一些存在于边缘系统。

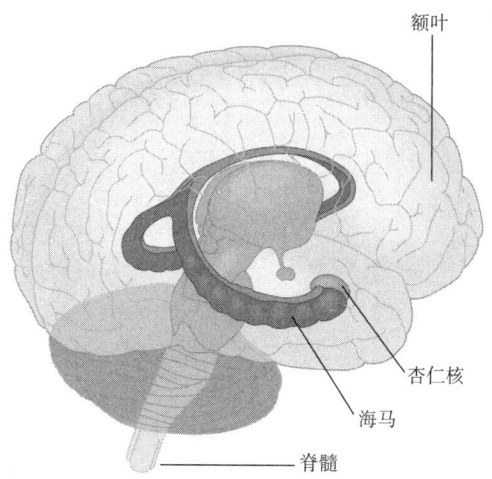

图 2.12
边缘系统结构

边缘系统控制了与人类情绪和自我维持相关的多种基本机能，如饮食、攻击、繁殖。它的损伤会引起行为的明显变化。例如，由于杏仁核的损伤，平常听话、温顺的动物就会变得好斗而野蛮，而野蛮和难以制服的动物则可能变得温顺和驯服（Bedard & PerSinger, 1995; Gontkovsky, 2005）。

轻度电击边缘系统和脑的其他部位的研究得到了发人深省的结果。在一项实验中发现，按压杠杆的白鼠因受到脑内电极的轻度电刺激产生了快感，甚至极度饥饿的白鼠在走向食物时也会停下来，尽其所能地去按压杠杆。实际上，有些白鼠在一小时内数千次地刺激自己——直到累倒为止（Routtenberg & Lindy, 1965; Olds & Fobes, 1981; Fountas & Smith, 2007）。特定脑疾病的个体在电击治疗中也体验过特定刺激所引发的像性高潮一样的异常快感。

边缘系统尤其是海马对学习和记忆具有重要意义。在癫痫症患者治疗中，为防止突然发作，患者的部分边缘系统被切除，手术后发现患者有时难以学习和记忆新信息。例如，其中一位患者手术后记不起住了八年的地方；能加入活跃的谈话，但几分钟后不能回忆起刚才讨论的内容（Milner, 1966; Rich & Shapiro, 2007; Grimm, 2011）。边缘系统与自我维持、学习、记忆和快感等重要机能有关，但这些机能并不为人类所独有。实际上，人类边缘系统的结构和机能与其他哺乳动物的很相似，因此有时也被称为"动物脑"。

大脑皮层

综上所述，中央核和边缘系统等脑区并不为人类所独有。人类与其他动物的区别在于人类的**大脑皮层**（cerebral cortex），它具有思考、评估和做出复杂决策的能力。大脑皮层是大脑的外层覆盖物，厚度为2~3毫米，密布褶皱，负责人脑约80%的功能，

图 2.13

大脑皮层的结构（见彩插）

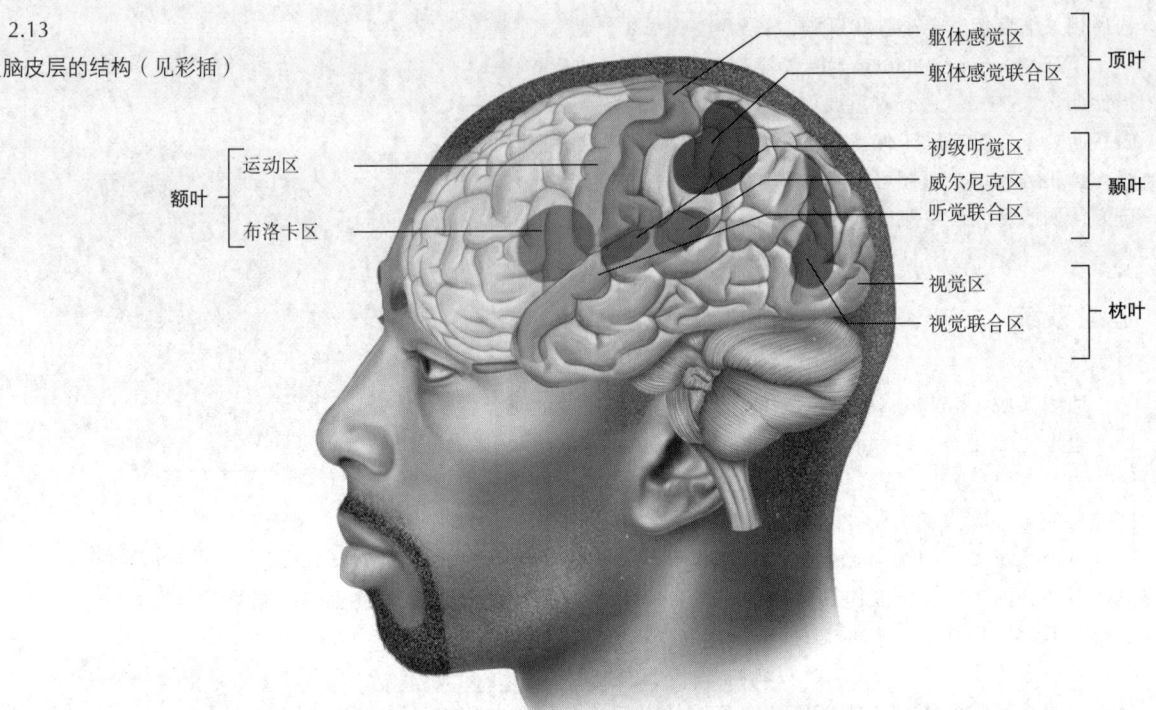

其中绝大部分是人类特有的高级认知功能。由于大脑皮层是较晚进化出来的，因而被认为是"新脑"。它包括额叶、顶叶、颞叶、枕叶四个主要部分，统称为**脑叶**（lobes）。从侧面看，额叶位于皮层前面的中部，其后是顶叶。颞叶位于皮层下面的中部，其后是枕叶。这四部分在结构上由被称为沟的深槽分离开来。

图 2.13 标记了不同的脑叶对应的运动区、感觉区、联合区等功能区。通常，行为受脑内多个结构和区域交互作用的影响。此外，脑具有很强的适应能力。当人们某处脑区受损时，脑内其他完好的区域有时能接管先前由损伤区负责的功能（Boller, 2004; Brown, Martinez, & Parsons, 2006）。

运动区 运动区（motor area）是位于中央沟之前的皮质代表区，主要负责躯体的自主运动。运动区的每一部分都与身体内的某一特定部位对应。运动区已被详细的划分，使得研究者能够准确地辨别出控制特定身体部位运动的脑区大小和位置。例如，较大且动作要求不精确的运动如膝或髋部位的动作，由运动区内一个很小的区域控制。相反，如面部表情和手指的运动等精细的动作，由运动区内较大的区域控制（Schwenkreis et al., 2007）。

简而言之，运动区为身体特定部位运动能力的复杂程度和重要性提供了参考依据。同时，越来越多的证据表明，运动区不仅控制身体不同部分的活动，而且还控制复杂的身体姿势，如一个正在带球前进的足球前锋快速地以假动作骗过对方的后卫（Graziano, Taylor, & Moore, 2002; Dessing et al., 2005）。

感觉区 感觉区（sensory area）包括躯体感觉区、听觉区、视觉区三个区域。躯体感觉区分布在大脑皮层的顶叶，主要负责包括触觉、压觉在内的躯体感觉，大脑皮质代表区的大小与身体不同部位的感觉灵敏度有关。感觉灵敏的部位，所占的区域较大，如手、唇、口腔的感觉代表区就很大；感觉不灵敏的部位，所占的区域较小，如躯干（见图2.14）。听觉区位于大脑皮层的颞叶，负责听觉。如果听觉区受到电刺激，人们便会听到像嘀嗒声或嗡嗡叫的声音（Hudspeth, 2000; Brown & Martinez, 2007; Hyde, Peretz, & Zatorre, 2008; Bizley et al., 2009）。视觉区位于枕叶，对电刺激的反应方式与其他感觉区相同。电刺激这一区域会产生闪光或闪色的体验，这表明该区域接收来自眼睛的原始图像感觉输入，并将其转变为有意义的刺激。

联合区 我们先看一个案例：

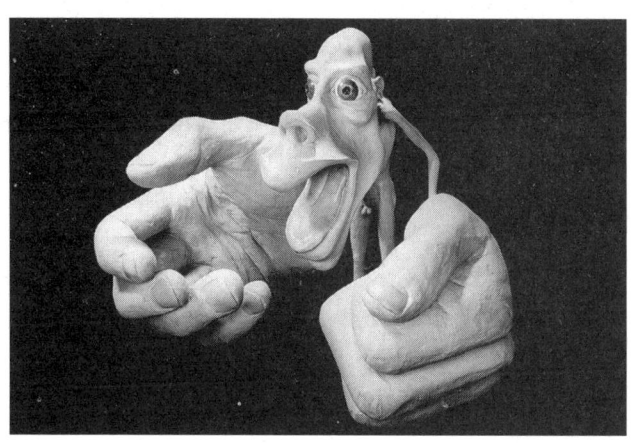

图 2.14
脑的躯体感觉区与特定的身体部位

25岁的菲尼亚斯·盖奇（Phineas Gage）是一名铁路工人。1848年的一天，因为一次意外的爆炸，一根长达三英尺，直径一英寸的钢钎穿过他的头骨。该钢钎从左颊下面穿入，从头顶穿出。令人意外的是，几分钟后他便能与救援者说话，在接受治疗前，他甚至能自己走一段很长的楼梯。几周后伤口愈合了，他又回去上班。在外人看来他似乎和原来没有什么两样。然而，他的人格却发生了变化：曾经细心且努力的他，现在沉迷于不切实际的想法，轻狂且常常不负责任。正如他的一个医生所说："受伤之前，他有一个健全的大脑，认识他的人都认为他是一个谨慎、聪明的人，非常有活力，会把自己的计划坚持到底。现在，他的心理发生了极大变化，变化如此明显以至于了解他的人都说'他不再是以前的那个盖奇了'"（Harlow, 1869）。

盖奇身上发生了什么？虽然没法确切地知道，但我们可以猜测事故可能损伤了盖奇大脑皮层内的联合区。**联合区**（association areas）通常被认为是高级心理过程如记忆、思维、言语的所属区（Rowe et al., 2000）。联合区在大脑皮层中占很大比例，控制大脑的执行功能。我们对联合区的认识大多来自像盖奇这样遭受脑损伤的病人。例如，当联合区部分受损时，人们的人格就会改变，从而影响他们的道德判断和情绪加工（Bechara et al., 1994）。

联合区受损还会导致失语症。1861年法国医生保罗·布洛卡（Paul Broca）首先发现联合区中的某部分受损会使言语变得断断续续、费力且常常不合语法。说话者不能找到确切的语词，类似于舌尖现象，后来这一现象被命名为布洛卡区失语症，又称运动性失语症。患失语症的人虽然不停地寻找词语，但最后说出的是"口头电报"。例如，像"I put the book on the table"这一短语，他们说出的是"I…put…book…table"（Faroqi-Shah & Thompson, 2003）。

威尔尼克区失语症，又称感觉性失语症，是卡尔·威尔尼克（Carl Wernicke）于19世纪70年代确认的一种障碍。威尔尼克区失语症患者在理解他人的言语和产生言语上都有困难。这种障碍的特征是话语听起来流畅但毫无意义。例如，有位患者被问及为什么到医院来，他回答："小子，我出汗了，我很紧张，你知道，一旦我被追上，我不能提到可怕，一个月前，十分少，我做了很多，我征收了很多税，然而，另一方面，你知道我的意思，我不得不跑上一圈，仔细检查，酒店和所有材料"（Gardner, 1975; Kearns, 2005; Caplan, Waters, & Dede, 2007）。

脑的修复

脑不断地自我组织的过程被称为**神经可塑性**（neuroplasticity）——不仅神经元的数量毕生都在增长，它们之间的联系也变得越来越复杂。有研究认为特定的经历会改变信息加工的方式。例如，如果你学读盲文，与指头相对应的皮层将会扩大。同样，如果你拉小提琴，接收手指信息的脑区也会增大——但仅仅是与实际触弦的指头对应的区域（Schwartz & Begley, 2002; Kolb, Gibb, & Robinson, 2003）。

下面我们来看一个事例：

> 雅各布·斯塔克在刚出生时，手和腿每20分钟痉挛一次。几周后，他的目光仍不能集中在母亲的脸上。医生将这种症状诊断为一种无法控制的全脑内癫痫性发作。他的母亲莎利·斯塔克回忆："雅各布两个半月大时，他们都说他永远也不能坐起来，也不能自食其力。没有任何办法能解决这一疑难障碍。他们让我们带他回家，好好呵护他，并为他找一个公共机构"。斯塔克夫妇没有放弃，而是在雅各布五个月大时，带他去了洛杉矶的加州大学做了脑手术。外科医生切除了他20%的脑。手术很成功。三年后，雅各布在各方面都正常，再没有任何癫痫发作的迹象。

脑功能的本质逐渐得以揭示并被用于解决一些重大的脑障碍问题。雅各布的手术成功基于这样一个假设，即脑内某一部位出现病变会导致整个脑的癫痫发作，因此可推测，如果切除那些不正常的部位，剩下完整无损的部位会接管该区域的功能。

雅各布手术的成功证明了我们的推测：脑内某区域受损，然而在接受手术后，脑能将本属于这些区域的机能转到其他区域。另外，脑和神经系统的再生能力也得以证实。过去几十年来科学家一直都假定脊髓和脑内的神经元不能相互替代。然而，新证据已证明并非如此。例如，研究者已发现在试管环境下成年白鼠的脑细胞能产生新神经元。另有研究报告了那些脊髓里有1/5英寸的长沟而不能活动后腿的白鼠的运动区的修复情况。研究者将外周神经系统中的神经元移入这一沟里，此后白鼠后腿恢复正常。后来，对脊髓里的神经元进行检查，发现移植区有大量神经元再生。

这让帕金森症患者看到了希望，因为帕金森症是因脑内刺激多巴胺再生的细胞逐渐死亡所致。研究者推断，增加多巴胺供应对治疗帕金森症有效。为此他们进行了实验，将从人类胚胎中提取的干细胞直接注入帕金森症患者的脑内，这些细胞很快刺激多巴胺的产生。对大多数接受了此处理的患者而言，初步结果已显示该处理有效，其中一些病人的症状得到了很大改善。然而，此技术仅仅是实验性的，同时因为用于移植的胚胎组织源于中止妊娠的胚胎，因此也引发了颇有争议的伦理问题（Parish & Arenas, 2007; Newman & Bakay, 2008; Wang et al., 2011）。

脑的两半球

大脑半球的偏侧化

从进化角度来看，可能发生在近几百万年内的人脑的最新发展是脑的左右半球功能的专门化。脑可以大致分为两半——正如我们有两只手臂、两条腿、两个肺一样。这对称的左右两半称为**半球**（hemispheres），分别控制对侧身体的动作，接收来自对侧身体的感觉。脑的左半球通常控制身体右侧，而右半球控制身体左侧。因此，身体左侧的机能障碍通常表明脑的右半球受损。

尽管脑的两半球外形相似，但它们所负责的身体机能及其作用方式却有些不同。特定的行为很可能只反映了某半球的活动。左右脑半球的功能差异的早期证据来自对失语症患者的研究。研究者发现失语症患者存在左脑半球的机体损伤。相反，右半球功能异常则极少出现言语问题。这一发现使研究者得出以下结论：对大多数人而言，言语功能是**偏侧化的**（lateralized）（偏侧化是指不同的机能和过程与大脑的某个半球建立联系的过程，或者在某一半球所对应的区域比另一半球的更大）。在这个例子中，大脑左半球负责言语功能（Ansaldo, Arguin, & Roch-Locours, 2002）。

现在看来，脑的两半球确实各自负责了一些专门的功能。左半球更多地集中于需言语完成的任务，如说话、阅读、思维、推理。右半球主要负责的是非言语领域，如空间关系的理解、模式和图画的识别、音乐和情绪的表达。脑的专门化出现很早。比如，在真正掌握言语技能之前，婴儿的牙牙学语就涉及了左脑半球的专门化。此外，信息在不同半球中的加工似乎不同。左半球倾向于序列加工，而右半球倾向于同时加工（Turkewitz, 1993; Banich & Heller, 1998; Ansaldo, Arguin, & Roch-Locours, 2002; Holowka & Petitto, 2002; Hines, 2004）。

然而，应注意的是，两个半球专门化的差异并不是很大，而且这种偏侧化的程度和性质因人而异。如果像大多数人一样，你是右利手，那么语言的控制很可能更

心理学与人生：*如何开发我们的右脑*

新时代需要的是高素质人才，尤其是具有开拓意识和创新能力的人才。而创造性，还有深层次的思考、深层次的创意，都与右脑活动密不可分。历史上优秀的音乐家、画家、科学家、运动员、企业家、国家领导人中就不乏左利手，如达·芬奇、贝多芬、毕加索、米开朗琪罗、李政道、王楠、比尔·盖茨、罗纳德·里根等。事实上，大部分人右脑的开发与利用远不及左脑，要提高大脑的机能，使我们更富有创造性，就需要做到左右脑的均衡发展，适当开发我们的右脑。下面从活动的角度提出了几条建议，可供参考：

1. 运动，尤其是左侧肢体的精细活动。左手操作鼠标、使用筷子，或在打拳、拍球时有意识地让左手多重复几个动作，适当地锻炼左手的操作范围，以及每天运动，包括健身操、打乒乓球、羽毛球等，运动有利于灵感的脱颖而出，增加大脑的灵活性以及提高形象思维能力、创造力和想象力。
2. 音乐、绘画与想象力训练有利于全脑开发。例如，音乐使我们的右脑兴奋，使左脑得到充足的休整；它使大脑皮质兴奋性增强，使左右脑半球的优势得到充分配合和发挥，从而也提高了左脑的工作效率。法国作家福楼拜曾说过："科学与艺术在山脚分手，在山顶会合。"科学思维与艺术思维是相得益彰的。
3. 投身于青山绿水的大自然中，尽情地感受和欣赏，陶醉其中，是开发右脑的好办法。
4. 广泛阅读，培养人文素养，也是我们切实可行地开发右脑的有效途径。
5. 学习外语是训练右脑的有效途径。只学一种语言时，开动的仅是左脑，学习几种语言便会启用右脑。因此，学好英语能有多种收获。
6. 下围棋有益于活化右脑。下围棋会启用一定范围的空间思维，此过程中在脑里浮现的是一个图形、一个形状或一个不断变换的空间，而这正是右脑思维的领域。

多地集中在左半球。相反，如果你是左利手或者双利手（可以交替使用两只手），那么你脑内的语言中心很可能更多地位于右半球，或者平均分布于左右两半球。研究者也发现了在不同性别和不同文化下，个体的脑专门化模式存在微妙差异的证据（见"探索与发现：人类多样性与脑"）。

探索与发现：人类多样性与脑

当我们将表明在脑的结构和功能上存在性别和文化差异的证据考虑进来时，在人类行为上，生物与环境的交互作用就特别清晰了。我们先看性别差异。越来越多的证据显示，不同性别的脑偏侧化与脑重量可能存在差异，虽然这些差异的性质还存在大量争议（Kosslyn et al., 2002; Boles, 2005; Clements, Rimrodt, & Abel, 2006）。

有些观点是可信的。例如，大多数男性在左半球显现出更大的语言偏侧化。对他们来说，语言很大程度上依赖于左脑。相反，女性显现出更小的语言偏侧化，语言能力倾向于平均分配于两个半球。这些脑偏侧化的差异一定程度上可以解释女性在口头表达上表现出的优势，如言语的清晰和流畅（Frings et al., 2006; Petersson et al., 2007; Mercadillo et al., 2011）。其他研究表明，即使把体形的差异考虑进去，男性的脑还是要比女性的稍微大一些。相反，胼胝体的某部分，在女性脑中所占比例要比男性的大（Cahill, 2005; Luders et al., 2006; Smith et al., 2007）。而且，一些研究表明，与男性相比，女性大脑内与思维有关的神经元比例更高（Gur et al., 1999）。男性和女性可能在信息加工上也有差异。例如，从朗读词汇的磁共振成像扫描图看，男性只有左半球小面积的激活，而女性脑的两侧都有激活（Shaywitz et al., 1995；见图 2.15）。同样，当他们没有进行心理活动时，采用正电子发射断层扫描术的脑扫描图也显示出在葡萄糖消耗上的性别差异。

这些性别差异的意义还有待探讨。现在来看与胼胝体所占比例大小有关的性别差异研究。女性的胼胝体所占比例更大，可能会使得负责言语的各脑区之间发展出更强的联结。反过来，这便解释了为什么女性言语行为的出现略早于男性。在我们急于做出此结论之前，很有必要考虑另一个假设：女性言语能力的出现早于男性的原因可能是女婴比男婴在说话上受到了更多的鼓励。反过来，这一早期经历可能促进了脑的特定部位的发育。因此，脑结构上的差异可能是社会环境影响的一种反映，而不是男性与女性行为差异的原因。在这一点上，我们无法知道哪一种假设是正确的。

文化也可能是脑偏侧化差异的一个原因。日本本土居民加工与元音相关的信息主要由脑的左半球完成。相反，北美人、南美人、欧洲人以及那些较晚才学日语的日本人，主要是由右半球来加工元音的。是什么原因导致脑偏侧化的文化差异？一种解释是日语的某些特征，如只用元音来表达复杂观念的能力，导致了本土居民脑偏侧化的特定类型的发展。偏侧化的差异可能解释了日本本土居民和西方人在看世界的方式上的其他差异（Tsunoda, 1985; Kess & Miyamoto, 1994; Lin et al., 2005）。

科学家对脑偏侧化和脑结构上的性别与文化差异的广度、性质和意义的理解才刚刚起步。在评价脑的偏侧化研究上，也要注意两个脑半球是共同行使功能的，若认为某些特定信息只由左半球或右半球来加工，那就错了。在对世界的解释、理解和反应中，两个半球是协同工作的。此外，因左脑损伤而丧失语言能力的人常常能恢复说话的能力，脑的右半球常常会接管左半球的一些功能。这种现象在幼小的儿童身上尤为明显，并且损伤出现越早，痊愈的程度越大（Gould et al., 1999; Kempermann & Gage, 1999; Johnston, 2004）。

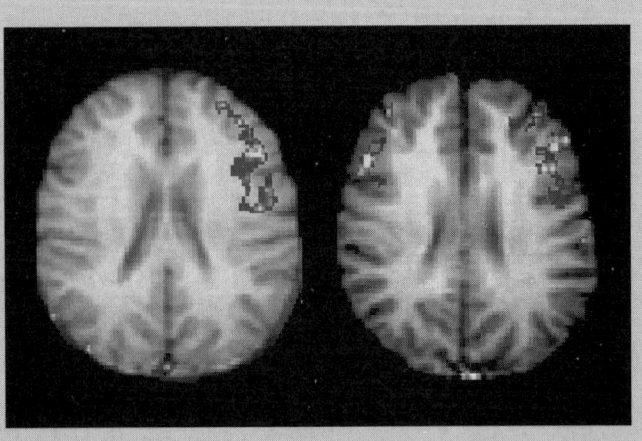

图 2.15 口头任务下磁共振成像的性别差异（见彩插）

割裂脑

以上探讨的是完整和健全的脑的功能的专门化。事实上，割裂脑的研究也有助于我们理解脑的两个半球。有个叫维吉的严重癫痫症患者，医生希望能通过切除她的胼胝体（一束与脑两个半球相连的纤维）来阻止癫痫的扩散（严重癫痫症患者通常要接受割断胼胝体的"裂脑"手术，以阻止信息从大脑的一个半球传递到另一个半球）。手术确实减少了维吉发病的频率和严重程度，但却出现了意想不到的"副作用"：她虽然还能够大声地阅读和拼读单词，但是丧失了随意书写的能力（Strauss, 1998, p.287）。

那些像维吉一样为了阻止癫痫发作而切除胼胝体的人们被称为割裂脑病人（split-brain patient），他们为研究者提供了一条探索两半球独立功能的有效途径。例如，1981年获诺贝尔生理学或医学奖的心理学家罗杰·斯佩里（Roger Sperry），开发了大量研究单个半球如何运作的巧妙技术（Sperry, 1982; Gazzaniga, 1998; Savazzi et al., 2007）。例如，在一项研究中，让视线被屏幕遮挡而不能看见物体的被试用右手触摸某物体并说出其名称。由于身体的右部与左半球（与语言关联更多的半球）相对应，因此割裂脑病人能说出物体名称。反过来，用左手触摸物体，被试就不太可能说出物体的名称，即使物体的信息已经在他们脑中登记了。当把遮掩物拿开时，被试能辨认出刚才触摸过的物体，即仅通过右脑就能学习和记忆信息（顺便提一句，除非你做过割裂脑手术，否则这种实验结果不可能在你身上实现，因为两半球之间的神经纤维能很快地将信息从一个半球传递到另一个半球）。

从许多类似实验中可得出结论：脑的两半球在处理不同类型的信息上存在专门化，不同半球处理某些特定的信息的效率是不同的。正常人脑两半球协同工作，从而能以最高效率进行认知活动。

心理学与人生：通过生物反馈控制我们的身体

当我们身心出现某种不适——如一遇考试就高度焦虑，或一段时间里严重失眠，或走出门后总强迫自己回头再看看，或者患有偏头痛、高血压等，而又不希望服用药物、不愿意接受心理咨询时，怎么办？现代医学、神经生理及临床心理等领域的研究已告诉我们一条新的有效途径：可以考虑接受生物反馈技术的治疗——该技术于20世纪60年代发展于海外。

生物反馈（biofeedback）是关于躯体机能的信息回馈。它是人们通过有意识的思维来学习控制内部生理过程（如血压、心率、呼吸率、皮肤温度、出汗和特定肌肉的收缩）的一种程序。虽然传统观点认为心率、呼吸频率、血压和其他身体机能由我们无法影响的脑区控制，但心理学家已发现这些反应实际上易受随意控制的影响（Nagai et al., 2004; Cho, Holyoak, & Cannon, 2007; Badke et al., 2011）。有这样一个案例：德米卡尔，一位年轻的母亲，在某次意外的交通事故中不幸折断脖子，更糟糕的是，脊髓也被压碎。彻底治疗一年后，她的手臂和腿仍无知觉。她回忆说："专家说我后半生将四肢瘫痪，仅脖子以上的部位能活动。"但德米卡尔打破了专家的断言。今天，她四肢已恢复知觉，手臂的力气正常甚至更好，也不再需要轮椅。她说："有根小藤条，我可以行走18米，有个拐杖，我可以去任何地方"（Morrow & Wolf, 1991; Hess, Houg, & Tammaro, 2007）。德米卡尔这一惊人的恢复，关键靠的是生物反馈技术的应用。当然，之所以有效，是因为她的脑和腿之间并非所有的神经联系都被切断。通过生物反馈，她学会了怎样把信息传送到特定肌肉，"命令"它们移动。虽然花了一年多的时间，但德米卡尔成功地恢复了她大部分的活动能力。

通常，采用生物反馈治疗时，个体身上需要连接一个提供与以上生理反应有关的持续反馈的电子装置。例如，一个采用生物反馈控制头痛的人，可以在他头部特定肌肉上安放电子传感器，让他学会控制那些肌肉的收缩和放松。每当头痛时，他就可以放松相关的肌肉以摆脱头痛（Andrasik, 2007; Nestoriuc et al., 2008; Magis & Schoenen, 2011）。因此，生物反馈是利用反馈仪器把个体在通常情况下不能明显意识到的心理、生理过程反映出来。通过训练，个体能够学会对自身的某些心理、生理机能进行随意控制和调节。

虽然通过生物反馈技术的使用来学习控制生理过程也并非易事，但它还是能够成功地运用到各种疾病治疗当中，包括情绪问题（如焦虑、抑郁、恐怖症、紧张性头痛、失眠症、多动、强迫症等），心因性疾病（如哮喘、高血压、溃疡、肌肉痉挛、偏头痛等），以及身体问题（如脊髓损伤、中风、脑瘫、脊柱弯曲等）（Morone & Greco, 2007; Reiner, 2008; Dias & Van Deusen, 2011）。

下面我们简要了解一下强迫症的治疗过程：先向患者讲清反馈仪所显示的声、光信号的意义及反馈治疗的作用机制。让患者仰卧在床，将反馈仪的电极固定在其前臂，测定其基础的肌电水平。然后，打开声、光信号器并提醒患者使肌肉紧张和松弛，以体验肌张力改变时声光信号的变化。之后嘱咐患者用"意念"依次放松身体各部位肌肉，并想象一种温暖的感觉在体内"流动"。当肌电水平下降时，立即给予其鼓励，提示患者体验松弛感。同时根据患者的症状给以暗示或言语刺激，力图在患者全身松弛的状态下提高暗示和脱敏治疗的效果。反馈治疗每次30分钟，每日1~2次，15天为1疗程。嘱咐患者按照反馈治疗的方法，在脱离仪器的情况下，每日进行30~60分钟的松弛训练。该方法对强迫症有良好疗效，且无痛苦，无不良反应。但需要注意的是，心功能不全者须慎用，有疑病观念、被害妄想等精神症状者也要慎用。

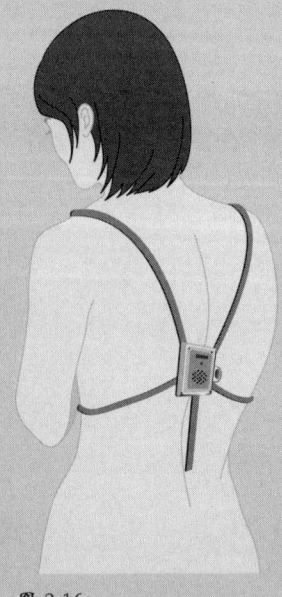

图 2.16
脊柱弯曲的生物反馈治疗

思考与应用

1. 你如何回答以下争议:"心理学家是否应该把神经元、突触和整个系统的研究留给生物学家?"
2. 在复杂的脑扫描技术出现之前,行为神经科学家对脑的了解在很大程度上是基于死人的脑,这种方法有哪些局限性?如果你有可能使用脑扫描技术,你最希望了解脑的哪些方面的活动呢?
3. 假使研究发现严重犯罪行为与脑联合区的反常状态有关。你支持对个体进行强制性检测并通过手术来修复或消除那些反常状态吗?为什么?
4. 左脑与右脑专门化的个体差异与职业成功有关吗?
5. 我们的生活经历是怎样影响脑的发育和功能的?

推荐拓展读物

1. 葛詹尼加著,周晓林等译(2011).认知神经科学.北京:中国轻工业出版社.
2. 戴维·迈尔斯著,黄希庭等译(2019).心理学导论:生物、发展与认知心理学(上册,第9版).北京:商务印书馆,37~79.
3. 中国心理学会编著(2016).心理学学科发展报告(2014-2015).北京:中国科学技术出版社.
4. 桑德拉·切卡莱利,诺兰·怀特著,周仁来等译(2014).心理学最佳入门(第2版).北京:中国人民大学出版社,51~92.
5. 理查德·格里格,菲利普·津巴多著,王垒等译(2016).心理学与生活(第19版).北京:人民邮电出版社,53~85.
6. 欧尼斯特·西尔格德,理查德·阿特金森,爱德华·史密斯,苏珊·诺伦-霍克西玛等著,洪光远译(2013).西尔格德心理学导论(插图第14版).北京:世界图书出版公司,28~59.

第 3 章

感觉与知觉

美感依赖于我们的感知觉

如果你去江苏常熟旅游,清晨登破山,来到兴福寺(又称破山寺),可能会想起唐代诗人常建《题破山寺后禅院》中的诗句:"清晨入古寺,初日照高林。竹径通幽处,禅房花木深。山光悦鸟性,潭影空人心。万籁此俱寂,但余钟磬音。"这时你可能会感知到古寺、幽径,周围一切声响都已寂灭,只有那佛家的钟磬之音,在青山绿水间,在禅房花木中回荡……这种美感,主要依赖于视觉和听觉。但是除了视觉和听觉外,其他感觉也能让人产生美感,如嗅觉。如果你移步至扬州,逛瘦西湖,古人有咏瘦西湖的诗句:"日午画船桥下过,衣香人影太匆匆。""香"是瘦西湖最独特、最精华之处。瘦西湖"四季清香馥郁,尤其是仲春季节,软风细卷,弱柳婆娑,湖中微光潋滟,岸边数不尽的微花细朵……幽幽香意,如淡淡的烟雾,氤氲在桥上、水上、细径旁,游人匆匆一过,连衣服上都染上这异香。"唐代诗人徐凝有诗云:"天下三分明月夜,二分无赖是扬州。"在微风明月之夜,漫步湖边,更能体会这幽香的精髓(朱良志,2014)。

美感是一种愉悦的体验,其成分十分复杂,如享受美的闲心、接纳美的心胸等。显然美感不是感知觉,但它的产生却依赖于感知觉。那么什么是感知觉?在本章中,我们将讨论感觉的概念和测量及几种主要的感觉,讨论知觉的主要特性和主要的知觉类型。

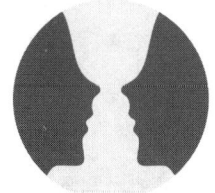

感觉概述

王玲和家人一边愉快地聊天,一边准备吃年夜饭。这时,爸爸端进来一盘水饺,把它放在餐桌中央。王玲夹开一个饺子,香喷喷的气味扑鼻而来,她感觉到肚子饿得咕咕叫。看着坐在餐桌旁的家人,闻着喷香的饭菜,吃着美味的饺子,王玲感到非常轻松、愉快。

假设你是王玲,置身于以上情境中,试想如果你丧失了某种感觉,会是怎样的情形。如果你是盲人,看不到家人的笑脸和满桌的饭菜,会是怎样的情形?如果你没有听觉,听不到家人的谈笑,或者听不到肚子里咕咕的叫声,或者闻不到年夜饭的香味,或者尝不出食物的酸甜苦辣咸,又会是怎样的情形?刚才的假想可能已让你体会到,感觉对于我们的日常生活是多么重要。感觉器官健全的人与感觉器官受损的人感觉到的世界完全不同!那么,我们有哪些感觉,这些感觉又是怎样产生的呢?

什么是感觉

小时候自然老师告诉过我们,人类有五种感觉——视觉、听觉、味觉、嗅觉和触觉。但实际上,我们的感觉远远不止这五种。例如,我们不仅有触觉,还能感受到皮肤上的疼痛、压力、温度、振动等。再比如,视觉有两个子系统——明视觉和暗视觉——分别对应白天和夜晚;耳朵不仅使我们能听见外面的声音,还能使我们的身体保持平衡。目前,心理学家们确信至少有十二种相互联系的不同感觉。

感觉(sensation)是我们识别环境中的物理能量,并将它编码为神经信号的过程。**刺激**(stimulus)是进入感觉器官并使其产生反应的物理能量。刺激的类型和强度各不相同。不同类型的刺激激活不同的感觉器官。比如,我们能区分光刺激和声刺激。光刺激激活视觉器官,使我们能看到秋天落叶的颜色;声刺激激活听觉器官,使我们能听到管弦乐队的演奏。然而,并不是任何强度的刺激都能引起我们的感觉,那么多大强度的刺激才能被我们感觉到呢?

感觉阈限

虽然感觉是由刺激直接作用于感觉器官引起的,但并非任何强度的刺激都能引起我们的感觉。我们的感觉器官只能对一定范围内的刺激做出反应,超出这个范围的刺激我们就觉察不到了,这就涉及感觉阈限的问题。**心理物理学**(psychophysics)是心理学的一个分支,它研究的是刺激的物理特性与我们对刺激的心理体验之间的关系,其主要任务是探讨刺激强度如何影响感觉反应。在心理物理学中,感觉阈限被分为两种:绝对阈限和差别阈限。

绝对阈限

多大强度的刺激才能被我们感觉到呢?这就需要我们对绝对阈限的概念有所了

> **你想了解自己吗：测测你有多敏感**
>
> 请回答以下问题，测测你对自身感觉能力的认识。
>
> 1. 在一个明朗的夜晚，一束烛光最远在多远处能被你看到？
>   A：10 千米
>   B：30 千米
> 2. 在安静的环境里，钟表的嘀嗒声最远在多远处能被你听到？
>   A：5 英尺（约 1.52 米）
>   B：20 英尺（约 6.10 米）
> 3. 在 2 加仑（约 7.57 升）水中加多少糖，你才会感觉到甜味？
>   A：2 大勺
>   B：1 小勺
> 4. 一滴香水的香味最大在多大范围内能被你闻到？
>   A：25 平方英尺（约 2.32 平方米）
>   B：一座有三间屋子的公寓
>
> 答案：上面 4 道题的正确选项都是 B，这也说明我们感觉的敏感性很强。

解，才能给出这个问题的答案。**绝对阈限**（absolute threshold）即恰好能引起感觉的最小刺激量。绝对阈限并不是绝对的，"绝对"是一个统计学概念。随着刺激强度的增加，我们觉察到这个刺激的可能性也就越大。因此，绝对阈限是指有 50% 的概率能被觉察到的那个刺激量。它反映了感觉系统的敏感性，我们的感觉器官对刺激非常敏感。一般情况下，强度很小的一个刺激，我们都能感觉到。就以触觉感受器为例，当一只离我们一厘米远的蜜蜂将要落在脸颊上时，我们就能感觉到其双翅的振动。

那么，感觉器官是否越敏感越好呢？其实并非如此。举个例子来说，如果我们的耳朵再敏感一些，我们就能听到空气分子在耳朵里撞击鼓膜的声音，而这种声音会使我们分心，甚至影响我们对外界其他声音的觉察。

绝对阈限往往是在理想状态下测量的。在日常生活中，由于环境中存在噪音，感觉器官往往并不能感受到与绝对阈限等值的刺激量。在这里，心理学家把噪音定义为影响刺激感知的背景刺激。因此，噪音不仅包括听觉刺激，也包括影响其他刺激感知的干扰刺激。比如，一群健谈的人挤在一个狭小、乌烟瘴气的房间里聚会。人群中的喧嚣声使他们难以听到他人的声音，烟雾使他们难以看清食物，甚至会影响他们对食物的品尝。在这种情况下，由于烟雾和拥挤的环境抑制了感觉辨别力，因此，它们也被认为是"噪音"。

差别阈限

假如你想从超市的货架上挑选一些最好的苹果——又大又红又甜的，你可以将苹果一个一个地进行比较，直到挑出一些极其相似的苹果。单单从相似性这一点而言，你选择哪些苹果并不重要，重要的是它们之间是相似的。

差别阈限这个概念源于两个刺激的比较。**差别阈限**（difference threshold）即恰好能引起差别感觉的两个刺激之间的最小差异量。因此，差别阈限是为了探测出引起两个刺激之间差异感觉所需刺激的最小变化量，也叫**最小可觉差**（just noticeable difference, jnd），它的大小取决于刺激的初始强度。

德国心理物理学家恩斯特·韦伯（Weber, 1834）曾系统研究了触觉的差别阈限。

他发现重量的最小可觉差与初始重量的比值是 1:50。也就是说，如果在 50 克的重量上加 1 克，人们才能觉察到两个重量的差别；同样，在 500 克的重量上加 10 克，人们才能觉察到重量的变化。在这两种情况下，产生最小可觉差需要同样的比例——1:50 = 10:500。最初的重量与后来能被感觉出差别的重量之间的关系构成了心理物理学的一个基本法则：韦伯定律。**韦伯定律**（Weber's law）认为，最小可觉差与最初的刺激强度之间的比值恒定。

测量声音的差别阈限与重量类似。当初始声音较大时，较大的声音变化才能使我们感觉到两个声音之间的差别，而初始声音较小时，较小的声音变化就能使我们感觉到两个声音之间的差别，但是声音强度的变化量与初始声音的强度之间的比例是恒定的。我们都有这样的生活体验：在安静的自习室里比在嘈杂的运动场上更容易听到同等音量的手机铃声。另外，月亮在傍晚时显得昏暗，而在夜晚时显得格外明亮。这些现象都可以通过韦伯定律来解释。

感觉适应

中国有句古话："入芝兰之室，久而不闻其香；入鲍鱼之肆，久而不闻其臭。"产生这种现象的原因就是感觉适应。**感觉适应**（sensory adaptation）指强度不变的刺激持续作用于感受器官而使其感受性发生变化的现象。也就是说，当人们习惯于一种刺激，并因此改变了自己感觉的参考体系时，适应就产生了。此时大脑在心理上降低了刺激体验的强度（Calin-Jageman & Fischer, 2007; Carbon & Ditye, 2011）。例如，反复处于强刺激中，感受性就会下降。如果你反复听一个很大的声音，慢慢地你就会感觉到这个声音变柔和了。同样，当你跳入冰冷的游泳池中，开始时可能会觉得很难受，但一会儿你就会适应。

在以上这些例子中，感觉器官的感受性都出现了明显的下降，是什么原因导致了这种情形呢？这是因为，虽然感受器细胞对刺激的变化很敏感，但不能对恒定的刺激产生持续的反应。所以，神经感受器不能持续地把相同的信息传送到大脑，就产生了感受性的下降（Wark, Lundstrom, & Fairhall, 2007）。

另外，我们评判刺激时，并非把当前刺激与其他刺激隔离开来，而是基于先前的感觉体验做出判断的。因此，我们判断感觉刺激时也常常受当时情境的影响。试一试下面的简单实验：拿出一大一小的两个信封，在每个信封中放入 15 枚硬币。先举起大的信封，然后放下；再举起小的信封，然后放下。哪个信封更重呢？尽管两个信封的重量几乎完全相等，但是多数人会报告小的信封更重。为什么会产生这种错觉呢？因为可见的信封这一背景影响了重量的感觉体验。对背景刺激（信封大小）的适应改变了对另一个刺激（信封重量）的反应（Coren, 2004）。

视 觉

眼睛是心灵的窗户，也是我们了解世界的窗口。正是由于视觉能力的存在，我们才能欣赏到五彩斑斓的世界，看到爱人美丽动人的脸庞，阅读到文学作品中的"神来之笔"。视觉始于一种刺激眼睛的物理能量——光。如图 3.1 所示，光是一种电磁

探索与发现：视觉适应的多重机制理论

中国科学院心理研究所鲍敏

我们可能都有过这样的生活体验：当我们从明亮的环境走进一个漆黑的房间时，刚开始什么也看不清楚，但随着时间的推移，我们慢慢就能够分辨出房间里一些物体（如桌子）的大体轮廓。这是因为我们的视觉系统能够不断地对外界视觉环境的变化做出适应性的调整，这就是视觉适应（高忆，鲍敏，2015）。外界视觉刺激的变化有时很迅速，如烟花划破黑夜时周围光亮的短暂变化；有时又很缓慢，如从早晨到傍晚一天当中日光的变化。那么，相对于变化的外界视觉环境，我们的视觉适应是否也同样能够在不同的时间尺度上发生呢？

我们就这一问题展开了一系列的实验研究，提出了视觉适应的多重机制理论（Bao & Engel, 2012）。该理论认为，视觉适应是由相互独立的多重时间尺度机制（如短时程机制和长时程机制）控制，在某一时间窗口所表现出来的视觉适应效应是多重时间尺度机制共同作用的结果。我们在一系列实验中所测量到的"自然恢复"现象很好地支持了这一理论。例如，我们通过"更改现实技术"剥夺被试所处的视觉环境中的竖直信息4小时（称为"适应阶段"，在该阶段视觉系统负责竖直信息神经元的增益会被调高），之后让被试观看15分钟竖直信息未被过滤的自然图像（称为"去适应阶段"），之后又回到后测阶段（Bao & Engel, 2012）。根据多重机制理论的假设，4小时的竖直剥夺增强了负责竖直信息的神经元的增益；15分钟的去适应不会使4小时适应缓慢累积的长时程机制的神经元的增益发生明显改变，却迅速减弱了负责竖直信息的对应短时程机制的神经元的增益，以至于长短不同时程的机制所产生的输出会相互抵消，那么我们在去适应阶段刚结束、后测刚开始时不会观察到较明显的适应后效。随着后测的进行，短时程机制的作用逐渐消退，长时程机制的作用慢慢凸显，我们便会观测到"自然恢复"现象。我们在该实验中的确观察到了这一现象，这与多重机制理论的预测一致。

进一步地，我们在秒、分钟级别的对比度适应、运动适应和面孔适应中也都测量到了"自然恢复"现象（Bao et al., 2013; Mesik, Bao, & Engel, 2013），而且这一现象受外显记忆影响较小，在无意识加工水平也被观测到（Mei et al., 2015）。这一系列的实验说明，控制视觉适应的时间尺度跨度广，从数秒到数小时都存在，而且这也是不同视觉适应类型都普遍存在的规律。所以，我们的视觉系统存在不同的时间尺度机制来应对多变的视觉环境：较快的时间尺度机制应对短暂变化的环境，而较慢的时间尺度机制应对持久变化的环境。这既显示了视觉系统对即时变化的环境能够进行适应性调整的弹性，又显示了对持久变化的环境能够保持恒定反应的稳定性。总之，多重机制理论能解释视觉适应中的许多现象，为理解大脑视觉系统的可塑性提供了重要的思路。

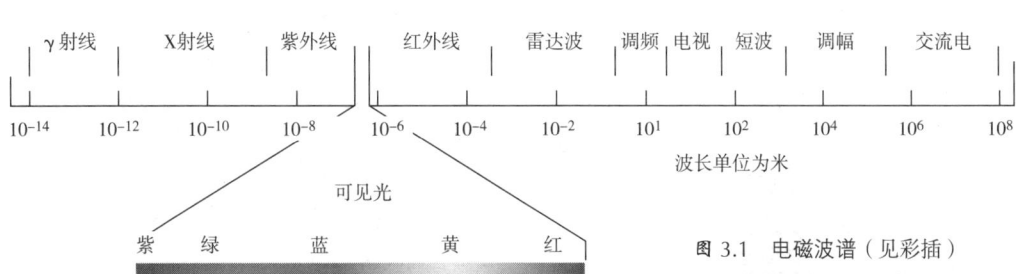

图 3.1　电磁波谱（见彩插）
可见光谱只是整个电磁波谱中很小的一部分，我们无法感受到更大范围的视觉刺激，这对我们的日常生活有利还是有弊？为什么？

波的形式，我们可以依据波长对其进行分类。不同的波长对应不同类型的光。我们能感受到的波长范围被称为可见光谱，它只占整个电磁波谱中一个很小的区域。许多动物的视觉能力与人类的不同。比如，一些爬行动物和鱼类能感受到比可见光谱波长更长的光，而一些昆虫则能感受到比可见光谱波长更短的光。

眼睛的结构与视觉信息加工

眼睛是对可见光谱做出反应的特定感觉器官，它能感受来自体外物体的光波（如图 3.2 中树所反射的光线）。眼睛把光转换成可被神经细胞利用的电信号后，神经细胞才能将其传递到大脑。在整个眼睛中，神经细胞只占了相当小的一部分，眼睛的大部分是一个类似于胶片照相机的机械装置。虽然眼睛与照相机类似，但眼睛的视觉加工过程却比照相机的工作机制复杂、精致得多。另外，虽然眼睛与照相机都能接收到相似的映像，但当映像到达眼睛的神经感受器时，大脑中视觉映像的加工过程反映的更像是电脑而非照相机。

眼睛由哪些部分组成，它们是怎样协同工作的？视觉信息的加工机制又是怎样的呢？

角膜、瞳孔和晶状体

如图 3.2 所示，光线首先通过角膜进入眼睛。角膜就像一扇透明的、起保护作用的窗户。由于角膜是弯曲的，光线通过它时受到屈光而更加集中。然后，光线穿过虹膜中央的一个暗孔——瞳孔。虹膜是眼睛中的有色部分，不同人种的人，他们的

图 3.2
视觉的基本加工过程与照相机的比较
虽然人类的视觉比最复杂的照相机的工作机制还要复杂得多，但是视觉的基本加工过程类似于照相机。就像传统的胶片照相机的自动照明系统一样，人眼能够灵活地控制光的聚焦和扩散。

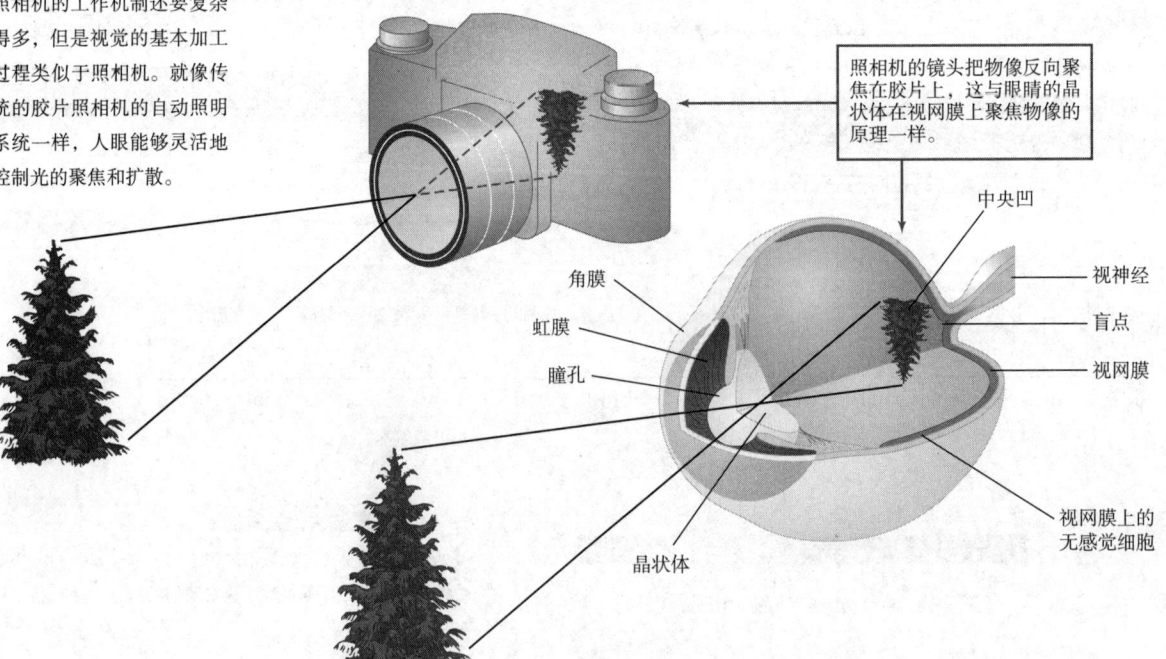

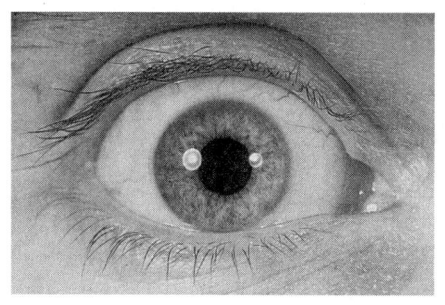 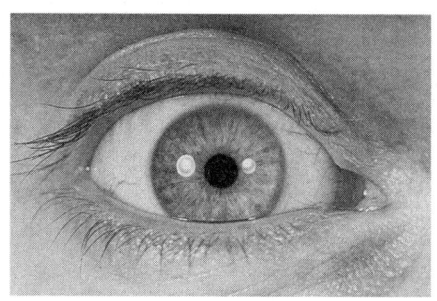

图 3.3
扩大的瞳孔和缩小的瞳孔像照相机的自动照明系统一样，眼睛能通过扩大瞳孔来增加光线的进入（左）或者缩小瞳孔来减少光线的进入（右）。耳朵能以类似的方式调整进入声音的多少吗？

虹膜颜色不同。比如，有些白种人的虹膜是浅蓝色的，而黄种人的虹膜大多是深棕色的。由于环境中的光线的强弱总在变化，瞳孔的大小也会随之发生改变，以使眼睛接收到适量的光线。环境中的光线越弱，瞳孔就越大，这样可以使更多的光线进入眼睛。

为什么瞳孔并不总处于完全扩大的状态，使最大量的光线进入眼睛呢？这与光的基本物理特性有关。缩小的瞳孔聚焦范围更大，而扩大的瞳孔聚焦范围相对较小，且很难辨认物体的细节（见图 3.3）。在明亮的光线下，缩小的瞳孔能够帮助我们辨别物体的细节；而在昏暗的光线下，扩大的瞳孔虽然不能够帮助我们辨别物体的细节，但是能够帮助我们更好地判断位置。这样看来，烛光晚餐之所以非常浪漫，原因之一可能是昏暗的光线使人们难以看到对方外表的细微缺点。

光线穿过瞳孔后，就进入了瞳孔正后方的晶状体。晶状体能屈光以使光线聚焦于眼睛后部的合适位置上。晶状体的屈光作用是通过改变自身厚度来进行的，这个过程被称为调节：看远距离的物体时，晶状体会变扁；看近距离的物体时，它会变圆。

视网膜

通过瞳孔和晶状体后，物体的映像到达眼睛中的最终目的地——**视网膜**（retina）。在这里，光的电磁能被转换为电脉冲传递到大脑。需要注意的是，由于光的物理特性，通过晶状体后，物体的映像会自动倒转，因此此时它在视网膜上的位置与其最初的位置是颠倒的。虽然表面看来，这种颠倒可能会使人们在理解和改变世界方面产生困难，但实际情况却并非如此，大脑会把这个颠倒的映像再次倒转回来，使映像恢复到最初的位置，从而进行解释。

视网膜由眼球后部薄薄的一层神经细胞构成（见图 3.4）。视网膜上有两种光感受器细胞，它们分别根据自身的形状命名：杆体细胞和锥体细胞。**杆体细胞**（rods，也译作视杆细胞）是细长的、圆柱形的感受器细胞，对光线非常敏感；**锥体细胞**（cones，也译作视锥细胞）是锥形的感受器细胞，主要负责准确的聚焦和颜色的感知，尤其是在明亮的光线下。在整个视网膜上，杆体细胞和锥体细胞的分布很不均匀。锥体细胞主要集中于中央凹——视网膜上一个特别敏感的区域。如果你想更清楚地观察一个物体，你就会不自觉地转动眼睛，使晶状体折射的物体映像位于中央凹的正中央。在中央凹的外面，锥体细胞的密度就降低了。与之相反，杆体细胞在中央凹的中央几乎不存在，但在中央凹的周围比较密集，其密度向视网膜边缘的方向逐

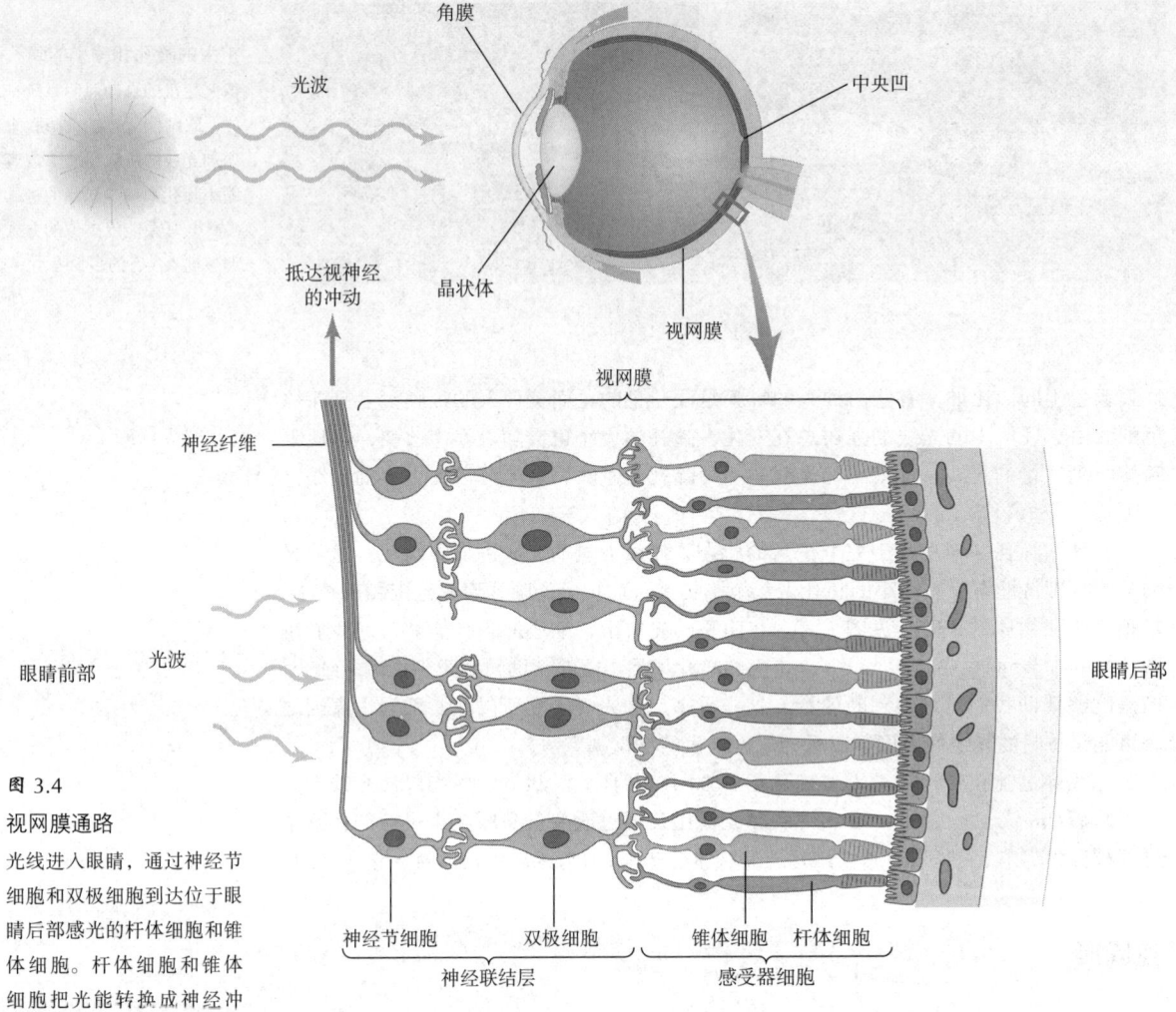

图 3.4
视网膜通路
光线进入眼睛，通过神经节细胞和双极细胞到达位于眼睛后部感光的杆体细胞和锥体细胞。杆体细胞和锥体细胞把光能转换成神经冲动，经由双极细胞和神经节细胞把神经冲动传递到大脑（资料来源：Shier, Butler, & Lewis, 2000）。

渐递减。由于中央凹是视网膜中心一个很小的区域，因此锥体细胞的数量（500 万到 700 万个）远远小于杆体细胞的数量（1 亿到 1.25 亿个）。

杆体细胞和锥体细胞不仅结构不同，它们的机能也不同。锥体细胞主要负责准确地感知物体的颜色，特别是在光线明亮的环境中；杆体细胞与光线昏暗条件下的视觉有关，而对物体的颜色和细节不敏感，其辨别能力远不如锥体细胞。另外，杆体细胞还在暗视觉和边缘视觉中起关键作用，边缘视觉是位于视敏度很高的中央视觉区外缘的视觉区域。

杆体细胞和锥体细胞都参与了暗适应过程。暗适应是指眼睛从明亮的光线下进入昏暗的光线下视觉感受性逐渐提高的过程（回想一下这种经历：刚进入一个昏暗的电影院时，你需要摸索着找座位，但几分钟后，就能非常清楚地看到里面的座位了）。暗适应的产生是由于在黑暗中停留一段时间后，杆体细胞比锥体细胞更敏感，杆体细胞能对环境中微弱的光进行反应。暗适应的速度取决于杆体细胞和锥体细胞中化学成分变化的速度。锥体细胞达到适应的最高水平只需要几分钟，而杆体细胞却需要 20 到 30 分钟。另一种相反的现象是明适应。明适应是指眼睛从昏暗的光线下进入明亮的光线下视觉感受性逐渐降低的过程。它发生的比暗适应快得多，只需要一分钟左右。

综上所述，杆体细胞和锥体细胞的差别使眼睛像一个装着两种胶卷的照相机，一种是对光线高度敏感的黑白胶卷（杆体细胞）；另一种是对光线不太敏感的彩色胶卷（锥体细胞）。

传向大脑的神经通路

当光能到达杆体细胞和锥体细胞时，它们开始进行一连串的加工，即把光能转换成可传递到大脑的神经冲动。在神经信息抵达大脑之前，对视觉信息的初级编码就已经开始了。

光能到达视网膜时会引发何种反应，部分取决于与之作用的是杆体细胞还是锥体细胞。杆体细胞中含有视紫红质————一种复杂的紫红色的混合物，眼睛在受到光刺激时，视紫红质会发生化学变化。锥体细胞中的物质与杆体细胞中的不同，但是其作用原理相似。刺激眼睛中神经细胞会触发神经反应，这些反应被传递到视网膜上的其他神经细胞（双极细胞和神经节细胞）。

双极细胞直接接收来自杆体细胞和锥体细胞的信息，并将其传递到神经节细胞。神经节细胞将视觉信息加以收集和整合，随后将其传递到眼球后部，并通过**视神经**（optic nerve）————一束神经节细胞的轴突————传入大脑。

由于视神经的存在，视网膜上有了开口，在那里，既没有杆体细胞，也没有锥体细胞，因此形成了盲点。然而通常情况下，盲点的存在并不影响视觉，原因如下：其一，我们有两只眼睛，一只眼睛的感受器可以加工另一只眼睛没有加工的信息；其二，大脑可以获得盲点周围区域的感觉信息，自动代偿视野中缺失的部分。图3.5可以帮你找到自己的盲点。

与映像相关的神经冲动通过视神经进行传导。视神经离开眼球后，并不直接进入位于眼睛正后方的大脑半球。相反，来自每只眼睛的视神经在两只眼睛之间大致相交于一点————视交叉————在这里每只眼睛发出的视神经分为两支，鼻侧的神经纤维互相交叉到达对侧的大脑。来自每个视网膜右半部分的神经冲动被传递到右脑，

图 3.5　找到你的盲点

为了找到你的盲点，请闭上右眼，用左眼看这座鬼屋，你会看到视野边缘的幽灵。现在，注视这座房子，并把课本移近些。当课本离你的眼睛大约 30 厘米时，幽灵会消失。这时，幽灵的映像就落在你的盲点上。

但是，不知你是否注意到，课本处于这个位置时，不仅幽灵消失了，而且原来幽灵所在的那条线看起来也连续地（没有间断地）穿过了刚才幽灵所在的区域。这说明，我们可以使用邻近的材料来自动代偿缺失的信息，完善没有看到的东西。这就是你从未注意到盲点的原因。缺失的信息被盲点附近的信息取代。提供缺失的信息的这种倾向对人类生存有什么好处呢？

图 3.6
视交叉
资料来源：Mader, 2000.

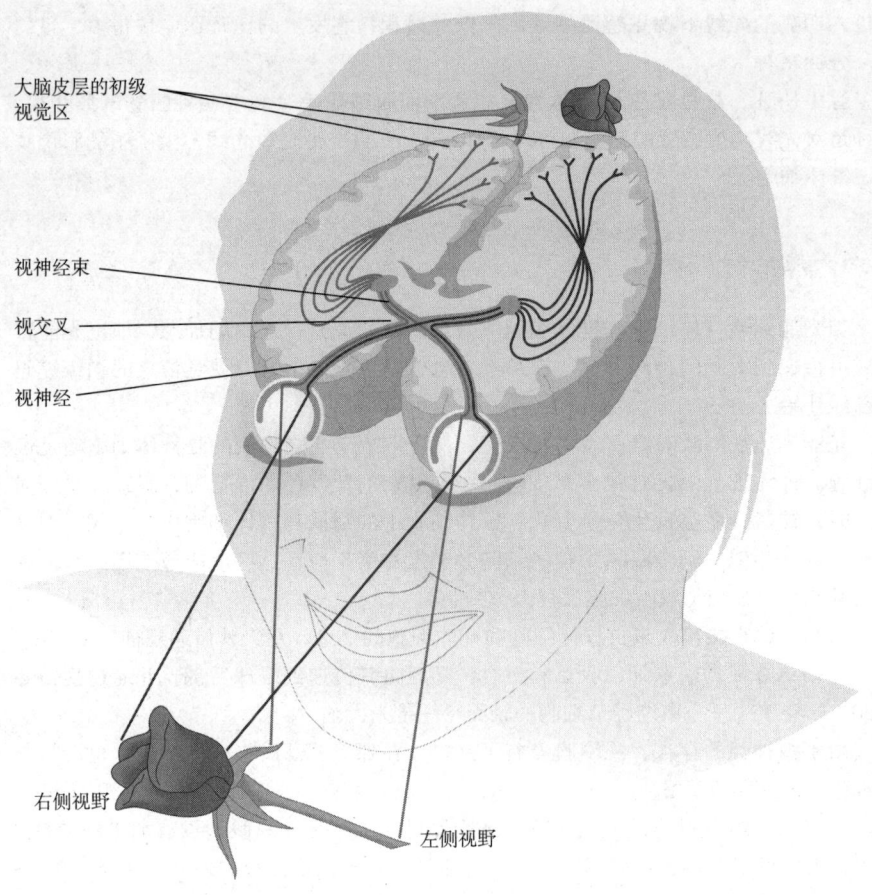

来自每个视网膜左半部分的神经冲动被传递到左脑。然而，由于视网膜上的映像是上下左右颠倒的，来自每个视网膜右半部分的映像实际上源于个体的左侧视野；相反，来自每个视网膜左半部分的映像实际上源于个体的右侧视野（见图 3.6）。

视觉信息加工

当视觉信息到达大脑时，它已经过了数级加工。神经节细胞是初级加工场所之一：每一个神经节细胞都会收集来自特定区域的一群杆体细胞和锥体细胞的信息，并对进入该区域中央的光线总量与周围的光线总量进行比较。有的神经节细胞会被中央亮、周围暗的光线激活，其他的神经节细胞则会被中央暗、周围亮的光线激活。这个加工过程的最终结果就是最大限度地探测出了光的明暗变化。事实上，传入大脑的映像是体外真实视觉刺激的增强版（Kubovy, Epstein, & Gepshtein, 2003; Pearson & Clifford, 2005; Lascaratos, Ji, & Wood, 2007; Grünert et al., 2011）。

大脑的视觉皮层是视觉映像最终的加工场所，最复杂的加工就是在此进行的。由于在大脑视觉皮层发现了许多特异化的神经细胞，心理学家大卫·胡贝尔（David Hubel）和托斯登·威塞尔（Torsten Wiesel）在 1981 年获得了诺贝尔奖。这种特异化是指大脑皮层的这些神经细胞仅能被特定形状或样式的视觉刺激激活，该过程被称为**特征觉察**（feature detection）。他们发现，一些细胞仅能被特定宽度、形状或方

探索与发现：视觉空间认知机制及其在航空航天心理学领域中的应用

陕西师范大学心理学院游旭群

早在学心理学的最初阶段，黄希庭教授早期所著的《普通心理学》中有关空间认知的内容就深深地吸引了我，它让我认识到，与时间认知一样，空间认知是人类的基本认知能力之一。空间认知能够帮助人们在复杂环境中辨认客体、指导行动以及进行空间导航。因此，它在认知心理学和认知功效学中占有重要地位。但是，我对空间认知的系统研究则是源于早年在飞行部队与飞行员的交流。那时，我发现几乎所有的优秀飞行员都具有十分出色的飞行表象能力。在查阅了大量文献的基础上，发现视觉表象不仅是人类空间认知的核心所在，而且也是人类创造性思维的核心要素。带着对人类空间认知机制的好奇，我进入了博士研究生学习阶段，先后得到杨治良、孙昌识两位前辈的悉心指导。两位先生对我的指导，特别是有关心理学研究方法的传授，让我逐渐具备了科学解答自己内心有关个体空间认知加工机制的疑惑的能力。

在地面上，依靠地平线和参照物可以使我们很容易辨别出物体的大小、空间位置和方位等。但是，如果在空中缺乏参照信息，只能依靠仪表和自身的感知时，由视觉表象所生成的空间方位感就显得尤其重要。因此，我对飞行员和宇航员的空间认知能力非常感兴趣。为此，我进入了德国宇航中心（Deutsches Zentrum für Luft- und Raumfahrt, DLR）从事博士后研究，开始了我对空间认知在航空航天心理学领域应用上的全新探索。通过对大量飞行员，特别是对高水平飞行员系统地访谈、观察、测量和实验，我提出了飞行空间定向的认知加工机制理论，率先突破了长期支配人类空间定向的前庭－耳石器理论，将人类空间定向机制上升到以大脑皮层功能为基础的高级认知加工水平。这也进一步证实了我们的研究假设：一个合格的飞行员必须有能力迅速而准确地感知自身与外部世界的位置关系，感知外部客体所在的方位以及主体所在的位置，而这种飞行定向能力的形成恰恰是以高水平的视觉空间加工为基础的。因此，在接下来的多年时间里，我和我的团队针对视觉空间认知机制及其与飞行定向之间的内在关系方面开展了一系列的理论和应用研究。

首先，作为典型的视觉空间认知活动，与飞行定向能力密切相关的心理表象、表象扫描、表象旋转及其子系统的认知机制也得到了我们持续的关注。例如，我们发现表象扫描加工具有稳定性的特点（游旭群，杨治良，2002a），但是参与表象旋转的子系统表象转化则表现出可塑性和易变性的特点（游旭群，杨治良，1999）。我们还首次发现了视觉表象扫描存在视角大小效应，该效应不同于以前的心理扫描的大小和位置效应（游旭群，邱香，牛勇，2007）。此外，我们还发现了视觉表象存在大脑半球专门化效应（游旭群，宋晓蕾，2009）。其次，鉴于视觉表象的空间关系表征可分为数量空间关系（metric spatial relations）和类别空间关系（categorical spatial relations），我们对这两种空间关系表征进行了一系列研究。我们率先发现了数量空间关系和类别空间关系具有不同的认知加工特性：数量空间关系加工更多地表现出了认知加工的可塑性的特点，而类别空间关系加工则表现出了认知加工的相对稳定性的特点（游旭群，杨治良，2002b；游旭群，2002）；在两者的关系上，数量空间关系在一定程度上内隐地包含类别空间关系（游旭群，李晶，2010）。最后，我们的研究还发现，视觉空间认知加工能力和场独立性水平与飞行空间定向之间存在紧密联系，高视觉空间认知能力和高场独立水平能够有效预测个体较好的飞行定向（游旭群，于立身，2000）。

这些有关视觉空间认知机制的基础研究，不仅为我们后来建立飞行员、宇航员等特殊职业人员的心理选拔模型提供了科学的理论依据，也为揭示高科技、高风险环境下的失误发生机制奠定了坚实基础。例如，我们所建立起的国内航线飞行员训练系统、飞行员心理品质评估和管理系统，以及航线飞行员选拔与评价系统均是建立在前期大量理论研究的基础之上的。

从上述研究历程中可以看出，我们在基础研究和应用研究两个方面是双管齐下、齐头并进的。一方面，空间认知的研究不仅为认知心理学的理论体系提供了一个更加完备的知识领域，而且也为应用系统的开发和有效性的研究提供了坚实的理论保障；另一方面，有效性的研究与应用系统的开发也反过来进一步检验了基础理论模型的正确与否，并推进基础研究发现和解决新的问题。从这个意义上来说，基础研究和应用研究从来都是统一的、相辅相成的。

向的线条激活，另一些细胞仅能被移动着的线条激活（Hubel & Wiesel, 2004; Pelli, Burns, & Farell, 2006; Sebastiani, Castellani, & D'Alessandro, 2011）。

近来的一些研究解释了来自单个神经细胞的视觉信息被整合、加工的复杂方式。不同的脑区能在几个独立的系统层面上对神经冲动同时进行加工。这些不同的系统分别与形状、颜色、运动、位置和深度等有关。另外，不同的脑区参与了对不同类型刺激的感知。比如能够感知并区分人类的面孔、动物和无生命的刺激（Winston, O'Doherty, & Kilner, 2006; Werblin & Roska, 2007; Bindemann et al., 2008; Platek & Kemp, 2009）。

如果存在独立的神经系统来加工视觉世界特定方面的信息，那么大脑又如何整合所有的信息呢？大脑可以利用与特定的神经细胞组放电的频率、节奏和时间有关的信息。另外，大脑对视觉信息的整合并非发生在大脑中任何单一的加工阶段或位置，而是同时发生在多水平上。不管怎样，最终的结果毋庸置疑：通过复杂的视觉系统，我们看到了自己周围的世界（de Gelder, 2000; Macaluso, Frith, & Driver, 2000; Werner, Pinna, & Spillmann, 2007）。

色觉与色盲

虽然与整个电磁波谱相比较，可见光谱的范围相当小，但是在这个范围内，视觉依旧为我们在感受世界方面提供了强大的灵活性。比如，一个有正常色觉的人至少能区分出 700 万种不同的颜色（Bruce, Green, & Georgeson, 1997; Rabin, 2004）。尽管正常人能区分出很多种颜色，但也存在一些颜色知觉能力有限的人——色盲。有趣的是，正是这些个体的存在，为心理学家理解色觉的工作机制提供了重要的线索（Neitz, Neitz, & Kainz, 1996; Bonnardel, 2006; Nijboer, te Pas, & van der Smagt, 2011）。

请看图 3.7 所示的图片。如果你不能分辨出这几张图片之间的差异，你可能就是男性中 7% 或女性中 0.4% 的色盲患者之一。

对于许多色盲患者来说，世界看起来相当单调。红色的消防车看起来是黄色的，绿色的草坪看起来是黄色的，交通灯的三种颜色看起来都是黄色的。事实上，在最常见的色盲类型中，所有的红色和绿色的物体都被看成是黄色的。在另一些色盲类型中，患者不能够区分黄色和蓝色。在最极端的色盲案例中，患者对所有颜色都不能感知，对他们来说，世界看起来就像老式的黑白电视机里的图像那样。但是这种病例十分罕见。

为了弄清楚色盲的成因，我们有必要了解一下色觉的基本理论。**色觉三原色理论**（trichromatic theory of color vision）首次是由托马斯·杨（Thomas Young）提出的，后来由赫尔姆霍茨（Helmholtz）在 19 世纪上半叶进一步发展了这个理论。该理论认为，视网膜上有三种锥体细胞，每种细胞分别主要对特定波长范围的光反应。一种对蓝－紫色易感，一种对绿色易感，还有一种对黄－红色易感（Brown & Wald, 1964）。按照三原色理论的说法，对颜色的感觉受三种锥体细胞各自被激活的相对强度的影响。如果我们看到一片蓝色的天空，主要是蓝－紫锥体细胞被激活，其他的细胞表现出较低的活动性。三原色理论对色盲现象的解释是，如果三种锥体细胞中的任何一种失去作用，人们就不能正确感知这个范围内的颜色。

然而，有的现象是三原色理论不能解释的。比如，当你注视图 3.8 旗帜中的圆点

（a） （b） （c）

图 3.7　颜色视觉（见彩插）

图（a）对有正常色觉的人来说，前面的热气球的颜色看起来由非常纯正的红色、橙色、黄色、绿色、蓝色、紫色和米黄色构成，而后面的热气球的颜色由红色和橙色构成。红–绿色盲的人会把图（a）看成是图（b），即蓝色和黄色的混合。蓝–黄色盲的人会把图（a）看成是图（c），即红色与绿色的混合。

一分钟后，再看一张白纸，会发生什么现象呢？多数人会看到传统的带有红色、白色和蓝色的美国国旗的图像。在图 3.8 中的黄色部分，你会看到蓝色；在白色和黑色部分，你会看到红色和白色。

你刚刚体验到的现象被称为后像（afterimage）。当你不再注视初始图片时，视网膜仍然继续工作，这时就会产生后像。后像的存在说明三原色理论并不能解释所有

图 3.8

色觉后像（见彩插）

的色觉现象。为什么后像中显现的颜色不同于最初显现的颜色呢？

由于三原色理论的局限性，人们又提出了**色觉的拮抗加工理论**（opponent-process theory of color vision）。该理论首次由埃尔瓦德·黑林（Ewald Hering）提出。该理论认为，感受器细胞是成对联系在一起的，相互之间以拮抗的方式工作。感受器细胞有三对，分别是蓝－黄对、红－绿对和黑－白对。如果一个物体反射的光包含更多的蓝色而非黄色时，对蓝色易感的细胞被激活，同时对黄色易感的细胞被抑制，于是该物体看起来是蓝色的。相反，如果一个物体反射的光包含更多的黄色而非蓝色时，对黄色易感的细胞被激活，同时对蓝色易感的细胞被抑制，于是该物体看起来是黄色的（D. N. Robinson, 2007）。

拮抗加工理论能很好地解释后像。当我们长时间注视图3.8中旗帜图片上的黄色时，蓝－黄对中负责黄色成分的感受器细胞会变得疲劳，几乎不能再对黄色刺激做出反应。相反，负责蓝色成分的感受器细胞由于没有受到刺激而未被激活。当再看一个白色的表面时，光线会同样刺激蓝色和黄色感受器。由于黄色感受器的疲劳，暂时不能对黄色做出反应，因此抑制了黄色感觉的产生，于是，白光就显示出蓝色。由于图片中的其他颜色与它们对立色的作用机制类似，于是后像就在短时间内显示

心理学与人生：什么色彩适合你

选择合适的色彩是衣着得体的重要部分，下面我们就来看一看如何把心理学的知识运用于服装色彩的选择上。

色彩与冷暖

色彩本身并无冷暖的差别，但是不同的色彩会引起人们不同的温度感。当人们看到红、红橙、橙、黄橙、红紫等色彩时，马上会联想到太阳、火焰、热血等物像，产生温暖、热烈、危险等感觉。而当人们看到蓝、蓝紫、绿等色彩时，则很容易联想到海洋、冰雪、森林等物像，产生理智、寒冷、平静等感觉。将这一原理加以运用：我们如果在冬季穿暖色衣服就会觉得温暖，而在夏季穿冷色衣服会使人倍感凉爽。

色彩与体型

通过眼睛的玻璃体后，不同波长的光的聚焦点并不完全在一个平面上，这使光在视网膜上的映像的清晰度有所差别。波长较长的浅色在视网膜上所形成的映像比较模糊，似乎具有一种扩散性；波长较短的深色在视网膜上所形成的映像比较清晰，似乎具有某种收缩性，因而形成了色彩的膨胀感和收缩感。我们可以利用这种色彩原理来着装：如丰满的人适宜选择深色系服装，因为色彩的收缩感会让他们显得苗条；相反，瘦小的人则适宜选择浅色系服装。

色彩与肤色

不知你是否有这样的经历：当你穿着新衣服，满心欢喜地期待得到朋友或同学的赞赏时，他们却反问："你脸色怎么这样难看，是生病了吗？"真叫人扫兴。这也许是由于衣服的颜色与肤色不搭配。肤色不同，适宜的色彩也不同。

刚才我们学习了色觉后像：长时间持续看一种色彩，这个色彩便会在视网膜上留下映像，这时将目光转移到其他对象上，便会留下与之前色彩相对的色彩映像。运用这个原理，我们不难发现：肤色偏红的人若穿着饱和度较高的绿色服装，由于色觉后像，面部会显得更红；肤色偏黄绿色的人如果穿着玫瑰红等艳丽颜色的服装，缺点更加暴露无遗；肤色偏黄的人，切忌穿深紫色或蓝色的衣服，因为黄色与蓝色属于对比色，在强烈的对比下，肤色会显得更黄。

因此，美学家给人们的建议是，皮肤偏黑的人适合咖啡色、淡褐色系服装，不宜用娇嫩的色彩，以避免由于强烈的对比使得肤色更加显得黝黑；皮肤偏黄的人穿酒红色、淡紫色等服装能令面容显得更白皙；而皮肤偏红者更适合暖色调，不宜选用绿色。

出与原来颜色相对的颜色。由于疲劳的黄色感受器细胞很快就恢复了,因此后像仅仅存在很短的时间,之后白光又能被准确地感知。

多年来,科学家们对于这两种理论有很多争议。当前比较主流的观点是,拮抗加工机制和三原色加工机制都对颜色感知的产生起作用。但是,它们作用于视感觉系统中的不同部位:三原色加工机制仅仅在视网膜水平上起作用,而拮抗加工机制在视网膜和随后的神经加工阶段上都起作用(Lee, Wachtler, & Sejnowski, 2002; Chen, Zhou, & Gong, 2004; Baraas, Foster, & Amano, 2006)。

听觉和其他感觉

通过上一节的学习,我们更加深入地了解了视觉对于我们感受世界的重要性,而听觉在我们的生活中也起着非常重要的作用。另外,与耳朵有关的平衡觉,以及嗅觉、味觉、肤觉、联觉也都是不可或缺的感觉体验,本节将对这些感觉逐一讨论。

听觉与平衡觉

一提到耳朵,我们首先会想到外耳,其实外耳仅仅只是整个耳朵的一部分:一个用来收集声音,并把声音传递到耳朵内部的、像倒置的喇叭筒一样的结构(见图3.9)。外耳位于头的两侧,这样有助于声音定位——辨认声音来源的方向。由

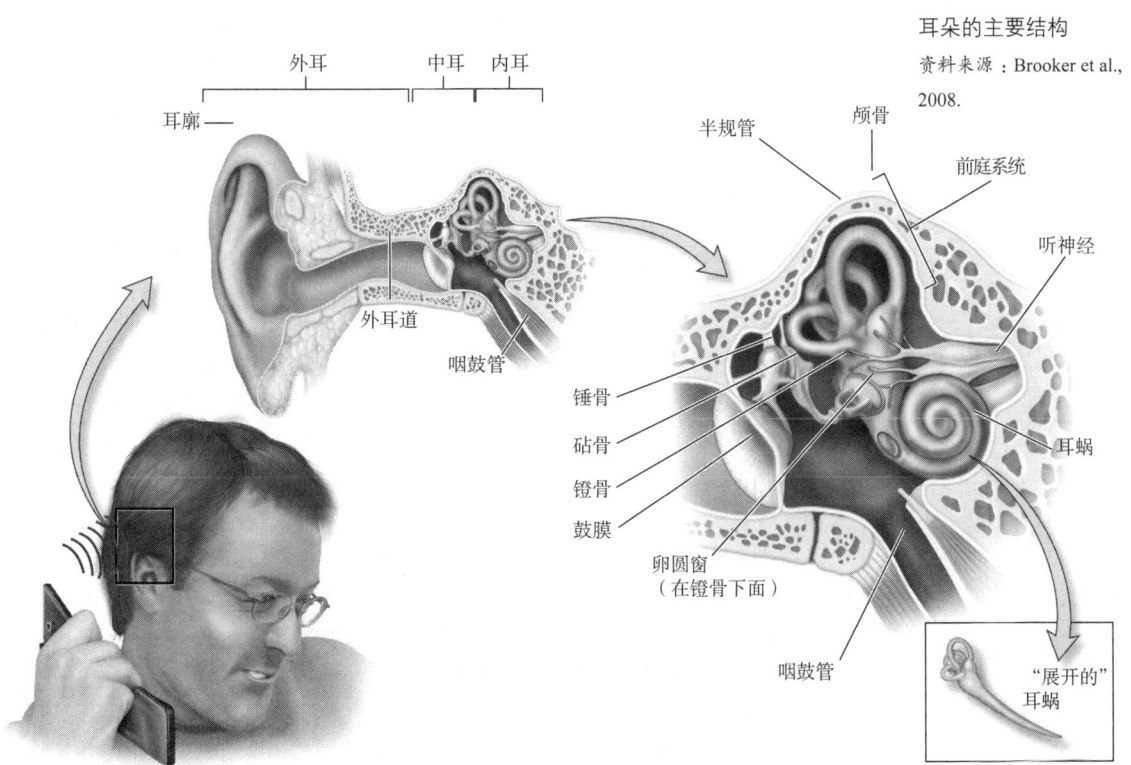

图 3.9
耳朵的主要结构
资料来源:Brooker et al., 2008.

于声波进入每只耳朵在时间上有细微差别，大脑能依据这个线索判断声音的来源。另外，两个外耳还可以把特定频率的声音进行不同程度的延迟或增强（Schnupp, Nelken, & King, 2011）。

声音（sound）即由振动源引起的空气分子的运动。拍手、敲鼓、吹口哨都能发出声音，是因为它们都使空气分子产生了振动。声音在空气中以声波的形式传递，声波的形状与石头投入平静的池塘中形成的水波的形状类似。声音以波形振动的形式到达外耳，传入通往鼓膜的管状听觉通道——外耳道。对**鼓膜**（eardrum）的命名非常形象，因为它的工作机制很像一面微型的鼓，当声波撞击它时，鼓膜会振动。声音越强，振动越剧烈。这些振动随后被传到中耳，中耳是一个包含三块骨头（锤骨、砧骨和镫骨）的微型腔，它把振动传递到通往内耳的一层薄膜——卵圆窗。由于锤骨、砧骨和镫骨像一套杠杆那样工作，所以它们不仅能传递振动，而且能使振动增强。另外，由于声音传入中耳的通道（鼓膜）比传出通道（卵圆窗）要大得多，卵圆窗上声波的强度会变得更大。因此，中耳其实是一个微型扩音装置。

内耳把声音振动转换成可传递到大脑的形式。同时，内耳还有定位的作用，决定我们如何在空间中移动。当声音通过卵圆窗进入内耳时，它就进入了**耳蜗**（cochlea），耳蜗的形状有点像蜗牛壳，其内部充满可因声波而振动的液体。耳蜗中的**基底膜**（basilar membrane）贯穿耳蜗中央，把耳蜗分为上腔和下腔。基底膜上布满了**毛细胞**（hair cells）。当进入耳蜗的振动使毛细胞弯曲时，毛细胞便向大脑传递神经信息（Cho, 2000; Zhou, Liu, & Davis, 2005; Møller, 2011）。

虽然声音一般通过卵圆窗传入耳蜗，但声音传递还有另外一条通路：骨传导。由于耳朵与数块头骨相连，所以，通过头部其他部分的骨传导，耳朵也能接收到微小的振动。为什么你听到的自己的声音与其他人听到的你的声音会有所不同呢？（听一段你的声音的录音，见识一下你自己真实的声音是什么样的。）正是因为你是通过卵圆窗传入耳蜗和骨传导两个通道来听自己的声音的，所以你听到自己的声音才比其他人听到的自己的声音更大。

声音的物理属性

如前文所述，我们把声音看作由振源振动产生的规则的、波状形式的空气分子的物理运动。如果你曾看过一个没有外壳的扬声器，你就会知道至少在演奏最低音时，你能看到扬声器的振动。随后，扬声器的运动推动空气分子形成与其振动有着相同模式的波，接着，那些波到达你的耳朵，尽管那些波的强度在传递过程中已被大大削弱。所有其他声源的工作方式，在本质上都与之相同：引起波动模式，通过空气传入耳朵。物体振动要传到我们的听觉器官，必须要借助空气或其他介质（比如，水），这就是真空中没有声音的原因。

由于频率（声音的一个基本物理特征）的存在，当演奏低音时，我们能看到扬声器的振动。频率是一秒内产生的波动周期的次数。频率越低，一秒内波动周期的次数就越少（见图3.10）。这些波动周期是肉眼可以看到的，正如扬声器的震动一样。音高是使声音听起来"高"或"低"的特征。低频率的声音，它的音高较低。比如，人们能听到的最低频率是每秒20次；高频率的声音听起来有较高的音高，在声谱的最高端，人们能够听到的频率为每秒20000次的声音。

振幅是声波穿过空气时，气压的波峰与波谷之间的幅度，属于波形的特征之一，

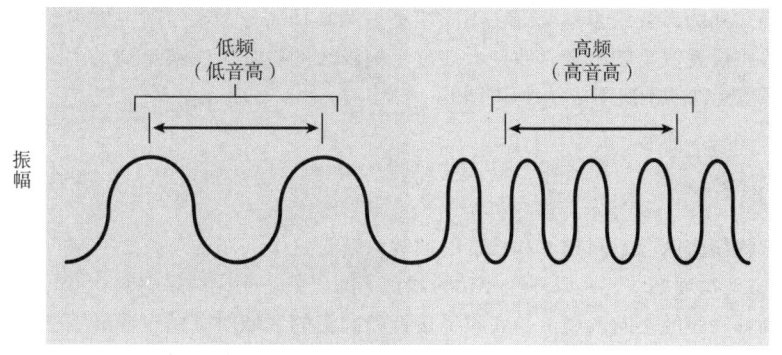

图 3.10
声波的频率
资料来源：Seeley, Stephens, & Tate, 2000.

它使我们能够分辨轻柔的声音与响亮的声音。振幅小的波产生轻柔的声音，振幅大的波产生响亮的声音（见图 3.10）。

耳朵对声音振幅的变化很敏感。我们能听到的最强音的振幅是最弱音的一万亿倍。幅度的单位是分贝（decibels）。当声音大于 120 分贝时，我们的耳朵就会感到疼痛（见表 3.1）。

我们对不同频率声音的敏感性会随着年龄的变化而变化。随着年龄的增大，我

声 音	分贝数	导致听力受损的时间间隔
耳语声	25 dB	
图书馆中	30 dB	
平常的家里	50 dB	
平常的谈话	60 dB	
洗衣机	65 dB	
汽车	70 dB	
吸尘器	70 dB	
热闹的马路	75 dB	
闹钟	80 dB	
热闹的饭店	80 dB	
工厂	85 dB	16 小时
摇滚音乐会现场（中音量）	90 dB	8 小时
小孩的啼哭声	90 dB	8 小时
地铁站	100 dB	2 小时
凿岩机	100 dB	2 小时
耳机播放的大音量 CD	100 dB	30 分钟
直升机	105 dB	1 小时
喷砂机	110 dB	30 分钟
汽车的喇叭声	120 dB	7.5 分钟
摇滚音乐会现场（大音量）	130 dB	3.75 分钟
空袭警报	130 dB	3.75 分钟
痛阈	140 dB	马上受损
喷气式飞机引擎	140 dB	马上受损
火箭发射	180 dB	马上受损

表 3.1
常见声音的分贝数与导致听力受损的时间
资料来源：美国听力康复协会，1998。

们能感知到的声音的频率范围在不断缩小，尤其是高音。有的高中生刻意将自己的短信铃声设置成高频声音，致使大多数年纪较大的教师无法察觉到，这样他们就可以在不被允许的情况下依然使用手机。

听觉理论

大脑如何区分不同频率和强度的波呢？解答这个问题的思路之一来自对基底膜（耳蜗中把物理振动转换成神经冲动的器官）的研究。研究结果表明，不同频率的声音影响基底膜的不同区域。基底膜最接近卵圆窗的区域对高频声音最敏感，最接近耳蜗内端的区域对低频声音最敏感。这个发现引起了**听觉的位置理论**（place theory of hearing）的提出。该理论认为基底膜的不同区域对不同频率的声音敏感。

然而，位置理论并不能解释所有的听觉现象，因为频率非常低的声音触发的是基底膜上很广区域的神经元而不是单个位置的神经元。因此，人们又提出了另一种听觉理论：**听觉的频率理论**（frequency theory of hearing）。该理论认为，整个基底膜就像一个麦克风一样工作，它对一个声音刺激的反应是整体振动。按照这种解释，声音的频率是由听神经中神经元发放的数量来编码的。因此，声音的音高越高，通过听神经传递到大脑的神经冲动的数量就越多。

位置理论和频率理论都不能为听觉提供完整的解释。位置理论能更好地解释对高频声音的感觉，而频率理论能更好地解释对低频声音的感觉，两种学说都能解释对中频声音的感觉（Hirsh & Watson, 1996; Hudspeth, 2000）。

听觉信息离开耳朵后，通过一系列复杂的神经联结被传递到大脑的听觉皮层。在听觉皮层内部，某些特定的神经元会对特定种类的声音特征（如咔嗒声或耳语声）做出选择性反应；某些特定的神经元只对特定形式的声音做出反应。比如，有的神经元只对持续的声音做出反应，对间歇的声音则不做反应；另外，有的特定神经元则通过特有的激活形式来传递声音的位置信息（Middlebrooks et al., 2005; Wang et al., 2005; Alho et al., 2006）。

如果分析听觉皮层神经元的构造的话，我们将会发现，邻近的细胞对相似的频率易感。这样，听觉皮层就给我们提供了一幅声音频率的"地图"，类似于视觉皮层提供的视野表征。另外，由于大脑两半球的不对称性，左右耳加工声音时有所差异，右耳更多地加工语音，左耳更多地加工音乐（Sininger & Cone-Wesson, 2004, 2006）。

平衡觉

英语四级考试终于结束了，张同学买了一张游乐场的通票，准备好好放松一下。他最先去玩的是比较刺激的游乐项目——海盗船。海盗船启动了，船上下转动的速度越来越快，摆动的幅度越来越大，虽然有点害怕，但这种刺激带来的快感还是让他忍不住兴奋地大叫。慢慢地，张同学觉得头晕、恶心，随着船不停地上上下下，这种症状越来越严重。等海盗船停下来时，还没下船，张同学就开始呕吐起来。

有时，我们在乘坐猛然升高的电梯时也会产生类似的症状，直升机驾驶员和宇航员在升空时也会产生比之更让人难以忍受的体验，这些体验都与平衡感有关。与听觉一样，运动和平衡的感觉也受耳朵这个复杂系统的控制。

耳朵的一些结构与平衡感的关系比它们与听觉的关系更为密切。内耳中的**半规管**（semicircular canals）（见图 3.9）由三根充满液体的管子组成，当头部活动时，这些液体会震荡，它可向大脑传递旋转或角运动的信号。半规管中的耳石是一种极细小的运动感觉晶体，它除了能感觉恒定的重力，还能感觉由前后或上下运动的加速度对我们身体的拉力。当我们运动时，耳石就像沙子在海滩上被风吹动那样运动，并接触半规管中的特殊感受器：毛细胞。由于大脑缺乏解释来自失重的耳石信息的经验，因此，我们在乘电梯、坐飞机或者玩海盗船时会产生头晕的体验（Flam, 1991; Stern & Koch, 1996）。

嗅觉与味觉

在电视剧《大长今》中，韩国御膳厨房的宫女长今由于食用了过量的相克食物——人参和肉豆蔻，进而引发了麻痹，不能辨别食物的味道：白糖、食盐、醋、酱油尝起来都是一个滋味。经过御医的详细诊断，长今得了味觉衰退症。御厨失去了味觉，犹如士兵失去了双腿。长今心急如焚，一度失去了继续烹饪菜肴的信心。幸运的是，经过多种方法的治疗，长今最终又恢复了味觉。

味觉损伤可能会由病毒感染或误服药物引起。虽然我们的味觉并没有像长今那样遭到破坏，但我们也都知道嗅觉和味觉的重要性。下面简单介绍这两种感觉。

嗅觉

虽然许多动物感受气味的能力远比人类灵敏，但是我们也能闻出 10000 多种不同的气味。人类还有很好的气味记忆能力，常常在闻到与某记忆有关的气味时，长时间被遗忘的事件和记忆就能被重新唤起（Stevenson & Case, 2005; Willander & Larsson, 2006; Schroers, Prigot, & Fagen, 2007）。

"嗅觉测试"的结果显示，一般而言，女性的嗅觉比男性灵敏（Engen, 1987）。人们也具备只通过气味来区分男性和女性的能力。一个实验要求被蒙上眼睛的学生闻志愿者呼出的气体，结果学生对志愿者性别判断的准确率明显高于随机水平。研究者发现，人们也能通过闻腋下的味道来区分快乐或悲伤，女性还能仅仅只通过气味来辨认出她们刚出生几小时的孩子（Doty et al., 1982; Haviland-Jones & Chen, 1999; Fusari & Ballesteros, 2008; Silva, 2011）。

人们对于嗅觉内部机制的认识才刚刚起步。当物质分子进入鼻孔，遇到嗅细胞（一种广泛分布于鼻腔中的嗅觉感受器）时，就会引发嗅觉。截止目前，人们已在嗅细胞中发现了 1000 多种不同的气味感受器，每种感受器仅对一些特定的气味做出特定反应。接下来，这些不同嗅细胞的反应被传送到大脑，并在那里被整合成对某种特定气味的识别（Murphy et al., 2004; Marshall, Laing, & Jinks, 2006; Zhou & Buck, 2006）。

嗅觉也可能成为人与人之间隐蔽的交流方式。很早之前研究者就发现，非人类生物通过释放外激素来传递诸如性引诱的信息。外激素是一种释放到环境中使同物种其他个体做出反应的化学物质。例如，雌猴阴道的分泌物中就有能使雄猴性兴奋的外激素（Touhara, 2007; Hawkes & Doty, 2009; Brennan, 2011）。那么人类是否也能通过释放外激素来进行交流呢？虽然一些心理学家认为人类外激素影响情绪反应，但这一观点还没有确定性的证据。目前还不确定什么是人类外激素的特殊感受器官，而在非人类生物中，犁鼻器负责感受外激素，但在人类中，这个器官在胚胎发育期间就退化了（Haviland-Jones & Wilson, 2008; Hummer & McClintock, 2009; Gelstein et al., 2011）。

味觉

味觉涉及对四种基本刺激——甜、酸、咸和苦做出反应的感受器细胞。也存在第五种刺激种类——鲜味，即含有氨基酸的食物刺激，但是这种刺激能否作为基础味觉还存在争议（McCabe & Rolls, 2007; Erickson, 2008; Nakamura et al., 2011）。味觉（taste）的适宜刺激是能溶于水的化学物质，它作用于分布在舌面、咽喉的黏膜和软腭等处的味蕾而产生味觉。

虽然感受器细胞的专门化使它们对特定味道的反应最强烈，但它们也能对其他味道做出反应。从根本上来说，每种味道都由一些基本味道混合而成，就像基本的颜色混合能产生大量不同色度和色调的颜色一样（Dilorenzo & Youngentob, 2003; Yeomans, Tepper, & Ritezschel, 2007）。味觉的感受器细胞位于味蕾中，约有10000个味蕾遍布在舌头和口腔、喉咙上。味蕾大约每十天更新一次。这种更新是有益的，因为如果味蕾不能源源不断地再造，那么我们意外烫坏舌头后就会失去味觉。

味觉的感受性受多种因素的影响。舌面的不同部位，其味觉的感受形式也不同。虽然舌面对甜味、酸味、咸味、苦味都有感受性，但舌尖对甜味最敏感，舌根对苦味最敏感，舌的两侧对酸味最敏感，舌的两侧前部对咸味最敏感。味觉的感受性往往受食物温度的影响，在20~30℃时，味觉的感受性最高。此外，味觉的感受性还与机体的需求状态有关。饥饿的人对甜、咸的感受性提高，对酸、苦的感受性降低。肾上腺皮质功能低下的病人，由于氯化钠排出量增加，对咸味的感受性提高。味觉对维持有机体内环境的动态平衡起重要的作用。

人与人之间的味觉存在很大的差异，主要取决于遗传因素。有的人被称作"超级品尝者"（在"超级品尝者"中，女性多于男性），他们对味道高度敏感，觉得糖更甜，奶油更有奶油味，饭菜的香味更浓郁，较淡的滋味就足以满足他们的需要。相反，"无味觉者"对味道很不敏感，他们可能需要挑选更甜、更油腻的食品来使得味道最大化。因此，他们可能更容易发胖。"超级品尝者"的味蕾的数量几乎是"无味觉者"的两倍（Bartoshuk, 2000; Snyder, Fast, & Bartoshuk, 2004; Pickering & Gorden, 2006）。

肤 觉

李明在体育课上扭伤了右手腕。开始只是简单的扭伤，但治愈后疼痛仍然折磨着他。后来，疼痛扩散到他的另一条胳膊，接着又扩散到双腿。李明说："这种持续的疼痛就像是胳膊被熨斗熨烫一样难以忍受。"

心理学与人生：舌尖上的中国

中华饮食文化源远流长，烹饪历史悠久，制作工艺精湛，菜系流派纷呈。这不仅造就了中国光辉灿烂的饮食文化，同时也给中国人的饮食打上了深刻的历史烙印。

遇见美食，嗅觉与味觉齐发并奏，嗅觉会记下香气，而味觉能记下甘苦。一直以来，中国都以"美食大国"享誉世界，不仅佳肴遍布中国各地，中国菜品更是风行海外。擅长烹饪的中国人根据自己对食物的理解，将无限的想象空间赋予各种食材，演绎出无数新的、各具特色的食物。"南米北面"构成了基本的饮食结构，"南甜北咸，东酸西辣"奠定了口味的主要基调，巴蜀、齐鲁、淮扬、粤闽形成了四大风味。此外，中国人还擅长各种烹饪技术，煎、炸、炒、焖样样精通，香煎嫩豆腐、油炸狮子头、爆炒猪肝、油焖大虾等美味佳肴足以填满"吃货"们的胃。而我们选用的食材也各式各样、五花八门。各色蔬菜等都能成为我们餐桌上的美味。有人曾说除了味道比较苦的东西，人们几乎什么味道都吃，马上就有人反驳道：苦瓜是苦的。还有人说除了臭的，人们几乎什么味道都吃，立马又有人反驳：臭豆腐是臭的，但是我们也吃。到最后，大家终于明白：几乎没有什么味道是我们不敢吃的，每种味道都会得到不同人群的认可和喜爱。

中国人善于根据四季变化搭配食物，夏天多吃清淡爽口的食物，冬天多吃味醇浓厚的食物。美食缭绕的香气会勾起人的回忆，而它的味道则会让人沉迷于当下。每一种美味都饱含感情，当各种食材带着地气、带着雨露的滋养，佐以五味，端上你的餐桌，绽放在你舌尖，就是一种美好的记忆。除滋味的鲜美之外，中国人还讲究欣赏之美，哪怕平凡如胡萝卜、白菜心，都可以雕出各种造型，而食材、食具以及环境的搭配与和谐，更是被提升到了哲学的高度。

筷子夹起故事，舌尖品出幸福，味蕾勾起回忆，肠胃诉说乡愁。在中国，美食一事，除品味之外，更有文化内涵与人文特色融会其中。人们吃的是美味佳肴，品的是人情冷暖。酸、甜、苦、辣、咸，舌尖挑逗的不仅仅是人的味蕾，更是一种独特的文化内涵，是光阴故事下人们的文化传承，是每个中国人心底挥之不去的家国情怀。每一道美食所隐藏的故事，所选用的特殊食材，所必需的别致烹饪手段，所饱含的劳动与感情，都将食物制作和享用的过程变成一种仪式，一种带有地域、家族特色，甚或人文关怀的中国式礼仪。大而言之，家国就是在此过程中得以凝聚，得以强盛，文化在此过程中得以代代相传。而这个过程往往默默进行，因为它已在国人过日子和习以为常中，内化为一种自觉。

经医生详细检查，确定李明患上了反射性交感神经营养不良综合征（reflex sympathetic dystrophy syndrome, RSDS）。对 RSDS 患者来说，诸如微风或者触碰羽毛这样的轻微刺激就能引发疼痛，甚至明媚的阳光或者响亮的噪音也会引发剧烈的疼痛（Coderre, 2011）。

虽然 RSDS 引发的疼痛令人难以忍受，但是疼痛缺失的状况同样糟糕。如果你从未体验过疼痛，那么你可能就不会注意到自己的手臂碰到一只很烫的盘子，结果就可能会被严重烫伤。与之相似，如果没有伴随阑尾炎的腹痛作为警告信号，你的阑尾最终可能会破裂，导致体内致命的感染。

实际上，我们所有的**肤觉**（skin senses）——触、压、温度和痛——对机体的生存都具有重要作用，它们使我们意识到我们身体的潜在危险。这类感觉的感受器不规则地分布于体表和不同深度的皮下。例如，指尖等部位有更多的触觉感受器细胞，因此这些部位比身体其他部位敏感得多（Gardner & Kandel, 2000；见图 3.11）。

痛觉可能是肤觉中研究最多的领域，理由很充分：人们由于疼痛而寻医问药的情况要比其他症状多。美国有 7600 万人受慢性疼痛的折磨，每年仅与疼痛相关的花

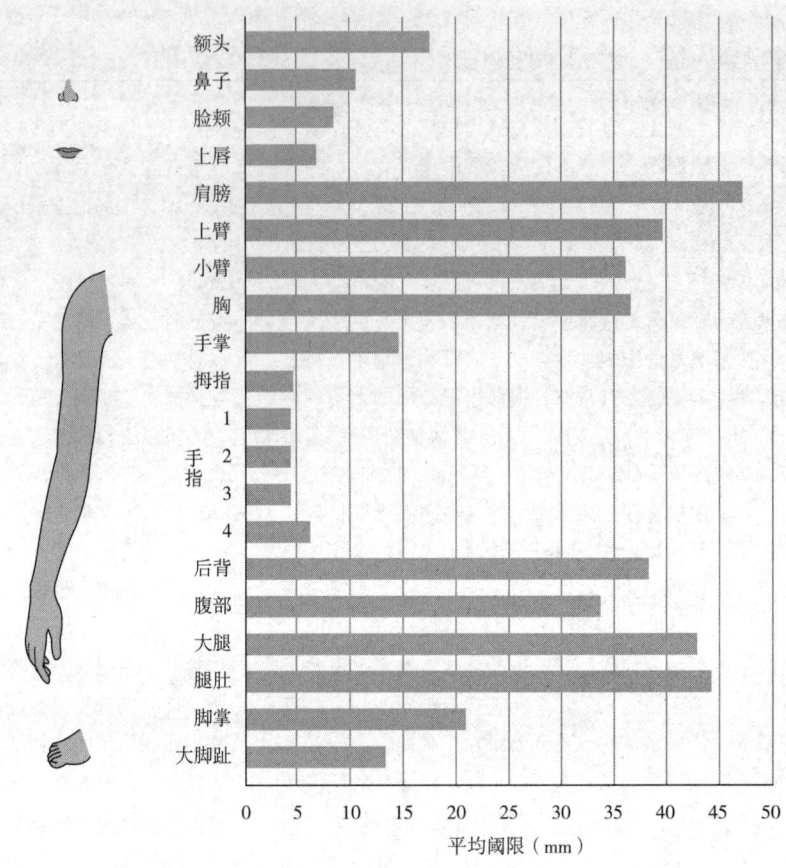

图 3.11
身体不同部位的皮肤敏感性
身体不同部位的皮肤敏感性不同，阈限越低，表示该处皮肤越敏感。手指、拇指、嘴唇、鼻子、脸颊和大脚趾是最敏感的部位。为什么这些区域比其他区域更敏感呢？

费就有 1000 亿美元。很多种刺激都能引起痛觉。太亮的灯会引起眼睛疼痛，太大的声音会引起耳朵疼痛。对疼痛的一种解释是，疼痛是细胞受损的结果，细胞受损时会释放 P 物质，这种物质会把痛觉信息传递到大脑。

人与人之间的痛觉敏感性存在差异。比如，女性比男性对疼痛刺激更敏感。这一性别差异与女性月经周期激素的分泌有关。另外，痛觉体验与特定的基因相关，因此我们可能会从父母那里遗传痛觉敏感性的基因（Nielsen et al., 2008; Kim, Clark, & Dionne, 2009; Nielsen, Staud, & Price, 2009）。

痛觉体验不仅只是由生物因素决定的，也是与我们的情绪和思维紧密相关的一种知觉反应。例如，由于分娩的喜悦，女性报告分娩时所经历的疼痛在某种程度得到了缓解。相反，如果在焦虑的情况下，即使一个微弱的刺激也会引起强烈的疼痛（如看牙医）（Rollman, 2004; Lang, Sorrell, & Rodgers, 2006; Kennedy et al., 2011）。

痛觉的门控理论（gate-control theory of pain）认为，脊髓中特定的神经感受器会把痛觉信号传到与疼痛有关的特定脑区。当这些感受器由于身体某处受损伤被激活时，一扇通往大脑的闸门就被打开，我们就会体验到痛觉（Melzack & Katz, 2004）。然而，神经感受器的另一个装置看起来更巧妙：当受到刺激时，它会关闭通往大脑的闸门，从而减少痛觉体验。这扇闸门可以通过两种不同的方式来关闭。第一种方式，其他冲动占据了疼痛在脑内的传导通道。在这种情况下，非疼痛刺激与痛觉的神经信息进行竞争并有时取代它们，此时痛觉刺激被隔离。摩擦伤口附近的皮肤能够减轻疼痛，就是因为来自摩擦的竞争性刺激取代了疼痛刺激本身（Villemure, Slotnick, & Bushnell, 2003; Somers et al., 2011）。第二种方式，依赖于个体当时的情绪、对事件的解释和先前经验，大脑能通过脊髓传递下行信息到受伤区域的方式来关闭闸门，使疼痛得到减轻或缓解。一个让人吃惊的事实是，战争中超过一半的伤员体验不到疼痛，可能是因为士兵们为自己仍然活着而欣慰，大脑把这个信息传递到受伤部位，疼痛的闸门关闭，从而产生痛觉缺失（Turk, 1994; Gatchel & Weisberg, 2000; Pincus & Morley, 2001）。

门控理论也许可以解释痛觉体验中的文化差异。其中一些差异让人吃惊。例如，在印度，参加"悬挂钩"仪式的人要在背上的皮肤与肌肉下嵌入金属钩来祈祷神灵。在这个仪式中，他们通过钩子被悬挂在一根杆上。此时，那种似乎会引起难以忍受的疼痛反而引发了一种接近狂喜的祈祷状态。事实上，当后来铁钩被拔掉后，伤口愈合得相当快，大约两周后，就几乎看不到任何痕迹了（Kosambi, 1967; Melzack & Katz, 2001）。

门控理论认为，痛觉缺失是因为来自大脑的信息关闭了痛觉传导通路。门控理

心理学与人生：如何控制疼痛

为了战胜疼痛，心理学家和医学专家设计了各种策略，主要方法如下：

- **药物治疗。** 使用止痛药是最常用的镇痛方式。止痛药的种类繁多，有的直接作用于疼痛源，如降低疼痛关节的肿胀，有的能有效减轻疼痛症状。另外，止痛药的使用方式分为口服片剂、注射或输液三种。最新的一种镇痛方式是把药物直接注入脊髓中（Bagnall, 2010）。

- **刺激神经和脑。** 当低压电流通过疼痛所在的身体部位时，疼痛有时会减轻。在更严重的情况下，可以通过外科手术把电极直接埋入大脑中，或者通过一个掌上电极刺激神经细胞来直接缓解疼痛。这个过程就是经皮神经电刺激（Tugay et al., 2007; Tan et al., 2011）。

- **光疗。** 减轻疼痛的一种新方法是照射特定波长的红光或红外线。这些光可以增加促进愈合的酶的合成（Evcik et al., 2007）。

- **针灸。** 针灸作为东方医学的一项独创发明，近年来已被国内外广泛接受。针灸可以止痛，是因为针灸能够疏通疼痛处的淤塞。正所谓"通则不痛，痛则不通"，这就是中医对针灸止痛的认识。值得一提的是，针灸可用于无痛分娩，它能有效降低孕妇分娩时的疼痛，同时又能避免注射药物产生的副作用，因此深受广大孕妇群体喜爱（王冰洁 等，2001）。

- **催眠。** 对于可以被催眠的人来说，催眠能大大减轻疼痛（Neron & Stephenson, 2007; Walker, 2008; Accardi & Milling, 2009; Lee & Raja, 2011）。

- **生物反馈与放松技术。** 通过使用生物反馈与放松技术，人们习得了控制诸如心跳和呼吸之类的"不随意"机能。如果疼痛是一种肌肉痛如背痛，则可以训练疼痛患者系统地放松他们的身体（Nestoriuc & Martin, 2007; Vitiello, Bonello, & Pollard, 2007）。

- **外科手术。** 最极端的一种镇痛方法是手术切除传递痛觉信息到大脑的神经纤维。因为这种方法可能会使其他一些身体机能受损，所以手术切除是最后的选择，属于"没有办法的办法"，往往用在濒死的患者身上（Cullinane, Chu, & Mamelak, 2002; Amid & Chen, 2011）。

- **认知重组。** 有的人经常对自己说"痛无止境""疼痛毁了我的生活"或者"我再也不能忍受"，这些想法可能只会使他们的疼痛更加严重。如果换一种更积极的思维方式，人们就能增强他们的控制感——实际上会降低他们的痛觉体验。让人们在治疗中学会改写他们的疼痛"剧本"，这对减轻疼痛很有效（Spanos, Barber, & Lang, 2005; Bogart et al., 2007; Liedl et al., 2011）。

论可能也解释了针灸有效的原因:来自针的感觉可能关闭了大脑的痛觉传导通路,从而减轻了痛觉体验。也可能是机体自身的止痛剂——内啡肽,以及积极和消极情绪,在闸门的开启或关闭中起作用(Fee et al., 2002; Witt, Jena, & Brinkhaus, 2006; Cabioglu, Ergene, & Tan, 2007)。尽管门控理论的解释得到了很多研究的支持,其他一些加工过程也参与到了疼痛感知中。例如,疼痛的感知似乎涉及了很多神经通道,而且,可以肯定的是,内啡肽和其他一些可以减轻不适并增加快感的化学物质的分泌可以减轻疼痛(Grahek, 2007)。

联 觉

> 法国著名美学家顾约讲述了他的一次经历:有一年夏天,在比利牛斯山旅行之后非常疲倦,我碰见一个牧羊人,向他索乳,他就跑到屋里取了一瓶来。屋旁有一小溪流过,乳瓶就浸在那溪里,浸得透凉像冰一样。我饮这鲜乳时,好像全山峰的香气都放在了里边,每口味道都好,使我如起死回生,我当时的那一串感觉,就好像一部田园交响曲,不是耳里听来而是从舌头尝来的。
>
> ——[法]顾约:《现代美学问题》
> 转引自《朱光潜美学文集》第一卷 76 页

顾约在山里喝了冰得透凉的鲜乳,并从中尝出了一串感觉。他认为从舌头可以尝到一部田园交响曲。在这里,味觉的刺激激发了听觉。类似的现象还有很多。例如,红色、橙色和黄色会使人感到温暖,所以这些颜色被称为暖色;蓝色、青色和绿色会使人感到寒冷,所以这些颜色被称为冷色。音乐有时候会在我们脑海中产生画面感和色彩,如人们常说的"甜蜜的声音""冰冷的脸色"。这些涉及各种感觉之间相互作用的心理现象,即对一种感觉器官的刺激作用触发另一种感觉的现象,我们称之为联觉(synesthesia)。联觉在文学中称为"通感"。宋祁《玉楼春》中的名句"红杏枝头春意闹"就是典型的例子,"闹"字的使用,把事物无声的姿态描绘成有声的姿态,表明他们通过视觉好像获得了听觉的感受,从而使画面增强春意盎然的叫感性。

联觉产生的原因尚不清楚。可能是那些具备联觉的个体大脑中的不同感觉区域有着非同寻常的密集的神经联结,还有一种假设认为,他们可能缺乏通常对不同感觉区域之间的联结起抑制作用的那种神经控制(Pearce, 2007; Kadosh, Henik, & Walsh, 2009)。无论联觉的机制是什么,它都具有重要的作用。脑成像研究表明,感觉之间是协同工作来建立我们对周围环境的理解的,大脑对各个感觉通道输入的信息进行收集和整合,以帮助我们更好地适应和应对外界环境(Macaluso & Driver, 2005; Paulmann, Jessen, & Kotz, 2009)。

知 觉

感觉是个体对事物个别属性的反应。但在现实生活中,事物的个别属性不是单独存在的,总是与事物的整体联系在一起。对事物整体的认识就是下面我们将要讨论的知觉。

知觉概述

什么是知觉

传递到大脑的感觉信息本身是没有什么意义的，**知觉**（perception）是我们对信息加以组织和解释的过程。它是我们超越当前刺激本身，试图构造的一个更有意义的情境，是把各种感觉信息整合成一个心理表象的过程。

感觉和知觉的差异在于：感觉是有机体与原始感觉刺激的初次相遇，而知觉是这个刺激与其他刺激一起被解释、分析和整合的过程。把物理世界的客观实在转换成心理事实，需要感觉与知觉的共同参与。例如，当我们打羽毛球时，首先要凭感觉来计算球从对手球拍上打过来的时间。但是，由于球速太快，眼睛无法跟上它，因此我们必须用知觉来预测球何时会过来、落在哪里，接着做出如何接球的决定。

知觉组织原则

要使感觉信息转换为有意义的知觉信息，我们必须对它们进行组织，即把物体从它们的背景中区分出来，把它们看成是一个有意义的、稳定的形状。例如，如图 3.12 所示，当缺乏从背景中辨别图形的线索时，我们可能会从不同的角度来看待同一个图形。如果注视的时间足够长，你可能会感到你看到的东西变了。在图 3.12（a）中，你可以看到一只花瓶或者两个人的侧面像。在图 3.12（b）中，内克尔立方体的暗面可以在前面，也可以在后面。

从同一图片感知到不同结果，这种情况表明，我们不仅仅是被动地对落在视网膜上的视觉刺激做出反应，而且还主动地组织和加工它们。早在 20 世纪初，德国一些心理学家就对大脑如何将感觉信息组织为知觉的过程产生了浓厚的兴趣。**组织的格式塔原则**（gestalt laws of organization）描述了一些最基本的知觉加工原则（Wertheimer, 1923）。一些重要的格式塔原则如图 3.13 所示：封闭性、接近性、相似性和简单性。

图 3.13（a）说明了封闭性原则，我们通常把部分整体化来构造闭合或完整的图

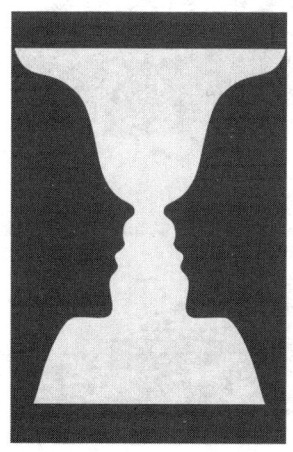
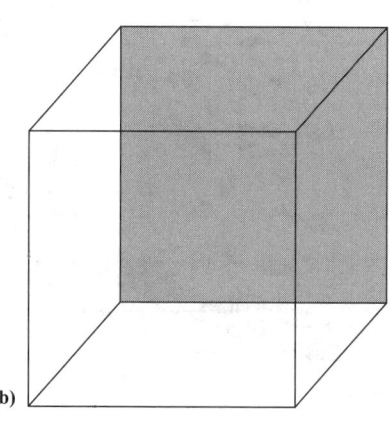

图 3.12
图形与背景

(a) 封闭性　　　　　(b) 接近性　　　　　(c) 相似性　　　　　(d) 简单性

图 3.13
组织的格式塔原则

形而不是有缺口的图形，因此，我们往往会忽略图 3.13（a）中的缺口而把它看作一个整体。图 3.13（b）说明了接近性原则，即时间或空间上接近的部分容易被看作一个整体，因此，在图 3.13（b）中，我们看到的更可能是成对的点而不是一排单个的点。在物理特性方面，相似的部分更容易组织在一起形成整体，因此，在图 3.13（c）中我们看到的是横排的圆形或方块而不是垂直的混合列。但一般来说，最优先的格式塔原则是简单性，即我们观察一个图形时，会以最简单、最直接的方式来看待它。在图 3.13（d）中大部分人看到的是左右两边各多了两条线的正方形，而并非上面是 W 下面是 M。如果一个图形有多种解释方式，我们往往会选择最简单的那种。

虽然格式塔心理学在当代心理学中不再占据主导地位，但是它依旧有影响力。一个至今仍有广泛影响的基本的格式塔原则是，由两个物体构成的整体与它们的简单组合不同。格式塔心理学家认为，对环境中刺激的知觉超越了我们感觉到的单个部分本身。因为知觉过程代表了一个在脑内进行的积极的建构过程。在脑中，点点滴滴的感觉信息被整合在一起，构造出比单个物体本身更有意义的一些东西（Humphreys & Müller, 2000; Lehar, 2003; van der Helm, 2006; Klapp & Jagacinski, 2011; 见图 3.14）。

图 3.14
隐匿图形
尽管一开始，你很难辨认出这幅画里画了些什么，但是继续看的话，最终可能会看到一只狗。这只狗代表了一个格式塔，或者说是高于单个部分简单之和的知觉整体。

知觉恒常性

想象一下：当你与一个朋友结束交谈后，看着她渐行渐远，她在你视网膜上的映像也变得越来越小。你会思考"为什么她正在变小"这个问题吗？当然不会，因为她实际上并没有变小。虽然视网膜上映像的大小在发生真实的变化，但由于知觉恒常性的存在，你会把这种体验看成是朋友离你越来越远了。**知觉恒常性**（perceptual constancy）指当知觉的客观条件在一定范围内改变时，知觉经验却保持不变的心理倾向。

关于知觉恒常性的一个最吸引人的例子是月亮错觉。当夜晚来临，月亮出现在地平线上时，它看起来很大——比在深夜的高空中看起来要大得多。你可能认为，这是由于此时月亮离地球更近，所以显得更大。但事实是这样的：无论处于天空的何处，月亮在我们视网膜上的真实映像都是相同的。月亮错觉有好几种解释，其中之一是：月亮在靠近地平线时看起来更大，主要是由知觉恒常性引起的。当月亮靠近地平线时，地平线上的地形和干扰物（如树）的知觉线索，会引发一种误导性的距离感，让我们误认为此时的月亮相对较大。相反，当月亮位于高空中时，观看月亮没有受到干扰物的影响，我们感觉我们与月亮之间距离相对较近，所以，在知觉恒常性的作用下，月亮看起来也就相对较小。为了证明这个原理，当月亮位于相对较低的地平线上时，试着通过一个纸筒来看，这时，月亮看起来就突然"缩"回了正常的大小（Coren, 1992; Ross & Plug, 2002; Imamura & Nakamizo, 2006; Kaufman, Johnson, & Liu, 2008）。

尽管知觉恒常性并不是月亮错觉唯一的解释，但可以肯定的是，它是我们错觉易感性的基本要素之一。另外，知觉恒常性不只以大小的形式产生（如月亮错觉），也在形状和颜色上产生。比如，我们在观赏航空表演，当飞机在将要飞过来、在头顶上和飞到远处时，飞机在视网膜上映像的形状变化很大，但我们并不认为飞机的形状发生了改变。

知觉加工

当刺激作用于感觉器官时，大脑是怎样对它们进行识别的呢？这就涉及知觉的加工。特征分析、自上而下加工和自下而上加工都属于知觉加工。

特征分析

特征分析（feature analysis）是一种模式识别理论。该理论认为，人们是通过对构成整体（如形状、图案、物体或景象）的单独成分（特征）进行反应，进而知觉整体的性质的。特征分析的理论基础是，大脑中有各种各样的神经元，它们分别对构成整体的各种特征（如角、曲线、形状和边）做出反应。由于这种关系的存在，任何一种刺激（整体）都能被分解成一系列特征成分（部分）。例如，字母 R 是由一条竖线、一条斜线和一个半圆构成的（见图 3.15）。

按照特征分析的说法，当我们遇到一个刺激时，大脑的知觉加工系统首先对组成它的成分进行反应。每一部分与存储在记忆中的成分进行比较，当知觉到的特定

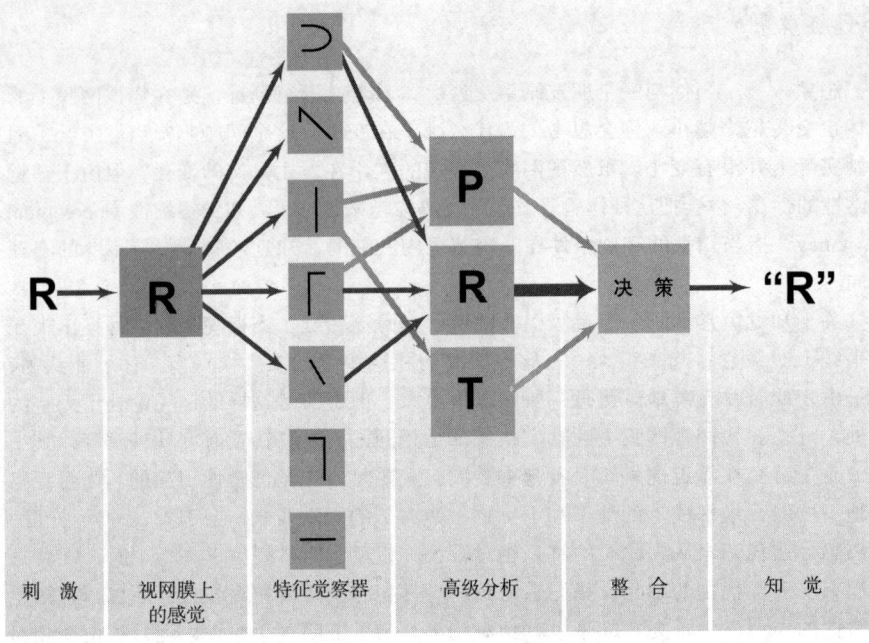

图 3.15
特征分析过程

成分与先前遇到过的成分相匹配时,这个刺激就被识别了。一些研究表明,知觉复杂物体的方式与知觉简单物体的方式相似——以组成它们的成分来看待。比如,仅仅 36 种基本成分就能构造出 1.5 亿多种物体——而一个人平均只能辨认出 30000 种不同的物体(见图 3.16)。最后,这些成分在脑中被整合成对整个物体的描述。当这些描述与现有的记忆相匹配时,这个物体就被识别了。

心理学家安妮·特雷斯曼(Anne Treisman)不赞成上述观点。她认为,以两级加工的方式来解释物体的知觉最为合适。在前注意加工阶段,加工集中于刺激的物理特征,如大小、形状、颜色、方位和运动方向。这个最初的加工需要很少的意志努力或根本不需要意志努力。在集中注意加工阶段,加工集中于物体的特定特征上,选择、强调最初单独考虑过的特征(Treisman & Gelade, 1980)。

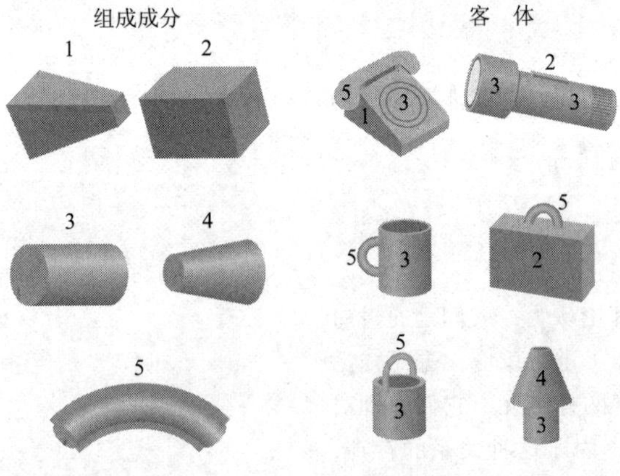

看图 3.17 中两张倒置的图片。你的第一反应是看到了两张相似的蒙娜丽莎。但是,当把它们放正时,你会发现其中一张图片是畸形的。按照特雷斯曼的说法,最初对图片的扫视发生于前注意加工阶段。然而,当它们反过来时,便立即进入集中注意加工阶段,此时,你会更详细地考虑刺激的实际特征。

把特雷斯曼的观点及其他的特征分析方法与格式塔学家的观点进行比较,便引发了一个关于知觉加工本质的基本问题:知觉刺激主要是基于刺激的组成成分还是整体?接下来我们就要讨论这个问题。

图 3.16
部分与整体
资料来源:Biederman, 1990.

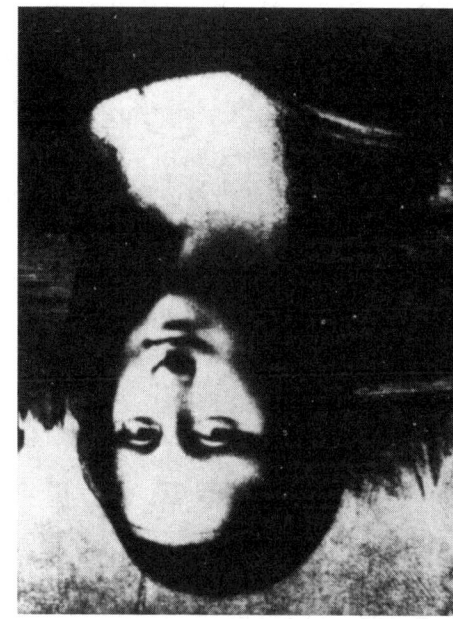 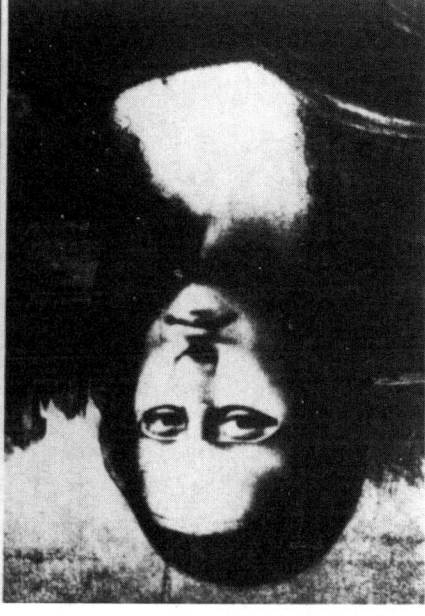

图 3.17
是两个蒙娜丽莎吗?
资料来源:Julesz, 1986.

自上而下加工和自下而上加工

Ca_ yo_ re_d t_is _en_en_e, w_ic_ ha_ ev_ry _hi_d l_tt_r m_ss_ng? 你可能不太费力就能猜出它要表达的意思:"Can you read this sentence, which has every third letter missing?"

如果知觉主要是基于将刺激分解为最基本的成分的方式来加工的话,那么你就不可能理解这个句子,同样也不能够识别其他的模糊刺激。这个事实说明,知觉不仅仅能通过把整体分解为部分的方式来理解刺激,应该还有其他的加工方式。实际上,知觉加工是沿着两条不同的通路进行的,分别是自上而下加工和自下而上加工。

在**自上而下加工**(top-down processing)中,知觉受到更高层次的知识、经验、期望和动机的引导。由于先前的阅读经验以及书面英文所拥有的冗余,你能理解由缺少字母的单词组成的句子。理解词义也不需要所有字母都存在。此外,期望在句子的识别上也起很大作用。在上面那个句子中,我们更可能期望一个与心理学多少有点关系的句子,而不是流行歌曲中的一句歌词。

自上而下加工还可以通过知觉物体时语境的重要性加以说明。在图 3.18 中,大多数人会把第一排知觉为由 A 到 F 组成的一排字母,把第二排知觉为 9 到 14 组成的一排数字。但是再仔细看后,你会发现"B"与"13"是完全相同的。显然,即使两个刺激完全相同,对它们的知觉也会受到我们对两种序列预期的影响。

图 3.18
语境的重要性
注意:B 和 13 是完全一样的(资料来源:Coren & Ward, 1989)。

探索与发现：感觉编码、现实知觉与心理主体

中国科学院心理研究所罗非

我对内在探索的兴趣可以追溯到少年时代，那时就喜欢读与中医、脉诊以及气功等有关的书籍。大学里参加了学校的气功和心理卫生协会，并进入了北京医科大学韩济生先生的神经生理实验室，从本科生、研究生一直做到教授。在此期间跟随韩老师钻研了针刺镇痛的神经化学机制，还在一年多的出国访问期间，跟随伍德瓦德（Donald J. Woodward）先生和张景渝教授学习了清醒自由活动动物的多神经细胞同步记录技术。回国后，开始利用这个技术研究痛觉的中枢编码与调节机制。从北京大学医学部到中国科学院心理研究所，我逐渐对感觉编码的高级过程产生了浓厚的兴趣。

在攻读研究生期间，在朋友的介绍下结识了廖厚泽先生、王绍璠先生、刘长林先生等，并阅读了南怀瑾先生的许多书籍，对东方的医学、佛学、道学、儒学和禅学所介绍的心理本体的兴趣与日俱增，并逐渐向神经科学研究的结论靠拢，且与神经科学研究有相互融合的趋势。

写作博士论文时，我受廖老师的启发，在《医学与哲学》杂志上论述了关于生命结构的生理模板观点。该观点认为，在执行疼痛感觉与调节的过程中，生命的物质结构上应当还有一个生理结构层面，类似于计算机软件对硬件的操作。例如，痛觉信息沿着感觉通路传导的过程会广泛受到大量或加强或削弱痛觉的调节。但在不同的个体、不同的内外环境组合之下，所受到的调节之和的方向是不同的。正因为存在多种调节因素，任何单一调节因素的作用都只在统计层面上才能成立，在单一个体、单一刺激的情形下，其变化多种多样，更类似一个具有概率分布的随机过程。但在某些情况下，如针刺治疗时，多种因素会协调起来，产生更偏向于止痛的总效应。而某些心理调节如催眠、暗示等，也有类似的作用。

随后对中枢神经细胞群的研究，揭示了在细胞群水平上的更多神经编码规律。比如，痛觉依靠中枢分布式神经细胞群的活动完成编码，在此过程中的编码信息也呈现时空分布；疼痛刺激时，高级中枢会主动发出下行调节信息；预期、注意、情绪状态、控制感、过往经验等，都能显著地改变神经细胞群的活动，同时改变个体对痛觉的感知和反应。这些发现让我们意识到，在生理结构层面之上，应该还有一个或数个心理结构层面。只有将各个层面相结合，才能更好地理解研究中出现的感觉编码现象。

综合这些现象，可以看出作为感知觉的心理主体，需要透过物质、生理、心理等多重结构的过滤，才能完成对环境刺激的感知。这让人不由地思考，我们所见到的还是不是真实的客观存在。结合其他学者在感觉和其他心理学领域中的研究，现在可以比较有把握地说，通常我们的所见并不是真实的客观存在，它只是我们在进化过程中为了适应环境，而优先采取的一些环境信息的集成产物。几乎可以说，它们只是真实存在于我们认知空间中的投影，从信息量上看仅仅是沧海一粟。更多的内容由于暂时与我们眼前的生命生存关系不大，因而被过滤在感知觉之外了。实际上，近年来逐渐为西方学者和大众所重视的东方古老文化传统中，就有大量的利用冥想等形式改进感知能力的方法和实践。通过冥想等练习，个体有可能扩展感觉通道的关注范围，从而认识更为丰富的世界。

然而，上述这一切仍然属于感知对象的范畴。感知的心理主体究竟是什么？这是东方文化中凡圣之间的根本区别。按照东方文化的观点，圣人与凡人差别的关键不在于感知能力上。他们最根本的不同在于圣人找到了自己真实的心理主体。这个主体被前人冠以"仁""道""佛""心性""神"等多种名称。结合神经科学与心理学的研究进展，可以了解心理主体是各种感觉器官和认知活动背后的主人，而不是它们的对象。因此，依靠现有的各种心理活动均无法回溯到这个主体。换句话说，如果我们运用心理活动去找，是找不到它的。但它并非子虚乌有，因为我们每个人在经验上都了解自己是存在的。正如释迦牟尼对他的学生阿难所说："在别人看来，我和你是完全一样的。但我被称为正遍知，你却被称为性颠倒。如果谁弄懂了这其中的不同，他就是开悟的人。"

然而，自上而下加工不会单独进行。尽管自上而下加工能让我们把模糊不清的和脱离背景的刺激中的空隙补充完整，但是如果没有**自下而上加工**（bottom-up processing），我们仍然不能知觉刺激的意义。自下而上加工包括识别和处理来自刺激的各个部分的信息，并将其转化为对整体的感知。如果没有对构成字母的单个形状的知觉，就不会有对整个句子的识别。某些知觉是在单个字母的模式和特征水平上发生的。

需要说明的是，当我们知觉周围世界时，自上而下加工与自下而上加工是同时发生、相互作用的。自下而上加工处理刺激的基本特征，而自上而下加工则用经验影响知觉。随着我们对知觉的复杂加工过程了解的深入，就不难理解大脑是如何持续地解释来自感觉的信息，并使我们对环境做出适宜的反应的（Sobel et al., 2007; Folk & Remington, 2008; Westerhausen et al., 2009）。

主要的知觉类型

和感觉一样，知觉也有各种不同的类型，下面讨论几种主要的知觉类型。

深度知觉

即使视网膜很复杂，投射到它上面的映像仍是平面二维的。然而，周围世界是三维的，我们确实也是以三维方式来感知世界的。那么，我们是如何把二维转换成三维的呢？**深度知觉**（depth perception）是指用三维方式来观察世界和感知距离的能力，这种能力在很大程度上归功于我们有两只眼睛。由于两眼之间有一定的距离，物体投射到两视网膜上的映像就有细微的差异，这个差异被称为双眼视差。然后，大脑把两个映像整合成一个三维图像，根据映像之间的双眼视差估计出物体与我们之间的距离（Hibbard, 2007; Kara & Boyd, 2009; Gillam, Palmisano, & Govan, 2011）。

试试下面的实验，你就可以体验双眼视差了。拿起一支笔，伸直手臂，先用一只眼睛看，然后再用另一只眼睛看。相对于背景而言，这两个映像之间的差异很小。现在把笔放在你面前15厘米的地方，试着用同样的方式再看一次。这次你会看到两个映像之间有很大的差异。于是，我们得到这样一个事实：两眼之间映像的差异是根据我们所观看物体的距离的不同而变化的，这就为我们提供了一种探测距离的方法。当我们看物体时，如果两个物体与我们的距离不同，那么双眼视差的差别会相当大，我们就会感到两个物体之间距离的差别也很大。然而，如果两个物体与我们的距离很相似，那么双眼视差的差别就很小，它们就被知觉为与我们的距离非常相似。

在某些情况下，一些线索可以使我们只用一只眼睛就能感知到深度或距离，这些线索被称为单眼线索。运动视差是其中的一种，它是由你的身体相对于某物体的运动所引起的视网膜上该物体位置的变化。例如，假设我们坐在一辆正在行驶的汽车上，看着窗外远方的一棵树。比树离我们更近的物体（这些物体在树和我们之间）看起来在向后移动，物体离我们越近，移动的速度就越快。相反，比树离我们更远的物体以更慢的速度随我们前进的方向移动。利用这些线索我们就能估计出树与其他物体之间的相对距离。

与之类似，经验告诉我们，如果两个物体大小相同，视网膜上映像更小的那

图 3.19
线条透视

个物体比映像更大的物体离我们更远，这是单眼线索的另一种情况——相对大小（relative size）。但是，不只是物体大小能提供有关距离的信息，视网膜上映像的品质也能帮助我们判断距离。由于远物的细节更不清晰，纹理梯度（texture gradient）这一单眼线索也提供了有关距离的信息（Proffitt, 2006）。

另外，曾看过铁轨在远方相交的人都懂得：远处的物体看起来比近处的物体更紧凑，这种现象被称为线条透视（见图3.19）。人们把线条透视当作估计距离的另一个单眼线索，从而使视网膜上的二维图像能记录三维的世界（Dobbins et al., 1998; Shimono & Wade, 2002; Bruggeman, Yonas, & Konczak, 2007）。

时间知觉

不像对光和声的感知，我们对于时间没有专门的感受器。我们对时间的知觉是建立在周期性和非周期性变化的经验基础上的。中国有句古话："盛年不重来，一日难再晨。"时间瞬息即逝，而真正意义上的时间知觉是不能有记忆功能参与的，它必须是对时间的"直接"反映，即在大约几秒钟的时限内，把相继排列有序的刺激知觉为一个单元，如一系列的数字码、一个简单的句子、一个节奏结构、一个曲调旋律等。黄希庭等认为，时间知觉（time perception）实际上就是"知觉到的现在"（perceived present）。知觉到的现在包括对时间持续性知觉（时距知觉）和时间顺序性知觉（时序知觉）（凤四海，黄希庭，2004）。各种刺激其"知觉到的现在"上限是有差异的：对英语诗句的平均持续时间约为 3 秒，对光的平均持续时间约为 6 秒，对乐音的平均持续时间为 2~5 秒。一般认为知觉到的现在平均持续时间的上限为5秒。在时间知觉的研究领域中，从刺激的瞬间体验过渡到刺激的持续体验的持续性组织和从刺激的同时体验过渡到刺激的相继体验的顺序性组织是时间知觉阈限的基本结构。心理物理法对这两类时间知觉阈限的测定结果表明，时间顺序性知觉的阈限略高于时间持续性知觉的阈限，说明这两种时间知觉并非一个连续体。时间知觉是运动控制、语音识别、音乐欣赏等活动的必要条件，是高级认知能力的基础，更是人们合理安排生活和工作的前提。

时间既没有开始，也没有结束，从无穷的过去直到无穷的将来。要认知时间，就必须以某种客观现象作为线索参照。时间知觉的线索大致有三种：第一种是自然界的周期性现象，如太阳、月亮的变化，昼夜、四季的变换等，这些都是我们估计时间的重要客观依据。第二种是生理的节律性现象，如心跳、脉搏、呼吸、消化、排泄等节律性的生理变化——也叫生物钟——也为我们提供了时间的信息。第三种是计时工具，如从古代的沙漏、日晷到现代的日历、钟表等。较长的时间以年、月、日计量，较短的时间以小时、分、秒计量。

虽然我们可以根据以上的线索进行时间认知，但是对同样一段时间，有人觉得"光阴似箭"，而有人却觉得"度日如年"。同样地，对于客观距离相等（如三个月）的未来事件相比于过去事件，人们对于未来事件的知觉更短，这种现象被称为时间多普勒效应（见"探索与发现：时间多普勒效应"），是什么影响了我们对于时间的认知呢？影响时间认知的因素主要有以下几个方面：第一，感觉通道的性质，如视觉、听觉、触觉等不同感觉通道判断时间的精确性不同；第二，人们的心理状态，如情绪、动机、预期、兴趣等都影响时间认知，如心情愉快时觉得时光如梭，而心情烦闷时觉得时间过得很慢；第三，年龄因素，在时间透视上，老年人更喜欢回顾过去，而青少年更喜欢展望未来；第四，在多种知觉并存时，运动知觉、深度知觉等其他知觉也会影响个体对时间的认知。

运动知觉

当我们试图打中对手发过来的羽毛球时，最重要的因素是要准确判断高速运动的羽毛球的速度和位置。我们是如何判断的呢？

这种判断或多或少取决于有关运动知觉信息的几条线索。其一，相对于某些稳定的、不移动的背景，我们通常能感知到某物体在视网膜上的运动。其二，如果刺激是正对我们而来的，映像将在视网膜中变得越来越大，即占据越来越多的视野。在这种情况下，我们会认为刺激正在靠近我们——而不是刺激在一个固定距离上变大了。

然而，并不只是视网膜上映像的运动就会带来运动知觉。如果是这样的话，那么每当我们晃动头部时，我们就会把世界感知成是运动的。而事实并非如此，我们获得知觉的关键在于我们会把自己头部和眼睛运动的有关信息与视网膜上映像变化的信息结合起来。

错　觉

图3.20是位于雅典山顶上的古希腊最著名的建筑之一——帕特农神庙，当你仔细观察时，会发现它的一边被建造得有点凸出。但是，如果没有那个凸出——和与之类似的其他一些建筑"诀窍"（如向内倾斜的支柱）——它将看起来像是弯曲了，摇摇欲坠。正是由于这些"诀窍"的存在，帕特农神庙看起来与地面垂直，并相当

探索与发现：时间多普勒效应

北京大学心理与认知科学学院
甘怡群

我对时间多普勒效应的兴趣始于几个方面的前期研究：预先应对、未来取向和拖延的管理。基于观察，我发现拖延是影响大学生乃至上班族心理健康和事业成功的一个重要问题，而未来取向应对是解决拖延问题的一个突破口。此后的研究结果表明，有些大学生或职场人不成功的原因是，他们整天都在忙碌一些紧急而不太重要的任务，而对于那些截止期限尚远的重要任务，他们却认为时间还很充裕，因而没有分配时间提早应对；而当那些重要任务已经进入他们视野时，再应对为时已晚，不能保质保量地完成任务。而成功人士往往能在他们每日的工作时间中，预留将近一半的时间做那些重要但并不紧急的任务（Gan et al., 2015）。研究证明这种差别的原因在于未来取向的高低。未来取向高的人有更强的时间透视能力，他们能穿越时间的屏障，准确地洞察较远的未来事件的重要性（甘怡群，2011）。

在我产生这些研究想法时，时间多普勒效应这个崭新的概念进入我的视野，这是卡鲁索等（Caruso et al., 2013）研究者在2013年的主要研究成果。多普勒效应在物理中是一个有趣的概念，是描述在以较高速度向前行进的物体，其前面与后面声波频率不对称，在前面时声波的频率较高的现象。在心理学中，有研究者发现了类似的时间多普勒效应，即对于客观距离相等（如三个月）的未来事件相比于过去事件，人们对于未来事件的时间知觉更短。

在概念上，我们的研究第一次把时间多普勒效应与压力应对和未来取向联系起来。我们的研究结果表明，未来取向是时间多普勒效应产生的原因。未来取向高的个体就像一列以更快速度行驶的火车，其时间多普勒效应较强。在研究策略上，过去的研究是采用情人节或生日这种标志性事件，我们的研究采用未来的重要应激事件和过去在同一应激事件上的应对失败。我们选择了从1周到1年之间的6个时间距离、6件对于大学生来讲重要的应激事件，让被试拖动鼠标，表征他们感觉这一事件与现在的主观距离。

我们的研究发现，时间多普勒效应较强，会促使个体把未来的重要应激事件看得更接近，把过去的失败看得更遥远。当把未来看得更接近时，人们就会更多地投入时间和精力，为未来的应激事件做准备；当把过去的失败看得更遥远时，人们就会更快地从过去失败的阴影中恢复过来。我们的研究的贡献还在于第一次揭示了时间多普勒效应的动机作用。数据表明，对于未来事件的更短的时距知觉在未来取向与应对动机之间的关系中起中介作用，说明"觉得近"是"愿意动手做"的原因（Gan et al., 2017）。

时间多普勒效应对于时间管理和压力应对有重要的启示：把不愉快的过去抛在脑后，把焦点转移到未来。人类和动物的一个重要区别就是人类有筹划未来的能力。而我们这个研究发现未来取向是通过把未来的重要事件看得离现在比较近而激起应对的动机；相反，从认知角度来看，拖延的原因是对这些事情感觉还很遥远。因此，我们应对拖延的一个简单有效的方法就是有意识地增强时间多普勒效应，把重要的未来事件知觉得更近。在自我压力管理中，可以通过建立小目标，用一步步接近大目标的方法，在现实世界中对未来的压力更有准备。比如，对于一个一年后的目标，先设定半年要达到什么目标，3个月要做出什么成绩，1个月有什么小目标，再看这一周该做什么。这样就把现在和遥远的目标建立了联系。这种压力应对方法在现代社会的不断变化的环境中，对降低风险，化解危机，尤其有用。

另一方面，时间多普勒效应对于被过去负性生活事件影响的个体有保护作用。如果人们能够把过去的失败看成是很久以前的事情，他们就更容易把焦点从过去转移到未来，而拥有更多的希望、自信和自我效能感。因此，他们也更容易从过去的失败中恢复过来。

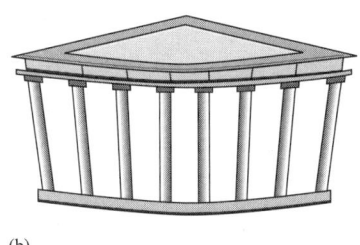

图 3.20 帕特农神庙

资料来源：(a) Coren & Ward, 1989, p. 5; (b) (c) Lukiesh, 1921, p. 500.

笔直，其实这是一系列视错觉的结果。**视错觉**（visual illusions）是视知觉与引起知觉的物理刺激特征之间明显不相符的现象。就像图 3.20 (a) 中所示的那样，帕特农神庙看起来完全是正方形的。然而，如果它真的以这种方式修建的话，它看起来将会和图 3.20 (b) 中所示的一样。这个问题的产生源于这样一种错觉：如果在一条线上放置垂直（与神庙地面成 90 度）的柱子时，这些柱子看起来像是弯曲了一样。为了抵消这个错觉，帕特农神庙建成了如图 3.20 (c) 中所示的样子：中部略微拱起。

尽管心理学家已经提出了各种有关视错觉的解释，但大多数解释或者集中在眼睛的物理运作上，或者集中在对视觉刺激的错误解释上。例如，缪勒-莱尔错觉的一种解释是，当箭头朝内时，眼动幅度更大，使得我们认为它比箭头朝外的线更长。而另一种解释是，我们无意识地给每条线赋予了特定的意义（Gregory, 1978; Redding & Hawley, 1993）。当看到图 3.21 (a) 左边的线时，我们倾向于把它知觉为一个离我

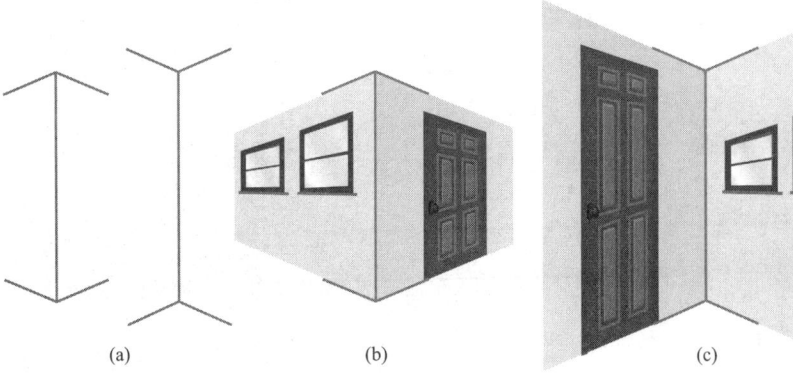

图 3.21

缪勒-莱尔错觉

该错觉吸引了一大批心理学家。尽管两条线的长度是一样的，但箭头朝外的那条线（图 3.21a，左）看起来要比箭头朝内的那条线（图 3.21a，右）短。

们相对较近的长方体的外角,如图 3.21(b)中所示的那样。相反,当看到图 3.21(a)右边的线时,我们倾向于把它知觉为一个离我们相对较远的长方体的内角,如图 3.21(c)中所示的房角。由于知觉经验使我们形成了"外角比内角离我们更近"的假设,

探索与发现:文化与知觉

南非祖鲁族的例子表明,我们成长时所处的特定文化环境对我们如何感知世界有着明显的影响。图 3.22 中的画被称为"恶魔的旋转叉",它看起来是一种难以解释的现象:叉中间的齿有时出现有时不出现。

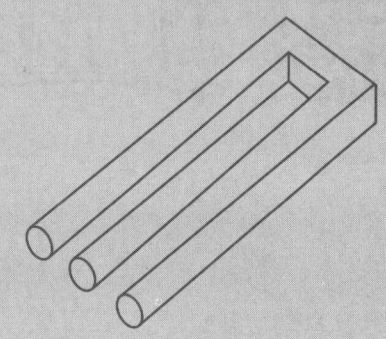

图 3.22
"恶魔的旋转叉"有三个叉还是两个叉?

现在试着在一张纸上临摹这幅画。这个任务对我们来说几乎不可能完成,而对于受西方文化影响很少的非洲部落的人们来说,任务却很简单。他们可以毫不费力地画出这个图形。原因可能是,我们把这幅画自动解释成三维空间中不可能存在的物体,因而无法画出。相反,非洲部落的成员并未形成图形是"不可能"的假设,只是把它看成是二维的,这样复制这幅画就相当容易了(Deregowski, 1973)。

文化差异在深度知觉上也有反映。对图 3.23 来说,一个西方的观察者会这样解释:图中的猎人在射击前面的羚羊,远处有一头大象站在树下。而一个闭塞的非洲部落成员却有不同的解释:猎人的目标是大象。西方人把两种动物之间的大小差异作为大象比羚羊远的线索,而非洲部落成员并不这么认为(Hudson, 1960)。

最终,视错觉的产生归因于基本的视觉加工和大脑对视觉信息的错误解释。虽然视错觉似乎仅仅是心理上的奇特现象,但它们实际上说明了关于知觉的一些基础性的东西。我们关于世界是如何组织在一起的先验知识、需要、动机以及期望与感知世界的方式之间存在基本的联系。我们的世界观在很大程度上是我们基本的心理因素共同作用的结果。另外,每个人都是以自己独特和特定的方式来感知世界的(Knoblich & Sebanz, 2006; Repp & Knoblich, 2007)。

图 3.23
他瞄准的是大象还是羚羊?
西方人认为,通过两个动物的相对大小可以看出,大象在远处,所以那个人在瞄准羚羊。而一些非洲部落的成员很少在二维图中使用过深度线索,所以他们认为图中的人瞄准的是大象(资料来源:Hudson, 1960)。

> **心理学与人生：什么样式的服装适合你**
>
> 除了色彩之外，服装的样式也是衣着得体的关键。下面我们就来看一看如何利用心理学中的错觉知识来选择适合自己的服装样式。
>
> **缪勒－莱尔错觉与长度**
>
> 根据缪勒－莱尔错觉的原理，箭头朝内的直线比箭头朝外的直线显得更长。那么，肩窄者如果穿带有泡泡袖的衣服，就会有加宽肩部的视觉效果。另外，个子矮的女性穿鱼尾裙会给人以个高挺拔之感。
>
> **内容错觉与宽度**
>
> 内容错觉指一个较为封闭图形的内部填充物会使人对封闭图形的主观映像的大小发生变化。如图是四个同样的矩形，由于内容物的不同，人们的宽度感也不同：由于增加了纵向条纹，图 B 和图 C 显得比图 A 长，而纵向条纹的增加超过一定限度时，会起到相反的效果，如图 D 看起来比图 A 更宽。
>
>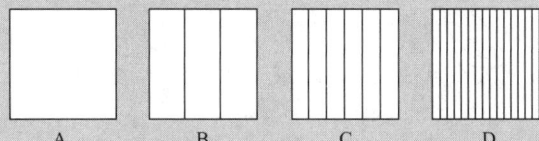
>
> 通常来说，丰满者穿竖条纹的衣服好看，会显得苗条，其实不完全是这样的。从以上四个图形来分析，当竖条纹的间隔达到一定的密度，效果是相反的。因此，对于竖条纹的衣服，丰满者不能盲目选择，应该掌握好条纹的宽度间隔。
>
> **密度梯度与形状**
>
> 密度梯度指视野中的物体在网膜上的映像大小和映像密度发生有层次的变化。人们判断物体的距离是依据深度线索的，其中密度梯度是一个重要的因素。下面两幅图中，由于线条的不同排列，图 A 的上部看起来比下部离我们更远，图 B 的上部看起来比下部更宽。
>
>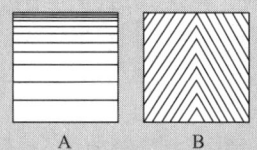
>
> 根据上面的原理，如果一个人身体比较扁平，那么在身体两侧运用图 A 上部的图案，身体就会显得浑圆些，更有立体感。而把图 B 的条纹样式运用到上衣中，可使穿着者显得肩宽、腰细。

因此我们就进一步假设，箭头向内的线一定更长。

尽管后一种解释很复杂，却得到了许多证据的支持。比如，跨文化的研究显示，在缺少直角的地区（如南非的祖鲁）长大的人们，比在建筑结构上使用更多直角和矩形的社会中长大的人们更不易受这种错觉的影响（Segall, Campbell, & Herskovits, 1966）。

阈下知觉

我们未能觉察到的刺激会对我们的行为产生影响吗？从某些方面来讲，答案是肯定的。**阈下知觉**（subliminal perception）指对没有觉察到的刺激的感知。这个刺激可能是一个词、一个声音，甚至是一股激活嗅觉系统的气味，但是它达不到一个人能感知到并报告出来的强度。在一些研究中，屏幕上一个描述人物特征的词语（如聪明或快乐）快速闪过，以至于坐在显示屏前的被试报告说无法看到这些词语。然而，接下来在形成对某个人的印象时，他们却表现出受到了刚才那些启动词语的影响。这种现象给阈下知觉的存在提供了证据（Greenwald, Draine, & Abrams, 1996; Key,

2003）。另外一项研究也发现，阈下不同面孔表情下的注视线索提示效应影响了个体的注意偏向（张美晨 等，2015）。

阈下信息真的能导致态度或行为的明显变化吗？多数的研究表明，它们不能。虽然阈下信息能够以微妙的方式影响行为，但缺少证据证明阈下信息能从本质上改变我们的态度或行为。这些问题还有待于深入研究。

如果说当前缺少阈下知觉能明显影响行为的证据，那么，心理学家对有关超感知觉（extrasensory perception, ESP）的报道更加质疑。尽管有一半的美国大众相信超感知觉的存在，但大多数心理学家却否认这一点，宣称没有可靠的证据证明其存在（Gallup Poll, 2001）。著名的心理学杂志《心理学公报》中的一场辩论，提高了心理学家对这个领域的兴趣。按照超感知觉倡导者的说法，有可靠的证据支持"信息转换的异常加工"和超心理的存在。这些研究者经过仔细考查，找到了大量支持超心理存在的证据（Bem & Honorton, 1994; Storm & Ertel, 2001; Parra & Argibay, 2007）。但是，他们的结论受到了种种质疑。比如，批评者认为他们所采用的研究方法不恰当，因此支持超心理的实验存在缺陷（Milton & Wiseman, 1999; Kennedy, 2004）。《心理学公报》中有关超感知觉的观点交流很可能加剧了这场争论。更重要的是，心理学家们对超感知觉的兴趣有可能会引起更多的研究，研究是解决争论的唯一途径。

思考与应用

1. 感觉可以独立于知觉存在吗？知觉可以独立于感觉存在吗？
2. 如果晶状体能建构出到达视网膜的"非颠倒"的映像，我们对世界的感知会发生什么改变？
3. 使用眼镜矫正近视或使用助听器来弥补听觉缺陷时，研究者是不是在试图使患者的感觉能力高于"正常"水平（例如，使人们的视觉或听觉能力比正常状态更敏锐）？这样做有什么利弊？
4. 你能想出日常生活中知觉自上而下加工与自下而上加工相结合的例子吗？哪种加工类型更好呢？
5. 画家怎样在平面的画布上表现出三维景象？

推荐拓展读物

1. 黄希庭（2014）. 探究心理时间. 北京：商务印书馆.
2. 戴维·迈尔斯著，黄希庭等译（2019）. 心理学导论：生物、发展与认知心理学（上册，第9版）. 北京：商务印书馆，205~253.
3. 林仲贤编著（2011）. 颜色视觉心理学. 北京：中国人民大学出版社.
4. 黄希庭，郑涌（2015）. 心理学导论（第3版）. 北京：人民教育出版社，263~334.
5. 高湘萍（2011）. 知觉心理学. 北京：人民教育出版社.
6. 桑德拉·切卡莱利，诺兰·怀特著，周仁来等译（2014）. 心理学最佳入门（第2版）. 北京：中国人民大学出版社，93~134.
7. 理查德·格里格，菲利普·津巴多著，王垒等译（2016）. 心理学与生活（第19版）. 北京：人民邮电出版社，86~127.
8. 欧尼斯特·西尔格德，理查德·阿特金森，爱德华·史密斯，苏珊·诺伦-霍克西玛等著，洪光远译（2013）. 西尔格德心理学导论（插图第14版）. 北京：世界图书出版公司，96~169.

第4章

意识与意识状态

祸从眼入

  2015年12月29日20时许，在浙江省厚垟村，一女子独自一人在河边行走，因专注于看手机，未注意到河边路面的情况，一脚踏空，掉入河内，挣扎了几十秒后，最终沉入河底。据附近村民称，该河河水较浅，但是淤泥很深，人掉入河中后，可能会因打滑无法站立，加上当时天色已晚，没有行人经过，导致了悲剧的发生。无独有偶，在江苏泰州，一女子骑着摩托车，撞上一辆轿车，腾空而起，重重摔在地上！民警调看监控时发现她骑摩托时不时低头——她竟边骑摩托边玩手机，这是在拿生命开玩笑！

  是什么原因导致这两位女子因玩手机丢了性命呢？在事故发生前的一段时间里，她们的意识只关注到手机上的内容，却没有意识到周围环境的变化，也就是说强烈的焦点意识完全抑制了边缘意识，使她们完全失去了对路况的觉知，从而导致了悲剧的发生。那么什么是焦点意识和边缘意识？意识具有哪些特点？怎样做才能避免此类事故的发生呢？在本章中，我们首先对意识进行一般了解，然后对意识的各种状态进行着重介绍。

意 识

意识是心理学中最经典的研究问题之一。19世纪末德国心理学家冯特在建立科学心理学时,就把意识作为自己研究的主题。威廉·詹姆士(James, 1890)把对意识的研究看作心理学领域的核心。行为主义兴起后,以华生为代表的行为主义者反对心理学家研究意识。20世纪60年代,随着认知心理学和人本主义心理学的兴起,意识研究再次成为心理学领域的一个重要问题。在21世纪的今天,意识依然是心理学家研究的重要课题,行为神经科学家可以测量从睡眠到觉醒再到催眠等不同意识状态下的脑电波模式。对药物(如大麻和酒精)化学性质的进一步认识,使我们对它们引起愉悦和副作用的方式有了更深入的理解(Mosher & Akins, 2007; Baars & Seth, 2009; Wells, Phillips, & McCarthy, 2011)。然而,"人类是如何体验意识的"仍然是一个悬而未决的问题。一些心理学家认为对意识的体验是由发生在大脑中的神经元活动数量的增加而产生的;相反,一些心理学家认为意识状态是由以特定方式激活的特定神经元组和神经通路引起的。虽然不能确定哪种观点正确,但我们可以肯定的是,意识是很复杂的。那么,什么是意识?我们有哪些不同的意识水平?有哪些不同的意识状态?

什么是意识

意识(consciousness)是我们对自身、行为及周围世界的觉知,是人类特有的心理现象。意识总是处于不同的状态。人们在觉醒的意识状态下,能够觉知到自己的思想、情绪和知觉,这是意识的正常状态。此外其他所有的意识状态都统称为改变了的意识状态。在改变了的意识状态中,睡眠和梦是自然发生的,而使用药物和催眠则是有目的地对意识状态进行改变。

不同的意识状态源于我们不同的觉知水平,与注意程度的不同有关。例如,在酒会上,个人所能接触到并获知对方谈话内容的只有少数人,而对其他大多数来宾的言谈举止,可能不会有清晰的意识,但是,若有人谈话中提到你的名字时,你往往能听到。这种现象被称为鸡尾酒会现象(cocktail-party phenomenon)。

儿童的意识最早是什么时候获得的呢?研究表明,当儿童能够区分开自己与他人的时候,他们就获得了主观自我;当儿童学会把意识的对象转向自身的时候,他们就获得了客观自我。鼻点测验是研究儿童获得客观自我的经典范式。研究者请妈妈们在孩子的鼻子上点小红点,在点红点的时候不要让孩子知道。然后,将鼻子上有红点的孩子置于镜前。结果发现,6个月大的婴儿会伸手去摸镜像中的红点,18个月以上的婴儿才会摸自己鼻子上的红点(Bertenthal & Fischer, 1978)。因此,儿童在这个年龄开始获得对客观自我的意识。

意识水平

我们对内外情况变化的觉知,经常随注意程度的不同而体验意识的不同水平。

1. 焦点意识（focal conscious）指个体全神贯注于某刺激时所得到的明确清楚的意识经验。
2. 边缘意识（marginal conscious）指对注意范围边缘刺激所得到的模糊不清的意识经验。
3. 下意识（subconscious）指在不注意或只略微注意的情况下所得到的意识经验，如鸡尾酒会现象。
4. 无意识（unconscious）指隐藏在意识层面之下的感情、欲望、恐惧等复杂的经验，因受意识的控制与压抑，致使个体觉知不到的意识。无意识是精神分析理论的一个重要概念。
5. 前意识（preconscious）的解释有两种，一种解释来自弗洛伊德的精神分析理论，指位于意识与无意识之间的一种意识层面。处于无意识下的一些被压抑的欲望或冲动，在到达意识之前，要先经过前意识。另一种解释来自认知心理学，指以前存储在长期记忆中的信息。人们不使用这种信息时，并不会意识到这种信息的存在，只有在需要对这些信息进行检索时，才会对它们产生觉知。由于这种意识在性质上属于记忆，因此也称为前意识记忆（preconscious memory）。
6. 非意识（nonconscious）指个人对内在或外在环境中的一切变化无所知、无所感的状态，如我们内部的许多生理过程（像心跳和脉搏）都不能被觉知到。

意识状态

意识可分为两种状态。一种是我们清醒时的正常意识状态（normal states of consciousness）。我们每天都处在各种各样的知和行之中，集中注意读书、回忆、做白日梦、反思、下决心、做计划，并与周围环境中的人、事、物相互作用，这些都是在清醒时的正常意识状态下进行的。另一种为异常意识状态（abnormal states of consciousness），处于此状态时我们的心理活动如知觉、记忆、情绪、时间感、思维、自控力及受暗示性等会有明显的变化。哪些因素会导致异常意识状态呢？有许多因素如疲劳、谵妄、感觉超负荷、单调刺激、身体异常（如高烧、脱水、异常死亡）及睡梦、催眠、药物等都会导致异常意识状态。本章首先考察睡梦时的异常意识状态，其次考察催眠和冥想时的异常意识状态，最后考察药物所引发的异常意识状态。

睡眠与梦

一个人的一生大约有 1/3 的时间是在睡眠中度过的。人们在睡眠中会做梦，甚至还会思考与解决问题。对于似乎平常而又相当神秘的睡眠与梦，心理学家是如何进行研究的？睡眠与梦的特点和本质是什么？睡眠与梦的功能又体现在哪些方面？

睡眠

在各种不同的意识状态中，与清醒意识相对应的是睡眠。从表面上看，**睡眠**

> **你想了解自己吗：考考你关于睡眠与梦的知识**
>
> 1. 有些人从来不做梦。（√ ×）
> 2. 大多数的梦都是由身体感觉引起的，如胃痛。（√ ×）
> 3. 研究证明，人们需要 8 小时的睡眠来保持心理健康。（√ ×）
> 4. 如果人们不能回忆起做过的梦，很可能是因为他们试图把梦遗忘掉。（√ ×）
> 5. 如果剥夺某人的睡眠，则必定会打破此人的心理平衡。（√ ×）
> 6. 如果睡眠缺乏，我们最终会在第二天或其他晚上将缺失的睡眠全部补上。（√ ×）
> 7. 如果持续超过 48 小时不睡觉，任何人都坚持不下去。（√ ×）
> 8. 当我们做梦的时候，我们的肌肉会处于当晚最放松的状态。（√ ×）
> 9. 睡眠可以使大脑得到休息，因为在睡眠期间大脑很少活动。（√ ×）
> 10. 药物可以用于失眠的长期治疗。（√ ×）
>
> （评分：上述各题的描述均不正确。如果答错了，可千万不要失眠哦！）

（sleep）是十分普遍的日常生活事件，但大量的研究表明，睡眠中会发生许多神奇的现象。尽管睡眠是人一生中不可或缺的部分，但是人们对睡眠还存在大量的误解。你想了解自己对这方面知识的掌握情况吗？请做下面的小测验。

生理节律

从白天的觉醒状态到晚上的睡眠状态，我们每天都会经历一个周期性的过程，这一过程表明，人们的确存在生理周期。我们的这种生理周期受到自然节律的影响，表现出生理节律。**生理节律**（circadian rhythms）（来自拉丁语 circadiem，意为 "一整天"）是以大约 24 小时为一个周期反复发生的生理过程。例如，睡眠和觉醒自然地与体内节拍器的节奏同步，以大约 24 小时为一个周期。其他的几种生理功能，如体温、血压和女性的月经也按一定的生理节律发生（Saper et al., 2005; Beersma & Gordijn, 2007; Blatter & Cajochen, 2007）。

生理周期非常复杂，并且涉及各种各样的行为。例如，睡意不仅在夜晚产生，而且在白天也会产生，并表现出一定的规律性。大多数人无论午餐是否吃得很饱，在午后都会感到昏昏欲睡。在将午休作为日常生活习惯的文化中，人们就是利用了身体的这一自然倾向来睡眠的（Wright, 2002; Takahashi et al., 2004; Reilly & Waterhouse, 2007）。

大脑的视交叉上核（suprachiasmatic nucleus, SCN）控制着生理节律。然而，季节更替的昼夜长短的变化，也会对生理节律产生重要影响。例如，有些人会出现季节性情感障碍。**季节性情感障碍**（seasonal affective disorder）是重度抑郁的一种形式，患有这种障碍的人在冬季绝望感和无用感会增强，而在其他季节，症状就会减轻。这种情绪障碍似乎是冬季短暂而阴冷的天气所致。每天接触明亮的光线，有时便足以改善这些患者的症状（Golden et al., 2005; Rohan, Roecklein, & Tierney Lindsey, 2007; Kasof, 2009; Monteleone, Martiadis, & Maj, 2011）。

人的情绪似乎也遵循着某种规律。通过分析 5 亿多条公开可获得的推特记录，心理学家发现积极关联词（如好极了、超级）和消极关联词（如害怕、疯狂）遵循着某种规律。在不同的文化中，人们在早上更加高兴，白天情绪会比较低落，晚上情绪又再次好转。一周中特定的两三天情绪更为积极，如周末和节假日。最后，从 12 月下旬到第二年的 6 月下旬，积极情绪会随着白天逐渐变长而增加；当白天逐渐变短时，消极情绪就会增加（Golder & Macy, 2011）。

睡眠的阶段

大多数人认为，睡眠过程是很安静的，在睡眠过程中没有重大事件发生。然而，借助脑电图（EEG，脑电活动的一种测量工具）对睡眠的深入研究表明，睡眠中会出现大量的活动。把脑电仪的探针安置于头皮和面部，当处于睡眠状态时，EEG 很清楚地显示，大脑在整个晚上都十分活跃。测量肌肉和眼动的仪器也揭示出睡眠期间存在大量的生理活动。

通过分析从清醒到入睡整个过程中的脑电图，研究者发现睡眠分为五个阶段，各个阶段对应着不同的脑电波模式（如图 4.1 所示）。睡眠的五个阶段组成了一个完整的睡眠周期，持续时间大约为 90 分钟。

第一阶段：是人们从清醒状态刚进入睡眠状态的过程，是从清醒到睡眠的过渡状态。在睡眠的第一阶段，脑电波呈现出相对快速、低幅的特点，持续大约几分钟。在这一阶段，有时会出现表象，就好像我们在观看静止的照片，但这种表象并不是发生在深夜里的真正的梦。

第二阶段：是比前一阶段更深的睡眠阶段。此时脑电波模式变得更慢、更有规则，偶尔会出现频率高、振幅大的脑电波，根据其形状命名为睡眠纺锤波。在这一阶段，个体越来越难以被唤醒。在 20 多岁的青年人中，这一阶段大约占总睡眠时间的一半。

第三阶段：脑电波变得更慢，在波形上，比第二阶段的波峰更高，波谷更低。

第四阶段：波形更缓且更有规则，这是睡眠最深的阶段，最不容易对外界刺激产生反应。睡眠的第四阶段多发生在前半夜。在前半夜，睡眠主要处于第三阶段和第四阶段；在后半夜，睡眠则主要处于第一阶段和第二阶段，以及有梦出现的第五阶段。

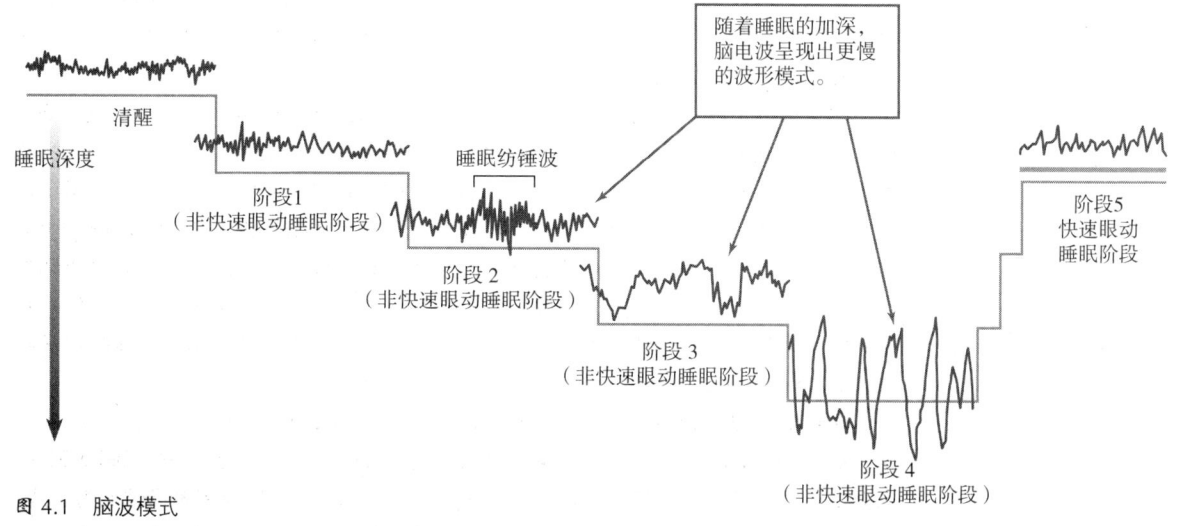

图 4.1 脑波模式

资料来源：Hobson, 1989.

第五阶段：也被称为**快速眼动**（rapid eye movement, REM）睡眠阶段。睡眠者一晚上会有几次重新回到较浅的睡眠状态，这时会出现奇特的现象：睡眠者心率上升且不规则、血压上升、呼吸频率增加。这一期间的主要特征是眼睛的来回运动，就像是在观看电影一样。与之对应，前四个睡眠阶段被称为非快速眼动（non-REM）睡眠阶段。快速眼动睡眠阶段只占成人总睡眠时间的20%。

当所有上述活动出现时，身体的主要肌肉却呈麻痹状态。此外，更重要的是，快速眼动睡眠阶段通常伴随梦的出现。尽管人们可能并不记得自己做过梦，但实际上每个人都会在夜间睡眠的某一段时间做梦。虽然个体在睡眠的非快速眼动睡眠阶段也会做梦，但梦最可能发生在快速眼动睡眠期间，且此期间的梦最生动，最容易被记住（Titone, 2002; Conduit, Crewther, & Coleman, 2004; Lu et al., 2006; Leclair-Visonneau et al., 2011）。

快速眼动睡眠在我们的日常活动中起着重要作用。如果每当睡眠者开始出现快速眼动睡眠阶段的生理迹象时，就被叫醒，剥夺其快速眼动睡眠，那么，当允许这些快速眼动睡眠剥夺者安静休息时，回跳效应（rebound effect）就会出现。由于这种回跳效应的存在，快速眼动睡眠剥夺者的快速眼动睡眠时间明显比平时长。另外，快速眼动睡眠可能在学习和记忆中也起着重要作用，使我们能够重新思考并修复白天所获得的信息和情绪体验（Nishida et al., 2009; Walker & van der Helm, 2009）。

睡眠的功能

睡眠是人类的正常生理需求，然而，人类为什么需要睡眠？这个问题仍没有确切的答案。以大鼠为研究对象的实验表明，完全剥夺睡眠会导致其死亡。持进化论取向的研究者认为，由于夜间相对不容易获取食物，睡眠可以使我们的祖先在夜晚保存体力，使得他们在白天可以更好地寻找食物。另一种解释认为，睡眠可以恢复和补充我们的大脑和身体。例如，在非快速眼动睡眠阶段，大脑的低活动状态可能为大脑神经元提供修复自身的机会。还有，快速眼动睡眠的开始终止了单胺类神经递质的释放，所以使得感受器细胞可以获得一些必要的休息，也使得它们在清醒时期的敏感性增强（McNamara, 2004; Steiger, 2007; Bub, Buckhalt, & El-Sheikh, 2011）。最后，睡眠是必不可少的，因为它有助于儿童身体的成长和大脑的发育。例如，生长激素的分泌与深度睡眠有关（Peterfi et al., 2010）。

然而，以上的解释仍是推测性的。对于为什么必须需要睡眠，至今也没有确定性的答案。此外，科学家也还不能确定人必须保证多少睡眠为宜。例如，现代社会中大多数人每晚睡7~8小时，但比100多年前的人每晚少睡3小时。此外，睡眠需求存在广泛的个体差异，有些人甚至只需要3小时的睡眠。男性和女性的睡眠也有很大的差异。相对于男性，女性通常入睡快、睡眠时间长、睡眠较深，并且夜间醒来的次数较少；另一方面，即使睡眠不足，相比于女性，男性也很少在意他们的睡眠时间。睡眠需求在人的一生中也不同，总的来说，随着年龄的增长，睡眠需求越来越低（Monk et al., 2011）。

在睡眠剥夺实验中，让参加实验的被试保持长达200小时的清醒状态，结果发现，这并没有给他们带来长期的影响。但是，这些被试哪怕只遭受了轻微的睡眠剥夺，也会变得萎靡不振、易怒，不能集中注意力，创造性缺失，以及逻辑推理能力下降。然而，在允许他们正常睡眠后，他们很快就能恢复，仅用几天就能恢复到睡眠剥夺前的状态（Babson et al., 2009; Mograss et al., 2009）。简言之，这种暂时性的睡眠剥夺并不会给大多数人带来永久性的后果。但是，睡眠缺乏的确会让人变得急躁易怒、反应迟钝，并使人学业成绩和身体能力下降。另外，如果我们在昏昏欲睡时进行一些日常活动，如驾驶，还会给自己和他人带来危险（Philip et al., 2005; Anderson & Home, 2006; Morad et al., 2009）。

睡眠障碍

睡眠障碍包括从睡眠到觉醒过程中的各种功能障碍，如睡眠时间过短（睡眠不足）或过长（睡眠过度）、入睡时间延迟、觉醒时间提前、睡眠浅而易醒、白天嗜睡、睡眠—觉醒周期紊乱，以及发生在睡眠时的功能障碍（如夜惊、梦游症）等。

失眠是常见的睡眠障碍之一，几乎所有人都在某一时期经历过。失眠（insomnia）是指实际睡眠时间过短（包括入睡困难、夜间频繁觉醒及早醒），或者睡眠时间正常，但缺乏睡眠感。失眠可能源于某一特殊的情境，如亲密关系破裂、担心考试成绩、失业等。但是，有些失眠的案例并无任何明显的原因。有些人只是不容易入睡，有些人虽然容易入睡，但是夜间会频繁地醒来。有 1/3 的人受失眠问题的困扰。女性、老年人及非常瘦或者抑郁的人更容易失眠（Bains, 2006; Cooke & Ancoli-Israel, 2006; Henry et al., 2008）。

研究发现了一些有趣的案例，有些人会误以为自己有睡眠问题。例如，睡眠实验室的研究者发现，那些报告整晚都醒着的人实际上在 30 分钟内就睡着了，且整晚处于睡眠状态。而且，一些失眠的人能准确地回忆起他们在睡着时听到的声音，这使他们认为自己彻夜未眠（Semler & Harvey, 2005; Yapko, 2006）。实际上，一些研究者认为，将来用于治疗失眠的药物，可以考虑通过改变人们对他们睡眠状况的感知来起作用，而不是让他们睡得更多。

相比于失眠，其他的睡眠问题较少见，但仍广泛存在。例如，大约 2000 万人患有睡眠呼吸暂停。睡眠呼吸暂停（sleep apnea）是人们在睡觉时出现的一种呼吸困难的症状，它会使睡眠者出现缺氧状态，从而引发唤醒反应，导致睡眠者会不断醒来，睡眠被干扰、打断，快速眼动睡眠明显减少。一些患有睡眠呼吸暂停的人在整个睡眠期间醒来的次数可多达 500 次，但他们可能并不知道自己曾醒过。这种受到干扰的睡眠必然会导致患者第二天精神疲乏、萎靡不振。睡眠呼吸暂停可能是婴儿猝死综合征（sudden infant death syndrome, SIDS）产生的一个重要原因。对于那些貌似健康的婴儿来说，婴儿猝死综合征是他们在睡眠期间死亡的神秘杀手（Gami et al., 2005; Aloia, Smith, & Arnedt, 2007; Tippin, Sparks, & Rizzo, 2009; Arimoto et al., 2011）。

梦惊（nightterrors）是从非快速眼动睡眠状态下突然醒来，常伴有极度的恐惧、惊慌和强烈的生理唤醒。梦惊通常发生在睡眠的第四阶段。梦惊可能会让人感到极端恐惧，以至于梦惊的人在醒来时常会发出尖叫声。尽管梦惊起初会引起极大的焦虑，但患者通常又可以很快入睡。梦惊常见于 3~8 岁的儿童，有时也发生在成年人身上（Lowe, Humphreys, & Williams, 2007）。虽然梦惊的原因尚不清楚，但它与情绪困扰没有关系。

发作性睡病（narcolepsy）是发生在清醒状态下的短暂的、无法控制的睡眠。患发作性睡病的人不管正在进行什么活动，如交谈、锻炼或驾驶等，都可能会突然入睡。他们会跳过睡眠的其他阶段，从清醒状态直接进入快速眼动睡眠阶段。发作性睡病有可能受遗传因素的影响，但是病因仍不清楚（Mahmood & Black, 2005; Ervik, Abdelnoor, & Heier, 2006; Nishino, 2007; Billiard, 2008）。

相对而言，我们对说梦话和梦游症这两种无害的睡眠障碍知之甚少。两者都发生在睡眠的第四阶段，并且在儿童中更为常见。说梦话者和梦游者通常对他们周围的世界有着模糊的意识，并且梦游者可以在一个拥挤的房间里敏捷地越过障碍物。只要梦游者没有进入危险环境，常见的梦游很少是有危险的。另外，"叫醒梦游者很危险"是一种迷信的说法（Baruss, 2003; Guilleminault et al., 2005; Lee-Chiong, 2006; Licis et al., 2011）。

梦

"我突然想起今天要参加化学期末考试。但因为化学我一点儿都没有学，把我吓坏了。事实上，整个学期我都没上过一次化学课。在惊恐中，我开始奔跑，穿过校园，绝望地寻找我从来都没去过的教室。我感到希望渺茫，我知道我肯定通不过考试的，我要被退学了。"

假如你也曾做过类似的梦，你就会知道这种关于考试的梦真的会带来惊恐和害怕。梦魇（nightmares）是一种经常发生的、令人感到极端害怕的梦。在一项对大学生进行的调查中，研究人员要求他们记录两周内做梦的情况，结果发现，几乎有一半的人报告至少出现一次梦魇。由此可以估算，每人每年平均出现约 24 次梦魇（Levin & Nielsen, 2009; Schredl et al., 2009; Schredl & Reinhard, 2011）。70 岁之前，正常人会经历大约 150000 个梦，其中大多数都不那么吸引人。典型的梦通常包含去超市、在办公室上班、做饭等日常活动。学生常梦到上课，教授梦到讲课；牙病患者梦到钻牙，牙科医生梦到医治龋齿；英国人在梦里和女王一起喝茶，而美国人则可能梦到和总统一起进酒吧（Domhoff, 1996; Schredl & Piel, 2005; Taylor & Bryant, 2007）。梦常见的主题有攻击、友谊、性行为、不幸、成功、失败。如果梦是有含义的，那么，梦的含义又是什么？梦是否有特殊的意义和功能？东西方学者分别对此进行了思考和研究，并提出了相应的理论和观点。

西方关于梦的理论

无意识愿望实现理论 弗洛伊德认为，梦是通往无意识的途径（Freud, 1900），并提出了**无意识愿望实现理论**（unconscious wish fulfillment theory）。该理论认为，梦代表了做梦者想要实现的无意识的愿望。但由于这些愿望会给做梦者的意识带来威胁，这些真实的愿望就会被伪装。弗洛伊德称这种真实的愿望为**隐性梦境**（latent content of dreams），将梦的真实含义隐藏于多种外显物体背后。而梦的真正主题和意义可能与外显的故事内容无关，弗洛伊德称这种外显的故事内容为**显性梦境**（manifest content of dreams）。

对弗洛伊德来说，揭开显性梦境的面纱，了解梦的真实含义是非常重要的。为了探索梦的真实含义，弗洛伊德会尝试让人们讨论他们的梦，让他们将梦中的象征符号与过去的事件相联系。他认为，在梦中会出现某些常见的具有普遍意义的象征

表 4.1 弗洛伊德提出的梦的常见象征符号

象征符号（显性梦境）	梦的解释（隐性梦境）
爬楼梯、过桥梁、乘电梯、乘飞机、走在长廊里、进入房间、火车穿过隧道	性交
苹果、桃、葡萄	乳房
子弹、火、蛇、棍棒、雨伞、枪、软水管、刀子	男性生殖器
炉灶、箱子、隧道、壁橱、洞穴、瓶子、船	女性生殖器

符号。例如，梦见人在飞翔象征着想要性交的愿望。表 4.1 列举了其他常见的象征符号。

弗洛伊德认为，梦代表了无意识的愿望，梦里特定的物体和事件都具有象征意义。但是，他的这一观点遭到了许多心理学家的反对。他们认为，梦中直接外显的行为才是意义的核心。例如，梦到我们正沿着一条长廊走，去参加一门并没有学过的课程的考试，这种梦并不涉及无意识中不可接受的愿望。相反，它可能只表明我们对一场即将到来的考试的担忧。即使更复杂的梦，也常常可以根据日常生活中的担忧和压力来解释（Picchioni et al., 2002; Cartwright, Agargum, & Kirkby, 2006）。

而且，一些梦反映了做梦者睡觉时周围环境中发生的事件。例如，与睡眠没受到干扰的实验参与者相比，做梦时被喷水的实验参与者报告了更多与水相关的梦（Dement & Wolpert, 1958）。与之类似，我们有时醒来会发现，梦中梦见的门铃声可能就是闹铃声。这类梦比比皆是。

然而，正电子断层扫描（PET）研究确实为愿望的实现这一观点提供了一定程度的支持。例如，与情绪和动机有关的大脑边缘系统区域和边缘侧区域，在快速眼动睡眠期间异常活跃。同时，控制逻辑分析和注意的前额叶皮层的相关区域，在快速眼动睡眠期间则很不活跃。正如弗洛伊德所认为的，梦可能反映的是无意识的愿望和本能的需要，睡梦中大脑的情绪与动机中枢的高度活跃使这一观点更具有可信性（Braun et al., 1998; Occhionero, 2004; Wehrle et al., 2007）。

梦的生存理论 基于进化视角的**梦的生存理论**（dreams-for-survival theory）认为，在睡眠过程中，梦可以让我们反思和再加工那些对日常生存具有关键影响的信息。梦的生存理论把做梦看作来自我们动物祖先的遗产。由于我们祖先的大脑太小，在清醒时无法仔细审查大量的信息，因此，做梦使得他们可以每天 24 小时对信息进行加工。根据这一理论，梦代表了我们对日常生活的关注，表现了我们的不确定性、犹豫不决、想法和渴望。因而梦被认为与日常生活一致。梦并非是弗洛伊德所认为的被伪装的愿望，而是代表了来自我们日常经历的主要担忧（Winson, 1990; Ross, 2006; Horton, 2011）。

有研究支持了梦的生存理论。研究认为，某些梦可以使人们聚焦和巩固记忆，尤其是那些与运动技能相关的程序性记忆的梦。例如，根据大鼠睡觉时所测得的大脑活动模式可以推断，它们似乎会梦到白天所学的跑迷津（Stickgold et al., 2001; Kuriyama, Stickgold, & Walker, 2004; Smith, 2006）。

人类也有类似的现象。例如，在一项实验中，被试在临睡前学习一项视觉记忆任务。然后他们就去睡觉，但是在晚上某个时间点会被叫醒。如果在被叫醒时没有打断他们做梦，他们的记忆任务成绩在第二天会有明显的提高。但是，如果他们在快速眼动睡眠期间被叫醒,打断了他们做梦,他们的成绩就会下降。言外之意,做梦在帮助我们记忆先前接触过的材料方面起着重要作用(Karni et al., 1994; Marshall & Born, 2007; Nishida et al., 2009)。

激活－整合理论　精神病学家艾伦·霍布森(J. Allan Hobson)提出的**激活－整合理论**(activation-synthesis theory)认为,在快速眼动睡眠期间,可能是由于特定神经递质合成的变化,大脑会随机产生电能。而电能会随机刺激存储在大脑中的记忆。同时因为人们有理解所处世界的需要,即使在睡眠期间亦是如此,所以大脑会将这些杂乱的记忆编织成合乎逻辑的故事,构造出合理的情节(Porte & Hobson, 1996; Hobson, 2005; Hangya et al., 2011)。

激活信息调节理论(activation information modulation, AIM)是从激活－整合理论中提炼出来的。该理论指出,梦始于联结着延髓和小脑的脑桥,它向大脑皮层发送随机信号。参与特定觉醒行为的皮层区域与梦的内容有关。例如,与视觉有关的脑区参与梦的视觉方面的内容,而与运动有关的脑区则参与梦的运动方面的内容(Hobson, 2007)。

激活－整合理论和激活信息调节理论并不完全否定"梦境反映无意识愿望"这一观点,两个理论都认为做梦者所产生的特殊情境并不是随机的,可能暗示了做梦者的恐惧、情绪和所关心的事件。因此,那些以随机过程开始的梦境最终变为具有某种意义的事物。

表 4.2 对梦的三种主要理论进行了总结。除此之外,还有许多有关梦的理论。众多的理论表明,对梦的研究最后不得不依赖对不可直接观察的隐藏现象的自我报告。迄今为止,梦的真正含义仍是一个未解之谜。

中国古代关于梦的观点

中国人对梦的探索和研究有着悠久的历史,最早可以追溯到先秦时期。在中国古典文献中,"三大梦"最为有名:《论语·述而》中的"孔子梦周公",《庄子·齐物论》中的"庄周梦蝶",以及唐代沈既济《枕中记》中的"黄粱美梦"。此外,中国四大文学古典名著之一的《红楼梦》就是一部以梦为背景的文学巨著。这些都对中国人的心理和行为产生了深远影响。中国传统文化对梦的论述涉及以下三个方面。

医家论梦　医家论梦,主要集中在梦是否反映了人的健康状况,最早可见于《黄帝

表 4.2 西方关于梦的三种主要理论

理论	基本解释	梦的意义	梦的意义是否被伪装
无意识愿望实现理论(弗洛伊德)	梦代表做梦者想要实现的无意识愿望	隐性梦境揭示了无意识愿望	是,以显性梦境的方式
梦的生存理论	与日常生存相关的信息被重新思考和再加工	与生存有关的日常担忧的线索	不一定
激活－整合理论	梦是各种记忆随机激活的结果,这些记忆被联系在一起构成具有逻辑的故事梗概	梦中构建的情节与做梦者关注的事件有关	不一定

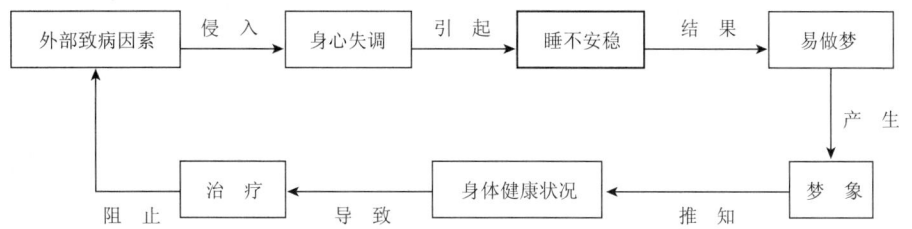

图 4.2
《黄帝内经》寻梦治病示意图
资料来源：引自《中国文化心理学》，汪凤炎，郑红著。

内经》。中医认为，梦在一定程度上反映了人的健康状况，因而，他们在论述疾病时，尤其是脏腑症候时，一般都会讲到梦象。在诊断疾病时，也会问到梦象，而且还会根据梦象治病。例如，主张淫邪发梦说的《黄帝内经》认为，噩梦是一种病态，并以此提出了两条治疗原则："盛者，至而泻之立已"和"不足者，至而补之立已"。图 4.2 给出了《黄帝内经》寻梦治病的示意图。

思想家论梦　中国古代思想家对梦的论述主要集中在探讨梦是否会预兆吉凶祸福上，主要有两种观点。

第一种观点主张梦不具有预兆吉凶祸福的功能。王充、王符、王廷相和熊伯龙等中国古代唯物主义思想家大多持有这种观点。他们主要通过偶然性巧合来解释梦所产生的吉凶福祸的后果，如王廷相在《雅述下篇》中写道："夫梦中事，即世中之事也。缘象比类，岂无偶合！"另外，他们还用心理的预期作用来解释梦所产生的吉凶福祸的后果，如王符《潜夫·梦列》中说："如使梦言吉事，而已意大喜，乐发于心精，则真吉矣；梦凶事，而已意大恐惧，忧悲发于心精，即真恶矣。"图 4.3 示意了这一过程。

第二种观点主张梦具有预兆吉凶祸福的功能。唯心主义思想家大多持有此观点。唐代释道世编的《法苑珠林·眠梦篇》对梦的分类中说道："云何先见梦？答：或昼日见，或白或黑，或男或女，夜寐梦见，是名先见梦。云何天人梦？答：若善知识天人为现善梦，令人得善；若恶知识者为现噩梦。此即真实。云何想梦？答：此人前身或有福德，或有罪障；若福德者现善梦，罪者现噩梦，如菩萨母初欲入母胎时，梦见白象从忉利天下入其右胁，此是想梦也。"从对梦的分类中可见梦与善恶的关系和预兆作用。

文学家论梦　文学家认为，梦可以激发人的创作激情，引发创作灵感。李白的《梦游天姥吟留别》，就是以梦境为题材创作的。著名教育家陶行知写的《谷子在仓里叫》记录："一晚做梦，谷子在仓里喊叫，……第二天，我就拿这句话做题目，写成了三首小诗。"

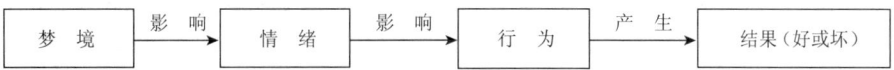

图 4.3　梦境所具有的心理预期作用示意图
资料来源：引自《中国文化心理学》，汪凤炎，郑红著。

心理学与人生：让我们睡得更香

你是否有过睡眠问题？其实，并不只是你可能会有睡眠问题，美国有7000万人都面临着这个问题。研究睡眠障碍的心理学家对失眠患者提出了很多建议（Benca, 2005; Finley & Cowley, 2005; Buysse et al., 2011）。下面列出了部分建议。

- 白天进行锻炼（至少在睡觉前6小时），不要小睡。在睡觉前感到很累有助于睡眠！另外，学习系统的放松技术和生物反馈技术有助于释放白天的压力和紧张。
- 选定一个规律的睡觉时间，并坚持按时睡觉。坚持习惯性作息有助于体内计时机制更加有效地调节身体。
- 不要把床当成万能的地方。把学习、阅读、吃饭、看电视和其他娱乐活动通通转移到卧室之外。这样，床就会成为睡眠的一种暗示。
- 避免在午后饮用含咖啡因的饮料。像咖啡、茶和其他一些软饮料，饮后产生的影响可长达8~12小时。
- 睡前喝一杯热牛奶。牛奶里含有一种叫作色氨酸的化学物质，这种化学物质有助于入睡。
- 避免服用安眠药。在美国，尽管有25%的成年人报告说在前一年服用过帮助睡眠的药物，但从长远来看，药物带来的危害要大于益处，因为它们会扰乱正常的睡眠周期。
- 尽量不睡。这种方法很有效，人们常常在努力入睡时反而很难睡着。更好的策略是在感到很疲倦的时候才上床睡觉。如果在十分钟之内还不能入睡，就离开卧室做点其他事情，只有在很困乏的时候再回到床上睡觉。如果有必要的话，整晚都坚持这样做。但是，早上还是按平时的作息时间起床，并且在白天不要小睡。3到4周后，大多数人就会习惯性地将床与睡眠相联系，这样，他们在晚上就会很快入睡（Sloan et al., 1993）。

白日梦

白日梦（daydreams）是人们在清醒状态下构造的幻想。做白日梦就像是体验一种奇幻的场景。与发生在睡眠期间的梦不同，白日梦会更多地受个体的控制。因此，相比于睡眠期间的梦境，白日梦的内容与环境中刚发生的事件关系更为密切。虽然白日梦可能涉及与性有关的内容，但更贴近个体日常生活中的活动和事件。

尽管在做白日梦时，我们对周围环境的觉知会下降，但它仍是清醒意识状态中的一个典型部分。不同的个体做白日梦的数量差别很大。例如，2%~4%的人，他们至少有一半的空闲时间都在做白日梦。尽管大多数人并不经常做白日梦，但是，几乎每个人都会在一定程度上进行幻想。在某项研究中，研究者在白天随机地让人们来报告他们正在做什么事情，结果显示，人们大约有10%的时间是在做白日梦（Lynn et al., 1996; Holler, 2006; Singer, 2006）。幻想的内容大多涉及日常生活中的普通事件，如付电话费、选购食品、解决恋爱中遇到的问题等。

尽管心理困扰和白日梦之间没有直接联系，但是频繁地做白日梦可能暗示某种心理问题的存在，如有些人做白日梦，不能分清现实与幻想，这表明他们可能有严重的心理问题。事实上，一定的幻想可以提高人们的创造力，还可以帮助人们理解其他人的经历，从而增强心理幸福感。另外，白日梦与梦的内容有许多类似的地方，并且白日梦与梦所涉及的脑区和加工过程是有关联的（Domhoff, 2011）。

催眠与冥想

你感到很放松，昏昏欲睡。你感到越来越困，你的身体变得很放松。现在，你开始觉得很温暖，很自在，感到很舒服。你的眼皮变得越来越重，你的眼睛慢慢闭上了，再也睁不开了。你已经完全放松了。现在，听我的指示，按我的要求来做。请把你的手高高地举过头顶。但是你感到两只手变得越来越沉重，重得几乎举不起来。你已经用尽全力把手向上举，但还是不能把手举起来。

观看过以上情境的人会发现一个奇特的现象：很多听到指令的人会垂下手臂，好像手臂变得非常沉重。这种奇怪的行为背后的原因是什么？原来，那些人已经被催眠了。那么催眠是一种怎样的意识状态？有何作用？冥想又是怎么回事？

催 眠

什么是催眠

催眠（hypnosis）是在某种特殊情境中，在催眠师的诱导下，个体的意识状态发生改变，处于一种对他人暗示高度易感的恍惚状态。从某些方面来看，被催眠者似乎是睡着了。然而，他们行为的其他方面又与"睡着了"这一说法相矛盾，因为他们仍会全神贯注于催眠师的引导语，并可能执行一些怪诞甚至愚蠢的引导指令。

人们是如何被催眠的呢？通常来讲，有四个步骤。首先，在安静的环境中让被催眠者感到舒适。第二，催眠师会告知被催眠者接下来将发生什么，如告诉他们将体验到愉悦放松的状态。第三，催眠师告诉被催眠者注意某个特定的物体或图像，如催眠师移动的手指或是一幅平静湖面的图像；催眠师也可能让被催眠者关注身体不同的放松部位，如手臂、腿及胸部。第四，一旦被催眠者处于高度放松的状态，催眠师可能给出引导，如"你的手臂正变得越来越沉重""眼皮很难睁开"等等。因为在这时被催眠者开始体验到这些感受，所以他们相信这些感受是由催眠师引发的，并变得易受催眠师的引导。

被催眠后，被催眠者尽管表现得很顺从，但并未完全丧失自己的意志。他们不会表现出反社会行为，也不会表现出自毁行为。他们不会公开自己的隐私，但是会撒谎。另外，对于人们不能在违背自身意愿的情况下被催眠这一观点，人们普遍存在误解（Gwynn, Spanos, 1996; Raz, 2007）。

人们对催眠的易感性存在广泛差异。有5%~20%的人根本不能被催眠，而有约15%的人很容易被催眠，大多数人介于两者之间。一个人能被催眠的容易程度与许多其他特征有关。容易被催眠的人在阅读和听音乐时也很容易沉浸其中，注意不到身边发生的事，并且他们还常常会花大量的时间来做白日梦。总之，他们表现出高超的全神贯注和全身心投入的忘我能力（Kirsch & Braffman, 2001; Rubichi et al., 2005; Benham, Woody, & Wilson, 2006）。

催眠在本质上是否不同于正常清醒状态下的意识，在这一问题上颇有争议。一些心理学家认为，催眠代表了一种与其他状态明显不同的意识状态。他们还认为，一些特定的行为明显地将催眠与其他状态区分开了，如更高的受暗示性、增强的回忆能力和构想图像的能力，以及对那些明显与现实相矛盾的暗示的接受。而且，脑内电活动的变化也与催眠有关，这支持了催眠是一种不同于清醒意识的意识状态这一观点（Hilgard, 1992; Fingelkurts, Fingelkurts, & Kallio, 2007; Hinterberger, Schöner, & Halsband, 2011）。

从这一观点来看，催眠代表了一种分离的意识状态。著名的催眠研究者欧内斯特·希尔加德（Ernest Hilgard）认为，催眠使得意识分离为两个同时存在的成分。在一部分意识中，被催眠者遵循催眠师的指示；而在另一部分意识中，他们正在扮演着"隐藏的观察者"的身份，能意识到发生在他们身上的事情。例如，被催眠者似乎听从催眠师的建议感受不到疼痛，但在意识的另一个层面他们可能真正意识到了疼痛。

但是，有些心理学家则反对将催眠看作显著不同于正常清醒意识状态的一种状态。他们认为，由于处于恍惚状态的个体并没有发生其他特别的生理变化，脑电模式的改变不足以说明本质上存在差异。而且，几乎没有证据支持"在催眠时成人能精确回忆起童年发生的事件"这一观点。支持证据的缺乏实际上就表明，催眠下的恍惚状态在本质上没有特殊之处（Hongchun & Ming, 2006; Wagstaff, 2009; Wagstaff, Wheatcroft, & Jones, 2011）。然而，越来越多的人认为，问题双方对催眠的本质的争议已经导致他们走向极端。最近的研究认为，最好将催眠状态看成是一个连续体。催眠既不是一种完全不同的意识状态，也不是一种完全等同于正常清醒意识的状态（Lynn et al., 2000; Kihlstrom, 2005b; Jamieson, 2007）。

催眠的作用

尽管对催眠的本质还存在大量争议，但催眠已经成功地应用于解决人们的实际问题。具体应用领域如下所示：

- 控制疼痛。对于正在遭受慢性疼痛折磨的患者来说，催眠可以给予他们疼痛消失或者减轻的暗示，也可以教会他们自我催眠以缓解疼痛或者获得对自身症状的控制感。相关研究已经证明，催眠在分娩和牙科手术中疗效显著（Mehl-Msdrona, 2004; Hammond, 2007; Accardi & Milling, 2009）。
- 减少吸烟。虽然在阻止药物和酒精滥用等方面，催眠未见成效，但可以暗示吸烟者"香烟的口味和气味让人感到难受"，这种催眠暗示有时会帮助人们戒烟（Elkins et al., 2006; Fuller, 2006; Green, Lynn, & Montgomery, 2008）。
- 治疗心理障碍。在心理治疗过程中有时会用到催眠。例如，催眠可以用来进行高度放松，减轻焦虑，提高成功期望，或者改变自我挫败的想法（Zarren & Eimer, 2002; Iglesias, 2005; Golden, 2006）。
- 辅助执法。目击证人和受害者在催眠状态下有时能够更好地回忆犯罪现场的细节。在一个经典案例中，美国加利福尼亚小学生被绑架案的一个目击证人受到催眠后，除了一个数字不能回忆起来外，竟能完整精确地回忆起绑架者的车牌号。然而，催眠中的回忆有时并不准确，所以催眠的法律地位尚未解决（Whitehouse et al., 2005; Kazar, 2006; Knight & Meyer, 2007）。
- 提高运动成绩。运动员有时会借助催眠来提高成绩。例如，一些棒球运动员用催眠来提高自己击球时的专注度，并且相当成功（Grindstaff & Fisher, 2006; Lindsay, Maynard, & Thomas, 2005; Barker & Jones, 2008; Tramontana, 2011）。

冥　想

在东方传统的禅宗中，坐禅者如果想要修炼到更高层次，提高悟性，通常会采用冥想这种方式。**冥想**（meditation）是一种用来重新聚焦注意力，引起意识状态改变的可习得的技术。它历经数个世纪，并一直被沿用至今。冥想最典型的行为包括反复念诵咒文。咒文可以是一种声音、一个词语或一个音节，冥想时要反反复复念叨。在某些形式的冥想中，意念焦点可以是一幅画、火焰或身体的特定部位。无论特定的原始刺激是什么，冥想过程的关键在于完全集中注意力，以至于冥想者对外部的任何刺激都不会觉察，从而达到一种不同的意识状态。

在冥想之后，人们会报告感到完全的放松。并且有时还会报告，他们对自己及所面临的问题又有了新的领悟。因为冥想会带来生理上的改变，长期练习甚至可能会提升健康水平。例如，在冥想期间，人们的耗氧量、心率和血压都会下降，并且脑电模式也会发生改变（Barnes et al., 2004; Lee, Kleinman, & Kleinman, 2007; Travis et al., 2009）。还有研究考察了冥想训练能否影响被试对于正性和负性情绪图片的情绪唤起。结果表明，冥想降低了被试对正性和负性情绪图片的情绪反应。也就是说，对外部施加的正性和负性情绪刺激而言，冥想训练的调制作用是使人们的情绪反应趋于平和（任俊，黄璐，张振新，2012）。

如果你感兴趣的话，可以试着按下面的简单程序练习冥想：找一间安静的房间

探索与发现：改变意识状态的跨文化途径

一群美国土著苏族人赤身坐在一个充满蒸汽的闷热的房间里，一名巫医向灼热的石头上泼水，激起滚烫的热气，弥漫在整个房间。

阿兹特克牧师在自己身上涂上一种混合物，这种混合物由毒草、黑色毛毛虫、蝎子和蜥蜴捣碎后混合而成。有时他们还要喝这种东西。

在16世纪，一名虔诚的哈西德派犹太人躺在一个著名学者的墓石上。他反复默念上帝的名字，企图让这位死去的智者的灵魂附在自己身上。如果成功了，他就会达到一种人神心灵交流的状态，并且这位死去的智者将借他之口说话。

以上每一种宗教仪式都有一个共同目的：摆脱日常觉知的约束，进入一种改变了的意识状态。虽然从许多西方主流文化的角度来看，这可能都是些外来的东西，但这些宗教仪式代表了人们为改变意识状态所做的普遍努力（Irwin, 2006）。

有学者认为，对改变意识状态的探索是一种人类基本的欲望（Siegel, 1989）。无论我们是否接受这一极端的观点，意识状态的变化在不同的文化中明显具备一些基本特征。其中之一是思维的改变，人们的思维可能会变得肤浅、不合逻辑或在其他方面与正常情况不同。另外，人们的时间感会受到干扰，对物质世界和自身的感知也可能改变。他们可能失去自我控制的能力，做平时绝对不会做的事。最后，他们可能还会有一种不可言喻感，即无法理性地理解或无法用语言描述一段经历（Finkler, 2004; Travis, 2006）。

当然，试图改变意识状态的努力广泛存在于整个社会，但这并没有回答一个基本的问题：意识未改变状态的体验是否存在跨文化的相似性？

这个问题存在两种可能的答案。第一，因为人类大脑和身体的联络方式具有基本的生物学共性，所以我们可以假设，意识的基本体验存在跨文化的相似性，据此还可以推定，意识在不同文化中会表现出基本共性；第二，人们解释和看待意识某些方面的方式表明了不同文化之间的本质差异。例如，在不同文化中，人们会以不同的方式看待对时间流逝的体验。研究发现，与北美的其他人相比，阿拉伯人似乎认为时间过得更慢（Alon & Brett, 2007; Haynes, Nixon, & West, 2007）。

坐下，闭上双眼，有节奏地深呼吸，反复念一个单词或发一个声音，如念单词"one"，反复进行。每天练习两次，每次 20 分钟，这项技术对放松很有效（Benson et al., 1994; Aftanas & Golosheykin, 2005; Mohan, Sharma, & Bijlani, 2011）。

在不同的文化中，冥想是人们所实践的用来改变意识的一种手段。冥想可能有不同的形式，服务于不同的目的。事实上，许多不同文化中的人们都在设法寻找改变意识状态的途径，这是我们对意识进行研究的一个推动力（Walsh & Shapiro, 2006）。

不过，无论意识真正的本质是什么，无论人们想要改变意识的原因有哪些，人们都经常用这种手段来改变他们的日常体验。在一些案例中，人们改变意识的需求过度膨胀，以至于使用药物来改变意识，有时会导致毁灭性的后果，这就是下一节要论述的内容。

药物与意识状态的改变

从婴儿期起，大多数人就开始服用维生素、阿司匹林、感冒药等药物，这些药物几乎不会带来意识状态的改变。但一些被称为精神药物的物质却会带来意识状态的改变。

那么，药物可以分为哪些种类？具有什么作用？人们为什么会滥用药物？改变意识状态的药物有哪些？

药物的类型

药物（drug）是一种能够因自身的化学结构改变生物系统功能的化合物（Grilly, 1989）。调查发现，在美国，有 80% 的成年人在过去 6 个月中服用过非处方止痛药，但这些药物几乎不会改变意识状态（Dortch, 1996）。

与这些药物相对的另一类药物被称为**精神药物**（psychoactive drugs），会改变意识状态，影响个体的情绪、感知和行为。这类物质普遍存在于我们的生活中。如果你曾喝过咖啡，那么实际上你就服用过精神药物。调查发现，在美国，有 41% 的高三学生在过去一年中使用过非法药物。此外，有 30% 的高三学生报告自己曾经醉酒，成年人的这一数字甚至更高（Johnston et al., 2010）。

当然，不同药物对使用者的影响存在广泛差异，部分原因在于它们影响神经系统的方式不同。一些药物可以改变边缘系统，而另一些药物则可以影响神经元突触之间特定神经递质的运作。例如，一些药物阻断或促进神经递质的释放，而另一些药物则阻断神经递质的接收或清除，还有一些药物会模拟特定神经递质的作用。

最危险的药物是成瘾药物。**成瘾药物**（addictive drugs）会让使用者产生生理或心理上的依赖，并且，停止使用会让使用者产生对药物的渴望。在某些情况下，他们可能无法抵御这种渴望。成瘾的生理基础：身体机能已经适应了药物的影响，一旦药物去除，身体机能就会出现异常。成瘾的心理基础：人们认为他们需要药物才能应对日常生活中的压力。虽然我们一般将成瘾与海洛因等药物相联系，但日常生活中的某些药物也能引起成瘾，如咖啡中的咖啡因和香烟中的尼古丁等（Li, Volkow,

& Balu, 2007）。近期，有研究表明药物的相关线索导致成瘾者大脑中奖赏和感觉-动作两套系统被激活，包含用药工具、用药动作在内的相关线索会激活更多的感觉-运动脑区（曾红 等，2015）。

目前，成瘾产生的根本原因尚不明确。问题之一在于不同的药物（如酒精和可卡因）会以不同的方式影响大脑，然而它们可能产生同等程度的成瘾性。此外，对某些药物而言，即使成瘾的最终后果可能同等严重，相比于其他药物，人们需要更长的时间才会对其成瘾（Crombag & Robinson, 2004; Nestler & Malenka, 2004; Smart, 2007）。

药物滥用的原因

药物滥用是指过度或不恰当的药物使用。为什么人们会滥用药物？原因有很多，有的是想体验药物带来的快感，有的是想通过药物引起的快感逃避生活的压力，有的是想通过药物达到一种宗教或灵幻的状态。但是，与体验本身几乎无关的其他因素也会导致人们使用药物（McDowell & Spitz, 1999; Korcha et al., 2011）。例如，具有榜样作用的名人使用违禁药物、获得违禁药物的渠道方便，以及同伴压力等。在一些案例中，使用药物的动机仅仅是体验尝试新异事物所带来的兴奋感。另外，遗传因素可能使易感人群更易受到药物的影响，并对其成瘾。无论是什么原因促使人们使用药物，一旦药物成瘾，即便对其进行全面的治疗，都极难改变（Mosher & Akins, 2007; Ray & Hutchison, 2007）。

由于药物带来的问题很难根本解决，因此，解决由药物滥用引起的广泛社会问题的最好办法就是防患于未然，即防止人们卷入药物的使用。尽管人们就这一观点已达成共识，但对于怎样实现这一目标，还远未达成一致意见。即使一些广泛宣传的具有显著疗效的项目，如药物滥用抵制教育（drug abuse resistance education, D.A.R.E.）项目，在疗效上仍存有疑问。研究人员经过反复仔细地评估，并不能证明 D.A.R.E 项目在降低药物使用方面的长期有效性，甚至有一项研究还显示，接受 D.A.R.E 项目的毕业生比没有接受 D.A.R.E 项目的毕业生更可能使用大麻（West & O'Neal, 2004; Des Jarlais et al., 2006; Lucas, 2008; Vincus et al., 2010）。

改变意识状态的药物

凌晨一点钟，汤姆还未复习完考试指定的章节，而第二天早上就要考试了！此刻，他已经感到很疲乏了，就去喝了一杯可以让头脑再保持清醒的浓浓的黑咖啡。

如果你发现自己也需要借助咖啡来保持清醒，那么你可能已经对一种主要的兴奋剂——咖啡因形成了依赖。

兴奋剂

兴奋剂（stimulants）是通过影响中枢神经系统，引起心率加快、血压升高、肌肉紧张的药物。

咖啡因（caffeine）是兴奋剂的一种。它不仅存在于咖啡中，同时也是茶、软饮料和巧克力的重要成分。咖啡因会引发若干反应。对行为的影响主要是提高注意力和降低反应时。咖啡因也能改善心境，很可能是通过模拟大脑中天然的化学物质腺苷的作用而致。但是，过量的咖啡因会导致紧张和失眠。人们会对药物产生生理依赖。经常饮用咖啡的人突然中断饮用，可能会感到头痛或抑郁。许多在工作日大量饮用咖啡的人在周末会感到头痛，就可能是他们饮用咖啡因的量突然减少所致（Kendler, Myers, & Gardner, 2006; Hammond & Gold, 2008; Clayton & Lundberg-Love, 2009;

表 4.3 常见药物及其影响

药物		别名	影响	戒断症状	不良或过量反应
兴奋剂	可卡因	Coke, blow, snow, lady, crack	信心增强，情绪、活力感和警惕感上升，食欲下降，焦虑，易怒，失眠，短暂困倦，性高潮延迟	冷漠，全身疲乏，睡眠时间延长，抑郁，方向迷失，自杀念头，行为暴躁，易怒，怪诞的梦	血压上升，体温升高，多疑，行为怪诞且重复，逼真的幻觉，惊厥，可能致命
	安非他命	苯丙胺	Speed			
		右旋苯异丙胺	Speed			
镇静剂	酒精	Booze	焦虑降低，易冲动，情绪戏剧性变化，怪诞念头，自杀行为，言语不清，方向迷失，心理、生理功能迟缓，注意广度受限	虚弱，烦躁，恶心呕吐，头痛，噩梦，易怒，抑郁，极度焦虑，幻觉，癫痫发作，可能致命	精神混乱，疼痛反应降低，呼吸微弱，瞳孔放大，脉搏弱且急促，昏迷，可能致命
	巴比妥酸盐	戊巴比妥钠	Yellowjackets			
		司可巴比妥	Reds			
		苯巴比妥				
	氟硝安定	Roofies, rope, "date-rape drug"	肌肉放松，遗忘症，嗜睡	癫痫发作	癫痫发作，昏迷，瘫软，无力抵抗性侵犯
麻醉剂	海洛因	H, hombre, junk, smack, dope, crap, horse	焦虑、疼痛减轻，冷漠，注意力集中困难，言语缓慢，身体活动减少，流口水，瘙痒，欣快感，恶心	焦虑，呕吐，打喷嚏，腹泻，腰部疼痛，流泪，流鼻涕，打哈欠，易怒，战栗，恐慌，出冷汗，痉挛	意识水平降低，血压降低，心率急促，呼吸微弱，惊厥，昏迷，可能致命
	吗啡	Drugstore dope, cube, first line, mud			
致幻剂	大麻类	大麻	Bhang, kif, ganja, dope, grass, pot, hemp	欣快感，放松压抑，食欲增加，方向迷失的行为	极度活跃，失眠，食欲降低，焦虑	严重反应很少见，但会出现恐慌、妄想、疲乏、怪诞而危险的行为，睾丸酮分泌长期降低，免疫系统的影响
		印度大麻	joint, weed, bone, Mary			
		大麻油	Jane, reefer			
	摇头丸（MDMA）	Ecstasy	自我感提高，洞察力提高；和平感，同理心，充满活力	抑郁，焦虑，失眠	体温升高，记忆困难
	麦角酸酰二乙胺（LSD）	Acid, quasey, microdot, white lightning	对美的反应提高；视觉和深度觉扭曲，对面孔和姿势的敏感度提高，夸大的感觉，妄想，恐慌，欣快感	未见报道	恶心，战栗；脉搏加快，体温升高，血压升高；呼吸慢且深；没有食欲；失眠，怪诞而危险的行为

Kennedy & Haskell, 2011）。

尼古丁（nicotine）是另一种常见的兴奋剂，多见于香烟内。尼古丁的镇定作用有助于解释吸烟成瘾的原因。尼古丁对神经系统的激活机制类似于可卡因的激活机制，吸烟者会对尼古丁产生依赖，突然停止吸烟的人会对香烟非常渴望（Haberstick et al., 2007; Ray et al., 2008）。

可卡因（cocaine）及其衍生物强效可卡因"快克"（crack），也是能使人高度成瘾的药物。可卡因通过鼻腔直接吸入，或化成烟雾吸入，或直接注入血液。它会被身体快速吸收，并几乎立刻产生作用。如果可卡因的用量相对较小，它会引发心理幸福感，并让人信心增强，警觉性提高。可卡因通过神经递质多巴胺引发这种"快感"。多巴胺是一种在神经元之间传递信息，并与一般快感相关的化学物质。在正常状态下，多巴胺被释放出来后，过量的神经递质会被释放神经元再吸收。但是，当可卡因进入大脑后，它会阻断剩余多巴胺的再吸收。结果大脑里就充斥着由多巴胺引发的愉快的感觉（Redish, 2004; Jarlais, Arasteh, & Perlis, 2007）。

然而，可卡因带来的快感需要付出高昂的代价：大脑可能会遭到永久性的改变，会对药物形成心理和生理依赖，并会沉溺于无节制用药。在药物的无节制使用过程中，他们什么都不想；吃饭、睡觉、家庭、朋友、金钱甚至生存对他们而言都无足轻重。随着时间的推移，可卡因使用者的心理和身体都会逐渐恶化。在极端案例中，可卡因会引起幻觉，最常见的一种幻觉是感觉有昆虫在身上爬。服用过量的可卡因最终会导致死亡（George & Moselhy, 2005; Paulozzi, 2006; Little et al., 2009）。由于可卡因的作用很强，要戒断是非常困难的，戒断的人要经历几个不同的阶段，详见表 4.4。

安非他命（amphetamines）是一类强效兴奋剂，如俗称快速丸（speed）的苯丙胺和右旋苯异丙胺。小剂量的安非他命通过刺激中枢神经系统，能够带来活力感和警觉感、健谈、信心增强和心境"高涨"等效果，并能提高注意力、降低疲劳。同时，安非他命还会导致食欲降低、焦虑增加、易怒。如果某人长期服用安非他命，就会多疑，产生幻觉，总觉得有人要加害于他。服用安非他命的人可能会对性失去

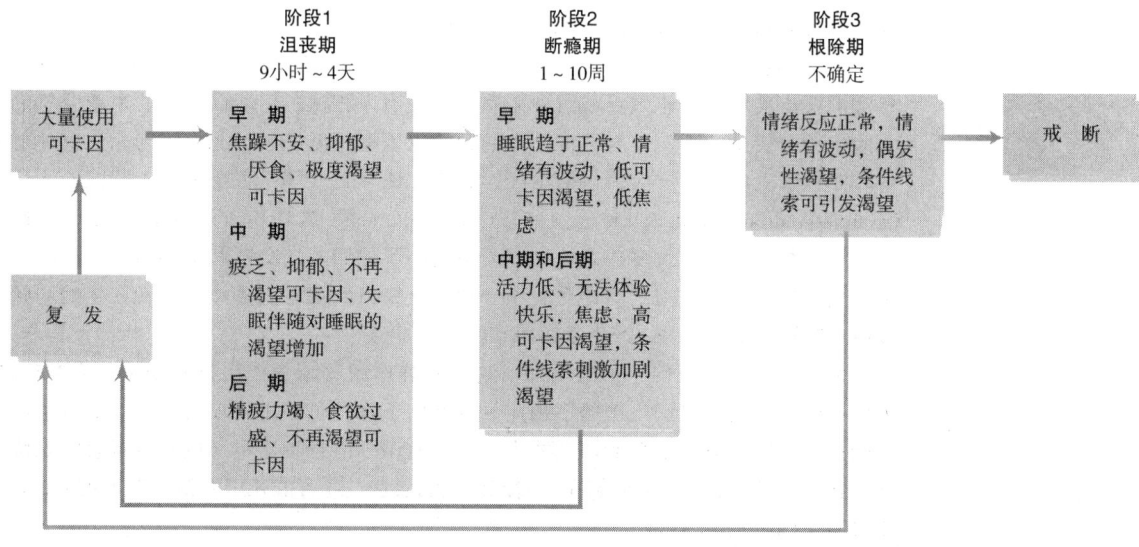

表 4.4 可卡因戒断的各阶段

兴趣。如果服用大量的安非他命，就会过度刺激中枢神经系统以致发生惊厥，甚至死亡（Carhart-Harris, 2007）。

甲基苯丙胺（methamphetamine）是一种白色晶状药物，被美国警察称为最危险的街道毒品。它成瘾度高、相对便宜，且能产生强烈的持续的快感。因它成瘾的人从中产阶级女性到都市白领再到贫穷城市里的居民，涉及社会的各个层次。成瘾后，成瘾者将更为频繁且大量地使用甲基苯丙胺。此药物的长期使用会导致大脑的损伤（Sharma, Sjoquist, & Ali, 2007; Halkitis, 2009; Kish et al., 2009）。

镇静剂

镇静剂（depressants）的作用与兴奋剂的初期作用相反，兴奋剂是增加中枢神经系统的唤醒程度，而镇静剂的作用是通过减慢神经元神经冲动的发放来阻断神经系统的功能。小剂量的镇静剂带来的结果是暂时性的陶醉感，像是一种醉态，并伴有欣喜感和快乐感。但是，如果大量使用镇静剂，使用者则会言语不清，肌肉控制不协调，运动困难。重度使用者最终可能会完全失去意识。

最常见的镇静剂是酒精（alcohol）。依据酒的销售量，14岁以上的人平均每年喝9.5升的纯酒精，这相当于每人喝了200多杯酒。尽管酒精的消耗在过去10年间稳步下降，但调查显示有超过3/4的大学生表示自己在过去的30天中喝过酒（Jung, 2002; Midanik, Tam, & Weisner, 2007）。

酒精带来的最大困扰之一是大学生高频率无节制地饮酒。对男生而言，无节制地饮酒被定义为一次喝5杯或以上；对女生而言，因为总的来讲她们的体重比男生轻，身体吸收酒精的效率较低，所以无节制地饮酒被定义为一次喝4杯或以上（Mokdad, Brewer, & Naimi, 2007; Rooke & Hine, 2011）。在大学生中，大约50%的男生和40%的女生报告自己在过去的两周内至少有过一次无节制地饮酒。大约17%的女生和31%的男生承认在过去的30天内有10次或更多次的饮酒。此外，轻度饮酒者常会受到经常饮酒者的影响：2/3的轻度饮酒者说，他们的学习或睡眠受到醉酒同学的干扰，并且有1/4的女生说，她们曾是醉酒同学的性侵犯对象（Wechsler et al., 2000, 2002; Read et al., 2008; Grucza, Norberg, & Bierut, 2009）。

虽然酒精消费很广泛，但也存在显著的种族和文化差异。例如，欧洲的青少年喝酒要比美国青少年多。与白种人和非裔美国人相比，生活在美国的东亚背景的人倾向于喝更少的酒，且与酒精相关问题的发生率更低。这可能是因为相比其他群体，酒精引发的生理反应，包括出汗、心跳加速及脸红等，更令东亚人感到不愉快（Garcia-Andrade, Wall, & Ehlers, 1997; Garlow, Purselle, & Heninger, 2007）。虽然酒精是一种镇静剂，但是大多数人认为，酒精提高了他们的社交感和幸福感。酒精的实际作用和知觉到的作用之间存在着不一致，这来自酒精对大多数饮酒者产生的初始效应：缓解紧张和压力、产生幸福感和减少压抑感。

但是，随着酒精使用量的增加，它的镇静作用逐渐变得明显起来（见表4.5）。人们可能感觉到情绪和生理的不稳定，判断力下降，可能出现攻击行为。而且，记忆受损，大脑对空间信息的加工能力减弱，言语不清且不连贯。更有甚者会陷入恍惚状态，不省人事。如果人们在短时间内饮酒过量，还可能死于酒精中毒（Zeigler et al., 2005; Thatcher & Clark, 2006）。

在美国，虽然大多数人都是偶尔饮酒，但仍然有大约1400万人有酗酒问题。酗

两小时内的饮酒量 （瓶/杯）	血液中酒精含量 （%）	典型作用
2	0.05	判断力、思维能力和约束力减弱；紧张感降低，无忧无虑的感觉
3	0.08	日常生活的紧张和压抑有所减缓；高兴
4	0.10	随意动作受影响，使得手和手臂的动作、行走及语言都变得迟缓
7	0.20	严重损伤——步态不稳、大声说话、不连贯、情绪不稳定，交通事故风险增大100倍；精力增强，攻击性倾向增强
9	0.30	大脑深部区域受到影响，刺激反应和理解混乱；昏迷；视觉模糊
12	0.40	不能完成随意动作；困倦，难以唤醒；相当于外科手术麻醉
15	0.50	昏迷；控制呼吸、心跳的中枢神经被麻痹；死亡风险增加

表4.5 酒精带来的影响

说明：一个单位的酒精指通常的12盎司（约354.83毫升）一瓶的啤酒，或1.5盎司（约44.36毫升）一杯的烈性酒，或5盎司（约147.85毫升）一杯的葡萄酒。

酒者（alcoholics）是指有酒精滥用问题的人，他们依赖酒精，即使当饮酒引起严重问题时还会继续饮酒。此外，酗酒者饮酒越多，对酒精的作用越不敏感，因此，他们必须逐渐增大饮酒量才能体验到酒精带来的正向情感。为什么有些人会成为酗酒者，并对酒精发展出耐受性？迄今还不清楚其中的原因。虽然有证据暗示可能存在遗传因素，但是，是否存在特定的引发酗酒的遗传基因仍存有争议。目前清楚的是，如果某人家族中祖辈、父辈中有酗酒者，那么其成为酗酒者的概率明显更高。然而，并非所有的酗酒者都有酗酒者近亲，在这些案例中，环境中的压力源可能是引发酗酒的更主要原因（Nurnberger & Bierut, 2007; Zimmermann, Blomeyer, & Laucht, 2007; Gizer et al., 2011）。

巴比妥酸盐（barbiturates）包括戊巴比妥钠、司可巴比妥、苯巴比妥等，是另一类常见的镇静剂。巴比妥酸盐是内科大夫常用的处方药，用于诱发睡眠或减轻压力，并可以让人产生放松感。然而，它也会让人产生心理和生理上的依赖。并且，与酒精混合使用时，还可能致命，因为这种混合使用会在很大程度上放松横膈膜肌，导致服用者呼吸停止。

氟硝安定（rohypnol）有时也被称作"约会强奸药物"，因为它与酒精混合使用时，会让受害者失去反抗性侵犯的能力。如果在不知情的情况下服用了这种药物，人会感到瘫软，甚至记不起曾受到过侵犯。

麻醉剂

麻醉剂（narcotics）是用于增加放松感、减轻疼痛和焦虑的药物。作用最强的两种麻醉剂分别是吗啡和海洛因，两者都是直接从罂粟种子的壳中提炼出来的。吗啡（morphine）在医疗上用于控制严重疼痛。尽管海洛因在美国是非法药物，但未能阻止海洛因的广泛使用。

海洛因（heroin）使用者通常采用皮下注射的方式将药物直接注入静脉，即刻产生的作用被描述成一种"冲刺（rush）"的积极体验。在"冲刺"之后，海洛因使用者会体验到一种幸福感与平和感，时间可持续长达3~5小时。但是，一旦药物的作用消退，使用者会感到极度焦虑，不顾一切地想要重复这种体验。而且，每次需要更大剂量的海洛因才能产生同样的快感。后面的这两种特性是生理、心理成瘾的必需成分：使用者要么不断注射海洛因，要么试图得到更多的海洛因。最后，瘾君子的生活会完全以海洛因为中心。

因为药物带来的强烈快感，海洛因成瘾者尤其难以治愈。临床上使用的美沙酮有一定的疗效。美沙酮（methadone）是一种人造化学物质，可以满足海洛因使用者对药物的生理需求而不带来使用海洛因产生的快感。如果海洛因使用者用常规剂量的美沙酮取而代之，他们可能会表现得相对正常。但是，美沙酮的使用存在一个重大的缺陷：虽然它消除了对海洛因的心理依赖，却使患者从对海洛因的生理依赖转向了对美沙酮的生理依赖。研究人员正设法研制化学替代品，用来替代海洛因及其他成瘾药物，但又不引起成瘾（Amato et al., 2005; Verdejo, Toribio, & Orozco, 2005; Joe, Flynn, & Broome, 2007; Oviedo-Joekes et al., 2009）。

致幻剂

蘑菇、曼陀罗和牵牛花都是非常普通的植物，然而，它们的相同之处在于它们都可以作为强效致幻剂的原料。**致幻剂**（hallucinogen）是一类可以产生幻觉，或者改变知觉过程的药物。

最常见的致幻剂是大麻（marijuana），它的活性成分四氢大麻酚（tetrahydrocannabinol, THC）可见于大麻草、干大麻花头中。大麻主要通过卷烟或烟斗吸入，也可被烹饪食用。在美国，有超过32%的高三学生和11%的八年级学生报告，在过去一年内曾经使用过大麻（Johnston et al., 2011）。

大麻对不同的人有不同的作用，但典型的作用包含欣快感和普遍幸福感。个体的感官体验似乎更逼真、更强烈，并且自我重要感也似乎得到增强。然而，它的效果并非全是积极的。大麻可能会损伤记忆，让使用者有种"飘飘欲仙"的快感。由于大麻倾向于放大所有情感，感到抑郁的人使用大麻会加重抑郁程度。

长期大量服用大麻存在很大的风险。虽然大麻本身似乎并不会引起成瘾，但是有证据表明，大麻作用于大脑的方式与其他药物（如可卡因和海洛因）作用于大脑的方式有很多相似之处。而且，有证据显示，重度使用者至少会暂时性地降低雄性激素睾丸酮的合成，潜在地影响性能力和精子数量（Lane, Cherek, & Tcheremissine, 2007; Rossato, Pagano, & Vettor, 2008）。

此外，如果妇女在怀孕期间抽吸大麻，会使孩子在出生前就接触到大麻，这可能影响孩子的一生。过度使用还会降低免疫系统的抵抗力，并增大心脏负荷，但目前我们还不清楚这些影响到底有多大。抽吸大麻还会损伤肺，它与抽香烟损伤肺的方式很相似，并会提高癌症和其他肺病的发病率（Cornelius et al., 1995; Julien, 2001; Reid, Macleod, & Robertson, 2010）。

尽管使用大麻很可能带来危险，但还没有科学证据证明，大麻使用者在停止使用大麻后，会转向使用其他更危险的药物。而且，在一些文化中，使用大麻是很常见的。例如，在牙买加，一些人养成了饮用大麻茶的习惯，这种大麻茶与宗教活动有关。此外，大麻在医疗上还具有几种用途：它能防止化疗引起的恶心，治疗艾滋病（AIDS）的一些症状，减轻脊椎受伤病人的肌肉痉挛，也可能对治疗阿尔茨海默病有所帮助。随着争议的转移（in a controversial move），尽管大麻在美国联邦立法中仍是非法的，但已有13个州规定，如果药物是由医生开的，那么它的使用就是合法的（Chapkis & Webb, 2008; Krishman, Cairns, & Howard, 2009; Baumrucker et al., 2011）。

摇头丸（ecstasy, MDMA）和麦角酸酰二乙胺（lysergic acid diethylamide, LSD, 或称"酸"，acid）也属于致幻剂类药物。这两种药物都会影响大脑中神经递质 5-羟色胺的功能，引起大脑细胞活动和感知的改变（Buchert et al., 2004）。

摇头丸使用者会报告有一种平和、宁静的感觉，体验到同理心、与他人的关联度增强，也会感到更放松，充满活力。一些研究人员发现了摇头丸使用者的记忆能力和智力测验成绩的下降，这些结果暗示，大脑中的 5-羟色胺受体可能发生了永久性的改变，但当前的研究数据还无法形成定论（Montgomery et al., 2005; El-Mallakh & Abraham, 2007; Jones et al., 2008）。

LSD 在结构上与 5-羟色胺相似，能引起逼真的幻觉，使个体对颜色、声音和形状的感知发生很大改变，以至于日常最普通的体验（如看木桌上的木疤）都能让人感动和兴奋。个体的时间知觉会被扭曲，并可能以新的方式来看待人和物。有一些使用者报告，LSD 提高了他们对世界的理解。但是，另一些人报告，服用 LSD 后所带来的体验可能是令人毛骨悚然的，尤其是那些在过去曾有过情感障碍的使用者。而且，人们偶尔还会体验到记忆闪回，在他们最初使用了 LSD 很久之后还会产生幻觉（Baruss, 2003; Wu, Schlenger, & Galvin, 2006）。

心理学与人生：辨别药物与酒精问题

目前，由药物引发的社会问题不断增多，然而，许多人并不承认自己有药物和酒精方面的问题，甚至当他们由偶尔的社交性的酒精或药物使用转变为药物滥用时，他们的好朋友及家人都可能意识不到这一点。那么，如何来识别药物使用和药物滥用呢？

如果你有下列迹象，就说明你正在把药物使用变成药物滥用（National Institute on Drug Abuse, 2000）：

总是得到飘飘欲仙的快感才会觉得愉快。
时常有飘飘欲仙的快感。
得到飘飘欲仙的快感，自己才能继续下去。
有快感才去工作或上课。
因为有飘飘欲仙的快感而缺课或旷工，或不为上课或上班做准备。
有飘飘欲仙的快感时说过的话或做过的事，过后感觉并不好。
有飘飘欲仙的快感时就想驾车。
为了得到那些药物而做违法的事。
在有快感时做的事情在其他时候不会做。
在非社交环境或孤独环境里感到有飘飘欲仙的快感。
无法停止对飘飘欲仙的快感的获得。
感觉需要喝上一杯或者服用药物才能度过这一天。
身体健康状况下降。
考试不及格或工作不合格。
时时刻刻想着酒或那些药物。
喝酒或服用那些药物时避开家人或朋友。

当你表现出以上这些症状的任意组合时，请你保持高度警惕，你可能存在严重的药物滥用问题。因为药物和酒精依赖几乎不能靠自己来治愈，怀疑自己有这种问题的人应该立刻向心理专家、医师或咨询顾问寻求帮助。

思考与应用

1. 如何理解意识？请举例说明各种意识状态。
2. 睡眠的阶段有哪些？每个阶段各有什么特点？梦发生在睡眠的哪个阶段？
3. 什么是睡眠障碍？常见的睡眠障碍有哪些，分别有哪些表现？
4. 冥想是一种什么样的状态？简要介绍不同文化背景下冥想的形式。
5. 药物滥用主要指什么？引起药物滥用的原因有哪些？药物滥用会带来哪些危害？

推荐拓展读物

1. 戴维·迈尔斯著，黄希庭等译（2019）．心理学导论：生物、发展与认知心理学（上册，第9版）．北京：商务印书馆，81~121.
2. 丹尼尔·丹尼特著，罗军译（2012）．心灵种种：对意识的探索．上海：上海科学技术出版社．
3. 伯纳德·巴尔斯著，安晖译（2014）．意识的认知理论．北京：科学出版社．
4. 桑德拉·切卡莱利，诺兰·怀特著，周仁来等译（2014）．心理学最佳入门（第2版）．北京：中国人民大学出版社，135~172.
5. 理查德·格里格，菲利普·津巴多著，王垒等译（2016）．心理学与生活（第19版）．北京：人民邮电出版社，128~156.
6. 欧尼斯特·西尔格德，理查德·阿特金森，爱德华·史密斯，苏珊·诺伦－霍克西玛等著，洪光远译（2013）．西尔格德心理学导论（插图第14版）．北京：世界图书出版公司，170~205.

第 5 章

学 习

聪明的海豚

水族馆,海豚的表演开始了。随着训练师的声声号令,它们时而直立身子在水中游走,鳍朝上一摇一摆,像是在跳舞;时而身子在水里,尾巴在外面,一晃一晃地向观众打招呼;时而还会姿态优美地钻过空中吊环,赢得观众阵阵掌声。更为惊奇的是,海豚在看到训练师展示"4+5=?"这道题时,立刻在木板上用嘴拍了9下。看到这里,我们每个人都会惊叹海豚具有如此超凡的"智慧",但殊不知海豚的才能不是天生就有的,而是艰苦训练的结果。就像我们我们人类一样,读书、打牌、开车等很多技能其实都是训练的结果,我们所有人都是通过"学习"获得技能的。因此,"学习"几乎在每个心理学专业领域中都处于核心位置。

那么,什么是学习呢?心理学家是怎样来研究学习的呢?**学习**(Learning)是指个体在一定的情境下,由于经验或练习的原因,行为或行为潜能发生较为持久的变化的过程,亦即获取知识和掌握技能的过程。经验作为学习的基本要素,属于后天培养获得的。并不是所有的行为改变都来自经验,也可能是由于成熟或疲劳等原因。心理学家对学习的研究主要有三种取向:一种学习理论用刺激和反应的联结来解释学习过程,如经典条件作用;一种研究取向把学习当作奖赏性环境对行为强化的结果,如操作性条件作用;还有一种学习理论则试图从认知和社会影响的角度来解释学习。下面我们将逐一阐述各个研究取向所取得的成果。

经典条件作用

当你看到麦当劳的 M 形标志时，你是否会感到阵阵饥饿并想起可口的汉堡包呢？如果是，那么你正表现出一种叫作经典条件作用的学习形式。经典条件作用可以解释诸如在婚礼现场看见走向新郎的新娘就想哭、怕黑及坠入爱河等许多现象。最早对经典条件作用进行研究的是俄国生理学家伊万·巴甫洛夫。

经典条件作用的原理

何谓经典条件作用

巴甫洛夫曾研究过狗在吃不同种类和数量的食物时胃酸和唾液的分泌情况。在研究过程中，他观察到一个奇怪的现象：有时狗在还没有吃到食物时，就开始分泌胃酸和唾液。仅仅看到喂食的实验员，甚至只是听到实验员的脚步声，就足以让它们分泌唾液。巴甫洛夫的非凡之处在于他能认识到这个发现的意义。他认为，狗不仅是基于生理需要（饥饿）做出的反应，这种反应也是学习的结果。他把这种学习称作经典条件作用。**经典条件作用**（classical conditioning）也叫经典条件反射，它是指这样一种学习方式——当先前不能自发引起反应（狗分泌唾液）的中性刺激（如研究员的脚步声）与天生能诱发反应（狗分泌唾液）的刺激（如食物）配对出现后，中性刺激也能引起这种反应（狗分泌唾液）。

巴甫洛夫的实验研究

为了解释经典条件作用，巴甫洛夫进行了一系列实验。在一个实验中，他把一根管子接到狗的唾液腺上以便精确测量狗的唾液分泌量。接着，他呈现铃声，几秒钟后，给狗呈现肉。铃声和肉反复配对出现，并且每次重现的间隔时间相同。起初，狗只有在呈现肉时才分泌唾液，但很快它在听到铃声后就开始分泌唾液。甚至在巴甫洛夫停止呈现肉时，狗听到铃声后仍然会分泌唾液。这时，这条狗已经形成了经典条件作用——听到铃声就分泌唾液（Pavlov, 1927）。

图 5.1 说明了经典条件作用形成的过程。经典条件作用的核心是反射。**反射**（reflex）是一种无需学习的反应，如分泌唾液、收缩瞳孔、膝跳或眨眼等，这些反应都是由与有机体生物学相关的特定刺激自然诱发的。任何能自然诱发反射行为的刺激，都叫**无条件刺激**（unconditioned stimulus, UCS），如巴甫洛夫实验用的肉。而由无条件刺激引起的反应就叫**无条件反应**（unconditioned response, UCR）——一种自然的、自发的，与先前学习无关的反射性反应。如图 5.1a，我们可以看到，除了无条件刺激（肉）以外，还有一个刺激——铃声。铃声被称为**中性刺激**（neutral stimulus）——在条件作用形成前，不能自发引起条件反应（分泌唾液）的刺激。在条件作用形成之前，无条件刺激（肉）和中性刺激（铃声）是没有联系的。

图 5.1b 说明了条件作用发生的过程。铃声每次都在肉呈现之前响起。条件作用的目的是使铃声与无条件刺激（肉）产生联系，以诱发与无条件反应相同的反应。经过铃声和肉的多次配对后，铃声单独出现也能使狗分泌唾液了。当条件作用形成后，

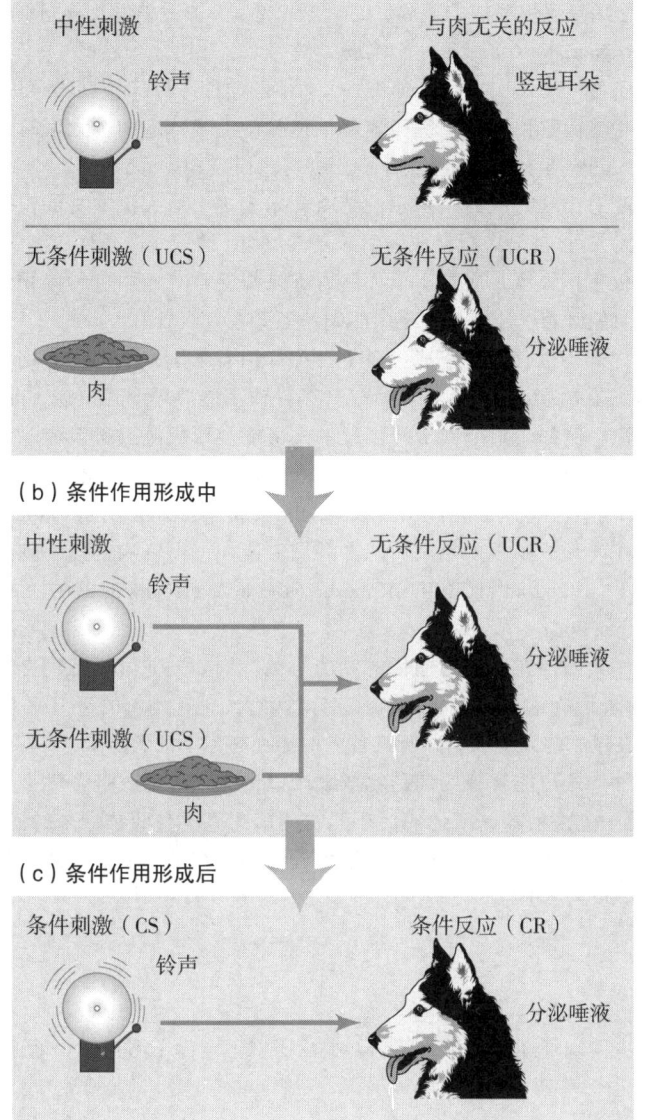

图 5.1
经典条件作用形成的基本过程

先前的中性刺激（铃声）能引起以前只能由无条件刺激引起的反应，这时铃声就从中性刺激演变为**条件刺激**（conditioned stimulus, CS）。这时，由条件刺激（铃声）引起的反应（分泌唾液）就叫**条件反应**（conditioned response, CR）。图 5.1c 描述了这种状况：条件作用形成后，条件刺激就能引起条件反应。

经典条件作用的理论可用来解释人们很多的日常行为，比如前文提到的看到麦当劳的 M 形标志时感到阵阵饥饿并想起汉堡包的例子：以前的中性刺激（麦当劳的 M 形标志）与无条件刺激（汉堡包）联系起来，使得 M 形标志成为引起条件反应（饥饿）的条件刺激。

情感反应尤其容易通过经典条件作用习得。例如，为什么有些人会发展出对老鼠、蜘蛛和其他一些实际上无害动物的恐惧呢？在一个臭名昭著的个案研究中，为了证实经典条件作用是恐惧形成的原因，心理学家约翰·B·华生及其同事罗莎莉·雷纳（Watson & Rayner, 1920）做了一个实验，使一个名叫阿尔伯特的11个月大的婴儿对大鼠形成了条件性恐惧。在这个研究中，小阿尔伯特同其他大多数婴儿一样，起初只害怕大的噪音而不怕大鼠。每当阿尔伯特触碰毛茸茸的白色大鼠时，研究者就在一旁制造很大的噪音。噪音（无条件刺激）会引起恐惧（无条件反应）。然而仅仅在噪音和大鼠配对出现几次后，阿尔伯特就开始表现出对大鼠本身的惧怕，他一见到大鼠就哇哇大哭。这样,大鼠就成为引起条件反应（恐惧）的条件刺激。并且5天后，阿尔伯特不仅害怕大鼠，而且害怕那些看起来与毛茸茸的白色大鼠相似的物体，包括白兔子、白色海豹皮外套，甚至白胡须的圣诞老人面具。

经典条件作用也会发生在成人身上。如你怕看牙医，是因为你把牙医与疼痛联系在了一起。在更为极端的案例中，经典条件作用能够导致恐惧症，即一种强烈的、不合理的恐惧。例如，某个被蜜蜂蜇过的人可能会形成昆虫恐惧症，症状可能严重到不敢离开房间的地步。创伤后应激障碍（posttraumatic stress disorder, PTSD）也可以由经典条件作用引发。一些经历过战争的老兵或有创伤经历的人常常遭受PTSD的困扰，即使在离开战场很多年之后，老兵们对诸如一声巨响这样的刺激也可能感到恐惧和焦虑（Kaštelan et al., 2007; Roberts, Moore, & Beckham, 2007; Schreurs, Smith-Bell, & Burhans, 2011）。

当然，经典条件作用也与愉悦的经历有关。例如，你可能特别喜欢某种香水或洗发水的气味，因为这种气味会使你想起你的爱人，他（她）的身上就带着这种气味。或者由于你在过去建立的联结，听某首歌曲能唤起你幸福的情绪。

经典条件作用也能解释为何药物成瘾难以治愈。药物成瘾者学会了将特定刺激（如药物用品——注射器，或他们使用药物的房间等）与药物带来的愉悦感相联结。因此，仅看到注射器或进入房间就能够引起与药物有关的反应，并对其产生持续的渴望（James et al., 2011）。

基本定律

巴甫洛夫发现了经典条件作用后，提出了以下定律：习得律、消退与自然恢复、泛化律、分化律。

习得律 习得律强调无条件刺激和条件刺激呈现的顺序和时间在条件作用形成过程中的重要性。条件作用是由一系列无条件刺激和条件刺激邻近配对建立起来的。一方面，条件刺激和无条件刺激必须同时或近于同时呈现，间隔太久则难以建立联系；另一方面，条件刺激作为无条件刺激即将出现的信号，必须先于无条件刺激呈现，否则也将难以建立联系。就像火车驶过后才亮的失灵的铁路警示灯一样，在无条件刺激之后出现的中性刺激几乎不可能成为条件刺激。但如同在火车驶过之前亮起来的警示灯才能起到警告作用一样，如果中性刺激恰好在无条件刺激之前出现，它就最容易引起条件作用。研究表明，如果中性刺激在先于无条件刺激半秒钟和几秒之间出现，则最可能成为条件刺激，这取决于条件反应的类型（Wasserman & Miller, 1997; Bitterman, 2006）。

消退与自然恢复 如果狗已经形成了铃声和分泌唾液的经典条件作用，我们在铃响

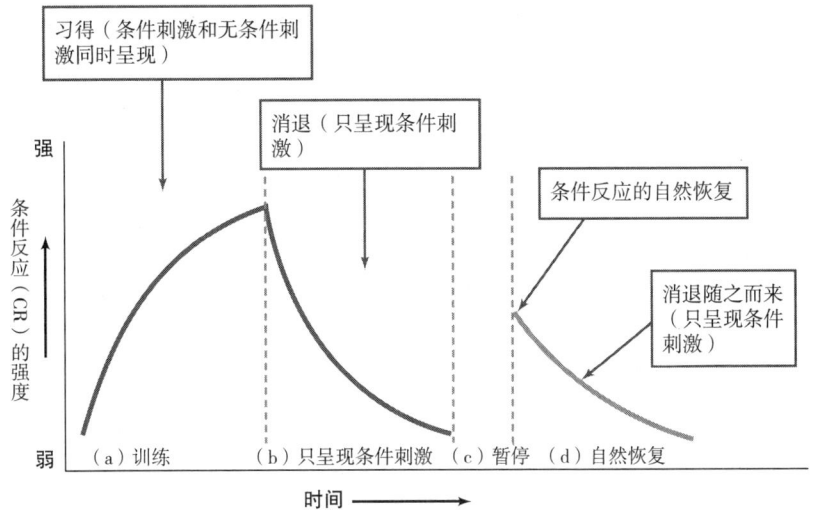

图 5.2
条件作用的消退

时不再给它食物,会出现什么情况呢?答案为学习过程的一个基本现象:消退。**消退**(extinction)是指条件作用形成后,由于未受到持续的强化而使个体条件反应的强度和频率逐渐减弱直到消失的现象。要产生消退,就需要中断条件刺激和无条件刺激之间的联结。例如,如果我们已经训练一只狗听到铃声(条件刺激)就分泌唾液(条件反应),我们也可以通过反复响铃但不给食物(无条件刺激)来形成消退。最初当狗听到铃声但没得到食物时,它会继续分泌唾液,但随着未得到食物的次数增多,唾液分泌量将下降,直至最终对铃声停止做出反应。当条件刺激反复多次不与无条件刺激一起出现时,消退就产生了(见图5.2)。

近期,有学者关注了条件性恐惧消退的研究。例如,有研究表明,在条件性恐惧的消退过程中,认知重评指导训练加快了恐惧消退,且24小时后测得的条件性恐惧程度显著较低,这说明指导性重评提高了条件性恐惧记忆的消退效率,并减弱了条件性恐惧的消退返回(廖素群,郑希付,2016)。另外,有研究表明,非条件刺激降低再评估能够有效改变条件刺激的负性效价,降低个体的恐惧反应,促进恐惧消退(杜娟 等,2015)。还有研究表明,状态焦虑抑制了被试条件性恐惧的消退,并且被试也表现出更为负性的效价评定(张予贺 等,2014)。

消退可以是一个很有益的现象。试想你在观看恐怖电影《午夜凶铃》中的女鬼从电视机里爬出来的场景时所产生的恐惧一直不消退会有什么后果?你可能每次一看到电视机就吓得发抖。一旦一种条件反应已经消退,是否它就会永远消失呢?不一定。巴甫洛夫发现,在条件反应看起来已经消退的几天后,一旦铃响,狗又会分泌唾液。这种效应被称为"**自然恢复**"(spontaneous recovery),即在经过一段时间后且没有进一步的条件作用时,已消退的行为再次出现。自然恢复也有助于解释毒瘾为什么难以克服。例如,一个以为已被"治愈"的可卡因成瘾者碰到诸如白色粉末等与毒品很相似的刺激时,会有难以抑止的再次吸毒的冲动(Rodd et al., 2004; Plowright, Simonds, & Butler, 2006; Diaz & De la Casa, 2011)。

泛化律 在经典条件作用的实验中,巴甫洛夫还发现了一个与相似性有关的现象:他的狗不仅在听到最初的条件作用形成过程中呈现的铃声时会分泌唾液,而且在听到门铃声时也会如此。这是刺激泛化的结果。**刺激泛化**（stimulus generalization）是指对一种刺激形成条件反应后，其他类似的刺激也能引起该反应的一种现象。两个刺激越相似就越有可能出现刺激泛化。前文提到的小阿尔伯特在对白色大鼠形成条件性恐惧后，进而害怕其他毛茸茸的白色物体就是由刺激泛化造成的。但根据刺激泛化原则，他不太可能害怕黑色的狗，因为它的颜色与最初引起恐惧的刺激的颜色明显不同。

虽然新刺激越像旧刺激，新反应就越像旧反应，但由新刺激引起的条件反应的强度常常不及最初的条件反应。因此，小阿尔伯特对圣诞老人面具的惧怕程度不太可能跟对大鼠一样强烈。泛化律告诉我们，即使红灯在大小、形状及玻璃罩上有细微的变化，我们在红灯处也应该停车。

分化律 如果两个刺激之间的区别足够大，以至于一个刺激会引起条件反应而另一个不会，那么我们就说刺激分化产生了。**刺激分化**（stimulus discrimination）是一种区分刺激的能力。比如，狗一听到主人的脚步声就会摇着尾巴冲过去迎接，但听到陌生人的脚步声就会狂吠不止。这时，我们就说狗区分出了主人和陌生人的脚步声。相似地，我们也能够区分狗狂吠和狗摇尾巴这两种不同的行为，从而采取相应的行为反应。

此外，巴甫洛夫认为，一个条件反应建立以后，可以通过刺激替代建立二级条件反应。如果狗已经对铃声建立了条件反应，再把铃声和闪光一起配对出现，经过几次实验后，闪光可单独诱发唾液分泌，这说明狗已经建立起更高一级的条件反应。高级条件反应在动物中很难建立并且不稳定，因为在建立过程中需要对初级条件刺激做一系列消退实验。但人类的学习已经较多地脱离了直接的生理性强化，高级条件反应的建立占主导地位，特别是语言作为第二信号系统在其中起重要作用，如"望梅止渴""一朝被蛇咬，十年怕井绳"都属于高级条件作用。

对经典条件作用的质疑

虽然巴甫洛夫曾提出假设，所有的学习都只不过是一连串的条件作用，但后续的研究并不支持他的观点。研究表明，经典条件作用只能部分解释人和动物是如何学习的，而且巴甫洛夫提出的一些基本假设也有错误（Hollis, 1997）。

首先，根据巴甫洛夫的观点，刺激和反应的联结过程是机械的、没有思维成分的。但与此相反，受认知心理学影响的学习理论家认为，学习者能主动地形成将某个特定的无条件刺激和特定的条件刺激匹配起来的理解和预期。例如，响铃让狗想到了即将到来的食物（Rescorla, 1988; Kirsch et al., 2004）。

其次，巴甫洛夫提出的习得律受到了学习心理学家约翰·加西亚（Garcia, 1990, 2003）的质疑。加西亚发现，包含人类在内的某些有机体在生理上为快速学会避开那些闻起来或尝起来恶心的食物做好了准备。例如，狗很快就能学会避开过去曾令它们恶心的腐烂食物。同样的，如果每次吃完花生几小时后，你都感到胃不舒服，那么最终你就不会再吃花生。事实上，当某种特定食物的味道与不愉快的症状（如恶心呕吐）相联系时，你可能会形成习得性味觉厌恶。如果你对花生形成了味觉厌恶，那么仅仅品尝（或闻气味，或更极端情况是看到花生）就足以产生令人不快的症状。加西亚最令人惊讶的发现是，他证明了即使腐坏食物的条件刺激与恶心反的间隔时间长达 8 小时，条件作用仍然可以形成。另外，条件作用能够持续很长时间，并且有时候仅接触一次就可以形成。

加西亚的发现有很重要的现实意义。比如，为了防止乌鸦偷蛋，农场主可以在蛋壳上涂上化学药物，并把它放在乌鸦能找得到的地方。这种药物可以使乌鸦暂时生病，但不会造成长期的伤害。一旦接触过这种带药的蛋，乌鸦就不再觉得蛋很美味了（Cox et al., 2004; Baker, Johnson, & Slater, 2007; Bouton et al., 2011）。

你想了解自己吗：测测你的学习方式

对下列各题做出"是"或"否"的回答

　　　　　　　　　　　　　　　　　　　　　　　　　　　　　　　　是　否

1. 考试时，你刚一看过题目就马上答卷吗？
2. 你觉得出声朗读比默读更容易记住吗？
3. 在做计算题时，你是边分析题意边做的吗？
4. 在听收音机或录音带时，你眼前会浮现出形象的画面吗？
5. 在接连解题时，你是否精神涣散、注意力不集中？
6. 学习时，你一看图解和表格，就能容易地记住吗？
7. 你是否因为自己怕羞而认为自己不好？
8. 你是否认为看课本和参考书比听人讲解更容易理解？
9. 你是否从事情的结果上来判断事情的好坏？
10. 你看过课本上的插图和表格之后，它们会清楚地浮现在你眼前吗？
11. 你是否不注意生活细节，举止随便？
12. 你对你的英语听力很得意吗？
13. 你是否先判断问题的对错，再着手解决？
14. 你在记歌词时是否认为听唱片或磁带比看文字更易记住？
15. 你是否总把失败放在心上？
16. 你是否感到会读的汉字或英语单词比不会读的更易记住？

评分规则：

第 2、3、4、7、12、13、14、15、16 题选"是"记 0 分，选"否"记 2 分；其他题目选"是"记 1 分，选"否"记 0 分。将题号为偶数的题目得分相加，另将题号为奇数的题目得分相加。其中偶数题测的是记忆型学习方式，奇数题测的是认知型学习方式。

**你的偶数题得分　　　　**

0~4 分：说明你的记忆型学习方式为听觉型，即你的听觉记忆占优势，相比看过的东西，更容易记住听过的东西。
5~8 分：表明你的记忆型学习方式为中间型，即介于听觉型和视觉型之间。
9~13 分：表明你的记忆型学习方式为视觉型，即你的视觉记忆较听觉记忆好，相比听过的东西，更容易记住看过的东西。

**你的奇数题得分　　　　**

0~3 分：表明你的认知型学习方式为熟虑型，即解决学习中的问题时倾向于深思熟虑，不草率行事。
4~8 分：表明你的认知型学习方式为中间型，即介于熟虑型和冲动型之间。
9~12 分：表明你的认知型学习方式为冲动型，反应敏捷、迅速，但往往考虑不周，错误较多。

操作性条件作用

非常好，真是个好主意，太妙了，我同意，谢谢你，很优秀，超级棒，真好……我们绝大多数人都乐于接受这样的赞美与肯定。通过一个叫作"操作性条件作用"的过程，这些赞美与肯定能用来引发显著的行为变化，教授复杂的技能。对于大多数人和动物来说，操作性条件作用是一种基本的学习方式。经典条件作用中的初始行为是对诸如食物、水、疼痛等刺激的自然生理反应。与经典条件作用不同，操作性条件作用适用于随意反应，这个反应是有机体为了获得所期待的结果而有意进行的。下面我们将进一步了解操作性条件作用的原理及行为塑造的规律。

操作性条件作用的原理

何谓操作性条件作用

操作性条件作用（operant conditioning）也叫作操作性条件反射，指一种在刺激控制下形成操作性反应的条件作用，即通过将随意操作和奖赏联系起来以引出特定操作。当我们说强化或减弱某一反应时，就意味着让其更多或更少地有规律地再现。术语"操作"强调一点：有机体"操作"环境来产生期待的结果。当我们了解勤奋能带来奖赏或努力能取得好成绩时，操作性条件作用就在起作用。操作性条件作用的例子有很多：比如当一个小孩把自己的苹果分给其他小朋友而受到家长表扬时，这个表扬就是一种强化，使得这个小孩下次有了东西还会跟他人一起分享，因为他知道这种行为是会受到赞赏的。而很多大人在帮助儿童养成良好的生活习惯时，通常都会给孩子一点好处，比如用糖果来进行强化。再比如很多大学新生经过激烈的高考竞争，进入大学后，往往会出现学习懈怠、动力不强的情况。出现这种情况的原因是多方面的，但很重要的一条是因为在中学时，他们知道刻苦学习获得好成绩才能读大学，而学校也会安排各种各样的模拟考试来强化学生这种勤奋学习的行为。但在大学这个没有升学压力、较宽松的环境中，某些内部动力不强的大学生失去了考试的强化，其学习行为就大打折扣了。操作性条件作用的基本原理是20世纪最有影响力的美国心理学家B.F.斯金纳通过动物实验揭示的。

斯金纳的实验研究

斯金纳的研究是建立在心理学家爱德华·L·桑代克（Edward L. Thorndike）的研究基础之上的。首先，我们看看桑代克以猫为研究对象所做的实验。设想一下，你把一只饥饿的猫放进一只笼子里，在笼外猫恰好够不着的地方放一小片食物，猫获得食物的唯一办法就是逃出笼子。开始，猫可能拼命抓笼子或使劲推笼门想要出去。而你暗中控制了猫是否能出去，只要猫踩到笼子里的一个小踏板，就能打开笼门的弹簧锁，离开笼子。当猫在笼子里四处乱窜时，它可能碰巧踩到踏板，从而打开门，并吃到食物。如果你把猫再次放回笼子会出现什么情况呢？这一次，猫可能会花相对较少的时间踩压到踏板并逃出来。重复几次后，一把猫放进笼子，它就会有意地踩压踏板以逃出来。根据桑代克的观点，这时猫已经学会了把踩压踏板和得

图 5.3
斯金纳箱

到食物这个结果联系起来。桑代克用"**效果律**"（law of effect）来总结这种关系：能引起满意结果的反应更可能得到重复。桑代克认为效果律与秋天树叶下落一样，是自动运作的。有机体不必理解反应与奖赏之间的联结，相反的，随着时间和经验的积累，有机体会无意识地将刺激与反应直接进行联结。桑代克的早期研究为斯金纳的研究做了铺垫。

为了说明斯金纳的理论，让我们看看斯金纳箱里的老鼠做了些什么。斯金纳箱（见图 5.3），是一个用来在实验室里研究动物的操作性条件作用过程的高度控制化的环境。桑代克的目的是让他的猫学会离开笼子获得食物，与之不同，斯金纳箱里的动物则需要学会通过操作笼中的环境来获得食物。斯金纳旨在阐明行为如何依据环境的改变而变化。假设你想教会一只饥饿的老鼠在箱子里按压杠杆。起初老鼠会在箱子里四处乱跑，以一种相对随机的方式来探索周围环境。某一刻，当它偶然接触到杠杆时获得了一颗食丸。第一次，老鼠并不知道按压杠杆和获得食物间的联系，不断地在箱子里四处乱转。迟早，它会再次接触到杠杆，并获得食丸。接下来我们就会发现，老鼠按压杠杆的频率会上升。最后，老鼠会不断按压杠杆来充饥，这说明它已经学会了一件事——获得食物取决于是否按压杠杆。

斯金纳把导致老鼠不停按压杠杆的过程称为"强化"。**强化**（reinforcement）是指刺激增加了先前行为再次出现的可能性的过程。换句话说，由于食物这个刺激，老鼠更容易出现按压杠杆这个行为。此时，食物被称为强化物。**强化物**（reinforcer）是指增加了先前行为再次出现的可能性的刺激。因为食物增加了老鼠按压行为（通常叫按压反应）再次出现的可能性，所以它是强化物。

哪些刺激能充当强化物呢？奖金、玩具、好分数等都可以成为强化物，如果它们能加强发生在它们出现之前的反应的频率的话。什么东西能成为强化物还依赖于个人的偏好。虽然对某个人来说，巧克力能成为强化物，但一个不喜欢巧克力的人则可能更希望得到现金。判断一个刺激能否成为某个有机体的强化物的唯一方法，就是观察呈现这个刺激后，先前行为发生的频率是否会提高。

强化物可分为初级强化物和次级强化物。**初级强化物**（primary reinforcer）与个体的先前经验无关，它满足个体的某些生理需要，并自发地起作用。食物对于饥饿的人、温暖对于寒冷的人、解脱对于痛苦中的人都被归为初级强化物。相反，**次级强化物**（secondary reinforcer）是由于与初级强化物相联系而具有强化作用的刺激。例如，我们之所以知道钱是有价值的，是因为它可以使我们获得我们想要的东西，这些东西包括食物和住所等初级强化物。这样，钱就成为次级强化物（Moher et al., 2008）。次级强化物构成了代币制（token systems）的核心。代币制是用象征钱币、奖状、奖品等的标记物为奖励手段来强化良好行为的一种行为治疗方法，它有时被用于某些心理障碍的治疗。在代币制中，患者会因表现出良好的行为而被奖励扑克筹码等代币物。这一代币物就是次级强化物，它可兑换诸如小吃、游戏或金钱等需要的东西。

目前，神经科学家正开始探索强化物的生理基础。例如，我们知道神经递质多巴胺（具体讨论见第2章）在行为强化方面有着重要的作用。当我们接触某种特定刺激时，大脑某区域会产生大量的多巴胺，从而引发愉悦感，而愉悦感又会进一步强化之前的行为（Nargeot & Simmers, 2011; Trujillo-Pisanty et al., 2011）。

强化原理

"强化"是操作性条件作用的核心概念。下面是关于强化的有关原理。

正强化、负强化和惩罚 **正强化**（positive reinforcement）是指这样一种强化作用：任何一种刺激出现在个体反应之后，有助于增加个体以后在相同的情境中再次出现该反应的可能性。这里所说的刺激即为**正强化物**（positive reinforcer），它的出现增加了先前反应再次发生的可能性。如果个体在某个反应后得到食物、水或表扬，那么这个反应就更可能在今后出现。例如，工人在周末得到报酬就会增加他们下周继续工作的可能性。相反，**负强化**（negative reinforcement）是这样一种强化形式：任何一种令人不愉快的刺激在个体表现出某种反应时（或反应之后）停止或消失，会增加该反应在今后再次发生的可能性。这里所说的刺激即为**负强化物**（negative reinforcer），和正强化物一样，负强化物也增加了先前行为再次发生的可能性。比如，你患了感冒（一个令人不愉快的刺激），当你吃了某种药以后，感冒症状减轻了，当你再次感冒时，你就更可能吃这种药。这里，服药就是负强化过程，因为它减轻了令人不快的感冒症状。与此相似，如果手机音量高得刺耳，你可能就会调低音量来解决这个问题。降低音量就是负强化，在今后你会倾向于重复这种反应。因此，负强化教会人们采取行动消除环境中的负性刺激。

惩罚（punishment）是指某刺激降低先前反应再次出现的可能性。惩罚与负强化不同。例如，如果我们接受电击是为了减少某一特定行为，那么我们这时是在接受惩罚；但如果我们正在被电击，做某事可以停止电击，那么该行为则被认为是得到了负强化。在第一种情况下，特定行为会因为惩罚而倾向于减少；在第二种情况下，由于负强化，特定行为可能会增加。

惩罚也有两种类型：正惩罚和负惩罚。正惩罚通过引入令人不愉快的刺激来削弱反应，例如，小孩因做错事而被打屁股，或成人因犯罪而被监禁10年，这些都是正惩罚。相反，负惩罚则通过消除令人愉快的刺激来削弱反应，例如，因青少年学习成绩差而不再让他开私家车，或者企业员工因其较低的工作评估而被降职，薪水也减半，这些都是负惩罚。正惩罚和负惩罚都会导致先前行为重复出现的可能性降低（图5.4有助于区分这些概念）。

惩罚是改变行为的有效方法吗？对于那些继续发生就可能给个体带来危险的行为，惩罚是改变它们的最快途径。例如，父母可能不会有第二次机会来警告孩子不要在拥挤的马路上横冲直撞，所以当这种行为第一次出现时就给予惩罚可能是明智之举。此外，用惩罚来压制某些行为，甚至只是暂时性的压制，也为强化人们随后以更为恰当的方式行事提供了机会。在一些罕见的情况下，惩罚可能是治疗某些严重障碍的最人性化的方法。例如，一些孩子患有孤独症，这种心理障碍会使他们用抓伤自己的皮肤或用头撞墙的方式来虐待自己，这一过程严重地伤害了他们自己。在这种极端情况下，并且其他治疗方法均无效时，可用快速的强电击作为惩罚来防止这种自伤行为。但这种惩罚只是为了确保孩子的安全，并为采取正强化争取时间（Ducharme, Sanjuan, & Drain, 2007; Matson & LoVullo, 2008; Humphreys & Lee, 2011）。

惩罚因其本身的一些缺点和不足而受到质疑。一方面，惩罚经常没有效果，尤其当惩罚不是在不良行为出现后很快给予时，或是个人有能力逃避惩罚时更是如此。如被老板责骂的员工可能会提出辞职，不能使用家里汽车的青少年可能会借朋友的车开。在这些例子里，受到惩罚的行为可能会被更不良的行为所代。更糟的是，体罚可能传递出这种信息：身体攻击是被允许的，甚至可能是受人赞许的。一个因儿

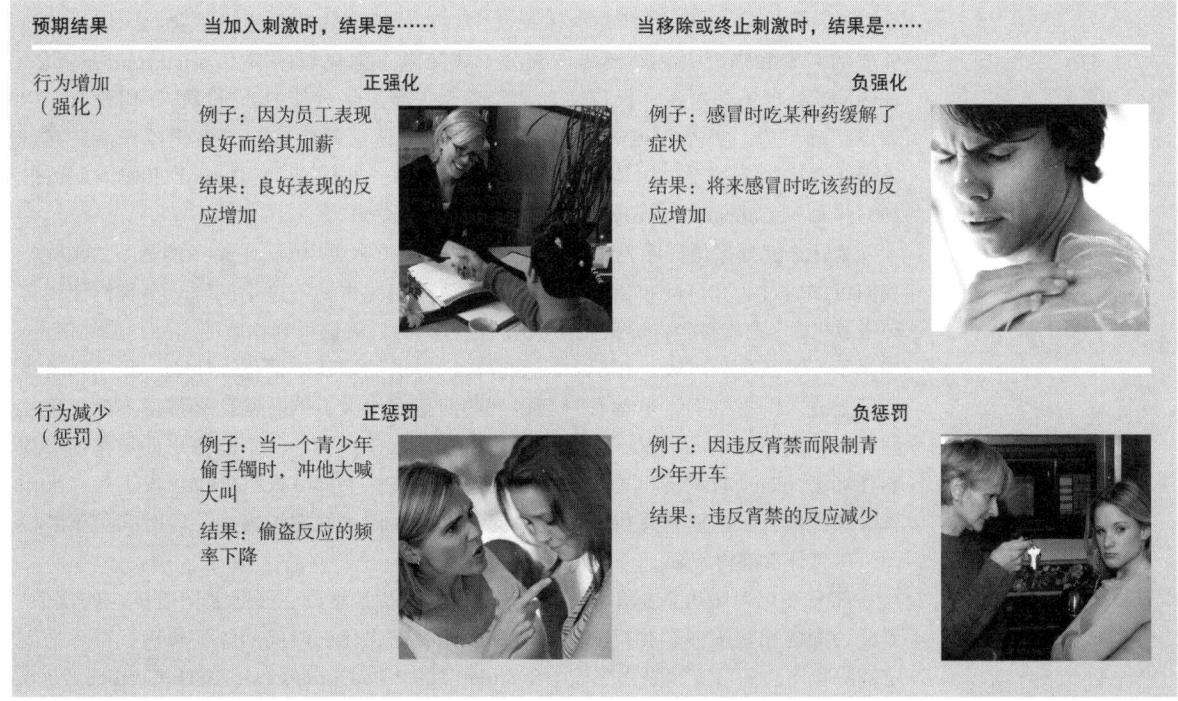

图 5.4　强化和惩罚的类型

子的过失而打骂儿子的父亲告诉儿子，攻击行为是成人的正当反应。很快儿子就可能会模仿父亲的行为去攻击他人。而且，人们往往是在生气和愤怒时采用体罚，在这种情绪状态下，人们不太可能清楚自己在做什么或很好地控制自己的行为。最终，那些诉诸体罚的人们将有可能被他人所畏惧。同时，接受惩罚者如果不能理解自己受到惩罚的原因，他们的自尊也会因为受到惩罚而降低（Leary et al., 2008; Zolotor et al., 2008; Miller-Perrin, Perrin, & Kocur, 2009; Smith, Springer, & Barrett, 2011）。

最后，惩罚没有传递任何有关什么是更恰当的替代行为的信息。为了带来更恰当的行为，惩罚必须伴随着关于被惩罚行为的具体信息，以及关于更恰当行为的具体建议。对上课看窗外的孩子仅仅进行惩罚只会让他改为看地板。如果我们不教给他恰当的反应方式，惩罚只会使他用一种不良行为来代替另一种不良行为。如果惩罚不伴随对随后更恰当行为的强化，就基本不会有什么效果。简而言之，强化理想的行为是比惩罚更适宜的改变行为的技术。无论在什么领域，强化通常都比惩罚效果更好（Pogarsky & Piquero, 2003; Hiby, Rooney, & Bradshaw, 2004; Sidman, 2006; Hall et al., 2011）。

强化程序表　在现实生活中，我们会发现很多行为即使没有得到直接的强化也会持续下去。你能想象如果魔术师第一次失手就不再表演，渔夫撒了一网没打到鱼就返回港口，推销员第一次遭到拒绝就退还所有样品，世界会变成什么样吗？这些没有得到强化的行为通常会更频繁和持久地继续下去，这表明需要学习和维持的行为并不需要持续不断地获得强化。实际上，偶尔获得强化的行为最终会比总是得到强化的行为学习效果更好。

我们把对恰当的行为进行强化的频率和时间称作**强化程序表**（schedules of reinforcement）。强化程序表可分为两大类：一类叫作**连续强化程序表**（continuous reinforcement schedule），即在个体每次出现正确反应之后都提供强化物，以增加该反应的频率和强度；另一类叫作**部分（或间歇）强化程序表**（partial reinforcement schedule），即不是对每一次反应都给予强化，而只是对其中部分反应予以强化，以加强正确反应。虽然在连续强化程序表下的个体学得更快，但强化停止后，在部分强化程序表下的个体习得行为的保持时间更长（Staddon & Cerutti, 2003; Gottlieb, 2004; Casey, Cooper-Brown, & Wacher, 2006; Reed, 2007）。

为什么部分强化程序表比连续强化程序表能带来更牢固、更持久的学习效果呢？我们可以通过研究自动售货机和博彩机的使用情况来回答这个问题。当我们使用自动售货机时，先前经验告诉我们，每次放进适当的钱就会得到相应的商品。换句话说，这属于连续强化程序表。相反，一个博彩机提供的是部分强化程序表。我们知道当把现金放入博彩机后，虽然有时会得到些回报，但大多数时候什么都得不到。现在假设在我们不知道的情况下，自动售货机和博彩机都坏了，不能售出任何东西。我们往坏了的自动售货机里扔硬币的时间不会太长，大部分人可能仅仅投了两三次币就厌烦地离开了。但博彩机这边的情况不同，我们可能在相当长一段时间里不断投币，尽管什么都得不到。

部分强化程序表依据不同标准，又可进行以下分类：根据强化前反应的次数，可分为固定比率程序表和可变比率程序表；根据强化前时间间隔的长短，可分为固定间隔程序表和可变间隔程序表（Svartdal, 2003; Pellegrini et al., 2004; Gottlieb, 2006; Reed & Morgan, 2008; Miguez, Witnauer, & Miller, 2011）。

固定比率程序表（fixed-ratio schedule）是指个体仅在做出一定数量的反应之后才得到强化。例如，老鼠在每按压杠杆 10 次后才能得到一颗食丸，这时的强化比率是 1:10。与此相似，制衣工也是按固定比率程序表受到强化：他们每缝制一件衬衫就得到一定的报酬。由于更高的生产率意味着更多的强化，固定比率程序表使人们倾向于尽可能快地工作（见图 5.5）。

可变比率程序表（variable-ratio schedule）指强化出现前的反应数量不是固定的，而是可变的。虽然引起强化的必要反应数是可变的，但通常围绕一个特定的平均数上下起伏。可变比率程序表的一个典型例子是电话销售员的工作，他们通过给潜在的消费者打电话来推销商品。虽然他们不是拨打每个电话都能将商品卖出去，但平均有 20% 的成功率。在这种情况下，你可能会预测到，电话销售员会尽量在短时间内打尽量多的电话。这跟所有的可变比率程序表的例子一样，它会导致高频率的反应和消退前较长的持续时间。

与固定比率程序表和可变比率程序表不同，区分固定间隔程序表和可变间隔程序表的关键因素不是反应数，而是个体得到奖赏所间隔的时间。**固定间隔程序表**（fixed-interval schedule）是指只有在一段固定的时间过去后才提供强化的方式。固定间隔程序表的一个例子就是周薪制。对于那些每周定期得到报酬的人来说，所得报酬与他们每周的工作产出基本无关。因为固定间隔程序表中两个强化间的时间间隔是固定的，所以整体反应率相对较低，尤其是在刚刚得到强化后，距离下一次强

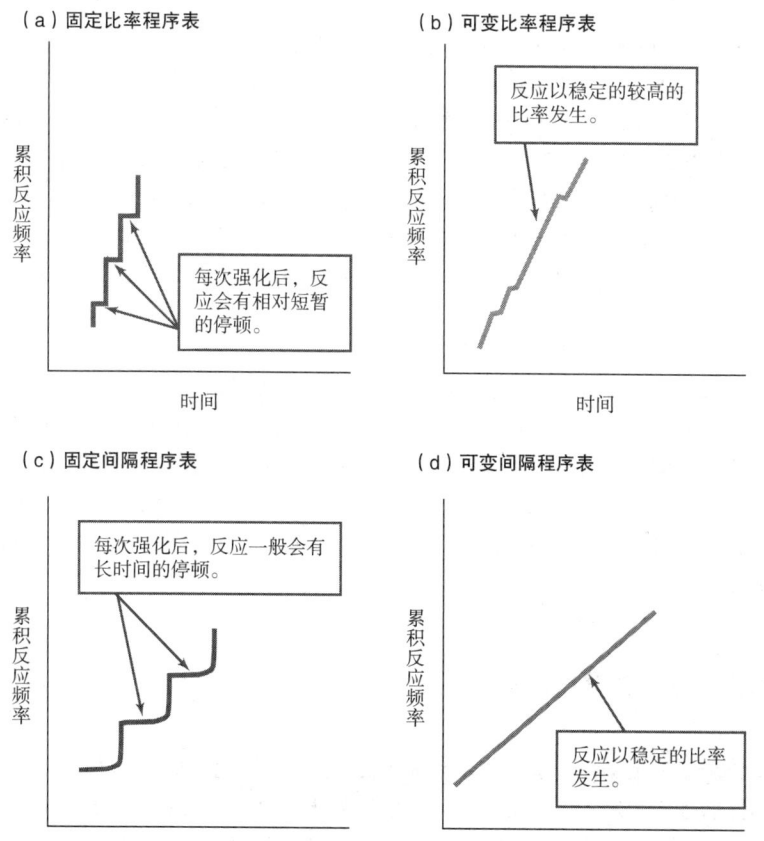

图 5.5

不同强化程序表产生的结果

化时间还比较久的情况下更是如此。学生的学习习惯就是这个现象的生动例证。如果从学习到考试之间的时间间隔较长（意味着好的行为得到强化的机会不常有），学生通常就会很少或者完全不学习。但在考试前，学生们开始临时抱佛脚，这以他们的学习反应率迅速提高为标志。如你所见，考试一结束，学习反应率又会迅速下降，很少有人会在考试后还看书（Saville, 2009）。

在**可变间隔程序表**（variable-interval schedule）这种强化程序中，强化之间的时间间隔是围绕某个平均值变化的，而不是固定不变的。一般来说，可变间隔程序表比固定间隔程序表更容易塑造相对稳定的反应率，在强化结束后，这些反应要过更长的时间才会消退。

在可变间隔程序表里，强化之间的时间间隔围绕某个平均值波动，是不固定的。比如，一个教授从 3 天 1 次到 3 周 1 次，平均 2 周 1 次不定期地向学生提问，他就使用了可变间隔程序表。与使用固定间隔程序表形成的学习习惯相比，学生在可变间隔程序表下形成的学习习惯将会有很大不同。这些学生将更倾向于定期学习，因为他们不知道下一次的提问什么时候到来。

分化和泛化

在日常生活中，儿童很快就能学会在十字路口"红灯停，绿灯行"的规则。同样的，实验室中的鸽子也能学会在绿灯亮起时啄钥匙，而红灯亮起时则不啄。与经典条件作用一样，操作性学习也涉及分化和泛化。人们学习区分刺激的过程叫作**刺激控制训练**（stimulus control training）。在刺激控制训练中，一种行为在某个特定刺激出现时得到强化，而这个刺激不出现时则该行为得不到强化。例如，许多人遇到的最困难的分化之一是，区分他人的友善仅仅是一种友好行为，还是有特殊好感的信号。人们学会了通过观察诸如眼神交流增多、触摸等表示特殊好感的非言语线索来进行区分。如果缺乏这些线索，人们就知道了他人没有表示特殊好感。在这个例子中，非言语线索充当了一个区分性刺激，一个有机体在刺激控制训练中学会对其做出反应。一个区分性刺激意味着反应可能会得到强化。例如，如果你一直等到你的室友心情好时，才向她借她喜欢的唱片，那么你的行为就可以说处于刺激控制之下，因为你学会了区分她不同的心情。

与经典条件作用一样，操作性条件作用中也有刺激泛化现象，即有机体学会对一个刺激产生一种反应后，对与此有少许差别的刺激也做出同样反应的现象。如果你曾在某个情景下因为表现得有礼貌而得到了自己想要的东西（强化了你的礼貌行为），那么你很可能会把这种反应泛化到其他情景中去。但有时，刺激泛化也会带来不幸的后果，如一些人因为跟某个种族的人有过不愉快的经历，而消极对待这个种族的所有人。

操作性条件作用的应用

想象一下运用操作性条件作用来教人们修理汽车变速器的困难性。如果你不得不等到他们碰巧修好了一个变速器才给他们强化，那么，这辆福特老爷车在他们掌握修理技术之前早就更新换代了。诸如汽车维修、动物园管理之类的复杂行为，我们并不会期望它们作为人们的自发行为而自然地发生。对于这些似乎没有机会获得强化的行为（因为它们不会自发地出现），我们可以利用"行为塑造"的方法来对个体进行训练。**行为塑造**（shaping）是运用操作性条件作用原理，以渐进的方式建立个体新行为的一种技术。在行为塑造的最初阶段，强化任何与你想要的行为相似的行为。然后，强化与你最终想要的行为更为接近的行为。最后，只强化理想的反应。行为塑造的每一步都使得人们将新学到的内容和以前学过的行为联系起来（Krueger & Dayan, 2009）。

从狮子跳圈到海豚营救落水者，行为塑造甚至可以让低等动物学会这些永远也不会自然发生的复杂反应。行为塑造同样也是人类习得许多复杂技能的基础。比如，大部分教科书的结构是基于行为塑造的原理设计的。通常，新学习材料的呈现是建立在先前学过的概念和技能基础上的。正是因为这个道理，我们在学习过更为基础的操作性条件作用原理以后，才进行行为塑造这一概念的学习（Meyer & Ladewig, 2008）。

然而，我们并不能训练所有物种同等程度地学会所有的行为，因为动物具有**生物制约性**（biological constraints），即物种的遗传天赋所带来的学习上的限制。在某些情况下，有机体在学习某种行为时会显现出特别的天赋（如麻雀啄食的行为）。而其他情况下，生物制约性会阻碍或抑制有机体习得某种行为。例如，训练猪捡起盘子是不可能的，因为它们在生物学上被设计成沿着地面向前拱物体。同样，尽管浣熊能够条件化地将硬币扔进储存罐，但它只有在用储存罐外壁摩擦硬币之后才会这么做。原因是什么呢？这是因为它们抓住鱼之后，会本能地将鱼在地上摩擦来去除它们的外皮（Breland & Breland, 1966; Stevens & Pashler, 2002）。

生物制约性的存在与行为的进化论解释一致。显然，这有适应上的好处，能迅速地学会或避免某种行为的有机体更易于存活。例如，我们迅速学会不要接触烫的东西的能力提高了我们的存活机会。还有其他事实也支持生物制约性的进化论解释：动物最容易学会的联结涉及与他们生存的特定环境最为相关的刺激（Cosmides & Tooby, 2004; Davis, 2007; Behrendt, 2011）。而且，一些持进化视角的心理学家认为，我们可能从基因上先天害怕某些刺激，如蛇。蛇之类的刺激对早期的人类是潜在的威胁，因此在人类的大脑中可能进化出了对这类威胁很敏感的"恐惧模块"，但这种观点仅仅是推测。

认知-社会学习

显然，并不是所有的学习都能归结为经典条件作用或操作性条件作用。某些学习必然包括记忆、思维等高级信息加工过程。如人们学习驾驶的过程就既不能解释为机械的、自动获得的刺激和反应间的联系，也不能解释为强化的过程，因为如果等人们偶尔踩到汽车油门发动了汽车才知道发动汽车的方法，那么他们学会开车的时间都能用来造辆新车了。所以我们可以从思维加工、认知的角度来研究学习，这种研究取向被称为认知-社会学习理论。**认知-社会学习理论**（cognitive-social learning theory）关注构成学习的思维过程。虽然持认知-社会学习取向的心理学家不否认经典条件作用和操作性条件作用的重要性，但他们发展起来的理论更侧重于学习中发生的无形的心理加工，而不只是关注外在刺激、反应和强化。

心理学与人生：行为分析和行为矫正的应用

一对在一起生活了三年的夫妻开始频繁地吵架，吵的内容从谁去刷盘子这样的小事到爱情生活的质量。生活变得一塌糊涂，于是他们找到了行为矫正专家黄老师。黄老师让他们详细记录随后两周内双方的互动。两周后，黄老师仔细地翻阅了他们的互动记录，发现了这样一种模式：双方中的任一方不做家务（例如不洗碗或将衣服放在卧室的椅子上）时，就会发生争吵。因此，黄老师让他们列出所有家务，并依据完成时间的长短给每项家务打分。然后，黄老师让他们平均分配家务，并以书面形式保证完成任务。若一方不能完成某一项，则需要支付给对方每分十元的酬劳。他们也同意当对方完成任务后口头表扬对方。一个月后，他们发现争吵的次数明显减少。

夫妻减少争吵的例子为行为矫正提供了范例。**行为矫正**（behavior modification）是一种提高理想行为频率，并降低非期望行为频率的形成性技术（formalized technique）。行为矫正技术使用的是学习理论的基本原理，已被证实适用于多种情景，例如帮助严重精神发育迟滞的人开始自己穿衣、吃饭。行为矫正技术还能帮助人们减肥、戒烟和更安全地行动（Delinsky, Latner, & Wilson, 2006; Ntinas, 2007; Carels et al., 2011）。

行为分析技术像下面列出的矫正行为的过程一样丰富多样。它们包括：强化程序表、行为塑造、泛化训练、分化训练和消退。但行为改变计划的参与者一般按照下列步骤进行。

1. 确定目标和靶行为。第一步是确定理想行为。是增加学习时间、减轻体重、多练习某种外语，还是减少孩子的攻击行为？这些目标必须用可观察的方式表述出来，并且必须指向具体的靶行为。例如，目标是增加学习时间，那么靶行为就可能是每天至少学习两小时，周六至少 1 小时。
2. 设计数据记录系统，并记录初始数据。要判断行为是否已经改变，在任何改变形成前收集数据都是必要的。这些信息为未来测量哪些行为有变化提供了一个基准。
3. 选择一个行为改变策略。最关键的一步是，选择一个恰当的策略。由于所有的学习规律都可用来引起行为改变，所以通常使用"一揽子"策略。这可能包括对理想行为进行系统的正强化（如言语赞赏，或更实际的东西——食物），以及消退不良行为的计划（不理乱发脾气的孩子）。挑选正确的强化物很重要，并且有必要做个小实验来发现对个人来说什么是重要的。最好不要威胁，因为仅仅只有惩罚的话，将很难有效地引起长期的行为变化。
4. 执行计划。执行计划最重要的一点是坚持。确保强化的是想要的行为，同样也很重要。例如，母亲想让她的女儿花更多的时间做功课，但孩子一坐下开始学习，就要吃饼干。如果母亲给了她饼干，就强化了女儿的拖延诡计，而不是她的学习行为。相反，这位母亲应该告诉她，当她学习满两小时后会给她饼干，这样饼干就成为学习的强化物。
5. 认真记录计划的执行情况。另一个重要任务是做记录。如果靶行为没有被监督，就无从知道这个计划是否真的成功。我们建议参与者不要靠记忆，因为记忆错误是很常见的事。
6. 评估和改变进行中的计划。最后，将计划执行的结果与计划执行前的数据进行比较，查看计划执行是否有效。如果计划是成功的，所采用的程序可以逐步取消。例如，如果一个计划要求每次从卧室的地上捡起衣服就进行强化，那么这个强化程序可以修改为每三次强化一次。但是，如果计划不能成功引起期望的行为变化，那么考虑换种方法可能是明智的。

行为改变技术以这些一般原理为基础，已取得广泛的成功，并被证实为行为矫正中最有效的方法之一。很明显，我们可以用学习理论最基本的概念来改善我们的生活。

潜在学习

一系列动物实验揭示了一种叫作潜在学习的认知-社会学习方式。**潜在学习**（latent learning）是美国心理学家托尔曼等人发现的一种学习现象。个体在学习过程中，每一步都在学习，只是在某一阶段其学习效果并未明确显示，其学习活动处于潜伏状态（Tolman & Honzik, 1930）。简单地说，潜在学习是在没有强化的情况下发生的。在研究潜在学习的实验里，心理学家研究了老鼠在迷宫（如图5.6a所示）里的行为。在这个实验里，第一组老鼠在迷宫里乱跑，当它们碰巧跑出迷宫时也得不到任何奖赏（即未受到奖励的控制组）。每天进行一次实验，共持续17天。结果是，这些老鼠犯了很多错，并花了相对较长的时间才到达迷宫终点。第二组老鼠在到达迷宫终点时总能获得食物奖赏（即受到奖励的控制组）。毫不奇怪，这些老鼠学会了迅速、直接地跑向食物箱，而且犯的错很少。第三组老鼠仅仅在前10天得不到跑出迷宫的奖赏，第11天，实验引入一个关键的操作：从这一天开始，这组的老鼠如果跑出迷宫就会得到食物。这个操作的结果是非常惊人的，先前没有受到奖赏而无目的地乱跑的老鼠，表现出了明显的跑动时间和错误率的下降，它们的行为水平几乎立刻赶上了从一开始就获得奖赏的第二组老鼠，详见图5.6b。认知-社会学家认为，很明显，未获得奖赏的老鼠早在它们四处探察的时候就学到了迷宫的布局。但直到强化物出现后，才表现出它们的潜在学习行为。这些老鼠似乎建立了迷宫的认知地图——关于空间位置和方向的心理表征。

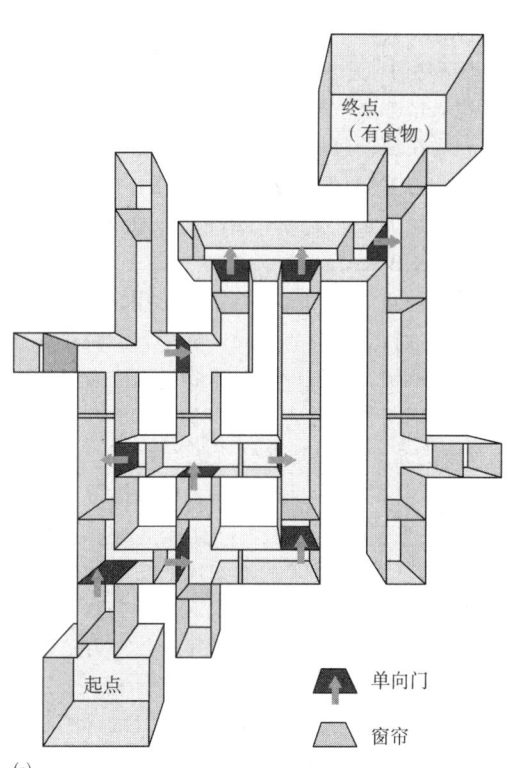

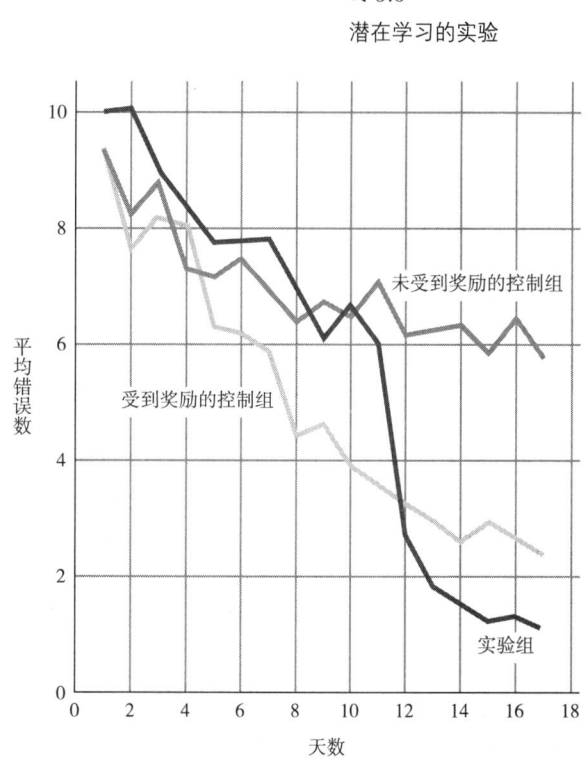

图 5.6
潜在学习的实验

(a)　(b)

同样，人类也会建立起关于他们所处环境的认知地图。例如，潜在学习可能会让你知道你经常光顾的百货商店里的厨具柜台的位置，尽管你从未逛过这个柜台。我们能用潜在学习理论来解释某些难以用操作性条件作用解释的问题。例如，在迷宫实验里，因为没有明显的强化物存在，目前还不清楚是什么强化作用让最初没有得到奖励的老鼠去学习迷宫的布局。相反，这个结果支持了学习的认知-社会观点，即改变发生于无法观察的心理过程之中（Frensch & Rünger, 2003; Stouffer & White, 2006; Iaria et al., 2009; Lin et al., 2011）。

观察学习

我们怎样解释一个没有直接驾驶经验的人学会开车这个行为呢？为了回答这个问题，心理学家提出了另一种形式的认知-社会学习方式：观察学习。根据心理学家阿尔波特·班杜拉（Albert Bandura, 1925—）及其助手的研究，人类的大部分学习属于观察学习。**观察学习**（observational learning）是指通过观察另一个人或榜样的行为来进行的学习。

班杜拉及其助手在一项经典实验中展示了榜样激发学习的能力。在这项研究中，研究者们让儿童观看一部成人疯狂击打一个名叫"波波"的充气玩偶的电影（Bandura, Ross, & Ross, 1963a, 1963b）。随后，这些儿童有充足的机会单独跟玩偶"波波"玩耍。大部分儿童表现出了类似于成人的行为，有的还模仿出了几乎完全相同的攻击行为。一些非消极的行为也可以通过观察学习获得。例如，在一个实验里，害怕狗的儿童观看一个叫作"无敌比尔"的榜样和狗一起玩的情景。观看以后，看过"无敌比尔"的儿童比没有看过的更可能接近陌生的狗。

在基于操作性条件作用的行为塑造不适用时，观察学习对于技能获得尤为重要。例如，飞机驾驶和外科手术就不可能通过会带来严重损失的试误的方式来学习。观察学习可能具有遗传基础。例如，雌性动物在教幼崽捕猎等活动时，观察学习就在起作用。另外，当我们观察他人做某事时，我们的镜像神经元就会激活（讨论见第2章）。镜像神经元的发现表明模仿他人的能力可能是天生的（Lepage & Theoret, 2007; Schulte-Ruther et al., 2007; Huesmann, Dubow, & Boxer, 2011）。

当然，并不是我们看到的所有行为都会被我们学习或执行。决定我们是否会模仿榜样的一个关键因素是榜样是否因他或她的行为而受到奖赏。如果我们观察到一个朋友在花更多的时间学习后取得了更好的成绩，我们就会比看到她这样做只使得自己又累又紧张时更倾向于模仿她的行为。因某种行为方式而得到奖赏的榜样，比受到惩罚的榜样更容易受到模仿。但有趣的是，观察到榜样受惩罚并不一定会阻止观察者学习这个行为。观察者仍能描述榜样的行为，只是不太可能执行它而已（Bandura, 1977, 1986, 1994）。

观察学习是很多问题的核心，这些问题涉及人们仅仅通过观察他人行为来进行学习的程度。例如，观看媒体上的攻击行为会在多大程度上引起一部分观看者产生相应的攻击行为？这是个至关重要且争论不休的话题。2012年8月，为一夜暴富，两名"90后"少年9天内3省作案，杀害7人，其中一名被害者怀有5个月身孕。警方经过细致调查发现，两人是在模仿网络暴力游戏，且他们所处的周围环境对其成长起到了负面影响。两人的暴虐行为引发了这样一个问题：是在媒体中观察到的暴力的反社会行为导致了观察者产生类似的攻击行为吗？大多数心理学家认为观看媒体暴力将使观看者更易表现出攻击行为。暴力电子游戏也与真实的攻击行为有关。一些研究者认为，暴力电子游戏可能会产生某些积极结果，例如社交网络的增加（Ferguson, 2010, 2011）。但大部分研究者认为暴力电子游戏会导致消极的结果

探索与发现：文化会影响我们如何学习吗？

当一名奇尔克廷（Chilcotin）印第安部落的妇女教她的女儿学习处理三文鱼时，起初她只允许她的女儿观察整个过程。然后，她准许她的孩子试着做任务中一些基本的部分。当她的女儿问起如何处理背脊部分时，这位母亲的反应是用另一条鱼把整个过程重复一遍。她认为，离开处理整条鱼的环境，就学不会整个任务的个别部分（Tharp, 1989）。这些生活在强调将步骤和整体联系起来学习的奇尔克廷部落的孩子，会在传统的西方学校教育中遇到困难。西方教育的一个最典型的特征是，任务会被分解为单独的组成部分。人们认为，只有学会了每个简单的小步骤才有可能掌握整个任务。

不同文化间教育方式的不同是否会影响人们的学习方式？一些心理学家从认知-社会学习的角度提出，人们会在他们的文化背景和独特的能力形式的基础上，发展出某种学习风格，即处理学习材料的典型方式（Barmeyer, 2004; Wilkinson & Olliver-Gray, 2006; Sternberg, 2011）。我们可以从不同的维度划分学习风格。例如，从一个中心的维度，学习风格可以划分成分析型和联系型两种。具有联系型学习风格的个体在学习完整的学习材料或整个现象时效果最好。只有当他们理解了各部分与整体的关系时，他们才能理解单个部分的内容。其主要特点为：

1. 把信息作为全貌的一部分来感知；
2. 表现出直觉思维；
3. 更容易学习包含人文、社会的内容和以经验、文化为特点的材料；
4. 对语音呈现的想法和信息有很好的记忆能力；
5. 更多地从事非学术领域的工作；
6. 易受他人意见的影响；
7. 更容易中断未受到强化的任务；
8. 学习风格与传统学校环境相冲突。

相反，具有分析型学习风格的个体在他们能先对一个现象或情景的规律或组成部分进行分析时，学习效果最好。通过理解这些基本的规律和组成部分，他们能最好地理解材料的全貌。其主要特点为：

1. 能把信息从全貌中分解出来（重视细节）；
2. 表现出序列的、有结构的思考；
3. 更容易学习客观性材料；
4. 对抽象的信息和互不相关的信息的记忆效果好；
5. 更多地从事学术领域的工作；
6. 不容易受到他人意见的影响；
7. 表现出坚持执行未受到强化的任务的能力；
8. 学习风格与传统学校环境相匹配。

心理学家安德森和亚当斯认为，西方社会中的特定少数群体会表现出典型的学习风格。例如，他们认为高加索女性，非裔美国人、印第安人和拉丁裔美国人更倾向于采用联系型学习风格；而高加索和亚裔美国男性更倾向于采用分析型风格（Anderson & Adams, 1992; Adams et al., 2000; Adams, Bell, & Griffin, 2007）。但是，这种认为某个民族和性别群体有相似学习风格的看法是有争议的。因为在某个民族或种族群体内部存在如此多的差异，批评者认为，不管个体属于哪个群体，关于学习风格的概括性结论都不能用来预测任何个体的学习风格。许多心理学家认为，讨论群体学习风格是一种误导（这种看法回应了正在展开的关于智力测验的有用性的讨论）。相反，他们认为，重点关注个人的学习风格、学术活动方式和社会影响更有益处。

但显而易见的是，通过家庭和文化背景传承的学习价值观会影响学生在学校的成功程度。有理论认为，主动移民的少数群体中的个体比那些被动移民的少数群体中的个体更可能在学校获得成功。例如，在美国的韩国儿童（主动移民的子女）在学校中的整体表现良好；相反，在日本的韩国儿童，通常是在二战中被迫迁移到日本做苦力的韩国人的子女，在学校中的表现就没那么好。该理论认为，被动移民群体中孩子的成功动机较低（Ogbu, 1992; Foster, 2005）。

心理学与人生：良好习惯的养成

美国心理学家威廉·詹姆士曾说过："播下一个行动，收获一种习惯；播下一种习惯，收获一种性格；播下一种性格，收获一种命运。"习惯可以决定一个人的命运。那么什么是习惯呢？习惯（habit）就是刺激与反应之间的稳固联结，是一种稳定的、自动化的行为。俄罗斯教育家乌申斯基认为："任何一种习惯都是反射行为，行为的习惯性有多深，它的反射性就有多大。哪里有习惯，哪里就有神经系统在工作。神经体不仅可以有天赋的反射，而且在活动的影响下也有掌握新的反射的能力。"也就是说，行为的习惯性越深，反射性就越强。

我们每个人身上都会有很多好的习惯，也有些不好的习惯。但习惯不是与生俱来的，它一定是后天形成的。教育和培养可以使人形成新的习惯、新的反射，人是可以把握自己命运的。

对大学生朋友来说，是否形成了良好的学习、生活习惯决定了他能否高质量地完成大学学业。那么作为大学生，怎样才能形成良好的习惯，矫正不良习惯呢？

简单地说，大学生朋友可以按照下列步骤来培养良好的习惯。

步骤1：形成目标。首先分析自己在学习、生活中形成的习惯，列出哪些是良好的习惯，哪些是不良的习惯，哪些是需要形成的新的好习惯。把形成新的好习惯，矫正原有的坏习惯作为自己的目标。

步骤2：分解目标，形成可操作的标准。要把被列为养成目标的习惯细化为可操作的行为，列出具体的行为标准。比如希望自己养成每天学习英语的好习惯，就必须把学习英语细化为可以操作的行为，如规定自己每天中午读半小时的单词，每天必须记住20个单词等。目标越细化，越能促使人去实践。

步骤3：制订计划。在进行习惯养成训练前，建议大家制订一个详细的计划。计划的内容包括：你选择的作为自我训练目标的一至两项习惯，以及围绕这个目标需要完成的行为项目、完成时间、监督人。可以请你的同学、老师、朋友来做你的监督人，请他们给你完成计划的情况打分。

步骤4：及时、有效的反馈。请监督人是一种反馈，更重要的是自我反馈和自我激励。奖励自己每一点滴的进步，惩罚自我的放纵。有效的强化是习惯形成的催化剂。

步骤5：找一个榜样。榜样的力量是无穷的，可以使人学习到好的方法，并以此激励自己。比如要养成守时的好习惯就可以学习李嘉诚，学习他将表拨快10分钟的方法。当然身边的人也有好的榜样。

步骤6：持之以恒。一项美国的研究发现，养成一个习惯一般需要21天。当然，不同的行为习惯形成的时间也不相同，一般需要30至40天。总之是时间越长习惯越牢固。好习惯的形成过程不可能一帆风顺，肯定会出现反复和倒退，但只要持之以恒，坚持实践就能最终形成好的习惯。

现代著名教育家叶圣陶先生说："教育是什么，往简单方面说，只需一句话，就是要养成良好的习惯。"各位大学生朋友们，你是否也该做点什么了呢？

（Anderson & Carnagey, 2009; Anderson et al., 2010; Bailey, West, & Anderson, 2011）。另外，媒体暴力中的某些方面也可能促进现实生活中的攻击行为。那么现实生活中遇到真正的暴力行为会怎样？是否也会导致攻击行为的增加？答案是肯定的。遭遇真实的枪支暴力将使青少年在未来两年内犯罪的可能性提高两倍。由此可见，无论暴力行为是真实的还是虚构的，观看暴力行为都将导致攻击行为的增加（Bingenheimer, Brennan, & Earls, 2005; Allwood, 2007）。

思考与应用

1. 请你想一想，政治家、广告商、电影制片人是如何运用经典条件作用来宣传他们自己或他们的产品的？这种做法存在道德问题吗？
2. 华生的实验被试小阿尔波特可能会一辈子害怕圣诞老人面具吗？如何防止他继续害怕这些东西？
3. 应该如何应用操作性条件作用来改变人们的不良习惯，如吸烟？
4. 你认为体罚是教育孩子的有效方法吗？为什么？
5. 联系型学习风格有时会与西方传统学校环境相矛盾，能否建立一所学校来利用联系型学习风格的优势呢？如何建立？分析型学习风格是否因此就可以有优越感呢？
6. 你是否支持媒体出现暴力场面？为什么？现在很多媒体都充斥着暴力场面，我们能做些什么来降低生活中由媒体暴力引起的攻击行为呢？

推荐拓展读物

1. 刘儒德主编（2010）.学习心理学.北京：高等教育出版社.
2. 莫雷（2013）.学习的机制：阅读与学习心理的认知研究.北京：北京师范大学出版社.
3. 戴维·迈尔斯著，黄希庭等译（2019）.心理学导论：生物、发展与认知心理学（上册，第9版）.北京：商务印书馆，255~291.
4. 戴尔·H·申克著，何一希等译（2012）.学习理论：教育的视角.江苏：江苏教育出版社.
5. 珍妮·埃利斯·奥姆罗德著，汪玲等译（2015）.学习心理学.北京：中国人民大学出版社.
6. 桑德拉·切卡莱利，诺兰·怀特著，周仁来等译（2014）.心理学最佳入门（第2版）.北京：中国人民大学出版社，173~216.
7. 理查德·格里格，菲利普·津巴多著，王垒等译（2016）.心理学与生活（第19版）.北京：人民邮电出版社，157~190.
8. 欧尼斯特·西尔格德，理查德·阿特金森，爱德华·史密斯，苏珊·诺伦-霍克西玛等著，洪光远译（2013）.西尔格德心理学导论（插图第14版）.北京：世界图书出版公司，206~235.

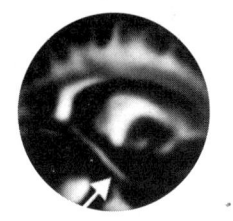

第 6 章

记　忆

十分钟的记忆

　　你看过《记忆碎片》这部电影吗？故事中复仇的男主角莱昂纳多因脑部受重伤患上了"顺行性遗忘症"，这使他只能记住十分钟之内发生的事情。因此，支离破碎的记忆令他的复仇之路举步维艰，他只能凭借一些零碎的小东西（如文身、照片等），才能回忆起过去的点点滴滴。每当找到些有价值的线索时，他必须要用一切方法立即将其记录下来，因为很可能十分钟后，他就根本无法记得自己在什么地方、要做什么。故事的最后，他似乎达到了复仇的目的，可他的记忆轮回还会再次开始吗？

　　这个故事让我们看到了失去记忆能力是多么可怕，同时也引导我们去追问有关失忆本质的问题：是怎样的生理创伤摧毁了莱昂纳多的记忆能力？丢失的记忆在某一天会回来吗？为什么会记不起十分钟前的事情？该故事不仅阐明了记忆对我们生活的重要性，同时也描述了记忆的复杂与神秘。记忆使得我们能够提取大量的信息，能够回忆起一个多年没有联系的朋友的名字，也能够回忆起儿时卧室墙上画中的细节。但与此同时，记忆出错也是很常见的事情。我们会忘记把车钥匙放在哪里了，也会答不上一个几小时前才学习的考试题。记忆现象十分复杂。在本章中，我们将首先探讨记忆的性质，了解记忆的类型、神经机制以及记忆的个体差异；其次，论述信息编码的过程与内容，以及信息在感觉记忆、短时记忆和长时记忆中的存储；最后，讨论记忆中信息的获取和遗忘以及个体记忆的准确性。

记忆的性质

人类的记忆确实令人着迷。它像是我们思想的贮藏室,也像是我们积累学习成果的蓄水池。当然,以上说法只是比喻。那么,什么是记忆?我们有不同类型的记忆吗?记忆与个性之间有什么关系?

什么是记忆

记忆(memory)是过去经验在我们头脑中的复现。它包括识记、保持和再现三个基本过程。**识记**(memorization)是指获得知识经验并将其记住的过程,**保持**(retention)是指知识经验在记忆中的存储,**再现**(reproduction)包括**回忆**(recall)和**再认**(recognition)。

从信息加工的观点来看,记忆就是我们编码、存储和提取信息的过程,类似于计算机的键盘(编码)、硬盘(存储),以及获取信息使其显示在屏幕上的软件(提取)。**编码**(encoding)是指将信息转变成可以记忆的形式,这是记忆的第一个过程。比如,玩知识竞答游戏时,你可能会遇到这样的问题:桂林位于哪一个气候带?当你为答案绞尽脑汁时,与记忆有关的几个基本过程就已经开始运作了。你可能从未接触过有关桂林位置的信息,或者你接触过,但这些信息可能完全没有被有意义地记下来。

换句话说,你回答这个问题的困难要追溯到记忆的第一个过程——编码。我们通常使用视觉码、听觉码和语义码来表征信息。**视觉码**(visual code)就是将信息转变成图画式的心理表征,**听觉码**(acoustic code)是用一系列声音信号来表征信息,而**语义码**(semantic code)是根据意义用语言来表征信息。

记忆的第二个过程是**存储**(storage),是指对记忆系统中保存的信息加以维持。我们是怎样维持记忆中的信息呢?这里有两种方法。一种是**维持性复述**(maintenance rehearsal),是指将记忆材料在心里重复或念给自己听。我们对自己记忆功能的认知,称为**元记忆**(metamemory)。元记忆随着个人的发展而日趋成熟。例如,你在复述下列10个字母(THUNSTOFAM)时,会将它们加以压缩,以三组字母(thun-sto-fam)的方式来念,而不是单个字母反复地念。另一种是**精细复述**(elaborative rehearsal),是指将新信息与已有的知识经验联系起来的复述。例如,如果你能根据以往的知识辨认出这10个字母是由"The United States of America"中每个单词的前两个字母组成的,那么你就能很快记住这些字母并且很久都不会忘记。在前面提到的知识竞答游戏里,即使你接触过这个信息,并且当初知道该气候带的名称,你也仍然可能因为保持过程的失败而回忆不起来。

记忆的第三个过程是**提取**(retrieval),是指存储在记忆中的信息被检索出来并进入意识以便使用的过程。我们对有的信息(如熟悉的信息)能很快、毫不费力地提取;而对有的信息(如缺少适当线索的信息)往往很难提取,甚至提取失败。如果你没能回忆起桂林的位置,可能是你对学习过的信息提取失败。从记忆的三个过程来看,记忆失败的原因可能是(1)没有对信息进行有效编码;(2)没有将已编码的信息存储起来;(3)存储的信息缺少适当的提取线索。只有当记忆的三个过程全部起作用时,你才能成功回忆起桂林位于亚热带季风气候带。

必须指出的是，记忆总是与遗忘相联系的。遗忘对记忆的某些机能来说是不可或缺的。遗忘某些不重要的细节的能力可以使我们免受太多无意义材料的干扰，使我们形成对事物的一般印象和回忆。我们的记忆通常是建立在概括性的、有区分性的特征基础上的，这样我们就能经济地利用自己的记忆能力。因此，遗忘不重要的信息和记住重要的信息，都是我们记忆功能所必需的。

记忆的类型

对记忆的分类可以从不同的维度进行研究。

从信息加工的过程来看，记忆可以被划分为三个系统：感觉记忆、短时记忆和长时记忆。**感觉记忆**（sensory memory）也叫作感觉登记或瞬时记忆，是指外界刺激以极短的时间一次性呈现后，信息在感觉通道内迅速被登记并保留一瞬间的记忆。它是人类记忆信息加工的第一阶段。**短时记忆**（short-term memory, STM）是指对信息的保持时间短（约为一分钟）且容量有限的记忆，是信息从感觉记忆通往长时记忆的一个中间环节或过渡阶段。**长时记忆**（long-term memory, LTM）通常是指信息存储时间在一分钟以上，最长可以保持终生的记忆，但信息可能比较难以提取。

从是否有意识的参与来看，记忆可以被划分为**意识记忆**（conscious memory）和**无意识记忆**（unconscious memory）。无意识记忆也称**内隐记忆**（implicit memory），是指人们并没有觉察到自己拥有这种记忆，也没有下意识地提取它，但却在特定任务的操作中表现出来的记忆。我们把需要有意识回忆的记忆统称为**外显记忆**（explicit memory）。

从记忆材料的角度来看，记忆可以被划分为语义记忆、情景记忆和情绪记忆。**语义记忆**（semantic memory）是指对概念、原理及其应用规则的记忆，还包括对问题解决技能和学习策略的记忆。**情景记忆**（episodic memory）是指个体对所经历事件的感受体验的记忆，是在特定时间与地点发生的记忆。**情绪记忆**（emotional memory）也叫作情感记忆，是指某种情境或事件所引起的个人强烈或深刻的情绪体验（如快乐、愤怒、恐惧、悲伤、惊讶等）的记忆。在这类记忆的回忆过程中，只要有相关的表象浮现，相应的情绪就会出现。情绪记忆具有鲜明、生动、深刻、情境性等特点。

此外，记忆还可以被划分为回溯记忆和前瞻记忆。**回溯记忆**（retrospective memory）是指对过去的事件、活动和学习体验的记忆，表现为外显记忆（语义记忆、情景记忆和情绪记忆）和内隐记忆。**前瞻记忆**（prospective memory）是指个体对将来某个时间或某个事件发生时要做的事情的记忆。

记忆的神经机制

记忆存储在我们大脑的哪一区域？某一特定记忆是分布在单一脑区还是分布在不同的脑区？记忆是否在大脑中留有可被观察的物理痕迹？

记忆痕迹（engram）是指由训练、练习或学习引起的大脑皮层相应部位的一系列生理变化。对大脑中记忆痕迹的搜寻困扰着对记忆感兴趣的心理学家和神经科学

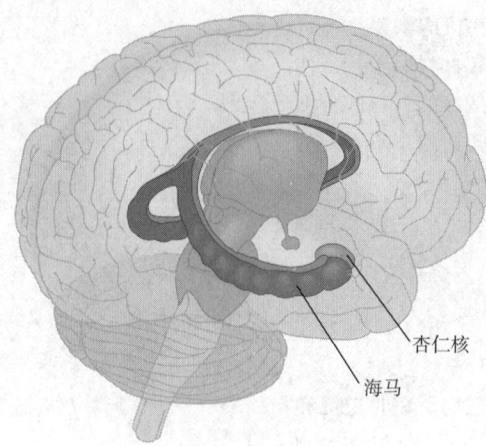

图 6.1 大脑边缘系统的海马和杏仁核
资料来源：Van De Graaff, 2000.

家。研究者们通过使用先进的大脑扫描程序来确定记忆形成的神经科学基础，最终发现大脑的特定区域和结构专门负责不同类型的与记忆相关的活动。海马是大脑边缘系统的一部分（见图 6.1），在记忆的巩固中起重要的作用。它位于大脑的内侧颞叶之中，刚好在眼睛后面。海马有助于最初的信息编码，在神经系统中扮演着电子邮件的角色。编码后的信息随后被传递到大脑皮层，并最终存储在那里（J. Peters et al., 2007; Lavenex & Lavenex, 2009; Dudai, 2011）。

研究者们通过研究专业记忆出色的个体，证实了海马的重要性。例如，出租车司机必须能够清楚完整地回忆出所在城市大街小巷的位置。出租车司机的功能性磁共振成像结果表明，与导航经验欠缺的非出租车司机相比，那些具有丰富导航经验的出租车司机的海马后部更大但前部更小。这一发现与"海马的特定区域参与了空间记忆的巩固"的观点一致（Maguire, Woollett, & Spiers, 2006; Spiers & Maguire, 2007; Woollett & Maguire, 2009; 见图 6.2）。

边缘系统的另一个组成部分——杏仁核也在记忆中起重要的作用。杏仁核主要参与那些与情感有关的记忆。比如，如果你被一只狼狗吓到了，你很可能会清楚地记住这件事，这一结果就与杏仁核的功能有关。以后如果再遇到狼狗，很可能会再次激活杏仁核，并勾起不愉快的记忆（Hamann, 2001; Buchanan & Adolphs, 2004; Talmi et al., 2008）。

尽管"海马和杏仁核在记忆的形成中发挥着重要作用"这一点很明确，但信

图 6.2
经验如何塑造大脑加工记忆的方式（见彩插）
资料来源：Maguire et al., 2006.

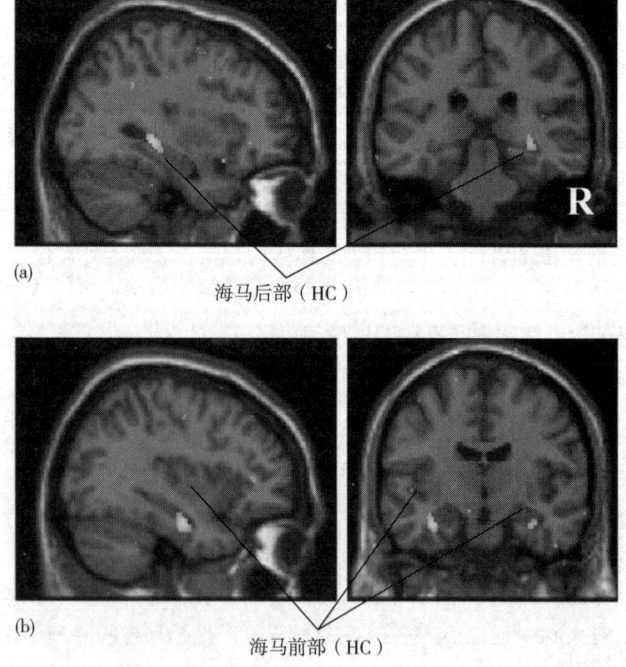

息转换为记忆是如何反映在神经元水平上的？答案之一为**长时程增强**（long-term potentiation），即条件刺激后，突触的传递效应明显增强的现象。对长时程增强效应的研究结果显示，学习新的反应时，某些特定的神经通路容易变得兴奋；同时，随着树突形成新的分支来接收信息，神经元间的突触数量也在增加。这些变化反映了记忆巩固（consolidation）的过程，即记忆在长时记忆中变得固定和稳定。事件和刺激之所以不在长时记忆中立刻固定下来，是因为长时记忆需要一些时间来巩固，而巩固可能持续几天甚至几年（McGaugh, 2003; Meeter & Murre, 2004; Kawashima, Izaki, & Grace, 2006）。因为一个刺激可能包含不同的感觉信息，大脑的视觉区、听觉区及其他脑区可能会同时对其进行加工。信息的存储位置似乎与信息加工发生的位置有关，因此信息被存储于最初加工该信息的特定脑区，即视觉区、听觉区或其他感觉区。由于这个原因，记忆痕迹广泛地分布于整个大脑。例如，当你回忆一次美妙的沙滩日落时，你所凭借的记忆被存储于大脑的视觉区（日落的景色）、听觉区（海浪的声音）及触觉区（风吹的感觉）（Brewer et al., 1998; Squire, Clark, & Bayley, 2004）。

总之，记忆的物质组成——记忆痕迹——是由复杂的生物化学和神经过程产生的。科学家正开始理解大脑是如何将单独的神经成分编写进入单一的、连贯的记忆中去的。这可能是由于当我们首次接触某一材料时会激活某些神经元，在回忆这一信息的过程中相同的神经元将再次被激活。尽管记忆研究者们在理解记忆的神经科学方面取得了重大进步，但还有很多需要学习（Gelbard-Sagiv et al., 2008）。

记忆的个体差异

在对与自我不一致的负面信息的加工上，自我客观型的人与自我防卫型的人是不同的。对自我客观型的人来说，与自我不一致的负面信息会激起他们寻找真实自我的强烈动机，并且他们会努力解决这种不一致给自己带来的困惑。他们会关注并思考与自我不一致的信息，将这些信息与已存储在记忆中的语义自我知识相比较，力求将新信息与语义自我知识加以整合。这种对与自我不一致的负面信息的精细加工，使其与已有信息或结构之间建立起多重联系，从而为日后的检索提供了便利。因此，自我客观型的人对与自我不一致的负面信息的回忆，往往优于其对与自我一致的正面信息的回忆。而自我防卫型的人则把与自我不一致的负面信息（如怀疑、否认、打击、嘲笑或挑战等）视为对自我的威胁而加以忽视，以维持其自我概念的稳定性。在遇到与自我一致的正面信息时，他们就会在记忆中寻找相似的经验加以强化。所以，自我防卫型的人对与自我不一致的负面信息的回忆，往往比与自我一致的正面信息的回忆要差得多。弗洛伊德在给精神病人进行催眠治疗时曾发现，人们会有意压抑早年生活中的许多不愉快的经验，这些与罪恶感和羞耻感相联系的经验由于不能为自我所接受而被遗忘了。这种遗忘称为**动机性遗忘**（motivated forgetting）。自我防卫型的人可能有很强的动机性遗忘。

你想了解自己吗：测测你的记忆力

如果你觉得自己的记忆力不太好，可以试一下这个测验。它类似于检查某人是否患有严重记忆丧失的测试。而大学生不太可能会有这个问题。（资料来源：Devi, 2002）

第一部分

1.（1）今年是哪一年？ _____
　（2）现在是什么季节？ _____
　（3）现在是几月？ _____
　（4）今天是星期几？ _____
　（5）今天是几号？ _____
2. 记住这几个词：苹果、桌子、电话
3. 不要看表，写下现在的时间：____时____分
   现在看表，写下正确的时间：____时____分
4. 写出下面各图中事物的名称：

   ［算盘］____　［橡树果］____　［电动扶梯］____　［冰屋］____
   ［铅笔］____　［量角器］____　［金字塔］____　［手表］____

第二部分

5. 你记得上一个住处的地址吗？　　　　　□是　□否
6. 你发觉自己更频繁地复述吗？　　　　　□是　□否
7. 别人是否因为你的记忆而对你生气？　　□是　□否
8. 你是否比往常更难记住清单，如购物清单？
　　　　　　　　　　　　　　　　　　　　□是　□否
9. 你是否在回忆早晨或上周发生的事情时有困难？
　　　　　　　　　　　　　　　　　　　　□是　□否
10. 你是否在按说明做事时有困难？　　　□是　□否
11. 你是否比往常更易迷路？　　　　　　□是　□否
12. 你措词是否有困难？　　　　　　　　□是　□否
13. 你是否发觉自己比平时更常把东西丢失或放错地方？
　　　　　　　　　　　　　　　　　　　　□是　□否
14. 你的记忆问题是否影响了你的工作和社会生活？
　　　　　　　　　　　　　　　　　　　　□是　□否
15. 不要看前面一部分，写下测验开始时让你记住的那三个词：_____ _____ _____

记忆测验评分

第一部分（满分18分）

1. 如果答出了正确的日期（全部答对）得1分。（1分）
2. 在回答第15题时，你回忆出第2题中的那三个词（苹果、桌子、电话）了吗？
   答对一个得1分。（共3分）
3. 如果你猜的时间和正确时间相差在30分钟以内，得1分。（1分）
4. 每答对一个得1分。（共8分）
   （1）算盘；（2）橡树果；（3）电动扶梯；（4）冰屋；（5）铅笔；（6）量角器；（7）金字塔；（8）手表。

第二部分（满分10分）

5. 回忆起你上一个住处的地址得1分。（共1分）
6~14. 答"否"得1分。（共9分）

说　明

　　注意！得到低分可能是因为焦虑和疏忽等因素而不一定是因为记忆问题。在这个简单的测验里得分高同样不能保证你就没有记忆或认知困难。

　　记忆最好的指标是你自己对自身能力的评估。把一种可觉知的持续的心智能力改变作为认知问题的指标，远比大多数的测验（包括这个）灵敏。

　　如果你的分数是22分或以上，那么祝贺你！

　　如果你的分数在17到21分之间，你可能有一些记忆问题，如果问题的持续时间较长并妨碍了一些功能，你可能需要检查一下了。

　　如果你的分数是16分或以下，而且你注意到自己有记忆或思维能力问题，并严重影响了机能，你可能需要好好地检查一下了。

编码：信息的输入

感觉信息一旦被登记，只有通过编码才能进入记忆系统之中。我们对信息的编码有哪些方式？编码的内容又是怎样的？

编码的过程

有些信息的编码过程是自动发生的，不需要注意便可以马上加工。例如，我们记得昨天去上第一堂课时所走的路线，这就是**自动加工**（automatic processing）。而我们学习这一章的概念，便是**注意性加工**（effortful processing）。在我们的生活中，有些信息是需要意志努力进行编码和识记的；而有些信息，如我们昨天在哪里吃的饭，便是自动加工的。

自动加工

我们对空间、时间和频率信息的编码，通常很少或几乎不需要任何意志努力。例如，考试时，有些知识你想不起来了但却记得它们在课本上的位置；找不到大衣在哪里时，却能回想起那天所发生的一系列的事情；遇到同学时，会意识到"这是我星期四下午第三次遇到他"，等等。意志努力有助于我们保持记忆，但上述记忆过程几乎是自动进行的。自动加工不仅在发生时不需要意志努力，而且它一旦发生还很难停止。例如，当你听到或读到一个熟悉的母语单词时，不管它是赞美性的还是侮辱性的，你都会把它的意思自动登记下来。

事实上，我们学习过许多种自动加工。比如，试试读这句话"的化动自是工加息信些有"。结果表明，起初这种加工是需要意志努力的，但经过练习后，这种加工就会变得越来越自动化。

自动加工过程不需要或需要很少的意志努力，而且我们自己觉察不到，也不会受其他事情的干扰（这个例子又一次证明大脑平行加工多元信息的能力）。如果让人们去注意自动编码的信息，如判断实验中呈现词的词频，那么会发生什么呢？尽管意志努力可以适当提高对这种材料的记忆表现，但因为我们的编码过程几乎是完全自动化的，所以我们不能随意地控制它的启动。

注意性加工

我们会对大量信息进行自动编码和保存，但仍有许多信息需要注意和意志努力才能记住。比如，我们在学习诸如名字等新信息时，通常需要**复述**（rehearsal）或有意识的重复来提高记忆。为了研究这种现象，德国心理学家艾宾浩斯（Ebbinghaus，1850—1909）在两个辅音之间插入元音，从而设计了一个无意义音节词表，里面包含了所有可能的音节组合。艾宾浩斯以自己为被试开展了他的记忆研究。实验时，他从无意义音节词表中随机选取一些音节，如 JIH BAZ FUB YOX SUJ XIR DAX LEQ VUM PID KEL TUV ZOF GEK HIW，他先是快速大声地朗读 8 遍，然后再试着回忆。在学习后的第二天，艾宾浩斯能够回忆起的音节很少。难道他完全忘记了吗？

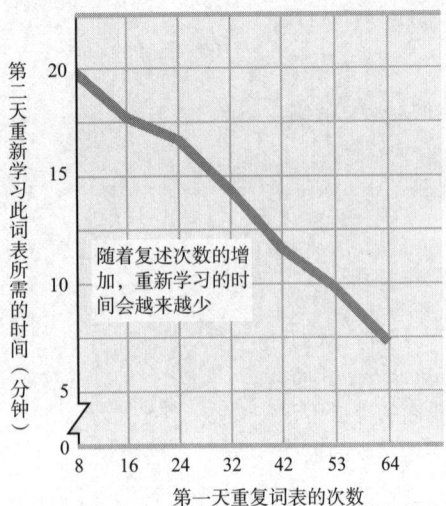

图6.3 艾宾浩斯的记忆保持曲线

艾宾浩斯发现,第一天他学习无意义音节的次数越多,第二天他需要重复的次数就越少。简单来说,我们学习新知识时用的时间越多,我们保持的量也就越多。

资料来源:Baddeley, 1982.

怎样才能使遗忘最少呢?如图6.3所示,第一天他大声重复音节表的次数越多,第二天再学时需要重复的次数就越少。他总结出了一个基本原则:保持量依赖于学习的时间。掌握材料之后,额外的复述(过度学习)能增加保持量。

注意性加工对于新异的言语信息来说确实很有效。但与此同时,心理学家也发现了两种有趣的现象。例如,当人们围成一圈按顺序朗读单词或报告名字时,通常会对前面一个人的回答记住得最少。因为当前面的人说话时,也恰恰快要轮到我们了,结果我们常常专注于自己的表现,而没有去加工前面一个人说的话。这种现象称为逼近效应。又如在睡觉时播放的用磁带录制的信息,它们可以被听觉系统登记,但却记不住。因为没有机会复述,所以"睡眠学习"是不可能发生的。如果我们将复述的时间间隔开,也能更好地保持信息,这种现象叫**间隔效应**(spacing effect)。许多研究表明,间隔学习优于集中学习。这可以解释为什么像艾宾浩斯那样的人会学得快,忘得也快(Ebbinghaus, 1885)。

间隔效应具有适应性意义。在我们的周围,间隔开来的事件更容易记住。与我们在一个月内听了或读了五遍的名字相比,一个每月读一次共读了五个月的名字,更可能让我们记住并再认。(研究者通过考察730条《纽约时报》标题中的词频证实了这一点。)某种程度上,我们的记忆和其他系统一样,都经过了最优化设计,以保证我们正常的机能和生存。

研究者向被试呈现一系列项目(单词、名字、日期、气味等),然后让他们立刻以任意顺序回忆这些项目(Reed, 2000)。结果发现,被试在努力回忆时经常表现出**系列位置效应**(serial position effect),即他们对最后和最先呈现的项目的记忆效果优于中间呈现的项目的记忆效果(见图6.4)。也许是因为最后呈现的项目仍旧保存在短时记忆中,所以被试才能快速完整地回忆出来。但在延迟条件下,当被试把注意力从最后呈现的项目上移开后,反而对最先呈现的项目回忆得最好。想象一下日常生活中类似的情景,当朋友把你介绍给其他人时,每见到一个人,你可能都需要从第一个人的名字开始重复(复述)直至当前这个人。这样,当你见到最后一个人时,你在最先几个名字上所花的复述时间一定远远多于后面几个人的复述时间。因此,第二天,你更可能回想起前几个人的名字,而忘记了后面人的名字。这可能是因为,你对最初几个名字的学习干扰了对后面名字的记忆。

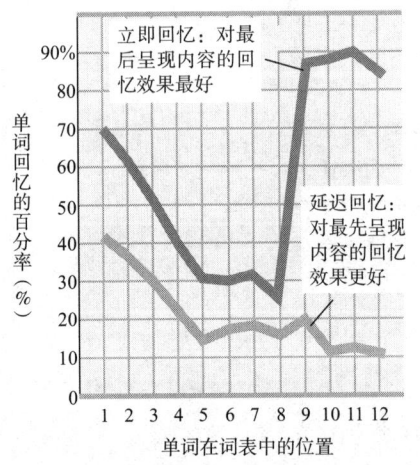

图6.4 系列位置效应

呈现一个词表或一些头像时,人们能很快回忆起后面呈现的内容(也许是后面呈现的内容仍保留在心理屏幕上的缘故),而对最先呈现的内容则记得很少。但一段时间后,他们对最先呈现的部分却回忆得最好。资料来源:Craik & Watkins, 1973.

复述不可能有效地编码所有信息。比如,我们要拨的电话号码,仅仅重复信息是不足以把信息存起来以备日后提取的(Craik & Watkins, 1973; Greene, 1987)。那我们是怎样把信息编码到长时记忆中去的呢?事实上,加工我们的感觉输入,就好比整理我们每日的邮件。对于一些信息,我们会立即删除;而对于另一些信息,我们则会进一步加工,如打开、阅读及保存下来等。我们的记忆系统不仅会通过复述来加工信息,而且还会通过编码信息的重要特征来进行深层次加工。

那怎样复述才能更有效地提高记忆效果呢？有研究表明，重复练习能够提高记忆的效果，但不同的练习方式效果迥异。薛贵研究组利用神经影像技术对记忆与学习的大脑神经机制进行了一系列的研究。他们采用脑功能成像技术和创新的表征相似性分析技术，系统考察了重复学习提高记忆效果的神经机制（Xue et al., 2010）。该研究发现，与遗忘的项目相比，被试记住面孔和单词的大脑神经活动模式在多次重复时具有更高的相似性。这一发现解决了记忆研究领域长期争论的焦点问题，那就是成功的情景记忆编码需要在多次学习中精确地重复激活同一个神经表征，而不是在每次学习中激活不同的神经模式（从而增多提取线索）。因此，这说明重复练习通过不断巩固同一神经表征，从而使记忆效果得以保持。

编码的内容

我们加工信息的方式主要有三种：编码意义、形成表象和心理组织。通常，这些加工过程都是自动进行的。但在某些情况下，它们需要一定的意志努力来增强记忆。

意义编码

通常，个体对言语信息的加工是意义编码。例如，我们会把言语信息与已知或想象的内容联系起来。我们听到的是"eye-screen（视屏）""ice cream（冰激凌）"，还是"I scream（我喊）"，这取决于上下文的引导和个体凭借过往经历所做出的解释。

也许，你在回忆任务中，并不是按照原句（"暴徒朝着窗户扔石头"），而是按编码后的意义（"暴徒把石头扔进窗户里"）来回忆的。这表明，我们对事物的记忆并不是很准确，事实上我们记住的只不过是编码后的内容。同理，当我们听到或读到某一情景时，我们便会对它构建出一个主观模型。例如，当读到"山雨欲来风满楼"这句诗的时候，我们自然而然就会在头脑中建构出相似的情景。

对于言语材料而言，你认为哪一种编码的记忆效果最好？那么，对于形象材料、声音材料、意义材料而言呢？它们的最佳编码方式分别对应于视觉编码（visual encoding）、听觉编码（acoustic encoding）和语义编码（semantic encoding）吗？事实上，任何一种编码方式都有其特殊的作用。比如，听觉编码会降低记忆的难度，韵律格言记忆法正是据此提出的。为了比较视觉编码、听觉编码和语义编码的记忆效果，克雷克和塔尔文（Craik & Tulving, 1975）进行了一系列的实验研究。实验中，他们先是向被试快速呈现单词，然后通过提问来引导被试使用不同的单词加工方式：（1）视觉编码（加工字母的外形）；（2）听觉编码（加工单词的发音）；（3）语义编码（加工单词的含义）。若想亲自体验一下该实验任务，那么请快速回答下列问题：

引导加工的问题	闪现的单词	是	不是
1. 这个单词是大写的吗？	chair		
2. 这个单词和"train"押韵吗？	BRAIN		
3. 这个单词能填到下面的句子中吗？	Gun		
这个女孩子把____放在桌子上			

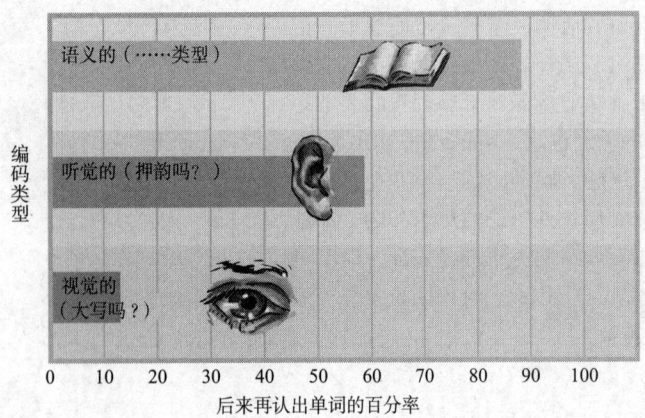

图6.5 加工水平

资料来源：Craik & Tulving, 1975.

上述哪一种加工方式能使你的再认效果最好？在克雷克和塔尔文的实验中，深层次语义加工（问题3）产生的记忆效果要远远优于由问题2和问题1引导的浅层次加工（见图6.5）。

根据意义深层次加工一个词（语义编码），比起根据形象或声音所进行的浅层次加工来说，再认时的效果会更好些。喻柏林的研究发现，无论在短时记忆或长时记忆上，无论在一次性的回忆测验作业或多次试验的重组词的作业上，语义编码都比语音编码有更好的记忆成绩，这可能与加工信息的深度有关（喻柏林，1986）。同理，在布兰斯福德和约翰逊（Bransford & Johnson, 1972）的实验中，他们要求被试记住下面这段话。

程序实际上很简单。首先，你把它们分成不同的组。当然，也许分成一组就足够了，这取决于量的多少……一个程序结束后，再重新分组，并把它们安置在合适的位置上。最后，整个过程再次重复。这就是生活的一部分。

在无上下文提示时，对于听到的这段话，被试只能记住很小的一部分。但是，当告诉他们这是关于洗衣服的（加入附加意义）一段话时，被试就能记住其中的大部分内容。

对所听、所读的内容进行有意义的构建，这对我们的记忆的确是很有帮助的。艾宾浩斯从他本人的实验中估算出，与学习无意义的材料相比，学习有意义的材料只需付出1/10的努力。因此学习新东西的最佳策略是，花些时间去思考所阅读的材料，并将其与以前学过的内容联系起来。

我们往往对与自身关联密切的信息，回忆的效果非常好。如果被问及那些用于描述他人的形容词时，我们经常记不起来；但当被问及与自我评价有关的形容词时，我们却记得很牢固——这种现象称为**自我参照效应**（self-reference effect）（Symons & Johnson, 1997）。因此，花些时间去找寻学习材料中的个人意义是大有裨益的。

表象编码

在记忆公式、定义及日期时，我们需要付出很大的努力。然而，对于昨天我们在哪里，和谁在一起，坐在哪里，穿的哪件衣服，我们却能很轻松地勾画出来。在我们早期的记忆（可能是发生在3或4岁时的事情）中，大部分都包含视觉表象或心理图片。

在很多实验中，研究者都证明了心理表象的益处。例如，较之那些不易形成表象图片的抽象词来说，我们对具体词的记忆效果要好得多。（测试：下面的词中你最容易回忆起哪三个："打火机""空虚""香烟""与生俱来""火焰"和"过程"。）同样，你很可能会回忆起"……暴徒……扔石头……"那句话，这不仅仅是因为你进行了语义编码，同时还因为你能通过这个句子勾画出视觉表象。可见，对具体名词的记忆可以借助语义和视觉的双重编码（Marschark et al., 1987）。总之，两种编码的记忆效果要优于一种编码的记忆效果。

由于表象生动清晰且具有持久性，因此我们可以回忆起陪伴自己成长过程中最美好和最糟糕的心理快照。正是这些鲜活的表象——愉悦的、欢欣的美好时刻及痛苦的、受挫的糟糕时刻——把我们的记忆装扮得丰富多彩（Fredrickson & Kahneman, 1993）。沉湎于高峰时刻而忘却寻常时刻的现象很普遍，米切尔等人（Mitchell et al., 1997）将其称为"粉红色追忆"（rosy retrospection）。当人们事后回忆起诸如假期宿营之类的事情时，通常倾向于做出比当时更积极的评价。他们会记得迪斯尼乐园的食物、景致和各种游乐设施，但却会忘记那里的湿热和排起的长龙般的队伍。

表象是很多记忆术的核心。**记忆术**（mnemonic）是古希腊学者、演讲家发明的，它能帮助人们记忆长篇的段落和演说词。在使用"位置记忆术"时，人们会想象自己正穿过一系列熟悉的场景，同时把每一处场景与所识记话题的视觉表征联系起来。之后演讲时，他们只要重温心理场景，便能提取与之联系的表象了。王洪礼提到的奇象记忆法就是通过对表象进行改造修饰，加工夸大或缩小变换，扭曲丑化，或者虚构奇形怪相，从而在脑中产生鲜明可见、生动强烈、印象深刻的奇幻形象，以快速有效地提高记忆能力（王洪礼，2004）。

组织信息以便编码

赋予意义和生成表象之所以能提高我们的记忆，部分原因在于它们有助于信息的组织。如果我们把信息组织成有意义的单元，如字母群、单词和短语等，那么我们回忆起来就会轻松得多，这种记忆现象称为组块效应。也就是说，当我们把信息组织成有意义的单元或组块时，回忆起来就容易了。通常，**组块化**（chunking）是自然生成的，我们注意不到。如果你的母语是英语，你可以正确无误地回忆起图 6.6 第六项中组成三个短语的所有单词或成串字母约 150 个。这个结果会令不熟悉英语的人非常震惊。

记忆研究者一致认为加拿大的邮政编码，既有数字又有字母，难以记忆（Hébert, 2001）。比如，A1C5S7，如果把数字和字母各自分组，变为 ACS157 就容易记了。同样，熟读汉语的人瞥一眼图 6.7，就能回忆出里面所有的笔画。再比如，一位棋坛高手，在比赛中只需要盯着棋盘看 5 秒钟就能很精确地回忆出大部分棋子的位置（Chase & Simon, 1973）。还有，一位大学篮球代表队的运动员，在比赛时瞥上 4 秒钟就能记住每个球员的位置（Allard & Burnett, 1985）。这是因为当人们把信息按其理解去组织成有意义的单元时，会记得最牢固。

此外，组块也能帮助我们回忆不熟悉的材料。有一种记忆术通过造词（首字母缩拼词）或造句（由要记的单词的第一个字母组成）从而把不熟悉的材料组织成熟悉的材料。你能回忆起《辛丑条约》的内容吗？只需要记住"前（钱）、进（禁）、宾（兵）、馆"就能大致回忆起这四个方面的内容了。使用组块的方法还可以提高记忆数字的能力。我们不太可能一次记住由 16 个数字组成的字符串——1492177618121941，但对于美国人来说，只要将之组块化为 1492、1776、1812、1941，记忆起来就会变得容易（同样的道理，对于熟悉英国历史的人来说，1066、1688、1815、1914 也很容易被记住）。在一项记忆研究中，埃里克森和蔡斯（Ericsson & Chase, 1982）在实验室中经过 200 多小时的练习之后，他们的记忆广度从 7 个数

```
1.  ⊂ɔUnI
2.  K L C I S N E
3.  KLCISNE NVESE YNA NI CSTTIH TNDO
4.  NICKELS SEVEN ANY IN STITCH DONT
5.  NICKELS SEVEN ANY IN STITCH DONT
    SAVES AGO A SCORE TIME AND
    NINE WOODEN FOUR YEARS TAKE
6.  DONT TAKE ANY WOODEN NICKELS
    FOUR SCORE AND SEVEN YEARS AGO
    A STITCH IN TIME SAVES NINE
```

图 6.6
记忆中的组块效应
资料来源：hintzman, 1978.

春夏秋冬

图 6.7 组块的例子——给懂中文的人
在看过之后，你能精确地重现它们吗？如果能，那说明你肯定懂中文。

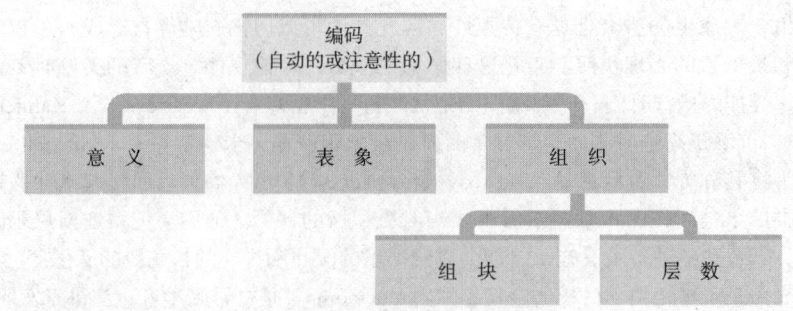

图 6.8
组织材料有助于记忆
较之随机呈现的单词或概念，我们更容易记住那些按层级呈现的单词或概念。

字增加到 80 多个。在另一个测验中，达里奥·多纳托里（Dario Donatelli）听主试以 1 个 / 秒的速度单调地朗读数字。多纳托里一动不动地听完，两分钟后，他通过以 3 个或 4 个数字为一组的组织方式，复述了所有的 73 个数字。

多纳托里是怎么做到这一点的？他短时记忆的能力提高了吗？答案是否定的。事实上，让多纳托里记忆字母的时候，他仍旧只能记住 7 个。而对于数字，他则发明了一套复杂的策略（即层级法）来进行组块化处理。"第一部分是跑 3 英里所用的时间，"多纳托里说，"第二部分是跑 10 英里所用的时间。然后是 1 英里、半英里、2 英里所用的时间。时间……2 英里，又是时间、时间、时间。2 英里……"。

多纳托里通过运用层级法来提取数字组块从而达到了他记忆的高峰——106 个数字。首先，他考虑的是"每组 4 个数字的 3 个组块"，以此类推。当人们对某个领域已经精通的时候，在加工信息的过程中，不仅可以进行组块化组织，还可以运用层级法组织。在这里，层级是一个概括性更强的概念，它可以分割或进一步分割成几个更为具体的概念和事实。我们也可以通过把知识分成层级来有效地提取信息。本章的目的不仅要让你掌握记忆的基本组成要素，还要帮助你围绕主要原理（如编码）和下级原理（如自动加工和注意性加工）来组织事实，同时了解一些具体概念（如意义、表象和组织）（见图 6.8）。

鲍尔及其同事用实验证实了层级法组织材料的好处（Bower et al., 1969）。实验时，他们对一些词进行随机或分类呈现。结果发现，分类呈现组的回忆量比随机呈现组的回忆量多 2~3 倍。可见，组织一下你所学的知识，特别是注意每章的题目、标题、每个预习和回顾、问题等，将对你的学习大有裨益。换言之，如果你能把一章的概念从头至尾系统地组织起来，那么你考试时回忆知识一定会很轻松。总之，听课、看书的时候，养成按照一定的逻辑层次——一种有层级的组织——做笔记的习惯，对学习是很有帮助的。

存储：信息的保持

存储是记忆的核心。根据信息存储时间的不同，我们可将记忆划分为感觉记忆、短时记忆和长时记忆。这三种记忆也被称为三级加工模型，它们的存储容量与保持时间各不相同。

感觉记忆

请慢慢地环视你的房间，你每看一下（可能只需要几分之一秒的时间）都会接触到大量的刺激。这样的刺激最初会被短暂地存储在感觉记忆里，感觉记忆是我们存储世界信息的第一个仓库。实际上，感觉记忆有几种不同的类型，它们分别涉及不同的感觉通道：**图像记忆**（iconic memory），存储来自视觉系统的信息；**声像记忆**（echoic memory），存储来自耳朵的听觉信息；还有与其他感觉通道相对应的感觉记忆。

信息在感觉记忆里只能存储很短的时间。如果信息没有进入短时记忆中去，它就会永久地消失。比如，图像记忆似乎只持续不到一秒的时间，而声像记忆通常在两三秒之内就会消退。尽管感觉记忆只持续很短的时间，但它的精确度却很高，它几乎能把接收到的每一个刺激的映像都原封不动地存储下来（Darwin, Turvey, & Crowder, 1972; Long & Beaton, 1982; Sams et al., 1993; Deouell, Parnes, & Pickard, 2006; Saneyoshi et al., 2011）。感觉记忆所存储的信息保持得如此短暂，似乎找不到它存在的证据。因为新信息会不断地替换旧信息，甚至让人来不及报告它的存在。直到心理学家乔治·斯佩林（George Sperling）做了一系列实验，感觉记忆才被充分地理解（Sperling, 1960）。斯佩林向被试快速地呈现一组以如下方式排列的 12 个字母：

F T Y C
K D N L
Y W B M

当这组字母的呈现时间只有 1/12 秒时，采用全部报告法，大多数被试只能正确回忆起 4~5 个字母。虽然他们知道，他们看到的不只有这些，但当他们报告前几个字母时，另外一些字母的记忆就已经消退了。斯佩林猜想：信息最初是被准确存储在感觉记忆里的，但在报告前 4~5 个字母时，其他字母的记忆就消退了。

为了检验这一猜想，斯佩林改用了部分报告法，即向被试呈现这 12 个字母后，紧跟着发出一个高、中或低音调的声音，并告诉被试，听到高音报告最上面一行，听到中音报告中间一行，听到低音报告最下面一行。因为声音是在字母呈现之后发出的，被试必须依靠记忆才能报告声音所指示的那一行。研究结果表明，被试把全部字母都存储在记忆里了。无论声音所指示的是上面、中间还是下面一行，被试都能将其中的字母正确地回忆出来。显然，被试看到的每一行字母都被存储到感觉记忆里了。虽然消退得很快，但感觉记忆中的信息是人们对所见事物的精准表征。通过逐渐延长视觉信息和声音之间的间隔时间，斯佩林能够比较准确地确定信息在感觉记忆中的保持时间。随着视觉刺激与声音之间的间隔时间逐渐延长，在声音信号出现后，被试回忆指定行的能力逐渐降低。当间隔时间达到 1 秒时，被试就完全不能准确回忆起指定行的字母了。因此，斯佩林得出结论，感觉记忆中整个视觉图像的存储时间在 1 秒以内。

总之，感觉记忆就像一种存储信息的快照，它可能存储视觉、听觉或其他感觉信息，并且保持时间很短。但是每个快照似乎在获得后立即就会被一个新的快照破坏和取代。除非快照里的信息被转移到另一种记忆中去，否则就会消失。

短时记忆

因为存储在感觉记忆里的短暂信息是由原始感觉刺激的表征组成的,所以它对我们来说是没有意义的。如果我们想要理解并保留住它,信息就必须被转入短时记忆中。信息在短时记忆里才开始有了意义,不过,它的保持时间仍相当短暂(Hamilton & Martin, 2007)。感觉记忆转移到短时记忆的具体过程还不清楚。一些理论家认为信息先被转化为图像表征或表象,还有一些理论家则假设转移发生在感觉刺激转化成词汇的时候(Baddeley & Wilson, 1985)。不过,有一点是清楚的,相对于可以把信息保存得相对完整和详细的感觉记忆,短时记忆的表征能力就没那么完善了。

短时记忆保存信息的容量是 7±2 个组块。**组块**(chunk)是由若干单个刺激(如字母)联合而成的较大的信息单位(如字词),它能作为一个单元存储在短时记忆中。例如,一个组块可以由 7 个单独的字母或数字组成,利用这样的组块我们可以将一个 7 位数的电话号码(如 226-4610)保存在短时记忆里。但是组块也可以由更大的信息量组成,如词汇或其他有意义的单元。例如,请把下面列出的序列看作 25 个字母:

NIZAINAKUAIHUILAIWODENGNI

由于这样的一行字母超出了 7 个组块,一次呈现后很难被回忆出来。但是如果它们以下面的方式呈现:

NI ZAI NA, KUAI HUI LAI, WO DENG NI.
(你在哪,快回来,我等你)

即使是 25 个字母,你也能把它们存储在短时记忆中,因为它们是以 3 个组块的形式呈现的。组块的大小不一,可以是单个的字母或数字,也可以是比较复杂的信息单元。一个组块由什么组成依据个体过去的经验而定。你可以自己做一个实验来验证一下,这个实验最初用于比较象棋大师和新手之间的差异(deGroot, 1978; Oberauer, 2007; Gilchrist, Cowan, & Naveh-Benjamin, 2009)。请用 5 秒钟左右的时间,观察棋盘上已摆好的棋子,然后盖上棋盘,试着在空棋盘上画出棋子的位置(见图 6.9)。除非你是一个熟练的棋手,否则你很可能无法完成这个任务。然而,那些在比赛中获胜的象棋大师做得非常好(deGroot, 1966),他们能正确重现 90% 的棋子;相比之下,那些象棋新手只能重现 40% 的棋子。象棋大师在其他方面并没有出众的记忆,通常在其他记忆测验上表现一般。他们之所以能比别人做得好,是因为他们能够按组块或有意义的单元来观察、记忆棋盘上的棋子位置,并以此来重现棋盘布局。

尽管个体有可能记住进入短时记忆的 7±2 个组块信息,但这些信息并不能保持很久。短时记忆保持的时间究竟有多短呢?如果你曾有过这样的经历——在电话簿中查找电话号码,找到后不断地重复它,等你合上电话簿,然后拿起电话拨到第三个数字时,就记不起后面的数字了——你就会明白信息在短时记忆中并不会保持很长的时间。大多数心理学家认为,除非短时记忆中的信息被转移到长时记忆中去,否则它在 15~25 秒后就会消失。

图 6.9 记住左图中棋子的摆放位置,你能在右图中重现这个棋局吗?

工作记忆

大多数当代学者并没有把短时记忆视为记忆加工过程中独立的一站,而是把短时记忆想象成一个信息加工系统——工作记忆。**工作记忆**(working memory)是一套暂时的记忆存储器,它主动地加工和复述信息(Bayliss et al., 2005a, 2005b; Unsworth & Engle, 2005; Vandierendonck & Szmalec, 2011)。工作记忆包括四个部分:(1)中央执行系统。主管工作记忆中信息的流动方式。从其他记忆系统(如长时记忆)中提取信息,对工作记忆中的信息进行较精细的加工和存储。它是工作记忆的核心,起着注意系统的作用,但其认知加工资源有限。(2)语音环路。主要采用串行加工的方式,通过语音编码对信息进行加工和存储。(3)视觉空间画板。主要采用表象的形式对视觉和空间信息进行加工和存储。(4)情景缓冲器。主要包含表征情景或事件的信息。后三个部分是从属系统,具有信息特异性。在信息加工过程中,该记忆的内容在不断变化,但工作要求又使其具有连续性和系统性。

工作记忆使我们能在短时间内将信息维持在一个活跃的状态,以便我们能对信息进行加工。比如,我们在心算一个多步的算术题时,存储当前一步的结果再进行下一步运算,就用到了工作记忆。又比如在购物时,计算 20% 的折扣,先算出总价的 10%,再乘以 2,这也用到了工作记忆。

尽管工作记忆有助于回忆信息,然而在运作时会用到大量的认知资源,这样会降低我们对周围环境的意识。从工作记忆的角度来分析一下,司机驾驶汽车时是否可以打电话呢?如果电话交谈需要思考,它就会增加工作记忆的负担,使人们对周围环境的意识降低,那么这显然是一种危险的行为(Sifrit, 2006; Strayer & Drews, 2007)。

压力会通过降低工作记忆容量来减弱工作记忆的效果。事实上,有研究发现,有着最高工作记忆容量和最高数学能力的学生也对需要表现良好的压力最敏感。这些本应该表现很好的人更容易在测验中卡壳，因为压力降低了他们的工作记忆容量（Beilock & Carr, 2005; Schweizer & Dalgleish, 2011）。

近来，工作记忆领域取得了新进展。首先，在视觉工作记忆（visual working memory, VWM）方面，沈模卫课题组系统探讨了其在编码、存储、提取等阶段的加工机制。在编码方面，该课题组提出了知觉-工作记忆交互模型，发现视觉信息进入视觉工作记忆的方式取决于其在知觉阶段的加工方式，在前注意作用下即可得到加工的基本特征会被自动提取至视觉工作记忆，而在集中注意作用下得到加工的细节特征仅在任务需要时才被提取至视觉工作记忆（Shen et al., 2013）。在存储方面，研究发现射影不变性是视觉工作记忆建构、保持多客体动态构型的唯一几何特征（Sun et al., 2015）；格式塔组织原则是视觉工作记忆动态重组序列进入信息的基本原则；视觉工作记忆复述绑定信息需基于客体的注意资源（Shen et al., 2015）。此外，他们还揭示了视觉工作记忆的存储单位为客体而非布尔地图（Shen et al. 2013）；脑电成分 CDA 反映的是视觉工作记忆中存储的客体数目，而非信息量或位置数目（Gao et al., 2013）。在比较阶段，该课题组发现前额 N2 是反映视觉工作记忆中存储表征与知觉信息间冲突的指标（Yin et al., 2012）。

该课题组还对生物运动视觉工作记忆的存储机制进行了探讨，首先，研究发现生物运动具有相对独立的存储空间（Shen et al., 2014）；其保持需要镜像神经元的参与（Gao, Bentin, & Shen, 2015）；视觉工作记忆存储与生物运动相关的信息的容量仅为 1~2 个（Ding et al., 2015）。其次，研究关注工作记忆与注意的关系，近期发现客体的工作记忆内容对注意的导向过程可受个体的抑制动机水平的调控。当个体的抑制动机水平较低时，与客体的工作记忆内容相匹配的分心物会捕捉注意；而当个体的抑制动机水平足够高时，与客体的工作记忆内容相匹配的分心物会被抑制（胡艳梅 等，2013）。利用工作记忆任务与视觉搜索任务相结合的双任务范式，研究者还检验了关于工作记忆和注意是一个共享有限认知资源的相互竞争和影响的系统的观点（张豹，黄赛，祁禄，2013）。

最后，在工作记忆容量的遗传机制方面，董奇课题组和张富昌课题组分别进行了一系列的研究，发现多巴胺通路相关基因儿茶酚氧位甲基转移酶（COMT，它是参与儿茶酚胺递质灭活的一种主要降解酶，与多巴胺代谢密切相关）、多巴胺 D2 受体（DRD2）、多巴胺 D3 受体（DRD3）、神经降压素受体 1（NTSR1，神经降压素是一种神经内分泌肽，主要通过神经降压素受体 1 的介导来激活下游信号通路）以及脑源性生长因子基因 BDNF（一组结构同源的内源性多肽）都与个体的工作记忆容量有关（Wang et al., 2013; Gong et al., 2012）。

复　述

材料从短时记忆向长时记忆的转移很大程度上依靠**复述**（rehearsal），即用言语重复刚刚识记的材料，以巩固记忆的心理操作过程。复述完成两件事情：第一，只有信息被重复，它才能保持在短时记忆里；第二，更重要的是，复述能使我们把信息转移到长时记忆中去（Kvavilashvili & Fisher, 2007; Jarrold & Tam, 2011）。

信息能否从短时记忆转移到长时记忆中似乎主要取决于复述的类型。如果信息只是被简单地一遍遍重复——就像我们从电话本里查到电话号码，然后靠背诵马上去拨那样——信息当时是被保存在短时记忆里的，但却不一定被放入长时记忆里。当我们不再注意这个电话号码时，它很可能就被其他信息取代并被完全遗忘。

相反，如果复述短时记忆里的信息时用了一个叫作精细复述的过程，信息将更可能被转移到长时记忆中去。精细复述（elaborative rehearsal）是指信息以某种方式被加以思考和组织。这个组织过程可能包括把信息扩展以使其适合于某个逻辑框架，把它和另外一个记忆联系起来，把它转化为图像或者以其他方式转化它。例如，我们可以将买菜的清单视为一道菜的配料来记忆，也可以与之前的一次购物内容相联系，或者可以联想成农田里一排排作物的景象。

通过运用诸如记忆术这样的组织策略，我们可以大幅提高自身保持信息的能力。记忆术（mnemonics）是以一种更易被记住的方式来组织信息的技术。比如，一个音乐初学者用"FACE"这个单词来学习五线谱间上的音，或者我们使用诗歌——一三五七八十腊，三十一天永不差；四六九冬各三十，平年二月二十八——来记忆每个月份的天数，这都是在使用记忆术（Carney & Levin, 2003; Sprenger, 2007; Worthen & Hunt, 2011）。

长时记忆

长时记忆与短时记忆的主要区别

长时记忆是一个容量几乎无限的存储器。在这个记忆系统中，我们如果需要某一信息，就可以提取它。信息加工经过三个连续的阶段：从感觉记忆开始，进入短时记忆，最后到长时记忆结束。那么长时记忆与短时记忆有哪些区别呢？主要体现在以下四个方面。

1. 提取信息的方式不同。长时记忆中存储的信息量十分庞大，在寻找某一信息时不可能像在短时记忆中那样，对整个长时记忆中的内容进行扫描。在长时记忆中必须建立起索引，运用线索从长时记忆中提取信息的部分内容，而不是像在短时记忆中那样提取信息的全部内容。
2. 存储信息的形式不同。短时记忆中的信息通常是以经验（我们所见、所听、所为、所尝或所触）的物理特性来保存的，并且主要是听觉码。即感觉记忆可以在短时记忆中存储，但长时记忆中存储的主要是信息的意义，即主要以语义码来存储。
3. 遗忘产生的原因不同。在短时记忆中未得到复述或加工的信息就会在记忆系统中丧失掉；而长时记忆则不同，存储在长时记忆中的信息不仅可以持久保存，而且事实上似乎是永久保存的。长时记忆中的"遗忘"并不是因为记忆被擦除了，而是因为某些原因使得我们无法把记忆提取出来。
4. 脑内的功能定位不同。短时记忆主要是大脑皮层前额叶的功能，而存储在长时记忆的信息首先在海马得到整合，然后被转送到参与语言和知觉的大脑皮层的有关区域进行永久性存储。

长时记忆的结构

目前，很多当代研究者将长时记忆看作是由几个不同的成分或模块组成的，每个模块都代表了大脑中一个独立的记忆系统。长时记忆主要分为陈述性记忆和程序性记忆。**陈述性记忆**（declarative memory）是对事实信息——名字、面孔、日期以及像"一辆自行车有两个轮子"这样的事实——的记忆。而**程序性记忆**（procedural memory，也称作"非陈述性记忆"）是对技能和习惯——如怎样骑自行车或驾驶汽车——的记忆。有关事物的信息存储在陈述性记忆里，而有关怎样做事的信息则存储在程序性记忆里（Brown & Robertson, 2007; Bauer, 2008; Freedberg, 2011）。

在程序性记忆和技能领域里，脑科学方法为理解程序性记忆和技能的获得提供了新证据。例如，陈华富研究组以中国象棋大师为模型，采用静息态功能连接与任务态激活结合的方法，分析长期的学习和训练对特定的高级认知网络的影响，发现象棋大师在任务态下默认网络的负激活增强，而静息态下默认网络与纹状体的功能连接显著增强（Duan et al., 2012）。黄瑞旺研究组探索了体操等长时间高强度的运动训练对大脑可塑性的影响，发现冠军组（训练组）的白质结构连接强度显著增强，且大多数连接增强的脑区都位于感觉运动网络、注意网络、默认网络中（Wang et al., 2013）。魏高峡等人考察了长时间的太极拳训练对大脑结构形态学和局部功能特征的影响，发现太极拳专家组在右脑背外侧前额叶、运动前区、脑岛沟及左脑的颞上沟和舌回的大脑皮层显著增厚，而右侧舌回皮层厚度与太极拳练习强度呈显著正相关（Wei et al., 2013）。静息态功能扫描分析发现，与对照组相比，太极拳组在右侧中央后回（PosCG）的局部功能一致性显著增强，而在左侧前扣带（ACC）和右侧背外侧前额叶（DLPFC）的局部功能一致性则显著降低，右侧 PosCG 的局部功能一致性与太极拳锻炼经验显著相关。鉴于左侧 ACC 局部功能一致性的降低（功能分化的增强）与右侧 PosCG 局部一致性的增强（功能整合的增强）均能预测行为注意网络测试中的执行功能表现（Wei et al., 2014），上述发现提示太极拳锻炼能引发大脑功能改变和优化脑功能的组织特性。董奇等人研究长时记忆的遗传基础，发现编码 5-HTR2A（即 5-羟色胺受体 2A）的 30 个 SNP（single nucleotide polymorphisms，单核苷酸多态性，主要是指在基因组水平上由单个核苷酸的变异所引起的 DNA 序列多态性）位点中 rs1923888、rs1745837、rs9567739、rs3742279、rs655888、rs655854 和 rs2296972（rs 指位点的 ID）连锁形成的单体型与正确记忆有关，而与错误记忆无关（Zhu et al., 2013）。

陈述性记忆可以进一步划分为语义记忆和情景记忆。**语义记忆**（semantic memory）是对关于世界的一般知识和事实的记忆，以及对用来推断其他事实的逻辑规则的记忆。因为有语义记忆，我们才记得九九乘法表、唐诗三百首，并且知道把《道德经》的作者说成韩愈是错的。因而，语义记忆有点像事实的心理目录（Nyberg & Tulving, 1996; Tulving, 2002）。与之相对的是**情景记忆**（episodic memory），它是个体对在特定时间内经历的情节或事件以及与之相联系的各种时空关系信息的记忆，是个人亲身经历的各种事情的记忆。我们做过的事和各种经历的记忆组成了情景记忆。例如，记得在什么时候及怎样学习 2 × 2 = 4 时的场景，这是情景记忆；而 2 × 2 = 4 这一事实本身则是语义记忆（见图 6.10）。情景记忆能惊人地详细。请想一想，如果问你两年前的某天在做什么，你会有怎样的反应。根本不可能想起来？你读完下面这段研究者和被试间的对话之后可能就不会这么想了，在这个记忆实验里，被试被

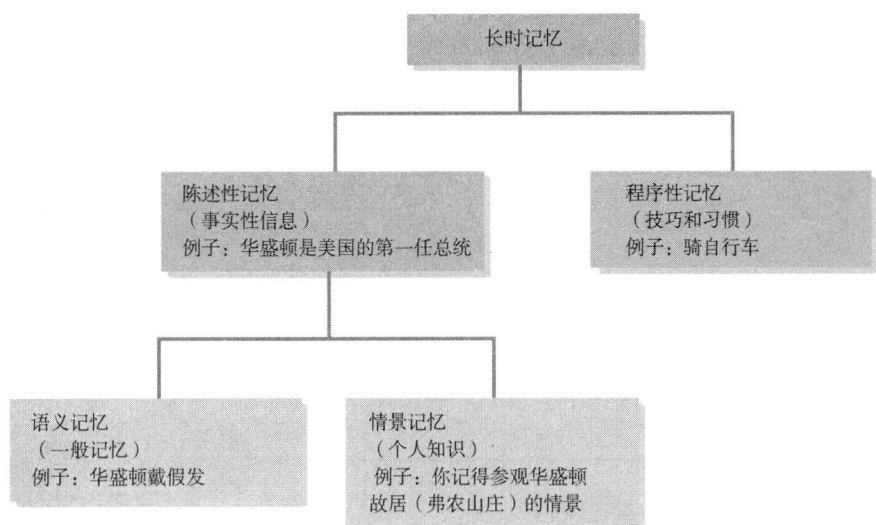

图 6.10
长时记忆分类

问到"两年前九月第三个星期一的下午,你在做什么"。

被试:我怎么可能记得?
主试:无论如何请试试吧。
被试:好吧。让我想想,两年前……我应该是在长沙读高中……那是第一年。九月的第三周——刚过完夏天——那应该是秋季学期……让我想一下。我星期一都做化学实验。我不知道。我很可能是在化学实验室。等一下——那是开学的第二周。我想起来了,老师在讲元素周期表——一个很大、很奇特的表格。我想他是疯了,想让我们记住那个东西。呃,我想我能想起来坐在……

情景记忆能提供很久以前发生的事情的信息。但语义记忆也不可小视,它能够让我们挖掘出成千上万的事实,比如中国传统节日、汽车发动机的功能、经济学的基本原理等知识。

长时记忆里的知识是如何组织的呢?当代认知心理学用记忆联想模型来加以解释。**记忆联想模型**(associative models of memory)认为,记忆是由多串相互联系的信息的心理表征组成的。我们在思考一个特定的概念时,就会回忆起与之相关的一些概念。图 6.11 显示了记忆里有关消防车的一些关联,如红色及其他各种各样的概念。见到一辆消防车可能会唤起我们对其他应急车辆的回忆,如救护车,然后又可能会想起交通工具这个相关的概念,想到交通工具又可能会让我们想起以前见过的一辆公共汽车。这种因唤起一个记忆而使另一个相关记忆被激活的过程被称作激活扩散(spreading activation)。联想记忆模型有助于说明**启动**(priming)效应,即先前经验对后来的学习任务有积极或消极影响的现象。启动效应甚至在人们对最初的单词或概念没有有意识的记忆时也会发生。有一个典型实验可以说明启动效应。在实验中,研究者给被试快速呈现一个刺激,如一个词、物体或者一幅头像。实验的第二阶段在一定的时间间隔后进行,间隔时间从几秒到几个月不等,这时给被试呈现与第一个刺激相关的、不完整的知觉信息,并问他们是否见过。例如,新材料可能包括之前出现过的词的首字母,或者出现过的面孔的一部分。如果比起没出现过的材料,被试能更快地识别这些材料,就表明启动发生了。研究结果表明,被试记

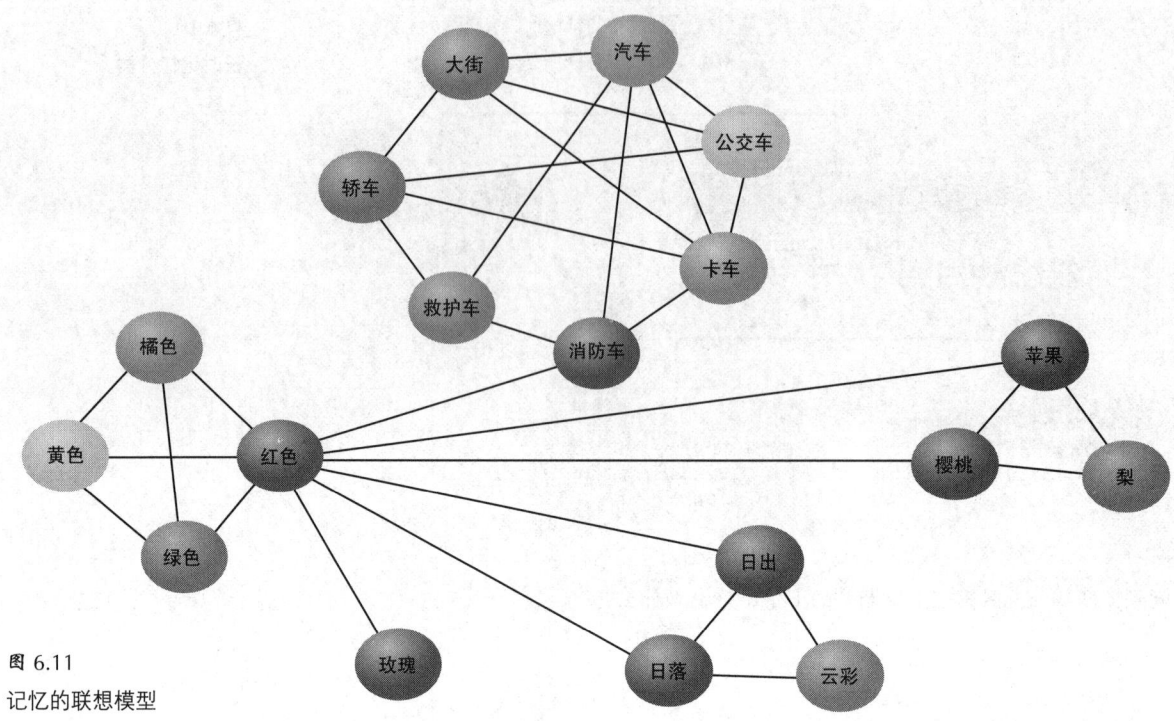

图 6.11
记忆的联想模型

住了最初的材料，尽管这一材料存储在了内隐记忆而非外显记忆中。还有研究发现，尽管植物人看起来已失去意识，但有时他们在康复后仍能回忆起失去意识时听到的谈话，而事实上他们并没有有意识的记忆。

人类的记忆还可分为有意记忆和无意记忆两种形式。有意记忆也称为外显记忆，无意记忆也称为内隐记忆。**外显记忆**（explicit memory）指对信息有目的或有意识的记忆。当我们试着回忆一个以前遇到过的名字、日期，我们就是在搜索外显记忆。相反，**内隐记忆**（implicit memory）指人们没有有意识地觉察到，但却能影响随后行为表现的记忆。比如，我们走在路边，不需要思考就会躲避朝我们开来的汽车，这种自动操作的技能就存储在内隐记忆里。类似地，不知道为什么讨厌一个熟人，这种模糊的感觉可能就是内隐记忆的反映（Coates, Butler, & Berry, 2006; Voss & Paller, 2008; Gopie, Craik, & Hasher, 2011）。内隐记忆是指对某个影响我们的行为却又无法被有意识地回忆起来的事件的记忆。你想了解国内对内隐记忆的最新研究进展吗？我国心理学家杨治良对内隐记忆的研究颇具影响力（见"探索与发现：内隐记忆"）。

近来，有研究从编码和提取的角度探讨了内隐记忆（流畅性、概念启动）对再认记忆（熟悉性和回想）的影响，对进一步理解不同记忆系统的机制及其相互之间的关系有着重要的意义。例如，郭春彦课题组成功分离了记忆编码与提取阶段熟悉性和概念启动的电生理指标（Gao, Bentin, & Shen 2015）。研究者还考察了编码阶段诱发的流畅性对随后熟悉性和回想的影响，发现重复启动诱发的流畅性会损害随后的回想加工，而启动效应和记忆效应的 ERP 成分在时间和空间上都存在差异（Li et al., 2015）。有关情绪对记忆提取的研究表明，情绪能够对源记忆提取的熟悉性以及与回想相关的脑电成分产生影响，从而支持了情绪权衡理论，即情绪在增强项目记忆的同时会损害其外在来源记忆（Mao et al., 2015）。

探索与发现：内隐记忆

华东师范大学心理学系杨治良

对内隐记忆现象的描述最早可追溯到莱布尼茨（Leibnitz）、赫尔巴特（Herbart）等对无意识记忆现象的哲学思索。1985年，格拉夫（Graf）和沙克特（Schacter）在合作发表的论文中首次提出内隐记忆这一概念，用于表述在无意识情况下，过去的经验或学习对人类行为产生影响的现象。至此，心理学家从记忆提取有无意识参与的层面，区分出了内隐记忆和外显记忆。

在内隐记忆研究的起始阶段，研究者们着力于制造和发现内隐与外显任务的分离，寻找其存在的依据。在此过程中，任务分离（task dissociation）成为研究内隐记忆最主要的方法。为了将意识与无意识对记忆过程的影响进一步区分开，雅各比于1991年提出的加工分离程序（process-dissociation procedure, PDP）使意识和无意识加工成分在一个简单的记忆任务中得以成功分离（Jacoby, 1991）。

20世纪80年代末，我和北京大学的朱滢教授将内隐记忆研究的方法和理论引入国内，并开展了内隐记忆方面的实验研究。在当时的一项研究中，我采用信号检测论的方法，对无意义字母串学习中的内隐记忆特点进行探究。这项研究证明了内隐记忆普遍存在于学习过程中，且具有心理状态稳定这一特点（杨治良，1991）。

之后，我和团队又先后开展了关于"汉字内隐记忆"的系列实验研究。"汉字内隐记忆"的系列研究均采用再认测验和偏好测验任务，对汉字内隐记忆存在的条件、汉字内隐记忆中存在的任务分离和反应倾向以及内隐记忆加工分离的修正模型进行了探究和检验。这些工作证实了内隐记忆区别于外显记忆，揭示了汉字内隐记忆所具有的特征（杨治良，叶阁蔚，王新发，1994；杨治良，叶阁蔚，1995；叶阁蔚，1997）。基于先前研究中对信息加工的意识和无意识性区分，我和合作者使用加工分离程序对社会性信息和非社会性信息中内隐记忆与外显记忆的贡献进行了定量分析，结果发现内隐记忆对社会性刺激的贡献比对非社会性刺激的贡献更大，进而提出了意识-无意识的"钢筋水泥"模型，这是在以往采用将意识比作冰山的顶部而将无意识比作冰山的底部来描述二者关系基础上的进一步阐释，它强调了在任何一种水平及任何一个层面上，意识与无意识都是一个有机的抑或是复杂的结合体。此外，该研究也深入揭示了社会认知中无意识加工的重要性（杨治良，高桦，郭力平，1998）。

时至今日，研究者们早已不满足于求证内隐记忆和外显记忆的实验性分离，转而要求对内隐记忆做出更为全面和整体的评价。近年来，随着认知神经科学技术的蓬勃发展及新技术的运用，对与内隐记忆相关的神经生理特征（如海马与记忆的关系、N400与内隐认知的关系等）的探讨越来越深入。相信在未来，内隐记忆依然能够魅力不减，继续吸引着众多研究者的注意。

可见，记忆是一个很复杂的系统，我们可以从不同的角度对它进行分析，无论从哪个角度来分析都是正确的，因为随着记忆研究的深入，心理学家还会提出多种多样的模型，我们对记忆系统的认识也就更全面、更深刻了。

对被感知材料的加工程度是影响记忆的一个重要因素。**加工水平理论**（levels-of-processing theory）强调新信息被分析理解的程度。该理论认为加工新信息的数量是决定最终有多少信息被记住的关键。对新信息的最初加工越深，我们就记得越好（Craik & Lockhart, 2008; Mungan, Peynircioglu, & Halpern, 2011）。因为我们对身边的大部分信息都没有密切注意，通常只对它们进行非常有限的心理加工，所以我们对新接触的信息几乎立刻便会忘记。然而，我们密切关注的信息则会被加工得更为彻底。因此，它会在更深层次上进入记忆，并且比浅层次加工的信息更不易被遗忘。

该理论还认为，在浅层次加工水平上，我们仅依据信息的物理和感觉特征对它进行加工。例如，我们可能只会注意到"狗"这个字的形状。在中等加工水平上，我们会把形状转化为有意义的单元。这时，它就成了一个字，并且我们会赋予它一个语音。而在深层次加工水平上，我们则会根据信息的意义进行分析。我们可能会把它放到一个更广的语境里，并将这个信息的意义与更广的知识网联系起来。比如，我们不仅会想到狗是有四条腿和一条尾巴的动物，还会联想到它与其他动物的关系。我们的脑海里可能会浮现出自己养的猫和狗，进而又联想到自己的生活。

虽然加工水平这一概念难以操作化，也很难用实验证明，但它确实具有相当大的实用价值。比如，在学习和研究新的课程材料时，信息加工的深度是关键所在。为了考试而死记硬背术语表，恐怕难以形成对信息的长期记忆，因为这是在浅层次加工水平上进行的。相反，认真思考术语的含义，以及它们与自身已有的知识是怎样联系的，更有助于信息的长期保持（Conway, 2002; Wenzel, Zetocha, & Ferraro, 2007）。

提取：信息的获取和遗忘

我们对事件的记忆，开始是使其进入记忆系统（编码），然后再将其保持在记忆系统中（存储），最后还要能将其从记忆系统中提取出来。提取需要一些与事件相关的线索（其中也包括对事件编码的物理环境）的帮助，但我们的记忆也会失败，这就叫作遗忘。

提取线索

我们都有过这样的经历：明明记得某个人的名字，但不管怎么努力都无法回忆起来。这种现象被称为**舌尖现象**（tip-of-the-tongue phenomenon）。如果给予适当的提示，我们很快便能回忆起那个人的名字。

提取线索

很多心理学家认为进入长时记忆的信息是相对永久的，所以长时记忆里信息的数量相当可观，以至于我们有时难以回忆起其中的一些信息。那么我们是如何在恰当的时间从如此大量的信息中拣选并提取特定信息的呢？一个主要的途径是提取线索。提取线索（retrieval cue）是指一个让我们更容易回忆起长时记忆里信息的刺激。它可能是一个词、一种情绪或者一个声音。无论这个具体的线索是什么，当它出现时，记忆就会突然地出现在我们的脑海里。比如，粽子的香味会唤起端午节或家人团聚的记忆。

提取线索引导人们检索长时记忆中的信息，就如同卡片式目录指引人们在图书馆里查找图书，或者好比"百度"之类的搜索引擎引导我们检索互联网上的信息。相比于对存储于记忆中的信息进行再认，当我们努力回忆信息时，提取线索显得更尤为重要。在回忆过程中，人们必须提取一条特定的信息，如同做填空题或者撰写短文；而再认只要求人们判断面前的刺激是否在先前呈现过，或者从一组选项中识

图 6.12
回忆这些人物的名字

回答再认问题：下面哪些是神话故事"八仙过海"中八仙的名字？
孙悟空　蓝采和　武　松　吕洞宾　小龙女　何仙姑　铁拐李　阿凡提
曹国舅　韩湘子　诸葛亮　李逍遥　张果老　猪八戒　汉钟离　梁山伯

图 6.13
说出图 6.12 中人物的名字（回忆任务）比解决左边的再认问题要困难得多

别信息。

再认通常比回忆容易得多（见图 6.12 和图 6.13）。回忆之所以更困难，是因为它是由一系列的过程组成的：搜寻一遍记忆，提取有潜在相关的信息，然后确定找到的信息是否正确。如果信息看起来正确，则搜索结束；如果不正确，搜索还得继续。与之相比，再认需要的步骤要少些，所以更简单（Miserando, 1991; Leigh, Zinkhan, & Swaminathan, 2006）。

闪光灯记忆

闪光灯记忆（flashbulb memory）是指与一个特定的、重要的或令人吃惊的事件有关的记忆，该事件很容易被回忆起来，并且在脑海中留有清晰生动的表象。在大学生中，某些类型的闪光灯记忆很常见。例如，遇到一场交通事故、第一次见到室友、高中毕业的那晚，这些都是典型的闪光灯记忆（Romeu, 2006; Bohn & Berntsen, 2007; Talarico, 2009; 见图 6.14）。

当然，闪光灯记忆并不会包括原始情景中的每一个细节。例如，一名大学生很清楚地记得，十几年前听说发生"9·11"事件时，他正坐在教室里课间休息。然而，虽然他记得自己坐在哪里，他的同学们对这个消息有什么反应，但是他记不起那天自己穿的是什么衣服以及午饭吃的是什么。此外，闪光灯记忆里的细节通常不准确。例如，下面这个研究，某件刺杀案宣判三天后，一组大学生被问到他们是怎样听到这个消息的。15 个月后，问他们同样的问题，一半的人的回忆非常准确，只有 11% 的人的回忆有大的错误。但 32 个月后，只有不到三分之一的人的回忆是准确的，超过 40% 的人的回忆有大的歪曲（Winningham, Hyman, & Dinnel, 2000）。

闪光灯记忆说明了记忆的一个常见现象：相对于平常事件的记忆，特殊事件的

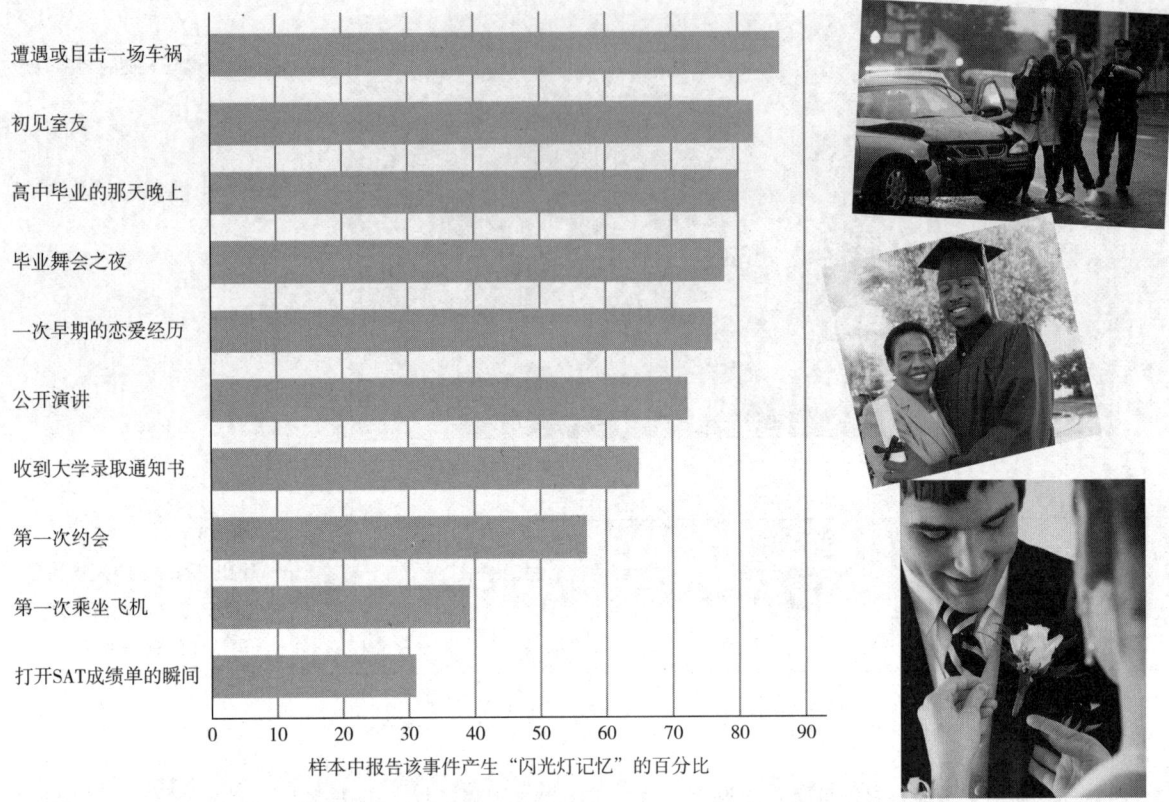

图 6.14 最常见的闪光灯记忆事件（基于一项大学生调查）
资料来源：Rubin, 1985.

记忆（虽然它不一定准确）更容易被提取。刺激越与众不同，事件与个人越相关，我们就越容易回忆起来（Shapiro, 2006; Talarico & Rubin, 2007; Schaefer et al., 2011）。但即便是一个特殊刺激，我们也仍可能不记得该信息的来源。当个体对某个材料有记忆，但又想不起在哪里遇到过时，**源遗忘**（source amnesia）就发生了。例如，当你遇到一个认识的人，但却记不起与其初次相遇的地点。

长时记忆的准确性

尽管我们都希望自己的长时记忆是准确的，然而事实上，我们很难去衡量长时记忆的准确性。因为长时记忆在一定程度上反映了**建构过程**（constructive processes），即记忆会受到我们赋予事件意义的影响。当我们提取信息时，影响回忆的不仅有我们对刺激的直接经验，还有我们对其意义的猜测和推断。

"记忆是基于建构过程的"这一观点的最早提出者是英国心理学家弗雷德里克·巴特利特（Frederic Bartlett）。他认为，人们倾向于根据图式来记忆信息，**图式**（schemas）指按一定格式组织在一起，用于表征事件、事件系列、规程、情境、关系和客体等的概念群，它能促进新信息的解释、存储和回忆。因为我们使用图式来组织信息，所以我们的记忆通常由过去经历的重构组成。因此，我们的图式并不只是基于我们所接触的真实材料，还有我们对情境的理解与期望，以及我们对他人行为背后动机的觉察。

图式的早期证据来自一个经典实验，该实验程序类似于一个儿童游戏"打电话"，即记住的信息被依次从一个人传递给另一个人。在这个研究中，被试需要观看一幅画——在地铁里，有多个不同人种和族裔背景的人物，其中一个白人手里拿着剃刀（Allport & Postman, 1958）。第一个被试要向另一个被试描述这幅画，在描述过程中不能再回头去看。然后第二个被试又要向另一个被试描述（不看图），接下来让下一个被试再重复这个步骤。最后一个被试报告的结果和原图有明显的偏差，但偏差具有系统性。具体来说，很多人把图画描述为一个非裔美国人拿着一把刀，而实际上画中为一个白人拿着一把剃刀。从白人的剃刀变成了黑人的刀子，这一改变清楚地显示了被试持有的图式包含着不合理的偏见：黑人比白人更暴力、更倾向于持刀。

简而言之，我们的期望、知识和偏见会影响长时记忆的可靠性（McDonald & Hirt, 1997; Newby-Clark & Ross, 2003）。以下三种记忆更能进一步说明这个问题。

目击者证词

有关目击者指认嫌疑人以及对其他犯罪细节记忆的研究显示，即使目击者对自己的回忆非常自信，他们在试图回忆犯罪活动的细节时也很容易出现严重的错误（Zaragoza, Belli, & Payment, 2007; Paterson, Kemp, & Ng, 2011）。例如，杰克逊被两个目击者错误地从一批犯罪嫌疑人中指认了出来，并被宣判有罪，被判处14~50年监禁。直到五年后，警方找到了真正的罪犯，杰克逊才被释放。但这对杰克逊来说已经太晚了，用他的话说："他们夺去了我的一部分人生、我的一部分青春。我在那儿度过了五年，他们能说的就只有'对不起'"（Time, 1982）。

犯罪行为中使用的武器是影响目击者记忆错误的一个原因。当一名罪犯拿出一把枪或刀时，它们就像知觉磁铁一样，吸引着目击者的双眼。结果，目击者对其他犯罪细节的注意减少，也就更难回忆起真正发生了什么（Steblay et al., 2003; Zaitsu, 2007; Pickel, 2009）。即使没有武器，目击者也很可能出错。比如，观众在观看了一个电视新闻节目里的短片后，被要求在六个人中指出攻击者。节目播出后，在2000多名致电电视台的观众里，只有15%的人正确地指出了攻击者，该结果几乎等于随机猜测的比例。

目击证人对所看到事件的记忆很容易被事后信息歪曲。例如，在一项研究中，研究者让被试观看一部车祸电影，然后让被试估计肇事车的行驶速度。对第一组被试提出的问题是"当两车相撞时，它们开得有多快？"，对第二组被试提出的问题是"当两车接触时，它们开得有多快？"。结果是，第一组被试估计车速平均为每小时40.8英里（约65.66千米），第二组被试估计车速平均为每小时31.8英里（约51.18千米）（Loftus & Palmer, 1974）。约在一周后，研究者询问所有的被试："你是否看到了玻璃碎片？"（事实上，影片中根本没有出现玻璃碎片。）第一组中32%的被试报告看到了玻璃碎片，而第二组中只有14%的被试报告看到了玻璃碎片。被试无法分辨他们记住的是当时的情景还是事后的信息。如果人们反复收到错误的信息，他们回忆的东西会有更多的错误。

不少研究表明，儿童的记忆更容易受他人的影响，甚至根本没有发生过的事也有可能"被记起来了"。相比于成人，他们的回忆会有更多的错误（Loftus, 1993;

Douglas, Goldstein, & Bjocklund, 2000）。

被压抑的记忆

被压抑的记忆指某些事件最初太令人震惊或痛苦，以至于大脑将相关的记忆置于无意识之中。有一个多次被美国媒体报道的案例。有一位女子对流水有极其强烈的恐惧感。后来，一位阿姨解开了这个谜团。她轻声对这位女子说："我从没对任何人讲过。"这句话重新点燃了她内心早已熄灭的烛火，并且唤醒了这位女子对一次事故的回忆。那时她是一个不听话的孩子，有一次她故意远离家庭野餐聚会，结果掉进了瀑布里，直到阿姨把她救出来，而阿姨事后答应不把这件事告诉她父母。这个案例对于被压抑的记忆（基于弗洛伊德的精神分析理论）的存在是有力的支持。支持者认为，这些记忆可能会一直被隐藏着，并且很可能贯穿个体的一生，除非它们被当前的某个环境（如心理治疗过程中的探索）所触发。然而，记忆研究者伊丽莎白·洛夫特斯（Elizabeth Loftus）认为，所谓的被压抑的记忆很可能是不准确的，甚至可能是完全错误的。例如，当人们回忆不起他们只有模糊印象的特殊事件记忆的来源时，就会产生错误记忆。即当记忆的来源变得不清楚或不明确时，人们可能会怀疑自己是真的经历了这件事还是只是想象。最后，人们就逐渐相信这件事确实发生过（Loftus, 2004; Wade, Sharman, & Garry, 2007; Bernstein & Loftus, 2009a）。我国心理学家郭秀艳对错误记忆做了卓有成效的研究（见"探索与发现：为什么'记得'不曾发生的事"）。

关于被压抑的记忆的合理性的争论似乎不会很快就有定论。很多心理治疗师强调被压抑的记忆的真实性，并且有研究支持了他们的观点。研究发现，大脑中存在特定的区域，有助于将个体不想要的记忆隔离在意识之外。还有研究者则持相反的观点，认为没有足够的科学证据支持这些记忆的存在。持中间立场的记忆研究者则认为，错误记忆是正常信息加工的结果。无论研究者持何种观点都要面对一项挑战，即区分事实与虚构（Brown & Pope, 1996; Bernstein & Loftus, 2009b）。

自传体记忆

自传体记忆（autobiographical memory）是指对日常生活中自发产生的、与自我经验相关联的信息的存储和提取过程。自传体记忆很大程度上是自传性的，包括与自我相关的信息。而与自我相关的信息是由主体自我、客体自我（经验自我、图式自我）以及与个人记忆和自传性事件相关的信息集合组成的。自传体记忆中会有一部分真实信息，但其主要表征的解释性信息往往是非事实的。人们对自己过去经历的回忆很可能是虚构的，或者至少是扭曲了的事实，这种记忆扭曲（memory distortion）可以通过七种独特的方式出现，好比"记忆的七宗罪"：短暂、心不在焉、阻滞、错误归因、暗示、偏见及固执。正如丹·麦可亚当斯（Dan McAdams）所说的："个人史主要是由叙述的过程，而不是由所叙述的事实事件所揭示的，它绝不仅仅是'编年史'，像秘书所做的会议备忘录那样，对何时何地发生何事详加记录。个人史主要是关于意义而不是关于事实的。在我们对往事的主观且加以修饰的叙述过程中，我们建构出了往事，或者说历史是虚构的"（Schacter, 1996）。

研究自传体记忆的主要方法是日记研究。在这类研究中，个体（通常是研究者

探索与发现：为什么"记得"不曾发生的事

华东师范大学心理学系郭秀艳

人们会错误地回忆起没有经历过的事情，或者回想起来的事情与自己的真实经历不完全相符，这就是错误记忆（false memory）。巴特利特是最早对错误记忆进行研究的学者，他采用重复再生（repeated reproduction）的研究方法，发现故事原有的内容在被试的记忆中被有规律地重构，这被称为重构记忆（reconstructive memory）（Bartlett, 1932）。

随后，洛夫特斯和帕尔默采用误导信息干扰范式（misinformation effect paradigm）探讨了干扰性信息导致错误记忆的问题，其结论在司法领域产生了重要影响，成为错误记忆研究史上又一个里程碑（Loftus & Palmer, 1974）。我和我的合作者借鉴古迪约森受暗示性量表测验的程序开展了研究，结果也表明误导信息干扰引发了错误记忆，并且材料呈现时间越短，错误记忆程度越高，重测比初测时的错误记忆程度更高（郭秀艳，李荆广，2007）。

罗迪格和麦克德莫特提出了经典的错误记忆研究范式——DRM 范式（Deese-Roediger-MeDemrott paradigm）（Roediger & MeDemrott, 1995）。基于此，研究者们采用 DRM 范式及其变式开展了系列研究，探讨了语义关联强度、测验情境、学习与测验间隔等众多因素对错误记忆的影响。我与我的合作者所进行的一系列研究，考察了错误记忆与学习阶段、测验阶段中多种因素的关联。我们的工作也表明，测验项目与学习项目间较高的语义关联强度可以导致较高的错误记忆（郭秀艳，周楚，周梅花，2004；郭秀艳，唐菁华，李荆广，2007）。在学习阶段，与同一个关键诱饵产生联想的项目连续呈现时，错误再认显著低于所有项目随机呈现的情况（周楚，2007）。此外，在测验情境中，出现在关键诱饵之前的项目和关键诱饵之间较高的语义关联也可以导致较高的错误记忆（万璐璐，郭秀艳，2007）。这些研究均支持"语义激活是引发错误记忆的重要机制"这一观点。

语义关联引发错误记忆，而物理线索则刚好相反。我和我的合作者的研究证实了物理线索对错误记忆的抑制作用（何黎胜 等，2009）。

此外，杨治良 等人（2006）发现，当时间间隔这一自变量采用被试内设计时，错误再认会随着间隔的延长而上升；而当采用被试间设计时，错误再认则没有变化，说明被试内设计可能混淆了重复测验对错误记忆的影响。其他研究者也分别探讨了自我参照（周楚，王俭勤，周文佳，2014）、学习阶段和测验阶段的感觉通道是否匹配、加工水平（李林，张金璐，高旭辰，2010）、是否有意加工（周楚，杨治良，秦金亮，2007）等对 DRM 范式中错误记忆的影响。

当前，对错误记忆的影响因素和产生机制的研究仍然是一个充满活力的领域。例如，研究发现，在事件编码阶段的睡眠剥夺会增加在误导信息任务中的错误记忆（Frenda et al., 2014），高度暗示的讯问会诱导关于犯罪的错误记忆（Shaw & Porter, 2015），而仅仅观察另一个人的动作就可以导致自我执行该动作的错误记忆（Lindner et al., 2010）。错误记忆有其适应性功能（Howe, 2011），同时，对这些"美丽错误"的不断了解，也有助于我们理解记忆的本质。因此，关于错误记忆的研究必将继续吸引众多目光，并取得更加丰硕的成果。

本人）保存了详细的日记。例如，林顿（Linton, 1982）保存了 6 年的日记，索引卡上每天至少记录两件事情。她会每个月随机选出两张卡片，并试图回忆记在卡片上的事件及其发生的日期，进而根据每段记忆的特点和情绪内容将其排序。令人惊讶的是，她对事情的遗忘速度是线性变化的，而不是像通常出现的遗忘速度先快后慢。另外，她对记忆的特点和情绪的排序与事件的重要性之间没什么关系。因此，她很惊讶自己到底记得什么和不记得什么。在另一项关于自传体记忆的研究中，研究者

探索与发现：记忆有文化差异吗

在一些没有书面语言的地区，常有一些记忆力非凡的人。比如，一些讲故事的人能详细叙述悠久的历史，回忆起很多代人的名字和活动。这种技艺最初使得专家们认为，无文字社会里的人们发展出了一种特别的甚至可能比有书面语言的文化里更好的记忆类型。他们还认为一个缺乏记录的社会能促使人们准确地回忆信息，特别是与部落历史和传统有关的信息，这些信息如果不被一代代口头传承下去，它们就会消失（Daftary & Meri, 2002; Berntsen & Rubin, 2004）。

不过，最近的文化差异观提出了一个不同的观点。首先，并非只有无文字社会中的人们拥有惊人的记忆技能。一些希伯来学者可以记住数千页的文字，并能指出特定的词在哪一页。类似地，巴尔干半岛的唱诗者能回忆起数千行的诗句。因而，在有书面语言的文化里，也可能存在惊人的记忆技能（Strathern & Stewart, 2003; Rubin et al., 2007）。

有研究曾以非洲人和美国白人为被试进行自由回忆实验，研究者向两组被试呈现分类的和未分类的词表。最初的结果显示，两组被试在记忆任务中表现不同，尽管所有被试回忆分类词表的效果都比未分类词表的效果好，但只有美国被试表现出聚类现象，即按类别回忆词表。而当暗示非洲被试按类别回想时，他们的回忆效果有很大提高。这表明非洲人与美国白人被试记忆系统的工作方式并没有本质的不同。

在另一项研究中，研究者向澳洲土著与澳洲白人儿童呈现几组物品，在他们观看30秒后，将物品的位置打乱，然后让他们复原其排列。各组土著儿童的表现都优于同龄白人儿童的表现。实验中，土著儿童观察和重组物品时都很安静，没有复述的表现；而白人儿童在观察时一边移动一边"嘀咕"，重组时也常做改动。土著儿童报告说记得物品排列的样子，他们使用的是视觉策略，白人儿童使用的是言语策略。由此可见，社会文化可以影响特定的认知技能。

不同文化下的记忆既有相似之处也有不同之处。基本的记忆程序——如短时记忆的容量以及作为记忆"硬件"的长时记忆的结构——是普遍性的，并且所有文化中人们的基本记忆程序的运作方式基本相似。相比之下，文化的差异在于记忆的"软件"，即信息的获得和复述方式。文化决定了人们最初怎样建构信息、实际学习和回忆信息的多少以及回忆时所采取的策略（Mack, 2003; Wang & Conway, 2006; Rubin et al., 2007）。

试图回忆自己25年间在首都歌剧院观看过的248场表演。研究结果符合经典记忆模式的预期：研究者对25年间开头和末尾几年所看的歌剧记忆的效果最好，重要的表演比不太重要的表演的记忆效果更好（Sehulster, 1989）。

近年来，有研究结合经典的自传体记忆测验（AMT）和反转-自传体记忆测验（AMT-R）探究创伤青少年的自传体记忆具体性减少的原因，得出创伤青少年自传体记忆具体性的减少主要是由于情感调节的结论（陈雪军 等，2012）。还有研究考察自传体记忆本身的情绪是否影响该记忆相关信息的内隐提取过程，结果表明，自传体记忆信息的内隐提取受到记忆本身情绪的影响，消极的自传体记忆信息的提取需要更多资源（郑希付 等，2012）。

遗 忘

测量遗忘的方法

ZEK、DAL、BOF这些字母组合都是由两个辅音字母和中间一个元音字母组成的，并且没有任何实际意义，它们被称为**无意义音节**（nonsense syllables）。艾宾浩斯是最早用它们来研究记忆和遗忘的学者。因为要记住它们只能靠单纯的听觉码和维持性复述，而无法用语义码和精细复述，所以在测量遗忘时，心理学家基本都采用无意义音节作为学习材料。目前，测量遗忘的方法主要有三种：（1）再认法：先让被试阅读一系列无意义音节，间隔一段时间后，再让他们去阅读另一系列无意义音节，然后测量被试正确再认出第一系列曾经学习过的无意义音节的百分比，以此来推测记忆保持或遗忘的程度；（2）回忆法：在学习完成一段时间后，测量被试正确回忆所学材料的百分比，以此来推测记忆保持或遗忘的程度；（3）重学法（也称节省法）：计算一个材料初次学习所需重复次数与经过一段时间后再学习这个材料所需重复次数之间的差值，以此来推测记忆保持或遗忘的程度。

遗忘的原因

我们为什么会遗忘？原因之一是我们可能一开始就没有注意到刺激材料，记忆在编码环节就失败了。如果刺激材料没有被编码进入记忆中，当然也就无法回忆了。但是，那些被编码进入记忆中但后来却回忆不起来的刺激材料是怎么回事呢？这样的记忆失败可以由衰退、干扰和线索依赖性遗忘过程来解释。

衰退（decay）是指记忆痕迹逐渐消退的过程。衰退理论认为，学习新材料时大脑会留下记忆痕迹，此后这个痕迹便随着时间的推移而消退或解体（Grann, 2007）。虽然有证据表明衰退确实会发生，但它似乎还不能完全解释遗忘。通常，人们在多长时间以前接触某个信息与这个信息后来被回忆的质量之间并没有关系。如果衰退能解释所有的遗忘，那么我们就可以预期最初学习材料和试图回忆之间的时间间隔越长，回忆就越难，因为时间越长，记忆痕迹衰退得也就越多。而事实却并非如此，人们在学习一个材料后进行连续的测验，通常在做后面的试题时会比做前面的试题时回忆起更多的原始信息。这与衰退理论的预测刚好相反（Payne, 1986）。

因为衰退无法完全解释遗忘，记忆专家提出了一个补充机制：干扰。**干扰**（interference）是指记忆中信息之间的某种冲突导致了记忆成绩的下降。影响遗忘的干扰有两种：前摄干扰和倒摄干扰（Bunting, 2006; Jacoby et al., 2007）。前摄干扰（proactive interference）是指先前获得的信息对新近学习材料回忆的干扰。设想一个学生学习外语，他先在大一学法语，后来在大二改学英语，在做一份英语的成绩测验时，他可能会发现很难想起某个词的英语翻译，而只能想到它的法语翻译。倒摄干扰（retroactive interference）是指后来获得的信息对过去学习材料回忆的干扰。例如，如果你因为最近接触了英语而在做法语测验时有困难，这就是倒摄干扰造成的。简而言之，前摄干扰是说过去干扰现在，倒摄干扰是说现在干扰过去。

尽管前摄干扰和倒摄干扰的概念阐明了记忆是怎样被遗忘的，但是它们仍然没有解释遗忘是信息的实际遗失或改变造成的，还是源于信息提取上的问题。大多数研究表明，那些因为干扰而好像被遗忘了的材料在恰当的刺激出现时，最终还是可以被回忆起来的（Tulving & Psotka, 1971; Anderson, 1981），因此这个问题还是没有得到充分的解答。一些心理学家开始研究记忆的生物学基础，力求从神经机制上来理解记忆和遗忘。

最后，遗忘的发生还可能是缺少提取线索造成的，这种遗忘被称为**线索依赖性遗忘**（cue-dependent forgetting），是指由于缺少足够的提取线索来提取记忆里的信息而发生的遗忘（Tulving & Thompson, 1983）。例如，你想不起在哪里丢失了自己的一串钥匙，直到你把一天的活动串起来想一遍，回想去过的每一个地方。当你回想到丢失钥匙的地方（比如图书馆）时，图书馆这个提取线索就可能帮你回忆起钥匙落在了图书馆的桌子上。如果没有这个提取线索，你可能就无法回忆起钥匙是在哪里丢失的。

目前大多数研究表明，干扰和线索依赖性遗忘是遗忘的关键过程（Mel'nikov, 1993; Bower, Thompson, & Tulving, 1994）。我们忘记事情主要是因为新记忆干扰了旧记忆的提取，或者是因为没有恰当的提取线索，而不是因为记忆痕迹的衰退。

记忆功能障碍

遗忘还与脑的器质性和功能性疾病有关，下面三种疾病会导致记忆功能障碍。

阿尔茨海默病（Alzheimer's disease）是一种进行性的早期老年痴呆病，除了发生时间（通常为50岁）较早之外，它的表面症状与衰老很相似。据统计，在美国，阿尔茨海默病在成人主要死因中排第四位，五分之一的75至84岁老年人以及几乎一半的85岁以上老年人患有这种疾病。阿尔茨海默病的初期症状看起来像一般的健忘，如忘记约会和生日。随着病情的进一步发展，患者的记忆丧失会变得更加严重，甚至会忘记像怎样拨电话这样最简单的任务。最后，患者可能会丧失说话或理解语言的能力，并且身体状况开始恶化，进而导致死亡。有研究者认为，工作记忆中央执行系统的损坏也可能导致记忆的遗失，使得个体表现出阿尔茨海默病的表面特征。

遗忘症（amnesia）泛指任何类型的部分或全部记忆丧失。主要有两种遗忘类型：一种是由某种形式的脑组织损伤引起的遗忘，被称为**器质性遗忘症**（organic amnesia），即由于生理上的机能障碍所引起的记忆缺失；另一种遗忘是由心理因素引起的记忆编码改变导致的，通常与特定时间所发生的事件密切相关。**逆行性遗忘症**（retrograde amnesia）指丧失某个事件发生之前的记忆，新的记忆则一切正常。通常，失去的记忆会逐渐重现，尽管完全恢复可能需要几年的时间。在有的案例中，患者的某些记忆会永远消失。另一种遗忘症的患者则对当前的活动没有记忆，这种被称为**顺行性遗忘症**（anterograde amnesia），即无法记忆某次受伤以后发生的事情。信息无法从短时记忆转移至长时记忆中去，导致患者除了事故前已存储在长时记忆里的信息之外，无法记住事故之后发生的任何事情。

科尔萨科夫综合征（Korsakoff's syndrome）是一种长期酗酒引起的记忆丧失的综合征。科尔萨科夫综合征患者的海马严重受损。在一项研究中，研究者给这些患者与控制组的正常被试都呈现一列词表，让他们判断对这些单词的喜爱程度。在记忆测验阶段，给被试呈现一系列单词的词干，如Uni。在线索回忆任务中，让被试尽可能用前面呈现过的单词补全词干。在补笔任务中，要求被试用头脑中出现的第一个单词补全词干。结果发现，在线索回忆任务中，科尔萨科夫综合征患者的成绩显著低于正常被试的成绩；但在词干填空任务中，他们的成绩与正常被试的成绩相当。这一结果表明，科尔萨科夫综合征导致的脑损伤影响了患者的外显记忆，但患者的内隐记忆却保存完好。这也说明，即使是在海马组织损坏之后，内隐记忆仍能明显地表现出来。

心理学与人生：怎样记住教科书的内容

本章讨论的原理有助于你记住教科书中的材料。在长时记忆中存储新材料的关键是在新材料和已存储在长时记忆中的信息之间建立联系。如果你只是一遍遍地被动阅读，则不太可能会有效地存储、保持或者提取信息。给材料中重要的内容划上下划线会对你的学习有所帮助，至少会让你注意并思考什么是最重要的。

许多方法有助于你理解并记住教科书中的内容。例如，在阅读之前准备一个关于这一章的提纲，这样等你真正阅读该材料时就会有现成的关联和线索可以使用。又如在阅读这一章时，你可以一边读一边在空白处做笔记，写下你的反应、疑问，以及你对如何把新材料与其他材料联系起来和如何把学到的东西应用到自己的生活中的想法。

努力把新材料与你已经知道的各种材料联系起来，并用你自己的话把这种关系表达出来，这其实就是精细复述。它有助于你把新材料与已经在记忆中的信息联系起来，产生大量的提取线索，使你在需要的时候记起这些材料。

我建议读者采用以下五个步骤进行学习，这会使你更有效地记住教材内容。

1. 预习。在开始阅读之前，快速浏览一下这一章的目录、不同部分的标题和这一章的总标题的关系，这会给你提供一个关于将要阅读的内容的总览，还会帮助你在阅读时组织和整合材料。
2. 提问。在阅读之前把这一章的每一个标题转换成对标题下面内容的提问。例如，在阅读这一章之前，你可能已经把标题"短时记忆"转换成了诸如"什么叫'短时记忆'？""短时记忆有哪些特点？""记忆为什么会遗忘？"之类的问题。
3. 阅读。在阅读本章的各节时寻找你所提问题的答案。如果你发现内容主旨与你的问题并非直接相关，要么修正你的旧问题以涵盖新材料，要么提出新问题。
4. 复述。一旦你读完了一节，合上书。靠记忆回忆出你问题的答案和其他任何你能够回忆出的内容。你也可以用提纲的方式快速记下你的答案或者向别人复述这些内容。然后，打开书，检查一下以确定你已经记住了这一节中的所有要点。
5. 复习。读完整章之后，复习笔记。然后靠记忆复述或者默述出你的问题和答案，把这些内容与其他思想、生活中的经验或者熟悉的东西建立起联系。努力思考能展示这一章中的要点或概念的好例子。

思考与应用

1. 众所周知，"我们绝不会忘了怎样骑自行车"。为什么会这样呢？有关骑自行车的信息存储在哪里？当一个人试图提取很久没使用的信息时会发生什么？
2. 启动效应通常在没有意识注意时发生。广告设计者是怎样利用这个效应来宣传他们的产品的？这涉及哪些道德标准？你能想出一种方法来保护自己免受不道德广告的影响吗？
3. 图式在编码、存储和提取过程中是怎样帮助我们加工信息的？它们以怎样的方式起作用？它们会不会对不准确的自传式记忆起作用？
4. 联系你所学的记忆错误和偏差，你认为庭审程序应该怎样改进？

推荐拓展读物

1. 杨治良，孙连荣，唐菁华（2012）. 记忆心理学（第3版）. 上海：华东师范大学出版社.
2. 戴维·迈尔斯著，黄希庭等译（2019）. 心理学导论：生物、发展与认知心理学（上册，第9版）. 北京：商务印书馆，293~329.
3. 桑德拉·切卡莱利，诺兰·怀特著，周仁来等译（2014）. 心理学最佳入门（第2版）. 北京：中国人民大学出版社，217~256.
4. 理查德·格里格，菲利普·津巴多著，王垒等译（2016）. 心理学与生活（第19版）. 北京：人民邮电出版社，191~231.
5. 欧尼斯特·西尔格德，理查德·阿特金森，爱德华·史密斯，苏珊·诺伦－霍克西玛等著，洪光远译（2013）. 西尔格德心理学导论（插图第14版）. 北京：世界图书出版公司，236~275.

第 7 章

认知与语言

"呦蒿"

2015 年，85 岁高龄的药学家屠呦呦因发现青蒿素获得了诺贝尔生理学或医学奖。1969 年，屠呦呦所在的中医研究院接到了一个"中草药抗疟"的研发任务，她所带领的科研组通过翻阅历代本草医籍，走访老中医，阅读群众来信，最终在 2000 多种方药中整理出一份包括青蒿在内的共计 640 多种草药的《抗疟单验方集》。在最初的动物实验中，青蒿的效果并不理想。问题出在哪里？屠呦呦重新在经典医籍中细细翻找，突然，葛洪的《肘后备急方》中的几句话——"青蒿一握，以水二升渍，绞取汁，尽服之"——牢牢抓住了她的目光。一语惊醒梦中人，屠呦呦马上意识到问题可能出在常用的"水煎"法上，因为高温会破坏青蒿的有效成分。屠呦呦决定，用沸点只有 34.6 摄氏度的乙醚代替水或酒精来提取青蒿素。这抓住了问题的实质——温度正是青蒿素提取的关键。1971 年 10 月 4 日，在筛选方药 200 余种后，她终于在第 191 次实验中，获得了青蒿抗疟发掘的成功。青蒿提取物对鼠疟原虫的抑制率高达 100%。1977 年 3 月，屠呦呦所在的中医研究院，以"青蒿素结构研究协作组"的名义撰写的论文《一种新型的倍半萜内酯——青蒿素》，发表在了《科学通报》（1977 年第 3 期）上。

屠呦呦发现青蒿素的过程向我们展现了人们是如何运用思维与推理来解决问题的，以及人们是怎样通过语言来思考、理解和描述世界的。在本章中，我们将讨论思维与推理、问题解决、语言三个部分的内容。首先，我们关注概念，它是思维与推理的基石；其次，我们了解问题解决的不同策略，获得解决方案以及对方案的有效性和准确性做出判断的途径；最后，我们关注语言的发展、获得、基本特征以及语言与思维的关系。

思维与推理

你此刻正在想什么？仅仅能够提出这样的问题，就突显了人类思考能力的独特性。没有其他物种能像人类这样思考、分析、回忆或者计划。虽然我们知道自己会思考，但理解思维是什么要困难很多。一代又一代的哲学家都在争论思维的意义，一些哲学家将它看作是人类理解自身存在的核心。**思维**（thinking）是人脑对客观现实概括的、间接的反映，是对信息的心理表征有目的的操作。一个心理表征可能表现为一个单词、一个视觉表象、一个声音或者存储在记忆中的任何其他感觉通道的数据形式。思维把特定的信息表征转换成不同的新形式，使得我们能够回答问题、做出决策、解决问题或制订计划。尽管我们目前还不能清楚地认识到我们思考时具体发生了什么，但是我们正在加深对思维基本要素的理解。

表　象

表象（mental image）是一类重要的知识表征，它使我们能在对象未出现的情况下去表征和加工这些对象。想象一下你最好的朋友，当你回想她或他，抑或其他任何人或事物时，你很可能会"看见"某种视觉表象。一些认知心理学家认为这样的心理表象构成了思维的主要部分。不仅视觉表征依赖表象，我们在头脑里"听见"曲调的能力也依赖表象。事实上，每种感觉通道都可能会产生相应的心理表象（De Bini, Pazzaglia, & Gardini, 2007; Gardini et al., 2009; Koçak et al., 2011）。

研究发现，表象具有它们所表征的真实刺激的许多特性。比如，大脑浏览大物体的表象就比小物体花的时间长，正如眼睛浏览真实的大物体比小物体花的时间长一样。类似地，我们在现实世界中能操纵和旋转物体，也能在头脑中操纵和旋转它们的表象（Mast & Kosslyn, 2002; Iachini & Giusberti, 2004; Zacks, 2008; 见图 7.1）。

一些专家认为，运用表象是提高各种技能的途径。例如，篮球运动员可能会尝试构想形象生动的球场表象：篮筐、篮球和喧闹的观众。他们可能会想象自己在发球，还能听到它穿过球网的声音。研究结果表明，表象的运用的确能提高运动员在运动中的表现（Fournier, Deremaux, & Bernier, 2008; Moran, 2009; Velentzas, Heinen, & Schack, 2011）。

运用表象也可能会提高其他类型的技能。例如，仅仅在头脑中进行排练的钢琴演奏者所表现出来的大脑活动与那些真正练习的人的大脑活动几乎是一样的。显然，真实执行这一任务所涉及的大脑神经网络与心理演练所涉及的网络是一样的

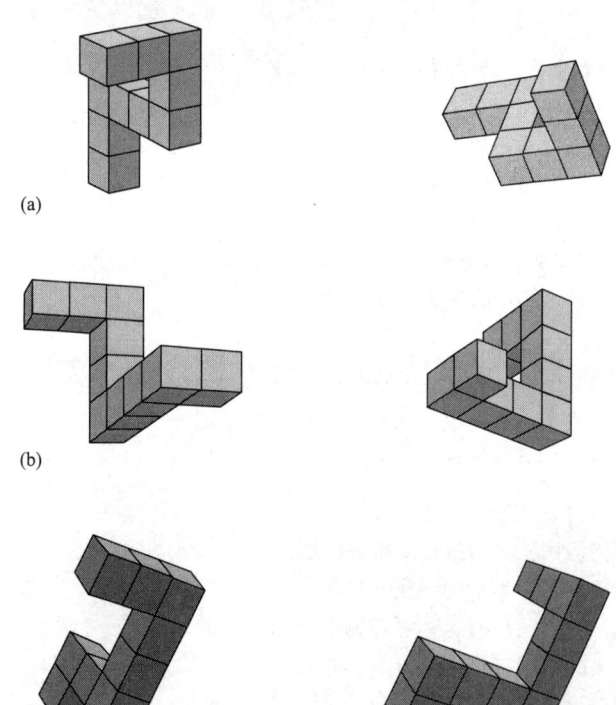

图 7.1　判断两个模型是否相同
资料来源：Shepard & Metzler, 1971

（Pascual-Leone et al., 1995; Kensinger & Schacter, 2006; Sanders et al., 2008）。

概　念

如果有人问你，你的橱柜里有什么，你可能会回答出一个详细的物品列表（包括一罐花生酱、三盒方便面、六个不成套的餐盘等）。不过，你更可能会用一些更宽泛的类别来回答，如食物和器皿。

使用这些类别反映了概念的运作。**概念**（concepts）是对有共同属性的事物、事件或人的归类。通过概念，我们可以把复杂的现象组织成简单且更易于使用的认知类别（Murphy, 2005; Connolly, 2007; Kreppner et al., 2011）。概念帮助我们在过去经验的基础上对新事物进行归类。比如，我们看到某人在敲一个手持式屏幕时，即使我们从未见过这种特殊的设备，我们也能猜测这个人可能是在用某种电脑或手机。概念最终可以影响行为。我们设想一下，确认某个动物是一条狗之后，把它当作宠物是合适的；反之，如果把那个动物划分为狼，我们就绝不会那样做。

认知心理学家最初研究概念时，他们专注于那些由一组唯一属性或特征来明确定义的事物。例如，等边三角形就是由三条长度相等的边组成的封闭图形，如果一个物体具有这个特点，那么它就是一个等边三角形；如果它不具有这个特点，那么它就不是一个等边三角形。然而，那些与我们日常生活紧密相关的概念通常更为模棱两可，并且也更不易界定。例如，"桌子"和"鸟"这样的概念有一组概括的、相对松散的属性特征，缺少使这个概念的实例区别于其他实例的唯一的、定义清晰的属性特征。当我们考虑这些模糊的概念时，通常是依据被称为原型的实例来思考的。

原型（prototypes）是典型的、极具代表性的概念实例，与概念的心理表象或最佳实例相对应。例如，尽管鸽子和鸵鸟都是鸟的实例，但是大多数人在想到鸟时更容易想到鸽子。因此，鸽子是鸟这个概念的原型。同样，当我们想到桌子这个概念时，我们更可能想到饭桌而不是绘图桌，因此饭桌就更接近桌子的原型。在特定文化下，对于哪些实例是概念的原型，而哪些实例不是概念的原型，人们的认识有相对较高的一致性。比如，在西方文化中，大多数人认为小汽车和卡车是交通工具的代表性例子，而电梯和手推车不是。因此，小汽车和卡车就是交通工具这个概念的原型（见表7.1）。

传统脑影像学和神经心理学研究发现颞叶、额叶、顶叶等大量脑区与概念加工相关，但这些脑区之间的整合模式却未知。近期概念研究有了新进展，毕彦超研究组基于多模态神经影像技术研究了人类概念表征的结构连接和功能连接模式，如在一组脑损伤病人中研究概念和语言加工的结构连接基础，发现左侧下额枕束、丘脑前放映束和钩束这三个白质通路受损越严重［受损体素越多，平均部分各向异性值（FA）越低］，病人的概念障碍越严重；而上纵束的损伤程度与病人在口语产生任务中语音编码的错误比率相关（Han et al., 2013; Han et al., 2016）。这些结果阐明了概念加工和语音编码的重要结构连接基础，也为相关概念和语言障碍的临床诊断和治疗提供了信息。

概念使我们能更容易思考和理解我们所生活的世界。举例来说，我们对他人行为原因的推测基于我们对行为的分类方式。因此，如果一个人每天洗手20次，我们的判断可能是不同的，这取决于我们把他划入卫生保健工作者还是心理疾病患者。

表 7.1　特定文化下对概念原型的认识

代表性排序	概念类别			
	家具	交通工具	武器	蔬菜
1—最典型	椅子	小汽车	枪	豌豆
2	沙发	卡车	刀	胡萝卜
3	桌子	公共汽车	剑	青豆
4	梳妆台	摩托车	炸弹	菠菜
5	书桌	火车	手榴弹	椰菜
6	床	有轨电车	矛	芦笋
7	书架	自行车	大炮	玉米
8	脚凳	飞机	弓箭	花椰菜
9	台灯	船	棍棒	球芽甘蓝
10	钢琴	拖拉机	坦克	莴苣
11	垫子	手推车	催泪瓦斯	甜菜
12	镜子	轮椅	鞭子	蕃茄
13	地毯	坦克	碎冰锥	利马豆
14	收音机	木筏	拳头	茄子
15—最不典型	炉子	雪橇	导弹	洋葱

资料来源：Rosch & Mervis, 1975.

医生利用在医学院学到的症状的概念和原型来对病人做出诊断。概念和原型最终有助于我们通过推理这一认知过程得出恰当的结论。

推　理

教授决定学生的作业要什么时候交。

招聘者要从一大堆求职者中决定录用谁。

总统判定有没有必要向国外派兵。

这三种情况有什么共同点呢？每种都需要**推理**（reasoning），即利用信息得出结论和做出决策的过程。认知心理学家研究人们如何推理和决策，他们的研究成果加深了我们对形式推理过程和常用的认知捷径（有时会误导我们的推理能力）的理解（Johnson-Laird, 2006）。

演绎推理

演绎推理（deductive reasoning）是从一般性知识的前提到特殊性知识的结论的推理。演绎推理的前提反映的是一般性的、蕴含着结论的知识，因而其结论所涉及的知识范围不会超出前提所涉及的知识范围。演绎推理的结论具有必然性。

逻辑学中的**三段论推理**（syllogistic reasoning）就是典型的演绎推理。玩扑克牌时，当你试着推算对手的手里有哪些牌时就用到了三段论推理，即从一组假设中得出结论。在运用三段论推理时，我们会从一个我们认为是正确的一般假设开始，然后从这个假设得出特定的结论。如果这个假设是正确的，那么所得出的结论肯定也是正确的（Marrero & Gamez, 2004; Shynkaruk & Thompson, 2006; Copeland, Gunawan, & Bies-Hernandez, 2011）。研究三段论推理的一个主要技术是评估一系列陈述，这些陈述的形式是由两个假设或前提得出一个结论。例如，下面的这个三段论：

所有哲学家都是人类。　　　　　　　　　［前提1］
苏格拉底是一位哲学家。　　　　　　　　［前提2］
所以，苏格拉底是人类。　　　　　　　　［结　论］

因为两个前提都是正确的，通过恰当地运用逻辑，我们得到了正确的结论。当然，也可以更抽象地把三段论表述成下面这样：

所有A都是B。　　　　　　　　　　　　　［前提1］
C是A。　　　　　　　　　　　　　　　　［前提2］
所以，C是B。　　　　　　　　　　　　　［结　论］

但是，即使前提是正确的，人们也可能错误地运用逻辑。看下面这个三段论：

所有A都是B。　　　　　　　　　　　　　［前提1］
C是A。　　　　　　　　　　　　　　　　［前提2］
所以，所有A都是C。　　　　　　　　　　［结　论］

虽然不容易立刻被发现，但它确实是不合逻辑的。如果把这个三段论变得具体一些就容易看出来了：

所有哲学家都是人类。　　　　　　　　　［前提1］
苏格拉底是一位哲学家。　　　　　　　　［前提2］
所以，所有哲学家都是苏格拉底。　　　　［结　论］

总之，三段论推理只有在前提准确、逻辑有效的情况下才是正确的。只要我们在演绎推理过程中遵循正确推理的两个基本条件，其结论必然是正确的。

归纳推理

归纳推理（inductive reasoning）是从特殊性知识的前提推出一般性知识的结论的过程，在自然科学的抽样实验和社会科学的抽样调查中普遍采用。归纳推理的依据为多个具体的事例，而不是普遍性原则。多个事例彼此相似，相似之处即为推理的根据，所以归纳推理也被称为类推论证。类推论证所得出的结论，只能视为逻辑上的可能性或概率法则，而不像演绎推理一样具有确定的有效论证。

《内经·针刺篇》记载了这样一个故事：有一个经常头痛的樵夫上山砍柴，一次不慎碰破了足趾，出了一点血，但头却不痛了。当时这并没有引起他的注意。后来头痛复发，又偶然碰破原处，头痛又好了。这次引起了他的注意，以后头痛时，他就有意刺破该处，且每次都有效。这个樵夫刺破的地方，即现在所称的"大敦穴"。

在本例中，樵夫根据自己以往的个别经验得出了"刺破足趾能治好头痛"的一般性结论。他的推理过程是这样的：

第一次刺破足趾A处，头痛好了，
第二次刺破足趾A处，头痛好了，
……
（没有出现相反的情况，即刺破足趾A处，头痛没好。）
所以，只要刺破足趾A处，头痛就会好。

从问题解决时思考的整个历程来看，演绎推理和归纳推理密切联系、相互依赖、互为补充。科学上的定理、定律多由归纳推理产生；而运用科学的定理、定律去解释某些现象，就是演绎推理。

算法和启发式

当需要做决策时，我们通常借助各种认知捷径，如算法和启发式。**算法**（algorithm）是问题解决方法的精确描述或解题规则，只要恰当运用就能保证解决问题。即使不知道为什么算法会起作用，我们也可以运用它。比如，尽管你完全不了解勾股定理的数学原理，你也可以利用公式 $a^2 + b^2 = c^2$ 来计算直角三角形第三条边的长度。

然而，很多问题和决策都没有可用的算法。在这些情况下，我们可以用启发式来解决问题。**启发式**（heuristic）是一种解决问题的思维策略，主要表现为一些与问题解决有关的经验性规则。启发式提高了成功解决问题的可能性，但与算法不同的是，它不能保证成功地解决问题。比如，一些学生根据以往经验，考试前复习，不看教科书只看笔记，就是一种可能有用也可能没用的策略。

虽然启发式常能帮助人们解决问题和做出决策，但是某些启发式也可能导致错误的结论。比如，我们常用到的代表性启发式（representativeness heuristic），即我们在评价他人时所采用的规则——他们代表某一类别或群体的程度。例如，假设青少年犯罪团伙多次到你的快餐店抢东西，那么代表性启发式将使你对进入快餐店的相似年纪的群体都会提高警惕（即使从统计学上来看，任何一个青少年都不太可能去抢劫）(Nilsson, Juslin, & Olsson, 2008; Read & Grushka-Cockayne, 2011)。

可得性启发式（availability heuristic）是指根据事件从记忆中提取的容易程度来判断其发生概率。依照可得性启发式，我们会认为比起不易回想起来的事件，容易回想起来的事件可能在过去更频繁地出现，并且也更可能在将来发生。比如，与车祸相比，可得性启发式使人们更害怕遇到飞机坠毁，尽管统计数据清楚地显示乘飞机比乘汽车安全得多。同样，尽管从床上摔下来而死的人数是死于雷击人数的10倍，但是人们更害怕被雷击中。原因在于飞机失事和雷击被更多地宣传，使得它们更容易被回想起来(Oppenheimer, 2004; Fox, 2006; Caruso, 2008)。

我们也常用到熟悉性启发式（familiarity heuristic），即熟悉的项目要比不熟悉的项目更具有优越性。例如，每次你去超市买酸奶，你是否会仔细比较每种类型的酸奶，然后决定哪种你更想要？通常不会。当看到你经常选择的那种酸奶时，你就会买下它。这通常是好的策略，因为这节省了很多时间。但如果你是一名急诊室医生的话，易受熟悉性启发式的影响就不太好了。如果你仅仅根据病人表现出的特定症状（你

探索与发现：思维是一个整体结构

北京师范大学心理学部林崇德

思维是完整的结构。这个结构包含六种因素：思维的目的、思维的过程、思维的材料、思维的品质、思维的监控和思维活动中的非智力因素（见图7.2）。这个结构是如何研究出来的呢？从1965年到1978年，我在中学当老师。当我去听物理课时，物理老师常讲物理结构；当我去听化学课时，化学教师常讲有关化学物质的结构，我当时就想："物有结构，难道心就没有结构？"自然科学的结构观，引起我对思维结构的浓厚兴趣。思维结构的成分是什么呢？

思维的目的。 早在1961年3月我读大学一年级下学期的时候，在彭飞教授给我们上完《普通心理学》第三章"人类心理的特征"后的一次讨论课上，我坚持认为："人类心理和动物心理的根本区别是人类心理具有目的性，它来自人类的意识性，出自思维，也就是我们平时所讲的问题提出。"当时大家都说我的论证很精辟，有创见。他们这一"表扬"，加强了我对自己观点的自信，加上马恩著作里关于人类在行为之前一定要在头脑里有预期的构想的一段话，更坚定了我对目的性的信念。

思维的过程。 记得在大学学习思维心理学时，我非常重视苏联的思维心理学，特别是鲁宾斯坦学说。他的一个重要观点是，思维是一种分析综合的过程，当时我认为这样的观点有点简单，但对我的启发是不容忽视的。后来通过研究，我把思维过程这一活动的框架确定为确定目标→接受信息→加工编码→抽象概括→操作运用→获得成功。

思维的材料。 中国有句俗语："巧妇难为无米之炊。"同样，思维也要有材料。如果说思维的材料就是思维的内容信息，那么归根结底思维的材料可分为两类：一类是感性的材料，包括感觉、知觉、表象；另一类是理性的材料，主要是概念，即运用语言对事物各种形态、组合和特征的概括。

思维的品质。 我对思维品质的探讨，是我建构思维结构的契机。我不仅把思维品质看成是思维的个性特征，而且把它看成是思维结果的评定依据。1965—1978年，我在从事基础教育时十分重视深刻性、灵活性、创造性、批判性和敏捷性这五种思维品质，并将其看成是智力和能力"质"的发展的主要指标。

思维的监控。 思维的监控，源于我对"反思"和"反省"的兴趣。每天晚上回到家我都要反思白天的言行，反思思维的监控实质是什么？我认为思维的监控实质是一种自我意识，是自我意识在思维里的表现，故叫作思维的自我监控。

思维活动中的非智力因素。 我原先的思维结构观中没有非智力因素，1982年秋，恩师朱智贤教授组织研究生讨论思维结构时，较多的意见是加上非智力因素，于是我接受了这种成分，并将其作为自己研究中的又一个重点。

1979年11月，在中国心理学会的学术大会上，我应邀作了"儿童青少年运算能力发展研究"报告，第一次提出了关于思维结构的研究成果，这一研究成果受到了与会者的高度重视。在开放问卷的基础上，1982年我又通过对专家和中小学教师的封闭访谈研究，并对访谈文本进行编码分析，按照数据的高低，提出了思维结构模型（见图7.2）；与此同时，我又指导研究生对各成分体系进行深入探讨。这引起了中国心理学界同仁的重视，这个结构模型被同行称作三棱思维结构模型。2003年我和我的学生李庆安在国际《理论心理学》（*Theory & psychology*）第6期上发表了我的思维结构观。2006年底至2010年，英国著名学术出版集团SAGE Publication的网站发布数据表明，我们发表的那篇文章一直跻身该杂志自创刊17年以来所有600余篇论文"阅读次数最多的50篇文章"排名榜，最好的排名是第五位。在此排名榜上，这是唯一一篇由中国心理学家撰写的论文。

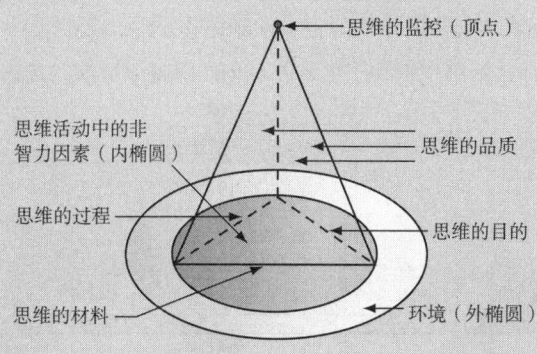

图7.2 思维结构模型

更为熟悉的症状）做出初步的、显而易见的诊断，你就可能会错过更为准确的诊断（Herbert, 2011）。

算法和启发式是否限制了人类的思维？我们能否编写电脑程序来模仿人类思维和问题解决的过程？正如我们下面所讨论的，科学家们正在努力尝试解决这一问题。

思维是很复杂的，想一想思维的作用：它能使我们超越当前状态去思考中学时代的一次暑假旅游、下周三的学术讨论会或 1945 年抗战胜利的日子；它能使我们摆脱现实的束缚去想象中国梦的愿景或火星居民的生活。借助思维，我们能对信息进行加工、理解和传递，我们的想象、判断、推理和决策也都离不开思维。那么，思维是由哪些成分构成的呢？中国心理学家林崇德提出的六因素模型颇具创意（见"探索与发现：思维是一个整体结构"）。

人工智能

在音乐专家们听来，这首钢琴曲肯定是出生于 15 世纪的多产的德国作曲家巴赫创作的。但专家们错了，这首钢琴曲其实是名为"EMI"的计算机创作的。将巴赫所创作的钢琴曲扫描进计算机后，EMI 就能够创作出与巴赫的音乐如此相似的音乐，以至于能骗过知识渊博的听众（Cope, 2001）。

像这样的计算机模仿是可能的，因为每位作曲者都有一个反映音符的模式、序列和组合的特定"识别标志"。利用这些标志，计算机能创作出完整的作品，这些作品拥有真实作品的情绪感染力，也能表现出与真实作曲者相似的创造力（Cope, 2001, 2003）。

就解决问题和执行某些智力活动的能力而言，计算机正取得显著的进展。在研究人工智能（artificial intelligence，人工智能是研究如何运用技术来模仿人类思维、问题解决及创造性活动的结果）的专家看来，计算机之所以能表现出人类化思维的基本原理，是因为它们具备去哪里和不去哪里寻找问题答案的知识。专家们认为，计算机程序（如下象棋）评估潜在走法及忽略不重要的可能性的能力赋予了计算机思考的能力（正如"心理学与人生：人脑与人工智能"所讨论的那样）（Sabater & Sierra, 2005; Prasad, 2006; Copeland & Proudfoot, 2007）。

问题解决

假如现在给你一个河内塔问题：三个圆盘以图 7.3 所示的顺序套在第一根柱子上，你要完成的目标是，把三个圆盘都移到第三根柱子上，并且仍然保持原顺序，且移

图 7.3
河内塔问题
（答案：把 C 移到 3，B 到 2，C 到 2，A 到 3，C 到 1，B 到 3，C 到 3）

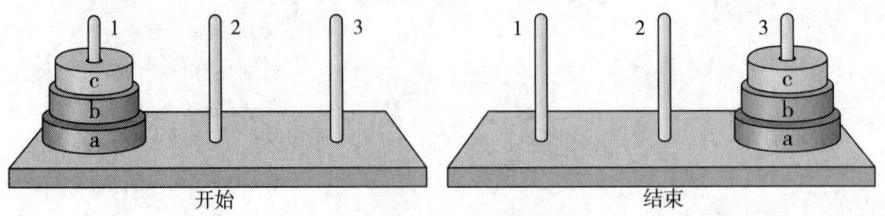

开始　　　　　　　　　　结束

> **心理学与人生：人脑与人工智能**
>
> 在美国著名问答节目《危险边缘》中，主持人大声地读出题目，题目一读完，参赛者就需要去抢按蜂鸣器并给出答案。"什么是眼罩"，他正确地回答了这个问题，并轻易地击败了此节目的前任冠军。但这位参赛者是极其特殊的，他甚至不是人类。他是一个名叫"沃森"的计算机，他赢了！
>
> 人类智力对峙人工智能以失败告终并不是第一次了。十多年前名为"深蓝"的计算机击败了象棋卫冕世界冠军。尽管深蓝的成功是令人震惊的，但是在某些关键方面存在一些局限：它不理解语言，不能辨别出细微的线索，也不能通过搜索巨大的信息库查找相关事实并整合信息从而解决问题。但是以上这些沃森就能做到。
>
> 然而，即使沃森能够很轻松地打败《危险边缘》的前任冠军，但他的"脑力"仍然不能与人类大脑相匹敌。人类参赛者的思考方式是理解题目并做出恰当的联结，但沃森的工作方式则完全不同。它会彻底搜查有关问题的众多数据库，反复核对人类竞争者已经知道的事实，以确定每个细节与问题相关的概率（Detterman, 2011）。
>
> 沃森的成功表明了问题解决和决策是符合逻辑的过程，当然也是复杂的过程，但也是可以将其拆成单一步骤和规则的过程。不过，沃森需要一个满是电脑处理器的房间、冷却它们的风扇以及运行它们的工程师。我们的大脑也会每天解决问题，并进行长期的规划，控制自己的身体，保持自身的活力，并做些使我们成为独特人类的其他事情。
>
> **重新思考：**
> - 沃森的思维在什么地方像人类，什么地方不像人类？
> - 有些人担心人工智能机器（如沃森）可能终有一天会取代工人，或者甚至被委托做一些敏感的决策（如医疗诊断）。你认为这些担忧现实吗？以这些方式使用机器是否有益呢？

动的次数要尽量少。该问题有两个限制条件：一次只能移动一个圆盘，大的圆盘始终在小的圆盘下面。你会如何解决呢？在解决时会经历哪几个程序？心理学家发现问题解决通常涉及三个步骤：理解和判断问题、产生解决方案、评估解决方案。

理解和判断问题

解决如河内塔这种问题的方式有助于说明人们是怎样解决现实生活中的复杂问题的。在动手解决这样的问题时，大多数人首先会尝试彻底地理解和定义问题。如果这个问题很新奇，人们可能会特别注意问题解决过程中的限制条件，就像河内塔问题中每次只能移动一个圆盘的规则。相反，如果问题是比较熟悉的，人们就倾向于在这个准备阶段花较少的时间。

问题的定义有优劣之分。定义良好的问题（well-defined problem）是指问题本身的性质和解决它所需的信息都是易获得和清晰的，如数学方程式或拼图游戏等问题，我们能直接判断一个潜在的解决方案是否正确。定义不良的问题（ill-defined problem）是指不仅问题的特定性质不清晰，甚至也很难发现解决问题所需的信息，就像如何激励流水线工人的工作热情或给中东带来和平等问题（Vartanian, 2009; Newman, Willoughby, & Pruce, 2011）。

问题的类型

通常，任何一个问题都可以归入如图 7.4 所示的三个种类之一：排列、结构诱导、

图 7.4
三种主要的问题

资料来源：Bourne et al., 1986.

a. **排列问题**

1. 变位词：重新排列每组的字母以组成一个英文单词。

2. 两根绳子挂在天花板上，但它们离得太远了，一个人无法先抓住其中一根再走过去抓住另一根。地上有一盒火柴、一把螺丝刀和一些棉花。怎样才能把这两根绳子系在一起？

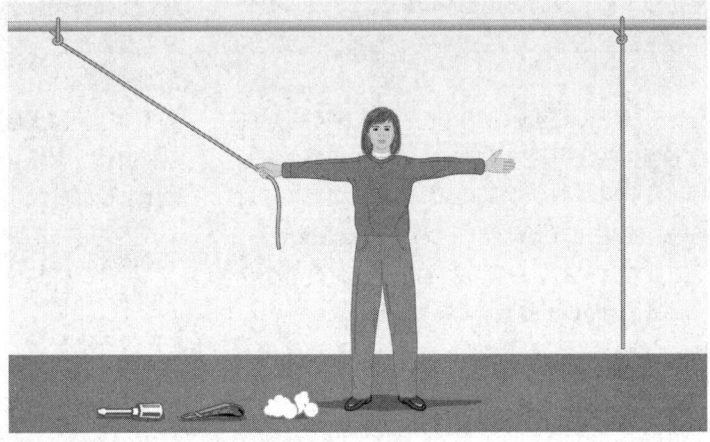

b. **结构诱导问题**

1. 下面一系列数字的下一个数字应该是什么？

   1 4 2 4 3 4 4 4 5 4 6 4

2. 把下面的类比补充完整：

   棒球与棒球棒如同网球与 _____。

   商人卖而顾客 _____。

c. **转换问题**

1. 水瓶：有三个如下容量的水瓶：

瓶A：28盎司（0.82升）　瓶B：7盎司（0.20升）　瓶C：5盎司（0.15升）

怎样准确量出11盎司（0.32升）的水？

2. 10枚硬币按下图所示排列，请只移动其中两枚，使得行和列各有6枚硬币。

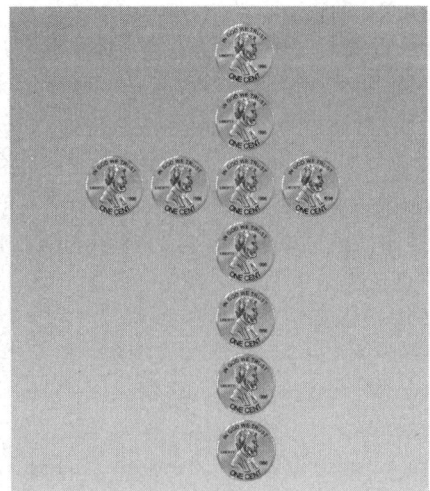

a. 排列问题
   1. FACET, DOUBT, THICK, NAIVE, ANVIL
   2. 把螺丝刀系在一根绳子上。这样就形成了一个可以扔向另一根绳子的钟摆。

b. 结构诱导问题
   1. 7
   2. 网球拍；买

c. 转换问题
   1. 先把瓶A装满；从瓶A倒出水来把瓶B装满一次，再从瓶A倒出水把瓶C装满两次。瓶A中剩下的就是11盎司（0.32升）的水。
   2.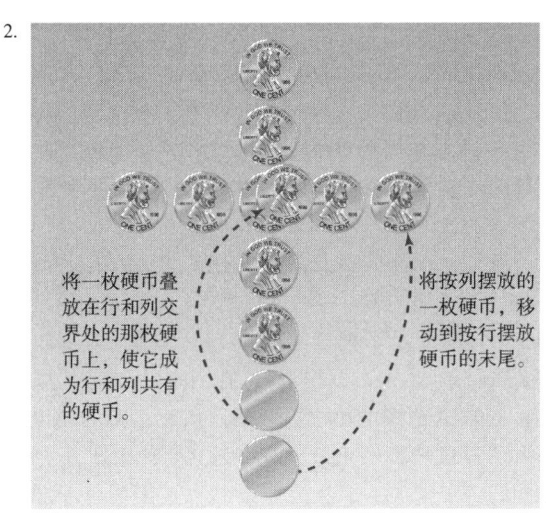

图 7.5

图 7.4 中问题的解决方案

转换。解决不同种类的问题需要不同的心理技能和知识。

排列问题要求问题解决者在一定标准下重新排列或组合元素。问题解决者通常能构造出几种不同的排列，但是只有一种或少数几种排列是问题的答案。变位词问题和拼图游戏都是排列问题的例子（Coventry et al., 2003）。

对于结构诱导问题，问题解决者必须识别出所呈现元素之间存在的关系，然后构造一个新的关系。在这样的一个问题中，问题解决者不仅要确定元素间的关系，还要确定相关元素的结构和大小。在图 7.4 的例子里，人们必须首先确定解决方案需要考虑成对的数字（14-24-34-44-54-64）。只有在辨别出问题的这个部分后，问题解决者才能确定解决规则（每对的第一个数字依次增加 1，第二个数字保持不变）。

河内塔问题代表了第三种问题——转换问题，由初始状态、目标状态以及把初始状态转换到目标状态的操作方式构成。在河内塔问题中，初始状态是最初圆盘放置的样子，目标状态是让三个圆盘都在第三根柱子上，操作方式就是移动圆盘的规则（Emick & Welsh, 2005; Majeres, 2007; Van Belle et al., 2011）。

不管是排列问题、结构诱导问题或是转换问题，准备阶段的理解和判断在问题解决中都是至关重要的，因为它能使我们形成对问题的认知表征，并将该认知表征纳入个人的知识结构中。在问题解决的准备阶段，我们可能把问题划分为一些子部分或忽略一些信息来试图简化任务。剔除不必要的信息常常是问题解决准备阶段中的关键步骤。

描述和组织问题

初次遇到某个问题时,至关重要的是我们如何向自己描述该问题及如何组织面前的信息(Brown & Walter, 1993; Davidson, Deuser, & Sternberg, 1994)。请思考下面的问题:

一个人星期六去爬山,黎明时出发,接近日落时到达山顶。他在山顶过夜。第二天,他黎明出发,按前一天上山的原路下山。问题是:第二天中有没有这样一个时间,他所在的地方正好是前一天同一时间所在的地点。

如果你试图用代数或口头表述的方法来解决这个问题,会非常麻烦。但是,如果你用一种如图 7.6 所示的简单图示来描述该问题,答案就会一目了然。要知道目标并不是确定时间,而仅仅需要确认是否有这样一个时间存在。所以,爬山者的速度并不重要。你能想出解决这个问题的其他方法吗?

我们对一个问题及其最终解决方案的描述依赖于问题的表达或构成方式。比如,想象一名癌症患者,必须在手术和化疗之间做出选择,图 7.7 向他展示了两组可选的治疗方案(Tversky & Kahneman, 1987; Chandran & Menon, 2004)。从存活率的角度来表述治疗方案时,只有 18% 的被试选择了化疗。但是,从死亡率的角度来表述治疗方案时,44% 的被试选择了化疗。而实际上两种表述方式所描述的结果是完全相同的。

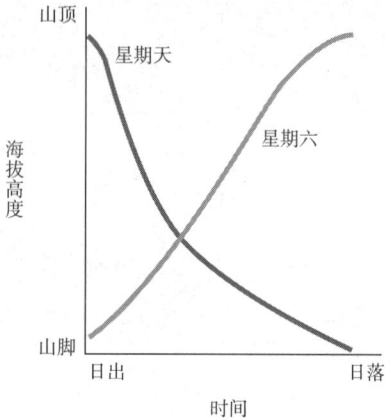

图 7.6 用一个图来解决爬山问题

图 7.7 病人选择治疗方案受问题表述方式的影响

产生解决方案

准备阶段之后，问题解决的下一个阶段是产生可能的解决方案。如果某个问题相对简单，我们的长时记忆里可能已经存储了一个直接的解决方案，我们所要做的就是提取这个信息。如果我们不能提取或不知道解决方案，就必须创造可能的方案，并将它们与长时或短时记忆里的信息进行比较。

试误

通过试误来解决问题，这是最基本的问题解决水平。托马斯·爱迪生之所以能发明电灯泡，是因为他尝试了用数千种不同的材料来做灯丝，直到发现了合适的材料——碳。当然，试误的困难在于，一些问题太复杂了，如果尝试每一种可能性会花去一生的时间。比如，据估计，国际象棋有多达 10^{120} 种可能的走法。

手段 – 目的分析

解决复杂的问题通常需要用到启发式。在问题解决中最常用的启发式是**手段 – 目的分析**（means-ends analysis），即针对需要解决的问题，先确定一系列子目标，把每个子目标作为达到最终目标的手段，通过逐步缩小问题的当前状态与目标状态之间的差距，达到问题的最终解决。来看一个简单的例子（Huber, Beckmann, & Herrmann, 2004; Chrysikou, 2006; Bosse, Gerritsen, & Treur, 2011）：

> 我要去图书馆。我所拥有的和我想要的之间有什么差距？距离是一个问题。什么可以改变距离？我的自行车。但我的自行车骑不动，需要怎样来使它工作？给轮胎打气。哪里可以打气？修车店……

在手段 – 目的分析里，每一步都使问题解决者更接近最终目标。尽管这种方法通常是有效的，但是如果问题解决有间接的步骤，需要暂时增大当前状态和目标状态之间的差距的话，手段 – 目的分析就会起反作用。比如，有时通往山顶最快的路线需要登山者暂时往回走；而手段 – 目的分析就意味着登山者应该一直向前、向上，所以它在这样的情况下是不起作用的。

对另外一些问题来说，最好的方法是逆向思考，把注意集中在问题的目标而不是起点上。比如，来看一下荷花问题：

> 荷花生长在蓝湖上。它们生长非常迅速，所覆盖的湖面面积每 24 小时就增加一倍。
>
> 夏季的第一天，只有一朵荷花。第 90 天，整个湖面都被荷花覆盖了。在哪一天荷花覆盖了一半的湖面呢（Reisberg, 1997）？

如果你从第一天（一朵荷花）的初始状态开始推算去寻找问题的答案，你将会面对一个可怕的试误估算任务。但你也可以尝试另一种不同的方法：从第 90 天，即整个湖面都被荷花覆盖的那天着手。已知荷花每天覆盖的范围增加一倍，那么前一天的湖面就只有一半被覆盖。所以，答案是第 89 天，这就是逆向思考得到的解决方案（Bourne et al., 1986; Hunt, 1994）。

形成子目标

另一个常用的启发式是把问题划分成一些中间步骤或子目标，然后一一解决。比如，在河内塔问题里，我们可以选择一些显而易见的子目标，如将最大的圆盘移到第三根柱子上。

如果解决子目标有利于最终问题的解决，那么确定子目标就是一个恰当的策略。但是，在某些情况下，形成子目标并不一定有用，还可能会延长寻找答案的时间。例如，一些问题不能被细分。而另一些问题（如复杂的数学问题）则太过复杂，以至于恰当地细分问题所消耗的时间比用其他方法解决问题的时间还要长（Reed, 1996; Kaller et al., 2004; Fishbach, Dhar, & Zhang, 2006）。

顿　悟

为了得到可能的解决方案，一些方法并不注重按部就班的启发式，而把注意集中在人们努力解决一个问题时可能突然迸发的领悟上。第一次世界大战后，心理学家苛勒（Wolfgang Köhler, 1887—1967）研究了黑猩猩的学习和问题解决的过程。他让黑猩猩处在一种具有挑战性的情境中，问题解决所需的所有要素都已存在，黑猩猩需要做的就是把它们组合起来。

在苛勒的这项研究中，黑猩猩被关在一个笼子里，里面散放了一些箱子和棍子，还有一串诱人的香蕉挂在它够不到的天花板上。起初，黑猩猩通过试误来试图够到香蕉：它们会朝香蕉扔棍子，站在一个箱子上往上跳，或者在地上使劲跳跃。它们常常因为挫败而放弃，眼巴巴地看着香蕉在头顶上摇晃。但是之后，它们停下来了，

(a)

(b)　　　　　　　　　　　(c)

图 7.8　顿悟的黑猩猩

好像突然有了什么意外发现，然后站在一个箱子上用棍子去够香蕉。苛勒把黑猩猩的这种新行为背后的认知过程称为**顿悟**（insight），即在问题解决的情境中，个体对问题情境中的复杂关系豁然贯通的过程或阶段。

尽管苛勒强调了顿悟出现的突然性，但是后来的研究显示，在顿悟出现之前必须要有过往经验和试误实践。因此一些研究者指出，黑猩猩的行为或许只是把过去学习的反应连接了起来，与鸽子通过试误学会啄钥匙的方式没有不同（Windholz & Lamal, 2002; Fields, 2011）。

评估解决方案

问题解决的最后一个步骤是判断解决方案是否正确。通常这是一件简单的事，如果答案很清楚，如河内塔问题的答案，我们会立刻知道是否成功（Varma, 2007）。如果答案不太具体或有多个答案，评估解决方案就变得相对困难。在这种情况下，我们必须决定哪一个可选答案是最好的。不幸的是，我们常对自己答案的质量做出很不准确的评价。比如，一组为某公司工作的药品研究者可能会认为他们的药物疗效出众，他们会高估自己成功的可能性，同时贬低竞争公司药物的疗效（Eizenberg & Zaslavsky, 2004）。从理论上讲，如果我们依靠恰当的启发式和有效的信息来做决策，就能在众多可选方案中做出正确的选择。不过，正如我们下面会看到的，在问题解决过程中，一些障碍和偏见会影响决策和判断的质量。

问题解决的障碍

请你完成下面的测试：

有一些大头钉、蜡烛和火柴，它们分别装在一个小盒子里。在本测试中，你需要把三根蜡烛固定在旁边的门上，并刚好与眼睛的高度平齐，同时使蜡烛在燃烧时蜡不滴在地上（见图 7.9）。你如何解决这个问题？

如果你在解决这个问题时遇到了困难，这很正常。因为当问题以图中所示的形式（那几样物品都装在盒子里）呈现时，大多数人都无法解决该问题。但是，如果物品是放在盒子旁边的，你就能相对容易地解决这个问题——把盒子钉在门上，然后把蜡烛放在盒子里面（见图 7.10）。

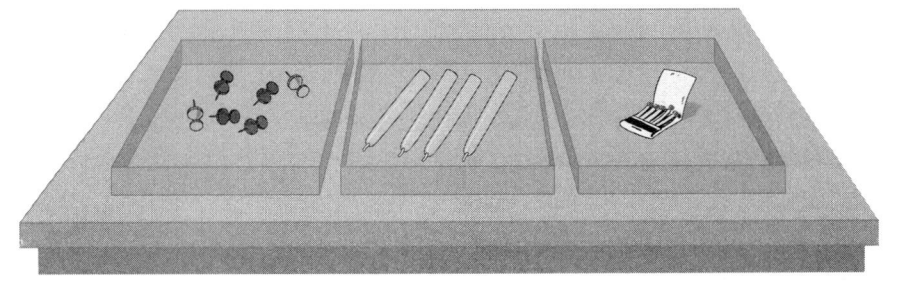

图 7.9
只用图中的材料把蜡烛固定在门上（答案见图 7.10）

图 7.10
图 7.9 中问题的答案

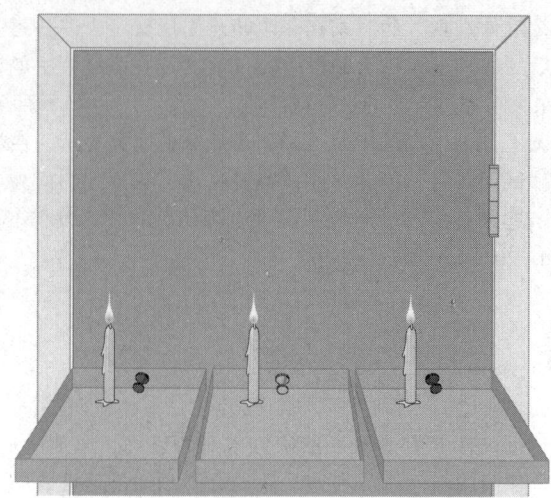

在解决这个问题时，你所遇到的困难来自问题的呈现方式，在最初的准备阶段它就误导了你。尽管问题解决的认知观点认为，当人们面对问题并思考各种解决方案的时候，思路是理性的、合乎逻辑的，然而某些因素仍可以阻碍创造性的、正确的解决方案的产生。实际上，问题解决的主要障碍可能在任何一个阶段中出现。

功能固着和心理定势

大多数人在蜡烛问题上遇到的困难是功能固着引起的，**功能固着**（functional fixedness）是指一个物体经常用于某种特殊的功能而使人们把该功能固定于此物体的现象。比如，功能固着可能使你只能想到书是用来读的，而忽略了它的潜在用途，如当作门挚或者用来引火。在蜡烛问题上，因为盒子最初是以里面装着物品的形式呈现的，所以功能固着引导大多数人只把盒子看作是装物体的容器，而不是解决方案的一个潜在部分，这使得他们想不到盒子的其他功能。

功能固着是**心理定势**（mental set）的一个例子，心理定势是一种更广泛的现象，它是指解决问题时坚持固有模式的倾向。一个经典实验（Luchins, 1946）呈现了这个现象，如图 7.11 所示，任务的目标是用每一行的瓶子量出指定量的液体。先自己试试，体验一下心理定势的影响。

图 7.11
用各行的容器量出一定量的液体

瓶子的容量（盎司）：

	A	B	C	得到：
1.	21	127	3	100
2.	14	163	25	99
3.	18	43	10	5
4.	9	42	6	21
5.	20	59	4	31
6.	28	76	3	25

如果你已经试过解决这个问题，那你就会知道前五行都是用同样的方法来解决的：首先把最大的瓶子（B）装满，然后从瓶子（B）里面倒出液体把中号的瓶子（A）装满一次，再把最小的（C）装满两次。瓶子（B）里剩下的就是指定的量。这样得出一个公式：指定的量 = B – A – 2C。但对于第六排的问题就会出现心理定势，在这里你很可能会遇到一些麻烦。大多数人会继续沿用上面的公式来解决第六排的问题，随后便会遭遇失败。而事实上有一个简单但和前面不同的方法，仅仅需要从 A 里减去 C。而如果你首先遇到的是第六排的问题，可能毫不费力地解决它。

就像影响问题解决的模式一样，心理定势也会影响知觉。它会阻碍你打破一些明显的限制去看问题。例如，试着用一笔画四条直线使它们经过图 7.12 的九个点，笔不能离开纸面。

图 7.12
九个点问题

如果你在这个问题上遇到了困难，很可能是因为你觉得直线只能画在这个格子的范围内。但是，一旦你突破了这个限制，就会用图 7.13 所示的方案成功解决此问题。

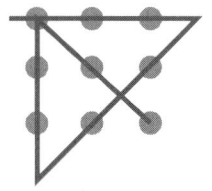

图 7.13
九个点问题的解决方案

错误评价解决方案

美国宾夕法尼亚州三里岛的核电站曾发生事故，那是一场几乎导致核反应堆熔毁的灾难。当时核电站管理者需要立即解决一个最严重的问题，管理者提出了有关问题根源的相互对立的两种观点，一种观点认为电压太高了，有爆炸的危险；另一种观点则认为电压太低了，可能导致熔毁。尽管事实上是电压过低，但是当值主管认为是电压太高了。于是他做出决定并采取行动，而忽略了其他管理者的反对意见。

主管的错误是**证实偏差**（confirmation bias）的一个实例，即问题解决者倾向于自己最初的假设，并且忽略支持其他可选假设或解决方案的对立信息，甚至当我们发现与已选方案相悖的证据后，我们仍然倾向于坚持最初的假设。证实偏差的产生有以下一些原因：其一，再次思考一个看起来已经解决的问题需要额外的认知努力，所以我们倾向于坚持第一个方案；另外，相对于不支持最初假设的信息，我们会给予支持信息更高的权重（Parmley, 2007; Rassin, 2008; Allen, 2011）。

创造力和问题解决

尽管问题解决中有许多障碍，但很多人还是善于发现具有创造性的解决方案。

你想了解自己吗：测测你的想象力

下面的题目能测试你的想象力，你可以尝试不同的途径，体会一下解决问题的过程。

做本题时，你需准备一支笔和若干张有方格的纸。参看下图中的图形：

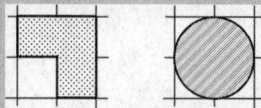

要求：在纸上的方格里，尽量多地画入这两个图形。下面是3个已完成的图案，用的是6×4方格。图中的图形可以翻转，但不能越线。此外，还有下面两条规则：

1. 必须将所给出的图形样式画入图中，且每个样式不得少于两个；
2. 图中的图形不可以相互重叠。

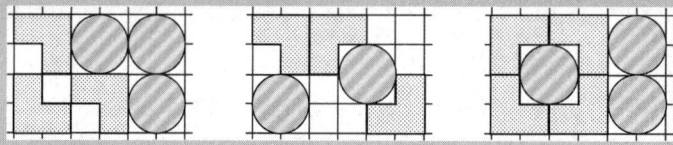

每个图形给1分。左图可得6分，因为所有图形都符合规则要求；中图则不能得分，因为其中有图形与另外的图形发生重叠；右图可谓最佳答案，可得7分。

请你先遮住答案部分的图再做下面的问题。

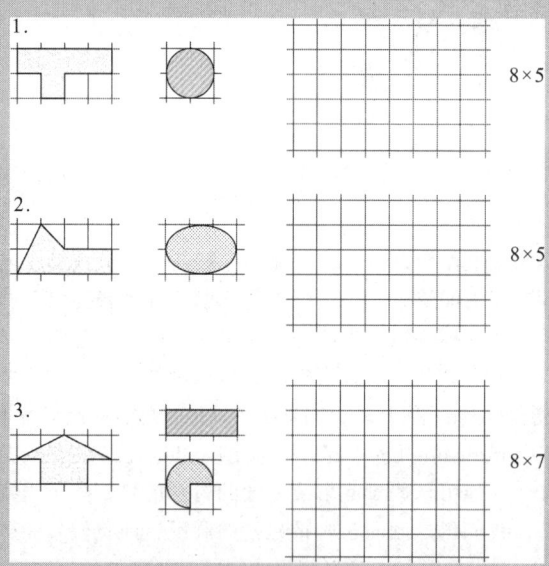

本题的画法有多种，下面的三种画法均可得到相同的分数。最高分数是9分（第1题）、7分（第2题）和27分（第3题）。请将你的答案与下图进行比较。（资料来源：Marc Wittmann, 2001）

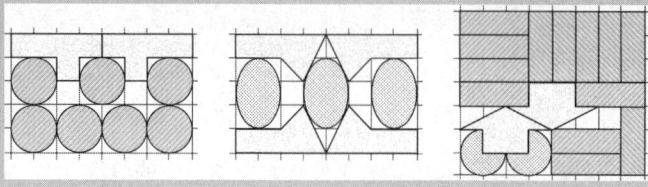

认知心理学家长久以来试图弄清楚一个问题，即哪些因素构成了**创造力**（creativity）的基础，创造力是指个体不受成规的束缚，通过灵活运用知识和经验来产生新思想或发现和创造新事物的能力。

尽管明确问题解决的步骤使我们了解了人们怎样思考和解决问题，但它却不能解释为什么有些人能想出比其他人更好的方案。比如，一个简单问题常常会有很多不同的可能答案。想一想，你会怎样回答"你能想到报纸的多少种用途？"这个问题。

现在把你的答案和下面这个10岁男孩的答案比较一下：

你可以阅读它，在上面写字，把它铺开在上面画画……你可以把它挂在门上作为装饰，把它铺在垃圾桶里，铺在脏椅子上。如果你有一条小狗，你可以把报纸放在它的窝里或者放在后院里给小狗玩。当你建造了什么东西又不想让别人看见，就用报纸把它包起来。如果你没有床垫，可以把报纸铺在地上。拿烫的东西时用它来垫着，用它来止血，或者用来接住晾着的衣服滴下的水。你可以用报纸来当窗帘，把它放进鞋子里挡住刺到你脚的东西，用来做风筝，用来挡住太强的光线。你可以用它来包鱼、擦窗户或者用它来包钱……把洗过的鞋子放在报纸里，用它来擦眼镜，把它放在一个滴水的水池下面，把植物放在它上面，用它来做一只纸碗，下雨时用来当帽子，把它绑在脚上当拖鞋。如果没有毛巾，你可以把它放在沙滩上，打棒球时用它来当垒包，用它来做纸飞机，扫地时用它来当簸箕，把它做成球给猫玩。如果很冷，用它把手包起来（Ward, Kogan, & Pankove, 1972）。

这个答案显示了男孩非凡的创造力。不过，确定创造力的原因要比识别创造力的例子要困难得多。同样，我们也不清楚在艺术领域中高创造力的人（如毕加索）所表现出的创造力与在科学领域中高创造力的人（如爱因斯坦）所表现出的创造力是否为同种类型（Simonton, 2009）。

然而，我们也确实发现有一些因素和创造力有关。其中一个因素是**发散思维**（divergent thinking），即从已有的信息出发，沿着不同方向思考，重新组织记忆中的知识，产生多种答案的思维形式。与这种思维类型相对的是**聚合思维**（convergent thinking），即从已有的信息出发，根据熟悉的知识和经验，按逻辑规则来获得问题最佳答案的思维形式。比如，对"你能怎样利用报纸？"这个问题，依赖聚合思维的人会回答："用来阅读。"相反，"用来当簸箕"则是一个更发散且更有创造力的回答（Cropley, 2006; Schepers & van den Berg, 2007; Zeng, Proctor, & Salvendy, 2011）。

创造力的另一个特点是它的认知复杂性，或者说是对精细的复杂刺激和思维模式的偏爱。比如，有创造力的人通常兴趣更广泛并且更加独立，对哲学或抽象问题更感兴趣（Barron, 1990; Richards, 2006; Kaufman & Plucker, 2011）。

智力因素与创造力的关系不大。传统智力测验的题目只有一个可接受的答案，它利用了聚合思维。这些测验不利于高创造力者运用发散思维。这可能解释了为什么研究者一致地发现，创造力与学业成绩的关系不大，并且当用传统智力测验测量智力时，创造力与智力也基本无关（Sternberg & O'Hara, 2000; Heilman, 2005）。我们的创造力往往是在顿悟时产生的（见"探索与发现：对顿悟思维的研究"）。

探索与发现：对顿悟思维的研究

西南大学心理学部张庆林

创造是人类社会和人类自身发展的最根本和最恒常的推动力。但是，由于创造力自身的复杂性，在实验中难以有效控制无关变量，研究成果难以发表，因此在心理学领域从事创造力实验研究的人和成果就很少。但是作为科学研究者不能知难而退，应该瞄准意义重大的课题去勇敢探索。所以我在跟随黄希庭先生读研期间就选择了顿悟作为学位论文的研究主题。受诺贝尔奖得主赫伯特·西蒙（Herbert A. Simon）的鼓励，我选择了河内塔问题作为研究的测试题目。结果发现，被试在问题空间进行搜索的过程中，一旦获得关键的启发信息，"搜索效率"就随之大大提高，因此产生顿悟（张庆林，1989）。之后我就一直对启发信息的获得与顿悟的关系进行研究。

我们团队在研究的初期，多采用国际上常用的经典问题进行实验，如"九点四划问题"（邱江 等，2004；张庆林 等，2005）、"四等分问题"（曹贵康 等，2006），这对于检验国际上有影响的顿悟理论是有说服力的。当然我们也使用了中国古代经典的"船装缸问题"（任国防 等，2007）、"十文钱问题"（李小平 等，2008），以拓展我们的证据。通过这一系列的研究，我们发现了国外著名顿悟理论（如表征转变理论、进程监控理论）的缺陷，并进一步证实了启发信息的获得与顿悟的关系。

为了发展我们自己的技术和突出中国特色，我们建立了自己的理论——顿悟的原型启发理论，并花费很大力气建立了相应的测试系统——汉字字谜库（吴真真 等，2009）。一系列的研究发现，"原型激活"是直觉的、非逻辑的，主要是自动加工，因此是创造性思维的最核心成分；而原型中所包含的启发信息的运用，是线性的、逻辑的（类比推理），主要是控制加工，因此不是创造性思维的最核心成分。

之后，我们团队进一步利用脑电技术来检验和发展了原型启发的两阶段理论（邱江，2006；Qiu et al., 2008；陈丽 等，2008；Tian et al., 2011; Luo et al., 2011; Luo et al., 2013; Cao et al., 2015）。关于字谜的研究存在两个问题：第一，虽然"原型激活"主要是自动加工，是创造性思维的最核心成分，但是研究并没有回答这个"自动加工"具体是如何实现的；第二，字谜毕竟不是发明创造的活动，其生态学效度也是一个问题。为了回答这两个问题，我们团队开展了科学发明创造中的原型启发研究。科学发明中"原型启发"的事例十分普遍，从"鲁班从带齿边的茅草中得到启发而发明锯子"的传说，到"瓦特从沸腾的开水壶上受到启发而发明蒸汽机"的经典故事，都说明了"原型启发"是科学发明的一种重要思维方式。

在科学发明创造中，高创造力者在面对难以解决的科学问题时，为什么会"独具慧眼"，能够从表面看似不相关的现象中受到启发，而突然顿悟到科学问题解决的巧妙思路？其中涉及哪些创造力成分？怎样才能有效地测量和评价这些创造力成分？怎样在实际运用中检验这些创造力成分测试范式的预测效度？这些问题都是我们运用《科学发明问题材料库》进行探索的难题。为此，我们使用《科学发明问题材料库》设计了一系列精巧的认知实验，并辅以功能性磁共振成像（fMRI）等现代技术手段，系统探讨了原型启发催化科学发明中顿悟发生的认知机制（张庆林 等，2012；Ming et al, 2014；Yang et al., 2016）和神经机制（Qiu et al., 2010; Luo et al., 2013; Tong et al., 2013），并探讨了原型知识的表征（Hao et al., 2013; Tong et al., 2015）、问题意识的定向作用（朱海雪 等，2012；Tong et al., 2011；童丹丹 等，2015）、动机与情绪状态（李亚丹 等，2012；Li et al., 2013）、大脑工作状态（Li et al., 2011）等因素对原型启发的影响，并提出了原型激活的"大脑自动响应机制"的新观点。我们还认为，原型启发的过程其实就是学习知识（原型的学习）、运用知识（"一个原型对一个问题"的测试）、创新知识（"多个原型对多个问题"的测试）的过程，因此解决了传统的创造性思维测试（如发散思维、遥远联想测试等）排除创造性的重要成分（知识因素）作用的问题。该项目的开展，对理解人类的创造力本质具有重要的理论意义，对培养和激发人的创造力具有一定的实践价值。

在先前研究的基础上，我们提出"创造性思维过程是一个语义表征定向新联结"的新观点。为了进一步检验和发展这一新观点，我们团队发展出了五种有效的实验范式（原型启发范式、问题新发现范式、发散运用范式、技术嫁接范式、信息整合范式）。在未来的研究中，我们将会在"学习知识、运用知识、创新知识"的研究路线上，对创造性思维的本质、机制、发展和培养进行更加深入的探讨，做出有中国特色的研究成果。

心理学与人生：批判性和创造性思维

我们能学会更好和更有创造力地思考吗？认知研究者发现，人们可以学习抽象的逻辑和推理规则，这些知识能改善我们对日常生活事件背后原因的推理水平。简而言之，研究发现批判性和创造性思维能力并不是天生的。下面列出了一些提高批判性思维能力和创造力的建议（Burbach, Matkin, & Fritz, 2004; Kaufman & Baer, 2006）。

- 重新定义问题。我们可以通过在一个更抽象或更具体的水平上重新描述问题，来调整问题的边界和假设。
- 使用分段法。分段法把一个概念分解成各个组成要素。通过分段法，我们能够分析每个部分来获得新的可能性和方法，从而对整个问题提出新颖的解决方案。
- 采用批判性观点。批判性地评估材料、分析它的含义并思考可能的例外和矛盾，而不是被动地接受假设或观点。
- 思考对立面。通过思考我们正试图理解的概念的对立面，有时可以取得进步。例如，为了定义"心理健康"，思考一下"心理不健康"的含义可能会有所帮助。
- 运用类比。类比为事实的解释提供了另一个框架，并能帮助我们发现新的解释。提出类比的一个特别有效的方法是在动物世界里举例子。例如，通过观察池塘里的睡莲是怎样承受一个人的重量的，建筑师们发现了建造摩天大厦的方法（Getner & Holyoak, 1997; Bearman, Ball, & Ormerod, 2007; Cho, Holyoak, & Cannon, 2007）。
- 发散地思考。思考一下，如果禁止你用最符合逻辑或常用的方式来使用一个物品，你会怎样使用它。
- 采纳他人的观点。采纳他人的一个观点，可能会使你得到一种新的见解。
- 运用启发式。启发式是一种有助于解决问题的认知捷径。如果问题只有一个正确答案，你可以运用或构建一个启发式，这常会使你更快、更有效地找到解决方案。
- 尝试各种解决方案。不要怕用不同的途径去寻找问题的解决方案（口头的、数学的、图表的甚至戏剧的）。比如，试着说出你能想到的每一个想法，不管它最初看起来多疯狂或多怪异。当你列出一系列解决方案后，回顾每一种方案并试着想办法让最初看起来不切实际的想法更可行。

语 言

她**地说："我喜欢**这个城市。"这句话虽然缺了两个词，但我们不难猜测，第一处是一个修饰"说"这个动作的副词，而第二处是某个城市的名字。我们能理解符合典型语言规则的不完整的语句，这表明了人类语言及其发展、所使用的认知过程的复杂性。**语言**（language）的使用是指运用系统规则排列的符号来传达信息。语言是我们编码情感、思想、观念和经验的中介物，使用语言是一种核心的认知能力。语言不仅在交流中处于核心位置，也与我们思考和理解世界的方式紧密联系。这也是心理学家会投入如此多的精力去研究语言的原因（Stapel & Semin, 2007; Hoff, 2008; Reisberg, 2009）。

语 法

为了理解语言是怎样发展以及怎样与思维相联系的，我们首先需要了解语言的要素。语言的基础结构取决于**语法**（grammar），即决定怎样表达我们思维的规则系统。

语法涉及语言的三种主要成分：音素学、句法和语义学。**音素学**（phonology）研究的是影响词义的最小语音单位——**音素**（phonemes）以及我们使用音素形成词汇、产生词义的方式。比如，英文单词 fat 里的 a 和 fate 里的 a 代表的是英语里两个不同的音素（Hardison, 2006; Creel & Bregman, 2011）。而在汉语里，不同声调也是一种音素，代表不同的意义。语言学家从全世界的语言里确定的音素已经超过了 800 个。英语采用 52 个音素来组成词汇，而其他语言所使用的音素少的只有 15 个，多的则达到 141 个。音素的差异是人们学习其他语言存在困难的一个原因。例如，对使用汉语的我们来说，母语里没有 θ 这个音素，像 think 这样的英语单词就可能给我们的发音带来一些麻烦（Gibbs, 2002; Iverson et al., 2003）。

句法（syntax）是指单词和短语组合成句子的规则。每种语言都有复杂的规则，它控制词汇传达意思时的排列顺序。我们一眼就能看出"在我们他讲故事给"不是一个有意义的顺序，而"他在给我们讲故事"才是。为了理解汉语句法的作用，看看下面几句话中由词汇顺序的不同引起的意思变化："他邀请你去""他去邀请你"和"你邀请他去"。（"他接到撤退命令了"和"他接到命令撤退了"。）

语言的第三个主要成分是**语义学**（semantics），即词汇和句子的意义。语义学的规则使我们可以用词汇来传达细微的意义差别。比如，我们可以区分下面两句话的意思："车撞到了小王"（如果我们刚好看见一辆车撞到了小王，我们可能这样说）和"小王被车撞了"（小王恢复前，如果有人问起她为什么没来上课，我们可能这样说）（Richgels, 2004; Pietarinen, 2006）。

尽管语言很复杂，但大多数人甚至在没有意识到已经学会了语法规则的情况下就获得了语法基础。而且，即使我们无法明确地表述语法规则，但我们的语言能力仍如此复杂，以至于我们能说出无限多不同的句子。我们是怎样获得这种能力的呢？

语言的发展

对父母来说，他们的婴儿发出的咿呀语和喔啊声简直就是音乐（除了在凌晨三点的时候）。这些声音还有一个重要的功能，它们标志着语言发展道路上的第一个阶段。

咿呀学语

婴儿从三个月大左右开始**咿呀学语**（babble），即发出类似成人语言中的声音，通常是重复的音节，但不表达任何意义。在咿呀学语时，他们可能曾经发出过所有语言中的语音，而不仅仅是他们所接触的那种语言。甚至失聪的孩子也会表现出他们自己咿呀学语的形式，对于那些听不见声音但出生后就接触手语的婴儿来说，他们会用手"咿呀学语"（Petitto, 1993; Locke, 2006; Majorano & D'Odorico, 2011）。一个婴儿的咿呀学语逐渐反映出其所处环境中人们讲的那种语言，最初表现在音高和音调方面，并最终表现在特定的语音方面。小婴儿可以辨别出全世界语言里所有已确定的 869 个音素。不过，六到八个月大以后，这种能力就开始衰退。随着婴儿大脑里的神经元重新组织以对日常听到的特定音素做出反应，他们开始"专攻"他们所接触的语言。

一些理论家提出，在生命的早期有一个语言发展的关键期，在关键期内儿童对语言信号特别敏感且最容易学会语言。如果儿童在这个关键期内没有接触到语言，以后要填补这个缺陷将非常困难（Bates, 2005; Shafer & Garrido-Nag, 2007）。因受虐待被隔离而未能与他人接触的儿童的案例支持了关键期理论。比如，在一个案例中，一个女孩从20个月大开始直到13岁被营救出来前都被置于没有语言的环境中。她完全不会说话，无论怎么教，她都只能学会少量词汇，并且不能掌握复杂的语言（Rymer, 1994; Veltman & Browne, 2001）。

语言的生成

到大约一岁时，儿童停止发出不属于日常接触语言的语音，然后离生成真实的词汇就只有一步之遥了。在英语中，这些首先被说出的单词通常较为简短，并且以辅音（如b、d、m、p和t等）开头，这有助于解释为什么mama和dada通常在婴儿最早说出的词汇之中。当然，在儿童说出第一批词汇前，他们就能理解听到的相当多的语言。语言理解早于语言表达。

一岁以后，儿童开始学习更为复杂的语言形式。他们会说出两个词的组合，同时能使用的词汇量也急剧增加。到了两岁，儿童平均拥有的词汇量超过50个单词。仅仅六个月后，词汇量就增加到几百个。那时，儿童能说出短句，尽管他们用的是**电报式言语**（telegraphic speech），即听起来像电报的句子，句子中不关键的词被省去了，如要表达"我在画花花"时，一个使用电报式言语的儿童可能会说"画花花"。当然，随着儿童的成长，他们会逐渐减少使用电报式言语并能说出越来越复杂的句子（Volterra et al., 2003; Pérez-Leroux, Pirvulescu, & Roberge, 2011）。

到了三岁时，说英语的儿童学会了在名词后加s表示复数以及在动词后加-ed构成过去式。因为儿童倾向于僵硬地应用规则，所以这也会导致语法错误。在这种**过度概括**（overgeneralization）的情况下，即便使用规则会造成错误，儿童还是会这样做。虽然儿童说"he walked"时用"walked"来表示walk的过去式是正确的，但当儿童说"he runned"时，用"runned"来表示run的过去式，-ed规则就不适用了（Howe, 2002; Rice et al., 2004; Gershkoff-Stowe, Connell, & Smith, 2006; Kidd & Lum, 2008）。

到了五岁时，儿童已经获得了语言的基本规则。不过，他们还没有获得全部的词汇以及理解和运用巧妙的语法规则的能力。例如，如果让一个五岁的男孩看戴着眼罩的玩具娃娃，然后问他"娃娃是容易还是不容易看到？"，他将很难回答这个问题。事实上，如果让他使娃娃更容易看到，他可能就会试图移开娃娃的眼罩。然而，八岁的男孩在理解这个问题时就基本不存在困难，因为他们能够意识到玩具娃娃的眼罩与观察者看到娃娃的能力没有任何关系（Chomsky, 1968; Hoff, 2003）。

语言的获得

任何人只要接触过儿童，都会注意到他们童年期在语言上的巨大进步。不过目前还不清楚这种快速进步的原因。对此，心理学家提出了三种主要的解释：第一种基于学习理论，第二种基于先天过程，第三种则基于先天过程与学习理论的交互作用。

学习理论取向的观点

学习理论取向（learning-theory approach）提出，语言的获得遵循强化原则以及由学习心理学家所发现的条件作用。比如，一个孩子因说出了"妈妈"而得到了妈妈的拥抱和称赞，这使说"妈妈"这个行为得到了强化并更可能被重复。该观点认为儿童最初学习说话是因为发出了类似言语的声音而得到奖赏。通过这一塑造过程，他们的语言最终越来越像成人的言语（Skinner, 1957; Ornat & Gallo, 2004）。研究显示，父母对儿童说的话越多，儿童就越能熟练地使用语言，这支持了学习理论取向。另外，到了三岁时，那些能从父母的言语中听到较高语言复杂度水平的孩子表现出了更快的词汇增长速度，并能更熟练地运用词汇，甚至总体智力成就都比那些父母言语简单的孩子高（Hart & Risley, 1997）。

但在解释儿童怎样获得语言规则时，学习理论取向就不那么成功了。儿童不仅在正确使用语言时会得到强化，在错误使用语言时也会如此。例如，如果一个孩子说"要吃糖糖宝宝"，父母也会如同他说出了一个正确的句子"宝宝要吃糖糖"一样马上回应，因为父母都很容易理解这两个句子。可见，学习理论并不能充分地解释语言的获得。

先天理论取向的观点

针对学习理论取向在解释语言获得方面存在的问题，语言学家乔姆斯基提出了一个极富创造力的理论：人一出生就有先天的语言能力，它主要随着个体的成熟而出现（Chomsky, 1968, 1978, 1991）。按照他对语言的**先天取向**（nativist approach），全世界的语言有一个预先设定好的、受生物学决定的、普遍的共同基本结构，称为**普遍语法**（universal grammar）。乔姆斯基认为人类的大脑有一个遗传而来的神经系

心理学与人生：音乐对我们的影响

人类为什么会有体验和创造音乐的能力？它是否可以帮助我们理解语言的产生和使用？

有研究发现，我们可能是生来就喜欢音乐的，因为人类寻找某些动听声音的行为似乎是遗传的。例如，即使音调和节拍改变了，婴儿仍然能够识别出熟悉的旋律。同样，母亲的歌唱能比言语引起婴儿更多的情绪反应。对母亲唱给婴儿歌曲的分析表明，相对固定的演唱曲目和顺序可以鼓励婴儿投入地听歌曲（Bergeson & Trehub, 2002）。

对音乐的生理基础的研究显示，音乐通过激活大脑里的某些通路吸引我们的注意，这些通路更适合处理音乐而不是其他声音。欣赏音乐尤其依靠右侧大脑的听觉皮层，它专门处理属于音乐的音高变化。相对地，左侧听觉皮层处理言语里声音的停顿与迸发（Zatorre, Belin, & Penhune, 2002）。

音乐也可能对我们的思维造成强有力的影响。尽管一些心理学家仍然表示质疑，但很多研究已显示，听音乐能增强人的空间推理能力。此外，音乐能深刻地影响我们的情绪。有研究表明西方大调和中国宫调诱发了正性情绪，小调和羽调诱发了负性情绪，并进一步指出调性对情绪的诱发效应具有一定的文化普遍性，调性诱发的情绪成分具有领域一般化特征（白学军，马谐，陶云，2016）。对个人有重大意义的音乐会刺激大脑里与快乐、奖赏相关的区域，这是与性及美食刺激相同的区域。

音乐是我们的另一种语言吗？

统，即**语言获得装置**（language-acquisition device, LAD），它不仅让我们能够理解语言的结构，还赋予我们学习母语独特特征的策略和技巧（Lidz & Gleitman, 2004; McGilvray, 2004; White, 2007）。乔姆斯基并没有确定大脑的哪个特定区域是语言获得装置的神经基础。不过，一些证据表明，语言使用能力作为人类进化中重大进步，的确与特定的神经发展息息相关。例如，科学家发现了一个与语言能力发展有关的基因，从进化的角度来讲，它可能出现在距今10万年前。而且，很清楚的一点是大脑中有特定区域与语言是紧密相连的，并且不同于其他物种，人类嘴和咽喉的形状特别适合言语的产生。有证据表明，特定语言类型（如用音高传达意义的声调语言）的特征与特定基因相关（Sahin, Pinker, & Halgren, 2006; Gontier, 2008; Grigorenko, 2009; Perovic & Radenovic, 2011）。

然而，乔姆斯基的观点也受到了一些批评。比如，学习理论家主张，某些动物（如

探索与发现：汉语发展性阅读障碍

中国科学院心理研究所毕鸿燕

和大家一样，在接触心理学这个领域前，我也充满了期待和敬畏，希望这个神秘的领域能带给我们解读周围人和事的全新视角和对待世界的平和心态。大学期间的学习让我意犹未尽，以致在日后的深造、工作中，我都选择了心理学。

随着不断地深入探索，我对汉语发展性阅读障碍群体产生了极大的兴趣。他们的智商、学习动机、健康状况与我们相当，但阅读时显得有些"吃力"。国内对这个群体的研究开展较晚，很多时候我们将其阅读上的困难归因于态度上的问题，这对双方都造成了困扰，探究发展性阅读障碍的成因及如何帮助他们提高阅读能力成为亟待解决的问题。

总结国内已有的研究成果发现，汉语发展性阅读障碍者在语音、正字法和语素等语言认知加工能力方面存在缺陷。任何高级的认知活动都离不开基础的感知能力，那么汉语发展性阅读障碍者在视觉、听觉、注意等这些基础层面是否存在问题呢？为了解决这个问题，我们课题组将研究的重心聚焦为探究汉语发展性阅读障碍的视觉大细胞通路功能缺陷和小脑缺陷。

为了在众多的小学生中筛查出具有发展性阅读障碍的学生，我们与周边的小学展开了合作。每天中午，我们都会带着大包小包的实验材料奔波在实验室和小学之间，利用学校的课余时间对学生进行筛查和测试。功夫不负有心人，经过不断的努力，我们积累了大量宝贵的实验数据。但正当我们准备利用脑电和脑成像技术进一步探究这些儿童的视觉大细胞通路缺陷和小脑缺陷的神经机制时，一个重要的问题摆在了我们面前，许多家长不愿意让他们的孩子参加脑电和脑成像研究，担心这些技术会对他们的孩子造成伤害。为了消除家长们的顾虑，我们利用学校组织家长会的机会，向家长宣传我们的实验并为家长们科普脑电和脑成像技术的安全性。经过我们的不懈努力，终于有家长同意带孩子来参加我们的测试。在探究小脑缺陷的实验中，还出现了一个小插曲，一些孩子在磁共振仪中无法很好地完成小脑功能的测验，他们觉得实验太无聊，不能坚持到最后，于是我们便采用卡通图片替换了已有的实验材料，增加了实验的趣味性，使整个实验得以顺利完成。

通过行为和神经生理学方法，我们发现汉语发展性阅读障碍儿童的小脑功能与结构均存在异常，汉语发展性阅读障碍者的缺陷出现在小脑左侧，这表明阅读障碍者的小脑缺陷具有语言特异性。并且，汉语发展性阅读障碍者的视觉大细胞通路皮层下功能和视觉运动区也存在缺陷。这些结果说明汉语发展性阅读障碍者不仅在语言认知加工能力上表现不足，他们的基础感知觉能力也存在缺陷，这也为我们要进行的训练研究打下了基础，指明了方向。

黑猩猩）学习人类语言基本规则（详见后面的"动物是否使用语言"一节）的能力就与先天语言能力的观点相矛盾。

交互作用理论取向的观点

为了协调以上不同的观点，一些理论家采用了**交互作用取向**（interactionist approach）。交互作用理论表明语言的发展是通过遗传倾向和有助于语言学习的环境因素共同作用产生的。具体来说，交互作用论的倡导者们认为大脑是我们语言获得的硬件，从本质上说，它提供了允许我们开发语言的硬件。而在环境里接触到的语言使我们有了恰当的理解和产生语言的软件。交互作用论有很多倡导者，但语言是如何获得的仍是一个充满争论的问题（Pinker & Jackendoff, 2005; Hoff, 2008; Waxman, 2009）。

语言对思维的影响

住在寒冷北极的爱斯基摩人在谈到雪的时候是不是比住在气候温暖地区的人有更多的词汇呢？早在20世纪初就有了爱斯基摩语比英语有更多关于雪的词汇的观点。那时，有语言学家主张，因为雪和爱斯基摩人的生活关系太密切了，所以他们的语言提供了特别丰富的词汇来描述它，比其他语言要多得多（Martin & Pullum, 1991; Pinker, 1994）。这一观点导致了**语言相对论**（linguistic-relativity hypothesis）的提出，该假说指出语言塑造甚至可能决定了特定文化中的人们感知和理解世界的方式。根据这个观点，语言为我们提供了用来建构我们对周围世界的人和事物的看法的各种类别。因此，语言塑造和创造了思维（Whorf, 1956; Casasanto, 2008; Tan et al., 2008）。

不过，也有另一种可能性，即语言不是某些思维方式的原因，而是思维产生语言。根据这一观点，爱斯基摩语中有更多关于雪的词汇的唯一原因是，比起生活在其他文化里的人，雪和爱斯基摩人的生活有更加紧密的关系。

哪种观点正确呢？大多数研究反驳了语言相对论，支持了思维产生语言这一假设。事实上，对爱斯基摩语的新近分析表明，爱斯基摩人说到雪时并不比说英语者有更多的词汇，如果你仔细搜索一下就会发现在描述雪时，汉语里也有几乎用不完的词，如风雪、雪花、雪暴、雪冰、雪崩、雪尘、雪片等。尽管如此，语言相对论并没有完全被抛弃。这个假说的一种新观点是言语模式可能会影响思维的某些方面。例如，在英语中，人们需要区分可数名词（如"five chairs"）和不可数名词（如"a liter of water"）。不过在其他一些语言中，如尤卡坦玛雅语，所有的名词都是不可数名词。在这样的文化中，人们似乎会比英语文化里的人更仔细地思考事物是由什么构成的（Gentner, Goldin, & Goldin-Meadow, 2003; Tsukasaki & Ishii, 2004）。同样，俄语中有更多描绘浅蓝色和深蓝色的词，说俄语的人也能更好地在视觉上区分蓝色的深浅。另外，一些部落中的人在描述方位时会说东西南北而不说左右，并且他们拥有更好的空间方向性。最后，毗拉哈语在描述数量时使用类似"多和少"这样的词，而不是特定的数字，说这种语言的人不能记录精确的数量（Fuhrman et al., 2011）。简而言之，虽然研究结果不支持语言相对论所主张的语言导致思维的产生，但有一点是清楚的：语言会影响我们的思维方式。当然，思维也影响语言，这表明语言和思维以复杂的方式相互作用（Ross, 2004; Thorkildsen, 2006; Proudfoot, 2009）。

动物是否使用语言

有一个问题长期困扰着心理学家，语言是人类独有的还是其他动物也可以获得？

探索与发现：双语教育

2011年11月11日至12日，中国教育学会"十二五"教育科研规划重点课题"中小学'汉语·英语·汉英双语'教学整合研究"开题研讨会在河北省唐山市召开，旨在整合语文教学、英语教学和汉英双语教学，三位一体，相互促进。这说明了中国对双语教育的高度重视。

在美国，受移民潮的影响，有大约4700万美国人的母语并非英语。如何恰当有效地教育越来越多的不讲英语的孩子？许多教育家主张，双语教育是最好的选择。双语教育是指学生用自己的母语学习一些学科，同时也学习英语。支持者认为学生们必须在基础学科领域打下坚实的基础，而用母语教授这些学科是为他们提供基础学习的唯一途径（至少最初是这样）。与此同时，让他们学习英语，最终目标是要把所有的教学内容转换成英语。

相反，其他教育家坚持认为，从学生入学的那一刻起，所有的教学内容都应使用英语，包括对那些根本不会说英语的学生也是如此。在浸入式教学方案中，学生一入学就在所有学科上接受全英语的教学。因为用英语以外的语言教学生，只会阻碍母语非英语的学生融入社会，并最终对他们造成伤害。浸入式教学方案的支持者指出，在双语教育方案实施后，学生的标准化考试成绩有所提高。

有证据显示，双语者相比单语者有显著的认知优势。例如，双语者表现出更多的认知灵活性并更易理解概念。他们的多重语言能力让他们的思维有更多的语言工具，进而使他们在解决问题时更富创造力和灵活性（Heyman & Diesendruck, 2002; Bialystok & Martin, 2004; Kuo, 2007）。

而且，双语的优势很早就显现出来：在孩子三四岁时，会说双语的孩子的认知发展优于只说一门语言的孩子，而且这种优势将一直持续到老年。事实上，双语也为成年晚期常见的认知能力下降提供了保护（Bialystok & Craik, 2010; Bialystok et al., 2010; Bialystok, 2011）。

此外，也有研究提出，使用多种语言会改变大脑的构造，当然这还取决于习得第二语言的时间。比如，成年时习得第二语言的人与童年时就习得第二语言的人相比，大脑的激活区域是不同的。大脑扫描结果显示，多语者根据所用的语言有不同的脑激活模式。双语会以多种方式影响大脑的加工（见图7.14）（Kovelman, Baker, & Petitto, 2008; Kovacs & Mehler, 2009; Bialystok et al., 2010）。还有研究对28名汉英儿童双语者分别进行了两种语言条件下的语音判断任务和字形判断任务，在进行任务的同时也接受磁共振扫描，结果表明汉英双语者母语加工的神经网络与第二语言加工的神经网络之间存在交互作用，并且该交互作用受双语熟练度的影响（高悦 等，2015）。

一个与双语教育相关的问题是双文化，即两种文化对接受双语教育的人会有怎样的心理影响？一些心理学家提出，社会应提倡一种双文化能力的交替模型。该模型支持一种文化中的成员通过努力，在融入后继文化的同时仍保持对原先文化的认同。这样，一个人能属于并认同两种文化，而不需要在两者中做出选择。社会是否会接受交替模型，我们拭目以待（Carter, 2003; Benet-Martínez, Lee, & Leu, 2006; Tadmor, 2007）。

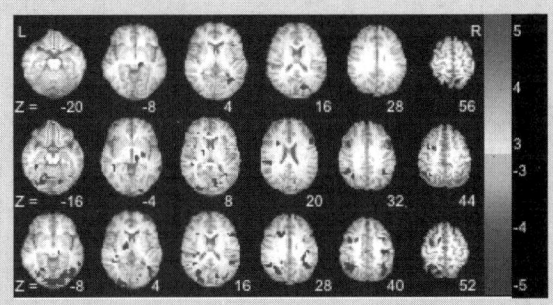

图7.14 双语以多种方式影响大脑加工（见彩插）

很多动物也会以较为原始的方式相互交流。比如，招潮蟹挥动它们的螯来发出信号，蜜蜂跳舞来指示食物的方向，某些鸟类在求偶和逃跑时会发出不同的声音。不过，研究者还没有确凿的证据证明这些动物使用的是真正的语言，真正的语言的部分特征是能够通过遵循形式语法来产生并传达新的、独特的意义。

然而，心理学家已经能通过训练让黑猩猩在一个令人惊讶的水平上进行交流。比如，经过四年的训练，一只黑猩猩学会了给132个词做记号，并能把那些记号组合成简单的句子。更令人印象深刻的是一只名叫坎兹（Kanzi）的倭黑猩猩，一些心理学家宣称它的语言能力接近两岁大的儿童。它的训练者说它能创造出语法复杂的句子，甚至能发明新的句法规则（Savage-Rumbaugh, Toth, & Schick, 2007; Slocombe, Waller, & Liebal, 2011）。

尽管这些灵长类动物表现出了语言能力，但批评者认为这些动物使用的语言缺乏人类语言的语法及复杂、新颖的结构。他们认为黑猩猩表现出的语言能力无异于一条狗为得到奖赏而学会服从躺下的命令。此外，我们缺少证据证明动物能识别同类的心理状态并做出反应，而这恰是人类交流的一个重要方面。因此，其他动物能否用类似人类语言的方式进行交流，这个问题仍然存在争议（Aboitiz, Garcia, & Brunetti, 2006; Hillix, 2007; Liszkowski et al., 2009）。

思考与应用

1. 可得性启发式对种族、年龄、性别偏见有怎样的影响？这种启发式能避免偏见吗？
2. 非洲乡村部落和西方城市里的人对"交通工具"这个类别的原型的理解有怎样的差别？
3. 下面的推理是否正确？为什么？
   有创造力的人常在传统智力测验中遇到困难；
   我在传统智力测验中遇到困难；
   所以，我是有创造力的人。
4. 发散式思维和聚合式思维是相互排斥的还是相互补充的？为什么？有没有某种思维方式明显占优势的情况？怎样使这两种思维方式结合起来？
5. 在用严谨的学习理论取向解释语言的获得时，为什么说过度概括现象并不支持该理论？
6. 同时使用两种语言的人是不是会自动融入两种文化？为什么说双语者比单语者有认知优势？

推荐拓展读物

1. 戴维·迈尔斯著，黄希庭等译（2019）. 心理学导论：生物、发展与认知心理学（上册，第9版）. 北京：商务印书馆，331~380.
2. 陈永明（2013）. 言语与智能：心智活动的探索. 北京：北京师范大学出版社.
3. 约瑟夫·福加斯等著，张保生等译（2012）. 社会交际心理学：人际行为研究. 北京：中国人民大学出版社.
4. 桑德拉·切卡莱利，诺兰·怀特著，周仁来等译（2014）. 心理学最佳入门（第2版）. 北京：中国人民大学出版社，257~298.
5. 理查德·格里格，菲利普·津巴多著，王垒等译（2016）. 心理学与生活（第19版）. 北京：人民邮电出版社，232~274.
6. 欧尼斯特·西尔格德，理查德·阿特金森，爱德华·史密斯，苏珊·诺伦-霍克西玛等著，洪光远译（2013）. 西尔格德心理学导论（插图第14版）. 北京：世界图书出版公司，276~311.

第 8 章

智 力

智力发展的两个极端案例

1978 年 4 月 1 日，患有唐氏综合征（Down's syndrome，又称 21 三体综合征）的舟舟在湖北武汉出生。由于舟舟的先天缺陷，他的大提琴演奏家父亲不得不将舟舟随时带在身边。而在父亲排练或演奏时，他却对老指挥家张起先生观察得相当细微。舟舟在大约 6 岁的时候，一次排练间隔，爬上了指挥台，把张起先生的动作都惟妙惟肖地表现了出来。随后乐团为舟舟举办了多场音乐会并取得了巨大成功。他现在是中国残联艺术团的重量级艺员之一。

多数中国学生要到高中毕业后才能参加高考，但骆利群参加高考时只有 14 岁，还是初中生的骆利群希望通过考试成绩来证明自己的天赋。该次考试骆利群取得了优异的成绩，随后通过附加的数学、物理、非智力因素测试，骆利群为自己赢得了中国科学技术大学少年班的录取通知书。现在骆利群是一名杰出的科学家，也是斯坦福大学教授、美国科学院院士及美国人文与科学院院士。

这是两个完全不同的人，他们具有完全不同的智力基础和条件。但为什么他们都能获得巨大成功？他们的成功有什么共同点？是他们在各自领域都有所长，是以往的智力测验存在缺陷，还是后天培养的力量？带着这些问题，在本章中，首先，我们从智力的定义和测量开始讨论，回顾心理学家提出的一些智力概念，并考察他们编制和使用智力测验的一些情况。其次，我们讨论如何对智力进行测量。最后，我们围绕智力讨论一个极富争议的问题：智力受遗传影响的程度大还是受环境影响的程度大。

智力的性质

智力一词最早是由哲学家赫伯特·斯宾塞（Herbert Spencer, 1820—1903）和生物学家弗朗西斯·高尔顿（Francis Galton, 1822—1911）在19世纪后半叶将古拉丁语 intelligenti 引入英文的，其意义是代表一种天生的特点和倾向性。但心理学家却很难为智力找到一个统一的定义。把握智力概念的难度在于智力本身并不是一个单一的结构，而是由多种心理品质组成的系统。为了更好地把握智力的本质，我们需要首先分析智力的结构，其次考察智力评估的一些问题。

什么是智力

对生活在南太平洋上的特鲁克部落的成员而言，在开阔的海洋中航行100英里（约160.93千米）是一件很平常的事。尽管他们的目的地可能只是一块宽不到一英里（约1.61千米）的陆地，但特鲁克人能够在不借助指南针、经线仪、六分仪及其他航海工具的情况下精准航行，甚至在有风向干扰迫使他们不得不选择之字形航路的时候仍能如此（Gladwin, 1964; Mytinger, 2001）。

特鲁克人为什么能够如此高效地航行呢？如果问其原因，他们并不能给你满意的解释。他们也许会告诉你是因为他们考虑了星星的起落，并且考虑了打在船舷上波浪的大小、声音和自己的感受。但是在他们航行的任何时刻，他们都不能确定他们所在的位置或者说出他们那样航行的理由，也不能解释他们航海技术背后的航海理论。一些人也许会说，特鲁克人不能用西方的术语来解释他们的航海技术原理，这一现象说明了他们比较原始或者不聪明。事实上，如果让特鲁克人来做一个关于航海知识或航海理论的西方标准化测验，或者做一套传统的智力测验，他们或许只能得到很低的分数。然而，从实际情况上来看，我们不能说特鲁克人不聪明，因为他们虽然无法解释自己的行为，但他们却能在广阔的海洋中成功航行。

特鲁克人的航行问题说明了把握智力概念的困难性。对于一个西方航海家来说，按照六分仪或其他航海工具的指引，沿着最直接、最快速的路线航行是最"聪明"的方法，而建立在对波浪感性认识基础之上的之字形航海线路看起来非常不理性。而对习惯了自己的航海方式的特鲁克人来说，精密航海工具的使用看起来太复杂并且毫无必要，他们甚至会认为西方航海家不够聪明。

从这个例子可以看出，"智力"这个词实际上可以表现为多种不同的含义。例如，如果你生活在中国大西南边远的农村地区，判定你聪明与否的标准可能与你所掌握的耕种技术的熟练程度有关；而对生活在大都市中心区的人来说，聪明可能也就意味着他更能适应都市生活或在事业上取得成功。这些智力的概念都有一定的道理，它们都明确地指出聪明的人比不聪明的人更善于利用环境资源，这一区别可能是任何智力定义的基础。然而，同样明显的是，这些概念代表了看待智力截然不同的视角。

多年来，心理学家一直在为界定智力的一般定义而努力。然而具有讽刺意味的是，不懂心理学的外行人却对什么是智力有比较明确的认识，尽管他们看法的本质与他们的文化有关。例如，西方人把智力看作创建类别和理性辩论的能力，相反，处于东方文化和一些非洲群体的人们则更多地从相互理解和相互联系的角度来看待智力

（Nisbett, 2003; Brislin, Worthley, & MacNab, 2006; Sternberg, 2005, 2007; Niu & Brass, 2011）。

心理学家所使用的智力的定义包含外行人所理解的智力概念的某些成分。心理学家认为，**智力**（intelligence）是指个体顺利完成某种活动所必需的各种认知能力的有机结合，是个人有目的地行动、合理地思考、有效地应对环境的一种综合能力。但这个定义并没有解答心理学家所提出的一个关键问题：智力究竟是一种统一的实体，还是有多种不同的实体？下面我们来看看与此问题有关的几种智力理论。

智力的种类

智力的一般因素和特殊因素

也许你认为自己是一位很优秀的作家，但缺少数学才能；也许你认为自己是善于领悟物理规律的科学天才，但在文学方面没有优势；也许你认为自己极为聪明，能够在多个领域出类拔萃。人们看待自己才能的不同方式折射出心理学界早已提出的一个重要问题：智力究竟是一种单一的一般能力，还是具有多面性并与具体能力有关？早期研究智力的心理学家认为心理能力有一种单一的**一般因素**（general factor），他们称之为 g 因素。g 因素是智力各方面表现的基础，并可以用智力量表来测量。该假设基于这样一个事实：受测者完成不同类型的测验，不管这些测验测量的是数学专业知识、语言能力、还是空间视觉能力，所有受测者的排名顺序大致相同。也就是说，在一个测验中取得好成绩的受测者在另一个测验中也会取得好成绩，反之亦然。在不同类型的测试中，成绩之间存在相关性。因此心理学家认为 g 因素反映的是不同测试之间一般的共同的能力。然而，除一般因素外，还有**特殊因素**（specific factor），简称 s 因素，它所反映的是与特殊智力相关的因素。s 因素是个人完成各种特殊活动所必须具备的智力。一个人具有完成某种活动的特殊因素，不一定具有完成另一种活动的特殊因素。换而言之，s 因素既有大小的区别，也有有无的区别。

液体智力和晶体智力

心理学家雷蒙德·伯纳德·卡特尔（Raymond Bernard Cattell, 1905—1998）认为人有两种不同的智力类型：液体智力和晶体智力。**液体智力**（fluid intelligence）反映了人们的学习和解决问题的能力，它依赖于先天的禀赋。根据某些规则把一堆信件进行分类或者快速解决一个谜题，就要用到液体智力（Kane & Engle, 2002; Saggino, Perfetti, & Spitoni, 2006; Di Fabio & Palazze-schi, 2009）。相反，**晶体智力**（crystallized intelligence）是人们通过经验习得的信息、技能和策略的积累，即个体通过其液体智力学到的并得到完善的能力，是通过语言学习和其他经验发展起来的，它依赖于知识经验的多少，反映了我们从长时记忆中提取信息的能力。我们在实践中常会用到晶体智力，如参与一个关于贫困问题的讨论，这样的任务就要求我们应用过去积累起来的知识经验。相比于反映了个体更一般智力的液体智力，晶体智力更多地反映了个体所处的文化环境。液体智力和晶体智力的差异在成年后期表现得尤为明显，此时人们的液体智力开始衰退，而晶体智力仍在发展之中（Buehner, Krumm, &

心理学与人生：怎样提高液体智力

过去人们一直认为液体智力是由生物遗传决定的，不能被后天的经验改变（Chen & Li, 2007）。然而近年来，越来越多的研究证据表明，认知训练尤其是工作记忆的训练可以提高液体智力（Jaeggi et al, 2011; Jaušovec & Jaušovec, 2012）。工作记忆是一个容量有限的记忆系统，它能帮助个体暂时保持和操作信息，其核心是中央执行功能，是知觉、长时记忆和动作之间的接口，以及思维过程的支撑（Baddeley, 2003）。

目前有研究发现，工作记忆的刷新功能与液体智力存在高相关（Colom et al, 2008），当前训练工作记忆刷新功能的任务主要有活动记忆任务和N-back任务。赵鑫等人（2011）对9~11岁的小学生进行活动记忆任务训练，结果显示，经过活动记忆任务训练，儿童的液体智力水平显著提高。训练工作记忆刷新功能的另一种常用任务为N-back范式，在N-back范式的训练中，研究者向被试呈现一系列刺激，被试的任务就是判断当前刺激是否与之前第 n 个刺激相同，n 的数值越大，对工作记忆的要求就越高。耶基分别以成人和8~10岁的小学生作为被试进行工作记忆 N-back 范式的训练，结果显示，实验组成绩显著高于控制组。液体智力测验结果显示，训练时间越长，被试的液体智力提高幅度越大（Jaeggi, 2008, 2011）。

Ziegler, 2006; Tranter & Koutstaal, 2008; Ackerman, 2011）。

加德纳的多元智力类型

对于智力，心理学家霍华德·加德纳（Howard Gardner, 1943—）采用了与传统模式极其不同的研究方法。加德纳认为我们不应该问"你有多聪明？"这样的问题，而应该问"你在哪方面聪明？"这样的问题。在研究后一个问题的过程中，他提出了影响深远的**多元智力理论**（theory of multiple intelligences）（Gardner, 2000）。加德纳认为人类的智力至少可以划分为八种不同的、相对独立的类型，分别是音乐智力、身体运动智力、逻辑-数学智力、语言智力、空间智力、人际智力、自知智力和自然主义智力。在加德纳看来，多元智力框架中的每一种智力类型都与大脑内一个独立的系统相联系。此外，他认为可能还存在着其他的一些智力类型，如确认和思考关于人类存在问题的存在智力，如圣雄甘地就可能是这种智力类型的典型代表。

加德纳强调每个人都有相同的八种智力类型。不过，这八种智力在每个人身上的结合方式并不相同。有些人可能在所有方面或某些方面具有较高的水平，而另一些人可能在其他方面表现杰出。当然，还有一些人可能在所有方面都处于较低的水平，绝大多数人则处于中间的水平。加德纳认为人的各种智力是以复杂的方式协同作用的。尽管这八种智力相对独立，表现方式也不同，甚至每一种智力都有多种表现方式，但他同时也指出在现实生活中没有任何一种智力是独立存在的，至少对于正常发展的人（一些脑损伤的病人除外）来说是这样的。即使是完成一些看起来很简单的活动，各种智力通常也是协同作用的。

多元智力的概念导致了包含多个答案的智力测验的发展，这些问题通常可以反映一个人的创造性思维能力。而且现在很多教育家也接受了多元智力的概念，并基于多元智力的概念设计出了可以培养智力不同方面的课程计划（Douglas, Burton, & Reese-Durham, 2008; Tirri & Nokelainen, 2008; Davis et al., 2011）。

表 8.1 多元智力类型的内涵（Gardner, 2000）及其实例

智力类型	内涵	实例
音乐智力	指个体感受、辨别、记忆、表达音乐的能力。这种智力在作曲家、指挥家、歌唱家、演奏家、乐器制造者和乐器调音师等人身上有比较突出的表现。	朗朗的父亲在他刚3岁时就送他去学习钢琴，12岁时他就获得了德国埃特林根第四届国际青少年钢琴比赛的冠军。
身体运动智力	指个体运用四肢和躯干的能力，表现为能够较好地控制自己的身体、对事件能够做出恰当的身体反应，以及善于利用身体语言来表达自己的思想和情感的能力。这种智力在运动员、舞蹈家、外科医生、赛车手和演员等人身上有比较突出的表现。	易建联12岁时和伙伴们报名参加了深圳的街头篮球赛事，结果第一轮就被淘汰了，但在一位看到他潜力的业余体校教练的劝导下进入了职业联盟，并最终获得了总冠军。
逻辑–数学智力	指个体对逻辑结构关系的理解、推理、思维表达的能力。这种智力在侦探、律师、工程师、科学家和数学家等人身上有比较突出的表现。	刑侦专家李昌钰博士在短短几天中对辛普森杀妻案中的微小证据进行精细梳理和严密推敲后，发现了被其他调查者忽略的证据，最终使辛普森案件的事实得以澄清。
语言智力	指个体对语言的掌握和灵活运用的能力。这种智力在记者、编辑、作家、演讲家和政治领袖等人身上有比较突出的表现。	韩寒在18岁时就发表了长篇小说《三重门》，该书的销量达到了同期作品的巅峰。
空间智力	指个体对色彩、形状、空间位置等要素的准确感受和表达的能力。这种智力在艺术家、建筑师等人身上有比较突出的表现。	贝聿铭在改建和扩建卢浮宫的工作中巧妙地采用了创新的玻璃金字塔设计，既保留了卢浮宫的历史美，又表现了当今建筑艺术的现代美，同时还兼顾了实用性。
人际智力	指个体在与他人的交往中，对他人的情绪、性格、动机和意图非常敏感并能对此做出有效反应的能力。这种智力在教师、律师、推销员、公关人员、谈话节目主持人、管理者和政治家等人身上有比较突出的表现。	周恩来总理是一位人际关系大师，他在中华人民共和国建立之初致力于外交工作，处理了很多棘手的外交事件，为中国赢得了声誉和国际支持。
自知智力	也叫作"内省智力"，指个体认识、洞察和反省自身内在的感受和情绪等方面的能力。这种智力在哲学家、小说家、律师等人身上有比较突出的表现。	中国当代著名哲学家、教育家冯友兰通过对自身的认识、洞察和反省，提出哲学的任务是提高人的精神境界。把人做各种事的各种意义合成一个整体，就构成了人的人生境界。从低到高，它们分别是自然境界、功利境界、道德境界、天地境界。这一观点受到世界社会科学界的认可和称赞。
自然主义智力	指个体辨别生物（植物和动物）及对自然世界（如云朵、石头等的形状）的其他特征敏感的能力。这种智力在植物学家和厨师等人身上有比较突出的表现。	在史前时期，采摘者和狩猎者很可能会依赖自然主义智力来辨认哪些植物和动物是可以食用的，哪些植物和动物又是有害的。

实践智力和情绪智力

看看下面的情形：

你下属的下属希望与你就他直属领导的浪费行为、不良管理及可能存在的违反公司政策和法律的行为等问题进行交流。你担任现职才一年的时间，而且之前你也没有发现这位被举报的下属有问题。不论是你还是公司都不想采取完全公开的处理策略，一般都希望员工将他们的问题反映给直属领导，而不是让其他人参与进去。但由于这件事很微妙，这名想见你的员工还没有和他的直属领导讨论过这个问题（Sternberg, 1998）。

根据罗伯特·斯滕伯格（Robert Sternberg, 1949—）的理论，你对上述情形的反应同你在未来职业生涯中取得的成就有很大关系。这个问题同时也是考察你智力水平的系列问题之一。然而此问题测量的并不是传统的智力，而是一种特殊类型的智力：实践智力。**实践智力**（practical intelligence）是指获取隐性知识和环境信息、解决实际问题的能力，是一种与你生活的总体成功相关的智力类型（Sternberg, 2002; Muammar, 2007; Wagner, 2002, 2011）。

斯滕伯格注意到传统智力测验一开始就与学术成功相关联，他指出，有证据表明大多数传统智力测验与事业成功并没有特别密切的联系（McClelland, 1993）。特别是，尽管那些成功的企业家通常在智力测验中表现良好，但他们进步的速度及最终的事业成就与其在传统智力测验上的得分基本无关。斯滕伯格认为，事业成功需要的智力类型完全不同于学术成功所需要的智力类型。学术成功建立在通过听和读获得的特定信息知识的基础之上，而实践智力则主要是通过对他人的行为进行观察来学习的。具有高实践智力的人能很好地学习一般规则和社会准则，并能恰当地运用这些规则和准则。因而，实践智力测验也就是测量人们应用各种规则解决日常问题的能力（Sternberg & Pretz, 2005; Stemler & Sternberg, 2006; Stemler et al., 2009）。

斯滕伯格除了强调实践智力外，与事业成功相关的智力类型还有分析智力和创造智力。分析智力注重智商测验中问题的抽象性但又并非传统的问题类型；创造智力涉及产生新奇的想法和产品的能力（Benderly, 2004; Sternberg, Kaufman, & Pretz, 2004; Sternberg, Grigorenko, & Kidd, 2005）。

有些心理学家拓宽了智力的概念，甚至超越了智力领域，提出了一种与情绪有关的智力类型，即情绪智力。**情绪智力**（emotional intelligence）是指个体控制自己及他人的情绪和情感，并识别、利用这些信息指导自己的思想和行为的能力（黄希庭，2003），表现为在准确估计、评价、表达和调节情绪之下的一整套技能（Mayer, Salovey, & Caruso, 2004; Humphrey, Curran, & Morris, 2007; Mayer, Salovey, & Caruso, 2008）。

丹尼尔·戈尔曼（Daniel Goleman, 1946—）认为，情绪智力是建立在与他人友好相处的基础之上的（Goleman, 1995）。它使我们能理解别人的经历和感受，并使我们有可能根据别人的需要做出恰当的反应。情绪智力也是与他人共情、自我觉察和社交技能的基础。情绪智力可能有助于解释为什么有些在传统智力测验中得分一般的人仍会取得相当大的成功：他们成功的基础可能是他们有较高的情绪智力，这使得他们能够对他人的情感做出快速、恰当的反应。

尽管情绪智力这一概念颇有道理，但它尚未被严谨地量化。有人认为情绪智力是如此的重要，以至于学校应该向学生讲授一些与之相关的知识。这个观点引起了一些教育专家的担忧，他们认为学生的情绪智力最好由家庭来培养，特别是在情绪智力的组成成分还没有详细标准的情况下更应如此（Sleek, 1997; Becker, 2003）。因此，这就需要我们像对智力的各个方面的考察一样，采用不同的方法对情绪智力的各个方面进行探索。

智力的测量

研究智力的心理学家把大部分精力都用在了编制智力测验上，并且依靠所编制

心理学与人生：怎样提高实践智力

1. 重视内隐知识的获取

内隐知识的多少与实践智力的高低有密切关系。斯滕伯格认为内隐知识"是行为定向的知识；是在没有他人直接帮助的情况下获得的知识；是个体为了达到有价值的目标而掌握的知识。"具体地说，内隐知识是指个体自己领会、体验得到的，而不是他人教会的或从书本上直接就能学到的知识。不同于某种观念或抽象的理论思考，这类知识通常带有行动导向，有利于个体解决问题、实现目标。比如说，一个经理可能没有读过 MBA 或相关的管理课程，却能将自己的工作做得非常出色；一个家庭主妇不知道任何空间设计的概念，却能把一个小小的空间利用得自然巧妙。这里强调内隐知识的学习，并不是说现在的课堂学习不重要，相反，内隐知识的学习对现有的知识和技能具有依赖性。"熟读唐诗三百首，不会作诗也会吟"讲的就是这个道理。获取内隐知识要重视学习、存储知识的过程。比如，我们在做实验的过程中掌握了丰富的实验技巧，但这些技巧是什么我们却不好描述。而没有经历系统实验过程的学生在后续学习的过程中总会遇到很多困难。

2. 注意提高自己学习之外的能力

《广州日报》曾经报道过一则关于神童和其母亲的故事：一位名叫魏永康的男子，两岁就掌握了 1000 多个汉字，四岁基本学完了初中阶段的课程，八岁进入县属重点中学读书，13 岁以高分考入湘潭大学物理系，被誉为"神童"。除了学习，他的母亲不让魏永康插手家里的任何事情，每天早晨连牙膏都要给他挤好，给他洗衣服、端饭、洗澡、洗脸。魏永康在读高中的时候，为了让他在吃饭的时候不耽误看书，他的母亲甚至还亲自给他喂饭。这样的生活一直持续到 17 岁魏永康考入中国科学院高能物理研究所。但"神童"的事迹并未继续，脱离了母亲的照顾后，魏永康"失控"了。他完全无法安排自己的学习和生活：热了不知道脱衣服，冬天不知道加衣服，穿着单衣、拖鞋就往外跑；他经常一个人窝在寝室里看书，甚至忘了还要参加考试和撰写毕业论文。2003 年 7 月，魏永康连硕士学位都没拿到，就被学校劝退了，后来他辗转求职也四处碰壁。相反，企业家马云曾是一名"问题学生"。13 岁时马云因为打架记过太多，曾被迫转学到杭州八中。之后他参加中考，考了两年才考上一所极其普通的高中，其中一次数学只得了 31 分。1982 年，他第一次参加高考，首次落榜，数学只得了 1 分。1983 年，他第二次参加高考，再次落榜，数学依旧只获得了 19 分的低分。1984 年，他第三次参加高考，这次数学考了 89 分，但总分离本科线还差 5 分。由于英语专业招生指标未满，部分英语优异者获得升本机会，马云被杭州师范大学破格升入外语本科专业。进入大学后，马云发挥了他强大的实践能力和社交能力，当选为校学生会主席，后来还担任了两届杭州市学联主席。显然，马云不是那种学业优秀的学生，但他比魏永康更成功，为什么？著名社会教育家卡耐基说过，一个人的成功仅有约 15% 依靠专业知识，而约 85% 都依靠知识以外的因素，如人际技能等。这就要求我们从社会生活中去学习、领悟和体验，如培养人际交往技能、学会自我管理、妥善处理日常事务，知道什么对自己来说是最重要的、应该优先处理哪些事情等。

3. 保持谦虚谨慎的态度

一个人保持谦虚谨慎的态度，虚心向同行、长者或专家请教，是获取内隐知识、提高实践智力的有效方式，这就是西方心理学家强调的学徒关系学习策略。因为专家或经验丰富的人在其所从事的任务或领域中拥有特别的专长或内隐知识。学徒关系学习策略就是鼓励一个人主动与经验丰富的专家沟通和互动，从而获取某项任务或领域的内隐知识。这种策略之所以有效，是因为学徒经历了与专家相同的练习以及与专家相同的思考。

4. 更多地参与社会实践

斯滕伯格认为专门人才"学得多少及在哪里学的专业往往并不重要，重要的是他是否能成功地将其所学运用于专业的实践当中。"这个结论不仅适用于专业人才，而且也适用于学生。学到的知识不会运用，这样的学习只是在浪费时间。而实践智力就是强调知识的运用能力，内隐知识也要从实践中获得。一些学校开展的研究式学习就是促使学生深入实践，是真正锻炼学生实践智力的好办法。同时作为学生也应积极参加学校组织的各种勤工俭学活动及其他社会活动，参与学校日常事务管理，承担一些力所能及的科研课题等，也就是说应尽量抓住各种实践机会，在实践中逐步适应社会要求，不断调整自己的知识结构，完善自己各方面的能力。

> **探索与发现：领导者的情绪智力对团队绩效和员工态度的影响**
>
> 高情绪智力的领导者善于自我控制和激励下属，易于表现出转化型领导行为（Dasborough & Ashkanasy, 2002），还能对下属的组织公民行为、满意度和任务绩效产生积极影响（Sy, Tram, & O'Hara, 2006）。虽然领导者的情绪智力对团队绩效和员工态度的影响已得到了证实，那么为什么较高的情绪智力能对团队绩效和员工态度产生影响呢？
>
> 有研究者认为高情绪智力的领导者有能力理解和管理自我及他人的情绪，据此在团队中创造良好的人际互动氛围，加强团队内部的交流与合作，增进团队成员之间的互助行为，从而提升团队整体的绩效（Dasborough & Ashkanasy, 2002）。此外，高情绪智力的领导者还能够正确理解员工的情绪，并给予他们适当的反馈，因此高情绪智力的领导者可以对团队成员实施有效的激励，从而使每一位员工都向着共同的目标努力。同时，高情绪智力的领导者能够控制自我情绪，并在积极的情绪中开展工作，这种积极的情绪可以感染团队其他成员。员工在积极的情绪中更愿意互帮互助和增加工作投入，因此整体产出更高（Rajah, Song, & Arvey, 2011）。其他一些研究者认为，领导者的高情绪智力可以帮助团队营造良好的工作氛围，从而有助于团队提升工作绩效（Daus, Ashkanasy, 2005）。
>
> 另外，高情绪智力的领导者能够准确理解员工的情绪状态和行为反应，并能有效调控员工情绪，由此提升他们对工作的满意度。高情绪智力的领导者还能够激发团队成员乐观、自信的积极态度，创造良好的团队氛围，增加团队成员的满意度，增强他们的团队承诺。除此之外，高情绪智力的领导者能够阐明工作和组织的意义，让团队成员感受到工作的价值，增强对团队的认同感（容琰，隋杨，杨百寅，2015）。例如，一些研究发现，领导者对情感的运用与团队成员的工作满意度和积极情绪正相关（Kafetsios, Nezlek, & Vassiou, 2011）。

的智力测验来量化个体的智力水平。这些测验已经在识别需要特殊帮助的学生、诊断认知问题、帮助人们做最佳教育和职业选择等方面发挥了重要作用。同时，智力测验的应用也引起了广泛的争议，并且引发了一些重要的社会和教育问题。

历史上，智力测验的首次尝试是建立在一个并不复杂但却完全错误的假设基础之上的：人的头部大小和形状可作为智力的客观指标。该思想是由杰出的英国科学家弗朗西斯·高尔顿（Francis Galton, 1822—1911）提出的，应当说高尔顿在其他领域的思想要比其关于智力的思想杰出得多。高尔顿想要鉴别出高智商人群的动机乃是源于其个人偏见，因为他试图通过证明智力来自遗传从而表明社会上层人士（他也是其中之一）具有天生优越性。他假设由遗传决定的头的形状与脑的大小有关系，因此也与智力有关系。

高尔顿的理论在实践中已经被证明是完全错误的。头的大小和形状与智力表现并不存在相关性，并且随后的研究也表明脑的大小与智力也基本不相关。然而，高尔顿至少做出了这样一个贡献：他是第一个认为智力可以被量化，并且可以用客观的方法来加以测量的人（Jensen, 2002）。

比奈与智力测验的发展

在高尔顿之后，世界上第一个真正的智力测验是由法国心理学家阿尔弗雷德·比奈编制的。他的测验遵循了一个简单的前提：如果个体在某种任务或者测验项目上的表现随年龄增长而逐渐改善，那么在一个特定年龄组内就可以通过行为表现来区分较聪明的人和较不聪明的人。根据这个原则，比奈设计出了世界上第一个正式的智力测验（比奈 – 西蒙智力量表），他当初编制这个测验的目的是识别出巴黎学校系统中"最愚笨的"学生，以便给他们提供必要的补救帮助。

在编制测验的过程中，比奈向那些被学校老师认为聪明和愚钝的同龄学生呈现同样的任务。如果某个任务被聪明的学生完成但却没有被愚钝的学生完成，他就把这个任务保留下来作为测验项目；否则该任务就会被淘汰。通过这种方法他编成了一个可以区分聪明学生和愚钝学生的测验。通过进一步改进，该测验还可以区分不同年龄组别的孩子（Binet & Simon, 1916; Sternberg & Jarvin, 2003）。

通过比奈智力测验，孩子们可以得到一个与他们心理年龄有关的分数。所谓**心理年龄**（mental age）就是指在测验中达到特定智力水平的个体的平均年龄。比如，如果平均年龄为 8 岁的孩子在一个测验上正确回答了 45 个项目，那么正确回答 45 个项目的任何人都会被判定为有 8 岁的心理年龄。相应地，无论接受该测验的人实际年龄是 20 岁还是 5 岁，他（或她）的心理年龄都是 8 岁（Cornell, 2006）。

阿尔弗雷德·比奈（Alfred Bined, 1857—1911）

心理年龄可以表明个体智力的一般水平。然而仅仅给个体指定一个心理年龄还不能对处于不同年龄阶段个体的智力水平做合适的比较。例如，我们可能会认为处于 18 岁心理年龄水平的 20 岁成年人与处于 3 岁心理年龄的 5 岁孩子的聪明程度是一样的，但事实上那个 5 岁孩子比 20 岁成年人的智力愚钝程度要严重得多。解决此问题的办法就是采用**智商分数**（intelligence quotient, IQ）的形式，它既考虑了个体的心理年龄，也考虑了他（或她）的实际年龄。可使用下列公式来计算智商分数：

$$IQ = MA/CA \times 100$$

其中 MA 代表心理年龄，CA 代表实际年龄。利用这个公式，我们可以重新看一下上面的例子，处于 18 岁心理年龄水平的 20 岁成年人的智商分数：(18/20) × 100 = 90。相反，处于 3 岁心理年龄水平的 5 岁孩子就只能得到一个低得多的智商分数：(3/5) × 100 = 60。使用这个公式进行的计算表明，同他（或她）的实际年龄有相等心理年龄的任何人都有一个等于 100 分的智商分数。而且，心理年龄大于实际年龄的人将得到超过 100 分的智商分数。

尽管智商分数计算的基本原则保留至今，但已采用了被称为**离差智商分数**（deviation IQ scores）的方式来表示。首先，接受测验的同一个年龄段的所有人的平均测验分数是确定的，并且这个平均分数被指定为 100 分。其次，借助统计学知识计算每一个实际分数与平均分数之间的差异（离差），这样就可以给每一个人指定一个智商分数了。从图 8.1 可以看到，大约三分之二的人的智商在平均数 100 ± 15 分以内。分数一旦超出这个范围无论是增加还是减少，每一个分数段的人数所占百分比都显著下降。

当代智商测验

今天的比奈智力测验虽然已被大幅度修订，但仍遵循了最初测验的基本原理。该测验的第五版被称为斯坦福 – 比奈智力量表，它由随着受测者的年龄而变化的一

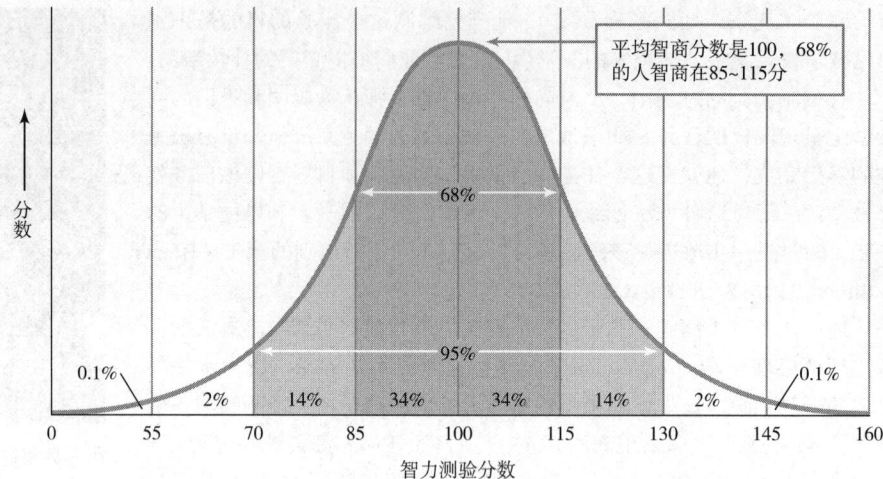

图 8.1

智商分数的分布图

平均或一般的智商分数是100 分，68% 的人的智商分数处于 100±15 分的范围内，约 95% 的人的智商分数处于 100±30 分的范围内，99.8% 的人的智商分数处于 55 分和 145 分之间。

系列项目组成（Roid, Nellis, & McClellan, 2003）。例如，年龄小的孩子被要求抄写数字、回答关于日常生活的问题；而年龄稍大的孩子则被要求解决类比问题、解释谚语、描述一系列单词的相似性等。斯坦福 – 比奈智力测验通过口述的方式进行，包括言语和非言语评估两个部分。施测者首先要找到一个受测者可以正确回答全部问题的心理年龄水平，然后继续依次进行难度更高的问题。当达到不能回答任何一个项目的心理年龄水平时，测验就结束。通过考察正确和错误反应的模式，施测者就能为受测者计算出一个智商分数。此外，斯坦福 - 比奈测验还提供了各个相对独立的分测验分数，可使受测者更全面地了解自己的智力情况。

在美国最常用的智商测验是由心理学家大卫·韦克斯勒（David Wechsler）编制的，称作韦克斯勒成人智力量表 -IV，简写为 WAIS-IV。还有儿童版本，称作韦克斯勒儿童智力量表 -IV，简写为 WISC-IV。WAIS-IV 和 WISC-IV 都由两个部分组成：言语量表和操作（非言语）量表。从表 8.2 与表 8.3 可知，言语量表和操作量表包含的问题完全不同。言语量表包含了更多的传统性问题，如词汇定义和概念理解等。操作量表涉及的问题包括小物体的现场装配、按逻辑顺序排列图片等。尽管个体在测验的言语量表和操作量表上的得分有较高的相关关系，但一个具有明显言语缺陷或有严重环境剥夺背景的人就可能在这两个部分上表现出相对大的差异。通过分测验分数，WAIS-IV 和 WISC-IV 能够为个体的各种具体能力提供比其他智商测验更为具体精确的描述。

由于斯坦福 – 比奈量表、WAIS-IV 和 WISC-IV 都需要个别地、一对一地进行，所以大规模地进行测验和评分都较为困难且耗时。因此，心理学家还设计出了一些可以团体施测的智力测验。在每一次测验中施测者不是只要求一个受测者对测验项目做出回答，而是同时指导多个受测者回答测验项目。团体智力测验是严格的纸笔测验，其最大好处就是容易实施，一次可同时测量多个受测者，工作效率高（Anastasi & Urbina, 1997; Danner et al., 2011）。然而，团体测验的缺点在有些情况下可能会超过其优点。一般来说，团体测验比个别测验提供的问题类型少；个别测验比团体测验更容易激发受测者的答题动机，以表现自己的最高能力水平；在某些情况下无法采用团体测验的方法，如对不识字的小孩或智商非常低的人就不能采用团体智力测验的方法（Aiken, 1996）。

表 8.2　WAIS-IV 部分分量表的测量目标及其示例问题

名称	测量目标	示例问题
言语量表		
知识	评估一般信息	《汤姆·索亚历险记》的作者是谁?
理解	评估对社会规则和过去经验的理解和评价	铜为什么常被用作电线材料?
算术	通过口头问题测量数学推理能力	三个人平均分配 18 个高尔夫球,每人可分到几个?
相似性	找出不同物体或不同概念的相似性,测量其抽象概括能力	圆和三角形有哪些相似性?
操作量表		
图形重量	测量知觉推理能力	受测者需要从下面五个不同的图形组合中找到一个合适的组合用来平衡最后一个天平。
矩阵推理	测量空间推理能力	受测者必须从下面五个符号中选择一个符号来替换问题标记以完整这个系列。
积木图案	测量对部分与整体关系的理解能力	要求受测者在规定时间内重现图片中呈现的排列方式。

测验的信度和效度

当我们用尺子测量一段距离时,我们希望任何时候的测量结果都是一样的。当我们称体重时,我们总希望所看到的读数变化是我们体重的变化引起的,而不是体重仪的误差所致。同样,我们也希望心理测验具有良好的**信度**(reliability),即多次测量的一致性程度。因为我们需要保证每一次进行某测验时,受测者得到的结果总是一样或接近的,当然前提假设是该个体被测量时的心理现象并没有发生任何变化。假设你在第一次参加 SAT 测验时,在言语测验中得到的分数是 400 分。几个月以后,

表 8.3　WISC-IV 部分分量表的测量目标及其示例问题

名称	测量目标	示例问题
言语量表		
知识	评估一般信息	一角硬币等于多少分币？
理解	评估对社会规则和过去经验的理解和适应能力	把钱存入银行的好处是什么？
算术	通过心算问题测量数学推理能力	如果两个纽扣花了 15 分钱，那么一打纽扣要花多少钱？
相似	找出不同物体或不同概念的相似性，测量其抽象概括能力	1 小时和 1 周有哪些相似性？
操作量表		
数字符号	评估学习速度	要求受测者在规定时限内，依据规定的数字符号关系，在数字下面填入相应的符号。
图画补缺	测量视觉记忆和注意能力	要求受测者在规定的 20 秒钟内，指出每张图上缺少了什么。
图片排列	检验辨别部分和整体关系的能力	要求受测者把一套切割成几块的图形板拼成一个熟悉物体的完整画面。

当你再次参加该测验时，你得到的分数是 700 分。看到你的测验分数发生了如此大的变化，你不但不会感到高兴，反而会怀疑该测验不可靠，因为你的分数不太可能在短时间内增长 300 分（T. R. Coyle, 2006）。

如果你的分数基本没有变化，在两次测验中得到的分数都在 400 分左右，你就不会怀疑该测验的可靠性了。但如果你知道你的言语能力高于平均水平，你可能又会担心这个测验是否测量了它应该测量的东西。总之，现在的问题已经变成效度而不是信度的问题了。当一个测验实际测量了它所要测量的东西时，那该测验就具有良好的**效度**（validity）。

即使一个测验是可靠的，它也不一定是有效的。例如，高尔顿认为颅骨大小与智力的高低具有相关关系，并且他也确实能够极为可靠地测量颅骨大小。然而通过颅骨大小来测量智力是无效的，因为它与智力没有关系。在这种情况下，我们的测量就只有信度而没有效度。然而如果一个测验不可靠，那它也不可能有效。假定所有无关因素，如得高分的动机、对测验本身的知识水平、健康状况等恒定不变，如果受测者在某个特定测验上第一次得了高分，而第二次得了低分，那么这个测验也不可能测量出它所要测量的东西。因此这个测验既不是可靠的也不是有效的。

测验良好的信度和效度是对智力进行准确评估的先决条件，也是心理学家实施其他测量任务的先决条件。因此，为了使测量结果有意义，人格心理学家对人格的测量、临床心理学家对心理障碍的测量及社会心理学家对态度的测量，都必须使用具有良好信度和效度的测验（Feldt, 2005; Phelps, 2005; Yao, Zhour, & Jiang, 2006）。

如果一个测验既是有效的也是可靠的，要想解释受测者原始分数的意义还需要下一步的工作，即建立测验常模。**常模**（norms）就是测验成绩的标准，这个标准使得在同一个测验上个体的测验分数可以与他人的测验分数进行比较。例如，常模可以告诉受测者高于其测验分数的人只占到所有受测者的15%。已经建立常模的测验叫作标准化测验（standardized test）。建立的常模是由测验编制者计算特定样本中所有个体所得分数的平均数得到的，这个特定样本是从测验所针对的人群中随机抽取而来。测验编制者通过受测者的原始测验分数就可以了解每一个受测者与之前参与此测验的其他受测者测验分数的差异程度。受测者因此也能够了解与其他受测者相比自己所得原始分数的相对意义，并因此给自己的表现以定性描述。很明显，用于建立常模的受测者样本对常模的建立十分重要，用于建立常模的受测者必须在测验所指向的总体中具有代表性。

心理学与人生：如何在标准化测验中获得理想的分数

尽管心理学家在智力的性质上并没有取得一致意见，但智力测验及其他许多测验仍然得到了广泛的应用。例如，如果你想成为内科医生、律师或需要系统训练的任何领域的专业人员，你就必须参加正式的考试，才有可能从事某种工作。如果你不得不接受那样的测验，你可以采取以下几种办法来提高你的测验分数（Lurie, Robinson, & Pecsenye, 2005; Feldman, 2010）。

- 在你参加某测验之前尽可能多地了解该测验的有关信息。了解的内容包括该测验由哪些部分组成、测验的每个部分有多少分值等情况。
- 练习。把你能找到的模拟试题都做一做。你做的练习越多，在参加正式测验时你就会感到越容易。
- 如果正式测验是在电脑上进行的，那你就在电脑上做模拟练习。你对电脑越熟悉，那么在参加测验时你将感到越轻松。
- 掌握好时间。不要在开始的几个题目上花太多的时间，以避免没时间做后面的题目。你的目的不应该是完美，而是尽可能地增加正确回答的数量。
- 弄清楚得分规则。如果做错了不扣分，你可以猜测。如果做错了要扣分，那么猜测时就要三思而后行。
- 如果测验是纸笔测验，注意正确地填写答题卡，最后还要一遍又一遍地检查。如果测验是在电脑上进行的，那么在做下题之前就要仔细地检查当前题目的答案，因为一旦提交了答案，你就不能回头检查并更改错误答案了。

自适应测验

随着现代科学技术的发展及智力测验应用范围的扩大，智力测验应用过程中的新问题产生了，即有关自适应测验的问题。

在计算机施测的测验中，确保测验是可靠的、有效的，以及是基于合适的常模的变得更为重要。自适应测验（adaptive testing）是指以项目反应理论为基础建立试题库，并由计算机根据受测者的能力水平自动选择测试题，最终对受测者的能力做出最好估计的一种新型测验。美国教育考试服务公司（ETS）——一家设计用于美国大学和研究生入学考试的 SAT 和 GRE 测验的公司——已经使用计算机来管理所有的测验。受测者不仅通过计算机来阅读和回答测验问题，而且所接受的测验本身也是个性化的。在自适应测验中，每一个受测者所接受的测验问题都不相同。计算机首先呈现的是随机选择的中等难度的项目。如果受测者回答正确，那么计算机就呈现一个随机选择的难度稍大一点的项目；如果回答错误，那么计算机就呈现一个稍简单一点的项目。每一次所呈现项目的难度都根据前面回答的情况进行调整。最后，如果你回答较难项目的数目越多，你的得分就越高（Marszalek, 2007; Belov & Armstrong, 2009; Barrada, Abad, & Olea, 2011; 见图 8.2）。

因为计算机自适应测验能较快地测量出受测者的水平，所以测验所用的总时间比传统测验要短得多。受测者不必花大量的时间去做那些超出或低于他们能力水平的问题。但计算机自适应测验的批评者认为这种测量方式可能对某些受测者不公平，

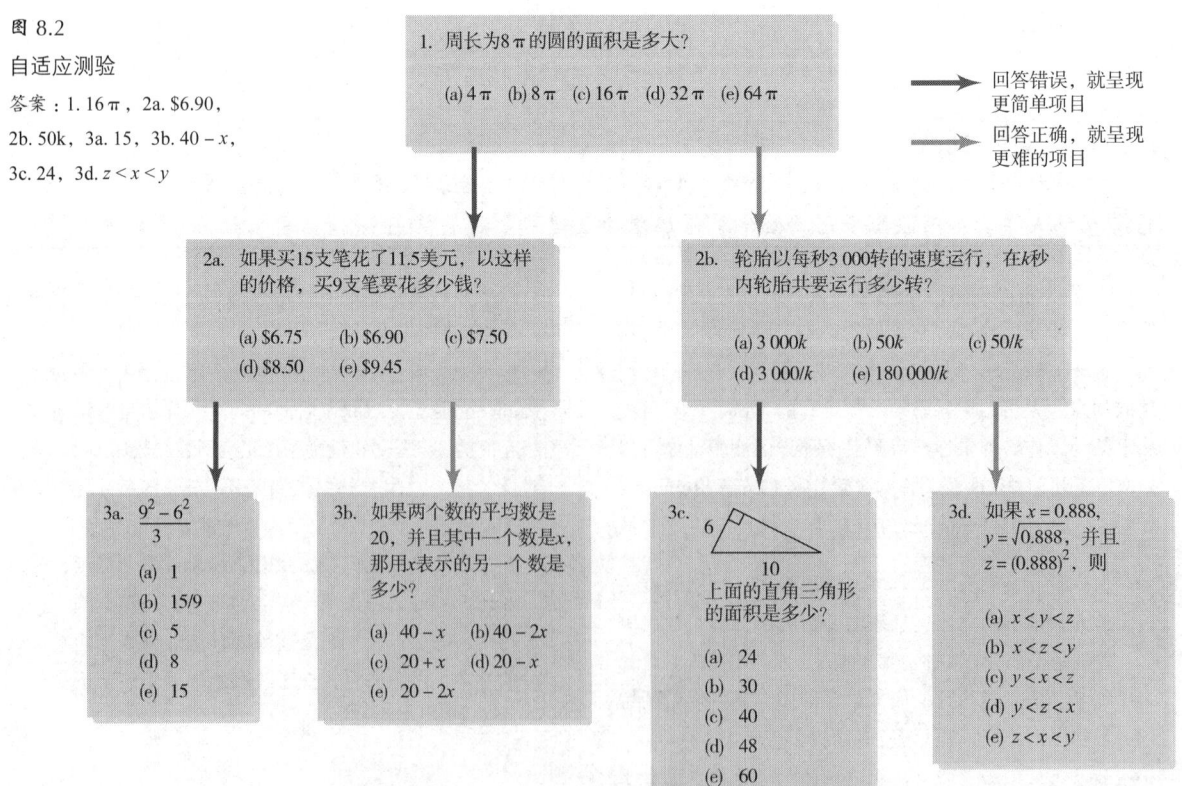

图 8.2
自适应测验
答案：1. 16π，2a. $6.90，2b. 50k，3a. 15，3b. 40 − x，3c. 24，3d. $z < x < y$

你想了解自己吗：测测你的聪明程度

有人说，聪明等于天赋加勤奋；还有人说，天才等于勤奋加汗水。不管是先天的优势，还是后天的努力，总之聪明是有程度之分的。

下面的 15 个测试题，可以帮助你测量出自己的聪明程度（仅仅是一个参考值）。因为是私下自测，所以你不必猜测和自我掩饰。

选项：A——同意；B——不知道、不明显；C——不同意

1. 我十分重视完成重要任务的速度，总是用急切的心情去努力完成它。
2. 我很害怕孤独，总是喜欢有一些朋友在身边。
3. 有些人很善于逗人发笑，不过我认为这并没有什么了不起的。
4. 我几乎每天都要花 2 小时看书、看报。
5. 我把全部精力和时间都用来发展自己的专长，放弃了自己原来很感兴趣的娱乐。
6. 我对世界上很多现象感到好奇，千方百计地想了解这些现象产生的原因。
7. 我向来十分认真地看待自己的一切问题。
8. 我百折不挠地追求名誉和地位。
9. 我不喜欢强烈的刺激，不喜欢困难和危险的活动。
10. 我在上学时，总想每门功课都获得很高的分数。
11. 我总是凭自己的兴趣办事，当从事某种活动的兴趣减弱时，我就很自然地寻找新的兴趣。
12. 我有很多相反的性格特征，有时老成持重，有时天真幼稚；有时说个没完，有时沉默寡言；有时相信不少假东西，有时怀疑许多真东西。
13. 很少有人妒忌我的所作所为。
14. 我把制订生活计划、学习计划、工作计划看成是件大事。
15. 我很喜欢而且很容易结识新的朋友。

第 1、4、6、8、12、15 题，答 A 得 7 分，答 B 得 3.5 分，答 C 得 0 分。
第 2、9、11、13 题，答 A 得 0 分，答 B 得 3 分，答 C 得 7 分。
第 3、5、7、10 题，答 A 得 0 分，答 B 得 3.5 分，答 C 得 6 分。
第 14 题，答 A 得 6 分，答 B 得 3 分，答 C 得 0 分。
评析：90 分以上是天才；60 分以上是聪明人；30~60 分是一般人；30 分以下是比较迟钝的人。

因为这些受测者较少接触计算机，所以也较少进行计算机方面的实际操作，或者说他们在面对测量媒介时可能会感到不舒服。美国教育考试服务公司驳斥了这个观点，虽然它本身所进行的一些研究也显示妇女和年长的受测者在测验开始时确实表现出了较强的焦虑。然而尽管存在焦虑，但他们的最后成绩并没有受到影响。多数研究也显示对于大多数测验类型来说，通过计算机自适应测验得到的分数与通过传统的纸笔测验得到的分数是相同的（Tonidandel, Quinones, & Adams, 2002; Passos, Berger, & Tan, 2007; Rulison & Loken, 2009）。

智力的个体差异

人与人之间在智力上存在明显的个体差异。如果用斯坦福-比奈智力量表来测量某一地区全部人口的智力，则智商在 100±16 分以内的人应占总人口的 68.2%，智商在 100±32 分以内的人应占总人口的 95.4%。虽然智商高于 132 分或低于 68 分的人在总人口中只占极小的一部分，但对这些人的教育却极为重要。造成智力差异既有遗传方面的因素也有环境方面的因素。

智力个体差异的表现

智力的个体差异有多种表现形式，不仅表现在发展水平上，也表现在结构类型上，还表现在表现时间的早晚上。

智力发展水平上的差异

如果你把那些有智力缺陷的人看成是低能和迟钝的话，那么现在该是修正你观点的时候了。那些有智力缺陷的人同样可以过上充实、圆满的生活，并且有些时候，他们能够在某些学术活动上表现良好。美国有 700 多万人的智力明显低于正常水平，他们被认为有严重的智力缺陷。然而，无论是低智商个体（即那些有智力缺陷的人），还是高智商个体（即那些智力超常的人），如果要想他们实现智力的全部潜力，就应该给予他们特别的关注。

智力缺陷

智力缺陷的界定　尽管人们认为智力缺陷是一种很罕见的现象，但智力缺陷者仍占总人口的 1% 到 3%。美国智力落后协会（American Association on Mental Retardation, AAMR）认为，**智力缺陷**（intellectual disability，也称心理迟滞）是一种以智力功能和概念技能、社交技能、实际适应性技能等方面都受明显限制为特征的缺陷（AAMR, 2002）。尽管低于平均水平的智力功能可以用标准化的智商测验进行直接测量，但确定如何精确测量适应性行为的边界则要困难得多。因此，心理学家在怎样使用智力缺陷或心理迟滞这些标签的问题上缺乏一致性。而且这也导致了被界定为智力缺陷者的能力发展程度有较大差异，这些人中既有只需给予很少的照顾就可以学会正常工作和生活的人，也有那些不能接受任何训练且在一生都必须接受系统照料的人（Detterman, Gabriel, & Ruthsatz, 2000; Greenspan, 2006）。

大多数心理迟滞者都只有较少的智力缺陷，并且被界定为轻度迟滞，他们的智商为 55~69 分，大约占全部智力缺陷者的 90%。尽管他们的发展水平通常落后于同龄人，但他们成年后仍然能独立生活，可以参加工作，可以拥有自己的家庭（Bates et al., 2001; van Nieuwenhuijzen et al., 2011）。智力缺陷的程度越高——如中度迟滞（智商为 40~54）、重度迟滞（智商为 25~39 分）及极重迟滞（智商在 25 分以下）——其适应困难也逐步增大。对于中度迟滞者来说，其缺陷在早期就很明显，其语言和动作技能水平明显落后于同龄人。尽管他们可以做一些简单的工作，但他们一生都需要得到适度的监护。而重度和极重心理迟滞的人基本不能独立活动，并且通常他们的全部生活都需要别人的照顾（Garwick, 2007）。

智力缺陷的原因　智力缺陷的原因是什么？大约有三分之一的案例是与生物或环境有关的可识别的因素所致。导致智力缺陷的最常见的可预防的原因是母亲在怀孕期间使用酒精引起的**胎儿酒精综合征**（fetal alcohol syndrome）。越来越多的证据显示，哪怕只摄入少量酒精也会引发智力缺陷。在美国，每750名婴儿中就有一名婴儿患有胎儿酒精综合征（Manning & Hoyme, 2007; Murthy et al., 2009; Jacobson et al., 2011）。除此之外，唐氏综合征是引起智力缺陷的另一个主要原因。唐氏综合征是患者在第21对染色体的位置上比正常人多了一条染色体引起的，它会导致大脑和身体发育的问题（Sherman et al., 2007）。

在导致智力缺陷的其他原因中，特定染色体的结构异常是其中之一。分娩并发症，如暂时缺氧，也可能导致心理迟滞。在某些案例中，智力缺陷是在出生后头部受伤、中风或诸如脑膜炎之类的感染造成的（Plomin, 2005; Bittles, Bower, & Hussain, 2007）。然而智力缺陷的大多数案例可划入**家族性迟滞**（familial retardation），这些案例中没有明显的生物学缺陷，但有迟滞的家族史。究竟导致智力缺陷的家族背景是如极端连续贫困致使营养不良之类的环境因素引起的，还是遗传因素引起的，现在还难以确定（Zigler et al., 2002; Franklin & Mansuy, 2011）。

智力缺陷者的教育　不管智力缺陷的原因是什么，中国几十年来对智力缺陷者的态度和教育方法已经取得了很大进步。例如，中华人民共和国第七届全国人民代表大会常务委员会第十七次会议通过了《中华人民共和国残疾人保障法》，其中第3章"教育"主要规定了残疾人享有平等接受教育的权利和保障措施。这部法律明显地增加了中国智力缺陷者的受教育机会，并使这些智力缺陷者可以较好地融入正规的教育过程中去。

一般认为在正规的教育过程中，智力缺陷学生与非智力缺陷学生之间的相互影响可提高智力缺陷者的受教育机会，提高他们的社会接纳度，并帮助他们融入社会整体。当然，特殊教育课程仍然存在，因为某些个体由于智力缺陷过于严重以至于不能从正规教育过程中获益。此外，融入正规的教育过程的有智力缺陷的孩子通常每天仍得拿出部分时间来接受特教课程的学习（Hastings & Oakford, 2003; Williamson, McLeskey, & Hoppey, 2006）。还一些教育家则认为相比于以上的做法，另一种被称为全纳教育的替代做法可能更有效。全纳教育（full inclusion）是指把所有学生都整合在正规班级中来，甚至包括那些最严重的教育无能的学生，但要委派相关专业教师给这些孩子以特别的帮助。真正的全纳教育学校没有隔离式的特殊教育班级。然而，全纳教育现在还存在较大的争议，因而至今都没有得到广泛应用（Praisner, 2003; Spence-Cochran & Pearl, 2006; Begeny & Martens, 2007）。

智力超常　智力发展的另一个极端是智力超常，其人数大约占总人口的2%~4%，他们所测得的智商分数超过了130分。尽管对天才的一些刻板印象是他们身体笨拙、不能与同伴友好相处、不能很好地适应社会环境，但大多数研究显示，智力超常者通常是健康的、受欢迎的、对人友好的、善于调节自己的，并且是比一般人能够把多数事情做得更好的人（Guldemond et al., 2007; Mueller, 2009; Sternberg, Jarvin, & Grigorenko, 2011）。例如，从20世纪20年代初开始，著名心理学家推孟（Lewis Madison Terman, 1877—1956）及其合作者对智商超过140分的1500个孩子开展了长期的追踪研究，考察他们在后来 60 年内的发展状况。从一开始，天才组的被试就比一般的同龄人身体更好、学习成绩更优异、社交能力更强。他们不仅在学校里表现得更好，而且也表现出了更强的社会适应能力。这些优势在职业生涯上也得到了体现：从整体上看，天才组比对照组得到了更多的奖励和荣誉，他们的收入更高，并且在艺术和文学领域对社会的贡献也更大。更为重要的是，他们比对照组报告了更高的生活满意度（Hegarty，2007）。当然，推孟所研究的被试中并非每个成员都取得了成功。而且高智商并不是一种同质的品质，一个具有高智商的人也不一定在每一个学术领域中都成绩优异，有可能在一两个领域中表现突出。因而，高智商并不能完全保证成功（Shurkin，1992；Winner，2003；Clemons，2006）。

尽管针对心理迟滞者的智力缺陷制订的特殊教育训练计划众多，但针对天才制订的教育计划却很少。对天才关注不够的原因之一是，尽管存在与心理迟滞者一样多的天才，但天才的定义却很模糊，特别是在与心理迟滞的定义相比时显得尤为突出。而且，人们一直认为天才应能独立地发展，如果他们没能独立发展，那么他们就不是天才（Robinson，2003；Parke，2003；Sparks，2007）。然而，很多有启发性的研究发现，如果不给予天才某种形式的特别关注，随着学习的深入，他们更容易感到厌倦和易受挫折，并且他们可能永远达不到自己的最高水平。因而，有必要为天才设计特殊训练计划，以促使其巨大的潜力得到发挥（Adams-Byers，Squilkr，& Moon，2004；Delcourt，Cornell，& Goldberg，2007）。

智力类型上的差异

智力的类型差异首先表现在个体的总体认知能力所包括的不同构成要素上。例如，有的人注意细节；有的人关注整体；有的人的认知过程既具有较强的综合性，也具有明显的分析性。有的人视觉记忆好，有的人听觉记忆好，有的人运动觉记忆好，有的人多种感觉通道参与时记忆效果好；有的人惯于发散思维，有的人惯于聚合思维，有的人兼有这两种思维类型的特点。

智力的类型差异还表现在人们在特定领域有不同的发展水平上。例如，有的人精通绘画，有的人专长音乐，有人的擅长社会活动。即使同样在音乐方面能力出众，表现形式也不尽一致：有人节奏感强，有人曲调感精细，有人却是听觉表象力丰富。

智力表现时间早晚的差异

个体的智力表现时间早晚也不尽相同。有些人的能力表现较早，年轻甚至幼年时就显露出卓越的才华，这被称为"人才早熟"。例如，王勃 10 岁能赋，李白 5 岁通六甲，7 岁观百家；广西神童胡晓丹 7 岁时应国际儿童年的"我的二〇〇〇年"国际画展要求，创作了一幅名为《荡秋千》的水墨画，荣获 1979 年世界儿童画一等奖；奥地利作曲家莫扎特 5 岁开始作曲，8 岁试作交响乐，11 岁创作歌剧；控制论创始人维纳，在幼年时就表现出非凡的智力，18 岁时取得博士学位。在音乐、绘画、文学创作等领域，早期就表现出超强智力的情况较为常见。

另一种情况叫"大器晚成"，这是指在较晚的年龄，智力的充分发展才表现出来。这些人在早年并不出色，到中年时才逐渐崭露头角，表现出惊人的才智。例如，我国近代著名画家齐白石，40 岁时才表现出他的绘画才能；英国著名生理学家谢灵顿年轻

探索与发现：传统智力测验存在文化偏向吗

广东话"马骝"是指哪一种动物？
A. 猴子　B. 老虎　C. 斑马　D. 骆驼

如果你在某个智力测验中遇到了这样的题目，你很可能会说这个测验很荒谬，题目与你的智力或者与其他任何人的智力根本就毫无关系。怎么能指望人们对用如此不熟悉的语言呈现的问题做出回答呢？然而对某些人来说，甚至更合理些的问题可能看起来也同样荒谬，如向一个生活在城市的孩子问如何挤牛奶的问题，或者问一个农村的孩子关于地铁售票程序的问题。很明显，受测者先前的社会文化经验将影响他们正确回答问题的能力。如果某智商测验包含此类问题的话，那么批评家们就会说这样的测验与其说测量的是智力，还不如说测量的是社会文化经验。

尽管智商测验并没有包括像挤牛奶和地铁售票那样明显依赖于过去经验的问题，但受测者的文化背景和过去经验对测量结果仍有潜在的影响。事实上，设计出与文化、家庭背景及经验都没有联系的文化公平智商测验（culture-fair IQ test）对于解释某个重要而持久的发现非常关键：在传统的智力测验上，某些种族和文化群体成员所得分数始终低于其他群体成员的分数。例如，黑人比白人在智商测验上的平均得分要低 10~15 分。这样的结果反映了他们智力的真实差异吗？还是因为该测验所测量的知识种类有一定的偏向性？显然，如果白人因为对所测量的问题更熟悉而表现得更好，那他们所得到的更高的智商分数就不能表明他们比其他群体成员更聪明（Fagan & Holland, 2007; Morgan, Marsiske, & Whitfield, 2008; Suzuki, Short, & Lee, 2011）。我们有理由相信，某些标准化的智商测验具有对少数群体成员不公平的成分，这些少数群体成员的知识经验不同于多数群体成员。请思考一下这样一个问题："如果有一个孩子抢了你的帽子并戴着帽子跑了，你该怎么办？"多数中产阶层的白人孩子会回答说他们将告诉大人，这个回答在智力测验中被认为是正确的。然而，还有一种合理的回答是追上那个孩子并奋力夺回帽子，这是许多生活在城市里黑人孩子选择的答案，但该答案却被认为是错误的（Miller-Jones, 1991; Aiken, 1997; Reynolds & Ramsay, 2003）。

此外，智力测验可能包含对少数群体的更微妙形式的偏见。例如，心理学家赫尔姆斯认为，在美国发展起来的对认知能力的评估方法可能支持反映北美或欧洲的价值观、习俗或传统的答案。但这些测验对非洲和其他文化价值系统却带有偏见（Helms, 1992; Byrne & Watkins, 2003）。更突出的是，赫尔姆斯认为，传统的西方"坚定的个人主义"的价值观意味着正确回答测验题目可能要求受测者独立于特定的社会环境进行推理。相反在非洲，人们持有的是集体价值高于个人价值的集体主义文化价值观，这就可能会使受测者不能对那些没有提供任何社会信息的问题做出回答（Greenfield, 1997; Kwate, 2001）。

为了编制没有对任何少数群体成员不利的文化公平智商测验，心理学家尝试过设计对所有文化共有的经验进行评价的测验项目，或者强调不需要语言使用的项目。但是，测验编制者发现要编制出这样的测验很困难，因为过去经验、态度和价值观几乎总是在影响着受测者的回答（Fagan & Holland, 2002）。例如，在西方文化中长大的孩子一般根据事物是什么来进行分类（如把狗和鱼归入动物这一类）。相反，非洲的格列贝部落的成员则认为聪明是指个体能够根据事物做什么（将鱼和游泳归为一类）来进行分类。类似地，如果测验使用的是美国孩子所熟悉的家用物品，如记忆国际象棋棋盘上棋子的位置，美国孩子比生活在边远乡村的非洲孩子表现得更好。但是，如果使用的是岩石而不是家用物品，非洲孩子的表现会更优秀一些（Sandoval et al., 1998; Valencia & Suzuki, 2003; Barnett et al., 2011）。文化公平智商测验的问题说明人们的智力结构、人们对智力的理解及所编制的智力测验都不可避免地会受到社会文化因素的影响。

为了解决智力测验的文化公平问题，心理学家就必须先弄清楚遗传和环境对智力影响的程度。换而言之，就是解决智力的先天和后天的问题。

时放荡不羁，后来幡然悔悟，立志向学，终于获得巨大的成就；达尔文到 50 多岁才开始有研究成果，写出名著《物种起源》一书。这种情况在生物、物理、化学等科学领域和政治舞台上比较常见，主要是因为从事这些领域不仅需要较高水平的智力，而且还需要较长时间的经验积累。例如，桑代克的调查发现，331名著名科学家和作家写出优秀作品的年龄平均为47岁，其中最早的为24岁，最晚的为82岁。

影响智力发展的因素

遗传因素

遗传因素对智力发展的影响可以从以下三个方面加以证明：一是血缘关系疏密不同的人在智力测验结果上存在相关性，人与人之间的血缘关系越接近，其智力的相关性越高；二是养子、养女与亲生父母和养父母的智力水平之间存在不同的关系，无论是分开抚养还是一起抚养，养子、养女和亲生父母之间智商的相关系数都要高于和养父母之间智商的相关系数；三是对同卵双生子进行追踪研究的结果表明，就算生活在不同的环境中，同卵双生子之间智商的相关系数仍很高。表8.4列出了不同遗传关系的人智商之间的相关系数。

遗传对智力发展的影响主要体现在身体素质上，如感官的特征、四肢和运动器官的特征、脑的形态和结构特征等。身体素质是智力形成发展的自然前提，没有这个前提，任何能力都无从产生，如一个人良好的视力和听力就是形成绘画能力和音乐能力的基本素质。但身体素质却不等同于智力本身，要把潜在的素质转换为现实的特征，还必须要有后天环境的影响。

智力发展水平的高低与大脑皮层相关功能区有紧密关系。借助大脑成像技术，研究人员现已确认了若干个与智力相关的脑皮层区。根据认知心理学家约翰·邓肯（John Duncan）及其同事的研究，个体在完成言语和空间问题的智力测验时，他们大脑的某一个区域出现了类似的活动情况，他们把该区域叫作前额叶外侧皮层（lateral prefrontal cortex）。该区域在眉毛以上的大脑皮层部分，大约在人们紧张地思考问题时用手掌支撑着休息的脑部位置。该大脑区域对同时收集大量重要信息和解决新问题非常重要。这些研究显示在大脑里面确实有一个专门组织和协调信息的全能性的"工作空间"（workspace），该空间有助于将信息从一个区域传递到大脑的其他区域。该空间的活动代表了人的一般智力，可整合和协调在大脑其他区域进行的各种具体加工过程。

利用非人类被试进行的一些研究还显示了生理与环境的相互作用关系。例如，在丰富的环境（意指包含了更多的玩具、道路等丰富刺激条件的环境）里长大的老鼠产生了更为复杂的神经联系，它们学习和记忆的速度比对照组更快；其他的研究也显示了似乎与智力有关的新陈代谢（食物被转换为生物能并被身体所消耗的速率）方面差异的证据。

环境因素

环境是指客观现实，即人们的物质生活条件和精神生活条件的总和。一般来说，大多数儿童的素质相差无几，其智力发展之所以有较大差异，很大程度上是由于后天环境所致。

现代科学已证明，胎儿的产前环境对其智力发展有着重要的影响，并且出生后在良好环境中生活的儿童，智力发展得更好。从狼孩等一些极端的例子里我们可以知道，人初期的环境剥夺将成为孩子智力发展中极为不利的因素，甚至会造成严重的智力障碍。美国心理学家丹尼斯（D. Dennis）进行的一项研究也发现，在孤儿院里生活的儿童智商发展缓慢，平均只有53分，而这些儿童一旦被领养，智商发展速度则明显加快，后来的智商平均可以达到80分。

不同的社会文化环境会造成人们智力发展的差异。加德纳认为，尽管在不同社会文化环境和教育条件下的人们都存在多种智力潜能，但在不同社会文化环境和教育条件下人们智力发展的方向有着鲜明的区别，如以航海为生的文化偏向于空间智力，以机械化为主要特征的工业文化偏向于语言智力和逻辑数理智力。在社会文化环境因素中，社会经济地位是影响个体智力发展的重要因素。例如，社会经济地位的差异使得美国黑人的智力水平不同于白人的智力水平，但心理学家经过实证研究证明，在经济上相对富裕的环境中成长的黑人也具有与在类似条件下长大的白人接近的智商分数。例如，斯卡和温柏格（Scarr & Weinberg, 1876）研究了在早年就被中上智力水平的中产阶级家庭领养的黑人孩子，发现这些孩子的智商分数平均为106分，大约高出对照组孩子15分。其他的研究显示智商分数上的种族差异在大学教育以后显著缩小。跨文化研究的证据证实当其他文化存在种族差异时，经济处于不利地位的种族的智商分数相对较低。

家庭环境对孩子的智力发展有明显的影响。家长的智力水平不同，孩子的智力发展也会表现出差异。例如，有一个小学生写作文时总写半句话，原来就是由于长期抚养他的奶奶在日常生活中老说半句话，家长的思维自然影响了孩子。美国心理学家怀特（B.White）研究了400个儿童，发现父母对孩子的教养方式可以影响孩子的智力水平。有的家长关心孩子但不去干涉孩子，有的家长严格对待孩子或对孩子放任自流，这使得前者的智力发展较好，而后者的智力发展相对较差。

社会环境对智力的影响主要是通过教育来实现的。有目的、有计划、有系统的学校教育在智力的形成和发展中起主导作用。智力和知识、技能的掌握有密切关系。在课堂上教师的启发式教学常能较好地调动学生思考的积极性，促进学生的智力发展。"明师出高徒"就说明了教育、训练对智力发展的重要意义。

在讨论智力发展的影响因素时，心理学家不得不面对确定遗传因素和环境因素的贡献大小这样一个更为广泛的问题，这也就是心理学的基本问题之一的天性 – 教养问题。

遗传 – 环境问题的展望

通过讨论我们可以发现智力受遗传和环境影响程度的问题并没有最终答案，对于这个问题，我们无法设计出能够明确因果关系的实验。（只要稍稍想一下怎样尝试让婴儿生活在丰富或剥夺环境中，就能明白为什么我们无法设计出完全符合道德伦理的实验。）下一步要思考的重要问题不是遗传和环境哪一个是智力的主要影响因素，而是我们应该如何采取措施来促使个体的智力发展最大化。如果对此能找到一些办法，比如丰富家庭和学校环境，可能我们就会有所作为，促使每一个人实现他们的最大潜能。

探索与发现：智力受遗传的影响大还是受环境的影响大？

心理学家理查德·赫恩斯坦（Richard Herrnstein）和社会学家查尔斯·默里（Charles Murray）在20世纪90年代中期出版的《钟形曲线》一书引起了激烈的争论（Herrnstein & Murray, 1994）。他们认为对白人和黑人智商差异的分析表明环境因素虽然在起作用，但在这两个种族之间仍然存在基本的遗传差异。他们的观点是建立在大量的研究结果基础之上的。例如，即使在考虑了社会经济地位的情况下，在传统的智商测验上，白人比黑人所得的智商分数仍然要高出15分之多。根据赫恩斯坦和默里的研究，中上层社会经济地位黑人的智商分数低于中上层社会经济地位白人的智商分数，下层社会经济地位黑人的智商分数也低于下层社会经济地位白人的智商分数。于是他们得出结论说，黑人和白人之间的智力差异不能仅仅归于环境的影响，应更多地考虑遗传的差异。毫无疑问，智力通常表现出高度的遗传力，**遗传力**（heritability）是指某项特征能够被归因于基因或遗传因素的程度（Miller & Penke, 2007; Plomin, 2009; van Soelen et al., 2011）。从表8.4可知，两个人的遗传联系越紧密，智商分数的一致性程度就越高。根据诸如此类的数据，赫恩斯坦和默里认为种族之间的智商分数差异大部分是建立在遗传基础之上的。

然而，许多心理学家强烈反对《钟形曲线》中的观点，并对书中的几个基本结论进行了反驳。例如，即使在社会经济条件不变的情况下，个体家庭之间仍存在广泛的差异。而且，即使在黑人和白人的社会经济地位相似的情况下，也不能肯定地说他们的生活条件是一样的。除此以外，正如前文所述，传统智力测验在一定程度上对少数族裔成员存在偏见（American Psychological Association Task Force on Intelligence, 1996; Nisbett, 2009; Levine, 2011）。而且在相似环境中生活的不同群体成员常常具有相似的智商分数。总之，尽管对遗传和环境的相对作用问题曾经历过长期的争议，但遗传因素在决定种族智商差异上起主要作用的证据已经不是那么令人信服了。

此外，在描述智商分数和智力时，最好是用个体而不是用群体的术语。事实上，群体意义上的种族差异在概念上容易产生混淆。种族原本是一个生物学概念，是指建立在身体和结构特征基础之上的分类。然而，除了种族这个术语的生物学起源，它还呈现了其他的意义，包含了从皮肤颜色到文化等各种内容。总之，种族不是一个特别精确的概念。使用包括智商分数在内的任何维度，对不同种族进行对比可能是一件不精确的、具有潜在误导性且通常是毫无结果的事情。迄今为止，智商分数最大的差异出现在对不同个体进行比较而非对不同群体进行的比较。在智商测验上，既有得高分的黑人和得低分的白人，也有得高分的白人和得低分的黑人。因此，对于旨在改善社会的智力概念而言，我们应该重点关注个体的表现情况，而不是他们所属的群体（Fagan & Holland, 2002, 2007）。

其他一些问题也使人们不再关注对遗传和环境关系问题的讨论。例如，存在多种智力类型，其中的许多内容传统智力测验都没有考察。因而智商分数常常并不是预测人们最终职业成就最合适的指标。

智力也比人们最初预想的更富有弹性和变化。例如，研究人员一直对自19世纪早期以来出现的智商分数的持续增长感到迷惑。因为现代人比几代前的人在智商测验上平均答对的项目更多，所以分数明显增加，这种现象据其发现者詹姆士·弗林（James Flynn）的名字被命名为

表8.4 智商（IQ）的环境与遗传因素

关系	遗传重叠	养育情况	相关系数
同卵双生子	100%	一起	0.86
异卵双生子	50%	一起	0.62
同胞兄弟姐妹	50%	一起	**0.41**
同胞兄弟姐妹	50%	分开	**0.24**
亲子关系	50%	一起	0.35
亲子关系	50%	分开	0.31
寄养亲子关系	0%	一起	0.16
无血缘关系的儿童	0%	一起	**0.25**
配偶关系	0%	分开	0.29

二者相关系数的差异表明了环境因素的影响

无血缘关系但被一起养育长大的儿童之间较低的相关系数表明了遗传因素的重要性

资料来源：Henderson, 1982.

弗林效应（Flynn effect）。弗林效应并不微弱，在智商测验上，今天20岁的成年人比1940年时20岁的成年人平均要高出15分左右（Flynn, 2000, 2007; 见图8.3）。

目前还不清楚弗林效应的成因。弗林及其同事即经济学家威廉·狄更斯（William Dickens）认为人的智商分数之所以增加是因为随着环境的变化人们逐渐发挥了他们的遗传潜力。因为社会越来越复杂并受科学技术驱动，高智商的人擅长满足日益增多的社会需求，所以社会为智商高的人提供了更多的发展机会，环境的推动使他们越来越聪明，造成了总体智商的不断上升（Flynn, 2007; Dickinson & Hiscock, 2011）。有些解释则认为，弗林效应可能是由于更好的营养、更好的家庭教养和包括教育在内的整体社会环境的改善所致。但无论是什么原因，20世纪智商分数的变化都不是由于人类基因的生物进化，因为弗林效应出现的时间要比人类进化为智慧动物所经历的时间短得多（Loehlin, 2002; Sunder, Borren, & Tambs, 2008; Lynn, 2009）。

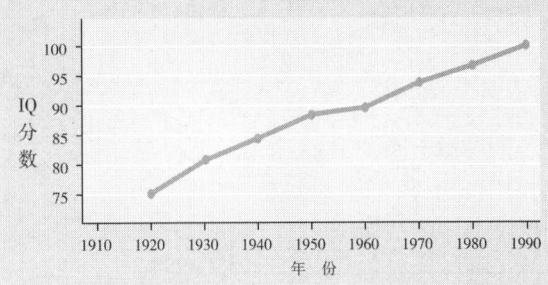

图8.3　弗林效应（Horgan, 1995）

思考与应用

1. 职业面试实际上是一种测验，职业面试在哪种情况下类似于能力倾向测验？你认为职业面试的信度和效度怎么样？
2. 如果液体智力和晶体智力的确存在，怎样测量它们？这两种智力类型各自有什么作用？
3. 如果把智力缺陷的学生都纳入普通教育计划中会有哪些优点和缺点？
4. 社会上的人们对天才人物和智力缺陷者都有哪些固有看法？你认为要怎样正确理解遗传与环境对智力的影响？
5. 在解释近几十年来智商分数不断升高的弗林效应方面，你有什么看法？怎样检验你的看法？

推荐拓展读物

1. 林崇德（2011）. 智力发展与数学学习. 北京：中国轻工业出版社.
2. 蒋京川（2011）. 智力心理学. 南京：东南大学出版社.
3. 戴维·迈尔斯著，黄希庭等译（2019）. 心理学导论：生物、发展与认知心理学（上册，第9版）. 北京：商务印书馆，331~380.
4. 桑德拉·切卡莱利，诺兰·怀特著. 周仁来等译（2014）. 心理学最佳入门（第2版）. 北京：中国人民大学出版社，257~298.
5. 理查德·格里格，菲利普·津巴多著，王垒等译（2016）. 心理学与生活（第19版）. 北京：人民邮电出版社，275~303.
6. 欧尼斯特·西尔格德，理查德·阿特金森，爱德华·史密斯，苏珊·诺伦-霍克西玛等著. 洪光远译（2013）. 西尔格德心理学导论（插图第14版）. 北京：世界图书出版公司，376~393.

第 9 章

动机与情绪

理解先进人物的动机和情绪

  2015年感动中国十大人物之一的莫振高——学生口中的"莫爸爸""校长爸爸"——是广西都安高中的原校长。都安是全国贫困县,这个大山里的瑶乡,有着众多因贫困上不起学的孩子。莫振高将"让瑶乡儿女走向世界"作为自己的座右铭,任教30多年来,他跑遍了每一位贫困生的家,将了解到的情况一一记录在册,并用自己微薄的工资资助了近300名学生,圆了他们的大学梦。然而,自己的工资毕竟只是杯水车薪。面对数量众多的贫困学生,这位从未向别人伸过手的"莫爸爸"走上了"化缘"之路。他利用休息时间,跑遍了全国各地的机关、企事业单位,做演讲、做动员,借助社会力量,只为帮助更多的瑶乡儿女走出大山。就这样,莫振高一共筹集了3000多万元善款,让18 000名贫困学子圆了大学梦。但因积劳成疾,2015年3月9日莫振高突发心脏病去世。"莫爸爸"的"化缘"之路改变了数以万计贫困孩子的命运。现在他已是桃李满天下,相信他在九泉之下也可含笑。

  莫振高为什么多年来坚持帮助贫困生圆上学梦?他为什么要这样做?他这样做的动力是什么?这涉及本章将要讲述的内容:动机与情绪。本章我们首先从动机的概念出发,讨论动机和需要如何共同影响行为,介绍人类的一些基本动机;其次介绍动机理论;最后阐述人类生活中情绪的种类及其功能,讨论情绪理论及如何使用言语和非言语行为进行情感交流。

人类的动机

吴妍是杭州某大学的一名学生,她每天暴饮暴食,但因惧怕肥胖又不得不立刻把吃的东西吐出来,试图减轻暴饮暴食带来的后果。她说,"一方面我对食物充满恐惧与排斥,一方面又只对食物感兴趣"。

吴妍的表现说明她患上了饮食障碍。这种障碍通常出现在青春期,会导致人的体重急剧下降,以及其他形式的身体状况的恶化,更为危险的是,它可能导致死亡。为什么吴妍和其他像她一样的人会患上饮食障碍,不惜代价地限制体重?又为什么那么多人过度饮食,从而导致肥胖?要回答这些问题,必须认真考虑这些行为背后特定的心理需要。我们将从研究者重点关注的原始驱力——饥饿——开始,引入生理性动机和心理性动机,然后转向由学习与经验带来的次级驱力来解释人们的某些行为,如人们为什么要努力奋斗?为什么要与他人交往?为什么要追名逐利?首先,我们需要了解什么是动机。

什么是动机

动机的概念

动机(motivation)是激发和维持个体进行活动,并且导致该活动朝向某一目标的心理倾向或者动力。动机可能是我们能够意识到的,也可能是意识不到的。实际上,在活动的瞬间动机通常是我们意识不到的。**定势**(set)就是我们意识不到的动机。例如,连续10~15次将两个大小不同的球放在被试手中,让其抚摸并判断哪只手中的球大些或者小些。然后让被试摸同样大小的两个球,这时被试会觉得这两个球的大小是不一样的。对各类人的**刻板印象**(stereotype)等社会定势有可能是我们意识不到的,如认为山东人豪爽、正直、吃苦耐劳,浙江人聪明伶俐、随机应变,学者文质彬彬,商人唯利是图,等等。当然,大多数带有目的性的活动的动机是我们能够意识到的。

动机与需要

需要(need)是有机体内部的某种缺乏或不平衡状态,它表现出有机体的生存和发展对客观条件的依赖性,是有机体活动的积极性源泉。例如,血液中血糖成分的下降会使个体产生饥饿求食的需要,水分的缺乏会使个体产生口渴想喝水的需要,生命财产得不到保障会使个体产生安全的需要,孤独会使个体产生交往的需要,等等。需要和动机是紧密相连的,但它们也有差异。如果我们将需要仅停留在头脑中,却不付诸实际行动,那么需要还不能成为活动的动机。因此,处于静态的需要还不能成为活动的动机。只有当需要激发个体进行活动并维持这种活动时,需要才能成为活动的动机。

生理性动机

生理性动机是以生物性需要为基础的动机,又称生物性动机、原发性动机。生理性动机有很多种,如饥饿、性和母性等,我们主要介绍饥饿与饮食动机。

饥饿与饮食动机

在美国,有两亿人(约占总人口的三分之二)存在体重超重的问题。大约四分之一的人属于**肥胖**(obesity),即体重超过同等身高个体平均体重的20%。目前,全球有越来越多的人超重或者肥胖,世界卫生组织认为世界范围的肥胖已经到了大规模流行的程度。肥胖将导致心脏病、糖尿病、癌症的患病率以及过早死亡的概率大大增加。

世界上使用最广泛的肥胖测量方法是计算 **BMI**(body mass index),它是基于体重和身高的比率来确定肥胖的一种方法。如果一个人的 BMI 超过 30 说明他属于肥胖,介于 25 和 30 之间则说明他超重。

尽管从科学的角度看肥胖的定义是清晰的,但是在不同的文化中,人们对理想体型的认识有着显著的差异。在西方文化中,不同的时期对此也有不同的观点。例如,许多当代西方文化强调女性苗条的重要性,而在 19 世纪的夏威夷,最有吸引力的女性是那些最胖的女性,并且在 20 世纪的大部分时间里,女性的理想体型也相对丰满。即使在今天,不同文化群体中的体重标准也是不同的。比如,在某些传统的阿拉伯文化中,人们更愿意娶肥胖的女性为妻,因此父母们会强迫女儿多吃饭以使她们变得更有魅力(Blixen, Singh, & Xu, 2006; Franko & Roehrig, 2011)。

虽然不同的文化对外貌和体重的评判标准不同,但超重会有健康风险是毋庸置疑的。然而,因为"吃"这一行为包含着多种机制,所以控制体重是非常复杂的。人为什么要吃饭?答案很简单,因为饥饿。那么,究竟是什么原因使个体产生饥饿感?如果说吃饭是生理的需要,那为什么有些人会在满足了生理的需要之后依旧猛吃不停,结果造成肥胖症?为什么有些人会置生理需要于不顾,过度节食而造成厌食症?下面的学习将会帮助我们理解这些问题。

影响饥饿与饮食的生理因素 与人类相比,其他生物不太可能变得肥胖,这是由其内部生理机制的控制决定的。内部生理机制不仅控制它们摄入的食物数量,而且也控制它们渴望的食物的种类。例如,被剥夺特定食物的老鼠,会去寻找含有它们饮食中缺乏的特定营养的替代物,而且有许多生物,如果给它们多种食物进行选择,它们会选择一种均衡的饮食(Woods et al., 2000; Jones & Corp, 2003)。复杂的内部生理机制会告诉有机体是需要进食,还是应该停止进食。这不单纯是空胃引起饥饿或者饱胃减少痛苦的问题(甚至胃被切除的个体仍然有饥饿的感觉)。影响饥饿的重要因素是血液中化学成分的变化。例如,葡萄糖水平的变化调节着饥饿感。此外,胰岛素会使身体以脂肪或碳水化合物的形式将血液中过量的葡萄糖存储起来。最后,饥饿素向大脑传递饥饿感。饥饿素的合成受用餐时间、看到或者闻到食物等因素的影响,它刺激大脑产生饥饿感,从而使个体摄入更多的脂肪和碳水化合物来维持血糖(Wren & Bloom, 2007; Kojima & Kangawa, 2008; Langlois et al., 2011)。

下丘脑负责监控血糖水平(见图 9.1)。越来越多的证据表明下丘脑主要负责监

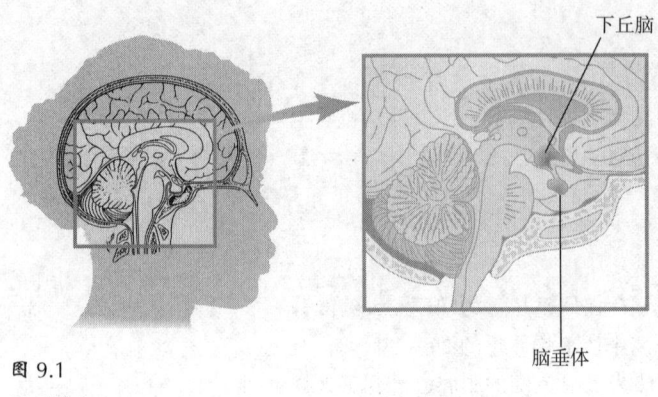

图 9.1
下丘脑

控食物的摄入。下丘脑受伤对于饮食行为有严重的影响，具体影响依受伤的位置而定。例如，外侧下丘脑受伤的老鼠会拒绝进食，除非强迫喂食，否则它们最终会被饿死。腹内侧下丘脑受伤的老鼠却相反，它们会过度进食从而极端超重，体重增加能够高达 400%。患有下丘脑肿瘤的人也出现了类似的现象（Seymour, 2006; Fedeli et al., 2009; Barson, Morganstern, & Leibowitz, 2011）。

下丘脑在控制食物摄入方面起着重要作用，这一点我们已经很清晰，但是它运作的确切方式仍然不清楚。一种假设认为下丘脑受伤会影响**体重设定点**（weight set point），或者说是身体力求保持的特定的体重水平，而这反过来又调节食物的摄入。下丘脑作为一种内部的体重恒定器，调节着食物摄入量的多少（Woods et al., 2000; Berthoud, 2002; Cornier, 2011）。在大多数情况下，下丘脑运转良好。甚至在人们没有刻意去控制自己体重的情况下，即使每天的饮食和运动量都有很大的变化，人们的体重也只有很小的波动。然而，下丘脑受伤会使体重设定点发生变化，临时服用某种药物也会改变体重设定点（Cabanac & Frankham, 2002; Hallschmid et al., 2004; Khazaal et al., 2008）。遗传因素部分地决定了体重设定点。人们似乎天生具有特定的**新陈代谢**（metabolism）水平，即食物被转换为能量并且被身体消耗的速率。新陈代谢快的人能随心所欲地吃而不容易发胖，然而，新陈代谢慢的人实际上可能只吃一半，却很容易发胖（Jequier, 2002; Westerterp, 2006）。

影响饥饿与饮食的社会因素 假设你刚刚吃饱饭，并且感觉很撑。然而这时，主人带着炫耀的口吻宣布他将献上"家庭招牌菜"——香蕉宴，这是他花了大半个下午的时间准备的。即使你已经吃饱了，甚至不喜欢吃香蕉，你还是会接受他的甜点，并且把它吃完。

显然，内部的生理因素并不能完全解释我们的饮食行为。基于社会规则和我们习得的恰当饮食行为的外部社会因素也发挥着重要作用。例如，我们习惯于每天在几乎相同的时间吃早饭、午饭和晚饭。因为我们倾向于每天按时吃饭，所以我们会在时间快到时感觉饥饿，而这有时和我们的内部生理线索完全无关。同样，尽管我们每天的运动量不同，使得补充能量的需要也在相应地变化，但我们每天还是会吃数量大约相同的食物。此外，不同文化环境下的人偏爱的食物也不相同。在一些亚洲文化中老鼠肉和狗肉可能是美味，但是在西方文化中很少有人吃它们，不管它们有多么高的营养价值。总之，文化因素和个体的习惯在决定我们什么时候吃、吃什么和吃多少中发挥着重要作用（Miller & Pumariega, 2001; Rozin et al., 2003; Leeman, Fischler, & Rozin, 2011）。

此外，还存在与饮食行为有关的其他社会因素。在辛苦了一天之后，有些人就会打开冰箱，吃一个冰淇淋以寻求慰藉。为什么？也许当我们还是小孩子的时候，父母总会在我们难过的时候给我们食物。于是，通过经典条件作用和操作性条件作用，我们可能学会了把食物同舒适和安慰联系在一起。食物可以把我们的注意力集中到眼前即时的快乐上，使我们从不快乐的想法中解脱出来。因此，当我们感到痛苦的时候，可能就会去吃东西（O'Connor & O'Connor, 2004; Elfhag, Tynelius, & Rasmussen, 2007）。

肥胖的根源

考虑到生理因素和社会因素都会影响饮食行为，确定肥胖的成因已被证明是一项具有挑战性的工作。研究者从以下几个方面进行了研究。

一些研究者提出，对基于社会因素的外部饮食线索的过度敏感和对内部饥饿线索的不敏感共同导致了肥胖。其他研究者则主张，超重的人比其他人有更高的体重设定点。由于他们的体重设定点高得异乎寻常，他们试图通过节食来减轻体重的这一行为，可能使他们对外部的、与食物相关的线索特别敏感，并因此更倾向于过度进食，使他们的肥胖问题始终得不到解决（Tremblay, 2004; West, Harvey-Berino, & Raczynski, 2004; Kanoski et al., 2011）。为什么一些人的体重设定点会高于其他人？生理学方面的一种解释认为，肥胖的个体有更高的瘦素（leptin）水平，从进化的角度来看，这似乎是被设计过的，用于"保护"身体以免体重减轻。因此，身体的体重调节系统似乎是用于"保护"身体以免体重减轻，而不是体重增加，这意味着体重更容易增加而不是减轻（Ahiima & Osei, 2004; Zhang et al., 2005; Levin, 2006）。

生理学方面的另一种解释认为肥胖与体内脂肪细胞的大小和数量有关。刚出生时，身体通过增加脂肪细胞的数量和增大已有脂肪细胞的体积两种方式来存储脂肪。但婴儿期之后，任何的体重减轻都不会使体内脂肪细胞的数量减少，只是会影响它们的体积。因此，个体脂肪细胞的数量在婴儿早期就已经固定了，个体在生命最初4个月的体重增长率与童年后期的超重有关系（Stettler et al., 2005））。总之，根据体重设定点假说，引发早期体重增加的过多的脂肪细胞的出现可能导致体重设定点保持在高于期望的水平上。在这种情况下，减轻体重变成了一件困难的事，因为当一个人节食时，他总是在与自己内部的体重设定点相抗争（Freedman, 1995; Leibel, Rosenbaum, & Hirsch, 1995）。

并非每个人都同意体重设定点假说对肥胖的解释。鉴于美国几十年来肥胖人数的快速增加，一些研究者提出身体并没有试图保持一个固定的体重设定点。相反，他们认为身体有一个调整点，这是由遗传基因和我们所生活的环境的性质共同决定的。如果高脂肪食物遍布于我们周围的环境，并且在基因上我们有肥胖的倾向，那么我们的体重将在较高的水平上保持平衡。相反，如果我们的环境从营养上说是健康的，肥胖的遗传倾向性将不会被激活，我们的体重将在较低的水平上保持平衡（Comuzzie & Allison, 1998; Pi-Sunyer, 2003）。

饮食障碍

饮食障碍是年轻女性的十大常见致残原因之一。有一种极具破坏性的与体重有关的障碍叫作**神经性厌食症**（anorexia nervosa），它是一种由节食不当引起的严重的体重失常的障碍。这种严重的饮食障碍可能会使人们拒绝饮食，同时否认他们的行为及瘦骨嶙峋的外貌是不正常的。在神经性厌食症人群中，大约有10%的人因节食而丧命（Striegel-Moore & Bulik, 2007; Arcelus et al., 2011）。

虽然任何年龄阶段的男性和女性都可能患上神经性厌食症，但受其困扰的主要是12~40岁的女性。患有这种饮食障碍的人通常有稳定的家庭，是成功的、有吸引力的、相对富有的。该障碍通常在失去控制的过度节食后出现。患有这种障碍的人虽然自己吃得很少，却可能经常为别人烹调、购买食物或者收集食谱（Polivy, Herman, & Boivin, 2005; Myers, 2007; Jacobs et al., 2009）。

与此相对的是**贪食症**（bulimia），正如吴妍（前面提到的）所遭受的，是一种狂吃大量食物的障碍。例如，患者可能一次就能吃几升冰淇淋和一整块比萨饼。在这样的暴饮暴食之后，他们会有负罪感，而且感到抑郁，并经常自行引发呕吐或者吃泻药以清除食物，这种行为被称为净化。经常处于暴饮暴食-净化的恶性循环和使用药物引发呕吐或腹泻会导致心力衰竭。然而，患有贪食症的个体的体重通常保持正常（Mora-Giral et al., 2004; Couturier & Lock, 2006; Lampard et al., 2011）。

饮食障碍是一个越来越严重的问题。据估计，有1%~4%处于中学和大学年龄阶段的女性患有神经性厌食症或贪食症，多达10%的女性会在生命中的某一时刻遭受贪食症之苦。此外，越来越多的研究发现，受暴饮暴食困扰的男性人数几乎与女性一样多（Swain, 2006; Park & Bell, 2008; Striegel et al., 2011）。

引起神经性厌食症和贪食症的原因是什么？一些研究者怀疑是生理原因，如下丘脑或脑垂体中的化学物质失衡，而这可能是遗传因素引起的。此外，对饮食障碍患者的大脑扫描显示，他们加工食物信息的方式与健康的个体不同（Polivy & Herman, 2002; Santel et al., 2006; Klump & Culbert, 2007）。其他研究者则认为，这种障碍根源于社会对苗条的偏好和肥胖是不受欢迎的之类的观点。研究者认为患有神经性厌食症和贪食症的人会变得过于在意他们的体重，并且深信一个人再怎么瘦也不过分。这可能解释了为什么随着国家越来越发达，节食变得更流行，饮食障碍也更多。还有一些心理学家认为，这种障碍来自父母的过度苛求或者其他家庭问题（Grilo et al., 2003; Couturier & Lock, 2006; Kluck, 2008）。

对神经性厌食症和贪食症的完整解释依旧没有定论。这些饮食障碍可能源于生理的和社会的双重原因，成功的治疗可能需要几种策略，包括心理治疗和饮食结构的改变（O'Brien & LeBow, 2007; Wilson, Grilo, & Vitousek, 2007; Cooper & Shafran, 2008）。如果你或者某个家庭成员需要饮食障碍方面的建议和帮助，可以联系"12355"青少年服务台。这是共青团中央权益部设立的专门面向青少年提供心理咨询服务和法律咨询援助的热线电话。你还可以通过他们的官方网站获取更多信息。

心理性动机

心理性动机，也称社会性动机、继发性动机，是以社会文化需要为基础的动机。

> **心理学与人生：节食与成功减肥**
>
> 当今，人们把减肥看成是一种时尚，大学校园里的莘莘学子也不例外！根据饮食专家的建议，当你试图减肥时应该遵循以下几点。
>
> 1. 在体重控制上没有捷径。为了减肥不反弹，你必须在生活中做一些永久性的改变。最明显的策略是减少你摄入食物的数量，而这仅仅是改变你饮食习惯的第一步。你必须考虑你所消耗的食物的营养价值和食物总量。
> 2. 记录你所吃的食物和你的体重。除非你做好详细的记录，否则你不能确切地知道你吃了多少，以及节食是否有作用。
> 3. 吃"大的"食物。吃"大的"但热量低的食物，如蔬菜和汤，这样的食物会欺骗你的身体，使你觉得自己吃了很多，因此能够减少饥饿感。
> 4. 锻炼。当你锻炼的时候，你会消耗存储在体内中的脂肪，以作为肌肉的燃料，这是用卡路里来衡量的。当你消耗脂肪时，你的体重可能会减轻，几乎任何活动都有助于燃烧卡路里。每周至少进行三次每次30分钟的连续锻炼，即使体重没减轻，锻炼也会让你感觉更好。我们可以通过花较多的时间做不太剧烈的运动，或者花较少的时间做较剧烈的运动，以消耗适当的热量。例如：走楼梯15分钟、跳绳15分钟、打篮球（比赛）15~20分钟、游泳20分钟、跳交谊舞30分钟、30分钟内步行3.2千米、30分钟内骑车8千米、打篮球（投篮）30分钟、踢足球30~45分钟、打排球45分钟。
> 5. 降低外部社会刺激对饮食行为的影响。例如，给自己更少的食物，并且在上甜点之前就离开餐桌。甚至不要买薯条之类的零食，如果在厨房的橱柜中不容易看到它们，那么你就不会轻易去吃它们。把冷冻的食物用铝箔纸包起来，使自己看不到它们，以免每次开冰箱时都受到诱惑。
> 6. 避免时尚饮食。不管在特定时期它们是多么流行，包括流质饮食在内的极端节食方法通常不能长期起作用，并且对你的健康是有危害的。
> 7. 保持良好的饮食习惯。当你达到了理想体重时，保持节食期间习得的新习惯，以避免体重反弹。
> 8. 设定合理的目标。开始节食之前，你要知道你想减轻多少。不要试图在短时间内减轻太多，否则你注定失败。即使行为上的一点小变化——如每天走15分钟或者每餐少吃一点——都能够避免体重增加（Freedman, 2011）。
> 9. 不要有罪恶感！如果你减肥没有成功，也不要责备自己。由于肥胖可能是遗传造成的，因此减肥失败不应该被看成是道德上的失败。事实上，90%~95%的节食者体重都会反弹。
>
> 鉴于减肥的困难性，心理学家珍妮特·波利维（Janet Polivy）和彼得·赫尔曼（C.Peter Herman）提出，最好的减肥方法是，一开始就避免节食。他们建议人们吃想吃的东西，即使这意味着会沉溺于糖和冰淇淋。这样自由地吃任何东西可减少暴饮暴食，而节食者更可能出现暴饮暴食，因为他们觉得这是他们可以吃想吃的东西的唯一机会。尽管这样的理论不能使体重减轻很多，但是即使相对减轻一点也比没有减轻好：体重减轻10~15磅（4.54~6.80千克）就可以降低肥胖症带来的健康危害（Polivy & Herman, 2002; Bruce & Wilfley, 1996）。

我们将介绍成就动机、亲和动机、权力动机和工作动机这四种主要的心理性动机。

成就动机

也许饥饿是我们日常生活中最强烈的原始驱力之一，但无明显生理基础的次级驱力同样也能使我们产生动机，其中最显著的就是成就动机。**成就动机**（achievement motivation）是指个人追求进步以期实现目标的内在动力。具有高成就动机的人寻求的是他们能与某些客观标准（如分数、金钱或者在比赛中获胜）竞争的情境，并证明自己是成功的。当接受挑战的时候，高成就动机的人一般选择中等难度的任务，相反，低成就动机的人主要被避免失败的愿望驱使。因此，他们会寻找容易的任务，以保证不会失败，或者寻找非常困难的、几乎任何人都会失败的任务，因为这样的失败没有负面意义。对失败高度恐惧的人会避免寻求中等难度的任务，因为他们认为自己可能会在其他人成功的事情上失败（Martin & Marsh, 2002; Puca, 2005; Morrone & Pintrich, 2006）。

高成就动机一般会产生积极的结果，至少在像我们这样以成功为导向的社会中如此。例如，高成就动机的人比低成就动机的人更有可能进入大学，一旦进入大学，他们往往在班级里获得更高的分数，而高分数又与他们未来的职业有关。高成就动机预示着未来经济和职业上的成功（McClelland, 1985; Thrash & Elliot, 2002）。

那么，如何测量一个人的成就动机？使用频率最高的测量工具是主题统觉测验（TAT）（Spangler, 1992）。在测试中，施测者提供一系列模棱两可的图片（见图9.2）。然后，施测者让参加者根据图片写一个故事，描述图片中正在发生什么事情，图片中的人是谁，是什么导致了这种情况，图片中的人在想什么或者想要什么，接下来将会发生什么。之后，研究者用一个标准的评分系统来确定人们所写故事中成就意象的数量。例如，有的人写的故事是主人公尽力打败对手，努力学习以便更好地完成任务，或者是努力工作以获得晋升，这些内容具有明显的成就取向。在参与者的故事中，包含这样与成就相关的意象被认为是对成就的高度关注，因此其成就动机相对强烈（Tuerlinckx, DeBoeck, & Lens, 2002; Verdon, 2011）。

图 9.2
主题统觉测验图示

亲和动机

我们很少有人选择隐居，为什么？一个主要的原因就是大多数人具有**亲和动机**（affiliation motivation），即一种建立和保持与他人关系的动机，如需要他人的关心、需要友谊、需要爱情等。有高亲和动机的个体所写的主题统觉测验的故事，强调保持或恢复友谊的愿望，并担心被朋友拒绝。高亲和动机的人对与他人的关系特别敏感，与那些对亲和动机不那么强烈的人相比，他们渴望较多的时间和朋友在一起，较少的时间独处。然而，对于同朋友相处时间的多少，性别是一个更大的决定因素：无论人们的亲和动机如何，与男性相比，女性与朋友在一起的时间明显更多，而独处的时间更少（Cantwell & Andrews, 2002; Johnson, 2004; Semykina & Linz, 2007）。

权力动机

如果你有成为美国总统或者微软公司CEO的梦想，这也许反映了你有较高的权力动机。**权力动机**（power motivation）是指倾向于控制或影响他人，希望被看作强有力的个体，并要在某些方面取得支配地位的动机，是动机的又一种类型（Winter, 2007; Zians, 2007; Pratto et al., 2011）。你可以预料到，与低权力动机的人相比，高权力动机的人更倾向于进入组织机构或者谋求公职，也倾向于在能满足他们权力动机的职业中工作，如商业管理和教学（Jenkins, 1994）。此外，他们会试图显露权力的象征，即使在大学里，也更可能收集象征尊贵的财物，如电子设备或者跑车。

权力动机的表现存在明显的性别差异。高权力动机的男性倾向于表现出异常高的攻击性水平、饮酒过度和男性霸权主义的态度，更频繁地参加竞争性运动——这些行为共同表现出了一些放纵和炫耀。相反，女性展现她们的权力动机时更拘束一些，这与对女性行为的传统社会约束相吻合。与男性相比，高权力动机的女性更倾向于用一种对社会比较负责的方式去引导这些动机，如对他人表示关心或者表现出有高度教养的行为（Winter, 1995, 2007; Schubert & Koole, 2009）。

工作动机

如果你想谋求一份好工作并愿意努力把自己的工作做好，这说明你有较高的工作动机。**工作动机**（work motivation）指的是激发与工作绩效相关的一系列行为，并决定这些行为的形式、方向、强度和持续时间的内部力量与外部力量（Pinder, 1998）。内部力量指的是工作本身具有的挑战性、趣味性等使个体产生的工作欲望，与个体的注意力集中程度、工作卷入度、工作绩效，尤其是创造性存在正相关；外部力量指的是工作以外的内容，如物质报酬、他人承认或者其他与结果相连的因素所导致的工作欲望。工作动机从谋求工作、维持工作和对工作的提高三个方面影响个体的行为。

工作动机促使个体谋求工作。弗洛伊德曾说："健康的生活由爱和工作来填充。"对于我们大多数人而言，工作是独自清醒时的最大活动，生活就是工作。以往大众认为闲散在家是最大的幸福，既能逃避激烈的竞争，又能安逸地生活。然而，事实并非如此，当闲暇时光太多时，我们也许会感到生活毫无目的。虽然超负荷的工作会降低人们的幸福感，但是没有工作，人们也将感受到幸福感明显的降低。

工作动机维持着人们长时间地工作。有研究发现当人们有目的地从事工作时，他们的生活质量也将得以提高，而且在紧张不安的焦虑与令人生厌的冷漠之间，有一个产生流畅感（flow）的地带（Csikszentmihalyi, 1999）。这种流畅感是指当个体沉浸在某项工作时，其他事情都变得无关紧要。比如，画家徐悲鸿在全神贯注地完成作品时，身边的一切，甚至胃痉挛所带来的剧烈疼痛都难以影响他的专注，现仍保存的一幅徐悲鸿所作的素描上便写着：：''人览吾画，焉知吾之为此，每至痛不支也。''一项研究表明，当人们被随机打断并报告他们正在干什么及他们对自己的生活有多满意时，无所事事的人报告了较低的生活满意度，而正在积极主动做事的人则报告了更高的生活满意度。

工作动机能提高工作绩效。事实上，这一点与成就动机非常相似。一项追踪了1528名高智力儿童的发展研究发现，那些在中年期获得高成就的人往往在童年期就表现出了积极完成任务、精力充沛、坚持不懈、信心十足的特点，而那些成就平平的人并没有类似的表现（Goleman, 1980）。另一项对杰出学者、运动员和艺术家的研究发现，与平常人相比，他们更愿意把时间花费在他们所追求的目标上。值得一提的是，西蒙顿发现，某一领域的大部分成就通常是由一小部分人取得的（Simonton, 1994）。尽管智力是正态分布的，但成就并非如此。这就告诉我们成功并非完全由能力决定，高工作动机也起到一定的作用。

动机理论

27岁的阿伦·罗斯顿徒步旅行在一个偏僻的狭谷，一块巨石挡住了他的去路，正当他推着巨石准备攀越时，这块三百多公斤重的巨石突然摇晃了一下，罗斯顿脚下一滑，猛然向下，他的右手臂被狠狠地挤在了巨石和岩壁之间，使他动弹不得。随后的五天里，他想了各种办法试图把手从巨石底下抽出来，却都徒劳。最后，水用完了，罗斯顿几乎脱水，这时他以非凡的勇气，用一把钝铅笔刀割断了右肘关节处的肌肉组织。然后折断了前臂靠近手腕处的骨头，通过位移，借助岩石折断了右前臂。最终，罗斯顿从巨石底下解脱了出来。现在，他仍然是一个积极的户外运动者和徒步旅行者。

罗斯顿的一系列行为是出于什么样的动机？是求生的本能，是冒险的刺激，还是实现目标的满足感？为了回答这些问题，心理学家提出了不同的动机理论。

动机理论

动机理论（theory of motivation）是关于人类行为动机的系统性解释。下面，我们来学习几种主要的动机理论。

探索与发现：外部动机是否会削弱内部动机

在激励的研究领域中，外部激励与内部激励是传统的划分方法。其中，外部激励是激发外动机的原因，会导致外部动机的增强；内部激励是激发内部动机的原因，会导致内部动机的增强。外部激励一直是经济学研究的主旋律，被认为是促进工作努力与提升绩效的最重要的方式。已有研究不断证实外部激励的积极效果优于内部激励。例如，威利发现员工将"高工资水平"列为激励其工作行为的第一因素，而"有趣的工作内容"仅排在第五（Wiley, 1997）。在管理实践中也存在一种普遍认识，即认为员工努力工作的主要目的是获取金钱、晋升等物质报酬，因此奖励、表扬、绩效评估和绩效工资等外部激励计划成了组织经常使用的激励手段。

然而，自2010年起，世界500强企业富士康的员工连续跳楼自杀事件让经济学家开始反思：是什么使富士康的年轻员工失去了对工作的兴趣与热情，甚至失去了生存的愿望？多方调研的结果显示，富士康公司在管理过程中过于强调"完成绩效指标、获得更多的报酬"等外部激励方式，使多数员工丧失了工作兴趣（程平源等，2011）。企业管理者和研究人员不禁问道：外部激励对员工的工作热情、心理健康及企业的长远发展会带来什么样的影响？外部动机是否会削弱内部动机？

事实上，在心理学领域中，研究者们早就提出了外部奖励和惩罚的反生产效应，即外部激励会削弱个体的内部动机，也被称为"削弱效应"（Deci, Koestner, & Ryan, 1999；Bénabou & Tirole, 2003）。自20世纪70年代始，有大量研究采用了不同的活动程序和伴随刺激进行实验室实验，结果在3~80岁的个体身上均发现了外部动机削弱内部动机的现象。并已有研究者试图将"削弱效应"引入工作环境中。例如，埃齐奥尼发现工人们认为通过奖励措施控制他们的行为是一种破坏内心和谐、不人道的做法（Etzioni, 1971）；德西和瑞安质疑工作场所中使用绩效伴随的奖励的效果（Deci, Ryan, 1985）；巴伦和克雷普斯认为，当计件工资制度或者绩效工资激励体系削弱了员工的内部动机时，激励效果会大打折扣（Baron, Kreps, 1999）。

本能理论

心理学家最早是用**本能**（instincts）这个概念来解释动机的，本能是一种由生理因素决定的、与生俱来的、不学而能的行为模式。根据动机的本能理论，人和动物天生就被赋予了多种生存所必需的行为，如进食、排泄、探索、性行为等。这些本能提供了引导行为朝向特定目标的能量，对于有机体的生存和种族的繁衍来说是必不可少的。该理论认为，性行为可能是对繁衍本能的一种反应，探索行为可能是受巡视自己领地的本能的驱使。

然而，关于什么是基本的本能、有多少种基本的本能，心理学家并没有达成一致意见。早期的心理学家威廉·麦独孤（William McDougall）提出有 18 种本能（McDougall, 1908），而社会学家伯纳德则声称有 5759 种不同的本能（Bernard, 1924）。而且，本能理论并没有很好地解释为什么在特定的物种身上会出现某种特定的行为模式，而不是其他的行为模式。再者，虽然动物的很多行为是基于本能的，但是人类行为的多样性和复杂性大多是习得的，不能被看作本能。由于这些缺点，动机的本能理论被后来的理论取代。然而，它仍然在某些特定理论中起着重要的作用，尤其是那些关注基因遗传的进化理论。

驱力降低理论

在否定了本能理论后，心理学家提出了另一种动机理论——驱力降低理论（Hull, 1943）。**驱力降低理论**（drive-reduction approaches）认为，一种基本生理需要的缺乏（如缺水）将产生一种满足该需要的驱力（在这个例子中，驱力是口渴），当个体采取某种行动时，若该行动结果能满足引起驱力的需要，该驱力就会降低。

驱力（drive）是指个体由于需要而产生的一种紧张状态，它激发或驱动个体的行为以满足需要，从而使机体恢复平衡状态。驱力分为原始驱力和次级驱力两种。许多基本驱力（如饥饿、口渴、睡眠和性等）与身体或者整个物种的生理需要有关，它们被称为**原始驱力**（primary drive）。与原始驱力相对的是**次级驱力**（secondary drive），是指由先前的经验和学习产生的需要引发的驱力，这些需要没有明显的生理性质。例如，某些人具有在学业和职业上获得成功的强烈需要，驱使他们行动的就是次级驱力，这反映了他们的成就需要（McKinley et al., 2004; Seli, 2007）。

我们通常通过满足原始驱力下潜藏的需要来降低驱力。例如，饿了我们就会寻找食物并进食；渴了我们就会找水喝；冷了我们就会多穿点衣服，或者调高自动调温器上的温度以保暖。许多基本需要，包括对食物、水、恒定的体温、睡眠等的需要，都是通过动态平衡作用加以平衡的。**动态平衡**（homeostasis）是身体保持一种稳定内部状态的倾向，是原始驱力的基础。它通过反馈环路，使出现偏差的身体功能恢复到最佳的状态，其工作方式类似于家庭温度调节系统的自动调温器（见图 9.3）。遍布全身的感受细胞不断地监控如体温和营养水平之类的因素，当这些因素偏离理想状态时，身体会自发努力调节使其恢复到最佳状态（Shin, Zheng, & Berthoud, 2009; Vassalli & Dijk, 2009; Porkka-Heiskanen, & Kalinchuk, 2011）。

尽管驱力降低理论为原始驱力如何驱动行为提供了很好的解释，但是它们并不能充分地解释这样一种行为——行为的目标不是减少驱力，而是要保持甚至提高兴奋程度或唤醒水平。例如，一些行为似乎仅仅是因为好奇而产生的，如急于查看电

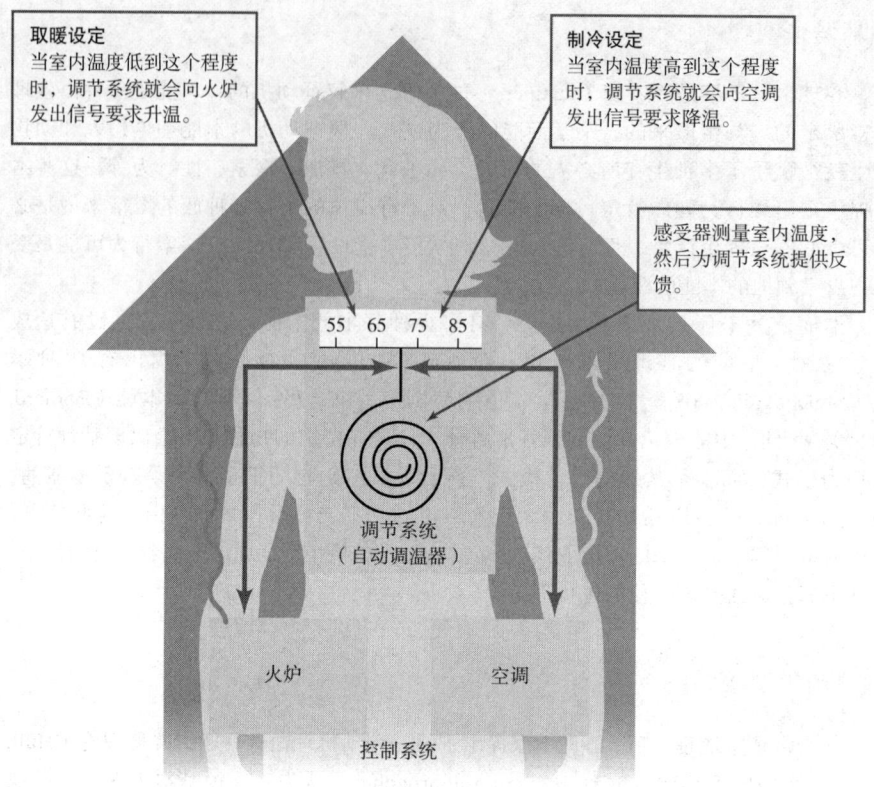

图 9.3
动态平衡图示

子邮件；同样，很多人会追求刺激性的活动，如坐过山车，或者在激流中驾驶皮划艇。这样的行为显然并不像驱力降低理论所认为的那样——人们会试图减少所有的驱力（Begg & Langley, 2001; Rosenbloom & Wolf, 2002）。驱力降低理论能完整地解释动机这一观点受到了质疑。在以上两种情况中，人类和动物似乎被驱使着去提高刺激和活动的总体水平，而不是试图减少潜在的驱力。为了解释这种现象，心理学家创立了另一种理论：唤醒理论。

唤醒理论

唤醒理论试图解释一些其目标是保持或者增强兴奋程度的行为。根据**动机的唤醒理论**（arousal approaches to motivation），每个人都尽力保持一定的刺激和活动水平。与驱力降低理论一样，唤醒理论认为如果我们的刺激和活动水平太高，我们将尽力减少它们。但是与驱力降低理论不同的是，唤醒理论还认为如果刺激和活动水平太低，我们将尽力寻求刺激以提高它们。

在寻求最佳唤醒水平上，个体之间有很大的差异。有些人会寻求特别高的唤醒水平，如参加冒险运动的人、抢劫犯、赌徒，他们很可能表现出对特别高的唤醒水平的需求（Zuckerman, 2002; Cavenett & Nixon, 2006; Roets & Van Hiel, 2011）。

你想了解自己吗：测测你的感觉寻求倾向

人们常常为寻求刺激而去蹦极、野外探险、登山，等等。在日常生活中，你渴望有多少刺激呢？完成以下问卷你就知道了。根据题目与自己实际情况的符合程度选择每一组陈述中的 A 或者 B，在选项上画圈即可。

1. A. 我喜欢经常出差的工作。
   B. 我喜欢在一个固定的场所工作。
2. A. 在寒冷的天气里我仍然充满活力。
   B. 在冷天我喜欢躲在室内。
3. A. 经常看到相同的熟悉的面孔，让我感到厌烦。
   B. 我喜欢朋友熟悉的面孔，他们让我感到舒适。
4. A. 我喜欢生活在一个人人都感到安全、无忧无虑和幸福的理想社会里。
   B. 我喜欢生活在那些不安定的历史时期。
5. A. 我有时喜欢做一些有点冒险的事情。
   B. 一个明智的人会避开危险的活动。
6. A. 我不想尝试被催眠的感觉。
   B. 我想尝试一下被催眠的感觉。
7. A. 人生最重要的目标是过充实的生活，并且尽可能地去经历各种事情。
   B. 人生最重要的目标是达到平和与幸福。
8. A. 我想要尝试跳伞。
   B. 我从未想尝试高空跳伞之类的惊险活动。
9. A. 在冷水游泳池里游泳时，我会慢慢地进入，使自己有时间去适应它。
   B. 在冷水游泳池或大海里游泳时，我喜欢一跃而入。
10. A. 当我度假时，我更喜欢住舒适的宾馆。
    B. 当我度假时，我喜欢露营。
11. A. 我喜欢情绪外露的人，即使他们的情绪有一点不稳定。
    B. 我喜欢镇定的、脾气温和的人。
12. A. 一幅优秀的画应该给人震撼的感觉。
    B. 一幅优秀的画应该给人一种平和、安全的感觉。
13. A. 骑摩托车的人一定有某种伤害自己的无意识需要。
    B. 我喜欢驾驶或骑摩托车。

记分：做出以下选择的每题各得一分：1.A，2.A，3.A，4.B，5.A，6.B，7.A，8.A，9.B，10.B，11.A，12.A，13.B，其余不记分。把每题的得分相加算出总分，然后参考以下评分标准对自己的感觉寻求倾向进行评定。

0~3 很低
4~5 低
6~9 一般
10~11 高
12~13 很高

这个小问卷的记分方法是根据大学生的测试结果制定的。当然，要记住，它只是为你的感觉寻求倾向提供一个大致的估计。随着年龄的增长，人们的感觉寻求倾向分数往往会降低，但是这个问卷至少能说明，你的感觉寻求倾向与别人相比是怎样的（Zuckerman, 1978）。

诱因理论

当你吃饱后看到可口的甜点时，它的吸引力与内驱力或者唤醒水平的保持几乎或者完全无关。如果我们选择吃甜点，该行为是被甜点这个外部刺激物驱使的，甜点起着预期的奖赏作用。这个奖赏用动机的术语来说，就是诱因（incentive）。**动机的诱因理论**（incentive approaches to motivation）认为，动机源于对获得有价值的外部目标或者刺激的渴望。按照这种观点，外界刺激——无论是成绩、金钱、感情、食物或者性——令人渴望的特征能够解释一个人的动机（Festinger et al., 2009）。

尽管这个理论解释了为什么即使缺乏内部驱力（如饥饿），我们仍可能会臣服于外部刺激（如令人垂涎三尺的甜点），但是它并没有提供一个完整的动机解释，因为当诱因不明显的时候，有机体有时也会寻求需要的满足。因此，许多心理学家认为驱力降低理论提出的内部驱力和诱因理论的外部刺激分别对行为起着"推"和"拉"的作用。我们在寻求满足潜在饥饿需要（驱力降低理论的"推"）的同时，也会被那些看起来特别可口的食物吸引（诱因理论的"拉"）。所以，驱力和诱因可能是一起驱动行为的，而不是彼此矛盾的（Pinel, Assanand, & Lehman, 2000; Lowery, Fillingim, & Wright, 2003; Berridge, 2004）。

认知理论

动机的认知理论（cognitive approaches to motivation）认为，动机是人们的思维、期望和目标——他们的认知——的产物。例如，我们在多大程度上会为了考试而好好学习取决于我们的预期，即努力学习能不能为我们带来好成绩。认知理论对内部动机和外部动机做了关键性的区分。内部动机（intrinsic motivation）促使我们参加给我们带来愉悦的活动，而不是为了该活动所带来的任何具体的、实质的奖赏。相反，外部动机（extrinsic motivation）促使我们为了钱、分数或者其他一些具体的、实质的奖赏去做一些事情。例如，一个学生因为喜欢英语而长期不知疲倦地学习，这是内部动机在激励她；如果她努力学英语是为了得到老师的表扬，那么这就是外部动机的作用（Lepper, Corpus, & Iyengar, 2005; Shaikholeslami & Khayyer, 2006; Finkelstein, 2009）。

当完成任务的动机是内在的而非外在的时候，我们更倾向于坚持不懈地努力工作，并且高质量地完成任务。事实上，在一些情况下，为期望的行为提供奖赏（增强外部动机），反而可能会削弱内部动机（James, 2005; Grant, 2008; Nishimura, Kawamura, & Sakurai, 2011）。

马斯洛的需要层次理论

埃莉诺·罗斯福、亚伯拉罕·林肯和阿尔伯特·爱因斯坦有什么共同点吗？根据心理学家亚伯拉罕·马斯洛创立的动机模型，他们的共同点是都达到了人类行为背后的动机需要的最高层次。

马斯洛认为动机需要是一个等级结构，可以用金字塔来表示（见图9.4），由低到高分为五个层次：生理的需要、安全的需要、归属和爱的需要、尊重的需要、自我实现的需要。并且，马斯洛认为必须首先满足这个等级中较低层次的需要，较高层次的需要才会依次出现（Maslow, 1970; 1987）。生理的需要是原始驱力，是人类维持生存和种族延续的需要，如对水、食物、睡眠、性的需要。安全的需要是指人们需要一个安全、稳定的环境，从而更有效地执行各种职能。生理的需要和安全的需要构成了最低层次的需要。只有在满足了基本的最低层次的需

图 9.4
马斯洛的需要层次理论

要之后，人们才会考虑满足较高层次的需要，如归属和爱的需要、尊重的需要和自我实现的需要。归属和爱的需要指人们希望被他人或组织承认、接纳和支持，并成为组织中一员的需要，包括获得和给予情感的需要。在满足了以上的需要之后，人们开始努力获得尊重。在马斯洛看来，尊重的需要包括受人尊重与自我尊重两个方面，自我尊重与发展自我价值感的需要有关，自我价值感是通过认识到他人了解和重视自己的才能而获得的。

一旦这四种需要都得到满足——这不是一件容易的事——人们就能为了自我实现这个最高层次的需要而努力。**自我实现**（self-actualization）是一种自我完成的状态，即人们用自己独特的方式实现了他们最大的潜能。尽管马斯洛最初提出自我实现只发生在少数优秀人物的身上，但后来他把这个概念扩大到每个人身上，如具有优秀教育技能的父母、创造良好环境尽可能使学生取得成功的教师、实现自身创造潜能的艺术家，等等。最重要的是人们会因充分发挥了自己的才能而感到放松和满意。但是从某种意义上说，自我实现的获得令人不再追求更大的成就，反而使人产生一种对现状的满足感（Reiss & Havercamp, 2005; Laas, 2006; Bauer, Schwab, & McAdams, 2011）。

尽管他人的研究不能证实马斯洛对不同需要层次的排序是否合理，而且很难对自我实现进行客观测量，但是马斯洛的理论仍然是重要的。因为它一方面强调了人类需要的复杂性，另一方面也指出只有当低级的需要得到满足时，人们才会关注更高一级的需要。例如，当一个人肚子饿时，他首先想到的是怎么填饱肚子，而不会关心尊重的需要和归属与爱的需要（Hanley & Abell, 2002; Samantaray, Srivastava, & Mishra, 2002; Ojha & Pramanick, 2009）。

与此同时，马斯洛的需要层次理论还为其他的动机理论提供了基础，如理查德·瑞安和爱德华·德西提出的自我决定理论（self-determination theory）。该理论认为人们有三种基本的需要：能力感、自主性和关联性。能力感指获得预期结果的需要，自主性指我们能够控制自己生活的感知，关联性指我们与他人保持亲密、温暖关系的需要。自我决定理论认为，这三种心理需要与生理需要同样重要，是先天的、跨文化的普遍的需要（Jang et al., 2009; Ryan & Deci, 2011）。

各种动机理论提供了关于动机的不同观点，哪一种能够最充分地解释动机？事实上，许多理论并不是矛盾的而是互补的。应用多种动机理论能帮助我们更好地解释特定情况下的动机。例如，想一想罗斯顿远足旅行时发生的事故（本节开始时所描述的），我们可以用动机的唤醒理论来解释为什么他喜欢到偏僻的可能有危险的地方徒步；用本能理论来解释他不惜任何代价来保全生命；用认知理论来解释他慎重地思考各种策略，从而把自己从巨石底下解救出来。总之，应用多种动机理论来解释特定情况比仅用一种理论能为我们提供更多元的视角。

情　绪

情绪概述

情绪是什么

林辉手里拿着期待已久的信，这可能是斯坦福大学的录取通知书。但是信里写的是什么？他知道有两种可能，他感到非常紧张，手颤抖着打开薄薄的信封（不是好兆头，他想）。信被打开了，上面写道："亲爱的林辉先生，本大学的理事会成员很高兴地通知你……"林辉激动地欢呼起来，兴高采烈地又蹦又跳。

这一瞬间林辉那跌宕起伏的心理变化，就是我们所说的情绪。在某个时刻或者情境下，我们每个人都经历过强烈的情绪体验：异常快乐或者十分消极。也许我们曾沉醉于恋爱的甜蜜中、为获奖而兴奋、为某人的去世而悲伤，或者为不经意间伤害了某人而懊悔。此外，我们在日常生活中也经历着一些舒缓的情绪反应，如享受友谊的快乐、欣赏电影的愉悦。虽然每个人都知道情绪是什么，但要给它下一个正式的定义却很困难。在本书中，我们认为**情绪**（emotion）是一种有机体反映客观事物与主体需要之间关系的态度体验，它通常包括生理和认知两个方面的因素，对行为产生影响。例如，想一想，快乐是什么样的体验。首先，我们明显体验到的是一种与其他情绪不同的感受；可能还觉察到一些可辨别的生理变化，也许是心率加快；其次，情绪可能包含认知的成分，我们对事件意义的理解和评价促使我们产生快乐的感受；最后，会伴随相应的行为，如像林辉一样"兴高采烈地又蹦又跳"。然而，也可能产生不包含认知成分在内的情绪体验。例如，我们可能对不寻常的或者新奇的情境（如与一个反复无常的、不可预料的人打交道）感到害怕，或者我们可能会在没有认知参与的情况下体验到性兴奋从而产生愉悦。

某些心理学家认为，有两个完全分离的系统分别控制着认知反应和情绪反应。近期的争议在于情绪反应是否先于认知反应，或者刚好反过来。一些理论家认为我们会先对情境产生情绪反应，随后才能对其产生认知反应。比如，我们可能很喜欢一首复杂的现代交响乐，但起初我们并不理解或者并不知道为什么喜欢它。相反，另一些理论家认为，人们是先对情境产生认知反应，然后才产生情绪反应。这种观点认为，我们在产生情绪反应前，必须要先认识和理解当下的刺激或者情境，并与已有的知识进行联系（Murphy & Zajonc, 1993; Lazarus, 1995; Oatley, Keltner, & Jenkins, 2006; Martin & Kerns, 2011）。

以上两种观点都有研究证据的支持，所以该争议依旧存在。可能在一些情境中情绪反应产生得更早，而在另一些情境中认知反应产生得更早。这两种观点都认为，我们能在没有或者很少有意识参与的情况下体验到情绪。例如，我们不知道为什么我们会害怕老鼠，虽然从客观上来说，它们对我们并不构成威胁，但见到它们时我们依然会被吓到。大脑的神经影像学研究或许可以帮我们认识情绪的本质，并解决这个争议（Barrett & Wager, 2006; Niedenthal, 2007; Karaszewski, 2008）。

情绪的功能

想象一下，如果我们没有情绪体验——没有彻底的绝望、没有抑郁、没有悔恨，同时没有幸福、快乐和爱——生活会是什么样子的。显然，如果我们缺乏感知和表达情绪的能力，生活将不会那么令人满意，甚至是沉闷乏味的。除此之外，情绪在我们的日常生活中还有一些重要的功能（Fredrickson & Branigan, 2005; Frijda, 2005; Gross, 2006; Siemer, Mauss, & Gross, 2007; Rolls, 2011）。其中最重要的一些功能如下。

- **激发我们的行为**。情绪充当环境中的事件和我们的反应之间的联结。例如，当我们看到一条发怒的狗向我们冲来时，我们的情绪反应（害怕）与自主神经系统中交感神经的生理唤醒，以及我们"战斗或逃跑"反应的激活有关。交感神经系统的作用是帮助我们在紧急情况下采取应对措施，这也许会使我们迅速地避开狗的攻击。
- **塑造我们将来的行为**。情绪促使我们学会在以后做出恰当的反应。例如，我们经历一些不愉快的事情时——比如碰到一条具有威胁性的狗——的情绪反应教会我们以后避免类似的情况。同样，愉快的情绪对先前的行为起着积极的强化作用，因此可能会引导个体将来寻求同样的情境。
- **帮助我们更有效地与他人互动**。我们经常通过言语的和非言语的行为传达我们体验到的情绪，使我们的情绪为他人所知。这些行为对他人来说是一个信号，使他们能更好地理解我们的体验，并预测我们将来的行为，从而促进更有效的和适应性的社会互动。

情绪的种类

如果列出英语中用来描述情绪的单词，至少可以写出 500 个（Averill, 1975）。这些词包括像快乐和恐惧这种情绪色彩比较明显的，也包括像刺激和沉思这种情绪色彩比较不明显的。心理学家面临的挑战是，将这些词整理分类以确定最重要和最基本的情绪。理论家们曾经激烈地争论情绪的分类问题，由于对情绪这个概念的不同理解，他们得出了不同的结论。实际上，有些研究者完全否定这个问题，认为没有任何情绪应该被排除在最基本的情绪之外，并且认为通过把情绪拆分成几个组成部分可以使我们更好地理解情绪。其他研究者认为，可以把情绪看成是一个等级结构，将它们分为积极和消极两类，然后把它们分成更细的子类（Manstead, Frijda, & Fischer, 2003; Dillard & Shen, 2007; Livingstone et al., 2011; 见图 9.5）。

然而，大部分研究者认为，基本情绪至少应该包括快乐、愤怒、害怕、悲伤和厌恶。其他一些研究者认为基本情绪的范围更广，还包括像惊讶、轻视、内疚和喜悦这样的情绪（Ekman, 1994a; Shweder, 1994; Tracy & Robins, 2004）。对基本情绪进行界定有一个困难，即不同的文化对情绪的描述存在相当大的差异。例如，德国人把幸灾乐祸称为 *schadenfrende*，是一种把自己的快乐建立在他人的痛苦之上的情绪体验，日本人把因挫折而心痛的心境称为 *hagaii*。在塔希提岛，人们把不愿屈服于父母不合理要求的情绪称为 *musu*。当然，在特定文化中存在 *schadenfrende*、*hagaii*、*musu* 等情绪，并不意味着其他文化中的成员体验不到这样的情绪。但它表明，在语言学的范畴下对特定的情绪进行描述，可能会使得对情绪的讨论、思考，或许包括情绪的体验都更容易一些（Russell & Sato, 1995; Kuppens et al., 2006; van Dijk et al., 2011）。

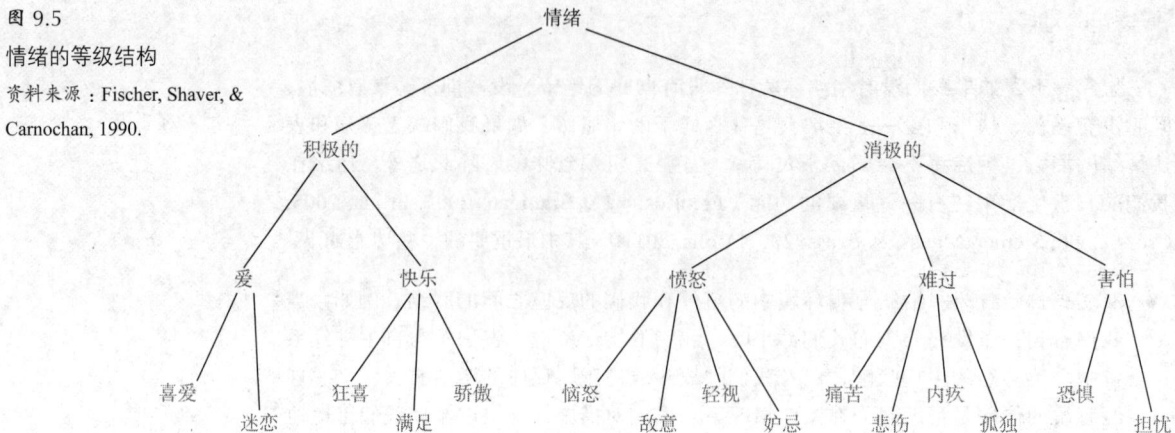

图 9.5
情绪的等级结构
资料来源：Fischer, Shaver, & Carnochan, 1990.

此外，依据情绪发生的强度、速度、紧张度、持续性等指标，可将情绪分为心境、激情和应激。**心境**（mood）是一种具有感染性的、持续性的、比较平稳的情绪状态。当人处于某种心境时，他的言谈举止和心理活动都会蒙上一层相应的情绪色彩。当心情不好时，会看什么都不顺眼；当心情好时，会觉得一切都很美好，如人逢喜事精神爽。平稳的心境可持续几小时、几周或者几个月。与心境相反，**激情**（intense emotion）是一种爆发快、强烈而短暂的情绪体验，如中大奖时的欣喜若狂、被欺骗时的暴跳如雷等。在激情状态下，人们往往有强烈的生理反应和外部行为表现，很容易失去理智，采取一些鲁莽的行为。激情具有爆发性和冲动性的特点。**应激**（stress）是指在意外的紧急情况下所产生的适应性反应。当人面临危险或者突发事件时，如遭遇歹徒抢劫时，人的身心会处于高度紧张的状态，即个体往往会在心理上感觉到超乎寻常的压力，在生理上承受超乎平常的负荷，这就是应激的超压性和超负荷性特征。但应激的状态不能维持过久，因为这样很消耗人的体力和心理能量。

情绪理论

我以前从未如此愤怒，我觉得我的心脏在猛烈地跳动，我浑身发抖……我不知道我怎样才能通过考试，我觉得心里七上八下……我犯了多大的错误啊！我的脸肯定非常红……当我在夜里听到脚步声时，我害怕得喘不过气来。

如果你分析我们的语言，你就会发现，当体验到一种情绪时，我们会用许多方法来描述我们的感受，而且用来描述情绪的语言，大部分是以与特定情绪体验相关的生理症状为基础的（Kobayashi, Schallert, & Ogren, 2003; Manstead & Wagner, 2004; Spackman, Fujiki, & Brinton, 2006）。例如，想一想恐惧体验，假设现在是除夕，夜深了，你正走在一条黑暗的路上，你听到一个陌生人从背后向你靠近。显然，他不是匆忙的过客，而是直接冲着你来的。你在考虑，如果这个陌生人试图抢劫，或者更糟，试图以某种方式伤害你，你该怎么办。当你头脑里闪现这些想法时，你的身体将会发生一些相当戏剧性的变化。最可能的反应包括呼吸速度加快、心率加快、瞳孔放大（增强视觉敏感度），而且由于唾液腺的作用嘴巴发干，整个消化系统停止工作，这些反应和自主神经系统的激活有关。与此同时，你的汗腺可能会加速活动，因为排汗增加有助于排出由于从事紧张活动而产生的过多热量。当然，你可能没有意识到这些生理变化。然而，你可以很明显地感觉到伴随这些生理变化的情绪体验，你很可能报告你很害怕。

虽然，描述伴随情绪的一般生理反应很容易，但对心理学家来说，确定这些生理反应在情绪体验中所起的具体作用却是一大难题。正如下面我们将要学习的，一些理论家认为，特定的生理反应会引起特定的情绪体验。例如，因为心脏剧烈跳动、呼吸加深，所以我们感到害怕。相反，其他理论家认为，生理反应是由情绪体验引起的。例如，因为我们感到害怕，所以心脏剧烈跳动并且呼吸加深。

詹姆士－兰格情绪理论

美国心理学家威廉·詹姆士和丹麦生理学家卡尔·兰格（Carl Lange）是探索情绪性质的先驱。对他们来说，情绪体验很简单，就是对本能的生理变化的反应，而生理变化是对环境中一些情境或者事件的反应。用詹姆士的话来说就是："我们因为哭了所以感到伤心，因为动手打架所以生气，因为发抖所以害怕"（James, 1890）。詹姆士和兰格认为，为失败而哭泣的本能反应导致我们感到悲伤，攻击那个挫败我们的人导致我们感到愤怒，面临威胁时的颤抖导致我们感到害怕。他们认为每一种主要的情绪都伴随着内部器官的一种生理的或者"内脏"的反应，被称为内脏体验。人们是根据各种独特的内脏反应模式来界定不同的情绪体验的。

总之，詹姆士和兰格认为，我们的情绪体验是生理变化导致的，生理变化产生特定的感觉，大脑把这些感觉解释为特定种类的情绪体验（见图9.6的第一部分）。这种观点被称为**詹姆士－兰格情绪理论**（James-Lange theory of emotion）（Laird & Bresler, 1990; Cobos et al., 2002）。

然而，詹姆士－兰格情绪理论有一些严重的缺陷。首先，要使该理论有效，生理反应的出现必须相对迅速，因为我们对一些情绪的体验——例如，在深夜感觉到陌生人迅速靠近而害怕——几乎是即刻的。然而，情绪体验甚至常常发生在特定的生理变化之前。由于一些生理反应发生速度较慢，我们很难理解它们如何能成为即刻情绪体验的根源。其次，詹姆士－兰格情绪理论存在的另一个问题是，生理唤醒并不总是产生情绪体验。例如，一个在慢跑的人心跳和呼吸频率会加快，以及出现很多和某种情绪相联系的其他生理变化，然而，慢跑者通常不会把这样的变化当作情绪，所以生理反应和情绪体验之间没有一一对应关系，生理反应本身可能不足以产生情绪。最后，我们内部器官产生的感觉范围相对有限。虽然有些生理变化的类型和特定的情绪体验相联系，但是很难想象，我们所体验到的无数情绪中的每一种是如何由唯一的生理反应导致的。事实上，许多情绪是与相对类似的生理反应相联系的，这个事实也驳斥了詹姆士－兰格情绪理论（Davidson et al., 1994; Cameron, 2002; Rinaman, Banihashemi, & Koehnle, 2011）。

坎农－巴德情绪理论

针对詹姆士－兰格情绪理论存在的问题，生理学家沃尔特·坎农（Walter Cannon）和菲利浦·巴德（Philip Bard）提出了不同的观点，如图9.6第二部分所阐

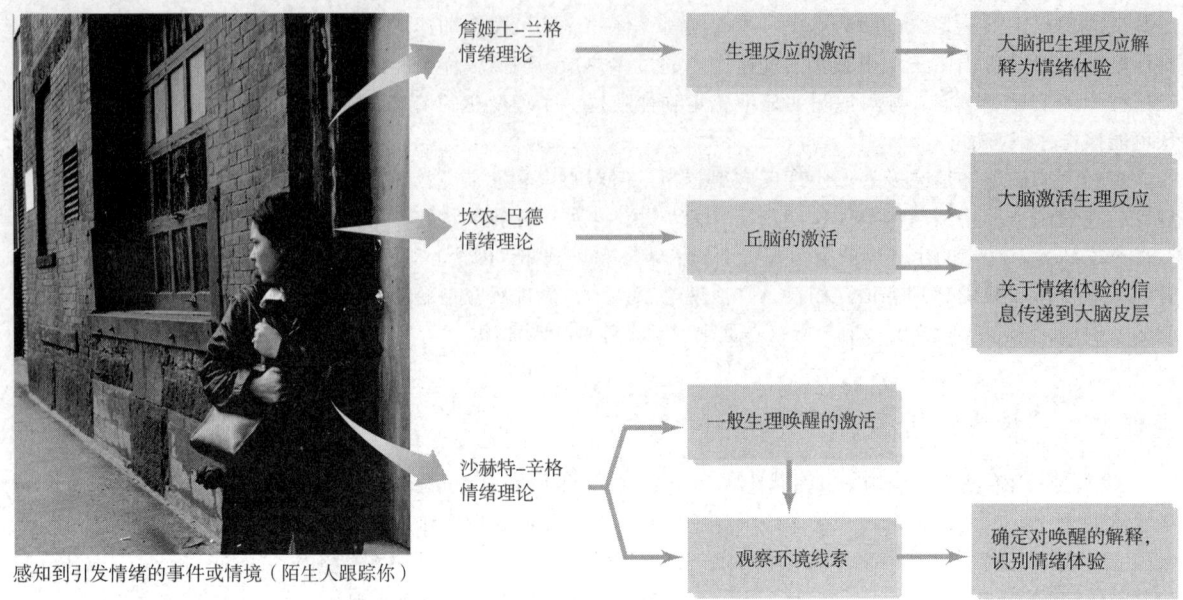

感知到引发情绪的事件或情境（陌生人跟踪你）

图 9.6
三种情绪模型的比较

述的模型，即**坎农－巴德情绪理论**（Cannon-Bard theory of emotion）。该理论反对生理唤醒单独引起情绪知觉的观点。他们认为当人们感知到促使情绪产生的刺激后，丘脑首先被激活，接着丘脑把信号传递到自主神经系统，由此产生生理反应。同时，丘脑也把体验到的关于情绪性质的信息传递到大脑皮层。因此，生理唤醒和情绪体验是在相同的神经刺激的作用下同时产生的，情绪感觉是由大脑皮层和自主神经系统共同激活的结果。既然传递到大脑皮层的信息因特定情绪的不同而不同，不同的情绪和与之相联系的生理唤醒也就没必要一一对应。坎农－巴德情绪理论认为，当人看到狗后，丘脑被激活，然后大脑皮层和自主神经系统被激活，大脑皮层负责情绪感觉和情绪行为，自主神经系统唤起生理反应。如果人认为狗很危险，丘脑的活动就会同时启动生理反应和害怕的感觉。

坎农－巴德情绪理论的意义在于把情绪研究推向对情绪中枢机制的研究，但是完全否定外周生理反应在情绪产生中的作用，是不正确的，因为生理反应和行为反应确实在一定程度上影响着我们的情绪体验。此外，生理反应和情绪反应同时出现这个基本假设，还未得到确切的证实。而且，我们现在知道，在情绪体验中发挥主要作用的是下丘脑和边缘系统，而不是丘脑。这些缺陷为另一种情绪理论——沙赫特－辛格情绪理论留下了发展空间。

沙赫特－辛格情绪理论

假设除夕夜，在一条黑暗的街道，你正被人跟踪。此时，你注意到在街道的另一头，另一个人也正被可疑的人跟踪。假设那个人没有表现出害怕，而是开怀大笑，并且兴高采烈，他的反应足以消除你的恐惧吗？事实上，你可能会告诉自己不要害怕，并且融入除夕夜快乐的氛围中。根据强调认知作用的**沙赫特－辛格情绪理论**（Schachter-Singer theory of emotion）的解释，这种情况很可能发生。该情绪理论强调，我们通过观察环境，把自己与他人对比来确认我们正在体验的情绪（Schachter & Singer, 1962）。

斯坦利·沙赫特（Stanley Schachter）和杰罗姆·埃弗雷特·辛格（Jerome Everett Singer）的经典实验为这种假设找到了证据。在研究中被试被告知，他们将接受一种维生素注射。事实上，实验者给他们注射的是肾上腺素，该激素会增强生理唤醒，包括心跳和呼吸频率加快、脸变红，这些反应通常伴随强烈的情绪反应出现。两组被试被分别安排在两种情境下，实验者安排的假被试在这两种情境下会表现出不同的行为。在一种情境下，他表现出愤怒和敌意；在另一种情境下，他表现得好像非常快乐。实验的目的是确定被试对假被试的行为会有什么情绪反应。在实验最后，实验者询问被试的情绪状态。与愤怒的假被试在一起的被试报告他们感到愤怒，而与快乐的假被试在一起的被试报告他们感到快乐。结果表明，被试通过环境和他人的行为来解释其正在体验的生理唤醒。沙赫特和辛格的实验结果支持了情绪的认知观点，该理论认为情绪是由相对非特定种类的生理唤醒及人们基于环境线索对生理唤醒的解释共同决定的（见图9.6的第三部分）。

后来的研究发现，生理唤醒可能会放大许多情绪，或者被误解为情绪。例如，在一个实验中，穿过一座横跨深邃峡谷的摇晃吊桥的男性，相对于那些走过平稳小桥的男性，报告他们受到桥另一头的女性的吸引更强烈。显然，那些穿过令人害怕的吊桥的男性把他们随后的高生理唤醒归因于女性，而不是摇晃的桥。

总之，沙赫特-辛格情绪理论很重要，因为它表明，至少在某些情况下，情绪体验是由生理唤醒和对唤醒的理解共同决定的。当生理唤醒的来源不清楚时，我们可以参考环境来确定我们的体验是什么。

情绪神经机制的现代研究

在20世纪60年代早期，当沙赫特和辛格在进行他们开创性的实验时，能够用来评估伴随情绪的生理现象的方法相对有限。然而，随着对神经系统和身体其他部分测量的进步，研究者能够更严密地监测情绪所涉及的生理反应。因此，现代情绪研究修改了与情绪相关的生理反应是无差别的这一早期观点。关于生理唤醒的特定模式与特定情绪相联系的证据越来越多（Vaitl, Schienle, & Stark, 2005; Woodson, 2006; Stifter, Dollar, & Cipriano, 2011）。例如，研究者发现特定的情绪会激活大脑的不同区域。在一项研究中，研究者对被试的大脑进行计算机正电子发射断层扫描（PET），并要求其回忆一些让他们悲伤的事情，如死亡和葬礼，或者回忆一些让他们高兴的事情，如婚礼和分娩，还让他们看一些表现出高兴或悲伤的面孔照片。PET扫描的结果很明显：快乐与大脑皮层某个区域活动的减少有关，而悲伤与大脑皮层特定区域活动的增多有关，而且，我们有可能把每一种特定情绪对应的大脑的具体区域表示出来（George et al., 1995; Hamann et al., 2002; Prohovnik et al., 2004）。

此外，位于大脑颞叶的杏仁核，对情绪体验也很重要，因为它为对引发情绪的刺激的感知和以后对该刺激的回忆提供连接。例如，如果我们曾被一只凶猛的公牛攻击过，杏仁核就会加工该信息，使我们以后看到公牛时会害怕——这是一个对恐惧的经典条件作用的例子（Miller et al., 2005; Berntson et al., 2007; Kensinger, 2007; LaBar, 2007; Pessoa, 2011）。因为神经通路连接着杏仁核、视觉皮层和海马（在巩固记忆方面起着重要作用），所以一些科学家推测，和情绪有关的刺激几乎能够立刻

图 9.7
杏仁核

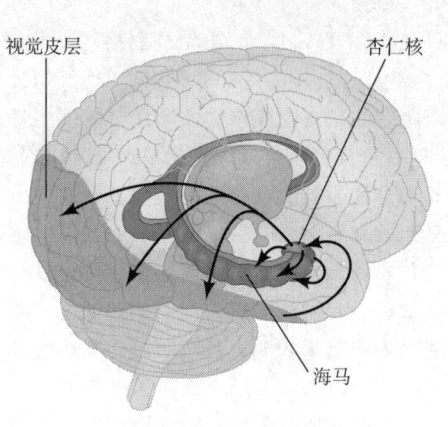

被加工和反应（见图 9.7）。这种即刻的反应如此迅速，以至于较高层次且较理性的思维在初期好像未能介入，因为它需要更多的时间。对于引起情绪的刺激，一种较慢但更周全的反应是，首先对与情绪相关的感觉信息进行评价，然后传递到杏仁核。较快的神经系统似乎能够对引起情绪的刺激做出即刻反应，而较慢的神经系统有助于确认威胁存在与否，并为更周全的反应做好准备（Dolan, 2002）。

新的情绪理论还在不断地发展，我们有理由问为什么有这么多情绪理论存在，也许更重要的是，哪一种理论提供了最完整的解释。实际上，我们对情绪只有一些肤浅的认识，解释情绪的理论几乎和情绪的种类一样多（Manstead, Frijda, & Fischer, 2003; Frijda, 2005; Prinz, 2007; Herzberg, 2009）。为什么情绪理论如此丰富？因为情绪不是一种简单的现象，它与动机、认知、神经科学及许多相关的心理学分支紧密联系在一起。例如，脑成像研究的证据表明，即使人们认为自己做出的是合理的、非情绪性的决策——如进行道德的、哲学的判断——情绪仍然发挥着作用（Greene et al., 2001）。简言之，情绪包括生理和认知两个方面的因素，它是一种非常复杂的现象，以至于没有一种理论能够充分解释情绪体验的所有方面。而且，每种理论都经常受到各种互相矛盾的证据的挑战，因此没有一种理论被证明在预测方面是永远正确的。情绪理论的丰富多样反映了这样一个事实，心理学是一门进化中的、发展中的科学。随着我们收集更多的证据，关于情绪本质问题的答案将更加明确。而且随着对情绪的认识不断深入，我们将不断努力地把关于情绪的知识应用于实际问题中。

情绪表达

情绪总是或隐或显地通过行为表现出来。人类的许多情绪体验可能都有明显的外部表现，如高兴时笑容满面、难过时痛哭流涕，但有些情绪可能只有内心的感受而无明显的行为表现。特别是当个体通过学习对情绪表达具有自我控制能力以后，许多情绪往往不表现出明显的外部行为。伴随情绪而产生的有机体的外部行为表现

> **心理学与人生：应对考试焦虑的方法**
>
> 轻度的考试焦虑，对于学习和考试而言并无妨碍，有时它还能够帮助我们集中精力，促使我们抓紧时间审视题目、厘清思路、提高答题速度等，但过度的焦虑则不利于能力的正常发挥。要克服过度的考试焦虑，可以从以下几个方面着手。
>
> 1. 认知矫正。
>   （1）检查自己对考试的担忧。把自己有关考试的担忧写出来。
>   （2）对担忧进行合理分析。分析自己所担忧的事情哪些是合理的，哪些是不合理的，从而找出认知错误。
>   （3）与担忧质辩。针对担忧的不合理之处，用事实、常理予以驳斥，并对不合理的担忧做"危害分析"。
>   （4）做出合理的情绪和行为反应。
> 2. 制订切实可行的复习计划。对自己的学习、复习等情况进行分析，了解自己的长处，找出弱点和漏洞，从而有针对性地制订切实可行的复习计划。
> 3. 进行自信训练。发现自己的优点，做出肯定的自我评价，经常对自己进行积极的自我暗示，从而增强学习的信心。
> 4. 意念放松法。焦虑程度比较严重时可以采取一些放松方法，选一个安静的地方，可站、可坐、可躺，总之尽量选择舒适的姿势。若站立，手自然垂于身体两侧；若坐，双手放松地置于腿上；若躺，手放于身体两侧或放松置于腹部均可。闭上双眼，在深呼吸三至五次的同时，开始想象你最喜欢的自然景象。值得注意的是，所选的景象要安静、祥和，令人心怡，如果喜欢大海，可以想象金色的沙滩，蔚蓝平静的海面，低飞的海鸥，远处的白帆，而不要让波涛汹涌的海面进入你的意念。在想象的同时，你要尽量寻找并体验安宁、舒服、放松的感觉，将这种感觉保持几分钟后，深呼吸二三次，慢慢地睁开眼睛，此时你的感觉会很不错。如果条件允许，还可以在喜爱的、平静的、舒缓的、轻松的音乐中进行。

被称为**情绪表达**（emotional expression）。情绪表达的形式主要分为言语形式和非言语形式两种。在人类社会中，情绪表达是人际交往的一种重要工具。

情绪表达的言语与非言语途径

情绪表达的言语途径 情绪表达的言语途径是通过语言来传达信息的。例如，一个人感到愉悦时，会通过告诉别人"我很高兴"来表达自己的情绪，而在悲伤时则会说"我很难过"或者"我心情不好"，从而让别人了解自己的情绪。情绪表达的言语途径是快速的情绪表达方式，能够在帮助我们表达自己情绪的同时，也帮助他人了解我们的情绪状态，这有利于我们在社交中采取不同的行为方式来适应他人。例如，在工作中，当经理对雇员的工作业绩表示失望时，雇员就会采取相对保守的行为方式来面对经理；而当经理对雇员的工作业绩表示认可时，雇员则会采取积极的行为方式来面对经理。当然，言语途径并非情绪表达的唯一途径。很多时候，一个眼神、一个动作就能让我们知晓他人的情绪状态。

情绪表达的非言语途径 情绪表达的非言语途径同时通过几种渠道传递信息。例如，面部表情、目光交流、身体动作、语气，甚至是像扬起眉毛这样不明显的行为都是独立交流的非言语渠道。有时，我们听不见一个人说话，但仅凭对他身体动作或面部表情的识别就能了解其情绪状态。例如舞台上哑剧演员的表演，我们根据姿势动

> **探索与发现：音乐对情绪的影响**
>
> 有研究者指出音乐的价值之一在于对情绪的诱发。例如，当我们听到《二泉映月》时，悲伤的情绪会油然而生；当我们听到《喜洋洋》时，快乐的情绪会洋溢心头。其中，音乐调性（tonality）是影响音乐诱发情绪的关键因素之一。
>
> 音乐调性的概念源于西方七声调式音乐体系，它涉及调式类型和依据主音建立和声功能组织，其规则是调性音乐中重要的句法结构规则。调性规则是音乐表达情绪的重要元素，多项研究发现人们能够认知和理解调性规则所传递的情绪内涵，并在此基础上，唤起较为一致的情绪反应。调式类型通常与情绪色彩相关，大调音乐在听觉效果上明亮开阔，容易唤起高兴和抒情（温情）等正性情绪体验，小调音乐则听起来曲折蜿蜒，容易唤起悲伤、恐惧、愤怒等负性情绪体验（Huron & Davis, 2010; Juslin & Lindström, 2010; Straehley & Loebach, 2014）。而和声功能通常与情绪唤醒度相关，一系列的研究发现，稳定层级低的和声音程相比稳定层级高的和声音程，容易唤起与"不和谐""惊奇"和"警觉"等相关的"紧张"体验，促使情绪高涨；而稳定层级高的和声音程相比稳定层级低的和声音程，容易唤起与"和谐"相关的"放松"体验，带来平静的情绪。"不稳定"与"稳定"的交替使用，创造出"紧张"与"放松"的对比，形成音乐独有的情绪张力，也带给听众特殊的美学感受（Lehne, Rohrmeier, & Koelsch, 2013）。

作或面部表情就能够理解演员所表达的情绪，高兴时手舞足蹈、眉开眼笑，震惊时目瞪口呆、面色苍白，悔恨时捶胸顿足，羞愧时面红耳赤，等等。而且，每一种渠道能够传递一种特定的信息——它可能与其他渠道传递的信息有关，也可能无关。

人们常说"眉目传情""眼睛是心灵的窗户"，这给人一种印象，似乎眼睛是面部最能传达情感的部位，而实际上并非如此。你不妨做一个实验：用一张硬纸挡住你的面部，只露出两只眼睛，然后让别人来识别你所表现的各种情绪，结果是他人肯定难以识别。如果你把面部露出的部分逐渐增多，那么，他人就越来越容易判断你所表现出来的情绪。此外有研究发现，观察身体姿势比观察面部表情更能判断一个人的真实情绪。因此，对一个人情绪的识别，最好是将对各种表现形式的识别结合起来，这将更有利于准确地判断情绪状态。

情绪表达与文化差异

表情的先天遗传性　为什么不同文化背景下的人们表达情绪的方式具有高度的一致性？保罗·艾克曼（Paul Ekman）提出了**面部表情程序**（facial-affect program）假说来加以解释。该理论认为，人类的面部表情是天生的、共同的，就像一种计算机程序，当人们体验到某种特定的情绪时，该程序就启动了。当情绪反应开始时，该程序就激活一组神经冲动，使面部表现出一种适当的表情。每一种基本情绪都会引起一组独特的肌肉运动，形成如图 9.8 所示的情绪类型。例如，快乐的情绪一般由颧肌的运动表现出来，颧肌能够让嘴角上扬，形成我们称之为微笑的表情（Ekman, 2003; Kendler et al., 2008; Krumhuber & Scherer, 2011）。

表情的社会制约性　如果你曾经去过不同文化的国家，你可能会看到一些人，他们的非言语行为和你的习惯十分不同。例如，美国或其他美洲国家的人往往比亚洲国家的人在情绪表达上更直接。这样的差异是否与不同文化背景下人们的情绪表达具有一致性的观点相矛盾？

情绪表达的文化差异与口语的地区差异类似。例如，虽然美国和澳大利亚都讲英语，两个国家的口语却表现出明显的差异。同样，不同文化下的人可能以稍微不同的方式表现基本情绪，正因为如此，我们能够更准确地识别我们民族、种族或者地区成员所表达的情绪（Elfenbein & Ambady, 2002）。不同情绪表达规则的使用为这些文化差异提供了另一种解释。**情绪表达规则**（display rules）是指儿童时期习得的，用于夸大、缩小或者掩盖情绪表达的规则（Diefendorff & Richard, 2003）。

人们能够相当好地运用情绪表达规则，因为人们都进行了足够多的练习。例如，当收到不想要的礼物时，人们会假装微笑，至少在面对送礼物者时是这样的。同样，打牌的人在拿到一手好牌时，会避免表现出欣喜若狂的表情（而是摆出一副"扑克脸"）。然而，我们并不总是能够成功地掩饰我们的真实情绪，一些微妙的迹象可能会泄露真相。

情绪表达规则在文化之间有着巨大的差异。总的来说，亚洲人比地中海和拉丁文化中的人较少表达情绪。一些研究者还发现，美国的白人和黑人之间也存在着情绪表达规则的差异，虽然证据尚不完全。例如，有研究表明，白人的情绪表达比黑人更克制，然而研究者尚未确立这种文化内差异的范围和信度（Matsumoto, 2002）。

面部表情反馈假说

如果你希望快乐，那么请试着微笑。这就是被称为**面部表情反馈假说**（facial-feedback hypothesis）这一有趣观点的含义。按照该假说的观点，面部表情不仅反映情绪体验，也有助于确定人们如何体验和命名情绪。简单来说就是，"呈现"一种情绪的表情为大脑提供了肌肉运动反馈，从而有助于大脑产生一种和表情一致的情绪（Izard, 1990; Davis, Senghas, & Ochsner, 2009）。例如，当我们微笑时，肌肉被激活，从而可能传递给大脑一种快乐体验的信息——即使环境中没有什么东西能使我们产生这一特定情绪。一些心理学家甚至认为，面部表情对情绪的体验来说是必要的（Rinn, 1984）。根据这种观点，如果没有表现出面部表情，人们就感觉不到情绪。

心理学家保罗·艾克曼和他的同事所做的经典实验为面部表情反馈假说提供了支持（Ekman, Levenson, & Friesen, 1983）。研究中，一些专业演员被要求遵循关于面部肌肉运动的明确的指导语去做动作。你可以自己试一试这种做法：

- 抬起眉毛，把它们聚拢到一起。
- 抬起你的上眼睑。
- 使你的嘴唇向耳朵方向水平地展开。

按照这些指导去做——你可能猜到了，这些指导是要使人产生一种恐惧的表情——演员们的心率上升并且体温下降，产生了恐惧的生理反应。总的来说，代表基本情绪的面部表情所产生的生理效果，类似于其他环境下伴随着真实情绪所产生的生理效果（Keillor et al., 2002; Soussignan, 2002）。

探索与发现：情绪表达具有跨文化的一致性吗

看一看图9.8展示的六张照片，你能辨别出每张照片所表达的情绪吗？如果你对面部表情能做出很好的判断，你将判断出这些面部表情表达了六种基本情绪：快乐、愤怒、悲伤、惊讶、厌恶和恐惧。关于非言语行为的无数研究表明，这些情绪一贯都很明显和易辨别，甚至对于没受过训练的观察者也是如此（Ekman, 2007）。

尤其有趣的是，这六种情绪并不是西方文化成员所独有的，相反，它们构成了所有人类成员普遍表达的基本情绪，无论个体在哪里成长，有怎样的学习经历。心理学家保罗·艾克曼证明了这一点，他研究了与世隔绝的新几内亚丛林部落的成员，他们和西方人几乎没有接触（Ekman, 1972）。该部落的人既不会说也不懂英语，从来没有看过电影，在艾克曼到达之前，他们与白人的接触非常有限。然而，他们对引发情绪的故事的非言语反应，以及他们辨认基本情绪的能力和西方人十分相似。

图9.8 六种基本情绪图示

这些照片展示了六种基本情绪：快乐、愤怒、悲伤、惊讶、厌恶和恐惧。

新几内亚人如此与世隔绝，他们不可能是从西方人那里学会的辨认或做出类似面部表情。相反，他们似乎天生就具有类似的情绪反应能力和方式。也许有人会认为，两种文化下相似的体验导致了每一个成员习得了相似类型的非言语行为，但这基本是不可能的，因为这两种文化是如此的不同。因此，不同文化背景下基本情绪的表达似乎是共同的（Ekman, 1994b; Izard, 1994; Matsumoto, 2002）。

思考与应用

1. 一个在广告公司搞创作的作家在工作时很难集中精力,并且不断地看表。下班后,她却能很投入地进行她的创作,搜集创作所需的资料,埋头写作直到深夜,完全忘记了时间。哪一种动机理论可以解释这种现象?
2. 人事经理能够根据动机(如成就动机、权力动机、亲和动机)来选择员工吗?如果以此来选择员工的话,经理还需要考虑个人其他方面的标准吗?
3. 许多人喜欢在拥挤的电影院看电影,或者在体育场看体育比赛和音乐演出,而不太喜欢单独在家里看。哪一种情绪理论有助于你解释这种现象?如何解释?
4. 如果研究者知道如何控制情绪反应,能够引发或者防止目标情绪,那么会出现哪些相关的伦理问题?在什么情况下才能使用这种技术?
5. 六种基本情绪的面部表情具有跨文化的普遍性,其生理原因是什么?怎样通过实验来证实?

推荐拓展读物

1. 马斯洛著,许金声等译(2012).动机与人格.北京:中国人民大学出版社.
2. 戴维·迈尔斯著,黄希庭等译(2019).心理学导论:人格、社会与异常心理学(下册,第9版).北京:商务印书馆,1~41.
3. 傅小兰(2016).情绪心理学.上海:华东师范大学出版社.
4. 黛比·西尔弗著,吴艳艳译(2016).激发学生的成就动机.北京:中国轻工业出版社.
5. 桑德拉·切卡莱利,诺兰·怀特著,周仁来等译(2014).心理学最佳入门(第2版).北京:中国人民大学出版社,247~382.
6. 理查德·格里格,菲利普·津巴多著,王垒等译(2016).心理学与生活(第19版).北京:人民邮电出版社,381~420.
7. 欧尼斯特·西尔格德,理查德·阿特金森,爱德华·史密斯,苏珊·诺伦-霍克西玛等著,洪光远译(2013).西尔格德心理学导论(第14版).北京:世界图书出版公司,344~375.

第 **10** 章

性别、性和爱情

神奇的男女

当我们还是一颗受精卵时,性别就已经被决定了。俗话说"男女有别",性别差异不仅反映在我们的生理上,而且也表现在我们的心理上。当我们还是孩童时,男孩就表现出对小汽车、玩具枪等男性化玩具的偏爱,女孩则更喜欢玩具小熊、芭比娃娃等女性化玩具。随着年龄的增长,进入青春期后,绝大多数的男生和女生逐渐发现自己更容易被异性所吸引,并对异性产生爱慕之情。伴随着我们的成熟,大多数人开始与自己喜欢的对象交往,其中大部分人还走向了婚姻的殿堂。当然,并不是所有的婚姻都始于爱情。有的婚姻是对权力的妥协,如叶卡捷琳娜与沙皇;有的婚姻是为了信守承诺,如刘庭式与盲妻。与此同时,爱情所成就的婚姻也面临着很多挑战,例如,工作所导致的两地分居、夫妻性格冲突,甚至是婚外恋,等等。但不论如何,美满的婚姻依旧是人类亘古不变的共同追求!

本章将对人类的性、性别和爱情进行初步的科学分析。首先,我们谈谈性别,探讨社会对不同性别个体的期望及其对人们态度和行为的影响;然后,我们介绍人类的性行为,包括性行为的生理和心理基础、一般过程以及性行为的形式;最后,我们介绍与性密不可分的两性间的特殊情感——爱情,看看它是如何产生、发展和维持的。

性　别

"是个男孩！""是个女孩！"新生儿出生时，这是我们最常听到的话。我们生而具有的性器官对我们的一生影响深远，社会将据此为我们贴上性别的标签，这在很大程度上会影响别人对我们的看法和我们对自己的看法。那么，什么是性别呢？**性别**（gender）是指个体对自己是男性或是女性的感知，使我们认同自己是社会的一名男性或女性成员，具有心理属性；同时，**性别**（sex）也指个体在生理解剖和性行为上的差别，具有生理属性。

性别角色

性别角色（gender role）是指社会所公认的某种性别应有的行为，也是个体在生活中所显示的符合本人性别的态度和行为。性别角色的存在使得社会对男性和女性形成了较为固定的有差别的期望，即可能会带来性别刻板印象，还可能导致社会对某一性别的偏好，进而形成性别歧视。**刻板印象**（stereotype）指的是对某一社会群体不准确和简单化的见解，这种见解通常致使他人据此对该群体有固定的看法。**性别刻板印象**（gender stereotype）则指对男性和女性的一些独有看法，而这些看法可能是错误或过于简单化的。性别刻板印象通常伴随着性别歧视。**性别歧视**（sexism）也叫性别优越感，它是指认为一种性别优于另一种性别的稳固的内在观念。

西方社会存在着严重的性别刻板印象，它的大行其道与持这种看法的个体的年龄、经济地位、社会背景以及受教育水平等因素无关。男性更倾向于具备与能力相关的特质，如独立、客观、好强等；而女性则更倾向于具有温婉、富有表现力的特质，如温柔、为别人着想等。因为西方社会历来更看重能力，所以男女之间的性别刻板印象差异暗示着男性优于女性（Eagly, Beall, & Sternberg, 2005; Hyde, Mezulis, & Abramson, 2008）。

跨文化研究发现，不同社会中的人们大都持有十分相似的性别刻板印象。一项调查了 25 个国家的研究整理了通常用来描述男性和女性的核心词汇（Williams & Best, 1990）。形容女性的词汇包括多愁善感的、顺从的、迷信的等；形容男性的词汇包括爱冒险的、有说服力的、独立的等。这种现象可能源于，在这些文化中，男性的社会地位都高于女性。即使是在文明高度发达的今天，这种性别刻板印象仍没有多大改变（Lips, 2003; Duril, Hyde, & Marks, 2006）。2003 年，钱铭怡对中国当代大学生进行了性别刻板印象的调查研究。结果显示，中国当代的大学生也存在着明显的性别刻板印象。他们认为男性在思维、能力、工作等方面都超过女性，且成就动机高、坚强能干；而女性则善解人意、重感情、被动、顺从。这恰与传统的男强女弱、男尊女卑的性别刻板印象一脉相承。

性别刻板印象使人们形成了男性和女性应如何言谈举止的观念，潜在地造成了性别间的不平等。它给人们施加了符合刻板印象的压力，使得人们按照刻板印象而不是自己的能力来行动（Lips, 2003; Verhaeghen, Aikman, & Van Gulick, 2011）。

首先，性别刻板印象会导致职业上的性别歧视。虽然，现在人们相信男人和女人都适合外出工作，但他们同时也相信，男女在适合从事的职业上有很多不同。女性被认为最适合从事传统的女性职业，即所谓的"粉领工作"——秘书、护士、收银员和其他女性占主导地位的工作，这些工作的酬劳和社会地位一般较低。其实，女性和男性一样，当她们进入一个适合自己的职业领域时都希望取得更大的成功，但是性别刻板印象影响了女性的就业期望。一项对中国女大学生就业期望的调查显示，她们大都倾向于成为职业女性而非家庭主妇，希望通过工作证明自己的能力，力求在较高的层次上成为较完整的女性，因而她们越来越追求"自身属性与家庭属性的统一"，成为兼顾事业和家庭的女性。但与社会对大学生的期望相比较，一部分女大学生对自己的就业期望并不高，尤其是在与男生进行比较时，女生大多认同"男性能够而且应该比女性成就高"。美国的研究人员也针对性别刻板印象对男女的影响程度进行了调查。他们要求大学一年级的女生写下她们想从事的职业，结果发现，她们对那些传统上由男性占主导地位的职业（如机械和电脑编程）的选择比男生少得多。女生对工作的起薪和最高薪水的期望值也明显低于男生。这个结果反映了一个事实：女性平均比男性赚得少。在美国，尽管男女之间的差距在缩小，女性也只能获得男性80%的报酬。这种情况在少数族裔中更为严重。黑人女性只能得到男性薪酬的69%，西班牙裔或拉丁美洲裔女性的薪酬则只有男性的62%；而且，即使是相同的职业，在同等的岗位上，女性通常也比男性赚得少（U.S. Bureau of Labor Statistics, 2009）。

尽管存在这些不公平的现象，人们的态度正在改变。绝大多数人支持工作场合中的性别平等，认为女性应当获得与男性同等的机会。例如，几乎同样多的男性也和女性一样，认为工作应该是方便家庭的，工作时间可以灵活安排；民意测验也发现，当今大多数男性已不再认同"男主外，女主内"的观点（Bond et al., 2003; Barnett, 2004）。2014年，乔志宏等人从社会支配倾向的角度探讨了阶层差异职业性别隔离的影响机制，发现男女具有不同的阶层性质职业偏好，男性更倾向于选择增加阶层差异的职业，即导致并维持以群体为基础的社会不平等的职业；而女性更倾向于选择减少阶层差异的职业，即会促成更大程度的基于群体的社会平等的职业。同时调查还显示，不同阶层性质的机构，招聘者存在性别偏见。增加阶层差异的机构倾向于招聘男性应聘者，而减少阶层差异的机构倾向于招聘女性应聘者。

即使女性进入社会地位或级别较高的工作岗位，她们在职业晋升时依然会遇到很大阻碍。尤其对那些成为母亲的职业女性而言，人们倾向于认为她们变得更热情，但能力不及先前；对于成为父亲的男性而言则不然，人们倾向于认为他们变得更热情，更有能力（Cuddy, Fiske, & Glick, 2004; Hagelskamp et al., 2011）。由于存在这样的刻板印象，女性将最终撞上所谓的"玻璃天花板"。玻璃天花板（glass ceiling）是指一种在组织里由性别歧视导致使女性不会被提升到某一高度的隐型障碍。玻璃天花板甚至在高校也存在。例如，虽然在美国的教育系统中，女性占据了29%的自然和工程类的职位，但是在排名前50的研究型高校中她们只占据了15%的此类职位（Lyness & Heilman, 2006; Sampson & Moore, 2008; Hoobler, Lemmon, & Wayne, 2011）。

正如玻璃天花板等现象所表明的那样，人们对男性的性别刻板印象比对女性的性别刻板印象要积极。虽然性别刻板印象只是反映了人们的观念，并不一定符合现实情况，但人们通常会把性别刻板印象当作真实的情况，并按照它来修正自己的行为。结果，性别角色刻板印象限制了男性或女性的行为，并最终导致了男性会受到社会的优待。

其次，女性还可能面临比上述不公平待遇更严重的另一种性别歧视——性骚扰，即使是社会地位较高的女性也不例外。性骚扰（sexual harassment）是指持续受到来

探索与发现：女大学生就业难：劳动力市场入口的性别歧视

"女大学生就业难"是近年来在谈到中国经济体制改革中劳动力市场出现性别歧视现象时常用的一个例证，也是女性作为弱势群体，受到市场经济冲击其社会地位下降的一个佐证。一方面，"女大学生"同普通女工相比，她们所代表的人群是受过高等教育的知识阶层女性；另一方面，"就业难"指的是在劳动力进入市场时发生的困难，即仅是由于雇主（企业）对女性预期的而非现实的效率问题就拒绝女性，这对于女性来讲极为不公。

"女大学生就业难"作为一种现象，最初是通过媒体报道的方式引起人们重视的，并逐渐成为一种说法为人们所知。但并不是所有的人都赞同这一说法，许多男性就对此表示质疑甚至反感，认为所谓的"女大学生就业难"是一种夸张的说法，实际情况并非如此，在求职中女生有时比男生更有优势，或者女生最终找到的工作也并不比男生差。那么实际情况如何呢？女大学生就业是否真的难？究竟有多难？其难在何处？是表现在最终的结果（即找不到工作或找不到理想的工作、只能退而求其次），还是表现在过程当中（即女生要花费更多的时间、精力来谋求一份同男生一样的工作）？女生在择业过程中同男生相比有何差异？在求职中是否受到了更多的不公平对待？在遭受不公平对待时，女生是如何应对的？女大学生对市场歧视的体会与态度如何？

2002 年，王小波对南开大学 2 110 名毕业生进行了调查，发现与男生相比，女生在校的表现良好，这与"女生在小学、中学阶段成绩较好，一旦进入高中、大学便不如男生"的社会偏见不一致。尽管如此，这对她们的求职似乎并没有太多帮助。

对比本专栏中的三幅图，我们可以看到女生投递简历的份数多于男生（因为投递 20 份以上简历的女生比男生多 11%，而投递 10 份以下简历的男生比女生多 11%）；女生获得面试的机会却少于男生（因为虽然在获得 5~10 个面试机会的人中女生多于男生，但获得 10 个以上机会的男生多于女生）；女生寻找工作花费的时间要多于男生（花 1 个月以下时间就找到工作的男生比女生多 5.7%；而花 3 个月以上时间找到工作的女生比男生多 5%）。从男女生签约意向个数上看，也是男生略多于女生：男生平均 3.03 个，女生平均 2.96 个。可见不论最后找到的工作如何，在寻找工作的时间成本与心理成本方面，女生都要高于男生。同样，王小波在访谈中，发现学生反映了同样的倾向，一个本科女生说："我一直想找一份 IT 行业的工作，证书不比男生少，计算机成绩也不比男生差，但就是一个初试机会也没有。"另外还有同学提到，"某部委招人时，男女考生各占一半，笔试后进入复试的全部是男生，女生一个不要，尽管平时男生的学习成绩明显不如女生"。有同学坦言，"很难想象政府会干预企业用人的性别选择，

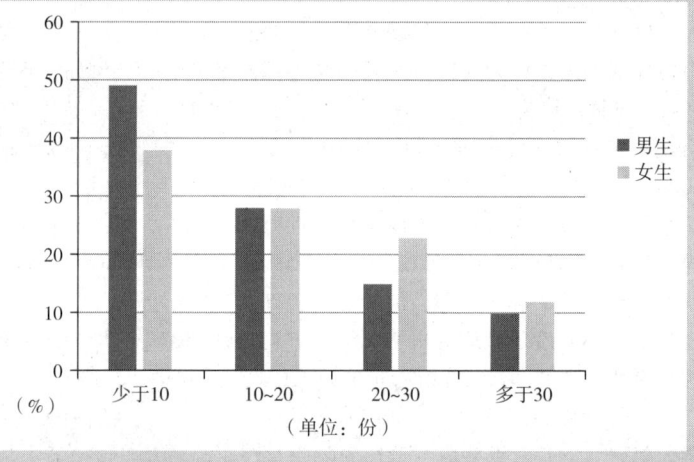

图 10.1　男女生投递简历的份数

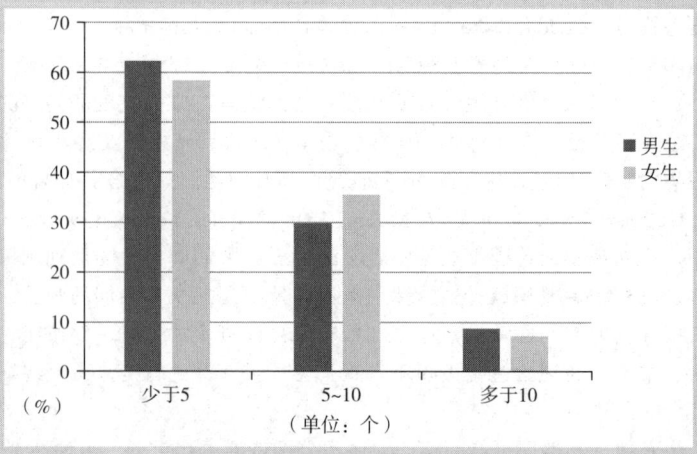

图 10.2　男女生参加单位面试的机会

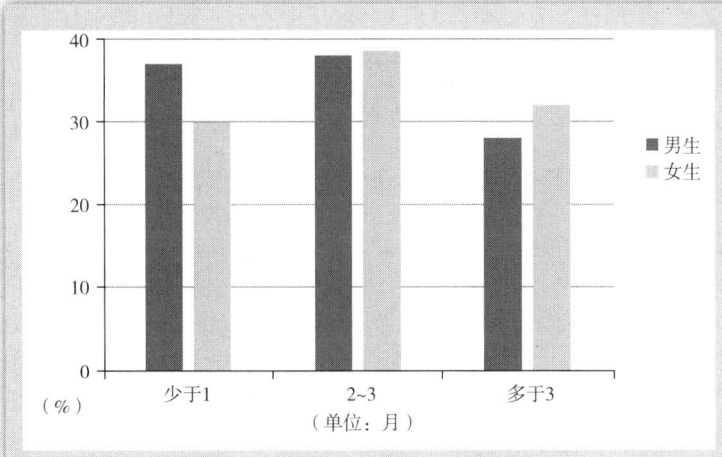

图 10.3　男女生寻找工作的时间长短

政府部门自己选人也倾向于男性"。招聘给女生的感觉是，"女生要比男生优秀很多企业才要"，而男生的主要优势是"能干活、爱出差"。

从对职业的要求上看，男女生在职业选择的条件上基本一致，都强调收入、工作地点和良好的发展趋势。在这三者之外，男生更希望能发展个人爱好，而女生则希望学有所用，专业对口；男生喜欢工作的挑战性，而女生更倾向于职业的稳定性。对职业的总体期望，男生和女生差异不大。对于最后找到工作的满意度，女生要比男生更为满意，满意的人数比例女生为 40.9%，男生为 35.1%；不满意的比例女生为 3.7%，男生为 6.4%；认为工作"一般"的女生占比为 49.8%，男生为 54.3%。由此看来，女生虽然在求职过程中受到了一些打击，但最终结果还不错（这或许与南开大学作为名牌重点大学不无关系）。无论如何，这是女大学生们走上社会的第一步，正如访谈中的一位女生所说："以前只是听说男女不平等，今天走向社会时就感受到了歧视的存在，真有点接受不了。"在一道要求"对求职影响因素按照重要性排序"的题中，性别因素在所列的 14 项求职因素中被排在了第 7 位。而对于"在应聘过程中，你是否曾因性别、身高、容貌等原因而遭到用人单位的拒绝"这道题，回答"有的"占总体的 19.2%；其中女生因以上原因遭拒绝的共有 82 人，占女生总数的 31.3%；男生有 42 人，占男生总数的 10.9%。也就是说，男生中每 10 个人中就有 1 个人曾因为身高等原因（男生的主要形象表现为身高）遭到拒绝，而女生每 3 个人中就会有一个曾因为自己的性别或容貌而遭拒绝。那么遭到这样的无理对待后大学生们是如何反应的呢？"既然人家说了不要女生，我有什么办法？"表示无可奈何的男生共 32 人，占被拒绝人数的 74.4%；女生 68 人，占 81.9%；遭拒绝后曾进行过争辩的男女生都不足 10%，只有极个别的人会诉诸法律讨公道。那么为什么大多数人不愿诉诸法律呢？了解相关法律政策的人很少（只占 5.5%）；即使了解法律，他们也不愿花费过多的时间、金钱与心理成本来争取权利（占 20.9%）；同时认为由于法律和法规缺乏可操作性是一个较重要的原因（占 23.8%）；也有相当一部分同学认为是由于人们对这类现象的不合理性认识不够，认为其"可以理解"（占 23.8%）；还有一部分人则屈从于社会环境（19.3%）。可见，是社会因素而非个人因素造成了人们对歧视现象的默许与无奈。

以上调查表明，劳动力市场中的性别歧视作为一种现象应该说是存在的，但为什么许多人对此并无感触，甚至认为即使真的有歧视也有其存在的合理性，这就与人们关于性别平等的观念有关了。当人们的性别平等观念不很强时，就会混淆合理与不合理的界限，对于不合理的歧视现象也会缺乏敏感度，从而视而不见或无动于衷。

自异性的、不受欢迎的、带有性意味的言语、表情或行为上的侵犯。性骚扰不是小问题。调查显示，美国 1/5 的女性说她们在工作中曾遭受过性骚扰。而且不只是女性，10% 左右的男性报告说在工作中曾受到过性骚扰（O'Leary-Kelly et al., 2009; Pina, Gannon, & Saunders, 2009; Stockdale & Sagrestano, 2011）。

性骚扰不仅发生在工作场合，美国加利福尼亚大学 30% 的女性毕业生报告说，她们曾遭受过不同形式的性骚扰。美国的一份调查显示，81% 的初、高中学生报告说在学校受到过某种形式的性骚扰。60% 的学生在学校遭受过某种程度的身体上的性骚扰。约 33.3% 的学生害怕自己被性骚扰，其中女生数量是男生的两倍。总之，据估计每 2 个女性中就有 1 个在其学习或工作经历中遭受过不同程度的性骚扰（AAUW, 2001; Fitzgerald et al., 2003; Klein, Apple, & Kahn, 2011）。

与很多强奸案的动机相同，性骚扰更多地与权力有关而不是性。从动机上讲，性骚扰的实施者是想向受害者展示自己的权力，而不仅仅是想从受害者身上得到性的好处（O'Donohue, 1997; Huerta, Cortina, & Pang, 2006）。从某种程度上讲，性骚扰还可能源于"仁慈的性别歧视"（benevolent sexism）：一种表面上对女性有利但实际有害的刻板态度。例如，一个男老板可能称赞一位女性的外貌，并安排给她容易的工作让她不至于太累。但事实是，这种"偏爱"可能降低了女职员的成就感，她可能感到她不再受重视了（Glick et al., 2004; Dardenne, Dumont, & Bollier, 2007; Durán, Moya, & Megías, 2011）。

不管性骚扰的动机是什么，对受害者的伤害都是很明显的。最普遍的伤害是受害者会出现羞耻感和不安感，同时可能伴随着无助和无力感，因为性骚扰的目标通常都是社会地位较低的人。他们会遭受身心双重后果，工作质量可能会下降，并且不太相信自己还能获得更高的职位（Magley, 2002; Miner-Rubino & Cortina, 2007; Chiodo et al., 2009）。

性别差异

性别差异的表现

性别刻板印象和其他原因共同导致了两性之间许多行为上的差异。实际上，男女的相同之处比他们的不同之处要多。值得注意的是，相关研究反映的两性差异是男性群体和女性群体的平均值差异，因此不能用来预测单个男性或女性的行为。例如，有研究发现男性比女性更健谈，这与我们的刻板印象中女性更健谈的情况不符，因为在日常生活中我们总能很容易地找到话少的男性，以及比大多数男性更健谈的女性。当我们关注某个个体时，更应该关注该个体本身，而不是他（她）所在的性别群体；当我们审视性别差异的研究结果时，则需要把这一点考虑在内（Mehl et al., 2007; Halpern, 2010）。

非认知因素

第一，男女最显著的差别是他们实施攻击行为的程度。在 2 岁时，男孩就比女孩更多地表现出攻击行为，这种强烈的攻击行为会持续一生。相比于男性，女性更容易对自己的攻击行为感到内疚和不安，更多地考虑到受害者的感受（Munroe et al., 2000; Hyde, Mezulis, & Abramson, 2008; Cross & Campbell, 2011）。

第二，男性通常比女性表现出更高的自尊，但二者的差异并不大。女性的自尊通常受她们与其他人的联系和相互依赖感的影响，而男性的自尊更多地来源于他们对自己独特的才干和个性的评价（Lawrence, Ashford, & Dent, 2006; Gentile et al., 2009; Hasnain, Ansari, & Sethi, 2011）。

第三，在对自己的能力的看法以及对未来成功的可能性的预期上，两性也有差异。一般来说，女性对自己的评价比男性更为苛刻。例如，一项研究调查了大一男女新生对自己高于或低于平均水平的评价。如图 10.4 所示，与男生相比，认为自己的学术能力、数学能力和情绪健康水平都高于平均水平的女生较少。这种消极的自

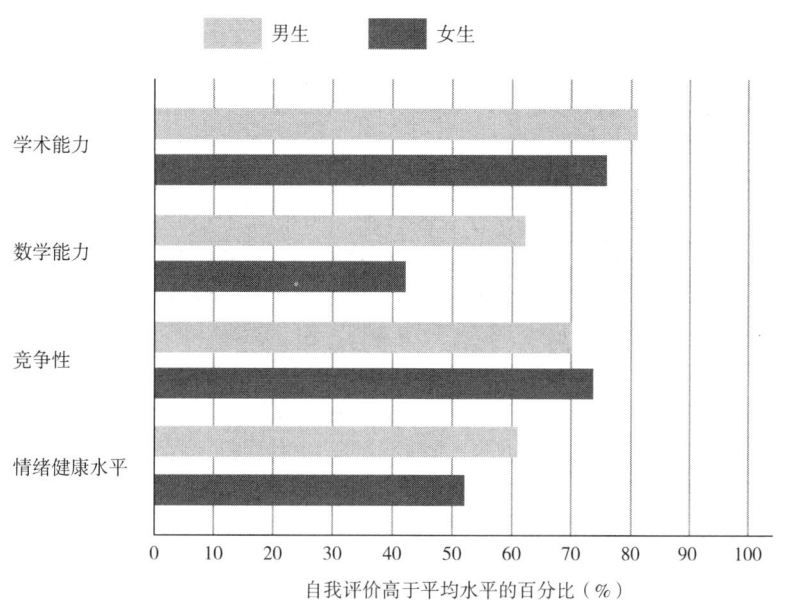

图 10.4
男女大学新生的自我评价
资料来源：Astin, Korn, & Berz, 2004.

我认知降低了女生们在学术和职业选择上的动机水平。这种现象叫作**刻板印象威胁**（stereotype threat），即人们对某个群体的成员所形成的刻板印象会对该群体成员产生消极影响，使其产生恐惧感。当女性遭遇刻板印象威胁时，她们的行为水平会下降（Steele, Spencer, & Aronson, 2002; Keller, 2007; Carr & Steele, 2009）。

第四，男女谈话的内容也不一样。女性谈话的内容更详细琐碎，其谈话方式更具有试探性而不是肯定性。美国的一项研究发现，英语国家的女性通常在句子末尾抬高音调，在一个陈述意见的句子末尾加个"小尾巴"。例如，她们不说"今天是个好天气"，而是说"今天是个好天气，是吗"，这表现出她的不确定性。当女性使用肯定性的语句时，比她们使用这种试探性的语句更能让人感到她们的知识和才干（Matlin, 1996; Popp, Donovan, & Crawford, 2003; Leaper & Ayres, 2007）。

第五，男女对疼痛的态度和耐受力存在差异。对疼痛的态度，无论是女性还是男性均认为，与男性相比，女性的疼痛临界点更低，表达疼痛倾向更强（吴小勇，黄希庭，2014）；而实际的疼痛耐受力研究结果则与此相反，女性表现为疼痛临界点更高，疼痛耐受力更强。

最后，男女在非言语行为上也有很多差异。在与异性交谈时，女性在听的时候对对方的注视时间显著高于说的时候；而男性在听和说的时候对对方的注视时间并无差别。男性的这种交流方式是为了获取交流力量和控制权，而女性是为了形成合作。此外，女性通常比男性更能记住对方的面部表情（Coats & Feldman, 1996; Burgoon & Bacue, 2003; LaFrance & Harris, 2004）。

认知因素 一般来说，男女在智力、学习能力、记忆、问题解决等方面没有差异。只有一小部分研究在特殊的认知领域发现了男女差异，但也有研究质疑这些差异的本质，甚至怀疑这些差异是否存在（Halpern, 2000）。埃莉诺·麦科比和卡罗尔·杰克林（Maccoby & Jacklin, 1974）发现，女孩在言语能力上优于男孩，而男孩有更强的数字和空间能力。尽管现在这些结果已被心理学界广泛接受，但近来更精确的分析结果对这些差异的本质和程度提出了质疑。

在数学能力上，心理学家海德及其同事选取了 700 万名二年级至十一年级的美国学生，考察了男女的数学表现，结果发现男女之间并不存在性别差异，甚至在那些超常儿童中也没有发现性别差异（Hyde et al., 2008）。但在某些数学和语言技能测验中，如美国的学业能力评估测验（SAT）的数学部分，取得高分的往往是男生（Hyde, 2005）。这些证据说明，我们还没有完全弄清楚认知能力的性别差异。

在言语能力上，心理学家也得出了类似的结论。尽管早期的观点是，女性的言语能力要优于男性，但仔细分析了 165 项（抽样总人数将近 150 万人）与言语能力的性别差异相关的研究数据后，研究人员发现，在言语能力上，男性和女性并无显著差异。在 SAT 的言语能力测试上，男生和女生的得分也极其相近（Hyde, 2005）。

此外，甚至当男女在特殊任务的表现上没有性别差异时，他们大脑的信息加工方式也可能存在潜在差异。例如，一项研究发现，当男性和女性给特定物体命名时，比如工具和植物，他们的大脑会根据对物体的体验以不同的方式被激活（Garnet al., 2009）。

总之，性别差异是复杂的，我们还没有完全弄清楚男女两性在认知能力上的差异（Hugdahl, Thomsen, & Ersland, 2006）。

性别差异的原因

性别差异形成的原因很复杂。性别差异的形成不仅受先天生理条件的影响，也同样受社会环境的影响。因此，我们必须把生物和社会因素结合起来解释男女的性别差异。

生物和进化因素 首先，我们看看生物和进化因素在性别差异形成中的作用。男女性别差异的背后是否存在着大脑差异？一些研究大脑结构和功能的心理学家提出了这个有趣的假设。例如，在某项研究中，由于母亲怀孕期间不慎服用了含有高剂量雄性激素的药物，这种情况下出生的女孩喜欢的玩具不同于其他女孩。她们会更喜欢男孩爱玩的玩具（如汽车），而不喜欢典型的女孩玩具。其中一个可能的原因是，出生前接触到的雄性激素影响了这些女孩大脑的发育，使得她们更喜欢需要某种技能的玩具（Hines et al., 2002; Fink, Manning, & Williams, 2007; Hines & Alexander, 2008）。还有证据表明，在女性雌性激素分泌水平高时，她们的言语技能和肌肉协调能力高于雌性激素分泌水平低时的表现。相反，她们在雌性激素分泌水平低时，空间任务完成得更好（Kimura, 1999; Rosenberg & Park, 2002）。

一些心理学家认为，进化因素导致了男女行为间的某些差异。例如，戴维·巴斯及其同事指出了男女的妒忌有实质性的不同。男性更容易对性的不忠诚而不是情感的不忠诚表现出妒忌，而女性则恰恰相反（Buss et al., 1992; Buss, 2003）。巴斯解释说，对于男女来说，性的背叛和情感的背叛在进化上的意义不同。对于男性而言，性的背叛会使他们怀疑孩子不是自己亲生的，而女性能确信那确实是她的孩子，她们的关注点是在抚育孩子期间是否能获得男性的保护和支持，所以获得男性的情感忠诚至关重要。

强调进化对性别差异形成作用的心理学家提出，跨文化的男女劳动分工的相似性也是由于进化的原因所致。他们认为，即使在十分不同的文化中，男性都比女性更倾向于具有进化优势的特征——进取、有竞争性、敢于冒险（Mealey, 2000; Buss, 2003; Chang & Geary, 2007）。但是很多人对这种进化论的解释提出了质疑。一些心理学家认为，这些差异与其说是来自进化的力量，不如说是由于背叛对于男女具有不同的意义所引起的。例如，男性可能相信，女性只有恋爱了才会发生性行为，所以性的背叛可以表明女性已另有所爱，所以性背叛比单纯的情感背叛更能引起他们的妒忌。相反，女性可能认为男性没有感情也能发生性行为，所以男性的性背叛不太会困扰她们，因为这并不一定意味着他爱上了别人（Jordan-Young, 2010; Fine, 2010; Lalasz & Weigel, 2011）。

另外，心理学家艾利斯·伊格利（Alice Eagly）和温迪·伍德（Wendy Wood）提出了生物社会学理论来解释性别差异。他们认为，性别差异的一个重要原因是男女身体机能的不同。跨文化研究发现，在很大程度上，男女的劳动分工建立在这样的基础上：男性运用自己的体格、力量和速度，女性运用自己孕育、抚养小孩的能力。但不同文化下男女从事的职业内容又受特定文化的影响，表现出一定的差异（Wood & Eagly, 2002）。

生物和进化到底能在多大程度上解释性别差异，还是个极具争议的问题。但有一点很清楚：生物和进化因素不能单独解释所有的性别差异。要完整理解性别差异的原因，我们还必须考虑社会环境因素。

社会环境因素 从一出生，孩子就被其父母按照性别区别对待。家长让男孩玩遥控汽车、模型玩具，让女孩玩洋娃娃和过家家。在交流方式上，与女婴相比，父亲和男婴玩耍的方式更粗放、随便。中产阶级的母亲和自己女儿的谈心要多于儿子。这些行为上的差异造成了男女不同的社会化经历。社会化（socialization）是指个体学习恰当的行为规则和规范的过程。性别角色社会化（sex role socialization）是指个体按照社会规定的或默许的男女性别角色要求，形成相应行为模式的过程。根据社会学习理论，男孩和女孩被教导向社会所期望的男性和女性应该有的行为那样行动，并因此得到奖赏（Liben & Bigler, 2002; Leaper & Friedman, 2007; Lee & Troop-Gordon, 2011）。

不仅是家长，整个社会都在孩子的成长过程中传达了社会对于性别的期望。在孩子们的阅读书籍里，女孩被刻板地描述为养育孩子的角色，男孩则更多扮演以身体和动作为主导的角色。电视在社会化的过程中也起了重要作用。电视上男性的人数多于女性，女性经常扮演的刻板性角色包括：家庭主妇、秘书和母亲。有研究表明，孩子看电视越多，他们的性别歧视越严重，这使得我们不得不十分重视电视在个体社会化中的作用（Ogletree, Martinez, & Turner, 2004; Dill & Thill, 2007）。

教育机构也对男孩和女孩区别对待。1998年，佐斌对小学语文教材的研究分析发现，课文中分配给男女两性扮演主角的数量，男性是女性的4.3倍，其中第4、9、10册没有女性担任主角；而在男女能力方面，教材描述女性的是无知低能的多，男性则是知识渊博、能力高强的多；在男女性格方面，教材描述女性更多的是不良性格特征（如小气、狠毒、不信任、迷信等），而男性则具有是坚强、勇敢、正直、友爱等优良的性格品质。小学语文课本是小学生主要的课内读物，这其中的性别刻板印象势必会对学生的性别观产生潜移默化的影响。美国的研究发现，在小学时，男孩在课堂上受到老师的注意大约是女孩的5倍，男孩比女孩获得更多的赞扬、批评和帮助。男孩更可能因为在作业中体现出的智力水准而受表扬，女孩则更可能因为整洁而受到表扬。甚至在大学中，男生也比女生更受老师的关注，他们在课堂上被频繁地叫起来回答问题，而且更可能从教授那里获得额外的帮助（AAUW, 1992; Sadker & Sadker, 1994; Einarsson & Granstroem, 2002; Koch, 2003）。

根据桑德拉·贝姆（Bem, 1998）的理论，社会化造成了**性别图式**（gender schema）——组织和引导人们理解与性别有关的信息的心理框架。根据性别图式，儿童开始按反映社会性别角色的方式行动。因此，当一个孩子有机会在夏令营学习缝纫衣服时，他可能不是根据这个行为的内在本质——学会使用针线，而是通过这个行为是否符合他的性别来评价这个行为（LeManer-Idrissi & Renault, 2006; Frawley, 2008; Clément-Guillotin & Fontayne, 2011）。

贝姆提出，人们是性别刻板印象的被动接受者，但更是主动的塑造者。减少儿童形成性别图式的一个方法是鼓励他们成为男女兼具型的人。**男女兼具型**（androgynous）也叫两性体，即同一个体身上既有男性特征又有女性特征的人综合了男女两性典型的心理和行为的特征。也就是说，一个男女兼具型的人可能在某些环境中表现得有进取心、傲慢、武断（社会认为的典型的男性特征），但在环境需要时，又会表现出典型的女性特征——合作、有礼貌、委婉。男女兼具型并不是指男女间应该没有差别，而是说这些差别应该建立在自由选择的基础上，而不是建立在社会所认为"仅仅是男性或女性应该有的特征"的基础之上。

你想了解自己吗：测测你属于哪种性别类型

下列项目是贝姆性别角色量表，如果一个项目你发现自己完全符合，就打7分，一点不符合，就打1分，如果有点相符但又不完全相符则按符合的程度酌情在1~7分之间给分。

1. 自强	2. 柔情	3. 助人为乐
4. 有理想	5. 乐观	6. 心境不稳
7. 独立性	8. 羞怯	9. 道德的
10. 爱运动	11. 重感情	12. 爱夸张
13. 坚定	14. 爱奉承	15. 自感幸福
16. 个性强的	17. 忠诚的	18. 变幻莫测
19. 有力量	20. 女性心	21. 依赖性强
22. 分析能力	23. 同情心强	24. 嫉妒
25. 领导能力	26. 敏感	27. 诚实
28. 爱冒险	29. 通情达理	30. 不坦率
31. 果断	32. 善于怜悯他人	33. 诚恳的
34. 自足	35. 易平息被伤害感	36. 自负
37. 爱支配人	38. 说话委婉	39. 可爱
40. 男子气概	41. 给人以温暖	42. 庄重
43. 愿意表白自己	44. 温柔的	45. 友好
46. 爱攻击他人	47. 轻信	48. 无能力的
49. 举止像领导	50. 孩子气	51. 顺应环境
52. 个人至上	53. 不说粗话	54. 杂乱无章
55. 竞争性强	56. 爱孩子	57. 有才能
58. 有野心	59. 爱玩乐	60. 保守

评分：

1. 把1、4、7、10、13、16、19、22、25、28、31、34、37、40、43、46、49、52、55、58所得分数相加，再除以20，这就是你的男性角色得分。
2. 把2、5、8、11、14、17、20、23、26、29、32、35、38、41、44、47、50、53、56、59所得分数相加，再除以20，这就是你的女性角色得分。
3. 如果你的男女角色分数均在4.9分以上，那么，你就属于男女兼具型。

性

性，是大部分成人日常生活的重要组成部分。虽然人类性行为的生理基础和其他物种的差别不大，但由于人类的性行为中加入了情感和价值判断，所以我们必须从生理基础和社会影响两方面来考察人类的性行为。

性行为的生理基础

如果人们见到两只正在交配的昆虫，毫无疑问这是性本能的作用。这样的行为是先天的，受基因的控制，几乎不受其他因素的影响。事实上，很多非人类动物的性行为是受基因的影响。例如，昆虫的性行为会受到血液中激素的影响，雌性昆虫只在一年特定的时间段里发情。然而，人类的性行为则与之不同，人类的性行为不仅需要一定的生理基础，而且还需要一定的心理基础。其生理基础是人的生殖系统和性激素，心理基础则是人脑内形成的各种联结。我们可以从人与动物的性行为的比较中了解人类性行为的复杂性。

人类和动物都具有生理意义上的性本能。人类是从动物进化来的，在人类身上还保留着某些动物性，而文化的发展在许多方面则是抑制或改造了这些动物性的结果。有些社会生物学家把人类的性行为与动物的性行为相比较，发现有许多相似的地方，例如无论是人类还是猩猩，性交都会掌握一定的时机。雄性黑猩猩准备好后，就做出示意，如摇树枝或凝视对方，以提示雌性，这时的雌猩猩就会靠近雄猩猩，做好适于性交的姿态。人类在性交前，也会以不同方式向对方发出"做爱信号"，有的是语言的，更多的是非语言的，而对方则有接受"做爱信号"与如何反应的问题。但人类的性行为经过漫长的进化，远比动物的高级、复杂，其中发情期的消失是人类的性生理和动物的一个根本区别。动物都有发情期，它发生于一年中的少数特定季节或时期，只有在这较为短暂的时期里才产生性欲，才能发生性行为。

人类则不然。男性进入青春期后，睾丸开始分泌**雄性激素**（androgen），即男性的性激素。雄性激素不仅导致第二性征的出现，如体毛生长、嗓音低沉，还刺激了性欲的产生。睾丸产生雄性激素的水平基本上是恒定的，所以男性的性行为没有生理周期。只要恰当的刺激引起性兴奋，男性就能产生性行为（Goldstein, 2000）。

而女性进入青春期后，两个卵巢开始分泌女性的性激素——**雌性激素**（estrogen）和**孕酮**（progesterone）。但是，这些激素的分泌不稳定，有一定的生理周期。在排卵期，卵巢排出一个卵子，这时女性的性激素分泌最旺盛，受精的概率最大。对于动物来说，排卵期前后是雌性动物唯一接受性行为的时间段，但人类不同——女性在整个周期都能接受性行为，只是在整个周期中，她们所报告的性欲有所差别（Leiblum & Chivers, 2007）。另外，有些证据表明，男性的性欲比女性强，这可能是因为社会对女性性行为的不鼓励，而不是源于男女身体构造的不同（Gangestad et al., 2004; Baumeister & Stillman, 2006; Carvalho & Nobre, 2011）。

人类发情期的消失可以使人类在全年的任何时候都能产生性欲，实现性行为，这不仅使女性提高了受孕机会，从而使人口迅速发展繁衍，而且使面对面的性交得以在不间断的反复中巩固下来，成为人类的一种基本的性行为模式。

图 10.5

男女性器官剖面图

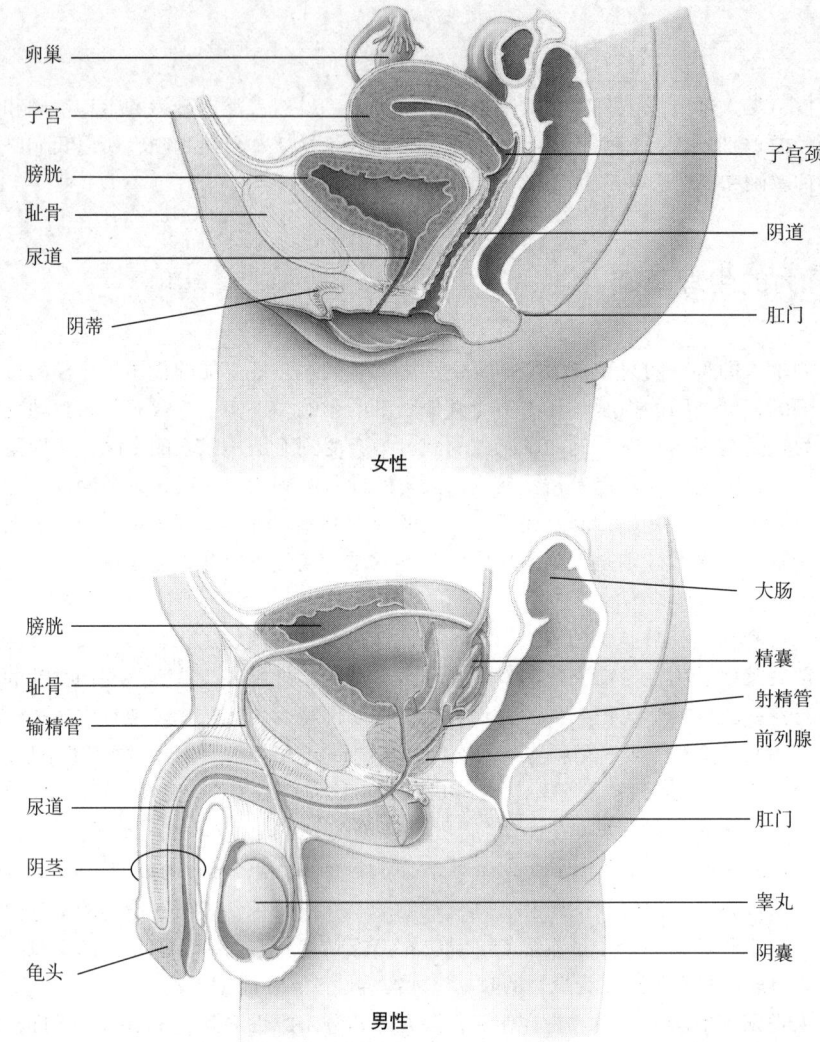

另外，能引起人类性唤起的刺激的数量和种类也远远多于其他物种。这些刺激不仅仅是指具体的某个人，还包括相关的任何物品、景色、气味、声音等。由于先前形成的联系，人们可能闻到香水的味道或听到一支动情的歌曲，就会产生性兴奋。当然，什么东西能引起性兴奋因人而异（Benson, 2003）。这些说明，人类的性行为虽然离不开生理反应的范畴，但都直接涉及性情感、性意志等心理和社会因素。人类的性行为具有自然性，但社会性才是其本质属性。

如果有人认为我们最主要的性器官是大脑，在某种程度上而言这是对的。从人类性行为的心理基础看，人脑从某种程度上是人类主要的性器官。社会中不少人认为与性唤起有关的东西，其实与我们的生殖器关系不大，而是通过学习被贴上了性爱标签。例如，在我们身体上没有一经接触就自动产生性唤起的区域。我们身体上的**"性感带"**（erogenous zones）——有丰富的神经感受器，该部位不仅对性接触，而且对其他类型的触摸也极其敏感。当医生触到患者的胸部或阴茎时，神经细胞传递到大脑的信息与性伴侣触摸该部位时神经细胞传递的信息相同，不同的是对这个触摸的解释。只有当人们身体的某个部位按照他们界定为性行为的方式受到触摸，且他们愿意进行性行为时，他们才会出现性唤起（Gagnon, 1977; Goldstein, 2000; Wiederman, 2011）。

虽然人们几乎对任何刺激都能产生性反应，但也有一些刺激是社会和文化公认的代表性爱的刺激。在大多数西方社会中，胸部大小经常被作为女性是否性感的衡量标准之一，但在其他一些文化中，胸部大小与性感关系不大（Rothblum, 1990; Furnham & Swami, 2007）。

性幻想在性唤起的产生过程中也有重要作用。人们不仅在日常活动中会产生性幻想，而且60%的人在性交中也会产生性幻想。有趣的是，在性交过程中，有的性幻想的内容是与性伴侣以外的人发生性行为（Hicks & Leitenberg, 2001; Trudel, 2002; Critelli & Bivona, 2008; Goldey & Anders, 2011）。虽然看起来男性可能比女性更经常进行性幻想，但男女性幻想的内容和数量并没有多少差异。值得注意的是，性幻想并不能代表其想在现实生活中实现，我们不能根据性幻想的内容推测个体在现实生活中的行为（Hsu et al., 1994; Shulman & Horne, 2006; Santtila et al., 2008）。

性行为的过程

虽然能引起性唤起的刺激因人而异，但人们性反应的基本过程是相同的。心理学家威廉·马斯特斯和弗吉尼娅·约翰逊开创性地在严格控制的实验室条件下研究性行为。他们提出了现在最为人们所接受的结论，性反应包括常规的四个阶段：兴奋期、高原期、高潮期和消退期（Masters & Johnson, 1994）。

兴奋期（excitement phase）从刺激引起性唤起开始，持续的时间从几分钟到一个多小时不等，期间生殖器为性交做好准备。由于血流到阴茎，男性的阴茎变得挺立；同样，由于女性阴蒂处的供血量增加，阴蒂胀大，阴道变得润滑。女性可能还会经历"性晕红"，通常是胸部和喉咙处变红。

接下来是**高原期**（plateau phase），身体为高潮做准备的阶段。在这个阶段，随着阴茎和阴蒂的充血，个体达到最大程度的性唤起。女性的胸部和阴道扩张，心率和血压上升，呼吸急促。肌肉高度紧张，以迎接下个阶段——**高潮期**（orgasm phase）。高潮期伴有强烈的、有高度快感的体验，达到高潮时，生殖器的肌肉按每0.8秒一次的频率收缩，男性肌肉的收缩产生"射精"——阴茎排射出带有精子的精液。男女的呼吸频率和心率都达到最高值。

男女在高潮期的主观体验比较相似。在一个实验里，一群男女写下了他们对高潮的体验，然后主试给一组专家看这些描述，并让专家说出哪些是男性写的，哪些是女性写的。结果显示，专家的成绩并不优于随机水平，这说明我们难以将性高潮做基于性别的区分（Vance & Wagner, 1976）。

高潮期后，人们进入了性反应的最后一个阶段——**消退期**（resolution stage），这时身体又恢复到放松状态，从性唤起引起的变化中恢复过来。阴茎恢复到未勃起时的形状和大小，血压、心率和呼吸又恢复到正常。男女在消退期的反应显著不同。女性能再次回到高潮期，达到再次高潮。但男性在消退期就进入了一个**不应期**（refractory period），期间他们不能再次勃起，所以也就没有再一次的高潮和射精，这个阶段可能持续几分钟到几小时不等（Goldstein, 2000）。

性行为的形式

人类的性和性行为受一个时代的价值观、信念、态度、生物和医学知识等的影响。现在我们知道,性行为的形式是多种多样的。过去被认为是"不正常"和"淫荡的"性行为也逐渐被当今社会所接受。同样,在一种文化中很普遍的性行为,在另一种文化中就可能被认为是不可思议的。总之,划分正常和不正常的界限不是一件容易的事。这就给我们提出了一个难题——如何确定性行为正常与否呢?

一种区分方法是,像人们习惯的做法一样,给一个社会中很少出现的、非同寻常的行为贴上异常的标签。但这一做法的困难在于,一些统计学上很少发生的行为并没有区分的价值。比如,虽然大多数人在卧室发生性行为,但那些偏好在餐厅做爱的人就不正常吗?如果有人喜欢长得胖的性伴侣,那他们在以瘦为美的社会中就算不正常吗?显然,这两个问题的答案都是否定的,所以我们不能以偏离一般作为异常的标准。

另一种方法是以标准或理想的性行为作为判断标准。但问题是:我们该用哪个标准?哲学、《圣经》、心理学都可能给出它们自己的标准,但没有哪一个标准会被所有人接受。而且,随着科学知识的积累和社会态度的变迁,标准也发生了急剧的变化,所以这种方法也是不可取的。例如,50年前,美国精神病协会把同性恋作为一种心理疾病。但在1973年,该协会指出,同性恋不应该再被看作心理异常。显然,这种行为没变,但人们给它贴的标签变了。

最明智的界定性行为是否正常的方法可能是,考虑这种行为引发的心理后果。如果一种性行为使得个体感到痛苦、焦虑和内疚,或它对其他人是有害的,那么这种性行为我们就说它是异常的。

重要的是,我们必须认识到,所谓正常或异常的性行为主要是基于社会价值取向界定的,不同时代的人对于正常性行为的界定有很大的不同。人们应该也能够对什么是他们自己生活中的正常的性行为做出自己的判断,世上很少存在被所有人都接受的是非标准。

人们对性行为的态度和判断在很大程度上受他们对性行为认识的影响。在许多具有开创精神的研究者的努力下,人们正逐渐从"谈性色变"到科学、理性地剖析人类的性行为。尤其是生物学家阿尔弗雷德·金赛,他在美国进行的人类性行为的研究,首次系统地揭示了人类的性行为,并写出了性学方面的经典著作——《男人的性行为》(*Sexual Behavior in the Human Male*)和《女人的性行为》(*Sexual Behavior in the Human Female*)(Kinsey et al., 1953)。继金赛的研究工作之后,在美国或其他国家很少再有这样系统的大规模取样的调查。但从零散的取自不同调查样本的结果来看,我们仍可以对当前性行为的形式有全面的了解。

手　淫

如果在80年前,医生会告诉你手淫是一种会导致精神和生理双重障碍的行为,但事实并非如此。**手淫**(masturbation)狭义是指以手摩擦阴部(阴蒂或阴茎)以获得性兴奋和达到性高潮。广义是指自我性刺激,即用手或其他物品刺激生殖器而获得快感的行为,常伴随有意念集中、呼吸频率及心率加快、有节律的躯体运动、肌肉紧张等。手淫是人们最常见的性行为。美国的调查发现，大约有 94% 的男人和 63% 的女人至少有过一次手淫。在大学生中，手淫的次数从"从未有"到"每天几次"不等（Hunt, 1974; Michael et al., 1994; Polonsky, 2006）。

首次手淫可能出现在不同的年龄阶段，但总体来看，男性的手淫频率明显高于女性，虽然在不同的年龄段有差异。男性通常在十几岁时最容易出现手淫，在以后的时间里出现概率下降。还有一个差异就是，非裔美国人比白人更少手淫（Oliver & Hyde, 1993; Pinkerton et al., 2002; Das, Parish, & Laumann, 2009）。通常人们认为，手淫只有在得不到其他途径进行性行为时才发生，但研究发现，并非如此。有接近 3/4 的已婚男人（20~40 岁）报告说他们平均每年手淫 24 次，同一年龄段的 68% 的已婚妇女平均每年手淫 10 次（Hunt, 1974; Michael et al., 1994; Das, 2007）。

虽然手淫很常见，但人们对手淫的态度还是比较消极的。一项调查发现，大约 10% 的人手淫后感到羞愧，有 5% 的男性和 1% 的女性认为他们进行手淫是很堕落的（Arafat & Cotton, 1974）。但大部分性学专家把手淫看作健康、合理、无害的性行为。而且，手淫被看作了解自己的性的一种途径，还可以成为发现自身身体变化（例如癌症肿块）的一种方法（Coleman, 2002; Levin, 2007; Herbenick et al., 2009）。

异性恋

很多人将初夜视为自己个人成长中的一座重要的里程碑。**异性恋**（heterosexuality）是指向异性的性吸引和性行为。它不仅包括男女之间的性交，还包括性嬉戏，如爱抚、亲吻、按摩等。但性学者的研究重点在于性交，尤其是初次性交和性交的频率。按是否建立婚姻关系，异性恋可分为婚前性行为和婚后性行为。直到现在，婚前性行为，尤其对于女性而言，都是社会所禁忌的。传统上，女性总是受到社会的警告"好女孩不应该这样做"。男性的婚前性行为未受到约束，但却被告知，他们应娶处女为妻。这种允许男性婚前性行为、禁止女性婚前性行为的观点叫作"**双重标准**"（double standard）（Liang, 2007; Lyons et al., 2011）。20 世纪 60 年代，大部分美国人还认为婚前性行为是不对的。但时至今日，公众的观点已经发生了巨大的变化，赞成婚前性行为的中年人的人数显著增加，约 60% 的美国人赞成婚前性行为，超过一半的人认为婚前同居在道德上是可以接受的（Thornton & Young-DeMarco, 2001; Harding & Jencks, 2003）。

随着人们对婚前性行为态度的转变，婚前性行为的发生率也发生了变化。最近的数据表明，美国超过一半的 15~19 岁的女性有过婚前性交行为。这个数据大约是 1970 年在该年龄段有过婚前性交行为的女性人数的两倍。显然，在过去的几十年中，发生婚前性交行为的女性人数大大增加了（Jones, Darroch, & Singh, 2005）。

男性婚前性交行为的发生率也有所增加，但不像女性增长得那么显著，这可能是因为男性最初的比率就高。例如，在 20 世纪 40 年代，美国首次开始婚前性交的调查结果显示，84% 的男性有过婚前性交行为，而最新的数据则接近 95%。而且，男性发生首次性交的年龄在逐步下降。大约一半的男性在 18 岁时有过性交行为，到 20 岁时，有 88% 的男性有过性交行为。而对于女性而言，70% 在 19 岁生日前就有过性交行为（Hyde, Mezulis, & Abramson, 2008; Guttmacher Institute, 2011）。在中国，社会学家潘绥铭等人调查了从 1991 年到 2001 年间中国大学本科生的性行为状况。研究发现，中国大学生的约会、爱抚等一般性行为在 10 年间没有显著差异，唯有性交行为的发生率有所增加。尤其是男生的性交发生率，相对于1997年的10.9%，几乎翻了一番，达到20.0%。而截至2001年的调查，在全国的大学本科生中，曾经有过性交行为的占16.9%，有过频繁性交行为，即同居的占5%。而本科生的异性交往活动也是循序渐进的，行为越私密，曾经有过该行为的人就越少。而且，在大多数异性交往行为上，都是男生的比例大于女生。

2012年，江剑平再次对该问题进行了调查，通过网络，采用不记名问卷的方式调查了512名大学生。本次调查中承认有过婚前性行为的学生为74名，占被调查人数的14.5%，其中男生占比为17.7%，女生为11.9%。66.2%的学生认为婚前性行为应慎重为好，但男女态度有所差异，相比之下，男生的心理压力较小。在发生性关系的过程中，绝大多数是由男生主动发起的，他们表现出更强的占有欲。而在是否使用避孕套的问题上，超过一半的学生不能坚持每次都采用避孕措施，甚至有近8%的人在婚前性行为时从不采取避孕措施，这可能会增加非意愿妊娠或性传播疾病的可能性。在对"同居而不结婚"的看法上，持肯定和否定态度的比例相当，均约占4成左右。但男女表现出明显不同的态度，54.9%的男生赞成这样的行为，而52.8%的女生不赞成这样的行为。66.2%的学生认为婚前性行为应慎重为好，认为"只要双方愿意就行"和"只要将来能结婚就行"也占相当的比例，分别为35.4%和24.6%。此次调查与2001年潘绥铭的调查结果比例有明显提高，表明在校大学生婚前性行为呈现上升趋势。原因可能有：一是年代差异，本次调查时间是2012年，受调查对象多为90后的学生，他们受传统的道德观念影响比10年前受调查的对象小，同时由于网络信息的普及以及西方性观念的冲击，这一代年轻人的观念较为不成熟，并在性行为上表现出一定程度的性开放；二是调查方法不同，本次调查采用网络不记名问卷调查，学生更敢于表达自己。

男性和女性对婚前性交的态度和行为都表现出了大概的一致性，这是否说明双重标准已被废弃了呢？对于一些人，尤其是年轻人，双重标准被新的观点所取代，即"建立在感情基础上的放纵"。这种观点认为，只要婚前性交是建立在长期的、有感情的、自愿的基础上，就是可以接受的（DeGaton, Weed, & Jensen, 1996; Hyde, Mezulis, & Abramson, 2008）。但双重标准并未完全消失，只要有差异的标准存在，社会对男性就会比对女性更宽容（Sprecher & Hatfield, 1996）。

应该如何应对在校大学生婚前性行为的发生呢？1995年，潘绥铭认为性教育是中国青少年最迫切需要的社会服务。由于网络信息的泛滥以及一些不良风气的影响，发生婚前性行为的年龄趋于年轻化，因此对处于"危险期"的青少年开展适合的性健康教育迫在眉睫。

第一，高校作为专门的教育机构，对大学生进行有效的性教育也是其一大任务。但在目前，学校课程涉及这方面知识的并不多。所以，高校要明确性教育的内涵、目的，以人为本切实关注大学生的生理和心理发展变化，大胆尝试，勇于创新，用特色活动与科学教育相结合，开设性教育课程、采用行为疗法以及认知行为疗法等开展大学生婚恋教育。

第二，加强性健康教育，不应只限于校园，更需要良好的社会风气。因此，净化社会环境对于加强性健康教育是至关重要的。不仅要加强"扫黄打非"的力度，杜绝各种低级庸俗的性文化，通过媒体大力宣传高雅艺术，更要加强网络信息管理，抵制不雅信息的传播，严禁网络传播淫秽信息，构建一个完善的网络信息管理制度。

第三，提供避孕咨询和服务。婚前性行为的态度对性行为的发生有重要作用，但科学正确的态度的形成和转变毕竟是缓慢的。高校计生部门、社区服务机构及团委学工部等相关部门对学生加大有关生殖健康和安全性行为的宣传，通过有针对性的心理指导与对话，有效地缓解大学生的心理矛盾，消除不恰当的性观念，解除各种心理障碍。同时，通过安全套售卖机进校园等方式，增加提供避孕服务的途径，有效保护大学生的身心健康。

人们对于婚前性交的态度还存在很大的文化差异。例如，在牙买加、美国和巴西等国家，17岁前发生性交行为的男性人数大约是菲律宾的10倍。在一些文化背景下，如非洲一些地区，女性变得性活跃的时间早于男性，这也有可能是因为她们结婚的年龄比男性小（Singh et al., 2000）。与婚前性交相对的是婚后性生活。和谐的性生活可以作为婚姻幸福的标准之一。

衡量婚姻中性生活的指标有很多，其中很重要的一个是性交行为的频率。因为性行为的形式多种多样，导致我们很难回答什么才是典型的性行为。但据调查，43%的已婚夫妇一个月有几次性交，36%的已婚夫妇一个星期有2~3次性交。随着年龄的增长和婚龄的增加，性交的频率下降。但性交仍会持续到成年晚期，这个时期大约有一半的人报告说，他们高质量的性活动至少每个月有一次（Michael et al., 1994; Powell, 2006）。

婚姻中的性生活还涉及**婚外性行为**（extramarital sex）。虽然早期的研究发现婚外性行为很普遍，但当前的现实情况却不是这样。根据美国的调查，85%的已婚妇女和75%以上的已婚男性对自己的配偶都很忠诚。而且，在18岁之后，男性在婚内和婚外的性伴侣数量的中位数为6个，女性为2个。伴随这个数字的是人们对婚外性行为高度一致的反对，9/10的人认为"这总是不对的"（Michael et al., 1994; Daines, 2006; Whisman & Snyder, 2007）。

同性恋和双性恋

同性恋（homosexuality）是指对同性别的人产生依恋感、性欲望或性爱的一种恋爱关系。从绝对同性恋到异性恋之间存在一系列形式。**双性恋**（bisexuality）是指对同性别和异性别的人都能产生依恋感、性欲望或性爱的一种恋爱关系。曾经有过同性性伴侣的人在人群中占有相当比例。据估计，20%~25%的男性和15%的女性至少有过一次同性性行为。但确信自己是纯粹的同性恋者的人数难以估计，有的估计低至1.1%，有的高至10%。大部分专家认为，男性和女性中纯粹的同性恋者占5%~10%（Hunt, 1974; Sells, 1994; Firestein, 1996）。我们不能简单地把同性恋和异性恋看作两种完全对立的性取向。如图10.6所示，性学研究者金赛开拓性地把人们的性取向看作一个坐标系，一端是"纯粹的同性恋者"，一端是"纯粹的异性恋者"，位于中间的人有相同数量的同性性行为和异性性行为。金赛的做法说明，人们的性取向依赖于个人的性感受、性行为和浪漫的感觉（Weinberg, Williams, & Pryor, 1991）。

是什么决定了人们成为同性恋或异性恋呢？至今，还没有一个理论能给出圆满的解释。一些人把性取向解释为由基因决定的。这个解释的依据来源于同卵双生子研究。这个实验发现，当双生子中的一个确信自己是同性恋后，另一个也是同性恋的概率比其他人高。即使从小没有一起生活的双生子也会出现这种现象（Kirk, Bailey, & Martin, 2000; Gooren, 2006; LeVay, 2011）。激素在决定性取向时也起着重要作用。例如，有研究发现，怀孕的妇女吃了防止流产的药物，那么她生下的女孩长

0 纯粹的异性恋	1 基本上是异性恋，但偶尔有过同性恋行为	2 基本上是异性恋，但有较多的同性恋行为	3 一半异性恋，一半同性恋	4 基本上是同性恋，但有较多的异性恋行为	5 基本上是同性恋，但偶尔有过异性恋行为	6 纯粹的同性恋

图 10.6 金赛制定的性取向坐标

资料来源：Kinsey, Pomeroy, & Martin, 1948.

大后更可能成为同性恋者或双性恋者（Meyer-Bahlburg, 1997）。还有研究称，大脑结构可能与性取向有关。例如，下丘脑前区（统管性行为的大脑部分）的结构，男同性恋者和男异性恋者的不一样。同样，其他研究也发现，与男女异性恋者比较，男同性恋者的大脑前连合（联结大脑两个半球的神经元束）更大（LeVay, 1993; Byne, 1996; Witelson et al., 2008）。但由于这些实验的被试样本很小，所以同性恋的生物学解释还不是很令人信服。但确实存在遗传或生理上的原因使得人们先天具有在某种情况下成为同性恋的可能性（Veniegas, 2000; Teodorov et al., 2002; Rahman, Kumari, & Wilson, 2003）。很少有证据说明性取向是由家庭教养方式或家庭的力量决定的。虽然经典的精神分析理论认为，亲子关系会导致同性恋，但并没有研究证据支持这种解释（Isay, 1994; Roughton, 2002）。

对性取向的另一种解释来自学习理论（Masters & Johnson, 1979）。它认为性取向是通过奖赏和惩罚习得的，就如同我们通过学习，自己偏爱游泳胜过网球一样。例如一个有过不愉快的异性恋经历的青少年，就可能把不愉快与异性之间形成联结。如果这个人获得了愉快的、受到奖赏的同性恋经历，同性恋就可能进入他的性幻想。如果在以后的性行为中，如手淫，他用到这种性幻想，这种性幻想就可能被性高潮积极强化，形成同性恋行为和愉悦感觉的联结，使得同性恋成为优于其他性行为的方式。学习论的解释也遇到些难题，因为我们的社会传统对同性恋的评价比较消极，同性恋者应该会预料到，同性恋行为受到的惩罚将很可能大于奖赏。而且，从统计上看，由同性恋父母抚养长大的孩子不想成为同性恋，这就和同性恋行为是学习的结果这一解释相抵触（Golombok et al., 1995; Victor & Fish, 1995; Tasker, 2005）。现在，研究者放弃了用单一因素来解释性取向的做法，而是把生理和环境因素结合起来考虑。有一点我们很明确：性取向和心理适应没有关系。虽然同性恋和双性恋更可能因社会歧视引起一些心理困扰，如抑郁，但他们普遍都能像异性恋者一样身心健康（Poteat & Espelage, 2007）。鉴于此，美国心理学会和其他主要心理健康组织支持消除对同性恋者的歧视（Cochran, 2000; Perez, DeBord, & Bieschke, 2000; Morris, Waldo, & Rothblum, 2001）。

在中国，对于同性恋的态度，根据2002年湘雅医学院的调查显示，认可同性恋和同性性行为的人占被调查者总人数的10%。2004年北京广播学院的调查显示，67.4%的被访者认为同性恋不违反伦理道德，50.9%的人认可同性恋之间的恋情，54.9%的人对同性之间发生性关系无异议，39.6%的人认为同性恋婚姻应当合法化。可以看出，多数人对于同性恋现象较为宽容，他们对同性恋行为的态度更多的是从个人权利的角度出发的，他们把性看作个人的事情，是一种私人化的体验，只要没有妨碍和伤害他人，都被认为是正当的。国外研究者把同性恋对外暴露分为四个层次：对自我的暴露，对亲朋好友暴露，在公众场合暴露，在政治层面暴露。周（Chou,

2000)批判同性恋者对外暴露身份是美国特有的社会经济和文化条件下的产物，是与美国价值观中的个人主义、权利意识、自我表达、性解放以及大城市里高度匿名性等相适应的，所以不能完全照搬到中国社会中来。2009年，刘俊和张进辅认为，中国传统的儒家思想强调阴阳和谐，家庭完整，遵守社会秩序。作为儿女，最重要的职责是通过结婚生子来延续家庭，成为同性恋者意味着儿女拒绝作为父母的角色，无法传宗接代，这是不被家庭和社会所接受的。因此，他们很难在公众场合、政治层面上暴露自己，但这并不意味着在中国同性恋无法达到积极的自我认同。在跨文化研究中，"暴露"的意义应该是多方面的：通过互联网表达自己的性取向；向同性恋圈内的朋友暴露身份；对异性恋朋友、亲人暴露身份；出入同性恋酒吧等活动场所，参加同性恋防艾小组等都属于默认自己的同性恋身份；甚至抵制异性恋婚姻也是一种常见的表达方法。

心理学与人生：艾滋病、性病与性道德

性病，过去是指以性交为主要传播途径的一些慢性传染病。传统所称的性病主要是梅毒、淋病、软下疳、性病性淋巴肉芽肿。1975年，世界卫生组织常任理事会通过决议，用"性传播疾病"代替"性病"这一旧称，其范围扩大，除包括因性行为引起的性器官直接接触传染的疾病外，还包括进行性行为时性器官以外的皮肤对皮肤、皮肤对黏膜、黏膜对黏膜的直接接触传染的疾病。艾滋病（AIDS）即是一种新的性传播疾病。艾滋病全称为"获得性免疫缺陷综合征"（acquired immunodeficiency syndrome），其特点是患者的免疫功能出现严重缺陷，失去对外界感染的抵抗能力，容易发生条件性感染和少见的恶性肿瘤，最后因无法治疗而死亡。预防和控制艾滋病已成为世界性的难题。截至2018年9月底，中国现存活艾滋病病毒感染者497 231例，艾滋病患者352 371例，累计死亡262 442例。预防艾滋病的一项根本性措施，在于提高大众的性健康程度，养成遵循性道德、洁身自好的生活方式。

怎样才算性健康呢？从心理学上讲，"性健康"是指个体具有正确的成熟的性意识、科学的性知识、和谐的性生活、合乎社会发展要求的性道德，而没有异常的性心理和性行为。性道德是性健康的核心，是人们在两性方面应遵守的行为规范和准则。性道德主要涉及两个方面：一是在两性之间的性关系上的道德问题，主要是在恋爱、结婚与性行为上要求两性平等，婚姻自由；二是性行为与社会的关系上的道德规范。人类的性行为，并不只是两个人之间的事，它会对社会带来一定影响。违背性道德的性行为会污染社会环境，败坏社会风气，毒害周围的人，特别是毒害青少年的身心健康，而且还会带来一系列社会问题，如艾滋病、性病、性犯罪等，从而破坏社会安定。

道德的性行为有什么特征呢？首先，一切性行为必须有利于行为所涉及的人的身心健康和自由以及全面发展。不管采取什么样的性行为方式，都必须有利于或至少不损害所涉及的人的身心健康。这就要求性行为必须是建立在双方自愿基础上的，任何违背当事人意愿的性行为，不管它发生在婚前还是婚后，都会损害当事人的身心健康，都是不道德的。其次，作用于他人身体的性行为必须建立在爱情的基础上。因为道德的性行为不仅是全身心投入的生理反应，更应该是全身心投入的生命交流。最后，性伴侣应该有一定的稳定性和专属性。

大学生风华正茂，处于性生理发育成熟、性心理逐渐趋向成熟的时期。性生理成熟和性心理尚未完全成熟的矛盾，性的生理需求与社会规范之间的冲突，成为大学生心理卫生的主要问题之一，直接影响大学生的心理健康和发展。回避、压抑、否定都不能解决问题，科学、理性、审慎、负责任才是应有的态度。

性爱是"天使和魔鬼的集合体"，它既能带给人愉悦、幸福和活力，也会带给人焦虑、疾病和灾难。亲爱的大学生朋友们，当你面对性的诱惑时，请慎重处理。

爱 情

什么是爱情

中国古代诗词对爱情的描绘有很多。例如，《凤求凰·琴歌》中的"有一美人兮，见之不忘。一日不见兮，思之如狂"。诗仙李白在《三五七言》中写道，"入我相思门，知我相思苦。长相思兮长相忆，短相思兮无穷极"。柳永的《雨霖铃》："此去经年，应是良辰好景虚设。便纵有千种风情，更与何人说？"西方文学作品中也不乏经典描述，莎士比亚曾写道，"起先的冷淡，将会使以后的恋爱更加热烈"。别林斯基认为，"爱情需要合理的内容，正像熊熊烈火要油来维持一样；爱情是两个相似的天性在无限感觉中的和谐的交融"。爱情是古今中外人们关心的永恒主题之一。哲学心理学家弗洛姆（Erich Fromm, 1900—1980）在其著作《爱的艺术》中将人类的爱情分为五种：兄弟之爱、父母之爱、异性之爱、自我之爱和神明之爱。我们这里讲的"爱情"为异性之爱。作为一种包含性的成分在内的两性关系，爱情表现出它的复杂性。正如罗素所说："爱，如果这个字眼能够得到正确应用的话，并不是指两性间的一切关系，而仅仅是指那种包含着充分情感的关系和那种既是生理又是心理的关系。"什么是爱情呢？为了解答这个问题，20世纪70年代开始，心理学家鲁宾开始对此进行学术研究。他认为，爱情是一个人对另一个人的某种特殊的想法和态度，它是亲密关系的最深层次，不仅包含审美、激情等心理因素，还包含生理唤起与共同生活的愿望等复杂的因素。

为了深入解释什么是爱情，我们不妨比较一下"爱情"和"喜欢"两个概念。"我爱你"和"我喜欢你"表达的心理感受密切关联又不尽相同。"喜欢"指的是人际吸引的双方有共同的理解，对喜欢的对象有积极的评价和尊重；而爱情具有喜欢所没有的要素。

首先，二者生理上的反应不同。有研究者统计了679位大学生对自己在恋爱中的感受和强度的评价，发现79%的人有强烈的幸福感；37%的人注意力难以集中；29%的人有飘飘然的感觉；22%的人希望自己狂奔、大叫；22%的人在约会前感到紧张；20%的人在恋爱时有陶醉感；20%的人有双手冰冷等生理反应（Kanin, 1970）。

其次，爱情带有性的卷入。恋爱的双方不仅在情感上相互需要，在身体上也有特殊的接触需要。辛普森（Simpson,1987）发现，性生活是爱情关系发展的强化剂，有性生活的恋爱比没有性生活的恋爱持续时间更长。但一旦分手，有过性生活的恋人受到的伤害比没有的更大。

再次，爱情意味着奉献。奉献是爱情的一个基本、核心的倾向。衡量一个人是否爱另一个人、爱的程度的标准就是"是否发自内心地愿意帮助爱人做他／她所期望的任何事情"。

爱情的产生

奥古斯特·罗丹的雕塑《吻》是广为人知的雕塑之一，它描绘了人的肉欲之爱，但是却有着纠葛而又充满争议的历史。该雕塑中全身赤裸的恋人深情款款，人体雕像皮肤光滑细腻，与他们坐着的表面粗糙的岩石形成了鲜明的对比。罗丹创造的这对恋人是永恒而又理想化的：展现了世人对爱欲的痴迷。爱情的产生必须以一定的性生理成熟及其性意识的形成和发展为基础，同时两个特定的异性之间产生爱情又受到许多心理因素的影响。

罗丹之《吻》

性意识的发展

爱情和性是相互包含且不可分割的两个方面。伴随着男女第二性征的出现，男女会对异性表现出极大的兴趣，开始寻求异性的青睐。这种个体对自己和异性在性器官系统发育成熟过程中的种种变化的认识，以及在对异性之间关系认识的基础上产生的一种特殊情感的主观体验被称为"性意识"。个体性意识的形成和成熟是爱情产生的重要心理基础。

个体性意识的发展大致可以划分为以下几个阶段：

1. **性意识潜藏期**：指的是个体在青春期以前或约10岁以前的时期。其特点是个体还未形成对异性的特别情感，对性问题处于无知状态。这时他们的打闹嬉戏甚至拥抱、接吻都还没有真正的性意识色彩，这就是我们常说的"两小无猜、青梅竹马"时期。
2. **对异性疏远期**：男孩、女孩在进入青春期后（10~12岁），第二性征日益明显，彼此间产生一种不安和害羞心理。男孩、女孩各自进行自己所喜欢的活动，同性交往趋向加强，形成所谓"同性集团"。两个性别集团之间界限分明，少有往来，更忌讳个别交往，担心他人议论，实际上他们内心并不存在拒绝和异性交往的理由，只不过他们还未形成对异性强烈的好奇心和主动追求的意识，也不敢直接表现自己的真实心态。
3. **性意识朦胧期**：随着生殖器官的变化、第二性征发育和性冲动的产生，青少年对性问题有了一知半解，生殖器官受到某种刺激也能产生一定的性快感，因此同性集团瓦解，进入相互爱慕的时期（12~15岁）。男孩和女孩乐于在一起玩耍，彼此都感到很愉快，但他们还未接触到异性肉体，并没有产生肉体占有欲，只是产生一种焦急的性欲萌动的自我感觉、一种渴望了解身体变化和异性秘密的意向。这是正常的性心理现象，是性意识萌动的表现，不是成人强加给他们的"谈恋爱"行为，心理学家称之为"异性效应"。
4. **性意识的初步形成期**：随着生理的发育成熟和认知能力的发展，在社会环境的影响下，青少年男女（15~17岁）开始思考自己的人生和理想，并在此基础上形成了对异性特殊的感情。这种异性间的交友活动多是对成人爱情的模仿，还不完全懂得恋爱的真正含义，所以他们交友的对象往往不固定，关系也极不稳定。这时，女孩在初潮后对男孩产生朦胧的爱，并努力博得男孩的青睐。男孩也体验到射精的性快感，充满强烈的性欲，渴望接触女性肉体。这时，男孩只要稍微受到一点性刺激就会反应十分敏感，且往往不能理智地控制自己。这个时期男孩和女孩的交往容易被师长冠以"早恋"的名号加以棒杀，其结果往往是适得其反，损害了孩子的人格和自尊心。所以，如何对这个时期孩子的"早恋"进行疏导是学校和家庭都面临的课题。

5. **性意识成熟期**：18岁以后，随着个体抽象逻辑思维的发展，个性、世界观、人生观逐步形成，个体的性意识也基本达到成熟水平。

   性意识成熟的指标为：

   - 能正确认识两性关系的本质含义、社会功能和社会责任；
   - 具有正常的性冲动和性需要，表现为能以社会认可的方式追求异性对象和谈恋爱、发展并确定爱情关系、满足自己的性欲望；
   - 形成正常的性情感和性意志，能自觉按照社会道德行为规范和法律的要求，主动控制自己的性冲动和性行为；
   - 能正确处理与异性朋友的关系；
   - 能有效建立一个以爱情为基础的和睦家庭，并完成养育子女的社会责任。

性成熟时期一个突出的问题是爱与性的矛盾。在这一时期，男性的性欲从生理学的角度看，表现为想接触女性、性交、射精等强烈需求。其中，射精欲在遗精的5~6年后达到高峰，这是男性性欲最旺盛的时期。但这种强烈的性欲望要等到多年后，即达到社会法定的结婚年龄和具有结婚的各种条件后才能满足。所以，有些人称这个阶段为"性饥饿"时期。而女性的性欲一般到24~25岁结婚后达到高潮，一些没有性体验的女孩，尽管有时受生理上的性欲干扰，但更容易受情绪、气氛的影响，即使有性方面的问题，也只是希望得到拥抱、接吻即可。所以，女性较少为"性饥饿"而苦恼，比较容易度过青春期。但如果她们轻易地尝试性行为，很可能造成早孕和早育的问题，极大损害她们的身心健康。

在这一阶段，个体出现爱慕和渴望接触异性的心理是十分正常的，这种性心理会激发个体对恋爱的欲求和情爱的发生，然后再发生性爱。可以说，爱情是以性意识为基础、以性爱为归宿的性情绪的集中表现形式。

历史上很多思想家都指出，人的性欲和快感是人的生命和创造力的喷发，反过来又提升人的生命力和创造力。人的性欲快感是一种符合人性需要的审美享受。在古希腊人看来，性欲的快感是一种美感。按照福柯的研究，古希腊人的"愉悦"概念主要就体现为性欲快感的满足。但是，人类的性爱以及人类的性欲和快感，并不只是单纯的生物性的本能，它还包含精神的、文化的层面。人寻找性爱对象，不仅是为了满足性欲快感，而且是为了找到一个能与自己心灵相通的朋友，找到一个容貌、体态、性情、举止、风度等都为自己深爱的情人。所以性爱必然包括精神的、文化的内涵，必然超越单纯的性欲快感，从而升华为身与心、灵与肉、情与欲融为一体的享受。所以很多文学家都用很美的句子来描绘性爱，例如王实甫《西厢记》中的名句："春至人间花弄色""露滴牡丹开"。

恋情建立的过程

性意识的发展促使人们去追求爱情，但爱情的建立也有一定的过程。默斯坦（Murstein, 1970）提出了 SVR 理论来解释爱情的产生过程。他认为亲密关系的发展，依双方接触的次数多寡来看，可分为刺激（stimulus）、价值（value）、角色（role）三个阶段。

探索与发现：对中国人婚恋问题的研究

南开大学社会心理学系乐国安

我对中国人的婚恋心理问题的关注，始于2000年我在美国进行学术访问期间。我到美国东北部城市波士顿，看到当地报纸上有类似国内的征婚启事栏目。与中国不同的是，除了征婚姻对象，美国人也征其他类型的伴侣。这让我对婚恋心理中的文化差异产生了初步的研究兴趣。回国后一直到2003年，我与我当时的研究生陈浩和张彦彦，一起开始了基于征婚启事的中美择偶心理研究之旅。我们了解到，自20世纪70年代至21世纪初，西方以择偶启事为蓝本的择偶标准与择偶策略研究背后，主要有进化心理学、社会学习与社会交换作为理论支撑。

通过对天津和波士顿征婚启事样本的比较分析，我们发现，无论在中国还是美国，男性总是更关注未来配偶的相貌和身材，而女性总是更青睐那些能够提供经济资源和感情承诺的男性。男人年龄越大，就越倾向于寻找比自己小的女人，而女性则不是这样。中国征婚者相当重视经济条件和感情承诺，而美国征婚者则更加关注彼此精神上和生活方面的投契。这说明，进化心理学对男女间差异有较大的解释力，但对中美之间的文化差异却缺乏足够的说服力（乐国安，陈浩，张彦彦，2005）。

以上基于报纸征婚启事的婚恋心理研究成果，很快得到了学界和传媒的关注。我们得到了南方某互联网公司的研究经费，支持我们在中国针对真实夫妻展开大型婚恋心理调查。此项研究的参加者还有在美华裔婚恋心理学家罗珊红博士。

一对男女为什么会最终选定彼此而不是选择其他的潜在配偶？在人类的伴侣选择中是否存在一种系统的择偶模式？如果有的话，这种非随机性的选择过程是否会影响婚恋关系的质量或主观感受？近三四十年来，众多西方心理学家一直在致力于回答这些问题。而这类研究的典型模式就是围绕着婚恋伴侣间特征的相似或者互补展开的，即人们择偶时到底是"物以类聚"，还是"互补吸引"？

我们聘请了北京零点研究咨询集团的调查团队，帮助我们寻找被调查者并施测。他们先后调查访问了北京、上海、广州、昆明、成都、西安、长沙、郑州、南京、沈阳10个省市共计1 072对24~40岁3年婚龄以内的初婚夫妻。从准备、设计、实施到初步分析完成历时5个月。

我们在问卷中测量了中国夫妻在人口学变量、价值观、依恋风格、人格、婚姻质量、婚姻满意度等多方面的情况。人格部分的测量，我们采用的是香港中文大学张妙清和中科院心理研究所宋维真、张建新等学者合作开发的《中国人个性测量表CPAI-2》。

我们的研究结果表明，虽然在人口学变量和价值取向领域上的相似程度与西方研究结果大致相同，然而，中国夫妻在人格的一些方面却也显示出显著的相关。这与西方的相关研究结果不一致。中国夫妻间在人格领域上总体呈现中高程度的相似（相关），尤其是在一些颇具中国本土特色的人格层面上呈现出了显著高相关（例如，阿Q精神、老实—圆滑、宽容—刻薄等）。而西方婚恋心理特质匹配研究同行在单纯基于西方夫妻样本数据结果上已基本断定：伴侣间人格特质的匹配本质上是随机的。我们的研究发现撼动了这一西方"定论"。这再次表明，以跨文化的视角重新审视很多"西方本位"的心理学研究定论仍然很有必要。

其次，我们还发现中国夫妻在人格层面"内向—外向"上不存在显著相关。另外，值得特别注意的是，研究者在探讨夫妻间交互匹配效应时，在人格领导性维度上发现了"互补优势效应"，即夫妻在领导性维度上分数差异越大，他们双方的婚姻满意度越高，这是国内外同类研究中极少出现的支持"互补优势说"的证据。

以上成果发表于人际关系国际研究会的旗舰刊物 *Personal Relationships* 和心理学刊物 *Journal of Personality* 上（Luo et al., 2008; Chen et al., 2009），短短几年中被海外学者引用近百次。除此之外，基于以上研究发现，我们与互联网公司合作开发了网络性格测试匹配推荐系统，累计使用人次达几百万。以上研究成果还被《中国青年报》、《北京科技报》、法国国际广播电台（RFI）、搜狐、新浪、网易等国内外重要媒体或门户网站专题和专版报道，被我国新华社、《人民日报》、《光明日报》、《大公报》以及美国《侨报》等国内外多家重要媒体报道或转载，引起了广泛的社会影响与关注。

刺激阶段：通常双方第一次的接触即属于刺激阶段。在这个阶段中，双方彼此间互相吸引，主要建立在外在条件上，例如被对方的外貌或身材所吸引。

价值阶段：一般而言，双方大约第二次至第七次的接触，便属于价值阶段。在这个阶段中，彼此情感的依附主要是建立在彼此价值观和信念的相似性上。

角色阶段：通常双方大约第八次以后的接触便开始属于角色阶段。在这个阶段中，彼此对对方的承诺主要建立在个体是否能成功地扮演好在此关系中对方要求的角色。

虽然默斯坦认为亲密关系包含刺激、价值、角色三个阶段，但其实在亲密关系的每个阶段中，这三种因素对关系都有影响，只是在每个阶段中，各有一个因素是最主要的影响因素。以整个关系发展历程来看，刺激因素开始占较高的比重，之后随着接触次数的增加而逐渐上升，但是所增加的幅度很小，最后会趋于一个平稳的水准。至于价值因素，虽然一开始的比重较低，但关系发展至"价值阶段"时，其比重会迅速提高，到"角色阶段"时趋于平稳，且最后平稳的水准所占的比重也比平稳的刺激因素所占的比重高。同样的，角色因素一开始最低，到"角色阶段"后则会超越其他两个因素，且随着关系的继续发展，其比重也会不断地提升。

爱情的类型

对于爱情的类型，比较有影响的是拉斯韦尔和罗布森茨的爱情类型理论，以及斯滕伯格提出的爱情三因论。

爱情类型理论

拉斯韦尔和罗布森茨（Lasswell & Lobsenz, 1980）把爱情分为了六种类型，称为爱情类型理论。这六种类型包括：

1. **浪漫式爱情**（romantic love）：这种爱情有强烈的情绪体验，强调形体美，追求肉体和心灵融合为一的境界。最典型的是一见钟情。
2. **占有式爱情**（possessive love）：这种爱情的特点是，对所爱的对象倾注了极其强烈的感情，希望对方以同样的方式来回应。对爱人占有欲极强，容易妒忌。
3. **游戏式爱情**（game-playing love）：玩弄爱情就像玩游戏一样，只求个人需要的满足，对恋爱对象不肯负责任，可以轻易地变换恋爱对象。
4. **伴侣式爱情**（companionate love）：又称为友谊式爱情（friendship love）。这种爱情是经由友谊、共同爱好及逐步自我展露而慢慢成长起来的令人愉快的亲密关系。其特点是温存多于热情，信任多于妒忌，平淡而深厚。
5. **奉献式爱情**（altruistic love）：这种爱意味着无条件的关怀、付出和谅解，甘愿为爱人付出一切，而不求回报。
6. **现实式爱情**（pragmatic love）：这种爱情追求满足对方的基本需要，不求理想的追求，将爱情视为生活之应用。其典型是"男子娶妻，煮饭洗衣；女子嫁汉，穿衣吃饭"。

拉斯韦尔和罗布森茨的爱情类型理论在一定程度上具有开创性，但遗憾的是，该理论的分类方式过于死板。

爱情三因论

爱情类型理论硬性地把爱情分为六种不同类型，但实际上任何一种爱情形式都只能是偏重某种形式，而不能绝对排除其他特性。因此，斯滕伯格提出了**爱情三因论**（triangular theory of love）。这种理论从三个方面提出了爱情的三种组成成分。

1. 动机成分：如性冲动、外界的诱因等。以动机为主的两性关系是亲密的，即心理上的喜欢的感觉。
2. 情绪成分：爱情包含的情绪状态是丰富的。喜、怒、哀、惧、爱、恶、欲等情绪都可能出现在爱情的体验里。以情绪为主的两性关系是热情的，即情绪上的着迷。
3. 认知成分：认知是爱情的理智层面，对动机和情绪起控制和调节作用。以认知为主的两性关系是承诺的、受约束的，即形成心理或口头的预期。

后来，斯滕伯格将激情（passion）、亲密（intimacy）和承诺（commitment）称为爱情的三个基本成分，它们构成了七种爱情形式。

1. 喜欢式爱情（liking）：主要是亲密，没有激情和承诺，如友谊关系。
2. 迷恋式爱情（infatuated love）：主要是激情，没有亲密和承诺，如初恋。
3. 空洞式爱情（empty love）：以承诺为主，缺乏亲密和激情，如纯粹为了结婚的爱情。
4. 浪漫式爱情（romantic love）：有激情和亲密，没有承诺。
5. 伴侣式爱情（companionate love）：有亲密和承诺，没有激情。
6. 愚蠢式爱情（fatuous love）：有激情和承诺，没有亲密，如一见钟情。
7. 完美式爱情（consummate love）：激情、承诺和亲密都有，且合而为一。

当然，如果三种基本成分都没有就不叫爱情。斯滕伯格的爱情三因论给我们的启示：爱情光靠激情是维持不了多久的，理想的爱情应该具备三个要素，即激情、亲密和承诺。

恋爱关系的维持

什么人能相对持久地保持恋爱关系呢？这也是心理学家很感兴趣的一个问题。哈赞（Hazan）等人研究发现，人们早期的依恋风格能正确预测其亲密关系的质量。安斯沃斯（Ainsworth, 1989）把人类的依恋关系分为三类：一是安全型。父母对孩子的情绪和要求等方面的信息很敏感，这种感情促使他们关爱孩子，与孩子间的关系融洽。二是逃避型。逃避型的父母经常远离孩子，逃避与孩子建立亲密关系，孩子也因此学会了抑制自己的依恋需要，逃避与父母接触。三是焦虑矛盾型。父母对孩子的情感经常不一致，有时很关心，有时却不感兴趣，这使得焦虑矛盾型的孩子在自己的情感没有得到回报时显得焦虑和暴躁。不同依恋类型的孩子长大后与异性建立亲密关系的能力也不同。研究表明，安全型的人最容易与异性建立亲密关系，他

心理学与人生：解读网恋

随着信息技术的发展，网络交友越来越盛行。天各一方、素不相识的人们可以借助网络成为朋友。这些交往形式多种多样：聊天室、电子布告栏、新闻讨论群组、电子邮件、交友网站、实时通讯软件、MUD（multiple user dungeon）、线上游戏等。网络上的人际互动也带来了网恋这种新型的恋爱方式。有研究调查了568名个体（59%为女性、41%为男性），他们都在公众新闻组里发过帖子。这些人里有63%的人通过电话交谈过，54%的人见过面。两年后的追踪研究表明，通过网络形成的关系很多在继续，这组人中有15%的人与他们在网上认识的人订了婚，10%的人与网上结识的人结了婚。

网络上的人际吸引与现实世界中的相同也不同，但最重要的差异在于，网恋的过程中，外貌的吸引力降低了，内在的吸引力增强了。

在现实世界中，人际吸引的第一个要素是外在的吸引力，一个人的长相、风度、仪表、穿着打扮等，往往都会影响人际之间的吸引。我们对于外貌较具吸引力的人存有刻板印象，认为他们在其他方面的表现也较佳，如活泼、开朗、善良、聪明、可爱、好相处、讨人喜欢等。社会心理学的研究还表明，外貌魅力会引发明显的晕轮效应，使人们在心理上对美貌的人在其他方面的能力倾向于做出更为积极的评价。梅拉比安（Mehrabian）和艾伯特（Albert）对影响人与人之间的沟通交往提出了"7/38/55"定律：人际之间的沟通交往取决于视觉、声音和语言，人们对于一个人的看法有高达55%的比重取决于视觉成分，也就是外表；38%取决于声音的部分，即辅助表达这些话的方法，也就是口气、手势等；只有7%取决于语言，也就是谈话的内容。此研究显示，外在的吸引力的确是人与人之间交往的重要因素，尤其是陌生人见面时对彼此的第一印象，外貌往往占据重要地位，成为筛选的第一关。

而网络上的交往，由于不是面对面的交往，我们往往看不到对方真实的容貌、身高、体重、穿着打扮、习惯、行为，缺乏面对面的线索，我们无法从外在因素来判断对方的一切，网络上双方的沟通往往是透过屏幕上的文字、表情或符号，通常双方会经过一段时间的互动之后，再决定对方是不是适合自己，网络上人们的外貌吸引力变得不那么绝对了。

黄少华和陈文江也分析了网络交往中的人际吸引因素，提出了八个特点。

1. 外貌吸引力：在网络人际吸引中，外貌的吸引力受到极大的限制。
2. 能力吸引力：在网络上有独特见解、出众的才华或能力，能用自己的能力帮助或影响他人者，极具吸引力，若在显示自己能力或实力的同时，能偶尔适度地暴露一些自己的弱点或隐私，显露一些人之常情，则更可能使别人产生信任感和亲切感，进一步增强吸引力。
3. 回报性吸引力：当有人对自己表示欣赏或喜欢时，自己也容易喜欢对方。在网络交往中，离开或回避自己不喜欢的人比在现实中容易，因为人们在网络空间中的交往是匿名的。
4. 邻近性吸引力：网络空间的邻近性指的不是地理或空间的邻近，而是你在线上最常遇到的那些人，如兴趣或爱好的邻近性，其相见的频率也高。
5. 相似性吸引力：由于网络匿名的特性，因此这种相似主要是主观感觉上的相似，如年龄、经历、爱好、受教育程度、信仰、态度、价值观是网络人际吸引的重要因素。
6. 互补性吸引力：例如异性相吸、支配者和顺从者、爱助人者与喜欢求助他人者、爱诉说者与愿倾听者、急性者与慢性者。
7. 熟悉性吸引力：在网络交往中人们彼此并不谋面，相互熟悉的方式如多发E-mail给对方、多在QQ上呼叫对方，都能增加交往的次数、增进彼此的熟悉。
8. 个性吸引力：良好的个性品质也是促进网络人际吸引的重要条件，例如，真诚、可信、幽默等。

网络世界的交往逻辑、次序与真实世界有极大的不同，真实世界一开始会先判断对方的外表、容貌、身份地位等，再决定是否有更进一步的交往，属于由外而内的交往；而在网络世界通常先跟对方交往，再决定对方是否适合自己，属于由内而外的交往。因此，真实世界的交往逻辑、次序是先经过筛选再交往；网络世界的交往通常是先交往再筛选。

很多人说，自己之所以喜欢在网络上交朋友，就是因为你不知道对方的长相，而且对方也不知道你的长相，双方是靠灵魂和心灵进行交往，完全和肉体无关。很多在现实生活中看似不可能相爱的人通过网络走到一起，也许这就是网恋的魅力吧！

们很容易接近，信赖他人并不担心被抛弃。逃避型的人不容易建立亲密关系，他们不信赖他人，与他人的过分接近会使他们感到不舒服、不自在。焦虑矛盾型的人也对自己的亲密关系不满，感到其他人疏远自己，不如自己期望的那样亲近。但与逃避型不同的是，他们非常在乎自己的伴侣，经常担心伴侣不愿和自己在一起。

另外，还有研究显示，当一种关系能满足重要的、在任何他人那里都得不到满足的需要，那人们就比较可能要保持这种关系。因此，如果你非常需要有人陪伴，这时有一个人能比其他人更多地陪伴你，那么即使他在其他不那么重要的方面不是你的首选，你也会倾向于维持这种亲密关系。这可以说明，为什么很多人对配偶相当不满，但仍倾向于维持婚姻关系。例如，有研究调查了 100 名被丈夫殴打的妇女，这些妇女依然愿意回到丈夫身边，因为她们认为自己别无选择，而其中大部分是出于经济的原因。

当然，恋爱关系的维持不仅仅受依恋风格、需要的满足等因素的影响，还受其他多种因素的影响。它是一个复杂的过程，就如同爱情本身一样，留给心理学家广阔的空间去探索和研究。

思考与应用

1. 美国法律禁止女性军人直接参加搏斗，你认为这是保护女性还是"仁慈的性别歧视"？
2. 试举例说明如何把孩子培养成男女兼具型的人。
3. 调查研究人们的性行为时，你可能遇到哪些偏见？应该如何处理这些偏见？
4. 试举例说明哪些社会因素削弱了男女性行为上的双重标准。双重标准已经被完全废除了吗？
5. 有人说"爱是一种能力"，请从心理学的角度理解这句话。

推荐拓展读物

1. 戴维·迈尔斯著，黄希庭等译（2019）. 心理学导论：人格、社会与异常心理学（下册，第 9 版）. 北京：商务印书馆，175~203.
2. 哈夫洛克·埃利斯著，陈维正译（2014）. 性心理学. 江苏：译林出版社.
3. 李荐中，邱鸿钟（2013）. 性心理学. 北京：人民卫生出版社.
4. 马特林著，赵蕾，吴文安等译（2010）. 女性心理学. 北京：中国人民大学出版社.
5. 格雷·F·凯利著，耿文秀等译（2011）. 性心理学（第 8 版）. 上海：上海人民出版社.
6. 桑德拉·切卡莱利，诺兰·怀特著，周仁来等译（2014）. 心理学最佳入门（第 2 版）. 北京：中国人民大学出版社，383~417.

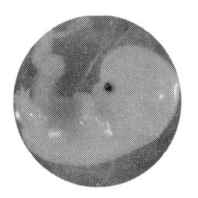

第 11 章

人的毕生发展

避免认知老化

中国是世界上老年人口数量最多的国家,也是全球人口老龄化发展速度最快的国家之一。民政部发布的最新数据显示,截至2018年底,中国老年人的数量已达到2.49亿,占人口总数的17.9%。据联合国的统计数据,到21世纪中期,中国将有近5亿人口超过60岁,而这个数字将超过美国人口总数。对于大多数老年人而言,能否在老年期保持"敏捷的思维",是其最关心的问题之一。然而,认知老化可能会引发他们对于阿尔兹海默病或其他神经退行性疾病的担忧。虽然目前有专家认为,认知老化不是一种疾病,而是人们生长和变老过程中的一个自然部分,其开始于胎儿期并一直持续到死亡,但是在不同的个体之间,认知老化具有很大的差异。已有研究发现,经常保持智力活动、社交活动或者身体锻炼活动的老年人,其认知老化的速度更慢,甚至一部分老年人的认知能力与年轻人相比并没有明显的退化。因此,不断参与智力活动、社交活动以及身体锻炼活动,被认为是一种潜在的认知老化防治措施。

人为什么会老?为什么额外的活动可以降低认知老化的速度?遗传会影响我们老化的速度吗?这些问题都是属于发展心理学研究的领域。**发展心理学**(developmental psychology)是研究人一生的发展与变化模式的一个心理学分支学科。这一章的学习将有利于回答上述问题。我们首先从最基本的问题开始,探讨"遗传和环境到底怎样影响人的发展"这一话题。

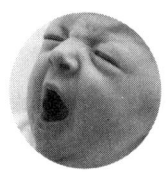

遗传与环境

遗传和环境对人的毕生发展都有重要影响，那么遗传与环境怎样影响人的发展？采取什么方法来研究人的发展变化呢？

遗传与环境

遗传是指基因特征从父代到子代的生物传递，表现为生物前后代在生理和行为等特征上的相似性。环境是指有机体生存的外部世界或一切可能对有机体影响的外部因素。遗传与环境怎样影响人的毕生发展，是发展心理学研究的一个基本问题，也是存在较大争议的问题。遗传决定论强调遗传在行为决定因子上的作用。环境决定论强调环境和教育在人的心理发展中的决定作用，否认遗传素质的作用。交互作用论则认为，遗传与环境都不是单独起作用的，而是共同影响个体的身心发展。

如今，发展心理学家认为遗传和环境对人的毕生发展都有重要影响，但孰轻孰重却是长期以来争论的焦点。事实上，任何发展都离不开环境的塑造，同样也离不开遗传素质——基因——的影响。然而，对遗传和环境的争论因采用不同的方法或基于不同的发展理论而答案有所不同，有的认为遗传更重要，而另一些则认为环境更重要（Rutter, 2006; Belsky & Pluess, 2009; Perovic & Radenovic, 2011）。比如，一些发展理论依赖于学习的基本心理规律，强调环境在发展中的作用；相反，另一些发展理论突出个体的生理结构和功能对发展的影响，它们就更强调成熟和遗传在发展中的作用。

最近，行为遗传学家和进化心理学家的研究成果对发展心理学产生了重大影响，前者重点关注遗传对行为的影响，后者则认为行为模式来自于遗传，二者都强调遗传的作用。越来越多的证据表明，认知能力、人格特征、性取向甚至是心理障碍，都在一定程度上取决于遗传因素（Livesley & Jang, 2008; Vernon et al., 2008; Schermer et al., 2011）。

事实上，遗传因素为特殊行为或特质的出现提供了前提条件。在实验室条件下通过控制动物的遗传特质，就能哺育出带有某种特质的动物。同胞兄弟姐妹表现出的相似性都是因为遗传因素在起作用。遗传条件也限制了个体的发展。比如，遗传决定了人的智力发展水平。按照斯坦福—比奈量表的测量结果，无论提供多么优越的教育环境，个体的 IQ 测验值也不可能超越 200。遗传也限制了身体能力，无论环境条件怎样优越，人跑步的速度都无法超越每小时 60 千米，身高也不可能超过 3 米（Pinker, 2004; Dodge, 2004）。

另一方面，环境对个体遗传潜能的实现具有重要作用。**同卵双生子**（identical twins，即基因结构一致的双胞胎）的研究结果显示：同卵双生子被不同人家收养，表现出了不同的发展模式，这些变化是由教养环境引起的。如果爱因斯坦在童年时没有去学校接受教育，那么他就不太可能成为伟大的科学家。如果百米飞人苏炳添的天赋没有被发现，没有机会得到训练，那么他就不太可能尽显运动才华。

总之，遗传为个体的心理发展提供了自然前提和可能性，环境则制约个体心理发展的现实性，遗传和环境的交互作用决定着个体的心理和行为。这就是现在大多数心理学家都赞同的遗传和环境交互作用论。有研究表明，个体的遗传与环境的交互作用有三种不同的形式（Scarr & Mccartney, 1983）。

被动关系，即父母不仅为孩子提供了基因特征，也提供了相应的环境。例如，继承了父母双亲智商的儿童，很可能也同时享受着父母提供的丰实文化氛围，并在这样的环境中成长，这两种因素的交互作用使该儿童在学业上更容易取得成功。

唤醒关系，即儿童与生俱来的特质会诱发其看护者做出不同的回应。与天性安静、不活泼的孩子相比较，天性外向、爱交往的孩子更容易得到他人的积极回应。以往人们通常认为，是由于成人对待孩子的方式使孩子更容易与人交往，但现在看来，这种因果关系可能应倒过来分析，很可能正是由于孩子的天性使其获得这样的对待方式。

积极关系，即个体会主动选择或创造他所喜欢的环境，即个体会依据自己遗传的特点来选择适合他们的环境。因此，一个进取心强、精力充沛的孩子会选择与他同样特点的伙伴，因而有更多的机会参与同类型的活动，同时使自己的基因倾向得到发挥。同样，一个有绘画天赋的儿童会努力寻找机会，使自己置身于与绘画有关的环境中。简而言之，是我们自己创造了自己的经历，因为我们拥有某种基因。

这三种形式在不同年龄阶段表现不同。在儿童早期，被动和唤醒关系非常突出，但是随后的童年期，特别是青少年时期，当个体更多地进行自我选择时，积极关系将占主要地位。

研究方法

发展心理学的一个主要研究目的是通过系统观察与测试不同年龄的个体，来探讨人类身心发展变化的特点和规律。为此，研究者设计出几种具体的研究方法来观察不同年龄被试的行为变化。

横断研究（cross-sectional research）是最常用的研究方法，即在同一时间观测比较不同生理年龄阶段的人。如要研究成年期的智力发展，可以同时对 25 岁、45 岁和 65 岁的被试进行智力测验，然后进行样本之间的比较，以确定不同年龄段的平均 IQ 测验值是否存在差异。但横断研究也有局限性，在上述例子中，我们不能判定 IQ 测验值的差异是由年龄的不同造成的，还是由受教育程度的差异导致的，因为年龄较大的组群可能比年龄较小的组群上大学的机会少。

纵向研究（longitudinal research）也是普遍使用的研究方法，即对一个或多个个体进行系统的追踪研究。纵向研究对同一被试样本进行多次评估，而横断研究是同时评估不同群体之间的差异。例如，可以使用纵向研究来评估成人期的智力发展。首先，对一组 25 岁的人进行 IQ 测试，每隔 20 年对相同的群体进行再测，即在他们 45 岁和 65 岁的时候分别再测试一次。这样就能根据不同时间段的测试结果来了解一个人是怎样发展的。但是，纵向研究耗时较长，并且早年参加测试的被试可能中途退出测验、移居或死亡，造成样本缺失。此外，多次测试可能使被试因熟悉测验而完成得很好。

序列研究（sequential research），又称混合交叉设计，它综合了横断研究和纵向研究的优点。被试为不同年龄层次的群体，对他们进行多次测试。例如，为了解儿童思维的发展情况，就可对 9 岁、11 岁、13 岁的被试组每隔 6 个月进行一次测试。

这种方法能把特定的年龄效应从其他因素中分离出来，既可以在短期内了解各年龄阶段儿童思维特点的总体状况，又可以从纵向角度把握儿童思维特征随年龄增长而出现的发展变化。

胎儿期

胎儿期是指从受孕到出生这段时间，大约为266天。按照发展顺序分为三个时期：胚芽期（0~2周）、胚胎期（2~8周）、胎儿期（8~38周）。新生命在这段时间内不仅迅速发展，而且受到遗传和环境因素双重的影响。

遗传基础

从精子和卵子结合的那一刻起，一个人的遗传基因就决定了。受精卵中包含了23对染色体。**染色体**（chromosomes）是包含了所有遗传信息的螺旋状结构，每对染色体一条来自母体，另一条来自父体。染色体里有成千上万个基因。**基因**（genes）是传递遗传信息的最小单位。人的一些特征或是单个基因起作用，或是多个基因共同作用。基因组成了DNA分子序列（脱氧核糖核酸）。人类约有25 000种不同的基因，每个个体特定的遗传信息决定了其特征。在妊娠开始时（见图11.1a），个体从父体和母体中接受了23对染色体（见图11.1b），这些染色体是由DNA螺旋组成的（见图11.1c），每对染色体包含了成千上万个基因，它们"编码"了个体未来的发展（见图11.1d）。

一些基因控制了心脏、循环系统、大脑、肺等人类共有系统的发展。另一些基因塑造了不同的特征，使个体具有其独特性，比如面部轮廓、身高和眼睛颜色。性别是由一组特殊的基因组合决定的。孩子从母体得到一条X染色体，从父体得到一条X或Y染色体。XX染色体相配对，孩子的性别就是女性；XY相配对，则为男性。男性的发育由Y染色体上一个单独的基因触发，如果该基因缺失，个体将发育成女性。

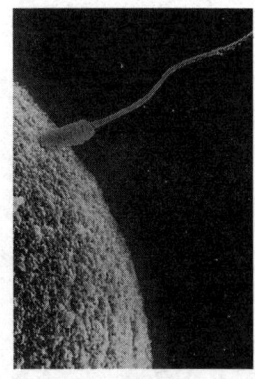 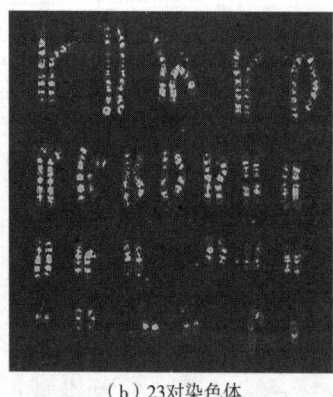 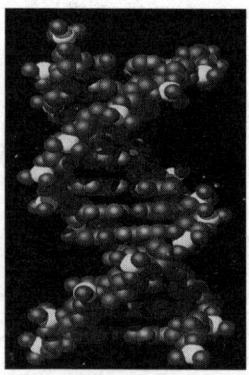 

（a）受孕　　　　　（b）23对染色体　　　　　（c）DNA序列　　　　　（d）基因

图11.1　遗传基础（见彩插）

> **心理学与人生：基因疗法和即将到来的医学革命**
>
> 一名儿科医生用棉签在男婴的内侧脸颊上擦拭，以获取其 DNA，随后将棉签交给技术人员。几小时后，医生拿到了一份完整的 DNA 分析表。他对男婴的父母解释道："您儿子的基因整体上很好，但存在一些潜在的风险：对花生轻微过敏，较严重的是，中年可能会得高血压。建议您考虑下，给他植入一个基因，该基因能够使他的血压不会上升到危险水平，使高血压病不会变成一个严重的问题。"
>
> 这发生在儿科诊室里的一幕将不再是科幻小说里的情节。随着我们对遗传学理解的深入，在不久的将来，我们很可能不仅可以识别出儿童身上的风险因子，还可以开发出新的治疗方式，用以治疗心理障碍和身体疾病。
>
> 例如，采用基因疗法，医护人员可以将基因直接注入到病人的血管里，注入的基因可以让病人的身体产生减轻病情的化学物质，从而治疗特定的疾病。在其他情况下，可以注入额外的基因来修复该基因缺失或有缺陷的细胞。采用生殖系基因疗法，科学家甚至有可能"捕捉"胎儿身上不健全的细胞，然后经过基因治疗手段的处理，重新输回胎儿体内，以此来修复胎儿的身体缺陷（Sato, Shimamura, & Takeuchi, 2007; Naldini, 2009; Tani, Faustine, & Sufian, 2011）。
>
> 尽管基因疗法在理论上是可行的，但目前所能治疗的疾病还很有限。此外，基因疗法的长期疗效我们还不确定。事实上，一些接受基因疗法的患者初期好像被治愈了，但后来疾病再次复发，并且有的患者深受不良副作用的折磨（Rossi, June, & Kohn, 2007; Miller et al., 2008; Kumar et al., 2011）。
>
> 基因疗法的潜在应用也值得深思。事实上，它可以导致克隆问题。例如，当夫妻双方均无法生育，却想拥有一个和自己或伴侣相同基因的孩子，使用克隆技术能保证基因与某一方是相同的。当然，有关这一技术的伦理道德问题是极其深刻的。多数美国人对人类胚胎的克隆持反对意见，并且美国也已颁布了限制人类克隆的相关法律（Levick, 2004; Levy & Lotz, 2005; Aschheim, 2011）。

基因对个人特征至少起部分决定作用，包括认知能力、人格特质和心理障碍。只有一小部分特质是只受到单个基因控制的，大部分的特质是多个基因在环境的影响下共同作用的结果（Haberstick et al., 2005; Ramus, 2006; Armbruster et al., 2011）。为更好地理解基因是怎样影响人类特征和行为的，近几年科学家绘制了人类每个基因的具体位置和序列图。"心理学与人生：基因疗法和即将到来的医学革命"表明，某个特定基因会引起某种遗传性疾病，而且随着遗传学知识的增加将会引发一场医学革命。

胎儿的发展

卵子和精子结合后就成了一个细胞实体，称为**受精卵**（zygote）。从受精这一刻起，受精卵开始发育。一开始，受精卵要在显微镜条件下才能观察到，3 天后，开始分裂成 32 个细胞，一周内，便可增至 100~150 个。刚开始的前两周被称为**胚芽期**（germinal period）。

受孕两个星期后，个体发展便进入**胚胎期**（embryonic period）。这一时期是从 2 周至 8 周。这时的个体被称为**胚胎**（embryo）。经历了一个复杂、特定的细胞分裂过程之后，到了 4 周大时，胚胎长度可达 0.5 厘米。体积比受精卵大了 10 000 倍，并已经形成了最初的心脏、大脑、肠道和其他一些器官。到 8 周时，胚胎已有约 2.5 厘米长了，手臂、腿和脸都清晰可见。

从第 8 周直到出生，个体发展进入**胎儿期**（fetal period），此时的个体被称为胎儿（fetus）。在这一阶段初始，个体便对触摸有了反应。从 16 周到 18 周，母亲就能感觉到胎动。胎儿开始长头发，面部轮廓已形成，一些主要的器官开始工作。此外，具有生命意义的大脑神经开始发育，但目前还不清楚在这个阶段思维是否已经形成。胎儿继续发育，皮下脂肪开始堆积，体重增加，逐渐达到**可成活期**（age of viability），即在孕期 22 周左右，如果孕妇早产，个别婴儿也可存活。随着现代医学的进步，可成活期在逐步地提前。到 24 周时，胎儿已经和新生儿比较相似。如果在这一阶段早产儿已经能够睁开和闭上眼睛，并能上下左右地转头、吸吮、啼哭，甚至能握住放在掌心的物体。

在孕期 28 周，胎儿的体重已将近 1.5 千克，长度约 40 厘米。胎儿可能具备了学习能力。一项研究表明，母亲在生产前经常大声朗读一段故事，出生后的婴儿就会更喜欢母亲讲这个故事时所发出的特定声音（Spence & DeCasper, 1982; Schenone et al., 2010; Del Giudice, 2011）。出生之前，胎儿就已经度过了几个关键期（sensitive periods，有时称之为敏感期）。关键期是指有机体做好最佳准备以获得某种行为模式的时间。比如某一时期的胎儿对药物的影响尤其敏感。但如果在关键期以前或者之后，将其置于药物环境下，则对胎儿只有轻微影响（Konig, 2005; Werker & Tees, 2005; Uylings, 2006）。关键期也可能存在于个体出生之后。比如，在一个特定的时期，儿童对语言的感受尤其敏锐（Innocenti, 2007; Sohr-Preston & Scaramella, 2006）。

在最后几周里，胎儿的体重继续增加。正常的 38 周的胎儿体重为 3 千克左右，长度约为 50 厘米。38 周之前出生的早产儿（preterm infants）因为没有发育完全，患病的风险、成长中遭遇的问题，甚至死亡的危险都大大增加。其中超过 30 周的胎儿情况相对好些，早于 30 周出生的婴儿情况很不乐观，他们出生时体重往往不足 1 千克，只有不到 50% 的存活希望。即使存活，也得依赖昂贵的医疗干预技术，而且以后的发育可能比较迟缓。

影响胎儿发展的因素

遗传因素

数据表明，2%~5% 的个体一出生就带着先天的严重缺陷，这主要是由不正常的基因或染色体引起的。以下是常见的几种由遗传问题导致的疾病。

1. 苯丙酮酸尿症：出生便有苯丙酮酸尿症的儿童不能产生一种正常生长所需的酶，致使体内毒素聚积，造成智力落后。如能尽早发现，可以治愈。如今绝大多数婴儿都会进行苯丙酮酸尿症测试，如果有孩子患有这种疾病，可以通过饮用特殊食品来使他们正常发育（Ievers-Landis et al., 2005; Christ, Steiner, & Grange, 2006; Widaman, 2009）。
2. 镰状细胞贫血症：10% 的非裔美国人可能患有遗传性镰状细胞贫血症，这种疾病导致了红细胞畸形。患有这种疾病的儿童会患有疼痛症、眼睛发黄、发育迟缓和视觉障碍，通常在儿童期便夭折（Taras & Potts-Datema, 2005; Selove, 2007）。
3. 泰-萨二氏病：东欧犹太种族里经常会出现患有泰-萨二氏病的儿童。因为体内的脂肪无法分解，这些儿童一般到 3~4 岁时便死亡。父母如果都携带产生此致命疾病的基因，孩子患病的几率为 1/4（Leib et al., 2005; Weinstein, 2007）。
4. **唐氏综合征**：怀孕时受精卵接受了一个多余的染色体便会患上唐氏综合征，这种病症会导致孩子智力落后。唐氏综合征与母亲的年龄有很大的关系，超过 35 岁的母亲所生的孩子更易罹患唐氏综合征（Roizen & Patterson, 2003; Sherman et al., 2007）。

环境因素

环境也是影响胎儿发育的重要因素。通过研究**畸胎形成因子**（teratogens），即类似于药物、化学制剂、病毒或其他导致婴儿出生残缺的因素，科学家发现了几种主要的环境因素。

1. **母亲的营养**：母亲严重营养不良，无法给胎儿发育提供足够的营养，会使婴儿体重过轻，更容易感染疾病，大脑发育会受到阻碍（Zigler, Finn-Stevenson, & Hall, 2002; Najman et al., 2004; Everette, 2008）。
2. **母亲的疾病**：有几种疾病对母亲本身没有多大的影响，但是对初期的胎儿来说则是一场灾难。比如，风疹病毒（德国风疹）、梅毒、糖尿病和高血压等疾病对胎儿可能造成永久性的伤害。艾滋病病毒也可能通过母体传染给未出生的孩子，还可能在哺乳时传染给孩子（Nesheim et al., 2004; Magoni et al., 2005）。
3. **母亲的情绪状态**：母亲在怀孕最后一个月焦虑不安和紧张，婴儿出生后易狂躁，无法安静地入睡，饮食挑剔。原因是母亲情绪状态改变时所引起的化学变化使得胎儿的自主神经系统变得特别敏感（Relier, 2001; Hollins, 2007）。
4. **母亲服用药物**：母亲服用违禁的、容易成瘾的药物（例如可卡因），可能生育出一个也有药瘾的孩子。新生儿遭受痛苦的脱瘾症状，可能是永久性的身心伤害。即使母亲在怀孕期间服用的不是违禁药物，也可能造成悲剧性后果（Ikonomidou et al., 2000; Schechter, Finkelstein, & Koren, 2005; Singer & Richardson, 2011）。
5. **母亲摄入酒精**：酒精对胎儿发育是最危险的。每 750 个婴儿中就有一个患有胎儿酒精综合征（fetal alcohol syndrome, FAS）。怀孕期间母亲酗酒或喝了少量酒精，都会使婴儿患上 FAS，这将阻碍胎儿的成长及体重的增加，造成独特的脸部小斑，破坏神经元及脑部结构，并引起体质、心智或行为等问题（Henderson, Kesmodel, & Gray, 2007; Niccols, 2007; Murthy et al., 2009）。
6. **母亲吸食尼古丁**：如果母亲在孕期吸烟，将置胎儿于非常危险的处境中。吸烟将导致流产或者死胎。而对于幸存的婴儿而言，烟草对其的伤害也将伴随终生（Haslam & Lawrence, 2004; Shea & Steiner, 2008; Rogers, 2009）。

婴儿期和儿童期

通常我们认为宝宝都是白白胖胖、惹人喜爱的。事实上，刚出生的婴儿根本就不是这样。他们浑身红彤彤的，小脸皱皱巴巴的，不仅不可爱反而有点丑。但是对任何父母来说，自从看到宝宝的第一眼起，没有什么东西比这孩子更漂亮、更激动人心了。在离开母体以后，这个看似相当脆弱的小生命便开始以令人惊奇的速度成长。

新生儿

刚出生的婴儿被称为**新生儿**（neonate），即从出生到满一个月的婴儿。其特殊的外貌是由几个因素引起的：在通过母亲的产道时，没有完全成型的头骨受到了挤压，鼻子也被挤扁了；皮肤会分泌婴儿皮脂酪，即一层白色的、油脂状的物质；身上覆盖着柔软的胎毛，起着保护作用；由于胎位是颠倒的，眼睑上会聚积着一些液体。出生后两个星期，新生儿会有很大变化。

反射和动作的发展

新生儿一出生就具有一些**反射**（reflexes），即当遇到某个刺激时出现先天的自发反应。比如觅食反射，当母亲的乳头或奶嘴碰触到脸颊时，新生儿的头就会转向刺激方向。同样，当有东西碰触新生儿的嘴唇时，吸吮反射就会引发吸吮动作。还有其他几种反射，像吞咽反射（清喉咙）、惊跳反射（听到突然的噪音会呈现一系列的动作，挥舞手臂，张开手指，弓起后背）和巴宾斯基反射（足底外侧缘被抚摩时，足趾呈扇形张开）。几个月以后，新生儿的这些原始反射就会逐渐消失，取而代之的是更加复杂的、有组织的行为。

新生儿只会几个笨拙的受意识控制的动作，但是第一年以后，婴儿独自活动的能力迅速提高。不同的个体掌握某项技能的时间差异相当大。比如，25%的孩子在11个月大时就能稳稳地走路，到15个月大时，掌握这项技能的孩子的比例上升到了90%。大多数婴儿3个月会翻身，6个月无需依靠就能坐稳，11个月后就能自行站立，1周岁的婴儿就会走路。在这段时间内，大幅度运动的能力大大增加，精细运动则变得更加复杂化（见图11.2）。

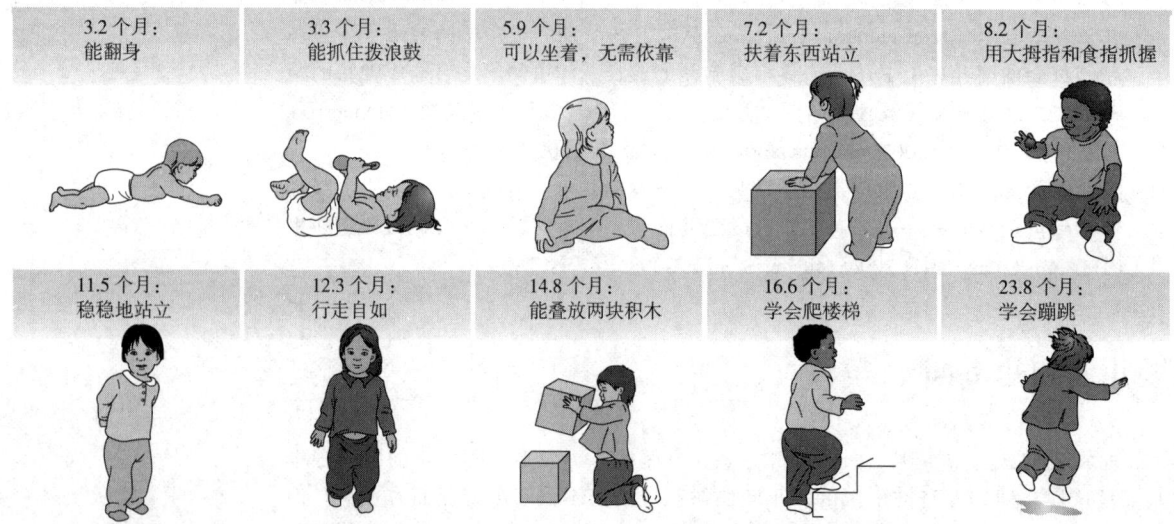

图 11.2　儿童运动技能的发展
资料来源：Frankenburg et al., 1992.

感知觉的发展

由于新生儿既不会说话也不会阅读，研究者只好依靠新生儿的生物反应和先天的反射来测试其认知能力。比如，新生儿注意新奇刺激时，心跳就会加快；但是如果他们反复地看同样的刺激，注意力就会下降，心跳就会减缓。这一现象被称为**习惯化**（habituation），即当同样的刺激反复出现时，对刺激的反应会降低。通过习惯化研究，发展心理学家得以了解新生儿是否觉察到刺激，能否对刺激加以分辨（Grunwald et al., 2003; Hannon & Johnson, 2005; del Rosal, Alonso, & Moreno, 2006）。还有很多测量新生儿或婴儿感知觉的方法。比如，用电脑记录新生儿吸吮的速度，根据吸吮的速率和力量的变化，推断新生儿是否感知到了刺激的变化。还可以记录新生儿的眼动，并观察视觉刺激移动时新生儿头的转动方向（Franklin, Pilling, & Davies, 2005; Bulf, Johnson, & Valenza, 2011）。

运用这些方法，研究发现，从出生起新生儿的视知觉能力就已经相当高了。当父母都在新生儿面前时，新生儿能看到他们吗？以前认为新生儿只能看得见模糊的影子，最新的发现说明其视觉能力远非如此。物体离其脸部超过20厘米，新生儿的视线可能无法聚焦。但是只要物体在视线范围内，他们的眼睛就能跟随物体的移动而移动。他们还具备初步的深度视觉，当物体快速地向其脸部移动时，他们会举起双手做出反应（Maurer et al., 1999; Craighero et al., 2011）。新生儿喜欢轮廓分明的刺激，他们对刺激的构造有反应。此外，新生儿甚至具有大小恒常性，即尽管物体与视网膜距离的改变会使视网膜上的影像也随之改变，但是他们仍把物体看成特定的大小（Norcia et al., 2005; Moore, Goodwin, & George, 2007）。

新生儿还可以分辨面部表情，甚至加以模仿。即使是很小的新生儿，也会根据照料者的面部表情做出反应。这种能力是儿童社交技能发展的基础（Meltzoff, 1996; Lavelli & Fogel, 2005; Grossmann, Striano, & Friederici, 2007）。

婴儿其他的视觉能力也在迅速发展。1个月大的新生儿能区分不同的颜色，4个月后，婴儿的视力能根据物体距离的远近进行调节。四五个月大的婴儿会识别两维和三维的物体，并且他们能感知格式塔组织原则。总的来说，他们的知觉能力在迅速地提高。比如，1岁的婴儿比刚出生时对视觉刺激的敏感度增加了三四倍（Johnson, 2004; Striano & Vaish, 2006）。

除了视觉，新生儿还表现出了其他令人惊奇的感觉能力。出生2天的新生儿能区别母语和外语，3天能分辨母亲的声音，4天能分辨相近的音节"ba"和"pa"。6个月大时，他们就能分辨产生语言的所有声音差异。此外，他们在很小的时候就能识别不同的味觉和嗅觉。比起无味的液体，新生儿更喜欢加糖的液体，喜爱甜食可能是与生俱来的爱好（Cohen & Cashon, 2003; Rivera-Gaxiola et al., 2005）。

从婴儿期到儿童中期

婴儿从10个月大时就开始了自我人格的发展，这标志着他们即将进入生命中发展最快的时期。婴儿期是指从出生至18个月或2岁左右这段时期。这一时期虽只占生命全程的大约2%，但它却是个体身心发展最迅速的阶段。儿童早期是指2~6岁这段时期，有学者认为此阶段儿童的粗大运动和精细运动能力继续发展完善，其活动

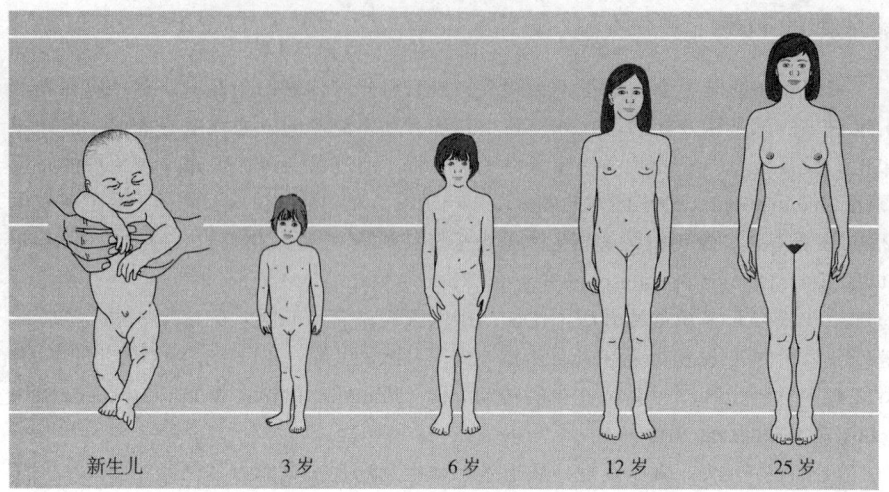

图 11.3
儿童身体比例的发展
资料来源：Robbins, 1928.

新生儿　3岁　6岁　12岁　25岁

水平是一生中最高的。儿童中期（6~12岁）的身体发育与前一阶段相比速度减慢，是一个比较平静的发展时期。

生理发展

这段时间儿童的身体发育是最明显的发展标志。生命的前两年，个体的发育速度最快，身高和体重分别可以达到出生时的 1.75 倍和 4 倍。从 3 岁到青少年期的初显期（大约 13 岁），体重和身高每年分别平均增长约 2.5 千克和 8 厘米。但随着年龄的增加，这种快速的成长会有所减慢。

伴随着生理的迅速发育，儿童不同身体部位的比例关系也在发生巨大的变化。如图 11.3 所示，胎儿（或新生儿）的头部很大，与身体其他部位极不相称。但是，渐渐地随着躯体和四肢的增长，头部与身体的比例就会变得协调（Adolph & Berger, 2011）。

认知发展

认知发展（cognitive development）是指随着年龄的增长、经验的丰富，孩子对世界的理解逐步改观的过程。之前已经讨论过生理发展，以下所述的认知发展理论试图解释智力发展中质和量的变化。

皮亚杰的认知发展理论　皮亚杰的认知发展理论认为，世界上所有的孩子都要经历固定的四个阶段的发展：感知运动阶段、前运算阶段、具体运算阶段和形式运算阶段。他指出，这四个阶段的不同不仅表现在信息获得的量上，还表现在知识和理解方面质的改变方面。当孩子达到某种成熟水平并且具有相关的经验时，就能进入下一个发展阶段。皮亚杰认为，如果没有这些经验，孩子就无法达到认知发展的最高水平。婴儿期和儿童期主要经历三个阶段。

感知运动阶段（sensorimotor stage）（出生到 2 岁）：孩子对世界的理解基于触摸、吸吮、咀嚼、摇头和操控物体。在这一阶段初期，孩子无法用形象、语言或其他的标志来表征世界。因此，婴儿缺乏皮亚杰所称的**客体永久性**（object permanence），即外界客体不依自己的知觉而永久存在的观念。怎么知道婴儿是否具有客体永久性呢？可以把玩具隐藏在毯子底下，然后观察婴儿的反应。直到9个月大，婴儿才能不费力气地指出玩具隐藏的位置，年龄大点的婴儿就会找寻消失的物体。感知运动阶段的关键就是发展客体永久性。

前运算阶段（preoperational stage）（2岁到7岁）：这一阶段发展的主要任务就是语言的使用。儿童内部表征系统的发展可以描述人、事件和感情，能使用符号来做象征性的游戏，比如把一本书当作小汽车在地板上推着玩耍。尽管比起感知阶段，这一阶段的儿童具备了较高的思维能力，但是和成人的思维相比还是有质的差别。前运算阶段的儿童经常使用**自我中心思维**（egocentric thought），即从自我的角度出发来观察这个世界。前运算阶段的儿童认为别人的观点和看法与自己的一样，所以儿童所讲的故事和对事件的解释经常让成人摸不着头脑，前后不连贯，没有上下文。比如，一个前运算期孩子的故事开头是"他不让我走"，根本不提及"他"是谁或者讲故事的人想要去哪里。捉迷藏时，3岁的孩子可能会把脸面向墙壁，闭上双眼，全身都露在外面。他们认为别人与自己有相同的想法，他不能看见别人，因此别人也无法看见他。

此外，前运算期的儿童还不能理解**守恒原则**（principle of conservation），即数量与物体的外形及位置毫无关系。没有掌握守恒这一概念的儿童不了解，物体的形状和轮廓改变了，数量、体积或长度却是不变的（见图11.4）。

掌握了守恒原则意味着**具体运算阶段**（concrete operational stage）（7岁到12岁）的开始。但是，儿童还是无法完全理解守恒的一些方面，比如重量和体积的守恒，这种情况还将持续几年。在具体运算阶段，儿童发展了逻辑思维能力，并开始克服前运算阶段的自我中心主义。这个阶段学到的另一个重要原则是可逆性。比如，他们可以理解把球状黏土揉成香肠状，把动作倒转再做一遍就能恢复球状。儿童甚至都不用看操作的动作，在头脑中就可以把这一原则概念化。尽管具体运算阶段的儿童在逻辑思维方面有了很大的进步，但是他们的思维还是存在着一个最大的局限性：很大程度上要依赖具体的物质实体，对抽象性或假设性问题的理解还有困难。

值得注意的是，皮亚杰的认知发展阶段论认为人类在7~12岁就能发展至具体运算阶段，但事实上，很多儿童并不能很好地具备这种思维方式。人们不禁会问："皮亚杰错了吗？"目前，虽然皮亚杰的认知发展阶段论仍然是一个解释力很强的理论，但是一些理论学家认为，更好的儿童发展理论可以从其他角度，而非用"阶段"进行解释（卢濬，1987）。比如有研究发现，儿童在任务上的表现并不总是一致的，如果皮亚杰的理论准确无误的话，那么处于某一阶段的儿童应表现得一样好才对（Feldman, 2003, 2004）。还有研究者对皮亚杰的"阶段"提出了质疑，他们认为发展强调的应该是量变而非质变，儿童掌握新的认知技巧，是经验的积累而非年龄的作用（Gelman & Baillargeon, 1983; Case & Okamoto, 1996）。此外，还有证据显示，皮亚杰低估了儿童的某些基本能力。例如，有的儿童在5个月大时就具备了基础数学能力（Wynn, Bloom, & Chiang, 2002; McCrink & Wynn, 2007; van Marle & Wynn, 2009）。

虽然皮亚杰的理论存在一定缺陷，但是该理论依然是一个被广泛接受和认可的理论。首先，该理论提出了一个普适的年龄发展阶段论，且该认知发展阶段论在不同文化背景中都得到了验证。其次，该理论为教育实践提供了有力支持。皮亚杰所提出的发生认识论的两个重要思想就是"相互作用论"和"建构论"。"相互作用论"

图 11.4 守恒任务

资料来源：Schickedanz, Schickedanz, Forsyth, & Forsyth, 2001.

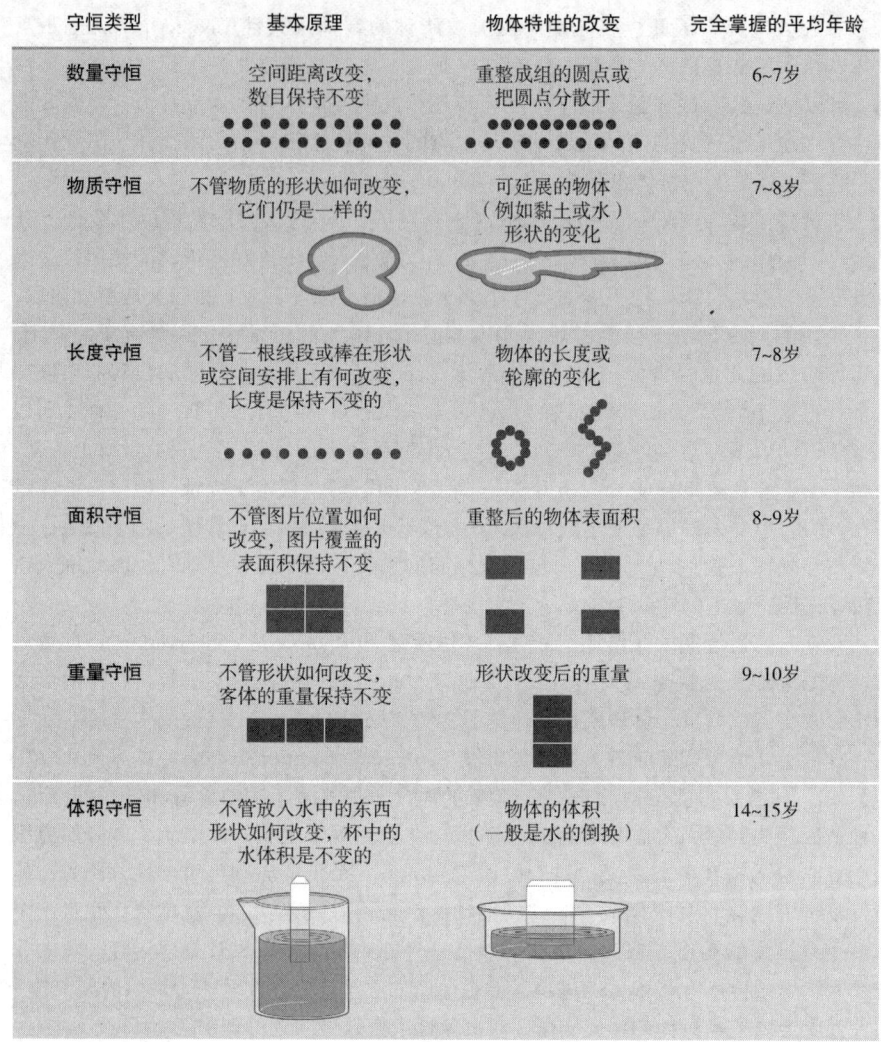

认为知识不是外界客体的简单摹本，也不是主体内部预先形成的结构的展开，而是由主体与外部世界不断相互作用而逐步建构的结果；"建构论"认为认识是一种主动、积极、不断的建构活动，发展不是由内部成熟或受外部教学支配的，而是一个积极的建构过程，儿童要通过自己的活动，建构形成他的智力的基本概念和思维形式。这对当代教育教学产生了深远的影响，在一定程度上提高了教学的效果和质量。

信息加工理论 如果认知发展不具有皮亚杰所说的阶段性，那儿童认知能力快速发展的基础是什么？信息加工理论认为，认知发展的一个原因是**信息加工**（information processing），即人们常用的吸收、使用和储存信息的方式的改变（Cashon & Cohen, 2004; Munakata, 2006; Casasola, 2011）。儿童组织和操控信息的能力发生量的改变，对信息加工过程熟悉后，如同程序员根据自己的经验修改的电脑程序一样，逐渐进步。信息加工方法就像"认知程序"那样，需要解决问题时就启用。儿童信息加工能力有不同程度的多次发展。首先，随着年龄的增长，以及一些能力变得更加自动化，加工速度逐步加快。搜索、识记和比较刺激的能力随之改善，注意刺激的时间逐渐加长，能够更灵敏地辨别刺激，更不容易分心（Van den Wildenberg & Van der Molen, 2004; Diaz & Bell, 2011）。同时，儿童的记忆能力提高。学龄前儿童的短时记忆容量只有两三个信息组块，而 5 岁达到 4 个，7 岁增至 5 个（成人的短时记忆容量平均是 7±2 个组块）。每个组块的容量也随年龄的增加而增大，储存的信息更趋精细化和组织化。儿童早期，记忆能力就有了长足的发展，甚至在开口说话前，婴儿就能记忆几个月前他们积极参与过的事件（Cowan et al., 2003; Bayliss et al., 2005a）。

信息加工过程的改进还与**元认知**（metacognition）有关。元认知是指个体对自身的认知过程及心理状态、任务、目标等的认知监控、调节和评价能力。幼小的儿童缺乏对自己的认知过程的觉察，经常不知道自己是否有能力完成任务。即使发生了误解，他们也可能无法认识到自己的错误。只有当元认知能力增强时，儿童才渐渐明白是自己不理解所致。这种进步反映了儿童的心理理论（theory of mind），即儿童对思维运作方式的认识和理解的改变（Matthews & Funke, 2006; Lockl & Schneider, 2007; Sodian, 2011）。对儿童的心理发展可以从不同角度进行研究。例如，儿童理解自己和他人的意愿、动机、信念等心理状态也有一个发展过程，中国的心理学家苏彦捷对中国儿童在这方面的能力做过卓有成效的研究（见"探索与发现：中国儿童心理理解能力的获得与发展"）。

维果斯基的认知发展观点　根据发展心理学家列夫·维果斯基（Lev Vygotsky）的观点，儿童成长的文化氛围对其认知发展有很大的影响。维果斯基认为，皮亚杰的理论和信息加工理论可能对个体的行为有误解。他提出，如果不考虑社会学习的因素，我们就无法理解认知的发展（Vygotsky, 1926, 1997; Maynard & Martini, 2005; Rieber & Robinson, 2006）。

维果斯基指出，儿童的认知能力是在社会交往中逐渐发展起来的。通过社会交往，儿童提高了认知技能，也获得了独立思考的能力。具体来说，当信息处于最近发展区时，儿童的认知能力就会提高。**最近发展区**（zone of proximal development, ZPD）是指儿童现今已达到的发展水平与其在一定指导下或借助他人的帮助即将能达到的发展水平之间的发展区域。当儿童接受处于最近发展区的信息时，他们就能增加对新任务的理解。一旦信息超出了最近发展区，他们将无法掌握。如果父母、老师或能力较强的同伴给予新鲜的、同时又处于最近发展区的信息，儿童的认知能力就会发展。这种帮助被称为"脚手架"，为儿童学习独立解决问题提供支持。维果斯基认为"脚手架"不仅能帮助儿童解决具体问题，而且对其整体认知能力的发展也有很大的帮助（Schaller & Crandall, 2004）。

维果斯基的理论还指出，个体所处的特定文化和社会背景也对智力的发展有影响。儿童理解世界的方式离不开在特定环境中与父母、同伴和其他社会成员的相互作用（John-Steiner & Mahn, 2003; Kozulin et al., 2003）。

社会性发展

依恋　依恋（attachment）是孩子与特殊的个体之间的积极的情感联系。婴儿的社会交往始于他们和照护者之间的相互吸引。照护者对婴儿的反应越积极，婴儿越有可能产生安全依恋。同时，婴儿的积极回应又强化了照护者的积极行为（见图 11.5）。

探索与发现：中国儿童心理理解能力的获得与发展

北京大学心理与认知科学学院
苏彦捷

心理理解能力（mind understanding），通俗讲是一种读心能力（mind reading），在心理学学术文献中与之对应的概念术语是**心理理论**（theory of mind）。心理理论是指个体对自己和他人的愿望、信念、动机等心理状态及心理状态与行为间关系的认识和理解，并据此解释和预测他人行为的能力。我感兴趣的是，中国文化背景下儿童心理理论的发展。查阅学龄前儿童错误信念理解任务的研究和元分析的文献会发现，我们的孩子对标准的错误信念理解任务的通过年龄比西方儿童的年龄（4岁）通常要晚1~2年。那么输在起跑线上的我们何以后来居上呢？我们在发展这种能力的最初那几年是怎么了？我们需要解释我们成年时期擅长的读心能力为什么在开始的时候会滞后，回答这个问题需要从心理理论的获得过程及其机制的分析入手。

直接比较中美亲子叙述和记忆分享发现，我们的家长在叙述交流中很少涉及人物的心理状态，更多关注人物的行为以及人物之间的关系。于是我们推测，中国儿童获得过程中的滞后可能与我们不同的叙事特点有关。

想象一下这样的情形：如果小朋友之间发生冲突或者小孩子做了让父母不开心的事情，西方家长会告诉他的孩子，"你这样做，他们会很失望""我很难过"……我们的家长会对我们说什么呢？他们通常会说，"你再这样，他们就不和你玩儿了""你不听话，我们就不要你了"……我们的孩子在学着理解个体的行为和心理归因的时候，不能像西方的小孩子那样直接运用听到的话完成归因，需要自己琢磨"他为什么不和我玩了""你们为什么不要我了"……

由于东西方文化中这类亲子叙事特点的差异，中国幼儿获得心理理论的途径也许不同于西方幼儿，后者通过直接谈论心理状态发展心理理论，而前者则需要一个"悟"的过程，自行构建从他人的外在行为到其内部心理状态的联系才能完成对心理状态的理解，这是一个由外及内的间接过程。间接与直接相比难度要大一些，开始的过程就会慢一些，但由于这个联系是我们自己建立起来的，我们这种理解思路会很容易就迁移到其他类似的心理理解过程中。因此，比较不同水平的心理理解能力，我们只在一级错误信念理解任务的通过年龄会落后于西方儿童，在随后的二级错误信念理解、失言理解等任务上，我们的成绩已经与西方个体相当，到了成年，就像大学生的比较研究，在读心方面我们会略胜一筹。

为了验证这一假设，我们进行了一系列研究（Lu, Wang, & Su, 2008; Liu, 2016）。首先，我们记录了从学步儿到6岁孩子不同年龄段的亲子交流（讲故事）中父母所讲述的内容。然后，经过编码分析，结果一致表明，3/4的内容是非心理状态的谈论，包括行为、知识等。纵向追踪孩子心理理论的发展，我们发现能够预测发展成绩的正是这些谈论。我们还分别采用谈论行为、谈论心理状态以及既谈论行为也谈论心理状态三种条件训练心理理解能力发展水平相当的孩子，发现无论是谈论心理状态还是谈论行为，都可以帮助孩子发展心理理论，正可谓"条条大路通罗马"。只不过我们的文化教养环境使得谈论行为这条路走得更自然，虽然开始会让孩子们有点迷茫，不过一旦悟出道理来，之后的发展就很顺利了。

综上所述，我们从生活经验和文献研习出发，确定从亲子分享交流角度揭示中国儿童心理理论获得过程的特点及其异于西方儿童的原因，系统地阐明了社会交往经验特别是共享交流与个体心理理论获得与发展的关系及其文化特异性，并基于大量的实证数据提出"心理理论获得与发展的文化模型"（苏彦捷 等，2012），不仅解释了中国父母教养行为和亲子交流特点在心理理论获得与发展中的独特作用，也表明了这些特点在中国儿童社会化环境中具有独特的适宜性。"中国文化强调社会情境、外部行为和背景，中国儿童通过谈论他人行为而非心理状态促进错误信念的理解"（Lu, Su, & Wang, 2008）。"不同文化可能强调了内部心理状态或外部关系两个不同的方面，文化取向所承载的两方面都为心理理论的发展提供了通路"（Lu, Su, & Wang, 2008）（见 *Annual Review of Psychology* 2015 年刊第 262~263 页对我们工作的介绍）。

婴儿和照护者在建立这种亲密关系的过程中起着同样重要、积极的作用。

与母亲之间的依恋对孩子以后的发展有重要的影响。安全型依恋的孩子可能在社交和情绪控制方面更有能力，他们更具合作性、可亲近，较少出现心理问题。不过，缺少安全依恋的孩子在日后的生活中不一定出问题，建立了安全依恋也不能保证以后会有很好的调节能力（Mikulincer & Shaver, 2005; Roisman et al., 2005; Hardy, 2007）。此外，一些文化对安全依恋水平有更高的要求，孩子成长中所处的社会环境会影响依恋的风格。

早期关于依恋的研究是习性学家康拉德·洛伦兹（Lorenz, 1966）开展的。洛伦兹研究发现，幼鹅会本能地跟随出生后见到的第一个会动的物体。在正常的情况下，它见到的是其母亲。如果在孵化器里孵育的幼鹅一出生看见的是洛伦兹，便会模仿

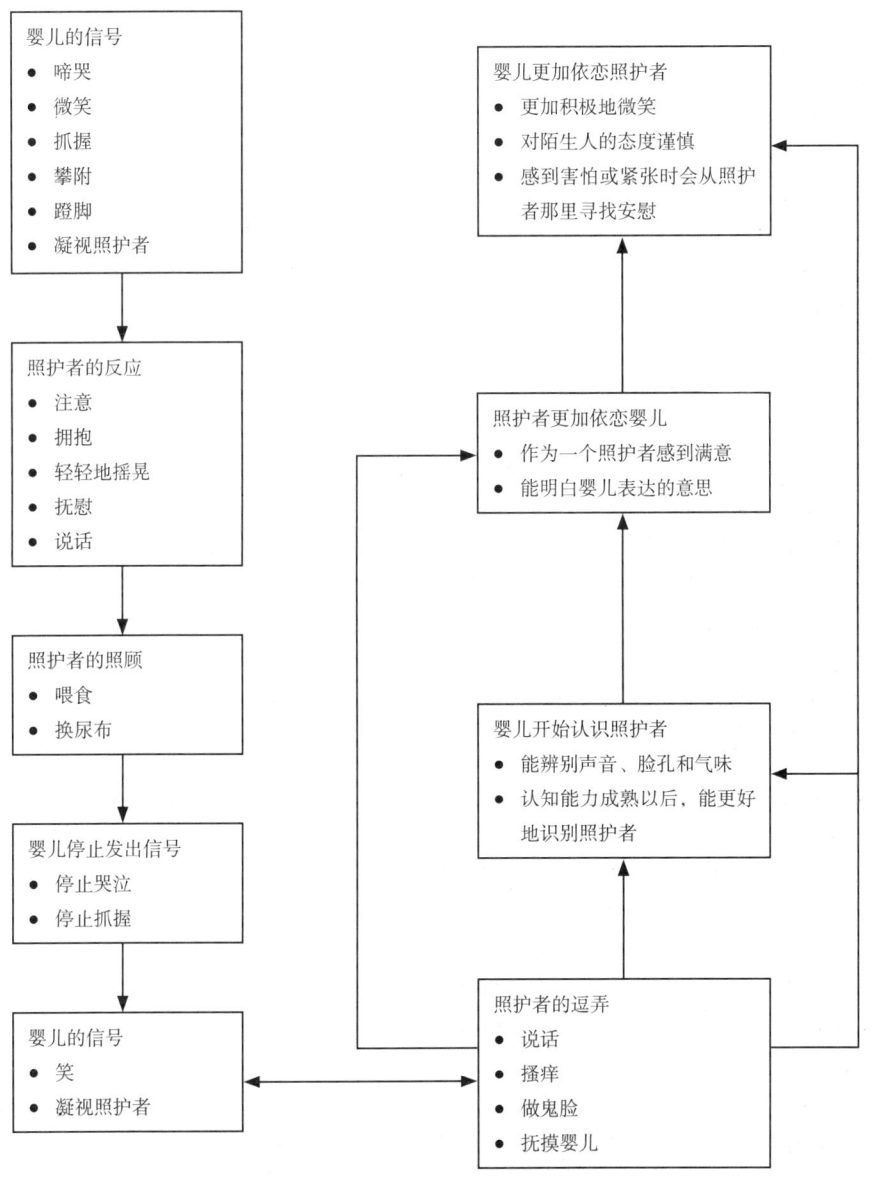

图 11.5
照护者与婴儿之间依恋关系的形成

他的每一个动作，把他当作了母亲。洛伦兹把这个过程叫作"印刻"，印刻的发生有关键期，即只对观察到的第一个移动的物体产生依恋。在心理学家哈里·哈洛的经典实验中，他给幼猴两个可以偎依的对象：一个是金属制成的"猴子"，它能提供奶汁；一个是柔软的绒布做成的"猴子"，温暖但没有乳汁。幼猴的选择很清楚：尽管有时候会跳到金属"猴子"那里去寻求乳汁，但大部分时间幼猴攀附在有温暖绒布的"猴子"身上。显然，绒布"猴子"给幼猴提供了更大的安慰，仅仅有乳汁是无法建立依恋关系的（Harlow & Zimmerman, 1959; Blum, 2002）。基于此，发展心理学家建议，人们在抚养孩子时应该积极回应孩子发出的"信号"，比如哭声、笑声、伸手、拥抱等，这将有助于婴儿形成安全型依恋。完整的依恋将发展成为婴儿和抚养者（一般为父母亲）之间存在的一种特殊的情感关系，这种关系将把他们紧密的联系在一起，它产生于幼儿与其照护者亲子依恋的相互作用过程中，是一种情感上的联结和纽带。

如何测量依恋呢？玛丽·安斯沃思（Mary Ainsworth）设计了一种被称作陌生情境实验的快速、直接的方法。这一测试研究的是儿童在陌生环境中离开母亲的反应。根据安斯沃思的理论，对母亲依恋程度的不同，婴儿对实验环境的反应差别很大。安全型依恋的儿童会把母亲当作行动的基地，自己独立地去探索，有时会回到母亲的身边。当母亲离开时，婴儿表现出悲伤的情绪，当母亲回来时，婴儿会跑向她。回避型依恋的孩子在母亲离开的时候并不哭泣，当母亲回来时婴儿躲避她，像是对母亲很冷漠。矛盾型依恋的孩子在和母亲分离前显得焦虑、不安，但是当母亲回来时却有矛盾的表现，寻找亲密接触的同时却对母亲又打又踢。第四种类型就是无组织－无目标型。这种孩子表现出前后不一致、相互矛盾的行为。

婴儿的早期依恋对后期行为有很大的影响。婴儿若在早期长时间离开父母，那么他们不能很好地与人相处，怕做游戏，怕冒险，怕探索。儿童早期缺乏成人的关心和爱护会影响今后智力和身体的发育，还会影响心理健康。若能尽早改变这种不良环境，仍有可能获得较好的发展。如果婴儿早期不能形成母婴依恋，很可能在以后的生活中难以形成对别人的信任感。虽然这种由于依恋感的缺失而造成的心理损伤可以在以后的生活中得到改善，但是在人生的早期阶段，长久的依恋剥夺会对青少年的情绪、情感发展造成严重的影响。他们生活在焦虑和压抑之中，经常感到恐惧和不安，他们的情绪表达也存在问题，不能恰当且适时地表达自己当时的感受。有这种问题的青少年表现为自卑、孤独，不信任他人和社会，与人交往困难，并具有反社会人格倾向。

埃里克森的心理社会发展理论　埃里克森（Eric Erikson）的心理社会发展理论认为，心理的发展是贯穿一生的，共分为八个阶段，每一个阶段都有必须解决的危机或冲突。顺利度过危机将为以后的发展提供良好的基础；反之会造成发展障碍。每一个阶段的危机不一定能完全解决，但是需要有足够的能力应对下一阶段的危机。八个阶段产生的时间由生物基础决定，但特定阶段的发展危机能否成功解决由自我成长和社会环境决定，因此埃里克森称人生的八个阶段为**心理社会发展**（psychosocial development）阶段。每一个阶段都被描述成积极方面和消极方面的对立，儿童期包括四个阶段。

第一个阶段是**信任对不信任阶段**（trust vs mistrust stage）（出生到1岁半）。如果婴儿的生理需求和依恋的要求一直能得到满足，并且与世界的互动基本上是正向的，他们就能发展出信任感。相反，如果无法得到关爱，与他人的相处不愉快，就会产生不信任感，使婴儿无法应对下一阶段的挑战。

第二个阶段是**自主对害羞和怀疑阶段**（autonomy vs shame and doubt stage）（1 岁半到 3 岁）。如果给予孩子自由，并鼓励探索，他们就会发展出独立感和自主感；如果被过度约束或保护，孩子会产生羞耻感和自我怀疑。这一阶段发展自主性的主要方法就是照料者对孩子的控制一定要掌握分寸。如果父母对孩子控制太多，孩子无法自我肯定，并对环境缺乏控制感；而控制太少，孩子会有过分的要求和支配欲。

第三个阶段是**主动对内疚阶段**（initiative vs guilt stage）（3 岁到 6 岁）。在这个阶段，孩子既有独立行动的愿望，又对这种行为所引发的难以预料的后果感到内疚。这一阶段的孩子懂得了他们是有自己权利的人，自己开始决定自己的行为。如果父母对孩子独立的尝试反应积极的话，就能帮助孩子渡过这一阶段的危机。

第四个阶段是**勤奋对自卑阶段**（industry vs inferiority stage）（6 岁到 12 岁）。在这一阶段，成功的心理社会发展使个体的社会交往能力、学习技能等各个方面的能力都会提升。相反，个体若无法克服这一阶段的困难，将产生失败感和不适应感。

埃里克森的理论认为，心理社会发展一直持续人的一生，儿童期以后个体将面临另外四个危机。尽管这个理论受到了一些批评，如概念不够严谨，把重点过多地放在男性身上，但是其影响依旧巨大，是少数几个贯穿人一生发展的理论之一。

柯尔伯格的道德认知发展理论　"有一个女人得了一种怪病，生命垂危。只有药剂师新发明的药才能救她，但研发这种药要花很多钱，药剂师把价钱抬高到了 5 000 元。病人的丈夫到处借钱，但只能筹到 2 500 元。他告诉药剂师，自己的妻子就要死了，请求药剂师把价格降低一点或允许他赊欠。但是药剂师说："不，我发明了这种药，就是拿它来赚钱的。"丈夫绝望了，想替妻子将药物偷来。你认为他该怎么做呢？

在心理学家劳伦斯·科尔伯格（Lawrence Kohlberg）看来，你给出的建议显示了你的道德认知发展水平。根据科尔伯格的理论，人们公正意识的进化及道德判断所采用的推理方式的发展要经历一系列的阶段（Kohlberg, 1984）。他把个体的道德发展分为三个阶段：前习俗道德阶段、习俗道德阶段和后习俗道德阶段。他认为，人们的道德水平以一种固定的顺序向前发展。

因为存在着皮亚杰所描述的各种认知局限，所以处于青少年期之前的儿童遵循具体、僵化的规则（"偷盗是错误的"或者"如果我偷了东西，就会受到惩罚"）或社会规则（"好人是不能偷东西的"或"如果每个人都偷东西会怎么样"）。儿童 9 岁以前一般处在前习俗道德阶段，常常依据自己的本性做出判断。这时儿童在社会中的社交互动并不基于习俗和规则，而是为了避免被惩罚或是跟随符合他们自身优势的规则。9 岁之后儿童便进入了习俗阶段，个体开始关注其他人的想法。他们开始认为道德由规则和习俗组成，比如对家庭、婚姻和国家的责任。直到 13 岁，他们才能达到最高阶段。

社会性发展的影响因素

父亲的角色　尽管早期的发展研究很注重母子关系，但最近更多的研究则强调了父亲在儿童教养中的角色。因为父亲作为照料者的数量大大增加，父亲在孩子的生活中所起的作用越来越大，父亲的角色变得日益重要。有研究显示，大约有 13% 的家庭，由父亲留在家中照护学龄前的孩子（Parke, 2004; Day & Lamb, 2004; Halford, 2006）。

尽管父子依恋与母子依恋的本质相似,但父亲的行为方式却与母亲有着很大的差异。当父亲与孩子在一起时,他们之间的游戏方式与母亲大不相同。父亲一般喜欢与孩子玩身体接触的、动作粗犷的运动,例如翻筋斗;而母亲喜欢与孩子一起玩语言交流和传统的游戏,例如躲猫猫(Borisenko, 2007; Pellis & Pellis, 2007; Diener et al., 2008)。

与同伴的社会关系 孩子2周岁时开始变得较少依靠父母,更加独立,喜欢与朋友做游戏。起初,游戏是相对独立的,即使坐在一起,2岁的孩子还是会更注意手中的玩具。大一点以后,他们就开始了合作性的游戏,会纠正他人的行为,并且在游戏中交换角色(Lindsey & Colwell, 2003; Colwell & Lindsey, 2005; Whitney & Green, 2011)。学龄儿童的社会交往频率增多,游戏开始形成固定的模式,可能是一些带有严格规则、团体性的复杂游戏。这种游戏不仅有趣,还提高了孩子们社会交往的能力。通过游戏,他们可以了解他人的观点,甚至推断他人未直接表露出来的想法和情感(Royzman, Cassidy, & Baron, 2003)。

社会交往能帮助儿童理解他人的行为意图,并帮助他们发展给他人恰当回应的能力。此外,儿童还会对行为和情绪加强自我控制。在游戏时,他们学会了避免与伙伴起冲突,变得更懂礼貌,懂得控制自己的情绪和面部表情,即使收到一份令人失望的礼物也会保持微笑。给儿童提供社交机会的环境可能会促进他们的社会性发展(Talukdar & Shastri, 2006; Whitebread et al., 2009)。

日托的影响 日托成为越来越多的孩子生活中重要的一部分,研究证实它对孩子的成长有很多好处。高质量的日托能使孩子更加顺从、善解人意、善于社交、积极配合老师,能有效地规范自己的行为(NICHD Early Child Care Research Network, 1999, 2001)。特别是家庭情况不太好的孩子,日托更有助于开发其智力,锻炼其语言发展技能(Burchinal, Roberts, & Riggins, 2000; Dearing, McCartney, & Taylor, 2009)。但是,如果孩子置身于质量低劣的日托环境里或被经常转移到不同环境中,可能会有不安全感(NICHD Early Child Care Research Network, 2001; Vandell et al., 2005; Pluess & Belsky, 2009)。日托成功的关键取决于它的质量。

父母的教养方式 父母的教养方式对孩子社会能力的塑造至关重要。发展心理学家戴安娜·鲍姆林德(Diana Baumrind)按照教养方式把父母分为四个不同的类型(见表11.1):**专制型家长**(authoritarian parents)、**放任型家长**(permissive parents)、**权威型家长**(authoritative parents)及**忽视型家长**(uninvolved parents)。

从表中可以看出,权威型父母更有利于孩子的成长。此外,孩子天生的**气质**(temperament),即先天的、与生俱来的性情,例如一些孩子天生好动,而另一些则比较安静,部分地决定了父母的教养方式(Miner & Clarke-Stewart, 2008; Coplan, Reichel, & Rowan, 2009; Costa & Figueiredo, 2011)。孩子的心理韧性也有很大的区别。心理韧性是指克服环境对心理和身体危害的能力。心理韧性强的孩子可能激起照料者积极的回应,并表现出不同寻常的社交技能:外向、有智慧、拥有能控制自己生活的能力。他们总是试图建立适合自己的环境,而不是被环境所限制(Luthar, Cicchetti, & Becker, 2000; Deater-Deckard, Ivy, & Smith, 2005; Vellacott, 2007)。

教养方式也具有跨文化的差异,文化价值观的不同导致教养理念的不同。例如,美国文化很注重发展孩子的独立性,鼓励减少孩子对父母的依赖。而日本的父母鼓

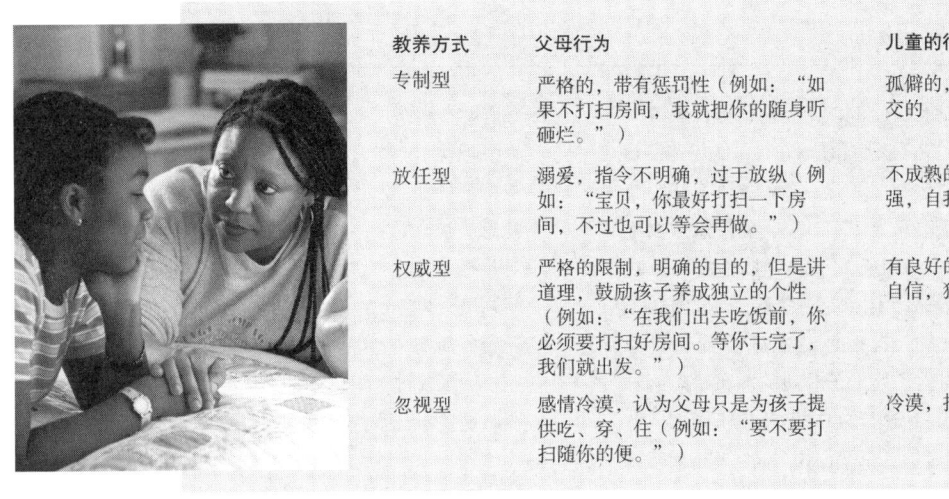

表 11.1 不同教养方式下的父母及其儿童的行为模式

资料来源：Diana Baumrind, 1971.

励孩子学习合作精神，过集体生活，并且认为让孩子单独一人睡觉就是对他的惩罚，所以在婴儿期和童年早期，很多孩子和母亲一起睡（Kawasaki et al., 1994; Dennis et al., 2002; Jones, 2007）。

总之，家长的教养理念、具体的实施方式以及他们和孩子的性格特征，共同作用形成了教养方式，这也再次说明了行为是环境和遗传之间复杂的相互作用的结果。

青少年期

青少年期（adolescence, 12~18 岁）是从儿童期向成人期发展的重要阶段，这段时期会发生深远的变化，甚至动荡。个体在青少年期获得性和生理成熟，同时社会性、情感和认知能力也有重要的发展，他们开始寻求独立，走向成人化。处于青少年时期的孩子不再被社会看作儿童，但也不完全是成人，他们面临着生理、认知和社会性的变化，这种变化会影响一生。青少年期是人生唯一的骚动阶段，个体在这一时期情绪极不稳定，可能出现不可预测的行为。尤其是近几年来青少年呈现出较高的自杀率，我们需要认真地对待这一人生时期。

生理发展

刚进入青少年期，最突出的是生理变化。身高猛增，女孩的乳房开始发育，男孩的声音变得很浑厚，开始长体毛，对性产生强烈的好奇心。

个体身体上的变化从青少年初期便开始了，这在很大程度上是由于激素的分泌引起的。女孩一般从 10 岁、男孩则从 12 岁起，体重和身高开始快速增加，一年可能要长 12 厘米左右，这是自婴儿期以来最大的变化。2005 年，林崇德和李庆安认为，

> **心理学与人生：青少年的自杀**
>
> 尽管很多人都平安地度过了青少年期，但仍然有一些青少年存在着比较严重的心理问题，并有可能导致极端行为，如自杀。抑郁是导致自杀的一个因素，症状为总是感到悲哀、极度的疲倦和绝望感。完美的理想主义也是抑郁的原因之一。在面临社会交往或学业上的挑战时，他们不愿意融入社会，容易产生极强的焦虑感（Richardson et al., 2005; Caelian, 2006）。自杀还与家庭背景和自我调整障碍有关。父母与孩子处于长时间的冲突状态会导致青少年产生问题行为，如犯罪、逃课和攻击倾向。此外，酗酒者和药物滥用者的自杀率也相当高（Winstead & Sanchez, 2005; Bagge & Sher, 2008; Hardt et al., 2008）。
>
> 以下是青少年有自杀倾向的一些表现：
>
> - 学校里的问题，比如逃课、旷课或成绩突然下滑；
> - 经常性的自残行为；
> - 没有食欲或暴饮暴食；
> - 躲避朋友和同伴；
> - 睡眠障碍；
> - 有抑郁的症状，总是悲悲凄凄的或者有明显的心理障碍，如幻觉；
> - 对死亡、来生或"如果我死了，会发生什么"这种问题过分关注；
> - 安置好所有的事情，如放弃珍贵的财产或把宠物的照料做了安排；
> - 明确地宣布自杀的信息。
>
> 如果你见到青少年有自杀倾向，要督促其寻求专业的心理帮助。你必须采取果断的行动，如罗列出可以帮忙的家庭成员或朋友。当别人谈起自杀时，这是一个需要你帮助他们的强烈信号，并且不应该帮他们保守这个秘密。

青春发育期在生理上的发展变化是多种多样而又十分显著的，但归结起来，不外乎身体外形、内脏机能和性的成熟等三类变化，总称为"三大变化"。这"三大变化"都具有可塑性。以 20 世纪 90 年代和 60 年代的研究指标相比为例，中国青少年的身高不仅提高了 2.1 厘米，男、女青少年性成熟的平均年龄提前了近 2 岁，而且脑电波 α 波的发展也明显超过 20 世纪 60 年代的水平。就平均频率而言，90 年代 6 岁被试 α 波的平均频率就达到了 60 年代 10 岁被试的发展水平；90 年代 9~10 岁的被试则达到了 60 年代 12~13 岁被试的发展水平。由此可见，随着社会的进步、经济的发展、生活水平的提高，儿童和青少年的各项生理指标都表现出超前趋势。

青春期（puberty）是性器官成熟的时期。女孩从 11 或 12 岁开始，以月经初潮的到来为标志。但是个体差异比较大，一些女孩的初潮时间为 8 岁或 9 岁，而最晚的可能要到 16 岁才出现。性吸引力（sexual attraction）的出现甚至早于性器官的成熟，在 10 岁左右（Tanner, 1990; Finlay, Jones, & Coleman, 2002）。对于男孩来说，第一次射精是青春期开始的标志，一般在 13 岁左右。第一次射精过程中产生的精子数量相对较少，在今后几年中数量剧增。

认知发展

皮亚杰认为，12 岁以后的儿童就进入了**形式运算阶段**（formal operational stage）。此阶段的儿童能掌握一种抽象、形式和逻辑的新思维。思考不再需要依靠实物，可以用逻辑思维去解决问题。皮亚杰提出了"单摆振动问题"（Piaget & Inhelder,

1958），以儿童对问题的解释证明形式运算思维的出现。这一问题要求解决者指出决定振动频率的因素是线的长度、球的重量还是推力？（答案应该是线的长度。）处于具体运算阶段的儿童解决问题不是通过逻辑或理性的推理，具有随意性。比如，他们可能同时改变线的长度和球的重量以及对球的推力，所以无法区分到底哪个才是真正的原因。而处于形式运算阶段的个体分析问题是有条理性的。他们像科学家做实验一样，每次只检查单一变量的改变所带来的效果，这种把无关变量排除在外的能力是形式运算思维出现的标志。

理论上，青少年已经具有形式运算思维能力，但是有一些人也基本不使用这种思维方式，并且可能很多人都没有达到这一阶段。很多研究显示，只有40%~60%的大学生和成人能完全形成这种思维方式。据估计，处于此阶段的人只占全部人口的25%。

社会性发展

身心冲突

身体上疾风骤雨式的变化是青少年期开始的一个外在标志。随着青春期的到来，青少年产生了该如何看待自己，别人又是怎样对待自己的意识。同时，青少年还要应付多变的情绪，并经历一些其他心理上的危机，如独立意识与父母的保护和控制之间的矛盾。

性成熟使得青少年开始关注自己的外貌。总体来说，中国青少年对自己身体的满意度在不断波动，满意度时而升高，时而下降。表现为12~14岁之间上升，青春期则主要呈下降趋势，即15岁、16岁、17岁可能是对身体自我最不满意的年龄阶段，青春期后有缓慢上升，男孩对自己的身体越来越满意。2005年，陈红和黄希庭通过对青少年的身体自我进行测量，发现青少年学生对身体的满意度从"最满意"到"最不满意"依次是负面特征、相貌特征、性特征、运动特征和身材特征；身体自我在相貌特征、身材特征、性特征、负面特征方面都存在显著的性别差异，男生比女生对身体更满意；城市学生比农村学生对自己的身体更满意。早熟的男孩比晚熟者更有优势，早熟者在体育运动中表现更出色，在同伴中更受欢迎，自我评价更积极。女孩则不完全相同。有研究者认为，女孩更不满意的原因可能是随着青春期的到来，女孩的现实身体离她们理想身体越来越远。与男孩相比，女孩更多地与他人比较，从而更消极地看待自己。现在的媒体也过多地传播有关女孩的身体信息，早熟的女孩可能有更多的追求者和约会，获得更强的自尊感，但是身体上的过早发育可能也有负面的作用。比如，乳房过早发育可能导致同伴的疏远，甚至成为笑柄。生理上的晚熟对男孩和女孩都会产生心理负担，过小的体型使男孩看起与成熟的同伴不协调而遭受嘲笑，缺乏吸引力。晚熟的女孩社会地位相对较低，可能容易自卑（Becker & Luthar, 2007）。

青少年期的变化和压力也常常在家庭中引发冲突。很多青少年有了自己的想法，对父母定的规矩和价值观不再顺从。虽然也有研究表明，很多人在青少年期并没有想象中的动荡，家长很容易和他们进行经常性的、多方面的交流，但是大部分的青少年还是试图脱离他们依赖的父母，所以经常会发生冲突。他们可能去参加各种活动，做一些父母甚至整个社会所反对的行为。不过到青少年中期（15岁或16岁），这种紧张逐渐缓和；到18岁时，就渐渐消失了。

青少年的思维方式是其与父母争吵的另一个原因。他们需要面对**自尊**（self-esteem）问题，即对自己是否有价值、有能力，自己是否值得别人尊敬的判断，尤其是在不顺利的情况下，他们能否正确地看待自己，这对他们一生的发展有重要影响。青少年带有自我中心主义，表现为自我专注，用自己的观点看待世界，不相信权威，不愿接受批评，总是指责他人。他们认为自己是其他人注意的中心，自己的经历是独一无二的、特殊的、他人是无法理解的，并相信自己是无往不胜的，不会被任何危险吓倒。2003年，房超和方晓义指出，青少年与父母的关系由童年时期的遵从和依赖转变为分离和依恋。也就是说，在青春期，青少年一方面要寻求个体的独立，另一方面又需要父母的理解和支持。但已有研究表明，很多青少年感到与父母的沟通存在困难，青少年与父母在一些问题上缺乏沟通，对一些问题的看法存在明显分歧。父母与青少年之间的良好沟通有助于青少年与父母之间的新适应，青少年心理发展需要的亲子互动模式的形成和建立，对青少年的心理发展有着重大的意义。在亲子沟通中，得到父母支持的青少年能够更好地探索自我同一性，而与父母沟通不良的青少年更容易出现各种情绪和行为问题。

心理社会发展

埃里克森的心理社会发展理论强调了青少年期寻找同一性的问题。如前所述，心理社会发展包含了人们对自己、他人和周围世界的理解变化的整个过程（Erikson, 1963）。埃里克森的第五个阶段（见表11.3）是**同一性对角色混乱阶段**（identity vs role-confusion stage）。**同一性**（identity）指自己能意识到自我与他人相区别而存在，以及自我的连续性和稳定性，即个人的内部状态与外部环境的整合和协调一致。在这一阶段，青少年尝试去发现自己是谁，自己的优势是什么，在以后的生活里该扮演什么样的角色。一个人缺乏稳定的同一性，就会不知道自己在生活中应该扮演什么样的角色，有可能做出极端的行为，如成为社会的异类，无法维持亲密的人际关系（Updegraff et al., 2004; Vleioras & Bosma, 2005; Goldstein, 2006）。

在这个阶段，伴随着生理上的变化，社会对青少年的期望变大，以及同一性带来的压力，他们不知道该怎样调整自己的生活。这一阶段还有一个很重要的特征：对成人的依恋减少，从同伴团体中获得社会判断标准。所以，同伴团体变得相当重要，它能够帮助青少年形成紧密的朋友关系，帮助他们认清自己的身份。这一阶段也是青少年心理社会发展的重要转折点，为以后的成长和人际关系的发展铺好道路。如果无法度过同一性的危机，青少年就有可能一直感到失败，直到找到适合自己的生活为止。

随着年龄和年级的增长，青少年的心理社会发展水平在提高，但他们的自我同一性危机水平也在上升。青少年的中后期是自我同一性发展的核心时期，也是自我同一性高危机水平的时期。父母的教养方式与青少年心理社会发展和自我同一性危机有显著的相关。父母投入的情感越温暖、理解越多，青少年的心理社会发展就会越好，自我同一性危机水平就越低。父母的文化水平是影响其教养方式的最重要的因素，父母受教育程度越高，其给予子女的温暖和理解就越多。

你想了解自己吗：测测你的自我认同感

根据埃里克森的观点，大部分青少年及年轻人都在塑造自我人格及认同的过程中挣扎。每一个发展阶段解决危机的方式，都是未来人格发展及适应能力的基础。奥克斯和普拉格（Ochse & Plug, 1986）开发了一个量表，用以测试成人顺利经过埃里克森八个阶段的程度。以下所列的是"同一性对角色混乱阶段"的各个题目。同学们可以利用下面的四点量表来评价各种现象符合自己的程度。

1 = 一点也不符合；2 = 不太符合；3 = 比较符合；4 = 非常符合

1. 我怀疑实际上我到底是一个什么样的人。_____
2. 人们似乎改变了对我的看法。_____
3. 我深切地知道如何去经营我的人生。_____
4. 我对有些事情是否符合道德标准不是很确定。_____
5. 人们似乎对我是个怎样的人意见很一致。_____
6. 我觉得我的生活方式适合我。_____
7. 我的价值是受大家肯定的。_____
8. 离开那些深切了解我的人时，我觉得自己更加轻松自在。_____
9. 我觉得自己所从事的工作，一点价值也没有。_____
10. 我觉得在我生活的圈子里悠然自得。_____
11. 我对自己现在的样子感到骄傲。_____
12. 人们对我的看法与我的自我认知非常不同。_____
13. 我觉得人们之间彼此抛弃。_____
14. 人们似乎不赞同我。_____
15. 我改变了我人生追求的目标。_____
16. 我不确定人们对我的看法如何。_____
17. 我对自己的感觉改变了。_____
18. 我觉得自己是在做一场表演，只是为达到某个目的而努力。_____
19. 我对自己身为社会的一分子而感到骄傲。_____

请先将下列题目反向计分：第 1、2、4、8、9、12、13、14、15、16、17、18 题，即将 1 分转为 4 分、2 分转为 3 分、3 分转为 2 分、4 分转为 1 分，然后将所有分数加总。

奥克斯和普拉格发现，以南非 15~60 岁之间的公民为测试对象时，平均得分为 56~58 分之间。其标准差为 7~8 分，这表示大多数人的得分在平均值的上下 7~8 分之间。分数高于此平均值者，表示你已发展出自我的认同；分数显著低于此平均值者，即暗示你仍在认同的发展阶段摸索前进。

道德认知发展

科尔伯格认为，达到形式运算阶段的个体就能进行高水平的判断，因为他们能理解更广泛的道德原则。道德不存在绝对的对和错，社会所接受的可能是两种完全不同的标准。

因此，科尔伯格认为，直到 13 岁，人们才能进入后习俗道德阶段，才能很好地

表 11.2 道德推理的三个阶段

阶段	对故事所做的道德推理	
	赞成偷药	反对偷药
第一阶段：前习俗道德阶段 在这个阶段里，人们按个人的具体利益来判断，希望得到奖赏，避免受到惩罚。	"如果妻子死了，你会自责没有尽力去救她。对于她的死，你和药剂师都会受到审讯。"	"你不能去偷药，因为一旦被抓住，就会被关进监狱。即使侥幸逃脱，你也将担心警察会随时来抓你。"
第二阶段：习俗道德阶段 在这个阶段里，人们从社会角度考虑道德问题，他们乐于表现为好公民，从而取悦他人。	"如果妻子死了，你将会永远无法面对其他人。"	"你偷了药后会觉得这种行为给家庭和自己蒙羞，不敢面对他人了。"
第三阶段：后习俗道德阶段 在这个阶段里，人们使用宽泛的道德判断标准，不受某个社会标准所局限。	"如果你不去偷药而让妻子死去，以后你会一直谴责自己。虽然你的行为是遵守了法律规定，但却违背了自己的良心和诚实的原则。"	"如果你偷了药，虽然不会受到他人的指责，但你却会谴责你自己，因为你违背了自己的良心和诚实的原则。"

理解道德推理的变化（见表 11.2）。但是，也有很多人无法达到道德推理的最高阶段。事实上，只有少数成人才能超越第二阶段（Kohlberg & Ryncarz, 1990; Powers, 2006; Moshman, 2011）。

科尔伯格的理论有助于理解道德认知发展，但是以后的研究对其持有异议。这个理论最大的弊端就是只讲述了道德判断，而没有涉及道德行为。能区分正确和错误并不意味着我们会根据判断而行动。此外，这一理论仅适用于西方社会，符合西方社会的道德标准。跨文化研究表明，在不同的道德体系下，科尔伯格的理论不具有普适性（Coles, 1997; Damon, 1999; Nucci, 2002; Barandiaran, Pascual, & Samaniego, 2006）。

另一个重大的不足之处在于，他的研究所采用的被试主要是男性。心理学家卡罗尔·吉利根（Gilligan, 1996）认为，由于男性和女性有不同的社会化经验，因此会有不同的道德行为判断标准。根据吉利根的理论，男性有更宽泛的道德原则，比如公正和公平；而女性的判断是根据对他人的责任，并应该牺牲自己的利益来帮助那个与自己有特殊关系的人。女性比男性更有同情心。此外，科尔伯格的道德行为模型很大程度上是建立在抽象的原则上的，比如公正。但吉利根认为，这样描述女性的道德发展是不合适的。女性的道德感注重个人的幸福和社会关系，即关爱他人的道德标准。在她看来，关爱他人的幸福代表着最高层次的道德标准。吉利根的道德概念与科尔伯格的理论有很大的差异，她认为性别在道德判断的问题上起很大作用。

中国学者曾研究了儿童和青少年对行为责任的道德判断及公正观念的发展。从总体上说，研究结果支持儿童道德认知发展有其顺序性和阶段性。但中国儿童从不成熟到成熟的道德判断转变，时间要比国外儿童早。中国学者对儿童道德判断的依据，儿童道德概念影响的根源、道德情感的归因，如年幼儿童对欺骗行为的道德判断和相关的情绪归因等，也有初步的探讨。此外，在一定程度上，道德推理也是文化和历史的产物。

成年期

从成年早期到中期直至晚期，事业和家庭是生活的重心。随着成年晚期的到来，死亡成为不可忽视的话题之一。

成年早期和成年中期

心理学家认为，成年早期开始于 20 岁左右，一直持续到 40~45 岁；而成年中期截至 65 岁。从取得的成就及时间跨度来看，这两个阶段是人生无比重要的时期，但是对这个阶段的研究却很少。其中一个原因就是，这些阶段发生的生理变化不明显。此外，在这段时期遇到的社会变化很多样化，难以简单地加以归类。由于许多改变是发生在成年早期，因此很多科学家将这一时期称为**成人初显期**（emerging adulthood），成人初显期大约开始于青春后期，止于 25 岁左右。在成人初显期，个体不再是青少年，但又还没有完全承担起成年期的责任。这一阶段，人们往往还在探索"我是谁""我的未来怎么发展"的问题（Schwartz, Côté, & Arnett, 2005; Bukobza, 2009; Lamborn & Groh, 2009）。

生理发展

多数人在成年早期达到了身体健康的顶峰。18~25 岁人的力量是最大的，反应也最快，死于疾病的可能性也最小，生殖能力处于高峰期。25 岁左右，身体机能开始变弱，也更容易生病。总体来说，在成年早期患病的可能性还是很小，很多人保持着最佳的健康状态。成年中期，人们渐渐意识到身体的变化，体重通常开始增加（尽管可以通过节食和锻炼保持体重）。此外，感觉器官功能也开始下降，对刺激的反应不够敏锐。但总的来说，下降的速度非常慢，常常难以被察觉到。

成年中期身体机能下降不是很明显，主要的生理变化表现在生殖能力上。一般来说，在 40 岁末或 50 岁初，女性就开始进入**更年期**（menopause）。在这段时期月经停止了，不再具有怀孕的能力。因为更年期伴随着体内雌性激素分泌的减少，所以这段时间女性会有潮热、心悸等症状。但是，很多症状可以通过激素疗法（hormone therapy），即服用雌性激素和孕激素来缓解。不过，激素疗法会引起很多的危险，如增加患乳腺癌、血液凝块和冠心病的风险（Rossouw et al., 2007; Lindh-Astrand, Brynhildsen, & Hoffmann, 2007; MacLennan, 2009）。

男性在成年中期的衰老过程不是很明显，没有女性绝经期那样的生理信号。身体机能下降的表现有：精子生成速度降低，性高潮的频率减少。不过，跟随这些变化而来的心理不适，往往是由于中年个体无法达到所谓的年轻标准而产生的心理落差，跟个人身体机能的退化并无太大关系。

社交能力的发展

成年期生理的变化只是量上的，而社交发展则有了质的转变：社交面更广、更为深刻。在这个阶段中，人们开始经营事业、婚姻和家庭。离开自己儿时的家，开

探索与发现：不同文化下的成人仪式

在新几内亚的阿瓦（Awa）部落里，男性成员从儿童期向成人期的过渡并不容易。首先，他们要遭受棍棒和带刺的树枝的鞭打，那是为了弥补以前的过失和纪念在战争中被杀的部落成员。在仪式的下一个阶段，成年人用尖的棍子猛戳男孩的鼻孔，然后将1.5米长的藤蔓塞进在男孩的喉咙里，直到他们作呕并呕吐。最后，部落里的成员切割男孩的生殖器，引起大量流血。尽管，阿瓦部落的成人仪式听起来很恐怖，但是无独有偶，还有一些文化要求年轻人跪在烧红的炭上，且绝对不能有痛苦的表情。在另外的文化中，女孩则需要把一块点燃的棉花放在手中抛来抛去，并且让成千上万的蚂蚁爬遍她们的全身（Selsky, 1997）。

其他文化中的成人仪式也很重要，但没有那么恐怖。比如，在传统的阿帕奇（Apache）部落里，女孩月经初潮的到来就是一件值得日夜欢庆的事。在西方，不同宗教里也有类似的仪式。13岁的犹太男孩和女孩都要行戒律礼，在很多的基督教派别里孩子必须行坚信礼（Magida, 2006）。

日本政府1948年规定每年1月15日为成人节（自2000年起，将这一节日的日期改为每年1月份第二周的星期一），这是日本国民的一大节日，届时全国放假。这一天，凡满20岁的男女青年都要穿着节日盛装，到公会堂或区民会馆等处参加各级政府为他们举办的成人仪式和庆祝活动。

在中国，成人仪式有很长的历史。在原始社会中，青年男子跨入成年阶段经历的仪式叫作"成丁礼"。这种仪式通常在庄严的场合进行毅力和智力的考验，以鉴定他们是否具有充当氏族部落正式成员的条件。到了封建社会，未成年的男子称为"童子"，男子到20岁要行"冠礼"，就是戴上帽子，表示已经成人；女子15岁要行"笄礼"，就是女子盘发插笄，表示成年。近代，这种成人仪式逐渐被废止。新中国成立以后，法律只规定18岁为成人年龄，对成人仪式没有规定，但是在中国部分少数民族中还保留着古老的成年礼俗。

在很多的社会中，男性是成人仪式的焦点。著名的人类学家玛格利特·米德（Margaret Mead）认为，多数的男性仪式反映了"对男孩无法成长为一个男人的担忧，要比对女孩无法成长为一个女人的担忧更为普遍"（Mead, 1949, p. 195）。这可能是因为在大多数文化中，男人的地位要比女人的高，所以男孩的成人仪式更为重要。还有一个原因可能是，对于女性来说，从儿童期到青春期有一个明确的、生物性标志的转折点：初潮。相比之下，男性就没有类似的特征。因此，男性必须要依靠文化上决定性的仪式来宣布其成年期的到来。

始工作，常常被看作成年早期的一个标志。人们设定人生目标，并做出职业选择。他们的生活主要集中在自身职业上（Vaillant & Vaillant, 1990; Levinson, 1990, 1992）。

埃里克森的心理社会发展理论认为，处于成年早期的人们将进入**亲密对孤独阶段**（intimacy vs isolation stage），整个成年早期注重与他人发展亲密关系。这个阶段的危机没得到解决会导致孤独感，害怕与他人产生亲密关系；而成功解决则可以在生理、智力和情感上与他人建立起亲密的关系。

成年中期，进入**繁殖对停滞阶段**（generativity vs stagnation stage）。繁殖感是一种对家庭、社区、工作和社会作贡献以及帮助下一代成长的能力。顺利度过这个阶段的人将有更加积极的人生态度，反之则会产生渺小感和停滞感，对下一代的培养也没有贡献。

40岁初，人们进入了中年过渡期。身体机能的日益老化，生活不尽如人意使一部分人面临中年危机。生命随时可能走到尽头的想法越来越影响其思维方式，甚至怀疑以前取得的成就。不过，大多数人的中年期是比较平静的，他们以积极的心态看待他们的生活和成就。40~60岁通常是一个人取得成就的阶段。相比于着眼未来，人们更多地把目光聚焦在当下，与家庭、朋友和其他社会团体的互动变得日益重要。这段时间的发展重点是接受自身所处的外在环境（Whitbourne, 2000, 2010; Dare, 2011）。

婚姻关系及父母角色的变化

婚姻满意度遵循 U 形曲线变化：最开始几年，满意度很高，然后开始下降，在成年中期到成年晚期，满意度开始再次提升。在开始的 20~24 年的婚姻生活中，婚龄越长，满意度倾向于越低。之后，则是婚龄越长，满意度越高，甚至在 35~40 年婚龄时，夫妇的婚姻满意度会超过最初的 4 年。U 形曲线一般在成年早期达到最低点，因为在这个时候，许多夫妇工作压力很大，有十几岁的孩子和年迈的父母需要照顾。通常在孩子长大成人后，夫妇的婚姻满意度会达到一个高峰。大多数的离婚发生在婚姻的头 10 年，到成年中期离婚率降低。在任何年龄段，离婚给女性带来的负性影响都比男性大。婚龄长的夫妇比婚龄短的夫妇可能更不容易婚姻破裂。

中国民政部门公布的数据显示，中国的离婚率逐年增高，单亲家庭也随之增多。经济条件不好的单亲家庭会影响孩子以后的发展。此外，父母的离婚对孩子来说是一段痛苦的经历，可能会成为孩子发展亲密关系的障碍。孩子可能对父母的离婚感到自责或为离婚后该支持哪一方感到苦恼。单身家庭的孩子的自我调节能力不如父母双全的孩子。但事实上，比起父母经常有冲突的双亲家庭，生活在一个和谐的单亲家庭的孩子更能健康地成长。随着世界各国离婚率的提高，离异家庭对儿童发展的影响已经成为众多学者研究的焦点（林洵怡，桑标，2008）。

近二十几年来，男女的社会角色发生了很大的变化。更多的妇女同时兼任妻子、母亲和家庭顶梁柱等多种角色。但是很多工作的已婚妇女并没有从家庭责任中解脱出来。即使一对夫妇在工作中有着相同的地位和工作时间，妻子仍比丈夫承担更多的家务。有工作的母亲的劳动时间更是惊人！有事业的女性既要扮演家庭以外赋予的角色，又无法摆脱家庭主妇的义务，她们感到愤怒就很正常了。

成年晚期

成年晚期（也称为老年期），人们开始更多地接受他人和自己的生活，对一度困扰自己的问题也不那么关心了。人们开始接受这一事实——死亡是不可避免的。他们对人生有更深层次的理解，对自己取得的成就也有了新的领悟。尽管人们可能承认自己"老了"，但是很多人也发展出了智慧感，他们感觉更加自由，也能更好地享受生活（Baltes & Kunzmann, 2003; Miner-Rubino, Winter, & Stewart, 2004; Ward-Baker, 2007）。

社会对"老年人"的刻板印象是行动不便，身体和智力能力普遍下降。老年学家，即研究老龄化过程的专家，对成年晚期的看法却开始转变，其研究说明人们进入老年期后仍在发展。随着寿命的延长，老年人的数量将会持续增长，成年晚期也越来越受到心理学家的重视（Moody, 2000; Schaie, 2005b; Jia, Zack, & Thompson, 2011）。

生理变化

老龄化会使老年人的身体发生相当大的变化，头发变得稀疏、花白，皮肤长满皱纹，并且脊椎骨之间的椎间盘厚度变薄会导致身高略有下降；身体的生理机能也发生细微的变化，如感觉能力——视觉、听觉、嗅觉和味觉——不再那么敏感，反应时间增加，体力大不如前（Stenklev & Laukli, 2004; Schieber, 2006; Madden, 2007）。但是成年晚期的男性仍然具有生殖能力。

这些生理机能下降的原因是什么呢？**遗传机制老化理论**（genetic preprogramming theory of aging）认为，人类细胞再生有一个内置的时间限制，在一个特定的时间以后，细胞会停止分裂，或者对身体变得有害。**磨损和毁坏老化理论**（wear-and-tear theory of aging）认为，当人们逐渐变老时，身体机能的工作效率降低，能量释放所产生的废物在体内积聚，细胞分裂时出错，直至最后身体的精力完全透支（Ly et al., 2000; Miquel, 2006; Hayflick, 2007）。

遗传机制老化理论、磨损和毁坏老化理论都有证据支持，可能是这两个过程共同作用导致了自然衰老。显然，身体的逐渐衰老并不是疾病，只是自然的生物过程。然而，很多的生理功能不会随着年龄的增加而下降。例如，老年人依旧能从性活动中获得愉悦感（尽管性生活的频率下降），一些人甚至说他们成年晚期从性中获得的乐趣反而增加了（Gelfand, 2000; DeLamater & Sill, 2005; Wilkin & Haddock, 2011）。

认知能力变化

"老年人常会犯糊涂"这类观点是不准确的。比如，一组老年人在 IQ 测验中的平均分数要比年轻组的成绩低一些，据此我们可能就会得出老年人智力下降的结论。但是该结论可能是毫无根据的，因为很多 IQ 测验中的部分模块是基于体能表现（如整理一组障碍物）或活动速度，IQ 测试结果较差可能是由于老年人身体机能下降、反应时间变长导致的，跟他们的智力能力关系不大。老年人的健康水平通常不如年轻人，当把健康的老年人和健康的年轻人相比时，他们之间基本上没有智力差异。此外，老年人平均在校学习的时间通常要少于年轻人（由于历史的原因），并且老年人想要做好智力测验的动机没有年轻人那么强。还有，传统的 IQ 测验用来测量老年人的智力可能并不合适，老年人有时在实践智力上比年轻人强，但很多却无法从测验中反映出来（Dixon & Cohen, 2003; Johnson & Deary, 2011）。

然而，成年晚期在智力功能方面确实有些下降。与液体智力相关的技能（涉及信息加工技能，如记忆、计算和类比推理等的智力）会有一些下降；而晶体智力（基于信息的积累、技能以及通过经验习得的策略的智力）保持稳定，并会有所改善（Rozencwajg et al., 2005; van Hooren, Valentijn, & Bosma, 2007; Kaufman, Johnson, & Liu, 2008）。即使在成年晚期出现智力功能的变化，人们仍然能弥补这种衰退，仍能学习想学的东西，只是可能会花费更多的时间。帮助老年人学习解决新问题的策略往往能防止其行为能力的衰退（Saczynski, Willis, & Schaie, 2002; Cavallini, Pagnin, & Vecchi, 2003; Peters et al, 2007）。

记忆力的退化也是可以避免的。在尊敬老年人及承认其有年龄优势的文化中，老年人记忆力减退要慢得多（Levy, 1996; Hess, Hinson, & Statham, 2004; Dixon, Rust, & Feltmate, 2007）。虽然人们在成年晚期记忆力有所下降，但只限于某些类型的记忆。

如情景记忆（与人们的具体生活有关的记忆）能力，老年期下降就比较快。语义记忆（对普遍的知识和事实的记忆）和内隐记忆（我们无法意识到的记忆）等就不太会受年龄影响（Fleischman et al., 2004; Mitchell & Schmitt, 2006; St. Jacques & Levine, 2007）。还可以通过使用记忆术提高老年人的记忆力，不仅能阻止老年人的长时记忆退化，还可能使其有所改善。

2010 年，杜新和陈天勇指出，老年人的执行功能及其相关脑区（主要为前额叶）存在可塑性，通过训练，执行功能的衰退可得到缓解，相关脑区的激活水平、脑容量或神经递质都可能发生改变，并且执行功能训练对其他认知能力有一定的迁移效应，比如记忆。

在过去，老年人记忆力的严重下降，并伴随其他认知困难，被认为是高龄化导致的。高龄化（senility）是宽泛、含糊的术语，用于形容智力极度退化的老年人，包括记忆力丧失，对时间和地点认识存在着定向障碍，普遍带有神志不清。现在很多老年学家认为某些症状并不是由高龄化引起的，这些症状可能是由其他原因造成的。如**阿尔茨海默病**（Alzheimer's disease），一种渐进性的大脑疾病，导致个体认知能力逐渐并不可逆转的下降。美国的调查显示，有超过 500 万人患阿尔茨海默病，约有 1/8 的 65 岁以上老人受其困扰。除非发明新的治疗方法，否则到 2050 年将有 1 400 万人患上阿尔茨海默病，约是现在数量的 3 倍（Hurt et al., 2005; Rogers, 2007; Alzheimer's Association, 2009）。阿尔茨海默病是由于 β 淀粉样前蛋白（beta amyloid precursor protein）的合成出错，产生巨大的细胞团，进而引发神经细胞发炎和恶化，大脑萎缩，神经细胞死亡，海马体、额叶以及颞叶上的一些区域恶化。但截至目前，并无有效的治疗方式（Wolfe, 2006; Medeiros et al, 2007; Behrens, Lendon & Roe, 2009）。其他情况下，认知能力下降有可能是由当前的焦虑和抑郁引起，这是可以被治愈的。有这样症状而没有接受治疗的老年人处于危险的境地，他们的认知能力会进一步下降（Selkoe, 1997; Sachs-Ericsson et al., 2005）。

总之，成年晚期的认知功能下降在很大程度上可以避免。认知功能的保持与智力刺激有很大的关系，老年人需要一个有刺激的环境来训练和保持他们的能力（Bosma et al., 2003; Glisky, 2007; Hertzog et al., 2008）。

社会性变化

埃里克森认为，成年晚期的人进入到**自我整合对绝望阶段**（ego-integrity vs despair stage），这一阶段持续到成年晚期直至死亡。在这个阶段中，得到一种成就感则意味着成功地解决了冲突，反之就会产生后悔感。

研究表明，大多数成年晚期的人认为自己还是社会的一部分。只有少数人报告，孤独感是一个严重的问题（Jylha, 2004; Berkman, Ertel, & Glymour, 2011）。成年晚期的孤独感同样也是可以避免的。拥有一个幸福的老年生活有多种途径。**角色退出老化理论**（disengagement theory of aging）认为老年化是在生理、心理和社会性水平上渐渐地从社会中淡出，把多余的时间留给回忆和思索，减少对他人的情感投资，社交圈逐渐缩小（Adams, 2004; Wrosch, Bauer, & Scheier, 2005）。**活动老化理论**（activity theory of aging）则不同，认为成功老化的老年人仍然能保持他们的兴趣、活动及在成人中期建立的社交关系。根据这一理论，成年晚期应该尽可能多地参加一些以前参加过的活动（Crosnoe & Elder, 2002; Nimrod & Kleiber, 2007）。但并非所有老年人

阶段	大致年龄	积极品质	消极品质
信任对不信任	0~1.5 岁	从环境的鼓励中获得信任感	不信任他人
自主对害羞和怀疑	1.5~3 岁	探索得到鼓励，会产生自我满足感	自我怀疑，依赖性强
主动对内疚	3~6 岁	找到主动行动的方向	对自己的行为和想法感到内疚
勤奋对自卑	6~12 岁	获得勤奋感	自卑，感觉不到优势
同一性对角色混乱	青少年期	意识到自己的独特性，明白自己的社会角色	无法确定自己的社会角色
亲密对孤独	成年早期	爱情、性关系和亲密友谊的发展	害怕人际关系
繁殖对停滞	成年中期	获得繁殖感	活动范围受局限
自我整合对绝望	成年晚期	获得完善感	后悔之前错失的机会

表 11.3　埃里克森的八个心理社会发展阶段

都需要活动和社交关系，因为有些人一直都不喜欢交际。这些老年人满足于相对安静的生活。因此，最重要的是老年人自己怎样看待这种老龄化过程。有证据表明，对老龄化有积极的自我知觉和长寿有关系（Levy et al., 2002; Levy & Myers, 2004）。

不管是退出还是维持着早期的生活状态，大多数老年人会有**生命回顾**（life review）过程，就是对自己的一生进行审查和评价。老年人回忆或再审视过去就会对自己有更好的认识，有时候还能解决遗留的问题和冲突，以一种更有智慧和超脱的心态去面对。当然，成年晚期的人并不是过一天算一天。相反，成年晚期是一段持续成长和发展的阶段，跟人生中的其他阶段一样重要。

在成年晚期，以什么样的态度面对死亡是发展的重要任务之一。死亡是一个令人害怕、导致情绪低落的话题，老年学家对这方面也很少研究。但是，伊丽莎白·库布勒－罗斯（Kübler-Ross, 1969）把死亡作为她的一个研究主题。她把死亡过程分为五个阶段。

1. 否认期：在这个阶段中，人们拒绝认为自己将死。即使被告之生存的希望很小，他们也拒绝承认面临死亡。
2. 愤懑不平期：否认期以后就是愤懑不平期。面临死亡的人开始变得愤怒，对周围那些健康的人发脾气，对医疗人员发火，甚至埋怨老天的不公。
3. 讨价还价期：在这一阶段，面临死亡的人想方设法延长自己的生命。他们可能会依靠宗教的力量，希望上帝会挽救他们。他们会说："如果我能活着看到儿子结婚，那样就死也瞑目了。"
4. 抑郁沮丧期：当人们发现讨价还价没有用时，就会转到抑郁沮丧期。他们认识到自己的生命真的走到了尽头，对自己的死亡开始"准备性悲伤"。
5. 接受期：在这个阶段，人们接受了即将到来的死亡。通常他们变得很麻木、冷漠，不愿与人交流，好像内心已经达到某种平静，只希望毫无痛苦地离开人世。

但是并不是每个人都有相同的经历，罗斯所说的五阶段只适合充分意识到自己将要死亡，并且有时间来思考即将到来死亡的人。此外，每个人对待死亡的态度都极不相同。不同的死因和离死亡时间的长短，还有个人的性别、年龄、人格以及家庭和朋友的支持类型，这些因素都影响了人们对死亡的态度（Coyle, 2006）。

思考与应用

1. 试举例说明个体发展中遗传与环境的交互作用。
2. 从进化角度讲,婴儿的主要反射,例如觅食反射、吸吮反射、惊跳反射和巴宾斯基反射,具有哪些存在价值?儿童模仿表情的能力又有什么价值?
3. 介绍一下发育中的胎儿可能遭遇的环境问题。
4. 学校在青少年学生的成长过程中应该发挥什么作用?应该采取什么措施预防青少年的自杀问题?
5. 老年人需要智力刺激,这一发现对社会有什么启示?老年人怎样做才能使自己拥有一段幸福的晚年生活?

推荐拓展读物

1. 戴维·迈尔斯著,黄希庭等译(2019). 心理学导论:生物、发展与认知心理学(上册,第9版). 北京:商务印书馆,123~174.
2. 约翰·桑特洛克,寇彧等译(2013). 青少年心理学(第11版). 北京:人民邮电出版社.
3. 罗伯特·费尔德曼著,苏彦捷,邹丹等译(2013). 发展心理学:人的毕生发展(第6版). 北京:世界图书出版公司.
4. 桑德拉·切卡莱利,诺兰·怀特著,周仁来等译(2014). 心理学最佳入门(第2版). 北京:中国人民大学出版社,299~345.
5. 理查德·格里格,菲利普·津巴多著,王垒等译(2016). 心理学与生活(第19版). 北京:人民邮电出版社,304~349.
6. 欧尼斯特·西尔格德,理查德·阿特金森,爱德华·史密斯,苏珊·诺伦-霍克西玛等著,光远译(2013). 西尔格德心理学导论(插图第14版). 北京:世界图书出版公司,60~95.

第 **12** 章

人 格

小王是怎样一个人？

2016年8月9日午后，天气闷热，并非来求医的小王在沈阳一家医院3楼的一张病床上呻吟着。这是怎么回事呢？他跟记者讲述了事情的经过。

8月8日下午一点半，我妻子因为剖宫产被推到医院5楼的手术室。事后我才知道，这是医院唯一的手术室，一共有两间。里边有一间大的手术室，当时是给我妻子做剖宫产的；还有一间稍小的手术室，当时正准备给患者做痔疮手术。我妻子被推进手术室后，我在手术室外的座椅上等着，这期间我没看到医护人员和患者进出手术室，手术室外好像就我一个人。我全神贯注地盯着手术室，焦急地等待着我妻子剖宫产的消息……大约过了40分钟，一位医护人员打开手术室的门，向我摆手示意我进去，好像还说着什么，因为声音小，我也没太听清。我合计着，可能是让我进去帮忙，我妻子的手术应该结束了。哪知道，进到手术室后没看到我妻子，医护人员却让我脱裤子，我感觉奇怪，问道："怎么还脱裤子？"医护人员回答："让你脱就脱吧。"我琢磨着，怎么妻子生孩子还用丈夫脱裤子上手术台配合吗？也许是我知道的少，问多了怕人笑话咱无知，那就按医护人员说的办吧……

直到下了手术台，小王才意识到自己被做了痔疮手术。

院方承认，医院确实搞错了手术对象，但这个错误双方都有责任。小王是成年人，有民事行为能力，医生给他做手术时，他是可以质问的，怎么就糊里糊涂地做了手术呢？

关于这次事故，很多人在惊叹小王离奇遭遇的同时也在问：小王究竟是一个什么样的人？怎么遭遇这件事时就没吭一声呢？

从小王的离奇遭遇中，我们不难发现，一个人的行为方式与其人格特点有着密切联系。在心理学中，人格是一个包罗万象而又引人入胜的研究主题，接下来，让我们一起来了解这一丰富多彩的主题吧。

人格概述

在日常生活中，人们常说"张三人格高尚，李四人格卑劣"，这是从道德的角度对人进行的评价。又譬如说"某国军人虐待欺凌战俘，污辱其人格"，这是从法律的角度陈述战胜方对俘虏尊严和人身的侵犯。这些说法中的人格与心理学上的人格含义相同吗？心理学家对人格是如何定义的呢？

何谓人格

人格是一个含义丰富又极为抽象的概念。在这里，我们将对"人格"一词的来源、定义和基本特性进行分析，阐述其内涵。

从词源上看，中国古代没有"人格"一词，人格是英文"personality"的意译。"Personality"一词源自拉丁文"persona"，意指戏剧演员所戴的面具。例如，中国京剧中的大花脸、小花脸，分别代表剧中人物的角色和身份。把面具指义为人格，这就暗示了人有两面——公开的一面和藏于其后不为人知的一面。由此可见，"人格"一词与中国古代学者提出的"蕴蓄于中，形诸于外"之说，可谓不谋而合。

人格是心理学家关注的一个重要内容，然而不同的学者对其理解颇不一致，对人格的定义也是各不相同。有人把人格看成是生物进化过程中对环境适应的一种现象，有人则把人格看成是个人在社会中扮演的角色，还有人把人格看成是习惯化的行为模式，等等。迄今为止，没有一个关于人格的定义获得了学界的一致认可。综合各家的定义，可以认为，**人格**（personality）是一个人的才智、情绪、愿望、价值观和行为模式的有机整合，它赋予个体适应环境的独特风格。这种知、情、意、行的复杂组织是遗传与环境交互作用的结果，包含着一个人受过去影响、对现在感知和对未来建构的各种情形。

上述定义包含了人格的两大特点：

1. 人格的独特性。俗话说："人上一百，形形色色。"人与人之间的心理和行为是各不相同的。人格成分的多样性，使得每个人的人格都具有其独一无二的特点。虽然人与人之间也有许多共性，但人格心理学家更重视人与人之间的差异性。正因如此，人格有时又称个性。
2. 人格的稳定性。人格具有跨时间的持续性和跨情境的一致性。例如，一个急性子的人不仅在学习中表现出急性子，在旅游、休闲活动中也表现出急性子，做事风风火火；而且他不仅在青少年时期如此，在成年期甚至老年期也是如此。

人格的形成

前文的人格定义指出，构成人格的各种心理特征是在个体的先天遗传与后天环境的交互影响下，逐渐发展而来的。

生物遗传因素

人格的形成离不开个体的遗传基础。个体的遗传基因、神经系统（特别是脑）的特性、体内的生化物质是人格形成的基础。体貌特征也对人格形成有一定影响（见"探索与发现：对身体自我的研究"）。

个体是由父方的精子（精细胞）与母方的卵子（卵细胞）成功结合形成的受精卵发育而来。受精卵承载着来自父母的遗传信息，它们不仅决定了个体的生理特点，也影响着个体的人格形成。大量研究发现，**同卵双生子**（identical twins）在人格量表上的得分之间的相关系数为 0.26~0.60，均值为 0.48；而**异卵双生子**（fraternal twins）之间的相关系数为 0.00~0.37，均值为 0.24。这表明在人格量表上，同卵双生子的相关均值高于异卵双生子的相关均值，也就是说同卵双生比异卵双生在人格特征上有更高的遗传力。有报道称，一对同卵双生子出生后被分开抚养，从未见面，但 40 多岁重逢时，两人的着装、发型、职业和嗜好都极其相似（Atkinson, Atkinson, Hilgard, 1983）。个体生来具有某种气质，但不等于这种气质不会改变。人格的生物与进化取向致力于探讨遗传对人格发展的影响，第 3 节将对此作更详细的介绍。

环境因素

人格的形成也离不开环境因素的影响。这些因素包括胎内环境、家庭教养环境、学校及社会文化环境等。

胎内环境的影响 受孕伊始，环境因素就对人格的形成产生作用，最早的环境是子宫（womb）。不同母体的子宫环境亦不相同，对胎儿的发育也产生着不同的影响。例如，子宫内的睾丸酮的水平会影响胎儿手指长度的比例，特别是食指与无名指的长度比例，也会影响个体以后的消费行为等（Andrievskaya & Semenova, 2017）；母亲血清中的锌含量严重偏低会导致婴儿患各种先天性畸形；有毒瘾的孕妇会使婴儿天生染上毒瘾。这些特征虽然出生时便已存在，但却不是由遗传决定的。

家庭环境的影响 家庭结构的类型（如残缺家庭或寄养家庭）、教养方式、家庭气氛等都会对儿童人格的形成产生重要的作用。生活在残缺或寄养家庭的孩子，往往得不到父爱或母爱，这很可能对其人格的早期发展产生负面影响。研究也发现，弃儿有更多的心理障碍，更易变得富有攻击性、反叛和难以管教（Burnstein, 1981）。而体贴温暖的家庭环境能促进儿童成熟、独立、友好、自控和自主等特征的发展。

学校环境的影响 学校环境对学生的人格发展有着深刻的影响。已有研究发现，不同校风下的学生在时间管理倾向、自我价值感、应对方式以及心理健康等方面有着显著差异。优良校风对中学生健全人格特征的养成有显著的促进作用（黄希庭，1988），而优良班风对学生的自我价值感、自我监控、自信心、时间管理倾向及创造性等人格特点的发展也有着显著的促进作用（黄希庭，1992）。此外，教师的言行对学生人格的形成也会产生潜移默化的作用。

社会文化的影响 民族文化陶冶一个人的民族性。有研究发现，爱斯基摩人生活在

探索与发现：对身体自我的研究

西南大学心理学部陈红

我对"自我"的研究兴趣源于 2000 年读黄希庭先生的博士，他要求我暑假翻译《人格科学》一书 6 章的内容。翻译"自我"一章时，我读到了美国心理学家马卡斯的故事。他们一家人去了同一个地方旅游，虽然共同经历了同一件事，却有截然不同的回忆……不同的自我，组装了不同的回忆，造就了人们对大千世界的不同感受。自我在人格中的奇妙作用深深地吸引了我。

博士论文选题的时候，我疑惑为什么有的人固执地对自己身体的消极看法，放弃了很多穿衣的乐趣，如"我太瘦了，不能穿无领子的衣服""我的小腿太粗了，不能穿短裙"……于是，我开始研究"身体自我"，至今已有 16 年。

我首先建立了多维度的身体自我理论模型（陈红，2006），从正面的、负面的、现实的、理想的、认知的、情感和行为的等多方面进行探讨。我还研制了一系列中国化测量工具，包括"青少年身体自我量表""理想身体自我量表""老年人身体自我量表""负面身体自我量表"。

我们提出了负面身体自我图式指导认知加工理论、双重加工三阶段模型，对负面身体自我的认知加工机制进行了多角度研究。2003 年，我在美国威斯康星大学访学，与托德·杰克逊（Todd Jackson）教授合作，开展了负面身体自我认知加工偏好的中西方比较研究，发现对消极身体信息加工存在内隐层面的证据（Chen & Jackson, 2005）。并且在澳大利亚心理学年会上，我作为唯一的中国学者报告了我的研究。与自我研究前辈詹姆斯教授的交谈，使我深信中西方文化不同，研究中国文化特异性十分必要。基于中国文化背景编制的负面身体自我量表，在结构维度上提出了西方研究中未曾涉及的身高、相貌、瘦等维度（Chen & Jackson, 2006）。

我们对 10 455 名青少年进行了连续三轮、历时 8 年 6 个月的追踪研究，探讨青少年负面身体自我的风险因素，发现个体因素（BMI、负面情绪）、社会文化因素（如社会比较、社会压力、同伴嘲笑、父母态度等）会导致青少年对身体不满意；从中国文化视角，考察了风险因素对青少年体重自尊的作用和效应（Chen & Jackson, 2009）、饮食失调预测的年龄效应和不同性别预测模型（Chen, Gao, & Jackson, 2007; Jackson & Chen, 2012; 2015）。我们对中国青少年身体自我的研究得到国际同行的积极关注，研究的累计他引次数 300 余次。特别有趣的是，我们发现了身体自我中有文化特异性的问题，中国人的负面身体自我图式，除西方人普遍存在的肥胖负面图式，还存在负面身高图式、瘦负面身体自我图式、负面相貌图式（梁毅 等，2008；张妍 等，2010；高笑 等，2012）。其负面图式同样指导个体对身高和相貌信息的加工（Liu et al., 2014; 陈红，朱岚，2012）。

我们的研究还拓展到对负面身体自我的神经机制研究。围绕"为什么多数人节食失败"开展了一系列限制性饮食者的认知加工和神经机制研究（Dong et al., 2014; Dong et al., 2015）。我们发现，超重和肥胖者的大脑对锻炼线索有更少奖赏区激活，更多消极情绪脑区的激活。这就是说，体重越重，大脑奖赏区对锻炼图片的反应越弱（壳核），消极情绪区（岛叶）反应越强，越不能体会到锻炼的乐趣（Jackson & Chen, 2014）。该研究得到了《纽约时报》（2014.1.18）健康科学专栏作家格雷琴·雷诺兹（Gretchen Reynolds）的长篇报道，称我的研究团队最早发现了这一研究的空白。

针对纵向研究实证的风险因素，基于建立的双通道预测模型、认知失调理论，即社会文化压力通过瘦理想内化作用于身体不满意，节食和负面情绪作为身体不满意和饮食失调症状的中介变量，降低瘦理想内化能减少身体不满意和饮食失调症状。我们采用已有干预中未曾使用过的社区互动的交互式干预，开发了基于学校的学生超重及身体不满意的干预项目、基于网络的青年女性 E-body 干预项目，产生了良好的社会效益。我们还与本领域权威专家美国埃里克·斯蒂斯（Eric Stice）教授开展国际合作，加入了在英国、美国、加拿大等多国开展的基于网络的青少年身体意象和饮食失调的全球性参与的干预项目。

冰天雪地的北极，以渔猎为生，需要坚定、独立、敢于冒险、勇于牺牲的性格。所以，他们以仁慈宽大的方式管教孩子并鼓励其个性化，以培养出适应当地艰苦环境所需具备的人格特征。而生活在西班牙南部山脉的赛姆人，以种植粮食为生，需要老实、服从、保守的性格，他们对孩子的关爱似乎只在断乳期之前，之后便严加管教，不允许其有任何个性化，以便造就出农家所需要的人格特征（Barry et al., 1959）。一项有趣的研究表明，中国南方人和北方人的人格存在差异，这与种植水稻还是种植小麦的社会文化有关（Talhelm et al., 2014）。此外，中国文化与西方心理学对人格概念的理解存在着明显的差异。西方心理学强调个人的独特性，中国文化则强调"天人合一"，强调人际关系的和谐，强调人与自然的和谐。并且，中国人与美国人在基本的人格结构和人格动力上也是不同的（黄希庭，2004）。

遗传与环境的交互作用

为何同样的文化传统、同样的家庭环境、同样的学校影响下，人们之间也会有明显的个体差异呢？这是遗传与环境交互作用的不同造成的。心理学家已区分出三种不同的交互作用形式：反应的交互作用、唤起的交互作用和超前的交互作用。

面对同样的环境，不同个体会以不同的方式感受、体验和解释。处于同样的人际环境中，外向的孩子比内向的孩子与周围的人和事的联系更多、反应更频繁。这种情形的交互作用称为反应的交互作用（reactive interaction）。而孩子对环境的不同反应亦会引起周围人对他的不同反应。易哄、爱笑的婴儿自然会比烦躁不安、大哭大叫的婴儿得到父母和周围人更多的关怀。温顺的孩子比惹是生非的孩子更少受到家长的训斥。此种交互作用称为唤起的交互作用（evocative interaction）。这两种交互作用自始至终贯穿于个体人格发展的全过程。随着孩子的成长，在有了一定的自主性之后，他们便会选择和建构自己喜爱的环境，包括人际环境，而这些环境反过来又进一步塑造其人格。这种交互作用称为超前的交互作用（proactive interaction）。

在人格的发展过程中，上述三种个体与环境之间的交互作用在不同阶段的表现强度是不同的，当儿童仅限于在父母所提供的环境中活动的时候，反应的交互作用、唤起的交互作用表现得非常明显。随着儿童的成长，当他们开始选择和建构自己的环境时，超前的交互作用就日益发挥作用。在环境不能满足人们的需要时，人们就可能有意识、有目的地选择和创造环境，以满足自己的需要。总之，人格的形成与发展是遗传与环境交互作用的结果。

人格理论

人格理论（personality theory）是心理学家用来解释人格的一套假设系统或参考框架。如前所述，目前的人格定义各不相同，造成这种局面的重要原因就是存在五花八门的人格理论。不过，总的来说，人格理论肩负着两项任务：一是寻找造成个体差异的特殊变量（如无意识、自我、情绪稳定性、内外向性等），探讨构成人与人之间种种不同的个性差异；二是把个人活动的一般过程（生物学的、认知的、情感的、学习的、发展的和社会的等）整合起来，形成对一个完整的人的描述和解释。

人格理论纷繁多样，各有所长，本书只选取一些主要的人格理论来介绍。根据这些人格理论的特点，可以把它们归为五种取向（approaches），分别是心理动力取向（心理动力理论）、人本主义取向（人本理论）、特质取向（特质理论）、学习取向（学习理论）、生物与进化取向（生物进化理论）。本节（第 2 节）简述前两种取向，第 3 节简述后三种取向。对每种取向，我们将各举若干代表人物来简述其相应的理论。

人格的心理动力理论与人本理论

人格的心理动力理论

在第 1 章中，我们曾简略介绍过精神分析理论，而此处所指**人格的心理动力理论**（psychodynamic personality theory）与第 1 章所指的理论在范围上稍有不同，除弗洛伊德理论外，还包括由弗洛伊德学派分化出来的其他理论。人格的心理动力理论是奥地利精神病学家弗洛伊德根据其多年来对精神病人的诊断、治疗和病理研究，而于 20 世纪初提出的心理治疗和解释人格的系统理论。因此，从心理动力理论的发展来看，其可分为**弗洛伊德的精神分析理论**（Freudian psychoanalytic theory）和晚近的**后弗洛伊德精神分析理论**（neo-Freudian psychoanalytic theory）。

弗洛伊德的精神分析论

我们在第 1 章提到弗洛伊德的精神分析理论时，曾指出人格结构、人格动力和人格发展是其理论的核心理念。下文我们将进一步概述这三种理念。

人格结构 弗洛伊德早期用意识、前意识和无意识来描述人的精神生活。**意识**（conscious）居于人格结构的顶端，由我们当前觉知到的内容组成。如果把人格看作是海上漂浮的冰山，那么意识就是露在水面上的那一小部分。**前意识**（preconscious）是我们加以注意便能觉察到的心理内容，它们不具威胁性。弗洛伊德认为意识只是心理结构和内容中的一部分，而大多数人的行为实际上是受**无意识**（unconscious）驱使的，即人格中不为人所觉知的部分，如同冰山的水下部分一样。无意识所包含的记忆、知识、信念和情感要远远超过人们所觉知到的信息量。

1923 年，弗洛伊德正式提出了一套完整的人格理论。他认为人格由三个独立且相互作用的部分组成：本我、自我和超我。

本我（id）是人格中原始、无序、先天的部分。人一出生，本我就试图去消除饥饿、性、攻击和非理性冲动等原始驱力所产生的紧张，这些驱力由"心理能量"提供动力。弗洛伊德认为，"心理能量"是取之不尽的，并且不断对人格的不同部分施加压力，要求立即消除紧张，满足需要。因此，本我被快乐原则所支配，表现为无节制地寻求快乐的即时满足，既不考虑现实，也不顾及后果。然而，在绝大多数情况下，个体无法立即获得快乐的满足。比如，我们饥饿时并非总能获得食物；只有在时间、地点和对象都恰当时，我们才可以释放性驱力。

自我（ego）由本我分化而来，是人格中平衡本我欲望与外在现实之间冲突的部分。自我遵循现实原则，先天的本能被限制以维护个体的安全，使其融入社会。在某种意义上，自我是人格的"执行官"，做出决策，控制行为，进行思考并解决问题。

超我（superego）是人格结构发展的最后一部分。它代表着社会的是非标准、价值观和社会理想，也是父母、教师以及其他重要人物所教导和示范的内容。超我包括两个部分：良心和自我理想。良心防止我们进行不道德的行为，使我们在犯错时产生愧疚感；自我理想代表的是我们所期望成为的完美者。

超我和本我拥有一个共同的特征：二者都不切实际，没有考虑社会的既定现实。若是对超我不加控制，它会使自我担负起不可能达到的完美标准，所塑造的完美者也不可能与现实相和谐。而一个不受限制的本我可能会造成一个原始的、一味追求快乐的个体。因此，自我不得不对超我与本我加以调和。在一个心理健康的人身上，三者应该是协调统一的。

人格动力 人格动力是指驱使个体进行特征性行为的内在原因。弗洛伊德认为，在个体的人格结构中，由于本我、自我和超我的功能不同、目的不一，彼此独立又相互影响，就会产生一些内在的动力，而这些内在动力又会形成特征性的外显行为。在弗洛伊德的人格理论中，本能和焦虑是人格动力的核心概念。本能总是寻求立即解除紧张，求得满足和快乐。但现实世界不可能让本能立即获得满足，因此便产生了焦虑。

弗洛伊德发现，焦虑等负面情绪对自我而言是一个危险的信号。它们可能是源于对现实的恐惧（例如，面临一条毒蛇的潜在攻击），也可能是源于本我的非理性冲动。焦虑显然是令人不愉快的，因此，个体就会形成一系列的防御机制来应对这些焦虑。**防御机制**（defense mechanism）是指人们通过歪曲现实和掩饰自身焦虑来源，从而减少焦虑的无意识策略。

压抑（repression）是我们常用的一种防御机制，指个体把无法接受或不愉快的本我冲动压回无意识使之遗忘。它是应对焦虑最直接的一种策略。例如，某人感到对母亲有憎恨之情，他就会压抑这种个人和社会均无法接受的情感。虽然这些记忆可能不会被有意识地提取出来，但它们仍会影响人们日后的行为，可能会以梦、口误或其他象征性的形式表现出来。

如果不能通过压抑有效地控制焦虑，那么人们就会启用其他防御机制。弗洛伊德及其女儿安娜·弗洛伊德（她后来也成为一位杰出的精神分析学家），对防御机制进行了系统的阐释（见表 12.1）（Hentschel et al., 2004; Cramer, 2007; Olson et al., 2011）。

依弗洛伊德之言，我们每个人都在不同程度地使用这些防御机制。有的人可能从中受益，免受不愉快信息的侵扰；有的人则可能受其困扰，以至于不得不一直消耗大量的心理能量去隐藏和引导那些不可接受的冲动。当出现这种情况时，焦虑就可能导致心理障碍。关于此点我们将在第 14 章中再作讨论。

人格发展 弗洛伊德认为，人格是经过童年的一系列阶段而形成的。其中前三个时期是以身体的部位命名。这是由于 6 岁之前的个体，其本我的基本需要是靠身体的这些部位获得满足的，这些部位被称为**性敏感区**（erogenous zone）。

（1）**口唇期**（oral stage）：该阶段的性敏感区为婴儿的口腔（见表 12.2）。从出生开始至 12~18 个月，儿童通过吮吸、吞咽和咀嚼等口腔活动获得快感，而断奶（离开乳头或奶瓶）成为口唇期的主要冲突。如果婴儿受到溺爱（他们每次哭闹都得到喂食）或在寻求满足时受挫，他们很可能在这一阶段产生固着。**固着**（fixation）是指前面发展阶段出现的冲突或关注点延续到了以后的发展阶段。口唇期的固着可能

表 12.1　主要的防御机制

防御机制	含义	举例
压抑	把不能接受的或不愉快的冲动压回无意识。	一位妇女无法回忆起她被强奸的经历。
退行	个体的行为表现如同他早期发展阶段的表现。	老板对出错的雇员大喊大叫。
替代	把一些不想要的情感或想法的表达，从一个更具有威胁性的对象转向另一个较弱的对象。	一个男孩被老师给了较低的分数后，对自己的妹妹大喊大叫。
合理化	为自己的行为编造出自我辩护的理由，用以代替真实但具威胁性的原因。	在大考前夕，一个学生夜出去喝酒，但他却美其名曰："这个考试一点都不重要。"
否认	拒绝接受或承认能够引起焦虑的信息。	一个学生拒绝承认他的一门课程挂科了。
投射	把不想要的情感或冲动归咎到别人身上。	一个对妻子不忠、感到愧疚的男子，猜疑妻子不忠。
升华	把不想要的冲动转化成被社会认可的思想、情感和行为。	一个攻击性很强的人，去当了一名战士。
反向形成	无意识的冲动在意识中以相反的形式表现出来。	一个母亲在无意识中讨厌自己的孩子，而行为上却表现为对孩子过分的溺爱。

表 12.2　弗洛伊德的人格发展阶段

阶段	年龄	主要特征
口唇期	出生到 12~18 个月	通过吮吸、咀嚼、吞咽和撕咬等活动获得口腔快感。
肛门期	12~18 个月到 3 岁	通过滞留和排泄粪便而获得快感；妥协于如厕训练相关的社会要求。
生殖器期	3 岁到 5~6 岁	对生殖器官感兴趣；经历俄狄浦斯冲突，进而实现对同性父母的认同。
潜伏期	5~6 岁到青春期	性问题变得不再重要。
生殖期	青春期到成年期	性兴趣再次出现，建立成熟的性关系。

会导致个体成年后对口腔活动有异乎寻常的兴趣，比如贪吃、吸烟、唠叨，或者表现出口腔活动兴趣的象征形式，比如尖酸刻薄或轻信一切（什么东西都"吞下"）。因此，父母应当培养婴儿有规律地进食，避免过度的放纵或限制。

（2）**肛门期**（anal stage）：从 12~18 个月到 3 岁，幼儿的性敏感区从口腔转至肛门，儿童通过滞留和排泄粪便获得快感。如果如厕训练过于苛刻，幼儿的人格也可能发生固着。其表现为，成年后显得异常的严格、整洁和守时，或者极端的混乱或邋遢，即所谓的肛门性格（anal character）。

（3）**生殖器期**（phallic stage）：在 3 岁前后，生殖器期开始了。此时，儿童的主要快乐来源再次发生转变，他们的兴趣集中于性器官，以触摸它们来获得快感。弗洛伊德认为，当儿童注意自己的生殖器时，男女之间的生理差异也变得更明显了。男孩开始在无意识中产生了对母亲的性兴趣，把父亲视为竞争对手，并怀有一种把父亲杀掉的愿望，这就是**俄狄浦斯情结**（Oedipus complex）。但是，由于认识到父亲过于强大，男孩就产生了对父亲的恐惧，害怕父亲会通过去除威胁之源（儿子的阴茎）而严惩自己，从而产生了阉割焦虑（castration anxiety），也就是害怕失去自己的阴茎。阉割焦虑会变得非常强烈，结果男孩压抑了对母亲的渴望，并认同了自己的父亲。所谓**认同**（identification）是指个体试图与另一个体尽可能保持一致，模仿其行为，接受其信念和价值观的过程。

对于女孩来说，她们在这个阶段的发展与男孩有所不同。弗洛伊德推测，女孩开始体验到对自己父亲的性唤醒，同时开始体验到阴茎妒羡（penis envy），也就是妒忌羡慕男性的阴茎，希望自己也有阴茎。女孩认为母亲对自己没有阴茎负有责任，从而责怪母亲。像男孩那样，女孩发现自己可以通过认同母亲来解决这种无法接受的情感，于是就模仿母亲的行为，采纳母亲的态度和价值观。这样一来，女孩就完成了对母亲的认同。

弗洛伊德认为，在恋父（母）情结化解之后，女孩和男孩自行往下一个阶段发展。然而，如果这一阶段出现固着，那么个体就可能产生各种问题，包括良心发展的失败和不当的性别角色行为等。

（4）**潜伏期**（latency period）：儿童在五六岁的时候，伴随着各项身体机能的逐步成熟，他们的兴趣不断扩大，从自己的身体和父母转移到周围的事物，原始的性驱力呈现潜伏状态，甚至进入了无意识。

（5）**生殖期**（genital stage）：在接踵而至的青春期，性欲求再次涌现，这也标志着最后一个发展阶段的到来。生殖期关注的是成熟的成人性行为。这一时期持续时间最长，从青春期直至人生终结。

弗洛伊德认为，潜伏期和生殖期对于人格基本结构的发展是无关紧要的。

荣格的集体无意识

卡尔·荣格是最有影响的后弗洛伊德精神分析论学者之一。他并不认为无意识中的性驱力是至关重要的，而是更积极地看待无意识中的原始驱力，并认为原始驱力代表了更一般的、积极的生命力，它们能够推动个体进行创造和积极地解决冲突（Lothane, 2005; Cassells, 2007; Wilde, 2011）。荣格指出，我们有一个全人类共享的**集体无意识**（collective unconscious），它是我们从血缘亲属、整个人类乃至远古时期的前人类祖先那里遗传来的思想、情感、形象和符号的集合。集体无意识人人皆有，并且在行为层面上表现出了跨文化的一致性，例如母爱、敬神、恐蛇等（Drob, 2005; Hauke, 2006; Finn, 2011）。

卡尔·荣格（Carl Jung, 1875—1961）

荣格认为集体无意识由原型组成。**原型**（archetypes）是关于特定的人、物或经验的普遍性符号表征。例如，母亲的原型就包含了我们的祖先与其母亲关系的反映。单从母亲形象在绘画、宗教、文学和神话中经久不衰就可见一斑（如圣母玛莉亚、地母、童话中阴险狠毒的继母以及母亲节等）。荣格还提出男性拥有的无意识女性原型会影响他们的行为；同样，女性拥有的男性原型也会影响到她们的行为（Jung, 1961; Smetana, 2007）。荣格相信，原型在决定人们的日常行为、态度和价值观中起着重要作用。用荣格的理论来分析，大家喜爱《西游记》可能正是因为唐僧师徒和各路妖怪分别代表了广为认可的善良和邪恶的原型。

阿德勒的自卑情结

阿德勒是另一位重要的后弗洛伊德精神分析论学者。他也反对弗洛伊德理论对性驱力的过分强调,认为人类的首要动机是追求优越。这里的优越并非是从比他人优越的角度来说的,而是指寻求自我进步和完善。依阿德勒之言,追求优越是人类与生俱来的天性。不仅是个人,整个人类社会也永远处于追求优越和完美的进程中。

阿德勒反对弗洛伊德把性本能作为人格的动力,认为自卑感才是人格发展的动力。在他看来,自卑感在童年时就会出现,儿童对世界认识的局限性,以及与父母的关系等因素都可能是儿童自卑感的成因。自卑感不断产生的同时,儿童也在不断地进行补偿,努力追求优越、自我发展和自我实现。或许有人会问:"难道自卑感越重越好?"其实不然。阿德勒认为,自卑感既能成为积极的驱动力,也可能导致精神疾病。当人类面对自卑而积极地寻求补偿、追求优越时,自卑感会形成一种催人向上的动力,使人去积极地开拓和体验生活。但如果面对卑微、无能和弱小而自我消沉,沉重的自卑感就会使人沉沦,使人放弃自我改善的念头,甚至产生更为严重的后果。

在阿德勒看来,每个人追求优越的方式各不相同,所处的环境千差万别,因而每个人克服自卑、追求优越以及获得补偿的方式也是各不相同的。为了帮助人们化解自己的自卑情结,阿德勒及其后来者的治疗主要是采取鼓励和肯定的方式,以帮助患者提升克服困难的勇气。在治疗中,阿德勒总是力图使者打破自我偏见,鼓励他们在应对问题时做出有意义的、适合于自己的选择。

阿尔弗雷德·德勒(Alfred Adler, 1870—1937)

霍妮的女性心理学

霍妮是首位研究女性心理且取得成功的心理学家。与其他后弗洛伊德精神分析学家一样,霍妮不再强调本能的性和攻击驱力,而是更关注于人格背后的社会和文化因素。她认为,人格的发展受制于社会关系,特别是亲子关系,以及儿童需要的满足情况。

她反对弗洛伊德有关阴茎妒羡的观点,坚持认为女性对男性的最大嫉妒不是二者的解剖学差异,而是女性通常所不能享有的独立、成功与自由(Horney, 1937; Smith, 2007; Coolidge et al., 2011)。霍妮用子宫妒羡一词来反驳逢迎男性的观点。她认为男性妒忌怀孕、母性和乳房,男性的吮吸是一种无意识行为。子宫妒羡使男人感到自己不如女性,并通过努力工作加以补偿。

此外,霍妮也强调文化因素对人格形成的决定作用。例如,她认为社会上关于女性的刻板的性别角色,致使她们处于对成功的矛盾心理之中,因为她们害怕自己很成功就会引来敌对。她在20世纪三四十年代形成的这些观点,为随后几十年蓬勃发展的女权主义运动的核心思想打下了基础(Eckardt, 2005; Jones, 2006)。

卡伦·霍妮(Karen Horney, 1885—1952)

对心理动力理论的评价

弗洛伊德的精神分析理论不仅在心理学领域产生了深远影响,而且广泛地影响着西方的哲学和文学。无意识、防御机制和成人心理障碍源于童年等思想已广为人知。弗洛伊德强调无意识,这得到了当前对梦与内隐记忆研究的部分支持。神经科学的研究与弗洛伊德的某些观点是一致的。例如,某些行为的动机是明显已经遗忘了的事件,以及与情绪记忆相关的神经通路的发现,支持了弗洛伊德关于压抑的观点。越来越多的认知与社会心理学研究表明,无意识过程能帮助我们思考和评价环境信息,帮助我们设置目标和选择行动(Derryberry, 2006; Litowitz, 2007; Turnbull & Solms, 2007)。此外,弗洛伊德还创立了一种重要的治疗心理障碍的方法——精神分析法,今天依然在使用(Heller, 2005; Riolo, 2007; Frosch, 2011)。

然而,弗洛伊德的理论缺乏可信的科学数据,因而遭到了众多当代人格心理学家的严厉批评。至今,仍缺乏确定性的证据来说明人格的结构和发展是遵循弗氏理论的。在"女性不如男性"这一问题上,他亦遭到了不少批评。并且,弗洛伊德的理论源于临床实践,向他求治的病人基本上是奥地利上层社会的妇女,而她们无不受到20世纪早期严厉的清教主义风气的影响。从这些寻求治疗心理和生理疾病的人身上研究推导而来的精神分析理论,对于一般人群能够适用到什么程度,是一个存在极大争议的问题。

后弗洛伊德精神分析理论是对弗洛伊德理论的修正和发展。首先,它们反对性本能是人格发展的决定力量,强调社会文化因素对人格形成的作用;其次,它们反对弗洛伊德的先天本我论,强调自我对本我的调节控制作用;再次,它们不仅重视

探索与发现:中国人的人格动力

人格动力,也就是人格的动力特质(dynamic trait),探讨的是什么因素驱使一个人去从事各种活动的问题。一个人的人生追求是什么?西方人格心理学家把自我看作是个人活动的动因,而自我是自主的、不受他人影响的。那么,中国人的人格动力是否跟西方人的一样呢?

只要翻阅一下中国的典籍就不难发现,在人格动力问题上东西方是明显不同的。中国的传统文化看重仁义。杨波(1999)用词汇法对古代中国人人格结构的分析表明,古代中国人的人格结构由仁、智、勇、隐4个因素构成,其中仁具有统率作用。黄希庭(2004)则强调在中国人的人格动力中"义以为上"。所谓"义以为上"是指一个人的人生应把道义放在第一位;生死、利害的取舍,是非善恶的判别,都要以道义为准绳。

中国人的人格动力是把个人的发展与群体的发展结合在一起的,在国家、社会、民族的发展中实现自我的价值;为国家、为社会、为民族、为个人的人格尊严,不惜杀身成仁、舍生取义。这种人格动力在近现代又得到了进一步的发展。近代以来,中华民族经历了深重的灾难,在民族存亡的关头,无数仁人志士,为了救亡图存,前仆后继奋斗不已。有誓死保卫虎门炮台的关天培,有身负重伤驾舰驶向敌舰的邓世昌;无数青年以"天下兴亡,匹夫有责"为己任,奔向争取民族独立的战场。新中国成立后,大批青年在"到祖国最需要的地方去"的感召下,服从祖国需要,到边远地区,到工厂农村,在艰苦的条件下埋头苦干,献出自己的青春;1998年波澜壮阔的抗洪斗争中所表现出的抗洪精神;2003年抗击"非典"斗争中广大医护人员冒着生命危险救治病患;2008年汶川遭受8.0级强震,在抗震救灾过程中涌现出无数可歌可泣的英雄模范……这一切都体现了中国人的人格动力的"义以为上"。这种人格动力是代代相继的,在不同的时代具有不同的特色。

人格发展的童年经验，而且重视人格的毕生发展；最后，在人性的善恶取向上，后弗洛伊德精神分析理论相信人有自我实现的倾向，也有能力解决问题，摆脱挫折。

人本主义人格理论

以上谈到的心理动力理论强调无意识和本能的决定作用，持"人性本恶"的观点。而**人本主义人格理论**（humanistic theory of personality）（简称人本理论）则主张每个人都具有将自己的能力引向更高层次的倾向和潜力，强调"人性本善，以人为本"。对于人格的形成和发展，两种理论的分歧可见一斑。人本理论认为，主动的自我变革和自我促进能力，以及人所独有的创造力冲动，才是人格的核心部分。在此，我们介绍两位人本理论代表人物的主要观点。

罗杰斯的人格自我理论

卡尔·罗杰斯（Carl Rogers, 1902—1987）

卡尔·罗杰斯是人本理论观点的重要倡导者，他认为人的本性是努力满足自己的生活需要和保持乐观态度。他的理论以个体的自我为中心，一般称之为**自我理论**（self theory）。按照罗杰斯的理论，人们都有一种寻求积极关注的需要，这是一种被他人所爱和尊重的需要。由于这种积极关注是他人提供的，因此个体的成长与他人存在密切关系。我们通过他人的看法来看待和评价自己，依赖于他人的价值观，受制于他人对我们的期望。

罗杰斯认为，个体看重他人意见的一个后果是，可能在个体的自我概念与他人的各种期望之间产生冲突。**自我概念**（self-concept）是个体持有的自己是什么样的人的观念。如果自我概念与他人期望之间的差异较小，后果并不严重。但是，如果二者之间的差异很大，那么这种差异就将造成日常生活中的心理失调，例如经常体验到焦虑。罗杰斯指出，解决自我概念与他人期望之间差异的一种方法是，接受来自他人（朋友、配偶或治疗师）的无条件积极关注。**无条件积极关注**（unconditional positive regard）是指无论个体说了什么或做了什么，观察者都持有接受和尊重的态度。这种接受的态度为个体提供了在认知和情感方面发展和成长的机会，从而可使个体形成更切实际的自我概念。当我们信任一个人，向他吐露令人尴尬的秘密时，因为我们知道对方即使了解了自己最为不堪的一面还是会一如既往地爱我们、尊重我们，此时，我们就感受到了无条件积极关注的力量（Snyder, 2002; Marshall, 2007）。

相反，有条件积极关注则取决于你的行为表现。在这种情况下，如果你做的事情不合他人的心意，他们就会收回对你的爱和接受，结果就造成你的真实自我与他人的期望之间出现差异，由此导致焦虑和挫折（见图12.1）。

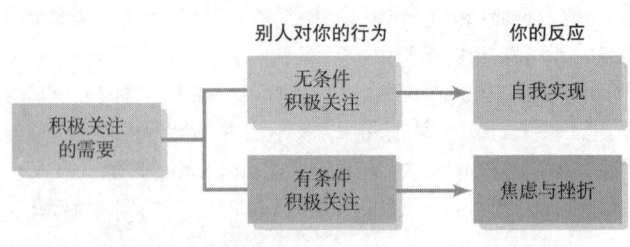

图 12.1　积极关注的需要

马斯洛的自我实现理论

马斯洛是人本主义心理学的创始人之一，他认为人人都有自我实现的需要。**自我实现**（self-actualization）是指个体以自己特有的方式发挥出自身最大潜能的一种状态。自我实现是个人发展的最高境界，是人生追求的最高目标。然而，并不是每个人都能得偿所愿，使自己的潜能得以完美展现，能真正自我实现的人是极少的。

依马斯洛之言，人的发展是由内在需要的满足所驱动的。在达到自我实现之前，人须满足生存、饮食、安全等更为基本的需要。由此，马斯洛对需要进行了卓有成效的研究，提出了著名的**需要层次理论**（need hierarchy theory）。该理论把人的需要分为五个不同的层次，从低往高依次为：生理需要、安全需要、归属与爱的需要、尊重的需要、自我实现的需要。任何一种需要的满足与否，取决于该需要是否具有优势，或是否居于支配地位。优势需要被满足之后，其他需要才被予以考虑，而需要的满足情况将决定个体人格发展的境界或程度。

亚伯拉罕·马斯洛（Abraham Maslow, 1908—1970）

在对爱因斯坦、赫胥黎、贝多芬、林肯、罗斯福、亚当斯等38位成功人士人生历程的研究基础之上，马斯洛归纳出了自我实现者所具有的15种人格特征：（1）能准确地知觉现实；（2）悦纳自己、他人和周围世界；（3）能自然地表达自己的情绪和思想；（4）超越以自我为中心，而以问题为中心；（5）具有超然独立的性格；（6）对于自然条件和文化环境的自主性；（7）对平凡的事物不觉厌烦，对日常生活永感新鲜；（8）具有高峰经验；（9）爱人类并具有帮助人类的真诚愿望；（10）有至深的知交，有亲密、温暖的家人；（11）有民主的性格，能尊重他人的人格；（12）道德标准明确，能区分手段与目的，绝不为达到目的而不择手段；（13）具有哲理的、善意的幽默感；（14）具有旺盛的创造力，不墨守成规；（15）对现有文化更具批判精神。虽然并非所有人都能成为自我实现者，但能够使自己生活美满、充实，具有创造性，并使个人的潜能得到充分发挥的人在各行各业中也是不乏其人。

对人本主义人格理论的评价

虽然人本理论指出了给予人们无条件积极关注的重要性，但是对于该理论，学界却没有对它进行"无条件的积极关注"。学界对人本理论的批评集中于它的基本假设，即人性本善（一个难以验证的假设）。同时，批评者对无条件积极关注能否真正带来更好的人格适应也存有质疑。

尽管人本理论受到了一些批评，但它提供了一种治疗心理问题的重要方法，不少心理治疗师都推崇来访者中心疗法（Cain, 2002; Bauman & Kopp, 2006; Elkins, 2009; Kogstad, Ekeland, & Hummelvoll, 2011）。此外，人本理论在教育、传播和管理等领域的影响也非常深远，在诸多研究和实践中常常可见马斯洛和罗杰斯等人的观点。并且在强调个人的独特性和自我的作用方面，这一理论具有重要意义。

人格的特质理论、学习理论与生物进化理论

人格的特质理论（trait theory of personality）主张人格是由多种人格特质构成的系统，并且这些特质不因情境而改变，即俗语所说的"江山易改，本性难移"。而**人格的学习理论**（learning theory of personality）则强调环境因素对人格的决定作用，正所谓"近朱者赤，近墨者黑"。可见，二者对于人格的性质有着截然不同的看法。此外，**人格的生物进化理论**（biological and evolutionary theory of personality）则认为人格特征像生理特征一样来自于遗传，是人类适应环境的产物。接下来，我们将对人格的这三种取向进行更为详细的介绍。

人格的特质理论

当有人要我们描述另一个人有什么特点时，我们往往会说出一些词语来描述那个人，比如热情大方或冷静沉着、积极进取或自得其乐、勤奋严谨或粗枝大叶、中规中矩或我行我素。以这种方式描述一个人所遵循的前提是，我们的人格特征具有跨时间与跨情境的稳定性——这也正是人格的特质理论的基本假设。

在人格的特质理论中，**特质**（trait）是指在不同情境中表现出的一致的人格特征和行为。特质理论学者认为，任何人都拥有一些基本的特质，但是一种具体的特质描述一个具体的人时，适用的程度不同，且可以量化。例如，你非常友好，相比而言我可能就显得不太友好，但我们都拥有友好的特质，只是程度不同。那么，构成人格的基本特质或者说特质维度都有哪些呢？不同的理论家研究得到的结果颇为不同。

奥尔波特的特质理论

高尔顿·威拉德·奥尔波特（Gordon Willard Allport, 1897—1961）

奥尔波特依据词汇学假设[1]，从《韦伯斯特国际词典（1925年版）》中找出了17 953个"能够区分人类行为差异的词条"，并将其分为四类：（1）表示"稳定的"人格特质的词条4 504个，占总词表的25%；（2）描述目前活动、心理和心境暂时状态的词条4 541个，占总词表的25%；（3）对人格特征进行评价的词条5 226个，占总词表的29%；（4）不能归入以上三类的词条3 682个，占总词表的21%。在剔除了同义词之后，共余下4 500个词汇。奥尔波特筛选出的词条及其分类为系统地研究人格结构，以及编制各种量表和问卷奠定了良好的基础。

哪些特质才是最基本的呢？在一系列的研究之后，奥尔波特提出了三种基本的人格特质：首要特质、核心特质和次要特质（Allport, 1961, 1966）。**首要特质**（cardinal trait）指主导人们多数行为的单一特征。例如，一个毫不利己的人可能将一切都献给人道主义事业，如特雷莎修女；一个权欲熏心的人可能被自己不顾一切的控制需求所驱使，如希特勒。大多数人并没有发展出一种单一的、综合的首要特质。实际上，我们的

---

[1] 词汇学假设指出，在某一社会中长期使用的语言应能够包含这一文化中描述任何个体所需的概念。

人格核心部分是由多个核心特质构成的。核心特质（central trait）代表个体人格的一些主要特征，如诚实和乐群。一个人通常有 5~10 个核心特质。次要特质（secondary trait）则是只在少数具体情境中影响人行为的特征，并且相对于首要特质或核心特质而言，次要特质对个人生活的影响比较微弱。例如，不喜食用荤腥或酷爱现代艺术皆可归入到次要特质之中（Glicksohn & Nahari, 2007; Smrtnik-Vitulić, & Zupančič, 2011）。

其他学者的人格特质理论

随着心理测验理论与统计学理论和技术的长足进步，在确定主要的人格特质上，因素分析受到了众多研究者的青睐。因素分析（factor analysis）是一种通过确定数目较多的变量之间的联系，而揭示更一般模式的统计方法。例如，研究人员可以让大量被试完成一项测验，要求被试参考测验中所列的特质来描述自己。通过对测验结果的统计处理，研究者可以确定被试反应背后的最基础的特质模式或特质组合，也就是因素。

人格心理学家卡特尔（Raymond Bernard Cattell）采用因素分析的方法从两组被试（飞行员和作家）中提取出了描述人格基本维度的 16 对根源特质，并编制了著名的 **16 种人格因素量表**（Sixteen Personality Factor Questionnaire，简称 16PF）。该量表对每一种根源特质都能进行测评，提供得分（Cattell, Cattell, & Cattell, 1993; Djapo et al., 2011）。如今，16PF 早已被修订为多种语言版本，其中中文版的因素名称及解释如下：

（1）乐群性：描述是否愿意与人交往，待人是否热情；
（2）聪慧性：描述抽象思维能力，聪明程度；
（3）稳定性：描述对挫折的忍受能力，能否做到情绪稳定；
（4）支配性：描述是否愿意支配和影响他人，是否愿意领导他人；
（5）兴奋性：描述情绪的兴奋和活跃程度；
（6）责任性：描述对社会道德规范和准则的接纳和自觉履行程度；
（7）敢为性：描述在社会交往情境中的大胆程度；
（8）敏感性：描述敏感程度，即判断和决定是否容易受到感情的影响；
（9）怀疑性：描述是否倾向于探究他人言行举止背后的动机；
（10）幻想性：描述对客观环境和内在的想象过程的重视程度；
（11）世故性：描述是否能老练、灵活地处理事物；
（12）忧虑性：描述体验到的烦恼和忧郁程度；
（13）开放性：描述对新鲜事物的接受和适应程度；
（14）独立性：描述独立程度，亦即对群体的依赖程度；
（15）自律性：描述自我克制、自我激励的程度；
（16）紧张性：描述生活和内心的不稳定程度，以及相关的紧张感。

艾森克（Hans Eysenck）是另一位著名的特质理论家，他也使用因素分析方法来确定特质模式，不过他却得到了一个颇为不同的人格特质模型（Eysenck, 1995）。艾森克发现，可用三个主要的维度来描述人格：外向性、神经质和精神质。外向性（extraversion）维度指社交性的水平，神经质（neuroticism）维度指情绪的稳定性，精神质（psychoticism）维度指对现实的歪曲程度。通过评估人们在这三个维度上的

表 12.3　艾森克的人格三维度

外向性	神经质	精神质
乐群	焦虑	攻击
活泼	抑郁	冷漠
主动	内疚感	自我中心
坚定	低自尊	没有人情味
寻求刺激	紧张	冲动

资料来源：Eysenck, 1990.

情况，艾森克认为就能够准确预测个体在各种情境中的行为。表 12.3 列举了各维度上的部分相关特质。

目前，最具影响力的特质理论认为，构成人格核心的是五种特质或因素，称为"大五"。许多研究者通过因素分析统计技术确定了类似的五个人格构成因素，分别是开放性（经验开放性）、尽责性、外倾性、宜人性和神经质（情绪稳定性）（见表 12.4）。

对自评人格测验、他评人格测验和自我人格描述等数据的因素分析，均得到了类似的"大五"因素。此外，对包括儿童、大学生、成人以及使用不同语言的人群进行研究，"大五"因素也一致性地显现了出来。同时，在欧洲、中东和非洲进行的跨文化研究亦支持这一理论模型。脑功能研究表明，大五人格特质与大脑加工信息的方式有关（Schmitt, Allik, & McCrae, 2007; Schmitt et al., 2008; Vecchione et al., 2011）。总之，学界日益取得共识："大五"是当前对人格的最佳描述。不过，截至目前人格特质究竟有多少种多少类，也还是一个激烈争论的问题。比如，王登峰提出了"大七"模型（见"探索与发现：大七因素人格模型"），西方则不断探求"大一"理论。

表 12.4　大五人格因素或维度的特质举例

开放性（经验开放性）	宜人性
独立 – 顺从	同情 – 挑刺
富于想象 – 注重实际	善良 – 冷漠
偏好变化 – 偏好常规	感激 – 敌意
尽责性	神经质（情绪稳定性）
细心 – 粗心	稳定 – 紧张
自律 – 冲动	平静 – 焦虑
有组织 – 无组织	安全 – 不安全
外倾性	
健谈 – 恬静	
风趣 – 严肃	
乐群 – 孤僻	

资料来源：Pervin, 1990, Chapter 3, and McCrae & Costa, 1986, p. 1002.

> **探索与发现：大七因素人格模型**
>
> 西方人格心理学中"大五"因素模型的出现被认为是"一场静悄悄的革命"。开放性、尽责性、外倾性、宜人性、神经质这五个因素，被认为是经过成百上千次研究所肯定了的。那么，大五因素模型适用于中国人吗？
>
> 王登峰教授承担起回答这个学术问题的重任，并进行了长达20多年的探索。这是一项极具挑战性的研究课题。他们的这项研究经历了三个阶段。大五因素模型首先是在使用自然语言提供特质词分类的词汇研究中发现的。研究的第一阶段（1984~1994），是对中文人格特质形容词的系统搜集和整理。按照西方学者（Allport & Odbert, 1936）的做法，从现代汉语词典中，从报纸、杂志、小说和中小学语文课本中，以及从大学生用形容词描述他们所熟悉目标人物的结果中，收集人格特质形容词，组成探讨中国人人格结构的词库。第二阶段（1995~1999），将在中国大陆收集的中文人格特质形容词表与杨国枢先生在中国台湾采用类似方法收集的形容词表加以整合，重新分类、整理、评定，并从中抽取形容词建立起无偏性的评鉴工具，对中国海峡两岸的被试进行评定。结果发现，海峡两岸的中国人有着完全相同的七因素人格结构，这表明西方的"大五"人格模型不适合于中国人；而海峡两岸的中国人，同文同种，有着相同的人格结构。这七个因素分别为：(1)能力特点；(2)勤奋与懒惰；(3)志趣水平；(4)人际关系特点；(5)外向与内向；(6)伦理道德水平；(7)个人风格。第三阶段（1999年之后），王登峰、崔红进行了一系列研究，反复验证了中国人人格的七因素结构，编制了完全本土化的中国人格量表（QZPS及相关的测量工具，如七因素量表QZPS-SF，大学生人格量表CSPS，以及性别角色量表等），澄清和探讨了中西方人格结构的差异及其原因。此外，他们还对人格与心理健康之间的关系等方面做了不少研究，出版了《解读中国人的人格》一书。

对人格特质理论的评价

特质理论运用观察法、问卷法、实验法和因素分析等研究方法从个体的行为特点出发探讨人格问题，把各种变量纳入可操作性的范畴，这些都是值得肯定的。在进行个体间的比较时，特质理论认为我们在人格上的差异可以量化，其解释也因此显得清晰、直观。此外，特质理论也有助于确定拥有何种特质模式的人适合从事什么样的工作，具有应用价值。

然而，人格的特质理论取向也存在一些问题。例如，我们可以看到，对于基本的特质及其描述，不同的特质理论之间颇为不同。实际上，特质理论自身还存在更为根本性的问题。纵使我们找到了基本的特质维度，但也只能是对人格进行了标定或描述——并未对人格的形成和发展进行解释。例如，我们可以说某人向慈善事业捐款是因为他有慷慨这个特质，但是我们仍然不知道他为什么会有慷慨这个特质，也不知道他在某一情境中表现慷慨的具体缘由。因此，各种特质理论并未对行为提供解释，它们只是描述行为而已。

人格的学习理论

我们前面介绍的人格的心理动力理论和特质理论都把重点放在个体人格的内部，也就是无法观察却力量强大的本我或者虽系假设却非常重要的特质。相比之下，人格的学习理论关注外部环境，关注环境如何决定人格。对于激进的学习理论者而言，人格就是个体在外部环境中习得的反应之和，所以对个人所处环境的考察才是认识人格的最佳方式。

斯金纳的学习理论

斯金纳提出了操作性条件作用，认为人格是习得行为模式的集合。跨情境反应的一致性源于人们在之前的相似情境中习得的强化模式（Skinner, 1975）。我们喜欢舞会、会议和聚会等社交活动，是由于我们受到了展示良好社交行为的强化，而不是为了实现始于童年经验的无意识愿望，或因为拥有喜好社交的内在特质。

作为学习理论的坚定维护者，斯金纳关注如何改变个体的行为。他认为，如果一个人能够控制或改变在某种情境中的强化模式，那么某些学者所认定的稳定不变的行为模式就是可以改变的，从而最终将能得到改善。在斯金纳看来，不适宜行为和适宜行为都是个体通过强化习得的，只要改变反应和刺激的联系，不适宜行为就会发生变化。

班杜拉的社会认知理论

班杜拉的**社会认知理论**（social cognitive approach）在第 6 章第 3 节中曾提及。该理论侧重于个体的认知（思维、情感、期望和价值观等），以及个体对他人行为的观察对人格发展的影响。

通过**观察学习**（observational learning）——观察他人的行为及其产生的结果（Bandura, 1986, 1999）——在不实际操作的情况下，个体也能够预知一定情境下的行为结果。例如，一个儿童观察榜样的行为，若榜样的攻击行为获得了积极的结果，该行为就会被儿童模仿；若榜样的攻击行为导致了消极的结果或没有结果，儿童就不会再采取这样的行为模式。

班杜拉尤其强调**自我效能**（self-efficacy），它是一种对自我能力的信念，表现为人们对完成某项任务的信念或对某个结果的预期。高自我效能者在达到特定目标或获得成功方面，要显著优于低自我效能者（Bandura & Locke, 2003; Betz, 2007; Dunlop, Beatty, & Beauchamp, 2011）。自我效能又是如何发展的呢？首先，个体关注已有的成败经验，如果我们尝试做一件事但没有得到任何的成功经验，那么我们也不大可能去再次尝试；其二，来自他人的直接强化和鼓励，对于自我效能的发展也是十分有益的（Devonport & Lane, 2006; Buchanan, & Selmon, 2008）。

与其他的人格学习理论相比，社会认知理论的明显区别在于强调个体与所在环境的相互作用。环境作用于人格的同时，人的行为和人格也反作用于环境，对其产生影响（Bandura, 1999, 2000）。

行为也反映着我们对自身的认识，以及我们对自己人格各部分的评价方式。**自尊**（self-esteem）作为人格的一部分，包括了正面和负面的自我评价。虽然人们对自尊有一个总体评价，但每个人对于自己在不同领域的评价并非千篇一律。例如，一个成绩优异的学生可能在学习方面的自我评价较高，但在运动方面可能更多的是负

阿尔伯特·班杜拉（Albert Bandura, 1925— ）

面评价（Salmela-Aro & Nurmi, 2007; Gentile et al., 2009; Gadbois & Sturgeon, 2011）。自尊也拥有很强的文化色彩。例如，人际关系和谐——与他人形成紧密关系的成就感，在亚洲文化的自尊中，就比在更注重个人主义的西方社会显得更为重要（Spencer-Rodgers et al., 2004; Lun & Bond, 2006; Cheng & Kwan, 2008）。自尊的中西方文化差异主要表现在其根源性、包容性及表达性等方面（黄希庭，尹天子，2012）。自尊强有力地影响着人们的期望、行为以及对自己和他人的评价。高自尊者自我认同度很高，他们期望把事情做好，因此会努力尝试，更可能在学业、事业上取得成功。与此相反，低自尊者常常把事情往坏处想，他们对自己缺乏信心，付出的努力极少，尤其当任务充满挑战具有难度的时候，因此，他们在学业、事业上取得的成功较少。例如，有些学生的低自尊是因为学业成绩不良而造成的，他们往往因为学习成绩不好，产生焦虑、失望等情绪，使自尊心受到损伤。然而他们学业成绩不良的原因，也有可能是由于低自尊导致没有学习的动力。如果是低自尊造成学业成绩不良，而学业成绩不良又进一步损伤自尊，那就陷入了一个恶性循环。

对人格学习理论的评价

传统的人格学习理论家忽略了人类心理所特有的内部过程，将人格过于简单化；激进的学习理论家把行为简化为一系列的刺激和反应，将思维、情感排除在人格范畴之外，使他们自己被限于一个不切实际的"空中楼阁"中。社会认知理论虽然考虑了认知过程对人格的影响，但仍倾向于人类行为的决定论，认为行为由一些自身不可控的力量所决定。

虽然人格学习理论在解释一些行为时并不尽如人意，但其贡献亦不可小视。通过强调可观察的行为和环境，学习理论使人格研究更具客观性和科学性，也有力地推动了心理学研究的客观化和科学化。他们也发展了一些行之有效的心理障碍治疗方法，如系统脱敏法。此外，学习理论原理在日常生活和生产中的应用也是十分广泛的。

人格的生物与进化理论

根据进化论的观点，在自然选择的长期作用下，那些确保个体成功适应环境和繁衍后代的特征，经过世代的选择，最终成为稳定的特征遗传给了后代。父母不仅把肤色、身高、体重等生理特点遗传给了我们，我们的人格特点也受到遗传因素的左右。那么遗传对人格的影响究竟有多大呢？

人格特征与遗传

生物与进化理论学者在行为遗传学的基础上发现，人格在一定程度上是由某些特定的基因决定的，这就跟身高主要是受遗传决定一样。人格的生物与进化理论认为，那些确保我们的祖先生存和繁衍的人格特质很可能被保留下来，并遗传给下一代（Buss, 2001, 2009; Buss, 2011）。

研究者通常采用双生子研究来解释和论证遗传因素对人格的影响程度。明尼苏达大学的人格心理学家泰勒根（Auke Tellegen）及其同事仔细调查了那些拥有共同

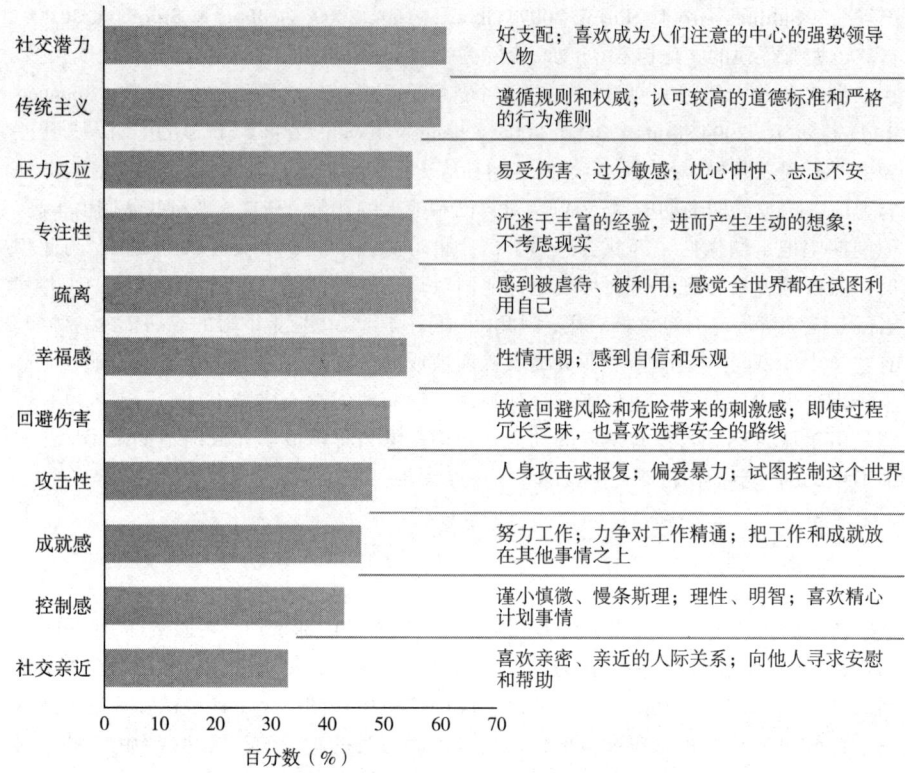

图 12.2
人格特征与遗传
百分数表明 11 种不同人格特质受遗传影响的程度。
资料来源：Tellegen et al., 1988.

遗传基因但被分开抚养的双胞胎所具有的人格特质（Tellegen et al., 1988; Bouchard et al., 2004）。在此研究中，每一对双胞胎都完成了相同的一系列人格测验，其中有一个测验测量了 11 项核心人格特质。测验结果显示：就算被分开抚养，同卵双胞胎的人格在绝大多数方面都极其相似。研究还发现，某些特质受遗传的影响尤为突出。比如，社交潜力（一个人主观上认为自己在社交情境中处于支配和领导地位的程度）和传统主义（倾向于服从权威），二者都拥有很高的遗传成分，而成就感和社交亲近受遗传的影响相对较小（见图 12.2）。

人格特征与基因

那些在自然选择中"胜出"的特征是如何被遗传给下一代的呢？基因作为生物体遗传信息的载体，是人格特征从父辈传递给下一代所必需的。如果花几分钟观察托儿所的婴儿，你会看到，即使在 1 岁以前，孩子也是不一样的。有的爱哭、易受惊吓，有的好动、东张西望、喜欢游戏。实际上，婴儿刚一出生就拥有了特定的**气质**（temperament），即个体与生俱来的心理活动的动力特征。气质作为一种基本的先天倾向，具有很高的稳定性，从婴儿期到青春期都表现得较为一致（Wachs et al., 2004; Kagan et al., 2007; Evans & Rothbart, 2007, 2009; Hori et al., 2011）。也有研究支持人格与特定的基因存在关联。例如，催产素受体基因 OXTR 在集体主义、种族偏见及互依型人格建构与共情特质的关系中起到了作用（Luo & Han, 2014; Luo et al., 2015）。拥有较长序列的多巴胺 D4 受体基因（dopamine-4 receptor gene）的个体比那些没有该基因的人更可能是刺激寻求者。而刺激寻求者往往表现为外倾、冲动和易怒，不断寻求刺激和新异环境（Robins, 2005; Golimbet et al., 2007; Ray et al., 2009）。

气质在出生时就已存在，并且特定的基因与人格相关，这些是否就意味着我们注定会有某些特定的人格类型呢？显然不是。首先，某种特质对应于某一单个基因是不太可能的。此外，在前述的研究中，多巴胺D4受体也只能够解释人们在刺激寻求上10%的变异，而其余的变异则来自于其他基因和环境因素（Keltikangas-Järvinen et al., 2004; Lahti et al., 2005）。此外，这些关于遗传因素的研究结果也只适用于群体，而不能用于解释具体的个体。因此，图12.2中的发现只能被看作是近似值。

当然，基因和环境并非相互独立、互不关联的。正如我们在智力遗传力和天性教养的讨论中介绍的一样，把遗传因素从环境因素中完全分离开来是十分困难的。首先，如果遗传因素没有具体环境经验的"激活"，导致该基因没有表达，那么遗传的影响也就无从谈起。其次，遗传所决定的行为表现也会以一定的方式营造出某种特定的环境氛围。第1节中已介绍过遗传与环境交互影响下的三种行为反应。可见，遗传因素不仅直接影响着一个人的行为，而且还与环境发生着交互作用，进而影响人格。

对人格的生物与进化理论的评价

以进化论为基础的人格理论，认为人的本性和差异是人类适应环境和进化的产物，强调生物遗传因素对人格形成的决定作用。然而，并非所有的个体差异都源于适应，随机的环境力量、遗传噪音、遗传缺陷和其他因素也会导致个体差异的形成。多数人格心理学家也认识到，除去先天的遗传因素，还有大量的空间留给环境变量去解释。显然，具体的人格特质中确实包含一定的遗传成分，但它又同时受到遗传与环境交互作用的影响（Ebstein, Benjamine, & Belmaker, 2003）。

我们已经介绍了几种不同取向的人格理论，你可能感到疑惑：到底哪一种理论才是对人格最准确的描述？显然，这个问题没有标准答案。每一种理论都有各自不同的假设，强调着人格的不同方面（见表12.5）。这些理论对人格的解释都不尽完善，但又都有其合理之处。因此，不同的人格理论让我们能够从不同的角度观察我们的

表12.5 从不同的角度理解人格

理论取向和代表人物	意识与无意识	天性（遗传因素）与教养（环境因素）	自由意志与决定论	稳定性与可变性
心理动力理论（弗洛伊德）	强调无意识	强调先天的、遗传的人格结构；重视童年经验的重要性	强调决定论，行为由个人无法控制的因素决定	强调人格特征在人一生中的稳定性
人本理论（罗杰斯、马斯洛）	强调意识多于无意识	强调天性与教养的交互作用	强调个体拥有自主选择的自由意志	强调人格在人的一生中是可变的、富有弹性的
特质理论（卡特尔、奥尔波特、艾森克）	不重视意识和无意识	不确定	强调决定论，行为由个人无法控制的因素决定	强调人格特征在人一生中的稳定性
学习理论（斯金纳、班杜拉）	不重视意识和无意识	关注环境因素	强调决定论，行为由个人无法控制的因素决定	强调人格在人的一生中是可变的、富有弹性的
生物与进化理论（泰勒根）	不重视意识和无意识	强调先天遗传因素对人格的决定作用	强调决定论，行为由个人无法控制的因素决定	强调人格特征在人一生中的稳定性

人格特征，进而认识自己、了解他人。我们应博采众长，加以综合，从而达到对人格的一种较完整的认识（Pervin, 2003）。

人格测评

二战期间，一家西方报纸登载了这样一个故事。在一间屋子里掉了一根细针，屋子中的意大利人、法国人和德国人对此做出了不同的反应：意大利人耸耸肩膀，满不在乎地离去；法国人顺手操起一把扫帚胡乱扫了一通，至于针是否扫了出去并不在意，重要的是心理上得到了安慰；而德国人则用一把尺子和一根粉笔把整间屋子划分成一个个小方格，在每个方格仔细寻找，直到找到这根针。故事欲借此说明：意大利人散漫、松懈；法国人浮躁、易变，缺乏求实的精神；德国人踏实严谨、欠缺灵活。心理学家也力图用简单而有效的方法评估人们的人格差异。然而，人格测评并非是如此简单的描述，任何人格测评方法都必须拥有一定的理论基础，达到一系列的心理统计学要求。那么，如何才能准确地评估一个人的人格特征呢？让我们继续下面的学习。

何谓人格测评

人类对人格的认识和评价由来已久，已知最早的人格评价活动始于占星术，相面术也是一种评定人格的假把戏。在科学尚不发达的年代，这些伪科学的方法曾盛极一时。虽然这些方法缺乏科学的客观性，但却表明人类认识和评价自身人格的愿望由来已久。人格研究作为过去 70 多年心理学的重要领域之一取得了许多突破性进展，其测评工具也在不断推陈出新。

在心理学中，**人格测评**（personality assessment）是指在具体条件下系统收集有关个体的人格信息，以了解其人格的过程。人格测评是一个极其复杂的过程，在收集信息的过程中涉及了许多变量，稍有不慎就会产生误差。尽管面临重重困难，但心理学家仍孜孜以求，力图对人格进行准确的评估。为了实现这一目的，心理学家常使用人格测验来评估人格的个体差异。**人格测验**（personality test）以测评个体的人格特征为目标，包括测量性格、气质、态度、兴趣爱好、成就动机、自我概念、价值观等的各种测验。

与智力测验一样，人格测验也必须具有一定的信度和效度。信度指测验结果的一致性。如果一个测验是具有信度的，那么在每次施测于同一人（或群体）时所得结果应该是一致的。相反，不可靠的测验每次施测的结果都不一样。若想得出一个有价值的结论，测验还需具备一定的效度。测验若能够测评到它所要测量的东西，那么测验就具有效度。对于一个测量自立的人格测验而言，我们必须确保它测量的确实是自立，而不是其他特征。

最后，人格测验还必须有相应的常模。常模是通过大规模的施测和典型分数的判定而建立的，是衡量测验成绩的标准，使个人的测验成绩能够与其他接受同一测验的人进行比较。例如，张三在人格测验上得了 36 分，利用常模就可知道他居于所有参加过该测验的人中的前 10%。将个人与群体的成绩进行比较，得到与测验的其

> **探索与发现：宇航员需具备什么样的人格特征？**
>
> "神州十一号"的成功发射，又一次唤起了许多人的航天梦。很多人都希望自己有朝一日也能成为遨游太空的宇航员，但事实上只有少数人能够实现这一梦想。绝大多数一开始雄心勃勃想成为宇航员的人，要么不愿接受重重考验，要么不愿承担潜在的职业风险。许多申请参加宇航员计划的人也无法通过激烈的层层筛选，因为除了具备出类拔萃的身体素质和科学知识外，宇航员还必须具备良好的心理素质和一些独特的个性特征。苏联的加加林本来是当年登月的第三号人选，但一号、二号人选在最后的心理测试中没有过关，这才让加加林成为人类航天史上的里程碑式人物。
>
> 事实上，选拔宇航员的核心程序之一就是甄别出那些特定人格类型的人。一般而言，宇航员和其他上述探险者一样充满自信，相信"自己掌握着自己的命运"，自愿承受那些难以预料的危险。不过，与其他探险者不同的是宇航员必须遵守规则和制度，服从权威和领导。此外，接受太空挑战的宇航员都需忍受长久的孤独、乏味的生活和渺茫的前景，并保持积极乐观的态度，控制焦虑。
>
> 在太空中，尤其在国际空间站中，宇航员将有大量的时间与不同国家的宇航员一起生活和工作，完成与地面人员之间的协作。因此，他们还得会使用多种语言进行交流，尊重来自不同文化的成员，适应由特定信仰决定的管理风格（Kring, 2001）。而在某些危险时刻，融洽的关系和密切的合作更有助于扭转局势，转危为安。此外，宇航员要完成各种工作，还得有出众的学习能力，以便掌握所需的知识和技能。研究发现，在高中或大学里表现优异的学生，往往是优秀宇航员的最佳人选。
>
> 尽管宇航员之间存在许多相似的人格特征，但他们并非千人一面，每一名宇航员在性格特点、气质类型和行事风格上都有着自己独有的特点！因此，成为一名遨游太空的宇航人，并不是某一类型人所独享的特权。
>
> 通过以上的了解，你认为成为一名宇航员需具备哪些人格特征？在你认识的人中，有没有人具备这样的条件？

他参与者的相对结果，则更有利于对测验结果的解释。

人格的自陈测量

如果你想了解一个人的人格，一种可行的方式就是对他（或她）进行访谈，从而确定对方成长过程中的重要事件、社会关系、成败经历。显然，这种方法相当费时费力。如同内科医生抽取少量的血液样本来进行化验一样，我们也可以用相似的方法，通过少量的典型行为样本来评定一个人的人格。这正是人格测评中常用的一种方法——**自陈测量**（self-report measures），它通常要求被试依据自身的主观态度、观点和感受等来回答自己在假想情境或假设选择中的表现。

在过去的半个世纪中，使用最为广泛、最具代表性的人格自陈测验是**明尼苏达多相人格问卷 –2**（Minnesota Multiphasic Personality Inventory-2, MMPI-2）。该问卷最初用于诊断人们有无心理障碍，后来发现，它还可用来预测许多其他行为。研究表明，MMPI-2 得分能较好地预测大学生在未来 10 年之内是否结婚，是否会取得更高的学历。美国的警察部门用该测验来预测警员是否偏向于使用枪械。俄罗斯的心理学家也采用修订后的 MMPI-2 对宇航员和奥运会运动员进行测评（Butcher, 2005; Sellbom & Ben-Porath, 2006; Sellbom, Fischler, & Ben-Porath, 2007; Butcher, 2011）。

该测验由 567 个项目组成，被试对每个题项的回答有"是""否""不确定"三

你想了解自己吗：测测你的生活风格

在多元化的时代，人们的生活方式也是个性十足，"不走寻常路"更是成为年轻人的时尚口号！完成下面的这个测试，看看自己的生活风格"坐标"在何处！

在测验中，每一项有 0~4 个等级，对所描述的题项请依据与你自己相符合的程度选择，尽可能真实地作答；答案没有对错之分。

0	1	2	3	4
完全不符合	基本不符合	说不清楚	基本符合	完全符合

1. 在不确定的情况下，我常常期望得到最好的结果。
2. 对我而言，放松是一件轻而易举的事情。
3. 即使事情的发展对自己不利，我也是顺其自然。
4. 我对自己的将来一直持乐观态度。
5. 我非常喜欢自己的朋友。
6. 对我而言，保持充实是至关重要的。
7. 我从不奢望事情能按着自己的方式进行。
8. 我不会轻易变得心烦意乱。
9. 我从不期望有什么好事情发生在我身上。
10. 总而言之，我期望发生在我身上的事情，好事要比坏事情多一些。

记分规则：首先，把第 3、第 7 和第 9 题的答案进行颠倒，即把 "0" 换成 "4"，"4" 换成 "0"，把 "1" 换成 "3"，把 "3" 换成 "1"，"2" 保持不变。接着，把颠倒后的分数加起来，然后再加上第 1、4、10 题的成绩。（第 2、5、6 和 8 题不记成绩。）

测验的总分反映了你自己的生活风格，即你对生活的乐观程度。得分越高，你对生活就越积极、越充满希望。

资料来源：Scheier, Carver & Bridges, 1994.

种选择。测验项目涵盖了众多领域，从情绪（如有时候我觉得自己一无是处）到想法（如人们应该试着去理解自己的梦境），再到生理和心理的健康（如每周都有几次觉得自己的胃不是很舒服；我总是有一些稀奇古怪的想法）。答案没有对错之分，对结果的解释取决于被试的反应模式。测验成绩包括了 10 个分量表，及另外 3 个考察被试作答效度的量表。例如，测谎量表能鉴别人们是否为了更好地表现自己，而故意歪曲自己的真实反应（例如，"我不记得自己曾经有睡不好觉的情况"）（Butcher, 2005; Stein & Graham, 2005; Bacchiochi, 2006）。

在编制过程中，为了确保 MMPI 的有效性，编制者让患有某种心理障碍的患者完成许多的测验项目，然后确定出那些能够辨别正常人与心理障碍患者的测验项目，只有这些测验项目才会被选入最终的测验版本。通过系统地施测于不同症状的群体，测验编制者形成了用于确定不同类别异常行为的各个分量表（见图 12.3）。

编制 MMPI 的初衷是为了鉴别人格障碍，其随后的应用也非常广泛。然而，和其他的人格测验一样，MMPI 也给滥用者留下了可乘之机。例如，雇主用该测验筛选应聘人员时可能对测验结果做出不恰当的解释，或过度依赖于个别分测验的结果，

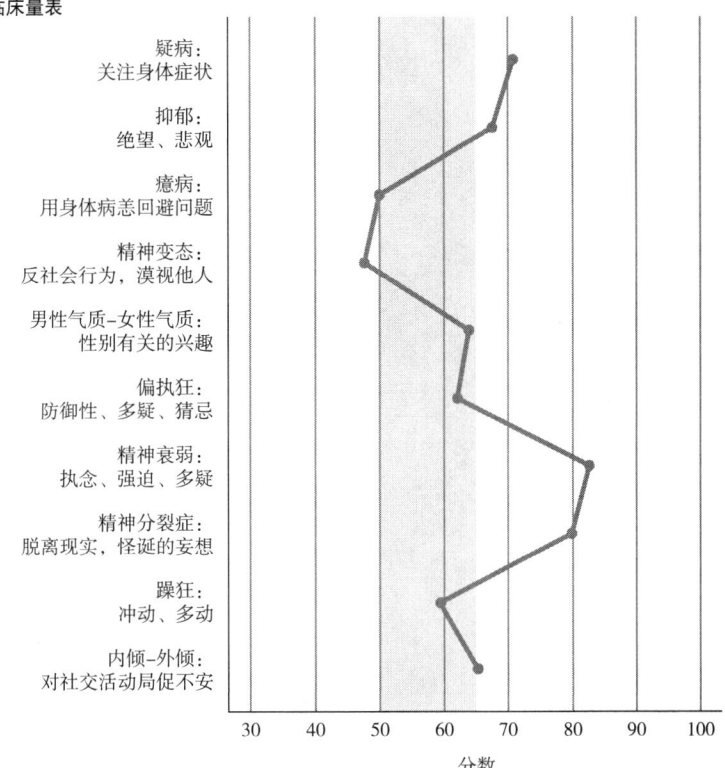

图 12.3
MMPI-2 测验个案

而不是对测验结果进行全面的考察。此外,由于题项较多,使得问卷冗长,而且许多题项也过于直白(易受社会赞许效应的影响)。总之,MMPI 并非完美无缺,我们在使用时仍须谨慎待之,应结合其他的测评手段和方法进行评估。

投射测验

20 世纪 30 年代早期,许多心理学家开始接受精神分析理论,认为无意识是人格的决定因素。他们没有追随奥尔波特的足迹继续前行,而是开创了一种新的测评方法——**人格投射测验**(projective personality tests)。在人格投射测验中,研究者常常向被试呈现模糊的情境刺激,然后让被试在不受限制的条件下自由反应,使其将隐藏在无意识中的欲望、动机和偏好等信息投射出来。较典型的人格投射测验有以下两种。

罗夏墨迹测验(Rorschach Inkblot Test)由瑞士心理学家罗夏(Rorschach, 1924)设计。测验包括了一系列对称性墨迹图(见图 12.4),通常要求人们回答这些刺激对其而言意味着什么,并对回答进行记录。经过测验人员一系列复杂的临床鉴别,人们被归为不同的人格类型。例如,根据罗夏制定的标准,如果一个人在某一幅墨迹图片中看到了一头熊,则可认为此人可能拥有极强的情绪控制能力(Weiner, 2004b; Silverstein, 2007)。

主题统觉测验(Thematic Apperception Test, TAT)是另一著名的投射测验。该

图 12.4
罗夏墨迹图（见彩插）
资料来源：Alloy, Jacobson, & Acocella, 1999.

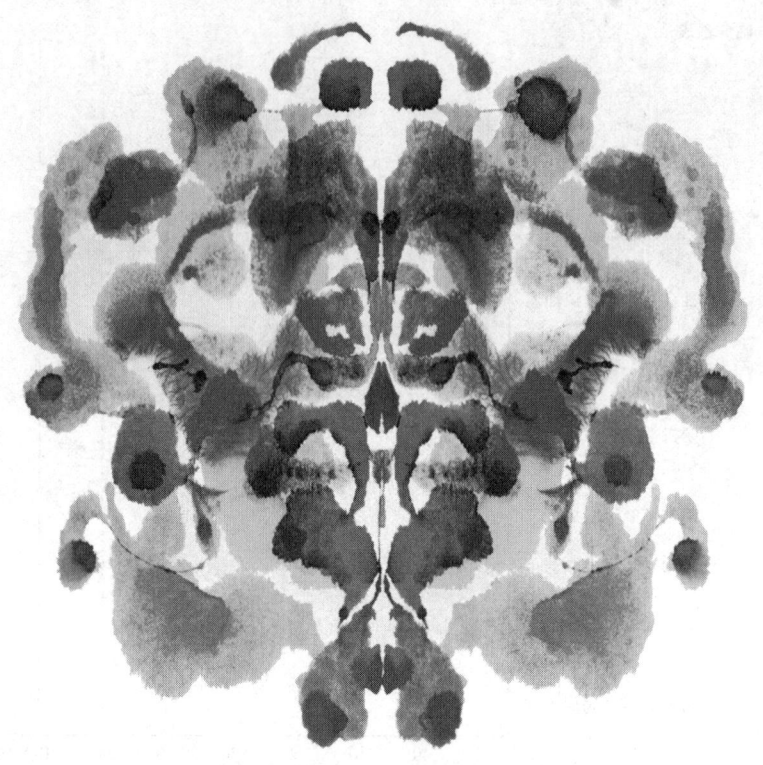

图 12.5
主题统觉测验

测验由一些模糊的情境图片组成，要求被试根据图片讲述一个故事，通过所讲述的内容用于推测一个人的人格特征。

投射测验都是使用模糊刺激，需要专业技术和小心谨慎的解释。由于需要主观性的评价，投射测验遭到了诸多质疑。罗夏墨迹测验更是遭到了许多批评，主要是由于该测验的结果解释依赖于施测人员的推理，且分数难以实现标准化。此外，许多批评家还指出，罗夏墨迹测验没有提供有关潜在人格特质的有效证据。尽管存在这些问题，投射测验还是得到了广泛应用，特别是在临床治疗和咨询中（Garb et al., 2005; Society for Personality Assessment, 2005; Campos, 2011）。

行为测评法

对于学习理论取向的人格心理学家而言，他们更倾向于采用**行为测评**（behavioral assessment）——收集个体在具体情境下的具体行为，而非以个体对自己的描述为依据来推断其人格。借助于观察法，行为测评可以在个人所在的真实环境中进行自然观察，如工厂、家里或学校等。此外，心理学家也可以在实验室控制条件下进行行为测评（Ramsay, Reynolds, & Kamphaus, 2002; Miller & Leffard, 2007）。

无论在何种情境中观察行为，都必须确保行为测评的客观性，尽可能量化行为。

心理学与人生：应对人格测验的"锦囊之计"

"人才需求：精力充沛、性情稳重；在混乱局面下，能够自如应对。"

这是一则招聘综艺类节目主持人的广告。毕业时，我们也曾见到各种与此类似的招聘信息。为了得到一匹难得的"千里马"，许多公司、学校等企事业单位都会使用人格测验来寻找那些人格特征最适合于某个岗位的求职者。由于一些招聘者、雇主或主管会过分依赖人格测验的结果，故在此赠送几条"锦囊之计"：

- **知己知彼** 标准的人格测验都附带了测验的一些信息，即测验如何实施、对谁最适合、测验结果如何解释。阅读测验的所有说明，了解测验测量的是什么，这对于理解测验的结果将很有帮助。

- **切忌一叶障目** 测验结果，比如学习能力、社交偏好、职业认可度，都应在适当的背景下进行解释。仅凭某个单一的测验结果并不足以做出任何科学的决策。

- **不可迷信测验** 测验结果并不总是准确无误，其结果也存在一定的误差；测验自身的信度和效度也不一定可靠。比如，测验那天刚好你身体不适，或者负责计分和结果解释的工作人员犯了一个错误，最终的测验成绩及其解释就可能存在很大的偏差。因此，不能仅仅参考某一次的测验结果。

总而言之，没有任何一个单独的人格测验能够对复杂的人格进行全面的解释。

比如，观察人员会记录被试所做出的社交行为、发问或攻击行为的次数。另一种方法就是测量行为的持续时间，如儿童发怒、交谈、学习或合作等行为的持续时间。行为测评特别适用于行为障碍的个案研究，其最终目的是进行矫正，例如，增加害羞儿童的社交活动。它能评定出问题的本质，统计问题行为出现的频率，心理学家可据此来判定干预措施是否有效。

除了上面介绍的几种方法外，**访谈**（interview）、**心理生理学技术**（psychophysiological technique）和**无干扰测量**（unobtrusive measure）也是人格测评中常用的方法。

思考与应用

1. 有些大学生对电脑游戏（如 CS、英雄联盟、魔兽世界等）追捧、喜爱甚至痴迷，我们如何用弗洛伊德的无意识理论进行解释？

2. 卡特尔的 16 种根源特质、艾森克的人格三维度以及大五人格理论，它们之间有何异同？哪些特质在三种理论体系中都出现了？哪些特质又是他们各自所独有的？你对此有何感想？

3. 在使用自陈测量进行人格测评时，我们可以采用哪些措施以确保测验的信度和效度？为什么这些量表中会有"测谎量表"？一个人在"测谎量表"上得分高就意味着他/她是一个说谎的人吗？

4. 同一个人格测验在应用于不同文化背景的群体时，你认为会出现哪些问题？如何解决这些问题？

推荐拓展读物

1. 黄希庭，郑涌（2015）．心理学导论（第3版）．北京：人民教育出版社，585~635．
2. 黄希庭（2014）．探索人格奥秘．北京：商务印书馆．
3. 杨丽珠主编（2014）．儿童青少年人格发展与教育．北京：中国人民大学出版社．
4. 戴维·迈尔斯著，黄希庭等译（2019）．心理学导论：人格、社会与异常心理学（下册，第9版）．北京：商务印书馆，79~115．
5. 桑德拉·切卡莱利，诺兰·怀特著．周仁来等译（2014）．心理学最佳入门（第2版）．北京：中国人民大学出版社，499~534．
6. 理查德·格里格，菲利普·津巴多著．王垒等译（2016）．心理学与生活（第19版）．北京：人民邮电出版社，421~459．
7. 欧尼斯特·西尔格德，理查德·阿特金森，爱德华·史密斯，苏珊·诺伦-霍克西玛等著，洪光远译（2013）．西尔格德心理学导论（插图第14版）．北京：世界图书出版公司，398~435．
8. 伯格著，陈会昌等译（2010）．人格心理学．北京：中国轻工业出版社．
9. 兰迪·拉森，戴维·巴斯著，郭永玉等译（2011）．人格心理学：人性的科学探索．北京：人民邮电出版社．

第 13 章

压力、应对与幸福感

生命不能承受之重

2016年9月16日,中国艺人乔任梁因患抑郁症自杀。次日,乔任梁经纪公司通过媒体发表声明:"去年乔任梁在繁重的工作中,遇上外界种种对他不实的报道和中伤的话语后,患上了抑郁症。他的工作态度一向认真严谨,力求完美,拖着病体坚持完成他已允诺的工作,外界发出的歪曲事实和中伤他的言论报道,使他被误解,种种猜疑的声音给他造成巨大的无形压力,导致其病情加重,黑暗和绝望一度伴随着他。这一年,访寻问药,减少工作,度假散心,我们眼看他慢慢有了笑容,病情有所好转。却不料他用最决绝的方式摆脱不可承受之病痛,与世诀别。"

近年来,因抑郁而自杀的现象屡见不鲜,树立现代心理健康观的确是全社会的迫切需要。

何谓现代心理健康观?健康是指一种身心健全和体能充沛的状态。1978年9月,国际初级卫生保健大会发表的《阿拉木图宣言》指出:健康的目标是追求一种更积极的状态、更高层次的适应与发展,是身心健康、社会幸福的完满状态。**健康心理学**(health psychology)是一门综合运用心理学知识以及教育训练、科学研究和职业指导原则,探求健康、疾病和机能失调的原因,分析并促进社会保健系统的发展和健康政策的制订,以促进和维护健康、预防和治疗疾病的心理学分支学科。它的任务是运用心理学知识和方法,探讨和解决有关维护和促进人类健康的各种心理学问题;研究心理学在矫治人的某些不健康行为,特别是预防不健康行为和各种疾病中的关系和作用;探求和提示关于改进医疗和护理制度,建立合理的保健体制,节省卫生经费和减少社会损失等方面的心理学观点和意见。

本章我们将讨论一些有关压力及其应对和主观幸福感的问题,包括什么是压力?应激源有哪些?常见的应对方式有哪些?易致病的应对模式有哪些?什么是幸福感?幸福感在疾病防治中起到什么作用?

压力及其应对

情绪变化总是伴随着我们的心理活动而产生。当我们实现了自己的理想和追求时，内心洋溢着快乐；当我们遇到挫折时，快乐在生活中消失，内心阴霾一片，焦虑沮丧。沮丧抑郁的人，觉得世界暗淡无光，前途渺茫，并可能滋生多种心身疾病。现代社会竞争激烈，人们普遍感到工作压力大，难以应对，有时甚至导致职业倦怠。那么什么是压力？我们又该如何应对压力呢？

压力

什么是压力

压力的定义 压力（stress）在物理学上指垂直作用于流体或固体界面单位面积上的力；而在心理学上指心理压力源和心理压力反应共同构成的一种认知和行为体验过程，亦称应激。应激是个体面对威胁或挑战性事件的一种反应，其影响会先于外显行为而被个体感受到，而个体对事件的诠释对压力的产生起着很大的作用。生活中各种各样的情境和事件，例如考试的逼近、家庭矛盾以及工作中的问题，都可以给人造成压力，而即便是参加聚会或者踏上更合适的工作岗位等令人高兴的事件，同样可能会让人产生压力。

我们每个人都要面对生活压力。日常生活中人们似乎存在应对压力的循环过程，即先觉察到威胁，然后思考应对方式，最后或多或少地会适应此压力。但这种适应通常是我们没有意识到的轻微改变。一旦面对持久或强烈的压力，就需要采取积极的策略去应对。最终，我们为消除压力所做的努力可能会引发导致健康问题的生理和心理反应（Dolbier, Smith, & Steinhardt, 2007; Finan, Zautra, & Wershba, 2011）。下面便要谈到压力的影响以及如何应对的问题。

压力的影响 心理神经免疫学（psychoneuroimmunology, PNI）是研究个体心理因素、免疫系统和大脑三者之间关系的科学。研究结果表明，压力可能会产生三种主要结果。首先，压力会引起直接的生理反应，如血压升高、激素活性增强和免疫系统总体机能下降；第二，压力会使人沉溺于危害健康的行为中，如扰乱正常的饮食和睡眠习惯，过量吸烟喝酒和服用药物等；最后，压力还间接有损于健康行为，如健康检查的频率降低，医嘱遵从度下降等（Sapolsky, 2003; Broman, 2005; Lindblad, Lindahl, & Theorell, 2006）。

的确，压力可能会引发许多生理和心理问题。如肾上腺素分泌增多，心率和血压升高以及皮肤电改变，这些反应在短时压力产生时可能是适应性的，因为身体通过激活交感神经系统进行自我防御时会产生一种"应激反应"，这种反应可能会使个体更有效地应对压力情境。但是持续的压力会造成应激激素分泌过多，从而使身体总体机能下降。随着时间的推移，应激反应可能会导致血管和心脏等身体组织衰退，从而使我们抵抗力下降，感染疾病。例如，**心身疾病**（psychophysiological disorders）实际上是由心理、情绪和生理紊乱的交互作用而产生的医学问题。这种问题经常会伴随着压力而产生或加重。广义的心身疾病包括高血压、胃溃疡等严重问题，还包括头疼、

你想了解自己吗：测测你近来的生活压力有多大？

回答你近一个月以来符合下述 10 种情况的程度，可分为：从来没有、几乎没有、有时有、比较多和经常如此 5 种，每种程度对应一定的分数，然后把每题你所得的分数填在括号内，再将这些分数相加，便可测出你近来承受的压力水平。

1. 我为不想发生的事发生了而感到沮丧。
   ( ) 0= 从来没有；1= 几乎没有；2= 有时有；3= 比较多；4= 经常如此
2. 我感到自己无法控制生活中的重要事件。
   ( ) 0= 从来没有；1= 几乎没有；2= 有时有；3= 比较多；4= 经常如此
3. 我感到紧张和"有压力"。
   ( ) 0= 从来没有；1= 几乎没有；2= 有时有；3= 比较多；4= 经常如此
4. 我对自己处理个人问题的能力感到满意。
   ( ) 0= 从来没有；1= 几乎没有；2= 有时有；3= 比较多；4= 经常如此
5. 我感到事情朝着自己期待的方向发展。
   ( ) 0= 从来没有；1= 几乎没有；2= 有时有；3= 比较多；4= 经常如此
6. 我在生活中能够控制愤怒。
   ( ) 0= 从来没有；1= 几乎没有；2= 有时有；3= 比较多；4= 经常如此
7. 我觉得不能应对必须要做的事情。
   ( ) 0= 从来没有；1= 几乎没有；2= 有时有；3= 比较多；4= 经常如此
8. 我感到自己能掌控全局。
   ( ) 0= 从来没有；1= 几乎没有；2= 有时有；3= 比较多；4= 经常如此
9. 我会因事情失控而懊恼。
   ( ) 0= 从来没有；1= 几乎没有；2= 有时有；3= 比较多；4= 经常如此
10. 我感到困难太大且无法克服。
    ( ) 0= 从来没有；1= 几乎没有；2= 有时有；3= 比较多；4= 经常如此

测量方法：

第 4、5、6、8 题为反向计分，即选 0 得 4 分，选 1 得 3 分，选 2 得 2 分，选 3 得 1 分，选 4 得 0 分；其余题目，所选选项即为该题所得分数。将 10 道题目的分数加总。

每个人所承受的压力水平各不相同，把你测量得到的分数与下面的平均分进行比较：

年龄		性别		婚姻状况	
18-29	14.2	男	12.1	寡居	12.6
30-44	13.0	女	13.7	结婚或同居	12.4
45-54	12.6			单身或从未结婚	14.1
55-64	11.9			离婚	14.7
65 及以上	12.0			分居	16.6

提醒：如果你的分数高于上述平均分，表明你承受的压力很大，需要加以调节！

资料来源：Cohen, Kamarck, & Mermelstein, 1983.

背疼、皮疹、消化不良、疲乏和便秘，甚至还包括普通感冒等轻微问题。背负沉重压力的人通常不能很好地应对生活，对环境的态度异常消极，即便朋友无心的批评都会导致其心理失衡。同时，人在高压力情境下的情绪反应可能非常强烈，而处于多种压力下的人就更加无法处理新的应激源。

那么，压力为什么会对人体免疫系统产生危害呢？一个原因可能就是压力对免疫系统造成了过度刺激，使之不去消灭外来的细菌、病毒和其他异物，反而攻击我们的身体、损害健康组织。这样的话，就会导致诸如关节炎和过敏反应此类疾病。压力也会减弱免疫系统的反应，从而使得感冒病菌易于繁殖或加速癌细胞扩散。人体正常情况下几秒钟生成专门对付疾病的淋巴细胞（白细胞）的数量高达 1000 万个，但是压力可能会抑制淋巴细胞的生成（Segerstrom & Miller, 2004; Dougall & Baum, 2004; Baum, Lorduy, & Jenkins, 2011）。

总之，压力对我们的影响是多方面的，它能提高患病的可能性，也可能会直接引发疾病，还可能使疾病难以康复，同时会降低我们应对未来压力的能力。

应激源及其种类

应激源（stressor）是指产生压力的根源。与事件本身及个人重要目的有关的直接的、预期的、短期或长期的事件都属于应激源。例如，贫困大学生就要比其他同学面对更多的应激源。某些事件，如父母及其他亲人的死亡，对所有人来说都是应激源。但是某些事件对不同的个体可能具有不同的压力。例如，一名年轻男子如果把示爱遭拒的原因归咎于自己缺乏魅力和财富，可能会产生压力，但是如果归咎于与自尊无关的因素，如爱恋的女孩已有恋人，那么遭拒这一经历就不会产生很大压力。因此，一个人对事件的解释在决定什么会引起压力上起着重要作用（Folkman & Moskowitz, 2000; Giacobbi Jr., et al., 2004; Friborg et al., 2006）。

应激源种类繁多，大致可分为三种基本类型：突发事件、个人应激源、日常生活应激源。

突发事件 突发事件（cataclysmic events）指突然发生或变化的事情，通常为灾难性事件。突发事件包括自然灾害，如汶川大地震、印度洋海啸等，还包括战争和监禁，如伊拉克战争等。突发事件是环境压力的重要来源之一，一旦灾难发生，就要求个体做出较强的适应性反应。

虽然突发事件貌似会产生强烈而持久的压力，但许多情况下并非如此。实际上，长期看来，自然灾害性质的突发事件比最初非自然灾难性的突发事件所引发的压力要小，其中一个原因就是自然灾害是可以解决的。灾难过后，人们知道最坏的情况已经过去，进而可以憧憬未来。另外，由自然灾害引发的压力是由经历此灾难的所有人共同承担的，这就使得人们能够相互支持和理解彼此所经受的困难（Hobfoll et al., 1996; Benight, 2004; Yesilyaprak, Kisac, & Sanlier, 2007）。相比之下，美国世贸中心恐怖袭击之类的突发事件可能会让人们产生更大的压力，因为恐怖袭击是有预谋的，受害者（和旁观者）都知道未来还有可能出现这类袭击，并且政府的恐怖袭击警报还可能会进一步加重这种压力（Murphy, Wismar, & Freeman, 2003; Laugharne, Janca, & Widiger, 2007; Waston, Brymer, & Bonanno, 2011）。

个人应激源 个人应激源（personal stressors）指个体所遇到的特殊压力事件。其中最典型的就是重大生活事件，比如父母的意外死亡、失恋等负面事件，甚或结婚等正面事件。这里值得注意的是，个人应激源会使个体产生强烈的即时反应，然后逐渐消退。例如，由失恋而产生的压力可能在当时最为强烈，但是随着时间流逝，失恋者会感到压力逐渐减小，并慢慢能够适应这种失落感。

一些遭遇大灾难和严重个人应激源的受害者，可能会产生**创伤后应激障碍**（posttraumatic stress disorder, PTSD），即个体经历了极端压力事件后，该事件对个体产生了持久的影响，个体可能会出现该事件的记忆闪回或者梦境再现等症状。另外，PTSD 发作也可能由另外一种无害刺激诱发，例如汽车的喇叭声，就可能会导致某人重新体验到使其产生重大压力的过去事件。调查显示，大约 16% 的驻伊美军回国后出现了 PTSD 症状；美国 9·11 恐怖袭击事件发生之后，11% 的纽约市民表现出 PTSD 症状，有的人甚至被此困扰长达 10 年以上（Lee, Isaac, & Janca, 2007; Marshall et al., 2007; Neria, DiGrande, & Adams, 2011）。曾经有一位女大学生，本该青春活泼，但却对任何活动均无兴趣，而且与他人疏远，感觉麻木，容易被激怒，并容易受到惊吓。原来，这位女生从 4 岁到 8 岁曾遭到一位表兄的多次强奸，12 岁的时候又遭到叔叔的强暴，18 岁的时候又遭到一位网友的强暴和殴打。之后，她就表现出了 PTSD 的症状，包括做噩梦，总会想起强奸者的声音，拒绝回想最近这次被强奸事件以及任何会让自己想起这件事的物件。据她自己描述，自从被网友强暴以来，她几乎每周都有一次惊恐发作。而每次发作常常是由那些与最近那次被强暴相关的线索所引起的，但有时也会发生在忧郁的时候以及晚上睡觉的时候。

PTSD 患者通常会有睡眠困难、情绪麻木、人际交往问题、酗酒、滥用药物等症状，严重者甚至会出现自杀行为。例如，从伊拉克战场和阿富汗战场返回的美国士兵自杀率是普通人自杀率的 2 倍（Pole, 2007; Kaplan et al., 2007; Magruder & Yeager, 2009）。为了建立科学有效的 PTSD 防治体系，中国学者开展了大量的研究工作，例如，DSM-5 PTSD 临床症状表型模型研究（见"探索与发现：DSM-5 PTSD 临床症状表型模型研究"）。

日常生活应激源 日常生活应激源（background stressors），或称日常烦心事（daily hassles），是第三类主要应激源。日常烦心事中最主要的就是我们身边几乎每天都会遇到的事情，例如上课迟到、堵车、图书馆的噪音、他人爽约、错过了吃饭时间等令人气愤的行为。日常烦心事中的另外一种情况是长期慢性的问题，例如不适应学校的学习和生活环境，与同学和老师相处不融洽等（Weinstein et al., 2004; McIntyre, Korn, & Matsuo, 2008; Barke, 2011）。

虽然日常烦心事会使我们产生不愉快的情绪和心境，但是并不需要个体做太多的应对，甚至不需要对其反应。只有当日常烦心事累计增多时，才可能会产生与单个较强压力事件相同的效果。实际上，人们所面对的日常烦心事数量与心理症状以及流感、喉咙痛和背痛等健康问题有关。

与烦心事相对的是令人高兴的事，这通常指的是使人感觉良好的小事，哪怕只是暂时使人感觉良好。高兴事包括同事之间的良好关系以及满意的周围环境。有趣的是，高兴事也与人们的心理健康有关，与日常烦心事情况相反，即个体经历的高兴事越多，其所报告的心理症状就越少（Chamberlain & Zika, 1990; Ravindran et al., 2002; Jain, Mills, & Von Känel, 2007）。最近提出的"九美技术"就是通过增强个体发现和感受身边的自然、人工和道德之美而使个体高兴，进而缓解心理症状的一种简单易行的方法（Proyer et al., 2016）。

探索与发现：DSM-5 PTSD 临床症状表型模型研究

中国科学院心理研究所王力

创伤体验与我们每个人都息息相关。调查显示，超过80%的个体一生中至少经历过一次创伤事件，包括地震、洪水等自然灾害，以及车祸、暴力袭击等人为事故。创伤事件看似寻常，却给人们带来了巨大的心理影响。2008年6月5日，当我以一名心理援助工作者的身份第一次踏上四川这片遭受重创的土地时，灾区人民悲痛而无助的神情令我心如刀绞，彻夜难眠。我开始思考，在目前中国心理创伤研究基础较为薄弱的情况下，应该从何处入手提高灾后心理疾患的识别与干预效果，从而更好地帮助灾民走出心理阴霾。两个月后，再次走进四川的我开始将目光聚焦于一个从此改变了我学术生涯的话题：创伤后应激障碍（PTSD）——灾后常见的一种以反复重现创伤性体验、持续性回避创伤相关的线索、心理麻木或情感麻痹以及警觉水平增高为主要表现的异常心理反应。

建立科学有效的 PTSD 防治体系的前提是，准确界定 PTSD。而准确界定的关键在于厘清 PTSD 的临床症状结构。当时有两个表征 PTSD 临床症状结构的模型——4维情感麻木模型和4维精神痛苦模型——得到了最广泛的实证支持。我利用收集到的灾民数据比较二者的优劣时，却发现并不能从不同样本中得出一致的结论。正当我为此一筹莫展之时，美国心理学家埃尔海（Jon D. Elhai）的一篇新作引起了我的关注。他从理论角度出发，将3个既涉及与心境及焦虑障碍所共有的一般负性情感成分，又涉及躁动与不安成分的高唤起症状单独归为一个有别于精神痛苦和焦虑性唤起的因子，提出了5维精神痛苦性唤起模型。我随即与他取得了联系，我们通力合作检验了该模型在灾民样本中的拟合性，证实其跨样本一致地优于前述两个4维表型模型，为该模型的确立与发展提供了有力支持。

2013年5月，美国《精神障碍诊断与统计手册》第5版（DSM-5）正式发布，专家组对 PTSD 临床症状标准做出的多项修改引发了研究者们关于 PTSD 临床症状结构的新一轮探讨，但初步考察结果并不一致。我充分汲取了上次的经验教训，摒弃了盲目依靠"数据驱动"的方式，力图从理论层面寻找进一步修正现有模型的突破口。考虑到负性情绪与正性情绪是两个彼此独立的心理结构，同时美国国立心理健康研究所（NIMH）持续推动的研究领域准则（RDoC）项目也将这二者界定为两个不同的领域——负性效价系统与正性效价系统，我将 DSM-5 中 PTSD 的认知与心境的负性改变症状簇拆分为两个因子，分别表征创伤相关遗忘、负性信念、歪曲责备、持续性负性情绪状态等4个症状所涉及的负性情绪成分，以及丧失兴趣、情感疏远、无法体验正性情绪等3个症状所涉及的快感缺失成分，首次提出并初步验证了一个新的6维表型模型——快感缺失模型。该模型很快得到了国际学术界的认可，后续研究还在不断地延伸和拓展这种区分 PTSD 临床症状中的负性情绪与快感缺失两种成分的思路。6维快感缺失模型的确立与发展深化了对 PTSD 临床症状结构的认识，同时也为揭示 PTSD 的发病机理、制定 PTSD 的诊断标准以及完善 PTSD 的防治体系提供了重要启示，在中国乃至国际心理创伤研究史上都具有里程碑式的意义。

压力的应对

什么是应对

应对的定义　应对（coping）指个体努力对抗压力的一种手段。在日常生活中，我们会习惯性地用某种特定的应对反应来处理压力，通常情况下，我们意识不到这些反应，这就像我们无法意识到生活中还未累积达到有害程度的微小应激源一样

（Wrzesniewski & Chylinska, 2007; Chao, 2011）。对于这些无意识应激源所带来的压力，应对方式是运用防御机制。**防御机制**（defense mechanism）亦称自我防御机制，是个体为免除冲突、内疚或焦虑等心理困扰的潜意识适应反应。常见的防御机制有否认、压抑、合理化、投射、过度补偿、升华、幽默和认同等（参见第 12 章）。防御机制对个体适应环境、保持自我的心理平衡有着积极的意义，但是防御机制仅仅是隐藏问题而不是解决问题、消除压力。下面介绍的应对方式涉及人们如何能够有意识地采取策略或行为摆脱压力情境。

应对方式 应对方式（coping style）是个体在压力情境中为减轻压力所采取的行为模式。应对方式通常情况下被分为三大类：情绪聚焦的应对、问题聚焦的应对和逃避式应对。

情绪聚焦的应对（emotion-focused coping），即当事人尝试减轻焦虑而不是直接处理产生焦虑的那种情境。在压力情境下，人们尽量控制自身面对压力时的情绪，试图改变自己认知或应对问题的方式，但不去尝试改变应激源。这种情况下，人们通常会采取服用抗焦虑药物、自我想象、心理咨询等方法。情绪聚焦的应对在应付那些不可控的应激源产生的影响时更为有效。比如恋人弃你而去已经成为事实，在这种情境中，你无法找到改变外界压力情境的方式，所以你需要改变的只是对此事的情绪体验，也可以服用一些抗焦虑的药物或者学习一些放松技术，这些都是情绪聚焦的应对策略，可以帮助你脱离压力情境。

问题聚焦的应对（problem-focused coping），即当事人评估压力情境以改变现有的人与环境的关系，通过直接的行动或问题解决行为来改变应激源或任何其他关系，通常的表现有斗争、逃跑（使自己逃离危险）、避免未来的压力等。问题聚焦的应对用于应付由可控应激源产生的压力通常是有效的，这一方法包括了所有能通过外在行动或认知的改变来直接应付应激源，进而解决问题的策略，这时我们所关注的是待解决的问题和产生压力的事件。比如你由于懒惰或者分心而导致期末考试不及格，这种情况下，你要做的就是先清楚地认识到自己的缺点，然后努力去改正，以期能在接下来的补考中顺利过关，这是属于问题聚焦的应对策略，也可帮助你缓解压力。

逃避式应对（avoidant coping），即个体在面对压力时，要么不承认障碍的存在，要么放弃对问题做出任何努力。个体可能通过愿望思维的方式来减少压力，或者采取服用药物、喝酒和暴食等更直接的逃避方法。例如，明天就要进行期末考试了，有的学生可能会有"明天下大雪，取消考试了"这种愿望思维，或者直接就采取通宵喝酒的方式来逃避考试的压力。但是不管哪一种方式，逃避式应对都会使压力情境延缓解决，并且经常会使问题更为严重（Roesch et al., 2005; Hutchinson, Baldwin, & Oh, 2006; Glass et al., 2009）。

在大部分压力事件应对中，我们都会同时采用情绪聚焦的应对和问题聚焦的应对策略。但是在感知到环境无法改变时，个体更多采用情绪聚焦的应对策略，而对于可改变的状况则会更多采用问题聚焦的应对策略（Stanton et al., 2000; Penley, Tomaka, & Wiebe, 2002）。不管情绪聚焦的应对，还是问题聚焦的应对，甚至是逃避式应对，背后的原因都与个人的自我调节机制有关，其中自我、自立、自信、自尊、自强都扮演着重要的角色。因此，要想更有效地应对压力，除了学会管理压力的技能外，更重要的是应该加强自我修养，特别是加强自立、自信、自尊、自强的修养。这样，大学生在学习、成才、实践成功人生的道路上才能有效地应对困难，成为幸福的进取者。

习得性无助 习得性无助（learned helplessness）指有机体遭受接连不断的失败和挫折并被不当归因和评价所左右时，便会感到自己对一切都失去控制和无能为力，从而对自己丧失信心的心理状态。美国心理学家马丁·塞利格曼（Martin Seligman）用一个巧妙的实验揭示了这种现象。他对狗的研究发现，当狗经历了某种无法控制的情形时，即无论怎么做都躲避不了电击时，它们会把这种无助感迁移到另一个其实可以避免电击的情境中，也就是说它们产生了习得性无助。随后的很多实验证明，这种习得性无助在人身上也会发生。我们观察现实生活中的那些长期经历失败的儿童，会发现他们也会出现习得性无助的特征：对学习毫无动力，缺乏进取心，遇到挫折易于放弃，乃至对于力所能及的任务也往往不能胜任，他们认为自己无论怎样努力都不会取得成功。

学生习得性无助产生的主要原因是在学习中经受了过多的失败。一次又一次的挫折使他们体会不到成功的滋味，从而失去信心，不敢主动尝试，产生退缩行为；其次，不公正的评价也可能是造成学生产生习得性无助的原因。大多数儿童入学时一般都积极向上和充满热情，他们对新奇事物充满兴趣，对一切活动都愿意尝试。只是在不能顺利完成学习任务时，常常受到老师的批评和嘲笑，以致产生焦虑情绪，对于探求新事物和参加活动产生了恐惧心理。经历一系列失败后，他们觉得自身缺乏取得成功的能力，不再愿意为完成任务而努力付出。

当个体无法对身边的事情加以控制时，就会产生压力并导致心理健康问题。由于习得性无助而产生破罐子破摔想法的学生，其心理压力要比正常群体大，而且更容易产生身心障碍。研究还表明，当个体越想控制形势，却无法有效进行控制时，他们就越会出现更多的身体症状和抑郁情绪。

一般适应综合征模型

一般适应综合征（general adaption syndrome, GAS）指人在应激状态下，机体会产生一种普遍形式的非特异性反应，以适应急剧变化的环境刺激，维护机体功能的完整。一般适应综合征模型是由压力理论的先驱——汉斯·塞里（Selye, 1976, 1993）提出的。

如图 13.1 所示，一般适应综合征模型包含三个阶段。第一阶段是警觉和动员阶段，这是一个短暂的生理唤醒期，个体开始意识到应激源的存在。从生理水平上看，交感神经系统被激活，从而帮助个体做好准备以应对应激源。但是，一旦应激源持续存在，个体就会进入到第二阶段——抵抗阶段，在抵抗期内，身体在生理水平上会积极地与应激源做抗争。同时，也会使用多种方法来应对应激源，虽然有些时候是成功的，但是在某程度上会降低生理和心理幸福感。如果抵抗不住，那么就会进入到模型中的最后的衰竭阶段。在衰竭期内，个体应对应激源的能力下降，压力所带来的负面效果开始显现，例如，出现身体疾病，以及注意力无法集中、易怒等心理症状，或者更为严重的会引发定向障碍和现实感知能力的丧失。在某种意义上，个体会筋疲力尽，耗光躯体可用来应对应激源的生理资源。

人们一旦进入第三阶段后，又该如何走出来呢？某些情况下，衰竭可以使人逃避应激源。例如，因工作过度而生病的人可以此为借口休息一段时间，这样就可以暂时从工作中解脱，至少在一段时间内的即时压力会减轻。GAS 模型对我们理解压力有深刻的指导作用，它表明第三阶段的衰竭会引发生理上的损伤，这对压力如何

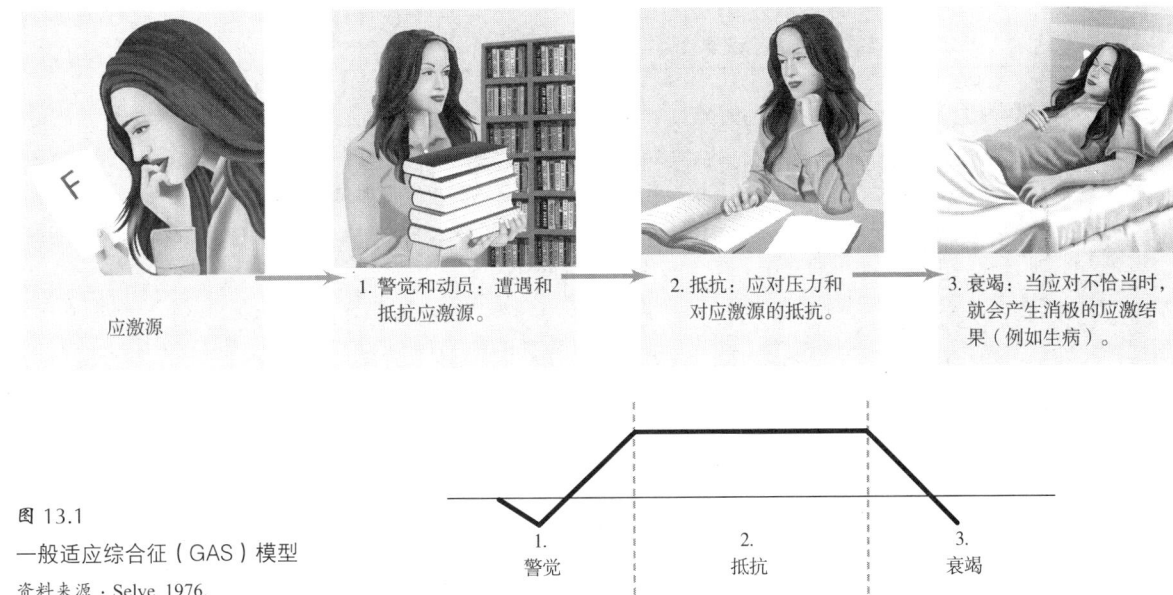

图 13.1
一般适应综合征（GAS）模型
资料来源：Selye, 1976.

引发疾病做出了特定的解释。另外，这一模型既可运用于人类，也可运用于非人类物种。

塞里的理论也受到了一些批评。例如，该理论认为无论何种应激源所引起的生理反应都是相似的，但某些健康心理学家并不同意这一观点。他们认为个体的生理反应跟个体评估压力事件的方式有关，如果一个应激源被视为不愉快但很常见，它所引起的生理反应，可能就与被视为不愉快、异常、意料之外的应激源所引起的生理反应不同，这种观点引起了人们对心理神经免疫学的日益关注（Taylor et al., 2000; Gaab et al., 2005; Irwin, 2008）。中国心理学家李纾对压力事件的应对方式有着独特的研究视角（见"探索与发现：'心理台风眼'效应之探究"）。

提高应对水平的内外因素

日常生活中压力不可避免，问题在于我们如何应对压力，如何提高压力的应对水平。一般来说，提高压力应对水平会涉及很多方面，下面讨论两种重要的内外因素。

坚忍性 美国社会学家斯莫尔曾说："事实上，打倒你的不是挫折，而是你面对挫折时所抱的态度。"大多数人面对压力都有各自的应对方式，该应对方式代表了个体采用特定方式来应对压力的一般倾向性。如果你留意周围的人，会发现有的人遇到很小的压力就无法应对或习惯性地做出强烈的反应，而有的人即使遇到很大的压力也能镇定应对。人们的应对方式各不相同，但只有那些以**坚忍性**（hardiness）特质来应对压力的人才是最成功的。坚忍性由以下三种心理成分构成（Baumgartner, 2002; Maddi, 2007; Maddi et al., 2011）。

1. 承诺，是指投入到自己所做的事情中去，认为自己所做的事情是重要的、有意

探索与发现："心理台风眼"效应之探究

中国科学院心理研究所李纾

恐惧是人类对周遭环境中各类危险的本能反应。美国前总统富兰克林·罗斯福曾在国会咨文中将"免于恐惧"列为"人类的基本自由"。学术界通常用"涟漪效应"来描述我们身临诸如地震、台风、洪涝等严重自然灾害时所做出的心理反应：随着涟漪的向外扩散，由不幸遭遇所造成的影响会随着时间和距离推远而逐渐消减（Slovic, 1987）。

2008 年 5 月 12 日，汶川发生 8.0 级大地震，我受中国科学院知识创新工程重要方向性项目"汶川地震灾区心理援助应急研究"（KKCX1-YW-05）项目资助，对灾区和非灾区居民进行了有计划的大规模调查。研究结果令人惊奇：越接近震中的个体，心理反而越平静（Li et al., 2009）。这就是说，随着主观判断其所在地灾情严重程度的增强（从非受灾、轻度受灾、中度受灾到重度受灾），居民估计灾区对医生和心理学工作者的需求量、发生大规模传染病的可能性及需要采取的避震措施的次数均随之减少（见图 13.2）。因我的家乡福建多台风，故我下意识地将此效应冠名为"心理台风眼"（psychological typhoon eye）效应，即在时间维度上，越接近高风险时段，心理越平静；在空间维度上，越接近高风险地点，心理越平静。

我们在汶川地震发生 4 个月（2008 年 9 月至 10 月）和 11 个月（2009 年 4 月至 5 月）后，又对灾区（四川、甘肃）和非灾区（北京、福建）居民进行了两次跟踪研究。研究发现，"心理台风眼"效应在汶川地震 1 年之后仍然强劲，同时我们还发现了"心理台风眼"效应的一个变式："关系"版的"心理台风眼"效应，即与财产遭受损失的受灾人群的亲缘关系越接近，或与生命健康遭受伤害的受灾人群的亲缘关系越接近，居民对健康和安全的担忧反而越低（Li et al., 2010）。

受好奇心驱使，我们随后对环境污染风险也进行了研究，从中发现了"心理台风眼"效应的另一变式："卷入"版的"心理台风眼"效应（Zheng et al, 2015）。即有悖于人们的直觉推断，村民对风险的认知并不随着卷入风险事件程度的增加而增加；相反，村民卷入风险事件的程度越高，对风险的认知水平越低（见图 13.3）。据此，《华盛顿邮报》（*The Washington Post*）记者随后采访了环保专家、NGO 人士以及风险研究大家保罗·斯洛维奇

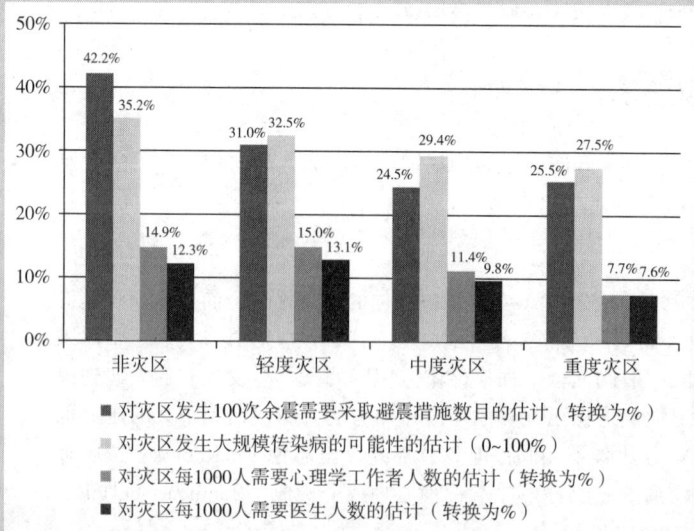

图 13.2 汶川大地震后民众对安全与健康担忧的评估

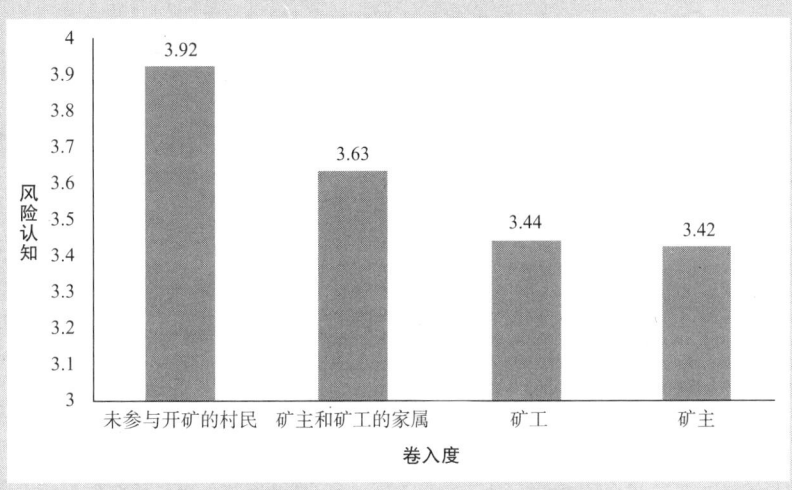

图 13.3 湘西凤凰县铅锌某矿区居民的采矿卷入度与风险认知水平（5 点评分，分数越高表示被试的风险认知水平越高）

（Paul Slovic），并对该研究做了题为 "The huge paradox at the heart of how people think about environmental risks" 的深度报道。

"心理台风眼"效应表明，客观危险与主观恐惧之间的关系并非如"涟漪效应"所述那般，其关系更像是"境转而心不转"甚至于"境灭心不灭"。这一发现引起了学术界和社会关注。《自然》（Nature）高级主编诺亚·格雷（Noah Gray）对"心理台风眼"进行了评价；英国心理学家协会《研究文摘》（BPS Research Digest）对此做了报道和评论；Psychologia 就 "Cognitive Studies in the Real World" 专刊为其加编者按。同时，我们的发现亦被 Lancet（柳叶刀）、Psychological Science in the Public Interest、Human Brain Mapping 等顶级期刊论文所引用。截至 2015 年 5 月，在 Google 中搜索中文关键词"心理台风眼"能找到约 59200 条结果；搜索英文关键词 "Psychological typhoon eye" 能找到约 35900 条结果。旋即，"心理台风眼"被百度百科、互动百科、360 百科、搜狗百科等创建为词条。

义的；
2. 挑战，是指认为变化是生活的常态，不拘泥于安定的生活，生活变化对个人来说是一种激励而非威胁；
3. 控制，是指个人感觉自己能够主宰生活事件，控制自己的生活。

坚忍性强的人以乐观的态度应对压力，采取直接的行动来认识或者解决应激源，从而使应激源的威胁减小。因而，坚忍性可以抵制与压力相关的疾病（Andrew et al., 2008；Bartone et al., 2008; Vogt et al., 2008）。例如遭受车祸打击后，坚忍性强的人会采取行动积极寻找对策，以摆脱车祸对自己造成的永久性伤害（控制）；还会向其他人了解自己今后的路该怎么走（承诺）；同时还可能想到自己将来的发展机会，重新谋划职业（挑战）。但坚忍性弱的人遭遇车祸则悲观失望（无力感），想到一死了之（逃避），感到一切都完了。

在中华文明五千年的历史中，有许多人生格言与西方的坚忍性类似。如孟子曰："故天将降大任于斯人也，必先苦其心志，劳其筋骨，饿其体肤，空乏其身，行拂乱

心理学与人生：如何建立应对压力的有效策略

怎样才能有效地应对压力呢？虽然没有放诸四海而皆准的方法（因为有效的应对取决于应激源的性质及其可控制水平），但还是有一些主要方式可供参考（Aspinwall & Taylor, 1997; Folkman & Moskowitz, 2000）：

- 把压力变为挑战。如果压力情境是可控的，那么最好的应对方式就是把它视为一种挑战，找到控制它的方法。例如，你因为汽车经常出故障而感到压力，就可以参加汽修培训，学会自己维修。
- 降低情境的威胁度。当压力情境不可控时，就需要采用另外一种方法了。改变对情境的评价，换个角度进行思考，以及改变对它的态度都是可行的（Smith & Lazarus, 2001; Cheng & Cheung, 2005）。
- 改变目标。当个体处于不可控的情境之中时，就要根据具体情况制订新的可行性目标。例如，一个学习声乐多年的青年女子在练习中唱破了嗓子，转而去学习舞蹈，并最终学有所成。
- 身体上采取行动。改变压力的生理反应有助于应对压力。例如，生物反馈（个体通过有意识的思维学会控制内部生理过程）可以改变基本生理过程，使人们降低血压、心率和其他高压力的生理后果。体育锻炼也能有效地缓解压力（Spencer et al., 2003; Hamer, Taylor, & Steptoe, 2006）。
- 提前准备。应对压力的最后一种方法就是预先应对，在其产生之前就预料到并做好准备。比如对于考试的压力，你可以拿出几周时间来准备，并制订出一个时间表预先进行学习和复习。通过预先应对，人们可对即将到来的压力事件做好充分的准备，从而减少其不良后果（Aspinwall & Taylor, 1997; Bode et al., 2007）。

其所为，所以动心忍性，曾益其所不能。"孟子认为挫折等困苦（即我们平常所说的压力）是无法避免的，是由个体所不能左右的随机原因造成的；但挫折困苦可以磨炼人，能经受住困苦磨难的人——特别是经受重大困苦磨炼的人——才能成就大事业。因此，面对挫折困苦，不要放弃追求，而要借机培养自己的品质，锻炼自己的意志，提升自己的能力，为将来的机会做好准备。

当个体面对应激状况时，身体会有一系列复杂的生理反应，包括分泌激素可体松来增强面对压力的能力。但是过多的可体松会带来伤害。然而，有些化学物质可以调节可体松的不良影响，服用药物或心理治疗也许能刺激这些化学物质的分泌。有一些人可能先天就具备分泌这些化学物质的能力，使得他们的心理韧性生来就比较强（Cole et al., 2010; Stix, 2011）。

提高应对水平的内部因素，除了坚忍性外，还有快乐、豁达、自我调节能力等心理因素，而自我怀疑、空虚、悲观等心理因素则会降低个体的应对水平。

社会支持 中国有句谚语："一个篱笆三个桩，一个好汉三个帮。"我们所处的社会环境使得人与人之间不可避免地相互影响，而与他人的和谐关系也有助于我们应对压力。**社会支持**（social support）是各种社会关系对个体所提供的稳定的物质和精神支持。彼此提供的社会和情绪支持有助于人们以多种形式应对压力。例如，有他人支持就表明个体是社会重要且有价值的组成部分。同样，他人也可提供应对压力恰当方法的信息和建议（Day & Livingstone, 2003; Lindorff, 2005）。最后，作为社会支持关系中的一部分，个体也可为处于压力情境中的人提供物质和精神帮助。例如，他们可以为房子倒塌的人提供临时住所，也可以为一个因为考试失败而面临压力的学生提供学习帮助（Natvig, Albrektsen, & Ovarnstrom, 2003; Takizawa, Kondo, &

Sakihara, 2007)。

因此，如果有了社会支持，个体就会感受到压力水平降低，从而能更恰当地应对压力（Bolger & Amarel, 2007）。

易致病的应对模式

越来越多的证据表明，很多疾病是由不良的压力应对模式引发的。在当今五大健康问题中，冠心病、癌症堪称最为危害人们身体健康的疾病。本节我们将介绍引发此类疾病的应对模式：A型行为模式、C型行为模式、吸烟等。

A型行为模式与冠心病

日常生活中，有些人经常感到时间不够用、事情紧迫而来不及完成、想表现得较其他人优秀，等等，这些人便属于 **A型行为模式**（type A behavior pattern）的人格类型。A型行为模式由高水平的竞争意识、强烈的时间紧迫感、较强的攻击性、长期亢奋状态、强烈的成就努力等行为特征所组成。与之相对的 **B型行为模式**（type B behavior pattern）由悠然自得、不爱紧张、一般无时间紧迫感、不喜欢争强好胜、有耐心、能容忍等行为特征所组成。B型行为模式的人更乐于合作，竞争意识不强，不喜欢赶时间，攻击性小，安于现状，敌对态度弱。一般来说，不存在纯粹的A或B型行为模式的人，但是个体会表现为主要倾向于某一种行为模式。

A型行为模式在临床心理学上指某一类特殊的行为，它最早是在冠心病研究中提出的。研究结果表明，A型行为模式倾向的男性较易患上冠心病，其患病几率几乎是B型行为模式倾向的男性的两倍。另外，A型行为模式对心脏病的单独预测效果比较显著，至少与年龄、血压、吸烟习惯、胆固醇含量等因素的预测等效（Wielgosz & Nolan, 2000; Beresnevaité, Taylor, Bagby, 2007; Korotkov et al., 2011）。

A型行为模式中敌意这一因素与心脏病有关联，为什么？最合理的解释是，在压力情境中，敌意引发了过度的生理唤起，进而引起肾上腺素和去甲肾上腺素分泌增加以及心率和血压升高，这种过度的生理响应最终会增加个体患冠心病的可能性（Demaree & Everhart, 2004; Eaker et al., 2004; Myrtek, 2007）。

当然，并不是所有A型行为模式的人都会患上冠心病。首先，还未发现女性的A型行为模式与冠心病有必然的联系，大多数研究结论只适用于男性而非女性。另外，A型行为模式中敌意之外的其他消极情绪也与心脏病发作有关。例如，心理学家约翰·丹里特（Johan Denollet）发现，被其称为D类型的"哀伤"行为与冠心病有关系。从这个角度看，D行为模式中的安全感缺失、焦虑和悲观，会使个体处于心脏病反复发作的风险之中（Schiffer et al., 2005; Spindler et al., 2009; Denollet & Pedersen, 2011）。另外，A型行为模式（或者其他人格类型）与冠心病有关的研究证据，都不是因果性的而只是相关性的。因此，我们不能确切地说A型行为模式引发了心脏病，也可能是其他因素同时引发了心脏病和A型行为模式。

C 型行为模式与癌症

癌症是当前严重危害人类健康的常见病之一。在各类疾病中，其发病率和死亡率均列第二位，仅次于心血管系统疾病。虽然现在尚不清楚癌症的具体发病原因，但可以确定性格因素对癌症的发生有着重要的影响。

性格致癌的说法可以追溯至古罗马医生盖伦（Galen, 130—200）。他指出，忧郁的妇女比乐观的妇女更可能患乳腺癌。中国古代医书《外科正宗》也认为，乳腺癌是由"忧愁郁结，精想在心，所愿不遂，肝脾逆气，以致经络阻碍，积聚成结"。但是，对于性格致癌，学者们的描述并不一致。C 型行为模式（type C behavior pattern）亦被称为性格致癌行为模式，属于性格类型之一。具有这种性格的人一般不会表现愤怒，而是把愤怒藏在心里加以控制；在行为上与别人过分合作，原谅一些不该原谅的行为；生活和工作没有主见和目标；不确定性多；对别人过分耐心；尽量回避各种冲突，不表现负面情绪（特别是愤怒），屈从权威等。虽然上述行为表现是否与癌症有直接的联系尚需进一步研究，但是，关于愤怒的压抑、抑郁与癌症的发生和治疗失败之间关系的研究报告则是相当多。伦敦大学的学者对 2 467 人进行了 20 年的性格分析和追踪调查，结果发现那些依赖性强，忧虑时易产生绝望感和无助感的 C 型性格的人易患癌症。程海萍（2008）采用 C 型行为问卷调查了宫颈癌患者及对照组共 101 对，结果表明，宫颈癌患者具有显著的 C 型行为特征。显然，C 型行为模式已成为引发癌症的重要原因之一。

目前，如何预防 C 型行为模式成为关注的焦点。针对 C 型行为模式的致病机理，我们提出了以下几种策略：（1）积极宣泄情绪，不要过分控制愤怒，遇到消极的生活事件可以向朋友倾诉，甚至可以求助于心理咨询机构；（2）明确生活目标，有计划有条理地应对生活，不过分依赖于他人，多体验生活中的成就；（3）勇于在公共场合表达意见，一切以客观事实为依据，不屈从权威。

吸烟的危害

吸烟危害健康是许多国家的科学工作者经过半个多世纪的深入研究得出的科学结论。世界上每年死于吸烟相关疾病的人数将近 500 万。在美国，烟草是最大的死亡杀手，每 5 个美国人就有 1 人死于吸烟（Danaei et al., 2005）。为什么所有的证据都表明吸烟危害健康，人们还是要吸烟呢？他们并非没有意识到吸烟与疾病之间的关系。调查表明，大多数的吸烟者赞同"吸烟更容易引发疾病和死亡"的观点。而且，美国 4 800 万吸烟者中有 3/4 的人表示他们愿意戒烟，但每年仍然有大约 70 万人染上烟瘾（Wetter et al., 1998; Price, 2008）。

那么人们为什么会吸烟呢？首先，有研究表明，遗传因素部分决定了人们是否会吸烟、烟瘾有多大，以及戒烟所需的努力程度；同时遗传因素还决定了人们对烟草有害成分的免疫力。例如，非洲裔美国人吸烟患肺癌的风险比白人高 50%。这种差异可能是由于基因产生的变异，体现在酶降低烟草致癌物质影响的效率上（Pomerlau, 1995; Li et al., 2008）。其次，大多数研究表明，环境因素是形成吸烟习惯的主要原因。起初吸烟被认为"酷"，是成熟或叛逆的行为，或者有助于在压力情境中保持镇静。而且，吸烟被青少年视为一种成年仪式，表示他们已经长大（Sargent et al., 2007; Wills

表 13.1 中国中学生吸烟的原因

	中学生吸烟原因	所占比重
自身因素	A、过瘾，追求"时髦"与虚荣心	40%
	B、成绩不理想带来烦恼	12%
家庭因素	A、家长经常吸烟带来不良影响	8%
	B、家庭关系不和睦或缺少父母关爱	5%
社会因素	A、受社会不良少年影响，被迫参与吸烟	25%
	B、盲目模仿某些影视中的人物	10%

et al., 2008; Heatherton & Sargent, 2009）。最后，吸烟成为一种习惯。人们开始以吸烟者自居，吸烟成为他们自我概念中的一部分。而且，他们从生理上开始依赖吸烟，烟草的主要成分尼古丁很容易上瘾，血液中尼古丁的浓度又与积极的情绪状态有关。因此，吸烟者的自我概念、尼古丁的浓度和吸烟者的情绪状态之间产生了复杂的交互作用，从而导致人们为了平衡情绪状态和血液中尼古丁浓度而吸烟（Kassel et al., 2007; Ursprung, Sanouri, & DiFranza, 2009; Dennis, 2011）。

吸烟者平均需要戒烟 8~10 次才可能成功，大约 10% 的戒烟者在一年多不吸烟后出现复吸行为，只有大约 15% 的人能够真正成功戒烟。虽然从整体上看，男性吸烟率在过去 20 年有所下降，但是大学生在毕业时仍然有 1/4 的人成为吸烟者。烟草成瘾的原因，其实与海洛因、可卡因成瘾非常类似。并且，烟草会改变吸烟者大脑内的化学物质，使其更抵制与反对吸烟有关的信息（Vanasse, Niyonsenga, & Courteau, 2004; Foulds et al., 2006; Dani & Montague, 2007）。吸烟者和非吸烟者在奖赏预期条件下大脑的反应也不相同，在大脑核磁共振成像中，吸烟者大脑奖赏区反应明显比同龄非吸烟者弱。这也是吸烟者烟草成瘾的一个原因，他们需要通过吸烟来提高大脑奖赏区的活动（Peters et al., 2011）。

吸烟对健康确实存在长期的消极影响。目前，尼古丁替代法是一种经常使用的戒烟方法，即利用含有微量尼古丁的替代品，如鼻腔喷雾剂，来帮助戒烟者缓解戒烟过程中出现的失眠、痛苦等不良症状；还可以通过药物治疗来达到戒烟的目的，如安菲他酮、酒石酸伐尼克兰。此外，把吸烟视为一种习得的行为，戒烟的重点放在改变吸烟反应上也是十分有效的，这种策略最初的治愈率是 60%，治愈一年后其中一多半的人都没有复发。个人或者团体心理咨询也提高了戒烟的成功率。实践证明，

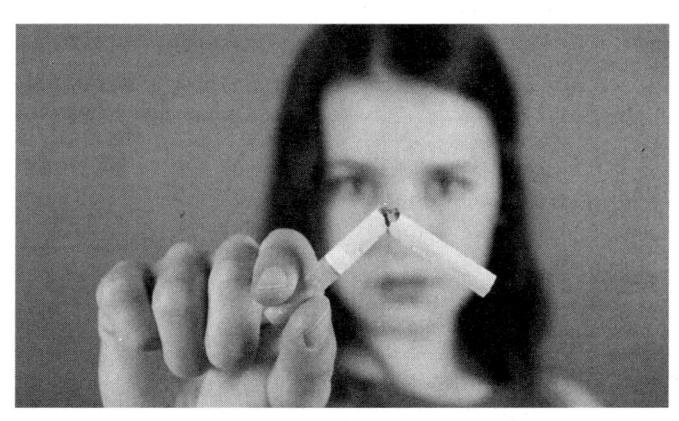

图 13.4 青少年吸烟：引导还是劝阻？

最好的戒烟方法就是综合运用尼古丁替代法和心理咨询。独自戒烟的效果最差，只有 5% 的人依靠自己的力量成功戒烟（Woodruff, Conway, & Edwards, 2007）。

从长期来看，降低吸烟率最有效的方法就是改变吸烟习惯的社会标准和态度。例如，许多城镇都禁止在公众场合吸烟，并且根据民意，越来越多的地区制定禁止在大学教室和建筑物等地方吸烟的法律。他人的社会支持也是很有帮助的。例如，当吸烟者的朋友正在戒烟时，他更可能戒烟（Hamilton, Biener, & Brennan, 2008; Christakis & Fowler, 2008）。

幸福感与健康

幸福是一个人在某个时刻、某个过程中的一种心理体验。心甘情愿地做完一件事情，你会觉得幸福；得心应手地写完一篇文章，你会感到幸福；穿上一件合身漂亮的衣服，幸福得想笑；听完一曲优美欢快的音乐，你会幸福得想跳。幸福是我们一生的追寻，那么什么是幸福感？乐观积极的心态是维持幸福感的一个有效途径，而幸福感又与我们的身心健康有很大关系，那么幸福感在疾病防治中起什么作用呢？

什么是幸福感

什么是幸福？似乎每个人都有自己独特的理解，每个人都按照各自的理解去追求幸福。幸福首先是一种个人的情感，可称之为幸福感。我们来看两个故事：

（1）有一天，俄国作家索洛古勒看望托尔斯泰时对他说："您真幸福，您所爱的一切您都有。"托尔斯泰却说："不，我并不拥有所爱的一切，只是我所有的一切都是我所爱的。"人们皆渴望"拥有一切所爱"，殊不知，"爱我所有"才是最大的幸福。

（2）一对中年夫妻用破板车拉着自家的肥猪出售之后，二人快乐极了。丈夫叫妻子坐上破板车，他要把妻子拉回家。"驾！"喜不自胜的妻子拿起赶猪用的竹条轻轻抽打在丈夫冒着汗的黝黑背上。丈夫飞快地迈动脚步，大声吆喝着："再卖一头啰……"夫妻二人大笑起来，于是幸福随着破板车四处飞扬——幸福来源于他们所获得的满足，以及相互之间深情的爱。

不难感受到，托尔斯泰和这一对夫妇心中都洋溢着幸福。那么，什么有利于幸福感的产生呢？几个世纪以来，哲学家和神学家都在苦苦思索这一问题，现在也吸引了健康心理学家的注意。他们研究的主题是**主观幸福感**（subjective well-being），即人们在思想和情感方面对生活进行的评价。换句话说，主观幸福感是对人们幸福程度的测量。

关于主观幸福感的研究表明，幸福的人有以下共同点（Myers, 2000; Diener & Seligman, 2002; Otake, Shimai, & Tanaka-Matsumi, 2006; Nisbet, Zelenski, & Murphy, 2011）：

1. 高自尊。尤其在强调个性的西方文化中，幸福的人都很欣赏自己。他们认为自己要比一般人更聪明，能更好地与他人相处（Taylor et al., 2000; Boyd-Wilson, McClure, & Walkey, 2004）。

2. 强烈的控制感。幸福的人感觉自己能更好地掌控生活事件，与那些感觉自己是他人走卒或者有习得性无助的人明显不同。
3. 乐观。幸福之人的乐观态度使之做事更能持之以恒，并最终获得更多成就。另外，他们身体更健康（Peterson, 2000）。
4. 朋友多。幸福的人往往性格外向，有属于自己的朋友圈子。

也许最重要的是，多数情况下多数人还是比较幸福的。美国国内和全世界范围内的调查都表明，在各种环境下大多数个体均报告自己是幸福的。此外，人们所预期的能给生活带来长久幸福的突发事件，如彩票中奖，可能也并不会让人比原来更幸福。

"如果你中奖了，你会更幸福吗？"依据健康心理学家对主观幸福感的研究结果，对此问题的答案是否定的。有研究表明，虽然中奖起初可以带来幸福感，但是中奖者的幸福水平在一年以后就会恢复到最初的状态。对在车祸中受重伤的人来说，则是相反的，虽然起先幸福感会下降，但是大多数情况下，幸存者在一段时间之后幸福感水平就会恢复到原来状态（Diener & Biswas-Diener, 2002; Nissle & Bschor, 2002; Spinella & Lester, 2006; Priester & Petty, 2011）。

图 13.5 人的主观幸福感从何而来？

为什么主观幸福感如此稳定呢？一个解释就是，人们对幸福的感知有一个固定值，虽然某些事件可能会暂时提升或压抑一个人的情绪，但是最后都会恢复到原来的幸福水平。虽然还不能肯定幸福感的固定值是如何产生的，但是部分是由遗传因素决定的。也就是说，在完全不同环境中长大的同卵双生子的幸福水平会非常相似（Kahneman, Diener, & Schwarz, 1998; Diener, Lucas, & Scollon, 2006; Weiss, Bates, & Luciano, 2008）。

财富与幸福感并不是一一对应的关系。调查显示，位列福布斯富豪榜的美国人中有37%的人主观幸福感还不及美国普通大众的平均水平，而过去50年来美国综合国力虽增加了2倍多，但是整体上民众的主观幸福感却没增加。美国某大学进行了一项调查，给世界上近80个国家和地区民众的主观幸福感做了分析排名，结果发现人均GDP不足1000美元的越南、印度尼西亚、菲律宾是亚洲国家排名最高的，不但比同属发展中国家的中国人快乐，甚至比人均GDP超过3万美元的日本人还要快乐。显然，金钱并不能买到幸福。中国科学院的心理学家做过一次"幸福感"的心理调查，结果发现那些被他人认为幸福的人们，竟感到还不如10年前幸福。人生在世，每个人都想得到幸福，他们无论经历多少生活的失败和挫折、快乐和喜悦，最终都是为了寻找幸福。一个人是否幸福在很大程度上与此人的"幸福感"有关。幸福感受强烈的人，更能体会生活中的细微快乐，更能捕捉到生活中的快乐。

幸福感是一种主观体验。个体对情绪调节越自信，就越能选择减少消极情绪、增强积极情绪的恰当调节方式，进而提高主观幸福感（窦凯 等，2013）。不过，由于文化的差异，中西方人们的幸福感存在较大的不同，中国人的幸福感在很大程度上受中国传统文化幸福观的影响，重视人际与集体的和谐，重视精神的感受（曾红，郭斯萍，2012）。

幸福感在防治疾病中的作用

幸福感与自尊、乐观、自我控制等因素有着极强的正相关。一个有着高幸福感的人对自己比较满意，会积极而乐观地期待自己的生活，并且会为自己设定的目标而努力，同时相信自己能够控制外部事件所带来的压力，没有"习得性无助"行为。可以说，一个高幸福感的人能够坦然面对所有压力。同样，在面临疾病时，他们也

心理学与人生：大学生为什么会成为抑郁的高发人群

当代大学生作为一个特殊的青年群体，有着与普通青年一样的心理年龄特征：思想观念较为理想化，脱离现实；情绪、情感发展正处于关键期，渴望人际交往，甚至与异性建立亲密关系，但缺乏一定的社交技能；意志较为薄弱，面对困难缺乏信心，等等。同时，又承载了长辈和社会更多的期待，面临着较以往的大学生更为严峻的就业问题。众多原因导致当代大学生成为心理弱势群体。北京青年报记者调查发现，在北京一所著名大学中，有40人被确诊为抑郁症，约占到学校心理咨询中心访问量的两成。智商高、求胜心强的大学生，已然成为抑郁症高发人群。经仔细思考分析，这些大学生抑郁的原因主要表现在以下几个方面。

理想高于现实

受社会和家庭的影响，大学生普遍对自己的期望较高，而现实中大学生表现往往达不到社会和自己的要求，理想自我明显高于现实自我使一些大学生产生强烈的心理落差，从而使他们丧失了信心，放弃了对理想的追求；或者给自己树立过高的理想目标，逃避现实，久而久之形成抑郁心理。

人格缺陷

抑郁大学生的人格缺陷主要体现为性格与情绪障碍。任性、自私、缺乏集体合作精神等不良性格，不但易使这些大学生诱发抑郁等心理疾病，还易产生暴力倾向。寂寞感是大学生群体中常见的一种特殊情绪状态，大部分大学生都有过孤独、苦闷的情绪体验，如果调节不好，长期处于苦闷情绪之中就很容易导致抑郁。

人际交往的困扰

在社会生活中，良好的人际关系可以消除孤独感，获得安全感。交际困难已成为诱发大学生抑郁心理的重要因素。有研究表明，有23.2%的大学生在人际关系上存在一定问题。交际困难主要表现为不会独立生活，不知道如何与人沟通，不懂交往的技巧与原则。交际困难者大多心理自卑，行为畏缩，面对挑战采取逃避态度或无力应对。另外，自我意识不完善，严重的自我中心倾向也是造成个别大学生人际关系紧张的主要原因之一。

恋爱与性心理的不成熟

随着身体逐渐发育成熟，大学生开始强烈渴望与异性建立亲密关系，而其社会阅历浅，思想单纯，对亲密交往不成熟、不稳定的心理，以及对两性关系的理解还不成熟，使其并不能很好地认识和处理两性情感。如果恋爱失败，容易对大学生并不成熟的心理造成沉重的打击，从而易使其抑郁自闭。

适应障碍

社会适应能力是个体为满足生存需要与环境发生交互作用的能力。适应障碍较多出现在大一新生中，如果得不到及时调整，便会产生失落、自卑、焦虑、抑郁等心理问题，严重者还会因长期不适应而退学。

学习与生活压力

学习与生活压力是大学生群体需要面临的主要压力之一。多数大学生都曾感到过学习成绩以及生活困窘的压力，如果不知道如何释放压力，精神就会长期处于高度紧张的状态下，极可能导致抑郁、强迫、焦虑甚至精神分裂等心理疾病的出现。相较于本科生，硕士、博士研究生面临着更多经济、学术和家庭的多重问题，他们承受的压力更大更复杂，这些压力对他们造成了较大的心理困扰。目前，研究生抑郁群体数量占比虽然不高，但呈现出上升趋势。

会积极应对，遵从医嘱，与医生有着良好的医患沟通，对医生的建议有较高的认同感。

另外，幸福感与人际关系的数量（外倾性）及质量（宜人性）都有关（DeNeve & Cooper, 1998）。高幸福感者有着良好的人际关系，会主动与医生进行积极的沟通，从而能形成健康而有效的医患关系；因为有着良好的信息沟通，所以病人对自身的健康信息有着全面而准确的把握，从而对病情有着客观的评价；幸福感高的个体有着乐观而平和的心态，会期待积极的结果，并为早日康复付出自己的努力。病人的这种健康信念往往也有利于疾病的痊愈；生病时，个体较平时更渴望人际支持，高幸福感的病人往往因为其外倾性和宜人性而有着良好的人际基础，因此也天然地希望从医生那里寻求人际支持。

另外，遵从医嘱还体现在对医生健康建议的认同感上。遵从医嘱虽然不能保证消除病人的治疗问题，但可能改善病人的症状。能否遵从医嘱在于病人对医生建议的认同感。

医生的信息表达方式也会影响病人对疾病信息的反应。信息的表达方式一般分为积极和消极两种表达方式。积极的信息表达方式即从行为改变会有所收获的角度传递信息，例如，"诊断早，皮肤癌是可以治愈的""使用防晒霜也可以降低发病率"等暗示，就是以积极的方式表达信息。相比之下，消极的信息表达方式强调的是如果不做某种行为就会失去什么。例如，一个人可能会说如果你不用防晒霜就很有可能患皮肤癌，而不及早治疗就会致命——这就是消极表达的例子。高幸福感的医生倾向于积极的信息表达方式，这也恰好与高幸福感病人对健康抱积极的态度不谋而合。

综上所述，幸福感在疾病的防治中有着重大的作用。高幸福感者一般会积极遵从医嘱，有着良好的医患关系，对医生的建议也有着较高的认同感，从而促进身体康复。

思考与应用

1. 我们身边有哪些应激源？该如何健康、有效地应对呢？
2. 你身边有哪些日常烦心事，根据本章的知识你该如何有效地应对？
3. 你认为在医生与病人的沟通中，压力起什么作用？为什么？幸福感怎样促进医生与病人的沟通？
4. 假设要你给医学院的学生做"医患交流"的讲座，根据本章的内容你将怎样组织你的演讲提纲？
5. 金钱不能买到幸福，那么什么能使自己更加幸福呢？

推荐拓展读物

1. 黄希庭，尹天子（2016）. 做幸福进取者. 南京：江苏人民出版社.
2. 本杰明·B·莱希著，吴庆麟译（2017）. 心理学导论（第11版）. 上海：上海人民出版社.
3. 戴维·迈尔斯著，黄希庭等译（2019）. 心理学导论：人格、社会与异常心理学（下册，第9版）. 北京：商务印书馆，43~77.
4. 欧尼斯特·西尔格德，理查德·阿特金森，爱德华·史密斯，苏珊·诺伦-霍克西玛等著，洪光远译（2013）. 西尔格德心理学导论（插图第14版）. 北京：世界图书出版公司，436~469.
5. 桑德拉·切卡莱利，诺兰·怀特著，周仁来等译（2014）. 心理学最佳入门（第2版）. 北京：中国人民大学出版社，419~458.
6. 理查德·格里格，菲利普·津巴多著，王垒等译（2016）. 心理学与生活（第19版）. 北京：人民邮电出版社，381~420.
7. 列夫·托尔斯泰著，王志耕译（2016）. 托尔斯泰读幸福. 北京：商务印书馆.

第 14 章

心理障碍与治疗

高一男生小明的故事

  小明是一名高中一年级的男生。一个月前，班主任发现小明常常独自在教室里偷笑，以为他是因为自己争气考上理想的高中而高兴。可没有多久，小明开始变得烦躁、情绪不稳，上课常常发呆，学习成绩每况愈下，而且也越来越不愿与同学交往。班主任觉得小明是由于学习压力太大而出现了暂时不适应。岂料小明的表现越来越怪异，他经常自言自语，精神紧张不安、敏感多疑，甚至整晚不睡觉，在宿舍里大声唱歌，舍友们被他吓得不知所措。班主任急忙通知了小明的父母。父母将小明带回家后，小明的状况非但没有改善，反而日益严重，整日叫喊不停，手舞足蹈，闹着要往屋外跑。父母赶紧带着小明来到医院找心理医生。通过医生的诊断，小明患上了一种比较严重的心理障碍——*精神分裂症*。

  类似的案例并不少见。据世界卫生组织最新统计，全世界每 10 人中就有 1 人存在心理障碍。心理障碍已经成为全球性的普遍问题。在本章中，我们将集中探讨与心理障碍相关的问题。首先，介绍心理障碍的性质与原因——心理障碍是什么，它是如何发生的，心理学家如何解释其原因；其次，分析心理障碍最重要的几种类型；最后，讨论如何用评价自身与他人行为的方法来确定何时需要寻求心理健康专家的帮助。

心理障碍的性质

在日常生活中，我们常常听到"心理不正常""心理变态"的说法，似乎人们很容易评判某人的行为表现正常与否。然而，在科学上却并非如此。那么，在科学上，怎样来区分正常行为和异常行为？异常行为是由哪些原因导致的？又有哪些类别？在这一节里我们将讨论这些问题。

心理障碍的定义

从变态心理学的术语看，**心理障碍**（mental disorder）属于变态的范畴，没有心理障碍就是常态。然而，在科学上，正常行为和异常行为的严格区分非常困难，关于什么是正常、什么是异常仍存在着许多不同的观点。例如，关于"异常"，心理学家就有不同的说法。

偏离常态分布的异常

这种方法只需考察哪种行为在一般人的生活中是不常见的，或哪种行为在某一特定社会或文化环境下是罕见的，并把这种偏离常态分布的行为定义为"异常"。这一定义的不足在于有些统计上的罕见行为并不适用于异常行为的分类。比如人们喜欢用玉米片做早餐而你却喜欢用葡萄干，这并不代表你的行为异常。同样，把一个智商很高的人看作是异常也是毫无道理的。因此，把异常的定义建立在偏离常态分布的基础上有其不足之处。

偏离社会规范标准的异常

这一定义认为，如果某种行为偏离某种完美境界或社会文化标准，就可称其为异常。然而，由于社会上鲜有人们普遍认同的标准，而一些被提出的标准也会随着时间和文化领域的改变而改变，因此这种定义异常的方法也是有缺陷的。

引发个人不适感的异常

这是一种更实用的定义，它强调个人行为的心理后果。在这一定义中，如果个体的行为导致其产生痛苦、焦虑或内疚感，或者在某些方面对他人造成伤害，那么这种行为就是异常的。但是这种基于个人情绪的定义也是有缺陷的，因为在一些精神障碍特别严重的情况下，患者反而会特别兴奋，即使他们的行为对他人而言是非常怪诞的。例如，一名妇女认为自己听到了从火星传来的信息，虽然她说这个信息使她非常高兴，但是人们也会认为她的行为是异常的。

无法有效发挥个人作用的异常

大多数的成年人都可以生活自理、工作、与他人交往和为社会提供生产力，但是仍有一些人无法适应社会或有效发挥个人作用。根据这一定义，如果人们无法有效发挥个人作用以适应社会的需求，那他们就是异常的。例如，一个无家可归、没有工作的街头露宿者，即使是他自己选择的这种生活方式，人们也会认为他的行为是不正常的——无法适应社会的需求使他成为异常者。

法律概念的异常

在某案件中，一名妇女把她的 5 个孩子淹死在浴缸中，而陪审团一致认为当时她的神志是正常的。也许你对这种判定会产生疑问，但它却反映了法律上对异常行为的定义方法。在司法系统中，正常行为与异常行为的区分在于对精神失常的定义。**精神失常**（insanity）是法律术语，而不是心理学术语。对不同的司法管辖区来说精神失常的定义也各不相同。在美国，有些州规定，精神失常仅仅是指被告人在犯罪时无法判断自己行为的对错；其他州则认为，精神失常是指被告人不能理解自己所犯的罪行或无法控制自己的行为；有的司法管辖区则不允许以精神失常作为辩护理由（Frost & Bonnie, 2001; Ferguson & Ogloff, 2011）。

显然，以上各种定义没有一个能够涵盖所有的异常行为。因此，即使对于专业人员来讲，正常和异常行为之间的界限也是很模糊的。此外，在某一特定社会，人们对正常行为的文化期望（cultural expectations）在很大程度上会影响他们对异常行为的理解（Scheff, 1998; Sanderson, 2007）。在难以准确定义的情况下，心理学家通常将异常行为广泛定义为：使个体产生不适感，并导致个体日常生活机能不能正常运转的行为表现（Nolen-Hoeksema, 2007）。由于此定义的不精确性，一种较为客观的理解是将正常行为与异常行为看成一个连续体，而非两个极端的状态。我们应该按连续体，即从完全正常到极端不正常来评价个体的行为，而个体的行为往往处于完全正常到完全不正常这两种极端状态之间。

心理障碍的成因

人们对心理障碍的认识和态度转变有一个过程。18 世纪以前，人们对精神病患者一直心存畏惧，认为精神病患者是魔鬼缠身。到 18 世纪下半叶，人们才开始把心理障碍看作是疾病。随着时代的发展，关于心理障碍有了更加开明的观点。就心理障碍的成因而言，目前主要有六大流派的观点，这些观点不仅各自提出了引起异常行为的原因，而且还提出了相应的治疗方法。表 14.1 总结了六大流派的主要观点，并以小明为案例做出相应的解释，从中可了解关于异常行为的各种观点。

医学的观点

如同肺结核患者体内往往会发现结核杆菌那样，心理障碍的**医学观点**（medical perspective）认为，当人们出现行为异常的症状时，我们可以通过身体检查找出导致这种症状的根本原因，这种原因可能是激素分泌不平衡、缺乏某种化学物质或大脑损伤等。事实上，当我们谈起心理"疾病"、行为异常的"症状"时，我们就已经用了与医学观点相关的术语了。

表 14.1 关于心理障碍的主要观点（以小明为例）

观点	对观点的描述	以小明为例
医学的观点	假设生理因素是心理障碍的根源	检查小明的生理问题，例如脑瘤、脑内化学物质不平衡或疾病等；采集小明的家族疾病史
精神分析的观点	认为心理障碍源自童年时期的冲突	找出小明童年时期的资料，考虑可能的童年冲突
行为主义的观点	假设异常行为是习得性反应	关注小明的行为受到的奖赏和惩罚，找出强化他这种行为的环境刺激因素
认知主义的观点	假设认知（人们的思想和信念）是心理障碍的核心	关注小明对他自身和周围环境的感知
人本主义的观点	强调人们对自身行为的责任和自我实现的需要	依据小明为达到自身潜力所做的选择和努力来考虑其行为
社会文化的观点	假设个体的行为受家庭、社会及文化的影响	关注社会需求如何影响小明的行为

对行为的生物学基础的深入研究表明，遗传因素对异常行为有重要的影响。例如，诸如抑郁症和精神分裂症这样的心理障碍会受到基因的影响（见"探索与发现：心理障碍的遗传学基础"），因此医学观点不无道理（Iversen & Iversen, 2007; Howes & Kapur, 2009; Li et al., 2011）。但对此仍存在一些争议。首先，许多类型的异常行为没有明显的生物学原因；其次，一些评论指出，"疾病"一词的用法暗示了那些行为异常者不能控制自身行为，或可以不用为自己的行为负责（Laing & Szasz, 2004; Szasz, 1994, 2006）。

精神分析的观点

精神分析的观点（psychoanalytic perspective）认为，异常行为源于与性和攻击愿望有关的童年冲突。弗洛伊德相信，儿童都会经历一系列发展阶段，在这些阶段中，性和攻击冲动呈现出不同的形式，并且产生需要解决的冲突。如果这些童年冲突未能成功解决，它们就在无意识中保持未解决的状态，最终在成年时期导致异常行为的出现。

为了揭示个体异常行为的根源，精神分析观点十分关注患者的早期生活经历。然而，由于没有确凿的方法把患者的童年经历与成年时表现出的异常行为联系起来，我们难以确定该观点的正确性。另外，因为患者的大多数行为是由无意识冲动控制的，精神分析理论把他们描述为无法控制自己行为的个体。因此，有批评者指出，这一观点暗示人们对自己的行为没有责任。但是，精神分析观点对异常行为的分析贡献是巨大的。与其他观点相比，精神分析观点更强调人有丰富、复杂的内心生活，同时个体童年经历对其目前的心理机能有十分深远的影响（Elliott, 2002; Bornsteinm, 2003; Rangell, 2007）。

行为主义的观点

医学观和精神分析观都认为异常行为是内在问题的症状，而**行为主义的观点**

探索与发现：心理障碍的遗传学基础

中国科学院心理研究所王晶

心理障碍的出现与发展，在很大程度上受遗传因素的影响，这一点在过去的很多研究（无论是心理学领域，还是遗传学领域）中已经得到了证实。但是，究竟是哪些具体的遗传信息以怎样的方式参与了心理障碍的形成，这个问题还一直未有定论。

2008年之前，我的工作重心主要在与遗传学序列分析相关的工作上，但心理学现象，尤其是心理障碍的相关遗传机制，一直是我感兴趣的问题。2008年我加入了中国科学院心理研究所，和我的团队一起开始进行心理障碍遗传学机制的研究，试图用我擅长的生物信息学方法，挖掘出与心理障碍存在关联的具体遗传学位点。

首先，我们针对注意缺陷/多动障碍进行了生物信息学遗传数据挖掘的尝试，成功开发了国际上首个注意缺陷/多动障碍遗传学数据库 ADHDgene（Zhang et al., 2012），填补了我国精神障碍遗传学数据库领域的空白。之后，我们又针对表现更加复杂、在人群中发生率也更高的抑郁症（major depressive disorder, MDD）和双相障碍（bipolar disorder, BD）这两种心理疾患做了一系列的遗传信息挖掘与分析工作（Chang et al., 2015; Wang et al., 2016; Zhang et al., 2013），针对它们各自的特点，相关的工作也各有侧重。MDD 是一种遗传度较低，表型异质性极高的心理障碍，在发生发展过程中，遗传因素与环境因素有较强的交互作用。我们开发了多层面的数据工具 MK4MDD（Guo et al., 2012），整合了与 MDD 有关的基因、蛋白、通路、神经、认知、症状以及环境七个层面的知识与数据，并针对与 MDD 关联密切的环境因素"慢性应激"（chronic stress, CS）开发了应激相关差异表达基因数据库 CS-DEGs（Guo et al., 2014）。BD 的遗传机制与精神分裂症（schizophrenia, SZ）及 MDD 有很多共通之处，我们开发的相关工具 BDgene 数据库（Chang et al., 2013）除了包含 BD 相关基因外，还整合了来自于疾病交叉研究中 SZ 和 MDD 的研究结果，为进一步研究三者之间的关系提供了重要基础。这两个工具也分别填补了国际国内相关领域的空白。

其中，BDgene 的成果发表后，大量媒体转载报道我们这一研究成果，受到了社会各界的广泛关注。一名双相障碍患者看到了有关我们 BDgene 的科研报道后，专门写信给我说，我们的研究成果，让他甚是安慰，让他看到了一线生机，使他停止了结束生命的准备工作。他告诉我说，他的病系遗传自母亲，他和妹妹都在几年前出现了躁狂和抑郁的症状，痛苦至极。他希望我和我的团队一定要坚信这种疾病是遗传造成的，希望我们能够尽快找到相关致病基因，并十分愿意为我们的研究做志愿者，希望我们的工作能够继续给那些无望的患者以生机。这名患者的来信让我和我的团队倍加感动，备受鼓舞！我们也更加感到从事心理障碍的遗传学研究的重大责任和使命！

因此，在前期心理障碍遗传学数据库的工作基础之上，为了进一步探索双相障碍、精神分裂症等心理障碍的致病机理，我们对相关数据进行了深入的生物信息学分析，包括基因的功能富集分析、网络分析等（Zhang et al., 2011; Gao et al., 2014; Chang et al., 2015; Chang et al., 2015; Guo, Du, & Wang, 2015; Wang et al., 2016）。这些分析结果一方面有助于挑选可靠的候选基因用于进一步的实验验证，另一方面也为理解遗传基因的作用途径、探究心理障碍的发生机理提供了理论指导。心理障碍相关基因及组合模式的发现将最终促进早期识别，而相关基因作用通路的揭示也将为干预药物的设计及疾病的治疗提供理论基础。

除了针对心理障碍相关遗传位点及序列的研究工作，我们还对遗传因素影响心理障碍发生发展的具体生物学机制进行了深入的分析。遗传学研究得到的是与心理障碍存在关联的基因组位点或序列区间，这些位点或区间究竟行使怎样的生物学功能并未得到充分研究，尤其是大量位于非编码区域的遗传学位点，更是亟待进一步的分析与研究。所以，我们开发了用于分析心理障碍及其他疾患相关非编码区域表达调控功能的系列分析工具（rSNPBase, rVarBase）（Guo et al., 2014; Guo et al., 2015），这些工具衔接了遗传学研究与生物学功能性研究，为临床精神病学家、心理学家及神经生物学家深入挖掘心理障碍及神经心理学现象的深层次生物机制提供了有力的工具支持。

我和我的团队围绕着心理障碍遗传学基础的研究已经陆续发表了数十篇论文，其中一些文章的引用量已经近百。未来我们会继续努力，希望能够为心理障碍遗传机制的最终揭示作出更大的贡献。

（behavioral perspective）则把异常行为看作是问题本身。行为治疗家主张，人们的任何行为都是通过学习的基本原理习得的，同样，异常行为也是个体在过去的经验中习得的，并且受个体当前环境中刺激的影响。因此，要解释异常行为产生的原因，就必须分析个体是如何习得该行为的，并观察个体出现该行为时所处的环境。

强调可观察的行为是行为主义观点研究异常行为时最大的优点，也是其最大的缺点。这一观点为我们提供了考察某一特定异常行为（例如注意缺陷/多动障碍）的精确而客观的方法。但是，该观点忽视了个体的思想、态度和情绪等丰富的内心世界，而这些可能是导致异常行为的原因。

认知主义的观点

医学观、精神分析观和行为主义观都认为，人们的行为是由他们无法控制的因素所导致的。但一些心理学家认为，个体思想的作用不可小觑。为此，他们采用了**认知主义的观点**（cognitive perspective）来分析异常行为。该观点假设个体的认知（即人的思想和信念）是其异常行为的核心原因。认知主义疗法的基本治疗目标就是直接教给患者全新的、更具适应性的思考方式。例如，假设某生在每次考试时都强调"这次考试取得好成绩对自己的一生都至关重要"，通过心理治疗，该生也许会改变原有看法，更实事求是地认为"我的一生并不取决于一次考试"。通过改变人的认知，心理学家帮助人们从非适应性的想法和行为中解放出来（Clark, 2004; Everly & Lating, 2007）。

认知主义的观点也受到了批评。例如，非适应性认知很可能是异常行为出现的症状或后果，而不是引起这种行为的原因。同时，有些情况下的消极观念可能是有道理的，它准确地反映了不尽如人意的生存环境，毕竟，有时关键性的一次考试也是非常重要的。

人本主义的观点

持有**人本主义观点**（humanistic perspective）的心理学家强调人们对自身行为的责任，即使这种行为是异常的。人本主义源于罗杰斯和马斯洛的研究工作，关注人的独特性，认为人基本上是理性的、面向社会的，并不断寻求自我实现（Rogers, 1995）。

人本主义方法强调个人与社会的关系，考察人们通过他人看待自己及认识自己在社会中所处位置的方式。人本主义观点认为，人们对自身和生活都有足够的认识，这种认识能引导人们去寻找生存的意义和自我价值。人本主义假设个体并不需要"治疗"，认为人们能够设定他们自己的可接受行为的范围。只要自己的行为没有伤害他人，又没有增加自己的烦恼，就可以自主选择所需的行为方式。

人本主义观点强调人的特殊性，为人们看待异常行为提供了一个独特的视角，在心理咨询和治疗中被广泛采用。但是它的不少概念模糊不清，难以对其进行科学的测量和检验。

社会文化的观点

社会文化的观点（sociocultural perspective）假设正常行为与异常行为都是由个体所处的社会和文化决定的。根据该观点，社会文化因素（例如贫穷和偏见）可能是异常行为的根源。具体地说，人们日常生活中经历的各种压力与冲突会促发并维持异常行为。

有一定的证据支持"社会文化因素对异常行为有重大影响"的观点。事实上，一些异常行为在某些社会阶层比在其他阶层更为流行。例如，精神分裂症在社会经济水平低的群体中的确诊率通常高于社会经济水平高的群体；与美国白人相比，有更高比例的非洲裔美国人会患上心理障碍。此外，经济萧条似乎也与人们的心理健康状况下降有关，并且诸如无家可归等社会问题也与心理障碍有关（Nasir & Hand, 2006; Greenberg & Rosenheck, 2008; Padgett, Stanhope, & Henwood, 2011）。另一方面，关于异常行为和社会因素有联系的其他解释也大量存在。例如，与社会经济水平较高的人相比，社会经济水平较低的人更可能不去寻求帮助，导致其症状日趋严重，进而有着更高的确诊率。由于社会文化观的解释强调更广泛的社会因素，相对来说，这种解释并没能为个人心理障碍的治疗提供具体的指导（Paniagua, 2000）。

心理障碍的分类

社会给那些表现出异常行为的人贴标签的现象由来已久。不过，这些标签往往只是反映了人们对有关行为无法容忍，在使用时人们并未认真考虑每种标签的确切含义。

20世纪70年代，临床心理学家戴维·罗森汉（David Rosenhan）和8名精神正常的同事伪装出现幻觉，声称听到一些很空洞、沉闷、含糊不清的声音。他们很快就被收入美国各地的精神病医院接受住院治疗。实际上，这9个人并未听到任何古怪的声音。一入院，他们马上放弃伪装，表示不再听到任何异常声音，而且一切行为与正常人没有区别，包括他们入院时对会诊及一系列测试所作的回答。总之，9个假患者都如正常人一样生活。也许我们认为罗森汉和他的同事很快就会被发现是假冒者，但事实并非如此。相反，他们都被认为是严重的精神分裂症患者，被滞留在医院3到52天不等，平均每人待在医院19天。就是在出院时，大多数"患者"也仍被认为是随时可能旧病复发的精神分裂症患者。罗森汉指出，当正常人身处一个非正常的地方，他的任何行为都会根据不正常的情境被重新解释，因而他往往可能被判断为不正常。最令人不安的是，尽管有些真正的患者识破了他们的骗术，但医务工作者仍然坚信这9名假扮的患者是真正有问题的（Rosenhan, 1973）。

罗森汉的经典研究表明，贴标签会强烈影响医务人员对患者行为的感知和解释。该研究还说明，确定哪些人有心理障碍并不总是一个明确或准确的过程。心理学家们要为异常行为找到合适而确切的名称与分类，的确是一件很不容易的事。原因很简单，区分正常行为与异常行为本身就是一道难题。但是，我们仍要对异常行为进行分类，以便进行更好的诊断和治疗。

DSM-IV-TR 的分类系统

多年来，心理健康工作者开发了许多不同的分类系统对异常行为进行分类。其中，最被广为接受的分类系统是由美国精神病学会制定的《**精神障碍诊断与统计手册**》(*Diagnostic and Statistical Manual of Mental Disorders*)第 4 版修订版和第 5 版，即 DSM-IV-TR 和 DSM-V。

DSM 为 200 多种心理障碍提供了全面且相对精确的分类、定义和描述，并把这些障碍分为 17 种主要类别。为鼓励临床工作者考虑与心理障碍相关联的心理、社会和躯体因素，DSM 采用了 5 个不同的维度（或称为轴，axis）来描述这些因素的相关信息。在评估患者病情时，需要将这 5 个轴的信息都考虑在内。

轴 I，**临床障碍**（Clinical Disorder）：引发痛苦和功能损害的障碍（人格障碍和智力迟滞除外）。

轴 II，**人格障碍和智力迟滞**（Personality Disorders and Mental Retardation）：持久的、僵化的行为模式。

轴 III，**一般医学状况**（General Medical Conditions）：可能与心理障碍有关的身体障碍。

轴 IV，**心理社会和环境问题**（Psychosocial and Environmental Problem）：可能影响心理障碍的诊断、治疗及预后的个人生活中的问题，例如生活事件或压力源。

轴 V，**功能整体评估**（Global Assessment of Functioning）：个体目前在心理、社会、职业和休闲领域内的总体功能水平。

根据 DSM 的分类标准，诊断医生可以通过轴 I 至轴 V 来确定个体所经历的具体问题。表 14.2 简单介绍了几种主要的诊断类型，这只是 200 多种障碍中的其中几项。

DSM 主要用来描述行为，并避免给出个人行为和问题的根本原因。例如，神经症（neurosis）一词通常用来描述日常生活中的异常行为，但它并不属于 DSM 心理障碍的分类范畴，因为该词与弗洛伊德人格理论所给出的具体原因有关。

表 14.2 DSM-IV-TR 对心理障碍的主要分类

主类	亚类
焦虑障碍（由于焦虑而妨碍日常功能）	广泛性焦虑障碍、惊恐障碍、恐怖症、强迫症、创伤后应激障碍
躯体症状障碍（由身体问题表现出来的心理障碍）	疾病焦虑障碍（疑病症）、转换障碍
分离障碍（统一人格中的重要部分相互分离）	分离性身份障碍（多重人格）、分离性遗忘症、分离性漫游
心境障碍（强烈的忧郁或亢奋侵扰了日常生活）	抑郁症、双相障碍
精神分裂症与精神病性障碍（机能运转下降、思维语言障碍、感知障碍、情感障碍、社交退缩）	瓦解型、紧张型、偏执型、未分化型、残留型
人格障碍（很少引起个人不适，但会导致个体无法在社会中正常生活）	反社会型人格障碍、边缘型人格障碍、自恋型人格障碍
性欲障碍（对一些罕见的物体产生性唤起或性功能失调）	性欲倒错、性功能失调
物质相关障碍（药物依赖和滥用引起的问题）	酒精、可卡因、致幻剂、大麻
痴呆、遗忘症以及其他认知障碍	阿尔茨海默病

对 DSM-IV-TR 的评价

DSM-IV-TR 的优缺点 DSM-IV-TR 的优势在于它提供了一种描述系统，它不具体说明某一心理障碍的成因，而是描述该障碍所出现的行为。这种取向之所以重要，乃是因为：其一，它可以使不同背景和理论流派的心理健康工作者彼此之间进行交流；其二，精确的分类可使研究者探索各种心理障碍的成因，如果对异常行为没有可靠的描述，研究者就很难找到方法去研究某项障碍；其三，DSM 提供了一种概念速记法（conceptual shorthand），通过这种方法专业人员可以描述个体身上倾向于一起出现的各种行为（Widiger & Clark, 2000; First, Frances, & Pincus, 2002; Gordon & Heimberg, 2011）。

尽管 DSM-IV-TR 为心理障碍提供了更为准确而一致的诊断标准，但它也有不足之处。例如，有学者认为，DSM-IV-TR 分类法过于依赖心理障碍的医学观点，因为这个分类法是由精神病专家提出的，而他们往往都是医生。因而，该分类法主要从生理症状的角度来看待心理障碍。而且，DSM-IV-TR 也没有充分吸收行为神经科学取得的成果。例如，遗传因素的异常很可能会导致多种心理障碍，如焦虑障碍、精神分裂症、自闭症等。此外，DSM-IV-TR 将个体归入到不灵活、要么是要么否的分类之中，而没有考虑个体所表现出来的异常行为的程度（Schmidt, Kotov, & Joiner, 2004; Samuel & Widiger, 2006）。另外，有批评者指出，给一个人贴上异常的标签其实是给他一个去人性化的终生污名。而且，当个体被初步诊断后，心理健康专家往往会把重点放在患者的初诊结果上，而忽视其他诊断的可能性（Quinn, Kahng, & Crocker, 2004; Szasz, 1994; McNally, 2011）。

尽管 DSM-IV-TR 存在一些不足，但是它对心理健康专家确定患者的心理障碍还是有重要意义的。它提高了诊断分类的信度和效度，为心理障碍主要类型的诊断提供了合理的组织方法。

文化的影响 DSM-IV-TR 所分类的障碍类型只反映了 20 与 21 世纪之交的西方文化。DSM-IV-TR 自 1994 年发表以来所引起的激烈争论，在一定程度上反映了社会上存在分歧的问题。例如，有两种障碍在早期的修订过程中引起了特别的争论。一种是自我损害人格障碍（self-defeating personality disorder），即被他人羞辱而不反抗的人格障碍。该障碍最终在附录中被删除了，尽管有的临床专家认为在临床实践中确实有这类患者，但是因为缺乏确凿的证据支持该观点，且此标签可能导致责备受害者的现象，因此手册中删除了这类障碍。

另一种引起争论的障碍类型是"经前烦躁障碍"（premenstrual dysphoric disorder）。该障碍与女性的月经周期有关，可能出现情绪无常或抑郁的现象。一些批评者认为，该分类把女性的正常生理行为看成障碍是不可取的。然而，支持将该障碍列入附录的人越来越多，最终"经前烦躁障碍"被保留在手册中（Pearlstein & Steiner, 2008）。

关于 DSM-IV-TR 的辩论表明了这样的事实：我们对异常行为的理解往往是所在社会和文化的反映。将来对 DSM-IV-TR 的修订可能会包括其他不同种类的障碍。即使是现在，其他文化中可能已经涉及了与 DSM-IV-TR 不同的一系列障碍。

> **探索与发现：DSM 和文化以及 DSM 中的文化**
>
> 大多数人认为，如果有人说他听到了亡者的声音，那这个人就患有心理障碍。但是对一些生活在美国落基山脉东部大草原上的印第安人来说，听到亡者的呼唤是平常的事。
>
> 以上只是按照文化规则区分异常行为的一个例子。其实，所有包括在 DSM 中的成人障碍，只有少数是所有文化都通用的，大多数的种类则主要是针对北美和西欧文化。
>
> 例如，神经性厌食症患者过度看重自己的体重且进食很少，甚至绝食。这种障碍只在以女性纤瘦为美的社会中出现，在无此审美标准的社会，该障碍几乎不可能出现。其实，神经性厌食症到 16、17 世纪还未出现，因为当时以丰满为美。
>
> 同样，分离性身份障碍只在强调自我感觉的社会中存在。在印度，人的本性更基于与个人无关的外部因素，当个体患了西方人所谓的分离性身份障碍时，印度人会觉得他不是被魔鬼就是被上帝控制了。另外，即使像精神分裂症这样常见的障碍，不同的文化因素也会导致不同的症状。例如，紧张型精神分裂症患者连续几天保持同一个姿势一动不动。这个症状在北美和西欧很少出现，相反在印度，有 80% 患有精神分裂症的人会表现出该症状。其他文化环境还会出现一些不曾在西方出现的障碍。例如，在马来西亚有一种疯狂的杀人行为，其特点是一些平时很安静、不爱交际的人会突然间残忍地杀死或打伤别人。
>
> 简言之，我们不能认为 DSM 囊括了所有的心理障碍。事实上，它只收集了西方文化某一时期的一些研究成果。因此，我们也不能认为它所包括的种类全部适用于各种文化背景。

心理障碍的主要类型

本节我们将讨论一些主要的心理障碍，并分析其特征、类型及成因。尽管我们现在以心平气和的态度来探讨心理障碍，但实际上，心理障碍往往会影响甚至相当程度地干扰人们的生活，使人们非常痛苦。

焦虑障碍

焦虑障碍（anxiety disorders）是指个体在没有明显合理外因刺激的情况下无故感到焦虑，从而影响日常机能的一种障碍。焦虑是人们在日常生活中的一种普遍性情绪反应倾向，每个人都会时不时经历焦虑，这是面对压力所表现出来的恐惧和紧张。实际上，焦虑是人们对压力的一种自然反应倾向，如果没有焦虑，大多数人勤奋学习或努力工作的动力很可能就会减少。但是，如果没有外因刺激时也感到焦虑，从而影响个体的日常生理、心理机能，就是焦虑障碍。这里我们将讨论 4 种焦虑障碍：恐怖症、惊恐障碍、广泛性焦虑障碍及强迫症。

焦虑障碍的主要类型

恐怖症 恐怖症（phobic disorder）是对某种特定物体、活动或情境产生强烈的、不合理的以紧张与恐惧为特征的心理障碍。恐惧对象可能是单一的也可能是多样的，常见的有动物、高处、广场、封闭场所和社交活动等。这种恐惧相对于实际的威胁来说是夸大的和非理性的。例如，大学女生吴某，从小就特别害羞，以前只是不敢与陌生人交谈，但是近两年来，只要是与他人讲话，她就会害怕，眼睛不敢直视对方，眼神躲躲闪闪，像做了亏心事一样，一说话就脸红，低头盯住脚尖，心跳加速，全身起鸡皮疙瘩，好像全身都在发抖。并且，她也不愿与班上同学接触，觉得别人讨厌自己，在别人眼中自己是个"怪人"。更严重的是，她对老师也害怕，上课时，只有老师背对学生板书时才不紧张；只要老师面对学生，就不敢朝黑板方向看，常常由于紧张而听不进去老师所讲的内容。因为这些问题，她不敢去社交场所，极少与人接触。吴某自己也知道这种过分的恐惧及回避行为既不合理也无必要，而且严重地影响了自己的发展，但她就是无法控制自己，因而非常痛苦。实际上，吴某患上了社交恐怖症。除了社交恐怖症以外，恐怖症的种类还有很多。例如，幽闭恐怖症是对封闭场所的恐惧，恐高症是对高处的恐惧，陌生人恐怖症是对陌生人的恐惧，电恐怖症是对电流的恐惧。

恐怖症是由某种可以感知的刺激物引起的，虽然这些刺激物（可以是任何物体）产生的客观危险很小或几乎不存在，但对患有恐怖症的人来说这种危险是巨大的。恐怖症与广泛性焦虑障碍和惊恐障碍的不同之处就是，恐怖症是由某种特定的、可识别的刺激物引起的恐惧反应。

如果恐怖症患者能避开引起恐惧的刺激物，那么这种障碍就不会对患者的生活造成太大影响。例如，只要恐高症患者不从事消防或钢丝杂技表演等高空工作，恐高症对患者就几乎没有影响。但是，社交恐怖症或陌生人恐怖症的问题相对较为严重。这里有个极端的例子：美国华盛顿有位妇女在30年中只离开过家3次——1次看亲戚，1次做手术，1次为临终的朋友买冰激凌（Kimbrel, 2007; Wong, Sarver, & Beidel, 2011）。

表14.3 恐怖症的常见类型

恐怖症		症状描述	案例
广场恐怖症		患者害怕不熟悉的场所或人多拥挤的地方，因为担心紧急情况发生时，自己不能得到及时救助。	患者不敢离开家去其他任何地方，否则会出现极端焦虑的症状。
特定恐怖症	动物类型	患者害怕某种动物或昆虫。	患者表现出对狗、猫或蜘蛛等的极端恐惧。
	自然环境类型	患者害怕某种自然现象或自然情境。	患者表现出对风暴、高处或水等的极端恐惧。
	情境类型	患者害怕某种情境，例如搭乘公共汽车、过隧道、乘坐电梯、路过大桥、乘坐飞机、驾驶等。	患者在运行的电梯里感到极端恐惧。
	血液-注射-损伤类型	患者害怕看到血液、伤口和注射。	患者看到他人受伤流血的膝盖会感到极端恐惧。
社交恐怖症		患者害怕社交活动，因为担心与他人交往出现尴尬或被他人注意、评价。	患者害怕别人的评价，回避所有社交活动成为一个"隐士"。

资料来源：Nolen-Hoeksema, 2007.

惊恐障碍 在惊恐障碍（panic disorder）中，患者体验到的是一种无法预期的严重惊恐发作。惊恐障碍的症状因人而异，包括心悸、呼吸短促、大量出汗、晕眩、胃部不适，发作来得突然，迅速达到高峰，持续时间从几秒到几小时不等。患者发作时意识清晰，并可能伴随濒死恐惧、失控感等痛苦体验，事后能回忆发作的经过并感到精疲力竭。与恐怖症不同，惊恐障碍的出现毫无征兆也没有特定刺激源，患者本人也不知原因。因此，惊恐障碍患者可能对任何地方都产生恐惧。比如，可能并发广场恐怖症，害怕被困在无法逃脱的地方，担心病情发作不能获救。在某些极端案例中，患有广场恐怖症的人甚至可能永远不离开家门一步（Herrán, Carrera, & Sierra-Biddle, 2006; Wittchen et al., 2008; McTeague et al., 2011）。

除了身体症状外，惊恐障碍还会影响患者大脑加工信息的方式。例如，有研究发现，在情绪刺激（如观看一张可怕的脸）任务条件下，惊恐障碍患者前扣带皮层的激活程度低于正常被试组，该结果说明惊恐障碍患者对情绪刺激不敏感，这可能是由于反复出现的高水平情绪唤醒造成的（Pillay et al., 2006; Pillay et al., 2007）。

广泛性焦虑障碍 广泛性焦虑障碍（generalized anxiety disorder）指长期对客观上并不存在的威胁、危险和坏结局感到焦虑、担心和不安，不确定性情境会让广泛性焦虑个体更容易处于紧张焦虑的状态之中，虽然明知是杞人忧天，但却不能控制（杨智辉，王建平，2011）。典型的表现是对现实生活中的某些问题过分担心或烦恼，如异常担心自己或其他家庭成员患病或出现意外、过分担心经济状况或工作能力等。除此之外，一些患者还会表现出经常担心未来可能发生的、难以预料的某种危险或不幸事件，但又不能明确意识到担心的对象或内容，这种提心吊胆、惶恐不安的强烈内心体验，又称为自由浮动性焦虑（free-floating anxiety）。

广泛性焦虑障碍患者深受持续焦虑之苦，但又无法摆脱。除焦虑症状之外，广泛性焦虑障碍通常还伴随其他生理症状，如肌肉紧张、头痛、头晕、心悸或失眠等（Starcevic et al., 2007）。

强迫症 强迫症（obsessive-compulsive disorder）是一组以反复出现的强迫观念或强迫行为为基本特征的一类心理障碍。

强迫观念（obsession），就是脑中反复出现的某一观念或想法，明知没有必要，但却无法摆脱。例如，某学生反复在想自己究竟有没有在试卷上写名字，这个想法如此强烈，以至于该生无法停止想象，直到两周后发卷为止。当然，我们很多人时不时也会有轻微的强迫观念，但持续时间很短。但是，对于有严重强迫观念的人而言，强迫观念的持续时间比较长，从几天到数月不等，并可能伴随着奇异的、令人不安的想象（Lee et al., 2005; Rassin & Muris, 2007; Wenzel, 2011）。

强迫行为（compulsions）是指为减轻强迫观念所引起的焦虑或不安，患者不由自主地采取的一些重复性的行为，即使这些行为是非常怪诞的、不合理的。例如，因为总担心煤气没有关好，为了减轻强迫怀疑带来的焦虑而反复多次地检查炉灶；为了消除对细菌或脏物污染的担心而反复地洗手，甚至将手洗出血来（Frost & Steketee, 2002; Clark, 2007; Moretz & McKay, 2009）。

虽然做出这种强迫性仪式行为可以立刻缓解焦虑，但不久这种焦虑感又会重新产生。事实上，病情较重者会一直生活在持续的紧张之中（Goodman, Rudorfer, & Maser, 2000; Penzel, 2000; Dittrich, Johansen, & Fineberg, 2011）。

产生焦虑障碍的原因

心理学家是如何解释焦虑障碍的形成原因的呢？以下所列的三种病源学取向强调了不同的因素，但没有哪种取向可以完全解释焦虑障碍产生的原因。

生物学派 有研究者指出焦虑障碍有其生物学根源。很明显，遗传因素是焦虑障碍产生的一个重要原因。例如，广泛性焦虑障碍的遗传度约为 32%，惊恐障碍遗传度约为 48%（Domschke & Dannlowski, 2010）。而且，个体的焦虑程度与参与合成 5-羟色胺的基因密切相关。当大脑内某种化学物质水平偏低时，可能会导致某些类型的焦虑障碍（Holmes et al., 2003; Beidel & Turner, 2007; Chamberlain et al., 2008）。有研究者发现，太过活跃的自主神经系统也可能是导致惊恐发作的根源。他们认为，脑中的蓝斑核调节不当可能会导致惊恐发作，从而过度激活边缘系统，而过度激活的边缘系统又会引发长期焦虑，最终导致蓝斑核产生更多的惊恐发作（Pine et al., 2000; Balaban, 2002; Davies et al., 2008）。此外，强迫症的产生也有生物学原因。研究显示，强迫症患者的脑结构与正常被试的不同。在脑磁共振成像中，患者丘脑和左侧额叶皮层的灰质厚度比正常被试的厚，表现为有更多的联结或更多的神经元（Christian et al., 2008）。

行为主义学派 行为主义学派认为，焦虑是一种对压力的习得性反应。比如，假设一个小女孩被狗咬了一次，下次看到狗时，她感到害怕并跑开了。这能降低她的焦虑感，从而强化了她的逃避行为。接连几次遇到狗之后，她的逃避行为进一步被强化，她就有可能发展出对狗的恐怖症。

认知主义学派 认知主义学派认为，焦虑障碍的产生源于个人对周围环境的不恰当和不准确的认知。例如，焦虑障碍患者可能把可爱的小狗看成凶猛的斗牛犬，或者每当他们在飞机附近时，就好像能看到空难将至。根据认知主义的观点，人们对世界非适应性的想法是导致焦虑障碍产生的根本原因（Frost & Steketee, 2002; Wang & Clark, 2002; Ouimet, Gawronski, & Dozois, 2009）。

躯体症状障碍

躯体症状障碍（somatic symptom disorders）是以躯体形式表现出来却无医学原因的心理障碍。患者即使报告了身体症状，也不存在生物学原因，并且如果真的存在医学问题，患者的反应也是极为夸大的。

躯体症状障碍的主要类型

疾病焦虑障碍 疾病焦虑障碍（illness anxiety disorder）是以患者一心想着自己的身体健康，担心自己患有其想象的难以治愈的疾病为特征的心理障碍。患者表现为过度关心自身健康和身体的任何轻微变化，并做出与实际健康状况不相符的疑病性解释，即使在确凿的医疗证据面前仍坚持自己的观念（Abramowitz, Olatunji, & Deacon, 2007; Olatunji, 2008; Weck et al., 2011）。

转换障碍　与疾病焦虑障碍不同的是，**转换障碍**（conversion disorders）患者的身体障碍是真实存在的，例如，失明、失聪、或麻痹、痉挛等，但心理因素是引发身体障碍的唯一原因。弗洛伊德的精神分析治疗案例中就有这样的报告：一位患者在没有明显生理原因的情况下，突然出现手臂不能活动的症状，后来，症状又离奇地消失了。

转换障碍发作很突然，一个以前各方面机能都很正常的人，一夜之间突然患上转换障碍，出现或失明、或失聪、或身体某一部位变得麻痹不能动弹的症状。例如，患者的手变得完全麻木，而由相同神经控制的手腕以上部分却依旧对触摸有感觉，这种症状根本无法用生理原因进行解释，精神病医生将之称为"手套式感觉缺失"（glove anesthesia），因为麻木的位置正好是戴手套的地方，而不是与神经系统通路有关的区域。令人吃惊的是，转换障碍患者对自己的躯体功能障碍常表现出漠不关心的态度。

躯体症状障碍的主要原因

躯体症状障碍的病因一直不明确，而且存在较大争议。有学者认为，精神分析理论是迄今为止最好的解释，即认为躯体症状障碍是出于自我防御机制，当个体无法承受社会或情感的压力时，就会转而呈现出躯体反应；而且，在压力之下，个体对身体内部变化的敏感性也会提高，将轻微的身体不适明显夸大。此外，还有学者从神经生理学的角度进行说明，着重强调引起躯体症状障碍的生理性身心交互作用。不过，相关研究还没有得出一个公认的解释（Browning, Fletcher, & Sharpe, 2011）。

分离障碍

经典电影《三面夏娃》改编自真人案例。故事讲述了一个深陷困境的美国南方家庭主妇——夏娃，她承受着头痛、情绪压抑、健忘等病症的困扰。于是，她寻求了精神病医生的帮助。医生卢瑟使用了催眠疗法，发现夏娃明显拥有双重人格。卢瑟医生将这两种人格称之为黑夏娃和白夏娃。白夏娃，即白天前来求医的人格，是个虔诚的基督教徒，行动拘谨，说话温柔。可是，黑夏娃却充分表现出白夏娃所压抑的暴躁、咄咄逼人和强烈的情欲。到治疗的第二年，她又出现了被称作"简"的第三种人格。这是一部以分离障碍为题材的电影，1957年放映后迅速在世界范围内引起了轰动，并掀起了科学研究的狂潮。

分离障碍（dissociative disorders）是一种身份、记忆或意识的整体性混乱，其特点是原本整体的人格分裂为互不相干的几部分，患者可能会有遗忘、漫游或人格状态改变等症状。它是一种以分裂人格、失去记忆来降低焦虑感的心理机能障碍（Maldonado & Spiegel, 2003; Houghtalen & Talbot, 2007）。

分离障碍的主要类型

分离障碍主要有分离性身份障碍、分离性遗忘症、分离性漫游，但都不常见。

分离性身份障碍　分离性身份障碍（dissociative identity disorder, DID），又叫多重人格障碍（multiple personality disorder），患者会表现出两种或两种以上独特的人格、身份或人格片断的特征。通常情况下，每种人格都有其对事物的独特看法和反应，各种人格会不时交替出现，可能导致个体的行为变得反复无常。例如，《三面夏娃》中所描绘的温顺柔和的白夏娃怀特与放浪形骸的黑夏娃布莱克之间的反差很大。并且，当一种人格出现时，其他人格就会自动退场，不会出现几个人格同时控制行为的混乱状态。

过去人们认为分离性身份障碍患者在人群中的比例非常低，但近年来的研究发现，分离性身份障碍患者并非那么少见，特别是 1980 年以后，患者数量显著增加。1980 年，分离性身份障碍第一次被列入《精神障碍诊断与统计手册》（第 3 版），因此，一些临床医学家认为，对疾病更加准确的鉴定是患者增加的原因；但另一些人却认为此类患者的增加是对精神障碍分类滥用的结果。此外，分离性身份障碍案例的广为流传对此也有影响，它使得一些患者在报告病情时，倾向于将一般的人格障碍症状描述成分离性身份障碍的症状。分离性身份障碍的发病率也有着显著的跨文化差异（Kihlstrom, 2005a; Xiao et al., 2006）。

分离性遗忘症　分离性遗忘症（dissociative amnesia）是分离性障碍的另一种形式，是一种没有器质性障碍，而仅仅是由于心理因素导致的个体对重要经历的遗忘，患者常常出现选择性遗忘或重要记忆遗忘的症状。分离性遗忘症与其他由生理原因引起的、信息从记忆中完全丧失的一般遗忘症不同，它所"遗忘"的信息仍然保留在记忆中，只是患者暂时无法想起而已。有时用术语"压抑的记忆"（repressed memories）来描述分离性遗忘症的这种记忆遗失现象。病情严重的患者会无法想起自己的名字，无法认出父母及亲戚，也不知道回家的路。然而，患者在其他方面却可能会表现正常，除了无法想起一些个人的事情，他们可能会记起早年学过的技能。例如，即使一名厨师忘了自己在哪里长大，忘了自己在哪里接受训练，但他仍然可以烹饪出一顿美食。还有患者出现完全失忆的情况。例如，有这样一个极端的案例：一名职业律师，已婚，有两个孩子，曾是童子军的领袖。一天清晨，他在上班的路上突然失踪，两天后莫名其妙地出现在离家千里之外的地方，用另外的身份开始了全新的生活，并且不知道自己是谁，也不知道自己怎么来的这儿。6 个月之后当家人找到他时，他依旧完全记不起以前发生的事情，包括与他共同生活了 30 年的妻子，甚至记不起自己有孩子。

分离性漫游　还有一种更加不同寻常的遗忘症——**分离性漫游**（dissociative fugue），患者会突然、冲动地开始旅行，在这期间患者对既往生活失去记忆，有时会形成新的自我身份。漫游状态可能持续数天、数月甚至是数年，患者常常突然清醒，对漫游中的经历完全遗忘，他们的最后记忆就是他们进入漫游状态之前的记忆（Hennig-Fast et al., 2008）。

分离障碍的主要原因

有些心理学家相信，分离性身份障碍的产生具有重要的适应功能。分离性身份障碍的患者可能曾被理应爱他们的人殴打、囚禁或遗弃，但他们却非常依赖这些人，这使得他们无法反抗、离开，甚至无法去恨。

表 14.4 分离性身份障碍与抑郁症患者的比较

问卷题目	分离性身份障碍（%）	抑郁症（%）
受虐待发生率	98	54
受虐待类型		
身体	82	24
性	86	25
心理	86	42
忽视	54	21
身体和性	74	14
以上都有	47	6
	（N=355）	（N=235）

精神分析学派的观点认为，患者通过分离，符号化地逃脱了恐惧感。他们通过制造出比他们自己强大的内在性格来应对眼前的创伤情境，保护他们的自我。通常，分离性身份障碍患者是那些报告在童年期曾遭受父母、亲属或亲密朋友殴打或性虐待的女性。有研究者从 448 名治疗分离性身份障碍和抑郁症的临床医生那里获得了相关数据。如表 14.4 所示，355 例分离性身份障碍患者几乎都遭受过虐待，虐待事件大约从 3 岁开始持续 10 年以上。尽管 235 例抑郁症患者也有很高的受虐待率，但要显著地低于分离性身份障碍患者。

心境障碍

心境障碍（mood disorders），也称情感障碍，以显著而持久的情感或心境改变为主要特征，如悲伤久久不能消失以致影响了患者的日常生活。

大二女生刘某，从小家庭困难，自卑心理严重。高中时，她成绩名列前茅，并担任班长职务。然而，大一下学期期末考试时，她有 3 门课程不及格，失去了奖学金和贫困生贷款资格。因此，她觉得自己太无能，对不起父母，认为自己活着就是对父母的拖累。近两个月以来，她失眠，伤心，经常哭泣，不愿与同学交往，做任何事情都提不起兴趣和热情，感觉生活没有意义，站在高楼上甚至有跳下去的冲动。

实际上，我们每个人都会经历心境波动。有时我们感到高兴，甚至欣喜若狂；有时又觉得不安或沮丧。心境波动是日常生活中的一部分，但是对某些人来说，心境是如此的沉重，并且挥之不去，就像刘某的症状，低沉的心境扰乱了她自身机能的正常运行，进而影响了她的日常生活。

心境障碍的主要类型

抑郁症 抑郁症（major depression）是一种严重的情绪抑郁现象，它影响注意力、决策和社交能力。抑郁症是一种比较常见的心境障碍类型。例如，在美国，大约有 1500 万人患抑郁症，平均每 5 个美国人中就有 1 人在人生的某个阶段遭受抑郁症的折磨，15% 的大学生被诊断出患有抑郁症。抑郁症造成的生产力损失每年超出 800 亿美元（Simon et al., 2008; Edoka, Petrou, & Ramchandani, 2011）。

研究发现，女性患抑郁症的概率是男性的 2 倍。其中，25% 的女性通常会在人生的某个阶段患抑郁症。此外，抑郁症的患病率在全球范围内不断上升。在美国、波多黎各、黎巴嫩、加拿大、意大利、德国和法国等多个国家所做的深入调查表明，在各个地区，抑郁症的发病率都较之前有显著的增加。事实上，在一些国家，现代人在一生中某个时间患抑郁症的可能性是上一代人的 3 倍，而且患者越来越年轻化（Kendler et al., 2006a; Staley, Sanacora, & Tagman, 2006; Sado et al., 2011）。在中国，男女生的抑郁情绪在 10~19 岁呈线性增长趋势（侯金芹，陈祉妍，2016）。

当然，并不是所有的抑郁情绪都是抑郁症的表现。正常人的抑郁情绪是"事出有因"的。例如，因为亲人的离世而悲痛，因为考试成绩不理想而难过，等等。并且，正常人的情绪变化通常是短期性的，人们可以通过心理调适，重新获得心理平衡。但抑郁症的症状通常更为严重，患者可能会感到自己没用、无价值、孤独和对未来失去希望，可能连续几个月或几年都有类似的感觉。他们也可能会情不自禁地哭泣、有睡眠障碍甚至想要自杀。病情严重、持久是抑郁症的最大特点。

躁狂症及双相障碍 躁狂症（mania）是一种强烈兴奋情绪的延伸状况，是一种更为疯狂的欢欣鼓舞的情绪。主要表现为情感高涨或易激惹、思维奔逸和精神运动性兴奋。躁狂症患者会感到极度高兴、拥有无限力量和体力且所向披靡。

通常，这类患者会经历周期性的躁狂与抑郁。这种躁狂与抑郁交替出现的现象被称为**双相障碍**（bipolar disorder）（也就是以前所说的躁狂抑郁症，manic-depressive disorder）。这种高亢与低沉之间的转换有时会隔几天发作一次，有时几年才发作一次。通常，抑郁的时间比躁狂的时间要长。

但极具讽刺意味的是，社会上某些最具创造力的人可能患有双相障碍。他们在躁狂时期的想象力、欲望、激情和活力使他们创造出不可思议的作品。例如，作曲家罗伯特·舒曼（Robert Schumann）患有双相障碍，对其作品的历史分析表明，他的作品数量与其处于抑郁还是躁狂时期有关。在躁狂时期，他是最为高产的；在抑郁时期，他的作品数量则急剧下降。但是，躁狂时期创作数量多并不代表质量高，舒曼的一些经典作品就不是在躁狂时期创作的（Ludwig, 1996）。

虽然躁狂症可能会激发创造性，但是患者通常会在身心方面伤害自己。他们的喋喋不休、妄自尊大和对他人的漠不关心都可能会引起别人对他们的疏远。

引起心境障碍的原因

心境障碍，尤其是抑郁代表了一种常见的心理健康问题，相关学者为此做了大量研究，并通过多种途径加以解释。

生物学派 某些心境障碍确实有基因和生化因素的根源。例如，多数的研究证据表明，双相障碍主要是由生物因素引起的。双生子研究发现，同卵双生子和异卵双生子同病率分别为 57% 和 14%（Cadoret, 1978）。此外，一些神经递质对抑郁症也有影响，例如脑内 5-羟色胺与去甲肾上腺素两者功能的改变就与该障碍有关。神经影像学的研究表明，脑 25 区与抑郁症联系紧密，当 25 区小于正常情况时，抑郁发作的风险就更高（Kato, 2007; Popa et al., 2008; Insel, 2010）。抑郁患者与正常人的大脑功能也不大相同。例如，抑郁症患者对有强烈情绪的人脸照片的反应与正常被试有差异。在大脑磁共振成像中，患者大脑激活程度明显比正常被试弱，这说明抑郁患者的情绪反应比较迟钝（Gotlib et al., 2004）。

精神分析学派 精神分析学派的观点认为，无意识冲突和童年早期形成的敌意情绪在抑郁的形成中起了关键作用。例如，有些精神分析学派的学者认为，抑郁是由（真实或潜在的）丧失感或愤怒感指向了自身导致的。还有学者指出，抑郁是由年少时失去或害怕失去父母导致的（Vanheule et al., 2006）。

行为主义学派 行为主义学派认为，生活压力导致正向强化物的减少。其结果是，人们开始变得退缩，而这又进一步减少了正向强化物。另外，人们由于抑郁行为而受到了关注，这又进一步强化了他们的抑郁（Lewinsohn & Essau, 2002; Lewinsohn et al., 2003）。

认知学派 心理学家马丁·塞利格曼（Martin Seligman）认为，抑郁在很大程度上是对习得性无助的反应。习得性无助（learned helplessness）是一种习得性预期，认为自己生活中的事件是无法控制的，而自己又不能摆脱这种情境。结果，人们就放弃了与厌恶的事件作斗争，并向它们屈服，由此产生了抑郁。还有学者进一步指出，绝望感是导致抑郁的原因，绝望感是习得性无助与负面预期的结合（Kwon & Laurenceau, 2002; Bjornstad, 2006; Li, B., 2011）。

临床心理学家阿伦·贝克（Aaron Beck）提出，错误的认知是造成人们抑郁的原因。他的理论特别提出，抑郁患者会把自己看成是生活中的失败者，无论有什么事情不如意都会把一切怪罪到自己头上。由于太过于注重生活的消极方面，患者感觉自己无能，无法有效地改变周围环境。总而言之，正是错误、消极的认知观点导致了抑郁。

进化学派 对抑郁最新的一种解释来自进化心理学。进化心理学考察的是人的行为是如何受祖先遗传基因影响的。根据这一观点，抑郁是对无法达到的目标的一种适应性反应。抑郁的产生可以使人转向其他更合理的目标。由此可以看出，抑郁产生了积极的作用，从长远来看，它提高了个体的存活概率，并使这些个体能够把该行为传到下一代。当然，这种观点是推测性的（Nesse, 2000; Siegert & Ward, 2002; Pfeffer, 2006）。

精神分裂症

精神分裂症（schizophrenia）是精神障碍中最严重的一种形式，是严重歪曲现实的一类精神障碍。患者的思想、知觉和情感都可能会逐渐恶化，可能逃避社交活动，并可能做出各种奇怪的行为。在住院治疗的心理障碍患者中，精神分裂症患者所占的比例最大，并且他们往往最难康复。

精神分裂症的主要类型

精神分裂症的主要类型见表14.5。

不同类型的精神分裂症并不容易区分。随着时间的推移，精神分裂症患者表现出来的症状也可能会有相当大的变化。另外，即使有些人被诊断为同一类型的精神

你想了解自己吗：贝克抑郁自评问卷

贝克抑郁自评问卷（Beck Depression Inventory, BDI），又名贝克抑郁自评量表（Beck Depression Rating Scale），由美国心理学家贝克于20世纪60年代编制，是最常用的抑郁自评量表，目的是评价抑郁的严重程度。

指导语：

问卷由以下13道题组成，每一道题均有4句陈述，代表4个可能的答案。请您仔细阅读每一道题的所有答案。读完后，从中选出一个最能反映你最近一周（包括今天）感觉的句子，在它前面的数字（0~3）上画个圈。请依次完成全部题目。

贝克抑郁自评问卷（BDI）

（一）0. 我不感到忧郁
 1. 我感到忧郁或沮丧
 2. 我整天忧郁，无法摆脱
 3. 我十分忧郁，已经承受不住

（二）0. 我对未来并不悲观失望
 1. 我感到前途不太乐观
 2. 我感到我对前途不抱希望
 3. 我感到今后毫无希望，不可能有所好转

（三）0. 我并无失败的感觉
 1. 我觉得和大多数人相比我是失败的
 2. 回顾我的一生，我觉得那是一连串的失败
 3. 我觉得我是个彻底的失败者

（四）0. 我并不觉得有什么不满意
 1. 我觉得我不能像平时那样享受生活
 2. 任何事情都不能使我感到满意一些
 3. 我对所有的事情都不满意

（五）0. 我没有特定的内疚感
 1. 我有时感到内疚或觉得自己没价值
 2. 我感到非常内疚
 3. 我觉得自己非常坏，一文不值

（六）0. 我没有对自己感到失望
 1. 我对自己感到失望
 2. 我讨厌自己
 3. 我憎恨自己

（七）0. 我没有要伤害自己的想法
 1. 我感到还是死掉的好
 2. 我考虑过自杀
 3. 如果有机会，我还会杀了自己

（八）0. 我没失去和他人交往的兴趣
 1. 和平时相比，我和他人交往的兴趣有所减退
 2. 我已失去大部分和他人交往的兴趣，我对他们没有感情
 3. 我对他人全无兴趣，也完全不理睬别人

（九）0. 我能像平时一样做出决断
 1. 我尝试避免做决定
 2. 对我而言，做出决断十分困难
 3. 我无法做出任何决断

（十）0. 我觉得我的形象一点也不比过去糟
 1. 我担心我看起来老了，不吸引人了
 2. 我觉得我的外表肯定变了，变得不具吸引力
 3. 我感到我的形象丑陋且讨人厌

（十一）0. 我能像平时那样工作
 1. 我做事时，要花额外的努力才能开始
 2. 我必须努力强迫自己方能做事
 3. 我完全不能做事情

（十二）0. 和以往相比，我并不容易疲倦
 1. 我比过去容易觉得疲乏
 2. 我做任何事都感到疲乏
 3. 我太容易疲乏了，不能做任何事

（十三）0. 我的胃口不比过去差
 1. 我的胃口没有过去那样好
 2. 现在我的胃口比过去差多了
 3. 我一点食欲都没有

计分及评定方法：

简单评分方法为，当总分在0~4分时为无抑郁或极轻微的抑郁；5~13分时为轻度抑郁；14~20分时为中度抑郁；21分及以上为重度抑郁。

贝克抑郁自评问卷有好几种版本，早年的版本为21项，其内容源自临床。之后发现，有些抑郁症患者，特别是严重抑郁者，不能很好地完成21项评定。因此，贝克于1974年推出了仅13项的新版本，经实践证明新版本信效度良好。

表 14.5 精神分裂症的主要类型

类型	症状
瓦解型（disorganized schizophrenia）	不恰当地大笑和傻笑，愚蠢，语无伦次，幼稚、奇怪、猥亵的行为
偏执型（paranoid schizophrenia）	被害或夸大妄想，失去判断力，反复无常、无法预测的行为
紧张型（catatonic schizophrenia）	运动出现障碍；某些时候完全无动作，身体保持某一姿势（通常这种症状会持续几小时或几天）；在其他时期，多动、野蛮，有时会有暴力行为
未分化型（undifferentiated schizophrenia）	精神分裂症主要症状的各种结合，适用于不属于其他任何一种特定类型的患者
残留型（residual schizophrenia）	严重精神分裂过后的残留迹象

分裂症，彼此的症状也会有天壤之别。但是，也有一些明显的特征可以把精神分裂症和其他心理障碍区分开来，例如：

1. 功能水平下降。精神分裂症患者无法完成他们先前能做的活动。
2. 思维与言语障碍。患者的想法往往没有意义，逻辑常常是错误的，他们说话也不遵循传统的语言规则（Penn et al., 1997）。
3. 妄想。患者固执地相信一些毫无事实根据的事情。最常见的妄想有：被人控制、被人迫害，以及妄想自己的想法被散播开来并为众人所知（Coltheart, Langdon, & McKay, 2007; Startup, Bucci, & Langdon, 2009）。
4. 幻觉与知觉障碍。患者对世界的知觉异于常人，还可能有幻觉，即体验到并不存在的东西。他们的视觉、听觉、嗅觉也可能与他人不同，甚至对自己身体的感受也是歪曲的，不知自己身在何处，对世界一无所知（Botvinick, 2004; Thomas et al., 2007; Bauer et al., 2011）。
5. 情绪障碍。患者面对戏剧化事件时没有或只有微弱的情绪反应，他们也可能表现出与所处情景不符的情绪，例如在葬礼上喧嚣或对他人的帮助动怒。
6. 退缩。患者对他人几乎没有兴趣，他们往往不去社交，或者即使和人说话也不顾他人的反应。在一些极端的案例中，他们甚至不承认他人的存在，似乎完全生活在与世隔绝的世界里，表现出严重的退缩症状。

精神分裂症通常在成年早期出现，症状发展有进行性精神分裂症（process schizophrenia）和反应性精神分裂症（reactive schizophrenia）两种主要过程。进行性精神分裂症发病缓慢，不易察觉，治疗起来也较为困难。患者会逐渐脱离世界、经常想入非非、情绪钝化，直到症状达到不容忽视的程度。反应性精神分裂症发作时非常突然而且症状明显，但相对而言治疗方法较为容易且成效显著。

精神分裂症有阳性症状和阴性症状之分。阳性症状的精神分裂症以行为障碍的出现为标志，例如幻觉、妄想和极端情绪；阴性症状的精神分裂症则以身心正常功能丧失为特点，例如社交退缩或情绪迟钝。研究者通常将阳性症状为主的精神分裂症称为Ⅰ型精神分裂症，而将阴性症状为主的精神分裂症称为Ⅱ型精神分裂症（Buchanan et al., 2007; Levine & Rabinowitz, 2007）。Ⅰ型和Ⅱ型精神分裂症的划分很重要，因为它表明两种不同的过程可能触发精神分裂症，对预测治疗效果也有指导意义。

精神分裂症的主要原因

虽然精神分裂症患者的行为明显偏离了正常行为，但导致这种症状的原因尚未清晰。不过，可以肯定的是，精神分裂症与生物和环境因素有关（Sawa & Snyder, 2002）。

生物因素　由于精神分裂症在一些家族中更为常见，因此，遗传因素似乎至少与精神分裂症的易感性有关。例如，研究表明，一个人与精神分裂症患者的血缘关系越密切，他罹患此病的概率就越大（Brzustowicz et al., 2000; Plomin & McGuffin, 2003; Gottesman & Hanson, 2005；见表14.6）。

表14.6表明，两人的血缘关系越密切，当其中一人患有精神分裂症时，另一个人患此病的概率就越大。但是，如果遗传是导致精神分裂症的唯一原因，那么拥有完全相同基因组合的同卵双生子患病的概率应该是100%，而不是小于50%（48%）。显然，遗传因素本身并不一定导致精神分裂症（Franzek & Beckmann, 1996; Lenzenweger & Dworkin, 1998）。

有一种精神分裂症的生物学假设认为，精神分裂症患者的脑可能存在生化失衡或者结构异常。例如，多巴胺假设提出，当以多巴胺为神经递质的脑区过于活跃时，精神分裂症就会发作。在发现阻断多巴胺在脑内通路的药物能够非常有效地减轻精神分裂症的症状之后，这一假设为众人所知。其他研究表明，另一种神经递质谷氨酸盐也可能是导致精神分裂症的重要因素（Stone, Morrison, & Pilowsky, 2007; Howes & Kapur, 2009; Kendler & Schaffner, 2011）。

有的生物学解释提出精神分裂症患者的脑结构异常，其原因可能是胎儿期个体受到了病毒感染。例如，精神分裂症患者大脑皮层和边缘系统中的神经回路都出现了异常，脑功能也发生了改变（Bartzokis et al., 2003; Reichenberg & Harvey, 2007; Reichenberg et al., 2009）。进一步的研究表明，当精神分裂症患者出现幻听时，负责听觉和语言加工的脑区就变得活跃；当他们出现幻视时，涉及运动和颜色的脑区就变得活跃。同时，精神分裂症患者的额叶通常相当不活跃，而额叶恰恰负责情绪调节、领悟和对感觉刺激的评估（Stern & Silbersweig, 2001）。

环境因素　虽然生物因素在一定程度上导致了精神分裂症，但是我们仍需考虑患者在其所处环境中过去和现在的经历。例如，精神分析学派指出，精神分裂症是一种向过去经历和阶段的退行。弗洛伊德相信，精神分裂症患者没有足够强的自我去应

关系	基因相关性（%）	患病风险（%）
同卵双生子	100	48
父母均为精神分裂症患者	100	46
异卵双生子	50	17
父母一方为精神分裂症患者	50	17
兄弟姐妹	50	9
侄子、侄女、外甥、外甥女	25	4
配偶	0	2
毫无关系的人	0	1

表14.6

精神分裂症的患病风险：基于与患者的基因相关性

资料来源：Gottesman, 1991.

对自身无法接受的冲动。他们退行到口唇期——这是一个自我和本我还没有分开的阶段。因此，精神分裂症患者从本质上说，就是缺乏自我并不顾现实，凭冲动行事。

尽管这种推理在理论层面上看似可信，但却缺少证据支持。更令人信服的理论把目光转向患病家庭的情感和交流模式上。例如，一些研究者认为，精神分裂症源于人们高度的外露情绪。外露情绪是一种家庭成员间以高度的批评、敌对、感情侵扰为特点的互动风格。其他研究者则认为，错误的交流模式是精神分裂症的核心所在（Miklowitz & Tompson, 2003; Lobban, Barrowclough, & Jones, 2006）。

认知学派的心理学家认为，精神分裂症患者的思维问题指向了认知原因。一些学者提出，精神分裂症源于患者对周围环境刺激的过度注意。他们无法把注意力集中在重要事情上并摒弃一些无关紧要的刺激。也就是说，这些患者可能对周围环境中的一切刺激过度接受，这使得他们的信息处理负担太重，最终导致精神崩溃。其他认知心理学家指出，精神分裂症的产生是由于对特定的刺激注意不足，患者把注意力放在不那么重要的刺激上，而对重要刺激的关注不够（Cadenhead & Braff, 1995）。尽管"过度注意和注意不足会导致不同形式的精神分裂症"这一观点看似可信，但这些现象却不能解释这些信息处理障碍的起因。因此，认知学派也和其他环境因素的解释一样未能为精神分裂症提供一个圆满的解释。

分析了影响精神分裂症的有关生物和环境因素后，我们可以认为，精神分裂症是在多种因素共同作用下形成的。如今最盛行的一种模型是精神分裂症倾向模型（predisposition model of schizophrenia），它同时考虑了多种原因。该模型指出，精神分裂症有一定的先天性倾向，或称为先天性敏感，在充满压力的环境中，精神分裂症的先天性倾向使得个体更容易受环境中压力因素的伤害。应激源有很多，例如社会拒绝和功能失调的家庭交流模式等。如果个体面对的应激源很强，且个体带有精神分裂症的先天性倾向，那么就可能导致精神分裂症发作；同样，如果个体精神分裂症的先天性倾向很强，那么，即使应激源弱一些也可能会导致精神分裂症的发作。

总的来说，该模型把精神分裂症和多种生物与环境因素联系在了一起。我们越来越清楚地看到，精神分裂症的发作是多种相互关联的因素导致的（Meltzer, 2000; McDonald & Murray, 2004; Opler et al., 2008）。

人格障碍

人格障碍（personality disorders）是一组以顽固的非适应性行为模式为特征的心理障碍，该行为模式使人无法在社会上恰当地发挥功能。人格障碍与我们之前讲过的其他问题不同，因为受人格障碍影响的人通常几乎没有与心理适应不良有关的个人不适感。患者往往过着貌似正常的生活，然而，表面之下却隐藏着顽固的非适应性的人格特质，使得他们无法作为社会成员正常地生活（Davis & Millon, 1999; Clarkin & Lenzenweger, 2004; Friedman, Oltmanns, & Turkheimer, 2007）。

人格障碍的常见类型

反社会型人格障碍 反社会型人格障碍（antisocial personality disorder），又叫社会病态人格（sociopathic personality），是一种最为人所知的人格障碍。患者无视社会的道德伦理规范或他人的权利，他们给人的第一印象可能很聪明，也很可爱，但是进一步接触就会发现这样的人具有操控性和欺骗性。当反社会型人格障碍患者伤害别人时，他们在理智上知道自己对别人造成了伤害，但是他们却没有一点懊悔（Goodwin & Hamilton, 2003; Hilarski, 2007; Bateman, 2011）。患者通常都非常冲动，缺少承受挫折的能力，但却富有操控性。他们的社交能力也很强，时常能吸引他人而且很有说服力，一些有名的行骗高手就患有反社会型人格障碍。

心理学家对反社会型人格障碍产生的原因提出了不同的解释，涉及的因素有不能恰当地体验情绪、家庭关系有问题等。例如，在许多反社会行为案例中，患者或是来自单亲家庭，或是来自缺乏温情、缺乏一致性管教或受到完全排斥的家庭。其他解释集中在社会文化因素上，因为很多反社会型人格的患者来自社会经济水平较低的群体。迄今为止，尚无哪种观点能够对反社会人格的具体原因做出准确的解释，或许这些因素的某种组合才是真正的原因（Rosenstein & Horowitz, 1996; Costa & Widiger, 2002; Chen et al., 2011）。

边缘型人格障碍　边缘型人格障碍（borderline personality disorder, BPD）是一组以人际关系、自我意象和情感不稳定，以及愤怒、乖僻和自我毁灭的冲动行为为临床特征的人格障碍。患者难以发展出安全的"自己是谁"的感觉，倾向于依靠和他人的关系来定义自己的同一性。但这一策略的问题在于，一旦遭受拒绝，就会备受挫折。另外，患者对他人极不信任而且易怒。他们的情绪易变性导致其有冲动和自毁行为。自毁行为常常包括药物和毒品依赖、自杀和自残等。他们时常觉得空虚孤独，可能与他人建立一种紧张、突然、单方面的关系，要求别人足够重视自己，如果愿望得不到满足，就会非常生气。造成这种行为的一个原因是，患者可能有自身情绪反应被他人贬低或批评的经历，并且患者可能还没学会有效地调整自己的情绪（Links, Eynan, & Heisel, 2007; King-Casas et al., 2008; Hopwood et al., 2009）。

自恋型人格障碍　自恋型人格障碍（narcissistic personality disorder）是一种以言过其实的自我重要感为特点的人格障碍。患者希望得到他人的特别对待，同时又无视他人的感受。从某些方面来说，无法体会他人的情感是自恋型人格障碍的主要特征。

人格障碍还有其他几类，从严重程度上来说，程度较轻的患者可能只是被他人视为古怪、令人讨厌或不易相处，较严重的患者则以犯罪和对他人构成危险的方式行事。虽然他们并不像精神分裂症患者那样与现实脱节，但是他们也生活在社会的边缘（Millon, Davis, & Millon, 2000; Trull & Widiger, 2003）。

人格障碍的主要原因

对人格障碍患者的家谱调查、双生子调查以及染色体调查发现，人格障碍与遗传有关，即血缘关系越近，相似障碍的发病率越高。亲生父母有人格障碍的，即使从小寄养在正常的家庭，与正常家庭的子女相比，该个体仍有较高的人格障碍发病风险。同卵双生子比异卵双生子在人格障碍、过失和犯罪等方面的一致率更高。而神经系统疾病如脑炎、颞叶癫痫及脑外伤等均可成为人格障碍的诱发因素。这些都表明，生物因素可能是导致人格障碍的原因之一。童年期精神创伤、不合理的教养方式和社会文化因素也是促发人格障碍的因素。研究表明，婴幼儿时期母爱的剥夺、父母离异、家庭感情破裂、长辈过分溺爱、不合理的教育等常常是人格障碍形成的重要原因。

儿童障碍

我们往往把童年看成是天真无邪、相对轻松的一段美好时光。然而，在现实中，约有 20% 的儿童和 40% 的青少年患有明显的情绪障碍或行为障碍（Romano et al., 2001; Broidy, Nagin, & Tremblay, 2003; Nolen-Hoeksema, 2007）。例如，抑郁症在儿童中的发病率约为 2.5%，在青少年中这一比率超过了 8%（Garber & Horowitz, 2002）。成人抑郁症通常表现为悲痛或绝望，这些症状在儿童、青少年抑郁症中却不常见。在儿童患者中，恐惧夸大、黏人或回避日常活动等症状十分普遍，年龄较大的儿童患者可能会出现闷闷不乐、学业问题，甚至违法犯罪行为（Wenar, 1994; Koplewicz, 2002; Seroczynski, Jacquez, & Cole, 2003）。

儿童障碍的常见类型

注意缺陷/多动障碍 注意缺陷/多动障碍（attention-deficit/hyperactivity disorder, ADHD）是童年期常见的一种心理障碍。患者通常有不专注、冲动、抗挫能力差等症状，并伴有大量不恰当行为。虽然所有的儿童在某些时候都表现出这些行为，但在 ADHD 患者中，这样的行为非常普遍，以至于影响了他们的日常生活（Barkley, 2005; Smith, Barkley, & Shapiro, 2006; Barkley, Knouse, & Murphy, 2011）。在美国，据估有 3%~5% 的学龄人群（即大约 350 万小于 18 岁的儿童和青少年）患有注意缺陷/多动障碍，他们让父母和老师精疲力竭，甚至同龄人也觉得他们很难相处。需要注意的是，必须由专业人士来完成注意缺陷/多动障碍的诊断工作，否则容易出现误诊问题，给孩子及其家庭带来不必要的麻烦（Barkley, 2000; Sciutto & Eisenberg, 2007）。

孤独症 孤独症（autism）是一种严重的发育障碍，它损害儿童同他人沟通和相处的能力。孤独症也是童年期常见的一种心理障碍，一般发病于 3 岁以前，往往会持续一生。孤独症儿童在言语交流和非言语交流两方面都存在障碍，并且他们可能会回避社会交往。近 10 年来确诊为孤独症的患者越来越多。据估计，每 110 个儿童中就有 1 个孤独症患者，这是一个惊人的数字。但对于患病率的增加，人们的观点并不一致，有人认为这是孤独症患病率真实增长的结果，但也有人指出，这是由于当前更好的报道，使得患者更易被人所知（Rice, 2009）。

儿童障碍的主要原因

目前，多数学者认为注意缺陷/多动障碍是神经系统功能紊乱所致。例如，有假设认为，因为患者中枢神经系统唤醒水平较低，所以不得不寻求新的刺激来进行补偿，于是导致了注意缺陷/多动障碍的发作。另外，遗传与注意缺陷/多动障碍也密切相关。研究表明，注意缺陷/多动障碍的遗传度在 76% 左右，是遗传度最高的精神障碍之一。多巴胺转运和受体基因被认为是注意缺陷/多动障碍致病因素的重要组成部分（Gizer, Ficks, & Waldman, 2009）。

研究表明，孤独症也受到遗传因素的影响，双生子研究表明，孤独症的遗传度为 38%~90%。并且研究发现，孤独症患者的大脑结构和功能与正常人的不同。例如，有学者指出，异常的半球不对称性可能是导致孤独症的一个风险因素（Moncriff, 2010）。孤独症儿童的大脑缺陷主要表现在灰质区域，而白质区域和正常儿童相比并无显著差异（Lange et al., 2010）。有研究采用功能性磁共振成像技术，对2~3 岁的孤独症幼儿与同年龄对照组的幼儿进行了自然状态下的信息收集，结果发现，与同年龄对照组的幼儿相比，孤独症幼儿表现出全脑神经网络激活减弱（Redcay & Courchesne, 2008）。

心理治疗的主要方法

针对引发心理障碍的不同原因，心理治疗的方法共计 400 余种，主要分为 4 大流派：心理动力疗法、行为疗法、认知疗法和人本主义疗法。事实上，不少心理治疗师认为，至今没有哪一种心理治疗理论和方法可以解决所有的心理问题，每种方法都能在医疗实践中发挥一定的作用。现今，很多心理治疗师把不同的治疗方法结合起来灵活运用，形成了折衷疗法（eclectic psychotherapy）。本节将对 4 大心理治疗流派和生物医学疗法加以阐述与简评。

心理动力疗法

心理动力疗法（Psychodynamic therapy）是根据弗洛伊德的心理动力学理论而创立的一类心理疗法，旨在通过一定的技术，挖掘患者无意识内的矛盾冲突和欲望，把它们带到意识领域来，使患者对其有所领悟，从而改变原来的行为模式，重建健康人格以达到治疗目的。

弗洛伊德认为，为了减少焦虑，个体会使用防御机制（defense mechanisms）来保护自己。防御机制有多种，压抑（repression）是最常见的一种防御机制。压抑，就是把威胁性的、令人不愉快的想法和冲动压回到无意识之中，而不让它出现在意识中。但是，压抑并不能使它们完全消失，与其有关的某些焦虑感，会引发弗洛伊德称之为神经症（neurotic symptoms）的异常行为。弗洛伊德指出，只有把压抑的不被接受的冲突和冲动从无意识带到意识层面来，使患者能够洞察现有症状与过去经历之间的关系，才能减少过去的冲突带来的焦虑，开展正常的生活。

因此，精神分析师的主要任务是帮助患者尝试探索和理解无意识。虽然该技术经过发展，已包含了众多的成分，但基本上还是引导患者从最初的记忆开始思考和讨论自己过去的经历。这一过程假设患者最终会发现在他们成年生活中引起焦虑的长期隐藏的危机、创伤和冲突，然后他们将能理解并纠正那些问题。

弗洛伊德的经典精神分析疗法

经典心理动力疗法由弗洛伊德创立，又称为精神分析，该方法力图帮助患者释放隐藏的无意识想法和情感，以减少它们对行为的控制。精神分析疗法的治疗频率较高，平均每周 4~5 次，每次 50 分钟左右，一般持续几年时间。它所使用的技术主要包括自由联想、梦的解释、移情技术。

自由联想法是弗洛伊德 1895 年创立的。自由联想（free association）就是在分析师的指导下，患者大声说出头脑里刚刚想到的一切，无论这些事情表面上多么不相关或没有意义，精神分析师则试图辨别和标记出患者所说内容与其无意识之间的联系。精神分析师也经常使用梦的解释（dream interpretation）这一技术，即通过分析梦来发现无意识冲突和问题的线索。弗洛伊德认为，梦的内容可分为两类：显意（manifest content）和隐意（latent content），显意是梦者意识到的感觉形象，隐意是梦者没有意识到的、被压抑的愿望和动机。梦的解释就是越过梦的显意去探寻其隐意，以揭示梦的真实的无意识含义（Auld, Hyman, & Rudzinski, 2005; Bodin, 2006; Blum, 2011）。

在治疗过程中，由于个体的防御机制会引发阻抗（resistance），干扰他们将无意识愿望带到意识层面来，因此，自由联想和梦的解释开展起来并不容易。阻抗就是患者不能或不愿意讨论或揭示某种特别的记忆、想法或动机。例如，患者在谈论一段童年经历时，突然忘记自己正在说的内容，或者彻底改变话题、不愿意再谈下去。因此，对阻抗的关注、化解和解释，就成了精神分析师的一项重要任务。

由于患者和精神分析师之间紧密、近乎亲密的互动，二者之间通常会形成一种特殊的情感化、复杂化的关系。患者最终可能会把分析师看成过去的某位重要他人的象征，例如父亲、母亲或恋人，并将对他/她的感情转移到分析师身上，这种现象就是**移情**（transference）。移情就是患者将早期对父母或其他重要他人的爱慕或憎恨之情转移到分析师身上。通过移情，精神分析师可以帮助患者重建过往有心理不适的关系（Evans, 2007; Steiner, 2008; Høglend et al., 2011）。

当代的心理动力疗法

很少有人有时间、金钱或耐心参与持续多年的传统精神分析治疗。更重要的是，没有确切的证据表明，传统的精神分析疗法比其他新近的心理动力疗法有更好的疗效。

与传统的精神分析治疗相比，今天的心理动力疗法大大缩短了治疗时间，通常不超过 3 个月或 20 次治疗。在治疗过程中，治疗师扮演了一个更为活跃的角色，他们控制治疗过程，相当直接地督促和建议患者；并且，治疗师从对患者的过去和童年的重视，转向对患者当前关系和特定问题的关注（Charman, 2004; Wolitzky, 2006; Brafman, 2011）。

简评心理动力疗法

虽然当代的心理动力疗法有了很多改进，但仍然有一些不足之处。首先，与其他心理疗法（如行为疗法、认知疗法）相比，心理动力疗法需要花费大量的时间和金钱。其次，心理动力疗法要求患者有较强的语言表达能力，如果患者语言表达能力较差，疗效就很难得到保障。最后，心理动力疗法是否有效，现在尚无定论，心理动力疗法所采用的技术，自弗洛伊德以来就备受争议，因为心理治疗的疗效是根据治疗师或患者报告确定的，而报告往往带有较多偏差和主观色彩，难以真正确定治疗后患者病情是否有所好转。此外，批评者甚至对整个心理动力疗法的理论基础表示质疑。他们认为，像无意识这样的结构是否存在还没有被科学地证实。

虽然有这些不足之处，但心理动力疗法仍然是一种切实可行的治疗方法。对某些人来说，它为困难的心理问题提供了解决方案，为心理障碍提供了有效的治疗方法，而且促使人们发展非同寻常的洞悉一生的能力（Ablon & Jones, 2005; Bond, 2006; Anestis, Anestis, & Lilienfeld, 2011）。

行为疗法

行为疗法（behavioral therapy）是基于学习的基本过程发展起来的心理治疗方法。行为疗法假设，正常行为和异常行为都是习得的。行为异常者，要么是没有学会解决日常生活问题的技能，要么是习得了错误的技能或行为模式，并通过某种形式的强化得以维持。要矫正异常行为，就必须学习新的适应性行为来取代那些已经习得的错误的行为方式，并且摒弃非适应性的行为模式（Krijn et al., 2004; Norton & Price, 2007; Kowalik et al., 2011）。因此，行为疗法的重点是行为本身，而不是对患者的过去经历或无意识进行探析。行为疗法的目的是纠正患者的异常行为，使他们能够更好地适应社会。在行为治疗师看来，如果异常行为被矫正了，心理问题也就得到了解决。

经典条件作用疗法

经典条件作用疗法是基于经典条件作用原理的一类治疗方法，即在经典条件作用下，患者学会将中性刺激与有意义的刺激（无条件刺激）进行联结，并获得诱发类似反应的能力。

厌恶疗法 厌恶疗法（aversion therapy）是基于经典条件作用原理的一种心理治疗方法。在治疗过程中为了改变不良行为模式，有控制地将不愉快或痛苦的刺激与患者所迷恋的刺激相匹配，从而引发患者对后者的否定性反应。

如果人们迷恋某些对他们有害的刺激物，如药物成瘾、性心理异常、无法控制的暴力、网络依赖等明确的诱发性刺激，可以使用厌恶疗法。厌恶疗法运用反条件作用的程序，将诱发性刺激与强烈的、令人厌恶的刺激，如电击或让人呕吐的药物等，同时呈现给患者，将负性反应与诱发性刺激反复结合、同时呈现，使患者逐步产生对最初所喜爱刺激的厌恶反应。例如，在一个难戒酒瘾的人喝完酒后，给他吃一些促使其呕吐的药，喝完就吐，如此反复几次，他就不再觉得酒吸引他了。

虽然厌恶疗法治疗酒精上瘾、性障碍等不良行为有相当好的效果，但批评者质疑其长期效果。而且，厌恶疗法的技术也涉及道德问题，如它在治疗过程中会采用电击作为强力刺激，当然治疗师只在极端的情况下（如患者自残）才使用电击。不过，厌恶疗法显然为在一段时间内消除不适宜行为提供了一种重要的方法。这种暂停（即使只是暂时的）为更多适宜行为的出现提供了机会（Delgado, Labouliere, & Phelps, 2006; Pautassi et al., 2011）。

系统脱敏 系统脱敏（systematic desensitization）是基于经典条件作用原理的另一种心理治疗方法，是为了减轻个体对某种引发害怕的对象或情境的焦虑而设计的。在

表 14.7
放松训练基本步骤

资料来源：Herbert Benson, M.D., Benson-Henry Institute for Mind Body Medicine, Massachusetts General Hospital, Boston.

步骤	具体做法
1	要求自己集中注意于身体感觉、思想或想象，默默地或出声地重复一个音、词、句子或想象。例如，和平、爱
2	以舒适的姿势静坐
3	闭目养神
4	尽量放松全身肌肉，从脚开始逐渐进行到面部，完全放松
5	缓慢且自然地呼吸，感受自己的呼吸，当呼气时，反复默念你选择的词或句子
6	不要担心是否能成功地达到深度松弛，让松弛按自己的步调出现。当分心时不要理睬，顺其自然，再慢慢继续默念
7	默念 10 到 20 分钟，可以睁眼查看时间，但不可用闹钟。完成后，再闭眼静坐 1 分钟左右，再睁眼，1~2 分钟内不要站立
8	每天练习此技巧一次或两次，不要在饭后两小时内进行

治疗过程中，患者在身体放松的状态下一次次地、逐渐地逼近引发焦虑的刺激物，通过放松状态对抗焦虑情绪，直到焦虑反应消失为止（Choy, Fyer, & Lipsitz, 2007; Dowling, Jackson, & Thomas, 2008; Triscari et al., 2011）。

例如，一个患飞行恐惧症的女大学生，只要一想到在飞机上的情景，就会忍不住冒冷汗、发抖，而且从不敢靠近机场。使用系统脱敏来治疗她的飞行恐惧症，包括以下三个主要步骤。

步骤一：在行为分析师的指导下，患者系统地接受深度肌肉放松训练。放松训练的基本步骤见表 14.7。

步骤二：列一张焦虑等级清单。患者确认引发焦虑的刺激，将刺激按照引发焦虑的程度由弱至强进行等级排序，见表 14.8。

步骤三：进入实际的脱敏程序。在治疗师的指导下，处于放松状态的患者从第一级恐惧开始主动、反复地想象令自己惧怕的对象，产生惧怕感觉时马上进行肌肉放松，直到紧张感消除。当患者不再对该等级的刺激感到不安时，可进入下一级恐惧等级，如此循序渐进，逐级类推。一个等级大约持续一周时间。这样几周后，对飞行的恐惧感就可得到消除。最终，治疗师会要求患者真正去机场搭乘一次飞机。

表 14.8
一个飞行恐惧症大学生的恐惧等级清单

恐惧等级	诱发飞行恐惧症的刺激
1	观察一架从头顶飞过的飞机
2	去机场
3	买一张机票
4	登机
5	看到飞机的门关闭
6	飞机在跑道上滑行
7	起飞
8	在空中飞行

暴露疗法 虽然系统脱敏是一种成功的治疗方法，但是它操作起来比较复杂，所以今天人们经常使用另外一种行为疗法，即**暴露疗法**（exposure treatments）。与系统脱敏不同的是，暴露疗法不需要进行任何放松训练，只是突然或逐渐地呈现焦虑刺激，而暴露使得焦虑或回避等非适应性反应消失。研究表明，它和系统脱敏一样有效（Havermans et al., 2007; Hofmann, 2007; Bush, 2008）。

通常，治疗师会给患者逐步地呈现焦虑刺激。例如，治疗师会让恐狗患者先看一段关于狗的影像资料，然后让患者观看房间里拴着的一条走动的真狗，接下来会让患者逐渐地接近真狗，最后抚摸真狗（Berle, 2007; Means & Edinger, 2007）。

暴露疗法目前已被用于治疗各种心理问题，在包括恐惧症等在内的焦虑障碍的治疗中，取得了很好的疗效。通过这项技术，人们甚至能够喜欢上那些曾经让他们胆战心惊的事物（Franklin, March, & Garcia, 2007; Powers & Emmelkamp, 2008; Tuerk et al., 2011）。

操作条件作用疗法

这是基于操作性条件作用原理的一类治疗方法，即每当患者出现适当行为就给予奖励，每当其出现不适当行为时就忽略或惩罚他们，以达到强化适当行为的和消除不适当行为的目的。

代币制 代币制（token system）是操作性条件作用原理在实践中的一项系统应用，是用代币为奖励手段来强化良好行为的一种行为治疗方法。代币作为一种强化物，可以采用不同的形式，例如筹码、游戏币等象征性物品。代币制在医疗机构、学校、家庭都得到了广泛的应用。在精神病院，医生利用代币制来帮助病情比较严重的患者，当患者表现出适当的行为时，立即给予代币进行强化，患者可以用这些代币去交换各种各样的奖品，例如零食、新衣服等，甚至是某种特殊待遇，如睡在床上，而不是睡在地板上的睡袋里；在学校，代币制通常是一种重要的班级管理手段；在家庭，父母也经常利用代币制来强化孩子的适当行为，例如仪表整洁、礼貌待人等。

行为契约法 行为契约法（contingency contracting）是依据代币制演化而来的一种治疗方法。治疗师与患者（或是老师与学生、父母与孩子）协商拟定一份书面协议，主要包括三个方面的内容：第一，明确规定治疗希望达到的总目标和各阶段的小目标；第二，明确规定达到目标后将获得的奖励，例如金钱或其他特权；第三，明确规定若达不到目标将受到的惩罚。例如，治疗师和患者签订了一份戒烟契约，其中明确规定了若患者出现吸烟行为，将寄50元给他特别痛恨的人。于是，治疗师和患者在银行里开了一个联名户头，把患者的钱存入。在治疗过程中，治疗师严格执行契约，一旦发现患者有吸烟的行为，马上给他所痛恨的人寄去50元。事实证明，这种技术在行为纠正方面疗效很好。

示范法

示范法（modeling）是运用观察学习原理（observational learning）进行治疗的一种方法，即治疗师系统地教授患者通过观察和模仿他人的示范行为，学习新的技巧和应对恐惧及焦虑的方法。例如，治疗师可以采用示范法教授患者基本的社交技巧，如交谈时的眼神交流。同样，示范法还可以用来消除恐狗儿童对狗的恐惧。在治疗过程中，恐狗儿童反复观察同龄孩子（又称为大胆的同龄人）的示范行为，学着与狗逐步接近，然后抚摸狗，最后和狗一起玩耍。示范法在治疗某些行为障碍时很有疗效，特别是当示范者因其行为获得奖励的时候，所起的效果更加明显（Bandura, Grusec, & Menlove, 1967; Greer, Dudek-Singer, & Gautreaux, 2006; Egliston & Rapee, 2007）。

辩证行为疗法

辩证行为疗法（dialectical behavior therapy）虽然是行为疗法的一个分支，但它同时包含了其他观点的内容。辩证行为疗法强调改变和接受的平衡。改变，即改变不适当的行为；接受，即接受自己，自己过去是什么样子都没有关系，重点是现在希望成为什么样的人。治疗师要求患者在接受自己的同时去改变不适当的行为。在治疗中，治疗师努力让患者认识到这样的道理：要么选择继续痛苦，要么选择改变自己。只要患者产生了改变自己的内在需求，那么，他们就将能够更好地改进自己的行为。

辩证行为疗法是一种相对新颖的疗法，越来越多的证据显示，它疗效显著，特别适用于某些人格障碍（Swales & Heard, 2007; Katz, Fotti, & Postl, 2009; Soler et al., 2009）。

简评行为疗法

行为疗法在消除焦虑障碍、治疗恐怖症和强迫症、控制冲动、学习复杂的社交技巧以代替非适应性行为等方面均有较好的疗效。和其他任何治疗方法相比，它提供了即使非专业人员也可用来改变自身行为的方法。而且，行为疗法的效率很高，因为它主要解决界定清晰的问题（Richard & Lauterbach, 2006; Barlow, 2007）。

行为疗法的批评者认为，因为强调改变外部行为，行为疗法无法使人们洞察到引发不适宜行为的想法和期望，这可能导致不适宜行为再次发生。不过，神经科学的证据表明，行为疗法不仅仅改变了外部行为，它还能使大脑功能发生真实的改变。例如，一项大脑磁共振成像研究发现，边缘性人格障碍患者在经过12周的辩证行为疗法治疗后，对高情绪唤醒刺激的神经系统反应与治疗前明显不同，转而和正常人的更为相似（Schnell & Herpertz, 2007）。

认知疗法

认知疗法（cognitive therapy）是以认知理论为基础发展而成的心理治疗方法，强调理性思维和认知活动对心理行为的决定性作用，治疗重点是改变患者的认知过程。

目前，有关认知疗法的发展已逐步形成两大学派：**认知分析疗法**（cognitive analytical therapy）和**认知行为疗法**（cognitive behavioral therapy）。前者是在认知治疗的基础上借鉴和应用精神分析治疗的方法，后者是在认知治疗过程中强调应用行为治疗的一系列行为矫正技术。

认知疗法的疗程相对较短，通常不超过 20 次。治疗过程有较严密的结构，集中解决具体问题。治疗常常从治疗师教患者学习疗法原理开始，在接下来的治疗过程中，治疗师将会扮演一个更为积极、综合的角色，类似于教师、教练及伙伴等。

理性情绪行为疗法

认知疗法中一个较为著名的疗法是**理性情绪行为疗法**（rational-emotive behavior therapy, REBT）。理性情绪行为疗法由埃利斯（Albert Ellis, 1913—2007）于 20 世纪 50 年代在美国创立，因其采用了行为治疗的一些方法，故又被称为认知行为疗法。埃利斯认为，引起心理失衡的原因并非应激事件本身，而是当事人对事件的解释和评价。对事件的解释和评价有合理和不合理之分，不合理的信念往往导致不适当的情绪和行为反应，最终导致情绪障碍的产生。

不合理信念的主要特征有：

1. 绝对化要求。指以自己的意愿为出发点，对某一事物怀有认为其必定会发生或不会发生的信念，它通常与"必须""应该"等词连在一起。比如，"我必须获得成功""别人必须很好地对待我""善必须有善报"等等。
2. 过分概括化。指仅仅根据非常片面的信息就对总体做出概括。比如面对失败时，往往认为自己"一无是处""一钱不值""是废物"等，以自己做的某件事或某几件事的结果评价自己整个人和个人价值，常常导致自责、自卑自弃，并产生焦虑、抑郁情绪。另一方面，过分概括化导致对他人的不合理评价，别人稍有差错就认为其一无是处，一味地责备他人，并产生敌意和愤怒等情绪。
3. 糟糕至极。认为如果一件不好的事发生了，将是非常可怕、非常糟糕，甚至是灾难性的。这将导致个体陷入极端不良的情绪体验（如耻辱、自责、焦虑、悲观、抑郁）的恶性循环之中，难以自拔。

不合理信念会引发消极情绪，消极情绪反过来支持不合理信念，导致一个自我挫败的循环，埃利斯称之为"ABC 模型"。在 ABC 模型中，负面诱发事件（A）导致了不合理信念的激活（B），从而导致情绪结果（C）。例如，如果一个人经历了失恋事件（A），并持有不合理信念"今后，我再也不可能被人爱了"（B），这会引发消极情绪（C），而消极情绪反过来又支持不合理信念（见图 14.1）。

理性情绪行为疗法的目的是帮助患者改造信念系统，接受更有效的认知，使其更加符合实际、合理和逻辑化，提高个体的自我价值感，推动个体摆脱不良信念。为了达到治疗目的，治疗师在治疗过程中扮演一个积极的、指导的角色，并和患者激烈争论患者的非理性信念，直接向非理性认知发出挑战。

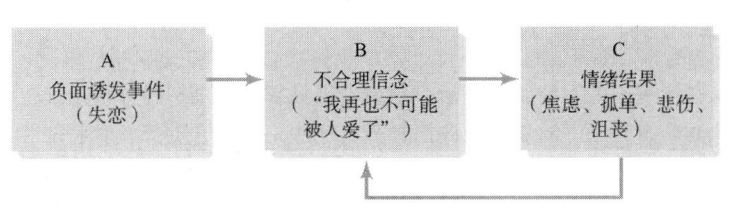

图 14.1
埃利斯的 ABC 模型

贝克认知疗法

贝克认知疗法（Beck's cognitive therapy）的主要目标是协助患者克服认知盲点、模糊知觉、自我欺骗和不正确的判断，改变其认知中对现实的扭曲或不合逻辑的思考方式。治疗师以接纳、温暖、同理的态度，避免以权威自居的治疗方式，引导患者以尝试错误的态度，逐步进入问题解决的历程中。贝克认知疗法比理性情绪行为疗法更少对抗和苛求。认知疗法治疗师扮演的更多是教育者的角色，他们帮助患者接受患者自己的想法，帮助患者理解歪曲的信念，提出改变错误信念的方法与建议，寻找正确的认知。

贝克归纳了认知过程中常见的认知歪曲形式：

1. 任意推断。证据缺乏或不充分时草率得出结论。
2. 选择性概括。仅根据个别细节而不考虑其他情况对整个事件得出结论。
3. 过度引申。在单一事件的基础上得出关于能力、操作或价值的普遍性结论，即从一个具体事件得出一般规律性的结论。
4. 夸大或缩小。对客观事件的意义做出过度夸大或缩小的歪曲评价。
5. "全或无"思维。要么全对，要么全错。往往把生活看成非黑即白的单色世界，没有中间色。

贝克认为，建立治疗师与患者的良好关系，是患者识别认知扭曲的基础。因此，他十分重视给予患者温暖、同情和诚意。他运用了很多认知及行为疗法的技巧，如角色扮演、自信训练和行为预演等，减轻或消除患者的功能失调性活动，帮助患者建立和支持适应性功能；鼓励患者监察内在因素，即导致心理障碍的思想、行为和情感因素。

认知领悟疗法

认知领悟疗法简称领悟疗法，由中国心理治疗专家钟友彬先生于20世纪70年代末首创，是依据心理动力疗法的原理、中国国情及人们的生活习惯而设计的，故又被称为"中国式的心理分析法"。认知领悟疗法的治疗原理，是把无意识心理活动变成有意识，使患者真正认识到症状的意义，领悟后症状即可消失。治疗目的是消除患者的症状，而症状的消除需要患者领悟治疗师的解释。患者的领悟是在治疗师引导下达到的，因此疗效的取得不在于揭示幼年创伤，而在于患者对治疗师解释的信任，这是领悟的本质。领悟的内容是治疗师灌输给患者的，当患者自感以前的想法及行为可笑时，自己也就抛弃了原有的态度、行为，症状得以消除。因此，认知领悟疗法十分强调患者的主动性，治疗的过程不仅是治疗师与患者交互作用的过程，也是非常需要患者主观努力的过程。

简评认知疗法

在认知疗法产生之前，心理治疗领域中最具影响的是精神分析治疗范式和行为治疗范式。认知疗法不同于传统的精神分析疗法，因为它重视此时此地患者的认知对其身心的影响，重视意识中的事件而非无意识。认知疗法也不同于行为疗法，它不仅重视适应不良行为的矫正，更重视改变病人的认知方式及认知－情感－行为三者的和谐。认知疗法以其短时、限时、程式化、强调此时此地等特点，以及稳定可靠的疗效，在临床上的应用日益广泛与深入。临床上，认知疗法适应于各种神经症，主要用来治疗抑郁症，尤其是单相抑郁症；也可作为神经性厌食、性功能障碍和酒精上瘾等患者的治疗方法；还适用于治疗焦虑障碍、社交恐怖症、偏头痛、考前紧张焦虑、情绪激怒和慢性疼痛患者。

但是，认知疗法也有明显的不足。有批评者指出，认知疗法旨在帮助人们合理地思考，但与此同时却忽略了一个重要的事实，那就是人们所处的现实环境有时就是不合理的，因此，让人们更合理、更有逻辑地思考未必对他们是有益的，即使它让人们的认知发生了真正的改变。并且，在实际治疗过程中，难以确切观察和测定认知变化的过程以及变化的强度。

人本主义疗法

人本主义疗法（humanistic therapy）是以人本主义心理学理论为基础发展而成的一类心理治疗方法，其核心是自我责任感。自我责任感是一个哲学观点，即人们可以控制自己的行为，人们可以自己选择自己想要的生活，人们可以自己解决好日常生活中遇到的困难。

人本主义心理学家马斯洛提出，每个人生来就具有自我实现的内在动力。自我实现（self-actualization）就是个体与生俱来的内在潜能在成长过程中得到了充分的展现。人本主义治疗师的任务就是提供适宜的条件，帮助患者更好地认识自己、发挥内在潜能、自发地改变和成长。

个人中心疗法

个人中心疗法（person-centered therapy），又称来访者中心疗法（client-centered therapy），由人本主义心理学派的代表人物之一卡尔·罗杰斯（Carl Rogers）创立。其基本假设是：来访者是他们自己最好的专家，他们有潜能找到解决自己问题的办法。因此，治疗师的任务是为来访者提供温暖、接纳的环境，促进他们对自己思想和情感的探讨，使得他们自己找到解决问题的方法。罗杰斯认为，无条件积极关注（unconditional positive regard）是治疗成功的前提，即无论来访者表达什么情感和态度，治疗师对其都不做任何评价，并对来访者表示全心全意的接受和理解，使来访者做出正确的决定。无条件积极关注，并不是指治疗师必须无条件地赞同来访者的一切行为和言语，而是说治疗师需要表达出他们是关怀的、不作评价的和共情的（即对来访者情绪体验的理解）（Fearing & Clark, 2000）。

简评人本主义疗法

心理动力学者和行为疗法治疗师往往把自己看成治疗过程中的支配人物，而人本主义疗法中的治疗师则把自己当成患者的指导者。人本主义疗法强调来访者的主观能动性，对人采取积极乐观的看法，注重个人的内在价值和主观体验，强调咨询关系的重要性。很多人认为，人本主义心理学把心理障碍归结于成长潜能受到限制的观点富有哲理。然而，也有批评者认为，人本主义疗法不够精确，并且可能是最缺乏科学性和理论性的疗法。而且，人本主义疗法不适合处理危机中需一定指导性策略的来访者，也不适合无法通过口语表达的来访者。

关于心理治疗的疗效问题

"心理治疗是否有效"以及"哪一种心理疗法更有效"是较为复杂的问题。1952年，英国心理学家汉斯·艾森克（Hans Eysenck，1916—1997）对"心理治疗有效"的传统观点提出了挑战，他回顾了以往各种关于治疗效果的资料，发现接受心理动力疗法及其他疗法的患者在治疗结束后，并没有比那些未接受治疗的患者的状况更好。他声称，神经症患者中，约2/3的人在问题出现后的两年内都会自动康复。

艾森克的结论虽然很快受到了其他心理学家的质疑，但是，他的工作还是引发了心理学家对心理治疗有效性问题的持续研究。一些研究综述认为，心理治疗比完全不治疗要好得多，因为**自然缓解**（spontaneous remission）率相当低。绝大多数情况下，如果不治疗，异常行为症状不会自行消失。但这一问题仍处于激烈的争论中（Seligman, 1996; Westen, Novotny, & Thompson-Brenner, 2004; Lutz et al., 2006）。

虽然绝大多数心理学家相信，总体而言心理治疗比完全不治疗更有效，但是"哪种形式的疗法比其他形式的疗法更有效"这一问题，还没有明确的答案（Nathan, Stuart, & Dolan, 2000; Westen, Novotny, & Thompson-Brenner, 2004; Abboud, 2005）。

一项比较不同疗法疗效的经典研究发现，虽然各种疗法的成功率稍有不同，但大部分疗法的成功率基本持平。与未接受治疗的个体相比，接受各种治疗的个体的成功率要高出70%~85%，如图14.2所示。行为疗法和认知疗法虽然比其他疗法的成功率稍高一些，但这可能是由于所治疗的患者心理障碍的严重程度不同（Smith, Glass, & Miller, 1980; Orwin & Condray, 1984）。

近年来，研究者利用元分析的统计方法评估心理治疗的疗效，也得出了类似的总体结论。而且，对186 000名患者进行的大规模调查显示，被调查者觉得他们确实从心理治疗中受益匪浅，并且接受不同疗法的患者满意度也基本相同（Seligman, 1995; Malouff, Thorsteinsson, & Schutte, 2007; Cuijpers et al., 2008）。

总之，关于心理疗法的疗效，可以得出以下结论（Strupp & Binder, 1992; Seligman, 1996; Goldfried & Pachankis, 2007）：

1. 对绝大多数人来说，心理治疗的确有效。虽然治疗时间长短不同、心理障碍的类型不同、采用的治疗方法也不同，但这一结论仍然成立（Seligman, 1996; Spiegel, 1999; Westen, Novotny, & Thompson-Brenner, 2004; Payne & Marcus, 2008）。

2. 心理治疗并非对每个人都有效。在接受治疗的患者中，多达10%的人症状并没有改善，甚至恶化（Boisvert & Faust, 2003; Pretzer & Beck, 2005; Coffman et al.,

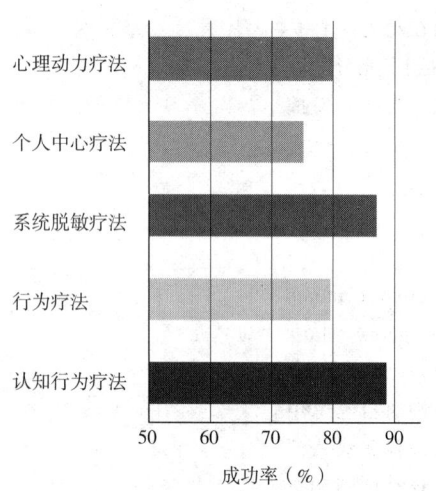

图14.2 不同心理疗法疗效比较
资料来源：Smith, Glass, & Miller, 1980.

3. 某种心理疗法对某类问题更有效。例如，认知疗法对惊恐障碍尤其有效，而暴露疗法能有效缓解特定的恐怖症。而且，不同疗法的成功率并非一成不变（Miller & Magruder, 1999; Westen et al., 2004）。
4. 对于心理障碍，没有单一的、最有效的疗法。因为影响成功率的因素很多，而且难以控制，我们无法对"哪一疗法最有效"做出明确的回答。此外，新的治疗方法不断出现，使我们对疗效很难做出全面的结论。

正因为单一的心理疗法很难永久有效，折衷心理疗法变得越来越流行。另外，种族因素可能与治疗的成功率有关。所以，治疗师在治疗不同种族、民族的患者时，应该多质疑心理治疗的一些基本假设。例如，跟美国主流文化相比，亚洲和拉丁美洲的文化特别强调团体、家庭和社会。因此，治疗师不能对患者不加区别地统一对待，而应充分考虑患者的种族、民族、文化以及社会阶层背景等因素，弄清患者心理障碍的实质，找到合适的治疗方法。

生物医学疗法

生物医学疗法（biomedical therapy）主要关注对精神障碍的生理改变。常见的生物医学疗法有药物疗法、电痉挛疗法以及精神外科手术。

药物疗法

药物疗法（drug therapy）是指通过药物改变大脑中神经递质和神经元的运作，从而治疗心理障碍的方法。药物治疗是生物医学疗法最常用的方法。精神药物学（psychopharmacology）是心理学的一个分支，主要研究药物对某些生物系统及行为的作用与效果。

目前在治疗中使用的药物主要分为四类：抗精神病药物、抗抑郁药物、心境稳定剂以及抗焦虑药物。它们分别使大脑中影响精神病症状、抑郁以及极度焦虑的物质发生化学改变（见表14.9）。

抗精神病药物 精神病医院最伟大的改变，莫过于20世纪50年代中期**抗精神病药物**（antipsychotic drugs）的成功引进。抗精神病药物氯丙嗪引进之前，精神病院的医生更多地是充当监管人的角色。抗精神病药物的问世，使得先前暴力的、无法控制的患者在接受药物治疗之后变得安静，医生可以更加专注地研究、帮助患者，而更少充当监管人的角色。氯丙嗪等抗精神病药物可以使妄想、幻觉、社会退缩以及心烦意乱等症状有所缓解。如今，人们更愿意用药物疗法来治疗绝大多数严重的行为异常病例。奥氮平、利培酮、帕潘立酮是目前临床上使用的第二代抗精神病药物（非典型抗精神病药物），与第一代抗精神病药物相比，副作用较少（Lublin, Eberhard, & Levander, 2005; Savas, Yumru, & Kaya, 2007; Nasrallah et al., 2008）。

抗精神病药物可以缓解多种心理障碍症状，如失去现实感或激动不安。精神分裂症的症状主要与多巴胺过多有关，而抗精神病药物主要是通过与多巴胺的受体结合，使得多巴胺无法作用在受体上，如氯丙嗪能阻断或降低多巴胺受体的感受性。

表 14.9 治疗心理障碍的主要药物种类

药物种类		药物疗效	药物作用的主要过程	例子
抗精神病药物，非典型抗精神病药物		缓解多种心理障碍症状，如失去现实感或激动不安	阻断多巴胺受体	抗精神病药物：氯丙嗪、氯氮平、氟哌啶醇 非典型抗精神病药物：利培酮、奥氮平
抗抑郁药物	三环抗抑郁剂	缓解抑郁	增加诸如去甲肾上腺素之类的神经递质	曲唑酮、阿米替林、去郁敏
	单胺氧化酶抑制剂	缓解抑郁	阻止单胺氧化酶分解神经递质	苯乙肼、强内心百乐明
	选择性5-羟色胺再摄取抑制剂	缓解抑郁	抑制5-羟色胺的再摄取	氟西汀、氟伏草胺、帕罗西汀、西酞普兰、舍曲林、奈法唑酮
情绪稳定剂	锂盐	稳定情绪	改变神经元内部的冲动传导	锂盐、双丙戊酸钠、卡马西平
抗焦虑药物		缓解焦虑	增加神经递质伽马氨基丁酸（GABA）的活性	苯二氮

　　一些新的抗精神病药物，如氯氮平，既直接降低多巴胺的活性，又提高5-羟色胺的活性，而5-羟色胺会抑制多巴胺系统的活动。这些药物的作用是降低大脑活性的整体水平，不仅具有镇静作用，同时还消除或减轻了包括妄想和幻觉等精神分裂症的阳性症状。

　　尽管抗精神病药物有其特殊的疗效，但此类药物会有长期的副作用，如咽喉干、头晕、注意力无法集中、思维迟钝、动作迟缓，有时会出现肌肉失控的情况，甚至在停止服药后这些副作用还会持续。同时，抗精神病药物并不能治愈精神分裂症，绝大多数情况下，患者停药后复发率非常高。它只能减少妄想和幻觉，并不能消除潜在的真正导致疾病的心理病理学的病因。不过，它们在控制患者最混乱的症状方面有很好的疗效（Voruganti et al., 2007）。

　　抗抑郁药物　抗抑郁药物（antidepressant drugs）主要用于治疗严重的抑郁症，以改善患者的抑郁情绪，也可以用来治疗焦虑障碍、贪食症等心理障碍（Walsh et al., 2006; Hedges et al., 2007）。绝大多数抗抑郁药物通过增加去甲肾上腺素和5-羟色胺的浓度产生疗效。例如，三环抗抑郁剂能抑制突触末梢释放的神经递质的再摄取，使去甲肾上腺素的浓度提高而发挥治疗作用；单胺氧化酶抑制剂（MAO抑制剂）可以抑制去甲肾上腺素以及5-羟色胺的分解，使可利用的神经递质增加而发挥治疗作用。草酸依西普兰是选择性5-羟色胺再摄取抑制剂（SSRIs）。选择性5-羟色胺再摄取抑制剂以神经递质5-羟色胺为目标，使其保留在突触中，而奈法唑酮则通过选择性地阻塞某些5-羟色胺受体位点起作用（见图14.3）。

　　在（a）情况下，选择性5-羟色胺再摄取抑制剂通过允许递质5-羟色胺停留在突触中起作用，在（b）情况下，新的抗抑郁药奈法唑酮则更具选择性地通过阻塞受体神经元上的某些5-羟色胺受体位点起效用，以此来降低药物产生的副作用。

　　抗抑郁药物的总体成功率高，与抗精神病药物不同，抗抑郁药物可以产生持久的、长期的疗效。很多情况下，即使患者停药，抑郁也不会复发。但是，抗抑郁药物可能产生副作用，如困倦和眩晕。也有证据显示，选择性5-羟色胺再摄取抑制剂

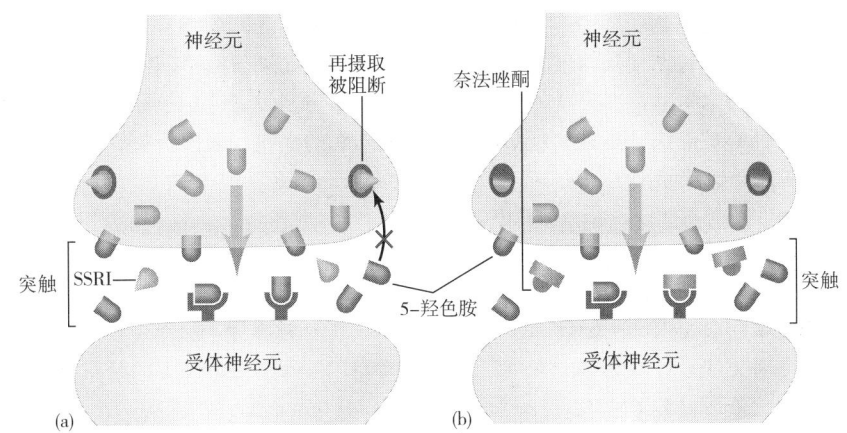

图 14.3
两种抗抑郁药物的作用机制
（见彩插）

会增加儿童和青少年自杀的风险（Gibbons et al., 2007; Leckman & King, 2007; Olfson & Marcus, 2008）。

每年，患者在抗抑郁药物上的开支多达几十亿美金。抗抑郁药物氟西汀（商品名为百忧解）具有改善轻微抑郁的功能，在很大程度上帮助了成千上万受抑郁折磨的患者。跟同类抗抑郁药物相比，百忧解的副作用相对较小。而且，很多使用其他抗抑郁药物无效的患者，使用百忧解却取得很好的效果。然而，百忧解也有明显的副作用，例如体重增加、视线模糊、口干舌燥、便秘等。20%~30% 使用百忧解的患者出现了恶心和腹泻现象，还有少部分患者出现了性功能障碍（Kramer, 1993; Brambilla et al., 2005; Fenter, 2006）。贯叶连翘是一种多年生药用植物，在欧洲被广泛用于治疗抑郁，但美国食品药品监督管理局认定它只是一种保健品，不用医生处方就能购买。目前，关于贯叶连翘的有效性存在着很大争议，有临床实验显示它对治疗抑郁根本没有效果，一些研究却证实它的确成功地减少了某些心理症状。无论如何，人们必须在咨询专业人士之后再使用此药（Shelton et al., 2002; Thachil, Mohan, & Bhugra, 2007; Rapaport et al., 2011）。

心境稳定剂　心境稳定剂（Mood stabilizers）被用来治疗心境障碍。例如，锂盐（lithium）在治疗双相障碍方面卓有成效。对处于难以控制的过度兴奋期的患者，当他们的精力有限而行为又过度兴奋时，可以使用锂盐降低其躁狂水平，使他们的情绪恢复到正常状态。然而，对于那些躁狂期和抑郁期更迭非常频繁的双向障碍患者，锂盐似乎不如其他药物有效，如丙戊酸钠、卡马西平。

锂盐和其他类似药物可以预防、治疗双向障碍的发作。通常，曾患有双相障碍的患者可以每天服用一剂锂盐，以防止复发，而其他绝大多数的药物只是在精神障碍发作时才有效。

抗焦虑药物　抗焦虑药物（antianxiety drugs）即日常所说的镇静剂。抗焦虑药通过降低患者的易兴奋性缓解患者的焦虑程度，提高患者的幸福感。它们不但可以缓解患者因经历暂时困难而产生的一般性紧张，而且可以治疗更为严重的焦虑障碍（Zito, 1993）。

临床医生经常使用抗焦虑药物来治疗患者，例如最常用的安定或者阿普唑仑。实际上，美国一半以上的家庭曾有成员服用过抗焦虑药物。

虽然抗焦虑药物的危险性很小,但是也有许多潜在的副作用。例如,它们会让患者感到疲惫,长期使用可能产生药物依赖。此外,如果与酒精同服,一些抗焦虑药可能导致患者死亡。但一个更为重要的问题是,抗焦虑药物的使用抑制了焦虑。几乎所有的心理疗法都把持续性焦虑看作其他问题的症状,而掩蔽焦虑的药物则使其他问题也被遮蔽起来了,使得患者无法发现深层的问题。

电痉挛疗法

电痉挛疗法(electroconvulsive therapy, ECT)是通过对大脑进行电击来治疗心理障碍的一种方法,如对精神分裂症、躁狂症的治疗,而应用最广泛的是对抑郁症的治疗。电痉挛疗法最初产生于20世纪30年代,一般以微弱的电流(70~150伏特)电击患者的太阳穴,持续时间1/10秒至1秒,患者会丧失意识、产生抽搐。抽搐通常在45~60秒后消失。在接受这种痛苦的治疗前,为了缓解治疗中产生的肌肉紧张,会首先使用一种短效的巴比妥镇静剂和肌肉放松剂,使患者处于无意识的状态,而且使躯体的剧烈反应降低到最低程度。

电痉挛疗法在快速减轻抑郁症的症状方面取得了极大的成功。例如,它可以阻止抑郁、有自杀倾向的患者自杀,比抗抑郁药物疗法见效更快。尽管如此,电痉挛疗法仍然是备受争议的疗法,因为它不仅会唤起明显的令人厌恶的电刑形象,而且更重要的是有明显的副作用。例如,ECT会引起暂时性的神志不清和多种记忆缺陷。在接受治疗期间,患者常常会出现遗忘症,治疗时间越长,遗忘症越严重,有时记忆丧失甚至持续数月。电痉挛疗法往往不能长久有效,如果没有后续的药物治疗,绝大多数可能复发。即使ECT是有效的,人们也并不知道它的作用机制,并且一些批评者认为这种疗法可能会永久性地破坏大脑(Gardner & O'Connor, 2008; Kato, 2009; Weiner & Falcone, 2011)。

在过去的10多年里,ECT的使用率不断攀升,每年有超过100 000人接受了ECT疗法。然而,绝大多数治疗师还是把ECT作为最后的选择,只有在其他疗法都无效时,才选用这种疗法。并且,研究者还在继续寻找替代疗法(Fink, 2000; Eranti & McLoughlin, 2003; Pandya, Pozuelo, & Malone, 2007)。

一种有希望代替ECT的新技术是**经颅磁刺激**(transcranial magnetic stimulation, TMS)技术。TMS技术能够在大脑的特定区域产生准确的磁脉冲,在许多严格控制的实验里,通过激活患者大脑特定的神经元,成功减轻了抑郁症的症状。然而,TMS技术也有副作用,例如引起癫痫和痉挛等。目前,这种技术仍在实验阶段(Leo & Latif, 2007; Kim. Pesiridou, & O'Reardon, 2009; Bentwich et al., 2011)。

精神外科手术

精神外科手术(psychosurgery)是那些为了缓解心理障碍而对人的大脑施行外科手术的方法的统称。最原始、最广为人知的精神外科手术是前额叶切除术,它切除或损毁患者额叶的部分皮层,医生认为这些皮层是控制情绪的。这种手术一度十分盛行,但目前已很少使用,因为它面临两大问题。首先,患者的大脑结构永远没法恢复到术前的状态。其次,副作用很大,会严重影响患者的情绪反应和思维,患者变得无精打采,对什么事情都不感兴趣,或者变得争强好斗,难以控制冲动;无法进行抽象思维，丧失预先计划的能力，对他人的见解无法提出异议；缺乏自我一致感而导致智力和情绪出现问题。对精神分裂症患者的幻觉、妄想及衰退症状亦无明显作用。最严重的是，手术可能导致死亡。由于精神外科手术是不可逆的，副作用严重且普遍，正性疗效却不一定出现，现在人们只有在其他所有的治疗都无效，而患者的行为已经严重威胁患者本人和他人时，才不得已将它作为"最后的治疗手段"。此外，精神外科手术也因可能引起严重的道德问题而备受争议。

生物医学疗法的疗效问题

生物医学疗法所取得的疗效是显而易见的。通过药物治疗，不少患者减轻了痛苦，生活恢复正常。生活中，使用生物医学疗法解决问题的人越来越多。一项对使用大学咨询服务的学生的调查发现，1989~2001年，使用药物来治疗心理障碍的学生比例从10%上升到了25%（Benton et al., 2003）。此外，新的生物医学疗法很有前景。例如，最新的基因疗法目前已在实验阶段。

然而，生物医学疗法并不能治愈所有的心理障碍。一方面，批评者指出，该疗法只是缓解了心理障碍的症状，患者一停药，症状就会复发。虽然它朝着治愈的方向迈出了重要的一步，但仍然不能解决患者心理障碍的潜在问题。另一方面，生物医学疗法有明显的副作用，比如不良的生理反应和新的异常行为。

虽然生物医学疗法和心理疗法看起来截然不同，但研究表明，生物医学疗法最终可能并不像人们想象的那样，与谈话疗法有很大的不同，至少在结果方面是这样。例如，有人对抑郁症患者分别用抗抑郁药物和心理疗法进行治疗，并比较二者的疗效。治疗6周后发现，两组患者与抑郁症有关的大脑部分——基底神经节（basal ganglia）

心理学与人生：判断你何时需要帮助

通过对使人们遭受痛苦的各种心理障碍的范围和种类的分析，也许你会发现自己也患有一种或几种障碍。其实这叫"医学学生的疾病"（medical students' disease）。也许你觉得叫作"心理学学生的疾病"（psychology students' disease）更合适些，但实质是一样的：你会从学到的问题中感到自己也有类似的问题。

当然，大多数情况下你没必要担忧。我们必须时刻记住：每个人都会经历各种不同的情绪变化，忧伤难过、做奇怪的白日梦、对周围环境感到害怕等等都是十分常见的现象。区分正常与异常行为的重点在于这些行为的持久性、深入性和强度。如果有的同学的问题很严重，确实值得重视，那么此时专业援助是非常重要的。以下一系列症状为你提供了参考，以便当问题出现时，确定你是否需要寻求专业援助：

- 长期的压力影响了你的主观幸福感、个人竞争力和能力的有效发挥；
- 有些时候你会遇到巨大的压力，而你又无法很好地解决这些问题；
- 没有明显原因的长时间抑郁或绝望；
- 社交冷漠；
- 无法确定病因的长期身体问题；
- 感到害怕或恐怖，无法正常生活；
- 以为别人想要抓你，或感觉别人一直在谈论你，或密谋做一些对你不利的事；
- 无法很好地与他人交往，避免与他人产生友谊或爱情。

判断日常生活中的异常行为是否逐步发展到了你无法控制的程度，以上表述为你提供了一个大概的参考。当发生上述症状时，自己钻研心理障碍是最无效的方法，最合理有效的方法是寻求专业帮助。

的改变是相似的。该研究表明，至少对于某些心理障碍来说，心理疗法与生物医学疗法一样有效，反之亦然（Hollon, Thase, & Markowitz, 2002; DeRubeis, Hollon, & Shelton, 2003; Pinquart, Duberstein, & Lyness, 2006; Greenberg & Goldman, 2009）。

在近年来的实验中，研究人员评估了心理疗法、药物疗法、心理药物结合疗法等三种方法的疗效。其中一个研究发现，二者结合的治疗最成功（Keller et al., 2000）。在完成了一个疗程的519名患者中，仅接受药物疗法的患者有55%达到了症状减轻的标准，仅接受心理疗法的患者有52%达到了相同的标准，既接受药物又接受心理疗法的患者中有85%达到了同样的标准。因此，目前人们更多的是将生物医学疗法与心理疗法结合使用。研究还表明，没有哪种单一的疗法是万能的，每一种疗法都有其优缺点。

思考与应用

1. 心理学区分正常和异常行为的标准有哪些？
2. 假设你的同学家境优越却常常偷同学的钱，而且屡教屡犯。请用医学观点、精神分析观点、行为主义观点、认知主义观点、人本主义观点、社会文化观点分别解释这一问题。
3. 在文化领域中，哪些文化因素可能导致焦虑障碍的产生？不同文化背景下的人们对焦虑障碍的体验又有何不同？
4. 人格障碍的症状并不明显，而且患者通常也能如正常人一样生活而不伤害到他人。那么为什么他们却被认为是心理障碍患者呢？
5. 在几百种心理治疗方法中，最常用并且最具有代表性的治疗流派有哪些？
6. 如果心理障碍与阑尾炎或其他可医治的身体障碍一样可以治愈，那么社会将发生什么变化？你会赞成推选曾经患有心理障碍的人担任重要领导职务吗？

推荐拓展读物

1. 戴维·迈尔斯著，黄希庭等译（2019）．心理学导论：人格、社会与异常心理学（下册，第9版）．北京：商务印书馆，171~252.
2. 桑德拉·切卡莱利，诺兰·怀特著，周仁来等译（2014）．心理学最佳入门（第2版）．北京：中国人民大学出版社，535~616.
3. 理查德·格里格，菲利普·津巴多著，王垒等译（2016）．心理学与生活（第19版）．北京：人民邮电出版社，460~537.
4. 欧尼斯特·西尔格德，理查德·阿特金森，爱德华·史密斯，苏珊·诺伦－霍克西玛等著，洪光远译（2013）．西尔格德心理学导论（插图第14版）．北京：世界图书出版公司，470~543.

第 15 章

社会心理学

抢盐风波

2011年3月15日,因为日本核电站泄漏事故,有谣言称日本核辐射会污染海水,导致以后生产的盐都无法食用,而且吃含碘的食用盐可防核辐射,一时间引起一些市民疯狂抢购食盐。一些不法经销商乘机哄抬价格,牟取暴利,群众反映强烈。

由于听信加碘盐可以防核辐射的谣言,中国多个地区均出现了抢购食盐的风波。尽管国家发改委、各地政府和盐务管理部门紧急辟谣并保证货源充足,专家也称吃盐防辐射不靠谱,但仍有不少民众继续盲目抢购。网上甚至出现了日本核辐射图,图中大部分中国地区都被标在其内。继而有国外核辐射专家辟谣,表示辐射图毫无根据。

此次抢盐事件最先从沿海的浙江、江苏、福建、上海、广东等省份传开,之后蔓延到其他地区,甚至连距离日本福岛第一核电站3200公里的重庆以及成都也闹起了盐荒。

抢盐者不只有中老年妇女,许多年轻人也加入了抢购的行列。据北京某超市的销售人员说:"出现抢盐现象的第一天,库存就全部卖光。有不少年轻人整箱购买,近2000袋的食盐一上午就抢光了。一些抢不到盐的人转而抢购泡菜盐以及酱油、紫菜和海带等含碘物品。"由于中国当时的食盐全为加碘盐,其中含有碘酸钾,不少市民担心日本核电站爆炸对人体有影响,认为多买些食盐可以在关键时刻用来防辐射;另有市民担心海水被放射性物质污染,没法再提炼盐,而食盐一旦库存不足就会引起涨价。"抢盐"风波由此而生。

置身于广阔的社会环境中,我们是以什么方式去认识他人的呢?他人的言行对我们又会产生怎样的影响?该如何改善社会环境才能实现和谐共处?甚至该怎样去说服他人改变其态度或价值观呢?

要解答以上问题，就需要了解和学习社会心理学。严格地说，**社会心理学**（social psychology）是一门研究人的思维、情感和行为如何受他人影响的科学。本章首先要探讨人们如何形成对他人的判断；然后探讨人们的态度及其形成过程，并阐述偏见和歧视等社会现象及其根源；最后主要讨论人们如何受他人影响。

社会认知

国内外的新闻媒体上经常有这类报道：娱乐圈的某某明星又被爆绯闻缠身。可是这种负面报道并没有使粉丝们停止对该明星的狂热追捧。如何看待明星是一个根本性的社会问题：人们是如何理解他人、认识他人的。社会心理学长期关注的一个主要领域就是：如何理解他人，以及如何解释他人行为背后隐藏的原因。

社会认知（social cognition）是个体对个人、社会关系等社会性刺激所进行的认知活动。面对接触到的他人的大量信息，我们怎样确定哪些重要，哪些不重要？又如何对他人的特征做出判断？首先来看看社会认知图式。

社会认知图式

社会认知图式（social cognitive schemas）就是我们对个人、社会关系等社会刺激进行认知的高度发展的基本模式。这些图式将记忆中的信息组织起来，在我们的思维中呈现出社会运行的方式，并为识别、分类和回忆与社会性刺激（如个人和群体）相关的信息提供框架（Moskowitz, 2004; Smith & Semin, 2007; Amodio & Ratner, 2011）。

根据图式所包含内容的不同，图式可分为：

个人图式，指对某一特殊个体的认知结构。比如，我们对周恩来总理的个人图式内容包括：鞠躬尽瘁、顾全大局等。

自我图式，指人们对自己所形成的认知结构，它与自我概念有着紧密的联系。比如我们认为自己聪明、幽默，而且乐于助人，这就是自我图式的内容。值得注意的是，自我图式存在文化差异。西方文化注重个人价值，强调个体差异，属于独立型自我图式；反之，东方文化注重集体精神，强调个体与周围环境及人的相互依存，并将与自己有关的重要他人（如：家人、朋友）视为自我的一部分，这种自我属于互依型自我图式（Markus & Kitayama, 1991; 周爱保，刘沛汝，张彦驰，尹玉龙，2015）。

团体图式，指对某一特殊团体的认知结构，有时候也叫团体刻板印象。团体图式使得我们将某些特质归于一个特殊团体的所有成员。比如人们常常根据刻板印象认为山东的男性都人高马大，江南女子都小家碧玉。

角色图式，指人们对特殊角色者所具有的有组织的认知结构。比如教授应该"知识渊博、满头银发"，母亲总是"温暖、慈祥"。

脚本，指人们对事件发生顺序所形成的图式，尤其是指一段时间内一系列标准过程的行为。比如婚宴主持人应当清楚婚礼的程序，何时奏乐，何时拜堂，何时由亲朋好友致词，何时由新人答谢等等，不能错，也不能乱，否则就会闹笑话。

不管这些图式的准确性如何，图式都是非常重要的，因为它组织着我们回忆、识别和划分与他人有关信息的方式，尤其在缺少具体详细信息的情况下，图式有助于节省时间与精力，快速而经济地处理大量信息。而事实上，我们总是倾向于把个体与图式相对应，即使很多时候并没有确切的证据（Bargh & Chartrand, 2000; Ruscher, Fiske, & Schnake, 2000）。

印象形成

印象形成（impression formation）是指个体分析、整合各种信息形成一种综合性的感知、理解的过程。在社会活动中，印象形成具体指个体组织有关他人的信息以形成对他人的总体印象的过程。

比如，隔壁班有个经常吹口哨的同学，我们如何确定他是真正乐观的人还是轻浮的人？社会认知早期的研究成果探究了印象形成的过程。例如，在一个经典的研究中，学生们获悉即将有位客座教授来给他们做报告。研究人员告诉一组学生，演讲者"是一个相当热情的人、勤奋、敏锐、务实、能干"；同时又告诉另一组学生，说演讲者是"一个相当冷酷的人、勤奋、敏锐、务实、能干"。研究人员简单地把"热情"替换为"冷酷"，就导致两组学生对演讲者的感知产生了巨大的差异：即使演讲者在每次演讲时风格和内容都相同，前一组学生对演讲者的评价也更为积极（Kelley, 1950）。

这一实验结果引起了对印象形成的进一步研究，即人们对不同寻常的重要特质（即中心特质）的特别关注，是如何帮助人们形成对他人的总体印象的。从这项研究来看，**中心特质**（central traits）的呈现改变了其他特质的含义。因此，当演讲者"勤奋"的特质与中心特质"热情"相联系时，跟演讲者"勤奋"的特质与中心特质"冷酷"相联系时，含义可能有所不同（Widmeyer & Loy, 1988; Glicksohn & Nahari, 2007; McCarthy & Skowronski, 2011）。另外，其他关于印象形成的研究采用的是信息加工理论取向，剖析了个体多种人格特质如何共同作用而产生总体印象的数学模型。总的来说，研究结果表明，在对一个人形成总体判断的时候，我们采用了所见个体特质的心理"平均数"，就像我们对几个数字计算数学平均数那样（Mignon & Mollaret, 2002）。我们能够快速形成这样的印象——也就在几秒之内，通过所谓的"行为片断"，我们即可对他人做出准确的判断，这与根据更多行为表现做出的判断是一致的（Carney, Colvin, & Hall, 2007; Pavitt, 2007; Holleran, Mehl, & Levitt, 2009）。

当然，随着我们获得更多有关他人的经验，并看见他们在各种情况下所表现出的行为，我们对他人的印象会变得更加复杂和准确。然而，我们对于他人的认知通常并不完整，我们仍倾向于将个体放入特定"类型"的人格图式中。例如，我们可能有"广交朋友的人"这一图式，它由友善、积极进取和开放等特质组成。只要出现一两个有关的特质，就足以让我们把一个人归入某一特定的图式。

然而，图式也容易出错。例如，情绪状态会影响我们对他人的感知。情绪好的人比情绪差的人更可能对他人形成好的印象，并做出更多积极判断（Forgas & Laham, 2005; Human & Biesanz, 2011）。不过，即使图式并不完全准确，也具有重要的作用：图式能让我们形成别人将会如何行动的预期，从而让我们更为轻松地与他人交往，也可简化复杂的社会情境。

研究发现，人们的自我图式和他人图式存在不同的偏向。无论是在外显层面还是在内隐层面，人们对自我的评价均好于对他人的评价。这说明人们的自我图式总是要比他人图式更积极（夏凌翔，耿文超，2012）。

归因过程

我们都曾对一些极端事件当事人行为背后的原因迷惑不解。例如，轰动一时的马加爵事件，就让大家莫名其妙。有人认为马加爵杀人是性格问题，有人认为是贫困问题，有人认为是环境问题，还有人认为是强烈、压抑的情绪特点和扭曲的人生观以及"自我中心"所致。

到底如何分析才是正确的呢？我们需要来看看社会心理学的归因理论。如前所述，社会认知理论关涉人们如何形成对他人人格特质的总体印象。相形之下，**归因理论**（attribution theory）关涉人们如何以他人的行为样本为依据来确定其行为的具体原因。

通常情况下，确定个体行为和其他社会事件的原因要经历几个阶段，如图15.1所示。首先，注意到发生了一件不同寻常的事情——例如，2016年里约奥运会上中国游泳名将孙杨痛失首金——我们就开始尝试解释这一事件。一个最初的解释可能是：由于时差原因，孙杨在比赛前夜没有睡好。是否接受这个最初的解释，取决于我们的时间资源、认知资源（如对事件的注意程度）以及动机（部分地由事件的重要性决定）。当然，我们可以接受最初的解释，也可以修正这个解释：孙杨或许是生病了。如果有足够的时间、认知资源和动机，我们就会深思熟虑，寻找更为圆满的解释。在问题形成和解决阶段，找到最终满意的解释之前，我们也许会尝试好几种可能的解释（Malle, 2004; Brown, 2006; Martinko, Harvey, & Dasborough, 2011）。

在寻求对行为的解释时，我们必须回答一个中心问题：原因是情境还是个性所致？**情境原因**（situational causes）是指那些由环境中的事物所带来的原因。例如，某人打翻了一杯牛奶，然后又打扫干净，他这样做可能并不是因为他是一个爱整洁的人，而是因为情境要求他这样做。相形之下，一个人花几个小时来擦亮厨房的地板，可能就是因为他是一个爱整洁的人，因此，这种行为具有**个性原因**（dispositional causes），即由这个人的性情（他的内部特质或人格特征）所触发。这种分析也符合海德的归因理论。该理论将个体行为的原因分为两种：一种是个体自身之外的原因，如环境、他人的影响和任务的难易等，若将行为的原因归结于此，则是外在归因或情境归因，人们就很难断定在类似情况下其行为是否会再度出现；另一种是个体自身的原因，如能力、动机、兴趣等，若将行为的原因归结于此，则是个性归因或特质归因，这种归因会增加人们预测其行为在类似情况下再次出现的可能性。

另外，韦纳也研究了人们对成功与失败的归因。他认为，原因可由"内因－外因"和"稳定－不稳定"这两个维度任意组合而成，不同的归因会导致不同的结果。当我们预言某人将来的行为时，稳定－不稳定维度非常重要；对他人行为进行评价时，内因－外因维度更有意义。例如，来自农村的大四学生小张，在校期间多次英语考试都不及格（基础太差，稳定而不易改变），但他并没有气馁，在课余时间投入了更多的精力学习英语（这种发自内心的自强不息的精神值得发扬），最后通过了毕业英语考试。

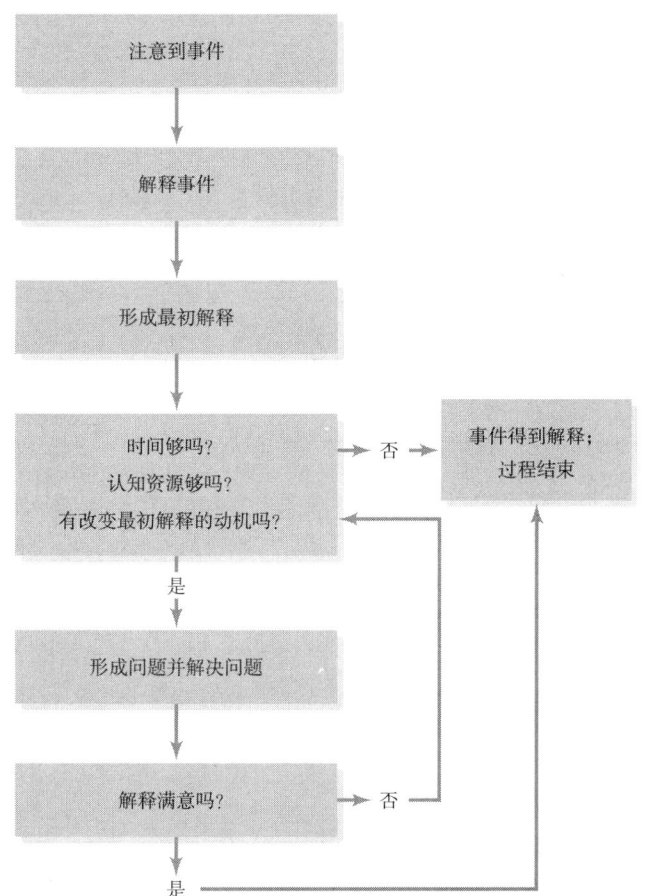

图 15.1
归因过程分析
资料来源：Krull & Anderson, 1997, p. 2.

凯利的归因理论则强调信息本身的特征。他将信息分为三类，即区别性信息、一致性信息和普遍性信息。区别性信息是指行为者的行为是否因对象而异，若因对象而异，则区别性高，反之则低；一致性信息是指行为者的行为是否因时因地而异，若不随时、随地而异，则一贯性高，反之则低；普遍性信息是指行为者的行为与他人相比是否特殊，是否与众不同，相同则一致性高，不同则一致性低。例如，高二学生小王期末数学考试不及格，是什么原因造成的呢？是学习不用功还是基础差，或者发挥失常？先来看看区别性信息，小王除了数学不及格，语文、英语全都及格了；再看一致性信息，小王在高一的两次数学考试中成绩还不错；最后分析普遍性信息，小王所在班级的数学及格率比上次考试下降了很多，而且很多同学感觉考题有些偏。综合各种信息之后，这次小王数学不及格的原因很可能是考试命题方面的原因，而不一定是小王自身的原因。因此，凯利认为，三种信息的组合不同，行为产生的原因也可能是不同的。

总之，在归因的过程中，要尽可能多地了解和分析信息，并采用符合逻辑的思路，才可能避免错误归因。

归因偏差

归因偏差（attribution bias）是指人们歪曲客观事实，违反科学的、理想的推断原则而表现出来的对某种特定归因方式的偏爱。如果我们总是按照归因理论所提出的理性方式来处理信息，那么这个世界就会更加和谐。不幸的是，尽管归因理论总体上做出了准确的预测，但是人们往往并不采用归因理论所提出的符合逻辑的方式来归因。事实上，研究发现，人们在进行归因时表现出一致的偏差，其中典型的偏差包含以下四种。

晕轮效应

张老师是一个聪明、和善、有爱心的人。那么你来猜测一下，他是不是也很谨慎呢？你的答案很可能是肯定的。这种猜测反映了**晕轮效应**（the halo effect），即假如我们知道某个人具有一些积极特质，在这种理解的基础上，会推测他还具有一些其他的积极特质，以便保持对这个人整体印象的一致性。反之亦然，如果你了解到张老师不爱交际且好争论，那么你可能会推测出他很懒惰。然而事实上，很少有人具有一致的积极特质或消极特质，所以，晕轮效应会使我们形成对他人的错误感知（Goffin, Jelley, & Wagner, 2003; Dennis, 2007; Park, Park, & Dubinsky, 2011）。

假定相似性偏差

先来想想看，你与你熟识的朋友们有多少相似之处？大多数人都认为朋友与自己的态度、观念和好恶等方面都很相似。实际上，这种感觉远不止针对熟人。此种现象就是**假定相似性偏差**（assumed-similarity bias），它是一种普遍倾向，使得人们以为他人与自己相似，即使是第一次见面。由于个体的多样性，这种假定常常有碍我们判断的准确性（Lemay, Clark, & Feeney, 2007; Lemay & Clark, 2008）。

自我服务偏差

自我服务偏差（self-serving bias），是指个体将成功归因于自己的个人因素（技巧、能力或努力），而将失败归因于自身之外因素的一种倾向。比如，如果球队赢得比赛，教练通常会觉得，球队的成功是由于他的正确指导；然而，一旦球队输了，教练很可能认为是由于队员的水平太差。与此相似，如果你在考试中获得优秀的成绩，你可能会归因于自己的刻苦，但是如果你的分数很差，你可能会认为老师教导无方（Krusemark. Campbell, & Clementz, 2008; Shepperd, Malone, & Sweeny, 2008）。

基本归因错误

基本归因错误（fundamental attribution error），是指人们在归因时，有一种高估个体个性或态度等内在特质的作用，忽视或低估情境因素影响的倾向，即个性归因强于情景归因的现象。人们在解释他人的行为时,通常倾向于夸大个性特征的重要性,而尽可能弱化环境的影响（情景因素）。例如，某人经常上班迟到，我们很容易认为

> **探索与发现：不同文化背景下都有基本归因错误吗？**
>
> 归因偏差并不会以同样的方式影响所有人，我们赖以成长的文化背景在归因方式上也起着重要作用。尽管基本归因错误这种归因偏差倾向在西方文化中很普遍，但是在东方社会中却与之不同（Miller, 1984; Lien et al., 2006）。
>
> 社会心理学家米勒研究发现，在印度参加实验的成年人在解释事件时，更可能采用情境归因而不是个性归因。这一研究结果与在美国所做实验的结果相反，并与基本归因错误相矛盾。米勒认为，这可能是由于东方文化的社会规范及价值观与西方社会不同，东方文化在很大程度上比西方文化更强调社会责任和社会义务（Miller, 1984; Lien et al., 2006）。
>
> 一种文化中所使用的语言也可能会导致不同类型的归因。例如，一个讲英语的人可能会说"我迟到了"，它暗示了这是个性原因所致（"我是一个拖拉的人"）。与之相反，一个讲西班牙语的人迟到了会说，"闹钟让我迟到了"。很显然，西班牙语的表述暗含着情境原因（Macduff, 2006; Alon & Brett, 2007）。
>
> 归因的文化差异会影响个体后续的行为。例如，亚洲的父母倾向于将学习成绩好归因于努力和勤奋学习（情境因素）。与之相反，西方文化中的父母倾向于弱化努力的重要性，而将学业成功归因于先天能力（一种个性因素）。结果是亚洲学生在学校可能更加努力去获得成功，并最终超过美国学生（Stevenson, Lee, & Mu, 2000; Lien et al., 2006）。

是他太懒惰而错过了早班车（个体原因），而不会假定他的迟到是情境原因所致，如公共汽车班次少且老是晚点。

为什么基本归因错误如此普遍呢？这与人们归因时所获信息的性质有关。在一种特定情形下观看另一个人的行为时，最突出的信息就是当事人的行为。因为个体的当下环境相对不变，所以很少能吸引人们的注意，我们的注意力往往集中在所考查的行为个体上。因此，我们更可能做出基于个性因素的归因，而较少做出情境归因（Follett & Hess, 2002; Langdridge & Butt, 2004; Tal-Or & Papirman, 2007）。

社会态度

人们从小就表现出对某些事物的爱恶，比如，孩子们喜欢待在妈妈的怀抱里，喜欢跟爸爸去野外游玩，但通常却不愿意跟陌生人相处；小学生可能会因为得到语文老师的一次公开表扬而变得喜欢学习语文，也可能会因为一次数学考试不及格而逐渐失去对数学的兴趣，这种偏好或厌恶甚至会持续到他们的高中和大学阶段。那么，这些各种各样的偏好和厌恶是如何形成或改变的呢？其实，上述这些事例都涉及人们的态度。本节我们首先学习态度的概念以及态度是如何改变的，然后了解态度与行为的关系。

态度的性质

态度（attitude）是指个体对人、对事、对周围的世界所持有的一种持久性与一致性的倾向。简单地说，态度就是对个人、行为、信念或概念的评价（Brock &

Green, 2005; Hegarty & Massey, 2007; Simon & Hoyt, 2008）。态度包含认知、情感和行为倾向三种成分，在社会交往过程中具有特别重要的作用。人们几乎对所有事物都持有态度，但态度不是与生俱来的，而是后天习得的。

许多情况下，当我们了解个体对待某事物的态度后，就能根据其态度来预测其行为。比如，生活中经常碰到这样的情景：在家电商场，有一些年轻的调查员，他们一手拿着礼品，一手拿着调查问卷，在征得你的同意后，就会提出类似"你认为手机的款式重要还是功能重要？你觉得新款手机的样式好看吗？"等等问题。当手机制造商分析了消费者对手机的基本态度之后，就会开发出不同类型的手机，以满足不同消费者的偏好。

态度的形成

态度的形成过程与个体社会化的过程基本同步。婴儿出生时只是一个生物体、一个自然人，只有得到成人的照料后，才能发育成长，成为一个社会人。个体在成长过程中逐渐对周围世界形成了各种态度和价值观。随着周围环境的变化，个体对事物的态度也会发生相应的转变，从而成为符合社会要求的社会成员。可以这样说，态度形成与转变的过程也就是社会化的过程。

态度的形成过程通常涉及三个阶段。首先是服从或顺从，个体为了获得物质与精神的报酬或者避免受到惩罚而采取表面服从的行为；然后是同化，个体并非被迫而是自愿地接受他人的观点和信念，使自己的态度与他人的要求相一致；最后是内化，个体真正相信并接受他人的观点，彻底改变了自己的态度。因为个体真正相信新的观点和思想，这就意味着个体已经把这些观点与思想纳入了自己的价值体系，使之成为自己态度的一个有机组成部分。

关于态度形成的原因，主要有以下三种理论解释。

学习论

学习论常常也被称作条件作用论。霍夫兰德认为，个体的态度与其他习惯一样，都是后天习得的。人们在获取信息和事实的同时，也认识到与此有关的情感和价值。以儿童认识小狗为例，儿童通过观察发现小狗能够和家里的人友好相处，并且具有很多积极的品性，如可爱、忠诚，还可以陪人嬉戏，于是对小狗形成好感，即通过学习获得对小狗的肯定情感与态度。

具体而言，人们的态度主要是通过联想、强化和模仿三种学习方式而逐步习得和发展的。以联想为例，联想是两个或多个观念之间构成联结通道，由一个观念引起另一个观念的活动表现。比如，"农民工"原本是一个中性词语，但在报纸上多次与"脏乱、盗窃"等词语联系在一起，就使得城市人逐渐形成"农民工脏乱差、爱偷窃"的基本印象，进而引发否定的态度。

诱因论

诱因论从趋近因素和回避因素的冲突角度来看待态度问题，即将态度的形成视为权衡利弊之后做出抉择的过程。很多情况下，人们对于同一事物既有一些趋近的理由，也有一些回避的理由。比如，对于家长来说，是否让孩子玩电脑游戏就有着明显的趋避理由。按照诱因论，家长的最终态度是由趋近和回避两种因素的相对强度来决定的，当孩子玩电脑游戏利大于弊时，就可以让他玩。

诱因论异于学习论之处主要在于，诱因论强调个体并非被动接受条件作用的环境反应者，而是积极主动地对诱因冲突进行周密计算后做出选择的决策者。

认知相符论

认知相符论是解释态度形成与变化的重要理论，该理论认为个体的信念或态度如果与自己其他观点及行为发生矛盾，就会存在一种内在力量推动个体进行自我调整，以达到或恢复认知上的一致。认知相符论主要有以下三种变式，这里只做简单介绍。

认知失调理论 认知失调理论由费斯廷格于1957年提出。该理论认为，任何人都有许多认知因素，如关于自我、自己的行为以及环境方面的信念、看法等。这些认知因素相互之间的关系有三种：相互一致或协调；相互冲突和不协调；相互无关。当两个认知因素相互冲突和不协调时，人们就会不由自主地驱使自己去减少这种矛盾和冲突，力求恢复和保持认知因素之间的相对平衡和一致。

平衡理论 平衡理论由海德于1958年提出。该理论认为，认知的平衡状态是一种理想的或令人满意的状态。如果认知出现了不平衡，就会产生心理上的紧张、焦虑和不舒适、不愉快。为了从不平衡状态恢复到平衡状态，需要改变现有的某个认知或添加一种新的认知。

认知-情感相符理论 认知-情感相符理论认为，人们总是试图使其认知与情感相符。换句话说，人们的信念或认知在相当程度上受其情感所支配。例如，有一年高考，一个考生的家长在考场外焦急地等待，当她听到树上的知了叫个不停时，竟忍不住拿出手机拨打110，请求民警爬到树上赶走这些知了，原来她认为知了的鸣叫声严重影响了她儿子的考试，这实在有些令人啼笑皆非。另外，父母有时候会因为对子女的偏爱而不能很好地识别子女的缺点，甚至对子女的弥天大谎也会信以为真。这些例子就是情感支配认知与信念的典型代表。

态度的改变

态度改变的过程也就是被说服的过程，而态度改变的难易程度取决于许多因素，包括信息源、信息特征、受众特征等。

信息源

信息发送者（态度的传递者或传播者）的个人特征，对信息的有效性具有重要影响。通常情况下，具有吸引力的传播者比缺乏吸引力的传播者更容易引起他人态度的改变。例如，明星的广告随处可见。信息传播者的专业度和可信性也与信息的影响力关系密切（Ariyanto, Hornsey, & Gallois, 2006; McClure, Sutton, & Sibley, 2007; Messner, Reinhard, & Sporer, 2008）。比如，牙膏广告的代言人呈现的通常都是身穿白大褂的医生形象。

信息特征

影响态度改变的因素不仅涉及信息源，而且涉及信息内容本身，即传播的是什么性质的信息。一般而言，同时包含传播者和反对者立场的信息，即包含正反两方面的信息比仅有单方面观点的信息更具有说服力。因为正反两方面的信息给人们一种客观、公正的感觉，尤其是当受众与劝说者的观点不一致，而受众又比较熟悉该论题时，这种双面论述效果最佳。此外，在给出引起恐惧的信息时（例如，"如果上课不做笔记，期末考试就将不及格"），同时给受众提供一种减少恐惧的方法（"上课要做笔记"），这种信息通常会很有效。但是，如果唤起的恐惧过于强烈，这样的信息就会激起人们的防御机制而被忽略掉（Perloff, 2003）。中国古代的说客在游说别人时，正是使用既引起劝说对象恐惧又给其指明出路的信息，往往能够有效地改变劝说对象的态度。

受众特征

传播者发出信息之后，目标受众的个人特征可能会决定这一信息是否被接受。比如，聪明人比一般人对他人的劝说更有抵制力。在说服过程中，似乎也存在微妙的性别差异：如果在公共场合，女性比男性更容易被说服，尤其是当她们对信息的主题知之甚少时；然而，在私下里，女性和男性的态度改变的程度可能是一样的（Wood, 2000; Guadagno & Cialdini, 2002）。

同时，受众对说服信息的接受程度与他们所采用的信息加工类型有关。社会心理学家发现，对说服信息有两种基本的信息加工路径：中心路径和外周路径。当受众仔细思考说服过程中所涉及的问题和论据时，就产生了**中心路径信息加工**（central route processing）。与之相反，当受众注意到那些与劝说信息的内容和本质无关的其他信息时，就会产生**外周路径信息加工**（peripheral route processing）。也就是说，一些与问题无关的或问题外部的因素，诸如谁在提供信息、争论了多长时间、争论引起的情绪等影响了受众（Petty et al., 2005; Warden, Wu, & Tsai, 2006; Kao, 2011）。

一般来说，高度卷入和强动机的人会使用中心路径加工来理解信息。然而，当人们没有兴趣、无动机，或者处于厌烦以及注意力分散的状态时，信息的特征就变得不重要了，而信息以外的因素就变得更有影响力了（见图15.2）。虽然中心路径和外周路径加工都会导致态度的改变，但是中心路径加工通常导致的态度改变更强烈、更持久。

那么，某些人是否更可能采用中心路径加工而不是外周路径加工呢？答案是肯定的。具有高认知需求的人喜欢思考，喜欢从哲理角度进行解释，并对世界进行反思。因此，他们倾向于采用中心路径来加工信息，更容易被复杂的、有逻辑的、详细的信息所说服。相反，当低认知需求的人被迫花大量时间来思考问题时，他们会变得不耐烦。所以，他们通常采用外周路径加工，容易被信息本质和细节以外的其他因素所说服（Dollinger, 2003; Van Overwalle & Siebler, 2005）。

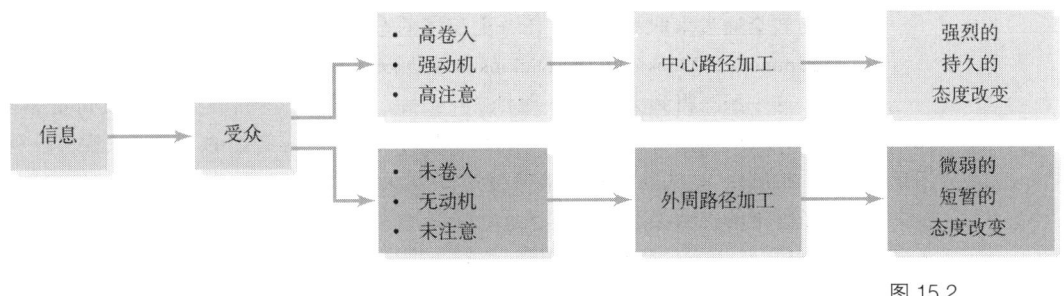

图 15.2
态度改变的机制

态度与行为

态度影响行为，这不足为奇。虽然特定态度与行为的关联强度会变化，但一般来说，人们总是努力保持态度和行为的一致。而且，人们的态度也具有相当的一致性。然而，具有讽刺意味的是，正是由于态度与行为的一致，有时，我们的行为能够塑造我们的态度。看看下面这个案例：

> 你刚刚度过了一段极其无聊的时间，即在一个心理学实验中不停地拧螺钉。就在你最后完成任务准备离开时，实验者请你帮他一个忙。他告诉你，他需要一个助手来向实验的后续参与者介绍这个拧螺钉的任务，以便进行下一轮实验。而你的具体工作就是告诉后续参与者拧螺钉是一件非常有趣好玩的事情。你每告诉一个参与者，就会得到 1 美元的报酬。

如果你同意帮助实验者，那么可能将自己置身于一种心理紧张状态，即认知失调之中。按照费斯廷格的观点，当一个人持有两种相互矛盾的态度或想法（或称为认知）时就会发生**认知失调**（cognitive dissonance）。如果你经历上述情景，你会产生两种矛盾的想法：一方面我觉得拧螺钉的任务很枯燥，另一方面我得说它是有趣的，虽然这样说没有正当理由（仅获得 1 美元）。这两种想法会引起失调感。你会如何减轻这种认知失调呢？你不能否定自己说过拧螺钉是有趣的任务这一事实，相对而言，你改变自己对拧螺钉任务的态度要更容易一些。因此，认知失调理论预测，

你想了解自己吗：测测你的认知需求

下面表述中有哪些符合你的情况：

1. 我喜欢尝试一些新办法来解决问题。
2. 我宁愿选择一项重要的、困难的、考验智力的任务，而不愿选择比较重要但不需要太多思考的任务。
3. 学习新的思考方式并不会让我感到兴奋。
4. 通过思考使自己成功的观点对我没有吸引力。
5. 除非必须，否则我不会努力思考。
6. 我喜欢做那些一旦掌握就不需要太多思考的任务。
7. 我喜欢思考日常的小事情而不是长远的大事情。
8. 我宁愿做一些不需要动脑筋的事情，而不愿做那些挑战思维能力的事情。
9. 我难以从长时间的冥思苦想中获得满足感。
10. 我不愿为那些需要过多思考的事情负责。

说明：越同意第 1、2 题的陈述且越不赞同其余的陈述，越说明你有较高的认知需求。

资料来源：Cacioppo, Berntson, & Crites, 1996.

参与者会通过采取对拧螺钉任务更积极的态度来降低失调感（Cooper, 2007; Rydell, McConnell, & Mackie, 2008; Dickinson & Oxoby, 2011）。

这一预测得到了一个经典实验的支持。在这个实验中，实验者支付给参与者 1 美元，然后让参与者告诉他人这个令人厌烦的任务是有趣的。此外，在另一种条件下（控制组），实验者支付给参与者 20 美元并让其告知他人这一任务是有趣的。这一条件下的推理逻辑是，20 美元已经是一大笔钱了，参与者有足够的理由去传播失真的信息，而不会被唤起失调感，预料态度也不会有改变。实验结果支持了这一想法，获得 1 美元报酬的参与者比得到 20 美元报酬的被试，其态度的改变更为明显，即对拧螺钉任务的态度变得更积极了（Festinger & Carlsmith, 1959）。

认知失调理论可以解释许多涉及态度和行为的日常事件。例如，那些懂得吸烟会导致肺癌知识的吸烟者就持有矛盾的认知：其一，我吸烟；其二，吸烟会导致肺癌。根据理论预测，这两种想法会造成认知失调的状态。更重要的是，认知失调理论还可预测：当吸烟者不以戒烟来改变其行为时，吸烟者会通过以下方法之一来降低失调感：（1）改变其中的一种认知，或者改变上述的两种认知；（2）改变一种认知的重要性；（3）增加其他认知；（4）否认这两种认知彼此相关。因此，一个吸烟者可能会觉得："我其实也不怎么吸烟"，或者"我会很快戒烟"（改变认知"我吸烟"）；"吸烟与癌症有关的证据并不充分"（改变认知"吸烟会导致肺癌"的重要性）；"进行大量锻炼可以弥补抽烟带来的危害"（增加其他认知）；"没有证据证明吸烟与癌症之间有关系"（否认两种认知彼此相关）。无论吸烟者使用哪一种方法，其结果都会降低他的认知失调（见图 15.3）。

偏见与歧视

刻板印象

刻板印象（stereotype），俗称定型、刻板，是关于特定群体及其成员的一系列概括性的信念和期望。我们具有对日常生活中遇到的大量信息进行分类和组织的倾向，在此基础上就形成了各种各样的刻板印象。虽然刻板印象可能是负面的，也可能是

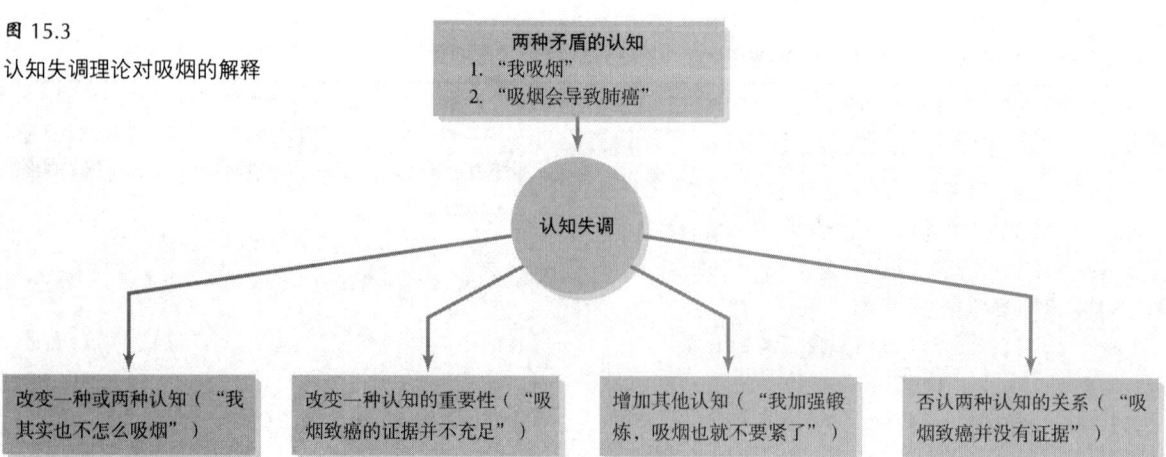

图 15.3
认知失调理论对吸烟的解释

正面的，但是对我们影响更大的往往是负面的刻板印象。所有刻板印象都具有过度简化世界这一共同特征，即在看待个体时并非根据他们独特的、个人的特征，而是根据他们所属特定群体的所有成员的特征。

刻板印象会引起**偏见**（prejudice），即对群体及其成员的负面（或者正面）的评价。常见的刻板印象和偏见涉及人种、宗教、种族、地域和性别等类型。现代社会在减少偏见方面已经取得了很大进步，但是刻板印象与偏见还是微妙地存在着（Pettigrew, 2004; Hunt, Seifert, & Armenta, 2006; Devos, 2011）。虽然一些人表面看来毫无偏见，但内心深处却可能怀有偏见。例如，在一个实验中，研究者在电脑屏幕上给白人被试快速呈现一些人的面孔图片，呈现速度非常快，使得被试不能觉察到这些面孔，即便如此，他们对黑人面孔的反应还是比对白人面孔的反应更负面——这是一个被称为现代种族主义的实例（Dovidio, Gaertner, & Pearson, 2005; Liu & Mills, 2006; Pearson, Dovidio, & Pratto, 2007）。

刻板印象会带来有害后果。按照负面的刻板印象行动就会导致**歧视**（discrimination）。歧视是以个体所属的特定群体为基础来对待个体的行为，这会使一些人不公平地失去工作机会（见"心理学与人生：职场中的偏见与歧视"）。

刻板印象不仅会导致公然的歧视，而且还会造成被歧视的群体成员以该刻板印象的方式行事，即产生自我实现预言（self-fulfilling prophecy）现象。自我实现预言指预期一个未来事件或行为会出现，个体按此预期去行事，将会提高这一事件或行为出现的可能性。例如，如果某一特定群体被认为缺乏进取心，那么他们可能真的会以缺乏进取心的方式来对待自己（Oskamp, 2000; Seibt & Förster, 2005; Madon, Willard, & Guyll, 2006）。

偏见产生的基础

根据刻板印象和偏见形成的观察学习取向（observational learning approach）观点，没有人天生就不喜欢某一特定的人种、宗教或种族群体。很大程度上，人们学会憎恨的方式与学习字母的方式几乎是一样的。父母、其他成人和同伴的行为影响和塑造着儿童对各种群体成员的情感。例如，带有偏见的父母可能在孩子表现出某种偏见时给予了表扬，儿童也可以通过模仿成人榜样的行为学会偏见。这种学习往往始于个体很小的时候，例如，6个月大的婴儿就根据皮肤颜色来判断他人，3岁的幼儿也开始表现出对自己种族成员的偏好（Dovidio & Gaertner, 2006; Ponterotto, Utsey, & Pedersen, 2006; Bronson & Merryman, 2009）。此外，大众传媒不仅是儿童也是成人刻板印象形成的主要来源之一。例如，一些电视节目以及电影总是把黑人描述成罪犯。当这些不准确的描述成为关于少数群体的主要信息源时，它们就会导致负面刻板印象的形成与持续（Coltraine & Messineo, 2000; Ward, 2004; Do, 2006）。

然而，社会同一性理论（social identity theory）认为，人们通常把群体成员身份视为一种自豪和自我价值的来源。人们往往是自我种族优越者，从自己种族的视角看待世界，用自身的群体成员身份来评判他人。但是，通过群体成员身份来获得社会尊重也可能带来不好的结果。在自尊感最大化的努力中，我们会认为自己所属的群体（内群体，ingroup）要优于自己不属于的群体（外群体，outgroup）。于是，我们夸大内群体的积极方面，同时贬低外群体。也就是说，我们会把外群体成员看得不如内群体成员，其结果就是对外群体的偏见（Tajfel & Turner, 2004; Hogg, 2006）。

> **心理学与人生：职场中的偏见与歧视**
>
> 根据美国社会心理学家的研究结果，求职者的姓名会对能否获得工作机会产生重大影响。该研究是由芝加哥大学的伯特兰和麻省理工学院的穆莱纳桑（Bertrand & Mullainathan, 2004）共同完成的。他们针对刊登在《芝加哥论坛报》和《波士顿环球报》上的1 300则招聘广告，寄出了大约5 000份伪造的简历。研究人员仔细草拟了4种不同类型的假简历，每个可能的雇主都收到其中一种类型的简历：听起来像白人名字且高度称职的人，听起来像黑人名字且高度称职的人，听起来像白人名字且较不称职的人，听起来像黑人名字且较不称职的人。
>
> 研究结果发现，带有"白人"印象的姓名有助于获得工作机会，如布拉德、克里斯滕、杰伊和卡丽。可能让人失去工作机会的姓名，如卡里姆、凯莎、拉沙德和艾莎——都带有"黑人"的印象。简而言之，研究表明带有"白人"印象的姓名可能会提高简历受到积极关注的可能性，而带有"黑人"印象的姓名增大了雇主不回复的可能性。
>
> 此外，美国社会心理学领域有几篇常被引用的论文都证明：男子高而帅，女子貌美兼身材佳，绝对有助于升迁。美丽的门面、应对合宜的谈吐，所谓的"美感"分数，美商——BQ（Beauty Quotient）逐渐成为职场升迁与人脉扩张不可或缺的一环。
>
> 国外如此，中国亦然。大学生在求职应聘过程中也常常面临着种种偏见和歧视，比较明显的是相貌歧视、性别歧视等。
>
> 相貌歧视。用人单位"以貌取人"的倾向十分明显。用人单位看简历时，往往先看照片，再看学习成绩。其理由是，员工代表公司形象。似乎只有俊男靓女才能使公司振兴，使得有些大学生很少专注论文答辩，而是热衷于做各种美容手术。
>
> 性别歧视。据统计，从1998年到2002年，中国普通高校在校女生数量增长了两倍，占学生总数的比例从38.31%增加到43.95%。而劳动和社会保障部对62个城市的调查却显示，有67%的用人单位提出了性别限制，或明文规定女性在聘用期内不得怀孕生育。
>
> 看来，大学生走向职场的道路还充满了坎坷，面对这些偏见和歧视，我们必须培养个人气质，提高人际沟通技巧，锻炼应对挫折的心理素质。

总的来说，观察学习理论和社会同一性理论都不能为刻板印象和偏见的形成提供圆满的解释。例如，一些社会心理学家认为，当社会资源稀缺时，人们知觉到竞争的存在，就会导致偏见。因此，当工作或住房方面存在竞争时，多数人群体可能会想，就是少数人群体成员阻碍了他们达到目标（然而，这种想法是不公平、不准确的），这就会导致偏见。此外，对偏见的其他解释强调人类认知的局限性，它导致我们以人种、性别和种族等明显的身体特征来对人进行分类，进而形成刻板印象，并最终导致歧视行为（Mullen & Rice, 2003; Weeks & Lupfer, 2004; Hugenberg & Sacco, 2008）。

理解偏见的最新取向是**社会神经科学**（social neuroscience）。这是社会心理学中日益重要的一个领域，社会神经科学力图揭示社会行为的神经基础。在一个实验中，研究者考察了被试在观看白人与黑人面孔时杏仁核（与情绪唤起的刺激和情境有关的大脑结构）的激活情况。由于杏仁核对威胁性、异常性或高度唤醒的刺激特别敏感，研究者据此假设被试在面对黑人面孔时杏仁核会有更强的激活状态。结果表明，与看到白人面孔时相比，被试（包括白人被试和黑人被试）看到黑人面孔时杏仁核有更强的激活（Lieberman et al., 2005; Lieberman, 2007）。这项研究中的被试既有黑人也有白人，因此，杏仁核的激活不太可能是看到少数种族成员的新异性的结果。在另一个实验中，研究者巧妙地设计了一项任务，让被试先观看性别名词"男"或"女"

后，再观看基于性别的典型职业名词，如"警察"或"护士"等，考察N400脑电波（反映语义冲突的脑电波）的激活强度。由于N400对先后呈现词语的范畴一致性特别敏感，研究者据此假设，当被试看到性别与职业名词的范畴不一致时，N400就会有更强的激活。结果表明，相比呈现前后性别范畴一致的词语，呈现前后性别范畴不一致的词语大脑会产生更强的N400（陈莉，王沛，2015）。显然，在社会文化中习得的关于种族、性别的社会信息造成了脑内的激活。

减少偏见和歧视

既然偏见和歧视会带来不良后果，那么，怎样才能减少偏见和歧视带来的影响呢？心理学家提出了一些行之有效的策略。

加强交流 研究表明，增加人与人之间的互动能够减少负面的刻板印象。但是要注意，只有某些类型的交流才有可能减少偏见和歧视。在相对亲密、个体具有相同的社会地位或者大家必须相互合作或相互依赖的情况下交流，才更可能减少刻板印象（Dovidio, Gaertner, & Kawakami, 2003; Tropp & Pettigrew, 2005; Pettigrew & Tropp, 2006）。

加强社会规范 有时候，只要提醒人们注意他们已经形成的平等、公平对待他人的价值观，就足以减少歧视现象。类似地，听到他人激烈的反种族主义言辞的人，随后也更可能强烈地谴责种族主义（Czopp & Monteith, 2006; Ponterotto, Utsey, & Pedersen, 2006; Tropp & Bianchi, 2006）。

提供有关信息 改变刻板印象和歧视态度的最直接手段很可能是教育，即教育人们要更多地了解刻板印象所针对的目标人群的积极特征。例如，如果向持有刻板印象的人解释某群体令人费解的行为的意义，他们就有可能理解该行为（Isbell & Tyler, 2003; Banks, 2006; Nagda, Tropp, & Paluck, 2006）。

降低刻板印象威胁 社会心理学家克劳德·斯蒂尔通过研究提出了自己的见解，指出许多非洲裔美国人深受刻板印象的易感性（stereotype vulnerability）之苦，该易感性源自他们所觉知到的社会对少数群体成员的刻板印象，阻碍着他们的行为表现。他还认为，非洲裔美国学生从那些怀疑他们能力，并专门为他们开设补习班以帮助他们的老师那里接受教育，就可能逐渐接受社会的刻板印象，并认为他们容易失败（Aronson & Steele, 2005; Nussbaum & Steele, 2007）。

这种信念可能会带来灾难性的后果。面对学业任务时，非洲裔美国学生可能会害怕他们的成绩将会证实社会的负面刻板印象。这种害怕的直接后果就是焦虑，而焦虑又会妨碍他们的表现。而且，长期后果可能更糟：由于怀疑自己取得学业成功的能力，非洲裔美国学生可能会认为，失败的风险太大，不值得付出努力，甚至不去尝试做得更好。最终，他们可能会降低学业投入，"不认同"学业成功的意义（Steele, 1997; Stone, 2002）。

同时，斯蒂尔的分析表明，非洲裔美国学生也有能力战胜他们的不利处境。比如，学校可以设计干预项目，通过培训向少数群体成员解释他们对刻板印象的易感性，提高他们对自己能力的信心，从而预防由负面刻板印象引起的害怕和怀疑（Cohen et al., 2006; Wilson, 2006）。

社会影响

人们常常会说:"人在江湖,身不由己!"这表明,人们的行为并不只是自己意愿的表现,还会或多或少地受到他人的影响。本节我们将重点介绍人们的行为是如何受到社会影响的。

从 众

假设有这样一个场景:新学期开始,你正准备去上选修课的第一节课。当教授走进教室,同学们立刻起身,向教授鞠躬,然后静静地站着,双手背在身后。而你从来没有遇见过这种情况,同时你也不了解这种行为。那么,此时此刻,你会起身像其他同学那样站着,还是稳坐不动?

社会影响(social influence)的研究结果显示,绝大多数人会起身站立。社会影响就是通过群体或个体的行为影响他人行为的过程。我们可以从自己的经历中,体会到从众的压力可能大得惊人,并可能导致行为的改变,而这种行为改变往往在其他情况下是绝对不会发生的。

从 众

从众(conformity)是指在任何形式的群体压力下,个体放弃自己的观点、态度和行为,转而采取与多数人一致的观点、态度和行为的现象。有时候,细微的或未言明的社会压力就可导致从众。

从众压力的一个经典实验来自阿施在 20 世纪 50 年代所进行的一系列研究(Asch, 1951)。在实验里,被试以为他和同组的其他 6 个人参加的是一项知觉技能测试。实验者向被试首先出示一张画有三条不同长度线段的卡片,然后出示第二张卡片,上面显示的第四条线段与前三条中的一条等长。实验任务看似非常简单:只需要每一个被试大声说出前三条线段中哪一条线段与第二张卡片上的"标准"线段等长。因为正确答案总是显而易见,对于被试而言,任务似乎非常容易。

所有的被试在前几次测试中都给出了正确且一致的回答,所以,实验过程显得十分简单。但随后奇怪的事情就开始发生了。在参与测试的小组中,每轮测试的最后一人都感知到,前 6 个人的答案似乎都错了——事实上,是一致性的错误。并且这种情形还在继续。一遍一遍地,前 6 个人给出的回答都与最后一人所认为的正确线段矛盾。最后一个被试就面临着这样一种困境:是坚持他/她自己的感知,还是重复其他人所给出的相同回答。

读到这里,你可能已经猜到,这一实验有更多的人为设计因素。前 6 名被试实际上是实验人员的同谋(受雇于实验人员),事先已经要求他们在若干试次中给出一致的错误答案。而且,这一研究与知觉技能毫无关系。实际上,研究的问题就是从众。阿施发现,在大约 1/3 的测试中,被试服从了一致但错误的小组答案,所有被试中有大约 75% 的人至少从众过一次。然而,他发现了明显的个体差异。一些被试几乎每次都从众,而一些被试从来都不从众。自阿施的开拓性研究之后,有数以百计的研究对从众进行了细致的研究，现在我们对此现象有了更多的了解，其中重要的发现集中在以下几个方面。

群体的特征 一个群体对其成员的吸引力越大，产生从众的可能性就越大。而且，一个人的相对社会地位（或者他在一个群体中所处的社会等级）也是至关重要的，社会地位越低，群体对他行为的影响力就越大（Hogg & Hains, 2001）。

个体做出反应的情境 如果人们必须公开做出反应，而不是私下做出反应，那么从众的可能性就更大。

任务类型 人们在处理模棱两可的任务或问题（没有清晰答案的问题）时，更容易受社会压力的影响。例如，让一个人预测明年服装流行的趋势时，他更可能屈服于从众的压力。另外，如果个体完成某项任务的能力比群体其他成员低，那么他在完成该项任务时更可能从众。例如，一个电脑初学者置身于电脑高手之中，自然会感到压力而服从他人关于电脑的观点。

群体的一致性 研究表明，那些一致支持某种立场的群体所表现出的从众压力最明显。但是，如果群体中，持有不同观点的人只要有一个伙伴，称为**社会支持者**（social supporter）也同意他的观点，就足以减轻从众的压力了（Prislin, Brewer, & Wilson, 2002; Goodwin, Costa, & Adonu, 2004; Levine & Moreland, 2006）。并且，群体信息显著影响个体的信心：当个体与群体立场一致时，个体的信心显著增高；反之，个体信心显著降低，且降低的程度大于增高的程度（张笑，冯庭勇，2014）。

为什么群体中的从众压力如此之大？可能的原因是，通常情况下群体和他人在我们的生活中扮演了一个"中心"角色。大多数人会寻求一种社会赞同，而群体持有关于适合群体行为的社会规范和预期。同时，不遵从群体规范的人会导致群体其他成员的排斥，包括被群体忽略或受到公开嘲弄，甚至遭到群体拒绝或开除。因此，人们偏向于选择服从，以迎合群体及其预期（Baumeister, Twenge, & Nuss, 2002; Jetten, Hornsey, & Adarves-Yorno, 2006; Miles, Schaufeli, & van den Bos, 2011）。

群体思维

群体思维（groupthink）指这样一种思维方式：群体成员享有强烈的达成共识的动机，以至于他们失去了批判性地评价其他观点的能力。一位受欢迎或者有能力的领导者身边围绕着社会地位更低的人，群体思维则最有可能发生（Janis, 1997; Kowert, 2002; Baron, 2005; Henningsen, Henningsen, & Eden, 2006）。

群体思维可能会导致长期灾难性的后果。例如，美国国家航空航天局（NASA）曾经针对2003年"哥伦比亚"号航天飞机起飞时的情况做出过以下判断：一些从航天飞机上脱落并击中机体的泡沫状物体是不会对航天飞机着陆造成严重危害的。尽管当时有些工程师对此持怀疑态度，但是，最终达成的共识是这些泡沫不会带来危害。但结果证明NASA的决策明显错误：航天飞机在着陆时爆炸，机上航天员全部遇难。那么这样一个错误的决策是怎样形成的呢？群体思维正好为此提供了一种解释。

另外，当出现以下情况时，更有可能发生群体思维现象：

1. 群体在做判断时确信无懈可击或不可能出现重大错误；

2. 与群体中主导观点相矛盾的信息被忽略、无视或被弱化；
3. 群体成员感觉到不服从大多数人观点的压力——虽然压力可能相对微弱；
4. 服从的压力使少数人在面对群体之前就收回了他们的观点，因此，群体表现出一致性，即使事实并非如此；
5. 群体认为他们自己代表了某种公正和道德，从而导致成员认为群体所达成的任何判断都是公正和符合道德的。

群体思维几乎总是导致糟糕的决策。如果群体领导倾向于某一特定的解决方案，群体就容易局限于屈指可数的几个可能的解决方案，而且只会花很少的时间来考虑备选方案。而事实上，群体成员可能完全忽略了一些具有挑战性的信息。历史研究表明，许多灾难性的决策都存在群体思维，对于群体来说，保持警惕是相当重要的（Kowert, 2002; Chapman, 2006; Packer, 2009）。

顺 从

顺从（compliance）也称作社会依从，即一个人对他人的意愿或行为的遵从，但往往内心并不情愿，只是迫于社会压力而答应别人，也是社会影响的一种类型。

从众通常是社会压力很微妙或间接的一种现象。但是，在一些情况下，社会压力非常明显，有直接的、外显的压力促使人们按照某一特定观点或按某一特定方式去行动。而这种产生于直接社会压力的行为类型就是顺从。

有一些特殊的销售策略表明了促成顺从的方法，包含以下四个常用策略。

心理学与人生：大学生的家庭依赖性与从众行为

大学生在日常生活中表现出许多从众行为，如恋爱从众、消费从众、择业从众等，这些现象与大学生刚刚走出家庭步入社会有一定关系。北京大学心理学系谢晓非教授等对"非典"期间大学生的家庭依赖性对其处理危机事件的影响情况进行了研究。在问卷调查的基础上，他们采用快速聚类的方法将大学生分为两类：高依赖性学生和低依赖性学生。统计结果表明，家庭依赖性不同的学生存在显著差异：家庭依赖性高的学生比依赖性低的学生更容易产生从众行为，比如"为预防'非典'，周围的人都在喝药，所以我也喝""我储备一些食品是因为周围的人都在储备"。同时，高依赖性学生还认为"非典"对自己的影响更大，并且更容易把"非典"归结于人为灾难，更倾向于认为"非典"令人忧虑。

那么，大学生该如何克服依赖性而避免盲目的从众行为呢？

树立科学的世界观。大学生要以探求真知为人生责任，博览群书，不断学习科学知识，积极参与科技活动，运用知识武装自己。

培养自立。大学生要不断培养自己的心理自立意识、经济自立意识、社会自立意识，逐步摆脱对父母和老师的依赖，学会按自己的意见、观点判断和分析问题，加强锻炼自我谋生的技能，同时还要锻炼自己敢于承担社会义务和社会责任的勇气和能力。

树立正确的自我意识。大学生要正确地认识自己，相信自己，悦纳自己，并善于自我控制。大学生在实际生活中要不断审视自己，正确认识自己各方面的需求和潜能，根据自身条件合理取舍。特别要树立积极的自我认同，欣赏自己，坚定信心，从而避免盲目的从众行为，更好地驾驭自己的学习和生活。

登门槛技巧

当一位销售人员来到你家门前，请你接受一个小小的样品。你接受了，心想你并不会失去什么。片刻之后，对方提出了一个较大请求，由于你已经接受了第一个请求，因此，你就很难再拒绝对方了。在这里销售员采用的是试过成真策略（tried-and-true strategy），社会学家称之为登门槛技巧（foot-in-the-door technique）。根据这一技巧，你首先可以请某人答应一个小请求，随后再请这个人答应一个更大的请求。结果显示，如果这个人先接受了第一个小请求，那么他对后面请求的依从会明显提高。

有研究者曾经在一项研究中首先证实了登门槛现象。许多实验者挨家挨户请居民在支持安全驾驶的请愿书上签名。差不多每一个人都答应了这一个小小的慈善请求。几个星期之后，实验者又与这些居民联系，并提出了一个更大的请求：请居民在他们的草坪前竖起一块写有"小心驾驶"的大型标示牌。结果很明显：那些已经签过请愿书的人中有55%接受了请求，竖起了标示牌，而控制组中只有17%的人同意竖起标示牌（Freedman & Fraser, 1966）。

为什么登门槛技巧会起作用呢？原因之一是，对小请求的卷入会引起个体的兴趣，并且采取的行动又使得个体对这一问题更加执著，因而就增大了未来依从的可能性。另一种解释是围绕着人们的自我知觉展开的，通过依从最初的请求，个体可能把自己看成是在别人请求帮助时就提供帮助的人。然后，当面对较大请求时，个体为了保持行为和态度上的一致性，就会接受更大的请求。目前，尽管还不知道这两种解释哪一种更准确，但很明确的是，登门槛技巧是很有效的（Burger & Caldwell, 2003; Bloom, McBride, & Pollak, 2006; Guéguen et al., 2008）。

留面子技术

再来看另一种情境，一个募捐者向你募捐，希望得到500元钱的捐款。你笑着拒绝了，并告诉她这个数目远远超出了你的能力。然后她请求你捐出10元钱。你会做什么呢？如果你和大多数人是一样的，那么你很可能依从。但是，如果她事先没有向你要一大笔捐款，你则可能不会依从。这种**"留面子技术"**（door-in-the-face technique）策略就是某人先提出一个大的请求，并预计会被拒绝，然后提出一个较小请求。很明显，虽然这种策略与登门槛技巧相反，但也被证明是非常有效的（Turner et al., 2007; Ebster & Neumayr, 2008; Dolinski, 2011）。

在一个成功的现场实验中，实验者在街上截住大学生，请他们做一件有实际意义的好事——为少年犯充当义务咨询员，每周两小时，持续两年。不足为奇，没有一个人愿意做出如此巨大的承诺。但是，后来实验者请求他们带着一群少年犯去动物园参观两小时——也就是说，做一件相对小得多的好事时，有一半的人依从了。相形之下，在控制组被试中，只有17%的人接受了请求（Cialdini et al., 1975）。

其实，留面子技术的运用非常广泛。你自己可能在某些时候也已经尝试过。比如，你先向父母要求一大笔零花钱，然后再要求获得少许零花钱，从而达到你真正的目的。与此相似，编剧们常常在影视剧本中添加一些明知道要被删掉的过分暴露的情节，以期保留一些其他的重要内容（Cialdini & Sagarin, 2005）。

折扣技术

销售人员常用到**折扣技术**（that's-not-all technique）。当销售人员使用这种技巧时，他给你报的是一个虚高的商品价格。在最初报价后，销售人员会立即提供一份奖品、折扣或奖金以抓紧促成这笔买卖。虽然听起来这种技巧很容易被识破，但是，在实际生活中这一技巧却是非常有效的。在一项研究中，实验者在售货摊上销售杯形蛋糕，每个 7.5 元。在第一种情况下，实验者直接告诉消费者蛋糕的价格是 7.5 元。但在第二种情况下，实验者告诉消费者，蛋糕原价是 10 元，但现在降到 7.5 元。正如"折扣技术"策略所预测的，有更多的消费者购买了"降"价的杯形蛋糕——尽管它的价格与第一种实验条件一样（Burger, Reed, & DeCesare, 1999; Pratkanis, 2007）。

不免费的样品

在商场里，往往会遇到先尝后买的销售场景。店家看到我们走近他们的商品（例如花生），就主动给我们少许免费品尝。如果你曾经接收了免费样品，请记住，随之而来你将不得不付出心理上的代价。销售人员之所以提供免费样品，是为了激发你产生一种互惠互利的感觉，尽管他们不是直接用语言表达。**互惠规范**（norm of reciprocity）是被人们广泛接受的社会标准，它决定着我们对待他人就像他人对待我们一样。如果接收了不免费样品（not-so-free sample），就暗示着我们要以购买产品的形式来展现互惠互利的另一面（Cialdini, 2006; Park & Antonioni, 2007; Burger, 2009）。

公司希望把自己的产品卖给消费者，就常常使用以上的技术来增加消费者的依从行为。然而，工厂或企业的管理人员也使用这些技巧来引发雇员的依从来提高生产力。事实上，与社会心理学紧密联系的学科，**工业组织心理学**（industrial-organizational psychology），关注的问题就集中在工人的动机、满意度、安全和生产力等方面。

服 从

服从（obedience）指个体遵守规则，或屈从于权威组织、权威人士发出的明确的指示或命令而行动。请阅读下面的文字，如果一个陌生人对你这样要求，想想你会怎样应对。

> 我（指陌生人）发明了一种提高记忆力的新方法。我现在要你去教别人一些单词，然后对他们进行测试。测试过程仅仅要求在他们每次出现错误时，你都给予电击。你可以使用一种"电击发生器"，它产生的电压范围为 30~450 伏。电击发生器的电源开关上有系列标识，从"弱电击"到标有 3 个红色 X 的危险标识"强电击"。你不用担心，虽然电击会给学习者带来疼痛，但是它不会造成永久性伤害。

当处于这样的情景之中，你可能会想，你和任何其他人一样，不会服从于一个陌生人不合常理的请求。的确，这种做法确实不符合常理。但是，假如请你帮忙的这个陌生人是一个正在进行实验的心理学家，你会怎么做呢？如果这个陌生人是你的老师、老板或者部队首长时——所有这些人都有权力,并且他们的请求似乎有一定的合理性。

上述情景所描述的是社会心理学家斯坦利·米尔格拉姆(Stanley Milgram)在20世纪60年代进行的一个经典实验。在这一研究中,实验者要求参与者给那些学习单词的人施加逐渐增强的电击。事实上,该实验与学习毫无关系,考察的真正问题是参与者服从实验者命令的程度。其中,接受电击的"学习者"是实验者的同谋,他们根本不会受到任何真正的惩罚(Milgram, 2005)。

听说过这一实验描述的大多数人都感到,任何参与者都不可能给出最高电压的电击,甚至不会给出任何程度的电击。即使给一群精神病学家描述了这一情况之后,他们也预测,完全服从并实施最强电击的参与者不会超过2%。

然而,实验结果与专家和大众的预测都不符合。大约有65%的参与者最终使用了电击发生器的最强电压"450伏特"来电击学习者。甚至,当个别学习者在实验开始的时候提到他的心脏有问题,并要求停止实验的时候,大多数参与者仍然会继续施加电击。

为什么如此多的人会服从实验者的命令呢?在实验结束后,实验者对参与者进行了广泛的访谈。参与者说,他们服从的主要原因在于,实验者会对任何潜在的负面影响负责。参与者听从了实验者的命令,因为他们不会为自己的行为负责——他们总是可以指责实验者。这就是所谓的"责任转移",它使得参与者可以不考虑自己的行为后果(Blass, 1996, 2004)。

尽管该实验的大多数参与者后来都表示,他们从研究中获得的知识比他们可能感到的不适要多一些,但这个实验还是受到了一些批评,因为它为参与者创设了一个极端的情景,从而引起了严重的道德问题(毫无疑问,基于道德原因,我们以后再也不能进行类似的实验了)。还有批评者认为,米尔格拉姆创设的情景并不能反映真实世界中的服从,其方法是无效的。例如,人们有多少机会能处在受人命令持续地伤害受害者,同时又置受害者的抗议于不顾的情景中呢(Blass, 2000, 2004)?

虽然有这些顾虑,米尔格拉姆的研究仍然保留了最有力的关于服从的实验室证据。其实,只要想想服从于权威的实例,就足以见证真实生活中的一些类似的令人生畏的现象。例如,在第二次世界大战之后,纳粹军官对战争中所实施暴行的主要辩护词就是"我们只是听从命令"。

除了上述"责任转移"之外,还有研究发现"合法权力"也是人们产生服从的原因之一。在一般情况下,我们比较容易理解和接受社会赋予某些社会角色更大的权力,而自己也有服从他们的义务。比如学生应该服从教师,病人应该服从医生等。目前,大量研究表明,影响服从的因素概括起来主要涉及以下三个方面。

1. 命令的发出者。尤其是命令发出者的权威性,他对命令执行者是否关心、爱护,以及他是否监督命令执行的全过程等因素都会影响到执行者的服从。
2. 命令的执行者。命令执行者的道德水平、人格特征、执行类似命令的经历以及文化背景等因素都会影响到他对命令的服从程度。
3. 情境因素。执行者的拒绝行为是否得到他人支持、是否有榜样行为、是否有奖励机制以及拒绝后的行为反馈情况等因素,都会影响到个体的服从行为。

上面介绍了从众、顺从和服从等现象,除此之外,社会影响还涉及社会助长、社会懈怠以及去个体化等现象,这些内容请大家阅读本章提供的参考书籍。

思考与应用

1. 社会认知图式有哪些特点？试举例说明。
2. 请你结合生活实例谈谈归因偏差和偏见产生的条件。
3. 态度与行为之间的关系如何？在什么情况下，态度能够预测行为？请你仔细收看 10 则电视广告，尝试分析它们是如何影响人们的态度的。
4. 请你用最简短的语句概括从众、顺从与服从之间的差别。
5. 请你根据本章内容，总结出 10 条对你提高社会交往有所帮助的技巧。

推荐拓展读物

1. 戴维·迈尔斯著，黄希庭等译（2019）．心理学导论：人格、社会与异常心理学（下册，第 9 版）．北京：商务印书馆，117~169.
2. 乐国安主编（2013）．社会心理学．北京：人民邮电出版社．
3. 桑德拉·切卡莱利，诺兰·怀特著，周仁来等译（2014）．心理学最佳入门（第 2 版）．北京：中国人民大学出版社，459~498.
4. 理查德·格里格，菲利普·津巴多著，王垒等译（2016）．心理学与生活（第 19 版）．北京：人民邮电出版社，538~584.
5. 欧尼斯特·西尔格德，理查德·阿特金森，爱德华·史密斯，苏珊·诺伦-霍克西玛等著，洪光远译（2013）．西尔格德心理学导论（插图第 14 版）．北京：世界图书出版公司，544~613.

专业术语表

absolute threshold 绝对阈限 The smallest intensity of a stimulus that must be present for the stimulus to be detected.

acquired immune deficiency syndrome (AIDS) 获得性免疫缺陷综合征 A sexually transmitted infection caused by a virus that destroys the body's immune system.

action potential 动作电位 An electric nerve impulse that travels through a neuron's axon when it is set off by a "trigger," changing the neuron's charge from negative to positive.

activation-synthesis theory 激活－整合理论 Hobson's theory that the brain produces random electrical energy during REM sleep that stimulates memories stored in the brain.

activity theory of aging 活动老化理论 A theory that suggests that the elderly who are most successful while aging are those who maintain the interests and activities they had during middle age.

adaptation 适应 An adjustment in sensory capacity after prolonged exposure to unchanging stimuli.

addictive drugs 成瘾药物 Drugs that produce a biological or psychological dependence in the user so that withdrawal from them leads to a craving for the drug that, in some cases, may be nearly irresistible.

adolescence 青少年期 The developmental stage between childhood and adulthood.

age of viability 可成活期 The point at which a fetus can survive if born prematurely.

algorithm 算法 A rule that, if applied appropriately, guarantees a solution to a problem.

all-or-none law 全或无定律 The rule that neurons are either on or off.

Alzheimer's disease 阿尔茨海默病 A progressive brain disorder that leads to a gradual and irreversible decline in cognitive abilities.

amnesia 遗忘症 Memory loss that occurs without other mental difficulties.

anal stage 肛门期 According to Freud, a stage from age 12 to 18 months to 3 years of age, in which a child's pleasure is centered on the anus.

androgens 雄性激素 Male sex hormones secreted by the testes.

anorexia nervosa 神经性厌食症 A severe eating disorder in which people may refuse to eat while denying that their behavior and appearance—which can become skeleton-like—are unusual.

anterograde amnesia 顺行性遗忘症 Amnesia in which memory is lost for events that follow an injury.

antianxiety drugs 抗焦虑药物 Drugs that reduce the level of anxiety a person experiences essentially by reducing excitability and increasing feelings of well-being.

antidepressant drugs 抗抑郁药物 Medications that improve a severely depressed patient's mood and feeling of well-being.

antipsychotic drugs 抗精神病药物 Drugs that temporarily reduce psychotic symptoms such as agitation, hallucinations, and delusions.

antisocial personality disorder 反社会型人格障碍 A disorder in which individuals show no regard for the moral and ethical rules of society or the rights of others.

anxiety disorder 焦虑障碍 The occurrence of anxiety without an obvious external cause that affects daily functioning.

archetypes 原型 According to Jung, universal symbolic representations of a particular person, object, or experience (such as good and evil).

arousal approaches to motivation 动机的唤醒理论 The belief that we try to maintain certain levels of stimulation and activity.

association areas 联合区 One of the major regions of the cerebral cortex; the site of the higher mental processes, such as thought, language, memory, and speech.

assumed-similarity bias 假定相似性偏差 The tendency to think of people as being similar to oneself even when meeting them for the first time.

attachment 依恋 The positive emotional bond that develops between a child and a particular individual.

attention-deficit/hyperactivity disorder (ADHD) 注意缺陷／多动障碍 A disorder marked by inattention, impulsiveness, a low tolerance for frustration, and a great deal of inappropriate activity.

attitudes 态度 Evaluations of a person, behavior, belief, or concept.

attribution theory 归因理论 The theory that considers how we decide, on the basis of samples of a person's behavior, what the specific causes of that behavior are.

authoritarian parents 专制型家长 Parents who are rigid and punitive and value unquestioning obedience from their children.

authoritative parents 权威型家长 Parents who are firm, set clear limits, reason with their children, and explain things to them.

autism 孤独症 A severe developmental disability that impairs children's ability to communicate and relate to others.

autobiographical memories 自传体记忆 Our recollections of circumstances and episodes from our own lives.

autonomic nervous system 自主神经系统 The part of the peripheral nervous system that controls involuntary movement of the heart, glands, lungs, and other organs.

autonomy vs shame and doubt stage 自主对羞愧和怀疑阶段 The period during which, according to Erikson, toddlers (ages 1½ to 3 years) develop independence and autonomy if exploration and freedom are encouraged or shame and self-doubt if they are restricted and overprotected.

aversive therapy 厌恶疗法 A form of therapy that reduces the frequency of undesired behavior by pairing an aversive, unpleasant stimulus with undesired behavior.

axon 轴突 The part of the neuron that carries messages destined for other neurons.

babble 咿呀学语 Meaningless speechlike sounds made by children from around the age of 3 months through 1 Year.

background stressors ("daily hassles") 日常生活应激源 Everyday annoyances, such as being stuck in traffic, that cause minor irritations and may have long-term ill effects if they continue or are compounded by other stressful events.

basilar membrane 基底膜 A vibrating structure that runs through the center of the cochlea, dividing it into an upper chamber and a lower chamber and containing sense receptors for sound.

behavior modification 行为矫正 A formalized technique for promoting the frequency of desirable behaviors and decreasing the incidence of unwanted ones.

behavioral assessment 行为测评 Direct measures of an individual's behavior used to describe personality characteristics.

behavioral genetics 行为遗传学 The study of the effects of heredity on behavior.

behavioral perspective 行为主义研究取向 The approach that suggests that observable, measurable behavior should be the focus of study.

behavioral perspective on psychological disorders 心理障碍的行为主义观点 The perspective that looks at the behavior itself as the problem.

biofeedback 生物反馈 A procedure in which a person learns to control through conscious thought internal physiological processes such as blood pressure, heart and respiration rate, skin temperature, sweating, and the constriction of particular muscles.

biological and evolutionary approaches to personality 人格的生物与进化理论 Theories that suggest that important components of personality are inherited.

biomedical therapy 生物医学疗法 Therapy that relies on drugs and other medical procedures to improve psychological functioning.

bipolar disorder 双相障碍 A disorder in which a person alternates between periods of euphoric feelings of mania and periods of depression.

bisexuals 双性恋 Persons who are sexually attracted to people of the same sex and the other sex.

borderline personality disorder 边缘型人格障碍 A disorder in which individuals have difficulty developing a secure sense of who they are.

bottom-up processing 自下而上加工 Perception that consists of the progression of recognizing and processing information from individual components of a stimuli and moving to the perception of the whole.

bulimia 贪食症 A disorder in which a person binges on large quantities of food, followed by efforts to purge the food through vomiting or other means.

Cannon-Bard theory of emotion 坎农–巴德情绪理论 The belief that both physiological arousal and emotional experience are produced simultaneously by the same nerve stimulus.

case study 个案研究 An in-depth, intensive investigation of an individual or small group of people.

cataclysmic events 突发事件 Strong stressors that occur suddenly and typically affect many people at once (e.g., natural disasters).

central core 中央核 The "old brain," which controls basic functions such as eating and sleeping and is common to all vertebrates.

central nervous system (CNS) 中枢神经系统 The part of the nervous system that includes the brain and spinal cord.

central route processing 中心路径信息加工 The type of mental processing that occurs when a persuasive message is evaluated by thoughtful consideration of the issues and arguments used to persuade.

central traits 中心特质 The major traits considered in forming impressions of others.

cerebellum 小脑 The part of the brain that controls bodily balance.

cerebral cortex 大脑皮层 The "new brain," responsible for the most sophisticated information processing in the brain; contains four lobes.

chromosomes 染色体 Rod-shaped structures that contain all basic hereditary information.

chunk 组块 a grouping of information that can be stored in short-term memory.

circadian rhythms 生理节律 Biological processes that occur regularly on approximately a 24-hour cycle.

classical conditioning 经典条件作用 A type of learning in which a neutral stimulus comes to bring about a response after it is paired with a stimulus that naturally brings about that response.

cochlea 耳蜗 A coiled tube in the ear filled with fluid that vibrates in response to sound.

cognitive approaches to motivation 动机的认知理论 Theories suggesting that motivation is a product of people's thoughts, expectations, and goals—their cognitions.

cognitive development 认知发展 The process by which a child's understanding of the world changes as a function of age and experience.

cognitive dissonance 认知失调 The mental conflict that occurs when a person holds two contradictory attitudes or thoughts (referred to as cognitions).

cognitive perspective 认知主义研究取向 The approach that focuses on how people think, understand, and know about the world.

cognitive perspective on psychological disorders 心理障碍的认知主义观点 The perspective that suggests that people's thoughts and beliefs are a central component of abnormal behavior.

cognitive psychology 认知心理学 The branch of psychology that focuses on the study of higher mental processes, including thinking, language, memory, problem solving, knowing, reasoning, judging, and decision making.

collective unconscious 集体无意识 According to Jung, a common set of ideas, feelings, images, and symbols that we inherit from our ancestors, the whole human race, and even animal ancestors from the distant past.

companionate love 伴侣式爱情 The strong affection we have for those with whom our lives are deeply involved.

compliance 顺从 Behavior that occurs in response to direct social pressure.

compulsion 强迫行为 An irresistible urge to repeatedly carry out some act that seems strange and unreasonable.

concepts 概念 A mental grouping of similar objects, events, or people.

concrete operational stage 具体运算阶段 According to Piaget, the period from 7 to 12 years of age that is characterized by logical thought and a loss of egocentrism.

conditioned response (CR) 条件反应 A response that, after conditioning, follows a previously neutral stimulus (e.g., salivation at the ringing of a bell).

conditioned stimulus (CS) 条件刺激 A once-neutral stimulus that has been paired with an unconditioned stimulus to bring about a response formerly caused only by the unconditioned stimulus.

cones 锥体细胞 Cone-shaped, light-sensitive receptor cells in the retina that are responsible for sharp focus and color perception, particularly in bright light.

confirmation bias 证实偏差 The tendency to seek out and weight more heavily information that supports one's initial hypothesis and to ignore contradictory information that supports alternative hypotheses or solutions.

conformity 从众 A change in behavior or attitudes brought about by a desire to follow the beliefs or standards of other people.

consciousness 意识 The awareness of the sensations, thoughts, and feelings being experienced at a given moment.

constructive processes 建构过程 Processes in which memories are influenced by the meaning we give to events.

continuous reinforcement schedule 连续强化程序表 Reinforcing of a behavior every time it occurs.)

control group 控制组 A group participating in an experiment that receives no treatment.

convergent thinking 聚合思维 Thinking in which a problem is viewed as having a single answer and which produces responses that are based primarily on knowledge and logic.

conversion disorder 转换障碍 A major somatoform disorder that involves an actual physical disturbance, such as the inability to use a sensory organ or the complete or partial inability to move an arm or leg.

coping 应对 The efforts to control, reduce, or learn to tolerate the threats that lead to stress.

correlation coefficient 相关系数 A numerical measure that indicates the extent of the relationship between two variables.

correlational research 相关研究 Research in which the relationship between two sets of variables is examined to determine whether they are associated, or "correlated."

creativity 创造力 The ability to generate original ideas or solve problems in novel ways.

cross-sectional research 横断研究 A research method that compares people of different ages at the same point in time.

crystallized intelligence 晶体智力 The accumulation of information, skills, and strategies that are learned through experience and can be applied in problem-solving situations.

cue-dependent forgetting 线索依赖性遗忘 Forgetting that occurs when there are insufficient retrieval cues to rekindle information that is in memory.

culture-fair IQ test 文化公平智商测验 A test that does not discriminate against the members of any minority group.

daydreams 白日梦 Fantasies that

people construct while awake.

decay 衰退   The loss of information in memory through its nonuse.

declarative memory 陈述性记忆   Memory for factual information: names, faces, dates, and the like.

defense mechanisms 防御机制   In Freudian theory, unconscious strategies that people use to reduce anxiety by distorting reality and concealing the source of the anxiety from themselves.

dendrite 树突   A cluster of fibers at one end of a neuron that receives messages from other neurons.

dependent variable 因变量   The variable that is measured and is expected to change as a result of changes caused by the experimenter's manipulation of the independent variable.

depressants 镇静剂   Drugs that slow down the nervous system.

depth perception 深度知觉   The ability to view the world in three dimensions and to perceive distance.

developmental psychology 发展心理学   The branch of psychology that studies the patterns of growth and change that occur throughout life.

(DSM-IV-TR) *Diagnostic and Statistical Manual of Mental Disorders*, Fourth Edition, Text Revision (*DSM-IV-TR*) and OSM-5《精神障碍诊断与统计手册》(第4版)   A system, devised by the American Psychiatric Association, used by most professionals to diagnose and classify abnormal behavior.

dialectical behavior therapy 辩证行为疗法   A form of treatment in which the focus is on getting people to change their behavior and view of themselves by accepting who they are regardless of whether it matches their ideal.

difference threshold (just noticeable difference) 差别阈限（最小可觉差）   The smallest level of added or reduced stimulation required to sense that a change in stimulation has occurred.

diffusion of responsibility 责任分散   The belief that responsibility for intervening is shared, or diffused, among those present.

discrimination 歧视   Behavior directed toward individuals on the basis of their membership in a particular group.

disengagement theory of aging 角色退出老化理论   A theory that suggests that aging produces a gradual withdrawal from the world on physical, psychological, and social levels.

dispositional causes (of behavior)（行为的）倾向性原因   Perceived causes of behavior that are based on internal traits or personality factors.

dissociative amnesia 分离性遗忘症   A disorder in which a significant, selective memory loss occurs.

dissociative disorders 分离障碍   Psychological dysfunctions characterized by the separation of different facets of a person's personality that are normally integrated.

dissociative fugue 分离性漫游   A form of amnesia in which the individual leaves home and sometimes assumes a new identity.

dissociative identity disorder (DID) 分离性身份障碍   A disorder in which a person displays characteristics of two or more distinct personalities.

divergent thinking 发散思维   Thinking that generates unusual, yet nonetheless appropriate, responses to problems or questions.

double standard 双重标准   The view that premarital sex is permissible for males but not for females.

dreams-for-survival theory 梦的生存理论   The theory suggesting that dreams permit information that is critical for our daily survival to be reconsidered and reprocessed during sleep.

drive 驱力   Motivational tension, or arousal, that energizes behavior to fulfill a need.

drive-reduction approaches to motivation 动机的驱力降低理论   Theories suggesting that a lack of some basic biological need produces a drive to push an organism to satisfy that need.

drug therapy 药物疗法   Control of psychological disorders through the use of drugs.

eardrum 鼓膜   The part of the ear that vibrates when sound waves hit it.

ego 自我   The part of the personality that provides a buffer between the id and the outside world.

egocentric thought 自我中心思维   A way of thinking in which a child views the world entirely from his or her own perspective.

ego-integrity vs despair stage 自我整合对绝望阶段   According to Erikson, a period from late adulthood until death during which we review life's accomplishments and failures.

electroconvulsive therapy (ECT) 电痉挛疗法   A procedure used in the treatment of severe depression in which an electric current of 70–150 volts is briefly administered to a patient's head.

embryo 胚胎   A developed zygote that has a heart, a brain, and other organs.

emerging adulthood 成人初显期   The period beginning in the late teenage years and extending into the mid-20s.

emotional intelligence 情绪智力   The set of skills that underlie the accurate assessment, evaluation, expression, and regulation of emotions.

emotions 情绪   Feelings that generally have both physiological and cognitive elements and that influence behavior.

endocrine system 内分泌系统   A chemical communication network that sends messages throughout the body via the bloodstream.

episodic memory 情景记忆   Memory for events that occur in a particular time, place, or context.

erogenous zones 性感带   Areas of the body that are particularly sensitive because of the presence of an unusually rich array of nerve receptors.

estrogens 雌性激素 Class of female sex hormones.

evolutionary psychology 进化心理学 The branch of psychology that seeks to identify behavior patterns that are a result of our genetic inheritance from our ancestors.

excitatory message 兴奋性信息 A chemical message that makes it more likely that a receiving neuron will fire and an action potential will travel down its axon.

excitement phase 兴奋期 The period in which an arousing stimulus begins a sequence that prepares the genitals for sexual intercourse.

experiment 实验 The investigation of the relationship between two (or more) variables by deliberately producing a change in one variable in a situation and observing the effects of that change on other aspects of the situation.

experimental group 实验组 Any group participating in an experiment that receives a treatment.

explicit memory 外显记忆 Intentional or conscious recollection of information.

exposure treatment 暴露疗法 A behavioral treatment for anxiety in which people are confronted either suddenly or gradually with a stimulus that they fear.

extinction 消退 A basic phenomenon of learning that occurs when a previously conditioned response decreases in frequency and eventually disappears.

extramarital sex 婚外性行为 Sexual activity between a married person and someone who is not his or her spouse.

facial-affect program 面部表情程序 Activation of a set of nerve impulses that make the face display the appropriate expression.

facial-feedback hypothesis 面部表情反馈假说 The hypothesis that facial expressions not only reflect emotional experience but also help determine how people experience and label emotions.

familial retardation 家族性迟滞 Intellectual disability in which no apparent biological defect exists but there is a history of retardation in the family.

feature detection 特征觉察 The activation of neurons in the cortex by visual stimuli of specific shapes or patterns.

fetal alcohol syndrome 胎儿酒精综合征 The most common cause of intellectual disability in newborns, occurring when the mother uses alcohol during pregnancy.

fetus 胎儿 A developing individual from 8 weeks after conception until birth.

fixations 固着 Conflicts or concerns that persist beyond the developmental period in which they first occur.

fixed-interval schedule 固定间隔程序表 A schedule that provides reinforcement for a response only if a fixed time period has elapsed, making overall rates of response relatively low.

fixed-ratio schedule 固定比率程序表 A schedule by which reinforcement is given only after a specific number of responses are made.

flashbulb memories 闪光灯记忆 Memories related to a specific, important, or surprising event that are recalled easily and with vivid imagery.

fluid intelligence 液体智力 Intelligence that reflects the ability to reason abstractly.

formal operational stage 形式运算阶段 According to Piaget, the period from age 12 to adulthood that is characterized by abstract thought.

frequency theory of hearing 听觉的频率理论 The theory that the entire basilar membrane acts like a microphone, vibrating as a whole in response to a sound.

functional fixedness 功能固着 The tendency to think of an object only in terms of its typical use.

functionalism 机能主义 An early approach to psychology that concentrated on what the mind does—the functions of mental activity—and the role of behavior in allowing people to adapt to their environments.

fundamental attribution error 基本归因错误 A tendency to overattribute others' behavior to dispositional causes and minimize the importance of situational causes.

g or g-factor g 或 g 因素 The single, general factor for mental ability assumed to underlie intelligence in some early theories of intelligence.

gate-control theory of pain 痛觉的门控理论 The theory that particular nerve receptors in the spinal cord lead to specific areas of the brain related to pain.

gender 性别 The perception of being male or female.

gender roles 性别角色 The set of expectations, defined by a particular society, that indicate what is appropriate behavior for men and women.

gender schema 性别图式 A mental framework that organizes and guides a child's understanding of information relevant to gender.

general adaptation syndrome (GAS) 一般适应综合征 A theory developed by Selye that suggests that a person's response to a stressor consists of three stages: alarm and mobilization, resistance, and exhaustion.

generalized anxiety disorder 广泛性焦虑障碍 The experience of long-term, persistent anxiety and worry.

generativity vs stagnation stage 繁殖对停滞阶段 According to Erikson, a period in middle adulthood during which we take stock of our contributions to family and society.

genes 基因 The parts of the chromosomes through which genetic information is transmitted.

genetic preprogramming theories of aging 遗传机制老化理论 Theories that suggest that human cells have a built-in time limit to their reproduction and that they are no longer able to divide after a certain time.

genital stage 生殖期　According to Freud, the period from puberty until death, marked by mature sexual behavior (that is, sexual intercourse).

gestalt laws of organization 组织的格式塔原则　A series of principles that describe how we organize bits and pieces of information into meaningful wholes.

gestalt psychology 格式塔心理学　An approach to psychology that focuses on the organization of perception and thinking in a "whole" sense rather than on the individual elements of perception.

grammar 语法　The system of rules that determine how our thoughts can be expressed.

group 群体　Two or more people who interact with one another, perceive themselves as part of a group, and are interdependent.

groupthink 群体思维　A type of thinking in which group members share such a strong motivation to achieve consensus that they lose the ability to critically evaluate alternative points of view.

habituation 习惯化　The decrease in the response to a stimulus that occurs after repeated presentations of the same stimulus.

hair cells 毛细胞　Tiny cells covering the basilar membrane that, when bent by vibrations entering the cochlea, transmit neural messages to the brain.

hallucinogen 致幻剂　A drug that is capable of producing hallucinations, or changes in the perceptual process.

halo effect 晕轮效应　A phenomenon in which an initial understanding that a person has positive traits is used to infer other uniformly positive characteristics.

hardiness 坚忍性　A personality characteristic that is associated with a lower rate of stress-related illness and consists of three components: commitment, challenge, and control.

health psychology 健康心理学　The branch of psychology that investigates the psychological factors related to wellness and illness, including the prevention, diagnosis, and treatment of medical problems.

hemispheres 半球　Symmetrical left and right halves of the brain that control the side of the body opposite to their location.

heritability 遗传力　The degree to which a characteristic is related to genetic, inherited factors.

heterosexuality 异性恋　Sexual attraction and behavior directed to the other sex.

heuristic 启发式　A thinking strategy that may lead us to a solution to a problem or decision, but—unlike algorithms—may sometimes lead to errors.

homeostasis 动态平衡　The body's tendency to maintain a steady internal state.

hormones 激素　Chemicals that circulate through the blood and regulate the functioning or growth of the body.

humanistic approaches to personality 人本主义人格理论　Theories that emphasize people's innate goodness and desire to achieve higher levels of functioning.

humanistic perspective 人本主义观点　The perspective that emphasizes the responsibility people have for their own behavior, even when such behavior is abnormal.

humanistic therapy 人本主义疗法　Therapy in which the underlying rationale is that people have control of their behavior, can make choices about their lives, and are essentially responsible for solving their own problems.

hypnosis 催眠　A trancelike state of heightened susceptibility to the suggestions of others.

hypothalamus 下丘脑　A tiny part of the brain, located below the thalamus, that maintains homeostasis and produces and regulates vital behavior, such as eating, drinking, and sexual behavior.

hypothesis 假设　A prediction, stemming from a theory, stated in a way that allows it to be tested.

id 本我　The raw, unorganized, inborn part of personality whose sole purpose is to reduce tension created by primitive drives related to hunger, sex, aggression, and irrational impulses.

identical twins 同卵双生子　Twins who are genetically identical.

identification 认同　The process of wanting to be like another person as much as possible, imitating that person's behavior and adopting similar beliefs and values.

identity 同一性　The distinguishing character of the individual: who each of us is, what our roles are, and what we are capable of.

identity vs role-confusion stage 同一性对角色混乱阶段　According to Erikson, a time in adolescence of major testing to determine one's unique qualities.

implicit memory 内隐记忆　Memories of which people are not consciously aware but that can affect subsequent performance and behavior.

incentive approaches to motivation 动机的诱因理论　Theories suggesting that motivation stems from the desire to obtain valued external goals, or incentives.

independent variable 自变量　The variable that is manipulated by an experimenter.

industrial-organizational (I/O) psychology 工业组织心理学　The branch of psychology focusing on work- and job-related issues, including worker motivation, satisfaction, safety, and productivity.

industry vs inferiority stage 勤奋对自卑阶段　According to Erikson, the last stage of childhood, during which children age 6 to 12 years may develop positive social interactions with others or may feel inadequate and become less sociable.

information processing 信息加工 The way in which people take in, use, and store information.

informed consent 知情同意 A document signed by participants affirming that they have been told the basic outlines of the study and are aware of what their participation will involve.

inhibitory message 抑制性信息 A chemical message that prevents or decreases the likelihood that a receiving neuron will fire.

initiative vs guilt stage 主动对内疚阶段 According to Erikson, the period during which children ages 3 to 6 years experience conflict between independence of action and the sometimes negative results of that action.

insight 顿悟 A sudden awareness of the relationships among various elements that had previously appeared to be independent of one another.

instincts 本能 Inborn patterns of behavior that are biologically determined rather than learned.

intellectual disability (or mental retardation) 智力缺陷（或心理迟滞） A condition characterized by significant limitations both in intellectual functioning and in conceptual, social, and practical adaptive skills.

intelligence 智力 The capacity to understand the world, think rationally, and use resources effectively when faced with challenges.

intelligence quotient (IQ) 智商分数 A score that takes into account an individual's mental and chronological ages.

interference 干扰 The phenomenon by which information in memory disrupts the recall of other information.

interneurons 中间神经元 Neurons that connect sensory and motor neurons, carrying messages between the two.

intimacy vs isolation stage 亲密对孤独阶段 According to Erikson, a period during early adulthood that focuses on developing close relationships.

introspection 内省法 A procedure used to study the structure of the mind in which subjects are asked to describe in detail what they are experiencing when they are exposed to a stimulus.

James-Lange theory of emotion 詹姆士－兰格情绪理论 The belief that emotional experience is a reaction to bodily events occurring as a result of an external situation ("I feel sad because I am crying").

Korsakoff's syndrome 科尔萨科夫综合征 A disease that afflicts long-term alcoholics, leaving some abilities intact but including hallucinations and a tendency to repeat the same story.

language 语言 The communication of information through symbols arranged according to systematic rules.

latency period 潜伏期 According to Freud, the period between the phallic stage and puberty during which children's sexual concerns are temporarily put aside.

latent content of dreams 隐性梦境 According to Freud, the "disguised" meanings of dreams, hidden by more obvious subjects.

latent learning 潜在学习 Learning in which a new behavior is acquired but is not demonstrated until some incentive is provided for displaying it.

lateralization 偏侧化 The dominance of one hemisphere of the brain in specific functions, such as language.

learned helplessness 习得性无助 A state in which people conclude that unpleasant or aversive stimuli cannot be controlled—a view of the world that becomes so ingrained that they cease trying to remedy the aversive circumstances even if they actually can exert some influence on the situation.

learning 学习 A relatively permanent change in behavior brought about by experience.

levels-of-processing theory 加工水平理论 The theory of memory that emphasizes the degree to which new material is mentally analyzed.

life review 生命回顾 The process by which people examine and evaluate their lives.

limbic system 边缘系统 The part of the brain that controls eating, aggression, and reproduction.

linguistic-relativity hypothesis 语言相对性假说 The notion that language shapes and may determine the way people in a particular culture perceive and understand the world.

lobes 脑叶 The four major sections of the cerebral cortex: frontal, parietal, temporal, and occipital.

longitudinal research 纵向研究 A research method that investigates behavior as participants age.

long-term memory 长时记忆 Memory that stores information on a relatively permanent basis, although it may be difficult to retrieve.

major depression 抑郁症 A severe form of depression that interferes with concentration, decision making, and sociability.

mania 躁狂症 An extended state of intense, wild elation.

manifest content of dreams 显性梦境 According to Freud, the apparent story line of dreams.

masturbation 手淫 Sexual self-stimulation.

means-ends analysis 手段－目的分析 Involves repeated tests for differences between the desired outcome and what currently exists.

medical perspective 医学观点 The perspective that suggests that when an individual displays symptoms of abnormal behavior, the root cause will be found in a physical examination of the individual, which may reveal a hormonal imbalance, a chemical deficiency, or a brain injury.

meditation 冥想   A learned technique for refocusing attention that brings about an altered state of consciousness.

memory 记忆   The process by which we encode, store, and retrieve information.

menopause 更年期   The period during which women stop menstruating and are no longer fertile.

mental age 心理年龄   The age for which a given level of performance is average or typical.

mental images 表象   Representations in the mind of an object or event.

mental set 心理定势   The tendency for old patterns of problem solving to persist.

metabolism 新陈代谢   The rate at which food is converted to energy and expended by the body.

metacognition 元认知   An awareness and understanding of one's own cognitive processes.

Minnesota Multiphasic Personality Inventory-2 (MMPI-2) 明尼苏达多相人格问卷–2   A widely used self-report test that identifies people with psychological difficulties and is employed to predict some everyday behaviors.

mirror neurons 镜像神经元   Specialized neurons that fire not only when a person enacts a particular behavior, but also when a person simply observes another individual carrying out the same behavior.

mood disorder 心境障碍   A disturbance in emotional experience that is strong enough to intrude on everyday living.

mood stabilizers 心境稳定剂   Drugs used to treat mood disorders that prevent manic episodes of bipolar disorder.

motivation 动机   The factors that direct and energize the behavior of humans and other organisms.

motor area 运动区   The part of the cortex that is largely responsible for the body's voluntary movement.

motor (efferent) neurons 运动（传出）神经元   Neurons that communicate information from the nervous system to muscles and glands.

myelin sheath 髓鞘   A protective coat of fat and protein that wraps around the axon.

narcissistic personality disorder 自恋型人格障碍   A personality disturbance characterized by an exaggerated sense of self-importance.

narcotics 麻醉剂   Drugs that increase relaxation and relieve pain and anxiety.

nature–nurture issue 天性与教养   The issue of the degree to which environment and heredity influence behavior.

need for achievement 成就需要   A stable, learned characteristic in which a person obtains satisfaction by striving for and achieving challenging goals.

need for affiliation 亲和需要   An interest in establishing and maintaining relationships with other people.

need for power 权力需要   A tendency to seek impact, control, or influence over others and to be seen as a powerful individual.

negative reinforcer 负强化物   An unpleasant stimulus whose removal leads to an increase in the probability that a preceding response will be repeated in the future.

neonate 新生儿   A newborn child.

neurons 神经元   Nerve cells, the basic elements of the nervous system.

neuroplasticity 神经可塑性   Changes in the brain that occur throughout the life span relating to the addition of new neurons, new interconnections between neurons, and the reorganization of information-processing areas.

neuroscience perspective 神经科学研究取向   The approach that views behavior from the perspective of the brain, the nervous system, and other biological functions.

neurotransmitters 神经递质   Chemicals that carry messages across the synapse to the dendrite (and sometimes the cell body) of a receiver neuron.

neutral stimulus 中性刺激   A stimulus that, before conditioning, does not naturally bring about the response of interest.

norms 常模   Standards of test performance that permit the comparison of one person's score on a test with the scores of other individuals who have taken the same test.

obedience 服从   A change in behavior in response to the commands of others.

obesity 肥胖   Body weight that is more than 20% above the average weight for a person of a particular height.

object permanence 客体永久性   The awareness that objects—and people—continue to exist even if they are out of sight.

observational learning 观察学习   Learning by observing the behavior of another person, or model.

obsession 强迫观念   A persistent, unwanted thought or idea that keeps recurring.

obsessive-compulsive disorder (OCD) 强迫症   A disorder characterized by obsessions or compulsions.

Oedipus complex 俄狄浦斯情结   A child's sexual interest in his or her opposite-sex parent, typically resolved through identification with the same-sex parent.

operant conditioning 操作性条件作用   Learning in which a voluntary response is strengthened or weakened, depending on its favorable or unfavorable consequences.

operational definition 操作性定义   The translation of a hypothesis into specific, testable procedures that can be measured and observed.

opponent-process theory of color vision 色觉的拮抗加工理论   The theory that receptor cells for color are linked in pairs, working in opposition to each other.

optic nerve 视神经 A bundle of ganglion axons that carry visual information to the brain.

oral stage 口唇期 According to Freud, a stage from birth to age 12 to 18 months, in which an infant's center of pleasure is the mouth.

overgeneralization 过度概括 The phenomenon by which children apply language rules even when the application results in an error.

panic disorder 惊恐障碍 Anxiety disorder that takes the form of panic attacks lasting from a few seconds to several hours.

partial (or intermittent) reinforcement schedule 部分（或间歇）强化程序表 Reinforcing of a behavior some but not all of the time.

perception 知觉 The sorting out, interpretation, analysis, and integration of stimuli by the sense organs and brain.

perceptual constancy 知觉恒常性 The phenomenon in which physical objects are perceived as unvarying and consistent despite changes in their appearance or in the physical environment.

peripheral nervous system 外周神经系统 The part of the nervous system that includes the autonomic and somatic subdivisions; made up of neurons with long axons and dendrites, it branches out from the spinal cord and brain and reaches the extremities of the body.

peripheral route processing 外周路径信息加工 The type of mental processing that occurs when a persuasive message is evaluated on the basis of irrelevant or extraneous factors.

permissive parents 放任型家长 Parents who give their children relaxed or inconsistent direction and, although they are warm, require little of them.

personal stressors 个人应激源 Major life events, such as the death of a family member, that have immediate negative consequences that generally fade with time.

personality 人格 The pattern of enduring characteristics that produce consistency and individuality in a given person.

personality disorder 人格障碍 A disorder characterized by a set of inflexible, maladaptive behavior patterns that keep a person from functioning appropriately in society.

person-centered therapy 个人中心疗法 Therapy in which the goal is to reach one's potential for self-actualization.

phallic stage 生殖器期 According to Freud, a period beginning around age 3 during which a child's pleasure focuses on the genitals.

phobic disorder 恐怖症 Intense, irrational fears of specific objects or situations.

phonemes 音素 The smallest units of speech.

phonology 音素学 The study of the smallest units of speech, called phonemes.

pituitary gland 脑垂体 The major component of the endocrine system, or "master gland," which secretes hormones that control growth and other parts of the endocrine system.

placebo 安慰剂 A false treatment, such as a pill, "drug," or other substance, without any significant chemical properties or active ingredient.

place theory of hearing 听觉的位置理论 The theory that different areas of the basilar membrane respond to different frequencies.

plateau phase 高原期 The period in which the maximum level of arousal is attained, the penis and clitoris swell with blood, and the body prepares for orgasm.

positive reinforcer 正强化物 A stimulus added to the environment that brings about an increase in a preceding response.

posttraumatic stress disorder (PTSD) 创伤后应激障碍 A phenomenon in which victims of major catastrophes or strong personal stressors feel long-lasting effects that may include re-experiencing the event in vivid flashbacks or dreams.

practical intelligence 实践智力 According to Sternberg, intelligence related to overall success in living.

prejudice 偏见 A negative (or positive) evaluation of a particular group and its members.

preoperational stage 前运算阶段 According to Piaget, the period from 2 to 7 years of age that is characterized by language development.

priming 启动 A phenomenon in which exposure to a word or concept (called a prime) later makes it easier to recall related information, even when there is no conscious memory of the word or concept.

principle of conservation 守恒原则 The knowledge that quantity is unrelated to the arrangement and physical appearance of objects.

proactive interference 前摄干扰 Interference in which information learned earlier disrupts the recall of material learned later.

procedural memory 程序性记忆 Memory for skills and habits, such as riding a bike or hitting a baseball; sometimes referred to as *nondeclarative memory*.

progesterone 孕酮 A female sex hormone secreted by the ovaries.

projective personality test 人格投射测验 A test in which a person is shown an ambiguous stimulus and asked to describe it or tell a story about it.

prototypes 原型 Typical, highly representative examples of a concept.

psychoactive drugs 精神药物 Drugs that influence a person's emotions, perceptions, and behavior.

psychoanalytic perspective 精神分析的观点 The perspective that suggests that abnormal behavior stems from childhood conflicts over opposing wishes regarding sex and aggression.

psychoanalytic theory 精神分析理论 Freud's theory that unconscious forces act as determinants of personality.

psychodynamic personality theory 人格的心理动力理论 Approaches that assume that personality is motivated by inner forces and conflicts about which people have little awareness and over which they have no control.

psychodynamic therapy 心理动力疗法 Therapy that seeks to bring unresolved past conflicts and unacceptable impulses from the unconscious into the conscious, where patients may deal with the problems more effectively.

psychology 心理学 The scientific study of behavior and mental processes.

psychoneuroimmunology (PNI) 心理神经免疫学 The study of the relationship among psychological factors, the immune system, and the brain.

psychophysics 心理物理学 The study of the relationship between the physical aspects of stimuli and our psychological experience of them.

psychophysiological disorders 心身疾病 Medical problems influenced by an interaction of psychological, emotional, and physical difficulties.

psychosocial development 心理社会发展 Development of individuals' interactions and understanding of each other and of their knowledge and understanding of themselves as members of society.

psychosurgery 精神外科手术 Brain surgery once used to reduce the symptoms of mental disorder but rarely used today.

puberty 青春期 The period at which maturation of the sexual organs occurs, beginning at about age 11 or 12 for girls and 13 or 14 for boys.

punishment 惩罚 A stimulus that decreases the probability that a previous behavior will occur again.

Rapid eye movement (REM) sleep 快速眼动睡眠 Sleep occupying 20% of an adult's sleeping time, characterized by increased heart rate, blood pressure, and breathing rate; erections; eye movements; and the experience of dreaming.

rational-emotive behavior therapy 理性情绪行为疗法 A form of therapy that attempts to restructure a person's belief system into a more realistic, rational, and logical set of views by challenging dysfunctional beliefs that maintain irrational behavior.

recall 回忆 Memory task in which specific information must be retrieved.

recognition 再认 Memory task in which individuals are presented with a stimulus and asked whether they have been exposed to it in the past or to identify it from a list of alternatives.

reflexes 反射 Unlearned, involuntary responses that occur automatically in the presence of certain stimuli.

refractory period 不应期 A temporary period that follows the resolution stage and during which the male cannot develop an erection again.

rehearsal 复述 The repetition of information that has entered short-term memory.

reinforcement 强化 The process by which a stimulus increases the probability that a preceding behavior will be repeated.

reinforcer 强化物 Any stimulus that increases the probability that a preceding behavior will occur again.

reliability 信度 The property by which tests measure consistently what they are trying to measure.

repression 压抑 The primary defense mechanism in which unacceptable or unpleasant id impulses are pushed back into the unconscious.

resolution stage 消退期 The interval after orgasm in which the body returns to its unaroused state, reversing the changes brought about by arousal.

resting state 静息状态 The state in which there is a negative electrical charge of about –70 millivolts within a neuron.

reticular formation 网状结构 The part of the brain extending from the medulla through the pons and made up of groups of nerve cells that can immediately activate other parts of the brain to produce general bodily arousal.

retina 视网膜 The part of the eye that converts the electromagnetic energy of light to electrical impulses for transmission to the brain.

retroactive interference 倒摄干扰 Interference in which material that was learned later disrupts the retrieval of information that was learned earlier.

retrograde amnesia 逆行性遗忘症 Amnesia in which memory is lost for occurrences prior to a certain event, but not for new events.

rods 杆体细胞 Thin, cylindrical receptor cells in the retina that are highly sensitive to light.

Rorschach Inkblottest 罗夏墨迹测验 A test that involves showing a series of symmetrical visual stimuli to people who then are asked what the figures represent to them.

Schachter-Singer theory of emotion 沙赫特-辛格情绪理论 The belief that emotions are determined jointly by a nonspecific kind of physiological arousal and its interpretation, based on environmental cues.

schedules of reinforcement 强化程序表 Different patterns of frequency and timing of reinforcement following desired behavior.

schemas 图式 Organized bodies of information stored in memory that bias the way new information is interpreted, stored, and recalled.

schizophrenia 精神分裂症 A class of disorders in which severe distortion of reality occurs.

scientific method 科学方法 The approach through which psychologists systematically acquire knowledge and understanding about behavior and other phenomena of interest.

self-actualization 自我实现 A state of self-fulfillment in which people realize their highest potential in their own unique way.

self-efficacy 自我效能 The belief that we have the personal capabilities to master a situation and produce positive outcomes.

self-esteem 自尊 The component of personality that encompasses our positive and negative self-evaluations.

self-report measures 自陈测量 A method of gathering data about people by asking them questions about a sample of their behavior.

self-serving bias 自我服务偏差 The tendency to attribute personal success to personal factors (skill, ability, or effort) and to attribute failure to factors outside oneself.

semantic memory 语义记忆 Memory for general knowledge and facts about the world, as well as memory for the rules of logic that are used to deduce other facts.

semantics 语义学 The rules governing the meaning of words and sentences.

semicircular canals 半规管 Three tube-like structures of the inner ear containing fluid that sloshes through them when the head moves, signaling rotational or angular movement to the brain.

sensation 感觉 The activation of the sense organs by a source of physical energy.

sensorimotor stage 感知运动阶段 According to Piaget, the stage from birth to 2 years, during which a child has little competence in representing the environment by using images, language, or other symbols.

sensory (afferent) neurons 感觉（传入）神经元 Neurons that transmit information from the perimeter of the body to the central nervous system.

sensory area 感觉区 The site in the brain of the tissue that corresponds to each of the senses, with the degree of sensitivity related to the amount of tissue.

sensory memory 感觉记忆 The initial, momentary storage of information, lasting only an instant.

sequential research 序列研究 A research method that combines cross-sectional and longitudinal research by considering a number of different age groups and examining them at several points in time.

sexism 性别歧视 Negative attitudes and behavior toward a person based on that person's gender.

shaping 行为塑造 The process of teaching a complex behavior by rewarding closer and closer approximations of the desired behavior.

short-term memory 短时记忆 Memory that holds information for 15 to 25 seconds.

significant outcome 显著性结果 An outcome in which the observed outcome would be expected to have occurred by chance with a probability of .05 or less.

situational causes (of behavior) （行为的）情境性原因 Perceived causes of behavior that are based on environmental factors.

skin senses 肤觉 The senses of touch, pressure, temperature, and pain.

social cognition 社会认知 The cognitive processes by which people understand and make sense of others and themselves.

social cognitive approaches to personality 人格的社会认知理论 Theories that emphasize the influence of a person's cognitions—thoughts, feelings, expectations, and values—as well as observation of others' behavior, in determining personality.

social influence 社会影响 The process by which social groups and individuals exert pressure on an individual, either deliberately or unintentionally.

social neuroscience 社会神经科学 The subfield of social psychology that seeks to identify the neurological basis of social behavior.

social psychology 社会心理学 The scientific study of how people's thoughts, feelings, and actions are affected by others.

social support 社会支持 A mutual network of caring, interested others.

social supporter 社会支持者 A group member whose dissenting views make non-conformity to the group easier.

sociocultural perspective 社会文化的观点 The perspective that assumes that people's behavior—both normal and abnormal—is shaped by the kind of family group, society, and culture in which they live.

somatic nervous system 躯体神经系统 The part of the peripheral nervous system that specializes in the control of voluntary movements and the communication of information to and from the sense organs.

sound 声音 The movement of air molecules brought about by a source of vibration.

spinal cord 脊髓 A bundle of neurons that leaves the brain and runs down the length of the back and is the main means for transmitting messages between the brain and the body.

spontaneous recovery 自然恢复 The reemergence of an extinguished conditioned response after a period of rest and with no further conditioning.

spontaneous remission 自然缓解 Recovery without formal treatment.

Stage 1 sleep 睡眠第一阶段 The state of transition between wakefulness and sleep, characterized by relatively rapid, low-amplitude brain waves.

Stage 2 sleep 睡眠第二阶段 A sleep deeper than that of stage 1, characterized by a slower, more regular wave pattern, along with momentary interruptions of "sleep spindles."

Stage 3 sleep 睡眠第三阶段 A sleep characterized by slow brain waves, with greater peaks and valleys in the wave pattern than in stage 2 sleep.

Stage 4 sleep 睡眠第四阶段 The deepest stage of sleep, during which we are least responsive to outside stimulation.

stereotype 刻板印象 A set of generalized beliefs and expectations about a particular group and its members.

stimulants 兴奋剂 Drugs that have an arousal effect on the central nervous system, causing a rise in heart rate, blood pressure, and muscular tension.

stimulus 刺激 Energy that produces a response in a sense organ.

stimulus discrimination 刺激分化 The process that occurs if two stimuli are sufficiently distinct from one another that one evokes a conditioned response but the other does not; the ability to differentiate between stimuli.

stimulus generalization 刺激泛化 A process in which, after a stimulus has been conditioned to produce a particular response, stimuli that are similar to the original stimulus produce the same response.

stress 应激 A person's response to events that are threatening or challenging.

structuralism 构造主义 Wundt's approach, which focuses on uncovering the fundamental mental components of consciousness, thinking, and other kinds of mental states and activities.

subjective well-being 主观幸福感 People's sense of their happiness and satisfaction with their lives.

superego 超我 According to Freud, the final personality structure to develop; it represents the rights and wrongs of society as handed down by a person's parents, teachers, and other important figures.

syllogistic reasoning 三段论推理 Formal reasoning in which people draw a conclusion from a set of assumptions.

synapse 突触 The space between two neurons where the axon of a sending neuron communicates with the dendrites of a receiving neuron by using chemical messages.

syntax 句法 Ways in which words and phrases can be combined to form sentences.

systematic desensitization 系统脱敏 A behavioral technique in which gradual exposure to an anxiety-producing stimulus is paired with relaxation to extinguish the response of anxiety.

telegraphic speech 电报式言语 Sentences in which words not critical to the message are left out.

temperament 气质 A basic, inborn characteristic way of responding and behavioral style.

teratogens 畸胎形成因子 Environmental agents such as a drug, chemical, virus, or other factor that produce a birth defect.

terminal buttons 终扣 Small bulges at the end of axons that send messages to other neurons.

thalamus 丘脑 The part of the brain located in the middle of the central core that acts primarily to relay information about the senses.

Thematic Apperception Test (TAT) 主题统觉测验 A test consisting of a series of pictures about which a person is asked to write a story.

theories 理论 Broad explanations and predictions concerning phenomena of interest.

theory of multiple intelligences 多元智力理论 Gardner's intelligence theory that proposes that there are eight distinct spheres of intelligence.

thinking 思维 "The purposeful manipulation of mental representations of information."

tip-of-the-tongue phenomenon 舌尖现象 The inability to recall information that one realizes one knows—a result of the difficulty of retrieving information from long-term memory.

top-down processing 自上而下加工 Perception that is guided by higher-level knowledge, experience, expectations, and motivations.

traits 特质 Consistent personality characteristics and behaviors displayed in different situations.

trait theory 特质理论 A model of personality that seeks to identify the basic traits necessary to describe personality.

transcranial magnetic stimulation (TMS) 经颅磁刺激 A depression treatment in which a precise magnetic pulse is directed to a specific area of the brain.

transference 移情 The transfer of feelings to a psychoanalyst of love or anger that had been originally directed to a patient's parents or other authority figures.

trichromatic theory of color vision 色觉三原色理论 The theory that there are three kinds of cones in the retina, each of which responds primarily to a specific range of wavelengths.

trust vs mistrust stage 信任对不信任阶段 According to Erikson, the first stage of psychosocial development, occurring from birth to age 1½ years, during which time infants develop feelings of trust or lack of trust.

Type A behavior pattern A 型行为模式 A cluster of behaviors involving hostility, competitiveness, time urgency, and feeling driven.

Type B behavior pattern B 型行为模式 A cluster of behaviors characterized by a patient, cooperative, noncompetitive, and nonaggressive manner.

unconditional positive regard 无条件积极关注 An attitude of acceptance and respect on the part of an observer, no matter what a person says or does.

unconditioned response (UCR) 无条件反应 A response that is natural and needs no training (e.g., salivation at the smell of food).

unconditioned stimulus (UCS) 无条件刺激　A stimulus that naturally brings about a particular response without having been learned.

unconscious 无意识　A part of the personality that contains the memories, knowledge, beliefs, feelings, urges, drives, and instincts of which the individual is not aware.

unconscious wish fulfillment theory 无意识愿望实现理论　Sigmund Freud's theory that dreams represent unconscious wishes that dreamers desire to see fulfilled.

uninvolved parents 忽视型家长　Parents who show little interest in their children and are emotionally detached.

validity 效度　The property by which tests actually measure what they are supposed to measure.

variable-interval schedule 可变间隔程序表　A schedule by which the time between reinforcements varies around some average rather than being fixed.

variable-ratio schedule 可变比率程序表　A schedule by which reinforcement occurs after a varying number of responses rather than after a fixed number.

visual illusions 视错觉　Physical stimuli that consistently produce errors in perception.

wear-and-tear theories of aging 磨损和毁坏老化理论　Theories that suggest that the mechanical functions of the body simply stop working efficiently.

Weber's law 韦伯定律　A basic law of psychophysics stating that a just noticeable difference is a constant proportion to the intensity of an initial stimulus (rather than a constant amount).

weight set point 体重设定点　The particular level of weight that the body strives to maintain.

working memory 工作记忆　A set of active, temporary memory stores that actively manipulate and rehearse information.

zone of proximal development (ZPD) 最近发展区　According to Vygotsky, the gap between what children already are able to accomplish on their own and what they are not quite ready to do by themselves.

zygote 受精卵　The new cell formed by the union of an egg and sperm.

参考文献

白学军，马谐，陶云．(2016)．中-西方音乐对情绪的诱发效应．心理学报，48(7)，757-769．

曹贵康，杨东，张庆林．(2006)．顿悟问题解决的原型事件激活：自动还是控制．心理科学，29(5)，1123-1127．

陈红，朱岚．(2012)．相貌负面图式女性对面孔的加工偏向：来自ERP的证据．西南大学学报（社会科学版），38(4)，74-82．

陈红，黄希庭．(2005)．青少年身体自我的发展特点和性别差异研究．心理科学，28(2)，432-435．

陈红著．(2006)．青少年身体自我：理论与实证．北京：新华出版社．

陈莉，王沛．(2015)．性别刻板印象表征的形式及神经基础．心理科学，(3)，550-558．

陈丽，张庆林，严霞，张颖，廖祥慧，陈谊．(2008)．汉语字谜原型激活中的情绪促进效应．心理学报，40(2)，127-135．

陈雪军，黄月胜，党晓姣，郑希付．(2012)．创伤青少年自传体记忆具体性减少：情感调节还是执行控制受损．心理学报，44(1)，112-120．

程海萍．(2008)．西宁地区妇女宫颈癌患者的C型行为研究．中国健康心理学杂志，16(8)，951-952．

程平源，潘毅，沈承，孔伟．(2011)．困在富士康——富士康准军事化工厂体制调查报告．青年研究，(5)，60-74．

窦凯，聂衍刚，王玉洁，刘毅，黎建斌．(2013)．青少年情绪调节自我效能感与主观幸福感：情绪调节方式的中介作用．心理科学，36(1)，139-144．

杜娟，曾祥星，郑希付，庄楚群．(2015)．非条件刺激降低再评估对条件性恐惧消退的影响．心理学报，(3)，344-352．

房超，方晓义．(2003)．父母-青少年亲子沟通的研究．心理科学进展，11(1)，65-72．

凤四海，黄希庭．(2004)．时间知觉理论和实验范型．心理科学，27(5)，1157-1160．

甘怡群．(2011)．未来取向应对的双阶段序列模型及其时间透视机制．心理科学进展，19(11)，1583-1587．

高笑，王泉川，陈红，王宝英，赵光．(2012)．胖负面身体自我女性对身体信息注意偏向成分的时间进程：一项眼动追踪研究．心理学报，44(4)，498-510．

高忆，鲍敏．(2015)．视觉适应及其神经机制．心理科学进展，23(7)，1142-1150．

高悦，魏娜，王正科，简洁，孟祥芝，刘丽．(2015)．汉英儿童双语者母语和二语加工的相互作用：来自神经机制方面的证据．心理学报，47(12)，1419-1432．

郭秀艳，李荆广．(2007)．误导信息干扰引发的错误记忆研究．心理科学，30(4)，814-819．

郭秀艳，唐菁华，李荆广．(2007)．汉字错误记忆的形、音编码差异研究．心理与行为研究，5(2)，86-92．

何黎胜，郭秀艳，杨艳明，王萍．(2009)．物理线索缺失下的错误记忆．应用心理学，15(1)，25-29．

侯金芹，陈祉妍．(2016)．青少年抑郁情绪的发展轨迹：界定亚群组及其影响因素．心理学报，48(8)，957-968．

胡艳梅，张明，徐展，李毕琴．(2013)．客体工作记忆对注意的导向作用：抑制动机的影响．心理学报，45(2)，127-138．

黄希庭，尹天子．(2012)．从自尊的文化差异说起．心理科学，35(1)，2-8．

黄希庭，郑涌．(2000)．时间透视的自我整合：I．心理结构方式的投射测验．心理学报，32(1)，30-35．

黄希庭．(2004)．再谈人格研究的中国化．西南师范大学学报：人文社会科学版，30(6)，5-9．

黄希庭．(2011)．人格研究中的一些辩证关系．西南大学学报：社会科学版，37(1)，1-7．

黄希庭．(2011)．心理学与人生．广州：暨南大学出版社．

黄艺娜，张铭清，江剑平．(2012)．大学生婚前性行为和性态度调查分析．中国性科学，21(1)，19-21．

李春秋，曹慧，张建新，史占彪．(2007)．大学生择偶偏爱性别差异及其与一般社会信念的关系．中国临床心理学杂志，15(3)，270-272．

李林，张金璐，高旭辰．(2010)．通道匹配和加工水平对DRM范式错误记忆的影响．心理科学，33(5)，1095-1099．

李小平，张庆林．(2008)．十文钱问题：中国-古老推理错觉问题初探．心理学报，40(5)，507-515．

李亚丹，马文娟，罗俊龙，张庆林．(2012)．竞争与情绪对顿悟的原型启发效应的影响．心理学报，44(1)，1-13．

梁毅，陈红，邱江，高笑，赵婷婷．(2008)．负面身体自我女性对身体信息的记忆偏向：来自ERP研究的证据．心理学报，40(8)，913-919．

廖素群，郑希付．(2016)．认知重评对负性效价的抑制促进条件性恐惧消退．心理学报，48(4)，26-35．

林崇德，李庆安．(2005)．青少年期身心发展特点．北京师范大学学报：社会科学版，(1)，48-56．

林涧怡，桑标．(2008)．离异家庭儿童发展性研究综述．心理科学，31(1)，163-165．

杜新，陈天勇．(2010)．老年执行功能的认知可塑性和神经可塑性．心理科学进展，18(9)，1471-1480．

刘俊, 张进辅. (2009). 同性恋认同发展的理论模型述评. 心理科学进展, 17 (2), 403-413.

刘永芳, 苏丽娜, 王怀勇. (2011). 女性择偶决策的线索偏好及信息加工方式. 心理学报, 43 (1), 21-29.

卢濬. (1987). 皮亚杰认知发展理论受到挑战. 心理科学 (1), 6-12.

陆慧菁, 苏彦捷. (2007). 回忆中提及他人与幼儿错误信念理解的关系. 北京大学学报（自然科学版）, 43 (6), 847-853.

陆卫群, 朱江, 严易平, 张小屏. (2006). 在校大学生婚前性行为及避孕行为研究. 生殖与避孕, 26 (7), 426-432.

马谐, 白学军, 陶云. (2013). 音乐与情绪诱发的机制模型. 心理科学进展, 21 (4), 643-652.

潘绥铭. (1995). 中国性现状. 北京: 光明日报出版社.

钱铭怡, 王易平, 章晓云, 朱松. (2003). 十五年来中国女性择偶标准的变化. 北京大学学报: 哲学社会科学版 (5), 121-128.

乔志宏, 郑静璐, 宋慧婷, 蒋盈. (2014). 阶层差异职业性别隔离的影响机制——基于社会支配倾向视角. 心理学报, 46 (5), 691-701.

邱江, 罗跃嘉, 吴真真, 张庆林. (2006). 再探猜谜作业中"顿悟"的 ERP 效应. 心理学报, 38 (4), 507-514.

邱江, 张庆林. (2004). 顿悟的认知过程: 表征转变或进程监控. Journal of Psychology in Chinese Societies (华人心理学报), 5 (2), 181-194.

任国防, 邱江, 曹贵康, 张庆林. (2007). 顿悟: 是进程监控还是表征转换. 心理科学, 30 (5), 1265-1268.

任俊, 黄璐, 张振新. (2012). 冥想使人变得平和——人们对正、负性情绪图片的情绪反应可因冥想训练而降低. 心理学报, 44 (10), 1339-1348.

容琰, 隋杨, 杨百寅. (2015). 领导情绪智力对团队绩效和员工态度的影响——公平氛围和权力距离的作用. 心理学报, 47 (9), 1152-1161.

苏彦捷, 刘艳春. (2012). 亲子交流与儿童心理理论的获得和发展: 文化的视角. 心理科学进展, 20 (3), 317-327.

苏彦捷, 覃婷立. (2010). 亲子谈话和儿童心理理论获得与发展的关系. 西南大学学报（社会科学版）(3), 1-6.

索阿娣, 钟盎, 周芝艳, 穆巴拉克. (2004) 大学生性观念调查报告——以北京广播学院本科生为例. 青年研究 (4), 30-38.

童丹丹, 杨文静, 李亚丹, 郭亚男, 邱江, 张庆林. (2015). 发明问题解决中的蔡格尼克效应. 科学通报, 60 (36), 3583-3593.

万璐璐, 郭秀艳. (2007). 测验情境对错误记忆的影响. 心理科学, 30 (3), 600-603.

王冰洁, 李万瑶, 熊小英. (2001). 经皮电穴位刺激无痛分娩的研究. 中国针灸, 21 (1), 29-31.

王文清. (1999). 脑与意识. 北京: 科学技术文献出版社.

王洪礼. (2004). 记忆法宝: 快速高效的奇象记忆法. 北京: 中国青年出版社.

王小波. (2002). 大学生劳动力市场入口处的性别差异与性别歧视——关于"女大学生就业难"的一个实证分析. 青年研究 (9), 11-17.

王小英, 张明. (2002). 心理测量与心理诊断. 长春: 东北师范大学出版社.

王雨晴, 姚鹏飞, 周国梅. (2015). 面孔吸引力、人格标签对于男女择偶偏好的影响. 心理学报 (1), 108-118.

翁春燕, 陈红, 朱岚. (2012). 限制性饮食者对食物线索的注意偏向: 基于目标矛盾理论模型. 心理学报, 44 (5), 680-692.

吴小勇, 黄希庭. (2014). 关于疼痛的外显和内隐性别角色期望研究. 中国临床心理学杂志, 22 (2), 202-209.

吴真真, 邱江, 张庆林. (2009). 顿悟脑机制的实验范式探索. 心理科学, 32 (1), 122-125

夏凌翔, 耿文超. (2012). 个人自立与自我图式、他人图式. 心理学报, 44 (4), 478-488.

杨波. (1999). 中国人的人格结构. 北京: 新华出版社.

杨治良, 周楚, 万璐璐, 谢锐. (2006). 短时间延迟条件下错误记忆的遗忘. 心理学报, 38 (1), 1-6.

杨治良, 高桦, 郭力平. (1998). 社会认知具有更强的内隐性——兼论内隐和外显的"钢筋水泥"关系. 心理学报, 30 (1), 1-6.

杨治良, 叶阁蔚, 王新发. (1994). 汉字内隐记忆的实验研究 (Ⅰ) ——内隐记忆存在的条件. 心理学报 (1), 1-7.

杨治良, 叶阁蔚. (1995). 汉字内隐记忆的实验研究 (Ⅱ): 任务分离和反应倾向. 心理学报, 27 (1), 1-8.

杨治良. (1991). 内隐记忆的初步实验研究. 心理学报, 23 (2), 113-119.

杨智辉, 王建平. (2011). 广泛性焦虑个体的注意偏向. 心理学报, 43 (2), 164-174.

叶阁蔚, 杨治良. (1997). 汉字内隐记忆的实验研究 (Ⅲ): 检验加工分离说的修正模型. 心理科学 (1), 26-30.

叶浩生. (2016). 镜像神经元的意义. 心理学报, 48 (4), 118-130.

游旭群, 李晶. (2010). 基于参数表征的数量空间关系加工. 心理学报, 42 (12), 1097-1108.

游旭群, 宋晓蕾. (2009). 视觉表象产生的大脑半球专门化效应. 心理学报, 41 (10), 911-921.

游旭群, 杨治良. (1999). 表象旋转加工子系统特性的初步研究. 心理学报 (4), 377-382.

游旭群, 杨治良. (2002a). 视觉表象扫描加工可塑性水平的研究. 心理科学 (1), 18-21.

游旭群, 杨治良. (2002b). 视觉空间关系识别中的认知加工特性. 心理学报 (4), 344-350.

游旭群, 于立身. (2000). 认知特征、场独立性与飞行空间定向关系的研究. 心理学报 (2), 158-163.

游旭群, 邱香, 牛勇. (2007). 视觉表象扫描中的视角大小效应. 心理学报 (2), 201-208.

游旭群.（2002）.类别与数量空间关系识别加工中的练习效应研究.心理科学（4），418-421.

喻柏林.（1986）.语音和语义编码在语词记忆中的相对效用.心理学报（2），140-148.

乐国安，陈浩，张彦彦.（2005）.进化心理学择偶心理机制假设的跨文化检验——以天津、Boston两地征婚启事的内容分析为例.心理学报，37（4），561-568.

曾红，郭斯萍.（2012）."乐"－中国人的主观幸福感与传统文化中的幸福观.心理学报，44（7），986-994.

曾红，苏得权，姜醒，陈骐，叶浩生.（2015）.不同药物相关线索反应下感觉－运动脑区的激活及作用.心理学报，47（7），890-902.

张豹，黄赛，祁禄.（2013）.工作记忆表征引导视觉注意选择的眼动研究.心理学报，45（2），139-148.

张剑，宋亚辉，刘肖.（2016）.削弱效应是否存在：工作场所中内外动机的关系.心理学报，48（1），73-83.

张美晨，魏萍，张钦.（2015）.阈上阈下不同面孔表情下的注视线索提示效应.心理学报，47（11），1309-1317.

张庆林，邱江.（2005）.顿悟与源事件中启发信息的激活.心理科学，28（1），6-9.

张庆林，田燕，邱江.（2012）.顿悟中原型激活的大脑自动响应机制：灵感机制初探.西南大学学报（自然科学版），34（9），1-10.

张庆林.（1989）.顿悟心理机制的实验分析.心理学杂志，2.

张述祖，沈德立编（2008）.基础心理学.天津：天津教育出版社.

张笑，冯廷勇.（2014）.决策信心在信息化从众中的作用.心理科学（3）.

张妍，孔繁昌，陈红，向燕辉，高笑，陈敏燕.（2010）.男性对女性面孔吸引力的认知偏好：来自ERP的证据.心理学报，42（11），1060-1072.

张予贺，金艳，郑希付，闫柯，周晌昀.（2014）.状态焦虑对条件恐惧习得和消退的影响.心理学报，46（3），396-404.

张增杰，汪盼霞.（1963）.影响儿童感知算式的两个有关因素的实验.心理学报（4），304-311.

赵鑫，王一雪，刘丹玮，周仁来.（2011）.工作记忆刷新训练对儿童流体智力的影响.科学通报，56（17），1345-1348.

郑希付，陈雪军，黄月胜，党晓娇，黄珊珊.（2012）.自传体记忆的情绪对其相关信息内隐提取的影响.心理学报，44（11），1463-1471.

郑涌，黄希庭.（2000）.时间透视的自我整合：Ⅱ.心理功能机制的实验研究.心理学报，32（1），36-39.

周爱保，刘沛汝，张彦驰，尹玉龙.（2015）.老年人的朋友参照效应.心理学报，47（9），1143-1151.

周楚，王俭勤，周文佳.（2014）.错误记忆的自我参照效应：易化的作用.心理科学，37（5），1079-1083.

周楚，杨治良，秦金亮.（2007）.错误记忆的产生是否依赖对词表的有意加工：无意识激活的证据.心理学报，39（1），43-49.

周楚.（2007）.强大的错误记忆效应：词表呈现时间与呈现方式的影响.心理科学，30（1），23-28.

朱海雪，罗俊龙，杨春娟，邱江，张庆林.（2012）.发明创造问题解决中的原型位置效应.心理科学，35（1），70-75.

朱海雪，杨春娟，李文福，刘鑫，邱江，张庆林.（2012）.问题解决中顿悟的原型位置效应的fMRI研究.心理学报，8（14），1025-1037

朱良志 著（2014）.曲院风荷：中国艺术论十讲（第1版）.北京：中华书局，3-5.

佐斌.（1998）.小学语文课文内容的社会心理思考.教育研究与实验（1），11-15.

AAUW. *See* American Association of University Women.

Ablon, J. S., & Jones, E. E. (2005). On analytic process. *Journal of the American Psychoanalytic Association*, 53, 541–568.

Aboitiz, F., Garcia, R., & Brunetti, E. (2006). The origin of Broca's area and its connections from an ancestral working memory network. In Y. Grodzinsky & K. Amunts (Eds.), *Broca's region*. New York: Oxford University Press.

Abramowitz, J. S., Olatunji, B. O., & Deacon, B. J. (2007). Health anxiety, hypochondriasis, and the anxiety disorders. *Behavior Therapy*, 38, 86–94.

Accardi, M., & Milling, L. (2009, August). The effectiveness of hypnosis for reducing procedure-related pain in children and adolescents: A comprehensive methodological review. *Journal of Behavioral Medicine*, 32, 328–339.

Ackerman, P. L. (2011). Intelligence and expertise. In R. J. Sternberg & S. Kaufman (Eds.), *The Cambridge handbook of intelligence*. New York: Cambridge University Press.

Adams, K. B. (2004). Changing investment in activities and interests in elders' lives: Theory and measurement. *International Journal of Aging and Human Development*, 58, 87–108.

Adams, M., Bell, L. A., & Griffin, P. (2007). *Teaching for diversity and social justice* (2nd ed.). New York: Routledge/Taylor & Francis Group.

Adams, M., Zuniga, X., Hackman, H. W., Castaneda, C. R., & Blumenfeld, W. J. (2000). *Readings for diversity and social justice: An anthology on racism, sexism, anti-Semitism, heterosexism, classism, and ableism*. New York: Routledge.

Adams-Byers, J., Squilkr, S., & Moon, S. M. (2004). Gifted students' perceptions of the academic and social/emotional effects of homogeneous and heterogeneous grouping. *Gifted Child Quarterly*, 48, 7–20.

Adolph, K. E., & Berger, S. E. (2011). Physical and motor development. In *Cognitive Development* (pp. 265-326). Psychology Press.

Aftanas, L., & Golosheykin, S. (2005). Impact of regular meditation practice on EEG activity at rest and during evoked negative emotions. *International Journal of Neuroscience*, 115, 893–909.

Ahiima, R. S., & Osei, S. Y. (2004). Leptin signaling. Physiology and Behavior, 81, 223–241.

Aiken, L. R. (1996). *Assessment of intellectual functioning* (2nd ed.). New York: Plenum.

Aiken, L. R. (1997). *Psychological testing and assessment* (9th ed.). Needham Heights, MA: Allyn & Bacon.

Ainsworth, M. S. (1989). Attachments beyond infancy. *American psychologist*, 44(4), 709.

Alexandersen, P., Karsdal, M. A., & Christiansen, C. (2009). Long-term prevention with hormone-replacement therapy after the menopause: Which women should be targeted? *Women's Health*, 5, 637–647.

Alho, K., Vorobyev, V. A., Medvedev, S. V., Pakhomov, S. V., Starchenko, M. G., Terganiemi, M., & Näätänen, R. (2006). Selective attention to human voice enhances brain activity bilaterally in the superior temporal sulcus. *Brain Research*, 1075, 142–150.

Allard, F., & Burnett, N. (1985). Skill in sport. Canadian Journal of Psychology/Revue canadienne de psychologie, 39(2), 294.

Allen, H. (1972). Bystander intervention and helping on the subway. *Beyond the laboratory: Field research in social psychology*. New York: McGraw-Hill.

Allen, M. (2011). Theory-led confirmation bias and experimental persona. *Research in Science & Technological Education*, 29, 107–127.

Alloy, L. B., Jacobson, N. S., & Acocella, J. (1999). *Abnormal psychology* (8th ed.). New York: McGraw-Hill.

Allport, G. W. (1961). *Pattern and growth in personality*. New York: Holt, Rinehart and Winston.

Allport, G. W. (1966). Traits revisited. *American Psychologist*, 21, 1–10.

Allport, G. W., & Odbert, H. S. (1936). Trait-names: A psycho-lexical study. *Psychological monographs*, 47(1), i.

Allport, G. W., & Postman, L. J. (1958). The basic psychology of rumor. In E. D. Maccoby, T. M. Newcomb, & E. L. Hartley (Eds.), *Readings in social psychology* (3rd ed.). New York: Holt, Rinehart and Winston.

Allwood, M. A. (2007). The relations of violence exposure, trauma symptoms and aggressive cognitions to youth violent behavior. *Dissertation Abstracts International: Section B: The Sciences and Engineering*, 67, 5387.

Aloia, M. S., Smith, K., & Arnedt, J. T. (2007). Brief behavioral therapies reduce early positive airway pressure discontinuation rates in sleep apnea syndrome: Preliminary findings *Behavioral Sleep Medicine*, 5, 89–104.

Alon, I., & Brett, J. M. (2007). Perceptions of time and their impact on negotiations in the Arabic-speaking Islamic world. *Negotiation Journal*, 23, 55–73.

Alzheimer's Association. (2009). *Alzheimer's Disease Facts and Figures*. Chicago: Alzheimer's Association.

Amato, L., Davoili, M., Perucci, C. A., Ferri, M., Faggiano, F., & Mattick R. P. (2005). An overview of systematic reviews of the effectiveness of opiate maintenance therapies: Available evidence to inform clinical practice and research. *Journal of Substance Abuse Treatment*, 28, 321–329.

American Association on Mental Retardation (Ed.). (2002). *Mental retardation: Definition, classification, and systems of supports*. Amer Assn on Intellectual & Devel.

American Psychological Association (APA). (2000). *Psychology careers for the twenty-first century*. Washington, DC: American Psychological Association.

American Psychological Association Task Force on Intelligence. (1996). *Intelligence: Knowns and unknowns*. Washington, DC: American Psychological Association.

Amid, P. K., & Chen, D. C. (2011). Surgical treatment of chronic groin and testicular pain after laparoscopic and open preperitoneal inguinal hernia repair. *Journal of the American College of Sturgeons*, 213, 531–536.

Amodio, D. M., & Ratner, K. G. (2011). A memory systems model of implicit social cognition. *Current Directions in Psychological Science*, 20, 143–148.

Anastasi, A., & Urbina, S. (1997). *Psychological testing* (7th ed.). Englewood Cliffs, NJ: Prentice Hall.

Anderson, C. A., Shibuya, A., Ihori, N., Swing, E. L., Bushman, B. J., Sakamoto, A., et al. (2010). Violent video game effects on aggression, empathy, and prosocial behavior in eastern and western countries: A meta-analytic review. P*sychological Bulletin*, 136, 151–173.

Anderson, C., & Carnagey, N. (2009). Causal effects of violent sports video games on aggression: Is it competitiveness or violent content? *Journal of Experimental Social Psychology*, 45, 731–739.

Anderson, C., & Home, J. A. (2006). Sleepiness enhances distraction during monotonous task. *Sleep: Journal of Sleep and Sleep Disorders Research*, 29, 573–576.

Anderson, J. A., & Adams, M. (1992). Acknowledging the learning styles of diverse student populations: Implications for instructional design. *New Directions for Teaching and Learning*, 49, 19–33.

Anderson, J. R. (1981). Interference: The relationship between response latency and response accuracy. *Journal of Experimental Psychology: Human Learning and Memory*, 7, 311–325.

Andrasik, F. (2007). What does the evidence show? Efficacy of behavioural treatments for recurrent headaches in adults. *Neurological Science*, 28, Supplement, S70–S77.

Andrew, M., McCanlies, E., Burchfiel, C., Charles, L., Hartley, T., Fekedulegn, D., et al. (2008). Hardiness and psychological distress in a cohort of police officers. *International Journal of Emergency Mental Health*, 10, 137–148.

Andrievskaya, I., & Semenova, M. (2017). Does biological endowment matter for demand for financial services? Evidence from 2D: 4D ratio in the Russian household survey. *Personality and Individual Differences*, 104, 155–165.

Anestis, M. D., Anestis, J. C., & Lilienfeld, S. O. (2011). When it comes to evaluating psychodynamic therapy, the devil is in the details. *American Psychologist*, 66, 149–151.

Anker, A. E., & Feeley, T. (2011). Are nonparticipants in prosocial behavior merely innocent bystanders? *Health Communication*, 26, 13–24.

Ansaldo, A. I., Arguin, M., & Roch-Locours, L. A. (2002). The contribution of the right cerebral hemisphere to the recovery from aphasia: A single longitudinal case study. *Brain Languages*, 82, 206–222.

Antonini, A., & Barone, P. (2008, December). Dopamine agonist-based strategies in the treatment of Parkinson's disease. *Neurological Sciences*, 29, S371–SS374.

Arcelus J, Baggott J, Whight D. Predictors of interpersonal psychotherapy in patients with bulimic eating disorders[J]. Revista *Mexicana De Trastornos Alimentarios*, 2011, 2:62–70.

Arimoto, M., Shiomi, T., Sasanabe, R., Inagawa, S., Ueda, H., & Inafuku, S. (2011). A sheet-type device for home-monitoring sleep apneas in children. *Sleep and Biological Rhythms*, 9, 103–111.

Ariyanto, A., Hornsey, M. J., & Gallois, C. (2006). Group-directed criticism in Indonesia: Role of message source and audience. *Asian Journal of Social Psychology*, 9, 96–102.

Armbruster, D., Mueller, A., Strobel, A., Lesch, K., Kirschbaum, C., & Brocke, B. (2011). Variation in genes involved in dopamine clearance influence the startle response in older adults. *Journal of Neural Transmission*, 118, 1281–1292.

Aronson, J., & Steele, C. M. (2005). Stereotypes and the fragility of academic competence, motivation, and self-concept. In A. J. Elliot & C. S. Dweck (Eds.), *Handbook of competence and motivation*. New York, Guilford Publications.

Asch, S. E. (1951). Effects of group pressure upon the modification and distortion of judgments. In H. Guetzkow (Ed.), *Groups, leadership, and men*. Pittsburgh: Carnegie Press.

Aschheim, K. (2011). Toward human therapeutic cloning. *Nature Biotechnology*, 29, 986–989.

Aspinwall, L. G., & Taylor, S. E. (1997). A stitch in time: Self-regulation and proactive coping. *Psychological Bulletin*, 121, 417–436.

Astin, A. W., Korn, W. S., & Berz, E. R. (2004).

The American freshman: National norms for fall 2004. Los Angeles, CA: Higher Education Research Institute, UCLA.

Atkinson, R. L., Atkinson, R. C., & Hilgard, E. R. (1983). *Introduction to Psychology* (Eight Edition).

Auld, F., Hyman, M., & Rudzinski, D. (2005). Theory and strategy of dream interpretation. In F. Auld & M. Hyman (Eds.), *Resolution of inner conflict: An introduction to psychoanalytic therapy* (2nd ed.). Washington, DC: American Psychological Association.

Averill, J. R. (1975). *A semantic atlas of emotional concepts*. American Psycholog. Ass., Journal Suppl. Abstract Service.

Baars, B., & Seth, A. K. (2009). Consciousness: Theories and models. In W. Banks. (Eds.), *Encyclopedia of consciousness*. New York: Elsevier.

Babson, K., Feldner, M., Trainor, C., & Smith, R. (2009, September). An experimental investigation of the effects of acute sleep deprivation on panic-relevant biological challenge responding. *Behavior Therapy*, 40, 239–250.

Bacchiochi, J. R. (2006). Development and validation of the Malingering Discriminant Function Index (M-DFI) for the Minnesota Multiphasic Personality Inventory-2 (MMPI-2). *Dissertation Abstracts International: Section B: The Sciences and Engineering*, 66(10-B), 5673.

Bachman, J. G., & Schulenberg, J. (1992). Part-time work by high school seniors: sorting out correlates and possible consequences. monitoring the future occasional paper 32. revised. *Behavior Change*, 182.

Baddeley A. Working memory: looking back and looking forward[J]. *Nature Reviews Neuroscience*, 2003, 4(10)(10):829-839.

Baddeley, A. D.(1982). *Your memory, a user's guide*. New York: Macmillan.(p. 331)

Baddeley, A., & Wilson, B. (1985). Phonological coding and short-term memory in patients without speech. *Journal of Memory and Language*, 24, 490–502.

Badke, M. B., Sherman, J., Boyne, P., Page, S. & Dunning, K. (2011). Tongue-based biofeedback for balance in stroke: Results of an 8-week pilot study. *Archives of Physical and Medical Rehabilitation*, 92, 1364–1370.

Bagge, C., & Sher, K. (2008). Adolescent alcohol involvement and suicide attempts: Toward the development of a conceptual framework. *Clinical Psychology Review*, 28, 1283–1296.

Bagnall, D. (2010). The use of spinal cord stimulation and intrathecal drug delivery in the treatment of low back-related pain. *Physical Medicine & Rehabilitation Clinics of North America*, 21, 851–858.

Bailey, K., West, R., & Anderson, C. A. (2011). The association between chronic exposure to video game violence and affective picture processing: An ERP study. *Cognitive, Affective, and Behavioral Neuroscience*, 11, 259–276.

Bains, O. S. (2006). Insomnia: Difficulty falling and staying asleep. In N. F. Watson, & B. V. Bradley (Eds.), *Clinician's guide to sleep disorders*. Philadelphia: Taylor & Francis.

Baker, S. E., Johnson, P. J., & Slater, D. (2007). Learned food aversion with and without an odour cue for protecting untreated baits from wild mammal foraging [Special issue: Conservation, enrichment, and animal behavior]. *Applied Animal Behaviour Science*, 102, 410–428.

Balaban, C. D. (2002). Neural substrates linking balance control and anxiety [Special issue: The Pittsburgh special issue]. *Physiology and Behavior*, 77, 469–475.

Ball, D. (2004). Genetic approaches to alcohol dependence. *British Journal of Psychiatry*, 185, 449–451.

Baltes, P. B., & Kunzmann, U. (2003). Wisdom. *Psychologist*, 16, 131–133.

Bandura, A. (1977). *Social learning theory*. Englewood Cliffs, NJ: Prentice Hall.

Bandura, A. (1986). *Social foundations of thought and action: A social cognitive theory*. Englewood Cliffs, NJ: Prentice Hall.

Bandura, A. (1994). Social cognitive theory of mass communication. In J. Bryant & D. Zillmann (Eds.), *Media effects: Advances in theory and research: LEA's communication series*. Hillsdale, NJ: Erlbaum.

Bandura, A. (1999). Social cognitive theory of personality. In D. Cervone & Y. Shod (Eds.), *The coherence of personality*. New York: Guilford.

Bandura, A. (2000). Self-efficacy: The foundation of agency. In W. J. Perrig & A. Grob (Eds.), *Control of human behavior, mental processes, and consciousness: Essays in honor of the 60th birthday of August Flammer*. Mahwah, NJ: Erlbaum.

Bandura, A., & Locke, E. A. (2003). Negative self-efficacy and goal effects revisited. *Journal of Applied Psychology*, 88, 87–99.

Bandura, A., Grusec, J. E., & Menlove, F. L. (1967). Vicarious extinction of avoidance behavior. *Journal of Personality and Social Psychology*, 5, 16–23.

Bandura, A., Ross, D., & Ross, S. (1963a). Imitation of film-mediated aggressive models. *Journal of Abnormal and Social Psychology*, 66, 3–11.

Bandura, A., Ross, D., & Ross, S. (1963b). Vicarious reinforcement and imitative learning. *Journal of Abnormal and Social Psychology*, 67, 601–607.

Banich, T., & Heller, W. (1998). Evolving perspectives on lateralization of function. *Current Directions in Psychological Science*, 7, 1–2.

Banks, J. A. (2006). Improving race relations in schools: From theory and research to practice. *Journal of Social Issues*, 62, 607–614.

Bao, M., & Engel, S. A. (2012). Distinct mechanism for long-term contrast adaptation. *Proceedings of the National Academy of Sciences of the United States of America*,109, 5898–5903.

Bao, M., Fast, E., Mesik, J., & Engel, S. A. (2013). Distinct mechanisms control contrast adaptation over different timescales. *Journal of Vision*, 13(10), 1–11.

Baraas, R. C., Foster, D. H., & Amano, K. (2006). Anomalous trichromats' judgments of surface color in natural scenes under different daylights. *Neuroscience*, 23, 629–635.

Barandiaran, A. A., Pascual, A. C., & Samaniego, C. M. (2006). A criticism of the Kohlberg theory: The moral development in adults and educative implications. *Revistade Psicología Generaly Aplicada*, 59, 165–182.

Bargh, J. A., & Chartrand, T. L. (2000). The mind in the middle: A practical guide to priming and automaticity research. In H. T. Reis & C. M. Judd (Eds.), *Handbook of research methods in social and personality psychology*. New York: Cambridge University Press.

Barke, D. B. (2011). Self-selection for stressful experiences. *Stress and Health: Journal of the International Society for the Investigation of Stress*, 27, 194–205.

Barker, J., & Jones, M. (2008, June). The effects of hypnosis on self-efficacy, affect, and soccer performance: A case study. *Journal of Clinical Sport Psychology*, 2, 127–147.

Barkley, R. (2000). *Taking charge of ADHD* (rev. ed.). New York: Guilford Press.

Barkley, R. (2005). *ADHD and the nature of self-control*. New York: Guilford.

Barkley, R. A., Knouse, L. E., & Murphy, K. R. (2011). Correspondence and disparity in the self- and other ratings of current and childhood ADHD symptoms and impairment in adults with ADHD. *Psychological Assessment*, 23, 437–446.

Barlow, D. H. (2007). *Clinical handbook of psychological disorders: A step-by-step treatment manual* (4th ed.). New York: Guilford Press.

Barmeyer, C. I. (2004). Learning styles and their impact on cross-cultural training:

An international comparison in France, Germany and Quebec. *International Journal of Intercultural Relations*, 28, 577–594.

Barnes, V. A., Davis, H. C., Murzynowski, J., & Treiber, F. A. (2004). Impact of meditation on resting and ambulatory blood pressure and heart rate in youth. *Medicine*, 66, 909–914.

Barnett H J. Carotid endarterectomy[J]. Lancet, 2004, 363(363):1486-7.

Barnett, J. E., Wise, E. H., & Johnson-Greene, D. (2007). Informed consent: Too much of a good thing or not enough? *Professional Psychology: Research and Practice*, 38, 179–186.

Barnett, S. M., Rindermann, H., Williams, W. M., & Ceci, S. J. (2011). Society and intelligence. In R. J. Sternberg & S. Kaufman (Eds.), *The Cambridge handbook of intelligence*. New York: Cambridge University Press.

Baron, J. N., & Kreps, D. M. (1999). Consistent human resource practices. *California Management Review*, 41(3).

Baron, R. S. (2005). So right it's wrong: Groupthink and the ubiquitous nature of polarized group decision making. In M. P. Zanna (Ed.), *Advances in experimental social psychology* (Vol. 37). San Diego, CA: Elsevier Academic Press.

Barrada, J., Abad, F., & Olea, J. (2011). Varying the valuating function and the presentable bank in computerized adaptive testing. *The Spanish Journal of Psychology*, 14, 500–508.

Barrett, L. F., & Wager, T. D. (2006). The structure of emotion: Evidence from neuroimaging studies. *Current Directions in Psychological Science*, 15, 79–83.

Barron, F. (1990). *Creativity and psychological health: Origins of personal vitality and creative freedom*. Buffalo, NY: Creative Education Foundation.

BARRY III, H. E. R. B. E. R. T., Child, I. L., & Bacon, M. K. (1959). Relation of Child Training to Subsistence Economy 1. *American anthropologist*, 61(1), 51-63.

Barson, J. R., Morganstern, I., & Leibowitz, S. F. (2011). Similarities in hypothalamic and mesocorticolimbic circuits regulating the overconsumption of food and alcohol. *Physiology & Behavior*, 104, 128–137.

Bartlett, F. (1932). *Remembering: A study in experimental and social psychology*. Cambridge, England: Cambridge University Press.

Bartone, P., Roland, R., Picano, J., & Williams, T. (2008). Psychological hardiness predicts success in U.S. Army Special Forces candidates. *International Journal of Selection and Assessment*, 16, 78–81.

Bartoshuk, L. (2000, July/August). The bitter with the sweet. *APSObserver*, 11, 33.

Bartzokis, G., Nuechterlein, K. H., Lu, P. H., Gitlin,M., Rogers, S., & Mintz, J. (2003). Dysregulated brain development in adult men with schizophrenia: A magnetic resonance imaging study. *Biological Psychiatry*, 53, 412–421.

Baruss, I. (2003). *Alterations of consciousness: An empirical analysis for social scientists*. Washington, DC: American Psychological Association.

Bassotti, G., & Villanacci, V. (2011). Can 'functional' constipation be considered as a form of enteric neuro-gliopathy? *Glia*, 59, 345–350.

Bateman, A. W. (2011). Commentary on 'Minding the difficult patient': Mentalizing and the use of formulation in patients with borderline personality disorder comorbid with antisocial personality disorder. *Personality and Mental Health*, 5, 85–90.

Bates, E. (2005). Plasticity, localization, and language development. In S. T. Parker & J. Langer (Eds.), *Biology and knowledge revisited: From neurogenesis to psychogenesis*. Mahwah, NJ: Lawrence Erlbaum Associates.

Bates, P. E., Cuvo, T., Miner, C. A., & Korabek, C. A. (2001). Simulated and community-based instruction involving persons with mild and moderate mental retardation. *Research in Developmental Disabilities*, 22, 95–115.

Bauer, J. J., Schwab, J. R., & McAdams, D. P. (2011). Self-actualizing: Where ego development finally feels good? *The Humanistic Psychologist*, 39, 121–136.

Bauer, P. (2008). Toward a neuro-developmental account of the development of declarative memory. *Developmental Psychobiology*, 50, 19–31.

Bauer, S. M., Schanda, H., Karakula, H., Olajossy-Hilkesberger, L., Rudaleviciene, P., Okribelashvili, N., et al. (2011). Culture and the prevalence of hallucinations in schizophrenia. *Comprehensive Psychiatry*, 52, 319–325.

Baum, A., Lorduy, K., & Jenkins, F. J. (2011). The molecular biology of stress: Cellular defense, immune response, and aging. In R. J. Contrada & A. Baum (Eds.), *The handbook of stress science: Biology, psychology, and health*. New York: Springer Publishing Co.

Bauman, S., & Kopp, T. G. (2006). Integrating a humanistic approach in outpatient sex offender groups. *Journal for Specialists in Group Work*, 31, 247–261.

Baumeister, R. F., & Stillman, T. (2006). Erotic plasticity: Nature, culture, gender, and sexuality. In R. D. McAnulty & M. M. Burnette (Eds.), *Sex and sexuality, Vol. 1: Sexuality today: Trends and controversies*. Westport, CT: Praeger Publishers/ Greenwood Publishing.

Baumeister, R. F., Twenge, J. M., & Nuss, C. K. (2002). Effects of social exclusion on cognitive processes: Anticipated aloneness reduces intelligent thought. *Journal of Personality and Social Psychology*, 83, 817–827.

Baumgartner, F. (2002). The effect of hardiness in the choice of coping strategies in stressful situations. *Studia Psychologica*, 44, 69–75.

Baumrind, D. (1971). Current patterns of parental authority. *Developmental Psychology*, 4, 1–104.

Baumrucker, S., Mingle, P., Harrington, D., Stolick, M., Carter, G. T., & Oertli, K. A. (2011). Medical marijuana and organ transplantation: Drug of abuse, or medical necessity? *American Journal of Hospice & Palliative Medicine*, 28, 130–134.

Bayliss, D. M., Jarrold, C., Baddeley, A. D., & Gunn, D. M. (2005a). The relationship between short-term memory and working memory: Complex span made simple? *Memory*, 13, 414–421.

Bayliss, D. M., Jarrold, C., Baddeley, A. D., Gunn, D. M., & Leigh, E. (2005b). Mapping the developmental constraints on working memory span performance. *Developmental Psychology*, 41, 579–597.

Bazalakova, M. H., Wright, J., Schneble, E. J., McDonald, M. P., Heilman, C. J., Levey, A. I., & Blakely, R. D. (2007). Deficits in acetylcholine homeostasis, receptors and behaviors in choline transporter heterozygous mice. *Genes, Brain & Behavior*, 6, 411–424.

Bearman, C. R., Ball, L. J., & Ormerod, T. C. (2007). The structure and function of spontaneous analogising in domain-based problem solving. *Thinking & Reasoning*, 13, 273–294.

Bechara, A., Damasio, A. R., Damasio, H., & Anderson, S. (1994). Insensitivity to future consequences following damage to human prefrontal cortex. *Cognition*, 50, 7–15.

Becker, B. E., & Luthar, S. S. (2007). Peer-perceived admiration and social preference: Contextual correlates of positive peer regard among suburban and urban adolescents. *Journal of Research on Adolescence*, 17, 117–144.

Becker, T. (2003). Is emotional intelligence a viable concept? *Academy of Management Review*, 28, 192–195.

Bedard, W. W., & Persinger, M. A. (1995). Prednisolone blocks extreme intermale social aggression in seizure-induced, braindamaged rats: Implications for the amygdaloid central nucleus, corticotrophin-releasing factor, and electrical seizures. *Psychological Reports*, 77, 3–9.

Beersma, D. G. M., & Gordijn, M. C. M. (2007). Circadian control of the sleep-wake cycle. *Physiology & Behavior*, 90.

Begeny, J. C., & Martens, B. K. (2007). Inclusionary education in Italy: A literature review and call for more empirical research. *Remedial and Special Education*, 28, 80–94.

Begg, D., & Langley, J. (2001). Changes in risky driving behavior from age 21 to 26 years. *Journal of Safety Research*, 32, 491–499.

Behrendt, R. P. (2011). *Neuroanatomy of social behaviour: An evolutionary and psychoanalytic perspective*. Karnac Books.

Behrens, M., Lendon, C., & Roe, C. (2009). A common biological mechanism in cancer and Alzheimer's disease? *Current Alzheimer Research*, 6, 196–204.

Beidel, D. C., & Turner, S. M. (2007). Etiology of social anxiety disorder. In D. C. Beidel & S. M. Turner (Eds.), *Shy children, phobic adults: Nature and treatment of social anxiety disorders* (2nd ed.). Washington, DC: American Psychological Association.

Beilock, S. L., & Carr, T. H. (2005). When high-powered people fail: Working memory and "choking under pressure" in math. *Psychological Science*, 16, 101–105.

Belov, D. I., & Armstrong, R. D. (2009). Direct and inverse problems of item pool design for computerized adaptive testing. *Educational and Psychological Measurement*, 69, 533–547.

Belsky, J., & Pluess, M. (2009). The nature (and nurture?) of plasticity in early human development. *Perspectives on Psychological Science*, 4, 345–351.

Bem, D. J. (1996). Exotic becomes erotic: A developmental theory of sexual orientation. *Psychological Review*, 103, 320–335.

Bem, D. J., & Honorton, C. (1994). Does psi exist? Replicable evidence for an anomalous process of information transfer. *Psychological Bulletin*, 115, 4–18.

Bem, S. L. (1998). Gender schema theory and its implications for child development: Raising gender-aschematic children in a gender-schematic society. *Questions of Gender: Perspectives and Peradoses*, 262-274.

Bénabou R, Tirole J. Intrinsic and extrinsic motivation[J]. *Review of Economic Studies*, 2003, 70(3):489–520.

Benca, R. M. 2005. Diagnosis and treatment of chronic insomnia: A review. *Psychiatric Services*, 56: 332–343.

Benderly, B. L. (2004). Looking beyond the SAT. *American Psychological Society*, 17, 12–18.

Benet-Martinez, V., Lee, F., & Leu, J. (2006). Biculturalism and cognitive complexity: Expertise in cultural representations. *Journal of Cross-Cultural Psychology*, 37, 386–407.

Benham, G., Woody, E. Z., & Wilson, K. S. (2006). Expect the unexpected: Ability, attitude, and responsiveness to hypnosis. *Journal of Personality and Social Psychology*, 91, 342–350.

Benight, C. C. (2004). Collective efficacy following a series of natural disasters. *Stress and Coping: An International Journal*, 17, 401–420.

Benson, E. (2003, April). The science of sexual arousal. *Monitor on Psychology*, 50–56.

Benson, H., Kornhaber, A., Kornhaber, C., LeChanu, M. N., et al. (1994). Increases in positive psychological characteristics with a new relaxation-response curriculum in high school students. *Journal of Research and Development in Education*, 27, 226–231.

Benton, S. A., Robertson, J. M., Tseng, W. C., Newton, F. B., & Benton, S. L. (2003). Changes in counseling center client problems across 13 years. *Professional Psychology: Research and Practice*, 34, 66–72.

Bentwich, J., Dobronevsky, E., Aichenbaum, S., Shorer, R., Peretz, R., Khaigrekht, M., et al. (2011). Beneficial effect of repetitive transcranial magnetic stimulation combined with cognitive training for the treatment of Alzheimer's disease: A proof of concept study. *Journal of Neural Transmission*, 118, 463–471.

Beresnevaité, M., Taylor, G. J., & Bagby, R. M. (2007). Assessing alexithymia and type A behavior in coronary heart disease patients: A multimethod approach. *Psychotherapy and Psychosomatics*, 76, 186–192.

Bergeson, T. R., & Trehub, S. E. (2002). Absolute pitch and tempo in mothers' songs to infants. *Psychological Science*, 13(1), 72-75.

Berkman, L. F., Ertel, K. A., & Glymour, M. M. (2011). Aging and social intervention: Life course perspectives. In R. H. Binstock & L. K. George (Eds.), *Handbook of aging and the social sciences* (7th ed.). San Diego, CA: Elsevier Academic Press.

Berle, D. (2007). Graded exposure therapy for long-standing disgust-related cockroach avoidance in an older male. *Clinical Case Studies*, 6, 339–347.

Bernard, L. L. (1924). *Instinct: A study in social psychology*. New York: Holt.

Bernstein, D., & Loftus, E. (2009a). How to tell if a particular memory is true or false. *Perspectives on Psychological Science*, 4, 370–374.

Bernstein, D., & Loftus, E. (2009b). The consequences of false memories for food preferences and choices. *Perspectives on Psychological Science*, 4, 135–139.

Berntsen, D., & Rubin, D. C. (2004). Cultural life scripts structure recall from autobiographical memory. *Memory and Cognition*, 32, 427–442.

Berntson, G. G., Bechara, A., Damasio, H., Tranel, D., & Cacioppo, J. T. (2007). Amygdala contribution to selective dimensions of emotion. *Social Cognitive and Affective Neuroscience*, 2, 123–129.

Berridge, K. C. (2004). Motivation concepts in behavioral neuroscience. *Physiology and Behavior*, 81, 179–209.

Bertenthal, B. I., & Fischer, K. W. (1978). Development of self-recognition in the infant. *Developmental Psychology*, 14(1), 44-50.

Berthoud, H. R. (2002). Multiple neural systems controlling food intake and body weight. *Neuroscience and Biobehavioral Reviews*, 26, 393–428.

Bertrand, M., & Mullainathan, S. (2004). Are Emily and Greg more employable than Lakisha and Jamal? A field experiment on labor market discrimination. *American economic review*, 94(4), 991-1013.

Betz, N. E. (2007). Career self-efficacy: Exemplary recent research and emerging directions. *Journal of Career Assessment*, 15(4), 403-422.

Bialystok, E. (2011). Reshaping the mind: The benefits of bilingualism. *Canadian Journal of Experimental Psychology* 65(4), 229–235.

Bialystok, E., & Craik, F. I. M. (2010). Cognitive and linguistic processing in the bilingual mind. *Current Directions in Psychological Science*, 19, 19–23.

Bialystok, E., & Martin, M. M. (2004). Attention and inhibition in bilingual children: Evidence from the dimensional change card sort task. *Developmental Science*, 7, 325–339.

Bialystok, E., Barac, R., Blaye, A., & Poulin-Dubois, D. (2010). Word mapping and executive functioning in young monolingual and bilingual children. *Journal of Cognition and Development*, 11, 485–508.

Biederman, I. (1990, January). Higher-level vision. In *Visual cognition and action* (vol. 2) (pp. 41-72). MIT Press.

Billiard, M. (2008). Narcolepsy: Current treatment options and future approaches. *Neuropsychiatric Disease and Treatment*, 4, 557–566.

Bindemann, M., Burton, A., Leuthold, H., & Schweinberger, S. (2008, July). Brain potential correlates of face recognition: Geometric distortions and the N250r brain response to stimulus repetitions.

Psychophysiology, 45, 535–544.
Binet, A., & Simon, T. (1916). *The development of intelligence in children (The Binet-Simon Scale)*. Baltimore: Williams & Wilkins.
Bingenheimer, J. B., Brennan, R. T., & Earls, F. J. (2005, May 27). Firearm violence exposure and serious violent behavior. *Science*, 308, 1323–1327.
Bitterman, M. E. (2006). Classical conditioning since Pavlov. *Review of General Psychology*, 10, 365–376.
Bittles, A. H., Bower, C., & Hussain, R. (2007). The four ages of Down syndrome. *European Journal of Public Health*, 17, 121–225.
Bizley, J., Walker, K., Silverman, B., King, A., & Schnupp, J. (2009, February). Interdependent encoding of pitch, timbre, and spatial location in auditory cortex. *Journal of Neuroscience*, 29, 2064–2075.
Bjornstad, R. (2006). Learned helplessness, discouraged workers, and multiple unemployment equilibria. *The Journal of Socio-Economics*, 35, 458–475.
Blass, T. (1996). Attribution of responsibility and trust in the Milgram obedience experiment. *Journal of Applied Social Psychology*, 26, 1529–1535.
Blass, T. (2004). *The man who shocked the world: The life and legacy of Stanley Milgram*. New York: Basic Books.
Blass, T. (Ed.). (2000). *Obedience to authority: Current perspectives on the Milgram Paradigm*. Mahwah, NJ: Erlbaum.
Blatter, K., & Cajochen, C. (2007). Circadian rhythms in cognitive performance: Methodological constraints, protocols, theoretical underpinnings. *Physiology & Behavior*, 90, 196–208.
Blixen, C. E., Singh, A., & Xu, M. (2006). What women want: Understanding obesity and preferences for primary care weight reduction interventions among African-American and Caucasian women. *Journal of the National Medical Association*, 98, 1160–1170.
Bloom, P. N., McBride, C. M., & Pollak, K. I. (2006). Recruiting teen smokers in shopping malls to a smoking-cessation program using the foot-in-the-door technique. *Journal of Applied Social Psychology*, 36, 1129–1144.
Blum, D. (2002). *Love at goon park: Harry Harlow and the science of affection*. Cambridge, MA: Perseus.
Blum, H. P. (2011). To what extent do you privilege dream interpretation in relation to other forms of mental representations? *The International Journal of Psychoanalysis*, 92, 275–277.
Boahen, K. (2005, May). Neuromorphic microchips. *Scientific American*, pp. 56–64.

Bode, C., de Ridder, D. T., Kuijer, R. G., &Bensing, J. M. (2007). Effects of an intervention promoting proactive coping competencies in middle and late adulthood. *Gerontologist*, 47, 42–51.
Bodin, G. (2006). Review of harvesting free association. *Psychoanalytic Quarterly*, 75, 629–632.
Bogart, R. K., McDaniel, R. J., Dunn, W. J., Hunter, C., Peterson, A. L., & Write, E. E. (2007). Efficacy of group cognitive behavior therapy for the treatment of masticatory myo-fascial pain. *Military Medicine*, 172, 169–174.
Bohn, A., & Berntsen, D. (2007). Pleasantness bias in flashbulb memories: Positive and negative flashbulb memories of the fall of the Berlin Wall among East and West Germans. *Memory and Cognition*, 35, 565–577.
Boisvert, C. M., & Faust, D. (2003). Leading researchers' consensus on psychotherapy research findings: Implications for the teaching and conduct of psychotherapy. *Professional Psychology: Research and Practice*, 34, 508–513.
Boles, D. B. (2005). A large-sample study of sex differences in functional cerebral lateralization. *Journal of Clinical and Experimental Neuropsychology*, 27, 759–768.
Bolger, N., & Amarel, D. (2007). Effects of social support visibility on adjustment to stress: Experimental evidence. *Journal of Personality and Social Psychology*, 92, 458–475.
Boller, F. (2004). Rational basis of rehabilitation following cerebral lesions: A review of the concept of cerebral plasticity. *Functional Neurology: New Trends in Adaptive and Behavioral Disorders*, 19, 65–72.
Bond, M. (2006). Psychodynamic psychotherapy in the treatment of mood disorders. *Current Opinion in Psychiatry*, 19, 40–43.
Bonnardel, V. (2006). Color naming and categorization in inherited color vision deficiencies. *Visual Neuroscience*, 23, 637–643.
Borisenko, J. (2007). Fatherhood as a personality development factor in men. *The Spanish Journal of Psychology*, 10, 82–90.
Bornstein, R. F. (2003). Psychodynamic models of personality. In T. Millon & M. J. Lerner (Eds.), *Handbook of psychology: Personality and social psychology* (Vol. 5). New York: Wiley.
Bosma, H., van Boxtel, M. P. J., Ponds, R. W. H. M., Houx, P. J. H., & Jolles, J. (2003). Education and age-related cognitive decline: The contribution of mental workload. *Educational Gerontology*, 29, 165–173.
Bosse, T., Gerritsen, C. & Treur, J. (2011). Combining rational and biological factors in virtual agent decision making. *Applied Intelligence*, 34, 87–101.
Botvinick, M. (2004, August 6). Probing the neural basis of body ownership. *Science*, 305, 782–783.
Bouchard, T. J., Jr. (2004). Genetic influence on human psychological traits: A survey. *Current Directions in Psychological Science*, 13, 148–151.
Bouchard, T. J., Jr., Segal, N. L., Tellegen, A., McGue, M., Keyes, M., & Krueger, R. (2004). Genetic influence on social attitudes: Another challenge to psychology from behavior genetics. In L. F. DiLalla (Ed.), *Behavior genetics principles: Perspectives in development, personality, and psychopathology*. Washington, DC: American Psychological Association.
Bourne, L. E., Dominowski, R. L., Loftus, E. F., & Healy, A. F. (1986). *Cognitive processes* (2nd ed.). Englewood Cliffs, NJ: Prentice Hall.
Bouton, M. E., Todd, T. P., Vurbic, D., & Winterbauer, N. E. (2011). Renewal after the extinction of free operant behavior. *Learning & Behavior*, 39, 57–67.
Bower, G. H., Clark, M. C., Lesgold, A. M., & Winzenz, D. (1969). Hierarchical retrieval schemes in recall of categorized word lists. *Journal of Verbal Learning & Verbal Behavior*, 8(3), 323-343.
Bower, G. H., Thompson, S. S., & Tulving, E. (1994). Reducing retroactive interference: An interference analysis. *Journal of Experimental Psychology Learning, Memory, and Cognition*, 20, 51–66.
Boyd-Wilson, B. M., McClure, J., & Walkey, F. H. (2004). Are well-being and illusory perceptions linked? The answer may be yes, but. . . . *Australian Journal of Psychology*, 56, 1–9.
Brafman, A. H. (2011). *Fostering independence: Helping and caring in psychodynamic therapies*. London: Karnac Books.
Brambilla, P., Cipriani, A., Hotopf, M., & Barbui, C. (2005). Side-effect profile of fluoxetine in comparison with other SSRIs, tricyclic and newer antidepressants: A meta-analysis of clinical trial data. *Pharmacopsychiatry*, 38, 69–77.
Bransford, J. D., & Johnson, M. K. (1972). Contextual prerequisites for understanding: Some investigations of comprehension and recall. *Journal of verbal learning and verbal behavior*, 11(6), 717-726.
Braun, A. R., Balkin, T. J., Wesensten, N. J., Gwadry, F., Carson, R. E., Varga, M., et al. (1998). Dissociated pattern of activity in visual cortices and their projections

during human rapid eye movement sleep. *Science*, 279, 91–95.

Breland, K., & Breland, M. (1966). *Animal behavior*. New York: Macmillan.

Brennan, P. (2011). Pheromones: Fact or fantasy? *Ethology*, 117, 265–266.

Brewer, J. B., Zhao, Z., Desmond, J. E., Glover, G. H., & Gabrieli, J. D. E. (1998, August 21). Making memories: Brain activity that predicts how well visual experience will be remembered. *Science*, 281, 1185–1187.

Brislin, R., Worthley, R., & MacNab, B. (2006). Cultural intelligence: Understanding behaviors that serve people's goals. *Group & Organization Management*, 31, 40–55.

Brock, T. C., & Green, M. C. (Eds.). (2005). *Persuasion: Psychological insights and perspectives* (2nd ed.). Thousand Oaks, CA: Sage Publications.

Broidy, L. M., Nagin, D. S., & Tremblay, R. E. (2003). Developmental trajectories of childhood disruptive behaviors and adolescent delinquency: A six-site, cross-national study. *Developmental Psychology*, 39, 222–245.

Broman, C. L. (2005). Stress, race and substance use in college. *College Student Journal*, 39, 340–352.

Bronson, P., & Merryman, A. (2009). *NurtureShock*. New York: Twelve.

Brooker, R. J., Widmaier, E. P., Graham, L., & Stiling, P. (2008). *Biology*. New York: McGraw-Hill.

Brown, J. (2006). Attribution: Theories, affect and evolution. *Dissertation Abstracts International: Section B: The Sciences and Engineering*, 67(2-B), 1201.

Brown, L. S., & Pope, K. S. (1996). *Recovered memories of abuse: Assessment, therapy, forensics*. Washington, DC: American Psychological Association.

Brown, P. K., & Wald, G. (1964). Visual pigments in single rod and cones of the human retina. *Science*, 144, 45–52.

Brown, R., & Robertson, E. (2007). Off-line processing: Reciprocal interactions between declarative and procedural memories. *The Journal of Neuroscience*, 27(39), 10468–10475.

Brown, S. I., & Walter, M. I. (Eds.). (1993). *Problem posing: Reflections and applications*. Hillsdale, NJ: Erlbaum.

Brown, S., & Martinez, M. J. (2007). Activation of premotor vocal areas during musical discrimination. *Brain and Cognition*, 63, 9–69.

Brown, S., Martinez, M. J., & Parsons, L. M. (2006). Music and language side by side in the brain: A PET study of the generation of melodies and sentences. *European Journal of Neuroscience*, 23, 2791–2803.

Browning, M., Fletcher, P., & Sharpe, M. (2011). Can neuroimaging help us to understand and classify somatoform disorders? A systematic and critical review. *Psychosomatic medicine*, 73(2), 173.

Bruce, B., & Wilfley, D. (1996). Binge eating among the overweight population : a serious and prevalent problem. *Journal of the American Dietetic Association*, 96(1), 58-61.

Bruce, V., Green, P. R., & Georgeson, M. (1997). *Visual perception: Physiology, psychology and ecology* (3rd ed.). Mahwah, NJ: Erlbaum.

Bruggeman, H., Yonas, A., & Konczak, J. (2007). The processing of linear perspective and binocular information for action and perception. *Neuropsychologia*, 45, 1420–1426.

Brzustowicz, L. M., Hodgkinson, K. A., Chow, E. W. C., Honer, W. G., & Bassett, A. S. (2000, April 28). Location of major susceptibility locus for familial schizophrenia on chromosome 1q21-q22. *Science*, 288, 678–682.

Bub, K. L., Buckhalt, J. A., & El-Sheikh, M. (2011). Children's sleep and cognitive performance: A cross-domain analysis of change over time. *Developmental psychology*, 47(6), 1504.

Buchanan, R. W., Javitt, D. C., Marder, S. R., Schooler, N. R., Gold, J. M., McMahon, R. P., et al. (2007). The Cognitive and Negative Symptoms in Schizophrenia Trial (CONSIST): The efficacy of glutamatergic agents for negative symptoms and cognitive impairments. *American Journal of Psychiatry*, 164, 1593–1602.

Buchanan, T. W., & Adolphs, R. (2004). The neu-roanatomy of emotional memory in humans. In D. Reisberg & P. Hertel (Eds.), *Memory and emotion*. London: Oxford University Press.

Buchanan, T., & Selmon, N. (2008). Race and gender differences in self-efficacy: Assessing the role of gender role attitudes and family background. *Sex Roles*, 58, 822–836.

Buchert, R., Thomasius, R., Wilke, F., Petersen, K., Nebeling, B., Obrocki, J., Schulze, O., Schmidt, U., & Clausen, M. (2004). A voxel-based PET investigation of the long-term effects of "ecstasy" consumption on brain serotonin transporters. *American Journal of Psychiatry*, 161, 1181–1189.

Buehner, M., Krumm, S., & Ziegler, M. (2006). Cognitive abilities and their interplay: Reasoning, crystallized intelligence, working memory components, and sustained attention. *Journal of Individual Differences*, 27, 57–72.

Bukobza, G. (2009). Relations between rebelliousness, risk-taking behavior, and identity status during emerging adulthood. *Identity*, 9, 159–177.

Bulf, H., Johnson, S. P., & Valenza, E. (2011). Visual statistical learning in the newborn infant. *Cognition*, 121, 127–132.

Bunting, M. (2006). Proactive interference and item similarity in working memory. *Journal of Experimental Psychology: Learning, Memory, and Cognition*, 32, 183–196.

Burbach, M. E., Matkin, G. S., & Fritz, S. M. (2004). Teaching critical thinking in an introductory leadership course utilizing active learning strategies: A confirmatory study. *College Student Journal*, 38, 482–493.

Burchinal, M. R., Roberts, J. E., & Riggins, R., Jr. (2000). Relating quality of center-based child care to early cognitive and language development longitudinally. *Child Development*, 71, 338–357.

Burger, J. M. (2009). Replicating Milgram: Would people still obey today? *American Psychologist*, 64, 1–11.

Burger, J. M., & Caldwell, D. F. (2003). The effects of monetary incentives and labeling on the foot-in-the-door effect: Evidence for a self-perception process. *Basic and Applied Social Psychology*, 25, 235–241.

Burger, J. M., Reed, M., & DeCesare, K. (1999). The effects of initial request size on compliance: More about the that's-not-all technique. *Basic and Applied Social Psychology*, 21, 243–249.

Burgoon, J. K., & Bacue, A. E. (2003). Nonverbal communication skills. In J. O. Greene & B. R. Burleson (Eds.), *Handbook of communication and social interaction skills*. Mahwah, NJ: Lawrence Erlbaum.

Burnstein, M. H. (1981). Child abandonment: Historical, sociological and psychological perspectives. *Child psychiatry and human development*, 11(4), 213-221.

Bush, J. (2008). Viability of virtual reality exposure therapy as a treatment alternative. *Computers in Human Behavior*, 24, 1032–1040.

Buss, A. H. (2011). *Pathways to individuality: Evolution and development of personality traits*. Washington, DC: American Psychological Association.

Buss, D. (2003). *Evolutionary psychology*. Boston: Allyn & Bacon.

Buss, D. (2009). How can evolutionary psychology successfully explain personality and individual differences? *Perspectives on Psychological Science*, 4, 359–366.

Buss, D. M. (2001). Human nature and culture: An evolutionary psychological perspective. *Journal of Personality*, 69,

955–978.

Buss, D. M., Larsen, R. J., Westen, D., & Semmelroth, J. (1992). Sex differences in jealousy: Evolution, physiology, and psychology. *Psychological Science*, 3, 251–255.

Butcher, J. N. (2005). *A beginner's guide to the MMPI-2* (2nd ed.). Washington, DC: American Psychological Association.

Butcher, J. N. (2011). *A beginner's guide to the MMPI-2* (3rd ed.). Washington, DC: American Psychological Association.

Buysse, D. J., Germain, A., Moul, D. E., Franzen, P. L., Brar, L. K., Fletcher, M. E., Begley, A., Houck, P. R., Mazumdar, S., Reynolds, C. F., & Monk, T. H. (2011). Efficacy of brief behavioral treatment for chronic insomnia in older adults. *Archives of Internal Medicine*, 171, 887–895.

Byne, W. (1996). Biology and homosexuality: Implications of neuroendocrinological and neuroanatomical studies. In R. P. Cabaj & T. S. Stein (Eds.), *Textbook of homosexuality and mental health*. Washington, DC: American Psychiatric Press.

Byrne, B. M., & Watkins, D. (2003). The issue of measurement invariance revisited. *Journal of Cross-Cultural Psychology*, 34, 155–175.

Cabanac, M., & Frankham, P. (2002). Evidence that transient nicotine lowers the body weight set point. *Physiology & Behavior*, 76, 539–542.

Cabioglu, M., Ergene, N., & Tan, Ü. (2007, May). Smoking cessation after acupuncture treatment. *International Journal of Neuroscience*, 117, 571–578.

Cacioppo, J. T., Berntson, G. G., & Crites, S. L., Jr. (1996). Social neuroscience: Principles of psy-chophysiological arousal and response. In E. T. Higgins & A. W. Kruglanski (Eds.), *Social psychology: Handbook of basic principles*. New York: Guilford.

Cadenhead, K., & Braff, D. L. (1995). Neurophysiology of schizophrenia: Attention, information processing, and inhibitory processes in schizophrenia. In J. A. Den Boer., H. G. M. Westenberg & H. M. van Praag (Eds.), *Advances in the neurobiology of schizophrenia*. Oxford, England: John Wiley & Sons.

Caelian, C. F. (2006). The role of perfectionism and stress in the suicidal behaviour of depressed adolescents. *Dissertation Abstracts International: Section B: The Sciences and Engineering*, 66(12-B), 6915.

Cahill, L. (2005, May). His brain, her brain. *Scientific American*, pp. 40–47.

Cain, D. J. (Ed.). (2002). *Humanistic psychotherapies: Handbook of research and practice*. Washington, DC: American Psychological Association.

Calin-Jageman, R. J., & Fischer, T. M. (2007). Behavioral adaptation of the aplysia siphon-withdrawal response is accompanied by sensory adaptation. *Behavioral Neuroscience*, 121, 200–211.

Cameron, O. G. (2002). *Visceral sensory neuroscience: Interoception*. London: Oxford University Press.

Campos, R. C. (2011). 'It might be what I am' : Looking at the use of Rorschach in psychological assessment. *Journal of Projective Psychology & Mental Health*, 18, 28–38.

Cantwell, R. H., & Andrews, B. (2002). Cognitive and psychological factors underlying secondary school students' feelings towards group work. *Educational Psychology*, 22, 75–91.

Caplan, D., Waters, G., & Dede, G. (2007). A study of syntactic processing in aphasia I: Behavioral (psycholinguistic) aspects. *Brain and Language*, 101, 103–150.

Carbon, C., & Ditye, T. (2011). Sustained effects of adaptation on the perception of familiar faces. *Journal of Experimental Psychology: Human Perception and Performance*, 37, 615–625.

Carels, R. A., Young, K. M., Koball, A., Gumble, A., Darby, L. A., Oehlhof, M., et al. (2011). Transforming your life: An environmental modification approach to weight loss. *Journal of Health Psychology*, 16, 430–438.

Carhart-Harris, R. (2007). Speed . Ecstasy . Ritalin: The science of amphetamines. *Journal of Psychopharmacology*, 21, 225.

Carney, D., Colvin, C., & Hall, J. (2007). A thin slice perspective on the accuracy of first impressions. *Journal of Research in Personality*, 41, 1054–1072.

Carney, R. N., & Levin, J. R. (2003). Promoting higher-order learning benefits by building lower-order mnemonic connections. *Applied Cognitive Psychology*, 17, 563–575.

Carr P B, Steele C M. Stereotype threat and inflexible perseverance in problem solving[J]. *Journal of Experimental Social Psychology*, 2009, 45(4):853-859.

Carrillo, M., Ricci, L., Coppersmith, G., & Melloni, R. (2009, August). The effect of increased serotonergic neurotransmission on aggression: A critical meta-analytical review of preclinical studies. *Psychopharmacology*, 205, 349–368.

Carter, R. T. (2003). Becoming racially and culturally competent: The racial-cultural counseling laboratory. *Journal of Multicultural Counseling and Development*, 31, 20–30.

Cartwright, R., Agargum, M. Y., & Kirkby, J. (2006). Relation of dreams to waking concerns. *Psychiatry Research*, 141, 261–270.

Caruso, E. (2008). Use of experienced retrieval ease in self and social judgments. *Journal of Experimental Social Psychology*, 44, 148–155.

Caruso, E. M., Van Boven, L., Chin, M., & Ward, A. (2013). The Temporal Doppler Effect When the Future Feels Closer Than the Past. *Psychological Science*, 24, 530–536.

Carvalho, J., & Nobre, P. (2011). Biopsychosocial determinants of men's sexual desire: Testing an integrative model. *Journal of Sexual Medicine*, 8, 754–763.

Casasanto, D. (2008). Who's afraid of the big bad whorf? Crosslinguistic differences in temporal language and thought. *Language Learning*, 58, 63–79.

Casasola, M. (2011). Infant spatial categorization from an information processing approach. In L. M. Oakes, C. H. Cashon, et al. (Eds.), *Infant perception and cognition: Recent advances, emerging theories, and future directions*. New York: Oxford University Press.

Case, R., & Okamoto, Y. (1996). The role of central conceptual structures in the development of children's thought. *Monographs of the Society for Research in Child Development*, 61, v-265.

Casey, S. D., Cooper-Brown, L. J., & Wacher, D. P. (2006). The use of descriptive analysis to identify and manipulate schedules of reinforcement in the treatment of food refusal. *Journal of Behavioral Education*, 15, 41–52.

Cashon, C. H., & Cohen, L. B. (2004). Beyond U-shaped development in infants' processing of faces: An information-processing account. *Journal of Cognition and Development*, 5, 59–80.

Cassells, J. V. S. (2007). The virtuous roles of truth and justice in integral dialogue: Research, theory, and model practice of the evolution of collective consciousness. *Dissertation Abstracts International Section A: Humanities and Social Sciences*, 67(10-A), 4005.

Cattell, R. B., Cattell, A. K., & Catell, H. E. P. (1993). *Sixteen personality factor questionnaire* (16PF) (5th ed.). San Antonio, TX: Harcourt Brace.

Cavallini, E., Pagnin, A., & Vecchi, T. (2003). Aging and everyday memory: The beneficial effect of memory training. *Archives of Gerontology & Geriatrics*, 37, 241–257.

Cavenett, T., & Nixon, R. D. V. (2006). The effect of arousal on memory for emotionally-relevant information: A study of sky divers. *Behaviour Research and Therapy*, 44, 1461–1469.

Chamberlain, K., & Zika, S. (1990). The minor events approach to stress: Support for the use of daily hassles. *British Journal of Psychology*, 81, 469–481.

Chamberlain, S. R., Menzies, L., Hampshire, A., Suckling, J., Fineberg, N. A., del Campo, N., et al. (2008, July 18). Orbitofrontal dysfunction in patients with obsessive-compulsive disorder and their unaffected relatives. *Science*, 321, 421–422.

Chandran, S., & Menon, G. (2004). When a day means more than a year: Effects of temporal framing on judgments of health risk. *Journal of Consumer Research*, 31, 375–389.

Chang, L., & Geary, D. C. (2007). The future of psychology: Evolutionary approach to scientific psychology [Special issue: Evolutionary psychology]. *Acta Psychologica Sinica*, 39, 381–382.

Chang, S. H., Gao, L., Li, Z., Zhang, W. N., Du, Y., & Wang, J. (2013). BDgene: a genetic database for bipolar disorder and its overlap with schizophrenia and major depressive disorder. *Biological psychiatry*, 74(10), 727-733.

Chang, S., Fang, K., Zhang, K., & Wang, J. (2015). Network-based analysis of schizophrenia Genome-Wide Association data to detect the joint functional association signals. *PloS one*, 10(7), e0133404.

Chang, S., Wang, J., Zhang, K., & Wang, J. (2015). Pathway-based analysis for genome-wide association study data of bipolar disorder provides new insights for genetic study. *Protein & cell*, 6(12), 912.

Chao, R. (2011). Managing stress and maintaining well-being: Social support, problem-focused coping, and avoidant coping. *Journal of Counseling & Development*, 89, 338–348.

Chapkis, W., & Webb, R. (2008). *Dying to get high: Marijuana as medicine*. New York: New York University Press.

Chapman, J. (2006). Anxiety and defective decision making: An elaboration of the group-think model. *Management Decision*, 44, 1391–1404.

Charman, D. P. (2004). *Core processes in brief psychodynamic psychotherapy: Advancing effective practice*. Mahwah, NJ: Lawrence Erlbaum Associates.

Chase, W. G., & Simon, H. A. (1973). Perception in chess. *Cognitive psychology*, 4(1), 55-81.

Chen H., Jackson T. (2009). Predictors of changes in body image concerns of Chinese adolescents. *Journal of Adolescence*, 32, 977–994.

Chen T, Li D. The roles of working memory updating and processing speed in mediating age-related differences in fluid intelligence[J]. *Aging Neuropsychology & Cognition*, 2007, 14(6):631-46.

Chen, A., Zhou, Y., & Gong, H. (2004). Firing rates and dynamic correlated activities of ganglion cells both contribute to retinal information processing. *Brain Research*, 1017, 13–20.

Chen, H., & Jackson, T. (2005). Are cognitive biases associated with body image concerns similar between cultures?. *Body Image*, 2(2), 177-186.

Chen, H., & Jackson, T. (2006). Differential processing of self-referenced versus other-referenced body information among American and Chinese young adults with body image concerns. *Eating Behaviours*. 2006, 7, 152-160.

Chen, H., Gao X., & Jackson, T. (2007). Predictive models for understanding body image dissatisfaction among males and females in China. *Behaviour Research and Therapy*, 45,1345–1356.

Chen, H., Luo, S., Yue, G., Dan, X. U., & Zhaoyang, R. Do birds of a feather flock together in china? [J]. *Personal Relationships*, 2009, 16(2):167–186.

Chen, Z., Fu, L., Peng, Y., Cai, R., & Zhou, S. (2011). The relationship among childhood abuse, parenting styles, and antisocial personality disorder tendency. *Chinese Journal of Clinical Psychology*, 19, 212–214.

Cheng, C., & Cheung, M. L. (2005). Cognitive processes underlying coping flexibility: Differentiation and integration. *Journal of Personality*, 73, 859–886.

Cheng, S., & Kwan, K. (2008). Attachment dimensions and contingencies of self-worth: The moderating role of culture. *Personality and Individual Differences*, 45, 509–514.

Chiodo, D., Wolfe, D., Crooks, C., Hughes, R., & Jaffe, P. (2009). Impact of sexual harassment victimization by peers on subsequent adolescent victimization and adjustment: A longitudinal study. *Journal of Adolescent Health*, 45, 246–252.

Cho, A. (2000, June 16). What's shakin' in the ear? *Science*, 288, 1954–1955.

Cho, S., Holyoak, K. J., & Cannon, T. D. (2007). Analogical reasoning in working memory: Resources shared among relational integration, interference resolution, and maintenance. *Memory & Cognition*, 35, 1445–1455.

Chomsky, N. (1968). *Language and mind*. New York: Harcourt Brace Jovanovich.

Chomsky, N. (1978). On the biological basis of language capacities. In G. A. Miller & E. Lennenberg (Eds.), *Psychology and biology of language and thought*. New York: Academic Press.

Chomsky, N. (1991). Linguistics and cognitive science: Problems and mysteries. In A. Kasher (Ed.), *The Chomskyan turn*. Cambridge, MA: Blackwell.

Chou, K. (2005). Everyday competence and depressive symptoms: Social support and sense of control as mediators or moderators? *Aging and Mental Health*, 9, 177–183.

Choy, Y., Fyer, A. J., & Lipsitz, J. D. (2007). Treatment of specific phobia in adults. *Clinical Psychology Review*, 27, 266–286.

Christ, S. E., Steiner, R. D., & Grange, D. K. (2006). Inhibitory control in children with phenylketonuria. *Developmental Neuropsychology*, 30, 845–864.

Christakis, N. A., & Fowler, J. H. (2008). The collective dynamics of smoking in a large social network. *The New England Journal of Medicine*, 358, 2249–2258.

Christian, C. J., Lencz, T., Robinson, D. G., Burdick, K. E., Ashtari, M., Malhotra, A. K., et al. (2008). Gray matter structural alterations in obsessive-compulsive disorder: Relationship to neuropsychological functions. *Neuroimaging*, 164, 123–131.

Chrysikou, E. G. (2006). When a shoe becomes a hammer: Problem solving as goal-derived, ad hoc categorization. *Dissertation Abstracts International: Section B: The Sciences and Engineering*, 67(1-B), 569.

Cialdini, R. B. (2006). *Influence: The psychology of persuasion*. New York: Collins.

Cialdini, R. B., & Sagarin, B. J. (2005). Principles of interpersonal influence. In T. C. Brock & M. C. Green (Eds.), *Persuasion: Psychological insights and perspectives* (2nd ed.). Thousand Oaks, CA: Sage Publications.

Cialdini, R. B., Schaller, M., Houlihan, D., Arps, K., Fultz, J., & Beaman, A. L. (1975). Reciprocal concessions procedure for inducing compliance: The door-in-the-face technique. *Journal of Personality and Social Psychology*, 31, 206–215.

Clark, D. A. (2004). *Cognitive-behavioral therapy for OCD*. New York: Guilford.

Clark, D. A. (2007). Obsessions and compulsions. In N. Kazantzis & L. L'Abate (Eds.), *Handbook of homework assignments in psychotherapy: Research, practice, prevention*. New York: Springer Science 1 Business Media.

Clarkin, J. F., & Lenzenweger, M. F. (Eds.). (2004). *Major theories of personality disorders* (2nd ed.). New York: Guilford.

Clayton, K., & Lundberg-Love, P. (2009). Caffeine: Pharmacology and effects of the world's most popular drug. *The Praeger international collection on addictions, Vol. 2: Psychobiological profiles*. Santa Barbara, CA: Praeger/ABC-CLIO.

Clément-Guillotin, C., & Fontayne, P. (2011). Situational malleability of gender schema: The case of the competitive sport context.

Sex Roles, 64, 426–439.

Clements, A. M., Rimrodt, S. L., & Abel, J. R. (2006). Sex differences in cerebral laterality of language and visuospatial processing. Brain 8, 150–158.

Clemons, T. L. (2006). Underachieving gifted students: A social cognitive model. Dissertation Abstracts International Section A: Humanities and Social Sciences, 66(9-A), 3208.

Coats, E. J., & Feldman, R. S. (1996). Gender differences in nonverbal correlates of social status. Personality and Social Psychology Bulletin, 22, 1014–1022.

Coates, S. L., Butler, L. T., & Berry, D. C. (2006).Implicit memory and consumer choice: Themediating role of brand familiarity. AppliedCognitive Psychology, 20, 1101–1116.

Cobos, P., Sanchez, M., Garcia, C., Vera, M. N., et al. (2002). Revisiting the James versus Cannon debate on emotion: Startle and autonomic modulation in patients with spinal cord injuries. Biological Psychology, 61, 251–269.

Cochran, S. D. (2000). Emerging issues in research on lesbians' and gay men's mental health: Does sexual orientation really matter? American Psychologist, 56, 33–41.

Coderre, T. J. (2011). Complex regional pain syndrome: What's in a name? The Journal of Pain, 12, 2–12.

Coffman, S. J., Martell, C. R., Dimidjian, S., Gallop, R., & Holon, S. D. (2007). Extreme non-response in cognitive therapy: Can behavioral activation succeed where cognitive therapy fails? Journal of Consulting Clinical Psychology, 75, 531–545.

Cohen, B. H. (2002). Explaining psychological statistics (2nd ed.). New York: Wiley.

Cohen, G. L., Garcia, J., Apfel, N., & Master, A. (2006). Reducing the racial achievement gap: A social-psychological intervention. Science, 313, 1307–1310.

Cohen, L., & Cashon, C. (2003). Infant perception and cognition. In R. Lerner & M. Easterbrooks (Eds.), Handbook of psychology: Developmental psychology (Vol. 6). New York: Wiley.

Cohen, S., Kamarck, T., & Mermelstein, R. (1983). A global measure of perceived stress. Journal of Health and Social Behavior, 24, 385–396.

Cole, S. W., Arevalo, J. M., Takahashi, R., Sloan, E. K., Lutgendorf, S. L., Sood, A. K., et al. (2010). Computational identification of Gene-Social Environment interaction at the human IL6 locus. Proceedings of the National Academy of Sciences of the USA, 107, 5681–5686.

Coleman, E. (2002). Masturbation as a means of achieving sexual health. Journal of Psychology and Human Sexuality, 14, 5–16.

Coles, R. (1997). The moral intelligence of children. New York: Random House.

Colom R, Abad F J, Quiroga M Á. Working memory and intelligence are highly related constructs, but why?[J]. Intelligence, 2008, 36(6):584-606.

Coltheart, M., Langdon, R., & McKay, R. (2007). Schizophrenia and monothematic delusions. Schizophrenia Bulletin, 33, 642–647.

Coltraine, S., & Messineo, M. (2000). The perpetuation of subtle prejudice: Race and gender imagery in 1990s television advertising. Sex Roles, 42, 363–389.

Colwell, M. J., & Lindsey, E. W. (2005). Preschool children's pretend and physical play and sex of play partner: Connections to peer competence. Sex Roles, 52, 497–509.

Comuzzie, A. G., & Allison, D. B. (1998, May 29). The search for human obesity genes. Science, 280, 1374–1377.

Conduit, R., Crewther, S. G., & Coleman, G. (2004). Spontaneous eyelid movements (ELMS) during sleep are related to dream recall on awakening. Journal of Sleep Research, 13, 137–144.

Connolly, A. C. (2007). Concepts and their features: Can cognitive science make good on the promises of concept empiricism? Dissertation Abstracts International: Section B: The Sciences and Engineering, 67(7-B), 4125.

Conway, M. A. (Ed.). (2002). Levels of processing 30 years on special issue of memory. Hove, UK: Psychology Press.

Cooke, J. R., & Ancoli-Israel, S. (2006). Sleep and its disorders in older adults. Psychiatric Clinics of North America, 29, 1077–1093.

Coolidge, F. L., Segal, D. L., Estey, A. J., & Neuzil, P. J. (2011). Preliminary psychometric properties of a measure of Karen Horney's Tridimensional Theory in children and adolescents. Journal of Clinical Psychology, 67, 383–390.

Cooper, J. (2007). Cognitive dissonance: Fifty years of a classic theory. Thousand Oaks, CA: Sage Publications.

Cooper, Z., & Shafran, R. (2008). Cognitive behaviour therapy for eating disorders. Behavioural and Cognitive Psychotherapy, 36, 713–722.

Cope, D. (2001). Virtual music. Cambridge, MA: MIT.

Cope, D. (2003). Computer analysis of musical allusions. Computer Music Journal, 27, 11–28.

Copeland, D. E., Gunawan, K., & Bies-Hernandez, N. J. (2011). Source credibility and syllogistic reasoning. Memory & Cognition, 39, 117–127.

Copeland, J. B., & Proudfoot, D. (2007). Artificial intelligence: History, foundations, and philosophical issues. In P. Thagard (Ed.), Philosophy of psychology and cognitive science. Amsterdam, Netherlands: North Holland/Elsevier.

Coplan, R., Reichel, M., & Rowan, K. (2009). Exploring the associations between maternal personality, child temperament, and parenting: A focus on emotions. Personality and Individual Differences, 46, 241–246.

Coren, S. (1992). The moon illusion: A different view through the legs. Perceptual and Motor Skills, 75, 827–831.

Coren, S. (2004). Sensation and perception. In I. B. Weiner (Ed.), Handbook of Psychology (Vol. 1). Hoboken, NJ: John Wiley & Sons.

Coren, S., & Ward, L. M. (1989). Sensation and perception (3rd ed.). San Diego, CA: Harcourt Brace Jovanovich.

Cornelius, M. D., Taylor, P. M., Geva, D., & Day, N. L. (1995). Prenatal tobacco and marijuana use among adolescents: Effects on offspring gestational age, growth, and morphology. Pediatrics, 95, 57–68.

Cornell, C. B. (2006). A graduated scale for determining mental age. Dissertation Abstracts International: Section B: The Sciences and Engineering, 66(9-B), 5121.

Cornier, M. (2011). Is your brain to blame for weight regain? Physiology & Behavior, 104, 608–612.

Cosmides, L., & Tooby, J. (2004). Social exchange: The evolutionary design of a neurocognitive system. In M. S. Gazzaniga (Ed.), Cognitive neurosciences (3rd ed.). Cambridge, MA: MIT.

Costa, P. T., Jr., & Widiger, T. A. (Eds.). (2002). Personality disorders and the Five-Factor Model of personality (2nd ed.). Washington, DC: American Psychological Association.

Costa, R., & Figueiredo, B. (2011). Infant's psychophysiological profile and temperament at 3 and 12 months. Infant Behavior & Development, 34, 270–279.

Couturier, J., & Lock, J. (2006). Eating disorders: Anorexia nervosa, bulimia nervosa, and binge eating disorder. In T. G. Plante (Ed.), Mental disorders of the new millennium: Biology and function (Vol. 3). Westport, CT: Praeger Publishers/Greenwood Publishing.

Coventry, K. R., Venn, S. F., Smith, G. D., & Morley, A. M. (2003). Spatial problem solving and functional relations. European Journal of Cognitive Psychology, 15, 71–99.

Cowan, N., Towse, J. N., Hamilton, Z., Saults, J. S., Elliott, E. M., Lacey, J. F., et al. (2003). Children's working-memory processes: A response-timing analysis.

Journal of Experimental Psychology: General, 132, 113–132.

Cowen, P., Harrison, P., & Burns, T. (2012). Shorter Oxford textbook of psychiatry. Oxford University Press.

Cox, R., Baker, S. E., Macdonald, D. W., & Berdoy, M. (2004). Protecting egg prey from carrion crows: The potential of aversive conditioning. Applied Animal Behaviour Science, 87, 325–342.

Coyle, T. R. (2006). Test-retest changes onscholastic aptitude tests are not related to g. Intelligence, 34, 15–27.

Coyle, N. (2006). The hard work of living in the face of death. Journal of Pain and Symptom Management, 32, 266–274.

Craighero, L., Leo, I., Umiltà, C., & Simion, F. (2011). Newborns' preference for goal-directed actions. Cognition, 120, 26–32.

Craik, F. I., & Watkins, M. J. (1973). The role of rehearsal in short-term memory. Journal of verbal learning and verbal behavior, 12(6), 599–607.

Craik, F. I., & Tulving, E. (1975). Depth of processing and the retention of words in episodic memory. Journal of experimental Psychology: general, 104(3), 268.

Craik, F., & Lockhart, R. (2008). Levels of processing and Zinchenko's approach to memory research. Journal of Russian & East European Psychology, 46, 52–60.

Cramer, P. (2007). Longitudinal study of defense mechanisms: Late childhood to late adolescence. Journal of Personality, 75, 1–23.

Creel, S. C., & Bregman, M. R. (2011). How talker identity relates to language processing. Language and Linguistics Compass, 5, 190–204.

Criswell, H., Ming, Z., Kelm, M., & Breese, G. (2008, August). Brain regional differences in the effect of ethanol on GABA release from presynaptic terminals. Journal of Pharmacology and Experimental Therapeutics, 326, 596–603.

Critelli, J., & Bivona, J. (2008). Women's erotic rape fantasies: An evaluation of theory and research. Journal of Sex Research, 45, 57–70.

Crombag, H. S., & Robinson, R. E. (2004). Drugs, environment, brain, and behavior. Current Directions in Psychological Science, 13, 107–111.

Cropley, A. (2006). In praise of convergent thinking. Creativity Research Journal, 18, 391–404.

Crosnoe, R., & Elder, G. H., Jr. (2002). Successful adaptation in the later years: A life course approach to aging. Social Psychology Quarterly, 65, 309–328.

Cross, C. P., & Campbell, A. (2011). Women's aggression. Aggression and Violent Behavior, 16, 390–398.

Crum, A. J., & Langer, E. J. (2007). Mind-set matters: Exercise and the placebo effect. Psychological Science, 18, 165–171.

Csikszentmihalyi, M. (1999). If we are so rich, why aren't we happy? American psychologist, 54(10), 821.

Cuddy, A. J., Fiske, S. T., & Glick, P. (2004). When professionals become mothers, warmth doesn't cut the ice. Journal of Social issues, 60(4), 701–718.

Cuijpers, P., van Straten, A., Andersson, G., & van Oppen, P. (2008). Psychotherapy for depression in adults: A meta-analysis of comparative outcome studies. Journal of Consulting and Clinical Psychology, 76, 909–922.

Cullinane, C. A., Chu, D. Z. J., & Mamelak, A. N. (2002). Current surgical options in the control of cancer pain. Cancer Practice, 10, s21–s26.

Cwikel, J., Behar, L., & Rabson-Hare, J. (2000). A comparison of a vote count and a meta-analysis review of intervention research with adult cancer patients. Research on Social Work Practice, 10, 139–158.

Czopp, A. M., & Monteith, M. J. (2006). Thinking well of African Americans: Measuring complimentary stereotypes and negative prejudice. Basic and Applied Social Psychology, 28, 233–250.

D'Arcy, R., et al. (2007). A site directed fMRI approach for evaluating functional status in the anterolateral temporal lobes. Neuroscience Research, 57, 120–128.

Daftary, F., & Meri, J. W. (2002). Culture and memory in medieval Islam. London: I. B. Tauris.

Daines, B. (2006). Violations of agreed and implicit sexual and emotional boundaries in couple relationships—some thoughts arising from Levine's 'A clinical perspective on couple infidelity.' Sexual and Relationship Therapy, 21, 45–53.

Damon, W. (1999, August). The moral development of children. Scientific American, pp. 72–78.

Danaei, G., Vender Hoorn, S., Lopez, A. D., Murray, C. J. L., & Ezzati, M. (2005). Causes of cancer in the world: Comparative risk assessment of nine behavioural and environmental risk factors. Comparative Risk Assessment collaborating group (Cancers). Lancet, 366, 1784–1793.

Dani, J. A., & Montague, P. (2007). Disrupting addiction through the loss of drug-associated internal states. Nature Neuroscience, 10, 403–404.

Danner, D., Hagemann, D., Schankin, A., Hager, M., & Funke, J. (2011). Beyond IQ: A latent state-trait analysis of general intelligence, dynamic decision making, and implicit learning. Intelligence, 39, 323–334.

Dardenne, B., Dumont, M., & Bollier, T. (2007). Insidious dangers of benevolent sexism: Consequences for women's performance. Journal of Personality and Social Psychology, 93, 764–779.

Dare, J. S. (2011). Transitions in midlife women's lives: Contemporary experiences. Health Care for Women International, 32, 111–133.

Darwin, C. J., Turvey, M. T., & Crowder, R. G. (1972). An auditory analogue of the Sperling partial-report procedure: Evidence for brief auditory storage. Cognitive Psychology, 3, 255–267.

Das, A. (2007). Masturbation in the United States. Journal of Sex & Marital Therapy, 33, 301–317.

Das, A., Parish, W., & Laumann, E. (2009). Masturbation in urban China. Archives of Sexual Behavior, 38, 108–120.

Dasborough M T, Ashkanasy N M. Emotion and attribution of intentionality in leader-member relationships[J]. Leadership Quarterly, 2002, 13(5):615–634.

Daus, C. S., & Ashkanasy, N. M. (2005). The case for the ability-based model of emotional intelligence in organizational behavior. Journal of Organizational behavior, 26(4), 453–466.

Davidson, J. E., Deuser, R., & Sternberg, R. J. (1994). The role of metacognition in problem solving. In J. Metcalfe & A. P. Shimamura (Eds.), Metacognition: Knowing About knowing. Cambridge, MA: MIT.

Davies, S., Jackson, P., Lewis, G., Hood, S., Nutt, D., & Potokar, J. (2008). Is the association of hypertension and panic disorder explained by clustering of autonomic panic symptoms in hypertensive patients? Journal of Affective Disorders, 111, 344–350.

Davis, J., Senghas, A., & Ochsner, K. (2009). How does facial feedback modulate emotional experience? Journal of Research in Personality, 43, 822–829.

Davis, K., Christodoulou, J., Seider, S., & Gardner, H. (2011). The theory of multiple intelligences. In R. J. Sternberg & S. Kaufman (Eds.), The Cambridge handbook of intelligence. New York: Cambridge University Press.

Davis, R. D., & Millon, T. (1999). Models of personality and its disorders. In T. Millon, P. H. Blaney, & R. D. Davis (Eds.), Oxford textbook of psychopathology. New York: Oxford University Press.

Davis, S. R. (2007). The nose knows best. PsycCRITIQUES, 52, 22–31.

Day, A. L., & Livingstone, H. A. (2003). Gender differences in perceptions of stressors and utilization of social support among university students. Canadian Journal of Behavioural Science, 35,

Day, R. D., & Lamb, M. E. (2004). *Conceptualizing and measuring father involvement*. Mahwah, NJ: Lawrence Erlbaum Associates.

De Bini, R., Pazzaglia, F., & Gardini, S. (2007). The generation and maintenance of visual mental images: Evidence from image type and aging. *Brain and Cognition*, 63, 271–278.

De Dreu, C. W., Greer, L. L., Van Kleef, G. A., Shalvi, S., & Handgraaf, M. J. (2011). Oxytocin promotes human ethnocentrism. *PNAS Proceedings of the National Academy of Sciences of the United States of America*, 108, 1262–1266.

de Gelder, B. (2000). More to seeing than meets the eye. *Science*, 289, 1148–1149.

Dearing, E., McCartney, K., & Taylor, B. (2009). Does higher quality early child care promote low-income children's math and reading achievement in middle childhood? *Child Development*, 80, 1329–1349.

Deater-Deckard, K., Ivy, L., & Smith, J. (2005). Resilience in gene-environment transactions. In S. Goldstein & R. B. Brooks (Eds.), *Handbook of resilience in children*. New York: Kluwer Academic/Plenum Publishers.

Deci, E., & Ryan, R. (1995). *Intrinsic motivation and self-determinism in human behavior*. New York: Plenum.

Deci, E. L., Koestner, R., & Ryan, R. M. (1999). A meta-analytic review of experiments examining the effects of extrinsic rewards on intrinsic motivation. *Psychological bulletin*, 125(6), 627.

DeGaton, J. F., Weed, S., & Jensen, L. (1996). Understanding gender differences in adolescent sexuality. *Adolescence*, 31, 217–231.

deGroot, A. (1978). *Thought and choice in chess*. Paris: Mouton de Gruyter.

deGroot, A. D. (1966). Perception and memory versus thought: Some old ideas and recent findings. In B. Kleinmuntz (Ed.), *Problem solving: Research, method, and theory*. New York: Wiley.

Del Giudice, M. (2011). Alone in the dark? Modeling the conditions for visual experience in human fetuses. *Developmental Psychobiology*, 53, 214–219.

del Rosal, E., Alonso, L., & Moreno, R. (2006). Simulation of habituation to simple and multiple stimuli. *Behavioural Processes*, 73, 272–277.

DeLamater, J. D., & Sill, M. (2005). Sexual desire in later life. *Journal of Sex Research*, 42, 138–149.

Delcourt, M. A. B., Cornell, D. G., & Goldberg, M. D. (2007). Cognitive and affective learning outcomes of gifted elementary school students. *The Gifted Child Quarterly*, 51, 359–382.

Delgado, M. R., Labouliere, C. D., & Phelps, E. A. (2006). Fear of losing money? Aversive conditioning with secondary reinforcers [Special issue: Genetic, comparative and cognitive studies of social behavior]. *Social Cognitive and Affective Neuroscience*, 1, 250–259.

Delinsky, S. S., Latner, J. D., & Wilson, G. T. (2006). Binge eating and weight loss in a self-help behavior modification program. *Obesity*, 14, 1244–1249.

Demaree, H. A., & Everhart, D. E. (2004). Healthy high-hostiles: Reduced para-sympathetic activity and decreased sympathovagal flexibility during negative emotional processing. *Personality and Individual Differences*, 36, 457–469.

Dement, W. C., & Wolpert, E. A. (1958). The relation of eye movements, body mobility, and external stimuli to dream content. *Journal of Experimental Psychology*, 55, 543–553.

DeNeve, K. M., & Cooper, H. (1998). The happy personality: a meta-analysis of 137 personality traits and subjective well-being. *Psychological bulletin*, 124(2), 197.

Dennis, I. (2007). Halo effects in grading student projects. *Journal of Applied Psychology*, 92, 1169–1176.

Dennis, S. (2011). Smoking causes creative responses: On state antismoking policy and resilient habits. *Critical Public Health*, 21, 25–35.

Dennis, T. A., Cole, P. M., Zahn-Waxler, C., & Mizuta, I. (2002). Self in context: Autonomy and relatedness in Japanese and U.S. mother-preschooler dyads. *Child Development*, 73, 1803–1817.

Denollet, J., & Pedersen, S. S. (2011). Type D personality in patients with cardiovascular disorders. In R. Allan & J. Fisher (Eds.), *Heart and mind: The practice of cardiac psychology* (2nd ed.). Washington, DC: American Psychological Association.

Deouell, L. Y., Parnes, A., & Pickard, N. (2006). Spatial location is accurately tracked by human auditory sensory memory: Evidence from the mismatch negativity. *European Journal of Neuroscience*, 24, 1488–1494.

Deregowski, J. B. (1973). Illusion and culture. In R. L. Gregory & G. H. Combrich (Eds.), *Illusion in nature and art*. New York: Scribner.

Derryberry, W. P. (2006). Review of social motivation: Conscious and unconscious processes. *Journal of Moral Education*, 35, 276–278.

DeRubeis, R., Hollon, S., & Shelton, R. (2003, May 23). Presentation, American Psychiatric Association meeting, Philadelphia.

Des Jarlais, D. C., Sloboda, A., Friedman, S. R., Tempakski, B., McKnight, C., & Braine, N. (2006). Diffusion of the D.A.R.E and Syringe Exchange Programs. *American Journal of Public Health*, 96, 1354–1357.

Dessing, J. C., Peper, C. E., Bullock, D., & Beek, P. J. (2005). How position, velocity, and temporal information combine in the prospective control of catching: Data and model. *Journal of Cognitive Neuroscience*, 17, 668–686.

Detterman, D. K. (2011). A challenge to Watson. *Intelligence*, 39(2–3), 77–78.

Detterman, D. K., Gabriel, L. T., & Ruthsatz, J. M. (2000). Intelligence and mental retardation. In R. J. Sternberg et al. (Eds.), *Handbook of intelligence*. New York: Cambridge University Press.

Devi, G. (2002). Take a measure of your memory. Dr.Gayatri Devi.

Devonport, J. J., & Lane, A. M. (2006). Relationships between self-efficacy, coping and student retention. *Social Behavior and Personality*, 34, 127–138.

Devos, T. (2011). The role of race in American politics: Lessons learned from the 2008 presidential election. In G. S. Parks, M. W. Hughey, et al. (Eds.), *The Obamas and a (post) racial America?* New York: Oxford University Press.

Di Fabio, A., & Palazzeschi, L. (2009). An in-depth look at scholastic success: Fluid intelligence, personality traits or emotional intelligence? *Personality and Individual Differences*, 46, 581–585.

Dias, A. M., & van Deusen, A. (2011). A new neurofeedback protocol for depression. *Spanish Journal of Psychology*, 14, 374–84.

Diaz, A., & Bell, M. (2011). Information processing efficiency and regulation at five months. *Infant Behavior & Development*, 34, 239–247.

Díaz, E., & De la Casa, L. G. (2011). Extinction, spontaneous recovery and renewal of flavor preferences based on taste–taste learning. *Learning and Motivation*, 42, 64–75.

Dickinson, D. L., & Oxoby, R. J. (2011). Cognitive dissonance, pessimism, and behavioral spillover effects. *Journal of Economic Psychology*, 32, 295–306.

Dickinson, M. D., & Hiscock, M. (2011). The Flynn effect in neuropsychological assessment. *Applied Neuropsychology*, 18, 136–142.

Diefendorff, J. M., & Richard, E. M. (2003). Antecedents and consequences of emotional display rule perceptions. *Journal of Applied Psychology*, 88(2), 284.

Diener, E., & Biswas-Diener, R. (2002). Will

money increase subjective well-being? *Social Indicators Research*, 57, 119–169.

Diener, E., & Seligman, M. E. P. (2002). Very happy people. *Psychological Science*, 18, 81–84.

Diener, E., & Seligman, M. E. P. (2004). Beyond money: Toward an economy of well-being. *Psychological Science in the Public Interest*, 5, 1–31.

Diener, E., Lucas, R. E., & Scollon, C. N. (2006). Beyond the hedonic treadmill: Revising the adaptation theory of well-being. *American Psychologist*, 61, 305–314.

Diener, M., Isabella, R., Behunin, M., & Wong, M. (2008). Attachment to mothers and fathers during middle childhood: Associations with child gender, grade, and competence. *Social Development*, 17, 84–101.

Dill, K., & Thill, K. (2007). Video game characters and the socialization of gender roles: Young people's perceptions mirror sexist media depictions. *Sex Roles*, 57, 851–864.

Dillard, J. P., & Shen, L. (2007). Self-report measures of discrete emotions. In R. A. Reynolds, R. Woods, & J. D. Baker (Eds.), *Handbook of research on electronic surveys and measurements*. Hershey, PA: Idea Group Reference/IGI Global, 2007.

DiLorenzo, P. M., & Yougentob, S. L. (2003). Olfaction and taste. In M. Gallagher & R. J. Nelson (Eds.), *Handbook of psychology: Biological psychology* (Vol. 3). New York: Wiley.

Ding, X., Zhao, Y., Wu, F., Lu, X., Gao, Z., & Shen, M. (2015). Binding biological motion and visual features in working memory. *Journal of Experimental Psychology: Human Perception and Performance*, 41(3), 850.

Dittrich, W. H., Johansen, T., & Fineberg, N. A. (2011). Cognitive Assessment Instrument of Obsessions and Compulsions (CAIOV-13)—A new 13-item scale for evaluating functional impairment associated with OCD. *Psychiatry Research*, 187, 283–290.

Dixon, R. A., & Cohen, A. L. (2003). Cognitive development in adulthood. In R. M. Lerner, M. A. Easterbrooks, et al. (Eds.), *Handbook of psychology: Developmental psychology* (Vol. 6). New York: Wiley.

Dixon, R. A., Rust, T. B., & Feltmate, S. E. (2007). Memory and aging: Selected research directions and application issues. *Canadian Psychology Psychologie Canadienne*, 48, 67–76.

Djapo, N., Kolenovic-Djapo, J., Djokic, R., & Fako, I. (2011). Relationship between Cattell's 16PF and fluid and crystallized intelligence. *Personality and Individual Differences*, 51, 63–67.

Do, V. T. (2006). Asian American men and the media: The relationship between ethnic identity, self-esteem, and the endorsement of stereotypes. *Dissertation Abstracts International: Section B: The Sciences and Engineering*, 67(6-B), 3446.

Dobbins, A. C., Jeo, R. M., Fiser, J., & Allman, J. M. (1998, July 24). Distance modulation of neural activity in the visual cortex. *Science*, 281, 552–555.

Dodge, K. A. (2004). The nature-nurture debate and public policy [Special issue: 50th anniversary issue, part 2: The maturing of the human development sciences—Appraising past, present, and prospective agendas]. *Merrill-Palmer Quarterly: Journal of Developmental Psychology*, 50, 418–427.

Dolan, R. J. (2002, November 8). Emotion, cognition, and behavior. *Science*, 298, 1191–1194.

Dolbier, C. L., Smith, S. E., & Steinhardt, M. A. (2007). Relationships of protective factors to stress and symptoms of illness. *American Journal of Health Behavior*, 31, 423–433.

Dolinski, D. (2011). A rock or a hard place: The foot-in-the-face technique for inducing compliance without pressure. *Journal of Applied Social Psychology*, 41, 1514–1537.

Dollinger, S. J. (2003). Need for uniqueness, need for cognition and creativity. *Journal of Creative Behavior*, 37, 99–116.

Domhoff, G. W. (1996). *Finding meaning in dreams: A quantitative approach*. New York: Plenum Press.

Domhoff, G. W. (2011). The neural substrate for dreaming: Is it a subsystem of the default network? *Consciousness and Cognition*, 20, 1163–1174.

Domschke, K., & Dannlowski, U. (2010). Imaging genetics of anxiety disorders. *Neuroimage*, 53(3), 822-831.

Dong, D., Jackson, T., Wang, Y., & Chen, H.(2015). Spontaneous regional brain activity links restrained eating to later weight gain among young women, Biological Psychology, 109, P176-183.

Dong, D., Lei, X., Jackson, T., Wang, Y., Su, Y., Chen, H.(2014). Altered regional homogeneity and efficiect response inhibition in resterained eaters, Neuroscience, 266 ,116–126.

Dortch, S. (1996, October). Our aching heads. *American Demographics*.

Doty, R. L., Green, P. A., Ram, C., & Yankell, S. L. (1982). Communication of gender from human breath odors: Relationship to perceived intensity and pleasantness. *Hormones and Behavior*, 16, 13–22.

Dougall, A. L., & Baum, A. (2004). Psychoneuro-immunology and trauma. In P. P. Schnurr & B. L. Green (Eds.), *Trauma and health: Physical health consequences of exposure to extreme stress*. Washington, DC: American Psychological Association.

Douglas Brown, R., Goldstein, E., & Bjorklund, D. F. (2000). The history and zeitgeist of the repressed-false-memory debate: Scientific and sociological perspectives on suggestibility and childhood memory. In D. F. Bjorklund (Ed.), *False-memory creation in children and adults: Theory, research, and implications*. Mahwah, NJ: Lawrence Erlbaum.

Douglas, O., Burton, K. S., & Reese-Durham, N. (2008). The effects of the multiple intelligence teaching strategy on the academic achievement of eighth grade math students. *Journal of Instructional Psychology*, 35, 182–187.

Dovidio, J. F., & Gaertner, S. L. (2006). A multilevel perspective on prejudice: Crossing disciplinary boundaries. In P. A. M. Van Lange (Ed.), *Bridging social psychology: Benefits of transdisci-plinary approaches*. Mahwah, NJ: Lawrence Erlbaum Associates.

Dovidio, J. F., Gaertner, S. L., & Kawakami, K. (2003). Intergroup contact: The past, present, and the future. *Group Processes and Intergroup Relations*, 6, 5–20.

Dovidio, J. F., Gaertner, S. L., & Pearson, A. R. (2005). On the nature of prejudice: The psychological foundations of hate. In R. J. Sternberg (Ed.), *Psychology of hate*. Washington, DC: American Psychological Association.

Dowling, N., Jackson, A., & Thomas, S. (2008). Behavioral interventions in the treatment of pathological gambling: A review of activity scheduling and desensitization. *International Journal of Behavioral Consultation and Therapy*, 4,172–187.

Drob, S. (2005). The mystical symbol: Some comments on Ankor, Giegerich, Scholem, and Jung. *Journal of Jungian Theory & Practice*, 7, 25–29.

Duan, X., Liao, W., Liang, D., Qiu, L., Gao, Q., Liu, C., ... & Chen, H. (2012). Large-scale brain networks in board game experts: insights from a domain-related task and task-free resting state. *PloS One*, 7(3), e32532.

Ducharme, J. M., Sanjuan, E., & Drain, T. (2007). Errorless compliance training: Success-focused behavioral treatment of children with Asperger syndrome. *Behavior Modification*, 31, 329–344.

Dudai, Y. (2011). The Engram revisited: On the elusive permanence of memory. In S. Nalbantian, P. M. Matthews, J. L. McClelland, S. Nalbantian, P. M.

Matthews & J. L. McClelland (Eds.), *The memory process: Neuroscientific and humanistic perspectives*. Cambridge, MA: MIT Press.

Dunlop, W. L., Beatty, D. J., & Beauchamp, M. R. (2011). Examining the influence of other-efficacy and self-efficacy on personal performance. *Journal of Sport & Exercise Psychology*, 33, 586–593.

Durán, M., Moya, M., & Megías, J. L. (2011). It's his right, it's her duty: Benevolent sexism and the justification of traditional sexual roles. *Journal of Sex Research*, 48, 470–478.

Durik A M, Hyde J S, Marks A C. Ethnicity and gender stereotypes of emotion[J]. *Sex Roles*, 2006, 54(7):429-445.

Eagly, A. H., Beall, A. E., & Sternberg, R. J. (Eds.). (2005). *The psychology of gender*. Guilford Press.

Eaker, E. D., Sullivan, L. M., Kelly-Hayes, M., D'Agostino, R. B., Sr., & Benjamin, E. J. (2004). Anger and hostility predict the development of atrial fibrillation in men in the Framingham Offspring Study. *Circulation*, 109, 1267–1271.

Ebbinghaus, H. (1885/1913). *Memory: A contribution to experimental psychology* (H. A. Roger & C. E. Bussenius, Trans.). New York: Columbia University Press.

Ebstein, R. P., Benjamin, J., & Belmaker, R. H. (2003). Behavioral genetics, genomics, and personality. In R. Plomin & J. C. DeFries (Eds.), *Behavioral genetics in the postgenomic era*. Washington, DC: American Psychological Association.

Ebster, C., & Neumayr, B. (2008). Applying the door-in-the-face compliance technique to retailing. *The International Review of Retail, Distribution and Consumer Research*, 18, 121–128.

Eckardt, M. H. (2005). Karen Horney: A portrait: The 120th anniversary, Karen Horney, September 16, 1885. *American Journal of Psychoanalysis*, 65, 95–101.

Eckersley, R., & Dear, K. (2002). Cultural correlates of youth suicide. *Social Science and Medicine*, 55, 1891–1904.

Edoka, I. P., Petrou, S., & Ramchandani, P. G. (2011). Healthcare costs of paternal depression in the postnatal period. *Journal of Affective Disorders*, 133, 356–360.

Egliston, K., & Rapee, R. (2007). Inhibition of fear acquisition in toddlers following positive modelling by their mothers. *Behaviour Research and Therapy*, 45, 1871–1882.

Einarsson, C., & Granstroem, K. (2002). Gender-biased interaction in the classroom: The influence of gender and age in the relationship between teacher and pupil. *Scandinavian Journal of Educational Research*, 46, 117–127.

Ekman, P. (1972). Universals and cultural differences in facial expressions of emotion. In J. Cole (Ed.), *Darwin and facial expression: A century of research in review*. New York: Academic Press.

Ekman, P. (1994a). All emotions are basic. In P. Ekman & R. J. Davidson (Eds.), *The nature of emotion: Fundamental questions*. New York: Oxford University Press.

Ekman, P. (1994b). Strong evidence for universals in facial expressions: A reply to Russell's mistaken critique. *Psychological Bulletin*, 115, 268–287.

Ekman, P. (2003). *Emotions revealed: Recognizing faces and feelings to improve communication and emotional life*. New York: Times Books.

Ekman, P. (2007). *Emotions revealed* (2nd ed.). New York: Holt.

Ekman, P., Levenson, R. W., & Friesen, W. V. (1983). Autonomic nervous system activity distinguishes among emotions. *Science*, 221(4616), 1208-1210.

Elfenbein, H. A., & Ambady, N. (2002). On the universality and cultural specificity of emotion recognition: a meta-analysis. *Psychological bulletin*, 128(2), 203.

Elfhag, K., Tynelius, P., & Rasmussen, F. (2007). Sugar-sweetened and artificially sweetened soft drinks in association to restrained, external and emotional eating. *Physiology & Behavior*, 91, 191–195.

Elkins, D. (2009). Why humanistic psychology lost its power and influence in American psychology: Implications for advancing humanistic psychology. *Journal of Humanistic Psychology*, 49, 267–291.

Elkins, G., Marcus, J., Bates, J., Hasan, R. M., & Cook, T. (2006). Intensive hypnotherapy for smoking cessation: a prospective study. *International Journal of Clinical Experimental Hypnosis*, 54, 303–315.

Elliott, A. (2002). *Psychoanalytic theory: An introduction* (2nd ed.). Durham, NC: Duke University Press.

El-Mallakh, R. S., & Abraham, H. D. (2007). MDMA (Ecstasy). *Annals of Clinical Psychiatry*, 19, 45–52.

Emick, J., & Welsh, M. (2005). Association between formal operational thought and executive function as measured by the Tower of Hanoi-Revised. *Learning and Individual Differences*, 15, 177–188.

Engen, T. (1987). Remembering odors and their names. *American Scientist*, 75, 497–503.

Eranti, S. V., & McLoughlin, D. M. (2003). Electroconvulsive therapy: State of the art. *British Journal of Psychiatry*, 182, 8–9.

Erickson, R. (2008, February). A study of the science of taste: On the origins and influence of the core ideas. *Behavioral and Brain Sciences*, 31, 59–75.

Ericsson, K. A., & Chase, W. G. (1982). Exceptional memory: extraordinary feats of memory can be matched or surpassed by people with average memories that have been improved by training. *American Scientist*, 70(6), 607-615.

Erikson, E. H. (1963). *Childhood and society*. New York: Norton.

Erikson, E. H. (1968). *Identity: Youth and crisis*. New York: Norton.

Ervik, S., Abdelnoor, M., & Heier, M. S. (2006). Health-related quality of life in narcolepsy. *Acta Neurologica Scandinavica*, 114, 198–204.

Evans, A. M. (2007). Transference in the nurse patient relationship. *Journal of Psychiatric and Mental Health Nursing*, 14, 189–195.

Evans, D. E., & Rothbart, M. K. (2007). Developing a model for adult temperament. *Journal of Research in Personality*, 41, 868–888.

Evans, D. E., & Rothbart, M. K. (2009). A two-factor model of temperament. *Personality and Individual Differences*, 47, 565–570.

Evcik, D., Kavuncu, V., Cakir, T., Subasi, V., & Yaman, M. (2007). Laser therapy in the treatment of carpal tunnel syndrome: A randomized controlled trial. *Photomedical Laser Surgery*, 25, 34–39.

Everette, M. (2008). Gestational weight and dietary intake during pregnancy: Perspectives of African American women. *Maternal & Child Health Journal*, 12, 718–724.

Everly, G. S., Jr., & Lating, J. M. (2007). Psychotherapy: A cognitive perspective. In A. Monat, R. S. Lazarus, et al. (Eds.), *The Praeger handbook on stress and coping* (Vol. 2). Westport, CT: Praeger Publishers/Greenwood Publishing.

Eysenck, H. J. (1990). Biological dimensions of personality. In L. A. Pervin (Ed.), *Handbook of personality: Theory and research*. New York: Guilford Press.

Eysenck, H. J. (1995). *Eysenck on extraversion*. New York: Wiley.

Fagan, J. F., & Holland, C. R. (2002). Equal opportunity and racial differences in IQ. *Intelligence*, 30, 361–387.

Fagan, J. F., & Holland, C. R. (2007). Racial equality in intelligence: Predictions from a theory of intelligence as processing. *Intelligence*, 35, 319–334.

Fallon, A. (2006). Informed consent in the practice of group psychotherapy. *International Journal of Group Psychotherapy*, 56, 431–453.

Faroqi-Shah, Y., & Thompson, C. K. (2003). Regular and irregular verb inflections in agrammatism: Dissociation or association? *Brain and Language*, 87(1), 9–10.

Fearing, V. G., & Clark, J. (Eds.). (2000). *Individuals in context: A practical guide* to client-centered practice. Chicago: Slack Publishing.

Fedeli, A., Braconi, S., Economidou, D., Cannella, N., Kallupi, M., Guerrini, R., et al. (2009). The paraventricular nucleus of the hypothalamus is a neuroanatomical substrate for the inhibition of palatable food intake by neuropeptide S. *European Journal of Neuroscience*, 30, 1594–1602.

Fee, E., Brown, T. M., Lazarus, J., & Theerman, P. (2002). Exploring acupuncture: Ancient ideas, modern techniques. *American Journal of Public Health*, 92, 1592.

Feldman, D. H. (2003). Cognitive development in childhood. In R. M. Lerner, M. A. Easterbrooks,et al. (Eds.), *Handbook of psychology: Developmental psychology* (Vol. 6.). New York: Wiley.

Feldman, D. H. (2004). Piaget's stages: The unfinished symphony of cognitive development. *New Ideas in Psychology*, 22, 175–231.

Feldman, R. S. (2010). *P.O.W.E.R. Learning: Strategies for Success in College and Life* (5th ed). New York: McGraw-Hill.

Feldt, L. S. (2005). Estimating the reliability of cichotomous or trichotomous scores. *Educational and Psychological Measurement*, 65, 28–41.

Fenter, V. L. (2006). Concerns about Prozac and direct-to-consumer advertising of prescription drugs. *International Journal of Risk & Safety in Medicine*, 18, 1–7.

Ferguson, C. J. (2010). Blazing angels or resident evil? Can violent video games be a force for good? *Review of General Psychology*, 14, 68–81.

Ferguson, C. J. (2011). Video games and youth violence: A prospective analysis in adolescents. *Journal of Youth and Adolescence*, 40, 377–391.

Ferguson, M., & Ogloff, J. P. (2011). Criminal responsibility evaluations: Role of psychologists in assessment. *Psychiatry, Psychology and Law*, 18, 79–94.

Festinger, D., Marlowe, D., Croft, J., Dugosh, K., Arabia, P., & Benasutti, K. (2009). Monetary incentives improve recall of research consent information: It pays to remember. *Experimental and Clinical Psychopharmacology*, 17, 99–104.

Festinger, L., & Carlsmith, J. M. (1959). Cognitive consequences of forced compliance. *Journal of Abnormal and Social Psychology*, 58, 203–210.

Fields, C. (2011). From "Oh, OK" to "Ah, yes" to "Aha!" : Hyper-systemizing and the rewards of insight. *Personality and Individual Differences*, 50, 1159–1167.

Finan, P. H., Zautra, A. J., & Wershba, R. (2011). The dynamics of emotion in adaptation to stress. In R. J. Contrada & A. Baum (Eds.), *The handbook of stress science: Biology, psychology, and health*. New York: Springer Publishing Co.

Fine, C. (2010). *Delusions of gender: How our minds, society, and neurosexism create difference*. New York: W. W. Norton & Co.

Fingelkurts, A., Fingelkurts, A. A., & Kallio, S. (2007). Hypnosis induces a changed composition of brain oscillations in EEG: A case study. *Contemporary Hypnosis*, 24, 3–18.

Fink, B., Manning, J. T., & Williams J. H. G. (2007). The 2nd to 4th digit ratio and developmental psychopathology in school-aged children. *Personality and Individual Differences*, 42, 369–379.

Fink, G. (Ed.). (2000). *Encyclopedia of stress*. New York: Academic Press.

Finkelstein, M. (2009). Intrinsic vs. extrinsic motivational orientations and the volunteer process. *Personality and Individual Differences*, 46, 653–658.

Finkler, K. (2004). Traditional healers in Mexico: The effectiveness of spiritual practices. In U. P. Gielen, J. M. Fish, & J. G. Draguns (Eds.), *Handbook of culture, therapy, and healing*. Mahwah, NJ: Lawrence Erlbaum Associates.

Finlay, F. O., Jones, R., & Coleman, J. (2002). Is puberty getting earlier? The views of doctors and teachers. *Child: Care, Health and Development*, 28, 205–209.

Finley, C. L., & Cowley, B. J. (2005). The effects of a consistent sleep schedule on time taken to achieve sleep. *Clinical Case Studies*, 4, 304–311.

Finn, A. (2011). Jungian analytical theory. In D. Capuzzi & D. R. Gross (Eds.), *Counseling and psychotherapy* (5th ed.). Alexandria, VA: American Counseling Association.

Firestein, B. A. (Ed.). (1996). *Bisexuality: The psychology and politics of an invisible minority*. Thousand Oaks, CA: Sage.

First, M. B., Frances, A., & Pincus, H. A. (2002). *DSM-IV-TR handbook of differential diagnosis*. Arlington, VA: American Psychiatric Publishing.

Fischer, K. W., Shaver, P. R., & Carnochan, P. (1990). How emotions develop and how they organize development. *Cognition and Emotion*, 4, 81–127.

Fishbach, A., Dhar, R., & Zhang, Y. (2006). Subgoals as substitutes or complements: The role of goal accessibility. *Journal of Personality and Social Psychology*, 91, 232–242.

Fisher, C. B. (2003). *Decoding the ethics code: A practical guide for psychologists*. Thousand Oaks, CA: Sage.

Fisher, C. B., Hoagwood, K., Boyce, C., Duster, T., Frank, D. A., Grisso, T., et al. (2002). Research ethics for mental health science involving ethnic minority children and youths. *American Psychologist*, 57, 1024–1040.

Fitzgerald, H., Mann, T., Cabrera, N., & Wong, M. M. (2003). Diversity in caregiving contexts. In R. M. Lerner, M. A. Easterbrooks, et al. (Eds.), *Handbook of psychology: Developmental psychology* (Vol. 6). New York: Wiley.

Fitzgerald, P., & Daskalakis, Z. (2008, January). The use of repetitive transcranial magnetic stimulation and vagal nerve stimulation in the treatment of depression. *Current Opinion in Psychiatry*, 21, 25–29.

Flam, F. (1991, June 14). Queasy riders. *Science*, 252, 1488.

Flavell, S. W., Cowan, C. W., Kim, T., Greer, P. L., Lin, Y., Paradis, S., et al. (2006, February 17). Activity-dependent regulation of MEF2 transcription factors suppresses excitatory synapse number. *Science*, 311, 1008–1010.

Fleischman, D. A., Wilson, R. S., Gabrieli, J. D. E., Bienias, J. L., & Bennett, D. A. (2004). A longitudinal study of implicit and explicit memory in old persons. *Psychology and Aging*, 19, 617–625.

Flynn, J. R. (2000). IQ gains and fluid g. *American Psychologist*, 55, 543.

Flynn, J. R. (2007). *What is intelligence? Beyond the Flynn effect*. New York: Cambridge University Press.

Folk, C., & Remington, R. (2008, January). Bottom-up priming of top-down attentional control settings. *Visual Cognition*, 16, 215–231.

Folkman, S., & Moskowitz, J. T. (2000). Stress, positive emotion, and coping. *Current Directions in Psychological Science*, 9, 115–118.

Folkman, S., & Moskowitz, J. T. (2004). Coping: Pitfalls and promise. *Annual Review of Psychology*, 55, 745–774.

Follett, K., & Hess, T. M. (2002). Aging, cognitive complexity, and the fundamental attribution error. *Journal of Gerontology: Series B: Psychological Sciences and Social Sciences*, 57B, P312–P323.

Forgas, J. P., & Laham, S. M. (2005). The interaction between affect and motivation in social judgments and behavior. In J. P. Forgas, K. P. Williams, & S. M. Laham (Eds.), *Social motivation: Conscious and unconscious processes*. New York: Cambridge University Press.

Foster, K. M. (2005). Introduction: John Uzo Ogbu (1939-2003): How do you ensure the fair consideration of a complex ancestor? Multiple approaches to assessing the work and legacy of John Uzo Ogbu. *International Journal of Qualitative Studies in Education*, 18, 559–564.

Foulds, J., Gandhi, K. K., Steinberg, M. B., Richardson, D. L., Williams, J. M., Burke, M. V., et al. (2006). Factors associated with quitting smoking at a tobacco dependence treatment clinic. *American Journal of Health Behavior*, 30, 400–412.

Fountas, K. N., & Smith, J. R. (2007). Historical evolution of stereotactic amygdalotomy for the management of severe aggression. *Journal of Neurosurgery*, 106, 716–713.

Fournier, J., Deremaux, S., & Bernier, M. (2008). Content, characteristics and function of mental images. *Psychology of Sport and Exercise*, 9, 734–748.

Fox, C. R. (2006). The availability heuristic in the classroom: How soliciting more criticism can boost your course ratings. *Judgment and Decision Making*, 1(1), 86.

Frankenburg, W. K., et al. (1992). *Denver II training manual*. Denver, CO: Denver Developmental Materials.

Franklin, A., Pilling, M., & Davies, I. (2005). The nature of infant color categorization: Evidence from eye movements on a target decision task. *Journal of Experimental Child Psychology*, 91, 227–248.

Franklin, M. E., March, J. S., & Garcia, A. (2007). Treating obsessive-compulsive disorder in children and adolescents. In C. Purdon, M. M. Antony, & L. J. Summerfeldt (Eds.), *Psychological treatment of obsessive-compulsive disorder: Fundamentals and beyond*. Washington, DC: American Psychological Association.

Franklin, T. B., & Mansuy, I. M. (2011). The involvement of epigenetic defects in mental retardation. *Neurobiology of Learning and Memory*, 96, 61–67.

Franko, D. L., & Roehrig, J. P. (2011). African American body images. In T. F. Cash & L. Smolak (Eds.), *Body image: A handbook of science, practice, and prevention* (2nd ed.). New York: Guilford Press.

Franzek, E., & Beckmann, H. (1996). Gene-environment interaction in schizophrenia: Season-of-birth effect reveals etiologically different subgroups. *Psychopathology*, 29, 14–26.

Frawley, T. (2008). Gender schema and prejudicial recall: How children misremember, fabricate, and distort gendered picture book information. *Journal of Research in Childhood Education*, 22, 291–303.

Frederickson, B. L., & Branigan, C. (2005). Positive emotions broaden the scope of attention and thought-action repertoires. *Cognition and Emotion*, 19, 313–332.

Fredrickson, B. L., & Kahneman, D. (1993). Duration neglect in retrospective evaluations of affective episodes. *Journal of personality and social psychology*, 65(1), 45.

Freedberg, D. (2011). Memory in art: History and the neuroscience of response. In S. Nalbantian, P. M. Matthews, et al. (Eds.), *The memory process: Neuroscientific and humanistic perspectives*. Cambridge, MA: MIT Press.

Freedman, D. H. (2011). How to fix the obesity crisis. *Scientific American*, 304(2), 40–47

Freedman, D. S. (1995). The importance of body fat distribution in early life. *American Journal of the Medical Sciences*, 310, S72–S76.

Freedman, J. L., & Fraser, S. C. (1966). Compliance without pressure: The foot-in-the-door technique. *Journal of Personality and Social Psychology*, 4, 195–202.

Frenda, S. J., Patihis, L., Loftus, E. F., Lewis, H. C., & Fenn, K. M. (2014). Sleep deprivation and false memories. *Psychological Science*, 25(9), 1674-1681.

Frensch, P. A., & Rünger, D. (2003). Implicit learning. *Current Directions in Psychological Science*, 12, 13–18.

Freud, S. (1900). *The interpretation of dreams*. London: Hogarth Press.

Friborg, O., Hjemdal, O., & Rosenvinge, J. H. (2006). Resilience as a moderator of pain and stress. *Journal of Psychosomatic Research*, 61, 213–219.

Friedman, J. N. W., Oltmanns, T. F., & Turkheimer, E. (2007). Interpersonal perception and personality disorders: Utilization of a thin slice approach. *Journal of Research in Personality*, 41, 667–688.

Frijda, N. H. (2005). Emotion experience. *Cognition and Emotion*, 19, 473–497.

Frings, L., Wagner, K., Unterrainer, J., Spreer, J., Halsband, U., & Schulze-Bonhage, A. (2006). Gender-related differences in lateralization of hippocampal activation and cognitive strategy. *Neuroreport*, 17, 417–421.

Friston, K., & Buzsáki, G. (2016). The Functional Anatomy of Time: What and when in the brain. *Trends in cognitive sciences*, 20(7), 500-511.

Frosch, A. (2011). The effect of frequency and duration on psychoanalytic outcome: A moment in time. *Psychoanalytic Review*, 98, 11–38.

Frost, L. E., & Bonnie, R. J. (Eds.). (2001). *The evolution of mental health law*. Washington, DC: American Psychological Association.

Frost, R. O., & Steketee, G. (Eds.). (2002). *Cognitive approaches to obsessions and compulsions: Theory, assessment, and treatment*. New York: Pergamon Press.

Fuhrman, O., McCormick, K., Chen, E., Jiang, H., Shu, D., Mao, S., & Boroditsky, L. (2011). How linguistic and cultural forces shape conceptions of time: English and Mandarin time in 3D. *Cognitive Science: A Multidisciplinary Journal*, 7, 1305–1328.

Furnham, A., & Swami, V. (2007). Perception of female buttocks and breast size in profile. *Social Behavior and Personality*, 35, 1–8.

Fusari, A., & Ballesteros, S. (2008, August). Identification of odors of edible and nonedible stimuli as affected by age and gender. *Behavior Research Methods*, 40, 752–759.

Gaab, J., Rohleder, N., Nater, U. M., & Ehlert, U. (2005). Psychological determinants of the cortisol stress response: The role of anticipatory cognitive appraisal. *Psychoneuroendocrinology*, 30, 599–610.

Gadbois, S. A., & Sturgeon, R. D. (2011). Academic self-handicapping: Relationships with learning specific and general self-perceptions and academic performance over time. *British Journal of Educational Psychology*, 81, 207–222.

Gage, N. L., & Berliner, D. C. (1984). Educational psychological. Boston: Houghton Mifflin Company.

Gagnon, G. H. (1977). *Human sexualities*. Glenview, IL: Scott, Foresman.

Gallup Poll. (2001, June 8). *Americans' belief in psychic and paranormal phenomena is up over last decade*. Washington, DC: The Gallup Organization.

Gami, A. S., Howard, D. E., Olson, E. J., & Somers, V. K. (2005). Day-night pattern of sudden death in obstructive sleep apnea. *New England Journal of Medicine*, 353, 1206–1214.

Gan, Y., Miao, M., Zheng, L., & Liu, H. (2017). Temporal Doppler Effect and Future Orientation: Adaptive Function and Moderating Conditions. *Journal of personality*, 85(3), 313-325.

Gan, Y., Wang, Y., Meng, R., Wen, M. , Zhou, G., Lu, Y. & Miao M. (2015). Time Discounting Mechanisms of Future-Oriented Coping: Evidence from Delay Discounting and Task Prioritization Paradigms. *Journal of Behavior Decision Making*, 28, 529–541.

Gangestad, S. W., Simpson, J. A., Cousins, A. J., Garver-Apgar, C. E., & Christensen, P. N. (2004). Women's preferences for male behavioral displays change across the menstrual cycle. *Psychological Science*, 15, 203–207.

Gao, Z., Bentin, S., & Shen, M. (2015). Rehearsing biological motion in working memory: An EEG study. *Journal of Cognitive Neuroscience*, 27(1), 198.

Gao, Z., Ding, X., Yang, T., Liang, J., & Shui, R. (2013). Coarse-to-fine construction for high-resolution representation in visual working memory. *PloS One*, 8(2), e57913.

Garb, H. N., Wood, J. M., Lilenfeld, S. O., & Nezworski, M. T. (2005). Roots of the Ror-schach controversy. *Clinical Psychology Review*, 25, 97–118.

Garber, J., & Horowitz, J. L. (2002). Depression in children. In I. H. Gotlib & C. L. Hammen (Eds.), *Handbook of depression*. New York: Guilford Press.

Garcia, J. (1990). Learning without memory. *Journal of Cognitive Neuroscience*, 2, 287–305.

Garcia-Andrade, C., Wall, T. L., & Ehlers, C. L. (1997). The firewater myth and response to alcohol in Mission Indians. *Journal of Psychiatry*, 154, 983–988.

Gardini, S., Cornoldi, C., De Beni, R., & Venneri, A. (2009). Cognitive and neuronal processes involved in sequential generation of general and specific mental images. *Psychological Research/Psychologische Forschung*, 73, 633–643.

Gardner, B., & O'Connor, D. (2008). A review of the cognitive effects of electroconvulsive therapy in older adults. *The Journal of ECT*, 24, 68–80.

Gardner, E. P., & Kandel, E. R. (2000). Touch. In E. R. Kandel, J. H. Schwartz, & T. M. Jessell (Eds.), *Principles of neural science* (4th ed.). New York: McGraw-Hill.

Gardner, H. (1975). *The shattered mind: The person after brain damage*. New York: Knopf.

Gardner, H. (2000). The giftedness matrix: A developmental perspective. In R. C. Friedman & B. M. Shore (Eds.), *Talents unfolding: Cognition and development*. Washington, DC: American Psychological Association.

Garlow, S. J., Purselle, D. C., & Heninger, M. (2007). Cocaine and alcohol use preceding suicide in African American and White adolescents. *Journal of Psychiatric Research*, 41, 530–536.

Garwick, G. B. (2007). Intelligence-related terms in mental retardation, learning disability, and gifted/talented professional usage, 1983-2001: The 1992 mental retardation redefinition as natural experiment. *Dissertation Abstracts International Section A: Humanities and Social Sciences*, 67(9-A), 3296.

Gatchel, R. J., & Weisberg, J. N. (2000). *Personality characteristics of patients with pain*. Washington, DC: APA Books.

Gazzaniga, M. S. (1998, July). The split brain revisited. *Scientific American*, pp. 50–55.

Gelbard-Sagiv, H., Mukamel, R., Harel, M., Malach, R., & Fried, I. (March 2008). Internally generated reactivation of single neurons in human hippocampus during free recall. *Science*, 322, 96–101.

Gelfand, M. M. (2000). Sexuality among older women. *Journal of Women's Health and Gender Based Medicine*, 9 (Suppl. 1), S15–S20.

Gelman, R., & Baillargeon, R. (1983). A review of some Piagetian concepts. In J. H. Flavell & E. M. Markman (Eds.), *Handbook of child psychology, Vol. 3: Cognitive development* (4th ed.). New York: Wiley.

Gelstein, S., Yeshurun, Y., Rozenkrantz, L., Shusha, S., Frumin, I., Roth, Y., et al. (2011, January 14). Human tears contain a chemosignal. *Science*, 331, 226–230.

Gentile, B., Grabe, S., Dolan-Pascoe, B., Twenge, J., Wells, B., & Maitino, A. (2009). Gender differences in domain-specific self-esteem: A meta-analysis. *Review of General Psychology*, 13, 34–45.

Gentner, D., Goldin, S., & Goldin-Meadow, S. (Eds.). (2003). *Language in mind: Advances in the study of language and cognition*. Cambridge, MA: MIT.

George, M. S., Wassermann, E. M., Williams, W. A., Callahan, A., et al. (1995). Daily repetitive transcranial magnetic stimulations (rTMS) improves mood in depression. *Neuroreport: An International Journal for the Rapid Communication of Research in Neuroscience*, 6, 1853–1856.

George, S., & Moselhy, H. (2005). Cocaine-induced trichotillomania. *Addiction*, 100, 255–256.

Gershkoff-Stowe, L., Connell, B., & Smith, L. (2006). Priming overgeneralizations in two- and four-year-old children. *Journal of Child Language*, 33, 461–486.

Getner, D., & Holyoak, K. J. (1997, January). Reasoning and learning by analogy. *American Psychologist*, 52, 32–34.

Giacobbi, P. R., Jr., Lynn, T. K., Wetherington, J. M., Jenkins, J., Bodendorf, M., & Langley, B. (2004). Stress and coping during the transition to university for first-year female athletes. *Sports Psychologist*, 18, 1–20.

Gibbons, R. D., Brown, C. H., Hur, K., Marcus, S. M., Bhamik, D. K., Erkens, J. A., et al. (2007). Early evidence on the effects of regulators' suicidal warnings on SSRI prescriptions and suicide in children and adolescents. *American Journal of Psychiatry*, 164, 1356–1363.

Gibbs, W. W. (2002, August.) From mouth to mind. *Scientific American*, p. 26.

Gilchrist, A., Cowan, N., & Naveh-Benjamin, M. (2009). Investigating the childhood development of working memory using sentences: New evidence for the growth of chunk capacity. *Journal of Experimental Child Psychology*, 104, 252–265.

Gillam, B., Palmisano, S. A., & Govan, D. G. (2011). Depth interval estimates from motion parallax and binocular disparity beyond interaction space. *Perception*, 40, 39–49.

Gilligan, C. (1996). The centrality of relationships in psychological development: A puzzle, some evidence, and a theory. In G. G. Noam & K. W. Fischer (Eds.), *Development and vulnerability in close relationships*. Hillsdale, NJ: Erlbaum.

Gizer, I. R., Ehlers, C. L., Vieten, C., Seaton-Smith, K. L., Feiler, H. S., Lee, J. V., et al. (2011). Linkage scan of alcohol dependence in the UCSF Family Alcoholism Study. *Drug and Alcohol Dependence*, 113, 125–132.

Gizer, I. R., Ficks, C., & Waldman, I. D. (2009). Candidate gene studies of ADHD: a meta-analytic review. *Human genetics*, 126(1), 51-90.

Gladwin, T. (1964). Culture and logical process. In N. Goodenough (Ed.), *Explorations in cultural anthropology: Essays in honor of George Peter Murdoch*. New York: McGraw-Hill.

Glass, K., Flory, K., Hankin, B., Kloos, B., & Turecki, G. (2009). Are coping strategies, social support, and hope associated with psychological distress among Hurricane Katrina survivors? *Journal of Social and Clinical Psychology*, 28, 779–795.

Glick, P., Lameiras, M., Fiske, S. T., Eckes, T., Masser, B., Volpato, C., et al. (2004). Bad but bold: Ambivalent attitudes toward men predict gender inequality in 16 nations. *Journal of Personality and Social Psychology*, 86, 713–728.

Glicksohn, J., & Nahari, G. (2007). Interacting personality traits? Smoking as a test case. *European Journal of Personality*, 21, 225–234.

Glisky, E. L. (2007). Changes in cognitive function in human aging. In D. R. Riddle (Ed.), *Brain aging: Models, methods, and mechanisms*. Boca Raton, FL: CRC Press.

Goffin, R. D., Jelley, R. B., & Wagner, S. H. (2003). Is halo helpful? Effects of inducing halo on performance rating accuracy. *Social Behavior and Personality*, 31, 625–636.

Golden, R. N., Gaynes, B. N., Ekstrom, R. D., Hamer, R. M., Jacobsen, F. M., Suppes, T., et al. (2005). The efficacy of light therapy in the treatment of mood disorders: A review and meta-analysis of the evidence. *The American Journal of Psychiatry*, 162, 656–662.

Golden, W. L. (2006). Hypnotherapy for anxiety, phobias and psychophysiological disorders. In R. A. Chapman (Ed.), *The clinical use of hypnosis in cognitive behavior therapy: A practitioner's casebook*. New York: Springer Publishing.

Golder, S. A., & Macy, M. W. (2011, September 30). Diurnal and seasonal mood vary with work, sleep, and day length across diverse cultures. *Science*, 333, 1878–1881.

Goldey, K. L., & van Anders, S. M. (2011). Sexy thoughts: Effects of sexual cognitions on testosterone, cortisol, and arousal in women. *Hormones and*

Behavior, 59, 754–764.
Goldfried, M. R., & Pachankis, J. E. (2007). On the next generation of process research. *Clinical Psychology Review*, 27, 760–768.
Goldstein, I. (2000). Female sexual arousal disorder: New insights. *International Journal of Impotence Research*, 12(Suppl. 4), S152–S157.
Goldstein, S. N. (2006). The exploration of spirituality and identity status in adolescence. *Dissertation Abstracts International: Section B: The Sciences and Engineering*, 67(6-B), 3481.
Goleman D. Beyond IQ[J]. *Education Week*, 1995(353):611.
Goleman, D. (1980). 1,528 little geniuses and how they grew. *Psychology today*, 13(9), 28.
Golimbet, V. E., Alfimova, M. V., Gritsenko, I. K., & Ebstein, R. P. (2007). Relationship between dopamine system genes and extraversion and novelty seeking. *Neuroscience Behavior and Physiology*, 37, 601–606.
Golombok, S., Cook, R., Bish, A., & Murray, C. (1995). Families created by the new reproductive technologies: Quality of parenting and social and emotional development of the children. *Child Development*, 66, 285–298.
Gong, P., Zhang, H., Chi, W., Ge, W., Zhang, K., Zheng, A., ... & Zhang, F. (2012). An association study on the polymorphisms of dopaminergic genes with working memory in a healthy Chinese Han population. *Cellular and Molecular Neurobiology*, 32(6), 1011-1019.
Gontier, N. (2008). Genes, brains, and language: An epistemological examination of how genes can underlie human cognitive behavior. *Review of General Psychology*, 12, 170–180.
Gontkovsky, S. T. (2005). Neurobiological bases and neuropsychological correlates of aggression and violence. In J. P. Morgan (Ed.), *Psychology of aggression*. Hauppauge, NY: Nova Science Publishers.
Goodman, W. K., Rudorfer, M. V., & Maser, J. D. (2000). *Obsessive-compulsive disorder: Contemporary issues in treatment*. Mahwah, NJ: Lawrence Erlbaum Associates.
Goodwin, R. D., & Hamilton, S. P. (2003). Lifetime comorbidity of antisocial personality disorder and anxiety disorders among adults in the community. *Psychiatry Research*, 117, 159–166.
Goodwin, R., Costa, P., & Adonu, J. (2004). Social support and its consequences: 'Positive' and 'deficiency' values and their implications for support and self-esteem. *British Journal of Social Psychology*, 43, 465–474.

Gooren, L. (2006). The biology of human psychosexual differentiation. *Hormones and Behavior*, 50, 589–601.
Gopie, N., Craik, F. M., & Hasher, L. (2011). A double dissociation of implicit and explicit memory in younger and older adults. *Psychological Science*, 22, 634–640.
Gordon, D., & Heimberg, R. G. (2011). Reliability and validity of DSM-IV generalized anxiety disorder features. *Journal of Anxiety Disorders*, 25, 813–821.
Gotlib, I. H., Krasnoperova, E., Yue, D. N., & Joorman, J. (2004). Attentional biases for negative interpersonal stimuli in clinical depression. *Journal of Abnormal Psychology*, 113, 127–135.
Gottesman, I. I. (1991). *Schizophrenia genesis: The origins of madness*. New York: Freeman.
Gottesman, I. I., & Hanson, D. R. (2005). Human development: Biological and genetic processes. *Annual Review of Psychology*, 56, 263–286.
Gottlieb, D. A. (2004). Acquisition with partial and continuous reinforcement in pigeon autoshaping. *Learning and Behavior*, 32, 321–334.
Gottlieb, D. A. (2006). Effects of partial reinforcement and time between reinforced trials on terminal response rate in pigeon autoshaping. *Behavioural Processes*, 72, 6–13.
Gould, E., Reeves, A. J., Graziano, M. S. A., & Gross, C. G. (1999, October 15). Neurogenesis in the neocortex of adult primates. *Science*, 548–552.
Grahek, N. (2007). *Feeling pain and being in pain* (2nd ed.). Cambridge, MA: MIT Press.
Grann, J. D. (2007). Confidence in knowledge past: An empirical basis for a differential decay theory of very long-term memory monitoring. *Dissertation Abstracts International Section A: Humanities and Social Sciences*, 67, 2462.
Grant, A. (2008). Does intrinsic motivation fuel the prosocial fire? Motivational synergy in predicting persistence, performance, and productivity. *Journal of Applied Psychology*, 93, 48–58.
Graziano, M. S., Taylor, C. S., & Moore, T. (2002). Complex movements evolved by microstimu-lation of precentral cortex. *Neuron*, 34, 841–851.
Green, J., Lynn, S., & Montgomery, G. (2008, January). Gender-related differences in hypnosis-based treatments for smoking: A follow-up meta-analysis. *American Journal of Clinical Hypnosis*, 50, 259–271.
Greenberg, G., & Rosenheck, R. (2008). Jail incarceration, homelessness, and mental

health: A national study. *Psychiatric Services*, 59, 170–177.
Greenberg, R., & Goldman, E. (2009). Antidepressants, psychotherapy or their combination: Weighing options for depression treatments. *Journal of Contemporary Psychotherapy*, 39, 83–91.
Greene, J. D., Sommerville, R. B., Nystrom, L. E., Darley, J. M., et al. (2001, September 14). An fMRI investigation of emotional engagement in moral judgment. *Science*, 293, 2105–2108.
Greene, R. L. (1987). Effects of maintenance rehearsal on human memory. *Psychological Bulletin*, 102(3), 403.
Greenfield, P. M. (1997). You can't take it with you: Why ability assessments don't cross cultures. *American Psychologist*, 52, 1115–1124.
Greenspan, S. (2006). Functional concepts in mental retardation: Finding the natural essence of an artificial category. *Exceptionality*, 14, 205–224.
Greenwald, A. G., Draine S. C., & Abrams, R. L. (1996, September 20). Three cognitive markers of unconscious semantic activation. *Science*, 272, 1699–1702.
Greer, R. D., Dudek-Singer, J., & Gautreaux, G. (2006). Observational learning. *International Journal of Psychology*, 41, 486–499.
Gregory, R. L. (1978). *The psychology of seeing* (3rd ed.). New York: McGraw-Hill.
Grigorenko, E. (2009). Speaking genes or genes for speaking? Deciphering the genetics of speech and language. *Journal of Child Psychology and Psychiatry*, 50, 116–125.
Grilly, D. M. (1989). *Drugs and human behavior*. Allyn and Bacon.
Grilo, C. M., Sanislow, C. A., Shea, M., Skodol, A. E., Stout, R. L., Pagano, M. E., & . . . McGlashan, T. H. (2003). The Natural Course of Bulimia Nervosa and Eating Disorder not Otherwise Specified is not Influenced by Personality Disorders. *International Journal of Eating Disorders*, 34, 3I9–330.
Grimm, J. W. (2011). *Craving. Animal Models of Drug Addiction*, 311-336.
Grindstaff, J. S., & Fisher, L. A. (2006). Sport psychology consultants' experience of using hypnosis in their practice: An exploratory investigation. *The Sport Psychologist*, 20(3), 368-386.
Gronholm, P., Rinne, J. O., Vorobyev, V., & Laine, M. (2005). Naming of newly learned objects: A PET activation study. *Brain Research and Cognitive Brain Research*, 14, 22–28.
Gross, D. M. (2006). *The secret history of emotion: From Aristotle's rhetoric to modern brain science*. Chicago: University of Chicago Press.

Grossmann, T., Striano, T., & Friederici, A. D. (2007). Developmental changes in infants' processing of happy and angry facial expressions: A neurobehavioral study. *Brain and Cognition*, 64, 30–41.

Grucza, R., Norberg, K., & Bierut, L. (2009). Binge drinking among youths and young adults in the United States: 1979-2006. *Journal of the American Academy of Child & Adolescent Psychiatry*, 48, 692–702.

Grünert, U., Jusuf, P. R., Lee, S. S., & Nguyen, D. (2011). Bipolar input to melanopsin containing ganglion cells in primate retina. *Visual Neuroscience*, 28, 39–50.

Grunwald, T., Boutros, N. N., Pezer, N., von Oertzen, J., Fernandez, G., Schaller, C., & Elger, C. E. (2003). Neuronal substrates of sensory gating within the human brain. *Biological Psychiatry*, 15, 511–519.

Guadagno, R. E., & Cialdini, R. B. (2002). Online persuasion: An examination of gender differences in computer-mediated interpersonal influence [Special issue: Groups and Internet]. *Group Dynamics*, 6, 38–51.

Guéguen, N., Marchand, M., Pascual, A., & Lourel, M. (2008). Foot-in-the-door technique using a courtship request: A field experiment. *Psychological Reports*, 103, 529–534.

Guerrero, L., La Valley, A., & Farinelli, L. (2008, October). The experience and expression of anger, guilt, and sadness in marriage: An equity theory explanation. *Journal of Social and Personal Relationships*, 25, 699–724.

Guiard, B. P., Chenu, F., Mansari, M., & Blier, P. (2011). Characterization of the electrophysiological properties of triple reuptake inhibitors on monoaminergic neurons. *International Journal of Neuropsychopharmacology*, 14, 211–223.

Guilleminault, C., Kirisoglu, C., Bao, G., Arias, V., Chan, A., & Li, K. K. (2005). Adult chronic sleepwalking and its treatment based on poly-somnography. *Brain*, 128 (Pt. 5), 1062–1069.

Guldemond, H., Bosker, R., Kuyper, H., & van der Werf, G. (2007). Do highly gifted students really have problems? [Special issue: Current research on giftedness: International perspectives]. *Educational Research and Evaluation*, 13, 555–568.

Guo, L., Du, Y., & Wang, J. (2015). Network analysis reveals a stress-affected common gene module among seven stress-related diseases/systems which provides potential targets for mechanism research. Scientific reports, 5.

Guo, L., Du, Y., Chang, S., Zhang, K., & Wang, J. (2014). rSNPBase: a database for curated regulatory SNPs. *Nucleic acids research*, 42(D1), D1033-D1039.

Guo, L., Du, Y., Chang, S., Zhang, W., & Wang, J. (2014). Applying differentially expressed genes from rodent models of chronic stress to research of stress-related disease: an online database. *Psychosomatic medicine*, 76(8), 644-649.

Guo, L., Du, Y., Qu, S., & Wang, J. (2015). rVarBase: an updated database for regulatory features of human variants. *Nucleic acids research*, gkv1107.

Guo, L., Zhang, W., Chang, S., Zhang, L., Ott, J., & Wang, J. (2012). MK4MDD: a multi-level knowledge base and analysis platform for major depressive disorder. *PloS one*, 7(10), e46335.

Gur, R. C., Turetsky, B. I., Matsui, M., Yan, M., Bilker, W., Hughett, P., & Gur, R. E. (1999). Sex differences in brain gray and white matter in healthy young adults: correlations with cognitive performance. *Journal of Neuroscience*, 19(10), 4065–4072.

Guttmacher Institute (2012). Facts on American Teens' Sources of Information About Sex.

Gwynn, M. I., & Spanos, N. P. (1996). Hypnotic responsiveness, nonhypnotic suggestibility, and responsiveness to social influence. In R. G. Kunzendorf, N. P. Spahos, & B. Wallace (Eds.), *Hypnosis and imagination*. Amityville, NY: Baywood.

Haberstick, B. C., Schmitz, S., Young, S. E., & Hewitt, J. K. (2005). Contributions of genes and environments to stability and change in externalizing and internalizing problems during elementary and middle school. *Behavior Genetics*, 35, 381–396.

Hagelskamp, C., Hughes, D., Yoshikawa, H., & Chaudry, A. (2011). Negotiating motherhood and work: A typology of role identity associations among low-income, urban women. *Community, Work & Family*, 14(3), 335–366.

Halford, S. (2006). Collapsing the boundaries? Fatherhood, organization and home-working. *Gender, Work & Organization*, 13, 383–402.

Halkitis, P. (2009). *Methamphetamine addiction: Biological foundations, psychological factors, and social consequences*. Washington, DC: American Psychological Association.

Hall, P. J., Chong, C., McNaughton, N., & Corr, P. J. (2011). An economic perspective on the reinforcement sensitivity theory of personality. *Personality and Individual Differences*, 51, 242–247.

Hallschmid, M., Benedict, C., Born, J., Fehm, H., & Kern, W. (2004). Manipulating central nervous mechanisms of food intake and body weight regulation by intranasal administration of neuropeptides in man. *Physiology and Behavior*, 83, 55–64.

Halpern, D. F. (2000). *Sex differences in cognitive abilities* (3rd ed.). Mahwah, NJ: Erlbaum.

Halpern, D. F. (2010, December, 3). How neuromythologies support sex role stereotypes. *Science*, 330, 1320–1322.

Hamann, S. (2001). Cognitive and neural mechanisms of emotional memory. *Trends in Cognitive Sciences*, 5, 394–400.

Hamann, S. B., Ely, T. D., Hoffman, J. M., & Kilts, C. D. (2002). Ecstasy and agony: Activation of human amygdala in positive and negative emotion. *Psychological Science*, 13, 135–141.

Hamer, M., Taylor, A., & Steptoe, A. (2006). The effect of acute aerobic exercise on stress related blood pressure responses: A systematic review and meta-analysis. *Bi Psychology*, 71, 183–190.

Hamilton, A. C., & Martin, R. C. (2007). Semantic short-term memory deficits and resolution of interference: A case for inhibition? In D. S. Gorfein & C. M. Macleod (Eds.), *Inhibition in cognition*. Washington, DC: American Psychological Association.

Hamilton, W. L., Biener, L., & Brennan, R. T. (2008). Do local tobacco regulations influence perceived smoking norms? Evidence from adult and youth surveys in Massachusetts. *Health Education Research*, 23, 709–722.

Hammond, C., & Gold, M. (2008). Caffeine dependence, withdrawal, overdose and treatment: A review. *Directions in Psychiatry*, 28, 177–190.

Hammond, D. C. (2007, April). Review of the efficacy of clinical hypnosis with headaches and migraines [Special issue: Evidence-based practice clinical hypnosis—part 1]. *International Journal of Clinical and Experimental Hypnosis* 55, 207–219.

Han, Z., Ma, Y., Gong, G., He, Y., Caramazza, A., & Bi, Y. (2013). White matter structural connectivity underlying semantic processing: evidence from brain damaged patients. *Brain*, 136(10), 2952-2965.

Han, Z., Ma, Y., Gong, G., Huang, R., Song, L., & Bi, Y. (2016). White matter pathway supporting phonological encoding in speech production: a multi-modal imaging study of brain damage patients. *Brain Structure and Function*, 221(1), 577-589.

Hangya, B., Tihanyi, B. T., Entz, L., Fabo, D., ErÖss, L., Wittner, L., et al. (2011). Complex propagation patterns characterize human cortical activity during slow-wave sleep. *The Journal of Neuroscience*, 31, 8770–8779.

Hanley, S. J., & Abell, S. C. (2002). Maslow and relatedness: Creating an interpersonal model of self-actualization. *Journal of Humanistic Psychology*, 42, 37–56.

Hannon, E. E., & Johnson, S. P. (2005). Infants use meter to categorize rhythms and melodies: Implications for musical structure learning. *Cognitive Psychology*, 50, 354–377.

Hao,X., Cui,S., Li,W.F.Yang,W.J., Qiu,J. & Zhang,Q.L.(corresponding author). Enhancing insight in scientific problem solving by highlighting the functional features of prototypes: An fMRI study. *Brain Research*. 2013,1534,46-54.

Harding, D. J., & Jencks, C. (2003). Changing attitudes toward premarital sex: Cohort, period, and aging effects. *The Public Opinion Quarterly*, 67, 211–226.

Hardison, D. M. (2006). Review of phonetics and phonology in language comprehension and production: Differences and similarities. *Studies in Second Language Acquisition*, 28, 138–140.

Hardt, J., Sidor, A., Nickel, R., Kappis, B., Petrak, P., & Egle, U. (2008). Childhood adversities and suicide attempts: A retrospective study. *Journal of Family Violence*, 23, 713–718.

Hardy, L. T. (2007). Attachment theory and reactive attachment disorder: Theoretical perspectives and treatment implications. *Journal of Child and Adolescent Psychiatric Nursing*, 20, 27–39.

Harlow, H. F., & Zimmerman, R. R. (1959). Affectional responses in the infant monkey. *Science*, 130, 421–432.

Harlow, J. M. (1869). Recovery from the passage of an iron bar through the head. *Massachusetts Medical Society Publication*, 2, 329–347.

Hart, B., & Risley, T. R. (1997). Use of language by three-year-old children. Courtesy of Drs. Betty Hart and Todd Risley, University of Kansas.

Haslam, C., & Lawrence, W. (2004). Health-related behavior and beliefs of pregnant smokers. *Health Psychology*, 23, 486–491.

Hasnain, N. N., Ansari, S., & Sethi, S. (2011). Life satisfaction and self esteem in married and unmarried working women. *Journal of the Indian Academy of Applied Psychology*, 37, 316–319.

Hastings, R. P., & Oakford, S. (2003). Student teachers' attitudes towards the inclusion of children with special needs. *Educational Psychology*, 23, 87–94.

Hatsopoulos, N. G., & Donoghue, J. P. (2009). The Science of Neural Interface Systems. *Annual Review of Neuroscience*, 19, 245–251.

Hauke, C. (2006). The unconscious: Personal and collective. In R. K. Papadopoulos (Ed.), *The handbook of Jungian psychology: Theory, practice and applications*. New York: Routledge.

Havermans, R. C., Mulkens, S., Nederkoorn, C., & Jansen, A. (2007). The efficacy of cue exposure with response prevention in extinguishing drug and alcohol cue reactivity. *Behavioral Interventions*, 22, 121–135.

Haviland-Jones, J. M., & Wilson, P. J. (2008). A 'nose' for emotion: Emotional information and challenges in odors and semiochemicals. In M. Lewis, J. M. Haviland-Jones, & L. G. Barrett (Eds.), *Handbook of emotions* (3rd ed.). New York: Guilford Press.

Haviland-Jones, J., & Chen, D. (1999, April 17). *Human olfactory perception*. Paper presented at the Association for Chemoreception Sciences, Sarasota, Florida.

Hawkes, Christopher H., & Doty, R. L. (2009). *The neurology of olfaction*. Cambridge, UK: Cambridge University Press.

Hayflick, L. (2007). Biological aging is no longer an unsolved problem. *Annals of the New York Academy of Sciences*, 1100, 1–13.

Haynes, P., Nixon, J. C., & West, J. F. (1990). Time perception and consumer behaviour: Some cross-cultural implications. *International Journal of Consumer Studies*, 14, 14–27.

Heatherton, T., & Sargent, J. (2009). Does watching smoking in movies promote teenage smoking? *Current Directions in Psychological Science*, 18, 63–67.

Hébert, R. (2001). Code Overload: Doing a Number on Memory. *APS Observer*, 14(7).

Hedges, D. W., Brown, B. L., Shwalk, D. A., Godfrey, K., & Larcher, A. M. (2007). The efficacy of selective serotonin reuptake inhibitors in adult social anxiety disorder: A meta-analysis of double-blind, placebo-controlled trials. *Journal of Psychopharmacology*, 21, 102–111.

Hegarty, P. (2007). From genius inverts to gendered intelligence: Lewis Terman and the power of the norm [Special issue: Power matters: Knowledge politics in the history of psychology]. *History of Psychology*, 10, 132–155.

Hegarty, P., & Massey, S. (2007). Anti-homosexual prejudice . . . as opposed to what? Queer theory and the social psychology of anti-homosexual attitudes. *Journal of Homosexuality*, 52, 47–71.

Heilman, K. M. (2005). Creativity and the brain. New York: Psychology Press.

Heller, S. (2005). *Freud A to Z*. New York: Wiley.

Helms, J. E. (1992). Why is there no study of cultural equivalence in standardized cognitive ability testing? *American Psychologist*, 47, 1083–1101.

Helmuth, L. (2000, August 25). Synapses shout to overcome distance. *Science*, 289, 1273.

Henderson, J., Kesmodel, U., & Gray, R. (2007). Systematic review of the fetal effects of prenatal binge-drinking. *Journal of Epidemiology and Community Health*, 61, 1069–1073.

Henderson, N. D. (1982). Correlations in IQ for pairs of people with varying degrees of genetic relatedness and shared environment. *Annual Review of Psychology*, 33, 219–243.

Hennig-Fast, K., Meister, F., Frodl, T., Beraldi, A., Padberg, F., Engel, R., et al. (2008). The case of persistent retrograde amnesia following a dissociative fugue: Neuropsychological and neurofunctional underpinnings of loss of autobiographical memory and self-awareness. *Neuropsychologia*, 46(12), 2993–3005.

Henningsen, D. D., Henningsen, M. L., & Eden, J. (2006). Examining the symptoms of group-think and retrospective sensemaking. *Small Group Research*, 37, 36–64.

Henry, D., McClellen, D., Rosenthal, L., Dedrick, D., & Gosdin, M. (2008, February). Is sleep really for sissies? Understanding the role of work in insomnia in the US. *Social Science & Medicine*, 66, 715–726.

Hentschel, U., Smith, G., Draguns, J. G., & Elhers, W. (2004). *Defense mechanisms: Theoretical, research and clinical perspectives*. Oxford, England: Elsevier Science.

Herbenick, D., Reece, M., Sanders, S., Dodge, B., Ghassemi, A., & Fortenberry, J. (2009). Prevalence and characteristics of vibrator use by women in the United States: Results from a nationally representative study. *Journal of Sexual Medicine*, 6, 1857–1866.

Herbert, W. (2011). *On second thought: Outsmarting your mind's hard-wired habits*. New York: Broadway.

Herrán, A., Carrera, M., & Sierra-Biddle, D. (2006). Panic disorder and the onset of agoraphobia. *Psychiatry and Clinical Neurosciences*, 60, 395–396.

Herrington, D. M., & Howard, T. D. (2003). From presumed benefit to potential harm—Hormone therapy and heart disease. *New England Journal of Medicine*, 349, 519–521.

Herrnstein, R. J., & Murray, D. (1994). *The bell curve*. New York: Free Press.

Hertzog, C., Kramer, A., Wilson, R., & Linden-berger, U. (2008). Enrichment effects on adult cognitive development: Can the functional capacity of older adults be preserved and enhanced? *Psychological Science in the Public Interest*, 9, 1–65.

Herzberg, L. (2009). Direction, causation, and appraisal theories of emotion. *Philosophical Psychology*, 22, 167–186.

Hess, M. J., Houg, S., & Tammaro, E. (2007). The experience of four individuals with paraplegia enrolled in an outpatient interdisciplinary sexuality program. *Sexuality and Disability*, 25, 189–195.

Hess, T. M., Hinson, J. T., & Statham, J. A. (2004). Explicit and implicit stereotype activation effects on memory: Do age and awareness moderate the impact of priming? *Psychology and Aging*, 19, 495–505.

Heyman, G. D., & Diesendruck, G. (2002). The Spanish ser/estar distinction in bilingual children's reasoning about human psychological characteristics. *Developmental Psychology*, 38, 407–417.

Hibbard, P. (2007, February). A statistical model of binocular disparity. *Visual Cognition*, 15, 149–165.

Hiby, E. F., Rooney, N. J., & Bradshaw, J. W. S. (2004). Dog training methods: Their use, effectiveness and interaction with behaviour and welfare. *Animal Welfare*, 13, 63–69.

Hicks, T. V., & Leitenberg, H. (2001). Sexual fantasies about one's partner versus someone else: Gender differences in incidence and frequency. *Journal of Sex Research*, 38, 43–50.

Hilarski, C. (2007). Antisocial personality disorder. In B. A. Thyer & J. S. Wodarski (Eds.), *Social work in mental health: An evidence-based approach*. Hoboken, NJ: John Wiley & Sons.

Hilgard, E. (1992). Disassociation and theories of hypnosis. In E. Fromm & M. E. Nash (Eds.), *Contemporary hypnosis research*. New York: Guilford.

Hillix, W. A. (2007). The past, present, and possible futures of animal language research. In D. A. Washburn (Ed.), *Primate perspectives on behavior and cognition*. Washington, DC: American Psychological Association.

Hines, M. (2004) *Brain gender*. New York: Oxford University Press.

Hines, M., & Alexander, G. (2008). Monkeys, girls, boys and toys: A confirmation letter regarding sex differences in toy preferences: Striking parallels between monkeys and humans. *Hormones and Behavior*, 54, 478–479.

Hines, M., Golombok, S., Rust, J., Johnston, K. J., Golding, J., & Avon Longitudinal Study of Parents and Children Study Team. (2002). Testosterone during pregnancy and gender role behavior of preschool children: A longitudinal, population study. *Child Development*, 73, 1678–1687.

Hinterberger, T., Schöner, J., & Halsband, U. (2011). Analysis of electrophysiological state patterns and changes during hypnosis induction. *International Journal of Clinical and Experimental Hypnosis*, 59, 165–179.

Hintzman, D. L. (1978). *The psychology of learning and memory*. Freeman.

Hirsh, I. J., & Watson, C. S. (1996). Auditory psychophysics and perception. *Annual Review of Psychology*, 47, 461–484.

Hobfoll, S. E., Freedy, J. R., Green B. L., & Solomon, S. D. (1996). Coping in reaction to extreme stress: The roles of resource loss and resource availability. In M. Zeidner & N. S. Endler (Eds.), *Handbook of coping: Theory, research, applications*. New York: Wiley.

Hobson, J. A. (1989). *Sleep*. New York: W. H. Freeman.

Hobson, J. A. (2005). In bed with Mark Solms? What a nightmare! A reply to Domhoff. *Dreaming*, 15, 21–29.

Hobson, J. A. (2007). States of Conciseness: Normal and abnormal variation. In P. D. Zelazo, M. Moscovitch, et al. (Eds.), *The Cambridge Handbook of Consciousness*. London: Cambridge University Press.

Hoff, E. (2003). Language development in childhood. In R. M. Lerner et al. (Eds.), *Handbook of psychology: Developmental psychology* (Vol. 6). New York: Wiley.

Hoff, E. (2008). *Language development*. New York: Wadsworth.

Hofmann, S. G. (2007). Enhancing exposure-based therapy from a translational research perspective. *Behaviour Research and Therapy*, 45, 1987–2001.

Hogg, M. A. (2006). Social identity theory. In P. J. Burke (Ed.), *Contemporary social psychological theories*. Palo Alto, CA: Stanford University Press.

Hogg, M. A., & Hains, S. C. (2001). Intergroup relations and group solidarity: Effects of group identification and social beliefs on depersonalized attraction. In M. A. Hogg & D. Abrams (Eds.), *Intergroup relations: Essential readings*. New York: Psychology Press.

Høglend, P., Dahl, H. S., Hersoug, A. G., Lorentzen, S., & Perry, J. C. (2011). Long-term effects of transference interpretation in dynamic psychotherapy of personality disorders. *European Psychiatry*, 26(7), 419–424.

Holler, G. D. (2006). Relations of hypnotic susceptibility, absorption, imagery, sexual fantasy, sexual daydreaming, and social desirability to sexual satisfaction. *Dissertation Abstracts International: Section B: The Sciences and Engineering*, 67, 3453.

Holleran, S., Mehl, M., & Levitt, S. (2009). Eavesdropping on social life: The accuracy of stranger ratings of daily behavior from thin slices of natural conversations. *Journal of Research in Personality*, 43, 660–672.

Hollins, K. (2007). Consequences of antenatal mental health problems for child health and development. *Current Opinions on Obstetric Gynecology*, 19, 568–573.

Hollis, K. L. (1997, September). Contemporary research on Pavlovian conditioning: A "new" functional analysis. *American Psychologist*, 52, 956–965.

Hollon, S. D., Thase, M. E., & Markowitz, J. C. (2002). Treatment and prevention of depression. *Psychological Science in the Public Interest*, 3, 39–77.

Holmes, A., Yang, R. J., Lesch, K. P., Crawley, J. N., & Murphy, D. L. (2003). Mice lacking the serotonin transporter exhibit 5-HT-sub(1A) receptor-mediated abnormalities in tests for anxiety-like behavior. *Neuropsychopharmacology*, 28, 2077–2088.

Holowka, S., & Petitto, L. A. (2002, August 30). Left hemisphere cerebral specialization for babies while babbling. *Science*, 297, 1515.

Holt, M., & Jahn, R. (2004, March, 26). Synaptic vesicles in the fast lane. *Science*, 303, 1986–1987.

Hongchun, W., & Ming, L. (2006). About the research on suggestibility and false memory. *Psychological Science (China)*, 29, 905–908.

Hoobler, J. M., Lemmon, G., & Wayne, S. J. (2011). Women's underrepresentation in upper management: New insights on a persistent problem. *Organizational Dynamics*, 40, 151–156.

Hopwood, C., Newman, D., Donnellan, M., Markowitz, J., Grilo, C., Sanislow, C., et al. (2009). The stability of personality traits in individuals with borderline personality disorder. *Journal of Abnormal Psychology*, 118, 806–815.

Hori, H., Teraishi, T., Sasayama, D., Matsuo, J., Kawamoto, Y., Kinoshita, Y., & Kunugi, H. (2011). Relationships between season of birth, schizotypy, temperament, character and neurocognition in a non-clinical population. *Psychiatry Research*, 189, 388–397.

Horney, K. (1937). *Neurotic personality of our times*. New York: Norton.

Horton, C. L. (2011). Recall and recognition of dreams and waking events: A diary paradigm. *International Journal of Dream Research*, 4, 8–16.

Houghtalen, R. P., & Talbot, N. (2007). Dissociative disorders and cognitive disorders. In O. J. Z. Sahler & J. E. Carr (Eds.), *The behavioral sciences and health care* (2nd rev. and updated ed.). Ashland, OH: Hogrefe & Huber Publishers, 2007.

Howe, C. J. (2002). The countering of

overgeneralization. *Journal of Child Language*, 29, 875–895.

Howe, M. L. (2011). The adaptive nature of memory and its illusions. *Psychological Science*, 20, 312–315.

Howes, O., & Kapur, S. (2009). The dopamine hypothesis of schizophrenia: Version III—The final common pathway. *Schizophrenia Bulletin*, 35, 549–562.

Hsu, B., Kling, A., Kessler, C., Knapke, K., Diefenbach, P., & Elias, J. (1994). Gender differences in sexual fantasy and behavior in a college population: A ten-year replication. *Journal of Sex and Marital Therapy*, 20, 103–118.

Hubel, D. H., & Wiesel, T. N. (2004). *Brain and visual perception: The story of a 25-year collaboration*. New York: Oxford University Press.

Huber, F., Beckmann, S. C., & Herrmann, A. (2004). Means-end analysis: Does the affective state influence information processing style? *Psychology and Marketing*, 21, 715–737.

Hudson, W. (1960). Pictorial depth perception in subcultural groups in Africa. *Journal of Social Psychology*, 52, 183–208.

Hudspeth, A. J. (2000). Hearing. In E. R. Kandel, J. H. Schwartz & T. M. Jessell (Eds.), *Principles of neural science* (4th ed.). New York: McGraw-Hill.

Huerta, M., Cortina, L. M., & Pang, J. S. (2006). Sex and power in the academy: Modeling sexual harassment in the lives of college women. *Personality and Social Psychology Bulletin*, 32, 616–628.

Huesmann, L. R., Dubow, E. F., & Boxer, P. (2011). The transmission of aggressiveness across generations: Biological, contextual, and social learning processes. *Human Aggression and Violence: Causes, Manifestations, and Consequences*, 123-142.

Hugdahl, K., Thomsen, T., & Ersland, L. (2006). Sex differences in visuo-spatial processing: An fMRI study of mental rotation. *Neuropsychologia*, 44, 1575–1583.

Hugenberg, K., & Sacco, D. (2008). Social categorization and stereotyping: How social categorization biases person perception and face memory. *Social and Personality Psychology Compass*, 2, 1052–1072.

Hull, C. L. (1943). *Principles of behavior*. New York: Appleton-Century-Crofts.

Human, L. J., & Biesanz, J. C. (2011). Through the looking glass clearly: Accuracy and assumed similarity in well-adjusted individuals' first impressions. *Journal of Personality and Social Psychology*, 100, 349–364.

Hummer, T. A., & McClintock, M. K. (2009). Putative human pheromone androstadienone attunes the mind specifically to emotional information. *Hormones and Behavior*, 55(4), 548-559.

Humphrey, N., Curran, A., & Morris, E. (2007). Emotional intelligence and education: A critical review. *Educational Psychology*, 27, 235–254.

Humphreys, G. W., & Müller, H. (2000). A search asymmetry reversed by figure-ground assignment. *Psychological Science*, 11, 196–200.

Humphreys, K. L., & Lee, S. S. (2011). Risk taking and sensitivity to punishment in children with ADHD, ODD, ADHD1ODD, and controls. *Journal of Psychopathology and Behavioral Assessment*, 33, 299–307.

Hunt, E. (1994). Problem solving. In R. J. Sternberg (Ed.), *Thinking and problem solving: Handbook of perception and cognition* (2nd ed.). San Diego, CA: Academic Press.

Hunt, J. S., Seifert, A. L., & Armenta, B. E. (2006). Stereotypes and prejudice as dynamic constructs: Reminders about the nature of inter-group bias from the hurricane Katrina relief efforts. *Analyses of Social Issues and Public Policy (ASAP)*, 6, 237–253.

Hunt, M. (1974). *Sexual behaviors in the 1970s*. New York: Dell.

Huron, D., & Davis, M. J. (2010). The effect of scale degree modifications on average interval size. In *Proceedings of the 11 th International Conference on Music Perception and Cognition. Seattle, Washington: Causal Productions* (pp. 439–444).

Hurt, C. S., Ganerjee, S., Tunnard, C., Whitehead, D. L., Tsolaki, M., Mecocci, P., et al. (2005). Insight, cognition and quality of life in Alzheimer's disease. *NeuroMed Consortium, Journal of Neurology, Neurosurgery & Psychiatry*, 81, 331–336.

Hutchinson, S. L., Baldwin, C. K., & Oh, S-S. (2006). Adolescent coping: Exploring adolescents' leisure-based responses to stress. *Leisure Sciences*, 28, 115–131.

Hyde, J. S. (2005). The gender similarities hypothesis. *American Psychologist*, 50, 581–592.

Hyde, J. S., Lindberg, S. M., Linn, M. C., Ellis, A. B., & Williams, C. C. (2008). Gender similarities characterize math performance. *Science*, 321, 494–495.

Hyde, J., Mezulis, A. H., & Abramson, L. Y. (2008). The ABCs of depression: Integrating affective, biological, and cognitive models to explain the emergence of the gender difference in depression. *Psychological Review*, 115, 291–313.

Hyde, K., Peretz, I., & Zatorre, R. (2008, February). Evidence for the role of the right auditory cortex in fine pitch resolution. *Neuropsychologia*, 46, 632–639.

Iachini, T., & Giusberti, E (2004). Metric properties of spatial images generated from locomotion: The effect of absolute size on mental scanning. *European Journal of Cognitive Psychology*, 16, 573–596.

Iacoboni, M. (2009, January). Imitation, empathy, and mirror neurons. *Annual Review of Psychology*, 60, 653–670.

Iaria, G., Palermo, L., Committeri, G., & Barton, J. (2009). Age differences in the formation and use of cognitive maps. *Behavioural Brain Research*, 196, 187–191.

Ievers-Landis, C. E., Hoff, A. L., Brez, C., Cancilliere, M. K., McConnell, J., & Kerr, D. (2005). Situational analysis of dietary challenges of the treatment regimen for children and adolescents with phenylketonuria and their primary caregivers. *Journal of Developmental and Behavioral Pediatrics*, 26, 186–193.

Iglesias, A. (2005). Awake-alert hypnosis in the treatment of panic disorder: A case report. *American Journal of Clinical Hypnosis*, 47, 249–257.

Ikonomidou, C., Bittigau, P., Ishimaru, M. J., Wozniak, D. F., Koch, C., Genz, K., et al. (2000, February 11). Ethanol-induced apoptotic neurodegeneration and fetal alcohol syndrome. *Science*, 287, 1056–1060.

Imamura, M., & Nakamizo, S. (2006). An empirical test of formal equivalence between Emmert's Law and the size-distance invariance hypothesis. *The Spanish Journal of Psychology*, 9(2), 295–299.

Innocenti, G. M. (2007). Subcortical regulation of cortical development: Some effects of early, selective deprivations. *Progressive Brain Research*, 164, 23–37.

Insel, T. R. (2010, April.) Faulty circuits. *Science*, pp. 44–51.

Irwin, M. (2008). Human psychoneuroimmunology: 20 years of discovery. *Brain, Behavior, and Immunity*, 22, 129–139.

Irwin, R. R. (2006). Spiritual development in adulthood: Key concepts and models. In C. Hoare (Ed.), *Handbook of adult development and learning*. New York: Oxford University Press.

Isay, R. A. (1994). *Being homosexual: Gay men and their development*. Lanham, MD: Jason Aronson.

Isbell, L. M., & Tyler, J. M. (2003). Teaching students about in-group favoritism and the minimal groups paradigm. *Teaching of Psychology*, 30, 127–130.

Iversen, S., & Iversen, L. (2007). Dopamine: 50 years in perspective. *Trends in*

Neurosciences, 30, 188–193.

Iverson, P., Kuhl, P. K., Reiko, A. Y., Diesch, E., Tohkura, Y., Ketterman, A., et al. (2003). A perceptual interference account of acquisition difficulties for non-native phonemes. *Cognition*, 87, B47–B57.

Izard, C. E. (1990). Facial expressions and the regulation of emotions. *Journal of Personality and Social Psychology*, 58, 487–498.

Izard, C. E. (1994). Innate and universal facial expressions: Evidence from developmental and cross-cultural research. *Psychological Bulletin*, 115, 288–299.

Jackson, T., & Chen, H. (Correspondence author) (2015) Features of Objectified Body Consciousness and Sociocultural Perspectives as Risk Factors for Disordered Eating Among Late Adolescent Women and Men. *Journal of Counseling Psychology*, 62(4), 741-752.

Jackson, T., & Chen, H.(Correspondence author) (2008) Predicting changes in eating disorder symptoms among adolescents in China: An 18-month prospective study, *Journal of Clinical Child & Adolescent Psychology*, 37:4, 874- 885.

Jackson, T., Gao, X., & Chen, H. (Correspondence author) (2014). Differences in neural activation to depictions of physical exercise and sedentary activity: An fMRI study of overweight and lean Chinese women. *International Journal of Obesity*, 38,1180-1186.

Jackson,T., & Chen, H.(Correspondence author)（2011）. Risk factors for disordered eating during early and middle adolescence: Prospective evidence from mainland Chinese boys and girls, *Journal of Abnormal Psychology*. 120(2), 454–464.

Jackson,T., & Chen, H.(2013). Risk factors for disordered eating during early and middle adolescence: A two year longitudinal study of mainland Chinese boys and girls. *Journal of Abnormal Child*, 41(8),1177-1324.

Jacobs, M., Roesch, S., Wonderlich, S., Crosby, R., Thornton, L., Wilfley, D., et al. (2009). Anorexia nervosa trios: Behavioral profiles of individuals with anorexia nervosa and their parents. *Psychological Medicine*, 39, 451–461.

Jacobson, S. W., Stanton, M. E., Dodge, N. C., Pienaar, M., Fuller, D. S., Molteno, C. D., et al. (2011). Impaired delay and trace eyeblink conditioning in school-age children with fetal alcohol syndrome. *Alcoholism: Clinical and Experimental Research*, 35, 250–264.

Jacoby, L. L. (1991). A process dissociation framework: separating automatic from intentional uses of memory . *Journal of Memory & Language*, 30(5), 513-541.

Jacoby, L. L., Bishara, A. J., Hessels, S., & Hughes, A. (2007). Probabilistic retroactive interference: The role of accessibility bias in interference effects. *Journal of Experimental Psychology: General*, 136, 200–216.

Jaeggi S M, Buschkuehl M, Jonides J. Improving fluid intelligence with training on working memory.[J]. *Proceedings of the National Academy of Sciences of the United States of America*, 2008, 105(19):6829-6833.

Jaeggi S M, Buschkuehl M, Jonides J. Short- and long-term benefits of cognitive training.[J]. *Proceedings of the National Academy of Sciences of the United States of America*, 2011, 108(25):10081-6.

Jain, S., Mills, P. J., & Von Känel, R. (2007). Effects of perceived stress and uplifts on inflammation and coagulability. *Psychophysiology*, 44, 154–160.

James, H. S., Jr. (2005). Why did you do that? An economic examination of the effect of extrinsic compensation on intrinsic motivation and performance. *Journal of Economic Psychology*, 26, 549–566.

James, M. H., Charnley, J. L., Flynn, J. R., Smith, D. W., & Dayas, C. V. (2011). Propensity to 'relapse' following exposure to cocaine cues is associated with the recruitment of specific thalamic and epithalamic nuclei. *Neuroscience*, 125, 88–96.

James, W. (1890). *The principles of psychology*. New York: Holt.

Jamieson, G. A. (2007). *Hypnosis and conscious states: The cognitive neuroscience perspective*. New York: Oxford University Press.

Jang, H., Reeve, J., Ryan, R. M., & Kim, A. (2009, August). Can self-determination theory explain what underlies the productive, satisfying learning experiences of collectivistically oriented Korean students? *Journal of Educational Psychology*, 101, 644–661.

Janis, I. L. (1997). Groupthink. In R. P. Vecchio (Ed.), *Leadership: Understanding the dynamics of power and influence in organizations*. Notre Dame, IN: University of Notre Dame Press.

Jarlais, D. C. D., Arasteh, K., & Perlis, T. (2007). The transition from injection to non-injection drug use: Long-term outcomes among heroin and cocaine users in New York City. *Addiction*, 102, 778–785.

Jarrold, C., & Tam, H. (2011). Rehearsal and the development of working memory. In P. Barrouillet & V. Gaillard (Eds.), *Cognitive development and working memory: A dialogue between neo-Piagetian theories and cognitive approaches*. New York: Psychology Press.

Jaušovec N, Jaušovec K. Working memory training: Improving intelligence – Changing brain activity[J]. *Brain & Cognition*, 2012, 79(2):96-106.

Jenkins, S. R. (1994). Need for power and women's careers over 14 years: Structural power, job satisfaction, and motive change. *Journal of Personality and Social Psychology*, 66(1), 155.

Jensen, A. R. (2002). Galton's legacy to research on intelligence. *Journal of Biosocial Science*, 34, 145–172.

Jequier, E. (2002). Pathways to obesity. *International Journal of Obesity and Related Metabolic Disorders*, 26, S12–S17.

Jetten, J., Hornsey, M. J., & Adarves-Yorno, I. (2006). When group members admit to being conformist: The role of relative intragroup status in conformity self-reports. *Personality and Social Psychology Bulletin*, 32, 162–173.

Ji, L. J., Peng, K., & Nisbett, R. E. (2000). Culture, control, and perception of relationships in the environment. *Journal of Personality & Social Psychology*, 78(5), 943-55.

Jia, H., Zack, M. M., & Thompson, W. W. (2011). State quality-adjusted life expectancy for U.S. adults from 1993 to 2008. *Quality of Life Research: An International Journal of Quality of Life Aspects of Treatment, Care & Rehabilitation*, 20, 853–863.

Jiang, X., Lu, H., Shigeno, S., Tan, L. H., Yang, Y., Ragsdale, C. W., & Gao, J. H. (2014). Octopus visual system: A functional MRI model for detecting neuronal electric currents without a blood-oxygen-level-dependent confound. *Magnetic Resonance in Medicine*, 72(5), 1311-1319.

Joe, G. W., Flynn, P. M., & Broome, K. M. (2007). Patterns of drug use and expectations in methadone patients. *Addictive Behaviors*, 32, 1640–1656.

Johnson, H. D. (2004). Gender, grade and relationship differences in emotional closeness within adolescent friendships. *Adolescence*, 39, 243–255.

Johnson, W., & Deary, I. J. (2011). Placing inspection time, reaction time, and perceptual speed in the broader context of cognitive ability: The VPR model in the Lothian Birth Cohort 1936. *Intelligence*, 39, 405–417.

Johnson-Laird, P. N. (2006). *How we reason*. Oxford, England: Oxford University Press.

John-Steiner, V., & Mahn, H. (2003). Sociocultural contexts for teaching and learning. In W. M. Reynolds & G. E.

Miller (Eds.), *Handbook of psychology: Educational psychology* (Vol. 7). New York: Wiley.

Johnston, L. D., O'Malley, P. M., Bachman, J. G., & Schulenberg, J. E. (2010). *Monitoring the future national survey results on drug use: 1975–2008. Volume I: Secondary school students* (NIH Publication No. 09-7402). Bethesda, MD: National Institute on Drug Abuse.

Johnston, L. D., O'Malley, P. M., Bachman, J. G., & Schulenberg, J. E. (2011). *Monitoring the future national survey results on drug use: 2010. Volume I: Secondary school students*. Bethesda, MD: National Institute on Drug Abuse.

Jones, A. L. (2006). The contemporary psychoanalyst: Karen Horney's theory applied in today's culture. *PsycCRITIQUES*, 51, 127–134.

Jones, J. E., & Corp, E. S. (2003). Effect of naltrex-one on food intake and body weight in Syrian hamsters depends on metabolic status. *Physiology and Behavior*, 78, 67–72.

Jones, J. M. (2007). Exposure to chronic community violence: Resilience in African American children. *Journal of Black Psychology*, 33, 125–149.

Jones, K., Callen, F., Blagrove, M., & Parrott, A. (2008). Sleep, energy and self rated cognition across 7 nights following recreational ecstasy/MDMA use. *Sleep and Hypnosis*, 10, 2–38.

Jones, R. K., Darroch, J. E., & Singh, S. (2005). Religious differentials in the sexual and reproductive behaviors of young women in the United States. *Journal of Adolescent Health*, 36, 279–288.

Jordan-Young, R. M. (2010). Brain storm: The flaws in the science of sex differences. Cambridge, MA: Harvard University Press.

Julien, R. M (2001). *A primer of drug action* (9th ed.). New York: Freeman.

Jung, C. G. (1961). *Freud and psychoanalysis*. New York: Pantheon.

Jung, J. (2002). *Psychology of alcohol and other drugs: A research perspective*. Thousand Oaks, CA: Sage.

Juslin P N, Lindström E. Musical expression of emotions :modelling listeners' judgements of composed and performed features[J]. *Music Analysis*, 2010, 29(1-3):334–364.

Justman, S. (2011). From medicine to psychotherapy: The placebo effect. *History of the Human Sciences*, 24, 95–107.

Jylha, M. (2004). Old age and loneliness: Cross-sectional and longitudinal analyses in the Tampere longitudinal study on aging. *Canadian Journal on Aging/La Revue Canadienne du Vieillissement*, 23, 157–168.

Kadosh, R., Henik, A., & Walsh, V. (2009, May). Synaesthesia: Learned or lost? *Developmental Science*, 12, 484–491.

Kafetsios, K., Nezlek, J. B., & Vassiou, A. (2011). A multilevel analysis of relationships between leaders' and subordinates' emotional intelligence and emotional outcomes. *Journal of applied social psychology*, 41(5), 1121–1144.

Kagan, J. (1994).Galen's prophecy: Temperament in human nature. *New York: Basic Books*.

Kagan, J., Snidman, N., Kahn, V., & Towsley, S. (2007). The preservation of two infant temperaments into adolescence. *Monographs of the Society for Research in Child Development*, 72, 1–75.

Kahneman, D., Diener, E., & Schwarz, N. (1998). *Well-being: The foundations of hedonic psychology*. New York: Russell Sage Foundation.

Kaller, C. P., Unterrainer, J. M., Rahm, B., & Halsband, U. (2004). The impact of problem structure on planning: Insights from the Tower of London task. *Cognitive Brain Research*, 20, 462–472.

Kane, M. J., & Engle, R. W. (2002). The role of prefrontal cortex in working-memory capacity, executive attention, and general fluid intelligence: An individual-differences perspective. *Psychonomic Bulletin and Review*, 9, 637–671.

Kanin E J, Scheck S R. A research note on male-female differentials in the experience of heterosexual love[J]. *Journal of Sex Research*, 1970, 6(1):64-72.

Kanoski, S. E., Hayes, M. R., Greenwald, H. S., Fortin, S. M., Gianessi, C. A., Gilbert, J. R., & Grill, H. J. (2011). Hippocampal leptin signaling reduces food intake and modulates food-related memory processing. *Neuropsychopharmacology*, 36, 1859–1870.

Kao, D. (2011). Message sidedness in advertising: The moderating roles of need for cognition and time pressure in persuasion. *Scandinavian Journal of Psychology*, 52, 329–340.

Kaplan, M. S., Huguer, N., McFarland, B. H., & Newsom, J. T. (2007). Suicide among male veterans: A prospective population-based study. *Journal of Epidemiological Community Health*, 61, 619–624.

Kara, P., & Boyd, J. (2009, April). A micro-architecture for binocular disparity and ocular dominance in visual cortex. *Nature*, 458(7238), 627–631.

Karaszewski, B. (2008). Sub-neocortical brain: A mechanical tool for creative generation? *Trends in Cognitive Sciences*, 12, 171–172.

Karni, A., Tanne, D., Rubenstein, B. S., Askenasy, J. J. M., & Sagi, D. (1994, July 29). Dependence on REM sleep of overnight improvement of a perceptual skill. *Science*, 265, 679–682.

Kasof, J. (2009, May). Cultural variation in seasonal depression: Cross-national differences in winter versus summer patterns of seasonal affective disorder. *Journal of Affective Disorders*, 115, 79–86.

Kassel, J. D., Evatt, D. P., Greenstein, J. E., Wardle, M. C., Yates, M. C., & Veilleux, J. C. (2007). The acute effects of nicotine on positive and negative affect in adolescent smokers. *Journal of Abnormal Psychology*, 116, 543–553.

Kaštelan, A., Franciškovic, A., Tanja, M., & Moro, L. (2007). Psychotic symptoms in combat-related post-traumatic stress disorder. *Military Medicine*, 172, 273–277.

Kato, N. (2009). Neurophysiological mechanisms of electroconvulsive therapy for depression. *Neuroscience Research*, 64, 3–11.

Kato, T. (2007). Molecular genetics of bipolar disorder and depression. *Psychiatry and Clinical Neurosciences*, 61, 3–19.

Katz, L., Fotti, S., & Postl, L. (2009). Cognitive-behavioral therapy and dialectical behavior therapy: Adaptations required to treat adolescents. *Psychiatric Clinics of North America*, 32, 95–109.

Kaufman, A., Johnson, C., & Liu, X. (2008). A CHC theory-based analysis of age differences on cognitive abilities and academic skills at ages 22 to 90 years. *Journal of Psychoeducational Assessment*, 26, 350–381.

Kaufman, J. C., & Baer, J. (2006). *Creativity and reason in cognitive development*. New York: Cambridge University Press.

Kaufman, J. C., & Plucker, J. A. (2011). Intelligenceand creativity. In R. J. Sternberg & S. Kaufman, (Eds.), *The Cambridge handbook of intelligence*. New York: Cambridge University Press.

Kawasaki, C., Nugent, J. K., Miyashita, H., Miyahara, H., & Brazelton, T. B. (1994). The cultural organization of infants' sleep [Special issue: Environments of birth and infancy]. *Children's Environment*, 11, 135–141.

Kawashima, H., Izaki, Y., & Grace, A. A. (2006). Cooperativity between hippocampal-prefrontal short-term plasticity through associative long-term potentiation. *Brain Research*, 1109, 37–44.

Kazar, D. B. (2006). Forensic psychology: Did we leave anything out? *PsycCRITIQUES*, 51, 88–97.

Kearns, K. P. (2005). Broca's aphasia. In L. L. LaPointe (Ed.), *Aphasia and related neurogenic language disorders* (3rd ed.). New York: Thieme New York.

Keillor, J. M., Barrett, A. M., Crucian, G. P., Kortenkamp, S., & Heilman, K. M. (2002). Emotional experience and perception in the absence of facial feedback. *Journal of the International Neuropsychological Society*, 8(1), 130–135.

Keller, J. (2007). Stereotype threat in classroom settings: The interactive effect of domain identification, task difficulty and stereotype threat on female students' math performance. *British Journal of Educational Psychology*, 77, 323–338.

Keller, M. B., McCullough, J. P., Klein, D. N., Arnow, B., Dunner, D. L., Gelenberg, A. J., ... & Trivedi, M. H. (2000). A comparison of nefazodone, the cognitive behavioral-analysis system of psychotherapy, and their combination for the treatment of chronic depression. *New England Journal of Medicine*, 342(20), 1462-1470.

Kelley, H. (1950). The warm-cold variable in first impressions of persons. *Journal of Personality and Social Psychology*, 18, 431–439.

Keltikangas-Järvinen, L., Räikkönen, K., Ekelund, J., & Peltonen, L. (2004). Nature and nurture in novelty seeking. *Molecular Psychiatry*, 9, 308–311.

Kempermann, G., & Gage, F. H. (1999, May). New nerve cells for the adult brain. *Scientific American*, pp. 48–53.

Kendler, K. S., & Schaffner, K. F. (2011). The dopamine hypothesis of schizophrenia: An historical and philosophical analysis. *Philosophy, Psychiatry, & Psychology*, 18, 41–63.

Kendler, K. S., Gatz, M., & Gardner, C. O. (2006a). Personality and major depression. *Archives of General Psychiatry*, 63, 1113–1120.

Kendler, K. S., Myers, J. O., & Gardner, C. (2006b). Caffeine intake, toxicity and dependence and lifetime risk for psychiatric and substance use disorders: An epidemiologic and co-twin control analysis. *Psychological Medicine*, 36, 1717–1725.

Kendler, K., Halberstadt, L., Butera, F., Myers, J., et al. (2008). The similarity of facial expressions in response to emotion-inducing films in reared-apart twins. *Psychological Medicine*, 38(10), 1475–1483.

Kennedy, C. E., Moore, P. J., Peterson, R. A., Katzman, M. A., Vermani, M., & Charmak, W. D. (2011). What makes people anxious about pain? How personality and perception combine to determine pain anxiety responses in clinical and non-clinical populations. *Anxiety, Stress & Coping: An International Journal*, 24, 179–200.

Kennedy, D. O., & Haskell, C. F. (2011). Cerebral blood flow and behavioural effects of caffeine in habitual and non-habitual consumers of caffeine: A near infrared spectroscopy study. *Biological Psychology*, 86, 296–305.

Kennedy, J. E. (2004). A proposal and challenge for proponents and skeptics of psi. *Journal of Parapsychology*, 68, 157–167.

Kensinger, E. (2007). Negative emotion enhances memory accuracy: Behavioral and neuro-imaging evidence. *Current Directions in Psychological Science*, 16, 213–218.

Kensinger, E. A., & Schacter, D. L. (2006). Neural processes underlying memory attribution on a reality-monitoring task. *Cerebral Cortex*, 16, 1126–1133.

Kesebir, P., & Diener, E. (2008). In pursuit of happiness: Empirical answers to philosophical questions. *Perspectives on Psychological Science*, 3, 117–125.

Kess, J. F., & Miyamoto, T. (1994). *Japanese psycho-linguistics*. Amsterdam, Netherlands: John Benjamins.

Kettenmann, H., & Ransom, B. R. (2005). *Neuroglia* (2nd ed.). New York: Oxford University Press.

Key, W. B. (2003). Subliminal sexuality: The fountainhead for America's obsession. In T. Reichert & J. Lambaiase (Eds.), *Sex in advertising: Perspectives on the erotic appeal. LEA's communication series*. Mahwah, NJ: Lawrence Erlbaum.

Khalil, E. L. (2011). The mirror neuron paradox: How far is understanding from mimicking? *Journal of Economic Behavior & Organization*, 77, 86–96.

Khazaal, Y., Chatton, A., Claeys, F., Ribordy, F., Zullino, D., & Cabanac, M. (2008). Antipsychotic drug and body weight set-point. *Physiology & Behavior*, 95, 157–160.

Kidd, E., & Lum, J. (2008). Sex differences in past tense overregularization. *Developmental Science*, 11, 882–889.

Kihlstrom, J. F. (2005a). Dissociative disorders. *Annual Review of Clinical Psychology*, 1, 227–253.

Kihlstrom, J. F. (2005b). Is hypnosis an altered state of consciousness or what? Comment. *Contemporary Hypnosis*, 22, 34–38.

Kim, D. R., Pesiridou, A., & O'Reardon, J. P. (2009). Transcranial magnetic stimulation in the treatment of psychiatric disorders. *Current Psychiatry Reports*, 11, 447–52.

Kim, H., Clark, D., & Dionne, R. (2009, July). Genetic contributions to clinical pain and analgesia: Avoiding pitfalls in genetic research. *The Journal of Pain*, 10, 663–693.

Kimbrel, N. A. (2007). A model of the development and maintenance of generalized social phobia. *Clinical Psychological Review*, 8, 69–75.

Kimura, D. (1999). *Sex and cognition*. Cambridge, MA: The MIT Press.

King-Casas, B., Sharp, C., Lomax-Bream, L., Lohrenz, T., Fonagy, P., & Montague, P. R. (2008, August 8). The rupture and repair of cooperation in borderline personality disorder. *Science*, 321, 806–810.

Kinsey, A. C., Pomeroy, W. B., & Martin, C. E. (1948). *Sexual behavior in the human male*. Philadelphia: Saunders.

Kinsey, A. C., Pomeroy, W. B., Martin, C. E., & Gebhard, P. H. (1953). *Sexual behavior in the human female*. Philadelphia: Saunders.

Kirk, K. M., Bailey, J. M., & Martin, N. G. (2000). Etiology of male sexual orientation in an Australian twin sample. *Psychology, Evolution & Gender*, 2, 301–311.

Kirsch, I., & Braffman, W. (2001). Imaginative suggestibility and hypnotizability. *Current Directions in Psychological Science*, 10, 57–61.

Kirsch, I., Lynn, S. J., Vigorito, M., & Miller, R. R. (2004). The role of cognition in classical and operant conditioning. *Journal of Clinical Psychology*, 60, 369–392.

Kish, S., Fitzmaurice, P., Boileau, I., Schmunk, G., Ang, L., Furukawa, Y., et al. (2009). Brain serotonin transporter in human methamphet-amine users. *Psychopharmacology*, 202, 649–661.

Klapp, S. T., & Jagacinski, R. J. (2011). Gestalt principles in the control of motor action. *Psychological Bulletin*, 137, 443–462.

Klein, K. M., Apple, K. J., & Kahn, A. S. (2011). Attributions of blame and responsibility in sexual harassment: Reexamining a psychological model. *Law and Human Behavior*, 35, 92–103.

Klötz, F., Garle, M., & Granath, F. (2006). Criminality among individuals testing positive for the presence of anabolic androgenic steroids. *Archives of General Psychiatry*, 63, 1274–1279.

Kluck, A. (2008). Family factors in the development of disordered eating: Integrating dynamic and behavioral explanations. *Eating Behaviors*, 9, 471–483.

Klump, K., & Culbert, K. (2007). Molecular genetic studies of eating disorders: Current status and future directions. *Current Directions in Psychological Science*, 16, 37–41.

Knight, S. C., & Meyer, R. G. (2007). Forensic hypnosis. In A. M. Goldstein (Ed.), *Forensic psychology: Emerging topics and expanding roles*. Hoboken, NJ: John Wiley & Sons.

Knoblich, G., & Sebanz, N. (2006). The social nature of perception and action. *Current*

Directions in Psychological Science, 15, 99–111.

Kobayashi, F., Schallert, D. L., & Ogren, H. A. (2003). Japanese and American folk vocabularies for emotions. Journal of Social Psychology, 143, 451–478.

Koçak, O., Özpolat, A., Atbaşoğlu, C., & Çiçek, M. (2011). Cognitive control of a simple mental image in patients with obsessive–compulsive disorder. Brain and Cognition, 76, 390–399.

Koch, J. (2003). Gender issues in the classroom. In W. M. Reynolds & G. E. Miller (Eds.), Handbook of psychology: Educational psychology (Vol. 7). New York: Wiley.

Kogstad, R. E., Ekeland, T. J., & Hummelvoll, J. K. (2011). In defence of a humanistic approach to mental health care: Recovery processes investigated with the help of clients' narratives on turning points and processes of gradual change. Journal of Psychiatric and Mental Health Nursing, 18, 479–486.

Kohlberg, L. (1984). The psychology of moral development: Essays on moral development (Vol. 2). San Francisco: Harper & Row.

Kohlberg, L., & Ryncarz, R. A. (1990). Beyond justice reasoning: Moral development and consideration of a seventh stage. In C. N. Alexander & E. J. Langer (Eds.), Higher stages of human development: Perspectives on adult growth. New York: Oxford University Press.

Kojima, M., & Kangawa, K. (2008). Structure and function of ghrelin. Results & Problems in Cell Differentiation, 46, 89–115.

Kolb, B., Gibb, R., & Robinson, T. E. (2003). Brain plasticity and behavior. Current Directions in Psychological Science, 12, 1–5.

Konig, R. (2005). Introduction: Plasticity, learning, and cognition. In R. Konig, P. Heil., et al. (Eds.), The auditory cortex: A synthesis of human and animal research. Mahwah, NJ: Lawrence Erlbaum Associates.

Koocher, G. P., Norcross, J. C., & Hill, S. S. (2005). Psychologists' desk reference (2nd ed.). New York: Oxford University Press.

Koplewicz, H. (2002). More than moody: Recognizing and treating adolescent depression. New York: Putnam.

Korcha, R. A., Polcin, D. L., Bond, J. C., Lapp, W. M., & Galloway, G. (2011). Substance use and motivation: A longitudinal perspective. The American Journal of Drug and Alcohol Abuse, 37, 48–53.

Korotkov, D., Perunovic, M., Claybourn, M., Fraser, I., Houlihan, M., Macdonald, M., & Korotkov, K. (2011). The Type B behavior pattern as a moderating variable of the relationship between stressor chronicity and health behavior. Journal of Health Psychology, 16, 397–409.

Kosambi, D. D. (1967). The Vedic "Five Tribes." American Oriental Society, 14, 5–12.

Kosslyn, S. M., Cacioppo, J. T., Davidson, R. J., Hugdahl, K., Lovallo, W. R., Spiegel, D., et al. (2002). Bridging psychology and biology. American Psychologist, 57, 341–351.

Kovacs, A. M., & Mehler, J. (2009, July 31). Flexible learning of multiple speech structures in bilingual infants. Science, 325, 611–612.

Kovelman, I., Baker, S. A., & Petitto, L. A. (2008). Bilingual and monolingual brains compared: A functional magnetic resonance imaging investigation of syntactic processing and a possible "neural signature" of bilingualism. Journal of Cognitive Neuroscience, 20(1), 153–169.

Kowalik, J., Weller, J., Venter, J., & Drachman, D. (2011). Cognitive behavioral therapy for the treatment of pediatric posttraumatic stress disorder: A review and meta-analysis. Journal of Behavior Therapy and Experimental Psychiatry, 42, 405–413.

Kowert, P. A. (2002). Groupthink or deadlock: When do leaders learn from their advisors? SUNY Series on the presidency. Albany: State University of New York Press.

Kozulin, A., Gindis, B., Ageyev, V. S., & Miller, S. M. (2003). Vygotsky's educational theory in cultural context. New York: Cambridge University Press.

Kramer, P. (1993). Listening to Prozac. New York: Viking.

Kreppner, J., Rutter, M., Marvin, R., O'Connor, T., & Sonuga-Barke, E. (2011). Assessing the concept of the 'insecure-other' category in the Cassidy–Marvin scheme: Changes between 4 and 6 years in the English and Romanian adoptee study. Social Development, 20, 1–16.

Krijn, M., Emmelkamp, P. M. G., Olafsson, R. P., & Biemond, R. (2004). Virtual reality exposure therapy of anxiety disorders: A review. Clinical Psychology Review, 24, 259–281.

Kring, J. P. (2001). Multicultural factors for international spaceflight. Human performance in extreme environments: the journal of the Society for Human Performance in Extreme Environments, 5(2), 11–32.

Krishman, S., Cairns, R., & Howard, R. (2009). Cannabinoids for the treatment of dementia. Cochrane Database of Systematic Reviews.

Krueger, K., & Dayan, P. (2009). Flexible shaping: How learning in small steps helps. Cognition, 110, 380–394.

Krull, D. S., & Anderson, C. A. (1997). The process of explanation. Current Directions in Psychological Science, 6, 1–5.

Krumhuber, E. G., & Scherer, K. R. (2011). Affect bursts: Dynamic patterns of facial expression. Emotion, 11, 825–841.

Krusemark, E., Campbell, W., & Clementz, B. (2008). Attributions, deception, and event related potentials: An investigation of the self-serving bias. Psychophysiology, 45, 511–515.

Kübler-Ross, E. (1969). On death and dying. New York: Macmillan.

Kubovy, M., Epstein, W., & Gepshtein, S. (2003). Foundations of visual perception. In A. F. Healy & R. W. Proctor (Eds.), Handbook of psychology: Experimental psychology (Vol. 4). New York: Wiley.

Kumar, S., Ruchi, R., James, S. R., & Chidiac, E. J. (2011). Gene therapy for chronic neuropathic pain: How does it work and where do we stand today? Pain Medicine, 12, 808–822.

Kuo, L. J. (2007). Effects of bilingualism on development of facets of phonological competence (China). Dissertation Abstracts International Section A: Humanities and Social Sciences, 67(11-A), 4095.

Kuppens, P., Ceulemans, E., Timmerman, M. E., Diener, E., et al. (2006). Universal intracultural and intercultural dimensions of the recalled frequency of emotional experience. Journal of Cross Cultural Psychology, 37, 491–515.

Kuriyama, K., Stickgold, R., & Walker, M. P. (2004). Sleep-dependent learning and motor-skill complexity. Learning and Memory, 11, 705–713.

Kuther, T. L. (2003). Your career in psychology: Psychology and the law. New York: Wadsworth.

Kvavilashvili, L., & Fisher, L. (2007). Is time-based prospective remembering mediated by self-initiated rehearsals? Role of incidental cues, ongoing activity, age, and motivation. Journal of Experimental Psychology: General, 136, 112–132.

Kwate, N. O. A. (2001). Intelligence or misorientation? Eurocentrism in the WISC-III. Journal of Black Psychology, 27, 221–239.

Kwon, P., & Laurenceau, J. P. (2002). A longitudinal study of the hopelessness theory of depression: Testing the diathesis-stress model within a differential reactivity and exposure framework [Special issue: Reprioritizing the role of science in a realistic version of the scientist-practitioner model]. Journal of Clinical Psychology, 50, 1305–1321.

Laas, I. (2006). Self-actualization and society:

A new application for an old theory. *Journal of Humanistic Psychology*, 46, 77–91.

LaBar, K. (2007). Beyond fear: Emotional memory mechanisms in the human brain. *Current Directions in Psychological Science*, 16, 173–177.

LaFrance, M., & Harris, J. L. (2004). Gender and verbal and nonverbal communication. In M. A. Paludi (Ed.), *Praeger guide to the psychology of gender*. Westport, CT: Praeger Publishers/ Greenwood Publishing Group.

Lahti, J., Räikkönen, K., Ekelund, J., Peltonen, L., Raitakari, O. T., & Keltikangas-Järvinen, L. (2005). Novelty seeking: Interaction between parental alcohol use and dopamine D4 receptor gene exon III polymorphism over 17 years. *Psychiatric Genetics*, 15, 133–139.

Laing, R. D., & Szasz, T. (2004). "Knowing what ain't so." *Psychoanalytic Review*, 91, 331–346.

Laird, J. D., & Bresler, C. (1990). William James and the mechanisms of emotional experience. *Personality and Social Psychology Bulletin*, 16, 636–651.

Lalasz, C. B., & Weigel, D. J. (2011). Understanding the relationship between gender and extradyadic relations: The mediating role of sensation seeking on intentions to engage in sexual infidelity. *Personality and Individual Differences*, 50, 1079–1083.

Lamborn, S. D., & Groh, K. (2009). A four-part model of autonomy during emerging adulthood: Associations with adjustment. *International Journal of Behavioral Development*, 33, 393–401.

Lampard, A. M., Byrne, S. M., McLean, N., & Fursland, A. (2011). An evaluation of the enhanced cognitive-behavioural model of bulimia nervosa. *Behaviour Research and Therapy*, 49, 529–535.

Lane, S. D., Cherek, D. R., & Tcheremissine, O. V. (2007). Response perseveration and adaptation in heavy marijuana-smoking adolescents. *Addictive Behaviors*, 32, 977–990.

Lang, A. J., Sorrell, J. T., & Rodgers, C. S. (2006). Anxiety sensitivity as a predictor of labor pain. *European Journal of Pain*, 10, 263–270.

Langdridge, D., & Butt, T. (2004). The fundamental attribution error: A phenomenological critique. *British Journal of Social Psychology*, 43, 357–369.

Lange, N., DuBray, M. B., Lee, J. E., Froimowitz, M. P., Froehlich, A., Adluru, N., ... & Alexander, A. L. (2010). Atypical diffusion tensor hemispheric asymmetry in autism. *Autism Research*, 3(6), 350-358.

Langlois, F., Langlois, M., Carpentier, A. C., Brown, C., Lemieux, S., & Hivert, M. (2011). Ghrelin levels are associated with hunger as measured by the Three-Factor Eating Questionnaire in healthy young adults. *Physiology & Behavior*, 104, 373–377.

Lascaratos, G., Ji, D., & Wood, J. P. (2007). Visible light affects mitochondrial function and induces neuronal death in retinal cell cultures. *Vision Research*, 47, 1191–1201.

Lasswell, M. E., & Lobsenz, N. M. (1980). *Styles of loving: Why you love the way you do*. Doubleday.

Latané, B., & Darley, J. M. (1970). *The unresponsive bystander: Why doesn't he help?* New York: Appleton-Century-Crofts.

Lauharne, J., Janca, A., & Widiger, T. (2007). Posttraumatic stress disorder and terrorism: 5 years after 9/11. *Current Opinion in Psychiatry*, 20, 36–41.

Lavelli, M., & Fogel, A. (2005). Developmental changes in the relationship between the infant's attention and emotion during early face-to-face communication. *Developmental Psychology*, 41, 265–280.

Lavenex, P., & Lavenex, P. (2009). Spatial memory and the monkey hippocampus: Not all space is created equal. *Hippocampus*, 19, 8–19.

Lawrence, J., Ashford, K., & Dent, P. (2006). Gender differences in coping strategies of undergraduate students and their impact on self-esteem and attainment. *Active Learning in Higher Education*, 7, 273–281.

Lazarus, R. S. (1995). Emotions express a social relationship, but it is an individual mind that creates them. *Psychological Inquiry*, 6, 253–265.

Le Maner-Idrissi, G., & Renault, L. (2006). Développement du 'schéma de genre': Une asymétrie entre filles et garçons? Are there sex differences in the acquisition of a gender schema? *Enfance*, 58, 251–265.

Leaper, C., & Ayres, M. (2007). A meta-analytic review of gender variations in adults' language use: Talkativeness, affiliative speech, and assertive speech. *Personality and Social Psychology Review*, 11, 328–363.

Leaper, C., & Friedman, C. K. (2007). The socialization of gender. In J. E. Grusec & P. D. Hastings (Eds.), *Handbook of socialization: Theory and research*. New York: Guilford Press.

Leary, C., Kelley, M., Morrow, J., & Mikulka, P. (2008). Parental use of physical punishment as related to family environment, psychological well-being, and personality in undergraduates. *Journal of Family Violence*, 23, 1–7.

Leckman, J. F., & King, R. A. (2007). A developmental perspective on the controversy surrounding the use of SSRIs to treat pediatric depression. *American Journal of Psychiatry*, 164, 1304–1306.

Leclair-Visonneau, L., Oudiette, D., Gaymard, B., Leu-Semenescu, S., & Arnulf, I. (2011). "Do the eyes scan dream images during rapid eye movement sleep? Evidence from the rapid eye movement sleep behaviour disorder model": Corrigendum. *Brain: A Journal of Neurology*, 134, 88–97.

Lee, A., Isaac, M. & Janca, A. (2007). Posttraumatic stress disorder and terrorism. In A. Monat, R. S. Lazarus, et al. (Eds.), *The Praeger handbook on stress and coping* (Vol. 1). Westport, CT: Praeger Publishers/Greenwood Publishing Group.

Lee, D., Kleinman, J., & Kleinman, A. (2007). Rethinking depression: An ethnographic study of the experiences of depression among Chinese. *Harvard Review of Psychiatry*, 15, 1–8.

Lee, E., & Troop-Gordon, W. (2011). Peer processes and gender role development: Changes in gender atypicality related to negative peer treatment and children's friendships. *Sex Roles*, 64, 90–102.

Lee, F. H., & Raja, S. N. (2011). Complementary and alternative medicine in chronic pain. *Pain*, 152, 28–30.

Lee, H. J., Kwon, S. M., Kwon, J. S., & Telch, M. J. (2005). Testing the autogenous reactive model of obsessions. *Depress Anxiety*, 21, 118–129.

Lee, T. W., Wachtler, T., & Sejnowski, T. J. (2002). Color opponency is an efficient representation of spectral properties in natural scenes. *Vision Research*, 42(17), 2095–2103.

Lee-Chiong, T. L. (2006). *Sleep: A comprehensive handbook*. New York: Wiley-Liss.

Leeman, R. F., Fischler, C., & Rozin, P. (2011). Medical doctors' attitudes and beliefs about diet and health are more like those of their lay countrymen (France, Germany, Italy, UK and USA) than those of doctors in other countries. *Appetite*, 56, 558–563.

Lehar, S. (2003). *The world in your head: A gestalt view of the mechanism of conscious experience*. Mahwah, NJ: Lawrence Erlbaum Associates.

Lehne M, Rohrmeier M, Koelsch S. Functional neuroimaging of tension: A study with music.[J]. *Social Cognitive & Affective Neuroscience*, 2013.

Lei, X., Qiu, C., Xu, P., & Yao, D. (2010). A parallel framework for simultaneous EEG/fMRI analysis: Methodology and simulation. *Neuroimage*, 52(3), 1123-1134.

Leib, J. R., Gollust, S. E., Hull, S. C., & Wilfond, B. S. (2005). Carrier screening panels for Ashkenazi Jews: Is more better? *Genetic Medicine*, 7, 185–190.

Leibel, R. L., Rosenbaum, M., & Hirsch, J. (1995, March 9). Changes in energy expenditure resulting from altered body. *New England Journal of Medicine*, 332, 621–628.

Leiblum, S. R., & Chivers, M. L. (2007). Normal and persistent genital arousal in women: New perspectives. *Journal of Sex & Marital Therapy*, 33, 357–373.

Leigh, J. H., Zinkhan, G. M., & Swaminathan, V. (2006). Dimensional relationships of recall and recognition measures with selected cognitive and affective aspects of print ads. *Journal of Advertising*, 35, 105–122.

Lemay, E. P., Jr., Clark, M. S., & Feeney, B. C. (2007). Projection of responsiveness to needs and the construction of satisfying communal relationships. *Journal of Personality and Social Psychology*, 92, 834–853.

Lemay, E., & Clark, M. (2008). How the head liberates the heart: Projection of communal responsiveness guides relationship promotion. *Journal of Personality and Social Psychology*, 94, 647–671.

Lenzenweger, M. F., & Dworkin, R. H. (Eds.). (1998). *The origins and development of schizophrenia: Advances in experimental psychopathology*. Washington, DC: American Psychological Association.

Leo, R. J., & Latif, T. (2007). Repetitive transcranial magnetic stimulation (rTMS) in experimentally induced and chronic neuropathic pain: A review. *The Journal of Pain*, 8, 453–459.

Lepage, J. F., & Theoret, H. (2007). The mirror neuron system: Grasping others' actions from birth? *Developmental Science*, 10, 513–523.

Lepper, M. R., Corpus, J. H., & Iyengar, S. S. (2005). Intrinsic and extrinsic motivational orientations in the classroom: Age differences and academic correlates. *Journal of Educational Psychology*, 97, 184–196.

Leuthardt, E. C., Gaona, C., Sharma, M., Szrama, N., Roland, J., Freudenberg, Z., et al. (2011). Using the electrocorticographic speech network to control a brain-computer interface in humans. *Journal of Neural Engineering*, 8, 332–339.

LeVay, S. (1993). *The sexual brain.* Cambridge, MA: MIT.

LeVay, S. (2011). *Gay, straight, and the reason why: The science of sexual orientation.* New York: Oxford University Press.

Levick, S. E. (2004). *Clone being: Exploring the psychological and social dimensions.* Lanham, MD: Rowman & Littlefield.

Levin, B. E. (2006). Metabolic sensing neurons and the control of energy homeostasis. *Physiology & Behavior*, 89, 486–489.

Levin, R. J. (2007). Sexual activity, health and well-being—the beneficial roles of coitus and masturbation. *Sexual and Relationship Therapy*, 22, 135–148.

Levin, R., & Nielsen, T. (2009, April). Nightmares, bad dreams, and emotion dysregulation: A review and new neurocognitive model of dreaming. *Current Directions in Psychological Science*, 18, 84–88.

Levine, J. M., & Moreland, R. L. (2006). Small groups: An overview. In J. M. Levine & R. L. Moreland (Eds.), *Small groups*. New York: Psychology Press.

Levine, S. Z. (2011). Elaboration on the association between IQ and parental SES with subsequent crime. *Personality and Individual Differences*, 50, 1233–1237.

Levine, S. Z., & Rabinowitz, J. (2007). Revisiting the 5 dimensions of the Positive and Negative Syndrome Scale. *Journal of Clinical Psychopharmacology*, 27, 431–436.

Levinson, D. (1992). *The seasons of a woman's life.* New York: Knopf.

Levinson, D. J. (1990). A theory of life structure development in adulthood. In C. N. Alexander & E. J. Langer (Eds.), *Higher stages of human development: Perspectives on adult growth*. New York: Oxford University Press.

Levy, B. (1996). Improving memory in old age through implicit self-stereotyping. *Journal of Personality and Social Psychology*, 71, 1092–1107.

Levy, B. R., & Myers, L. M. (2004). Preventive health behaviors influenced by self-perceptions of aging. *Preventive Medicine: An International Journal Devoted to Practice and Theory*, 39, 625–629.

Levy, B. R., Slade, M. D., Kunkel, S. R., & Kasl, S. V. (2002). Longevity increased by positive self-perceptions of aging. *Journal of Personality & Social Psychology*, 83, 261–270.

Levy. N., & Lotz, M. (2005). Reproductive cloning and a (kind of) genetic fallacy. *Bioethics*, 19, 232–250.

Lewinsohn, P. M., & Essau, C. A. (2002). Depression in adolescents. In I. H. Gotlib & C. L. Hammen (Eds.), *Handbook of depression*. New York: Guilford Press.

Lewinsohn, P. M., Petit, J. W., Joiner, T. E., Jr., & Seeley, J. R. (2003). The symptomatic expression of major depressive disorder in adolescents and young adults. *Journal of Abnormal Psychology*, 112, 244–252.

Li, B., Gao, C., Wang, W., & Guo, C. (2015). Processing fluency hinders subsequent recollection: an electrophysiological study. *Frontiers in Psychology*, 6.

Li, B., Piriz, J., Mirrione, M., Chung, C., Proulx, C. D., Schulz, D., et al. (2011). Synaptic potentiation onto habenula neurons in learned helplessness model of depression. *Nature*, 470, 535–539.

Li, J., Zhou, G., Ji, W., Feng, G., Zhao, Q., Liu, J., et al. (2011). Common variants in the BCL9 gene conferring risk of schizophrenia. *Archives of General Psychiatry*, 68, 232–240.

Li, M. D., Lou, X., Chen, G., Ma, J. Z., & Elston, R. C. (2008). Gene-gene interactions among CHRNA4, CHRNB2, BDNF, and NTRK2 in nicotine dependence. *Biological Psychiatry*, 64, 951–957.

Li, S., Rao, L-L., Bai, X-W., Ren, X-P., Zheng, R., Li, J-Z., Wang, Z-J., & Liu, H. (2009). Psychological typhoon eye in the 2008 Wenchuan earthquake. *PLoS ONE* 4(3): e4964.

Li, S., Rao, L-L., Bai, X-W., Zheng, R., Ren, X-P., Li, J-Z., Wang, Z-J., Liu, H.,& Zhang, K. (2010). Progression of the "Psychological Typhoon Eye" and variations since the Wenchuan earthquake. *PLoS ONE*. 5(3): e9727.

Li, T-K., Volkow, N. D., & Bal, R. D. (2007). The biological bases of nicotine and alcohol co-addiction. *Biological Psychiatry*, 61, 1–3.

Li, Y.D., Xiao, X., Ma, W.J., Jiang, J., Qiu, J. & Zhang, Q.L.(corresponding author). Electrophysiological evidence for emotional valence and competitive arousal effects on insight problem solving. *Brain Research*. 2013, 1538, 61-72.

Liang, K. A. (2007). Acculturation, ambivalent sexism, and attitudes toward women who engage in premarital sex among Chinese American young adults. *Dissertation Abstracts International: Section B: The Sciences and Engineering*, 67(10-B), 6065.

Liben, L. S., & Bigler, R. S. (2002). The development course of gender differentiations: Conceptualizing, measuring, and evaluation constructs and pathways. *Monographs of the Society for Research in Child Development*, 67, 148–167.

Licis, A. K., Desruisseau, D. M., Yamada, K. A., Duntley, S. P., & Gurnett, C. A. (2011). Novel genetic findings in an extended family pedigree with sleepwalking. *Neurology*, 76, 49–52.

Lidz, J., & Gleitman, L. R. (2004). Argument structure and the child's contribution to language learning. *Trends in Cognitive Sciences*, 8, 157–161.

Lieberman, M. D. (2007). Social cognitive neuro-science: A review of core processes.

Annual Review of Psychology, 58, 259–289.

Lieberman, M. D., Hariri, A., Jarcho, J. M., Eisenberger, N. I., & Bookheimer, S. Y. (2005). An fMRI investigation of race-related amygdala activity in African-American and Caucasian-American individuals. Nature Neuroscience, 8, 720–722.

Liedl, A., Müller, J., Morina, N., Karl, A., Denke, C., & Knaevelsrud, C. (2011). Physical activity within a CBT intervention improves coping with pain in traumatized refugees: Results of a randomized controlled design. Pain Medicine, 12, 138–145.

Lien, Y-W., Chu, R-L., Jen, C-H., & Wu, C-H. (2006). Do Chinese commit neither fundamental attribution error nor ultimate attribution error? Chinese Journal of Psychology, 48, 163–181.

Lilienfeld, S. O. (2007). Psychological treatments that cause harm. Perspectives on Psychological Science, 2, 53–58.

Lin, Y. Y., Chen, W. T., Liao, K. K., Yeh, T. C., Wu, Z. Z., & Ho, L. T. (2005). Hemispheric balance in coding speech and non-speech sounds in Chinese participants. Neuroreport, 16, 469–473.

Lin, Y., Li, K., Sung, W., Ko, H., Tzeng, O. L., Hung, D. L., et al. (2011). The relationship between development of attention and learning in children: A cognitive neuroscience approach. Bulletin of Educational Psychology, 42, 517–542.

Lindblad, F., Lindahl, M., & Theorell, T. (2006). Physiological stress reactions in 6th and 9th graders during test performance. Stress and Health: Journal of the International Society for the Investigation of Stress, 22, 189–195.

Lindh-Astrand, L., Brynhildsen, J., & Hoffmann, M. (2007). Attitudes towards the menopause and hormone therapy over the turn of the century. Maturitas, 56, 12–20.

Lindner, I., Echterhoff, G., Davidson, P. R., & Brand, M. (2010). Observation inflation: Your actions become mine. Psychological Science, 21(9), 1291-1299.

Lindorff, M. (2005). Determinants of received social support: Who gives what to managers? Journal of Social and Personal Relationships, 22, 323–337.

Lindsay, P., Maynard, I., & Thomas, O. (2005). Effects of hypnosis on flow states and cycling performance. The sport psychologist, 19(2), 164–177.

Lindsey, E., & Colwell, M. (2003). Preschoolers' emotional competence: Links to pretend and physical play. Child Study Journal, 33, 39–52.

Links, P. S., Eynan, R., & Heisel, M. J. (2007). Affective instability and suicidal ideation and behavior in patients with borderline personality disorder. Journal of Personality Disorders, 21, 72–86.

Linton, M. (1982). Transformations of memory in everyday life. In U. Neisser (ED.), Memory observed: Remembering in natural contexts. San Francisco: Freeman.

Lips, H. M. (2003). The gender pay gap: Concrete indicator of women's progress toward equality. Analyses of Social Issues and Public Policy, 3(1), 87–109.

Liszkowski, U., Schäfer, M., Carpenter, M., & Tomasello, M. (2009). Prelinguistic infants, but not chimpanzees, communicate about absent entities. Psychological Science, 20, 654–660.

Litowitz, B. E. (2007). Unconscious fantasy: A once and future concept. Journal of the American Psychoanalytic Association, 55, 199–228.

Little, K., Ramssen, E., Welchko, R., Volberg, V., Roland, C., & Cassin, B. (2009). Decreased brain dopamine cell numbers in human cocaine users. Psychiatry Research, 168, 173–180.

Liu, J. H., & Mills, D. (2006). Modern racism and neo-liberal globalization: The discourses of plausible deniability and their multiple functions. Journal of Community & Applied Social Psychology, 16, 83–99.

Liu, J., Chen H. (Correspondence author), Gao X., Meng R., Jackson,T. (2014).Attention and recognition biases associated with staturedissatisfaction among young men in China. Body Image, 2014, 11,562-569.

Livesley, W., & Jang, K. (2008). The behavioral genetics of personality disorder. Annual Review of Clinical Psychology, 4, 247–274.

Livingstone, A. G., Spears, R., Manstead, A. R., Bruder, M., et al. (2011). We feel, therefore we are: Emotion as a basis for self-categorization and social action. Emotion, 11, 754–767.

Lobban, F., Barrowclough, C., & Jones, S. (2006). Does expressed emotion need to be understood within a more systemic framework? An examination of discrepancies in appraisals between patients diagnosed with schizophrenia and their relatives. Social Psychiatry and Psychiatric Epidemiology, 41, 50–55.

Lobo, I., & Harris, R. (2008, July). GABAa receptors and alcohol. Pharmacology, Biochemistry and Behavior, 90, 90–94.

Locke, J. L. (2006). Parental selection of vocal behavior: Crying, cooking, babbling, and the evolution of language. Human Nature, 17, 155–168.

Lockl, K., & Schneider, W. (2007). Knowledge about the mind: Links between theory of mind and later metamemory. Child Development, 78, 148–167.

Loehlin, J. C. (2002). The IQ paradox: Resolved? Still an open question. Psychological Review, 109, 754–758.

Loftus, E. F. (1993). Psychologists in the eyewitness world. American Psychologist, 48, 550–552.

Loftus, E. F. (2004). Memories of things unseen. Current Directions in Psychological Science, 13, 145–147.

Loftus, E. F., & Palmer, J. C. (1974). Reconstruction of automobile destruction: An example of the interface between language and memory. Journal of Verbal Learning and Verbal Behavior, 13, 585–589.

Long, G. M., & Beaton, R. J. (1982). The case for peripheral persistence: Effects of target and background luminance on a partial-report task. Journal of Experimental Psychology: Human Perception and Performance, 8, 383–391.

Lorenz, K. (1966). On aggression. New York: Harcourt Brace Jovanovich.

Lothane, Z. (2005). Jung, A biography. Journal of the American Psychoanalytic Association, 53, 317–324.

Lowe, P., Humphreys, C., & Williams, S. J. (2007). Night terrors: Women's experiences of (not) sleeping where there is domestic violence. Violence against Women, 13, 549–561.

Lowery, D., Fillingim, R. B., & Wright, R. A. (2003). Sex differences and incentive effects on perceptual and cardiovascular responses to cold pressor pain. Psychosomatic Medicine, 65, 284–291.

Lu, H., Su, Y., & Wang, Q. (2008). Talking about others facilitates theory of mind in Chinese preschoolers. Developmental psychology, 44(6), 1726.

Lu, J., Sherman, D., Devor, M., & Saper, C. B. (2006). A putative flip-flop switch for control of REM sleep. Nature, 441, 589–594.

Lublin, H., Eberhard, J., & Levander, S. (2005). Current therapy issues and unmet clinical needs in the treatment of schizophrenia: A review of the new generation antipsychotics. International Clinical Psychopharmacology, 20, 183–198.

Lucas, W. (2008). Parents' perceptions of the Drug Abuse Resistance Education program (DARE). Journal of Child & Adolescent Substance Abuse, 17, 99–114.

Luchins, A. S. (1946). Classroom experiments on mental set. American Journal of Psychology, 59, 295–298.

Luckiesh, M. (1921). Color and its applications. D. Van Nostrand Company.

Luders, E., Narr, K. L., Zaidel, E., Thompson, P. M., & Toga, A. W. (2006). Gender effects on callosal thickness in scaled and unscaled space. Neuroreport, 17, 1103–1106.

Ludwig, A. M. (1996, March). Mental disturbances and creative achievement. *The Harvard Mental Health Letter*, pp. 4–6.

Lun, V. M., & Bond, M. H. (2006). Achieving relationship harmony in groups and its consequence for group performance. *Asian Journal of Social Psychology*, 9, 195–202.

Luo, J. L., Du, X. M., Tang, X. C., Zhang, A.T., Li, H. J., &Zhang, Q. L.(corresponding author).The Electrophysiological Correlates of ScientificInnovation Induced by Heuristic Information. *Creativity Research Journal*.2013, 25(1), 15-20.

Luo, J. L., Li, W. F., Fink, A., Jia, L., Xiao, X., Qiu, J. &Zhang. Q.L. (corresponding author).The time course of breaking mental sets and forming novel associations in insight-like problem solving: An ERP investigation. *Experimental Brain Research*, 2011,212,583-591.

Luo, S., & Han, S. (2014). The association between an oxytocin receptor gene polymorphism and cultural orientations. *Culture and Brain*, 2(1), 89-107.

Luo, S., Chen, H., Yue, G., Zhang, G., Zhaoyang, R., & Xu, D. Predicting marital satisfaction from self, partner, and couple characteristics: is it me, you, or us? *Journal of Personality*[J], 2008, 76(5):1231–1266.

Luo, S., Li, B., Ma, Y., Zhang, W., Rao, Y., & Han, S. (2015). Oxytocin receptor gene and racial ingroup bias in empathy-related brain activity. *Neuroimage*, 110, 22-31.

Luo, Y., Kong, F., Qi, S., You, X., & Huang, X. (2015). Resting-state functional connectivity of the default mode network associated with happiness. *Social Cognitive and Affective Neuroscience*, nsv132.

Lurie, K., Robinson, A., & Pecsenye, M. (2005). *Cracking the GRE 2006*. New York: Random House.

Luthar, S. S., Cicchetti, D., & Becker, B. (2000). The construct of resilience: A critical evaluation and guidelines for future work. *Child Development*, 71, 543–562.

Lutz, C. K., & Novak, M. A. (2005). Environmental enrichment for nonhuman primates: Theory and application. *ILAR Journal*, 46, 178–191.

Lutz, W., Lambert, M. J., Harmon, S. C., Tschitsaz, A., Schurch, E., & Stulz, N. (2006). The probability of treatment success, failure and duration—What can be learned from empirical data to support decision making in clinical practice? *Clinical Psychology & Psychotherapy*, 13, 223–232.

Lyness, K. S., & Heilman, M. E. (2006). When fit is fundamental: Performance evaluations and promotions of upper-level female and male managers. *Journal of Applied Psychology*, 91, 777–785.

Lynn, R. (2009). What has caused the Flynn effect? Secular increases in the Development Quotients of infants. *Intelligence*, 37, 16–24.

Lynn, S. J., Kirsch, I., Barabasz, A., Cardena, E., & Patterson, D. (2000). Hypnosis as an empirically supported clinical intervention: The state of the evidence and a look to the future. *International Journal of Clinical and Experimental Hypnosis*, 48, 239–259.

Lynn, S. J., Neufeld, V., Green, J. P., Sandberg, D., et al. (1996). Daydreaming, fantasy, and psycho-pathology. In R. G. Kunzendorf, N. P. Spanos, & B. Wallace (Eds.), *Hypnosis and imagination. Imagery and human development series*. Amityville, NY: Baywood.

Lyons, H., Giordano, P. C., Manning, W. D., & Longmore, M. A. (2011). Identity, peer relationships, and adolescent girls' sexual behavior: An exploration of the contemporary double standard. *Journal of Sex Research*, 48, 437–449.

Macaluso, E., & Driver, J. (2005). Multisensory spatial interactions: A window onto functional integration in the human brain. *Trends in Neurosciences*, 28, Issue 5, 264–271.

Macaluso, E., Frith, C. D., & Driver, J. (2000, August 18). Modulation of human visual cortex by crossmodal spatial attention. *Science*, 289, 1206–1208.

Maccoby, E. E., & Jacklin, C. N. (1974). Myth, reality and shades of gray-what we know and dont know about sex differences. *Psychology Today*, 8(7), 109–112.

Macduff, I. (2006). Your pace or mine? Culture, time and negotiation. *Negotiation Journal*, 22, 31–45.

Mack, J. (2003). *The museum of the mind*. London: British Museum Publications.

MacLennan, A. (2009). Evidence-based review of therapies at the menopause. *International Journal of Evidence-Based Healthcare*, 7, 112–123.

Madden, D. J. (2007). Aging and visual attention. *Current Directions in Psychological Science*, 16, 70–74.

Maddi, S. R. (2007). The story of hardiness: Twenty years of theorizing, research, and practice. In A. Monat, R. S. Lazarus, et al. (Eds.), *The Praeger handbook on stress and coping* (Vol. 2). Westport, CT: Praeger Publishers/ Greenwood Publishing.

Maddi, S. R., Khoshaba, D. M., Harvey, R. H., Fazel, M., & Resurreccion, N. (2011). The personality construct of hardiness, V: Relationships with the construction of existential meaning in life. *Journal of Humanistic Psychology*, 51, 369–388.

Mader, S. S. (2000). *Biology* (6th ed.). Boston: McGraw-Hill.

Madon, S., Willard, J., & Guyll, M. (2006). Self-fulfilling prophecy effects of mothers' beliefs on children's alcohol use: Accumulation, dissipation, and stability over time. *Journal of Personality and Social Psychology*, 90, 911–926.

Magida, A. J. (2006). *Opening the doors of wonder: Reflections on religious rites of passage*. Berkeley, CA: University of California Press.

Magis, D., & Schoenen, J. (2011). Treatment of migraine: Update on new therapies. *Current Opinions in Neurology*, 24, 203–210.

Magley, V. J. (2002). Coping with sexual harassment: Reconceptualizing women's resistance. *Journal of Personality and Social Psychology*, 83, 930–946.

Magoni, M., Bassani, L., Okong, P., Kituuka, P., Germinario, E. P., Giuliano, M., et al. (2005). Mode of infant feeding and HIV infection in children in a program for prevention of mother-to-child transmission in Uganda. *AIDS*, 19, 433–437.

Magruder, K., & Yeager, D. (2009). The prevalence of PTSD across war eras and the effect of deployment on PTSD: A systematic review and meta-analysis. *Psychiatric Annals*, 39, 778–788.

Maguire, E. A., Woollett, K., & Spiers, H. J. (2006). London taxi drivers and bus drivers: A structural MRI and neuropsychological analysis. *Hippocampus*, 16, 1091–1101.

Mahmood, M., & Black, J. (2005). Narcolepsycataplexy: How does recent understanding help in evaluation and treatment? *Current Treatment Options in Neurology*, 7, 363–371.

Majeres, R. L. (2007). Sex differences in phonological coding: Alphabet transformation speed. *Intelligence*, 35, 335–346.

Majorano, M., & D'Odorico, L. (2011). The transition into ambient language: A longitudinal study of babbling and first word production of Italian children. *First Language*, 31, 47–66.

Maldonado, J. R., & Spiegel, D. (2003). Dissociative disorders. In R. E. Hales & S. C. Yudofsky (Eds.), *The American Psychiatric Publishing textbook of clinical psychiatry* (4th ed.). Washington, DC: American Psychiatric Publishing.

Malle, B. E (2004). *How the mind explains behavior: Folk explanations, meaning, and social interaction*. Cambridge, MA: MIT.

Malouff, J. M., Thorsteinsson, E. B., & Schutte, N. S. (2007). The efficacy of problem solving therapy in reducing mental and physical health problems:

A meta-analysis. *Clinical Psychology Review, 27,* 46–57.

Manning, M. A., & Hoyme, E. H. (2007). Fetal alcohol spectrum disorders: A practical clinical approach to diagnosis. *Neuroscience & Biobehavioral Reviews, 31,* 230–238.

Manstead, A. S. R., & Wagner, H. L. (2004). *Experience emotion.* Cambridge, England: Cambridge University Press.

Manstead, A. S. R., Frijda, N., & Fischer, A. H. (Eds.). (2003). *Feelings and emotions: The Amsterdam Symposium.* Cambridge, England: Cambridge University Press.

Mao, X., You, Y., Li, W., & Guo, C. (2015). Emotion impairs extrinsic source memory—An ERP study. *Biological Psychology, 110,* 182-189.

Markus, H. R., & Kitayama, S. (1991). Culture and the self: Implications for cognition, emotion, and motivation. *Psychological review,* 98(2), 224.

Marrero, H., & Gamez, E. (2004). Content and strategy in syllogistic reasoning. *Canadian Journal of Experimental Psychology, 58,* 168–180.

Marschark, M., Richman, C. L., Yuille, J. C., & Hunt, R. R. (1987). The role of imagery in memory: On shared and distinctive information. *Psychological Bulletin,* 102(1), 28.

Marshall, K., Laing, D. G., & Jinks, A. L. (2006). The capacity of humans to identify components in complex odor-taste mixtures. *Chemical Senses, 31,* 539–545.

Marshall, L., & Born, J. (2007, October). The contribution of sleep to hippocampus-dependent memory consolidation. *Trends in Cognitive Sciences,* 11(10), 442–450.

Marshall, M. K. (2007). The critical factors of coaching practice leading to successful coaching outcomes. *Dissertation Abstracts International: Section B: The Sciences and Engineering,* 67(7-B), 4092.

Marshall, R. D., Bryant, R. A., Amsel, L., Suh, E. J., Cook, J. M., & Neria, Y. (2007). The psychology of ongoing threat: Relative risk appraisal, the September 11 attacks and terrorism-related fears. *American Psychologist, 62,* 304–316.

Marszalek, J. (2007). Computerized adaptive testing and the experience of flow in examinees. *Dissertation Abstracts International Section A: Humanities and Social Sciences,* 67(7-A), 2465.

Martin, A. J., & Marsh, H. W. (2002). Fear of failure: Friend or foe? *Australian Psychologist,* 38, 31–38.

Martin, E. A., & Kerns, J. G. (2011). The influence of positive mood on different aspects of cognitive control. *Cognition and Emotion,* 25, 265–279.

Martin, L., & Pullum, G. K. (1991). *The great Eskimo vocabulary hoax.* Chicago: University of Chicago Press.

Martinko, M. J., Harvey, P., & Dasborough, M. T. (2011). Attribution theory in the organizational sciences: A case of unrealized potential. *Journal of Organizational Behavior,* 32, 144–149.

Mashiach Eizenberg, M., & Zaslavsky, O. (2004). Students' verification strategies for combinatorial problems. *Mathematical Thinking and learning,* 6(1), 15–36.

Maslow, A. H. (1970). *Motivation and personality.* New York: Harper & Row.

Maslow, A. H. (1987). *Motivation and personality* (3rd ed.). New York: Harper & Row.

Mast, F. W., & Kosslyn, S. M. (2002). Visual mental images can be ambiguous: Insights from individual differences in spatial transformation abilities. *Cognition,* 86, 57–70.

Masters, W. H., & Johnson, V. E. (1979). *Homosexuality in perspective.* Boston: Little, Brown.

Masters, W. H., & Johnson, V. E. (1994). *Hetero-sexuality.* New York: Harper Collins.

Matlin, M. W. (1996). *The psychology of women* (3rd ed.). Orlando, FL: Harcourt Brace College Publishers.

Matson, J., & LoVullo, S. (2008). A review of behavioral treatments for self-injurious behaviors of persons with autism spectrum disorders. *Behavior Modification,* 32, 61–76.

Matsumoto, D. (2002). Methodological requirements to test a possible in-group advantage in judging emotions across cultures: Comment on Elfenbein and Ambady (2002) and evidence. *Psychological Bulletin,* 128, 236–242.

Matthews, G., & Funke, G. J. (2006). Worry and information-processing. In G. C. L. Davey & A. Wells (Eds.), *Worry and its psychological disorders: Theory, assessment and treatment.* Hoboken, NJ: Wiley Publishing.

Maurer, D., Lewis, T. L., Brent, H. P., & Levin, A. V. (1999, October 1). Rapid improvement in the acuity of infants after visual input. *Science,* 286, 108–110.

Mayer, J. D., Salovey, P., & Caruso, D. R. (2004). Emotional intelligence: Theory, findings, and implications. *Psychological Inquiry,* 15, 197–215.

Mayer, J. D., Salovey, P., & Caruso, D. R. (2008). Emotional intelligence: New ability or eclectic traits? *American Psychologist,* 63, 503–517.

Maynard, A. E., & Martini, M. I. (2005). *Learning in cultural context: Family, peers, and school.* New York: Kluwer Academic/Plenum Publishers.

McCabe, C., & Rolls, E. T. (2007). Umami: A delicious flavor formed by convergence of taste and olfactory pathways in the human brain. *European Journal of Neuroscience,* 25, 1855–1864.

McCarthy, R. J., & Skowronski, J. J. (2011). You're getting warmer: Level of construal affects the impact of central traits on impression formation. *Journal of Experimental Social Psychology,* 47, 1304–1307.

McClelland, D. C. (1985). How motives, skills, and values determine what people do. *American Psychologist,* 40, 812–825.

McClelland, D. C. (1993). Intelligence is not the best predictor of job performance. *Current Directions in Psychological Research,* 2, 5–8.

McClure, J., Sutton, R. M., & Sibley, C. G. (2007). Listening to reporters or engineers? How instance-based messages about building design affect earthquake fatalism. *Journal of Applied Social Sciences,* 37, 1956–1973.

McCrae, R. R., & Costa, P. T., Jr. (1986). A five-factor theory of personality. In L. A. Pervin & O. P. John (Eds.), *Handbook of personality: Theory and research* (2nd ed.). New York: Guilford.

McCrink, K., & Wynn, K. (2007). Ratio abstraction by 6-month-old infants. *Psychological Science,* 18, 740–745.

McDonald, C., & Murray, R. M. (2004). Can structural magnetic resonance imaging provide an alternative phenotype for genetic studies of schizophrenia? In M. S. Keshavan, J. L. Kennedy, & R. M. Murray (Eds.), *Neuro-development and schizophrenia.* New York: Cambridge University Press.

McDonald, H. E., & Hirt, E. R. (1997). When expectancy meets desire: Motivational effects in reconstructive memory. *Journal of Personality and Social Psychology,* 72, 5–23.

Mcdougall W. Neonatal cardiovascular adaptation and cerebral blood flow during the first three days of life in healthy newborns: M. Koivu, M. Koivisto and T. Paavilainen, Department of Pediatrics, University of Oulu, Finland[J]. *Brain,* 1908, 31(2):242-258.

McDougall, W. (1908). *Introduction to social psychology.* London: Methuen.

McDowell, D. M., & Spitz, H. I. (1999). *Substance abuse.* New York: Brunner/Mazel.

McGaugh, J. L. (2003). *Memory and emotion: The making of lasting memories.* New York: Columbia University Press.

McGilvray, J. (Ed.). (2004). *The Cambridge companion to Chomsky.* Oxford, England: Cambridge University Press.

McIntyre, K., Korn, J., & Matsuo, H. (2008). Sweating the small stuff: How different types of hassles result in the experience of stress. *Stress and Health: Journal of the International Society for the Investigation of Stress*, 24, 383–392.

McKinley, M. J., Cairns, M. J., Denton, D. A., Egan, G., Mathai, M. L., Uschakov, A., et al. (2004). Physiological and pathophysiological influences on thirst. *Physiology and Behavior*, 81, 795–803.

McMurtray, A. M., Licht, E., Yeo, T., Krisztal, E., Saul, R. E., & Mendez, M. F. (2007). Positron emission tomography facilitates diagnosis of early-onset Alzheimer's disease. *European Neurology*, 59, 31–37.

McNally, R. J. (2011). *What is mental illness?* Cambridge, MA: Harvard University Press.

McNamara, P. (2004). *An evolutionary psychology of sleep and dreams*. Westport, CT: Praeger Publishers/Greenwood Publishing Group.

McTeague, L. M., Lang, P. J., Laplante, M., & Bradley, M. M. (2011). Aversive imagery in panic disorder: Agoraphobia severity, comorbidity, and defensive physiology. *Biological Psychiatry*, 70, 415–424.

Mead, M. (1949). *Male and female*. New York: Morrow.

Mealey, L. (2000). *Sex differences: Developmental and evolutionary strategies*. San Diego, CA: Academic Press.

Means, M. K., & Edinger, J. D. (2007). Graded exposure therapy for addressing claustrophobic reactions to continuous positive airway pressure: A case series report. *Behavioral Sleep Medicine*, 5, 105–116.

Medeiros, R., Prediger, R. D. S., Passos, G. F., Pandolfo, P., et al. (2007). Connecting TNF-α signaling pathways to iNOS expression in a mouse model of Alzheimer's disease: Relevance for the behavioral and synaptic deficits induced by amyloid β2 protein. *Journal of Neuroscience*, 27, 5394–5404.

Meeter, M., & Murre, J. M. J. (2004). Consolidation of long-term memory: Evidence and alternatives. *Psychological Bulletin*, 130, 843–857.

Mehl, M. R., Vazire, S., Ramirez-Esparza, N., Slatcher, R. B., & Pennebaker, J. W. (2007, July 6). Are women really more talkative than men? *Science*, 317, 82.

Mehl-Madrona, L. E. (2004). Hypnosis to facilitate uncomplicated birth. *American Journal of Clinical Hypnosis*, 46, 299–312.

Mei, G., Dong, X., Dong, B., & Bao, M. (2015). Spontaneous recovery of effects of contrast adaptation without awareness. *Frontiers in Psychology*, 6, 1464.

Mel, B. W. (2002, March 8). What the synapse tells the neuron. Science, 295, 1845–1846.

Mel'nikov, K. S. (1993, October-December). On some aspects of the mechanistic approach to the study of processes of forgetting. V*estnik Moskovskogo Universiteta Seriya 14 Psikhologiya*, pp. 64–67.

Meltzer, H. Y. (2000). Genetics and etiology of schizophrenia and bipolar disorder. *Biological Psychiatry*, 47, 171–173.

Meltzoff, A. N. (1996). The human infant as imitative generalist: A 20-year progress report on infant imitation with implications for comparative psychology. In C. M. Heyes & B. G. Galef, Jr. (Eds.), *Social learning in animals: The roots of cultur*e. San Diego, CA: Academic Press.

Melzack, R., & Katz, J. (2001). The McGill Pain Questionnaire: Appraisal and current status. In D. Turk & R. Melzack (Eds.), *Handbook of pain assessment* (2nd ed.). New York: Guilford Press.

Mercadillo, R. E., Díaz, J., Pasaye, E. H., & Barrios, F. A. (2011). Perception of suffering and compassion experience: Brain gender disparities. *Brain and Cognition*, 76, 5–14.

Mesik, J., Bao, M., Engel, S. A. (2013). Spontaneous recovery of motion and face aftereffects. *Vision Research*, 89, 72–78.

Messner, M., Reinhard, M., & Sporer, S. (2008). Compliance through direct persuasive appeals: The moderating role of communicator's attractiveness in interpersonal persuasion. *Social Influence*, 3, 67–83.

Meyer, I. & Ladewig, J. (2008). The relationship between number of training sessions per week and learning in dogs. *Applied Animal Behaviour Science*, 111, 311–320.

Meyer-Bahlburg, H. (1997). The role of prenatal estrogens in sexual orientation. In L. Ellis & L. Ebertz (Eds.), *Sexual orientation: Toward biological understanding*. Westport, CT: Praeger.

Michael, R. T., Gagnon, J. H., Laumann, E. O., & Kolata, G. (1994). *Sex in America: A definitive survey*. Boston: Little, Brown.

Micheau, J., & Marighetto, A. (2011). Acetylcholine and memory: A long, complex and chaotic but still living relationship. *Behavioural Brain Research*, 221, 424–429.

Midanik, L. T., Tam, T. W., & Weisner, C. (2007). Concurrent and simultaneous drug and alcohol use: Results of the 2000 national alcohol survey. *Drug and Alcohol Dependence*, 90, 72–80.

Middlebrooks, J. C., Furukawa, S., Stecker, G. C., & Mickey, B. J. (2005). Distributed representation of sound-source location in the auditory cortex. In R. König, P. Heil, E. Budinger, & H. Scheich (Eds.), *Auditory cortex: A synthesis of human and animal research*. Mahwah, NJ: Lawrence Erlbaum Associates.

Mignon, A., & Mollaret, P. (2002). Applying the affordance conception of traits: A person perception study. *Personality and Social Psychology Bulletin*, 28, 1327–1334.

Miguez, G., Witnauer, J. E., & Miller, R. R. (2011). The role of contextual associations in producing the partial reinforcement acquisition deficit. *Journal of Experimental Psychology: Animal Behavior Processes*, 37, 88–97.

Miklowitz, D. J., & Thompson, M. C. (2003). Family variables and interventions in schizophrenia. In G. Sholevar & G. Pirooz (Eds.), *Textbook of family and couples therapy: Clinical applications*. Washington, DC: American Psychiatric Publishing.

Mikulincer, M., & Shaver, P. R. (2005). Attachment security, compassion, and altruism. *Current Directions in Psychological Science*, 14, 34–38.

Miles, P., Schaufeli, W. B., & van den Bos, K. (2011). When weak groups are strong: How low cohesion groups allow individuals to act according to their personal absence tolerance norms. *Social Justice Research*, 24, 207–230.

Milgram, S. (2005). *Obedience to authority*. Pinter & Martin: New York.

Miller, C., & Williams, A. (2011). Ethical guidelines in research. In J. C. Thomas & M. Hersen (Eds.), *Understanding research in clinical and counseling psychology* (2nd ed.). New York: Routledge/Taylor & Francis Group.

Miller, G. F., & Penke, L. (2007). The evolution of human intelligence and the coefficient of additive genetic variance in human brain size. *Intelligence*, 35, 97–114.

Miller, J. A., & Leffard, S. A. (2007). Behavioral assessment. In S. R. Smith & L. Handler (Eds.), *The clinical assessment of children and adolescents: A practitioner's handbook*. Mahwah, NJ: Lawrence Erlbaum Associates.

Miller, J. G. (1984). Culture and the development of everyday social explanation. *Journal of Personality and Social Psychology*, 46, 961–978.

Miller, L. A., Taber, K. H., Gabbard, G. O., & Hurley, R. A. (2005). Neural underpinnings of fear and its modulation: Implications for anxiety disorders. *The Journal of Neuropsychiatry and Clinical Neurosciences*, 17, 1–6.

Miller, L., Gur, M., Shanok, A., & Weissman, M. (2008). Interpersonal psychotherapy with pregnant adolescents: Two pilot studies. *Journal of Child Psychology and Psychiatry*, 49, 733–742.

Miller, M. N., & Pumariega, A. J. (2001).

Culture and eating disorders: A historical and cross-cultural review. *Psychiatry: Interpersonal and Biological Processes*, 64, 93–110.

Miller, N. E., & Magruder, K. M. (Eds.). (1999). *Cost-effectiveness of psychotherapy: A guide for practitioners, researchers, and policymakers*. New York: Oxford University Press.

Miller-Jones, D. (1991). Informal reasoning in inner-city children. In J. F. Voss & D. N. Perkins (Eds.), *Informal reasoning and education*. Hillsdale, NJ: Lawrence Erlbaum.

Miller-Perrin, C., Perrin, R., & Kocur, J. (2009). Parental physical and psychological aggression: Psychological symptoms in young adults. *Child Abuse & Neglect*, 33, 1–11.

Millon, T., Davis, R., & Millon, C. (2000). *Personality disorders in modern life*. New York: Wiley.

Milner, B. (1966). Amnesia following operation on temporal lobes. In C. W. M. Whitty & P. Zangwill (Eds.), *Amnesia*. London: Butterworth.

Milton, J., & Wiseman, R. (1999). Does psi exist? Lack of replication of an anomalous process of information transfer. *Psychological Bulletin*, 125, 387–391.

Miner, J., & Clarke-Stewart, K. (2008). Trajectories of externalizing behavior from age 2 to age 9: Relations with gender, temperament, ethnicity, parenting, and rater. *Developmental Psychology*, 44, 771–786.

Miner-Rubino, K., & Cortina, L. M. (2007). Beyond targets: Consequences of vicarious exposure to misogyny at work. *Journal of Applied Psychology*, 92, 1254–1269.

Miner-Rubino, K., Winter, D. G., & Stewart, A. J. (2004). Gender, social class, and the subjective experience of aging: Self-perceived personality change from early adulthood to late midlife. *Personality and Social Psychology Bulletin*, 30, 1599–1610.

Ming, D., Tong, D.D.,Yang, W.J.,Qiu, J.,& Zhang, Q.L.(corresponding author). How can we gain insight in scientific innovation? Prototypeheuristic is one key. *Thinking Skills and Creativity*, 2014, 14, 98–106.

Miquel, J. (2006). Integración de teorías del envejecimiento (parte I). Integration of theories of ageing. *Revista Espanola de Geriatriay Gerontologia*, 41, 55–63.

Miserando, M. (1991). Memory and the seven dwarfs. *Teaching of Psychology*, 18, 169–171.

Mitchell, D. B., & Schmitt, F. A. (2006). Short- and long-term implicit memory in aging and Alzheimer's disease. *Neuropsychological Development and Cognition, B, Aging and Neuropsychological Cognition*, 13, 611–635.

Mitchell, T. R., Thompson, L., Peterson, E., & Cronk, R. (1997). Temporal adjustments in the evaluation of events: The "rosy view". *Journal of experimental social psychology*, 33(4), 421-448.

Mograss, M., Guillem, F., Brazzini-Poisson, V., & Godbout, R. (2009, May). The effects of total sleep deprivation on recognition memory processes: A study of event-related potential. *Neurobiology of Learning and Memory*, 91, 343–352.

Mohan, A., Sharma, R., & Bijlani, R. L. (2011). Effect of meditation on stress-induced changes in cognitive functions. *The Journal of Alternative and Complementary Medicine*, 17, 207–212.

Mohapel, P., Leanza, G., Kokaia, M., & Lindvall, O. (2005). Forebrain acetylcholine regulates adult hippo-campal neurogenesis and learning. *Neurobiology of Aging*, 26, 939–946.

Moher, C., Gould, D., Hegg, E., & Mahoney, A. (2008). Non-generalized and generalized conditioned reinforcers: Establishment and validation. *Behavioral Interventions*, 23, 13–38.

Mokdad, A. H., Brewer, R. D., & Naimi, T. (2007). Binge drinking is a problem that cannot be ignored. *Preventive Medicine: An International Journal Devoted to Practice and Theory*, 44, 303–304.

Møller, A. R. (2011). Anatomy and physiology of the auditory system. In A. R. Møller, B. Langguth, et al. (Eds.), *Textbook of tinnitus*. New York: Springer Science ǀ Business Media.

Moncrieff, D. W. (2010). Hemispheric asymmetry in pediatric developmental disorders: Autism, attention-deficit/hyperactivity disorder, and dyslexia. *The two halves of the brain*, 561.

Monk, T. H., Buysse, D. J., Billy, B. D., Fletcher, M. E., Kennedy, K. S., Schlarb, J. E., et al. (2011). Circadian type and bed-timing regularity in 654 retired seniors: Correlations with subjective sleep measures. *Sleep*, 34, 235–239.

Monteleone, P., Martiadis, V., & Maj, M. (2011). Circadian rhythms and treatment implications in depression. *Progress in Neuro-Psychopharmacology & Biological Psychiatry*, 35, 1569–1574.

Montgomery, S. (2006). Serotonin noradrenaline reuptake inhibitors: Logical evolution of antidepressant development. *International Journal of Psychiatry in Clinical Practice*, 10, 5–11.

Montgomery, S. A., Nil, R., Dürr-Pal, N., Loft, H., & Boulenger, J. P. (2005). A 24-week randomized, double-blind, placebo-controlled study of escitalopram for the prevention of generalized social anxiety disorder. *Journal of Clinical Psychiatry*, 66, 1270–1278.

Moody, H. R. (2000). *Aging: Concepts and controversies*. Thousand Oaks, CA: Sage.

Moore, D. G., Goodwin, J. E., & George, R. (2007). Infants perceive human point-light displays as solid forms. *Cognition*, 104, 377–396.

Morad, Y., Barkana, Y., Zadok, D., Hartstein, M., Pras, E., & Bar-Dayan, Y. (2009, July). Ocular parameters as an objective tool for the assessment of truck drivers fatigue. *Accident Analysis and Prevention*, 41, 856–860.

Mora-Giral, M., Raich-Escursell, R. M., Segues, C.V., Torras-Claras, A. J., & Huon, G. (2004). Bulimia symptoms and risk factors in university students. *Eating and Weight Disorders*, 9, 163–169.

Moran, A. (2009). Cognitive psychology in sport: Progress and prospects. *Psychology of Sport and Exercise*, 10, 420–426.

Moretz, M., & McKay, D. (2009). The role of perfectionism in obsessive-compulsive symptoms: 'Not just right' experiences and checking compulsions. *Journal of Anxiety Disorders*, 23, 640–644.

Morgan, A. A., Marsiske, M., & Whitfield, K. E. (2008). Characterizing and explaining differences in cognitive test performance between African American and European American older adults. *Experimental Aging Research*, 34, 80–100.

Morone, N. E., & Greco, C. M. (2007). Mind-body interventions for chronic pain in older adults: A structured review. *Pain Medicine*, 8, 359–375.

Morris, J. F., Waldo, C. R., & Rothblum, E. D. (2001). A model of predictors and outcomes of outness among lesbian and bisexual women. *American Journal of Orthopsychiatry*, 71, 61–71.

Morrone, A. S., & Pintrich, P. R. (2006). Achievement motivation. In G. G. Bear & K. M. Minke (Eds.), *Children's needs III: Development, prevention, and intervention*. Washington, DC: National Association of School Psychologists.

Morrow, J., & Wolff, R. (1991, May). Wired for a miracle. *Health*, pp. 64–84.

Mosher, C. J., & Akins, S. (2007). *Drugs and drug policy: The control of consciousness alteration*. Thousand Oaks, CA: Sage Publications.

Moshman, D. (2011). *Adolescent rationality and development: Cognition, morality, and identity* (3rd ed.). New York: Psychology Press.

Moskowitz, G. B. (2004). *Social cognition: Understanding self and others*. New York: Guilford Press.

Muammar, O. M. (2007). An integration of two competing models to explain practical intelligence. *Dissertation Abstracts International: Section B: The Sciences and Engineering*, 67(7-B), 4128.

Mueller, C. E. (2009). Protective factors as barriers to depression in gifted and nongifted adolescents. *Gifted Child Quarterly*, 53, 3–14.

Mullen, B., & Rice, D. R. (2003). Ethnophaulisms and exclusion: The behavioral consequences of cognitive representation of ethnic immigrant groups. *Personality and Social Psychology Bulletin*, 29, 1056–1067.

Munakata, Y. (2006). Information processing approaches to development. In D. Kuhn, R. S. Siegler, et al. (Eds.) *Handbook of child psychology: Vol 2, Cognition, perception, and language* (6th ed.). Hoboken, NJ: John Wiley & Sons.

Mungan, E., Peynirciog˘lu, Z. F., & Halpern, A. R. (2011). Levels-of-processing effects on 'remember' responses in recognition for familiar and unfamiliar tunes. *American Journal of Psychology*, 124, 37–48.

Munroe, R. L., Hulefeld, R., Rodgers, J. M., Tomeo, D. L., & Yamazaki, S. K. (2000). Aggression among children in four cultures. *Cross-Cultural Research: The Journal of Comparative Social Science*, 34, 3–25.

Murphy, G. J., Glickfield, L. L., Balsen, Z., & Isaacson, J. S. (2004). Sensory neuron signaling to the brain: Properties of transmitter release from olfactory nerve terminals. *Journal of Neuroscience*, 24, 3023–3030.

Murphy, G. L. (2005). The study of concepts inside and outside the laboratory: Medin versus Medin. In W. Ahn, R. L. Goldstone, et al. (Eds.), *Categorization inside and outside the laboratory: Essays in honor of Douglas L. Medin*. Washington, DC: American Psychological Association.

Murphy, R. T., Wismar, K., & Freeman, K. (2003). Stress symptoms among African-American college students after the September 11, 2001 terrorist attacks. *Journal of Nervous and Mental Disease*, 191, 108–114.

Murphy, S. T., & Zajonc, R. B. (1993). Affect, cognition, and awareness: Affective priming with optimal and suboptimal stimulus exposures. *Journal of Personality and Social Psychology*, 64, 723–739.

Murray, B. (June 2002). Good news for bachelor's grads. *Monitor on Psychology*, pp. 30–32.

Murray, R., Lappin, J., & Di Forti, M. (2008, August). Schizophrenia: From developmental deviance to dopamine dysregulation. *European Neuropsychopharmacology*, 18, S129–SS134.

Murstein B I. Stimulus. Value. Role: a theory of marital choice[J]. *Journal of Marriage & Family*, 1970, 32(3):465-481.

Murthy, P., Kudlur, S., George, S., & Mathew, G. (2009). A clinical overview of fetal alcohol syndrome. *Addictive Disorders & Their Treatment*, 8, 1–12.

Myers, D. G. (2000). The funds, friends, and faith of happy people. *American Psychologist*, 55, 56–67.

Myers, L. L. (2007). Anorexia nervosa, bulimia nervosa, and binge eating disorder. In B. A. Thyer & J. S. Wodarski (Eds.), *Social work in mental health: An evidence-based approach*. Hoboken, NJ: John Wiley & Sons.

Myrtek, M. (2007). Type A behavior and hostility as independent risk factors for coronary heart disease. In J. Jordan, B. Barde, et al. (Eds.), *Contributions toward evidence-based psychocardiology: A systematic review of the literature*. Washington, DC: American Psychological Association.

Mytinger, C. (2001). *Headhunting in the Solomon Islands: Around the Coral Sea*. Santa Barbara, CA: Narrative Press.

Nagai, Y., Goldstein, L. H., Fenwick, P. B. C., & Trimble, M. R. (2004). Clinical efficacy of galvanic skin response biofeedback training in reducing seizures in adult epilepsy: A preliminary randomized controlled study. *Epilepsy and Behavior*, 5, 216–223.

Nagda, B. A., Tropp, L. R., & Paluck, E. L. (2006). Looking back as we look ahead: Integrating research, theory, and practice on intergroup relations. *Journal of Social Research*, 62, 439–451.

Nagy, T. F. (2011). Informed consent. In T. F. Nagy (Ed.), *Essential ethics for psychologists: A primer for understanding and mastering core issues*. Washington, DC: American Psychological Association.

Najman, J. M., Aird, R., Bor, W., O'Callaghan, M., Williams, G. M., & Shuttlewood, G. J. (2004). The generational transmission of socioeconomic inequalities in child cognitive development and emotional health. *Social Science and Medicine*, 58, 1147–1158.

Nakamura, Y., Goto, T. K., Tokumori, K., Yoshiura, T., Kobayashi, K., Nakamura, Y., et al. (2011). Localization of brain activation by umami taste in humans. *Brain Research*, 1390, 156–163.

Naldini, L. (2009, November 6). A comeback for gene therapy. *Science*, 326, 805–806.

Nargeot, R., & Simmers, J. (2011). Neural mechanisms of operant conditioning and learning-induced behavioral plasticity in Aplysia. *Cellular and Molecular Life Sciences*, 68, 803–816.

Nasir, N. S., & Hand, V. (2006). From the court to the classroom: Opportunities for engagement, learning, and identity in basketball and classroom mathematics. *Journal of the Learning Sciences*, 17, 143–179.

Nasrallah, H., Black, D., Goldberg, J., Muzina, D., & Pariser, S. (2008). Issues associated with the use of atypical antipsychotic medications. *Annals of Clinical Psychiatry*, 20, S24–S29.

Nathan, P. E., Stuart, S. P., & Dolan, S. L. (2000). Research on psychotherapy efficacy and effectiveness: Between Scylla and Charybdis? *Psychological Bulletin*, 126, 964–981.

National Institute on Drug Abuse. (2000). *Principles of drug addiction treatment: A research-based guide*. Washington, DC: National Institute on Drug Abuse.

Natvig, G. K., Albrektsen, G., & Ovarnstrom, U. (2003). Methods of teaching and class participation in relation to perceived social support and stress: Modifiable factors for improving health and well-being among students. *Educational Psychology*, 23, 261–274.

Neitz, J., Neitz, M., & Kainz, P. M. (1996, November 1). Visual pigment gene structure and the severity of color vision defects. *Science*, 274, 801–804.

Neria, Y., DiGrande, L., U Adams, G. G. (2011). Posttraumatic stress disorder following the September 11, 2011, terrorist attacks. *American Psychologist*, 66, 429–446.

Neron, S., & Stephenson, R. (2007). Effectiveness of hypnotherapy with cancer patients' trajectory: Emesis, acute pain, and analgesia and anxiolysis in procedures. *International Journal of Clinical Experimental Hypnosis*, 55, 336–354.

Nesheim, S., Henderson, S., Lindsay, M., Zuberi, J., Grimes, V., Buehler, J., et al. (2004). *Prenatal HIV testing and antiretroviral prophylaxis at an urban hospital—Atlanta, Georgia, 1997–2000*. Atlanta, GA: Centers for Disease Control.

Nesse, R. M. (2000). Is depression an adaptation? *Archives of General Psychiatry*, 57, 14–20.

Nestler, E. J., & Malenka, R. C. (2004, March). The addicted brain. *Scientific American*, pp. 78–83.

Nestoriuc, Y., & Martin, A. (2007, March). Efficacy of biofeedback for migraine: A meta-analysis. *Pain*, 128, 111–127.

Nestoriuc, Y., Martin, A., Rief, W., & Andrasik, F. (2008, September). Biofeedback treatment for headache disorders: A comprehensive efficacy review. *Applied Psychophysiology and Biofeedback*, 33, 125–140.

Neumann, N., & Birbaumer, N. (2004, December). Thinking out loud. *Scientific American: Mind*, pp. 37–45.

Newby-Clark, I. R., & Ross, M. (2003). Conceiving the past and future. *Personality and Social Psychology Bulletin*, 29, 807–818.

Newman, M., & Bakay, R. (2008, April). Therapeutic potentials of human embryonic stem cells in Parkinson's disease. *Neurotherapeutics*, 5, 237–251.

Newman, S. D., Willoughby, G., & Pruce, B. (2011). The effect of problem structure on problem-solving: An fmri study of word versus number problems. *Brain Research*, 30, 88–96.

Niccols, A. (2007). Fetal alcohol syndrome and the developing socio-emotional brain. *Brain Cognition*, 65, 135–142.

NICHD Early Child Care Research Network. (1999). Child outcomes when child care center classes meet recommended standards for quality. *American Journal of Public Health*, 89(7), 1072–1077.

NICHD Early Child Care Research Network. (2001). Nonmaternal care and family factors in early development: An overview of the NICHD Study of Early Child Care. *Journal of Applied Developmental Psychology*, 22(5), 457–492.

Niedenthal, P. M. (2007, May 18). Embodying emotion. *Science*, 316, 1002–1005.

Nielsen, C., Staud, R., & Price, D. (2009, March). Individual differences in pain sensitivity: Measurement, causation, and consequences. *The Journal of Pain*, 10, 231–237.

Nielsen, C., Stubhaug, A., Price, D., Vassend, O., Czajkowski, N., & Harris, J. (2008, May). Individual differences in pain sensitivity: Genetic and environmental contributions. *Pain*, 136, 21–29.

Nijboer, T. C. W., te Pas, S. F., & van der Smagt, M. J. (2011). Detecting gradual visual changes in colour and brightness agnosia: A double dissociation. *NeuroReport: For Rapid Communication of Neuroscience Research*, 22, 175–180.

Nilsson, H., Juslin, P., & Olsson, H. (2008). Exemplars in the mist: The cognitive substrate of the representativeness heuristic. *Scandinavian Journal of Psychology*, 49, 201–212.

Nimrod, G., & Kleiber, D. A. (2007). Reconsidering change and continuity in later life: Toward an innovation theory of successful aging. *International Journal of Human Development*, 65, 1–22.

Nisbet, E. K., Zelenski, J. M., & Murphy, S. A. (2011). Happiness is in our nature: Exploring nature relatedness as a contributor to subjective well-being. *Journal of Happiness Studies*, 12, 303–322.

Nisbett, R. (2003). *The geography of thought*. New York: Free Press.

Nisbett, R. E. (2009, February). All brains are the same color. *Association for Psychological Science Observer*, 22(3), 20–21.

Nisbett, R. E., Peng, K., Choi, I., & Norenzayan, A. (2001). Culture and systems of thought: holistic versus analytic cognition. *Psychological Review*, 108(2), 291.

Nishida, M., Pearsall, J., Buckner, R., & Walker, M. (2009, May). REM sleep, prefrontal theta, and the consolidation of human emotional memory. *Cerebral Cortex*, 19, 1158–1166.

Nishimura, T., Kawamura, S., & Sakurai, S. (2011). Autonomous motivation and meta-cognitive strategies as predictors of academic performance: Does intrinsic motivation predict academic performance? *Japanese Journal of Educational Psychology*, 59, 77–87.

Nishino, S. (2007, June). Clinical and neurobiological aspects of narcolepsy. *Sleep Medicine*, 8, 373–399.

Nissle, S., & Bschor, T. (2002). Winning the jackpot and depression: Money cannot buy happiness. *International Journal of Psychiatry in Clinical Practice*, 6, 183–186.

Niu, W., & Brass, J. (2011). Intelligence in worldwide perspective. In R. J. Sternberg & S. Kaufman (Eds.), *The Cambridge handbook of intelligence*. New York: Cambridge University Press.

Nolen-Hoeksema, S. (2007). *Abnormal psychology* (4th ed.). New York: McGraw-Hill.

Norcia, A. M., Pei, F., Bonneh, Y., Hou, C., Sampath, V., & Petter, M. W. (2005). Development of sensitivity to texture and contour information in the human infant. *Journal of Cognitive Neuroscience*, 17, 569–579.

Norenzayan, A. (2002). Rule-based and experience-based thinking: The cognitive consequences of intellectual traditions.

Norton, P. J., & Price, E. C. (2007). A meta-analytic review of adult cognitive-behavioral treatment outcome across the anxiety disorders. *Journal of Nervous and Mental Disease*, 195, 521–531.

Ntinas, K. M. (2007). Behavior modification and the principle of normalization: Clash or synthesis? *Behavioral Interventions*, 22, 165–177.

Nucci, L. P. (2002). The development of moral reasoning. In U. Goswami (Ed.), *Blackwell handbook of childhood cognitive development*. Blackwell Handbooks of developmental psychology. Malden, MA: Blackwell.

Nurnberger, J. I., Jr., & Bierut, L. J. (2007, April). Seeking the connections: Alcoholism and our genes. *Scientific American*, pp. 46–53.

Nussbaum, A. D., & Steele, C. M. (2007). Situational disengagement and persistence in the face of adversity. *Journal of Experimental Social Psychology*, 43, 127–134.

Nyberg, L., & Tulving, E. (1996). Classifying human long-term memory: Evidence from converging dissociations. *European Journal of Cognitive Psychology*, 8, 163–183.

O'Brien, K. M., & LeBow, M. D. (2007). Reducing maladaptive weight management practices: Developing a psychoeducational intervention program. *Eating Behaviors*, 8, 195–210.

O'Connor, D. B., & O'Connor, R. C. (2004). Perceived changes in food intake in response to stress: The role of conscientiousness. *Stress and Health: Journal of the International Society for the Investigation of Stress*, 20, 279–291.

O'Donohue, W. (Ed.). (1997). *Sexual harassment: Theory, research, and treatment*. Boston: Allyn & Bacon.

O'Leary-Kelly, A., Bowes-Sperry, L., Bates, C., & Lean, E. (2009). Sexual harassment at work: A decade (plus) of progress. *Journal of Management*, 35, 503–536.

Oatley, K., Keltner, D., & Jenkins, J. M. (2006). *Understanding emotions*. Oxford, England: Blackwell.

Oberauer, K. (2007). In search of the magic number. *Experimental Psychology*, 54, 245–246.

Occhionero, M. (2004). Mental processes and the brain during dreams. *Dreaming*, 14, 54–64.

Ochse, R., & Plug, C. (1986). Cross-cultural investigation of the validity of Erikson's theory of personality development. *Journal of Personality and Social Psychology*, 50(6), 1240.

Ogbu, J. (1992). Understanding cultural diversity and learning. *Educational Researcher*, 21, 5–14.

Ogletree, S. M., Martinez, C. N., & Turner, T. R. (2004). Pokémon: Exploring the role of gender. *Sex Roles*, 50, 851–859.

Ojha, H., & Pramanick, M. (2009). Effects of age on intensity and priority of life needs. *Journal of the Indian Academy of Applied Psychology*, 35, 131–136.

Olatunji, B. (2008). New directions in research on health anxiety and hypochondriasis: Commentary on a timely special series. *Journal of Cognitive Psychotherapy*, 22, 183–190.

Olds, M. E., & Fobes, J. L. (1981). The central basis of motivation: Intracranial self-stimulation studies. *Annual Review of Psychology*, 32, 123–129.

Olfson, M., & Marcus, S. (2008). A case-control study of antidepressants and attempted suicide during early phase treatment of major depressive episodes.

Oliver, M. B., & Hyde, J. S. (1993). Gender differences in sexuality: A meta-analysis. *Psychological Bulletin*, 114, 29–51.

Olson, T. R., Perry, J., Janzen, J. I., Petraglia, J., & Presniak, M. D. (2011). Addressing and interpreting defense mechanisms in psychotherapy: General considerations. *Psychiatry: Interpersonal and Biological Processes*, 74, 142–165.

Opler, M., Perrin, M., Kleinhaus, K., & Malaspina, D. (2008). Factors in the etiology of schizophrenia: Genes, parental age, and environment. *Primary Psychiatry*, 15, 37–45.

Oppenheimer, D. M. (2004). Spontaneous discounting of availability in frequency judgment tasks. *Psychological Science*, 15, 100–105.

Ornat, S. L., & Gallo, P. (2004). Acquisition, learning, or development of language? Skinner's "Verbal behavior" revisited. *Spanish Journal of Psychology*, 7, 161–170.

Orwin, R. G., & Condray, D. S. (1984). Smith and Glass' psychotherapy conclusions need further probing: On Landman and Dawes' re-analysis. *American Psychologist*, 39, 71–72.

Oskamp, S. (Ed.). (2000). *Reducing prejudice and discrimination*. Mahwah, NJ: Erlbaum.

Otake, K., Shimai, S., & Tanaka-Matsumi, J. (2006). Happy people become happier through kindness: A counting kindnesses intervention. *Journal of Happiness Studies*, 7, 361–375.

Ouimet, A., Gawronski, B., & Dozois, D. (2009). Cognitive vulnerability to anxiety: A review and an integrative model. *Clinical Psychology Review*, 29, 459–470.

Oviedo-Joekes, E., et al. (2009). Diacetylmorphine versus methadone for the treatment of opioid addiction. *The New England Journal of Medicine*, 361, 777–786.

Packer, D. (2009). Avoiding groupthink: Whereas weakly identified members remain silent, strongly identified members dissent about collective problems. *Psychological Science*, 20, 546–548.

Padgett, D. K., Stanhope, V., & Henwood, B. F. (2011). Housing-first services for homeless adults with co-occurring disorders: An evidence-based practice. In M. Roberts-DeGennaro & S. J. Fogel (Eds.), *Using evidence to inform practice for community and organizational change*. Chicago: Lyceum Books.

Pagonis, T. A., Angelopoulos, N., & Koukoulis, G. N. (2006). Psychiatric side effects induced by supraphysiological doses of combinations of anabolic steroids correlate to the severity of abuse. *European Psychiatry*, 21, 551–562.

Pallanti, S., & Bernardi, S. (2009, July). Neuro-biology of repeated transcranial magnetic stimulation in the treatment of anxiety: A critical review. *International Clinical Psycho-pharmacology*, 24, 163–173.

Pandya, M., Pozuelo, L., & Malone, D. (2007). Electroconvulsive therapy: What the internist needs to know. *Cleveland Clinic Journal of Medicine*, 74, 679–685.

Paniagua, F. A. (2000). *Diagnosis in a multicultural context: A casebook for mental health professionals*. Thousand Oaks, CA: Sage.

Paquier, P. F., & Mariën, P. (2005). A synthesis of the role of the cerebellum in cognition. *Aphasiology*, 19, 3–19.

Parish, C. L., & Arenas, E. (2007). Stem-cell-based strategies for the treatment of Parkinson's disease. *Neurodegenerative Disease*, 4, 339–347.

Park H G, Bell C K. Eating Disorders[J]. *American Psychologist*, 2008, 62(4):705-727.

Park, H., & Antonioni, D. (2007). Personality, reciprocity, and strength of conflict resolution strategy. *Journal of Research in Personality*, 41, 110–125.

Park, J., Park, K., & Dubinsky, A. J. (2011). Impact of retailer image on private brand attitude: Halo effect and summary construct. *Australian Journal of Psychology*, 63, 173–183.

Parke, B. N. (2003). *Discovering programs for talent development*. Thousand Oaks, CA: Corwin Press.

Parke, R. D. (2004). Development in the family. *Annual Review of Psychology*, 55, 365–399.

Parmley, M. C. (2007). The effects of the confirmation bias on diagnostic decision making. *Dissertation Abstracts International: Section B: The Sciences and Engineering*, 67(8-B), 4719.

Parra, A., & Argibay, J. C. (2007). Comparing psychics and non-psychics through a 'token-object' forced-choice ESP test. *Journal of the Society for Psychical Research*, 71, 80–90.

Pascual-Leone, A., Nguyet, D., Coehn, L. G., Brasil-Neto, J. P., Cammarota, A., & Hallett, M. (1995). Modulation of muscle responses evoked by transcranial magnetic stimulation during the acquisition of new fine motor skills. *Journal of Neurophysiology*, 74, 1037–1045.

Passos, V. L., Berger, M. P. F., & Tan, F. E. (2007). Test design optimization in CAT early stage with the nominal response model. *Applied Psychological Measurement*, 31, 213–232.

Paterson, H. M., Kemp, R. I., & Ng, J. R. (2011). Combating co-witness contamination: Attempting to decrease the negative effects of discussion on eyewitness memory. *Applied Cognitive Psychology*, 25, 43–52.

Paulmann, S., Jessen, S., & Kotz, S. A. (2009). Investigating the multimodal nature of human communication: Insights from ERPs. *Journal of Psychophysiology*, 23, 63–76.

Paulozzi, L. J. (2006). Opioid analgesic involvement in drug abuse deaths in American metropolitan areas. *American Journal of Public Health*, 96, 1755–1757.

Pautassi, R., Myers, M., Spear, L., Molina, J., & Spear, N. E. (2011). Ethanol induces second-order aversive conditioning in adolescent and adult rats. *Alcohol*, 45, 45–55.

Pavitt, C. (2007). Impression formation. In B. B. Whaley & W. Samter (Eds.), *Explaining communication: Contemporary theories and exemplars*. Mahwah, NJ: Lawrence Erlbaum Associates.

Pavlov, I. (1927). *Conditional reflexes*. London: Oxford University Press.

Payne, D. G. (1986). Hyperamnesia for pictures and words: Testing the recall level hypothesis. *Journal of Experimental Psychology: Learning, Memory, and Cognition*, 12, 16–29.

Payne, K., & Marcus, D. (2008). The efficacy of group psychotherapy for older adult clients: A meta-analysis. *Group Dynamics: Theory, Research, and Practice*, 12, 268–278.

Pearce, J. M. S. (2007). Synaesthesia. *European Neurology*, 57, 120–124.

Pearlstein, T., & Steiner, M. (2008). Premenstrual dysphoric disorder: Burden of illness and treatment update. *Journal of Psychiatry & Neuroscience*, 33, 291–301.

Pearson, A. R., Dovidio, J. F., & Pratto, E. (2007). Racial prejudice, intergroup hate, and blatant and subtle bias of whites toward blacks in legal decision making in the United States. *International Journal of Psychology & Psychological Therapy*, 7, 125–134.

Pearson, J., & Clifford, C. W. G. (2005). When your brain decides what you see: Grouping across monocular, binocular, and stimulus rivalry. *Psychological Science*, 16, 516–519.

Pellegrini, S., Muzio, R. N., Mustaca, A. E., & Papini, M. R. (2004). Successive negative contrast after partial reinforcement in the consummatory behavior of rats. *Learning and Motivation*, 35, 303–321.

Pelli, D. G., Burns, C. W., & Farell, B. (2006). Feature detection and letter identification. *Vision Research*, 46, 4646–4674.

Pellis, S. M., & Pellis, V. C. (2007). Rough-and-tumble play and the development of the social brain. *Current Directions in Psychological Science*, 16, 95–97.

Penley, J. A., Tomaka, J., & Wiebe, J. S. (2002). The association of coping to physical and psychological health outcomes: A meta-analytic review. *Journal of Behavioral Medicine*, 25, 551–603.

Penn, D. L., Corrigan, P. W., Bentall, R. P., Racenstein, J. M., & Newman, L. (1997). Social cognition in schizophrenia. *Psychological Bulletin*, 121, 114–132.

Penney, J. B., Jr. (2000). Neurochemistry. In B. S. Fogel, et al. (Eds.), *Synopsis of neuropsychiatry*. New York: Lippincott Williams & Wilkins.

Penzel, F. (2000). *Obsessive-compulsive disorders: A complete guide to getting well and staying well*. New York: Oxford University Press.

Perez, R. M., DeBord, K. A., & Bieschke, K. J. (Eds.). (2000). *Handbook of counseling and psychotherapy with lesbian, gay, and bisexual clients*. Washington, DC: American Psychological Association.

Pérez-Leroux, A. T., Pirvulescu, M., & Roberge, Y. (2011). Topicalization and object omission in child language. *First Language*, 31, 280–299.

Perloff, R. M. (2003). *The dynamics of persuasion: Communication and attitudes in the 21st century* (2nd ed.). Mahwah, NJ: Erlbaum.

Perovic S, Radenovic L. Is Nativism in psychology reconcilable with the parity thesis in biology?[J]. *Is Nativism in Psychology Reconcilable with the Parity Thesis in Biology*, 2008.

Perovic, S., & Radenovic, L. (2011). Fine-tuning nativism: The 'nurtured nature' and innate cognitive structures. *Phenomenology and the Cognitive Sciences*, 10, 399–417.

Pert, C. B. (2007). The wisdom of the receptors: Neuropeptides, the emotions, and bodymind. *The Praeger Handbook on Stress and Coping*, 87-98.

Pervin, L. A. (1990). *Handbook of personality: Theory and research*. New York: Guilford Press.

Pervin, L. A. (2003). *The science of personality* (2nd ed.). London: Oxford University Press.

Pessoa, L. (2011). Reprint of: Emotion and cognition and the amygdala: From "what is it?" to "what's to be done?" *Neuropsychologia*, 49, 681–694.

Peterfi, Z., McGinty, D., Sarai, E., & Szymusiak, R. (2010). Growth hormone-releasing hormone activates sleep regulatory neurons of the rat preoptic hypothalamus. *American Journal of Physiology: Regulatory, Integrative and Comparative Physiology*, 298, R147–R156.

Peters, E., Hess, T. M., Västfjäll, D., & Auman, C. (2007). Adult age differences in dual information processes. *Perspectives on Psychological Science*, 2, 1–23.

Peters, J., et al. (2011). Lower ventral striatal activation during reward anticipation in adolescent smokers. *American Journal of Psychiatry*, 168, 540–549.

Peters, J., Suchan, B., Koster, O., & Daum, I. (2007). Domain-specific retrieval of source information in the medial temporal lobe. *European Journal of Neuroscience*, 26, 1333–1343.

Peterson, C. (2000). The future of optimism. *American Psychologist*, 55, 44–55.

Petersson, K. M., Silva, C., Castro-Caldas, A., Ingvar, M., & Reis, A. (2007). Literacy: A cultural influence on functional left-right differences in the inferior parietal cortex. *European Journal of Neuroscience*, 26, 791–799.

Petitto, L. A. (1993). On the ontogenetic requirements for early language acquisition. In B. de Boysson-Bardies, S. de Schonen, et al. (Eds.), *Developmental neurocognition: Speech and face processing in the first year of life. NATO ASI series D: Behavioural and social sciences* (Vol. 69). Dordrecht, Netherlands: Kluwer Academic.

Pettigrew, T. F. (2004). Justice deferred: A half century after Brown v. Board of Education. *American Psychologist*, 59, 521–529.

Pettigrew, T. F., & Tropp, L. R. (2006). A meta-analytic test of intergroup contact theory. *Journal of Personality and Social Psychology*, 90, 751–783.

Petty, R. E., Cacioppo, J. T., Strathman, A. J., & Priester, J. R. (2005). To think or not to think: Exploring two routes to persuasion. In T. C. Brock & M. C. Green (Eds.), *Persuasion: Psychological insights and perspectives* (2nd ed.). Thousand Oaks, CA: Sage Publications.

Pfeffer, C. R. (2006). An evolutionary perspective on childhood depression. In P. S. Jensen, P. Knapp, et al. (Eds.), *Toward a new diagnostic system for child psychopathology: Moving beyond the DSM*. New York: Guilford Press.

Phelps, R. P. (2005). *Defending standardized testing*. Mahwah, NJ: Lawrence Erlbaum Associates.

Philip, P., Sagaspe, P., Moore, N., Taillard, J., Charles, A., Guilleminault, C., et al. (2005). Fatigue, sleep restriction and driving performance. *Accident Analysis and Prevention*, 37, 473–478.

Piaget, J., & Inhelder, B. (1958). *The growth of logical thinking from childhood to adolescence* (A. Parsons & S. Seagrin, Trans.). New York: Basic Books.

Picchioni, D., Goeltzenleucher, B., Green, D. N., Convento, M. J., Crittenden, R., Hallgren, M., et al. (2002). Nightmares as a coping mechanism for stress. *Dreaming: Journal of the Association for the Study of Dreams*, 12, 155–169.

Pickel, K. (2009). The weapon focus effect on memory for female versus male perpetrators. *Memory*, 17, 664–678.

Pickering, G. J., & Gordon, R. (2006). Perception of mouth feel sensations elicited by red wine are associated with sensitivity to 6-N-propylthiouracil. *Journal of Sensory Studies*, 21, 249–265.

Pietarinen, A-V. (2006). The evolution of semantics and language-games for meaning. *Interaction Studies: Social Behaviour and Communication in Biological and Artificial Systems*, 7, 79–104.

Pillay, S. S., Gruber, S. A., Rogowska, J., Simpson, N., & Yurgelun-Todd, D. A. (2006). fMRI of fearful facial affect recognition in panic disorder: The cingulate gyrus-amygdala connection. *Journal of Affective Disorders*, 94, 173–181.

Pillay, S. S., Rogowska, J., Gruber, S. A., Simpson, N., & Yurgelun-Todd, D. A. (2007). Recognition of happy facial affect in panic disorder: An fMRI study. *Journal of Anxiety Disorders*, 21, 381–393.

Pina, A., Gannon, T., & Saunders, B. (2009). An overview of the literature on sexual harassment: Perpetrator, theory, and treatment issues. *Aggression and Violent Behavior*, 14, 126–138.

Pincus, T., & Morley, S. (2001). Cognitive processing bias in chronic pain: A review and integration. *Psychological Bulletin*, 127, 599–617.

Pinder C C. Work motivation in organizational behavior[J]. NJ: Prentice-Hall, 1998.

Pine, D. S., Klein, R. G., Coplan, J. D., Papp, L. A., Hoven, C. W., Martinez, J., et al. (2000). Differential carbon dioxide sensitivity in childhood anxiety disorders and nonill comparison group. *Archives of General Psychiatry*, 57, 960–967.

Pinel, J. P. J., Assanand, S., & Lehman, D. R. (2000). Hunger, eating and ill health. *American Psychologist*, 55, 1105–1116.

Pinker, S. (1994). *The language instinct*. New York: William Morrow.

Pinker, S. (2004). Clarifying the logical problem of language acquisition. *Journal of Child Language*, 31, 949–953.

Pinker, S., & Jackendoff, R. (2005). The faculty of language: What's special about it? *Cognition*, 96, 201–236.

Pinkerton, S. D., Bogart, L. M., Cecil, H., & Abramson, P. R. (2002). Factors associated with masturbation in a collegiate sample. *Journal of Psychology and Human Sexuality*, 14, 103–121.

Pinquart, M., Duberstein, P. R., & Lyness J. M.

(2006). Treatments for later-life depressive conditions: A meta-analytic comparison of pharmacotherapy and psychotherapy. *American Journal of Psychiatry*, 163, 1493–1501.

Pi-Sunyer, X. (2003). A clinical view of the obesity problem. *Science*, 299, 859–860.

Platek, S., & Kemp, S. (2009, February). Is family special to the brain? An event-related fMRI study of familiar, familial, and self-face recognition. *Neuropsychologia*, 47, 849–858.

Plomin, R. (2005). Finding genes in child psychology and psychiatry: When are we going to be there? *Journal of Child Psychology and Psychiatry*, 46, 1030–1038.

Plomin, R. (2009). The nature of nurture. In K. McCartney & R. A. Weinberg (Eds.), *Experience and development: A festschrift in honor of Sandra Wood Scarr*. New York: Psychology Press.

Plomin, R., & McGuffin, P. (2003). Psychopathology in the postgenomic era. *Annual Review of Psychology*, 54, 205–228.

Plowright, C. M. S., Simonds, V. M., & Butler, M. A. (2006). How bumblebees first find flowers: Habituation of visual pattern preferences, spontaneous recovery, and dishabituation. *Learning and Motivation*, 37, 66–78.

Pluess, M., & Belsky, J. (2009). Differential susceptibility to rearing experience: The case of childcare. *Journal of Child Psychology and Psychiatry*, 50, 396–404.

Pogarsky, G., & Piquero, A. R. (2003). Can punishment encourage offending? Investigating the 'resetting' effect. *Journal of Research in Crime and Delinquency*, 40, 95–120.

Pole, N. (2007).The psychophysiology of post-traumatic stress disorder: A meta-analysis. *Psychological Bulletin*, 133, 34–45.

Polivy, J., & Herman, C. P. (2002). Causes of eating disorders. *Annual Review of Psychology*, 53, 187–213.

Polivy, J., & Herman, C. P. (2002). If at first you don't succeed: False hopes of self-change. *American Psychologist*, 57(9), 677.

Polivy, J., Herman, C. P., & Boivin, M. (2005). Eating disorders. In J. E. Maddux & B. A. Winstead (Eds.), *Psychopathology: Foundations for a contemporary understanding*. Mahwah, NJ: Lawrence Erlbaum Associates.

Polonsky, D. C. (2006). Review of the big book of masturbation: From angst to zeal. *Journal of Sex & Marital Therapy*, 32, 75–78.

Pomerlau, O. F. (1995). Individual differences in sensitivity to nicotine: Implications of genetic research on nicotine dependence [Special issue: Genetic, environmental, and situational factors mediating the effects of nicotine]. *Behavior Genetics*, 25, 161–177.

Ponterotto, J. G., Utsey, S. O., & Pedersen, P. B. (2006). *Preventing prejudice: A guide for counselors, educators, and parents*. Thousand Oaks, CA: Sage Publications.

Popa, D., Léna, C., Alexandre, C., & Adrien, J. (2008). Lasting syndrome of depression produced by reduction in serotonin uptake during postnatal development: Evidence from sleep, stress, and behavior. *The Journal of Neuroscience*, 28, 88–97.

Popp, D., Donovan, R. A., & Crawford, M. (2003). Gender, race, and speech style stereotypes. Sex Roles, 48, 317–325.

Porkka-Heiskanen, T., & Kalinchuk, A. V. (2011). Adenosine, energy metabolism and sleep homeostasis. *Sleep Medicine Reviews*, 15, 123–135.

Porte, H. S., & Hobson, J. A. (1996). Physical motion in dreams: One measure of three theories. *Journal of Abnormal Psychology*, 105, 329–335.

Poteat, V. P., & Espelage, D. L. (2007, May). Predicting psychosocial consequences of homophobic victimization in middle school students. *Journal of Early Adolescence*, 27(2), 175–191.

Powell, L. H. (2006). Review of marital and sexual lifestyles in the United States: Attitudes, behaviors, and relationships in social context. *Family Relations*, 55, 149.

Power, J. D., Mitra, A., Laumann, T. O., Snyder, A. Z., Schlaggar, B. L., & Petersen, S. E. (2014). Methods to detect, characterize, and remove motion artifact in resting state fMRI. *Neuroimage*, 84, 320-341.

Powers, K. D. (2006). An analysis of Kohlbergian moral development in relationship to biblical factors of morality in seminary students (Lawrence Kohlberg). *Dissertation Abstracts International: Section B: The Sciences and Engineering*, 67(6-B), 3485.

Powers, M., & Emmelkamp, P. (2008). Virtual reality exposure therapy for anxiety disorders: A meta-analysis. *Journal of Anxiety Disorders*, 22, 561–569.

Praisner, C. L. (2003). Attitudes of elementary school principals toward the inclusion of students with disabilities. *Exceptional Children*, 69, 135–145.

Prasad, B. (2006). Recent advances in artificial intelligence [Special issue: Recent advances in AI]. *Journal of Experimental & Theoretical Artificial Intelligence*, 18, 433–434.

Pratkanis, A. R. (2007). Social influence analysis: An index of tactics. In A. R. Pratkanis (Ed.), *The science of social influence: Advances and future progres*s. New York: Psychology Press.

Pratto, F., Lee, I., Tan, J. Y., & Pitpitan, E. Y. (2011). Power basis theory: A psychoecological approach to power. In D. Dunning, D. Dunning (Eds.), *Social motivation*. New York: Psychology Press.

Pretzer, J. L., & Beck, A. T. (2005). A cognitive theory of personality disorders. In M. F. Lenzenweger & J. F. Clarkin (Eds.), *Major theories of personality disorder* (2nd ed.). New York: Guilford Press.

Price, M. (2008, September). Against doctors' orders. *Monitor on Psychology*, pp. 34–36.

Priester, J. R., & Petty, R. E. (2011). The pot-holed path to happiness, possibly paved with money: A research dialogue. *Journal of Consumer Psychology*, 21, 113–114.

Prinz, J. J. (2007). Emotion: Competing theories and philosophical issues. In P. Thagard (Ed.), *Philosophy of psychology and cognitive science*. Amsterdam, Netherlands: North Holland/ Elsevier.

Prislin, R., Brewer, M., & Wilson, D. J. (2002). Changing majority and minority positions within a group versus an aggregate. *Personality and Social Psychology Bulletin*, 28, 640–647.

Proffitt, D. R. (2006). Distance perception. *Current Directions in Psychological Science*, 15, 131–139.

Prohovnik, I., Skudlarski, P., Fulbright, R. K., Gore, J. C., et al. (2004). Functional MRI changes before and after onset of reported emotions. *Psychiatry Research: Neuroimaging*, 132, 239–250.

Proudfoot, D. (2009). Meaning and mind: Wittgenstein's relevance for the 'does language shape thought?' debate. *New Ideas in Psychology*, 27, 163–183.

Proyer, R. T., Gander, F., Wellenzohn, S., & Ruch, W. (2016). Nine beautiful things: A self-administered online positive psychology intervention on the beauty in nature, arts, and behaviors increases happiness and ameliorates depressive symptoms. *Personality and Individual Differences*, 94, 189-193.

Puca, R. M. (2005). The influence of the achievement motive on probability estimates in pre- and post-decisional action phases. *Journal of Research in Personality*, 39, 245–262.

Pujol, J., Macià, D., Blanco-Hinojo, L., Martínez-Vilavella, G., Sunyer, J., de la Torre, R., ... & Harrison, B. J. (2014). Does motion-related brain functional connectivity reflect both artifacts and genuine neural activity? *NeuroImage*, 101, 87–95.

Qiu, J., Li, H., Jou, J., Liu, J., Luo, Y.J., Feng, T.Y., Wu, Z.Z., & Zhang, Q. L., (corresponding author).Neural correlates of the "Aha" experiences : Evidence from an fMRI Study of insight problem solving. *Cortex*, 2010, 46, 397-403.

Qiu, J., Li, H., Yang, D., Luo, Y.j., Li, Y., Wu, Z.z., Zhang, Q.L.(Corresponding author). The Neural Basis of Insight Problem Solving: An Event-Related Potential Study. *Brain and Cognition*, 2008, 6(1),100-106.

Quinn, D. M., Kahng, S. K., & Crocker, J. (2004). Discreditable: Stigma effects of revealing a mental illness history on test performance. *Personality and Social Psychology Bulletin*, 30, 803–815.

Rabin, J. (2004). Quantification of color vision with cone contrast sensitivity. *Visual Neuroscience*, 21, 483–485.

Rado, J., Dowd, S., & Janicak, P. (2008). The emerging role of transcranial magnetic stimulation (TMS) for treatment of psychiatric disorders. *Directions in Psychiatry*, 28, 315–332.

Rahman, Q., Kumari, V., & Wilson, G. D. (2003). Sexual orientation-related differences in pre-pulse inhibition of the human startle response. *Behavioral Neuroscience*, 117, 1096–1102.

Rajagopal, S. (2006). The placebo effect. *Psychiatric Bulletin*, 30, 185–188.

Rajah R, Song Z, Arvey R D. Emotionality and leadership: Taking stock of the past decade of research[J]. *Leadership Quarterly*, 2011, 22(6):1107-1119.

Rajecki, D. W., & Borden, V. M. H. (2011). Psychology degrees: Employment, wage, and career trajectory consequences. *Perspectives on Psychological Science*, 6, 321–335.

Ramachandra, V. (2009, February). On whether mirror neurons play a significant role in processing affective prosody. *Perceptual and Motor Skills*, 108, 30–36.

Ramos, R. T. (2006). Antidepressants and dizziness. *Journal of Psychopharmacology*, 20, 708–713.

Ramsay, M. C., Reynolds, C. R., & Kamphaus, R. W. (2002). *Essentials of behavioral assessment*. New York: Wiley.

Ramus, F. (2006). Genes, brain, and cognition: A roadmap for the cognitive scientist. *Cognition*, 101, 247–269.

Rangell, L. (2007). *The road to unity in psychoanalytic theory*. Lanham, MD: Jason Aronson.

Rapaport, M., Nierenberg, A. A., Howland, R., Dording, C., Schettler, P. J., & Mischoulon, D. (2011). The treatment of minor depression with St. John's wort or citalopram: Failure to show benefit over placebo. *Journal of Psychiatric Research*, 45, 931–941.

Rapport, R. L. (2005). *Nerve endings: The discovery of the synapse*. New York: W. W. Norton.

Rassin, E. (2008). Individual differences in the susceptibility to confirmation bias. *Netherlands Journal of Psychology*, 64, 87–93.

Rassin, E., & Muris, P. (2007). Abnormal and normal obsessions: A reconsideration. *Behaviour Research and Therapy*, 45, 1065–1070.

Ravindran, A. V., Matheson, K., Griffiths, J., Merali, Z., & Anisman, H. (2002). Stress, coping, uplifts, and quality of life in subtypes of depression: A conceptual framework and emerging data. *Journal of Affective Disorders*, 71, 121–130.

Ray, L. A., & Hutchison, K. E. (2007). Effects of naltrexone on alcohol sensitivity and genetic moderators of medication response: A double-blind placebo-controlled study. *Archives of General Psychiatry*, 64, 1069–1077.

Ray, L., Bryan, A., MacKillop, J., McGeary, J., Hesterberg, K., & Hutchison, K. (2009). The dopamine D4 receptor gene exon III polymorphism, problematic alcohol use and novelty seeking: Direct and mediated genetic effects. *Addiction Biology*, 14, 238–244.

Ray, R., et al. (2008). Neuroimaging, genetics and the treatment of nicotine addiction. *Behavioural Brain Research*, 193, 159–169.

Raz, A. (2007). Suggestibility and hypnotizability: Mind the gap. *American Journal of Clinical Hypnosis*, 49, 205–210.

Read, D., & Grushka-Cockayne, Y. (2011). The similarity heuristic. *Journal of Behavioral Decision Making*, 24, 23–46.

Read, J., Beattie, M., Chamberlain, R., & Merrill, J. (2008). Beyond the 'binge' threshold: Heavy drinking patterns and their association with alcohol involvement indices in college students. *Addictive Behaviors*, 33, 225–234.

Redcay, E., & Courchesne, E. (2008). Deviant functional magnetic resonance imaging patterns of brain activity to speech in 2~3-year-old children with autism spectrum disorder. *Biological psychiatry*, 64(7), 589-598.

Redding, G. M., & Hawley, E. (1993). Length illusion in fractional Müller-Lyer stimuli: An object-perception approach. *Perception*, 22, 819–828.

Redish, A. D. (2004). Addiction as a computational process gone awry. *Science*, 306, 1944–1947.

Reed, P. (2000). Serial position effects in recognition memory for odors. *Journal of Experimental Psychology: Learning, Memory, and Cognition*, 26(2), 411.

Reed, P. (2007). Response rate and sensitivity to the molar feedback function relating response and reinforcement rate on VI1 schedules of reinforcement. *Journal of Experimental Psychology: Animal Behavior Processes*, 33, 428–439.

Reed, P., & Morgan, T. (2008). Effect on subsequent fixed-interval schedule performance of prior exposure to ratio and interval schedules of reinforcement. *Learning & Behavior*, 36, 82–91.

Reed, S. K. (1996). *Cognition: Theory and applications* (4th ed.). Pacific Grove, CA: Brooks/Cole.

Reichenberg, A., & Harvey, P. D. (2007). Neuro-psychological impairments in schizophrenia: Integration of performance-based and brain imaging findings. *Psychological Bulletin*, 133, 212–223.

Reichenberg, A., Harvey, P., Bowie, C., Mojtabai, R., Rabinowitz, J., Heaton, R., et al. (2009). Neuropsychological function and dysfunction in schizophrenia and psychotic affective disorders. *Schizophrenia Bulletin*, 35, 1022–1029.

Reid, J. R., MacLeod, J., & Robertson, J. R. (2010). Cannabis and the lung. *Journal of the Royal College of Physicians*, 40, 328–334.

Reilly, T., & Waterhouse, J. (2007). Altered sleep-wake cycles and food intake: The Ramadan model. *Physiology & Behavior*, 90, 219–228.

Reiner, R. (2008, March). Integrating a portable biofeedback device into clinical practice for patients with anxiety disorders: Results of a pilot study. *Applied Psychophysiology and Biofeedback*, 33, 55–61.

Reisberg, D. (1997). *Cognition: Exploring the science of the mind*. WW Norton & Co.

Reisberg, D. (2009). *Cognition: Exploring the science of the mind*. New York: Norton.

Reiss, S., & Havercamp, S. M. (2005). Motivation in developmental context: A new method for studying self-actualization. *Journal of Humanistic Psychology*, 45, 41–53.

Relier, J. P. (2001). Influence of maternal stress on fetal behavior and brain development. *Biology of the Neonate*, 79, 168–171.

Repp, B. H., & Knoblich, G. (2007). Action can affect auditory perception. *Psychological Science*, 18, 6–7.

Rescorla, R. A. (1988). Pavlovian conditioning: It's not what you think it is. *American Psychologist*, 43, 151–160.

Reynolds, C. R., & Ramsay, M. C. (2003). Bias in psychological assessment: An empirical review and recommendations. In J. R. Graham & J. A. Naglieri (Eds.), *Handbook of psychology: Assessment psychology* (Vol. 10). New York: Wiley.

Rice, C. (2009, December 18). Prevalence of Autism Spectrum Disorders—Autism and Developmental Disabilities Monitoring

Network, United States, 2006. *MMWR*, 58(SS10), 1–20.

Rice, M. L., Tomblin, J. B., Hoffman, L., Richman, W. A., & Marquis, J. (2004). Grammatical tense deficits in children with SLI and nonspecific language impairment: Relationships with nonverbal IQ over time. *Journal of Speech, Language, and Hearing Research*, 47, 816–834.

Rich, E. L., & Shapiro, M. L. (2007). Prelimbic/infralimbic inactivation impairs memory for multiple task switches, but not flexible selection of familiar tasks. *Journal of Neuroscience*, 27, 4747–4755.

Richard, D. C. S., & Lauterbach, D. (Eds.). (2006). *Handbook of exposure therapies*. New York: Academic Press.

Richards, R. (2006). Frank Barron and the study of creativity: A voice that lives on. *Journal of Humanistic Psychology*, 46, 352–370.

Richardson, A. S., Bergen, H. A., Martin, G., Roeger, L., & Allison, S. (2005). Perceived academic performance as an indicator of risk of attempted suicide in young adolescents. *Archives of Suicide Research*, 9, 163–176.

Richgels, D. J. (2004). Paying attention to language. *Reading Research Quarterly*, 39, 470–477.

Rieber, R. W., & Robinson, D. K. (2006). Review of the essential Vygotsky. *Journal of the History of the Behavioral Sciences*, 42, 178–180.

Riedel, G., Platt, B., & Micheau, J. (2003). Glutamate receptor function in learning and memory. *Behavioural Brain Research*, 140, 1–47.

Rinaman, L., Banihashemi, L., & Koehnle, T. J. (2011). Early life experience shapes the functional organization of stress-responsive visceral circuits. *Physiology & Behavior*, 104, 632–640.

Riolo, E (2007). Ricordare, ripetere e rielaborare: Un lascito di Freud alia psicoanalisi futura. Remembering, repeating, and working through: Freud's legacy to the psychoanalysis of the future. *Rivista di Psicoanalisi*, 53, 439–446.

Rivera-Gaxiola, M., Klarman, L., Garcia-Sierra, A., & Kuhl, P. K. (2005). Neural patterns to speech and vocabulary growth in American infants. *Neuroreport: For Rapid Communication of Neuroscience Research*, 16, 495–498.

Roberts, M. E., Moore, S. D., & Beckham, J. C. (2007). Post-traumatic stress disorder and substance use disorders. In M. Al'bsi (Ed.), *Stress and addiction: Biological and psychological mechanisms*. San Diego, CA: Elsevier Academic Press.

Robins, R. W. (2005, October 7). The nature of personality: Genes, culture, and national character. *Science*, 310, 62–63.

Robinson, D. N. (2007). Theoretical psychology: What is it and who needs it? *Theory & Psychology*, 17, 187–198.

Robinson, N. M. (2003). Two wrongs do not make a right: Sacrificing the needs of gifted students does not solve society's unsolved problems. *Journal for the Education of the Gifted*, 26, 251–273.

Rodd, Z. A., Bell, R. L., Sable, H. J. K., Murphy, J. M., & McBride, W. J. (2004). Recent advances in animal models of alcohol craving and relapse. *Pharmacology, Biochemistry and Behavior*, 79, 439–450.

Roediger, H. L., & McDermott, K. B. (1995). Creating false memories: Remembering words not presented in lists. *Journal of Experimental Psychology: Learning, Memory, and Cognition*, 21(4), 803-814.

Roesch, S. C., Adams, L., Hines, A., Palmores, A., Vyas, P., Tran, C., et al. (2005). Coping with prostate cancer: A meta-analytic review. *Journal of Behavioral Medicine*, 28, 281–293.

Roets, A., & Van Hiel, A. (2011). An integrative process approach on judgment and decision making: The impact of arousal, affect, motivation, and cognitive ability. *The Psychological Record*, 61, 497–520.

Rogalsky, C., Love, T., Driscoll, D., Anderson, S. W., & Hickok, G. (2011). Are mirror neurons the basis of speech perception? Evidence from five cases with damage to the purported human mirror system. *Neurocase*, 17, 178–187.

Rogers J M. Tobacco and pregnancy [J]. *Reproductive Toxicology*, 2009, 28(2):152-60.

Rogers, C. R. (1995). *A way of being*. Boston: Houghton Mifflin.

Rogers, S. (2007). The underlying mechanisms of semantic memory loss in Alzheimer's disease and semantic dementia. *Dissertation Abstracts International: Section B: The Sciences and Engineering*, 67(10-B), 5591.

Rohan, K. J., Roecklein, K. A., & Tierney Lindsey, K. (2007). A randomized controlled trial of cognitive-behavioral therapy, light therapy, and their combination for seasonal affective disorder. *Journal of Consulting and Clinical Psychology*, 75, 489–500.

Roid, G., Nellis, L., & McLellan, M. (2003). Assessment with the Leiter International Performance Scale—Revised and the S-BIT. In R. S. McCallum & R. Steve (Eds.), *Handbook of nonverbal assessment*. New York: Kluwer Academic/Plenum Publishers.

Roisman, G. I., Collins, W. A., Sroufe, L. A., & Egeland, B. (2005). Predictors of young adults' representations of and behavior in their current romantic relationship: Prospective tests of the prototype hypothesis. *Attachment and Human Development*, 7, 105–121.

Roizen, N. J., & Patterson, D. (2003). Down's syndrome. *Lancet*, 361, 1281–1289.

Rollman, G. B. (2004). *Ethnocultural variations in the experience of pain*. Mahwah, NJ: Lawrence Erlbaum Associates.

Rolls, E. T. (2011). Functions of human emotional memory: The brain and emotion. In S. Nalbantian, P. M. Matthews, J. L. McClelland, S. Nalbantian, et al. (Eds.), *The memory process: Neuroscientific and humanistic perspectives*. Cambridge, MA: MIT Press.

Romano, E., Tremblay, R. E., Vitaro, E., Zoccolillo, M., & Pagani, L. (2001.) Prevalence of psychiatric diagnoses and the role of perceived impairment: Findings from an adolescent community sample. *Journal of Child Psychology and Psychiatry and Allied Disciplines*, 42, 451–461.

Romeu, P. E. (2006). Memories of the terrorist attacks of September 11, 2001: A study of the consistency and phenomenal characteristics of flashbulb memories. *The Spanish Journal of Psychology*, 9, 52–60.

Rooke, S. E., & Hine, D. W. (2011). A dual process account of adolescent and adult binge drinking. *Addictive Behaviors*, 36, 341–346.

Rorschach, H. (1924). *Psychodiagnosis: A diagnostic test based on perception*. New York: Grune & Stratton.

Rosch, E., & Mervis, C. B. (1975). Family resemblances: Studies in the internal structure of categories. *Cognitive Psychology*, 7, 573–605.

Rosenberg, L., & Park, S. (2002). Verbal and spatial functions across the menstrual cycle in healthy young women. *Psychoneuroendo-crinology*, 27, 834–841.

Rosenbloom, T., & Wolf, Y. (2002). Sensation seeking and detection of risky road signals: A developmental perspective. *Accident Analysis and Prevention*, 34, 569–580.

Rosenhan, D. L. (1973). On being sane in insane places. *Science*, 179, 250–258.

Rosenstein, D. S., & Horowitz, H. A. (1996). Adolescent attachment and psychopathology. *Journal of Consulting and Clinical Psychology*, 64, 244–253.

Ross, H. E., & Plug, C. (2002). *The mystery of the moon illusion: Exploring size perception*. Oxford: University Press.

Ross, J. (2006). Sleep on a problem . . . It works like a dream. *The Psychologist*, 19, 738–740.

Ross, P. E. (2004, April). Draining the language out of color. *Scientific American*, pp. 46–51.

Rossato, M., Pagano, C., & Vettor, R. (2008). The cannabinoid system and male reproductive functions. *Journal of Neuroendocrinology*, 20, 90–93.

Rossi, J. J., June, C. H., & Kohn, D. B. (2007). Genetic therapies against HIV. *Natural Biotechnology*, 25, 1444–1454.

Rossouw, J. E., Prentice, R. L., Manson, J. E., Wu, L., Barad, D., Barnabei, V. M., et al. (2007). Postmenopausal hormone therapy and risk of cardiovascular disease by age and years since menopause. *Journal of the American Medical Association*, 297, 1465–1477.

Rothblum, E. D. (1990). Women and weight: Fad and fiction. *Journal of Psychology*, 124, 5–24.

Roughton, R. E. (2002). Rethinking homosexuality: What it teaches us about psychoanalysis. *Journal of the American Psychoanalytic Association*, 50, 733–763.

Routtenberg, A., & Lindy, J. (1965). Effects of the availability of rewarding septal and hypothalamic stimulation on bar pressing for food under conditions of deprivation. *Journal of Comparative and Physiological Psychology*, 60, 158–161.

Rowe, J. B., Toni, I., Josephs, O., Frackowiak, R. S. J., & Passingham, R. E. (2000, June 2). The pre-frontal cortex: Response selection or maintenance within working memory? *Science*, 288, 1656–1660.

Royzman, E. B., Cassidy, K. W., & Baron, J. (2003). "I know, you know": Epistemic egocentrism in children and adults. *Review of General Psychology*, 7, 38–65.

Rozencwajg, P., Cherfi, M., Ferrandez, A. M., Lautrey, J., Lemoine, C., & Loarer, E. (2005). Age-related differences in the strategies used by middle aged adults to solve a block design task. *International Journal of Aging and Human Development*, 60, 159–182.

Rozin, P., Kabnick, K., Pete, E., Fischler, C., & Shields, C. (2003). The ecology of eating: Smaller portion sizes in France than in the United States help explain the French paradox. *Psychological Science*, 14, 450–454.

Rubichi, S., Ricci, F., Padovani, R., & Scaglietti, L. (2005). Hypnotic susceptibility, baseline attentional functioning, and the Stroop task. *Consciousness and Cognition: An International Journal*, 14, 296–303.

Rubin, D. C. (1985, September). The subtle deceiver: Recalling our past. *Psychology Today*, pp. 39–46.

Rubin, D. C., Schrauf, R. W., Gulgoz, S., & Naka, M. (2007). Cross-cultural variability of component processes in autobiographical remembering: Japan, Turkey, and the USA. *Memory*, 15, 536–547.

Rulison, K. L., & Loken, E. (2009). I've fallen and I can't get up: Can high-ability students recover from early mistakes in CAT? *Applied Psychological Measurement*, 33, 83–101.

Rusche, B. (2003). The 3Rs and animal welfare— conflict or the way forward? *ALTEX*, 20, (Suppl. 1), 63–76.

Ruscher, J. B., Fiske, S. T., & Schnake, S. B. (2000). The motivated tactician's juggling act: Compatible vs. incompatible impression goals. *British Journal of Social Psychology*, 39, 241–256.

Russell, J. A., & Sato, K. (1995). Comparing emotion words between languages. *Journal of Cross Cultural Psychology*, 26, 384–391.

Rutter, M. (2006). *Genes and behavior: Nature-nurture interplay explained*. Malden, MA: Blackwell Publishing.

Ryan, R. M., & Deci, E. L. (2011). A self-determination theory perspective on social, institutional, cultural, and economic supports for autonomy and their importance for well-being. In V. I. Chirkov, R. M. Ryan, et al. (Eds.), *Human autonomy in cross-cultural context: Perspectives on the psychology of agency, freedom, and well-being*. New York: Springer Science 1 Business Media.

Rydell, R., McConnell, A., & Mackie, D. (2008). Consequences of discrepant explicit and implicit attitudes: Cognitive dissonance and increased information processing. *Journal of Experimental Social Psychology*, 44, 1526–1532.

Rymer, R. (1994). *Genie: A scientific tragedy*. New York: Penguin.

Sabater, J., & Sierra, C. (2005). Review on computational trust and reputation models. *Artificial Intelligence Review*, 24, 33–60.

Sachs-Ericsson, N., Joiner, T., Plant, E. A., & Blazer, D. G. (2005). The influence of depression on cognitive decline in community-dwelling elderly persons. *American Journal of Geriatric Psychiatry*, 13, 402–408.

Saczynski, J., Willis, S., & Schaie, K. (2002). Strategy use in reasoning training with older adults. *Aging, Neuropsychology, & Cognition*, 9, 48–60.

Sadker, M., & Sadker, D. (1994). *Failing at fairness: How America's schools cheat girls*. New York: Scribner.

Sado, M., Yamauchi, K., Kawakami, N., Ono, Y., Furukawa, T. A., Tsuchiya, M., et al. (2011). Cost of depression among adults in Japan in 2005. *Psychiatry and Clinical Neurosciences*, 65, 442–450.

Saggino, A., Perfetti, B., & Spitoni, G. (2006). Fluid intelligence and executive functions: New perspectives. In L. V. Wesley (Eds.), *Intelligence: New research*. Hauppauge, NY: Nova Science Publishers.

Sahin, N. T., Pinker, S., & Halgren, E. (2006). Abstract grammatical processing of nouns and verbs in Broca's area: Evidence from fMRI. *Cortex*, 42, 540–562.

Salmela-Aro, K., & Nurmi, J-E. (2007). Self-esteem during university studies predicts career characteristics 10 years later. *Journal of Vocational Behavior*, 70, 463–477.

Samantaray, S. K., Srivastava, M., & Mishra, P. K. (2002). Fostering self concept and self actualization as bases for empowering women in national development: A challenge for the new millennium. *Social Science International*, 18, 58–63.

Sampson, S., & Moore, L. (2008). Is there a glass ceiling for women in development? *Nonprofit Management and Leadership*, 18, 321–339.

Sams, M., Hari, R., Rif, J., & Knuutila, J. (1993). The human auditory memory trace persists about 10 sec: Neuromagnetic evidence. *Journal of Cognitive Neuroscience*, 5, 363–370.

Samuel, D. B., & Widiger, T. A. (2006). Differentiating normal and abnormal personality from the perspective of the DSM. In S. Strack (Ed.), *Differentiating normal and abnormal personality* (2nd ed.). New York: Springer Publishing.

Sanders, C., Sadoski, M., van Walsum, K., Bramson, R., Wiprud, R., & Fossum, T. (2008). Learning basic surgical skills with mental imagery: Using the simulation centre in the mind. *Medical Education*, 42, 607–612.

Sanderson, M. (2007). Assessment of manic symptoms in different cultures. *British Journal of Psychiatry*, 190, 178.

Sandoval, J., Frisby, C. L., Geisinger, K. F., Scheuneman, J. D., & Grenier, J. R. (Eds.). (1998). *Test interpretation and diversity: Achieving equity in assessment*. Washington, DC: American Psychological Association.

Saneyoshi, A., Niimi, R., Suetsugu, T., Kaminaga, T., & Yokosawa, K. (2011). Iconic memory and parietofrontal network: fMRI study using temporal integration. *Neuroreport: For Rapid Communication of Neuroscience Research*, 22, 515–519.

Santel, S., Baving, L., Krauel, K., Munte, T. F., & Rotte, M. (2006, October 9). Hunger and satiety in anorexia nervosa: fMRI during cognitive processing of food pictures. *Brain Research*, 1114, 138–148.

Santtila, P., Wager, I., Witting, K., Harlaar, N., Jern, P., Johansson, A., et al. (2008). Discrepancies between sexual desire and sexual activity: Gender differences and associations with relationship satisfaction. *Journal of Sex & Marital Therapy*, 34, 31–44.

Saper, C. B., Lu, J., Chou, T. C., & Gooley, J. (2005). The hypothalamic integrator for circadian rhythms. *Trends in Neuroscience*, 28, 152–157.

Sapolsky, R. M. (2003). Gene therapy for psychiatric disorders. *American Journal of Psychiatry*, 160, 208–220.

Sargent, J. D., Stoolmiller, M., Worth, K. A., Cal, C. S., Wills, T. A., Gibbons, F. X., et al. (2007). Exposure to smoking depictions in movies: Its association with established adolescent smoking. *Archives of Pediatric Adolescent Medicine*, 161, 849–856.

Sato, N., Shimamura, M., & Takeuchi, D. (2007). Gene therapy for ischemic brain disease with special reference to vascular dementia. *Geriatrics & Gerontology International*, 7, 1–14.

Savage-Rumbaugh, E. S., Toth, N., & Schick, K. (2007). Kanzi learns to knap stone tools. In D. A. Washburn (Ed.), *Primate perspectives on behavior and cognition*. Washington, DC: American Psychological Association.

Savas, H. A., Yumru, M., & Kaya, M. C. (2007). Atypical antipsychotics as 'mood stabilizers': A retrospective chart review. *Progress in Neuro-Psychopharmacology & Biological Psychiatry*, 31, 1064–1067.

Savazzi, S., Fabri, M., Rubboli, G., Paggi, A., Tassinari, C. A., & Marzi, C. A. (2007). Inter-hemispheric transfer following callosotomy in humans: Role of the superior colliculus. *Neuropsychologia*, 45, 2417–2427.

Saville, B. K. (2009). Performance under competitive and self-competitive fixed-interval schedules of reinforcement. *The psychological record*, 59(1), 21–38.

Sawa, A., & Snyder, S. H. (2002, April 26). Schizophrenia: Diverse approaches to a complex disease. *Science*, 296, 692–695.

Scarr, S., & Mccartney, K. (1983). How people make their own environments: a theory of genotype greater than environment effects. *Child Development*, 54(2)(54), 424-35.

Scarr, S., & Weinberg, R. A. (1976). I.Q. test performance of black children adopted by white families. *American Psychologist*, 31, 726–739.

Schachter, S., & Singer, J. E. (1962). Cognitive, social, and physiological determinants of emotional state. *Psychological Review*, 69, 379–399.

Schacter, D. L. (1996). *Searching for Memory: the brain, the mind, and the past*. Basic Books, New York.

Schaefer, E. G., Halldorson, M. K., & Dizon-Reynante, C. (2011). TV or not TV? Does the immediacy of viewing images of a momentous news event affect the quality and stability of flashbulb memories? *Memory*, 19, 251–266.

Schaie, K. W. (2005b). What can we learn from longitudinal studies of adult development? *Research in Human Development*, 2, 133–158.

Schaller, M., & Crandall, C. S. (Eds.). (2004). *The psychological foundations of culture*. Mahwah, NJ: Lawrence Erlbaum Associates.

Schechter, T., Finkelstein, Y., & Koren, G. (2005). Pregnant "DES daughters" and their offspring. *Canadian Family Physician*, 51, 493–494.

Scheff, T. J. (1998). Shame in the labeling of mental illness. In P. Gilbert & B. Andrews, (Eds.), *Shame: Interpersonal behavior, psychopathology, and culture*. New York: Oxford University Press.

Scheier, M. F., Carver, C. S., & Bridges, M. W. (1994). Distinguishing optimism from neuroticism (and trait anxiety, self-mastery, and self-esteem): A reevaluation of the Life Orientation Test. *Journal of Personality and Social Psychology*, 67, 1063–1078.

Schenone, M. H., Aquin, E., Li, Y., Lee, C., Kruger, M., & Bahado-Singh, R. O. (2010). Prenatal prediction of neonatal survival at the borderline viability. *Journal of Maternal-Fetal Neonatal Medicine*, 12, 31–38.

Schepers, P., & van den Berg, P. T. (2007). Social factors of work-environment creativity. *Journal of Business and Psychology*, 21, 407–428.

Schermer, J., Johnson, A. M., Vernon, P. A., & Jang, K. L. (2011). The relationship between personality and self-report abilities: A behavior-genetic analysis. *Journal of Individual Differences*, 32, 47–53.

Schickedanz, J. A., Schickedanz, D. I., Forsyth, P. D., & Forsyth, G. A. (2001). The development of language and communication in preschool children. *Understanding children and adolescents*, 332–368.

Schieber, E. (2006). Vision and aging. In J. E. Birren & K. W. Schaire (Eds.), *Handbook of the psychology of aging* (6th ed.). Amsterdam, Netherlands: Elsevier.

Schiffer, A. A., Pedersen, S. S., Widdershoven, J. W., Hendriks, E. H., Winter, J. B., & Denollet, J. (2005). The distressed (type D) personality is independently associated with impaired health status and increased depressive symptoms in chronic heart failure. *European Journal of Cardiovascular Prevention and Rehabilitation*, 12, 341–346.

Schmidt, J. P. (2006). The discovery of neurotransmitters: A fascinating story and a scientific object lesson. *PsycCRITIQUES*, 61, 101–115.

Schmidt, N. B., Kotov, R., & Joiner, T. E., Jr. (2004). *Taxometrics: Toward a new diagnostic scheme for psychopathology*. Washington, DC: American Psychological Association.

Schmitt, D. P., Allik, J., & Mccrae, R. R. (2007). The geographic distribution of Big Five personality traits: Patterns and profiles of human self-description across 56 nations. *Journal of Cross-Cultural Psychology*, 38, 173–212.

Schmitt, D., Realo, A., Voracek, M., & Allik, J. (2008). Why can't a man be more like a woman? Sex differences in Big Five personality traits across 55 cultures. *Journal of Personality and Social Psychology*, 94, 168–182.

Schnell, K., & Herpertz, S. C. (2007). Effects of dialectic-behavioral-therapy on the neural correlates of affective hyperarousal in borderline personality disorder. *Journal of Psychiatric Research*, 41, 837–847.

Schnupp, J., Nelken, I., & King, A. (2011). *Auditory neuroscience: Making sense of sound*. Cambridge, MA: MIT Press.

Schredl, M., & Piel, E. (2005). Gender differences in dreaming: Are they stable over time? *Personality and Individual Differences*, 39, 309–316.

Schredl, M., & Reinhard, I. (2011). Gender differences in nightmare frequency: A meta-analysis. *Sleep Medicine Reviews*, 15, 115–121.

Schredl, M., Fricke-Oerkermann, L., Mitschke, A., Wiater, A., & Lehmkuhl, G. (2009, September). Longitudinal study of nightmares in children: Stability and effect of emotional symptoms. *Child Psychiatry and Human Development*, 40, 439–449.

Schreurs, B. G., Smith-Bell, C. A., & Burhans, L. B. (2011). Classical conditioning and conditioning-specific reflex modification of rabbit heart rate as a function of unconditioned stimulus location. *Behavioral Neuroscience*, 125, 604–612.

Schroers, M., Prigot, J., & Fagen, J. (2007, December). The effect of a salient odor context on memory retrieval in young infants. *Infant Behavior & Development*, 30, 685–689.

Schubert, T., & Koole, S. (2009). The embodied self: Making a fist enhances men's power-related self-conceptions. *Journal of Experimental Social Psychology*, 45, 828–834.

Schulte-Ruther, M., Markowitsch, J. J., Fink, G. R., & Piefke, M. (2007). Mirror neuron and theory of mind mechanisms involved in face-to-face interactions: A functional magnetic resonance imaging approach to empathy. *Journal of Cognitive Neuroscience*, 19, 1354–1372.

Schwartz, J. M., & Begley, S. (2002). *The mind and the brain: Neuroplasticity and the power of mental force*. New York: Regan Books/Harper Collins.

Schwartz, S. J., CÔté, J. E., & Arnett, J. J. (2005). Identity and agency in emerging adulthood: Two developmental routes in the individualization process. *Youth & Society*, 37, 201–229.

Schweizer, S., & Dalgleish, T. (2011). Emotional working memory capacity in posttraumatic stress disorder (PTSD). *Behaviour Research and Therapy*, 49, 498–504.

Schwenkreis, P., El Tom, S., Ragert, P., Pleger, B., Tegenthoff, M., & Dinse, H. (2007, December). Assessment of sensorimotor cortical representation asymmetries and motor skills in violin players. *European Journal of Neuroscience*, 26, 3291–3302.

Sciutto, M., & Eisenberg, M. (2007). Evaluating the evidence for and against the overdiagnosis of ADHD. *Journal of Attention Disorders*, 11, 106–113.

Sebastiani, L., Castellani, E., & D'Alessandro, L. (2011). Emotion processing without awareness: Features detection or significance evaluation? *International Journal of Psychophysiology*, 80, 150–156.

Seeley, R., Stephens, T., & Tate, P. (2000). *Anatomy & Physiology* (5th ed.). Boston: McGraw-Hill.

Seeman, P. (2011). All roads to schizophrenia lead to dopamine supersensitivity and elevated dopamine D2 receptors. *CNS Neuroscience & Therapeutics*, 17, 118–132.

Segall, M. H., Campbell, D. T., & Herskovits, M. J. (1966). *The influence of culture on visual perception*. New York: Bobbs-Merrill.

Segerstrom, S. C., & Miller, G. E. (2004). Psychological stress and the human immune system: A meta-analytic study of 30 years of inquiry. *Psychological Bulletin*, 130, 601–630.

Schulster, J. R. (1989). Content and temporal structure of autobiographical knowledge: Remembering twenty-five seasons at the Metropolitan Opera. *Memory & Cognition*, 17(5), 590-606.

Seibt, B., & Förster, J. (2005). Stereotype threat and performance: How self-stereotypes influence processing by inducing regulatory foci. *Journal of Personality and Social Psychology*, 87, 38–56.

Seli, H. (2007). Self in self-worth protection: The relationship of possible selves to achievement motives and self-worth protective strategies. *Dissertation Abstracts International Section A: Humanities and Social Sciences*, 67(9-A), 3302.

Seligman, M. E. P. (1995, December). The effectiveness of psychotherapy: The Consumer Reports study. *American Psychologist*, 50, 965–974.

Seligman, M. E. P. (1996, October). Science as an ally of practice. *American Psychologist*, 51, 1072–1079.

Selkoe, D. J. (1997, January 31). Alzheimer's disease: Genotypes, phenotype, and treatments. *Science*, 275, 630–631.

Sellbom, M., & Ben-Porath, Y. S. (2006). The Minnesota Multiphasic Personality Inventory-2. In R. P. Archer (Ed.), *Forensic uses of clinical assessment instruments*. Mahwah, NJ: Lawrence Erlbaum Associates.

Sellbom, M., Fischler, G., & Ben-Porath, Y. (2007). Identifying MMPI-2 Predictors of police officer integrity and misconduct. *Criminal Justice and Behavior*, 34, 985–1004.

Sells, R. (1994, August). *Homosexuality study*. Paper presented at the annual meeting of the American Statistical Association, Toronto.

Selove, R. (2007). The glass is half full: Current knowledge about pediatric cancer and sickle cell anemia. *PsycCRITIQUES*, 52, 88–99.

Selsky, A. (1997, February 16). African males face circumcision rite. *The Boston Globe*, p. C7.

Selye, H. (1976). *The stress of life*. New York: McGraw-Hill.

Selye, H. (1993). History of the stress concept. In L. Goldberger & S. Breznitz (Eds.), *Handbook of stress: Theoretical and clinical aspects* (2nd ed.). New York: Free Press.

Semler, C. N., & Harvey, A. G. (2005). Misperception of sleep can adversely affect daytime functioning in insomnia. *Behaviour Research and Therapy*, 43, 843–856.

Semykina, A., & Linz, S. J. (2007). Gender differences in personality and earnings: Evidence from Russia. *Journal of Economic Psychology*, 28, 387–410.

Seroczynski, A. D., Jacquez, F. M., & Cole, D. A. (2003). Depression and suicide during adolescence. In G. R. Adams & M. D. Berzonsky (Eds.), *Blackwell handbook of adolescence*. Malden, MA: Blackwell Publishers.

Seymour, B. (2006). Carry on eating: Neural pathways mediating conditioned potentiation of feeding. *Journal of Neuroscience*, 26, 1061–1062.

Shafer, V. L., & Garrido-Nag, K. (2007). The neurodevelopmental bases of language. In E. Hoff & M. Shatz (Eds.), *Blackwell handbook of language development*. Malden, MA: Blackwell Publishing.

Shaikholeslami, R., & Khayyer, M. (2006). Intrinsic motivation, extrinsic motivation, and learning English as a foreign language. *Psychological Reports*, 99, 813–818.

Shapiro, L. R. (2006). Remembering September 11th: The role of retention interval and rehearsal on flashbulb and event memory. *Memory*, 14, 129–147.

Sharma, H. S., Sjoquist, P. O., & Ali, S. F. (2007). Drugs of abuse-induced hyperthermia, blood-brain barrier dysfunction and neurotoxicity: Neuroprotective effects of a new antioxidant compound h-290/51. *Current Pharmaceutical Design*, 13, 1903–1923.

Shaw, J., & Porter, S. (2015). Constructing rich false memories of committing crime. *Psychological Science*, 26(3), 291–301.

Shaywitz, B. A., Shaywltz, S. E., Pugh, K. R., Constable, R. T., Skudlarski, P., Fulbright, R. K., ... & Gore, J. C. (1995). Sex differences in the functional organization of the brain forlanguage. *Nature*, 373(6515), 607.

Shea, A., & Steiner, M. (2008). Cigarette smoking during pregnancy. *Nicotine & Tobacco Research*, 10, 267–278.

Shelton, R. C., Keller, M. B., Gelenberg, A., Dunner, D. L., Hirschfeld, R. M. A., Thase, M. E., et al. (2002). The effectiveness of St. John's wort in major depression: A multi-center, randomized placebo-controlled trial. *Journal of the American Medical Association*, 285, 1978–1986.

Shen, M., Gao, Z., Ding, X., Zhou, B., & Huang, X. (2014). Holding biological motion information in working memory. *Journal of Experimental Psychology: Human Perception and Performance*, 40(4), 1332.

Shen, M., Tang, N., Wu, F., Shui, R., & Gao, Z. (2013). Robust object-based encoding in visual working memory. *Journal of Vision*, 13(2), 1-1.

Shen, M., Xu, H., Zhang, H., Shui, R., Zhang, M., & Zhou, J. (2015). The working memory Ponzo illusion: Involuntary integration of visuospatial information stored in visual working memory. *Cognition*, 141, 26-35.

Shepard, R. N., & Metzler, J. (1971). Mental rotation of three-dimensional objects. *Science*, 171(3972), 701–703.

Shepperd, J., Malone, W., & Sweeny, K. (2008). Exploring causes of the self-serving bias. *Social and Personality Psychology Compass*, 2, 895–908.

Sherman, S. L., Allen, E. G., Bean, L. H., & Freeman, S. B. (2007). Epidemiology of Down syndrome [Special issue: Down syndrome]. *Mental Retardation and Developmental Disabilities Research*

Reviews, 13, 221–227.

Shier, D., Butler, J., & Lewis, R. (2000). *Hole's essentials of human anatomy and physiology* (7th ed.). Boston: McGraw-Hill.

Shimono, K., & Wade N. J. (2002). Monocular alignment in different depth planes. *Vision Research*, 42, 1127–1135.

Shin, A., Zheng, H., & Berthoud, H. (2009). An expanded view of energy homeostasis: Neural integration of metabolic, cognitive, and emotional drives to eat. *Physiology & Behavior*, 97, 572–580.

Shulman, J. L., & Horne, S. G. (2006). Guilty or not? A path model of women's sexual force fantasies. *Journal of Sex Research*, 43, 368–377.

Shurkin, J. N. (1992). *Terman's kids: The groundbreaking study of how the gifted grow up*. Boston: Little, Brown.

Shweder, R. A. (1994). You're not sick, you're just in love: Emotion as an interpretive system. In P. Ekman & R. J. Davidson (Eds.), *The nature of emotion: Fundamental questions*. New York: Oxford.

Shynkaruk, J. M., & Thompson, V. A. (2006). Confidence and accuracy in deductive reasoning. *Memory & Cognition*, 34, 619–632.

Sidman, M. (2006). The distinction between positive and negative reinforcement: Some additional considerations. *Behavior Analyst*, 29, 135–139.

Siegel, R. K. (1989). *Intoxication: Life in pursuit of artificial paradise*. New York: E. P. Dutton.

Siegert, R. J., & Ward, T. (2002). Clinical psychology and evolutionary psychology: Toward a dialogue. *Review of General Psychology*, 6, 235–259.

Siemer, M., Mauss I., & Gross, J. J. (2007). Same situation—different emotions: How appraisals shape our emotions. *Emotion*, 7, 592–600.

Sifrit, K. J. (2006). The effects of aging and cognitive decrements on simulated driving performance. *Dissertation abstracts international: Section B: The sciences and engineering*, 67, 2863.

Silva, A. J. (2011). Molecular genetic approaches to memory consolidation. In S. Nalbantian, P. M. Matthews, et al. (Eds.), *The memory process: Neuroscientific and humanistic perspectives*. Cambridge, MA: MIT Press.

Silverstein, M. L. (2007). Rorschach test findings at the beginning of treatment and 2 years later, with a 30-year follow-up. *Journal of Personality Assessment*, 88, 131–143.

Simon, G., Ludman, E., Unützer, J., Operskalski, B., & Bauer, M. (2008). Severity of mood symptoms and work productivity in people treated for bipolar disorder. *Bipolar Disorders*, 10, 718–725.

Simon, S., & Hoyt, C. (2008). Exploring the gender gap in support for a woman for president. *Analyses of Social Issues and Public Policy (ASAP)*, 8, 157–181.

Simonton, D. K. (1994). *Greatness: Who makes history and why*. Guilford Press.

Simpson, J. A. (1987). The dissolution of romantic relationships: Factors involved in relationship stability and emotional distress. *Journal of Personality and Social Psychology*, 53(4), 683.

Simonton, D. K. (2009). Varieties of (scientific) creativity: A hierarchical model of domain-specific disposition, development, and achievement. *Perspectives on Psychological Science*, 4, 441–452.

Singer, J. L. (2006). Why imagery, personal memories, and daydreams matter. In J. L. Singer (Ed.), *Imagery in psychotherapy*. Washington, DC: American Psychological Association.

Singer, L. T., & Richardson, G. A. (2011). Introduction to "understanding developmental consequences of prenatal drug exposure: Biological and environmental effects and their interactions." *Neurotoxicology and Teratology*, 33, 5–8.

Singh, S., Wulf, D., Samara, R., & Cuca, Y. P. (2000). Gender differences in the timing of first intercourse: Data from 14 countries. *International Family Planning Perspectives*, 26, 21–28, 43.

Sininger, Y. S., & Cone-Wesson, B. (2004, September 10). Asymmetric cochlear processing mimics hemispheric specialization. *Science*, 305, 1581.

Sininger, Y. S., & Cone-Wesson, B. (2006). Lateral asymmetry in the ABR of neonates: Evidence and mechanisms. *Hearing Research*, 212, 203–211.

Skinner, B. F. (1957). *Verbal behavior*. New York: Appleton-Century-Crofts.

Skinner, B. F. (1975). The steep and thorny road to a science of behavior. *American Psychologist*, 30, 42–49.

Sleek, S. (1997, June). Can "emotional intelligence" be taught in today's schools? *APA Monitor*, p. 25.

Sloan, E. P., et al. (1993). The nuts and bolts of behavioral therapy for insomnia. *Journal of Psychosomatic Research*, 37 (Suppl.), 19–37.

Slocombe, K. E., Waller, B. M., & Liebal, K. (2011). The language void: The need for multimodality in primate communication research. *Animal Behaviour*, 81, 919–924.

Slovic, P. (1987). Perception of risk. *Science*, 236(4799), 280-285.

Smart, R. G. (2007). Review of introduction to addictive behaviours. *Addiction*, 102, 831.

Smetana, J. B. (2007). Strategies for understanding archetypes and the collective unconscious of an organization. *Dissertation Abstracts International Section A: Humanities and Social Sciences*, 67(12-A), 4714.

Smith, B. H., Barkley, R. A., & Shapiro, C. J. (2006). Attention-Deficit/Hyperactivity Disorder. In E. J. Mash & R. A. Barkley (Eds.), *Treatment of childhood disorders* (3rd. ed). New York: Guilford Press.

Smith, C. (2006). Symposium V—Sleep and learning: New developments [Special issue: Methods and learning in functional MRI]. *Brain and Cognition*, 60, 331–332.

Smith, C. A., & Lazarus, R. S. (2001). Appraisal components, core relational themes, and the emotions. In W. G. Parrott (Ed.), *Emotions in social psychology: Essential readings* Philadelphia: Psychology Press.

Smith, C. D., Chebrolu, J., Wekstein, D. R., Schmitt, F. A., & Markesbery, W. R. (2007). Age and gender effects on human brain anatomy: A voxel-based morphometric study in healthy elderly. *Neurobiology of Aging*, 28, 1057–1087.

Smith, D. E., Springer, C. M., & Barrett, S. (2011). Physical discipline and socioemotional adjustment among Jamaican adolescents. *Journal of Family Violence*, 26, 51–61.

Smith, E. R., & Semin, G. R. (2007). Situated social cognition. *Current Directions in Psychological Science*, 16, 132–135.

Smith, M. B. (2003). Moral foundations in research with human participants. In A. E. Kazdin (Ed.), *Methodological issues & strategies in clinical research* (3rd ed.). Washington, DC: American Psychological Association.

Smith, M. L., Glass, G. V., & Miller, T. I. (1980). *The benefits of psychotherapy*. Baltimore: The Johns Hopkins University Press.

Smith, W. B. (2007). Karen Horney and psychotherapy in the 21st century. *Clinical Social Work Journal*, 35, 57–66.

Smrtnik-Vitulić, H., & Zupančič, M. (2011). Personality traits as a predictor of academic achievement in adolescents. *Educational Studies*, 37, 127–140.

Snyder, D. J., Fast, K., & Bartoshuk, L. M. (2004). Valid comparisons of suprathreshold sensations. *Journal of Consciousness Studies*, 11, 96–112.

Snyder, M. (2002). Applications of Carl Rogers' theory and practice to couple and family therapy: A response to Harlene Anderson and David Bott. *Journal of Family Therapy*, 24, 317–325.

Sobel, K., Gerrie, M., Poole, B., & Kane, M. (2007, October). Individual differences in working memory capacity and visual search: The roles of top-down and bottom-up processing. *Psychonomic Bulletin & Review*, 14, 840–845.

Society for Personality Assessment. (2005). The status of Rorschach in clinical and forensic practice: An official statement by the board of trustees of the Society for Personality Assessment. *Journal of Personality Assessment*, 85, 219–237.

Sodian, B. (2011). Theory of mind in infancy. *Child Development Perspectives*, 5, 39–43.

Sohr-Preston, S. L., & Scaramella, L. V. (2006). Implications of timing of maternal depressive symptoms for early cognitive and language development. *Clinical Child and Family Psychology Review*, 9, 65–83.

Soler, J., Pascual, J., Tiana, T., Cebriã, A., Barrachina, J., Campins, M., et al. (2009). Dialectical behaviour therapy skills training compared to standard group therapy in borderline personality disorder: A 3-month randomised controlled clinical trial. *Behaviour Research and Therapy*, 47, 353–358.

Somers, T. J., Moseley, G., Keefe, F. J., & Kothadia, S. M. (2011). Neuroimaging of pain: A psychosocial perspective. In R. A. Cohen & L. H. Sweet, (Eds.), *Brain imaging in behavioral medicine and clinical neuroscience*. New York: Springer Science 1 Business Media.

Soussignan, R. (2002). Duchenne smile, emotional experience, and autonomic reactivity: a test of the facial feedback hypothesis. *Emotion*, 2(1), 52.

Spackman, M. P., Fujiki, M., & Brinton, B. (2006). Understanding emotions in context: The effects of language impairment on children's ability to infer emotional reactions. *International Journal of Language & Communication Disorders*, 41, 173–188.

Spangler, W. D. (1992). Validity of questionnaire and TAT measures of need for achievement: Two meta-analyses. *Psychological bulletin*, 112(1), 140.

Spanos, N. P., Barber, T. X., & Lang, G. (2005). Cognition and self-control: Cognitive control of painful sensory input. *Integrative Physiological & Behavioral Science*, 40, 119–128.

Sparks, S. D. (2007, October 2). Foundation: Gifted poor students given short shrift. *Education Daily*, 40, 3.

Spence, M. J., & DeCasper, A. J. (1982, March). *Human fetuses perceive maternal speech*. Paper presented at the meeting of the International Conference on Infant Studies, Austin, TX.

Spence-Cochran, K., & Pearl, C. (2006). Moving toward full inclusion. In P. Wehman (Ed.), *Life beyond the classroom: Transition strategies for young people with disabilities* (4th ed.). Baltimore: Paul H. Brookes Publishing.

Spencer, S. J., Fein, S., Zanna, M. P., & Olson, J. M. (Eds.). (2003). *Motivated social perception: The Ontario Symposium* (Vol. 9). Mahwah, NJ: Erlbaum.

Spencer-Rodgers, J., Peng, K., Wang, L., & Hou, Y. (2004). Dialectical self-esteem and East-West differences in psychological well-being. *Personality and Social Psychology Bulletin*, 30, 1416–1432.

Sperling, G. (1960). The information available in brief visual presentation. *Psychological Monographs*, 74, 29.

Sperry, R. (1982). Some effects of disconnecting the cerebral hemispheres. *Science*, 217, 1223–1226.

Spiegel, D. (Ed.). (1999). *Efficacy and cost-effectiveness of psychotherapy*. New York: American Psychiatric Press.

Spiers, H. J., & Maguire, E. A. (2007). Decoding human brain activity during real-world experiences. *Trends in Cognitive Science*, 11, 356–365.

Spindler, H., Kruse, C., Zwisler, A., & Pedersen, S. (2009). Increased anxiety and depression in Danish cardiac patients with a type D personality: Cross-validation of the Type D Scale (DS14). *International Journal of Behavioral Medicine*, 16, 98–107.

Spinella, M., & Lester, D. (2006). Can money buy happiness? *Psychological Reports*, 99, 992.

Sprecher, S., & Hatfield, E. (1996). Premarital sexual standards among U.S. college students: Comparison with Russian and Japanese students. *Archives of Sexual Behavior*, 25, 261–288.

Sprenger, M. (2007). *Memory 101 for educators*. Thousand Oaks, CA: Corwin Press.

Squire, L. R., Clark, R. E., & Bayley, P. J. (2004). Medial temporal lobe function and memory. In M. S. Gazzaniga (Ed.), *Cognitive neurosciences* (3rd ed.). Cambridge, MA: MIT.

St. Jacques, P. L., & Levine, B. (2007). Ageing and autobiographical memory for emotional and neutral events. *Memory*, 15, 129–144.

Staddon, J. E. R., & Cerutti, D. T. (2003). Operant conditioning. *Annual Review of Psychology*, 54, 115–144.

Staley, J. K., Sanacora, G., & Tamagnan, G. (2006). Sex differences in diencephalon serotonin transporter availability in major depression. *Biological Psychiatry*, 59, 40–47.

Stanojevic, S., Mitic, K., & Vujic, V. (2007). Exposure to acute physical and psychological stress alters the response of rat macrophages to corticosterone, neuropeptide Y and beta-endorphin. *International Journal on the Biology of Stress*, 10, 65–73.

Stanton, A. L., Danoff-Burg, S., Cameron, C. L., Bishop, M., Collins, C. A., Kirk, S. B., et al. (2000). Emotionally expressive coping predicts psychological and physical adjustment to breast cancer. *Journal of Consulting and Clinical Psychology*, 68, 875–882.

Stapel, D. A., & Semin, G. R. (2007). The magic spell of language: Linguistic categories and their perceptual consequences. *Journal of Personality and Social Psychology*, 93, 23–33.

Starcevic, V., Berle, D., Milicevic, D., Hannan, A., Pamplugh, C., & Eslick, G. D. (2007). Pathological worry, anxiety disorders and the impact of co-occurrence with depressive and other anxiety disorders. *Journal of Anxiety Disorders*, 21, 1016–1027.

Startup, M., Bucci, S., & Langdon, R. (2009). Delusions of reference: A new theoretical model. *Cognitive Neuropsychiatry*, 14, 110–126.

Steblay, N., Dysart, J., Fulero, S., & Lindsay, R. C. L. (2003). Eyewitness accuracy rates in police showup and lineup presentations: A meta-analytic comparison. *Law & Human Behavior*, 27, 523–540.

Steele, C. M. (1997). A threat in the air: How stereotypes shape intellectual identity and performance. *American Psychologist*, 52, 613–629.

Steele, C. M., Spencer, S. J., & Aronson, J. (2002). Contending with group image. The psychology of stereotype and social identity threat. In M. P. Zanna (Ed.), *Advances in experimental social psychology* (Vol. 34). San Diego: Academic Press.

Steiger, A. (2007). Neurochemical regulation of sleep. Journal of Psychiatric Research, 41, 537–552.

Stein, L. A. R., & Graham, J. R. (2005). Ability of substance abusers to escape detection on the Minnesota Multiphasic Personality Inventory-Adolescent (MMPI-A) in a juvenile correctional facility. *Assessment*, 12, 28–39.

Steinberg Laurence, D., Bradford, B. B., & Dornbusch Sanford, M. (1996). *Beyond the Classroom: Why School Reform Has Failed and What Parents Need to Do*. New York: Simon & Schuster

Steinberg, L. , Fegley, S. , & Dornbusch, S. M. . (1993). Negative impact of part-time work on adolescent adjustment: evidence from a longitudinal study. *Developmental Psychology*, 29(2), 171-180.

Steiner, J. (2008). Transference to the analyst as an excluded observer. *The International Journal of Psychoanalysis*, 89, 39–54.

Stemler, S. E., & Sternberg, R. J. (2006). Using

Stemler, S. E., Sternberg, R. J., Grigorenko, E. L., Jarvin, L., & Sharpes, K. (2009). Using situational judgment tests to measure practical intelligence. In J. A. Weekley & R. E. Ployhart (Eds.), *Situational judgment tests:* Theory, measurement, and application. Mahwah, NJ: Lawrence Erlbaum Associates.

Stemler, S. E., Sternberg, R. J., Grigorenko, E. L., Jarvin, L., & Sharpes, K. (2009). Using the theory of successful intelligence as a framework for developing assessments in AP physics. *Contemporary Educational Psychology*, 34, 195–209.

Stenklev, N. C., & Laukli, E. (2004). Cortical cognitive potentials in elderly persons. *Journal of the American Academy of Audiology*, 15, 401–413.

Stern, E., & Silbersweig, D. A. (2001). Advances in functional neuroimaging methodology for the study of brain systems underlying human neuropsychological function and dysfunction. *Journal of clinical and experimental neuropsychology*, 23(1), 3-18.

Stern, R. M., & Koch, K. L. (1996). Motion sickness and differential susceptibility. *Current Directions in Psychological Science*, 5, 115–120.

Sternberg, R. J. (1998). *Successful intelligence: How practical and creative intelligence determine success in life*. New York: Plume.

Sternberg, R. J. (2002). Individual differences in cognitive development. In U. Goswami (Ed.), *Blackwell handbook of childhood cognitive development. Blackwell handbooks of developmental psychology*. Malden, MA: Blackwell.

Sternberg, R. J. (2005). Culture and measurement. *Measurement: Interdisciplinary Research and Perspectives*, 3, 108–113.

Sternberg, R. J. (2007). Who are the bright children? The cultural context of being and acting intelligent. *Educational Researcher*, 36, 148–155.

Sternberg, R. J. (2011). Individual differences in cognitive development. In U. Goswami & U. Goswami (Eds.), *The Wiley-Blackwell handbook of childhood cognitive development* (2nd ed.). New York: Wiley-Blackwell.

Sternberg, R. J., & Jarvin, L. (2003). Alfred Binet's contributions as a paradigm for impact in psychology. In R. J. Sternberg (Ed.), *The anatomy of impact: What makes the great works of psychology great*. Washington, DC: American Psychological Association.

Sternberg, R. J., & O'Hara, L. A. (2000). Intelligence and creativity. In R. Sternberg (Eds.), *Handbook of intelligence*. New York: Cambridge University Press.

Sternberg, R. J., & Pretz, J. E. (2005). *Cognition and intelligence: Identifying the mechanisms of the mind*. New York: Cambridge University Press.

Sternberg, R. J., Grigorenko, E. L., & Kidd, K. K. (2005). Intelligence, race, and genetics. *American Psychologist*, 60, 46–59.

Sternberg, R. J., Jarvin, L., & Grigorenko, E. L. (2011). *Explorations in giftedness*. New York: Cambridge University Press.

Sternberg, R. J., Kaufman, J. C., & Pretz, J. E. (2004). A propulsion model of creative leadership [Special issue: Creativity in the workplace]. *Creativity and Innovation Management*, 13, 145–153.

Stettler, N., Stallings, V. A., Troxel, A. B., Zhao, J. Z., Schinnar, R., Nelson, S. E., et al (2005). Weight gain in the first week of life and overweight in adulthood. *Circulation*, 111, 1897–1903.

Stevens, C. F. (1979). The neuron. *Scientific American*, 241(3), 54–65.

Stevens, S. S., & Pashler, H. E. (2002). *Steven's handbook of experimental psychology: Learning, motivation, and emotion*. New York: Wiley.

Stevenson, H. W., Lee, S., & Mu, X. (2000). Successful achievement in mathematics: China and the United States. *Developing talent across the lifespan*, 167-183.

Stevenson, R. J., & Case, T. I. (2005). Olfactory imagery: A review. *Psychonomic Bulletin and Review*, 12, 244–264.

Stickgold, R., Hobson, J. A., Fosse, R., & Fosse, M. (2001, November 2). Sleep, learning, and dreams: Off-line memory reprocessing. *Science*, 294, 1052–1057.

Stifter, C. A., Dollar, J. M., & Cipriano, E. A. (2011). Temperament and emotion regulation: The role of autonomic nervous system reactivity. *Developmental Psychobiology*, 53, 266–279.

Stix, G. (2011, March). The neuroscience of true grit. *Scientific American*, 29–33.

Stockdale, M. S., & Sagrestano, L. M. (2011). Resources for targets of sexual harassment. In M. A. Paludi, C. R. Paludi, et al. (Eds.), *Praeger handbook on understanding and preventing workplace discrimination* (Vols. 1 & 2). Santa Barbara, CA: Praeger/ABC-CLIO.

Stone, J. (2002). Battling doubt by avoiding practice: The effects of stereotype threat on self-handicapping in white athletes. *Personality and Social Psychology Bulletin*, 28, 1667–1678.

Stone, J., Morrison, P., & Pilowsky, L. (2007). Glutamate and dopamine dysregulation in schizophrenia—A synthesis and selective review. *Journal of Psychopharmacology*, 21, 440–452.

Storm, L., & Ertel, S. (2001). Does psi exist? Comments on Milton and Wiseman's (1999) meta-analysis of Ganzfeld's research. *Psychological Bulletin*, 127, 424–433.

Stouffer, E. M., & White, N. M. (2006). Neural circuits mediating latent learning and conditioning for salt in the rat. *Neurobiology of Learning and Memory*, 86, 91–99.

Straehley I C, Loebach J L. The influence of mode and musical experience on the attribution of emotions to melodic sequences.[J]. *Psychomusicology*, 2014, 24(1).

Strathern, A., & Stewart, P. J. (2003). *Landscape, memory and history: Anthropological perspectives*. London: Pluto Press.

Strauss, E. (1998, May 8). Writing, speech separated in split brain. *Science*, 280, 287.

Strayer, D. L., & Drews, F. A. (2007). Cell-phone-induced driver distraction. *Current Directions in Psychological Science*, 16, 128–131.

Striano, T., & Vaish, A. (2006). Seven- to 9-month-old infants use facial expressions to interpret others' actions. *British Journal of Developmental Psychology*, 24, 753–760.

Striegel-Moore, R., & Bulik, C. M. (2007). Risk factors for eating disorders. *American Psychologist*, 62, 181–198.

Strupp, H. H., & Binder, J. L. (1992). Current developments in psychotherapy. *The Independent Practitioner*, 12, 119–124.

Sun, Z., Huang, Y., Yu, W., Zhang, M., Shui, R., & Gao, T. (2015). How to break the configuration of moving objects? Geometric invariance in visual working memory. *Journal of Experimental Psychology: Human Perception and Performance*, 41(5), 1247.

Sunder, J. M., Borren, I., & Tambs, K. (2008). The Flynn effect is partly caused by changing fertility patterns. *Intelligence*, 36, 183–191.

Suzuki, L. A., Short, E. L., & Lee, C. S. (2011). Racial and ethnic group differences in intelligence in the United States: Multicultural perspectives. In R. J. Sternberg & S. Kaufman, (Eds.), *The Cambridge handbook of intelligence*. New York: Cambridge University Press.

Svartdal, F. (2003). Extinction after partial reinforcement: Predicted vs. judged persistence. *Scandinavian Journal of Psychology*, 44, 55–64.

Swain, P. I. (2006). *New developments in eating disorders research*. Hauppauge, NY: Nova Science Publishers.

Swain, R. A., Kerr, A. L., & Thompson, R. F. (2011). The cerebellum: A neural system for the study of reinforcement learning. *Frontiers in Behavioral Neuroscience*, (18), 89–96.

Swales, M. A., & Heard, H. L. (2007). The therapy relationship in dialectical behaviour therapy. In P. Gilbert & R. L. Leahy (Eds.), *The therapeutic relationship in the cognitive behavioral psychotherapies*. New York: Routledge/Taylor & Francis.

Sy T, Tram S, O'Hara L A. Relation of employee and manager emotional intelligence to job satisfaction and performance[J]. *Journal of Vocational Behavior*, 2006, 68(3):461-473.

Symons, C. S., & Johnson, B. T. (1997). The self-reference effect in memory: a meta-analysis. *Psychological bulletin*, 121(3), 371.

Szasz, T. (2006). The pretense of psychology as science: The myth of mental illness in statu nascendi. *Current Psychology: Developmental, Learning, Personality, Social*, 25, 42–49.

Szasz, T. S. (1994). *Cruel compassion: Psychiatric control of society's unwanted*. New York: Wiley.

Tadmor, C. T. (2007). Biculturalism: The plus side of leaving home? The effects of second-culture exposure on integrative complexity and its consequences for overseas performance. *Dissertation Abstracts International Section A: Humanities and Social Sciences*, 67(8-A), 3068.

Tajfel, H., & Turner, J. C. (2004). The social identity theory of intergroup behavior. In J. T. Jost & J. Sidanius (Eds.), *Political psychology: Key readings*. New York: Psychology Press.

Takahashi, M., Nakata, A., Haratani, T., Ogawa, Y., & Arito, H. (2004). Post-lunch nap as a worksite intervention to promote alertness on the job. *Ergonomics*, 47, 1003–1013.

Takizawa, T., Kondo, T., & Sakihara, S. (2007). Stress buffering effects of social support on depressive symptoms in middle age: Reciprocity and community mental health: Corrigendum. *Psychiatry and Clinical Neurosciences*, 61, 336–337.

Talarico, J. (2009). Freshman flashbulbs: Memories of unique and first-time events in starting college. *Memory*, 17, 256–265.

Talarico, J., & Rubin, D. (2007). Flashbulb memories are special after all; in phenomenology, not accuracy. *Applied Cognitive Psychology*, 21, 557–578.

Talhelm, T., Zhang, X., Oishi, S., Shimin, C., Duan, D., Lan, X., & Kitayama, S. (2014). Large-scale psychological differences within China explained by rice versus wheat agriculture. *Science*, 344(6184), 603-608.

Talmi, D., Anderson, A., Riggs, L., Caplan, J., & Moscovitch, M. (2008). Immediate memory consequences of the effect of emotion on attention to pictures. *Learning & Memory*, 15, 172–182.

Tal-Or, N., & Papirman, Y. (2007). The fundamental attribution error in attributing fictional figures' characteristics to the actors. *Media Psychology*, 9, 331–345.

Talukdar, S., & Shastri, J. (2006). Contributory and adverse factors in social development of young children. *Psychological Studies*, 51, 294–303.

Tan, G., Rintala, D. H., Jensen, M. P., Richards, J. S., Holmes, S. A., Parachuri, R., et al. (2011). Efficacy of cranial electrotherapy stimulation for neuropathic pain following spinalcord injury: A multi-site randomized controlled trial with a secondary 6-month open-label phase. *Journal of Spinal Cord Medicine*, 34, 285–296.

Tan, L. H., Chan, A. H., Kay, P., Khong, P. L., Yip, L. K., & Luke, K. K. (2008). Language affects patterns of brain activation associated with perceptual decision. *Proceedings of the National Academy of Sciences*, 105(10), 4004-4009.

Tani, J., Faustine, L., & Sufian, J. T. (2011). Updates on current advances in genetherapy. *West Indian Medical Journal*, 60, 188–194.

Tanner, J. M. (1990). *Foetus into man: Physical growth from conception to maturity* (rev. ed.). Cambridge, MA: Harvard University Press.

Taras, H., & Potts-Datema, W. (2005). Chronic health conditions and student performance at school. *Journal of School Health*, 75, 255–266.

Tasker, F. (2005). Lesbian mothers, gay fathers, and their children: A review. *Journal of Developmental and Behavioral Pediatrics*, 26, 224–240.

Taylor, F., & Bryant, R. A. (2007). The tendency to suppress, inhibiting thoughts, and dream rebound. *Behaviour Research and Therapy*, 45, 163–168.

Taylor, S. E., Kemeny, M. E., Reed, G. M., Bower, J. E., & Gruenewald, T. L. (2000). Psychological resources, positive illusions, and health. *American Psychologist*, 55, 99–109.

Tellegen, A., Lykken, D. T., Bouchard, T. J., Jr., Wilcox, K. J., Segal, N. L., & Rich, S. (1988). Personality similarity in twins reared apart and together. *Journal of Personality and Social Psychology*, 54, 1031–1039.

Teodorov, E., Salzgerber, S. A., Felicio, L. F., Varolli, F. M. F., & Bernardi, M. M. (2002). Effects of perinatal picrotoxin and sexual experience on heterosexual and homosexual behavior in male rats. *Neurotoxicology and Teratology*, 24, 235–245.

Thachil, A. F., Mohan, R., & Bhugra, D. (2007). The evidence base of complementary and alternative therapies in depression. *Journal of Affective Disorders*, 97, 23–35.

Tharp, R. G. (1989). Psychocultural variables and constants: Effects on teaching and learning in schools [Special issue: Children and their development: Knowledge base, research agenda, and social policy application]. *American Psychologist*, 44, 349–359.

Thatcher, D. L., & Clark, D. B. (2006). Adolescent alcohol abuse and dependence: Development, diagnosis, treatment and outcomes. *Current Psychiatry Reviews*, 2, 159–177.

Thomas, P., Mathur, P., Gottesman, I. I., Nagpal, R., Nimgaonkar, V. L., & Deshpande, S. N. (2007). Correlates of hallucinations in schizophrenia: A cross-cultural evaluation. *Schizophrenia Research*, 92, 41–49.

Thorkildsen, T. A. (2006). An empirical exploration of language and thought. *PsycCRITIQUES*, 51, no pagination specified.

Thornton, A., & Young-DeMarco, L. (2001). Four decades of trends in attitudes toward family issues in the United States: The 1960s through the 1990s. *Journal of Marriage and the Family*, 63, 1009–1017.

Thrash, T. M., & Elliot, A. J. (2002). Implicit and self-attributed achievement motives: Concordance and predictive validity. *Journal of Personality*, 70, 729–755.

Tian, F., Tu, S., Qiu, J., Wei,D.T., Su, Y.H.& Zhang, Q.L.(correspondingauthor). Neural correlates of mental preparation for successful insight problem solving. *Behavioural Brain Research*. 2011, 216, 626-630.

Tippin, J., Sparks, J., & Rizzo, M. (2009, August). Visual vigilance in drivers with obstructive sleep apnea. *Journal of Psychosomatic Research*, 67, 143–151.

Tirri, K., & Nokelainen, P. (2008). Identification of multiple intelligences with the Multiple Intelligence Profiling Questionnaire III [Special issue: High-ability assessment]. *Psychology Science*, 50, 206–221.

Titone, D. A. (2002). Memories bound: The neuro-science of dreams. *Trends in Cognitive Science*, 6, 4–5.

Tolman, E. C., & Honzik, C. H. (1930). Introduction and removal of reward and maze performance in rats. *University of California Publications in Psychology*, 4, 257–275.

Tong, D. D. Zhu, H. X, Li, W. F. Yang, W. J. Qiu, J. & Zhang, Q. L.(corresponding author).Brain activity in using heuristic prototype to solve insight problems. *Behavioural Brain Research*. 2013, 253, 139-144.

Tong, D.D., Li, W.F., Tang, C., Yang, W.J., Tian, Y., Zhang, L.,Zhang, M.,Qiu,J.,Liu,Y.J.,&Zhang, Q. L.(corresponding author). An illustrated heuristic prototype facilitates scientific inventive problem solving : A functional magnetic resonance imaging study. *Consciousness and Cognition*, 2015, 34, 43-51.

Tonidandel, S., Quinones, M. A., & Adams, A. A. (2002). Computer-adaptive testing: The impact of test characteristics on perceived performance and test takers' reactions. *Journal of Applied Psychology*, 87, 320–332.

Touhara, K. (2007). Molecular biology of peptide pheromone production and reception in mice. *Advanced Genetics*, 59, 147–171.

Tracy, J. L., & Robins, R. W. (2004). Show your pride: Evidence for a discrete emotion expression. *Psychological Science*, 15, 194–197.

Tramontana, J. (2011). *Sports hypnosis in practice: Scripts, strategies and case examples*. Norwalk, CT: Crown House Publishing Limited.

Tranter, L. J., & Koutstaal, W. (2008). Age and flexible thinking: An experimental demonstration of the beneficial effects of increased cognitively stimulating activity on fluid intelligence in healthy older adults. *Neuropsychology and Cognition*, 15, 184–207.

Travis, F. (2006). From I to I: Concepts of self on an object-referral/self-referral continuum. In A. P. Prescott (Ed.), *The concept of self in psychology*. Hauppauge, NY: Nova Science Publishers.

Travis, F., et al. (2009, February). Effects of transcendental meditation practice on brain functioning and stress reactivity in college students. *International Journal of Psychophysiology*, 71, 170–176.

Treisman, A. M., & Gelade, G. (1980). A feature-integration theory of attention. *Cognitive psychology*, 12(1), 97–136.

Tremblay, A. (2004). Dietary fat and body weight set point. *Nutrition Review*, 62(7,Pt 2), S75–S77.

Triesch, J., Jasso, H., & Deák, G. O. (2007). Emergence of mirror neurons in a model of gaze following. *Adaptive Behavior*, 15, 149–165.

Triscari, M., Faraci, P., D'Angelo, V., Urso, V., & Catalisano, D. (2011). Two treatments for fear of flying compared: Cognitive behavioral therapy combined with systematic desensitization or eye movement desensitization and reprocessing (EMDR). *Aviation Psychology and Applied Human Factors*, 1, 9–14.

Tropp, L. R., & Bianchi, R. A. (2006). Valuing diversity and interest in intergroup contact. *Journal of Social Issues*, 62, 533–551.

Tropp, L. R., & Pettigrew, T. F. (2005). Differential relationships between intergroup contact and affective and cognitive dimensions of prejudice. *Personality and Social Psychology Bulletin*, 31, 1145–1158.

Trudel, G. (2002). Sexuality and marital life: Results of a survey. *Journal of Sex and Marital Therapy*, 28, 229–249.

Trujillo-Pisanty, I., Hernandez, G., Moreau-Debord, I., Cossette, M. P., Conover, K., Cheer, J. F., et al. (2011). Cannabinoid receptor blockade reduces the opportunity cost at which rats maintain operant performance for rewarding brain stimulation. *Journal of Neuroscience*, 31, 5426–5430.

Trull, T. J., & Widiger, T. A. (2003). Personality disorders. In. G. Stricker, T. A. Widiger, et al. (Eds.), *Handbook of psychology: Clinical psychology* (Vol. 8). New York: Wiley.

Tsukasaki, T., & Ishii, K. (2004). Linguistic-cultural relativity of cognition: Rethinking the Sapir-Whorf hypothesis. *Japanese Psychological Review*, 47, 173–186.

Tsunoda, T. (1985). *The Japanese brain: Uniqueness and universality*. Tokyo: Taishukan Publishing.

Tuerk, P. W., Yoder, M., Grubaugh, A., Myrick, H., Hamner, M., & Acierno, R. (2011). Prolonged exposure therapy for combat-related posttraumatic stress disorder: An examination of treatment effectiveness for veterans of the wars in Afghanistan and Iraq. *Journal of Anxiety Disorders*, 25, 397–403.

Tuerlinckx, F., De Boeck, P., & Lens, W. (2002). Measuring needs with the Thematic Apperception Test: A psychometric study. *Journal of Personality and Social Psychology*, 82, 448–461.

Tugay, N., et al. (2007). Effectiveness of transcutaneous electrical nerve stimulation and interferential current in primary dysmenorrhea. *Pain Medicine*, 8, 295–300.

Tulving, E. (2002). Episodic memory and common sense: How far apart? In A. Baddeley & J. P. Aggleton (Eds.), *Episodic memory: New directions in research*. London: Oxford University Press.

Tulving, E., & Psotka, J. (1971). Retroactive inhibition in free recall: Inaccessibility of information available in the memory store. *Journal of Experimental Psychology*, 87, 1–8.

Tulving, E., & Thompson, D. M. (1983). Encoding specificity and retrieval processes in episodic memory. *Psychological Review*, 80, 352–373.

Turk, D. C. (1994). Perspectives on chronic pain: The role of psychological factors. *Current Directions in Psychological Science*, 3, 45–49.

Turkewitz, G. (1993). The origins of differential hemispheric strategies for information processing in the relationships between voice and face perception. In B. de Boysson-Bardies, S. de Schonen, et al. (Eds.), *Developmental neurocognition: Speech and face processing in the first year of life. NATO ASI series D: Behavioural and social sciences* (Vol. 69). Dordrecht, Netherlands: Kluwer Academic.

Turnbull, O., & Solms, M. (2007). Awareness, desire, and false beliefs: Freud in the light of modern neuropsychology. *Cortex*, 43, 1083–1090.

Turner, M., Tamborini, R., Limon, M., & Zuckerman-Hyman, C. (2007). The moderators and mediators of door-in-the-face requests: Is it a negotiation or a helping experience? *Communication Monographs*, 74, 333–356.

Tversky, A., & Kahneman, D. (1987). Rational choice and the framing of decisions. In R. Hogarth & M. Reder (Eds.), *Rational choice: The contrast between economics and psychology*. Chicago: University of Chicago Press.

U.S. Bureau of Labor Statistics. (2009). *Women's weekly earnings as a percentage of men's earnings*. Washington, DC: U.S. Bureau of Labor Statistics.

Unsworth, N., & Engle, R. W. (2005). Individual differences in working memory capacity and learning: Evidence from the serial reaction time task. *Memory and Cognition*, 33, 213–220.

Updegraff, K. A., Helms, H. M., McHale, S. M., Crouter, A. C., Thayer, S. M., & Sales, L. H. (2004). Who's the boss? Patterns of perceived control in adolescents' friendships. *Journal of Youth & Adolescence*, 33, 403–420.

Ursprung, W. W., Sanouri, A., & DiFranza, J. R. (2009). The loss of autonomy over smoking in relation to lifetime cigarette consumption. *Addictive Behaviors*, 22, 12–19.

Uylings, H. B. M. (2006). Development of the human cortex and the concept of 'critical' or 'sensitive' periods. *Language Learning*, 56, 59–90.

Vaillant, G. E., & Vaillant, C. O. (1990). Natural history of male psychological health: XII. A 46-year study of predictors of successful aging at age 65. *American Journal of Psychiatry*, 147, 31–37.

Vaitl, D., Schienle, A., & Stark, R. (2005). Neurobiology of fear and disgust. *International Journal of Psychophysiology*, 57, 1–4.

Valencia, R. R., & Suzuki, L. A. (2003). *Intelligence testing and minority students: Foundations, performance factors, and assessment issues*. Thousand Oaks, CA: Sage.

Van Belle, V., Pelckmans, K., Suykens, J. A. K., & Van Huffel, S. (2011). Learning transformation models for ranking and survival analysis. *Journal of Machine Learning Research*, 12, 819–862.

Van De Graaff, K. (2000). *Human anatomy* (5th ed.). Boston: McGraw-Hill.

Van den Wildenberg, W. P. M., & Van der Molen, M. W. (2004). Developmental trends in simple and selective inhibition of compatible and incompatible responses. *Journal of Experimental Child Psychology*, 87, 201–220.

van der Helm, P. A. (2006). Review of perceptual dynamics: Theoretical foundations and philosophical implications of gestalt psychology. *Philosophical Psychology*, 19, 274–279.

Van der Zee, E. A., Platt, B. B., & Riedel, G. G. (2011). Acetylcholine: Future research and perspectives. *Behavioural Brain Research*, 221, 583–586.

van Dijk, W. W., Ouwerkerk, J. W., Wesseling, Y. M., & van Koningsbruggen, G. M. (2011). Towards understanding pleasure at the misfortunes of others: The impact of self-evaluation threat on schadenfreude. *Cognition and Emotion*, 25, 360–368.

van Hooren, S. A. H., Valentijn, A. M., & Bosma, H. (2007). Cognitive functioning in healthy older adults aged 64–81: A cohort study into the effects of age, sex, and education. *Aging, Neuropsychology, and Cognition*, 14, 40–54.

van Marle, K., & Wynn, K. (2009). Infants' auditory enumeration: Evidence for analog magnitudes in the small number range. *Cognition*, 111, 302–316.

van Nieuwenhuijzen, M. M., Vriens, A. A., Scheepmaker, M. M., Smit, M. M., & Porton, E. E. (2011). The development of a diagnostic instrument to measure social information processing in children with mild to borderline intellectual disabilities. *Research in Developmental Disabilities*, 32, 358–370.

Van Overwalle, F., & Siebler, F. (2005). A connectionist model of attitude formation and change. *Personality and Social Psychology Review*, 9, 231–274.

van Soelen, I. C., Brouwer, R. M., van Leeuwen, M., Kahn, R. S., Pol, H., & Boomsma, D. I. (2011). Heritability of verbal and performance intelligence in a pediatric longitudinal sample. *Twin Research and Human Genetics*, 14, 119–128.

Vanasse, A., Niyonsenga, T., & Courteau, J. (2004). Smoking cessation within the context of family medicine: Which smokers take action? *Preventive Medicine: An International Journal Devoted to Practice and Theory*, 38, 330–337.

Vance, E. B., & Wagner, N. N. (1976). Written descriptions of orgasm: A study of sex differences. *Archives of Sexual Behavior*, 5(1), 87–98.

Vandell, D. L., Burchinal, M. R., Belsky, J., Owen, M. T., Friedman, S. L., Clarke-Stewart, et al. (2005). *Early child care and children's development in the primary grades: Follow-up results from the NICHD Study of Early Child Care*. Paper presented at the biennial meeting of the Society for Research in Child Development, Atlanta, GA.

Vandervert, L. R., Schimpf, P. H., & Liu, H. (2007). How working memory and the cerebellum collaborate to produce creativity and innovation. *Creativity Research Journal*, 19, 1–18.

Vandierendonck, A., & Szmalec, A. (Eds.). (2011). S*patial working memory*. New York: Psychology Press.

Vanheule, S., Desmet, M., Rosseel, Y., & Meganck, R. (2006). Core transference themes in depression. *Journal of Affective Disorders*, 91, 71–75.

Varma, S. (2007). A computational model of Tower of Hanoi problem solving. *Dissertation Abstracts International: Section B: The Sciences and Engineering*, 67(8-B), 4736.

Vartanian, O. (2009). Variable attention facilitates creative problem solving. *Psychology of Aesthetics, Creativity, and the Arts*, 3, 57–59.

Vassalli, A., & Dijk, D. (2009). Sleep function: Current questions and new approaches. *European Journal of Neuroscience*, 29, 1830–1841.

Vecchione, M., Schoen, H., Castro, J., Cieciuch, J., Pavlopoulos, V., & Caprara, G. (2011). Personality correlates of party preference: The Big Five in five big European countries. *Personality and Individual Differences*, 51, 737–742.

Velentzas, K., Heinen, T., & Schack, T. (2011). Routine integration strategies and their effects on volleyball serve performance and players' movement mental representation. *Journal of Applied Sport Psychology*, 23, 209–222.

Vellacott, J. (2007). Resilience: A psychoanalytic exploration. *British Journal of Psychotherapy*, 23, 163–170.

Veltman, M. W. M., & Browne, K. D. (2001). Three decades of child mal-treatment research: Implications for the school years. *Trauma Violence and Abuse*, 2, 215–239.

Veniegas, R. C. (2000). Biological research on women's sexual orientations: Evaluating the scientific evidence. *Journal of Social Issues*, 56, 267–282.

Verdejo, A., Toribio, I., & Orozco, C. (2005). Neuropsychological functioning in methadone maintenance patients versus abstinent heroin abusers. *Drug and Alcohol Dependence*, 78, 283–288.

Verdon, B. (2011). The case of thematic tests adapted to older adults: On the importance of differentiating latent and manifest contents in projective tests. *Rorschachiana*, 32, 46–71.

Verhaeghen, P., Aikman, S. N., & Van Gulick, A. E. (2011). Prime and prejudice: Co-occurrence in the culture as a source of automatic stereotype priming. *British Journal of Social Psychology*, 50(3), 501–518.

Vernon, P., Villani, V., Vickers, L., & Harris, J. (2008, January). Abehavioral genetic investigation of the Dark Triad and the Big 5. *Personality and Individual Differences*, 44, 445–452.

Victor, S. B., & Fish, M. C. (1995). Lesbian mothers and the children: A review for school psychologists. *School Psychology Review*, 24, 456–479.

Villemure, C., Slotnick, B. M., & Bushnell, M. C. (2003). Effects of odors on pain perception: Deciphering the roles of emotion and attention. *Pain*, 106, 101–108.

Vincus, A. A., Ringwalt, C., Harris, M. S., & Shamblen, S. R. (2010). A short-term, quasi-experimental evaluation of D.A.R.E.'s revised elementary school curriculum. *Journal of Drug Education*, 40, 37–49.

Vitiello, A. L., Bonello, R. P., & Pollard, H. P. (2007). The effectiveness of ENAR® for the treatment of chronic neck pain in Australian adults: A preliminary single-blind, randomised controlled trial. *Chiropractic Osteopathology*, 9, 9.

Vleioras, G., & Bosma, H. A. (2005). Are identity styles important for psychological well-being? *Journal of Adolescence*, 28, 397–409.

Vogt, D., Rizvi, S., Shipherd, J., & Resick, P. (2008). Longitudinal investigation of reciprocal relationship between stress reactions and hardiness. *Personality and Social Psychology Bulletin*, 34, 61–73.

Volterra, V., Caselli, M. C., Capirci, O., Tonucci, F., & Vicari, S. (2003). Early linguistic abilities of Italian children with Williams syndrome [Special issue: Williams syndrome]. *Developmental Neuropsychology*, 23, 33–58.

Voruganti, L. P., Awad, A. G., Parker, B., Forrest, C., Usmani, Y., Fernando, M. L. D., et al. (2007). Cognition, functioning and quality of life in schizophrenia treatment: Results of a one-year randomized controlled trial of olanzapine and quetiapine. *Schizophrenia Research*, 96, 146–155.

Voss, J., & Paller, K. (2008). Brain substrates of implicit and explicit memory: The importance of concurrently acquired neural signals of both memory types. *Neuropsychologia*, 46(13), 3021–3029.

Vygotsky, L. S. (1926/1997). Educational psychology. Delray Beach, FL: St. Lucie Press.

Wachs, T. D., Pollitt, E., Cueto, S., & Jacoby, E. (2004). Structure and cross-contextual stability of neonatal temperament. Infant Behavior and Development, 27, 382–396.

Wade, K. A., Sharman, S. J., & Garry, M. (2007). False claims about false memory research. *Consciousness and Cognition: An International Journal*, 16, 18–28.

Wager, T. D. (2005). The neural bases of placebo effects in pain. *Current Directions in Psychological Science*, 14, 175–180.

Wagner, R. K. (2002). Smart people doing dumb things: The case of managerial incompetence. In R. J. Sternberg (Ed.), *Why smart people can be so stupid*. New Haven, CT: Yale University Press.

Wagner, R. K. (2011). Practical intelligence. In R. J. Sternberg & S. Kaufman (Eds.), *The Cambridge handbook of intelligence*. New York: Cambridge University Press.

Wagstaff, G. (2009, January). Is there a future for investigative hypnosis? *Journal of Investigative Psychology and Offender Profiling*, 6, 43–57.

Wagstaff, G. F., Wheatcroft, J. M., & Jones, A. (2011). Are high hypnotizables especially vulnerable to false memory effects? A sociocognitive perspective. *International Journal of Clinical and Experimental Hypnosis*, 59, 310–326.

Waldrop, M. M. (1987). The workings of working memory; the central thesis of cognitive science is that the mind is an information processor; the study of reading gives a unique insight into how that processor works. *Science*, 237, 1564–1568.

Walker, M. P., & van der Helm, E. (2009). Overnight therapy? The role of sleep in emotional brain processing. *Psychological Bulletin*, 135, 731–748.

Walker, W. (2008, May). Introducing hypnosis for pain management to your practice. *Australian Journal of Clinical & Experimental Hypnosis*, 36, 23–29.

Waller, B., Cray, J., & Burrows, A. (2008, June). Selection for universal facial emotion. *Emotion*, 8, 435–439.

Walsh, B. T., Kaplan, A. S., Attia, E., Olmstead, M., Parides, M., Carter, J. C., et al. (2006). Fluoxetine after weight restoration in anorexia nervosa: A randomized controlled trial. *JAMA: Journal of the American Medical Association*, 295, 2605–2612.

Walsh, R., & Shapiro, S. L. (2006). The meeting of meditative disciplines and western psychology. *American Psychologist*, 61, 227–239.

Wang, A., & Clark, D. A. (2002). Haunting thoughts: The problem of obsessive mental intrusions [Special issue: Intrusions in cognitive behavioral therapy]. *Journal of Cognitive Psychotherapy*, 16, 193–208.

Wang, B., Fan, Y., Lu, M., Li, S., Song, Z., Peng, X., ... & Huang, R. (2013). Brain anatomical networks in world class gymnasts: a DTI tractography study. *NeuroImage*, 65, 476–487.

Wang, F. F., Kameda, M. M., Yasuhara, T. T., Tajiri, N. N., Kikuchi, Y. Y., Liang, H. B., et al. (2011). Gdnf-pretreatment enhances the survival of neural stem cells following transplantation in a rat model of Parkinson's disease. *Neuroscience Research*, (18), 202–211.

Wang, J., Qu, S., Wang, W., Guo, L., Zhang, K., Chang, S., & Wang, J. (2016). A combined analysis of genome-wide expression profiling of bipolar disorder in human prefrontal cortex. *Journal of Psychiatric Research*, 82, 23-29.

Wang, Q., & Conway, M. A. (2006). Autobiographical memory, self, and culture. In L-G. Nilsson & N. Ohta (Eds.), *Memory and society: Psychological perspectives*. New York: Psychology Press.

Wang, X., Lu, T., Snider, R. K., & Liang, L. (2005). Sustained firing in auditory cortex evoked by preferred stimuli. *Nature*, 435, 341–346.

Wang, X., Zhao, X., Xue, G., & Chen, A. (2016). Alertness function of thalamus in conflict adaptation. *NeuroImage*, 132, 274-282.

Wang, Y., Dong, D.B., Jackson, T., Du J., Yang Z., Lu, H., Chen, H.(2016).Neural correlates of restrained eaters' high susceptibility to foodcues:An fMRI study. *Neuroscience Letters*, 631, 56–62.

Wang, Y., Li, J., Chen, C., Zhu, B., Moysis, R. K., Lei, X., ... & Chen, W. (2013). COMT rs4680 Met is not always the 'smart allele': Val allele is associated with better working memory and larger hippocampal volume in healthy Chinese. *Genes, Brain and Behavior*, 12(3), 323-329.

Ward, L. M. (2004). Wading through the stereotypes: Positive and negative associations between media use and Black adolescents' conceptions of self. *Developmental Psychology*, 40, 284–294.

Ward, W. C., Kogan, N., & Pankove, E. (1972). Incentive effects in children's creativity. *Child Development*, 43, 669–677.

Ward-Baker, P. D. (2007). The remarkable oldest old: A new vision of aging. *Dissertation Abstracts International Section A: Humanities and Social Sciences*, 67(8-A), 3115.

Warden, C. A., Wu, W-Y., & Tsai, D. (2006). Online shopping interface components: Relative importance as peripheral and central cues. *CyberPsychology & Behavior*, 9, 285–296.

Wark, B., Lundstrom, B., & Fairhall, A. (2007, August). Sensory adaptation. *Current Opinion in Neurobiology*, 17, 423–429.

Wasserman, E. A., & Miller, R. R. (1997). What's elementary about associative learning? *Annual Review of Psychology*, 48, 573–607.

Watson, J. B. (1924). *Behaviorism*. New York: Norton.

Watson, J. B., & Rayner, R. (1920). Conditioned emotionalreactions. *Journal of experimental psychology*, 3(1), 1.

Watson, P. J., Brymer, M. J., & Bonanno, G. A. (2011). Postdisaster psychological intervention since 9/11. *American Psychologist*, 66, 482–494.

Waxman, S. (2009). Learning from infants' first verbs. *Monographs of the Society for Research in Child Development*, 74, 127–132.

Weber, E. H. (1834). *De pulsu, resorptione, auditu et tactu: annotationes anatomicae et physiologicae, auctore*. prostat apud CF Koehler.

Wechsler, H., Kuo, M., Lee, H., & Dowdall, G. W. (2000). *Environmental correlates of underage alcohol use and related problems of college students*. Cambridge, MA: Harvard School of Public Health.

Wechsler, H., Lee, J. E., Nelson, T. F., & Kuo, M. (2002). Underage college students' drinking behavior, access to alcohol, and the influence of deterrence policies. *Journal of American College Health*, 50, 223–236.

Weck, F., Bleichhardt, G., Witthöft, M., & Hiller, W. (2011). Explicit and implicit anxiety: Differences between patients with hypochondriasis, patients with anxiety disorders, and healthy controls. *Cognitive Therapy and Research*, 35, 317–325.

Weeks, M., & Lupfer, M. B. (2004). Complicating race: The relationship between prejudice, race, and social class categorizations. *Personality and Social Psychology Bulletin*, 30, 972–984.

Wehrle, R., Kaufmann, C., Wetter, T. C., Holsboer, F., Auer, D. P., Pollmacher, T., et al. (2007). Functional microstates within human REM sleep: First evidence from fMRI of a thalamocortical network specific for phasic REM periods.

European Journal of Neuroscience, 25, 863–871.

Wei, G. X., Xu, T., Fan, F. M., Dong, H. M., Jiang, L. L., Li, H. J., ... & Zuo, X. N. (2013). Can taichi reshape the brain? A brain morphometry study. PLoS One, 8(4), e61038.

Weinberg, M. S., Williams, C. J., & Pryor, D. W. (1991, February 27). Personal communication. Indiana University, Bloomington.

Weiner, I. B. (2004b). Rorschach Inkblot method. In M. E. Maruish (Ed.), *Use of psychological testing for treatment planning and outcomes assessment, Vol. 3: Instruments for adults* (3rd ed.). Mahwah, NJ: Lawrence Erlbaum Associates.

Weiner, R. D., & Falcone, G. (2011). Electroconvulsive therapy: How effective is it? Journal of the American Psychiatric Nurses Association, 17, 217–218.

Weinstein, L. (2007). Selected genetic disorders affecting Ashkenazi Jewish families. Family & Community Health, 30, 50–62.

Weinstein, M., Glei, D. A., Yamazaki, A., & Ming-Cheng, C. (2004). The role of intergenerational relations in the association between life stressors and depressive symptoms. Research on Aging, 26, 511–530.

Weiss, A., Bates, T., & Luciano, M. (2008). Happiness is a personal(ity) thing: The genetics of personality and well-being in a representative sample. Psychological Science, 19, 205–210.

Wells, R., Phillips, R. S., & McCarthy, E. P. (2011). Patterns of mind-body therapies in adults with common neurological conditions. Neuroepidemiology, 36, 46–51.

Wenar, C. (1994). *Developmental psychopathology: From infancy through adolescence* (3rd ed.). New York: McGraw-Hill.

Wenzel, A. (2011). Obsessions and compulsions. In A. Wenzel & S. Stuart (Eds.), *Anxiety in childbearing women: Diagnosis and treatment*. Washington, DC: American Psychological Association.

Wenzel, A., Zetocha, K., & Ferraro, R. F. (2007). Depth of processing and recall of threat material in fearful and nonfearful individuals. Anxiety, Stress & Coping: An International Journal, 20, 223–237.

Werblin, F., & Roska, B. (2007, April). The movies in our eyes. Scientific American, pp. 73–77.

Werker, J. F., & Tees, R. C. (2005). Speech perception as a window for understanding plasticity and commitment in language systems of the brain. Developmental Psychobiology, 46, 233–234.

Werner, J. S., Pinna, B., & Spillmann, L. (2007, March). Illusory color and the brain. Scientific American, 90–96.

Wertheimer, M. (1923). Untersuchungen zur Lehre von der Gestalt, II. Psychol. Forsch., 5, 301–350. In R. Beardsley & M. Wertheimer (Eds.). (1958), *Readings in perception*. New York: Van Nostrand.

West, D. S., Harvey-Berino, J., & Raczynski, J. M. (2004). Behavioral aspects of obesity, dietary intake, & chronic disease. In J. M. Raczynski & L. C. Leviton (Eds.), *Handbook of clinical health psychology: Vol. 2. Disorders of behavior and health*. Washington, DC: American Psychological Association.

West, S. L., & O'Neal, K. K. (2004). Project D.A.R.E. outcome effectiveness revisited. American Journal of Public Health, 94, 1027–1029.

Westen, D., Novotny, C. M., & Thompson-Brenner, H. (2004). The empirical status of empirically supported psychotherapies: Assumptions, findings, and reporting in controlled clinical trials. Psychological Bulletin, 130, 631–663.

Westerhausen, R., Moosmann, M., Alho, K., Medvedev, S., Hämäläinen, H., & Hugdahl, K. (2009, January). Top-down and bottom-up interaction: Manipulating the dichotic listening ear advantage. Brain Research, 1250, 183–189.

Westerterp, K. R. (2006). Perception, passive overfeeding and energy metabolism. Physiology & Behavior, 89, 62–65.

Wetter, D. W., Fiore, M. C., Gritz, E. R., Lando, H. A., Stitzer, M. L., Hasselblad, V., et al. (1998). The Agency for Health Care Policy and Research. Smoking cessation clinical practice guideline: Findings and implications for psychologists. American Psychologist, 53, 657–669.

Whisman, M., & Snyder, D. (2007). Sexual infidelity in a national survey of American women: Differences in prevalence and correlates as a function of method of assessment. Journal of Family Psychology, 21, 14–154.

Whitbourne, S. (2010). The search for fulfillment. New York: Ballantine.

Whitbourne, S. K. (2000). The normal aging process. In S. K. Whitbourne & S. Krauss (Eds.), *Psychopathology in later adulthood*. New York: Wiley.

White, L. (2007). Linguistic theory, universal grammar, and second language acquisition. In B. Van Patten & J. Williams (Eds.), *Theories in second language acquisition: An introduction*. Mahwah, NJ: Lawrence Erlbaum Associates.

Whitebread, D., Coltman, P., Jameson, H., & Lander, R. (2009). Play, cognition and self-regulation: What exactly are children learning when they learn through play? Educational and Child Psychology, 26, 40–52.

Whitehouse, W. G., Orne, E. C., Dinges, D. F., Bates, B. L., Nadon, R., & Orne, M. T. (2005). The cognitive interview: Does it successfully avoid the dangers of forensic hypnosis? American Journal of Psychology, 118, 213–234.

Whitney, P. G., & Green, J. A. (2011). Changes in infants' affect related to the onset of independent locomotion. Infant Behavior & Development, 34, 459–466.

Whorf, B. L. (1956). *Language, thought, and reality*. New York: Wiley.

Widaman, K. (2009). Phenylketonuria in children and mothers: Genes, environments, behavior. Current Directions in Psychological Science, 18, 48–52.

Widiger, T. A., & Clark, L. A. (2000). Toward DSM-V and the classification of psychopathology. Psychological Bulletin, 126, 946–963.

Widmeyer, W. N., & Loy, J. W. (1988). When you're hot, you're hot! Warm-cold effects in first impressions of persons and teaching effectiveness. Journal of Educational Psychology, 80, 118–121.

Wiederman, M. W. (2011). Body image and sexual functioning. In T. F. Cash & L. Smolak, (Eds.), *Body image: A handbook of science, practice, and prevention* (2nd ed.). New York: Guilford Press.

Wielgosz, A. T., & Nolan, R. P. (2000). Biobehavioral factors in the context of ischemic cardiovascular disease. Journal of Psychosomatic Research, 48, 339–345.

Wilde, D. J. (2011). *Jung's personality theory quantified*. New York: Springer-Verlag Publishing.

Wiley C. What motivates employees according to over 40 years of motivation surveys[J]. International Journal of Manpower, 1997, 18(3):263-280.

Wilkin, L., & Haddock, B. (2011). Functional fitness of older adults. Activities, Adaptation & Aging, 35, 197–209.

Wilkinson, L., & Olliver-Gray, Y. (2006). The significance of silence: Differences in meaning, learning styles, and teaching strategies in cross-cultural settings [Special issue: Child language]. Psychologia: An International Journal of Psychology in the Orient, 49, 74–88.

Willander, J., & Larsson, M. (2006). Smell your way back to childhood: Autobiographical odor memory. Psychonomic Bulletin & Review, 13, 240–244.

Williams, J. E., & Best, D. L. (1990). *Measuring sex stereotypes: A multinational study*. Newbury Park, CA: Sage.

Williamson, P., McLeskey, J., & Hoppey, D. (2006). Educating students with mental retardation in general education classrooms. *Exceptional Children*, 72, 347–361.

Willis, G. L. (2005). The therapeutic effects of dopamine replacement therapy and its psychiatric side effects are mediated by pineal function. *Behavioural Brain Research*, 160, 148–160.

Wills, T., Sargent, J., Stoolmiller, M., Gibbons, F., & Gerrard, M. (2008). Movie smoking exposure and smoking onset: A longitudinal study of mediation processes in a representative sample of U.S. adolescents. *Psychology of Addictive Behaviors*, 22, 269–277.

Wilson, T. D. (2006, September 1). The power of social psychological interventions. *Science*, 313, 1251–1252.

Wilson, T. G., Grilo, C. M., & Vitousek, K. M. (2007). Psychological treatment of eating disorders [Special issue: Eating disorders]. *American Psychologist*, 62, 199–216.

Windholz, G., & Lamal, P. A. (2002). Koehler's insight revisited. In R. A. Griggs (Ed.), *Handbook for teaching introductory psychology, Vol. 3: With an emphasis on assessment*. Mahwah, NJ: Erlbaum.

Winner, E. (2003). Creativity and talent. In M. H. Bornstein & L. Davidson (Eds.), *Well-being: Positive development across the life course*. Mahwah, NJ: Lawrence Erlbaum.

Winningham, R. G., Hyman, I. E., & Dinnel, D. L. (2000). Flashbulb memories? The effects of when the initial memory report was obtained. *Memory*, 8(4), 209-216.

Winson, J. (1990, November). The meaning of dreams. *Scientific American*, pp. 86–96.

Winstead, B. A., & Sanchez, A. (2005). Gender and psychopathology. In J. E. Maddux & B. A. Winstead (Eds.), *Psychopathology: Foundations for a contemporary understanding*. Mahwah, NJ: Lawrence Erlbaum Associates.

Winston, J. S., O'Doherty, J., & Kilner, J. M. (2006). Brain systems for assessing facial attractiveness. *Neuropsychologia*, 45, 195–206.

Winter, D. G. (1995). *Personality: Analysis and interpretation of lives*. New York: McGraw-Hill.

Winter, D. G. (2007). The role of motivation, responsibility, and integrative complexity in crisis escalation: Comparative studies of war and peace crises. *Journal of Personality and Social Psychology*, 92, 920–937.

Winters, B. D., & Bussey, T. J. (2005). Glutamate receptors in perirhinal cortex mediate encoding, retrieval, and consolidation of object recognition memory. *Journal of Neuroscience*, 25, 4243–4251.

Witelson, S., Kigar, D., Scamvougeras, A., Kideckel, D., Buck, B., Stanchev, P., et al. (2008). Corpus callosum anatomy in right-handed homosexual and heterosexual men. *Archives of Sexual Behavior*, 37, 857–863.

Witt, C. M., Jena, S., & Brinkhaus, B. (2006). Acupuncture for patients with chronic neck pain. *Pain*, 125, 98–106.

Wittchen, H., Nocon, A., Beesdo, K., Pine, D., Hofler, M., Lieb, R., et al. (2008). Agoraphobia and panic. *Psychotherapy and Psychosomatics*, 77, 147–157.

Wolfe, M. S. (2006, May). Shutting down Alzheimer's. *Scientific American*, 73–79.

Wolitzky, D. L. (2006). Psychodynamic theories. In J. C. Thomas & D. L. Segal (Eds.), *Comprehensive handbook of personality and psychopathology, Vol. 1: Personality and everyday functioning*. Hoboken, NJ: John Wiley & Sons.

Wong, N., Sarver, D. E., & Beidel, D. C. (2011). Quality of life impairments among adults with social phobia: The impact of subtype. *Journal of Anxiety Disorders*, 14, 88–95.

Wood, W. (2000). Attitude change: Persuasion and social influence. *Annual Review of Psychology*, 51, 539–570.

Wood, W., & Eagly, A. H. (2002). A cross-cultural analysis of the behavior of women and men: Implications for the origins of sex differences. *Psychological Bulletin*, 128, 699–727.

Woodruff, S. I., Conway, T. L., & Edwards, C. C. (2007). Sociodemographic and smoking-related psychosocial predictors of smoking behavior change among high school smokers. *Addictive Behaviors*, 33, 354–358.

Woods, S. C., Schwartz, M. W., Baskin, D. G., & Seeley, R. J. (2000). Food intake and the regulation of body weight. *Annual Review of Psychology*, 51, 255–277.

Woodson, S. R. J. (2006). Relationships between sleepiness and emotion experience: An experimental investigation of the role of subjective sleepiness in the generation of positive and negative emotions. *Dissertation Abstracts International: Section B: The Sciences and Engineering*, 67(5-B), 2849.

Woollett, K., & Maguire, E. (2009). Navigational expertise may compromise anterograde associative memory. *Neuropsychologia*, 47, 1088–1095.

Worthen, J. B., & Hunt, R. (2011). *Mnemonology: Mnemonics for the 21st century*. New York: Psychology Press.

Wren, A. M., & Bloom, S. R. (2007). Gut hormones and appetite control. *Gastroenterology*, 132, 2116–2130.

Wright, K. (2002, September). Times of our lives. *Scientific American*, pp. 59–65.

Wrosch, C., Bauer, I., & Scheier, M. (2005, December). Regret and quality of life across the adult life span: The influence of disengagement and available future goals. *Psychology and Aging*, 20, 657–670.

Wrzesniewski, K., & Chylinska, J. (2007). Assessment of coping styles and strategies with school-related stress. *School Psychology International*, 28, 179–194.

Wu, L-T., Schlenger, W. E., & Galvin, D. M. (2006). Concurrent use of methamphetamine, MDMA, LSD, ketamine, GHB, and flunitraze-pam among American youths. *Drug and Alcohol Dependence*, 84, 102–113.

Wynn, K., Bloom, P., & Chiang, W. C. (2002). Enumeration of collective entities by 5-month-old infants. *Cognition*, 83, B55-B62.

Xiao, Z., Yan, H., Wang, Z., Zou, Z., Xu, Y., Chen, J., et al. (2006). Trauma and dissociation in China. *American Journal of Psychiatry*, 163, 1388–1391.

Xue, G., Dong, Q., Chen, C., Lu, Z., Mumford, J. A., & Poldrack, R. A. (2010). Greater neural pattern similarity across repetitions is associated with better memory. *Science*, 330(6000), 97-101.

Yang, W., Dietrich, A., Liu, P., Ming, D., Jin, Y., Nusbaum, H. C., Qiu, J., & Zhang, Q. (corresponding author) . Prototypes are Key Heuristic Information in Insight Problem Solving. *Creativity Research Journal*, 2016, 28(1), 67-77.

Yao, S. (2006). The Intelligence Scale for Chinese Adults: Item Analysis, Reliability and Validity. *ChineseJournal of Clinical Psychology*, 14(5), 441.

Yapko, M. D. (2006). Utilizing hypnosis in addressing ruminative depression-related insomnia. In M. D. Yapko (Ed.), *Hypnosis and treating depression: Applications in clinical practice*. New York: Routledge/Taylor & Francis Group.

Yeomans, M. R., Tepper, B. J., & Ritezschel, J. (2007). Human hedonic responses to sweetness: Role of taste genetics and anatomy. *Physiology & Behavior*, 91, 264–273.

Yesilyaprak, B., Kisac, I., & Sanlier, N. (2007). Stress symptoms and nutritional status among survivors of the Marmara region earthquakes in Turkey. *Journal of Loss & Trauma*, 12, 1–8.

Yin, J., Gao, Z., Jin, X., Ding, X., Liang, J., & Shen, M. (2012). The neural mechanisms of percept–memory comparison in visual working memory. *Biological Psychology*, 90(1), 71-79.

Zacks, J. (2008). Neuroimaging studies of mental rotation: A meta-analysis and review. *Journal of Cognitive Neuroscience*, 20, 1–19.

Zaitsu, W. (2007). The effect of fear on

eyewitness' retrieval in recognition memory. *Japanese Journal of Psychology*, 77, 504–511.

Zajonc, R. B. (2001). Mere exposure: A gateway to the subliminal. *Current Directions in Psychological Science*, 10, 224–228.

Zaragoza, M. S., Belli, R. F., & Payment, K. E. (2007). Misinformation effects and the suggestibility of eyewitness memory. In M. Garry & H. Hayne (Eds.), *Do justice and let the sky fall: Elizabeth Loftus and her contributions to science, law, and academic freedom*. Mahwah, NJ: Lawrence Erlbaum Associates.

Zarren, J. I., & Eimer, B. N. (2002). *Brief cognitive hypnosis: Facilitating the change of dysfunctional behavior*. New York: Springer.

Zatorre, R. J., Belin, P., & Penhune, V. B. (2002). Structure and function of auditory cortex: music and speech. *Trends in cognitive sciences*, 6(1), 37-46.

Zeigler, D. W., et al. (2005). The neurocognitive effects of alcohol on adolescents and college students. *Preventive Medicine: An International Journal Devoted to Practice and Theory*, 40, 23–32.

Zeng, L., Proctor, R. W., & Salvendy, G. (2011). Can traditional divergent thinking tests be trusted in measuring and predicting real-world creativity? *Creativity Research Journal*, 23, 24–37.

Zhang, F., Chen, Y., Heiman, M., & Dimarchi, R. (2005). Leptin: Structure, function and biology. *Vitamins and Hormones: Advances in Research and Applications*, 71, 345–372.

Zhang, K., Zhang, L., Zhang, W., & Wang, J. (2011). Pathway-based analysis for genome-wide association studies of schizophrenia to provide new insight in schizophrenia study. *Chinese Science Bulletin*, 56(32), 3398-3402.

Zhang, L., Chang, S., Li, Z., Zhang, K., Du, Y., Ott, J., & Wang, J. (2012). ADHDgene: a genetic database for attention deficit hyperactivity disorder. *Nucleic acids research*, 40(D1), D1003-D1009.

Zhang, L., Liu, L., Li, X., Song, Y., & Liu, J. (2015). Serotonin transporter gene polymorphism (5-HTTLPR) influences trait anxiety by modulating the functional connectivity between the amygdala and insula in Han Chinese males. *Human Brain Mapping*, 36(7), 2732-2742.

Zhang, W. N., Chang, S. H., Guo, L. Y., Zhang, K. L., & Wang, J. (2013). The neural correlates of reward-related processing in major depressive disorder: a meta-analysis of functional magnetic resonance imaging studies. *Journal of affective disorders*, 151(2), 531-539.

Zheng, R., Rao, L-L., Zheng, X-L., Cai, C., Wei, Z-H., Xuan, Y-H.,&Li, S. (2015).The more involved in lead-zinc mining the less frightened: A psychological typhoon eye perspective. *Journal of Environmental Psychology*. 44, 126-134.

Zhou, Z., & Buck, L. B. (2006, March 10). Combinatorial effects of odorant mixes in olfactory cortex. *Science*, 1477–1481.

Zhou, Z., Liu, Q., & Davis, R. L. (2005). Complex regulation of spiral ganglion neuron firing patterns by neurotrophin-3. *Journal of Neuroscience*, 25, 7558–7566.

Zhu, B., Chen, C., Loftus, E. F., Moyzis, R. K., Dong, Q., & Lin, C. (2013). True but not false memories are associated with the HTR2A gene. *Neurobiology of Learning and Memory*, 106, 204-209.

Zians, J. (2007). A comparison of trait anger and depression on several variables: Attribution style, dominance, submissiveness, need for power, efficacy and dependency. *Dissertation Abstracts International: Section B: The Sciences and Engineering*, 67(7-B), 4124.

Zigler, E. F., Finn-Stevenson, M., & Hall, N. W. (2002). The first three years and beyond: Brain development and social policy. In E. F. Zigler, M. Finn-Stevenson, et al. (Eds.), *Current perspectives in psychology*. New Haven, CT: Yale University Press.

Zigler, E., Bennett-Gates, D., Hodapp, R., & Henrich, C. (2002). Assessing personality traits of individuals with mental retardation. *American Journal on Mental Retardation*, 107, 181–193.

Zimbardo, P. G. (1977). *Shyness: What it is, what to do about it* (rev. ed). Reading, MA: Addison-Wesley. (original work published 1977)

Zimmermann, U. S., Blomeyer, D., & Laucht, M. (2007). How gene-stress-behavior interactions can promote adolescent alcohol use: The roles of predrinking allostatic load and childhood behavior disorders [Special issue: Adolescents, drug abuse and mental disorders]. *Pharmacology, Biochemistry and Behavior*, 86, 246–262.

Zito, J. M. (1993). *Psychotherapeutic drug manual* (3rd ed., rev.). New York: Wiley.

Zolotor, A., Theodore, A., Chang, J., Berkoff, M., & Runyan, D. (2008). Speak softly—and forget the stick: Corporal punishment and child physical abuse. *American Journal of Preventive Medicine*, 35, 364–369.

Zou, Q. H., Zhu, C. Z., Yang, Y., Zuo, X. N., Long, X. Y., Cao, Q. J & Zang, Y. F. (2008). An improved approach to detection of amplitude of low-frequency fluctuation (ALFF) for resting-state fMRI: Fractional ALFF. *Journal of Neuroscience Methods*, 172(1), 137-141.

Zuckerman, M. (1978, February). The search for high sensation. *Psychology Today*, pp. 30–46.

Zuckerman, M. (2002). Genetics of sensation seeking. In J. Benjamin, R. P. Ebstein, et al. (Eds.), *Molecular genetics and the human personality*. Washington, DC: American Psychiatric Publishing.